国际贸易经典译丛

跨国公司与全球经济

（第二版）

约翰·H·邓宁（John H. Dunning）
萨琳安娜·M·伦丹（Sarianna M. Lundan）/著
马述忠　曹信生　柴宇曦　许光建
孙　晴　任婉婉　刘梦恒　吴国杰 /译
马述忠/校

Multinational Enterprises and the Global Economy,
Second Edition

中国人民大学出版社
·北京·

约翰·H·邓宁 (John H. Dunning)

英国雷丁大学（University of Reading）国际投资与商务研究爱斯美·费尔贝恩（Esmee Fairbairn）名誉教授；美国纽瓦克市新泽西州立罗格斯大学（Rutgers，The State University of New Jersey）国际商务新泽西州名誉教授。

萨琳安娜·M·伦丹 (Sarianna M. Lundan)

荷兰马斯特里赫特大学（Maastricht University）国际商务战略副教授；芬兰赫尔辛基市芬兰经济研究所（ETLA，the Research Institute of the Finnish Economy）副研究员。

第二版序言

自本书首次出版十年半以来，国际商务学术领域见证了越来越浓厚的学术兴趣。这在数量上迅猛增长的新兴期刊和论文中体现得最明显，这些期刊和论文所涵盖的问题涉及贸易与国际直接投资（FDI）、跨国公司（MNE）战略和结构之间的相互联系，以及 FDI 对竞争、增长和发展的影响。新研究如此之多，对一些研究人员提出了相当大的挑战，对于这些研究人员而言，他们希望提供一个与全球经营分析相关的当代问题和方法论的概述。据粗略计算，在过去的十年左右的时间里，有多达 12 000 篇这样的文章出现在各种期刊中；另一个非常粗略的估计表明，在同一时期内出现的与国际商务相关的学术专著多达 500 卷左右。

因此，选择性地呈现过去十年左右时间里的研究成果是本书新版能够成功发行的重要前提。对本书来说，作为这个选择过程的结果，一系列新的论文和专著被我们整合到书中，我们相信这些都是在一些理论方面最具影响力的著作，其中包括：对外直接投资理论与跨国公司；MNE 活动对其经营所处国家的经济影响；关于企业知识寻求型活动的新兴文献；境外子公司所扮演的角色和决策机制。在选择过程中，对于有些领域的选择不那么确定，因而其在本书中也不可避免地出现表述不清的情况，尤其是在跨国公司内部的人力资源管理和跨文化管理这些领域。虽然在这些领域已经出现了许多杰出成果，而且我们也对这些文献进行了参考，但我们的讨论主要是基于中观或者宏观层面的经济论证，在很大程度上，我们将对这些问题的研究留给了组织科学和管理方面的学者，他们将从 MNE 内部综合地处理他们的观点。

在过去的十年里，已经出版的几本书对国际商务（IB）研究的当前状态进行了评估并试图找到其未来的发展方向。这其中最全面和最宏大的一本书是《国际商务：一个新兴视角》（*International Business*：*An Emerging Vision*）（Toyne 和 Nigh，1997），里面收录了 1992 年在南卡罗来纳大学举办的学术会议上的论文。这次会议聚集了一批有影响力的学者，目的是去界定 IB 研究的主要领域。[①] 另外，一些有影响力的论文的摘要也已出版，其中包括《牛津国际商务手册》（*The Oxford Handbook of International Business*）（Rugman 和 Brewer，2001）、《国际商务：商业与管理的批判性视角》（*International Business：Critical Perspectives on Business and Management*）四卷集（Rugman，2002）。最后，我们将提及联合国图书馆出版的 20 卷跨国公司系列丛书，其包含了一些在研究 MNE 活动的各个方面的学术文献上的重大贡献。[②] 其中的作品已经成为针对该新版书所覆盖的问题和来源的一个指南。

尝试界定 IB 的主要研究领域是学者们长期专注的。目前主要有两种不同的观点：第一种观点将 IB 视为与经济、金融、会计、组织学和市场营销一样，是一门独立的学科，而第二种观点将其视为现有核心学科的特定应用。我们把 IB 视为一个由主题和方法论构成的独特组合，其试图去理解全球经济中一个显著特征的形式和结果，即在国境之外拥有、控制或者影响增值活动的企业行为和活动。为了更好地理解全球经济而做出的努力，其本身有着固有的跨学科性质，我们试图做的就像第一版中那样，是去囊括那些我们相信可以增进对 MNE 行为的理解的问题和方法论。虽然我们乐于把功能视角运用在与 MNE 相关的具体问题上，但我们把自己的贡献，或者更一般地说是 IB 研究的贡献，视为对不同类型研究的一个综合，这些不同类型的研究是为了解释国际化企业的多种活动模式以及这些活动与受其影响最多的个体和组织（包括政府）之间的相互作用。如果 IB 研究仅是为功能导向型研究提供一个应用领域，那么它对我们知识和理解的独特贡献可能是相对较小的。因此，通过扩展我们的探寻范围使其包括相关研究领域，通过引入大量不同功能领域学者的研究成果，我们希望能够在最大程度上提供一个关于 MNE 与不同利益集团和全球经济之间相互影响的更为丰富的理解，其中，跨国公司与不同利益集团之间的相互影响发生在母国和东道国经济中。

本书沿用了第一版的组织框架，只是在结构和形式上做了适当修改。在内容方面，所有章节都已经经过彻底更新和修改，以反映全球经济的变化和学术兴趣的延

---

① 也可参见 Toyne 等（2001）、Kotabe 和 Aulakh（2002）关于开展和发表跨境研究所遇到的实际挑战。

② 这些卷都是由劳特利奇出版社（Routledge）在 1993 年和 1994 年出版的，各卷书名如下。第 1 卷：《跨国公司理论》，John H. Dunning 编；第 2 卷：《跨国公司：一个历史视角》，Geoffrey Jones 编；第 3 卷：《跨国公司与经济发展》，Sanjaya Lall 编；第 4 卷：《跨国公司与商务战略》，Donald J. Lecraw 和 Allen J. Morrison 编；第 5 卷：《国际财务管理》，Arthur I. Stonehill 和 Michael H. Moffett 编；第 6 卷：《跨国公司组织》，Gunnar Hedlund 编；第 7 卷：《政府与跨国公司》，Theodore H. Moran 编；第 8 卷：《跨国公司与国际贸易及收支》，H. Peter Gray 编；第 9 卷：《跨国公司与区域经济一体化》，Peter Robson 编；第 10 卷：《跨国公司与自然资源开发》，Bruce McKern 编；第 11 卷：《跨国公司与工业化》，Daniel Chudnovsky 编；第 12 卷：《服务业跨国公司》，Karl P. Sauvant 和 Padma Mallampally 编；第 13 卷：《跨国公司活动的合作形式》，Peter J. Buckley 编；第 14 卷：《跨国公司：转移定价与征税》，Sylvain Plasschaert 编；第 15 卷：《跨国公司：市场结构与产业绩效》，Claudio R. Frischtak 和 Richard S. Newfarmer 编；第 16 卷：《跨国公司与人力资源》，Peter Enderwick 编；第 17 卷：《跨国公司与创新活动》，John Cantwell 编；第 18 卷：《跨国公司及对发展中国家的技术转移》，Edward K. Y. Chen 编；第 19 卷：《跨国公司与国家法律》，Seymour J. Rubin 和 Don Wallace, Jr 编；第 20 卷：《跨国公司：国际法律框架》，A. A. Fatouros 编。

伸。第5、10和21章都是全新的,而其他四章——第13、16、17和18章——也已全面重写以反映重要的新研究领域。此外,我们的分析是基于著名经济学家Douglass North的研究工作,并在其基础之上进行拓展,其研究工作涉及正式和非正式机构如何在一个经济体中共同建立"游戏规则"。因此,制度对MNE活动的决定性作用和效果是新版中再现的主题。图0.1以图示方式呈现了本书的架构。

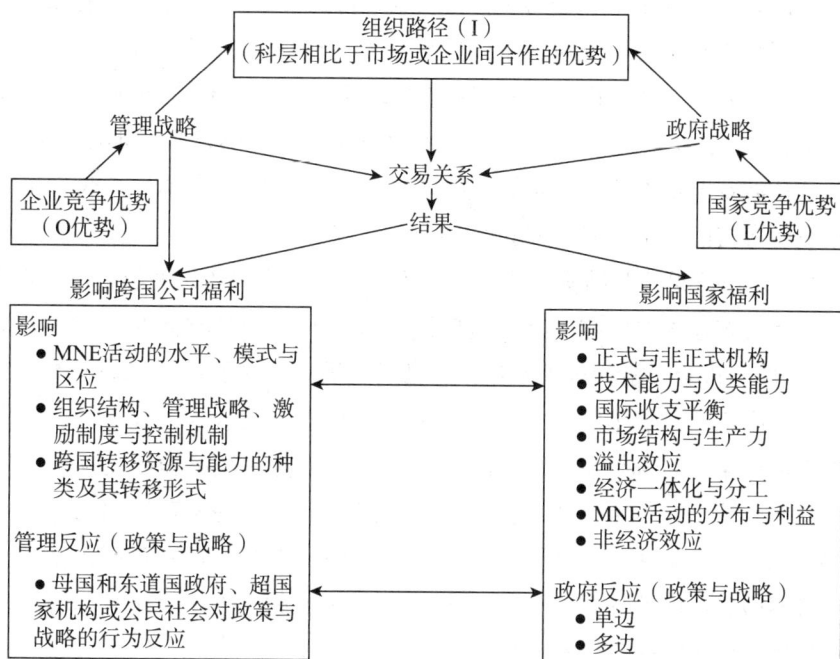

图0.1　MNE在全球经济中的角色分析:一个概念框架

第Ⅰ部分介绍折中范式(或OLI范式——所有权/区位/内部化——因为它有时也被如此称呼),并将其作为概念框架运用于整本书中。特别地,通过对这个统一范式的运用,在给定该项工作所涉及的问题范围时,我们试图在阐述中实现一定程度的一致性和连贯性,否则这种阐述就会误入歧途。我们相信以制度为基础的分析是有价值的,在这种信念激励下,在第4章中第一次对这一分析范式进行介绍的基础上,在第5章中我们提出了这一分析范式的一个经过修订和扩展的形式。这个框架奠定了这本书其余部分的思想基调。除了解释这个概念框架的理论基础之外,我们也以表格的形式提供了关于MNE活动模式的大量证据,还在第6章就其前身的历史进行了一次远足。我们将这次远足放在本书的第Ⅰ部分,不仅因为它为理解FDI的模式和经济意义以及现有的其他形式的MNE活动提供了基础,而且因为它提供了贯穿本书的理论框架应用的一个实例。因此,尽管非专业读者可能对折中范式的理论或分析基础不感兴趣,但我们希望他们可以理解它的基本原理,了解它被用于解释FDI和MNE活动的演变结构;也可以参考那些描述它在全球经济中的产业和地理模式的表格。

在第Ⅱ部分中我们将从讨论境外生产理论(推而广之,即MNE活动理论)转到考察国际企业的战略和结构变化，这些变化已成为我们众多同事（特别是从事组织和管理研究的同事）的兴趣的焦点所在。在这部分，我们将讨论驱动企业参与境外增值活动的不同动机，即资源寻求、市场寻求、效率寻求和战略性资产寻求投资，还会解释企业不同的国际化过程。第二版新增的内容是在第 8 章和第 9 章中讨论了 MNE 已经经历的结构变化，从 Bartlett 和 Ghoshal（1989）的跨国解决方案到超国网络结构（Doz 等，2001）。具体来说，第 8 章覆盖了当代研究主题，比如 MNE 内部的知识管理和相互交流、跨国网络中境外子公司所扮演的不同角色以及母公司给予其自治权的程度。对跨国公司内部网络的讨论在第 9 章做了补充，该章涉及了 MNE 外部关系不断改变的结构。这样一个网络包括了 MNE 与其他组织的相互关系，其范围从涉及股权参与的合资企业到与一个供应商的复合体建立长期关系，或者是不涉及所有权的一个战略研究联盟。

在回顾了 MNE 组织和结构变化后，在第Ⅲ部分中我们转入关于 MNE 活动对其母国和经营所处东道国的影响以及对这些国家各种利益相关群体的影响的评估。我们在第 10 章的分析始于检验过去十年左右已经出现的一些证据，这些证据是有关制度因素在多大程度上影响了国家吸引 FDI 并从中获得持续收益的能力的。我们也将重新审视理论框架以明确评估 MNE 战略对母国和东道国经济和社会变革演化的影响，反之亦然。然而，尽管这些证据告诉了我们 FDI 的一些宏观层面的影响，但其并未过多揭示这些有利或不利的影响是如何产生的。因此，在宏观层面基础上，我们将转向考察微观层面的证据，以检查 FDI 以及一般的 MNE 活动对母国和东道国的目标和期望产生影响的直接和间接方式。

我们通过考察 MNE 在技术转移中所扮演的重要角色来开始微观层面的分析。具体而言，第 11、12 章呈现了技术能力全球化的证据，并讨论了企业研发（R&D）的国际化对母国和东道国的政策含义。接着，第 13、14 和 15 章考察了 MNE 对就业、国际收支平衡和市场结构的影响。在其他主题中，我们回顾了关于工资、生产率和技能之间关系的新证据，并考察了与在发展中东道国应用国际劳工组织（ILO）核心劳工标准相关的问题。在这些章节中，我们也考察了企业内贸易和 MNE 活动对东道国市场结构的重要性；并在一些细节上检查了国内外企业之间生产率差距的含义。在某种意义上，第 16 章是对前五章内容的一个整合，因为它关注来自 MNE 活动的溢出或间接效应，而这种间接效应只有在已知的直接效应得到解释后才能够被评估。我们检查了溢出最有可能出现的特定条件，在进行检查时我们特别注意了其与当地企业关联关系的形成。接下来的两章是关于征税和转移定价（第 17 章）以及 MNE 的文化和社会影响（第 18 章），开始讨论公共政策和 MNE 问题——政府关系，其将在第Ⅳ部分正式考察。然而，这些章节的重点仍是与 MNE 活动的范围和结构有关的证据，以及其对母国和东道国产生影响的证据。还应指出的是，因为与东道国相关的关于 MNE 活动影响的可得证据相对于母国来说更多，所以我们的讨论也会反映出这种差异。

因为第Ⅲ部分侧重于回顾有关 MNE 活动产生影响的现存实证证据，这些章节相当详细地探讨了一些重要的研究发现，再加上这些问题所涵盖的范围较广，使得它成为本书篇幅最长的部分。想要识别 MNE 活动对母国或东道国经济的特定维度的影响往往困难重重，因此当我们发现文献中出现许多相矛盾的结果时也就不觉得意外了。一些研究发现了两个或多个变量之间的正相关关系而其他研究发现了负相关关系，然而，仅仅报告这些是远远不够的，因此我们还要花一些时间尝试去理解为什么会出现这样的结果。在做这种尝试时，我们特别注意了一些已经在文献中出现的重要的方法论问题，包括局部模型的使用（在该模型中遗漏变量或许可以解释所观测到的结果）、反向因果关系的概率以及无法详细阐述一个适当的反事实所带来的后果（事实可以通过证据进行评估）。虽然这些问题可能不会引发每个读者的兴趣，但其却是我们讨论的一个重要部分，因为这些问题连同研究样本的规模和组成将影响我们所呈现的结果应该如何得到解释。

在考察了 MNE 活动的动机、形式和影响后，第Ⅳ部分论述了对此类活动的国家和超国家政策回应。在相当长的一段时间里，有关 MNE 在多大程度上比民族国家更强有力、是否以及如何侵占各国政府主权的学术讨论一直在持续着，特别是在与诸如卫生和环境标准有关的制度改革问题上。自从 1997 年在西雅图的世界贸易组织（WTO）会议上发生第一次大规模抗议活动，以及现代反全球化运动的出现，与全球治理相关的问题也已经成为大众媒体的一个永恒议题，特别是在一些超国家组织召开会议的时候。因此，第Ⅳ部分检查了全球经济的新兴治理架构，在这个架构中 MNE 连同民间团体和超国家机构在定义"游戏规则"的过程中起了作用。具体来说，第 19 章涉及 MNE 和东道国之间的关系，其回顾了关于不断变化的 FDI 政策的证据，以及吸引 MNE 的鼓励措施运用的证据。第 20 章论述的是对于全球经济中的 MNE 活动不能再纯粹地从双边关系去理解，而是需要对 MNE 自身的制度和政治影响进行解释、对民间团体和诸如 WTO 的多边机构所扮演的角色进行解释。超国家管理（比如《京都议定书》）和包含知识产权在内的演化框架等新兴领域，也在本章中做了简要介绍。

第Ⅴ部分只包括一章。在第 21 章中，我们简要回顾了 MNE 演化的历史，以及我们不断变化的对 MNE 影响母国和东道国的理解。我们提出了未来有研究前景的一些路径，同时做了有关全球经济未来发展以及 MNE 在其中所扮演的角色的一些谨慎预测，以此作为本书的结尾。

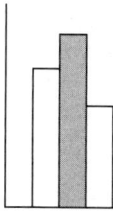

致　谢

在编写本书的准备过程中，我们很高兴能够得到许多人的帮助。虽然这本书是以我们的名义出版的，但它在很大程度上可以认为是很多同事的学术思想及著作的一个概略，多年以来他们帮助改变了我们的观点和想法。我们已经尽最大努力去述及他们对国际商务研究所做出的贡献并对他们表示感谢。对于未能提及的一些重要书籍或文献，我们对其作者表示深深的歉意，并希望他们可以接受我们的道歉。

我们要特别感谢已经读过本书草稿的特定章节并向我们提供宝贵意见的几位同事。他们是 Christian Bellak、Douglas van den Berghe、Tony Corley、Geoff Jones、Ans Kolk、Joanna Scott-Kennel 和 Mira Wilkins。我们也要感谢其他与我们分享意见以及在某些特定主题做出贡献的同事，尤其是 Jean Boddewyn、John Cantwell、Jean François Hennart、Rajneesh Narula、Dennis Rondinelli 和 Alain Verbeke，以及其他人，包括 Lorraine Eden、Peter Gray 和 Karl Sauvant，他们都已经以各种方式支持我们的工作。我们还要感谢联合国贸易和发展会议（UNCTAD）投资、技术与企业发展部（DITE），尤其要感谢 Masataka Fujita 和 Shin Ohinata。所有与事或人相关的错误、遗漏和误解，其责任均由我们承担。

最后，也是最重要的，我们想在这里对家人表示深深的感谢，包括 John 对他的妻子 Christine 的感谢，还有 Sarianna 对她的搭档 Minna 的感谢，他们的支持使得整个过程得以顺利推进。

约翰·H·邓宁和萨琳安娜·M·伦丹

雷丁大学和马斯特里赫特大学，2007 年 5 月

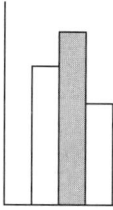

缩略词

ASEAN	东南亚国家联盟
BEA	经济分析局（美国）
BIT	双边投资协定
CEO	首席执行官
CEPR	经济政策研究中心（伦敦）
CIS	独立国家联合体
CSR	企业社会责任
EC	欧洲共同体
EPZ	出口加工区
ESP	环境/系统/政策
EU	欧盟
FDI	国际直接投资
FTA	自由贸易协定
GATT	关税及贸易总协定
GDP	国内生产总值
IB	国际商务
ICT	信息与通信技术
IDP	投资发展路径
IIA	国际投资协定
ILO	国际劳工组织
IMF	国际货币基金组织
IPA	投资促进事务局
IPR	知识产权

IRS	国内税务局（美国）
IT	信息技术
JV	合资企业
LDC	欠发达国家
M&A	兼并与收购
MNE	跨国公司
NAFTA	北美自由贸易区
NBER	国家经济研究局（美国）
NGO	非政府组织
NIC/NIE	新型工业化国家/新型工业化经济
NIS	国家创新系统
NPV	净现值
OECD	经济合作与发展组织
OEM	原始设备制造商
OLI	所有权/区位/内部化
OPEC	石油输出国组织
PPP	购买力平价
R&D	研发
RCA	显示性比较优势
RTA	显性技术优势
SIC	标准产业分类
SME	中小企业
SOE	国有企业
TFP	全要素生产率
TNC	跨国公司
TNI	跨国指数
TPM	转移价格操纵
TRIM	与贸易有关的投资措施
TRIP	与贸易有关的知识产权
UNCTAD	联合国贸易和发展会议
UNCTC	联合国跨国公司中心
UNDP	联合国开发计划署
UNIDO	联合国工业发展组织
WTO	世界贸易组织

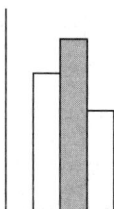

目 录

目录

目
录

第 I 部分

事实、理论与历史

本书第 I 部分包括六章。第 1 章为读者介绍了 MNE 独特的性质和形式，提出了一些关键的定义，并描述了学者们为研究在全球经济中 MNE 活动的原因和结果所使用的数据的来源和不足。第 2 章主要考察了过去大约 40 年里，FDI 和 MNE 活动的范围、结构、增长和经济意义。

第 3、4 和 5 章是本书的理论核心。第 3 章识别了几种 MNE 活动的动机，其中所描述的特征十分重要，对于这些特征的运用将贯穿全书。第 4 章则给出了过去 40 年里经济学家和商务分析师对 MNE 和 MNE 活动增长的不同解释。我们先回顾了用于解释特定种类 FDI 或 MNE 活动其他方面的一系列理论，随后对三个更一般的理论或范式给予了特别关注。其中包含了贯穿全书的核心分析概念：国际生产的折中或 OLI 范式。第 4 章最后指出了广为接受的理论思考中存在的一些漏洞，并提出了一些未来可能会用到的处理方法。

第 5 章主要关注两件事。这一章的第一个任务是研究我们发展的理论框架对管理和战略领域，特别是那些与企业资源基础观和知识基础理论有关的领域的影响。第二个任务（也是这一章的主要贡献）是考察了 Douglass North 对制度理论所做的改进的重要性，他的贡献主要是将制度理论应用于国际商务领域，以及对如何将制度视角整合进折中范式做了探讨。第 I 部分最后一章（即第 6 章）在我们提出的理论框架的基础上探讨了一些有关 IB 活动演化的事实。这一章梳理了在过去的一个世纪或者更长的时间里，企业和国家竞争优势性质和价值的变化，以及这些优势怎样引致了企业在其国境之外的增值活动的发展。

第1章

定义与数据来源

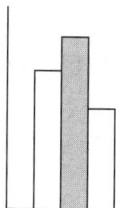

1.1 跨国公司的性质

□ 1.1.1 通用定义

多国或跨国公司是这样一种企业，它们参与国际直接投资（FDI）并在两个或更多国家拥有或在某种程度上控制着一些增值活动。[①] 这是一家跨国公司（MNE）的门槛定义，并且被学术圈和商业界广泛接受，包括诸如经济合作与发展组织（OECD），UNCTAD的投资、技术与企业发展部（DITE）[②] 在内的数据采集机构，以及大多数国家政府和超国家实体。同时，一些学者和从业者发现，应当将那些从事境外独资生产的企业，与那些进行大量海外投资的企业和/或致力于境外和国内运营一体化管理和/或组织战略的企业加以区分。特别地，商务分析师喜欢对这样两种MNE加以区分：一种是管理着一组基本彼此独立的多国境外子公司的跨国公司，每个子公司都主要为本地市场生产商品和提供服务；另一种是将子公司视为区域或全球资产创造和资产开发活动协调网络重要组成部分的跨国公司。

---

① 在本书中我们将交替使用术语"transnational"和"multinational"。前一术语被联合国跨国公司中心（UNCTC）于1974年采用，其原因在于一些拉丁美洲国家希望能够精确地定义那些在拉丁美洲某一国家注册并在另一国家进行投资的企业，以便与在拉丁美洲之外注册的跨国公司加以区分。后者则是发达国家、商务界和大多数学者的首选术语，同时也是我们在本书中最经常使用的表述。随着时间的推移，这两个术语之间的差异变得越来越模糊，如今"transnational"和"multinational"经常被交替使用。然而，为了与Bartlett和Ghoshal（1989）提出的模型相一致，"transnational"一般用于指代"实行完全一体化和多维组织战略的MNE"。术语"enterprise"、"firm"、"corporation"和"company"也往往是同义的，虽然我们也承认这几个词汇都有其特定的法律内涵。"global"企业有其具体的含义，它指的是这样一家企业：它在全球每个主要地区都从事增值活动，并且致力于这些活动的一体化战略。例如，参见Yip（2003）和本书第Ⅱ部分。

② 1992年更名为联合国跨国公司中心（UNCTC）。

过往的研究提出了数个用于评价一家企业多国化或跨国化程度或强度的标准。[①]这些标准包括：

1. 它拥有或可以行使控制权的境外子公司或联营公司的数量和规模；

2. 国家的数量，在这些国家中它拥有或以某种方式控制增值活动，例如矿山、种植园、工厂、销售网点、银行、写字楼和酒店；

3. 它的境外子公司占其全球资产、利润、收入或雇佣规模的比例；

4. 它的管理和所有权国际化的程度；

5. 它的更高价值活动，例如研究与开发（R&D）国际化的程度。需要强调的是，这个标准主要是为了将境外生产的质量或深度，以及境外子公司获取或直接创造新知识的贡献考虑进来；

6. 它对在不同国家开展的经济活动网络进行治理并施加影响，由此产生的系统优势的程度和模式也是一个标准；

7. 它在多大程度上将制度和资产的创造和使用权以及财务和营销的决策权转让给境外子公司。

虽然这些标准的每一个都有助于描绘出 FDI 和国际生产不同类型的轮廓，但显然仅通过这些特征就将企业视为跨国公司有些太武断了，更不可能用于识别区域和/或全球公司。此外，一个企业的多国或跨国经营度最好被视为一个多维而非单维的概念。由于没有哪一个国际活动的单一指标可能捕捉到每个企业的关联维度，所以目前大多数研究倾向于采用综合衡量指标，例如，采用下列三个指标的平均值来表示。这三个指标分别是：境外资产占全球资产的比例、境外雇佣占全球雇佣的比例、境外销售占全球销售的比例。

上面这个综合衡量指标自 1995 年起就被 UNCTAD 采用，并将它称为主要的 MNE 的跨国指数（TNI），这一指数每年作为《世界投资报告》（*World Investment Report*）的一部分出版。这一指标使我们能够将一些企业予以区分，例如，宝华特公司与联合利华公司。前者是一家加拿大纸浆和造纸企业，2005 年其有 58% 的生产能力位于海外，却只有 5% 位于美国之外；后者存在于全球 150 个国家，且其 63% 的营业额来自欧洲之外。[②] 下一章将给出在全球经济中跨境经济活动总体增长的所有证据，需要强调的是，这些变化相当大的程度上取决于企业的跨国经营水平，无论是根据活动的地理扩散，还是根据活动跨境整合的程度，都是如此。例如，基于 UNCTAD（2006）的数据可知，在 2004 年世界上最大的 100 家非金融类 MNE 中，有 84 家的 TNI 在 40% 以上。[③] 诸如阿斯利康、联合利华、雀巢、飞利浦和沃达丰之类的 MNE，每一家的 TNI 都在 80% 或 80% 以上。此外，平均而言，大多数

---

① 对于这类文献的综述，参见 Sullivan（1994，1996）和 Ramaswamy 等（1996）。一般而言，学者们要么尝试量化企业境外生产（或其代理指标）的价值，要么尝试从国际而非国内视角来识别企业管理态度、组织程序、运营战略和绩效计算的程度。前者如今主要采用量度技术和熵测度方法，其早期实例参见 Rolfe（1970）、UNCTC（1973）、Stopford 等（1980）、Stopford（1982）、Michel 和 Shaked（1986）以及 Kim（1989）。后者的早期实例参见 Behrman（1969）、Aharoni（1971）、Vernon 和 Wells（1981）、Kogut（1983）以及 Bartlett 和 Ghoshal（1989）。也可参见第 15 章。

② Bowater Annual Report 2005；Introduction to Unilever，February 2007.

③ 有关 TNI 的更多细节参见本书第 2 章。

MNE——特别是非美国的 MNE——这一指数自 20 世纪 60 年代早期已经显著上升了。世界主要工业和服务业 MNE 的全球竞争力越来越多地直接源自其境外经营，包括中间产品和知识的境外外包（Dunning 和 Lundan，1998；Dunning 和 McKaig-Berliner，2002）。

另外，还有三个与之类似的指标也值得一提。第一个是由 van Tulder 等（2001）提出的，在 SCOPE 项目中，他们收集了世界最大企业中的 200 家企业的类似比率，以及（被选取的）欧洲和非欧洲 MNE 增加或减少其资产和销售额在欧洲份额的程度。使用 1993 年和 1995 年数据，SCOPE 项目发现，非欧洲（主要是美国和日本）MNE 略微增加了它们的欧洲份额，而欧洲企业则与之相反。[①]

第二个重要的指标是由 Rugman（2001，2005）提出的，他把注意力集中在测度世界上最大的来自三联体的那些 MNE 将销售控制在本区域（即北美、欧洲和亚洲）或者扩散到两个或三个区域的程度。这一指标的初期形式是 Templeton 全球业绩指数，其评价的不仅仅是《财富》全球 500 强企业的跨国程度，而且还有这些企业境外经营的财务表现。这一研究的主要发现是，不管是从利润、财产还是收入角度衡量，企业的国内和国外活动总是有着相当大的业绩差异，这意味着 MNE 执行全球战略的能力是有局限性的（Gestrin 等，2000）。在稍后的研究中，Rugman 和 Verbeke（2004b）发现，就《财富》全球 500 强企业中数据可得的 365 家企业而言，只有 9 家企业能被恰当地视为全球性企业，到目前为止它们在每个三联体区域都有至少 20％但不超过 50％的销售额。

一个显然是针对 Rugman 全球化量度的批评认为，Rugman 没有重视 MNE 产出的地理目的地，也没有注重投入来源的地理目的地。事实上，如同 Rugman 和 Verbeke（2004b，2007）他们自己承认的，MNE 上游部门活动可能比其销售和分销更易国际化。此外，随着融入全球经济的国家数量的增加，企业全球化的程度可能也会增加。然而，这一点可能与 Rugman 最初的观点关系不大，Rugman 认为，本地区域仍可能对企业战略产生重大影响，甚至在 MNE 谈及全球化时它们的决策一定是建立在对其最重要的市场需求和机会的把握上，特别是在境外经营的盈利能力落后于母国的情况下更是如此。[②]

第三个指标源自 Dunning（2002a）为从 MNE 活动的全球扩散中将区域剥离出来进行评估和分离所作的尝试，他从 SCOPE 项目数据出发，将目光聚焦在欧洲 MNE 在母国之外（但仍在欧洲范围之内）从事增值活动的程度，并与世界其他地区做比较。他发现，1998 年，在主要的欧洲 MNE 中有 38 家，它们境外资产的大约 37％在欧洲之外。在这些公司中有 12 家公司，这一比例超过了 50％，包括制药、食品、饮料和烟草 MNE，以及那些来自英国、瑞士和荷兰的最为全球化的公司。然而，在欧洲 MNE 中有三分之二，它们境外资产的大部分都位于欧洲的其他地方。

如果把 MNE 限制在其拥有的境外增值活动范围之内，一个相当不同的令人遗憾之处就是，许多这样的公司也通过许可协议、交钥匙工程和战略联盟等各种方式从事各种跨境非股权合作经营，这其中的每一种方式都可以使它们在某种程度上控

---

① 1995 年欧洲 MNE 销售额的 71.3％在欧洲市场实现，而非欧洲企业的相应份额却仅为 20.8％。

② 也可参见 Dunning 等（2007）有关区域化/全球化争论的宏观层面的补充性观点。

制或影响与这些经营相关的境外增值活动。同时，MNE 也越来越多地参与和经济活动相关的国际网络，例如，与供应商和工业用户发生关系。在这种网络中，网络成员之间的交易关系即使很少被正式规定，通常也按照习俗或传统被绑定在一起。事实上，随着 MNE 系统越来越倾向于专注于自己的核心增值活动，这些安排变得越来越重要。① 本章 1.1.3 节会更加详细地阐述这一点。

□ 1.1.2　MNE 的特性

MNE 是从事国际商务的几种组织之一。特别地，它有两个"亲属"。一个是国际贸易企业。与国际贸易企业相同，MNE 从事跨越国境的商品和服务交易，但不同之处在于，MNE 的这些交易都是在内部进行的，无论是在其拥有或控制的境外资产增值前还是增值后都是如此。一个是多样化或多元化的国内企业。与多样化或多元化的国内企业相同，MNE 从事多种经济活动②，但不同之处在于，除在注册国外，MNE 至少在一国或多国从事一些经济活动。

MNE 之所以是 MNE，是因为它具有两个鲜明的特征。第一，它参与、组织和协调多种跨越国境的增值活动；第二，它至少对这些活动产生的中间产品的若干跨境市场进行了内部化。除了 MNE，没有其他机构同时从事跨境生产和交易。

一家 MNE 可以由私人或公众（即国家）拥有和管理。如果是前者，其股份由一小群私营投资者持有，或广泛持有并可在证券交易所交易。它可以是一家拥有或管理着多国活动网络的大型多元化全球企业，也可以是一家进行单一境外营销经营的单一产品企业；它可以是一家由私募股权管理的企业（UNCTAD，2006）；它可以是一家由移民资本提供资金支持的创业企业（UNIDO，2007）；它也可以是一家天生的全球化企业（Hashai 和 Almor，2004；Knight 和 Cavusgil，2004）。它可以是一家境外证券组合能追溯到很多年前的企业，也可以是最近才成立的企业。它的资产可以由单一国家的公民或机构所有并控制，也可以由单一国家控制但归多国管理和拥有，或是由多国拥有和控制。事实上，大多数 MNE 由单一国家控制但由多国拥有，这意味着它们的顶层管理者仍然主要是母国国民，但其股东遍布全球。

大多数 MNE 很容易被视为源于单一国家。例如，帝国化学工业公司很容易被认为是一家英国公司，福特被认为是一家美国公司，日本电气公司被认为是一家日本公司，沃尔沃被认为是一家瑞典公司，西门子被认为是一家德国公司，三星被认为是一家韩国公司，以及诺基亚被认为是一家芬兰公司。然而，这些 MNE 中的每一个都在世界各地的多个证券交易所发行它们的股票，其董事会成员也来自多个国家，与此同时，它们在母国之外开展的增值活动的比例也在上升。越来越多的 MNE

---

① 在本书中，我们所指的与 MNE 相关的活动包括的组织形式可以恰如其分地被作为 MNE 治理体系的组成部分。也可参见第 5 章。

② 单一的经济活动被定义为，通过将一种投入或多种投入组合转化为单一的相同产出来增加价值的活动。这类活动的末端产品可以是中间或最终的商品或服务。最终的商品和服务被定义为仅仅用作消费的商品和服务。中间的商品和服务被定义为用作更进一步的增值活动的商品和服务，可能包括那些已经完成但在出售给最终消费者之前仍需追加生产（如营销和分销）的商品或服务。

（区域）总部也搬迁了。① 更困难的是识别这样一种 MNE 其所有权的真实国籍，它自身完全或者部分地为外国利益集团所拥有。随着全球或区域一体化程度的加深，这些"衍生"或间接的 MNE 活动也可能会增加。

的确，企业国际化正在削弱所有权国籍的重要性，而所有权国籍被视为影响企业国民经济福利贡献的一个特征。这类与母国经济兴衰捆绑在一起的 MNE 的竞争力越来越弱，其增长也逐渐放缓。从东道国角度看，外资子公司在劳动力技能、R&D 和生产率的升级方面很可能与本土企业相比贡献更多。2006 年，雪佛兰 HHR——通用汽车公司的一种汽车——41％的组件是在美国和加拿大生产的，而日本丰田赛纳 85％的组件是在北美生产的。② 早在 1989 年，Robert Reich（1990）就发现，超过三分之一的中国台湾对美国贸易顺差来自那些在中国台湾地区生产或购买产品并在美国销售或使用这些产品的美国企业。相同的公司采购行为在很大程度上解释了当今美国与中国的贸易失衡。

此外，从 1994 年到 2002 年，美国公司在国外开展的研究工作占其全球 R&D 工作的比例从 11.5％上升到 13.2％；与此同时，瑞典 MNE 的相应比例在 1995 年和 2003 年分别为 21.8％和 42.5％（UNCTAD，2005c）。同时，在东道国由境外子公司开展的 R&D 份额也从 1996 年的 11％上升至 2002 年的 16％，这是发达国家的情况；发展中国家的情况则是从 2％上升至 18％（出处同上）。真实的情况是，创新活动的所有权和区位彼此之间正变得越来越独立。事实上，在一些由全球生产商控制的工业部门，特别是制药、汽车和电子产品行业，以一种有意义的方式来区分增值活动的所有权国籍正变得越来越困难。有关这一事实的一些影响将在第Ⅲ部分和第Ⅳ部分进行详细讨论。

□ 1.1.3 MNE 境外参与的形式

传统意义上，国际直接投资行为已经实现了企业国界外生产的区域扩张。FDI 与国际证券组合投资（或间接投资）在两个方面有着重要的不同。第一，前者涉及一系列资产或中间产品的转移，包括金融资本、管理和组织的专门知识、技术、企业家精神、激励结构、价值观和文化规范，以及通往跨国界市场的通路；后者只涉及金融资本的转移。③

第二，与资产和中间产品的公平贸易不同，FDI 并不涉及所有权的变更；换言之，使用被转移资源的决策控制权保留在投资实体手中。另一方面，资产和中间产品的间接交换是由市场来组织的，但其直接交换是由投资层在其内部进行管理的。

从法律上说，一家企业属于单一国家企业或 MNE，其边界是由其所有权确定的。在与另一组织——不论私有或公有——共享所有权的情况下，如果企业自身持

---

① 最近的案例是石油服务公司哈里伯顿的（区域）总部，有计划地从得克萨斯州的休斯敦搬迁到了迪拜（"Halliburton to move its head office to Dubai"，*Financial Times*，March 11，2007，www.ft.com）。

② "Which is more American?"，*USA Today*，March 22，2007，www.usatoday.com.

③ 类似地，作为 FDI 的一部分，其他资产或中间产品（例如技术、管理能力和营销权）的单独转移可以被视为证券组合资源转移的一种形式。Dunning 和 Dilyard（1999）探讨了这一思想。

有多数股，它就依法有权控制合资企业的所有决策。如果企业只是持有少数股权，那么它至多拥有共享权。然而，大多数国家都认为，只要一家单一投资企业可以对一家境外企业的管理或组织施加显著程度的控制或影响，就应当将这种境外投资视为直接投资。的确，在 IMF（1993）的《收支平衡手册（第五版）》（*Balance of Payment Manual*，5th edition，BPM5）中，FDI 被定义为"投资涉及的是一种长期关系，其反映了单一经济体的居民实体（直接投资者）对该投资者所居住的经济体之外的另一经济体的居民实体的持续利益。直接投资者的目的是对其他经济体中的企业管理施加显著影响"。[①] IMF 和 OECD 两者都建议将 10% 的股份持有量作为识别直接投资的依据。即便如此，到现在依然没有就拥有这种有效话语权所需持有的最小股份量形成企业国际层面的共识，但对于大多数国家而言这一比例很可能在企业总股本的 10%～25% 之间。[②] 用于汇编直接投资数据的会计系统，在不同国家之间并不总是可以进行直接比较。

私募股权市场跨境性的增加带来了另一种复杂性。私募股权市场不仅包括诸如对冲基金这样的投机性投资，而且包括不同类型的风险资本。后者涉及管理的积极监督，以及提供额外的财源、咨询和网络，从而能够促进目标公司实现其增长目标。鉴于投资者的积极参与和他们持有股票份额的程度，将这类投资归类为证券组合投资是不对的。同时，一个典型的 5～10 年的时间跨度不足以成为永久性控制利益的表征（UNCTAD，2006：18）。根据 UNCTAD 的估计，集合投资基金占跨境兼并与收购（M&A）交易的份额已经从 20 世纪 80 年代末的 5% 左右增长到 21 世纪初的 15% 左右。

就划定企业边界的标准而言，一旦从重视控制转移到重视影响，就如同打开了潘多拉魔盒。这里有很多 MNE 的例子，它们对自己 100% 所有的子公司在日常决策上实际只能施加非常微弱的影响，也有同样多的只持有少量境外股权的企业施加了相当大的影响。如果影响或者发言权就是判断标准的话，为什么只把目光放在少数股权投资上呢？那些参与企业间合作的日本商社网络中的企业的情况又如何呢？在德国银行与工业企业之间形成交叉持股关系的情况又如何呢？正如本书后续章节阐明的，与其他国家企业缔结采购协议的企业，有时可以在协议中赋予自己对分包商施加重要财务或运营控制的权力。在许多方面，这些协议可以被认为是一种准内部化的形式；在这种情况下，"准"暗示其是一种局部、特定和有时间限制的控制，不同于来自股权的控制，后者被认为是全部和无时间限制的。

然而，还有其他一些问题。更难处理的是那些现在被企业打造成承担具体职能的合作联盟。如果塔塔（一家印度企业）与 TLF（一家法国企业）达成协议，让后者在欧洲市场推销其皮革产品，那么销售应该算作谁的功劳？如果荷兰飞利浦与德国西门子同意分担计算机断层摄影术（CAT 扫描）设备的 R&D 费用和成果，那么

---

① BPM6 的初稿于 2007 年发布，手册的修订当时预计 2008 年完成。《OECD 的国际直接投资基准定义（第三版）》与 BPM5 完全一致（OECD，1995a）。

② 只要持有的普通股股权或投票权达到 10% 或以上，一些国家就将外国人在其境内的投资（外来投资）或本国个体或企业在其境外的投资视为直接投资而非证券组合投资，这些国家包括美国、加拿大和澳大利亚。与此相比，德国和法国采用的这一正式边界百分比曾是 20%、新西兰曾是 25%。

究竟应该如何精确地在各自的收入报表中分配呢？成为美国新泽西生物医药产业集群的一部分又可能给境外子公司带来怎样的学习收益呢？

下一步，我们还需要了解 MNE 对其供应商、客户和竞争对手的影响。如果一家汽车组装企业将减震器的生产分包给一个独立的零部件供应商，并且是这个供应商的唯一客户，那么就一种非常现实的意义而言，后者可能会被认为是由前者控制的。同样地，如果一家铝制造企业完全依赖于单一铝土矿供应商提供其原材料，那么这一供应商可以说控制了这家铝制造企业。那些支配着许多位于印度的呼叫中心的美欧大客户则是另一个例子。最后，在一个特定部门占主导地位的 MNE 可能以各种方式影响规模较小的竞争对手的战略、绩效和行为。

基于以上提到的和更现实的原因（参见第 1.2.1 节），本书所采取的方法是将 MNE 定义为一家在不止一个国家从事 FDI 并组织商品或服务生产的企业。实践中，许多 MNE 也拥有或控制着多种经济活动。由于境外生产高度集中于世界最大的那些企业[1]，也可以理解学者们为什么往往将注意力集中在具有一定规模的 MNE，或具有最低限度地理分布的 MNE[2]，或那些对其国内外运营追求特定战略的 MNE。[3]同时，学界达成了越来越广泛的共识，不断增加的参股合资企业、合作联盟和契约网络关系应被视为 MNE 影响和控制领域不可缺少的重要组成部分。

1.2 对跨国活动程度与模式的测度

□ 1.2.1 数据来源与类型

在试图评估 MNE 活动在全球经济中的程度和模式时，乍看之下，若干数据来源似乎是可得的。然而，在实践中我们的选择严重受制于那些定期公布的信息的质量和可比性。自然地，收集和使用哪些统计资料将取决于收集这些数据的目的以及分析的层次。组织学者对信息的要求可能不同于营销学者或经济学者，而 MNE 自身对信息的要求可能不同于政府、超国家实体、工会或民间团体。最适合评估子公司在东道国或各部门作用的数据不同于那些评估 MNE 对世界经济重构产生影响所需的数据。评估 FDI 对世界劳动力数量和质量的影响显然需要就业数据。为了评估 FDI 对收支平衡的影响，对贸易和投资流量以及利润和股息的统计数据可能是更为相关的，而 R&D 支出和企业内部技术支付这样的数据对于评估 MNE 对创新能力的贡献来说可能是一个有用的起点。

---

① 更多细节参见第 2 章。例如，2004 年排名前 100 位的非金融类 MNE 占 MNE 所有境外资产的大约10%。

② 20 世纪 60 年代，Raymond Vernon 在对于 MNE 境外活动的范围和模式的开创性研究中，把这一标准定为一家企业至少在六个国家拥有制造业子公司。

③ 尤其是，Jack Behrman 一直以来特别仔细地将分散且大体上独立的企业 FDI 行为与对企业全球运营一体化和协调战略的追求区分开来。他倾向于将"跨国"公司这一提法限定在后一类企业集团。例如，参见Behrman（1969）。

在更微观的层面，要对特定境外投资项目进行评价需要更详细的运营和财务数据。然而，作为衡量 MNE 活动对整体或行业经济重要性的一个指标，我们认为最合适的是在国界外的企业创造的增值，更加具体地说，就是在母国或东道国所积累的价值增加部分。在本书中，只要有可能，我们就使用这一测度来分析 MNE 境内外生产之间的相互作用，及其对运营所在国的经济福利产生的影响。

在第一版中，我们认为 MNE 及其活动的统计数据是碎片化的，数量上差别很大，并且这些数据在不同国家、行业和企业之间难以具有可比性，或经过一段时间后难以具有可比性。虽然许多问题在国家层面上仍然存在，即在那些负责收集境外投资数据的机构中仍然存在，最为典型的是在起草国民核算和收支平衡表的时候更是如此，然而，关于外来和对外投资存量和流量的基础数据还是比十五年前更容易获得。例如，自 1991 年以来 UNCTAD 每年都会出版《世界投资报告》，其主要目的之一是为了以不变的格式发布有关境外投资程度和模式以及跨国公司活动的信息。除此之外，UNCTAD 也出版《世界投资名录》（*World Investment Directory*）[1]，共九册，覆盖世界上每一个主要的经济区域，在 1992 年至 2004 年间陆续出版。

《世界投资报告》包括一套核心的比较（以美元计价）数据表，包括外来和对外投资的存量和流量以及跨境 M&A 的相关数据，这些数据是按年编制的。同时，每一份报告都聚焦一个特定的主题，例如经济一体化、就业、服务和经济发展等。相比之下，《世界投资名录》的条目以不变的格式一次报导一个国家，提供了丰富的有关 MNE 活动程度和影响的信息（用本国货币表示），包括 FDI 存量和流量以及本土和外来 MNE 子公司的销售额、资产和雇佣数据。近年来，欧盟统计局（2002）和OECD（2002a）也开始出版 FDI 报告，它们到目前为止主要聚焦于全球经济中选定的一些国家。

除了这些来源，基本的收支平衡数据可以从 IMF 的《收支平衡统计年鉴》（*Balance of Payment Statistics Yearbook*）得到，国际劳工局也定期编制与劳动相关的各种统计资料。[2] 此外，有一些国家、国际和产业的商务名录，如 Dun & Bradstreet 的《谁拥有谁？》（*Who Owns Whom?*），其按照运营国家分类，识别了那些更为重要的 MNE 以及它们的境外子公司。[3] 那些按照世界主要东道国区域细分的对未来 FDI 流量和存量的一些估计，也包含在每年出版的由《经济学人》智库编辑的《世界投资前景》（*World Investment Prospects*）中。[4]

除了这些报告的印刷版本之外，UNCTAD 还会在互联网上以可供下载的文件形式免费提供几乎所有的关键出版物，或者通过一个交互式的数据库分享这些数据信息。欧盟统计局、OECD 和 IMF 也提供大量的在线数据，虽然后两者需要付费订阅。因此，虽然我们仍希望在下一章介绍外来和对外投资的总体模式，但鉴于任何人都易于从互联网获得基本信息，我们还是重新设计了许多数据表格以期具有更多的附加价值，特别是可以一览较长时间跨度内的信息。

---

[1] 第 1 册名录是对由 Dunning 和 Cantwell（1987）合编的早期统计调查资料的一个拓展。

[2] 在收支平衡数据中，投资流量被称为"交易"，而投资存量被称为"头寸"。

[3] 也可参见 Stopford（1982，1992）以及 Stopford 和 Dunning（1983）关于最大的跨国公司活动的较早数据。

[4] 自 2006 年起，《世界投资前景》由位于纽约的哥伦比亚大学的哥伦比亚国际投资项目联合出版。

对于 MNE 及其活动的数据而言，有两个主要的和数个次要的来源。主要来源一是企业自身（或其子公司），二是其运营所在的母国和东道国政府。① 次要来源包括大多数国际或区域经济机构，如 UNCTAD、世界银行、IMF、国际劳工局、OECD 和欧盟统计局、产业与商业贸易协会、民间社会团体和学者。

国家层面的数据表明，尽管大多数国家只进行对外和外来 FDI 存量（通常基于调查或样本做不定期编制）以及 FDI 流量（主要来自收支平衡统计资料）的数据收集，而一些政府，如澳大利亚、加拿大、德国、爱尔兰、瑞典、英国和美国的政府却编制了相当全面的外来和对外 MNE 活动的统计资料。一些东道国，特别是在那些境外 MNE 子公司发挥了重要作用的东道国，对本国和外资企业在境内的运营贡献做了区分。这类数据包括境外子公司的销售、雇佣、出口和进口、工资和利润，有时也包括 R&D 支出。② 此外，覆盖范围和分类问题使我们难以做出有意义的跨国比较，但可以获得的这类数据可以对对外和外来直接投资的地理和部门定位给出一个合理的指示，也可以给出这类投资对母国和东道国的相对意义。第 2 章将介绍这些统计资料的一部分。

美国 MNE 境外子公司运营的最全面的数据，以及那些外资企业在美国子公司经营的最全面的数据，都由美国经济分析局（BEA）收集。③ 每年美国的对外直接投资款项以及相关的资本和收入流量都会记入详细的表格，汇总到《当今商务调查》（*Survey of Current Business*）中。此外，每年都会出版关于美国母公司及其境外子公司运营的调查数据，包括诸如资产负债表、损益表、雇佣和雇员报酬以及商品和服务的贸易和销售之类的运营和财务数据。这些数据每五年就会由更广泛的基准调查数据进行补充，最近的一次是在 2004 年完成的。在外来投资方面，年度数据同样刊登在《当今商务调查》中，最近的基准调查是在 2002 年完成的。另外，通过将 BEA 企业层面的数据与人口普查局的所有美国企业的编制数据相结合，可以得到外国 MNE 在美国子公司的详细编制数据。④

对数据各种可获得来源的研究表明，从既全面又具可比性的统计资料中只可以获得关于跨国活动的三个指标，即对外和外来的外资存量、基于这一资本存量的收益以及新的投资流量。这些变量以及 MNE 子公司数目的一些部门信息也会由主要的投资母国和东道国收集，并发布在一年一度的《世界投资报告》中。对 29 个 OECD 国家而言，其他投入和产出层组的信息，例如雇佣、R&D 支出、进口和出口，这些信息在国家层面上的数据是可以获取的，但除此之外，把主要 MNE 或其

① 因此，例如，目前美国对其境外直接投资每五年做一次调查，而英国则是每三年收集一次英国企业境外资产和外资企业在英资产的数据。不同国家对跨国公司活动数据的发布的不同态度部分反映了其收集这类数据的能力差异，部分反映了其对这一问题重要性的认知，部分反映了其对发布数据的态度。一些发展中国家收集了相当多的外来直接投资的数据，但选择不公开它们。其他国家，包括一些发达国家（如瑞士）对本土和外来的跨国公司活动不做官方询问，我们对这些活动信息的收集主要依靠私人询问。

② 应当指出的是，这类数据对于进行此种评估来说是必要但不充分的。例如，MNE 或其子公司的实际雇佣情况应当与在其不存在的情况下的雇佣情况进行对比。与跨国活动的程度和模式不同，评估跨国活动对雇佣产生影响的方法将在第 III 部分的一些章节中进一步讨论。

③ 参见 Lipsey（2001a）关于 BEA 数据收集历史以及其他与 MNE 相关的数据来源的论述。关于美国外来投资数据的指南，参见 Quijano（1990）。关于对外投资，参见 Mataloni（1995）。

④ BEA 行业层面的数据可供下载，但企业层面的数据仅限于直接为 BEA 工作的研究人员使用。

子公司的数据复制形成数据库，例如 Compustat 或 Worldscope 数据库，从这些数据库获取信息是一个更好的选择。发布在这些数据库中的数据其覆盖范围和规模各不相同，但它们倾向于反映企业财务报表的信息。从根本上讲，这些数据的质量反映并取决于企业提供的统计数据的质量、数据编辑者对数据的诠释能力。当然，关于 MNE 活动的范围和模式有大量的其他定量和定性信息，其中大部分包含在过去 40 年或更久以来有关这一主题的数以百计的书籍和报告以及数以千计的论文和文章中。

　　MNE 非股权参与或合作联盟的统计事实甚至更难获得。只有少数国家（尤其是美国、英国和德国）会发布跨境销售（包括工艺和经营，管理和营销服务的跨境销售）收支或国际非股权协议缔结数目的详细资料。到目前为止，大多数已经出版的关于 M&A 和战略联盟的数据由银行、会计师事务所、商业咨询机构和学者们编辑，其所需信息由个体企业提供或源自贸易和金融名录以及杂志和报纸报道。[1] 然而，一些政府（例如英国和美国）和欧盟委员会如今会发布一些涉及境外企业 M&A 的详细资料。一些产业贸易协会也会收集其成员企业境外活动的信息。在机动车、制药、电子消费品、石油、银行业和保险部门，有关 MNE 国际运营的非常有用的数据可以从这类来源获得。

□ 1.2.2　FDI 统计数据的质量缺陷

　　关于 FDI 的统计数据要注意的第一件事情就是它测量什么和不测量什么。由于 FDI 的存量和流量数据依赖于收支平衡定义，这些数据没有反映境外子公司的总资产或活动程度，却反映了境外子公司从母公司所在母国融资的比例。在大多数情况下，子公司也会从其他渠道筹措资金。当然，这不是数据本身的缺点，只是我们必须承认 FDI 存量和流量是 MNE 从事经济活动的代理变量，MNE 越来越涉及其他的融资形式，还有其他的基于非所有权（即基于合同）的活动。[2]

　　也会有如下情况，即使我们拿到了 FDI 数据，FDI 所代表的一些跨境资本流动也只是反映了市场的扭曲，而不是真正的经济活动。像中国内地和中国香港之间以及俄罗斯和塞浦路斯之间所谓的"返程投资"就属于这种情况，其目的只是为了利用提供给境外投资者的激励。[3] 还有一些例子，MNE 通过在一些国家，如英属维尔京群岛或百慕大群岛，或荷兰和卢森堡的控股公司进行 FDI，其通常将这些国家视为避税天堂（Desai 等，2006a；UNCTAD，2006）。

---

　　① 例子包括由荷兰马斯特里赫特大学的学者们编辑的关于战略技术联盟的 MERIT-CATI 数据库，以及由汤姆森金融证券数据公司（原证券数据公司）和 Mergerstat 公司开发的商业数据库。投资咨询公司 Translink 国际也出版兼并与收购的年度评论。

　　② 采用来自 BEA 基准调查的美国数据，Lipsey（2007）证明 FDI 数据是 MNE 活动的来源和目的地的合理代理变量，但随着时间推移，行业和国家的活动分布发生变化，导致其是一个较差的近似。他指出导致这一现象的原因有两个，一个是因为无形资产创造了许多 MNE 的绝大多数财富，以及这些无形资产是在企业内部分配的，它们的地理区位很难确定。另一个原因是 MNE 基于税收考虑，越来越倾向于采取复杂的所有权结构，并且使用多种方法跨境转移其无形资产。第 17 章将更详细地讨论转移定价问题，以及因此导致的多种实际经济活动测量上的失真。

　　③ UNCTAD 估计指出，返程投资可能占了中国内地外来 FDI 存量的 25%～40%，除中国香港外，较大的返程投资来自避税天堂英属维尔京群岛、百慕大群岛、巴拿马和开曼群岛（UNCTAD，2004：26）。

更何况是各国政府公布的数据的覆盖范围的差别——例如，在美国、德国和英国，境外资本存量数据覆盖了约 85%～95% 的企业，而在发展中国家境外资本存量数据覆盖的企业范围相对低了很多——在诠释公布的数据时基于一些原因需要采取相当谨慎的态度。例如，根据 UNCTAD 编辑的数据，全球外来与对外投资流量之间的差异在 2000—2002 年间达到 2 390 亿美元，这个数字占 OFDI 流量的 10%。在同一时期相应的 FDI 存量的差异达到 8 590 亿美元，占 OFDI 存量的 4%。虽然在世界出口和进口额中存在类似的差异，但这些差异远没有与直接投资流量相关的差异那样大，尽管与直接投资流量相关的差异不像与证券投资相关的差异那样大。① 因此，特别是在如今有关 FDI 的基本数据已经比较容易获得时，我们认为给出一些提醒还是有必要的。一些数据适用于评估所有企业的经济活动，但有些数据只是适用于 MNE，并专注于境外投资的定义和评估。

关于第一个问题，正如我们已经提到的，尽管学界已经在标准化境外投资的定义（拥有一家企业 10% 或以上的股权）方面做了许多工作，然而这一标准的变动范围仍然很大，使得区分证券投资和直接投资有时还是很困难的。一个使 FDI 数据的跨境可比性复杂化的主要的定义问题是一些国家没有发布其投资流量的详细资料，包括三个指标，分别是抵押资产的净值、公司之间的债务和再投资收益。尤其麻烦的是对再投资收益的处理，一些国家如丹麦、法国、日本、西班牙、新加坡和泰国形形色色，或是没有收集再投资收益的数据，或是收集了数据但并没有发布，或是只收集了外来或者对外交易其中之一的相关数据。

造成这个问题的主要原因是事实上再投资收益是境外投资款项中唯一来自东道国的主要款项，而不是从母国转移来的。② 由于再投资不产生银行系统的跨境交易，为了获取这些数据企业需要进行调查，而所有东道国都没有做这项工作。然而，由是否包括再投资收益所产生的投资流量差异可能是巨大的，而投资存量在境外延伸范围越广，再投资收益每年对境外投资流量的贡献就越重要（Lundan，2006）。第 2 章将给出再投资规模的大小。

OECD 国家通常不依靠投资审批机构来提供 FDI 数据，而由一些发展中国家提供的 FDI 数据或者根据 FDI 意图或批准情况收集，或者根据公布的实际投资情况收集（例如，印度和中国属于后一种情况）。另外，一些国家，如哥斯达黎加、印度尼西亚和马来西亚并不定期收集有关 FDI 存量的详细数据，这就需要根据过去的投资流量进行估计。最后，各国会以不同方式在不同时间（这使得学术研究者尤其苦恼）组织有关 MNE 活动信息的收集。此外，数据的质量和精度以及公布的数据的整合程度，可能会由于采集和编辑过程的保密性以及数据是否是自愿提供而发生改变。

度量的第二个主要问题涉及资本存量的价值。在大多数情况下，这可以用 MNE

---

① 例如，根据 IMF 出版的收支平衡数据，在 1994—2005 年间，世界出口与进口之间的年平均差异达到了 1%，而 FDI 的外来与对外流量之间的这一差异达到了 7%，证券投资的外来与对外流量之间的这一差异达到了 22%，并且后两者在不同年份之间有相当大的差异。参见 Bellak（1998）为解释这种差异的深层原因所作的深入讨论。

② 估价调整或者在调整 FDI 存量以反映汇率变动时发生，或者在出售根据历史价值入账的境外资产且调整其价值以反映市场价格时发生。估价调整是境外投资存量的另一组成部分，其所反映的境外投资存量不是来自母国的资源的直接转移。

或其子公司的历史或者账面资产价值表示，很可能是对它们现有市场价值的一个相当大的低估。学者们试图采用两种方法进行补救。第一种是在资产重置成本（考虑折旧）下对 FDI 存量进行重新估价；第二种是利用企业现有的证券市场价值在市场价格下计算它。无论选择哪种方法，重新估值的存量可以使用通用或当地货币以及恒定或现行价格表示。[1] 以市场价格重新估值通常可能产生比以重置成本估值更高的估计，但也应该注意到，如果资产存量包括迥然不同的"老旧"投资，简单地将货币根据历史价格做出调整可能会导致对现值的过高估计。

后一个问题已经被 Cantwell 和 Bellak 解决了（Cantwell 和 Bellak，1998；Bellak 和 Cantwell，2004），他们开发了一个重新评估 FDI 存量的模型，其考虑了实际价格以及汇率的变化，并且通过这个模型产生的估计可以在不同国家和时间跨度内进行比较。比较 1960—1995 年间美国、英国、德国和日本以历史、恒定和现行价格计算的 FDI 存量，他们证实了以历史价值表示的 FDI 存量严重夸大了本应用作比较基础的实际或恒定价值。同时，历史数据相当程度地低估了现有的 FDI 存量。毫不令人意外，对诸如美国和英国这样的"老"投资国存量的重新估值，对结果影响最大。然而，这种变化并不总是可以预期的，因为价格和汇率可以在任何一个时点上产生相同或相反方向的影响。自 1991 年以来，BEA 也会出版在现行重置成本和市场价值下美国外来和对外 FDI 款项的定期估计，这些都证实了市场成本估计会超过现行成本估计的趋势，这两个可供选择的估值方法也都被证实会超过历史成本估计（Mataloni，1995；Nguyen，2006）。[2]

最后，各国处理通货折算调整的方法是不同的，采取的会计惯例也各不相同，特别是在处理资产折旧和贸易投资估值上有很大区别。[3] 此外，由于存在 MNE 的跨境转移定价，实际记录的公司内部的销售、成本和利润可能低估或高估其公平价值。

于是，并不令人惊讶的是，鉴于存在以上情况以及与 FDI 和相似数据的收集和记录相关的其他问题，有时很难调和母国和东道国提供的与 MNE 相关的相同变量的数据差异。因此，例如，2002 年从美国到中国的 FDI 流出量根据美国政府的记录是 9.24 亿美元，但根据中国政府的记录流入量却是 54.24 亿美元（UNCTAD，2005c：4）。这个特别的例子中的差异程度可能相当极端，但那些比这一案例差异稍小的情形很常见。我们承认关于这些问题分析者可以做的十分有限——至少在宏观经济比较上——除了经常提醒他或她自己，所有估计的质量取决于估计所依据的数据的质量，而在许多情况下由于缺乏充分定义或谨慎分析，这些数据很可能会被误读和不恰当地诠释。

正如可以预期的那样，数据不一致不仅仅限于跨境比较。在本书的统计表中，我们试图尽可能多地保留历史数据，这样可以允许做一些较长时间段的对比。然而，这有时会产生意想不到的结果，比如对于法国而言，根据 UNCTAD 以往的数据，

---

① 也可参见 Miranti 和 Gray（1990）的论证，他们认为，汇率变化对估值调整的不同影响取决于其产生的原因（即通货膨胀率的不同或贸易条件的改变）。

② 也可参见 Eisner 和 Pieper（1990）的早期估计。BEA 采用的现行成本法利用子公司在工厂和设备方面的现行重置成本、为了对土地资产重新估值所使用的总价格指数，以及存货的重置成本（Nguyen，2006）。

③ 对于国家之间会计和报告惯例的差异分析，参见 Nobes（1999）。

1980 年的对外投资存量有 122 亿美元，而在 2002 年的《世界投资报告》中 1980 年的存量数据是 243 亿美元，这一口径中 1987 年之前的存量数据都是通过减去流量重新计算得到的。幸好这种情况十分罕见，从 UNCTAD 和其他国际机构获得的数据偶尔会经过相当大的修订以反映新的信息，或使现有统计更接近于一个共同标准。

尽管存在这种差异，一些国家已做出努力使它们的统计与 IMF 的 BPM5 标准兼容。在这方面，IMF 和 OECD 曾联合进行的一项调查表明，收支平衡数据在收集和出版上有了明显的改进。[①] 这项研究是《直接投资方法标准的执行情况调查》（*Implementation of Methodological Standards for Direct Investment*）（SIMSDI），它在 1997 年首次实行并在 2001 年进行了更新。它的前身是 IMF 的一项研究，即 1992 年出版的《国际资本流量度量报告》（*Report on the Measurement of International Capital Flows*），这份报告指出，国家未能记录再投资收益是全球外来和对外投资流量之间差异的最重要的来源。

SIMSDI 调查报告显示，四分之三的 OECD 和非 OECD 国家现在确认直接投资时使用 10％原则，许多不使用标准方法的非 OECD 国家使用的是批准投资数据而不是实际投资数据。然而，23 个（总共 29 个）OECD 国家在其投资数据中包括再投资收益；44 个（总共 85 个）非 OECD 国家的外来投资数据中包括再投资收益，但在涉及对外 FDI 时只有不到一半的非 OECD 国家会编制再投资收益数据。此外，在衡量再投资收益时，如果按照 BPM5 原则，应该只包括从正常运营中取得的收入，并排除资本收益和损失以及非经常性项目，然而只有 13 个国家完全按照这条规则。从追求完全统一的角度来看，各国在多大程度上应当将母公司及其子公司进行的直接投资纳入统计也存在很大差异。只有 15 个国家完全遵守这些建议，这好像是给我们一种暗示，即至少在这一时点上，使 MNE 账目能够完全反映直接和间接投资款项，这一目标可能过于雄心勃勃因而不具有可行性。

□ **1. 2. 3　境外投资流量的规模与稳定性**

因为大部分境外投资存量和流量的可获得数据来自国家账户，所以需要强调的是，基于收支平衡数据对 FDI 流量的度量是跨国投资真实程度的一个下界估计，这些数据仅仅反映了总体境外投资中由投资企业的母国出资的那一部分。如果大多数投资都是绿地投资，即一家企业决定在国外建立一个新工厂或一家组装厂，而企业资金来自母国投资，这就是一个合理的精确度量。这类投资带来了一系列金融、技术和管理资源，也是各国或各地区试图通过各种政策激励吸引的那类备受瞩目的投资。[②] 然而，在过去十年左右的时间里，大部分的 FDI 并不是绿地投资，而是采取了 M&A 的形式，其中从收购方的母国融资只占整个投资的一部分。在这种情况下，境外投资真实的影响和程度远超其对收支平衡的影响。

除了股权投资，无论是以绿地投资还是以 M&A 方式，另一个影响 FDI 流量大小的因素是再投资收益的比例，它代表的是对 MNE 境外子公司现有设施的累积投

[①]　这项研究的结果发表在 IMF/OECD（2003）联合报告中。

[②]　用于吸引投资和阻止投资的政策将在第 19 章中进一步讨论。

资。例如，如果一家美国 MNE 以 5 亿欧元的总价收购了一家荷兰企业并全权拥有它，这一收购中 60％的资金来自母国，其余 40％是母公司在国际资本市场上筹集的资金，虽然母公司完全控制子公司，但这一子公司在收支平衡方面的投资价值只有 3 亿欧元（或等值美元）。如果子公司随后每年获得 2 000 万欧元的利润，并将它再投资于商业，这项投资即代表另一笔从美国到荷兰的 1 200 万欧元的直接投资流量。虽然盈余再投资并不代表母国资金的实际转移，事实上，由于盈余代表着会被返回母国的资金，所以母公司参与了增值的境外投资。确实，随着时间的推移，该类增值投资完全有可能等于或超过初始股权投资的总量。

最后，应该指出的是，在过去十年里，很大程度上由于作为 FDI 流量组成部分的 M&A 的重要性，每年的直接投资流量已有相当大的变化。由于境外投资存量的度量比流量更稳定，前者总比后者更适合作为 MNE 境外活动的一个指标；而在任何给定的一年，在过去几年内的平均流量会比单一某年的流量更适合作为指标。此外，当 FDI 流量倾向于比其相应的证券组合投资更加稳定时[1]，它们对经济和政治的变化也是敏感的。例如，显著的变化可能由于新政府的上台引发，英国从中国香港撤离就是这种情况；或由于一个巨大市场的开放引发，在中国投资的"淘金热"就属于这种情况；或事实上由于投机市场的破灭引发，例如互联网泡沫的破灭。波动的另一个主要来源是意想不到或者极其不利的经济事件，例如，拉丁美洲、亚洲和俄罗斯的货币危机，以及 2001 年 9 月 11 日对美国袭击所产生的冲击，所有这些都发生在不到十年的时间里。[2] 所有发生的这些事件都是存在的并且会影响下一章给出的数据。

---

[1] 这是 1992—1997 年间阿根廷、中国、匈牙利、印度尼西亚、墨西哥、菲律宾、新加坡、泰国和乌拉圭的情况，而在巴西、智利和韩国，直接投资实际上的波动比证券组合投资流量更为剧烈。

[2] 墨西哥（和阿根廷）货币危机发生在 1994—1995 年间。亚洲危机 1997 年在泰国爆发，蔓延到马来西亚、印度尼西亚和菲律宾，后来蔓延到中国香港、韩国和印度尼西亚。1998 年，俄罗斯和乌克兰爆发危机，1999 年则是在巴西（和阿根廷）发生货币危机。互联网泡沫在 2000 年上半年开始破灭，恐怖分子攻击美国是在 2001 年，随后是伊拉克战争，这进一步削弱了投资者在世界各主要市场的信心。

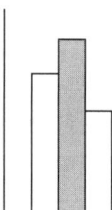

第 2 章

国际直接投资的范围与模式

2.1 引言

本章的目的是利用可获得的最新数据对 FDI 的模式和重要性，以及最近四十年来这些模式中发生的主要变化给出一个全面的概述。作为这一观点的补充，第 6 章还将追溯过去一个世纪经济活动国际化过程中的一些更加重要的历史标志。我们的考察范围覆盖了最大的投资母国和东道国，FDI 的部门分布，以及直接投资在股权、再投资收益和公司间债务这三个部分中的组成情况。我们也给出了关于那些最大的 MNE 在多国化或跨国化的程度或强度方面的信息，以及关于跨境 M&A 增长与 FDI 增长之间联系的信息。我们已经尽可能地保留了本书第一版的表格中包含的数据，以便能在一个较长时间段内进行比较。

本章运用数据的主要来源是由 UNCTAD 公布的各种版本的《世界投资报告》和《世界投资目录》①，以及包含在 OECD 数据库中的国际投资和全球化的数据。正如我们在前一章中讨论过的，收集这些数据的国家机关的目的在于汇编国际收支平衡以及其他统计项目。由于这些数据的固有性质，本章的重点是 FDI 的所有权方面，而非 MNE 的整体运营，后者可能不涉及股权参与，而且也可能含有从 FDI 之外的其他来源进行融资的活动。在第Ⅲ部分中，我们将进一步考虑 MNE 活动对其运营所在的母国和东道国经济体的影响，并给出增值和就业、生产率和盈利能力以及创新绩效等方面的数据。

---

① 国际投资和生产方面的第一本统计纲要是由 John Dunning 和 John Cantwell 为位于日内瓦的跨国企业研究所（IRM）编制的，并于 1987 年发布。随着 IRM 的解散，在同一批作者的初始指导下，UNCTAD 接手制作一个更加宏大的目录。

2.2　概述

□ 2.2.1　21 世纪初的情况

　　根据 UNCTAD（2006）的估计，全球国际投资对外总存量（按当期价格估值）在 2005 年已经达到 10.672 万亿美元，这一数据比 1990 年的估计存量 1.723 万亿美元增加了 5 倍。通常来说，FDI 流量与世界 GDP 的增长存在正相关，并且 FDI 存量作为世界 GDP 的一个组成部分，其重要性在过去二十年间日益突出。[①] 尽管总体上增长很快，但是在 2001 年和 2002 年全球对外 FDI 流量与前两年相比下降了 38%，一些原因在于互联网泡沫的破灭，随后的 2000 年世界股票市场崩溃、2001 年的"9·11 事件"以及 20 世纪 90 年代曾大幅度促进 FDI 增长的 M&A 浪潮的消散。

　　1990 年，国际子公司的总资产估计达 1.723 万亿美元，而根据收支账单中的记录，这些企业的国内外净资产总和很可能更接近 5 万亿美元。[②] 根据 UNCTC（1992b）的计算，对由资本总存量产生的销售和增值[③]所作的估计表明[④]，MNE 的贡献占了 20 世纪 80 年代中期世界市场经济体 GDP 的 25%～30%。此外，MNE 还贡献了世界商品贸易的大约四分之三[⑤]，以及这些经济体中技术和管理技能[⑥]贸易的大约五分之四。这些数据排除了 MNE 参与的非股权契约协议，或者战略联盟引起的资产、产出或贸易，尽管它们也被认为是非常重要的。[⑦] 此外这些数据还排除了外来企业在中东欧经济体和中国的活动，以及非市场经济体的国有跨国活动导致的对外直接投资。[⑧]

　　最近，UNCTAD 对 2005 年情况所作的估计表明，国际子公司的销售量目前已占到世界 GDP 的一半。尽管这些估计是近似值，并应当极其谨慎地对待——尤其是因为 GDP 是一个增值的量度，而销售量则不是——但这些估计也确实使我们获得了

---

　　① 就占 GDP 的百分比而言，对外和外来 FDI 存量的组合比重由 1980 年的 12.5% 上升到了 1990 年的 17.9%，随后上升到了 2000 年的 38.9% 和 2002 年的 43.9%（UNCTAD，2003b）。

　　② 根据 Stopford（1982，1992）、McMillan（1987，1991）和 UNCTC（1988）包含的数据估算。

　　③ 总产出等于生产所得的产品的价值；净产出或称增值，等于总产出减去从其他公司处购买的商品。净产出是企业对于经济活动所贡献的价值，并且可以在为这一产出作出贡献的那些生产要素和政府之间进行分配（例如通过直接税收）。

　　④ 这一估计来自多种来源（并作了交叉检验），包括 Stopford（1982，1992）、Dunning 和 Cantwell（1987），以及 1982 年和 1989 年美国对外直接投资基准调查中所包含的数据，还包括了几个主要东道国编制的 MNE 境外子公司增值数据。

　　⑤ 来自上述数据以及包含在 Dunning 和 Pearce（1985）中的数据。

　　⑥ 来自美国、德国和英国政府发布的非从属企业之间的跨境使用费和酬金的数据。也可参见 Dunning 和 Cantwell（1987：表 A11）。

　　⑦ 例如，如果假定使用费和酬金占付费企业增值的 10%，并将这一数字加到跨国公司产生的增值中，那么占 GDP 的比重将会从 25%～30% 上升到 30%～35%。

　　⑧ 就绝大多数而言，直到 20 世纪 80 年代后期，前一组活动都仅限于西欧和美国 MNE 在南斯拉夫、匈牙利和波兰所进行的一些合资企业活动（详情参见 McMillan，1987）。

有关全球经济中 MNE 的范围和重要性的一些认识。本章随后的几节将着重关注
MNE 活动在产业和地理方面的构成，以及单个企业的贡献。

　　UNCTAD 基于国家机构数据所作的最新估计表明，2005 年全球大约有 77 000
家 MNE 母公司以及 770 000 家子公司。新增 MNE 的数量飞速增长，尤其是在发展
中国家。这些国家在 1994 年只占有 9％的 MNE 母公司和 58％的子公司，但到了
2002 年，相应的比例已经分别上升到了 22％和 60％。然而，从 1994 年到 2002 年这
段时间内，MNE 母公司和外来子公司数量增长最快的是中东欧地区，这一区域内的
MNE 母公司和外来子公司数量分别达到了 850 家和 242 698 家（UNCTAD，
2003b）。但需要指出的是，仍然应当非常谨慎地看待这些数据。这些数据可能在分
析趋势而非比较国家间差异时更为有效，这是因为 MNE 和国际子公司的定义，以
及数据收集机构的质量都千差万别。例如，2002 年的数据指出，罗马尼亚作为东道
国所拥有的外来子公司比整个西欧还要多，而来自韩国和丹麦的 MNE 母公司数量
都超过了美国的两倍！

　　根据占全球所有 MNE 相关活动 95％的 65 个国家的官方统计，Dunning 和
Cantwell（1987）进行了计算，指出 300 家最大的 MNE 贡献了 FDI 总存量的 70％。
这一研究给出的数据表明，最大的那些 MNE 所作的贡献是显著的。根据 UNCTAD
（2006）的最新数据，2004 年全球 100 强非金融类 MNE 的境外资产占了全球对外
FDI 存量的 46％。表 2.1 列出了 2005 年关于 MNE 活动范围的一些其他事实。

表 2.1　　　　　　　　　　　MNE 对于全球经济的重要性

	按现行价格计算的价值（十亿美元）				年平均增长率（百分比）		
	1982 年	1990 年	2000 年	2005 年	1986—1990 年	1991—1995 年	1996—2000 年
FDI 流入	59	202	1 271	916	21.7	21.8	40.0
FDI 流出	28	230	1 150	779	24.6	17.1	36.5
外来 FDI 存量	647	1 789	6 314	10 130	16.8	9.3	17.3
对外 FDI 存量	600	1 791	5 976	10 672	18.0	10.7	18.9
跨境 M&A	n/a	151	1 144	716	25.9	24.0	51.5
国际子公司销售额*	2 620	6 045	15 680	22 171	19.7	8.9	10.1
国际子公司总产出*	646	1 481	3 167	4 517	17.4	6.9	8.8
国际子公司总资产*	2 108	5 956	21 102	45 564	18.1	13.8	21.0
国际子公司出口额*	647	1 366	3 572	4 214	14.3	8.4	4.8
国际子公司人员规模（千）*	19 537	24 551	45 587	62 095	5.4	3.2	11.0
GDP	10 899	21 898	31 895	44 674	11.1	5.9	1.3
总固定资本结构	2 397	4 925	6 466	9 420	12.7	5.6	1.1
使用费和酬金收入	9	30	66	91	21.2	14.3	7.8
商品和非要素服务出口额	2 247	4 261	7 036	1 2641	12.7	8.7	3.6

注：带 * 的数据基于 UNCTAD 的估计。
资料来源：UNCTAD（2006）；2000 年的数据来自 UNCTAD（2001）。

□ 2.2.2 一般趋势

MNE 活动唯一的相当全面且可靠的时间序列数据是基于其 FDI 总存量和每年投资流量的数据。1962 年以来，关于世界最大的工业企业的国际和全球生产的一些信息也是可以获得的。为了获得有关 MNE 在全球经济中的角色转变方面的一些概念，这些数据可以与一系列宏观经济变量（尤其是 GDP 和世界贸易）相关联。

根据 UNCTAD（出处同上：9），从 20 世纪 80 年代中期开始，FDI（存量和流量）的增长一直比世界 GDP 和世界出口额的增长更为明显，这一情况与先前 20 世纪 60 年代的增长期类似。然而，正如我们在前一章中所讨论的那样，以历史价格量度的 FDI 存量是无法与通过现行价格或实际意义表达的 GDP 等变量进行直接比较的（Bellak 和 Cantwell，2004）。当比较 FDI 存量随时间的增长与出口和 GDP 随时间的增长时，这一问题尤为突出。事实上，Bellak 和 Cantwell 指出，当通过不变价格和汇率进行估值时，1960—1995 年间，FDI 存量在"传统"的投资国——美国和英国——的增长仅仅比它们各自的 GDP 增长略微多一些；就美国的情况而言，FDI 存量的增长率只有其出口增长率的一半，同时也低于国内投资的增长率。然而在"新兴"的投资国——日本和德国，FDI 的增长相对于出口和国内投资的增长要强势得多。

除了调节收支平衡统计的困难，还需要注意的是，此处和下文的大多数表格中的数据都是以美元计价的，因此它们可能反映了汇率波动和其他一些实际因素的影响。这对于主要的对外投资国来说尤为重要，例如就英国而言，英镑对美元的汇率从 1979 年的 2.43 波动到了 1983 年的 1.09，而到了 1991 年初则到了 1.96，1993 年到 2000 年间则稳定在 1.5 左右，到了 2007 年初又上升到 1.93。然而，数据表明直到 1981 年，来自主要投资国的对外直接投资流量在货币价值上是持续上升的，但在随后的四年里却大幅度下降，主要原因是经济衰退、日益严重的债务危机和主流世界货币体系的重新布局。然而到了 1986 年，资本输出恢复到了一个新的高峰，而在 1987 年到 1989 年之间，资本输出达到了 20 世纪 80 年代前五年的四倍多。事实上，除了少数例外，MNE 子公司的销售额价值在这个阶段是持续上升的，表明子公司的活动越来越多地受到了当地来源，或者当地或国际资本市场的支持。

接下来的几节将表明，虽然 FDI 的国际数据受到美国 MNE 的强烈影响，但在 20 世纪 90 年代欧洲投资的增长和 21 世纪初若干新兴经济体投资的增长一道，已经显著地改变了 FDI 存量在地理来源上的格局。除了主要新兴投资者的涌现之外，FDI 流量的构成成分也随着时间而不断变化。尤其是在 1999—2008 年间，已经出现了两轮狂热的 M&A 活动，第一次是在 1999—2001 年间，第二轮是在 2005—2008 年间。在第一个繁荣期和 2005 年，每年有超过 6 000 个跨境 M&A 案例发生，其中有一百个以上的案例其单独价值均超过了 10 亿美元（UNCTAD，2006：16）。

每次 M&A 活动的高峰都使 FDI 存量得到了显著的提升，尽管我们需要再次强调 FDI 仅仅是这些跨境交易融资的一个组成部分。表 2.2 列出了跨境 M&A 从 1990 年开始每五年一个间隔的销售和购买额。尤其值得注意的是，服务行业 M&A 的比重自 2000 年以来占了所有 M&A 购买额总量的大约三分之二，而金融服务业占了这一份额中的一大部分。值得注意的另一点是在矿业和石油行业的 M&A 活动从 2003 年开始显著增长（UNCTAD，2007）。① 参与跨境 M&A 活动的国家数量正在增长，其证据之一是 2005 年跨境 M&A 活动中 17% 的总销售额和 13% 的总购买额涉及了发展中国家（UNCTAD，2006：40）。

表 2.2　跨境 M&A 案例按行业分类的销售额和购买额，1990—2005 年间(百万美元)

		1990	1995	2000	2001	2002	2003	2004	2005
总计	购买	150 576	186 593	1 143 816	593 960	369 789	296 988	380 598	716 302
	销售	150 576	186 593	1 143 816	593 960	369 789	296 988	380 598	716 302
第一产业	购买	2 131	7 951	8 968	6 537	9 309	4 227	4 766	105 544
	销售	5 170	8 499	9 815	28 280	12 751	7 714	6 978	115 420
农、林、渔	购买	47	182	1 472	784	37	228	648	234
	销售	221	1 019	1 110	316	265	1 350	1 245	1 824
矿、石、油	购买	2 084	7 769	7 496	5 753	9 272	4 000	4 119	105 310
	销售	4 949	7 480	8 705	27 964	12 486	6 363	5 733	113 596
第二产业	购买	79 908	93 784	302 507	199 887	115 460	112 758	119 674	148 742
	销售	75 495	84 462	291 654	197 174	137 414	129 713	134 975	203 730
食品、饮料、烟草	购买	13 523	22 546	60 189	23 238	20 996	23 307	22 735	24 904
	销售	12 676	18 108	50 247	34 628	32 072	29 597	23 870	44 816
纺织、衣物、皮革	购买	3 363	1 569	3 741	1 129	549	681	256	4 646
	销售	1 281	2 039	2 526	3 510	915	676	1 585	2 133
木材、木制品	购买	6 717	6 466	18 342	12 498	5 258	2 671	3 916	3 671
	销售	7 765	4 855	23 562	13 878	7 325	2 765	3 769	5 280
煤炭、石油、核能	购买	7 051	6 679	40 701	30 971	28 201	20 260	13 138	769
	销售	6 480	5 644	45 015	31 167	33 018	24 267	15 108	1 892
化工制品	购买	15 260	28 186	24 085	22 935	20 958	16 927	31 290	37 914
	销售	12 275	26 984	30 446	26 462	20 370	22 927	41 788	54 438
橡胶塑料制品	购买	1 904	4 852	1 214	1 535	819	893	747	1 356
	销售	2 745	4 313	4 723	2 406	2 257	1 582	570	2 443
金属制品	购买	3 076	1 472	12 713	20 081	9 015	11 390	4 541	18 452
	销售	4 426	2 515	16 782	12 890	10 034	8 083	4 579	29 460
机械机器设备	购买	1 906	3 760	12 938	20 130	3 432	1 932	4 722	5 187
	销售	1 750	5 103	8 980	4 073	2 564	4 332	6 688	5 274

① 尤其是来自发展中国家的 MNE 进行的跨境 M&A，例如中国在非洲的石油勘探和矿石精炼行业的 FDI（UNCTAD，2007）。

		1990	1995	2000	2001	2002	2003	2004	2005
电子、电器	购买	7 190	7 576	68 284	29 097	8 678	7 817	18 216	14 365
	销售	6 114	5 581	53 859	25 732	8 556	5 409	12 998	15 055
机动车与	购买	8 369	2 267	30 852	5 127	6 516	6 322	4 010	9 455
交通工具	销售	7 390	2 657	25 272	5 662	8 590	5 760	3 639	11 052
第三产业	购买	68 423	84 824	832 303	387 425	243 771	180 002	256 156	461 969
	销售	69 911	93 632	842 342	368 506	219 623	159 561	238 645	397 152
电、气、水	购买	332	10 466	84 409	17 953	57 866	13 440	17 596	25 826
	销售	609	12 240	46 711	21 047	61 572	15 909	24 799	38 259
建筑	购买	257	1 160	2 921	1 397	1 041	1 048	610	2 922
	销售	533	1 738	5 170	2 167	1 465	1 089	3 324	6 232
贸易	购买	5 502	6 937	19 184	17 312	22 886	10 761	13 087	15 166
	销售	7 630	7 048	27 610	23 308	16 710	13 183	26 445	29 232
酒店、餐饮	购买	3 769	5 319	2 335	5 821	1 433	5 496	1 268	2 058
	销售	8 728	6 358	10 191	10 529	3 860	4 142	4 618	7 604
运输、仓	购买	4 785	6 085	368 954	112 498	37 115	21 598	24 634	66 215
储、通信	销售	14 460	8 225	365 673	121 490	30 824	34 724	36 214	97 502
金融	购买	43 671	45 368	241 282	181 234	90 787	114 150	174 096	290 454
	销售	21 722	31 059	183 665	122 005	41 903	54 790	81 809	93 795
商业服务	购买	6 377	4 843	82 790	33 111	29 805	9 090	22 387	48 900
	销售	11 831	9 715	137 416	54 319	47 248	23 565	55 261	93 127

资料来源：UNCTAD 数据库和 UNCTAD（2006）。

除了跨境 M&A 的重要性日益增加之外，FDI 流量在组成方面的变化还反映在股权流动、再投资和公司间贷款这三者的相对份额上。正如我们在前一章所论述的那样，随着对外 FDI 存量的成熟，再投资可能占据 FDI 流量中更大的份额。投资国之间再投资程度的差异十分显著，这可能部分反映了子公司盈利能力和/或公司政策的不同，后者包括税收计划（Lundan，2006）。一些"传统"投资国，例如美国、瑞典和瑞士，在过去的十年左右的时间内，再投资占了其每年对外投资流量的三分之一到二分之一。[①] 同时，美国作为东道国而言，近期外来的再投资率总的来说比较低，这可能反映了外来子公司在这一国家相对较低的盈利率（Mataloni，2000；Jones 和 Gálvez-Muñoz，2002）。[②]

既然 FDI 流量的所有三个组成部分都是可正可负的，它们之间就可以互相抵消，因此累积的利润回流或大规模的贷款偿付都会减少 FDI 的净流出量。例如，2004 年德国外来 FDI 的流入量是负的，这一时期公司内部贷款的大笔偿付抵消了股权流动和再投资并仍有剩余，这一剩余也是负的（UNCTAD，2005c：85）。与之类似，撤资部分地抵消了对外 FDI 正的流出，1983—2002 年间，撤资占了英国 FDI 年平均总

---

① 例如，根据 BEA 的数据，在 1982—2001 年间，美国 MNE 境外子公司所赚取的收入中平均有 46% 被母公司用作再投资。

② 在 2005 年，美国 MNE 将异常高的利润回流母国，这是由于 2004 年的《美国工作岗位创造法》的具体条款，这些条款允许美国 MNE 以一个较低的税率回流 2004 年或 2005 年其境外子公司的收入，只要这些款项再投资于美国境内的商业运营活动。

跨国公司与全球经济（第二版）

流量的 24%，以及美国 FDI 年平均总流量的 31%（UNCTAD，2003b:205）。

2.3 主要的对外投资者

□ 2.3.1 事实

1980 年，12 个发达国家占了全球对外直接投资总存量的 94%。其中最主要的四个国家——美国、英国、联邦德国和荷兰——占了全球对外直接投资总存量的 73%。这一时期，在 UNCTC（1983）识别的 MNE 的 98 000 家境外子公司中，来自这 12个国家的 MNE 的境外子公司占了 97%，来自最主要的这四个国家的 MNE 的境外子公司占了 70%。到了 2005 年，表 2.3 中识别的 14 个国家占了全球对外投资总存量的 78%，主要的四个投资者——美国、英国、法国和德国——仅占了总量的 48%。

尽管美国迄今为止一直是最大的对外直接投资者，其占世界直接资本存量的份额还是从 1960 年的 47% 平稳地下降到了 1980 年的 42%、1990 年的 24% 和 2005 年的 19%。1962 年，美国拥有全球 500 个最大的工业企业中的 61%，而到了 1982 年美国仅拥有其中的 44%（Dunning 和 Pearce，1985）。2006 年《财富》全球 500 强名单中，美国公司仍然是数量最多的，但如今其占总体比例仅为 34%。

1973—2002 年间，四个主要的欧洲投资者（英国、德国、荷兰和法国）和日本一共占了 FDI 累积存量的 43%，相比之下，在 1973 年这一比例只有 30%。对外FDI 存量数据的另一个特征（没有在表 2.3 中得到体现）是若干较小的发达国家所占份额增长率的激增。例如，1990—2002 年间，丹麦、奥地利、以色列和葡萄牙所占的份额均增加了一倍多。

对外投资流量的趋势与存量类似。表 2.4 表明，美国作为主要对外投资者的地位相对而言正在持续下降，而例如英国、法国、西班牙和比利时/卢森堡这样的一些欧盟投资者的重要性则迅速提高。美国作为国际直接投资者地位的相对下降在很大程度上是意料之中的。这主要反映了欧洲国家重新成为主要的对外投资者，而日本成为了一个主要的全球参与者。

然而，最令人印象深刻的也许是一些发展中和转型经济体开始成为重要的对外投资者。[①] 表 2.5 给出了一些细节。从中可以发现，最引人注目的增长是由中国香港、新加坡、中国台湾、中国大陆、巴西和俄罗斯记录的。

---

① 对于发展中国家的构成并没有一个单一的定义。列于本章中的表格遵循 2005 年 UNCTAD 对中欧和东欧国家所作的再分类。在这一分类中，加入欧盟的国家除保加利亚和罗马尼亚外，都作为发达国家归入 EU-25中，而其余国家被归入东南欧和独立国家联合体（CIS）中。发展中国家包括 NIC（新兴工业化国家），通常被称为新兴经济体，同时也包括被归类为 LDC（最不发达国家），其特征是低收入（人均 GDP）、较弱的人力资源和低水平的经济多元化。

表2.3　主要投资母国和地区对外 FDI 存量（十亿美元）

国家/地区	1967		1973		1980		1990		2000		2005	
	数值	占 GDP 百分比	数值	占 GDP 百分比	数值	占 GDP 百分比	数值	占 GDP 百分比	数值	占 GDP 百分比	数值	占 GDP 百分比
发达经济体	109.3	4.8	205.0	5.1	507.4	6.2	1 642.2	9.6	5 578.3	22.8	9 271.9	27.9
欧盟	na	na	na	na	293.1	6.2	810.3	11.5	3 050.1	36.8	5 475.0	40.7
英国	15.8	14.5	15.8	9.1	80.4	15.0	229.3	23.2	897.8	62.4	1 238.0	56.2
法国	6.0	7.0	8.8	3.8	23.6	3.6	110.1	9.0	445.1	33.5	853.2	40.5
德国	3.0	1.6	11.9	3.4	43.1	4.7	151.6	9.1	541.9	29.0	967.3	34.6
比利时和卢森堡	na	na	na	na	6.0	4.9	40.6	19.4	179.8	72.5	386.3a	103.8
荷兰	11.0	33.1	15.8	25.8	42.1	24.5	106.9	36.3	305.5	82.4	641.3	102.6
西班牙	na	na	na	na	1.9	0.9	15.7	3.0	167.7	28.9	381.3	33.8
意大利	2.1	2.8	3.2	2.4	7.3	1.6	60.2	5.5	180.3	16.8	293.5	16.6
瑞典	1.7	5.7	3.0	6.1	3.7	3.0	50.7	21.2	123.2	51.4	202.8	56.5
其他西欧国家	na	na	na	na	22.1	13.1	77.0	21.3	593.0	139.1	769.3	112.0
瑞士	2.5	10.0	7.1	16.2	21.5	21.1	66.1	28.0	229.7	93.4	394.8	107.4
挪威	na	na	na	na	0.6	0.9	10.9	9.4	362.6	217.2	365.1	123.3
北美洲	na	na	na	na	244.0	8.2	515.3	8.1	1 553.9	14.8	2 450.6	18.0
美国	56.6	7.1	101.3	7.7	220.2	8.1	430.5	7.5	1 316.2	13.5	2 051.3	16.4
加拿大	3.7	5.3	7.8	6.1	23.8	9.0	84.8	14.8	237.6	33.3	399.4	35.3
其他发达国家	na	na	na	na	28.3	2.1	239.5	6.9	381.4	7.2	576.9	10.5
日本	1.5	0.9	10.3	2.5	19.6	1.9	201.4	6.6	278.4	5.9	386.6	8.5
澳大利亚	na	na	na	na	2.3	1.5	30.5	9.8	85.4	22.0	159.2	22.5
发展中经济体	3.0	0.6	6.1	0.6	16.5	0.9	148.7	4.3	871.0	13.4	1 273.6	12.8
世界	112.3	4.0	211.1	4.2	523.9	5.3	1 791.1	8.6	6 471.4	20.6	10 671.9	23.9

注：带 a 的数据仅为比利时时数据。na 表示不可获取。

资料来源：1967 年和 1973 年数据来自基于 Dunning 和 Cantwell(1987) 的 UNCTAD 数据；官方国家和国际数据以及《世界发展报告》的多个版本。1980 年数据来自 UNCTAD(2001)。1990 年、2000 年和 2005 年数据来自 UNCTAD(2006)，这些年份的欧盟国家数据汇编为 EU－25。1990 年至今，世界总量包括发达国家、发展中国家以及单独分册的 CIS 国家数据。

表 2.4

主要投资母国和地区对外 FDI 流量

国家/地区	1998	1999	2000	2001	2002	2003	2004	2005	1970—1979	1980—1989	1990—1999	2000—2005
	（十亿美元）								年平均占世界总量百分比			
发达经济体	642.6	1 036.8	1 107.8	681.7	489.4	510.6	685.7	640.7	0.99	0.94	0.89	0.89
欧洲	444.5	765.7	871.4	474.0	281.7	317.0	368.0	618.8	0.44	0.52	0.57	0.59
瑞士	18.8	33.3	44.7	18.3	8.2	15.4	26.8	42.9	na	0.03	0.03	0.03
EU—25	421.9	727.1	813.1	435.4	265.8	286.1	334.9	554.8	0.43	0.48	0.53	0.54
英国	122.8	201.5	233.4	58.9	50.3	62.2	94.9	101.1	0.16	0.18	0.14	0.13
法国	48.6	126.9	177.4	86.8	50.4	53.1	57.0	115.7	0.04	0.07	0.08	0.11
德国	88.8	108.7	56.6	39.7	18.9	6.2	1.9	45.6	0.09	0.08	0.10	0.03
比利时和卢森堡	28.8	122.3	86.4	100.6	12.3	38.9	33.5	22.9	0.02	0.02	0.05	0.05
荷兰	36.5	57.6	75.6	50.6	32.0	44.2	17.3	119.5	0.09	0.06	0.06	0.06
西班牙	20.2	44.4	58.2	33.1	32.7	27.5	60.5	38.8	0.00	0.01	0.03	0.05
意大利	16.1	6.7	12.3	21.5	17.1	9.1	19.3	39.7	0.01	0.02	0.02	0.02
瑞典	24.4	21.9	41.0	7.3	10.6	21.1	21.0	25.9	0.01	0.04	0.03	0.03
美洲	168.5	247.1	197.6	157.8	166.0	146.7	265.2	15.9	0.49	0.24	0.25	0.24
美国	131.0	209.4	142.6	124.9	134.9	129.4	222.4	-12.7	0.44	0.19	0.21	0.19
加拿大	34.4	17.2	44.7	36.0	26.8	21.5	43.3	34.1	0.05	0.05	0.03	0.04
亚洲	25.3	23.6	34.9	39.0	33.3	30.9	35.5	48.3	0.06	0.15	0.06	0.04
日本	24.2	22.7	31.6	38.3	32.3	28.8	31.0	45.8	0.06	0.15	0.06	0.04
发展中经济体	50.3	68.7	133.5	79.8	45.4	39.7	113.4	122.9	0.01	0.06	0.11	0.10
世界	694.4	1 108.2	1 244.5	764.2	539.5	561.1	813.1	778.7	1.00	1.00	1.00	1.00

资料来源：UNCTAD 数据库，以及本书作者的计算。

第 2 章

国际直接投资的范围与模式

表 2.5　　　一些发展中国家（地区）和转型经济体的对外 FDI 存量（十亿美元）

母国/地区	1980	1985	1990	1995	2000	2001	2002	2003	2004	2005	2005 年占 GDP 百分比
亚洲											
中国香港	0.1	2.3	11.9	78.8	388.4	352.6	309.4	339.6	403.1	470.5	264.7
新加坡	0.6	1.3	7.8	35.0	56.8	72.2	85.8	90.5	105.4	110.9	94.1
中国台湾	13.0	13.3	30.4	42.6	66.7	70.8	76.9	84.1	91.3	97.3	28.1
中国	na	0.9	4.5	17.8	27.8	34.7	37.2	33.2	35.0	46.3	2.1
马来西亚	0.2	1.4	2.7	11.0	22.9	26.3	30.8	33.6	41.5	44.5	34.0
韩国	0.1	0.5	2.3	10.2	26.8	29.0	31.1	25.0	32.2	36.5	4.6
印度尼西亚	0.0	0.1	0.1	5.9	6.9	7.1	7.2	7.3	10.7	13.7	5.0
印度	0.1	0.1	0.1	0.5	1.9	2.6	4.0	5.8	7.1	9.6	1.2
土耳其	na	1.2	1.2	1.4	3.7	4.6	5.8	6.1	7.1	8.1	2.2
非洲											
南非	5.5	8.9	15.0	23.3	32.3	17.6	21.9	27.1	38.4	38.5	16.1
拉丁美洲											
巴西	38.5	39.4	41.0	44.5	51.9	49.7	54.4	54.9	69.2	71.6	9.0
墨西哥	1.6	2.0	2.7	4.2	8.3	12.1	12.9	16.6	22.2	28.0	3.6
阿根廷	6.0	5.9	6.1	10.7	21.1	21.3	20.6	21.5	21.5	22.6	12.5
智利	0.1	0.1	0.2	2.8	11.2	11.7	12.2	13.7	17.4	21.3	18.7
中欧和东南欧											
俄罗斯	na	na	na	2.4	20.1	44.2	62.3	90.9	107.3	120.4	15.7
欧盟的 10 个新成员	0.3	0.3	0.9	2.2	5.2	6.9	9.5	15.1	22.6	26.5	na

资料来源：UNCTAD 数据库，UNCTAD（2006）。

　　还应指出的是，中国香港对外投资的急剧上升可以部分归因于来自中国大陆返程投资的增加。对于返程投资程度的估计差异较大，占中国香港在中国大陆投资总量的比例从四分之一到二分之一均有（UNCTAD，2006：12）。尽管近年来这部分投资占中国投资的份额在某种程度上有所下降，中国香港仍然是在中国大陆进行投资的单个最大的投资者。然而，中国政府在 2007 年颁布了新的法规，取消了先前向外国投资者提供的优惠，因此返程投资的程度预期将会下降。①

□ 2.3.2　对外直接投资对母国的重要性

　　总的来说，在过去的 40 年里，主要工业国的对外直接投资存量占世界总量的份额与这些国家制造业商品和服务出口额占世界总量的份额是逐渐趋同的。比如，在 1960 年，美国 FDI 存量占世界总存量的份额与美国商品和服务出口额占世界总量的份额的比率是 2.74，英国、法国、德国和日本的相应比率分别为 2.01、0.99、0.12 和 0.20；到 1988 年，这一比率则分别为 1.92、2.54、0.79、1.05 和 1.57；到了 2000 年则为 1.73、3.35、1.51、0.89 和 0.61。

表 2.3 还表明，1967—2005 年间，相对于主要发达市场经济体的 GDP 而言，这些经济体的对外资本存量的重要性是持续上升的，尽管包括日本、瑞典和荷兰在内的一些国家的这一指标在 1980 年略有下降。这张表同样也表明来自不同国家的 MNE 其境外活动的相对重要性差异很大。较小的欧洲经济体，比如瑞士、比利时/卢森堡和荷兰，具有最高的重要性比率；而一些较大的工业经济体，比如美国、日本和意大利，这一比率是最低的。英国在这方面则是个例外，在 2005 年其对外 FDI 存量占到其 GDP 的 56%。

在表 2.3 的数据中，世界主要货币的汇率波动的影响也非常明显。例如，在 1980—1985 年间，美元对英镑的汇率从 2.39 下降到 1.45，即下降了 38%。这导致了英国 GDP 在美元标价下的下降，但是国际资本存量（其初始值并不使用英国货币表示）在美元标价下却并未下降。因此，英国的这一重要性比率比货币平稳的情况下上升了更多。相比之下，20 世纪 80 年代的前五年，货币相对于美元升值的国家（比如德国和日本），这一重要性比率的上升低估了这些国家 FDI 不断增加的重要性。1985 年的《广场协议》（The Plaza Agreement）结束了日元的升值，但是 20 世纪 90 年代汇率变动更加剧烈，尤其深刻地影响了主要的发展中经济体，包括巴西、墨西哥和韩国。

即便如此，表 2.4 和表 2.5 给出的数据也描绘了较为清晰的格局。尽管美国对外 FDI 的绝对量增长一直令人印象深刻，但其相对重要性已经大为下降，而若干较小的欧洲国家和数量不断增长的发展中经济体的情况则有所不同。确实，21 世纪早期出现了发展中国家 MNE 的第二轮对外直接投资浪潮，第一轮浪潮发生在大约 20 年之前。

20 世纪 70 年代后期，发展中国家 MNE 的出现与新竞争优势的产生同时发生，利用这一优势最好的方式是进行国际生产（Lecraw，1977；Lall，1983）。开始，这些优势通常基于母国（地区）的国家（地区）资源。例子包括印度的对虾罐头，阿根廷的肉类包装公司，马来西亚的橡胶公司，巴西和尼日利亚的咖啡加工企业，中国台湾的纸浆和纸张生产商，泰国的木材公司，等等。其次是稍晚一些的来自韩国、新加坡、中国台湾、巴西和印度的 MNE，它们提供的商品和服务范围相当复杂，并且开始积极融入电子消费品、汽车制造、飞机制造和酒店服务等行业，尤其是在亚洲地区的这些产业。到了 20 世纪 80 年代后期，一些亚洲和墨西哥 MNE 也开始参与跨境 M&A 活动，比如在水泥、玻璃、鸡肉和鱼罐头等行业。[①] 一些来自发展中国家的石油和钢铁产业的国有 MNE 也在这些国家进行投资的第一波浪潮中扮演了重要角色（Lall，1983；Wells，1983；Khan，1987；Oman，1989）。

来自发展中国家的新一轮投资热潮的出现反映在公布对外 FDI 流量的国家数量上——从 1985 年的 70 个上升到 2003 年的 122 个（Sauvant，2005：642）。与来自发达国家的投资类似，来自发展中国家的对外 FDI 也非常集中，仅仅六个经济体——

---

① 过去的例子包括 1988 年由印度尼西亚 MNE Mantrust 对美国的 Chicken of the Sea 完成的收购，以及 1989 年由泰国公司 Unicord 对美国罐头行业的第三大公司 Bumble Bee 完成的收购。

中国香港、英属维尔京群岛、俄罗斯、新加坡、中国台湾和巴西——就占到了 2005 年对外存量的 71%（UNCTAD，2006）。[①] 区域内的投资仍然非常重要，在亚洲，发展中国家的区域内投资据估计占了这些国家总投资的 40%，在拉丁美洲和非洲，这一比率则是大约 15%（Sauvant，2005）。

各种不同的动机构成了数量不断增加的发展中经济体投资模式的基础（UNCTAD，2006）。[②] 在过去几年里，像中国和印度这样的资源匮乏的大型经济体，在矿产和石油产业领域已经进行了重要的资源寻求型投资，特别是在非洲，也包括西亚和拉丁美洲（出处同上）。除了确保原材料供应外，2007 年印度的钢铁公司也进行了以提升产能为目的的大宗并购，比如米塔尔钢铁并购了 Arcelor（卢森堡），塔塔钢铁战胜巴西 CSN 的竞标并成功并购 Corus（英国/荷兰）。

2003 年起世界经济中商品经济的持续繁荣也推动了来自澳大利亚、挪威、巴西和俄罗斯这类资源相对丰富的经济体的一些大型 MNE 的投资，这些 MNE 进行 FDI 的目的是确保资源安全和推动对外扩张。确实，2007 年《金融时报》（*Financial Times*）识别了石油行业新的"七姐妹"：沙特阿拉伯的阿拉伯美国联合石油公司、俄罗斯天然气工业开放式股份公司、中国石油天然气总公司、伊朗国家石油公司、委内瑞拉国家石油公司、巴西石油公司和马来西亚国家石油公司。[③] 这七家公司目前控制了全世界石油和天然气产量和储量的约 30%。原先的"七姐妹"逐渐缩减为 20 世纪 90 年代的四个行业联盟，即埃克森美孚、雪佛龙、英国石油公司和荷兰皇家壳牌，其产量仅占世界总产量的 10%，储量仅占世界总储量的 3%。[④]

此外，根据 UNCTAD（2007），2003 年按储量和产量排名的世界 25 强石油和天然气公司中，有 15 家是来自发展中国家和俄罗斯的国有企业（SOE），另有三家拥有少量的国家所有权成分，即巴西国家石油公司（巴西）、埃尼集团（意大利）和卢克石油公司（俄罗斯）。而在 2004 年按产量排名的 25 强矿产公司中，7 家来自发展中国家，两家来自俄罗斯。然而，与石油产业不同，私人企业在矿产业是占据主导地位的。[⑤]

除第一产业外，市场寻求和资产寻求的动机组合是影响发展中国家企业对外 FDI 的主要动力。这些公司的境外扩张（尤其是在发达国家）越来越倾向于采取 M&A 的形式，因为这一形式不仅可以使投资公司有机会获得被收购方的技术和管理资产，也使其有机会获得被收购方的品牌、当地市场知识和已建立的分销渠道。例子包括中国联想公司收购 IBM 的 PC 业务、墨西哥的西麦斯通过在美国水泥产业的多宗 M&A 进行扩张、土耳其家电制造商 Arçelik 通过在欧洲内部的多宗 M&A 进

---

① 来自欧盟新成员国与东南欧/CIS 国家的对外 FDI 已经开始增长，但仍然以初级部门企业的对外投资为主，特别是来自俄罗斯的投资。

② 来自发展中国家的新一代 MNE 的特性已经得到了研究，例如 van Hoesel（1999）和 Kumar（2007）。

③ "The new Seven Sisters: oil and gas giants dwarf Western rivals", *Financial Times*, March 11, 2007, www. ft. com.

④ 然而，由于它们的一体化性质，这些企业从汽油、柴油和各种石化制品的销售中获得的收入比新的"七姐妹"要高得多。

⑤ 从东道国的角度来看，对当前的资源繁荣可能会导致新的"资源诅咒"存在一些担心，这种"资源诅咒"的产生是由于货币升值、制造业出口下降以及在过去寻租和腐败往往伴随自然资源投资而发生（UNCTAD，2007）。在若干非洲国家，石油、金属、木材和棉花行业出口的增长，特别是对中国出口的增长，已超越了制成品的进口，这导致了日益增长的贸易赤字。

行扩张、南非酒商 SAB 与美国米勒啤酒公司的合并以及巴西 AmBev 与比利时 Inter-brew 的合并（UNCTAD，2006）。其他一些案例是 Nayyar（2007）提供的，包括例如 Infosys 和 Wipro 这类印度信息技术（IT）公司以及例如 Ranbaxy 这样的一般制药业公司，它们通过在境外从事 M&A 获得知识和品牌，但它们也在全球范围内一些研究"热点"区域对 R&D 设施进行投资。[①] 印度公司在 2000—2006 年间所进行的跨境 M&A 中，有四分之三位于美国或欧洲；30% 在 IT 服务业，20% 在制药业（出处同上）。

除了更为成熟的 MNE 进行的收购外，一些来自发展中国家的较小公司也开始参与对外 FDI。特别是来自中国的公司，它们在中国政府"走出去"战略和庞大金融储备的支持下努力寻求境外市场和资源（Sauvant，2005）。例如，在美国中西部，中国公司收购了该区域的一些有财政困难的制造业公司，而获得消费者、销售和分销网络则是驱动这一投资的最主要的原因。[②] 同时，丹麦、爱尔兰、苏格兰、新加坡和瑞典这样的一些国家和地区的投资促进机构（IPA）已经在中国建立了"卫星（附属）办公室"，以鼓励中国在它们国家或地区进行对外投资（Sauvant，2005：678）。

最后，值得注意的是，2005 年对在 15 个撒哈拉以南非洲国家进行投资的 1 216 家外来公司所作的调查显示，这些公司的账面价值中位数为 150 万美元，接受调查的公司中有一半的企业雇佣人数少于 15 人（UNIDO，2007），而这些较小的投资大部分都来自其他的发展中国家。

▌ 2.4　主要的外资吸收者

☐ 2.4.1　事实

外来直接投资累积存量的结构相对于对外资本存量来说，集中程度要弱一些。尽管如此，在 2005 年，最主要的五个资本接受国（和地区）——美国、英国、中国香港、德国和法国——仍然占了总量的 40%。更普遍的是，发展中国家作为 MNE 活动的东道国所占的比例总是远远大于它们作为资本输出国所占的比例。然而，与发展中国家稳步增长的对外投资形成对比的是，其外来投资存量占世界总存量的比例从 1980 年的 39% 下降至 1990 年的 26%，2000 年重新上升到 30% 并再度于 2005 年回落到 27%。但是，近年来的小幅下降可能是部分由北美和欧洲 M&A 活动的繁荣导致的。同时，非洲的外来直接投资存量占世界总存量的比例一直非常低，约为 2.5%，但是这一比例预期在接下来的 10 年或更长时间内会由于中国和印度企业在非洲初级产业部门投资的显著增加而上升（UNCTAD，2006，2007）。

---

① 一些收购的尝试，特别是中国企业在美国所进行的尝试，也遇到了政治上的反对。这会在第 19 章中讨论。

② "Chinese Inward Investment：Rivals foster a welcome revival"，*Financial Times*，Special Report：The US Midwest，September 26，2006，p. 3.

关于外来直接投资存量的地理分布数据及其变化如表 2.6 所示。由于在覆盖范围、定义、报告系统、错误与遗漏记录方面存在的差异，加之数据基于东道国而非母国提供的原始数据（表 2.3 中的情况），因此外来和对外投资总存量的估计二者间是不能直接进行比较的。

表 2.6 也给出了发达国家和发展中国家的外来资本存量相对于 GDP 的重要性的细节，以及这一重要性在过去 40 年里的变化细节。从这个表中能得到的最明显的结论可能是，近年来尽管发展中国家作为一个群体只吸引了 MNE 活动的一个较少的部分，但这些活动却已经成为其国内经济越来越重要的组成部分。[1] 然而另一个同样引人注目的结论是，MNE 活动分别在发达国家和发展中国家这两个集团内部的分布已经发生了很大的变化。比如在发达国家集团内部，外来投资者的兴趣已经从一些传统的资源富裕型国家（例如加拿大和澳大利亚）转移到了领先的工业国，尤其是美国和欧洲大陆。日本则是主要的例外：在过去的二十年里，日本的外来 FDI 存量只占全世界总额的不到 1%。但是近年来，日本放松了先前施加于外来投资者的许多限制，2003—2005 年间，日本外来投资流量占了全球的 7.7%（UNCTAD，2006）。[2]

除了近期在初级产业部门的投资激增之外，FDI 的结构调整部分地反映了第二产业和第三产业在大多数经济体中日益增强的重要性，也部分地反映了汇率的调整，后者本身就反映了国家对外来投资者吸引力的变化。截至 2008 年，美国是最主要的外资吸收者（从 1979 年开始取代了加拿大的这一地位），在 1988 年美国的外来投资存量占了全球的 27% 或以上（占发达国家的 34%）——超过了所有欧洲国家或所有发展中国家吸收外资的总和。随着 FDI 总量的提升，美国所占的相对份额有所下降，但是在 2005 年美国占世界外来 FDI 存量的份额仍然最大（16%）。

在发展中国家集团内部，亚洲国家（除印度次大陆外）的外来跨国资本存量占发展中国家总量的份额从 1960 年的 15% 上升到 1988 年的 40% 和 2000 年的 62%。早期的增长大多集中在韩国、中国台湾、中国香港和新加坡这些新兴工业化经济体（NIE）。但是 20 世纪 80 年代中期开始，东南亚的第二代制造业"老虎"，即马来西亚、泰国和菲律宾，显著增加了其占新增外来投资的份额，尤其是来自日本的投资。马来西亚和泰国的外来投资在持续增长，越南和土耳其这样的国家也作为东道国涌现了出来，但 20 世纪 90 年代中国吸收的投资使得上述这些增长都相形见绌。拉丁美洲和加勒比地区在 20 世纪 60 年代和 20 世纪 70 年代的外来资本存量占所有发展中国家的 50%，1980 年下降到了 21%，在那之后有所恢复，达到了 2005 年的 34%。[3]这些地理上的重新布局很大程度上反映了外来公司的兴趣从资源基础型活动向制造业活动的转变。在过去的 35 年中的大多数时间里，拉丁美洲和东亚的 NIE 制造业的年增长率大多超过了 10%。此外，墨西哥的外来 FDI 存量占发展中国家总量的比重从 1990 年的 1% 上升到 2005 年的 8%，其北美自由贸易区（NAFTA）成员国身份无疑是一个重要因素。

---

① 例如，在 1958 年，发展中国家作为东道国占 FDI 累计存量估计量的 66%。

② 基于篇幅的考虑，对能够与表 2.4 的对外 FDI 流量形成比较的外来 FDI 流量并不具体以表格形式列出。

③ 虽然自 2000 年起，在投资方面由百慕大、英属维尔京群岛和开曼群岛等金融中心占据主导地位，但加勒比地区已经占了这一地区外来投资存量的大约四分之一。

表 2.6

表 2.6 主要东道国和地区外来 FDI 存量（十亿美元）

国家/地区	1967 数值	1967 占GDP百分比	1973 数值	1973 占GDP百分比	1980 数值	1980 占GDP百分比	1990 数值	1990 占GDP百分比	2000 数值	2000 占GDP百分比	2005 数值	2005 占GDP百分比
发达经济体	73.2	3.2	153.7	3.8	375.0	4.7	1 418.9	8.5	3 976.2	18.3	7 117.1	22.7
欧盟	na	na	na	na	185.7	5.3	768.2	10.9	2 179.7	26.3	4 499.1	33.5
英国	7.9	7.2	24.1	13.9	63.0	11.7	203.9	20.6	438.6	30.5	816.7	37.1
法国	na	na	na	na	22.9	3.4	86.8	7.1	259.8	19.6	600.8	28.5
德国	3.6	1.9	13.1	3.8	36.6	4.0	111.2	6.7	271.6	14.5	502.8	18.0
比利时和卢森堡	na	na	na	na	7.3	5.9	58.4	27.8	195.2	78.7	492.3*	132.3
荷兰	na	na	na	na	19.2	11.1	68.7	23.3	243.7	65.8	463.4	74.1
西班牙	na	na	na	na	5.1	2.4	65.9	12.5	156.3	26.9	367.7	32.6
意大利	na	na	na	na	8.9	2.0	60.0	5.4	121.2	11.3	219.9	12.4
爱尔兰	na	na	na	na	3.7	19.5	56.5	119.5	127.1	133.8	211.2	105.7
欧盟的10个新成员国	na	na	na	na	na	na	2.5	na	97.7	na	273.9	na
其他西欧国家	na	na	na	na	15.1	8.9	47.0	12.9	118.1	27.6	232.2	33.8
瑞士	2.1	8.4	4.3	9.8	8.5	8.4	34.2	14.5	86.8	35.3	172.5	46.9
北美洲	na	na	na	na	137.2	4.6	507.8	8.0	1 469.6	14.0	1 982.6	14.6
美国	9.9	1.2	20.6	1.6	83.0	3.1	394.9	6.9	1 256.9	12.9	1 625.7	13.0
加拿大	na	na	na	na	54.1	20.6	112.8	19.7	212.7	29.8	356.9	31.6
其他发达经济体	na	na	na	na	37.0	2.8	95.9	2.8	208.8	3.9	403.2	7.3
澳大利亚	na	na	na	na	13.2	8.8	73.6	23.7	111.1	28.7	210.9	29.8
日本	0.6	0.3	1.6	0.4	3.3	0.3	9.9	0.3	50.3	1.1	100.9	2.2
发展中经济体	32.3	6.4	54.7	5.4	240.8	10.2	370.3	9.8	1 756.5	26.3	2 757.0	27.0
亚洲和太平洋地区	8.3	3.9	15.3	3.6	174.5	14.3	193.8	9.0	1 066.4	26.5	1 555.1	23.2

第 2 章

国际直接投资的范围与模式

续前表

国家/地区	1967 数值	1967 占GDP百分比	1973 数值	1973 占GDP百分比	1980 数值	1980 占GDP百分比	1990 数值	1990 占GDP百分比	2000 数值	2000 占GDP百分比	2005 数值	2005 占GDP百分比
中国香港	na	na	na	na	138.8	487.0	45.1	59.4	455.5	275.4	533.0	299.9
中国	na	na	na	na	6.3	3.1	20.7	5.4	193.3	17.9	317.9	14.3
新加坡	na	na	na	na	6.2	52.9	30.5	82.6	112.6	121.7	186.9	158.6
韩国	na	na	na	na	1.1	1.8	5.2	2.0	37.5	7.3	63.2	8.0
泰国	na	na	na	na	1.0	3.0	8.2	9.7	29.9	24.4	56.5	33.5
马来西亚	na	na	na	na	5.2	21.1	10.3	23.4	52.7	58.4	47.8	36.5
印度	na	na	na	na	1.2	0.7	1.7	0.5	17.5	3.8	45.3	5.8
土耳其	na	na	na	na	0.1	0.2	11.2	7.4	19.2	9.6	42.2	11.6
中国台湾	na	na	na	na	2.4	5.8	9.7	6.1	17.6	5.7	41.9	12.1
越南	na	na	na	na	0.0	0.2	1.7	25.5	20.6	66.1	31.1	61.2
印度尼西亚	na	na	na	na	10.3	14.2	8.9	7.7	24.8	16.5	21.1	7.7
非洲	5.6	9.0	10.2	8.7	16.2	4.6	58.4	12.2	151.0	26.0	264.5	28.2
南非	na	na	na	na	na	na	9.2	8.2	43.4	32.7	69.4	29.0
尼日利亚	na	na	na	na	2.4	2.6	8.5	26.3	23.8	48.6	34.8	35.1
埃及	na	na	na	na	2.3	9.9	11.0	26.4	18.3	17.7	28.9	31.0
拉丁美洲和加勒比地区	18.5	15.8	28.9	12.3	50.0	6.5	118.1	10.3	539.0	25.8	937.4	36.7
墨西哥	na	na	na	na	8.1	3.6	22.4	8.5	97.2	16.7	209.6	27.3
巴西	na	na	na	na	17.5	7.4	37.2	8.5	103.0	17.1	201.2	25.4
智利	na	na	na	na	0.9	3.2	10.1	30.0	45.8	61.1	73.6	64.6
阿根廷	na	na	na	na	5.3	6.9	8.8	6.2	67.6	23.8	55.2	30.4
东南欧和CIS	na	na	na	na	na	na	0.1	0.2	70.3	15.9	255.7	21.2
俄罗斯	na	na	na	na	na	na	na	na	32.2	12.4	132.5	17.3
世界	105.5	3.8	208.4	4.1	615.8	6.0	1 789.3	8.5	5 802.9	18.3	10 129.7	22.7

注：＊表示只包含比利时数据。

资料来源：1967年和1973年数据来自基于Dunning和Cantwell(1987)的UNCTAD数据；官方国家和国际数据以及《世界发展报告》的多个版本。1980年数据来自UNCTAD(2001)。1990年，2000年和2005年数据来自UNCTAD(2006)。这些年份的欧盟国家数据汇编为EU-25。

最后，1990 年以来外资企业活动在中国大陆的显著增长以及同一时期对中国香港投资的增加，都需要得到一些解释。正如上文所提到的，这些投资中的很大比例可以理解为来自中国的返程投资，为了获得向外来投资者提供的关税减免和其他激励，中国投资者在这种投资中使其资金途经境外的避税天堂流回国内。由于这种投资可能采取许多伪装，估计返程投资的整体程度是非常困难的，但据估计这种投资可能占中国外来 FDI 存量的 25％～40％。除中国香港外，更高的估计包括途经英属维尔京群岛、百慕大、巴拿马和开曼群岛这些避税天堂的金融资本（UNCTAD，2004：26）。然而，2001 年中国加入 WTO 以及 2007 年中国宣布取消针对外来投资者的优惠政策会抑制这种行为。但是即便把包含的返程投资分离出来，中国也已经在仅仅十多年内吸收了大量的外来投资存量，其中很多是来自东亚其他发展中经济体的投资，并且遵循一个所谓的"雁行"投资模式（例如，参见 Ozawa，1996，2005）。

□ 2.4.2 外来直接投资对东道国的重要性

根据之前章节的分析，似乎可以得出这样的结论：外资 MNE 对最不发达国家的经济影响是不重要的，但是这一观点并不正确。相反，较为贫穷的一些经济体——尤其是在撒哈拉以南的非洲——强烈依赖于外来直接投资。

如表 2.6 所示，1980 年发展中国家整体的外来 FDI 存量占 GDP 的 10.2％，远高于发达国家整体的 4.7％。除 FDI 增长超过 GDP 增长外（尤其是 20 世纪 90 年代后期）[①]，外来投资存量占 GDP 的比率在 21 世纪早期也显著增长。1990 年和 2005年相应的重要性比率分别为发展中国家的 9.8％和 27.0％，以及发达国家的 8.5％和22.7％，尽管在每一组国家内部，外来 FDI 的重要性比率也存在相当大的差异。发达国家相对于发展中国家来说，平均拥有更高的显著性比率（FDI 增长以更大的幅度超过 GDP 增长），然而在 2000 年，超过半数的发展中国家的这一比率高于 20％。中等偏上收入的发展中国家拥有最高的 FDI 重要性比率，但几乎一半的中等偏下收入和低收入国家的这一比率甚至也都超过了 20％。

从 2002 年的《世界投资报告》开始，UNCTAD 每年都会发布所谓的东道国经济体的"跨国指数"的估计。就很多方面而言，这一指标是企业 TNI 指数的东道国对等物，因为它由四种重要性比率组成：外来 FDI 流量占固定资本形成总值的百分比（三年平均值），外来 FDI 存量占 GDP 的百分比，外来子公司增值占 GDP 的百分比，外来子公司人员规模占总就业的百分比。这些比率的平均数试图代表外来子公司活动对东道国经济体的重要程度（和由此得出的可能影响）。

特定国家的 TNI 值差别很大。意料之中的是，欧洲的较小型工业化国家具有最高的比率，特别是荷兰、瑞典，以及比利时/卢森堡、爱尔兰和丹麦。而对于美国、意大利、希腊或日本这类国家来说，这一比率显著地低于平均水准，因为这些国家的国内经济规模庞大，或是几乎不吸收外来投资（UNCTAD，2006:11）。我们将在第Ⅲ部分中给出更多关于 MNE 活动对母国和东道国经济体影响的详细数据。

---

①　然而，这一趋势在 2001 年和 2002 年终止，此时的世界 FDI 流量增长开始低于 GDP 增长（UNCTAD，2003b:3）。

最后，需要单独提及的是八个中欧和东欧国家，以及塞浦路斯、马耳他这两个小型经济体，它们在 2004 年加入了欧盟。在 1995—2004 年这十年中，这 10 个国家外来 FDI 的总量增长了五倍，达到 2004 年的 2 300 亿美元（UNCTAD，2005c:86）。其中最大的三个东道国——波兰、匈牙利和捷克共和国——占了这 10 国外来投资流量的大约四分之三。这些新成员国的外来资本存量占其 GDP 的比率在 2004 年达到了 39%，而欧盟 15 国的相应比率为 31%。

对于市场寻求型投资者来说，新成员国高于欧盟平均水平两倍的增长率无疑相当有吸引力，而效率寻求型投资则受到低工资水平的吸引，这些国家的工资水平即使根据生产率差异调整后仍然低于欧盟平均水平。虽然预期在一定时间以后工资优势将会消失，有迹象表明新成员国也开始吸引利用更高技能水平（包括设计、管理和 R&D 在内）的外来 MNE 活动。同样可以预期的是，随着加盟行为降低了政治和经济风险，老成员国的中小型企业（SME）也将会发现对中欧和东欧进行投资越来越具有吸引力（UNCTAD，2005c:86）。

虽然有以上预期，但从 1995 年开始，中欧和东欧的八个新成员国吸收外来投资占欧盟 25 国外来投资总量的份额是逐渐降低的，而且从绝对值角度考虑，2003 年和 2004 年每年的投资流量低于 1995 年的水平，尽管 2005 年捷克共和国和匈牙利吸收的投资有所上升（UNCTAD，2004:72，2006:299）。2003—2005 年间独联体（CIS）和东南欧国家的外来投资也出现了大幅增长，而俄罗斯、哈萨克斯坦、罗马尼亚和乌克兰一共占了这一地区外来资本总存量 2 560 亿美元的四分之三（UNCTAD，2006:306）。[①]

2.5 对外直接投资与外来直接投资之间的平衡

结合前面两节给出的数据可以得出两个明显的结论。首先，无论是完全工业化还是正在经历工业化的市场经济体，本国 MNE 的境外活动和外来跨国公司子公司的本地活动已经成为 GDP 日益重要的组成部分。1967 年全球外来与对外直接投资总量之和的价值仅占世界 GDP 的 7.8%，1980 年这一比率上升到了 11.5%，1990 年达到 17.3%，2005 年则达到 46.6%。

第二，对大多数国家来说，对外与外来资本存量之间似乎有一些日益明显的趋同迹象。尤其值得提及的是，美国的对外与外来投资存量的比率发生的变化——从 1967 年的 5.7 降到了 1980 年的 2.6、1990 年的 1.1 和 2005 年的 1.3。除了比利时/卢森堡这种特例外，2000 年后所有主要的发达投资国都成为净对外投资者。在 2005 年，发展中和转型经济体（除避税天堂国家外）中，只有中国台湾是净对外投资者，尽管中国香港、新加坡、韩国、马来西亚、印度尼西亚和俄罗斯的对外 FDI 流出在 1980 年之后都出现了相对大幅度的增长。

在某种程度上，这些变化反映了国家在不断变化的国际竞争力方面的重新排序，

----

① 保加利亚和罗马尼亚于 2007 年加入欧盟。

这一点已经由过去 30 年来发生的汇率调整给出了暗示。[①] 从 1960 年开始最大幅度地提高净国际投资地位的工业化国家（即日本、德国和一些 LDC）同时也是货币获得了最大幅度升值的那些国家，这并不是一个巧合。同时，货币贬值幅度最大的美国出现了对外和外来资本存量最大幅度的下降。英国作为净资本输出者不断波动的地位也与其货币价值的波动相一致：20 世纪 70 年代早期，英镑对美元汇率是 2.4，1979 年降到 1.1，1991 年 12 月恢复到 1.9，随后的整个 20 世纪 90 年代维持在 1.5 左右，2007 年 3 月再次升值到 1.9。

然而，政府政策与宏观经济环境以及生产和贸易结构中出现的其他变化，虽然较少轻易地在汇率变动中得到反映，却是同样重要的因素。因此，尽管加拿大元相对于美元的价值在 20 世纪 80 年代和 20 世纪 90 年代的大部分时间都是下降的，加拿大对美国的直接投资仍然增长迅猛——尤其是在不可贸易的服务部门，以及在 1994 年 NAFTA 生效以后。瑞典 MNE 境外增值活动的快速增长也反映了这些活动比在瑞典国内开展的活动具有更高（或预期更高）的盈利能力，以及对于瑞典经济竞争力的持续疑虑，尤其是在劳动密集型产业。战略联盟的增长很有可能也促进了 MNE 贸易与生产的相互影响。

2.6   对外与外来投资的部门组成

□ 2.6.1   经济活动的主要规则

供应和接收 FDI 的国家各自存在明显的地理意义上的集中现象，MNE 活动频繁的产业部门也存在类似的明显差异。此类集中的模式在投资企业的母国表现得不尽相同，在投资企业子公司所在的东道国表现得也不尽相同，然而仍然能够根据主要 MNE 直接公布的境外资产、人员、生产以及国家政府公布的 FDI 存量数据得出一些一般性的结论。本章主要关注 FDI 自身的行业分布，而境外资产、就业和生产的行业分布将在第Ⅲ部分讨论，第Ⅲ部分将会就 MNE 对其运营所在的母国和东道国经济体施加的影响展开探究。

把全球经济视作一个整体，2004 年的对外 FDI 存量中第一产业占 4%，第二产业（制造）和第三产业（服务）则分别占 27% 和 68%。就投资存量而言，发展中国家在初级产业、制造业和服务业中所占比重分别为 3%、4% 和 10%。表 2.7 列出了全球最大的七个资本输出国在 1975 年、1987 年、1997 年和 2003 年对外 FDI 存量的全行业分布。表格指出，从未加权平均数来看，2003 年有大约 27% 的对外 FDI 指向

---

① 国家净对外投资地位的变化和相对汇率变化之间的联系相当复杂。最确信的是，由于这两者影响了不同国家的相对投资盈利率，一些种类的投资是响应汇率变化而作出的（即发生在汇率变化之后）。然而，其他投资领先于或者加强了汇率的变动，例如由于预期母国未来经济机会较少而产生的资本输出。将美国和英国等国家的竞争力的短期或中期波动，以及日本和 NIC 情况下的工业化和收入增长的长期后果进行区分，也是相当重要的。

制造业，67%指向服务业，8%指向初级产品部门。1987 年的 MNE 活动中有 35.6%指向制造业，大约 47.4%指向服务业，大约 17.0%指向初级产品部门，而 1975 年相应的百分比则分别为 42.1%、33.4%和 24.5%。表格同样指出在不同的母国之间，资本存量的部门分布也存在一些明显的差异。这些差异在很大程度上反映了投资国正在经历的国际化阶段，以及资源禀赋和能力的结构（例如，对比日本和德国）。

表 2.7　　　　　　　　　　1975—2003 年间投资国对外 FDI 存量的部门结构变化

母国	年份	部门（所占百分比）			
		第一产业	第二产业	第三产业	未识别
美国	1975	26.4	45.0	28.6	0
	1989	16.7	40.9	42.3	0
	1997	7.4	34.5	58.1	0
	2003	4.9	21.5	73.6	0
加拿大	1975	21.1	50.5	28.4	0
	1987	13.1	43.3	43.4	0
	1997	24.8	6.4	43.1	25.7
	2003	10.1	30.9	58.5	0.6
日本	1975	28.1	32.4	39.5	0
	1989	6.7	26.0	67.0	0
	1996	6.2	29.7	62.2	1.9
	2001	2.7	46.4	50.9	0
英国	1981	na	na	35.6	0
	1987	26.9	34.4	38.6	0
	1997	15.5	38.2	46.3	0
	2002	na	29.1	62.5	8.4
法国	1975	22.1	38.2	39.7	0
	1988	15.0	36.6	48.3	0
	1997	6.4	36.1	57.0	0.6
	2003	1.8	16.0	81.8	0.5
德国	1976	4.5	48.3	47.2	0
	1988	2.8	43.4	53.7	0
	1997	0.7	43.6	55.7	0
	2003	0.3	29.9	69.8	0
荷兰	1975	46.8	38.6	14.6	0
	1988	36.4	24.7	38.8	0
	1997	24.4	24.6	50.9	0
	2003	22.5	17.2	60.4	0

资料来源：20 世纪 70 年代和 80 年代数据是基于 UNCTC（1991）的估计量。20 世纪 90 年代和 21 世纪的数据来自"世界投资目录在线"（UNCTAD）。

其他数据——特别是由 UNCTAD 在不同版本的《世界投资目录》中公布的数据——显示了东道国在吸引不同类型的 FDI 方面的倾向也存在差异。容易理解，自然资源丰富但人口稀少的国家（例如，加拿大、澳大利亚、石油资源丰富的中东地区和一些非洲国家等）往往倾向于引进更高比例的第一产业投资。另一方面，工业化或正

跨国公司与全球经济（第二版）

在经历工业化进程的经济体（例如，德国、日本、韩国、新加坡、中国和墨西哥）吸引的外来投资结构中，第二产业（制造业部门）所占份额高于平均水准。记录的第三产业投资比重最高的国家和地区包括美国、英国、法国、瑞士、中国香港和斐济等。

一般来说，随着收入水平的提高，指向服务行业的外来 MNE 活动比例也会随之上升。然而，FDI 在基础设施服务领域（例如，公用事业、通信和金融服务）的增加有时也可能是由另外一些因素导致的：这些行业的私有化和/或管制撤销，以及这些行业的外资所有权限制有所放松。1988 年，服务业占发达国家外来投资存量的 45％，占发展中国家外来投资存量的 27％（UNCTAD，1999：423）。到了 2004 年，服务业占发达国家和发展中国家（不包括 CIS 国家）外来投资存量的份额分别增加到 63％和 60％（UNCTAD，2006：266）。事实上，发展中国家服务行业吸收的 FDI 自 1990 年以来增长了 8 倍，相比之下，由初级产品部门和制造业吸收的 FDI 分别增长了 6 倍和 4 倍（出处同上）。

到目前为止，本章中概述的不断变化的国际生产结构成分反映了一种长期趋势的一部分，第 6 章会对它的特征作更详细的探讨。仅仅需要在此处指出的是，在大多数工业化完成的发达国家，FDI 最初指向矿物熔炼、原材料和食品采集，以供投资母国消费和进一步加工。在 19 世纪的主要对外投资者中，德国是唯一在初级产品部门几乎没有境外利益的国家。德国从未成为一个主要的殖民势力，这并不是一种巧合。美国、英国、法国和荷兰 MNE 在发展中国家进行的境外增值活动中，绝大多数——可能达到五分之四——是在初级部门进行的。

第二次世界大战之后，这一格局完全转变了。首先，外资生产更多地向工业化完成的国家转移，以便通过出口供应那些由于种种原因导致供货奇缺和商品昂贵的市场。其次，若干发展中东道国在 20 世纪 60 年代和 70 年代的资本国有化进程使许多 MNE 的影响力急剧下降，尤其是在自然资源部门。再次，从 20 世纪 70 年代早期开始的出口加工型制造业投资的增长，以及此后发达国家和发展中国家均有发生的贸易和前工业化相关活动的急剧扩张，降低了 FDI 在几乎所有东道国初级部门的相对重要性。

□ 2.6.2　FDI 在全产业部门内部的结构

在上文列出的产业内部，MNE 或其子公司增值活动的产业结构的全面且可比的统计数据更难获取。基于（美国）标准产业分类（SIC）划分的、精确到三位以上有效数字的数据在绝大多数国家是不可获取的。表 2.8a 给出了来自选定的发达国家对外投资者的 MNE 对外直接投资存量的部门结构细节，而表 2.8b 呈现了发展中国家投资者的数据。表 2.9a 和 2.9b 给出了境外子公司活动在一些主要东道国的相应数据。两组数据均为 2003 年或最近可获得年份的资料，同时 1988 年的数据列在括号中以供比较之用。①

从上述表格中的数据可以得到一些一般性的结论。首先，在初级产品部门内部，

---

① 遵循表 2.8 和表 2.9 的产业分类的投资流量数据相当容易获取，但遵循这些数据的产业分类的对外和外来投资存量的地理分布数据则更为多变。由于这一原因，从 20 世纪 80 年代后期起的较早数据仅仅给出了业务大类的总量，并且也有一些部门的近期数据不可获取。

跨国石油和矿业公司的投资占发达国家和发展中国家对外投资存量的比例均极高，而相对于所有 MNE 活动而言，石油公司的投资在发展中国家的集中度更高。确实，在 2004 年，来自发展中国家的前 50 大非金融类 MNE 中有 7 个是石油公司。石油行业 MNE 的投资在大多数东道国的外资初级部门占主导地位，然而西班牙、厄瓜多尔、印度尼西亚、摩洛哥、利比里亚、泰国、巴西、博茨瓦纳、纳米比亚和喀麦隆等一些国家，也将大量外资吸引至农业部门，包括橡胶、烟草、糖、棕榈油、咖啡、可可、菠萝和香蕉等经济作物。此外，包括加拿大、巴布亚新几内亚、智利、马来西亚、刚果民主共和国、加蓬、赞比亚和津巴布韦在内的另一些国家是矿产和金属（如铝土矿、铜、锌和锡等）的重要产地。在非洲、亚洲和拉丁美洲的若干国家，水产养殖和园艺业领域吸收的 FDI 也有所增加。

其次，在制造业中主要有两类产业受到 MNE 的青睐。其一是资本密集型加工业，通常基于初级部门的相同或另一国际投资者提供的粮食、矿物和原材料。这些生产者既生产中间产品，也生产差异化的消费品。这类产业中最重要的是化工（包括制药，尽管它更适宜归为下文提及的第二类）；食品、饮料和烟草；金属和金属制品；以及纺织品和服装。在表 2.8a 和 2.8b 中，来自英国和荷兰的对外 MNE 活动中，食品、饮料和烟草行业的重要性高于平均水准，而来自荷兰和加拿大的对外 MNE 活动则在金属和金属制品行业最为明显。对化学制品业的重要投资也来自瑞士、德国、英国、日本、中国台湾和美国。[①]

第二类受到 MNE 青睐的产业是技术和/或人力资本密集型部门，这类行业能够受益于大规模生产的经济性和主要依托品牌进行增值的经济性。这类行业大多是制造产业，例如（机械）机器与设备、电子电器和机动车；以及消费品产业，例如香烟、加工食品和饮料、某些种类的服装和鞋类制造业。在这些行业内部，引人瞩目的对外投资（在相对和绝对意义上）产生于运输设备（机动车）领域的德国和日本企业、电子电器行业的日本和中国台湾公司，以及各类加工食品和饮料业内的美国企业。

总之，在这两类产业内部，对外 MNE 活动均倾向于集中在：

（1）技术最为先进、资本最为密集的部门；

（2）产品需求的收入弹性高于平均水平、产品差异化程度高的部门；

（3）存在专业化生产形成的大量规模经济和范围经济，但活动具有地理多样性的行业。

表 2.9a 和表 2.9b 给出了一些选定的东道国外来 FDI 存量的产业结构。在制造业部门存在的集聚现象包括：美国、加拿大、日本、德国、瑞士、韩国和阿根廷的化工投资，日本、新加坡和韩国的电气设备领域，日本、加拿大和墨西哥的机动车制造业，加拿大、意大利、墨西哥、阿根廷、韩国和俄罗斯的食品/饮料和烟草产业。

---

① 表 2.8a 中制药业的分行业数据是不可获取的，但其他来源表明这一行业是英国境外 FDI 的一个重要组成部分。

表 2.8a

2003 年发达经济体样本对外 FDI 存量的行业分布(所占百分比,括号中为 1988 年数据)

行业	美国	加拿大	澳大利亚	日本	英国	法国	德国	荷兰	意大利	瑞士
第一产业	4.9(12.4)	10.1(23.4)	3.0(18.9)	2.7(8.6)	na(23.3)	1.8(0.1)	0.3(2)	22.5(35.5)	14.4(9.9)	na(极少)
农、林、渔	0.1	na	0.0	0.2	na	0.0	0.0	0.0	0.2	na
采掘业	4.9	10.1	3.0	2.5	na	1.7	0.3	22.4	14.2	na
第二产业	21.5(43.3)	30.9(6.7)	58.1(25.5)	46.4(26.7)	29.1(36.2)	16(62.2)	29.9(61)	17.2(22.3)	29.3(32.4)	33.7(62)
食品、饮料、烟草	2.5	2.5	na	2.1	7.0	1.1	0.6	6.2	2.5	na
纺织、衣物、皮革	0.2	na	na	1.1	6.5	0.2	0.8	na	1.7	2.2
木材、木制品	1.1	2.1	na	0.9	na	0.6	0.2	na	na	na
煤炭、石油、核能	0.9	na	na	0.2	na	0.3	0.0	na	na	na
化工、化工制品	5.1	3.0	na	6.8	8.4	2.6	6.2	na	4.4	14.7
橡胶、塑料制品	0.7	na	na	na	na	0.1	0.9	na	na	na
金属、金属制品	1.3	11.9	na	4.0	3.0	0.6	0.7	7.1	3.5	4.8
机械、机器设备	1.3	1.1	na	2.9	0.0	0.6	2.1	na	5.7	na
电子、电器	3.4	5.6	na	8.4	0.6	0.4	3.2	na	na	2.9
机动车与交通工具	2.5	4.6	na	16.3	2.1	5	14	na	4.4	na
第三产业	73.6(42.2)	58.5(37.9)	34.9(54.9)	50.9(64.4)	62.5(40.5)	81.8(37.7)	69.8(37.0)	60.4(42.2)	56.3(57.6)	66.3(38.0)
电、气、水	1.5	na	0.0	na	1.9	2.4	0.6	na	na	na
建筑	0.1	1.9	1.3	0.9	0.4	0.5	0.2	0.6	na	na
贸易	9.8	na	3.2	31.0	7.1	6.5	1.6	10.6	4.2	2.6
酒店、餐饮	1.2	2.8	0.0	na	2.9	0.9	0.0	na	na	na
运输、仓储、通信	0.7	6.0	2.2	na	25.4	4.8	1.3	6.6	-0.7	0.9
金融	20.3	42.2	26.9	na	16.1	21.4	20.3	6.6	37.0	60.6
商业服务	38.2	4.5	1.3	2.9	6.4	43.9	44.9	na	na	na
未识别	0.0(2.0)	0.6(32.1)	4.0(0.7)	0.0(0.3)	8.4(极少)	0.5(极少)	0.0(极少)	0.0(极少)	0.0(极少)	0.0(极少)
总计	100.0	100.0	100.0	100.0	100.0	100.0	100.0	100.0	100.0	100.0

资料来源:"世界投资目录在线"(UNCTAD)。1988 年数据来自 UNCTAD(1999)和"世界投资目录在线"(UNCTAD)。日本与英国数据分别为 2001 年与 2002 年的情况。

表 2.8b 1997—2003 年间发展中和转型期经济体样本对外 FDI 存量的行业分布(所占百分比,括号中为 1987 或 1988 年数据)

部门	中国(2003)	印度(2004)	新加坡(1997)	中国台湾(1999)	韩国(1998)	巴西(2003)	俄罗斯(2000)	波兰(2000)
第一产业	19.0	3.6(3.1)	无细分数据	0.6(1.4)	7.7(49.4)	0.6	0.0	2.6
农、林、渔	1.0	na	(无细分数据)	0.4	1.1	0.1	0.0	0.0
采掘业	18.0	na	无细分数据	0.2	6.6	0.4	0.0	2.6
第二产业	6.0	53.5(81.7)	18.6(17.6)	44.6(77.5)	53.6(33.7)	2.7	0.3	11.1
食品,饮料,烟草	na	na	无细分数据	2.6	无细分数据	0.5	0.3	0.1
纺织,衣物,皮革	na	na	无细分数据	4.8	无细分数据	0.1	na	0.1
木材,木制品	na	na	无细分数据	2.3	无细分数据	0.1	na	0.4
煤炭,石油,核能	na	na	无细分数据	极少	无细分数据	0.5	na	0.0
化工,化工制品	na	na	无细分数据	7.7	无细分数据	0.1	na	2.6
橡胶,塑料制品	na	na	无细分数据	1.7	无细分数据	0.3	na	0.3
金属,金属制品	na	na	无细分数据	4.7	无细分数据	0.4	na	1.0
机械,机器设备	na	na	无细分数据	0.3	无细分数据	0.2	na	0.0
电子,电器	na	na	无细分数据	15.8	无细分数据	0.3	na	−0.1
机动车与交通工具	na	na	无细分数据	1.8	无细分数据	0.2	na	5.5
第三产业	72.0	42.9(15.3)	80.4(80.4)	54.5(17.0)	38.6(16.9)	96.8	99.7	86.2
电、气、水	2.0	na	na	na	na	0.0	na	0.0
建筑	2.0	na	0.8	0.9	2.2	1.6	na	2.3
贸易	20.0	4.7	7.9	11.7	19.3	4.3	0.3	14.8
酒店、餐饮	0.0	na	极少	极少	0.0	0.0	na	0.1
运输、仓储、通信	6.0	na	3.4	3.8	1.0	0.5	1.3	23.8
金融	0.0	1.1	56.4	31.6	无细分数据	49.9	na	44.4
商业服务	33.0	na	4.4	无细分数据	无细分数据	40.2	98.2	1.3
未识别	3.0	0.0	1.0(2.1)	0.3(4.1)	0.1(极少)	0.0	0.0	0.1
总计	100.0	100.0	100.0	100.0	100.0	100.0	100.0	100.0

资料来源:Dunning(1993b);UNCTAD(2004);Sauvant(2005);《世界投资目录》第Ⅶ卷(UNCTAD);"世界投资目录在线"(UNCTAD)。印度 2004 年数据反映了 1999—2005 年可证实的累计流量。

表 2.9a

2003 年发达经济样本外来 FDI 存量的行业分布(所占百分比,括号中为 20 世纪 80 年代后期数据)

部门	美国	加拿大	澳大利亚	日本	英国	法国	德国	荷兰	意大利	瑞士
第一产业	1.4(11.0)	17.3(23.9)	19.2(25.2)	na(极少)	11.5(29.1)	0.2(1.5)	1.4(0.7)	20.1(30.7)	4.1(3.5)	na(极少)
农,林,渔	0.1	na	0.5	na	0.0	0.1	0.1	0.0	0.3	na
采掘业	1.3	17.3	18.7	na	11.5	0.1	1.4	20.1	3.8	na
第二产业	36.7(40.0)	50.9(43.1)	25.7(27.8)	66.5(65.2)	24.8(36.2)	19.2(37.1)	36.3(46.7)	15.0(17.3)	40.0(50.1)	16.5(10.6)
食品,饮料,烟草	2.7	10.7	na	1.1	2.1	1.5	2.5	4.5	6.3	na
纺织,衣物,皮革	0.2	na	na	0.1	4.0	0.2	0.4	na	2.1	na
木材,木制品	0.7	4.2	na	0.1	na	0.9	1.9	na	na	na
煤炭,石油,核能	2.3	na	na	3.6	na	0.8	1.6	na	na	na
化工,化工制品	8.9	9.3	na	11.2	5.3	5.4	7.6	na	6.3	5.8
橡胶,塑料制品	1.0	na	na	0.0	na	0.6	1.8	na	na	na
金属,金属制品	1.4	6.1	na	0.6	2.7	1.1	3.0	5.4	2.3	2.4
机械,机器设备	2.9	3.3	na	2.0	na	1.1	3.4	na	10.1	na
电子,电器	5.4	7.4	na	11.6	1.6	1.5	6.0	na	na	4.9
机动车与交通工具	4.6	9.9	na	34.2	3.9	2.3	4.7	na	6.2	na
第三产业	61.9(49.0)	31.8(33.0)	53.3(46.9)	33.5(34.8)	63.6(34.7)	80.5(61.5)	62.2(52.6)	64.9(52.0)	55.9(46.4)	83.5(89.4)
电,气,水	2.9	na	3.6	na	3.8	1.0	0.3	na	na	na
建筑	0.4	3.0	1.9	na	0.8	0.2	0.4	0.2	na	na
贸易	15.0	0.4	15.7	16.6	11.0	6.7	12.6	14.1	5.5	10.3
酒店,餐饮	2.0	1.4	1.6	na	0.9	0.1	0.5	na	na	na
运输,仓储,通信	3.9	3.0	8.7	13.2	10.3	2.4	6.4	3.5	4.4	3.2
金融	19.8	19.0	13.6	na	23.6	15.3	8.7	6.2	27.7	67.9
商业服务	13.3	1.1	8.1	na	11.2	52.5	31.4	na	na	na
未识别	0.0(极少)	0.0(极少)	1.8(极少)	0.0(极少)	0.0(极少)	0.1(极少)	0.0(极少)	0.0(极少)	0.0(极少)	0.0(极少)
总计	100.0	100.0	100.0	100.0	100.0	100.0	100.0	100.0	100.0	100.0

资料来源:"世界投资目录在线"(UNCTAD)。1983—1989 年数据来自 Dunning (1993b)以及"世界投资目录在线"。日本和英国数据为 2002 年的情况。

第 2 章

国际直接投资的范围与模式

表2.9b 1997—2004年间发展中和转型型经济体样本本外来FDI存量的行业分布(所占百分比,括号中为20世纪80年代后期或90年代早期数据)

部门	中国香港(1997)	中国(1997)	新加坡(1997)	韩国(1998)	南非(2004)	墨西哥(1997)	巴西(2000)	阿根廷(2002)	俄罗斯(2000)
第一产业	极少(极少)	1.6(-0.9)	极少(极少)	0.9(0.6)	31.6(6.3)	2.0(3.6)	2.3(3.5)	34.5(19.4)	15.6
农、林、渔	极少	1.6	极少	0.7	0.2	0.6	0.4	na	0.5
采掘业	极少	极少	极少	0.2	31.4	1.4	2.0	34.5	15.1
第二产业	4.9(3.4)	58.5(59.4)	34.7(48.6)	55.8(64.2)	31.4(41.3)	62.8(79.9)	33.7(69.1)	34.7(36.7)	33.6
食品、饮料、烟草	0.5	无细分数据	0.5	6.9	na	14.9	5.2	8.3	19.1
纺织、衣物、皮革	0.2	无细分数据	0.1	1.5	na	3.3	0.8	0.3	na
木材、木制品	0.5	无细分数据	0.7	6.5	na	na	1.8	2.0	3.1
煤炭、石油、核能	无细分数据	无细分数据	5.2	2.8	na	14.9	0.0	na	0.5
化工、化工制品	0.3	无细分数据	3.2	12.7	na	na	5.9	11.7	2.3
橡胶、塑料制品	0.2	无细分数据	0.4	na	na	na	1.7	na	na
金属、金属制品	0.2	无细分数据	0.8	0.8	na	7.9	3.0	4.7	2.4
机械、机器设备	0.0	无细分数据	2.3	5.2	na	2.7	3.2	1.8	4.0
电子、电器	2.4	无细分数据	19.4	11.4	na	na	3.3	na	na
机动车与交通工具	0.3	无细分数据	0.7	5.5	na	15.1	6.5	5.0	na
第三产业	95.1(96.6)	36.1(12.2)	65.2(51.4)	43.3(35.2)	37.0(52.4)	35.2(16.4)	64.0(25.0)	23.3(37.8)	46.2
电、气、水	极少	无细分数据	极少	1.3	0.0	0.1	7.0	12.7	2.3
建筑	1.6	3.1	1.0	0.5	0.6	0.7	0.4	na	0.9
贸易	17.8	3.7	11.8	9.4	4.1	8.7	9.9	3.3	10.7
酒店、餐饮	0.6	无细分数据	1.2	16.8	na	4.1	0.3	na	na
运输、仓储、通信	7.0	2.2	3.3	0.8	4.0	2.8	18.7	1.3	27.5
金融	40.5	无细分数据	40.6	8.3	28.2	7.9	12.3	6.0	1.3
商业服务	极少	0.3	3.3	na	na	8.1	14.7	na	3.6
未识别	0.0(极少)	3.8(29.2)	0.1(极少)	0.0(极少)	0.0(极少)	0.0(极少)	0.0(2.4)	7.5(6.1)	4.6
总计	100.0	100.0	100.0	100.0	100.0	100.0	100.0	100.0	100.0

资料来源:《世界投资目录》,第Ⅴ卷和第Ⅶ卷(UNCTAD)以及"世界投资目录在线"(UNCTAD)。括号中数据为1987年中国香港、中国、新加坡、韩国、墨西哥的情况,1994年南非的情况,1990年巴西的情况和1992年阿根廷的情况。

至于吸引 MNE 活动的比例显然不断提高的服务业部门，尽管 MNE 对包括所有种类的商业服务、工程和商业咨询以及建筑、旅游和房地产投资在内的一些服务行业的兴趣不断增加，但是 FDI 总量仍然高度集中在贸易和金融服务领域（Borga 和 Mann，2004；UNCTAD，2004）。确实，在 2004 年，商业服务是对外投资规模最大的单个部门，紧随其后的是金融业、贸易以及运输和通信业。自 1990 年以来，对外 FDI 存量值在商业服务领域已经增加了 45 倍，而在运输和通信业增加了 17 倍（UNCTAD，2006：267）。

在东道国服务部门内部，MNE 子公司的活动构成也存在相当大的差异。这些差异在很大程度上反映了这些国家的经济结构、发展阶段以及东道国政府对外商参与敏感行业的态度。虽然，所有国家的外来直接投资存量中贸易和金融相关服务都占主体地位，但在迅猛发展的发展中国家，指向建筑、运输、通信和酒店业这类基础设施服务的外来直接投资存量也高于平均水平，而发达经济体的外来投资似乎集中在金融和商业服务领域。酒店、快餐和汽车租赁行业的品牌所有权再一次赋予了外来投资者——尤其是来自美国的投资者——重要的竞争优势。特定服务业扮演的角色在不同国家之间也存在显著差异。例如，可以对比旅游业在西班牙、加勒比、斐济和坦桑尼亚这些国家的极度重要性，与贸易和金融活动在英国、意大利、中国香港和新加坡的极度重要性。面向生产者的服务业则很大程度上集中在三联体国家的主要城市。

2.7　国际投资在地理分布上的一些国别差异

前一节指出，MNE 活动的产业结构在不同国家之间差异很大。这部分地反映了 FDI 在地理意义上的来源、目的地，以及与之相关的母国和东道国特征。一些证据表明外来投资和对外投资这两者的结构在工业化的早期阶段差异最大，但随着经济进一步发展两者可能会趋于一致。[①] 再者，近十年来的技术和通信进步已经促进了劳动的国际分工，以及产业部门内部贸易与国际生产的专业化，这导致了行业内 FDI 的增长。

表 2.10a 表明发达国家中主要的对外直接投资者在地理分布上存在一些差异，而表 2.10b 给出了最重要的发展中经济体的相应信息。限于篇幅，描述外来投资地理分布模式的表格被略去，但这些数据一般可以从上述两张表的相同来源得到。

□ 2.7.1　对外直接投资

虽然主要的资本输出国在 MNE 活动的地理分布上具有广泛的相似性，但也有一些证据表明它们在集聚模式上存在差异。我们认为这些集聚或集中可以归为两类。第一类集聚反映了这样的事实，企业在进行首次境外风险投资时，在同等条件下更愿意选择在邻近地区或在经济、政治、语言和文化方面与母国联系最为紧密的国家

---

① 详见 Dunning（1988a）以及 Dunning 和 Narula（1996a）。

进行投资。例如，在 2000 年，加拿大有 69% 的投资指向美洲大陆的其他国家，而印度则有 50% 的投资输出到了亚洲的其他国家。与欧洲其他国家的 MNE 相比，西班牙和意大利的 MNE 更倾向于在拉丁美洲进行投资，而英国、法国和荷兰的 FDI 也在非洲和亚洲其先前的殖民地产生了一些集聚。[①] 相比于欧洲其他国家和美国的同行而言，斯堪的那维亚地区的 MNE 更倾向于在这一地区的其他国家投资。拉丁美洲和亚洲的 FDI 绝大多数流入了同一区域内的其他国家。美国 MNE 比欧洲和日本的同行更愿意在墨西哥投资，而欧洲投资在巴西和阿根廷占据主导地位。这些地理、历史以及文化上的偏好常常与区域贸易和一体化协定重合，导致难以判断这种集聚主要是由经济或文化上的考虑驱动的，还是确实反映了 MNE 偏好的区位战略（Rugman 和 Verbeke，2004b）。

第二类集聚与在全球产业内经营的大型且成熟的 MNE 更为相关，也与这些 MNE 在多大程度上认为在全球每个主要市场拥有或控制生产设施符合其经济或战略兴趣更为相关。近十年来，制造业和服务业领域内高价值的 MNE 活动在北美洲、欧洲和亚洲这个三联体内的集聚明显增多，并且直到 2008 年，事实上绝大部分的 M&A 是发生在三联体内部的。根据 Rugman（2001）给出的数据，1997 年美国、欧盟和日本在三联体内部的对外 FDI 存量为 2.442 万亿美元，占当年世界对外总存量的 71%。此外，欧盟内部发生的 FDI 达 5 130 亿美元，占世界总量的 21%；而 NAFTA 内部的投资为 1 970 亿美元，日本在亚洲其余国家的 FDI 为 910 亿美元，分别占世界总量的 8% 与 4%。

也有一些证据表明，来自一些发展中国家（尤其是工业化刚起步或新兴的经济体）的 MNE 在欧洲和美国的投资既是为当地市场服务的，又是出于获取资源以强化自身竞争地位的意图。1988 年，中国台湾的直接投资存量有不少于 61% 的部分流入了美国。与此类似，韩国在发达市场经济体的直接投资存量从 1980 年的 32% 增加到了 1988 年的 56%。然而我们可以从表 2.10b 中看出，到了 1998 年，中国台湾投资存量中仅有 22% 投向了美国，韩国的这一比例为 27%。除了其他一些因素外，这也反映出这两个经济体对于在中国大陆投资的兴趣不断增加。然而，考虑到这一时期内中国台湾和韩国对外投资存量分别增长了 38 倍和 8 倍，因此就绝对数量而言，它们对三联体国家的投资确实仍然在持续增加。

随着企业生产和营销战略的日益全球化，它们的国内和国际投资结构也逐渐形成互补和交融的格局。自然地，由于母国有着迥异的竞争优势和劣势，诸如贸易这样的 MNE 活动也会反映这些优势和劣势。一些资源丰富的国家，例如加拿大、澳大利亚、新西兰和挪威，也会在发展中国家进行资源基础型活动的一些投资。另一方面，这些国家的外来投资倾向于来自先进的工业化国家，并集中在高价值的加工或制造产业以及 R&D 活动内。一些国家主要通过对外投资来开发自身的产业竞争力或获取在国内无法获得的资源，例子包括日本、比利时、瑞士和新加坡。然而，一些发展中国家通过从事跨境 M&A 来提升自身的竞争优势并帮助重塑其长期比较优势。外来投资倾向于来自可以提供先进的技术、管理技能或国际市场渠道的国家。

① 参见 Lundan 和 Jones（2001）给出的英联邦国家中这种集聚的证据。

表 2.10a　　　　　　　发达经济体样本对外 **FDI** 存量的地理分布（所占百分比）

母国	投资于	发达经济体				发展中经济体			
		西欧	日本	美国	总量	拉丁美洲和加勒比	亚太地区	非洲	总量
美国	1980	43.8	2.8	0.0	72.1	19.7	3.9	na	27.9
	1989	46.4	5.1	0.0	73.7	17.9	5.4	na	26.3
	2003	52.5	4.1	0.0	70.5	17.0	10.9	0.8	28.8
加拿大	1980	18.1	0.4	62.2	84.2	11.4	3.9	na	15.8
	1987	16.2	0.4	65.1	83.8	10.5	5.4	na	16.2
	2003	25.9	2.3	41.3	71.6	20.3	4.0	0.0	24.4
澳大利亚	1980	14.1	极少	15.3	44.0	极少	8.2	na	56.0
	1988	41.0	极少	15.9	72.3	极少	1.4	na	27.7
	2003	24.2	0.2	46.3	83.8	0.2	17.0	na	7.6
日本	1980	11.7	0.0	24.3	44.8	16.9	26.9	na	54.6
	1989	17.6	0.0	41.1	65.7	14.5	15.9	na	34.2
	2003	26.1	0.0	41.4	72.7	6.5	19.8	0.3	26.6
英国	1981	23.1	0.7	27.9	78.1	6.0	8.3	na	21.9
	1987	31.0	1.1	35.3	83.8	7.7	5.7	na	16.1
	2003	63.0	0.3	21.1	89.9	3.3	4.5	0.8	8.6
法国	1982	44.1	0.7	34.3	77.8	8.5	0.7	na	21.7
	1989	51.7	0.4	32.3	86.0	3.4	0.9	na	13.7
	2003	61.9	2.0	21.5	90.0	1.8	2.0	0.6	4.5
德国	1980	48.9	1.2	21.6	77.4	12.3	2.0	na	22.5
	1988	49.0	2.2	27.0	83.7	8.7	2.3	na	16.3
	2003	48.3	1.3	33.6	86.2	3.1	4.5	0.2	8.1
荷兰	1980	52.6	极少	18.8	81.4	11.3	4.4	na	18.6
	1988	45.6	1.1	33.9	87.4	7.8	3.9	na	12.6
	2003	63.8	0.3	16.9	85.3	4.0	5.3	1.1	10.4
意大利	1980	58.3	极少	8.6	66.9	极少	极少	na	33.1
	1987	61.6	0.4	11.4	74.4	13.6	极少	na	25.6
	2003	72.3	0.5	8.8	82.2	2.7	na	na	2.7
瑞士	1990	53.8	na	na	81.8	15.0	2.7	0.4	18.1
	2003	43.6	1.9	na	68.1	17.8	5.7	0.5	24.1

资料来源：20 世纪 80 年代数据来自 UNCTC（1992c）和 UNCTAD（1993）；最新数据来自"世界投资目录在线"（UNCTAD）。

第 2 章

国际直接投资的范围与模式

表 2.10b 　　　　　　　发展中经济体样本对外 FDI 存量的地理分布（所占百分比）

母国	投资于	发达经济体				发展中经济体			
		西欧	日本	美国	总量	拉丁美洲和加勒比	亚太地区	非洲	总量
新加坡	1990	8.0	0.4	5.1	27.4	na	51.1	na	51.1
	1997	16.1	0.8	4.2	25.6	na	52.1	na	52.1
中国台湾	1980	na	na	43.4	56.5	na	33.4	na	43.5
	1988	na	na	60.5	71.3	na	24.4	na	28.8
	1998	3.6	1.0	22.2	27.7	39.0	32.2	0.7	71.8
中国	1984	6.7	1.9	48.3	57.8	4.5	26.2	na	42.3
	1987	6.5	1.2	13.8	66.7	3.5	21.9	na	33.1
	1995	2.5	0.8	18.7	62.3	4.9	23.1	5.6	32.1
	2002	0.6	1.0	10.1	22.9	5.9	63.3	5.4	77.1
韩国	1980	7.4	7.4	20.5	32	4.8	28.8	na	68.2
	1988	3.7	2.7	35.6	55.5	2.3	22.7	na	44.5
	1998	10.0	1.9	26.7	42.3	4.9	45.0	1.9	51.7
马来西亚	1987	11.3	9.7	3.9	37.0	极少	58.3	极少	58.3
	1997	15.5	4.0	12.0	41.7	1.7	48.7	1.4	51.8
印度	1985	1.0	极少	0.4	1.4	极少	57.0	na	98.5
	1988	6.1	极少	1.4	7.7	0.1	50.3	na	91.8
	1992	9.2	极少	27.7	36.9	极少	10.1	49.4	59.5
	2003	9.5	na	18.8	31.1	10.7	18.2	19.0	68.9
南非	1994	87.4	na	na	94.5	na	0.7	4.8	5.5
	2004	76.4	0.3	7.1	86.9	1.0	1.2	10.9	13.0
巴西	1980	11.0	0.8	62.2	74.0	24.7	极少	na	26.0
	1990	25.1	na	53.1	96.7	3.3	na	na	3.3
	2003	14.5	na	4.2	18.6	78.9	na	na	78.9
阿根廷	1992	45.4	na	45.7	91.2	8.8	na	na	8.8
	2002	na	na	51.2	51.2	48.2	0.6	na	48.8
墨西哥	1990	0.5	na	96.3	95.0	5.0	na	na	5.0
	2002	na	0.0	98.0	98.6	1.4	na	na	1.4

资料来源：20 世纪 80 年代数据来自 UNCTC（1992c）和 UNCTAD（1993）。其余资料来自 UNCTAD（2004）；Sauvant（2005）；《世界投资目录》，第Ⅶ卷（UNCTAD）和"世界投资目录在线"（UNCTAD）。印度 2003 年的数据反映了 1996—2003 年可证实的累积流量。中国 2002 年的数据反映了 1979—2002 年可证实的前 30 大投资目的地的累积流量。

对外直接资本存量在地理模式上的许多特征也反映在外来直接资本存量的对应特征中。发达国家吸引的直接投资有很高比例来自其他发达国家。类似地，发展中国家的外来 FDI 存量大多数来自其他发展中国家，一般是同处一个地区的国家。

其次，意料之中的是，即使同为发达国家或发展中国家，东道国对于从特定母国或地区获取外来投资的依赖性也不尽相同。例如，就前者而言，可以比较荷兰与英国、加拿大与澳大利亚；就后者而言，例子包括津巴布韦与加蓬、孟加拉国与印度尼西亚、巴西与哥伦比亚。外来投资的这些地理差异部分地反映了自身产业结构的差异，也部分地反映了母国从事这类投资的比较需求与能力上的差异。此外，这也反映了母国与东道国相对区位成本与收益方面的差异（例如，可以比较日本与美国将货物海运至巴西的成本；德国与中国香港投资者在泰国的差异化生产成本；或是（例如）新加坡与印度尼西亚，或智利与哥伦比亚提供的制度成本与收益差异）。最后，外来投资的这些地理差异也反映了拥有不同国籍的企业选择在一个特定东道国拥有增值子公司而非将工作许可或外包给一家当地生产者这一偏好的相对动机。[①]这一选择受到国家之间精神或文化距离的影响，也受到单个 MNE 弥合这一距离甚至从这种差异中获利的能力的影响。关于后者，一个最近的案例是将西方国家（尤其是美国）的制度惯例转移至日本（Ozawa，2005）。正如所料，随着发展中国家企业在国际生产中参与度的不断增加，外来投资来源的特征已经变得更加多元化，尤其是在制造业和服务业部门。

第三，区域一体化协定的影响通常可以从数据中看出。比如，1994 年加入 NAFTA 协定以来，墨西哥的外来投资已经增加了 4 倍，而其中美国投资所占比重（75%）在这一时期几乎保持不变。与此同时，自从 1991 年南方共同市场协定签订后，巴西的外来投资增长中有很大一部分来自拉丁美洲内部。

2.8 居于世界领先地位的 MNE

上文中提及，根据 UNCTAD（2006），2004 年约有 77 000 家公司在本国边境之外拥有从事增值活动的境外子公司。同一年份境外子公司数量的估计量为 770 000 家，表明每家 MNE 平均有 10 家子公司。然而它们中的大多数可能仅拥有 1~2 家子公司，而一小群 MNE 拥有的子公司数量远远超过了 10 家。确实，基于同一数据源可知，2004 年世界 100 强 MNE 平均拥有 216 家境外子公司。后者由数量相对较少的全球化企业组成，这些企业运行着一个由全球范围内的子公司和关联企业组成的网络。也许正是这些企业最容易符合 MNE 的公众形象。表 2.11 列出了 2004 年按境外资产排名的世界 50 强非金融类 MNE；而表 2.12 则列出了来自发展中国家的世界

---

① 这种推导过程将在第 4 章中进一步探究。

50 强非金融类 MNE。

20 世纪 80 年代中期公布的美国 500 大和非美国 500 大工业企业数据（Dunning 和 Pearce，1985）表明，这些企业中的 50 强、100 强、250 强和 500 强分别占国际生产总量的约 35%、约 50%、65% 和 75%。然而根据 UNCTAD（2006：30），在 2004 年，按境外资产排名的世界 100 强非金融类 MNE 仅拥有所有 MNE 境外资产估计总量的 11%、所有 MNE 境外销售估计总量的 16% 以及所有 MNE 境外人员估计总人数的 12%。①

表 2.11　　　　　　　　　　2004 年按境外资产排名的世界 50 强非金融类 MNE

MNE	国家（和地区）	产业	资产		销售		人员	
			境外[a]	总量	境外[b]	总量	境外	总数
通用电气	美国	电子和电器	448 901	750 507	56 896	152 866	142 000	307 000
沃达丰集团	英国	电信	247 850	258 626	53 307	62 494	45 981	57 378
福特	美国	汽车	179 856	305 341	71 444	171 652	102 749[c]	225 626
通用汽车	美国	汽车	173 690	479 603	59 137	193 517	114 612[d]	324 000
英国石油	英国	石油	154 513	193 213	232 388	285 059	85 500	102 900
埃克森美孚	美国	石油	134 923	195 256	202 870	291 252	52 968[e]	105 200
荷兰皇家/壳牌	英国/荷兰	石油	129 939[f]	192 811	170 286[f]	265 190	96 000	114 000
丰田汽车	日本	汽车	122 967	233 721	102 995	171 467	94 666	265 753
托塔尔	法国	石油	98 719	114 636	123 265[g]	152 355	62 227	111 401
法国电信	法国	电信	85 669	131 204	24 252	58 554	81 651	206 524
大众汽车	德国	汽车	84 042	172 949	80 037[g]	110 463	165 152	342 502
赛诺菲安万特	法国	制药	82 612	104 548	15 418	18 678	68 776	96 439
德意志电信	德国	电信	79 654	146 834	47 118[h]	71 868	73 808	244 645
RWE 集团	德国	电力、天然气和水	78 728	127 179	23 636	52 320	42 370	97 777
苏伊士	法国	电力、天然气和水	74 051	85 788	38 838[g]	50 585	100 485	160 712
德国意昂集团	德国	电力、天然气和水	72 726	155 364	21 996	60 970	32 819[f]	72 484
和记黄埔	中国香港	综合	67 638	84 162	17 039	23 037	150 687[d]	180 000
西门子	德国	电子和电器	65 830	108 312	59 224	93 333	266 000	430 000

① 对世界 100 强 MNE 所占份额看似较低的一个可能解释是，事实上表 2.11 给出的所有 MNE 资产总量、销售总量与人员总数的估计数据是基于回归得到的，这可能会高估其真实值。

跨国公司与全球经济（第二版）

MNE	国家（和地区）	产业	资产		销售		人员	
			境外[a]	总量	境外[b]	总量	境外	总数
雀巢	瑞士	食品饮料	65 396[f]	76 965	68 586[g,h]	69 778	240 406	247 000
法国电力	法国	电力、天然气和水	65 365	200 093	17 886[h]	55 775	50 543[i]	156 152
本田汽车	日本	汽车	65 036	89 483	61 621	79 951	76 763	137 827
威望迪环球	法国	综合	57 589	94 439	11 613	26 607	23 377	37 906
雪佛兰—德士古	美国	石油	57 186	93 208	80 034[h]	150 865	31 000	56 000
宝马汽车	德国	汽车	55 726	91 826	40 198	55 050	70 846[i]	105 972
戴姆勒—克莱斯勒	美国/德国	汽车	54 869	248 850	68 928	176 391	101 450[d]	384 723
辉瑞	美国	制药	54 055	123 684	22 977	52 516	50 287[i]	115 000
埃尼集团	意大利	石油	50 212	98 553	47 749[g,h]	89 840	30 186	71 497
日产汽车	日本	汽车	49 553	94 588	55 638	79 268	112 530[i]	183 607
IBM	美国	计算机	47 928	109 183	60 656[g]	96 293	175 832[i]	329 001
康菲石油	美国	石油	46 321	92 861	40 945[h]	143 183	14 048[i]	35 800
惠普	美国	计算机	45 816	76 138	50 543[g]	79 905	93 188[i]	151 000
三菱	日本	汽车	43 867	87 879	5 476	38 319	22 485[i]	51 381
西班牙电信	西班牙	电信	43 224[e]	86 448	15 060[g]	37 650	78 099[e]	173 554
罗氏集团	瑞士	制药	42 884	51 322	24 794	25 149	35 587[d]	64 703
意大利电信	意大利	电信	41 747	104 349	8 231[g]	38 786	16 331	91 365
英美资源集团	英国	采矿和采石	40 460[f]	53 451	16 819[f]	26 268	163 522[d,f]	209 000
菲亚特	意大利	汽车	39 658	77 971	31 281	57 990	87 761[d]	160 549
联合利华	英国/荷兰	综合	38 415	46 141	44 361	50 121	171 000[f]	223 000
家乐福	法国	零售	36 756	53 090	45 874	90 230	142 129[f]	430 695
宝洁	美国	综合	36 128	61 527	31 399	56 741	62 731[i]	110 000
索尼	日本	电子和电器	35 959	87 309	48 285	69 077	90 092[d]	151 400
三井物产	日本	批发贸易	35 749	72 929	14 071[k]	32 587	17 614[i]	38 210
沃尔玛	美国	零售	34 525	120 223	56 277[g]	285 222	410 000	1 710 000
德意志邮政	德国	物流和仓储	33 178	208 888	25 560	53 601	149 201	379 828
圣戈班	法国	非金属矿产	31 952	42 071	27 144[h]	39 765	129 034[i]	181 228
威立雅环境	法国	供水	31 946	49 396	13 788	30 636	146 249[d]	251 584

49

续前表

MNE	国家（和地区）	产业	资产		销售		人员	
			境外[a]	总量	境外[b]	总量	境外	总数
飞利浦电子	荷兰	电子和电器	30 330	41 848	36 155	37 646	134 814	161 586
拉法基	法国	非金属产品	30 127	33 742	15 146	17 925	52 365[l]	77 075
雷普索尔	西班牙	石油	29 846	53 044	17 216	51 764	16 162[d]	33 337
诺华制药	瑞士	制药	29 081	54 469	27 917[g]	28 247	43 163[f]	81 392
境外资产总计（百万）			3 783 192 美元					

注：名单仅仅包括非金融类 MNE。在一些公司中，外来投资者可能持有超过 10% 的少数股权。

a 在一些情况下，公司只公布了部分境外资产。在这些情况下，通过将部分境外资产与部分（总）资产的比率应用于资产总量，计算得到总境外资产。在所有情况下，结论数据都被寄送给公司以获得确认。

b 境外销售额基于销售来源地，除非额外说明。

c 数据为北美洲之外的情况。

d 通过将前一年的境外人员数量占员工总数的份额应用于 2004 年的员工总数，计算得到境外人员数据。

e 通过将 2002 年各组成成分的境外数量占总量的份额应用于 2004 年各组成成分的总量，计算得到境外数据。

f 数据为欧洲之外的情况。

g 境外销售额基于客户区位。

h 在一些情况下，公司只公布了区域特定的部分销售额。在这些情况下，通过将部分境外销售额与部分（总）销售额的比率应用于销售总量，计算得到境外销售总量。在所有情况下，结论数据都被寄送给公司以获得确认。

i 通过将前一年的境外资产占资产总量的份额和境外销售占销售总量的份额一同应用于人员总数，计算得到境外人员数据。

j 通过将同一产业内所有公司（忽略极端情况）境外人员数量占员工总数的平均份额应用于员工总数，计算得到境外人员数据。

k 数据从公司对 UNCTAD 的一次调查所作的回应中获取。

l 数据为西欧之外的情况。

资料来源：UNCTAD 数据库。

表 2.12　2004 年按境外资产排名的发展中国家（地区）50 强非金融类 MNE

MNE	国家（和地区）	产业	资产		销售		人员	
			境外[a]	总量	境外[b]	总量	境外	总数
和记黄埔	中国香港	综合	67 638	84 162	11 426	23 080	150 687[c]	182 000
马来西亚国家石油	马来西亚	石油	22 647[d]	62 915	10 567[e]	36 065	4 016[c]	33 944
新加坡电信	新加坡	电信	18 641	21 626	5 396	7 722	8 676[c]	19 155
三星电子	韩国	电子和电器	14 609	66 665	61 524	79 184	21 259[c]	61 899
中信集团	中国	综合	14 452	84 744	1 746	6 413	15 915[f]	93 323
西麦斯	墨西哥	建筑	13 323	17 188	5 412	8 059	16 822	26 679
LG 电子	韩国	电子和电器	10 420[d]	28 903	36 082	41 782	41 923[c]	32 000

MNE	国家 （和地区）	产业	资产		销售		人员	
			境外[a]	总量	境外[b]	总量	境外	总数
中国远洋运输集团	中国	航运	9 024	14 994	4 825	11 293	4 230	70 474
委内瑞拉石油	委内瑞拉	石油	8 868	55 355	25 551	46 589	5 157	33 998
怡和集团控股	中国香港	综合	7 141	10 555	5 830	8 988	57 895	110 000
台塑集团	中国台湾	化工	6 968	58 023	6 995	37 738	61 626	82 380
巴西国家石油	巴西	石油	6 221	63 270	11 082	52 109	6 196[c]	52 037
现代汽车	韩国	汽车	5 899	56 387	15 245	51 300	4 954	53 218
伟创力国际	新加坡	电子和电器	5 862[g]	11 130	8 181	16 085	89 858[c]	92 000
嘉德置地	新加坡	房地产	5 231	10 545	1 536	2 328	5 277[c]	10 668
沙索	南非	化工	4 902	12 998	5 541	10 684	5 841	31 100
墨西哥电信	墨西哥	电信	4 734	22 710	1 415	12 444	15 616	76 386
美洲电信	墨西哥	电信	4 448	17 277	5 684	11 962	13 949	23 303
中国建筑	中国	建筑	4 357	11 130	2 513	11 216	21 456	130 813
鸿海精密工业（富士康）	中国台湾	电子和电器	4 355	9 505	7 730	16 969	140 518	166 509
香格里拉亚洲	中国香港	酒店	4 209	5 208	571	726	14 013[c]	18 100
新世界发展	中国香港	综合	4 202	15 567	891	2 865	12 687[h]	47 000
Sappi	南非	造纸	4 187	6 150	4 351	4 762	8 936[c]	16 010
中国石油集团	中国	石油	4 060	110 393	5 218	68 952	22 000	1 167 129
淡水河谷矿业	巴西	采矿和采石	4 025[d]	16 382	9 395	10 380	2 736[c]	36 176
印度石油天然气	印度	石油和天然气	4 018	18 599	1 263	14 492	4 296[c]	36 185
起亚汽车	韩国	汽车	3 932	14 085	6 858	17 150	9 004[h]	32 252
中化集团	中国	批发贸易	3 801	7 031	13 950	20 853	407	18 511
中电控股	中国香港	电力、天然气和水	3 799	10 394	491	3 960	481[c]	4 633
亚洲食品	新加坡	食品和饮料	3 691	3 860	1 511	1 538	33 511	43 374
广东投资	中国香港	综合	3 582	3 924	639	657	3 391	3 623
杨忠礼集团	马来西亚	综合	3 359	6 986	571	1 160	1 423	4 590
盖尔道冶金	巴西	金属制品	3 358	6 842	3 423	6 973	7 110	23 177
东方海外	中国香港	物流和仓储	3 342	3 838	1 430	4 140	4 722	5 546

MNE	国家 （和地区）	产业	资产		销售		人员	
			境外[a]	总量	境外[b]	总量	境外	总数
华润创业	中国香港	石油	3 335	5 061	3 613	6 162	81 480	84 000
丽星邮轮	中国香港	运输	3 224	4 305	1 208	1 619	11 158[h]	14 900
广达电脑	中国台湾	计算机	3 181	5 434	1 046	10 403	6 624[c]	19 873
东方海皇	新加坡	物流和仓储	3 112	4 379	5 498	6 752	10 344	11 286
联华电子	中国台湾	电子和电器	3 037	11 790	1 677	4 048	1 052[c]	10 642
城市发展	新加坡	酒店	2 887	7 818	781	1 457	11 814[c]	14 017
MTN 集团	南非	电信	2 819	5 216	2 068	5 150	2 713	6 258
台湾半导体	中国台湾	计算机	2 770	15 649	3 093	8 059	6 086	20 167
斯坦因霍夫国际	南非	家庭用品	2 747	4 345	1 599	3 395	17 000	41 500
TCL 集团	中国	电子和电器	2 708	3 748	2 401	4 860	47 231[h]	65 370
马来西亚国家航运	马来西亚	运输	2 625	6 692	1 797	2 803	3 785	9 651
新加坡航空	新加坡	物流和仓储	2 423[d]	13 368	3 629	7 353	2 367	28 554
中国海洋石油	中国	石油和天然气	2 269	18 517	2 993	8 569	1 500	37 000
第一太平	中国香港	电子和电器	2 181	2 229	2 055	2 055	49 139[c]	49 165
百乐威	南非	综合	2 170	4 592	2 935	6 514	9 084	25 233
FEMSA	墨西哥	食品和饮料	2 110	10 713	1 761	8 341	31 133	88 217
境外资产总计 （百万）			336 902 美元					

注：名单仅仅包括非金融类 MNE。在一些公司中，外来投资者可能持有超过 10% 的少数股权。

a 在一些情况下，公司只公布了部分境外资产。在这些情况下，通过将部分境外资产与部分（总）资产的比率应用于资产总量，计算得到总境外资产。

b 境外销售额基于销售来源地。在一些情况下公司只公布按照目的地划分的销售额。

c 通过将前一年的境外人员数量占员工总数的份额应用于 2004 年的人员总数，计算得到境外人员数据。

d 通过将前一年的境外资产占资产总量的份额应用于 2004 年的资产总量，计算得到境外资产数据。

e 通过将前一年的境外销售占销售总量的份额应用于 2004 年的销售总量，计算得到境外销售数据。

f 通过将境外资产占资产总量的份额应用于人员总数，计算得到境外人员数据。

g 境外活动数据为亚洲之外的情况。

h 通过将同一产业内所有公司（忽略极端情况）境外人员数量占人员总数的平均份额应用于人员总数，计算得到境外人员数据。

资料来源：UNCTAD 数据库。

□ 2.8.1 跨国指数

我们在第 1 章介绍了世界 100 大非金融类 MNE 以及发展中国家 50 大 MNE 的

跨国指数（TNI），这一指数从 1995 年开始每年由 UNCTAD 公布。[①] 这一指数由三个比率的平均值组成，这三个比率分别是境外销售与销售总量的比率、境外资产与资产总量的比率以及境外人员数量与人员总数的比率。

虽然 TNI 在任何特定行业的公司间存在显著差别，但诸如矿业、造纸和建材、金属以及食品/饮料和烟草业这类部门的平均跨国水平最高，TNI 值达到 68%～81%。第一产业部门整体的平均 TNI 为 63%，相比之下第二产业部门和第三产业部门的这一比例则分别为 62% 和 51%。从总体情况来看，世界 100 强的平均 TNI 为58%，相比之下发展中国家 100 强 MNE 的 TNI 为 51%。就来自发达国家的 100 家主要的 MNE 而言，这与 1995 年 51% 的 TNI 形成对比，体现了一种增加；而发展中国家 50 强 MNE 的 TNI 从 1995 年的 32% 增加到 2002 年的 49%，表明发展中国家 MNE 跨国程度的增加更为迅猛（Sauvant，2005：645）。

如果 UNCTAD 100 强名单上的企业按照国籍排序，欧洲公司的跨国程度显然是最高的，来自英国、瑞士和荷兰的公司处于领先地位，而美国公司相对而言属于跨国程度最低的那一类。2004 年的世界 100 强名单中超过半数的（53 家）企业来自欧洲，25 家来自美国，5 家来自发展中国家。这与按以利润衡量的公司规模排名、而非按境外资产排名的《财富》世界 500 强名单形成了对比。《财富》名单中美国公司占了主导地位，2006 年这份名单中包含 170 家美国 MNE。[②]

□ 2.8.2　国有企业的兴衰

1965 年，美国以外的世界 200 强工业企业中有 19 家是国有企业，到了 1975 年，这一群体包括了 29 家 SOE，其中有 9 家为跨国公司。10 年后这一数字上升到了 38家，其中 18 家有对外直接投资。1965—1985 年间国有 MNE 的增长有两个主要原因。其一是一大批私营企业的国有化，尤其是 20 世纪 70 年代法国和英国政府主导的国有化进程。其二是政府参股的行业属于增长最迅猛的行业：例子包括航空航天、石油产品和汽车产业。

1985 年以来，重拾对市场经济的信心导致了一些公有企业的完全或部分私有化，尤其是在欧洲进行的私有化。例子包括英国的英国电信公司、英国钢铁公司、英国航空公司和英国利兰公司，法国的汤姆森和圣戈班公司，以及意大利的埃尼集团。这一趋势仍在继续，在过去的大约十年中，发达国家和发展中国家各有一大批通信和公共事业部门的前国有垄断企业被私有化。

第二类如今为私人所有的前国有 MNE 是来自前社会主义国家的工业企业。由于 20 世纪 90 年代中东欧私有化进程的实施，如今在大多数情况下私人投资者要么在工业企业中全额控股，要么至少拥有绝大多数股份。

同时，那些政府通常更倾向于占主导地位的发展中国家，在过去 20 年间也涌现出了数量极多的 MNE。这是中国的情况，甚至在做了一些努力之后，政府仍被认为在大多数大型企业中施加直接或间接的重要影响。例如新加坡、巴西、印度和阿根廷这样的一些国家也属于这种情况，政府已经扮演了活跃的发展角色。

最后，20世纪70年代的重新国有化浪潮在近年来的一段时间内故态复萌，在这之后石油和矿产行业MNE的国家所有权成分继续占据主要地位。这在石油部门尤为明显，2003年按储量和产量排名的世界25强石油企业中，有15家为来自发展中国家和俄罗斯的SOE，此外还有3家有少量的国家所有权成分（UNCTAD，2007）。

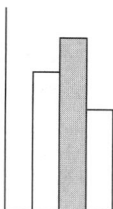

第3章

国际生产的动机

3.1 引言

接下来的三章关注了 MNE 国际增值活动的动机和决定因素。本章描述了促进企业从事 FDI 的一些原因，并对由这类投资提供金融支持的生产①的四种主要类型作了区分。第 4 章对在过去四十年中解释 MNE 存在、成长及其境外活动的一些理论和范式作了描述和评估。第 5 章讨论了折中或 OLI 范式的演变，并提出了这一框架的一种拓展，这种拓展在分析 MNE 活动时包含了正式与非正式制度所扮演的角色。

3.2 为什么企业希望从事国际生产?

第 2 章指出，绝大多数的 MNE 活动是由市场经济体中的私营商业企业从事的。这表明，与它们的国内同行一样，MNE 的主要动机是追求其直接利益相关者的利益，而非它们所属的更广大社区的利益。这些利益相关者包括员工、管理者和股东②，他们都应当因为对生产过程所作的贡献而得到报酬，这种报酬的总量至少应当等于他们提供资源和能力的机会成本（即他们的资源和能力被以其他方式配置所能使他们获得的最高回报）。新古典经济学的大多数传统文献指出，企业收入中所有超过利益相关者机会成本的剩余部分，将以利润的形式积累到商业的所有者手中，这是与已投入资本相关的这些利润（除去税收和折旧）的最大化实现，同时也是现代

---

① 在这一讨论中使用术语"国际生产"而非"国际投资"是为了强调直接投资在控制方面的作用。从事的生产既包括有形的最终或中间商品以及服务的产出，也包括对营销和分销渠道的投资。

② 从某种程度上说，政府也是一个利益相关者，它对所有获得的利润收税。

商业企业的驱动力。它可以用下述等式所示。最大化：

$$\Pi = \frac{TR - TC}{K} \tag{3.1}$$

其中 Π 为回报率，TR 是总销售收入，TC 是总生产成本，K 是所有者投入的资本。

考虑到公司盈利的价值会根据获得收益的时间而有所不同的事实，对上述公式进行如下修改。假设一个公司在三年内试图实现总收入最大化，这种总收入包括了将前两年获得的利润用作再投资所获得的收益[①]，则恰当的方程变为如下形式。最大化：

$$\sum \Pi_{1 \to 3} = \Pi_1 (1 + r)^2 + \Pi_2 (1 + r) + \Pi_3 \tag{3.2}$$

其中 r 为公司将第 1 年与第 2 年获得的利润用作再投资所能获得的最大收益率。上述两个公式都假设所有者投资的股份价值不会因为盈利之外的其他因素而发生变动。然而，一旦有可能发生这种变动（可能由资产价值升值或贬值造成，或者由企业未来盈利能力发生变化造成），更恰当的观点是认为企业所有者的目标是在一个既定时期内追求其股权价值的最大化。因此式（3.2）需要作下述修改。最大化：

$$\sum \Pi_{1 \to 3} + \sum \Delta K_{1 \to 3} \tag{3.3}$$

其中，

$$\sum \Delta K_{1 \to 3} = \Delta K (1 + r)^2 + \Delta K_2 (1 + r) + \Delta K_3$$

或者，也可以将公司设想为资产的集合，它的所有者希望在既定时期内尽可能地增加其价值。正如大多数微观经济学课本均会指出的那样，假设以三年为期，追求财富最大化的公司实现目标的方程如下。最大化：

$$NPV_{(t=3)} = Y_1 (1 + r)^2 + Y_2 (1 + r) + Y_3{}^{*} \tag{3.4}$$

其中 NPV 是在时间 $t = 3$ 时企业的预期收益的净现值，Y 是公司在各时期的当期预期净收益，r 是为了获得这一收益所投入的 K 的机会成本。

除了一些公有或由国家控制的公司的情况之外，企业在其国境之外从事生产这一事实通常并不会被认为能够对股权资本所有者的目标产生影响。然而，对于从事多种活动或有多个生产设施的企业而言，它可能使得不同的利益相关者的集团之间，乃至来自不同国家的相同利益相关者的集团（例如股东、管理者、劳动者和消费者）之间的利益冲突成为可能。第 8 章将指出，一家 MNE 子公司的管理层和雇员的利益并不一定恰好能与母公司管理层和雇员的利益保持一致。冲突可能不仅仅由剩余利润的分配导致，也可能在对下面这些事务所作的决策中产生：子公司资本和制度结构、风险和责任的分配、公司内部交易定价、投入要素的采购、所服务市场的类型、产生收入的时机以及子公司从事生产的规模。

企业的新—新古典主义理论断言，只要产出不是在完全竞争的市场条件下进行

---

① 当然，Π 代表了 TR 和 TC 之差。为了在三年内实现 Π 的最大化，企业会试图尽可能多地在这一时间段内的早期获得（总）收入，并尽可能多地将其（总）成本推迟至这一时间段的后期发生。

* 原著此处公式为 $NPV_{(t=3)} = \frac{Y_1}{(1+r)^2} + \frac{Y_2}{(1+r)} + Y_3$，存在错误，此处进行了改正。——译者注

供应，企业所有者就不需要拘泥于仅仅实现其资本回报率的最大化。只要股东[①]可以获得比其资本的机会成本更高的收益，他们就有追求其他目标的自由。这些目标的范围包括公司规模的最大化、公司所占市场份额的增加、驱离行业内的竞争对手、从事仅在这种情况下才可能从事的风险投资，以及增加其他利益相关者的福利。此外，Simon（1959）、Cyert 和 March（1963）等行为学家认为，由于识别实现利润最大化的适当条件、避免引发新的竞争和政府不合时宜的注意都具有难度，因此赚取"满意的"而非"最大化"的回报就能让企业满足。演化经济学家（Nelson 和 Winter，1982；Nelson，2005）持有类似的观点，他们指出有限理性和企业可行决策范围的不断改变使得很难识别理论上最优的经营表现。最近，越来越多的关注投向了企业的多种利益相关者理论上能够多大程度地影响企业目标、实际上影响企业目标的程度以及可能的实现手段上。再者，道德投资、环境敏感性和安全相关议题的出现也迫使企业修改其激励结构和强化机制。

上述理论均认为，假如公司所有者希望这样做，他们就可能在获取其部分或全部剩余利润与其他目标之间进行取舍。与此同时，其他利益相关者（如员工和消费者）将有可能根据自身的议价能力来为自己瓜分部分利润（Dunning 和 Stilwell，1978）。复合的评判标准越来越多地被用于评价企业（包括 MNE）的业绩表现。[②]

国家层面上，在公司治理方面，经济体可以大致被划分为"协调型"和"自由市场型"经济体两类（Hall 和 Soskice，2001）。德国和日本是主要的协调型经济体，这一群体也包括斯堪的纳维亚半岛国家、荷兰、比利时、奥地利和瑞士。协调型经济体中的企业的典型特征包括：较高的债务/股权比；银行与工业企业之间的交叉持股和联合董事会；以及共同关注利益相关者的资本主义目标。作为对比，自由市场型经济体中美国最为典型，同时也包括加拿大、英国、爱尔兰、澳大利亚和新西兰。这类国家的特征包括：所有权的广泛共享、拥有公司掌控的活跃市场、可以自由雇用和解雇的灵活劳动市场以及根据流动性进行相应调整的教育系统。目前并不清楚这些区别在长期内是否会导致公司业绩的差异，但是就短期而言，公司的行为显然受到公司所有者以及对公司制度和行为具备影响力的人的共同影响。[③]

公有企业的经营可能需要满足一些额外的要求，尤其是在国内市场上。类似地，所有权结构较多样的私有企业也同样可能会受到诸如养老基金这样的大型机构投资者的影响，这类投资者代表的是其组织成员的利益。相比之下，少数人持股的私有企业在其大部分股权由家族成员持有时，有可能会比股权更分散的私有企业实施更加独立的战略。事实上，在一项针对 27 个国家的研究中，La Porta 等（1999a）发现公司股权被广泛持有仅仅是个例而非一般情况。在一些国家，政府和富有的个人持有大公司的绝大部分股份，使企业目标存在相当大规模的差异。[④]

---

① 在完全竞争中，如果处于均衡条件下，包括企业家才能资本在内的所有生产要素就均被认为只能赚取其所提供的服务的机会成本。

② 例如，《伦敦时报》会定期发布包含下述评估的公司简介：社会责任、股票业绩、对员工的态度、创新、财务记录、董事会执行力、规模情况。

③ 例如，Cohen 和 Boyd（2000）以及 Verbeke（2003a）对将公司治理的不同模型与业绩联系在一起的研究作了回顾。

④ 也可参见 Thomsen 和 Pedersen（1996）对 6 个欧洲国家中最大企业的所有权模式进行的一项研究。

要素市场或商品市场的风险和不确定性的引入增加了评估企业动机的复杂程度。一个有 75% 的可能性获得 15% 的回报，同时也有 25% 的可能性获得 12% 的回报的投资项目，会比一项有 100% 的可能性获得 13.5% 的回报的投资更让企业感兴趣吗？经济学家无法在不知道企业所有者偏好函数的情况下快速给出可靠的答案。在上述例子中，决策者对承担风险的态度将会起到至关重要的作用。这样一种态度很可能根据所有者的不同，以及其他利益相关者的目标和所施加影响的不同而产生差异。这使得对其进行客观赋值很困难，除非有可能与决策者的特定（可测量的）属性产生联系。此外，当风险无法计算时，个体对这一风险本质的判断本身也可能迥然不同。

接下来的几章将会描述 MNE 在理论上可行且在现实中运用于评估风险与不确定性，以及干预与应对其利益相关者和更广大社区需求和施压的各类措施。我们将会看到，这些措施大多取决于考虑到的风险和不确定性所属的种类。诸如公司境外资产被当地政府征用这类风险的增加将很可能导致 FDI 的缩减，但像恐怖主义行为、非政府组织（NGO）的过度施压、境外供应商的不可靠、境外独立经销商的无能这类风险的增加反而有可能导致 FDI 的增加。

诸如实物期权模型之类的正式模型可以在不确定性下对流动性赋值，这类模型可以用来分析特定类型的持续性投资，这里所说的持续性投资指投资者只进行小额初始投资，然而一旦能够获得更进一步的信息，他们便获准扩展投资项目。实物期权框架已经能较为有效地解释许多与 FDI 相关的决策，例如钻探或采矿权的获得（Damodaran，2000）、合资企业的建立（Kogut，1991）和对于核心能力的最优投资规模（Kogut 与 Kulatilaka，2001）。然而，假如市场中的活动不存在可用的代理变量，估算投资风险（波动率）并据此计算实物期权价值就变得困难。此外，由于期权价值总为正值，而且凭借新信息作出更优的决策总是可能的，因此这一推导路径更偏爱选择观望而非立即投资的决策，这更进一步地增加了实物期权模型的复杂度。在规模和影响力更大的 MNE 所处的市场中，观望逻辑并不总能与这一市场中盛行的寡头竞争相适应。

值得进一步注意的是，国际（或境外）[①] 生产现象的大多数经济学和行为科学解释并不能对参与这类生产的企业动机给出清晰的界定，而仅仅界定了有可能决定企业行为的那些变量。况且大多数解释都专注于解释企业"实际上"做了什么，而非它们"应当"做什么。换言之，比起假设泰国实际工资水平的下降会导致利润增加从而吸引更多 FDI，大多数 FDI 理论首先试图理清劳动力成本是否是影响利润以及投资行为的重要因素，并在得到肯定答案之后探究这种影响关系的本质。少数学者[②]使用了诸如盈利能力、销售或市场占有率增长这类变量的某一组合来解释 FDI 的产

---

① 我们交替使用这些词，尽管一些作者使用"国际"这个词以同时包含企业的境外与国内活动。然而，我们承认从事境外生产必须要有一个国内经营与境外经营的连接，它是通过中间产品的内部贸易实现的。我们进一步承认，在全球一体化 MNE 中，国内经营与境外经营的繁荣是紧密交织在一起的。

② 特别地，参见一些试图解释美国对欧洲直接投资的地理分布的学者的研究，例如 Yannopoulos（1990）和 UNCTAD 对这些研究作了回顾。一种基于税后利润率差异的相关方法，已经被用于解释美国和欧盟之间 FDI 的地理模式（Altshuler 和 Grubert，2001；Gorter 和 Parikh，2003）。

跨国公司与全球经济（第二版）

业或地理分布，然而大多数人仅仅选择识别那些预期有可能影响这几个目标的变量。①

在本书中，我们将假定私有企业从事国际生产的主要目的在很大程度上是为了增强其长期盈利能力（在第Ⅲ部分和第Ⅳ部分中，其他目标将得到更清晰的阐明）。然而，需要指出的是，长期盈利能力似乎是由资产利用型投资和资产寻求型投资的组合提供支持的。更进一步，它是由两部分组成的，其一是境外子公司自身的盈利能力。其二是国际生产对投资组织其余部分盈利能力的影响。后一种影响有可能是积极的，比如在 FDI 能够提升 MNE 竞争力或者降低 MNE 全球活动成本的情况下。然而这种影响也有可能是消极的，比如当它取代了另一个境外子公司的生产的时候。式（3.1）因此可能被重述为如下形式。最大化：

$$\Pi_{fp} = \frac{(TR_f + \Delta TR_r) - (TC_f + \Delta TC_r)}{K_f + \Delta K_r} \qquad (3.5)$$

其中 fp 为 MNE 活动导致的盈利，f 表示境外子公司，r 是 MNE 的其他生产机构。式（3.2）至式（3.4）也可以进行类似的重述。因此，通过从事 FDI 来使 MNE 的净现值最大化，使得我们有必要考虑 FDI 对境外子公司和 MNE 运营的其余部分的净现值造成的影响。

实际上，MNE 是在一个中间产品市场和最终产品市场都不完善的环境下经营的，在这种环境下制度通常是次优（或第三优）的，而跨境学习是企业动态竞争力中不可或缺的一部分，并且商业决策的后果也是不确定的。这样一来，对这类公司的战略行为作概括甚至比概括其国内同行的战略行为更困难。这一部分是由于 MNE 面临更为广泛的选择范围，一部分是由于 MNE 决策者考虑这些选择时的视角差异，一部分是因为在激励结构以及风险承担方面持有迥异的态度。因此，一些公司可能比其他公司更重视 FDI 的风险分散契机或文化敏感度，而在寡头垄断市场中参与竞争的 MNE 在衡量境外活动的价值时，可能会认为竞争对手市场地位预期将会因此产生的影响和子公司可能获取的利润同等重要。这表明一些公司可能把境外生产视为在全球范围内进行资产利用和资产寻求的一个连贯、协调的竞争战略的组成部分，而非仅仅凭借特定的 FDI 获得利润。然而，这更有可能是那些成熟的全球一体化 MNE 的情况，而非初次进行境外投资的小企业的情况。

有了这些初步了解后，我们现在将研究企业所从事的国际生产的主要类型。

3.3 国际生产的主要类型

一般来说，我们可以识别 MNE 活动的四种类型。借鉴与拓展 Jack Behrman（1972）先前所使用的分类，这些类型是：

（1）自然资源寻求者；

（2）市场寻求者；

---

① 更明确地说，公司理论关注的是识别最优的投资、产出或价格水平。为了确定这些水平，必须做出一些关于企业动机的假设。这些假设没有必要对境外生产或境外生产中发生的变化做出解释。

（3）效率寻求者；

（4）战略资产或能力寻求者。

接下来的几节将给出每种类型的特征。然而值得注意的是，21世纪早期许多大型MNE都在寻求实现多元化目标，它们中的大多数所从事的FDI混合了以上两种或更多种类型的特征。此外，MNE活动的每种类型都可能是进攻型（投资公司试图先发制人地推行其战略目标），或防守型（竞争对手或境外政府采取或被发现有可能采取的行动使得公司需要保护其市场地位，因此公司作出应对行为）。

国际生产的动机也是可能发生改变的，譬如在企业成长为成熟且经验丰富的对外投资者的情况下。大多数公司最初在其母国之外投资是为了获取自然资源，或者拥有（或保持）通往新市场的渠道。然而随着其跨国程度的加深，通过提升其效率或获取竞争优势的新来源，它们可能会凭借境外活动来提升其全球市场地位。

□ 3.3.1　自然资源寻求者

假如真实可行，这类企业被驱使通过境外投资来获取低于国内实际成本且高于国内质量的特定和具体资源。FDI的动机是使得投资企业在当前市场（或目标市场）中比不从事FDI时具有更强的盈利能力和竞争力。资源寻求者的子公司的大多数或全部产出倾向于被主要出口至工业化的发达国家，尽管不是全部出口至这些国家。

资源寻求者具有三种主要类型。其一是寻求某种实体资源的企业。它们包括被成本最小化动机和供应来源安全动机驱使从事FDI的初级产品生产商和制造业企业，它们中有的来自发达国家，有的来自发展中国家。它们寻求的资源包括矿物燃料、工业矿物、金属矿物和农产品，特别是那些在生产过程中需要互补性能力和MNE特定目标市场种类的资源。第2章指出这类资源包括石油、煤、天然气等矿物燃料；铜、锡、锌和钻石等金属矿物；橡胶、烟草、蔗糖、香蕉、菠萝、棕榈油、咖啡和茶等农产品。近些年，中国和印度的投资者在非洲的这类资源寻求型投资尤其值得注意。服务业的某些FDI也同样以开发区位特定资源为目的，譬如旅游、汽车租赁、石油钻探、建筑、医疗和教育服务。资源密集型MNE活动的第一个种类的一个特征是通常涉及大宗资本支出。此外，一旦投资完成，它也就相对地被固定在这一区位内了。

第二类资源寻求型MNE包含了那些寻求大量廉价、积极性高、未接受技能培训或只接受了部分技能培训的劳动力供应的MNE。从事这类FDI的制造业和服务业MNE通常来自真实劳动力成本较高的国家，这些企业在真实劳动力成本较低的国家设立或收购子公司，以供应劳动密集型中间或最终产品的出口。这类MNE活动大多位于工业化程度较高的发展中经济体，例如墨西哥、中国台湾和马来西亚。在欧洲内部，劳动寻求型投资也出现在南欧、中欧和东欧的一些国家。然而，随着劳动力成本的提高，投资转向了中国、越南、土耳其、摩洛哥和毛里求斯等其他国家。为了吸引这类生产，东道国时常建立自由贸易区和出口加工区（EPZ）。劳动密集型服务出口的最新案例是在印度和其他发展中国家广泛建立的呼叫中心，这是由通信技术进步直接导致的。① 对于 MNE 从其境外子公司进口的产品，母国有时也会给予一些关税上的优惠。第 13 章和第 17 章将会对这类 MNE 活动的经济学含义作出更为详细的探究。

第三类资源寻求型 FDI 是由企业对于获取技术能力、管理或营销技能以及组织技能的需求所驱动的，例子包括由高技术产业内的韩国、中国台湾和印度公司与欧盟或美国企业共同组建的合作联盟；由美国企业在英国设立的高级管理人员搜寻机构；由英国化工企业在日本建立的和由法国制药企业在美国建立的 R&D 情报机构。与所有这些增值活动形成对比的是例如比利时 MNE 在非洲进行的，或日本 MNE 在澳大利亚与东南亚进行的，对于母国所缺乏的自然资源的投资。

第 6 章将会指出，19 世纪欧洲、美国和日本企业的大部分 FDI 是由确保矿物和初级产品的经济且可靠的来源这一需求所驱动的，这些初级产品会由（后来那些）工业化进程中的欧洲和北美投资国使用。事实上，直到第二次世界大战前夕，累计大约五分之三的国际直接股权投资属于这一类型。到了 1990 年，初级部门仅占外来 FDI 存量的十分之一，其中约 15% 发生在发展中国家。然而，到了 2004 年，发展中国家作为这类 FDI 的东道国所占的份额再次经历了迅猛增长，上升到了初级部门资本总额的三分之一，部分是由来自中国和印度等新兴经济体的资源寻求型投资导致的（UNCTAD，2006：161，266）。

早先由 MNE 支配的许多初级产业（例如石油、橡胶、锡和铜，等等）的自愿或非自愿的本土化进程与其他类型投资一同正变得日趋重要，并且在很大程度上导致了上述发展。此外，在一些制造业活动的增值过程中，未接受技能培训或只接受了部分技能培训的劳动力的重要性不断下降，减少了 MNE 寻找廉价劳动力供给的动机。另一方面，服务业和制造业 MNE 均越来越倾向于将其常规服务业务中的一部分分散到劳动力成本低的区位，而以获取技术、信息和专业管理技能为目的的 FDI 比过去更为重要。不仅来自新兴经济体的 MNE 正在工业化国家进行投资以获取知识，而且越来越多的证据表明在工业化完成的国家进行投资的境外投资者也在推进其 R&D 活动的多样化（UNCTAD，2005c，2006）。

□ 3.3.2 市场寻求者

这类企业投资于特定的国家或地区，并向这些地区以及邻国的市场提供商品或服务。大多数情况下，所有这些市场或这些市场中的一部分先前是通过从投资企业进口获得供应的，然而由于关税或者其他由东道国施加的障碍使得成本上升，或者由于当地市场的规模如今恰好与当地的生产相匹配，这一供应方式已经不再是最优的选择。然而，企业有时可能寻求将其出口替换为在第三国进行投资，并从那里将产品出口到原先的市场。② 学者 Nicholas（1986）发现在 1939 年，从事境外制造业投资的英国 MNE 中至少有 94% 首先供应那些它们先前通过出口供应过的国家。

---

① 参见 UNCTAD（2004）给出的各种有关于商业服务外包的例子，包括呼叫中心。

② 例如，为了克服欧盟国家对日本产品设置的进口配额，一些日本企业在东南亚（例如，新加坡和马来西亚）建立或者收购了一些制造业子公司，并从那里出口到欧盟。

从事市场寻求型投资的目的可能是维持或保护现有市场，或者是开拓或升级新市场。企业从事每一类市场寻求型投资的动机除了市场规模和市场增长前景之外，还有四个主要原因。其一是企业的主要供应商或客户已经在境外建立了生产机构，为了维持商业关系，它们也需要跟随供应商或客户前往海外。这类 FDI 的一个经典案例是为了向主要的日本汽车装配商在美国设立的工厂供货，大约 500 家日本汽车零部件供应商在美国设立了制造子公司，或是与美国企业联合成立了合资企业。在服务业领域内，20 世纪 80 年代和 90 年代的会计、审计、法律以及广告企业中发生的跨境 M&A 很大程度上是由提升其全球竞争地位和在全球主要市场中向其客户提供一席之地的需求一同驱动的（Dunning，1990），这一趋势在 20 世纪 90 年代加快。例如，在 1990 年到 2000 年之间，商业服务行业的跨境 M&A 案例数从 11 831 个增加到了 137 416 个（UNCTAD，2004：420）。这一增长比制造业行业相应的并购案例多三倍。

市场导向型 FDI 的第二个原因是，产品经常需要与当地偏好和需求、文化习俗以及本土资源和能力相适应。此外，由于不熟悉当地语言、商业习俗、法律法规要求和营销程序，外来生产商可能发现它们相对于本土企业而言在销售消费品（例如洗衣机、音频/视频设备、一些药物与化妆品，以及各种食品和饮料等）以及供应中间产品（例如建筑机械、石油化工产品、林业产品、金融和专业服务等）时处于不利地位。

从邻近的子公司向当地市场提供服务的第三个原因是这样做的生产和交易成本低于远距离供应的成本。显然，这一决策将高度局限于特定业务和特定国家。更有可能在主要消费中心附近生产的，是那些运输成本相对较高且小量生产可以实现经济效益的产品，而非那些运输成本相对较低且在生产过程中以规模经济为主的产品。比起与重要市场相毗邻的企业，母国与重要市场间的地理距离较远的企业更有可能从事市场寻求型 FDI（可以比较法国或荷兰企业与美国企业分别在德国进行的投资）。在一些案例中，政府规制、进口管制或战略性的贸易政策可能会促使企业将其生产设施进行转移。例如加拿大通信业的 MNE 北方电信公司，在 20 世纪 80 年代晚期将许多生产设施转移到美国，从而能够赢得来自日本的订单。在当时，政治敏感度较高的美日贸易逆差使得日本偏好选择美国作为其通信设备的来源。

市场寻求型投资的第四个原因，同时也是重要性日益凸显的原因，是 MNE 可能把此类投资视作其全球生产和营销战略中的一部分，并认为对于它在由其竞争对手提供服务的主要市场中切实地取得一席之地的战略而言，这种投资是必要的。因此在由国际寡头支配的行业（例如石油、橡胶轮胎、汽车、制药、半导体、会计和广告）中，大多数规模较大的 MNE 不仅在三联体区域的每一部分设立运营机构，也越来越多地参与 R&D。① 这类战略性的市场寻求型投资可能是出于防守或进攻的目的。大部分"跟随领导者"或"赶潮流"类型的投资（将在接下来的章节中作更充分的分析）属于防守型。例如，中国潜在市场的庞大规模已经吸引了史无前例的

跨国公司与全球经济（第二版）

---

① 详见第 11 章。

外来投资，其中一些投资是跟随重要客户的投资而产生的，而另外一些是跟随行业领导者做出的。

进攻型投资是通过在扩展的市场中投资来寻求提高企业全球利益的投资。MNE对 1992 年欧洲内部市场构筑的完成以及对中欧和东欧向外来 FDI 开放的响应，本质上就属于这类投资。然而，由于认为欧洲内部市场可能会出台政策限制从非欧盟国家的进口，欧盟以外的一些 MNE 采取了防守型的战略投资。欧洲内部市场体制对于欧盟内部和流入欧盟的 FDI 与贸易模式施加了一定的影响，对于这一问题的后续研究表明，可观测的 FDI 增长中有很大一部分是以 M&A 形式发生的，这很可能是天然的战略资产寻求型投资（Dunning，1997b，1997c）。

然而，可以确信的是，市场寻求型投资最重要的原因仍然是东道国对这种投资的鼓励行为。政府采取的传统手段是施加关税或其他进口管制。历史经验表明，在制造业和服务业领域发生的首次投资，大多以规避这类贸易障碍为目的。政府也试图通过提供一系列投资激励来吸引外来投资，其范围涵盖了税收优惠、补贴劳动力和资本成本、提供优惠的进口配额等。最近一段时期内，由发达国家和发展中国家政府同潜在的外来投资者协议达成的双边投资协定（BIT）实现了爆炸性的增长。[1]我们将在第 20 章讨论这些措施的更多细节。

与从事其他类型 FDI 的 MNE 不同，市场寻求型 MNE 倾向于将其境外子公司视为自给自足的生产单位，而非跨境业务的一个一体化网络的一部分。因此，它们能最积极地应对当地需求和文化敏感性。[2]市场寻求型企业的子公司通常会生产一些与母公司所供应的产品相似但品种略少的产品。子公司产品通常也会在其产地销售，而其中的一些有可能出口到邻近市场。然而，在欧盟和 NAFTA 等区域一体化市场，一个或少数几个国家生产的产品甚至能供应至该区域的所有国家。20 世纪 90 年代末，市场寻求型 MNE 可能贡献了全球直接投资总额的约 40%，以及发展中国家和转型经济体直接投资总额的约 60%。[3]

□ 3.3.3 效率寻求者

效率寻求型 FDI 的动机是使资源基础型和市场寻求型投资的现有框架变得合理，从而投资公司可以通过这种方式从地理上分散的活动的共同治理中获利。这种获利本质上是从规模经济、范围经济和风险分散中获利。这些利润来自跨境产品或工艺的专业化；在不同文化背景中生产而获取的经验；以及利用外汇价差的套利机会。效率寻求型 MNE 的意图在于，通过在少数几个区位集中生产以供应多个市场的方式，利用要素禀赋、文化、制度安排、需求模式、经济政策以及市场结构方面的差异。

---

① 根据 UNCTAD（2003b），双边投资协定（BIT）的总数由 1989 年的 385 个上升到了 2002 年的 2 181 个。20 世纪 90 年代后期以来，它们的数量几乎翻了一番，并且其范围现在涵盖了 176 个国家。BIT 作为保护 FDI 的工具得到了最为广泛的使用。

② 详见第 8 章。

③ 在印度和中国等更大型的发展中国家的情况下，超过四分之三。

通常，效率寻求者将会是经验丰富的大型多元化 MNE，它们生产相当标准化的产品并实施国际公认的生产流程。过去，为了保证一定程度的合理性，一旦资源基础型或市场寻求型投资达到足够的规模并变得足够重要，这类 FDI 通常就会发生。然而新进入者，例如日本 MNE 进入欧盟和 NAFTA，韩国企业进入欧洲中部和东部，印度企业进入撒哈拉以南非洲的数个国家，越来越多地在不断生产的基础上从事投资，作为其精心布局的地区或全球营销战略的一部分。为了能使效率寻求型国际生产发生，跨境市场必须完全地开发和开放。这就是境外生产在区域一体化市场中实现繁荣的原因。

效率寻求型 FDI 有两种主要类型。第一种的目的在于利用不同国家之间传统要素禀赋的可获得性的差异与相对成本差异。这种投资很大程度上解释了在发达国家和发展中国家从事生产的 MNE 内部的劳动分工，资本、技术和信息密集型增值活动集中在发达国家，而劳动和自然资源密集型活动集中在发展中国家。第二种效率寻求型投资发生在经济结构和收入水平广泛相似的国家之间，旨在利用规模经济和范围经济，以及消费者偏好和供给能力的差异。在这里，传统的要素禀赋在影响 FDI 方面发挥着次要作用，而"现有"的竞争力与能力、激励结构、支持制度的可获得性与质量、当地竞争的特征、消费者需求的本质和政府的宏微观政策则起到了更为重要的作用。

□ 3.3.4　战略资产寻求者

MNE 的第四种类型包括那些通常通过收购境外公司资产来从事 FDI，从而推进其长期战略目标（特别是以维持或提升其全球竞争力为目标）的公司。这些投资企业既包括追求全球或区域一体化战略的成熟 MNE，也包括寻求进入陌生市场或在其中购买某种竞争优势的初次境外直接投资者。战略资产寻求型投资的动机很少是利用相对于其竞争对手而言的特定成本或营销优势（尽管这些动机有时可能是重要的），而更多的是升级收购方企业由实体资产和人员竞争力组成的全球资产组合，它们认为这一资产组合将会维持或加强其所有权优势，或者削弱竞争对手的所有权优势。当企业重组其资产来实现目标时，战略性和合理化 FDI 也越来越多地紧密结合。重要的是，资产寻求型投资也越来越多地由来自新兴经济体的 MNE 所从事，例如2005 年中国企业联想收购 IBM 个人电脑业务的案例，以及 2007 年印度塔塔公司收购英国钢铁行业巨头康力斯的案例。

就像效率寻求型 MNE 一样，战略资产收购者的目的是从多样化的活动和能力的共同所有权中或者从多样化的经济和潜在环境下相似活动和能力的共同所有权中实现盈利的资本化。第 4 章将更加详细地分析这些盈利的本质。这些盈利来自于MNE 所在的中间产品市场的不完善，而利用或实际上加剧这些不完善的机会是向这些公司开放的。在一些情况下，战略资产寻求者是一家企业集团，它关心的主要是对采用不同货币标价的金融资产的管理。例如，像汉森资本有限公司这样的企业是主要的制度资产组合投资者，即便它们拥有其所投资公司的多数股权。同时，这样的 MNE 可能并且确实经常地向所收购的公司注入自己的组织体系和管理风格，即便它们可能并不参与子公司的日常管理。过去十年来得到了显著增长的私募股权基金①投资便是一个典型的例子，因为这种投资通常涉及的不只是购买具备控制能力的股份，也会涉及向管理层提供咨询和指导（UNCTAD，2006：18）。事实上，在绝大多数战略性投资（包括一些相当小的 MNE 进行的战略性投资）的情况中，所期望的是收购、兼并或成立合资企业会给其所属组织的其他部分带来一些利益。例如，它可能通过以下方式来实现：开拓新市场，创造 R&D 协同效应或生产的经济性，购买市场势力，降低交易成本，获取新的组织技能，分散行政开支，提升战略灵活性，更好地分散风险等。②

虽然一些专业性跨国企业集团倾向于提供服务而非生产商品，其境外投资也多是独立的，但多数跨境 M&A 目前还是由属于上文描述的其他三种类别之一的 MNE 开展的。战略意义上和经济意义上的明智通常是紧密相连的。然而，在某些场合且出于某些目的，战略上的考虑可能是 FDI 的主要动机。一家公司有可能收购另一家公司或与其一同参与合作联盟，以阻止竞争对手采取同样的措施。而另一家公司可能与它的境外竞争对手之一合并，以加强其相对于更强大的竞争对手的联合能力。第三家公司可能收购一组供应商，以垄断某一特定的原材料市场。第四家公司可能寻求获得分销网点，以更好地推广自身的产品品牌。第五家公司可能买下一家生产互补性产品或服务的公司，以向其顾客提供更为多样化的产品。第六家公司可能与一家当地公司联手，它认为这样能处于更有利的位置，以确保从东道国政府取得从事出口的竞争对手无法取得的合同。所有这些都是为保护或提升投资企业的长期竞争地位而从事的战略型 FDI 的例子。

没有统计数据能表明 MNE 效率寻求型 FDI 与战略资产获取型 FDI③ 的重要意义，特别是因为它们不容易与其他两种类型的增值活动相分离。然而，似乎可以确定的是，自 20 世纪 90 年代早期以来，大多数发生在三联体内部的跨境 M&A 都是为了保护或提升收购方企业的全球竞争地位。这些 M&A 中的大约五分之一发生在以增长为导向的知识和信息密集型部门，尤其是电信、电子产品和商业服务领域，然而这些 M&A 中相当一部分案例（例如在食品、饮料和烟草、公用设施、零售贸易和金融服务行业内的案例）的主要目的是利用理性化优势和成本缩减优势，以及/或者保护或获得竞争日益激烈的市场中的市场份额（UNCTAD，2000b，2006）。④

□ 3.3.5 MNE 活动的其他动机

MNE 活动具有不易归入上文所描述的四种类型的一些其他原因。我们将其分为三类，分别是逃避型投资、支持型投资以及被动型投资。下面我们将对它们依次进行探讨。

---

① 包括风险投资，但不包括对冲基金，后者通常有着纯粹的金融目标。
② 对跨境并购原因的详细回顾，参见 UNCTAD（2000b）。
③ 几年前，Kopits（1979）试图在前三组投资之间给出一个分解，他得出的结论是，FDI 股份中由美国跨国公司拥有（从而可以被归类为企业集团投资）的比例从 1962 年的 14.1% 上升到了 1968 年的 23.3%。
④ 参见表 2.2。

逃避型投资

一些 FDI 的目的在于逃避母国政府的一些限制性法案或宏观组织政策。这里我们不关注可能与战争、内乱或极端经济条件有关的资本"外逃",例如过去二十年间的某些时刻在阿根廷、津巴布韦、乌干达、利比里亚、南非、马来西亚和菲律宾所发生的一些案例。[1] 我们所了解的"逃避型"投资类型的案例包括在中国内地和中国香港之间的返程投资,其目的在于利用仅仅向外来投资者提供的激励;美国生物技术公司在欧洲进行的干细胞研究投资;瑞典 MNE 将其总部迁往欧洲其他地方以逃避高水平的税收和/或国内经济被认为所具有的活力匮乏状况(Birkinshaw 等,2006)。我们也可以使这一类型包含对环境敏感的欧洲制革行业迁移到东欧和发展中国家的案例,尽管这种情况很大程度上以颇具规模的外包而非新增投资的方式发生(Jenkins 等,2002)。

逃避型投资,例如上文所描述的,显然最有可能来自政府坚持的意识形态和经济战略无法令商界接受的国家;这种投资倾向于集中在管制程度最高的行业领域,特别是服务业部门。相比于十几年之前,许多市场中以市场为导向的支持政策以及自由化进程的复兴可能使得 21 世纪早期存在更少的"逃避型"MNE 活动。上述所有情况下,逃避型动机可能只是特定业务迁移的决定性因素之一,而很少是唯一原因。

支持型投资

这些投资的目的是支持所属企业其他部分的活动。这样的子公司很少是自给自足的利润中心。它们的活动产生成本,但其主要收益则累积到了 MNE 的其他部分。最重要的支持型投资是 MNE 与贸易和金融相关的投资,其目的本质上是提升和促进从投资(或其他)公司出口商品和服务,和/或协助从投资(或其他)公司处购买境外生产的商品和服务。

MNE 的贸易子公司从事的增值业务的种类不仅包括批发和零售分销与营销,同时也包括代表投资公司从事的多种进口促进型活动。日本综合商社和韩国财阀企业是贸易 MNE 的典型代表。[2] 还有许多其他的例子,包括位于欧洲和美国的主要的服装批发和零售网点,例如西尔斯罗巴克、凯马特、沃尔玛和亨尼斯及毛里茨公司等,它们从亚洲供应商处购买大量的服装和鞋类,并经常将分包业务(包括监管质量控制)委派给其采购子公司。同样,精密中间产品的销售,以及需要定期售后维护和服务的销售,可能会需要训练有素的人员以及配件仓储设施的存在。贸易子公司也经常为其母公司提供营销和公共关系方面的其他服务。最后,正如第 7 章将指出的,此类业务通常是市场寻求型或资源寻求型生产设施建立的第一步。

还有其他一些种类的可能由 MNE 境外子公司提供的支持性服务。它们通常由区域分公司或分支机构提供。区域分公司作为一个总公司与境外运营单位之间的控制和管理协调中心展开运作。多项研究[3]表明,这些公司的功能存在很大的差异。通

---

① 根据英国政府的一份报告,20 世纪 90 年代撒哈拉以南非洲地区的个人及企业私有储蓄中有不少于 40% 流到了国外,而不是投资于国内经济发展(HMSO,2000)。

② 然而,由于日本 MNE 本身越来越多地承担营销与分销功能,综合商社促进贸易的作用变小了(UNCTAD,2004:133)。

③ 例如,参见 Dunning 和 Norman(1983,1987)、Daniels(1986,1987)先前的研究,以及 Enright(2000b)、Yue(2000)、UNCTAD(2004)、Birkinshaw 等(2006)最近获得的一些研究结论。

常它们不仅涉及运营单位的业务协调，也涉及向母公司提供财务与营销信息。它们也可能从事这些服务：人员招募、寻找所在区域内的额外投资机会、选址、公共关系、与东道国政府和/或区域当局进行联络等。

分支机构独立于贸易和运营单位的情况更为少见。然而，设立母公司的一个监听和监视机构的想法近年来已经得到了广泛认可，尤其是例如美国企业计划在欧盟投资，以及日本的金融 MNE 寻求进驻伦敦金融城等情况。

被动型投资

第 1 章指出，如果投资实体在境外公司中拥有足够的金融股权利益，使其能够在一定程度上控制或影响境外公司的决策制定，那么这种国际投资会被视为直接投资。在实践中，正如我们所看到的，数据收集机构认为这种控股比例介于 10%～25% 之间，而 10% 则成为一个判断标准。我们也已经指出直接投资的动机不同于证券组合投资的动机。[1] 证券组合投资是对公司现有组织及管理能力信心的一种体现，其动机是赚取利润或获得资本增值。相比之下，直接投资是为了向所投资公司注入新的资源、管理技能和正式制度，或是收购新资产以保护或增加投资者自身的利润或竞争力。证券组合投资一般被认为涉及被动型管理，而直接投资则被认为涉及主动型管理。

事实上，大多数直接投资的区别在于其所有者所追求的主动型管理的程度不同，涵盖了"完全"到"不存在"的整个范围。属于这一范围的被动型一端的投资有两种类型。其一是专职进行公司买卖的大型制度化企业集团所作的投资，著名案例是皮肯斯（美）和罗荷集团（英）；后者在商业巨头 Tiny Rowland 离职之后分割为一个矿业集团和一个非洲地区的多元控股集团。然而，尽管投资是由潜在收入或资本收益驱动的，但通常也会涉及一些直接管理投入，正如在私募股权公司从事的跨境投资中这种现象目前越来越明显（UNCTAD，2006）。很少有企业在被收购后被放任自生自灭。这类投资的目的在于提升技术、营销、金融或组织能力，其他投资则可能涉及资产剥离。

大多数对房地产的参与（土地、酒店等）都是基于对未来土地和财产价值的一些预期，并且如果此类投资的动机主要是金融层面的，那么"境外特性"对所获得的资产使用的影响可能极其有限，这在 20 世纪 70 年代海湾地区投资者对伦敦酒店财产的投资中以及在 20 世纪 80 年代晚期日本 MNE 对美国著名房地产的收购中体现得尤为明显。然而，21 世纪早期以来，经常项目盈余不断增长的石油出口国，例如科威特、沙特阿拉伯和阿联酋（迪拜）等，虽然传统上活跃于证券组合投资或者 FDI 更为被动的形式，但也越来越多地将其石油收入分配到更为主动的投资形式中。除了将其 FDI 范围扩展到亚洲和非洲各种各样的制造业和服务业运营领域，国有投资企业还开展了一些著名的 M&A，包括迪拜港口世界公司对英国航运公司 P&O 的收购，这引发了关于它们对某些美国港口所有权的冲突（UNCTAD，2006）。[2]

第 3 章

国际生产的动机

---

① 参见 Dunning 和 Dilyard（1999）对每一种投资决定因素的讨论。

② 在最新的一波向英国投资的浪潮中，2007 年来自迪拜、沙特阿拉伯和卡塔尔的投资者已经从诸如汇丰银行和桑斯博里超市连锁这些家喻户晓的企业那里获得了股权（"Gulf investors stake out UK's high streets", *Financial Times*，May 22，2007，www.ft.com）。关于迪拜港口公司案例的更多背景情况也可参见第 19 章。

第二种形式的被动型投资是房地产行业内的小企业和个人投资者实施的投资。通常这些投资仅仅是为了获得度假住房或第二套住房的境外所有权。然而，有时这些投资纯粹来自对土地和财产价格的升值预期。21世纪早期，全球主要城市房地产和新兴经济体中旅游区房地产的繁荣就是这类投资的例子。下一章将记述的FDI主流理论却缺失了这一类型。这是因为即使这些购买被归类为直接投资，它们也更多地具有证券组合投资的属性。

一些迹象表明，MNE境外运营的被动元素有可能会增加。当然，相较于绿地投资而言，这更可能是跨境M&A的特点。如第2章所述，跨境M&A在20世纪90年代经历了显著的增长。此外，在这十年间企业改变其所有权的速度显著加快，尤其是在与房地产、贸易和金融相关的业务中（UNCTAD，2000b）。识别直接投资中被动投资或证券组合投资成分的问题当然不仅仅存在于FDI中。确实，有一派观点认为企业的成长是由对盈利业务和财富升值业务的追求所驱动的。[①] 虽然大多数企业不愿意接受这一观点，并且选择遵循"安分守己"哲学，但是大多数企业仍然从事了一些类型的辅助投资。虽然学界没有足够的能力将证券组合投资成分从任何直接投资中分离出去，但还是应当对两者的联系有一定认识。至少在一些投资种类中，学者会试图把影响此类投资的变量种类纳入其解释模型（Dunning和Dilyard，1999）。

最后，我们应当提到所谓的"天生全球型"企业的出现。这类企业是典型的技术密集型创业企业，以利基市场为目标，并从设立之初就能够触及全球各地的供应商和客户（Madsen和Servais，1997）。从它们通常供应的产品或服务范围的狭窄程度、境外资源投入的低水平程度以及将从事出口作为其主要跨境业务的程度来看，我们会认为这些"全球型"企业是相对传统的市场寻求型企业。然而，事实上"天生全球型"企业也可能在全球范围内采购各种知识密集型投入要素，这表明它们也可能具有效率与资源寻求动机。在第7章中，我们将再次探讨"天生全球型"企业。

3.4 对外FDI的政治经济学

前几节探讨了FDI的一些经济与战略动机。然而，既然投资国政府也关注MNE活动的后果，它们就可能通过影响这些企业或其子公司的行为来影响FDI的总量和模式。确实，第6章将指出，历史上许多MNE活动由政府直接开展，或者受到了其支持与鼓励。但通常情况下，只有在投资被认为能够推进母国的长期经济和政治目标的时候，这种鼓励才会到来。

英国在北美的早期投资和19世纪欧洲殖民势力在发展中国家的投资大多数都属于这一类型（Svedberg，1982）。历史上充斥着私有MNE被用作宗主国政府经济政策工具的例子。的确，直到第一次世界大战爆发，英法殖民地有时还被禁止接受其母国以外的外来投资，与此同时母国也可能对本国企业提供激励。20世纪下半叶出

---

① 例如，这一类观点最初由Penrose（1959）和Amey（1964）提出。

现了 MNE 和母国政府之间构建的不稳定联盟的数个例子，而 21 世纪的头十年也有越来越多的证据表明母国政府对 FDI 的支持和对本国 MNE 的兴趣，它们相信这种支持和关注可能推进其自身的政治、经济或战略目标。这些主题将会在第 6 章和第 19 章中得到更详尽的探究。[①] 第 2 章表明，虽然由于政策更青睐私有化，国有 MNE 的数量在近十年间有所下降，但仍有许多大型 MNE 是国有的，或至少是部分国有的。[②] 确实，一些证据表明国有企业，特别是来自巴西和俄罗斯的国有企业，作为国际投资者正变得更加活跃（Sauvant，2005）。第 19 章和第 20 章将讨论国有 MNE 所追求的战略问题，以及母国政府可能在多大程度上影响在境外运营的私有 MNE 的行为，这将是两个完全不同的话题。

3.5 结论

前面的几节指出，MNE 从事的境外增值活动种类可能是由迥然不同的因素驱动的。因此，想要通过一个同时包含一系列影响因素的单一模型来解释这个涵盖 MNE 境外增值活动所有决定因素的全面理论是很困难的。我们相信，经济学家或商业分析师至多只能合理地制定范式以提供一个分析框架，这一框架可以把用于解释特定种类 FDI 的理论和用于解释不同类型 MNE 活动决定因素的理论结合起来。

过去 30 多年来学术研究与商业案例发展历史的一致性佐证了这一论点。因此，解释力拓矿业集团对新几内亚铜矿投资的要素，或者解释史庄格斯特对温德华群岛的香蕉种植园投资的要素，与解释可口可乐投资坦桑尼亚阿鲁沙市的装瓶厂、巴塔投资比利时鞋厂、日本三菱产业公司在纽约收购洛克菲勒中心、印度尼西亚的苏马公司投资越南境内第一家外资银行的要素是完全不同的。同样地，驱动所有这些投资的动机集合都不同于 IBM、荷兰皇家壳牌或艾波比集团实现 R&D 设施全球化战略的动机，或者诺基亚试图建立通信设施的一个国际网络的动机；或者西麦斯成为水泥产业全球巨头之一的战略动机；或者地中海俱乐部在全球主要旅游胜地拥有或特许经营酒店这一目标的动机。

然而，指出需要用不同的解释变量去分析不同种类的国际生产是一回事，断言不可能构建一个一般范式（或者正如 Kuhn（1962）所指出的，寻求建立一个用于解释所有类型 MNE 活动的通用分析方法的一个"学科母体"）则完全是另一回事。对文献的阅读指出，观点之间的分割来自理论和范式之间区别的本质。我们认为，理论是关于一组现象之间行为关系本质与形式的一系列命题，其有效性可以得到实证检验。在某些情况下不同的理论都可能用于解释相同的现象，这些可以被称作"竞争性"理论。另一方面，不同的现象可能（通常也确实）需要不同的解释，这种情况下这些理论是"非竞争性"的。MNE 或 FDI 的大多数局部理论就属于这些类别之一。

---

① 也可参见 Dunning（1993a）。

② 例如，来自发展中国家的 100 强 MNE 中几乎所有石油和天然气行业的企业都是国有的（UNCTAD，2006：137）。而在如中国这样的国家的 MNE 中，国家间接所有权和/或施加的影响在其他行业也很普遍。

另一方面，一种范式寻求为分析现象之间的关系提供一个一般框架，这一框架是能够从中形成各种各样的竞争性或非竞争性理论的。从这个角度来看，理论是范式的衍生物，但一个范式将有可能包含多个理论。①

接下来的两章将在考虑已经被用于解释 MNE 存在和发展的决定因素以及其全球增值活动的决定因素的一些理论与范式的基础上，对这些论点进行更为详细的探讨。

---

① 关于范式和理论对解释 MNE 活动的决定因素所起的作用的进一步讨论，参见第 4 章和 Dunning (2000a)。

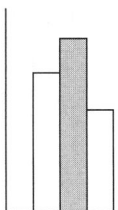

第 4 章
国际直接投资理论

■ 4.1 引言

　　本章试图回顾一些对于 MNE 的存在和发展以及 MNE 控制或拥有的境外增值活动的主要经济学和行为学解释。第 1 章将 MNE 定义为参与 FDI 的多业务企业；同时，第 1 章也承认许多 MNE 也参与了各类跨境非股权联盟和/或它们可能施以可观影响的增值活动集群。第 1 章进一步指出 MNE 有两个近亲。首先，正如国际贸易公司一样，MNE 在母国之外从事跨境交易；但与之不同的是，MNE 拥有和/或控制境外生产设施。其次，正如多工厂本土企业一样，MNE 运营着两个或更多的生产单位并将这些生产单位之间的交易内部化；然而与多工厂本土企业不同的是，MNE 至少有一个生产单位是位于外国的，并且 MNE 内部化的市场是跨国的而非国内的。

　　因此，关于 MNE 活动决定因素的理论必须试图解释增值活动的区位、所有权和组织形式。因此，它需要借鉴和整合经济学观点的两个流派。其一是国际资源配置理论，这一理论基于要素禀赋和生产能力的空间分布。这一理论主要关注的是生产的区位。其二是经济组织理论，它主要关注生产的所有权，以及与之有关的交易活动（包括可能影响其区位选择的交易活动）的管理和组织方式。

　　直到 20 世纪 50 年代，传统（古典或新古典）贸易模型一直是国际经济学中的主导范式，但这类模型只解决了第一类问题，即"在哪里"进行生产。关于经济活动所有权和组织的问题被忽略了。这是因为商品和服务跨境交换的市场被假定为一个无成本的机制。资源被假定为能在一国境内移动但无法跨境移动。企业被假定为具有无限理性并且只从事一种业务。企业家被假定为利润最大化的追逐者。制度差异被假定为无关紧要。管理战略被假定为仅仅包括对最优产出水平的识别，以及对产出的供应和营销成本的最小化。

　　然而，一旦容许出现商品或要素市场的不完善，存在可选的企业所有权模式和/

或交易组织模式的可能性就会产生。例如，某企业甲通过市场向另一家企业乙出售产品，乙企业随后使产品增值；在这种情况下甲企业可能会协调这两类活动，从而取代市场作为在两企业间分配资源的机制，或作为两企业先前同时从事交易的机制。当其中的至少一项活动跨越了国家边界时，国际生产就出现了。因此，影响跨境活动组织方式的因素就成为了 MNE 理论的核心。事实上，有些学者甚至断言这是唯一真正至关重要的问题。

从另一个不同的起点出发，在给定了企业的所有权以及其生产和交易的组织方式后，有些人同样也会问为什么至少应当选择将其增值活动中的一些放在外国进行。在这种情况下，要素禀赋的空间分布可能与在解释某些种类的贸易时同样重要。换言之，引入市场不完善和多元业务之后不仅出现了国际生产的可能性，而且也需要对传统贸易理论的重新评价。的确，某些种类的国际交易，例如产业内部贸易和企业内部交易，只能在借鉴产业组织理论的基础上得到解释。

从上文中可以明显看出，将 MNE 活动的范围和模式理论化的任何尝试的关键都在于其希望回答的问题类型。首要问题是"为什么企业拥有境外生产设施"，还是"为什么企业在一个国家而非另一国家进行业务"，或是"区分 MNE 和单一国家企业的具体特性有哪些"，还是"相对于本土企业而言，为什么境外企业的参与在不同国家和部门之间存在差异"，或是"在什么条件下企业的境外活动融资会使用其母国货币而非外国货币（即从事 FDI）"？对有关国际生产[①]的文献的粗略回顾甚至就能表明，学者主要关注的是相互有关联却又区别很大的问题。

与之类似，学者们选择的分析单元也不一样。范围的一端是遵循马克思主义传统的政治经济学家，他们认为企业国际化是资本主义制度的必然结果，也是增强投资企业和/或投资国垄断势力的手段（Baran 和 Sweezy，1966；Hymer，1972；Newfarmer，1985；Cowling 和 Sugden，1987，1994）。另一端是商业分析师和组织理论家，他们试图识别决定企业对外投资决策过程的主要因素（Aharoni，1966；Ghoshal 和 Westney，1993［2005］）。在这两个极端之间，可以识别出三个主要的理论观点流派。第一个出自从宏观经济学角度看待 MNE 活动并关注国家为何从事 FDI 的一批学者。包括 Kojima（1973，1978，1982，1990）在内的这些经济学家通常将新古典类型贸易模型作为其出发点，随后进行拓展以解释国际生产的范围、模式和机理。毫不令人意外的是，他们倾向于关注区位变量以及来自特定国家的企业在从事不同种类的贸易和国际生产时为何具有不同偏好。对于 MNE 活动的原因和方式，一种相当不同的视角是由著名国际经济学家 James Markusen（1984，1995，1998，2001，2002b）提出的，他指出如果国际经济学家要研究 MNE，那么贸易理论的工具就需要包含企业特定的特征，例如规模、多元化程度、规模经济和范围经济、中间产品的跨境市场失灵等。

第二组学者对单个商业企业的行为更感兴趣，并借鉴国内企业理论（这种理论试图回答的问题与国际贸易理论大不相同）来解释 MNE 本身的存在和发展。内部

① 正如最近 Caves（1982［1996］）；Dunning（2002d）；以及 Pitelis 和 Sugden（1991［2000］）、Toyne 和 Nigh（1997）、Rugman 和 Brewer（2001），特别是 Cantwell（2000）和 Hennart（2001）的许多章节所作的回顾。

化学派把 MNE 看成一种将中间产品的跨境市场内部化的组织科层，它的主要说明文本有 Buckley 和 Casson（1976，1985，1998，2002），Teece（1981b，1985，1996），Hennart（1982，1986c，1989，1991b，1993，2000，2001），Rugman（1982，1986，1996），Casson（1987，1992，2000）和 Buckley（1990，1991，2002）。这一学派的方法论和研究方法均源于现代交易成本经济学的奠基者 Ronald Coase（1937，1960）以及组织理论学家，例如 Herbert Simon（1947，1955），Alchian 和 Demsetz（1972）以及 Oliver Williamson（1975，1985，1996，2002）。

第三组分析者的背景与第二组的联系比与第一组的联系更为紧密，主要关注的问题是为何一国企业比境外市场中的当地企业更容易渗透这些境外市场，以及它们为什么想控制其国境之外的增值活动。Stephen Hymer（1960，1968）是这一类型国际生产解释理论的创始人，其后继者（虽然视角存在某种程度的差异）包括 John Dunning（1977，2000a）和 Richard Caves（1982［1996]）。Hymer 认为，如果投资企业不具备相对于当地竞争对手而言的某种垄断优势，那么国际生产就不会发生。他的解释借鉴了公司理论，但更多地借鉴了产业组织理论，后者由 Bain（1956）在数年前发展出来，用于解释美国国内产业的模式和所有权（Dunning 和 Pitelis，2008）。

在回顾关于 MNE 活动决定因素的文献时，区分以上三种理论方法很重要，这是因为一种方法中的外生变量可能是另一方法中的内生变量。因此，关于国际生产不存在涵盖一切的解释，只有针对特定问题的正确答案，而每一个答案都可能增加我们对经济活动跨境组织的理解。

最后，就如前面几章所指出的那样，MNE 从事的 FDI 的本质是极为不同的。正是因为这一点，国际生产的动机和决定因素也会不同。一家芬兰纸浆和造纸公司投资一家印度尼西亚木材厂的影响因素不太可能与一家加拿大 MNE 收购一家法国食品加工企业的影响因素相同。类似地，一家地域分布广泛的大型美国汽车业 MNE 在欧盟的合理生产模式的决定因素应当会迥异于一家韩国建筑管理公司在沙特阿拉伯投资、一家中国国有石油公司在苏丹寻找新石油储备、一家英国银行在印度设立呼叫中心的决定因素。

总之，我们认为，正如不可能构建一个广义的理论来解释所有形式的贸易或者所有类型企业的行为，同样也不可能形成一个可以通过实践操作验证的简单理论来解释一切形式的外资所有生产。现有文献一致认为，产业内贸易和产业间贸易需要不同的解释，并且有关 MNE 的理论很大程度上取决于对有关企业的动机和意图的假设。同时，正如前一章表明的那样，我们相信有可能形成 MNE 活动的一个一般范式，制定一个概念框架，并寻求识别与所有种类的境外产出解释相关的变量群。我们相信在这一框架内，国际生产微观和宏观局部理论中的大多数能得到涵盖。此外，虽然每种理论所识别的变量的相关性和显著性会存在差异，但它们更应该被看作是对企业跨境活动的互补解释，而非相互替代的解释（Dunning，2000a）。

本章剩余部分安排如下。4.2 节识别并简要回顾了国际生产的一些主要理论，这些主要理论由经济学家在 20 世纪 60 年代至 70 年代中期提出，主要聚焦于解释企业从事 FDI 的初始决策。接下来的大约 15 年里，关注点转移到了企业的追加投资[①]以及对于 MNE 活动和全球公司的涌现形成更为一般化的解释上。过去的 10 多年里出现了关于跨国企业及其业务网络的系统特征、形成这种网络的股权与非股权关系、网络成员对各类知识的创造获取和管理的大量新兴研究。关于使得特定种类经济活动产生集聚的区位资源，以及制度和激励结构在影响对外和外来 FDI 方面扮演的角色，研究者们也重新产生了兴趣。这其中的一些问题将会在第 II 部分进一步得到讨论，该部分探讨了近年来关于 MNE 组织、战略和结构的学术思考。

4.3 节会介绍国际生产的折中范式，这是本书通篇应用的解释框架。折中范式可能是试图整合上文所描述的所有主要理论流派的最雄心勃勃的一次尝试，并在过去的 20 多年间成为了国际商务领域内的杰出范式之一（Cantwell 和 Narula，2003）。随后，这一范式会被用于比较和对比关于 MNE 或 MNE 活动的两个更具影响力的经济理论，即内部化理论和 Kiyoshi Kojima 提出的 FDI 宏观经济理论。对 MNE 活动动态学的简要回顾会进一步对这一讨论进行补充。MNE 活动动态学吸收了 Richard Nelson 和 Sidney Winter（1982）对企业演化理论的开创性贡献。本章最后将以识别过去 15 年间需要纳入我们解释框架中的主要实证挑战和理论发展作为结尾，而纳入我们解释框架的工作将在第 5 章完成。

4.2 关于 MNE 和 MNE 活动的理论：1960—1976 年

4.2.1 20 世纪 60 年代之前

在 20 世纪 60 年代以前没有关于 MNE 或 FDI 的成熟理论[②]，用以解释企业境外活动的理论主要是以下理论的混合物：

1）一个相对正式的（证券组合投资）资本流动理论（Iversen，1935）；

2）一些关于 FDI 区位影响因素的实证研究和针对不同国家的案例研究（Southard，1931；Marshall 等，1936；Barlow，1953；Dunning，1958）；

3）以 Williams（1929）为代表的经济学家认同产业国际化的研究需要对新古典主义贸易理论进行修改；

4）认同公司跨境活动的共同所有权不仅能被看作国际卡特尔和联合企业的替代品（Plummer，1934），而且至少能部分地被垂直或水平一体化的预期收益所解释（Penrose，1956；Bye，1958）；

5）对现有的国际资本流动理论的扩展以吸收企业家精神和商业竞争的作用

---

① 也被称为持续投资（Kogut，1983）。

② 虽然自重商主义时代以来，关于这一问题许多经济学家已经有所阐述。Cantwell 等（1986）和 Dunning（1988b：Chapter 3）对这些观点作了回顾。一些对 MNE 更早期活动的解释参见 Moore 和 Lewis（1999）。

（Lund，1944）。Lund 将企业家理念和金融资本的结合看作是一个"国际随机组合"。①

Bye 的贡献，尽管曾经并且至今都大体上被经济学家所忽视，却是尤其有洞察力的。正是他创造了"跨区域公司"这一名词，也是他采用国际石油产业的案例来展示这样一种现象：实体规模与金融规模使得公司可以通过一体化或者扩张的方式跨越各类增长的门槛，从而确保公司处于某种有利的竞争地位（Bye，1958：161）。

20 世纪 60 年代出现了两大关于 MNE 和 MNE 活动的具有影响力和开拓性的理论。这两大理论的提出是相互独立的，同时它们也各自从不同的途径达到了各自的主旨。下面的章节简要描述了这两种方法的主要特点。

□ 4.2.2 Hymer 的贡献

第一个贡献是由 Hymer（1960，1968）作出的。Hymer 在他的博士论文②中表达了他对使用间接（证券组合）投资理论来解释公司的境外增值活动的不满，并具体指出了他不满的三个原因。第一个原因是一旦风险及不确定性、汇率波动以及获取信息和从事交易的成本这些因素被纳入古典证券组合投资理论，该理论的许多预测，例如对利率变化引起的跨境资金流动的预测，会变得无效。这是因为市场不完善改变了影响公司管理和绩效的行为参数，尤其改变了影响公司服务境外市场战略的行为参数。

第二个原因是 Hymer 认为 FDI 涉及一整套的资源转移，这些资源包括技术、管理技能、企业家精神等，而不仅仅是一些证券组合投资理论家（如 Iversen（1935））所关注的金融资本转移。由于期待获得包括组织方式在内的所有资源的经济租，企业会到境外进行生产。FDI 的第三个，可能也是最基本的特征是，当资源和权利转移时，这些转移的资源和权利的所有权并没有改变；但在通过市场交易完成的间接投资中，转移的资源和权利的所有权是不得不发生改变的。因此，资源（如中间产品）交易的组织形态和由这些交易连接的增值业务的组织形态都是迥异的。

在这种联系下，Hymer 关注 FDI 仅仅因为 FDI 是公司能够掌控转移到境外子公司的产权的方法，这一看法是值得思考的。在他的博士论文中，Hymer 还提出了许多其他问题，这些问题又继续由其他学者进行了更深入的研究。比如，Aliber（1970，1971）发展了基于国际金融和货币市场失灵的 FDI 的一个正式模型；而 Hymer 将国际企业识别为"内部化或取代市场"的企业（1960：48，60），这一看法为内部化作为转移知识、商业技巧和技能型人才的方法这一理论作了卓有成效的奠基（Yamin，2000；Pitelis，2002a；Dunning 和 Pitelis，2008）。

然而，Hymer 的（早期）成果中最为人熟知的应该是将产业组织方法应用到境外生产理论中。他的主要观点如下：想要拥有并控制境外增值设施的公司必须具备

---

① 直到近年来我们才了解到一位丹麦经济学家 Arne Lund 的早期工作，他在丹麦的一份杂志上发表了一篇关于 FDI 的开创性论文。他的工作，正如 Pedersen 和 Strandskov（2007）最近回顾的那样，既包含了后来 20 世纪 60 年代和 70 年代国际商务学者提出的一些观点，也包含了稍后章节将会讲到的我们提出的 OLI 范式的一些特定要素。

② Hymer（1960）的博士论文直到 1976 年才以专著形式出版。

某种创新、成本、金融或市场优势，企业的这些优势由其所有权具体确定，能够抵消公司在与生产所在国的本土企业竞争中所面临的劣势。[①] 他认为这些优势对公司来说是企业独有的（因此才有"所有权优势"这一表述），因而暗示了某种结构性市场失灵的存在。

Hymer 借鉴了 Bain（1956）关于国内市场竞争壁垒的经典文献并试图解释这些市场不完善。将这一分析用于解释公司的境外活动时，他认为这些公司需要具有某种私有优势或垄断优势。然而，由于公司可以通过比市场更为有效的方式改进资源配置和交易组织，一些所有权优势可能从中产生，因此"垄断"优势并不是一个很好的概括，因为即使这些优势可能使得拥有这些优势的公司享受短期经济租，这种经济租也不是必然会出现的。Hymer 随后研究了考虑进行 FDI 的公司可能具备或获得的所有权优势的种类，以及境外生产可能会发生集聚的产业部门和市场结构的种类。[②]

在他的其他研究中，Hymer 还考察了与 MNE 活动密切相关的其他问题。值得一提的是，正如 Bye 一样，Hymer 对公司将区域扩张作为开拓或巩固垄断势力的手段很感兴趣。尽管他的论述明确表明了他知道市场没能高效运转，但他总是将国际科层配置资源带来的福利影响和完善市场的帕累托最优资源配置带来的福利影响进行比较。因此，Hymer 忽视了这样一个事实，那就是如果最终产品的价格并不比其他情况下最终产品价格高，外来企业更高的效率带来的利润增长并不一定会造成社会损失（Teece，1985）。Hymer 着重强调了 MNE 将组织经济活动作为提升垄断势力的方法，而不是减少成本、提高生产质量或提高长期竞争力的方法，这也使他倾向于考虑 FDI 和其他国际参与形式之间的可替代性，而不是对这些选择进行理性的成本—收益分析。

在 Hymer（1968）后续的一篇首先以法语出版的论文中，他采取了一种不同的方法来解释国际生产。在这里，他试图从公司的角度研究公司变得跨国化的原因，以及公司在这个过程中可能遇到的障碍。在分析过程中，Hymer 很大程度上吸收了 Coase（1937）的观点，尽管他自己似乎并没有意识到这一点。他利用 Coase 的分析提出了公司想要进行跨境垂直一体化的原因。虽然 Hymer 没有将他的观点发展完全，但他的确承认了 MNE 可以通过绕开市场失灵来提升国际资源配置效率。至少就这一点而言，他 1968 年的成果是随后十年里内部化理论经济学家进行更深入研究的一个天然的出发点。[③]

□ 4.2.3 产品周期

如果说 Hymer 是用产业经济学和组织经济学来解释 MNE 活动的，那么 Vernon

[①] 这些劣势包括语言障碍，缺少对当地商业习俗、法律、供应商以及劳资关系的认识，以及可能的对国外企业的歧视、没收资产和汇率风险。

[②] 也可参见 Southard（1931），Barlow（1953）和 Dunning（1958）更早一些的实证研究。

[③] 关于 Hymer 对国际商务理论贡献的一个批判性的分析，指出了 Hymer 对于以价值创造为代价的价值获取的过分强调，参见 Dunning 和 Pitelis（2008）。

和他在哈佛的同事们则首先提出，可以借助 20 世纪 50 年代到 60 年代的一些较新的贸易理论①来解释 MNE 活动。在 1966 年出版的一篇经典文献中，Vernon 用产品周期这个微观经济概念来解释美国 MNE 在战后时期的境外活动这一宏观经济现象。作为理论起始点他提出的观点是，除了不可移动的自然禀赋和人力资源，一国从事交易的偏好也有赖于该国公司升级这些资产或创造这些资产的能力，尤其是技术能力。同时，他还提出了一个假设：公司组织人力资源和有形资产的效率，至少会在一定程度上因起源国国情不同而不同。

Vernon（1966）借鉴了 Posner（1961）早期的一些研究成果，认为美国公司的竞争优势或所有权优势，尤其是它们研发新产品和开发新工艺的意愿和能力，是由母国所具备的生产要素禀赋、制度和市场的结构和模式所决定的。然而，创新型公司起初的竞争优势很可能会被别国公司基于更优的能力所提供的产品侵犯或吞噬。Vernon 并没有将市场不完善清晰地引入他的分析框架，而是随后将基本分析点转向了企业，特别是企业的生产位置。最初，产品（或者更为确切地说，基于公司私有资产的增值活动）是为了满足母国市场的消费需求而生产的，而母国市场与创新活动及/或创新市场较为接近。当产品周期进入下一阶段时，由于美国所具备的创新能力和生产优势的有利结合，产品开始出口到其他与美国有着相似需求模式和供给能力的国家。

逐渐地，由于产品开始规范化或进入成熟期，供给公司的竞争优势逐渐从产品本身的独特性，转变为能否最小化增值业务成本及/或专业营销成本。随着模仿者逐渐进入市场，确保成本效率的压力逐渐增大。同时，随着消费者需求变得更具有价格弹性、劳动力成为成本中更为重要的组成部分以及境外市场的扩大，在境外而非国内进行增值活动的吸引力开始增大。贸易壁垒的设立和预期竞争对手在这些市场中出现可能进一步加强了这一趋势。最后，Vernon 认为如果东道国条件合适的话，子公司的产品可能会取代母公司出口到该国的产品，甚至会将子公司产品出口回母国。

这一解释境外生产的视角，本质上是对要素禀赋空间分布的新古典主义理论的扩展，以使其能够包含中间产品。这一视角也表明 MNE 所在的寡头垄断市场结构带来的战略性因素影响了公司对这些禀赋的响应。然而，该阐释并没有解决组织性和制度性问题。由于公司的竞争优势是有国别差异的，由跨境市场内部化带来的好处并没有引起重视。然而，在之后的一篇文献中 Vernon（1983）明确指出组织性风险的减少是 FDI 的一个动机和决定因素。

产品周期模型是 20 世纪 60 年代为了解释具有特定国籍和所有权的公司所进行的市场寻求型生产而引入的。正如 Vernon（1979）自己所说的那样，到了 20 世纪 70 年代后期，伴随着发达市场日益增长的趋同趋势，MNE 持续扩大的地理范围降低了产品周期模型的广泛适用性。而且，产品周期模型并没有解释，也没有意图解释资源寻求型、效率寻求型或战略资产寻求型 FDI。正如 Hymer 的观点一样，Vernon 的观点也是不全面的，因为他的理论也只是涉及与 MNE 相关的一部分问题。但

---

① 正如 Hufbauer（1970）以及 Stern（1975）总结的那样，也可参见 Hirsch（1967）。

从另一方面来说，产品周期理论是对国际贸易和境外生产之间的关系以及这两者决定因素的第一次动态阐释。同时，产品周期理论还引入了一些关于需求刺激、技术领先和迟滞以及信息与交流成本的新颖假设，这些假设其后被证明对境外生产和交易的研究是非常有助益的。

☐ 4.2.4 后续发展

自 20 世纪 70 年代初以来，经济学家们多次试图完善和验证 Hymer 和 Vernon 的理论。在对 Hymer 理论的验证和完善中，尤其值得一提的有以下这些人的研究成果，如产业经济学家 Johnson（1970）、Caves（1971，1974a，1974b，1982）、Horst（1972a，1972b）、Magee（1977a，1977b），以及第二代学者的研究成果，如 Lall（1979，1980a）、Swedenborg（1979）、Calvet（1980）、Pugel（1981）、Lall 和 Siddharthan（1982）、Owen（1982）和 Kumar（1990）。本质上，这些学者试图识别 MNE 所拥有的所有权优势的种类。为什么 FDI 倾向于聚集在某些特定的初级产业、制造业或服务业部门（正如我们在第 2 章中所表明的那样）？为什么境外子公司在某一特定国家的产出份额具有如此大的部门差异？

前面提到的研究大都着眼于识别和评估特定无形资产的重要性，比如技术能力、劳动力技能、产品差异性、营销推广技能和组织能力，这些无形资产为某一国别的公司提供相较于其他国家的公司的竞争优势。不足为奇，这些学者发现不同产业和不同国家有着不同的相关变量，并且，有时候不同的公司也有着不同的相关变量。[①]因此，虽然美国在拥有或获取 IT 技术和人力资本方面的优势在很大程度上能解释美国对生产资料和中间服务产业的直接投资，但由品牌和广告密集程度所体现出来的产品和质量差异，却被指出是美国 MNE 在生活消费品产业的主导性所有权优势之所在。市场准入很大程度上解释了英国在矿业和农业领域内的早期投资（Hennart，1986a），就如同这种市场准入在 20 世纪 80 年代吸引了大量的日本投资进入欧洲的银行和金融领域，以及在 20 世纪 90 年代吸引了美资制造业进入中国一样。欧资、日资、美资 MNE 所具备的特定优势都是迥然不同的，主要是因为这些公司的母国具有不同的经济、社会和文化特征（Franko，1976）。试图解释 20 世纪 60 年代和 70 年代 FDI 流出和流入结构的假设通常不能解释 20 世纪 80 年代和 90 年代的 FDI 流出和流入结构（UNCTAD，1998，2003b）。

Stephen Magee（1977a，1977b）在一个将技术作为重要无形资产的更为细致的研究中遵循了一种不同的研究途径。他最初试图探究为什么公司内部化技术市场的动机随着时间不同会发生改变。他基于 Vernon 的假设——公司的竞争优势很可能因为产品的成长阶段不同而发生改变，创造了产业技术周期这样一个概念。他认为公司不太可能卖掉新颖和独特的技术主要有两个原因。其一，由于信息不对称，拥有这样技术的公司会担心买方公司支付的价格不及该公司将技术留以自用所能够获得的经济租。其二，该公司会担心技术持有人会利用这种技术损害技术发明者的利益，

---

① 参见 Gray 和 Gray（1981）对跨国银行的分析。

甚至会变成技术发明者的竞争对手。然而，随着技术逐渐成熟，其独特性会逐渐丧失，此时内部化该技术用途的需求下降，公司会将其投资形式从 FDI 转变为授权。

与此同时，另一批学者开始更具体地关注公司决定将授权转让产权作为对 FDI 替代选择的影响因素（Telesio，1979；Contractor，1981）。然而，尽管这些学者更加仔细地识别了在哪些情境下公司会希望控制它所拥有的技术资产的使用权，但他们没有真正抓住交易关系的最根本的组织问题，这个问题应该被作为市场失灵分析一般范式的一部分。而这一任务落在了另一批学者的身上（见 4.3 节）。

其余的研究者，主要是来自商学院传统派和哈佛的研究者，都是基于 Vernon 的方法来研究的。有一部 1972 年的专著总结了一些关于产品周期的实证研究（Well，1972）。对英国、欧洲大陆和日本 MNE 的研究很快赶上了对美国 MNE 的研究水平（Franko，1976；Stopford，1976；Tsurumi，1976；Yoshino，1976）。也许 Vernon 的一群学生的研究成果对境外生产的理论发展更具重要性，尤其是 Knickerbocker（1973）、Graham（1975，1978）和 Flowers（1976）。他们的观点指出，并不是区位变量决定公司经济活动的空间分布，而是公司对这些变量的战略响应和对竞争对手行为的预测决定了公司经济活动的空间分布。[1] 在完全竞争市场中，战略行为如同企业业自身一样，是一个黑匣子。这是因为公司如果想要至少赚取投资的机会成本，就没有行动的自由。公司的最大获利点和最小获利点是一样的。然而，一旦结构扭曲、不确定性、外部性或规模经济使得市场变得不完善，战略就开始在影响商业活动中起积极作用（Dunning，1993a）。

在寡头市场中这一点是最明显的。一个多世纪以来，经济学家一直认为产量和价格均衡取决于这样一个假设：公司自身行为会如何影响竞争对手，以及竞争对手行为反过来会如何损害企业自身的盈利能力。Knickerbocker（1973）认为，追求风险最小化以及规避毁灭性竞争的垄断者通常会互相追随着进入新市场（比如境外市场）来确保它们的商业利益。一份关于 1971 年以前美国 MNE 在制造业进行 FDI 时机选择的分析似乎支持这一观点（出处同上），更近期一些的实例，如日本 MNE 在美国和欧洲汽车产业和电子消费品产业领域内的聚集，以及美国和欧洲计算机软件 MNE 在印度班加罗尔的聚集，都直接支持了这一观点（Balasubramanyam 和 Bala-subramanyam，2000）。在另一项研究中，Flowers（1976）表明 Knickerbocker 的观点也适用于解释加拿大和欧洲在美国的投资，然而 Graham（1975）将欧洲在美国的投资看作是欧洲公司对于美国 MNE 进入欧洲市场的反击。特别地，Graham 认为，一个发现母国市场被境外 MNE 入侵的 MNE 垄断者很可能会入侵该外国 MNE 母国市场作为报复。所谓的"交互威胁"假说的一个经常被引用的例子是荷兰皇家壳牌石油公司在 20 世纪初进入美国市场，是为了反击美孚石油公司进入本来被壳牌主导的东亚市场。其余的例子还包括橡胶轮胎、汽车、彩电、广告、通信、银行和酒店领域内 MNE 的跨境活动以及离岸呼叫中心的建立等（Graham，2002；UNCTAD，2004）。

Aharoni（1966）试图追踪和评估企业考虑进行 FDI 的决策过程的开拓性研究也

---

① 也可参见 Yu 和 Ito（1988）。

值得提及。他的研究主要是对以下问题的影响因素的一个微观组织研究：第一，一家公司是否能够考虑进行对外投资；第二，公司就这类投资的成本和获利的估值所进行的可行性研究种类；第三，对一项对外投资承诺投入资源的决定；第四，与东道国审查机构协商条款；第五，公司在境外的全球组织结构和战略承诺的含义。基于 20 世纪 50 年代和 60 年代 38 家从事对外投资的美资 MNE 的数据，Aharoni 识别了最容易转变为 MNE 的企业类型和 FDI 的一些特征，包括相对较高的信息、研究、协商、学习成本和相关风险。[①] 尤其值得提及的是，Aharoni 认为这些特质可以解释较少比例的小公司从事对外投资而不是国内投资的原因，以及授权是一种更受欢迎的国际参与形式的原因。

回顾上文，认为一家公司的对外投资战略本质上取决于公司在产品周期中所处阶段的 Vernon 和以上这些学者的研究成果是具有开创性的。不仅是因为这一成果强调了公司间的行为互动，而且还因为它准确描述了一个特定的市场失灵类型，这一类型后来被系统化并被 20 世纪 70 年代后期的经济学和组织理论所吸收。

总的来说，以 Hymer 和 Vernon 为先驱的两个解释 MNE 活动的流派尽管各自有着不同的关注点，但是到 20 世纪 70 年代中期，这两个学派的观点开始融合。研究识别 MNE 主要的所有权优势的产业组织理论，开始认可资产被创造、获取和组织的方法也是 MNE 的所有权优势。到 20 世纪 70 年代中期，贸易/区位视角的研究理论也开始认可市场不完善在影响公司所有权和公司选择何种方式组织跨境活动方面的作用。但是，Hymer 把 FDI 主要看作公司扩大垄断势力的进攻性战略，而 Vernon 和他的同事将 FDI 更多地看作公司保护已有市场地位的防御性战略。

□ 4.2.5 对其他理论贡献的选择性回顾

为了完善这篇简短的历史回顾，我们简要考虑另外三种解释 MNE 活动的理论，这些理论从当代视角出发，重新对国际经济活动的区位和所有权相关问题提出了有价值的阐述和观点。这其中的两个理论是由金融学家或宏观经济学家提出的，另一个则基于对 MNE 活动的行为学解释。

风险分散假说

风险分散假说最早是由 Lessard（1976，1982）、Rugman（1976，1977，1979）、Agmon 和 Lessard（1977）提出的。[②] 基于 Grubel（1968）、Levy 和 Sarnat（1970）的早期研究成果，这些学者认为 MNE 相较于国际股权市场，为个人或机构股权投资者提供了一种更优越的依据地理差异进行资产组合多样化的工具。在他们看来，这部分反映了股权市场在有效评估风险和风险分散收益方面的失灵，也反映了与国内竞争者相比，MNE 具有某种非金融优势，这种优势使得 MNE 可以更有效地对国际多样化证券组合投资进行风险管理。[③]

---

① 后来被内部化理论经济学家所识别的跨境市场失灵的所有特征（详见 4.3 节）。

② 参见 Verbeke（2005）对 Rugman 关于风险多样化和内部化理论原创观点的选编。

③ 就这类障碍正在快速消失（即使在三联体区域之外）的程度而言，将跨国公司当作国际多样化代理手段的动机也正在消失。

Rugman 和 Lessard 等学者进一步指出，由于公司认为进行 FDI 是值得的，投资发生的区位将会是公司感知的不确定性以及公司已有资产地理分布的函数。在没有国别风险（外汇风险、政治和环境不稳定性等）的情况下，公司将会使投资于不同国家资产的边际收益相等，即使这意味着公司会将所有资产集中在一个国家。然而，收益的不确定性很可能随着资产的数量和集中程度的不同而不同，这一点会影响公司对外投资的地理分布。在其后的一篇文献中，Rugman（1980）承认，基于 MNE 最小化跨境生产和交易成本的愿望和能力，风险分散假说至多应该被看作是国际市场失灵的一般理论的一个特例。

风险分散假说存在两个相关但不同的问题。其一是跨国企业基于风险调整的利润绩效是否优于本土公司；其二是投资于 MNE 可以在多大程度上替代国际多元化资产组合。这一时期的实证研究也证明，投资者确实认为 MNE 提供的多样化能够为其带来好处（Agmon 和 Lessard，1977）。Rugman（1979）还发现美国公司在 20 世纪 60 年代收益的方差与该公司进行的境外/本土活动比率成负相关；Michel 和 Shaked（1986）随后的研究也证明，相较于本土公司，MNE 更不容易破产。他们也发现本土公司有时在风险调整后表现出更好的市场绩效，而 MNE 更容易从低系统风险中获益。Kim 和 Lyn（1986）指出股东需要为对跨国企业的投资支付一种溢价，但这种溢价并不与境外活动的分散程度有关，而与垄断势力、研发投入和广告密集的程度有关。与此类似的是，Morck 和 Yeung（1991）发现研发投入会随着跨国性程度的增加而增加，然而通过对公司托宾 q 值[1]的衡量可以发现，MNE 的跨国性特征对投资者来说是不在考虑范围之内的。因此，他们总结指出，关于投资公司的股权成本或股票价格在何种程度上反映了国际风险分散带来的收益，这一问题仍遗留大量疑问。[2]

宏观金融和汇率理论

Aliber（1970）研究工作的起点是 Hymer 在他的博士论文中指出的金融市场失灵。然而，与 Hymer 不同的是，Aliber 没有关注公司在境外生产的原因，而关注于公司用本国货币购买境外资产的原因。他解释这一点的角度是，较之来自弱势货币国家的公司，来自强势货币国家的公司能够更便宜地从国内市场或国外市场借用或筹集资金，这一能力使得公司可以以不同的利率水平利用公司预期的收益流。Aliber 进一步认为外汇市场结构的不完善使得公司可以通过用估值过高或过低的货币购买或出售资产来获得外汇收益。

Aliber 的理论并不试图解决许多其他学者想要解决的问题，因此不应该用同样的标准进行评价，但他的理论也不足以称为 FDI 的一般性理论。例如，它没有解释境外生产的行业结构，也没有解释在弱势货币地区与强势货币地区之间进行交互直接投资的情况。然而，它的确呈现了一些关于 FDI 时机的有意思的想法，尤其是跨境 M&A 时机（UNCTAD，2000b）和长期中这种时机的波动变化的想法。它也说

---

① 托宾 q 值通常被定义为公司市场价值对其资产重置成本的比值，同时也经常被用作公司无形资产的衡量标准。

② 对于跨境活动可能导致 MNE 更高的盈利能力的原因将在第 15 章进行详述。现在讨论的仅仅是关于风险分散的观点，这种观点将 MNE 当成一种地理上的实物资产投资组合。

明了国家的国际投资地位可能随时间变化的一些原因。

在许多方面，Aliber 的理论都更多地被当作资产组合理论的一种包含了市场失灵的拓展；而不是关于 FDI 本身的一种理论。的确，他的所有论点都依赖于资本及/或汇率市场不完善的存在和特点。他认为这样一种市场失灵可能给其资产主要以某种货币标价的公司带来好处，从而影响公司投资这些资产的区位。然而，公司想要控制这些资产的原因却是不明确的。因此，选择直接投资和选择证券组合投资动机的分界线也是不明确的。① 最后，实际上，企业拥有的非金融资产的差异使得企业能利用金融市场不完善的前提。在这一点上，最好是将 Aliber 的理论看作是对其他 FDI 理论的一种补充。

就我们的知识所及，Aliber 没有将他的理论付诸深入的实证检验。然而，一项关于 20 世纪 80 年代和 90 年代后期（在此期间英国和美国的利率以及美元对英镑的汇率大幅波动）英国在美国直接投资模式的研究表明，Aliber 的论点只能得到很有限的支持，至多与对这种投资的主流解释具备同等的解释力。②

与此同时，汇率在影响 MNE 活动区位中的作用已经被一些经济学家和商业分析师所认可。然而直到近些年学界才开始用宏观经济数据系统地研究这种关系。例如，Froot 和 Stein（1991）提出了一个模型，在这个模型中货币流动通过调节国家相对财富对 MNE 的地理位置产生影响；他们两人还证明了 1973—1987 年间美元价值与外国公司在美国投资的偏好成显著的负相关关系。

然而，较早时期一些学者的研究，如 Cushman（1985）和 Culem（1988），认为汇率波动反映的是相对实际劳动成本的变化，而不是相对财富的变化，这也是决定 FDI 的原因。在一个验证这些猜想的实证中，Klein 和 Rosengren（1994）发现了 20 世纪 80 年代汇率和美国吸收外来直接投资的相关性证实了第一个猜想，而不能证实第二个猜想。另一个探索汇率及其不稳定性对于外来和对外投资影响的研究是 Görg 和 Wakelin（2002）进行的。他们基于 1983—1995 年间美国吸收 FDI（子公司销售额）的数据发现汇率波动（风险）并没有影响 FDI，但是他们发现对外投资与东道国货币升值之间存在正相关关系，他们也同样发现了外来投资和美元升值之间存在负相关关系，证实了 Froot 和 Stein（1991）先前的发现，而与他们自己早期关于对外投资的结论相反。简单来说，他们发现在美元贬值的时期，外来投资和对外投资以相似的方式增长。

这些结果引起了对早期只考虑单项投资的研究的怀疑，因为国家间和行业间的交叉投资很大程度上与 FDI 的特征类似。③ 这些结果也取决于一家公司是否关注最初的投资支出（在这种情况下汇率会影响投资的时机），或者取决于任何 FDI 的预期收入流，在这种情况下对未来汇率的预期很关键。更进一步说，如果考虑产出将在

---

① 为了区分证券组合投资的目的和直接投资的目的，Kindleberger（1969）给出了资本化计算公式：$C + I/r$，其中 C 是资本资产的价值，I 是生产的现金流，r 是投资回报率。这一理论断言，在境外企业能够比本土企业获得更高的 I 并且普通资本流动反映了一个更低 r' 的情况下，直接投资将发生（Kindleberger, 1969: 24）。

② 例如，尽管 Aliber 的观点有助于解释 20 世纪 70 年代当美元相对于英镑贬值时，英国公司收购美国公司的案例数量急剧上升的趋势，但这一理论不能解释 20 世纪 80 年代中期，当美元相对于英镑可能被高估时，为什么也出现了相似的急剧上升的趋势。

③ 而且，对日—美投资关系先前研究的关注掩盖了这一事实，因为只有非常少的 FDI 流入日本。

多大程度上被出口或向当地市场出售，可能需要将另一种货币引入上述模型中。

在不确定性环境中，审视汇率对不可逆投资影响的另一种方法是将其置于一个实物期权框架之中。[①] 在这一框架中，FDI 由选择投资还是继续观望等一系列决策组成，在这一系列决策中增加的不确定性（如汇率波动）使得选择观望的价值增加。Campa（1993）基于实物期权理论推理得出了如下结论：汇率波动对 20 世纪 80 年代向美国批发领域开展的投资有着重要的消极影响。其他的研究，包括 Kogut 和 Chang（1996）以及 Rangan（1998）的研究，都聚焦于 MNE 应对汇率变化的灵活性；Kogut 和 Chang（1996）发现日本在美国的投资除了受以往投资的影响之外，还会受汇率变化的影响；Rangan（1998）发现 MNE 会调整其混合投入来应对汇率变化，尽管实际调整的幅度比预期的要小。

乌普萨拉学派的行为理论

关于公司内部化过程最初的演化模型之一是 Johanson 和 Vahlne（1977，1990）提出的。这个模型预测公司随时间对境外市场增加的资源投入是组织学习和经验积累的结果。假如这样做是经济的，这一模型还预测公司将投资分散至与母国间有着逐渐增加的"心理距离"的国家。[②] 心理距离可以被定义为"阻碍或妨碍公司了解和理解国外环境的因素"（Vahlne 和 Nordstrom，1992：3）。本质上，心理距离代表了国家之间开展贸易的交易成本，尽管两国间的心理距离成本可能会因两国在对方境内开展的经济活动性质的不同而不同。

乌普萨拉模型既是一个演化模型又是一个行为模型，依赖于决策系统和决策者的个性特征，从而影响或者决定国际化进程。这一模型的学术起源很大程度上归功于 Cyert 和 March（1963），因为它采用了问题搜寻的概念：在决策制定过程中已获得的知识和能力限制了对信息的进一步搜集。[③] 学习论也保留了 Penrose（1959）对决策制定过程中（不可交流的）经验信息的重视。[④]

Hornell 等（1973）、Vahlne 和 Wiedersheim（1973）、Johanson 和 Vahlne（1977）以及 Nordstrom（1991）对这一模型进行的关于瑞典 MNE 的实证研究，表明瑞典和其他国家之间实际的或感知到的心理距离，与瑞典制造和销售子公司的地理分布存在显著的正相关性。特别地，这种联系在公司国际化进程的早期阶段最为明显。瑞典学者运用的解释变量种类包括经济发展水平差异、教育差异、文化差异和语言差异；而 Hornell 的研究则侧重关注瑞典企业管理者的洞察力这一解释变量。后者的研究也表明两个数据集各自的排列是相似的，同时与国家之间文化相似性的 Hofstede 排列也是相似的；国家之间文化相似性的 Hofstede 排列是一个四维的组合

---

① 参见 Buckley 和 Casson（1998）对于国际商务理论要通过 MNE 行为的动态模型解释将环境易变性纳入考虑范围的必要性的分析。

② 心理距离的概念作为一个贸易和/或 FDI 的阻碍因素，首次被 Beckerman（1956）用于解释欧洲内部贸易模式的问题。这一观点随后被 Hornell 等（1973）、Vahlne 和 Wiedersheim（1973）以及 Nordstrom（1991）用来解释瑞典企业境外子公司的地理分布问题。关于这一概念的进一步讨论和改进参见 O'Grady 和 Lane（1996）以及 Dow 和 Karunaratna（2006）。

③ 也可参见 Luostarinen（1980）对用于响应不确定性的"横向刚性"的研究，以及 Luostarinen 和 Welch（1990）对国际化阶段的另一个模型的论述。

④ 也可参见 2007 年《国际管理评论》（MIR）对 Edith Penrose 工作的专题评述。

排列，包括权力距离、风险规避、个人主义—集体主义以及男性化—女性化（Hofstede，1980，2001）。

国际化阶段模型或过程模型也得到一些非斯堪的纳维亚地区实证研究支持的事实，使得 Johanson 和 Vahlne（1990）也否定了该模型是一个只适用于小型、开放、富有的母国的北欧专属模型的提法。① 在第 7 章中，我们将运用一个与乌普萨拉模型相似的渐进投入模型来描述国际化进程的早期演化。然而即使是这样做，我们也承认鉴于公司在国际化进程中采用的方法的多样性，任何一个阶段模型的风险都会出现确定性和刚性特征。

如果信息处理过程中存在组织约束和个人约束，导致的结果是对区位替代选择只能进行有限的搜寻，进而产生对心理临近区位的依赖，那么随着时间的推移，一些公司很可能会完善组织规则以突破搜寻限制，并且减少进一步获取信息的成本。获取更多信息后，公司就能够减少投资的不确定性，也因此更有可能开展远程直接投资。逐渐增加投入的过程仍会是常规的；但一定存在具备更优能力（不管是与组织规范、激励结构还是管理天赋相关的能力）的公司甚至行业，在这些公司或行业中，开展区位搜寻一定会比其他公司或行业更容易达成。

渐进学习模型基于这样一个想法：该模型预期的资源投入的增加对公司在市场中进一步获取信息和经验的影响很可能更小（Forsgren，1989）。这将使得国际化进程模型能够更广泛地适用于国际化初期阶段，而更少地适用于成熟跨国企业的后续投资（Kogut，1983；Barkema 等，1996）。我们还认为，乌普萨拉模型可能尤其适用于解释发展中国家规模相对较小且经验不丰富的公司的国际化，这些公司通过模仿和观察而进行学习的能力有限，并且可能缺少进行资产寻求型 M&A 所需要的资源（Lundan 和 Jones，2001）。

不同版本的乌普萨拉模型的一个主要短板，是它们将注意力局限在解释市场寻求型 FDI 和后续的一些水平效率寻求型 FDI 上。这一模型无法解释中国当前在安哥拉石油勘探领域 FDI 的增长，也无法解释为什么一些企业的常规办公场所从英国迁移到印度，还无法解释大多数资产提升型 FDI 涌现，特别是以 M&A 形式出现的原因。换句话说，这一模型还不足以作为国际化的一个通用演化理论。关于这一理论，国际商务学者没有探索完全，仍有待在 Nelson 和 Winter 的经典研究工作基础上予以补充，他们的研究工作我们会在本章后面部分提及。

4.3　MNE 活动的一般性解释

到 20 世纪 70 年代中期为止，所有已提出的用于解释 MNE 境外活动的理论中，没有一个理论可以完全解释这些活动，且大多数理论也没有试图去解决这一问题。这种情况在当时变得越来越明显。在所有解释当中，Hymer 的原创论点和他 1968 年的文章最有希望成为一般范式，尽管这一范式后来受到学者广泛关注的那部分内容

---

① 更多关于乌普萨拉模型的全面评述可以参见 Petersen 和 Pedersen（1997）以及 Forsgren（2002）。

主要侧重于探究为什么不是所有公司都从事境外生产，而非关注为什么跨境增值活动以这种方式而不是其他方式来开展。

20世纪70年代中期有过三次更全面地解释公司境外活动的尝试。每一次尝试都引起理论界的广泛关注。同时每一次尝试都使用不同的分析单位，其中有两次在方法上很相似，另一次却截然不同。这些尝试是：MNE的内部化理论（Internalisation Theory）、国际生产折中范式和FDI宏观经济理论。

□ 4.3.1　内部化理论

内部化理论本质上试图直接解释为什么中间产品的跨境交易是由科层来组织而不是由市场力量决定的。它最初在20世纪70年代中期由一群各自独立进行研究的瑞典、加拿大、英国和美国经济学家提出。[①]它的基本假设是：1）跨国科层代表一种取代市场的替代机制，该机制将相关的跨境增值活动整合起来；2）当公司认识到国内外活动的共同所有权净收益以及由此增加的交易很可能超过外部贸易关系所带来的净收益时，它很可能从事FDI。内部化理论的核心是：鉴于生产要素禀赋的特定分布，MNE活动的程度和内容将会与组织中间产品的跨境市场的成本成正相关关系。

这一理论主要侧重于识别中间产品的跨境市场在何种情况下会在科层中内部化，以及公司在何种情况下会拥有和控制境外增值活动。通过借鉴Coase（1937，1960）和Penrose（1959）先前的成果，它试图通过将这种形式或组织产生的相对成本和收益与公司间（即市场交易）的成本和收益进行比较来解释公司内部的国际化劳动分工。特定类型的买方和卖方之间的特定类型的交易比其他类型的交易需要更高的成本。科层组织成本也可能有业务差异、国别差异和公司差异。

由于内部化理论能够预测公司在哪些情况下选择将境外市场内部化，因此该理论被看作是一个一般性理论。然而，正如它的一个支持者Buckley（1990）所指出的那样，就许多方面而言，它更像是一个范式，而不是一个理论，因为不同形式的境外增值活动可能是由不同类型的市场失灵导致的。例如，在一些生活消费品和服务行业，通过进一步内部化而取代市场的一个原因可能是市场无法确保一个中间产品的卖方对最终产品质量的有效控制，而最终产品很可能以中间产品卖方的名义而存在。例如，作为对比，自然资源的后向一体化可能是由公司对降低"供应中断"和"物价上涨"风险的需求驱动的，而对分散区位多元化经营活动的共同治理可能与公司获取业务外部但仍处于企业内部的经济收益的意愿有关。这样一个关注点使得我们认为：总体上，内部化理论，尤其是Buckley和Casson（1976）提出的理论，比起解释在单一公司内通过协调多种活动实现的转型和增值功能，更致力于解释公司的交换功能和中间产品市场的内部化（Dunning，2003b）。

我们会在随后的章节中更细致地讨论市场失灵的概念，由此也会引出对折中范

[①]　尤其是瑞典的Lundgren（1977）和Swedenborg（1979），加拿大的McManus（1972），英国的Buckley和Casson（1976，1985）以及美国的Hennart（1982）。如果想了解当代对Buckley和Casson（1976）贡献的评述，参见 *Journal of International Business Studies* 2003年特刊中的一系列文章，例如Safarian（2003）。

式的讨论。这一范式虽然认可内部化理论的逻辑，但认为内部化理论不足以解释某国企业在境外生产，或外资企业在该国生产的水平和结构。在某种程度上，这种批评为一些内部化理论家所接受。Buckley（1987）和 Casson（1987）都承认需要整合区位变量与内部化变量（我们承认如果从动态或演化的观点出发，内部化变量之间不是互相独立的）以全面解释 MNE 活动的数量和方向。相对来说，Hymer 提出的所有权特定变量的作用更容易引起争议。所有权变量是结构性市场不完善的产物，并先于国际投资而存在。在一个稳定的内部化模型中，这些变量被看作外生变量。作为公司从事境外生产的直接产物的其余变量可能被看作跨境市场内部化行为的结果。然而，将公司的增长看作一个与时间相关的过程，这一假设的合理性是受到质疑的。因为一个公司目前的核心竞争力，如创新能力、系统性组织技能、营销策略、制度形式、行政发展或募集和管理金融资本的能力，都是过去所作决策的产物；这些决策在产生的时候相对公司而言都是内生的。因此，战略考虑又出现在讨论中（Buckley，1991）。我们会在本章最后几节中关注这一问题。

□ 4.3.2　折中范式，即 OLI 范式

折中范式试图为决定本国企业从事的境外生产以及外资企业拥有或控制的国内生产的程度与模式提供一个总体框架。不同于内部化理论，折中范式不是有关 MNE 本身的一种理论，而是对企业从事的跨境增值活动的各种解释的集合（Dunning，2001a）。它也不是 Aliber 认为的国际直接投资理论，因为它关注的是企业的境外生产而不是这种生产所需的资金是如何筹集的。同时，折中范式承认倾向于拥有境外增收资产的企业可能会受到金融变量和/或汇率变量的影响。最后，折中范式主要倾向于解决实证性而非规范性问题。它为解释企业进行境外增值活动的水平及结构"是什么"而非"应该是什么"的问题确定了概念框架。

MNE 活动理论是国际贸易宏观经济学理论与公司微观经济学理论的交叉。它是宏观资源配置和组织经济学、动态构成以及演化理论的一次运用。许多传统贸易理论解释了某类产出（可以被称为 Heckscher-Ohlin-Samuelson 产出，即 H-O-S 产出）的空间分布，折中范式正是以这些理论为起点的。然而，折中范式指出，解释这种产出的所有权以及其他需要利用稀缺资源、能力和制度的产出的空间分布，需要引入两类市场不完善。第一种是结构性市场失灵，它可以通过公司获得并维持产权控制或者管理多元化和地理分散的增值活动的能力来区分企业（或者企业资产的所有者）。第二种是内在或固有的市场失灵，它出现于以比科层更少的净成本（或者更高的净利润）进行商品与服务交易的中间市场中。

这些变量，例如公司的市场结构、交易费用以及管理战略，会成为国际经济活动的重要决定因素。公司不再是黑盒子，市场也不是交易的唯一仲裁者。自然禀赋和人为创造的生产要素禀赋的地理分布，以及经济组织的形态，都与贸易和生产结构的解释有关。此外，公司在组织系统、创新能力、制度能力以及对商业风险的评估与看法方面都不同。此外，它们对于这些变量（以及其他变量）所作出的战略响应也不同。这个框架也同样能应用于解释贸易公司不具备国家特定优势而是具备企

业特定优势的某些种类的贸易。

折中范式经济学

一国企业在另一国家从事的经济活动可能是为了供应境外或者本土市场，或者两者兼而有之。为某一特定境外市场进行的生产可能全部或者部分地分散在本土市场、境外市场、第三国市场，或者三者都有。同样地，国内市场的生产可能服务于本国或者外国。

一个国家的企业从境外向本国或外国市场供应商品的能力和意愿，取决于它们获得或能否获得他国企业不能得到或不能以如此便利的条件得到的特定资产。这些资产我们称之为所有权优势（O优势），因为它们对于所有者母国的公司来说是独一无二的。从 Fisher 的观点出发，"资产"这个词表示预期能产生未来收入流的资源和能力（Johnson，1968）。它不仅包括有形资产，如自然资源、劳动力、资金，还包括无形资产，如信息和技术、管理才能、营销策略、企业才能、组织系统、激励结构以及获取中间产品市场和最终产品市场的便利通道。此外，Fisher 资产的来源与用途可能仅限于一个特定区位（下文称之为区位优势（L优势）），但它对所有企业都是可获取的。它不仅包括李嘉图式资源禀赋，还包括资产调配的文化、法律、政治、金融和制度环境。而且，这些资产可能由本国特定企业所拥有（即"专有"），但是它也能同本国或境外的其他资源和生产能力一起使用。这些资产以受法律保护的产权或商业垄断的形式表现出来。它们可能从企业的规模、多样性或者技术特征，以及联合生产、采购及销售的经济性中形成。这些资产还包括自然资源可得性、知识资本、财政实力、企业愿景、管理技能和制度竞争力。

对于某些类型的贸易来说，出口国家比进口国家更占 L 优势就足够了。也就是说，出口国不需要在进口国中拥有比本国竞争者更多的 O 资产。发达国家与发展中国家的大多数贸易（李嘉图式或 H-O-S 式）就是这种类型。其他类型的贸易，如在发达工业国家间的行业内部贸易，涉及创新型即熊彼特型产品，更多地基于出口国的 O 优势。[①] 然而，这基于在出口国将 O 优势和 L 优势资产结合比在进口国（或在第三国）将两种优势结合要更好的假定。但是，当 L 优势资产更有利于进口国家（或第三国）时，外资生产将取代贸易。

总之，MNE 活动将中间产品的出口（这种出口需要投入母国相对更具禀赋的生产要素）和所在国资源（东道国相对更具备这些资源的要素禀赋）的使用结合起来。但如果仅仅只是这样，我们也就不需要一个单独的国际生产理论，只要将国际贸易理论作适当扩展，使之增加中间产品贸易并至少允许一些资源流动就足够了。另一方面，没有考虑到 L 优势禀赋和能力的分布就试图解释 MNE 活动的模式和水平，就好比直接将婴儿和洗澡水一起倒掉。

我们已经指出，要素禀赋方法之所以不能很完美地解释国际生产，而只能解释甚至只能部分解释某些案例，是因为它断言中间产品和最终产品市场是完善的。在新古典贸易理论中，由市场的完善性推出了许多限制性假设，譬如原子式竞争、相同的生产函数、无风险和不确定性，且至少暗含这样的假设：技术是免费的并且能

---

① 对不同贸易理论以及它们与 FDI 理论的关联性所作的分类在 Dunning（1997a）的第 5 章涉及，Gray（1999）也对相关内容进行了全面分析。

够瞬间在企业之间和国家之间转让。从 20 世纪 50 年代开始，经济学家们就一直努力将市场的不完善性引入贸易理论中，但是，他们的注意力主要集中在最终产品市场而不是中间产品市场。部分原因是经济学家们很少将注意力放在跨国界的或国内的生产和交易的组织上。但也有例外情况，这些例外情况包括 Batra 和 Ramachandran（1980），Markusen（1984，1995，1998，2001，2002b），Helpman 和 Krugman（1985），Ethier（1986），Horstmann 和 Markusen（1987，1989，1996），Gray（1994，1999），Ethier 和 Markusen（1996）以及 Markusen 和 Venables（1998，2000）的著作。当企业在中间产品的生产中具有某些区位选择时，区位选择普遍被认为会影响它们在出口与许可之间的选择，而不会影响它们在出口与境外生产之间作决策。[①]

我们已经表明传统贸易经济学家对所有权问题或管理问题缺乏兴趣，这是因为他们倾向于（同样也是隐晦地而不是明确地）假设企业仅从事单一种类的增值活动。很少有文献讨论企业的垂直一体化和水平多元化对贸易模式的影响，以及它们对市场不确定性和政府干预的反应对贸易模式的影响。[②] 由于内部化本国中间产品市场的选择并没有普遍引起贸易经济学家的兴趣，所以经济学家们相对地不太关注国际生产的问题也并不奇怪。然而 MNE 的一个独一无二的特征就是所从事的活动的多元性以及从事中间产品的跨境内部交易。在某种程度上说，Markusen（2001）的文章呈现了后一种特征，他将 MNE 包括在一个两部门、两国家、两种生产要素的一般均衡模型内。这个模型的一个重要特征就是 MNE 密集地使用它们的知识资产，并且这些知识是共同投入或者说是公司内部的一种"公共品"。

国内市场失灵与国际市场失灵之间的不同确实将跨国企业与国内多元化经营的企业区分开了。市场没有办法组织中间产品的潜在承包商与发包商来达成一个令人满意的交易协议，并处理好规模收益递增的影响，这就解释了为什么应该选择科层而不是选择市场来利用国与国之间 L 资产的差异。结构性的和认知上的市场失灵使得企业在开发它们可得到的 O 资产和 L 资产时寻求不同的战略。

一些学者的文献中对市场失灵的几种类型作出了定义，譬如 Buckley 和 Casson（1976，1985，1998），Casson（1979，1982b，1985，1987），Teece（1981b，1985），Hennart（1982，1991a，2000，2001），以及 Anderson 和 Gatignon（1986）。在他们对 Hymer 的论文对 MNE 理论的贡献的评价中，Dunning 和 Rugman（1985）将结构性的和交易性的市场失灵区分开来。前者，即 Hymer 更加强调的结构性市场失灵会在进入壁垒存在的情况下提高垄断租金，已经在市场中的企业可能会通过各种途径建立或巩固这些市场进入壁垒，包括收购竞争者（这种方式本身就是内部化的一种形式）（Dunning 和 Pitelis，2008）。

然而，一种并非不重要但是很不一样的市场不完善（后来被 Hymer 所认识到，1968）反映出了市场无法以一种最优的方式组织市场内的交易。这主要有三个原因。第一个原因是，买方和卖方在进入市场的时候信息是不完全的（或不对称的），或者

① 参见 Ietto-Gillies（2000）对于 MNE 如何被纳入国际贸易和区位理论的回顾。

② 战略贸易经济学家的著作是一个例外。想了解对这一理论的有用评价，参见 Stegemann（1989）以及 Gray（1999）。

对它们正在进行的交易结果是不完全确定的。认知上的不足（有可能伴随其他形式的制度失灵）导致了有限理性、机会主义、逆向选择、道德风险和信息不对称等问题，这些问题是一些市场的本质特征（Teece，1981b，1985；Williamson，1985，2000）。这种类型的市场失灵很可能在跨境交易中发生。例如，由于投资者方面的认识不足以及东道国方面的制度失灵，中欧和东欧的转型经济体吸收的外来投资已经受到限制（Meyer，2001a；Bevan 等，2003；Grosse 和 Trevino，2005）。MNE 也可能从事跨境生产来保护自己以防止外国卖家和买家有机可乘，以及抵消（并且在某些情况下利用）政治因素和环境因素的波动（Kogut，1985）。在资本密集型的冶炼以及高技术产业，下面这些风险是特别值得注意的，因为这些风险会鼓励企业采取跟随领导者战略：通常会带来很高的发展成本的风险；供应中断的风险；知识产权可能被外国特许证持有人浪费或滥用的风险；当地政府采取敌视行动以及寡头垄断竞争对手拥有市场或资源优先收购权的风险（Vernon，1983；UNCTAD，2007）。

交易型市场失灵的第二个原因是市场本身不能将从一笔特定交易中产生但处于该交易之外的收益和成本考虑在内。产品通常由企业联合供应或源于共同投入，这也许能够解释为什么在一个单一治理的协调下，同一增值链会出现不同的阶段，或者不同的增值链具有相同的阶段（Markusen，1995，2002b）。跨国界的交易也许会带来额外的共同所有权优势，例如那些利用国际资本和交易市场不完善以及不同国家的财政政策不完善所产生的优势。

在任何地方，如果对一种特定产品的需求不够大以至于生产企业无法完全实现规模经济、范围经济以及地理上的多元化，那么即使这种需求弹性无限大，导致交易市场失灵的第三个原因也会产生。换句话说，在一组增值活动的全部成本与它们为协同经济体提供的机会之间存在着一种固有的权衡（Galbraith 和 Kay，1986）。这样的经济情况可能会存在于直接生产、采购、市场营销或者企业的创新和融资活动中，或者确定存在于它们的制度竞争力以及针对风险减少和竞争对手行为的战略当中。

正是这些以及其他的市场缺陷可能促使企业（无论是一国的还是多国经营的企业）多样化它们的增值活动，并且在这样做的同时，调整它们对这些活动的所有权和组织。它们这样做的部分原因是为了最大化由降低产量或者由共同治理产生的交易费用所带来的净收益，并且确保它们从所拥有的 O 优势中获得最大的经济租（风险贴现）。我们应该将这种在科层控制上感知到的优势称为内部化优势（I 优势）。此外，跨国与一国生产者的行为在这方面唯一的不同点就是当一项特定交易或经济活动的多样化跨国界发生时，市场失灵所增加的程度是不同的，例如，由交易风险和政治风险导致的市场失灵增加的程度，与信息不对称性以及制度、社会和环境的差异性导致的市场失灵增加的程度不同。而且，市场失灵可能因从事交易的双方的特点不同而不同。在这方面，国别因素也可能要考虑。回到我们对从事国际贸易和国际生产的企业之间的比较上来，虽然两者可能都从事相同的增值活动，但前者只会在一个国家内从事该活动并出口最终产品，而后者至少会将一部分生产安排在境外，这种情况是非常有可能发生的。

MNE 活动的显著特征就是它将企业增值活动的跨境性与这些活动的共同治理相

结合。前者利用了不可移动资源的空间分布的经济学理论以及市场结构理论，并试图解释独立于所有权的生产区位选择，而市场失灵理论能够帮助解释独立于区位的生产的组织和所有权。最终国际生产的准确形式和模式将是企业的 O 资产、L 资产的结构以及企业认识到它们（而不是市场）能更好地组织和协调这些 O 资产和 L 资产的程度的函数。在这些变量给定的时候，国际生产的准确形式和模式还取决于企业所能选择的战略以及它们如何评价这些战略带来的结果。

折中范式的主要原则

国际生产的折中范式所依据的最主要的假设是，一个企业的跨境增值活动水平和结构取决于企业所满足的如下四个条件：

（1）与其他国家的企业相比，企业在其所参与的特定市场或多个市场中拥有多少独有的和可持续的 O 优势。这些 O 优势大多以独享无形资产或拥有取得这些无形资产的机会的形式存在，包括制度以及由相关跨境增值活动的共同治理和协调所产生的无形资产。这些优势以及它们的使用（见（2）和（3））被认为能够增加一家企业的财富创造能力，从而增加其资产价值。[①]

（2）在条件（1）被满足的情况下，企业在多大程度上认识到最符合自身利益的是对 O 优势附加价值而不是向独立的境外企业出售这些优势或其使用权。这些优势被称为市场内部化优势（I 优势）。它们可能显示出科层制度下更强的组织效率或更优的激励结构，或在其治理下对资产行使垄断权的能力。

（3）在条件（1）和（2）被满足的情况下，企业在境外创造、获得或利用其 O 优势在多大程度上符合其全球利益。L 型资源、能力和制度的空间分布被认为是不均匀的，因此拥有它们的企业将被赋予其他企业所不具备的竞争优势。

（4）给定某一特定企业所面对的所有权、区位和内部化（OLI）优势格局，该企业在多大程度上相信境外生产与股东的长期目标以及支撑其管理和组织战略的制度是一致的。

折中范式的广义预测是简单明了的。在某一给定的任意时间，一个国家的企业相对于其他国家的企业拥有的 O 优势越多，那么它们内部化而不是外部化地使用这些优势的动机就越强烈，它们越是发现在外国可得到或开发的 O 优势符合自身利益，它们就越可能从事对外 FDI。同理，当相反的条件得到满足时，一个国家也可能吸引来自境外的 MNE 的投资。类似地，该范式能够以一种动态的方式表达出来。一个特定国家的外来直接投资或对外直接投资地位的变化可以从以下几方面进行解释：该国企业相对于他国的 O 优势变化；L 资产的变化和企业认为内部化而不是市场能够最优组织这些资产（和其他任何可能得到的资产）的程度的变化；可能影响企业对任一给定 OLI 格局所作出的反应的企业战略的变化。[②]

专栏 4.1 列出了一系列被更为普遍认定的 OLI 优势。这些优势中的一部分可以

---

① 感谢英国雷丁大学前访问学者 Masahiko Itaki，他观察到所有权优势的价值必须依据这一优势产生的、最终累积至优势所有者手中的收入流的资本化来表现。收入流（扣除对其他投入要素的支付，这些投入因素有助于该优势的创造或者增值）越大，优势越大。我们也认为，企业所有者利用各种投入要素获取最大增值的能力，以及企业协调这些要素的方式，将会决定其所有权优势的规模大小。对折中范式的详细评论参见 Itaki（1991）。

② 最近关于正式化范式预测的尝试参见 König（2003）。

最优地解释 FDI 的最初行为。其他 OLI 优势，特别是与地理分散化活动的共同治理相关的 OLI 优势，则更有助于解释跨境生产的持续行为（Kogut，1983）。产业组织理论主要解释了来自于企业拥有的特定无形资产导致的 O 优势的本质和组成。此前（Dunning，1988a）我们已经将这些优势称为资产优势（Oa 优势）。资产优势应该与源于企业协调多国和地理分散的增值活动的能力产生的优势和企业获得风险分散化收益的能力产生的优势相区别。我们将这些优势称为交易费用最小化优势（Ot 优势）。产权理论和内部化范式解释了企业为什么要从事跨境活动去开发或获得这些优势。区位和贸易理论解释了生产选址的决定因素。寡头垄断理论和商业战略理论解释了面对特定的 OLI 格局，企业有可能作出的反应。制度优势（Oi 优势）是新加入范式的一项内容，它涵盖了企业治理增值过程的正式和非正式制度。这些将在第 5 章中进一步被检验。

折中范式认为，所有国家的跨境生产的所有形式都可以参照上述情形来解释。它不能对哪个国家、产业或企业更可能从事 FDI 作出先验预测，但它确实假设至少专栏 4.1 中所认定的部分优势是不均匀地分布在国家、产业和企业之间的。它承认这些优势不是静态的，并且一个企业为应对任何特定 OLI 格局所作出的战略反应可能会影响到其 O 优势和 I 优势在下一阶段的本质和模式（Dunning，1993a）。它同样承认，从一个动态的视角来看，OLI 的各个成分可能是独立于其他成分的。因此，一个企业对于一个特定国家或许多国家在 t 期的区位吸引力所作出的反应也许会影响到该企业的 O 优势在 $t+1$ 期的程度和组成。类似地，一家企业的 O 优势和 I 优势在 t 期的强度以及战略性使用可能会影响到 $t+1$ 期至少一部分东道国的 L 优势。

然而，我们断言虽然解释国际生产的三个流派会互相影响，但从概念上讲它们是独立的，应当将它们分开考虑。境外活动的区位和模式确实是企业不得不作出的两个区别很大的决定，即使在哪里生产的最终决定要取决于企业（包括其子公司）所具有的 O 优势的程度和特征，以及企业在多大程度上认为该区位能够比其他区位更好地帮助企业实现中间产品市场的内部化。例如，在面对一个外国政府时，这可能还取决于企业在多大程度上能够通过议价能力来提高其 O 优势或它正在考虑进行的一项投资的东道国优势（Grosse 和 Behrman，1992）。[①] 同样考虑 O 优势和 I 优势之间的不同。O 优势可能是内生的（例如，通过产品多元化或创新获得）或是从外部获得的（例如，通过 M&A 或与其他企业签订合同获得）。如果企业采取例如并购另一家（国内或国外的）企业的方式去获得 O 优势，那么可以推测这将增加该企业相对于竞争对手的 O 优势。此前（Dunning，1988a）已经论证，在以一种特定方式组织增值活动的能力与选择一种组织模式而非其他模式的意愿之间作出区分是十分有意义的。

---

① 例如，作为进入一个国家的条件，MNE 可能会坚持政府需要保证保护其免受竞争对手进口的伤害。企业可能议价提高政府的税收减免，或者议价降低东道国政府提出的业绩要求。

国际生产的折中范式（OLI 范式）

一个国家的一家企业（或子公司）相对于另一个国家的企业所具有的所有权优势（O）

（a）财产权和/或无形资产优势（Oa）

企业资源（资产）的结构。产品创新，生产管理，组织和营销体系，创新能力，无法编码的知识；市场营销和融资等所积累的经验。减少企业内部或企业间交易费用的能力（也受 Oi 影响）。

（b）共同治理优势，即组织优势 Oa 与互补型资产的优势（Ot）

（i）已建立企业的子公司相对于新兴企业所具有的优势。这些优势主要来自企业的规模、产品多样性和学习经验（例如，范围经济和专业化）。独有的或特有的获得投入要素（例如，劳动力、自然资源、资本和信息）的机会。以特权的方式获得投入要素的能力（例如，由规模或垄断的影响导致的结果）。母公司与其他公司达成生产和合作关系的能力。独有或具有特权地占有产品市场。以边际成本获得母公司资源的能力。协调经济（不仅在生产方面，还包括采购、市场营销和融资等一系列的安排）。

（ii）由于跨国经营而特别产生的优势。跨国经营通过提供更多套利、生产升级和投入要素全球采购的机会加强了运营的灵活性。更多进入国际市场的特权和/或拥有更多关于国际市场（例如，信息、金融和劳动力等）的知识。利用要素禀赋、政府规制和市场等地理差异的能力。分散或减少风险的能力。从组织和管理进程以及系统（同样受 Oi 的影响）的社会差异中学习的能力。

（c）制度优势（Oi）

治理公司内部或公司与其股票持有者之间的增值过程的正式或非正式的制度。行为准则、规范和企业文化；激励和评价系统；领导能力和多样化的管理。

区位因素（L）（这些因素可能有利于母国或东道国）

自然和人造资源禀赋的空间分布以及市场的空间分布。（例如，劳动力，能源，原材料，配件，半成品。）

国际运输和通信成本。

投资激励和反激励（包括绩效要求等）。

货物和服务贸易的人为壁垒（如进口管制）。

基础设施条件（教育，运输和通信）。

国与国之间意识形态、语言、文化、商业和政治的不同。

经济的聚集和溢出效应。

政府的经济制度和战略；资源分配的制度框架。

法律制度和规范制度（如，对财产权的保护，可信的强制力）。

内部化优势（I）（即规避或利用市场失灵的优势）

规避搜寻和谈判成本。

规避道德风险和逆向选择造成的成本，保护内部化企业的名誉。

规避违约及随后的诉讼带来的成本。

买方对于投入要素（例如，出售的技术）的性质和价值的不确定性。

市场不允许价格歧视的情况下。

卖方对于保护中间产品或最终产品质量的需求。

获得相互依赖的业务的经济性（受 Ot 影响）。

抵消因为失去未来市场造成的损失。

规避或利用政府的介入（配额，关税，价格管制，差别税额等）。

控制投入要素（包括技术）的供应和销售条件。

控制市场渠道（包括可能会被竞争对手使用的渠道）。

能够从事交叉补贴，掠夺性定价，提前和延期支付，以及作为一种竞争（或反竞争）战略的转移定价等实践。

资料来源：这些变量选自一系列文献，特别是 Dunning（1981，1988a）和 Ghoshal（1987）。

我们已经表明，折中范式为国际生产的一般解释提供了基础。我们通过表 4.1 证明了这一点。表 4.1 将第 3 章列出的 MNE 主要境外活动种类与有无支撑这些活动的 OLI 优势联系了起来。这个矩阵可以作为检验 FDI 中产业成分以及地理成分的出发点。

为了检验表 4.1 所表达的这种假设，区分三种能够影响 OLI 格局进而影响 MNE 所有活动的情境变量或结构变量是十分有益的。其一是那些特别的国家或地区所独有的变量，其二是那些因企业经营活动的特定类型的不同而变化的变量，其三是那些特定的企业所特有的变量。换言之，具有不同的经济、制度和文化特点的母国和潜在的东道国，计划生产的产品（包括中间产品）的范围和类型，内在的管理和组织战略，所有这些因素都会导致特定国家的企业从事 FDI 的偏好的差异。表 4.2 列出了这些不同特点的一部分。

将专栏 4.1、表 4.1 以及下一章的表 5.1 结合起来，我们得到了折中范式的核心。我们相信这一核心对于解释 MNE 活动的水平、形式、发展与组织方式提供了一个丰富的概念框架。进一步说，就像第Ⅲ部分和第Ⅳ部分试图表明的那样，这一范式不仅为分析 FDI 在推动 MNE 成长、发展和结构转型中所充当的角色提供了稳健的工具，也为预测 MNE 的活动对于其经营所在国家的经济影响以及评估母国和东道国政府的政策在多大程度上与这些活动互相影响提供了强大的工具。

MNE 活动的折中范式解释和其他解释

折中范式独一无二的价值是什么呢？该范式断言，在特定资产的分布给定的情况下，拥有最多显著的 O 优势并认为它们通过将这些优势与其境外 O 优势结合可以最好地利用这些优势的企业，很可能是国际上或全球最成功的。企业会选择一种最适应它们所面对的要素组合、市场环境和政府介入的国际化类型并参与这种国际化进程。例如，我们的分析将会表明，不仅仅是研发密集型产业比其他产业更加倾向于全球化管理和控制，本土自然资源稀缺的国家的企业对于境外原材料产品市场内部化的动力将会大于那些资源能够自给自足的国家的企业，有效率的 MNE 将会开发最有利可图的境外市场，并且在东道国企业规模经济明显的部门，境外子公司的参与度很可能是最高的。这些结论与一些研究者的结论是一致的，即 FDI 的大多数解释变量也许是从企业的规模中得到的。确实，通常我们会预期企业的规模与其内部化中间产品市场的意愿是密切相关的，并且这使 MNE 相对于在一国生产多种产品的企业而言能够更好地分散风险。

表 4.1　　　　　　　　　　　　　国际生产的类型：一些决定性因素

国际生产的类型	(O) 所有权优势 （MNE 活动存在的原因）	(L) 区位优势 （决定生产的地点）	(I) 内部化优势 （MNE 如何参与国际生产）	MNE 的战略目标	多种适合 MNE 经营生产的例子
自然资源寻求型	资本、技术、进入市场的机会；互补型资产；规模和议价优势	拥有自然资源，以及相关的运输和交通基础设施；税收和其他激励	保证以合适的价格进行供给的稳定性；控制市场	取得相对于竞争对手来说获取资源的特殊途径	(a) 石油、铜、铝土矿、香蕉、菠萝、可可、酒店 (b) 出口加工、劳动密集型产品或工艺 (c) 一些服务的离岸外包
市场寻求型	资本，技术，信息，管理和组织技巧；过剩的研发能力以及其他能力；规模经济；获取品牌忠诚度的能力	原材料和劳动力成本；市场规模和特征；政府政策（如相关的规章制度、进口管制和投资激励政策等）	希望减少交易或信息成本、降低买家的非认知度和不确定性；保护知识产权	保护已拥有的市场，对抗竞争对手的行动；通过进入新市场对抗对手或潜在对手	计算机，药品，汽车，香烟，加工食品，航空，金融服务
效率寻求型 (a) 产品效益 (b) 加工效率	同上所述，但还包括市场的进入渠道；规模经济，区域多样化或集群经济，投入要素的全球采购经济	(a) 产品或工艺专业化和集中化带来的经济性 (b) 低劳动力成本；东道国政府对当地生产的激励政策；良好的商业环境	(a) 就第二类而言，优势来自共同治理经济 (b) 垂直一体化和水平多样化经济	作为区域或全球产品合理化生产的一部分和/或获得工艺专业化的优势	(a) 汽车，家用电器，商业服务，一些研发活动 (b) 电子消费产品，纺织品，服装，药品
战略资产寻求型	前面三部分提到的能够为与其他当前资产产生协同效应提供机会的任何优势	前面三部分提到的能够为企业提供其所缺乏的技术、组织资产以及其他资产的任何优势	获得共同治理经济；提高竞争或战略优势；减少或分散风险	增强全球创新或生产的竞争力；获得新的产品链或市场	占间接成本比例很高的知识密集型产业、提供良好的规模经济和协同作用以及市场准入的知识密集型产业

表 4.2　　　　　一些阐述：OLI 特征如何随着国家、产业和企业特定环境的不同而不同

OLI 变量	结构变量		
	国家或地区	产业或活动	企业
所有权	要素禀赋（如资源和熟练劳动力），市场规模及特征；政府针对创新、知识产权保护、竞争、教育和培训及产业结构的政策；政府对商业内部化和跨境联盟的态度；一国的组织文化和财富创造伦理；企业管理、企业之间的竞争与合作的本质；金融制度的质量；国家在支持冠军企业中所扮演的角色	产品或工艺的技术密集度；创新活动的本质；产品差异化的程度；生产的经济性（例如，如果存在规模经济）；交易的经济性（例如，如果存在范围经济）；获得投入要素和/或市场的有利方式的重要性	资产（资源）基础的结构，生产的规模及工序或市场的多样化程度；在多大程度上企业是创新的、市场导向型的或者重视安全和稳定性的（如，关于投入要素的来源和市场）；在多大程度上拥有联合生产的经济性及企业家视角；对于风险控制的态度及资产积累和使用战略
区位	国家之间的物理、心理和制度距离；政府干预（例如，关税，配额，税收，对外来投资者或本国 MNE 的帮助）；可获得或者正在提升相关活动的集群和科技园等	不可移动资源的来源和分布；中间产品和最终产品的运输费用；产业特定关税和非关税壁垒；产业中企业之间竞争的本质；"敏感的"区位变量的显著性，例如，课税激励、能源和通信费用	对于境外事务的管理战略；从事境外事务的年限及经验；心理距离变量（文化，语言，法律及商业框架）；对于部分功能中心化（例如 R&D）的态度；资产组合的地理结构及对于风险分散化的态度
内部化	政府干预和政府政策在多大程度上鼓励 MNE 内部化跨境交易；政府对于兼并的政策；在不同国家的市场结构中关于交易费用、合同强制执行力及买方不确定性等的差异性；东道国技术、教育、通信及制度基础设施的完善程度及它们吸引合同资源转移者的能力	在多大程度上可能实现或希望实现垂直或水平一体化（例如，控制市场和要素采购的需要）；通过签订合同能够在多大程度上使企业获得 I 优势（比较产品周期的早期阶段和后期阶段）；利用 O 优势；在多大程度上当地公司相对于境外子公司具有互补优势；在多大程度上存在产出专业化的机会和劳动力国际分工的机会	企业组织和控制的程序；对于增长和多元化（例如，一家企业的活动边界）所持的态度；对于分包以及例如许可经营、特许经营及技术协助协议等契约合资的态度；在多大程度上能够在合同协议中建立控制程序

第 4 章

国际直接投资理论

　　折中范式预测到了其他国际生产理论所没有预测到的什么东西？将这些理论看作一个集体，除去那些由这些理论识别的独立变量不能解释内部化优势的理论，这一集体可能非常小。确实，我们可以指出折中范式是国际生产理论的不二选择，因为它准确地描述了其他任何主流解释的本质和特征。由于这一原因，折中范式可以被看成是由互补的和特定情境下的经济理论与商业理论所构成的一个"包裹"（Dunning，2000a）。同时，折中范式在它的分析和推论中显得十分全面。例如，折中范式论证了不仅拥有技术本身能够使向境外市场销售技术性产品（不管是在哪里生产）的企业胜过竞争对手，而且技术的内部化使用也能带来同样的优势。并不是传统的垄断优势，而是企业从这些优势的内部化使用中所获得的优势使企业胜过明确的或潜在的竞争对手，这些优势包括转移价格的控制和市场准入的控制等。不是企业家资源盈余本身导致了 FDI，而是为了利用规模经济和范围经济，企业将这些资源与其他资源结合起来的能力导致了 FDI。影响 MNE 活动的区位因素不仅仅有政治或交易风险的避免和减少，还有在多元化环境经营所带来的广阔利润。这并不仅仅是 FDI 单个决定因素价值的简单加总，还包括这些因素之间的相互作用所产生的后果。折中范式的一个独一无二的特征就是它断言整个 OLI 变量的价值大于各部分价值的总和（Dunning，2001a）。

换言之，如果没有无形资产市场内部化的激励，也没有由共同治理带来的规模经济和范围经济，以技术为基础的产业的 FDI 将会被跨境经营许可和/或以合同为基础的知识的直接出售取代。如果没有降低跨境交易费用的激励，企业就没有充分理由从事垂直和水平一体化，独立企业之间的贸易也将会取代 FDI。这一点可以被证明是折中范式更进一步的显著特征。

同时，国内生产和国际生产的决定因素之间的主要差别在于主权国家之间经济、政治、制度和文化特征不同（Behrman 和 Grosse，1990；Grosse，2005b）。任何 MNE 理论都必须对来自境外生产的 OLI 优势作出识别和评价；此外，企业面对这些优势所作出的战略反应是不同的，因为它们所运营的环境不同。例如，为什么美国汽车企业的子公司在某些国家购买的配件多于其他国家？为什么航空公司和邮购公司更倾向于在印度建立客服中心而不是哥伦比亚？在不同通货地区生产所带来的特定的共同治理优势又是什么？政府的规章制度是如何影响企业在境外投资与国内投资之间作出选择的？为什么国有 MNE 在某些行业比其他企业更加活跃？

最终，我们可以看到折中范式中的许多元素与被学者用来解释市场和生产全球化的元素是类似的（即使不是完全相同的）。仅举一个例子，折中范式的 O 优势包含了 Michael Porter 在他的许多研究中所定义的企业竞争优势（Porter，1980，1985，1986）。然而，我们更倾向于我们的命名，用垄断优势来描述企业所拥有的无形资产比用竞争优势更加合适。获得关键原材料的特权就是这种情况的一个例子。类似的，Porter 的竞争优势（Porter，1990）这颗"钻石"为分析各国一些主要的 L 资产之间的相互作用提供了一个有用的框架，而他对企业跨境协调其价值活动（即企业利用 I 优势的方式）程度的影响因素的研究被研究内部化的学者大量引用和借鉴。

在本书中，我们将会毫不犹豫地借鉴 Porter 的工作以及来自其他学科的几个学者的工作，只要它们能够帮助我们阐述对经济全球化以及它对国家竞争力的影响的理解。特别地，第 10 章将会介绍一个描述 FDI、资产积累和经济发展之间关系的一般模型，从方式和灵感来源上讲，这一模型就是折中的。

□ 4.3.3　理解 MNE 活动的一种宏观经济学方法

从它们企图识别和评价特定企业或企业群境外活动的决定因素的意义上讲，国际生产的内部化理论和折中范式本质上都是微观的或行为的解释。只有在个体生产者的行为不影响他们认为是内生的变量的价值的情况下，使用相同的数据去解释国家从事境外生产的意愿的决定因素才是合理的。在这以后，学者们不仅要从局部均衡视角转向一般均衡视角，而且必须重新评价他们要尝试回答的问题。因此，与尝试解释企业为什么要选择在特定国家从事某一特定增值活动相比，宏观经济学家更加乐于解释哪种活动能够在特定国家最好地进行。在前面一个例子中，我们比较了在不同区位生产的绝对成本和收益。在后一个例子中，一个国家内或国家之间的增值活动的分布只能从相对成本和收益的角度解释。

  对境外生产的宏观解释和微观解释之间这个重要的差别有了理解之后，我们来考虑一下 Kiyoshi Kojima 对于 FDI 的宏观经济学理论。[①] 这一理论本质上是解释中间产品贸易特别是技术和管理技巧贸易的新古典要素禀赋理论的拓展。但是，Kojima 在实证问题上的兴趣与在规范问题上相同。Kojima（1973，1978，1982，1990）与 Kojima 和 Ozawa（1984）的文章中列出了 Kojima 的部分论点，他认为日本的直接投资主要是贸易导向型的，并且符合比较优势原则的推论，然而，美国的直接投资主要是在一个寡头市场结构内进行的，是逆贸易导向型的，并且是在母国和东道国都具备的长期劣势的基础上运营的。

  Kojima 认为 FDI 应该作为中间产品贸易的有效渠道，然而 FDI 进行的时间和方向最好是由市场力量而不是科层控制决定的。他指出，生产中间产品时需要投入母国具有比较优势的资源和能力的企业，而不是那些从事需要投入稀缺资源与能力的增值活动的企业，应该从事对外直接投资。相反地，外来直接投资应该进口那些生产中需要投入东道国稀缺资源和能力的中间产品，而不是那些生产需要投入东道国具备比较优势的资源和能力的中间产品。从这个程度上讲，Kojima 的理论与那些可能从折中范式推导出的宏观推断是十分一致的——至少在某些类型的 FDI 方面。

  Kojima 的理论之所以不能令人满意地成为 MNE 活动的一般性解释的原因，与古典理论无法解释许多现代贸易的原因相同。这是因为它们既不承认市场失灵的可能性，也不承认企业既是生产经济的代理人也是交易经济的代理人。这意味着它们无法解释某种贸易流动（包括中间产品贸易），这种贸易流动并不基于要素禀赋的分布，而更多的是基于利用规模经济、产品差异化和其他显示出市场失灵的特征的需求。它们都无法解释基于共同治理优势的中间产品贸易，共同治理优势本身就反映出了在某些情况下，市场机制在保证经济活动的最优国际分配方面的无能，这些情况包括：交易的成本和收益延伸至交易双方之外的情况，交易的结果不确定的情况，买方和卖方之间存在信息不对称的情况。[②]

  在使用贸易模型解释 FDI 的模式方面，Kojima 跟随了 Vernon 的传统。从 Kojima 将 MNE 看作市场不完善的创造者或保持者方面看，市场不完善对于资源分配的福利要低于完全竞争的情况，这种思想的根源可以追溯到 Hymer。因此，虽然他对于中间产品的跨境交易作了非常有用的分析并且正确地识别了 MNE 的某些活动是

---

  ① 贸易经济学家提出的其他宏观解释已经在本章前文略有提及。

  ② 新古典主义国际经济学家将 FDI 纳入分析框架的局限性在 Dunning（1997a）的第 5 章有详细说明，这些局限性也被 James Markusen（2001）等贸易经济学家完全认可。

结构性市场扭曲的结果，但是他并未关注交易费用对国际资源分配的影响，所以，他没有认识到在市场失灵的情况下，跨国科层制度会优化而不是恶化资源配置。Gray（1982，1999）已经阐明了实现这一优化配置的方法，包括地理多元化、利用联合供应的经济性、获得更好的商业情报以及避免在加强产权方面的成本。

在他的一篇后期作品中，Kojima（1992）承认 MNE 有时需要内部化中间产品市场以提高经济效率。然而，他选择分析将会使企业使用内部或外部市场来最优化中间产品交易的环境，而不是尝试识别和评价市场失灵的特定形式在决定不同类型 FDI 时的重要性。他发现，企业采购战略的重要决定因素是企业面临的内部和外部相对经济优势，这些因素转而反映出它们生产函数的技术特征。[①]

4.4 用演化方法解释 MNE 活动的注记

首先从折中范式的角度看一下 MNE 多元化经营活动的简单动态学，一家企业的战略作为动态的推动力连接了企业在不同时期的国际化态势。下面对此作出解释。在任一给定时点，企业将面临着一个 OLI 变量和战略目标形成的格局，为应对这些，企业会从事与技术创造、市场定位、企业之间的合作、组织结构、政策游说以及企业内部定价等相关的行为。这些行为，与企业面临的外生变量的价值变化一起，将会影响企业的全球竞争地位和企业将来的 OLI 格局。于是，对于 MNE 战略的解释就成为理解国际生产动态学的核心。不仅表 4.2 列出的企业特定 O 优势的种类非常重要，企业如何看待竞争对手针对其国际化战略作出的反应也十分重要。在这里，企业的经济学和行为学理论互相影响。[②]

在一篇开创性的文章中，Kogut（1983）非常具有说服力地论证了虽然占有优质的无形资产可能会引起境外生产的最初行为，但一旦在海外建立了自身的跨国优势，这些来自于分散的环境风险和在分散的地点对多元化活动的共同治理的优势就会变得更加明显。在此后的文章中，Kogut 也将 MNE 的国际战略与这些持续优势[③]的来源以及它们在协调国内生产和境外生产中学习的经验联系了起来（Kogut，1991；Kogut 和 Kulatilaka，1994，2001）。

演化经济学对我们理解 MNE 活动作出了贡献。经济学家们对于估计生产的国际化与企业积累、合并和控制跨境 O 优势的意愿和能力相联系的程度已经作出了怎样的尝试？到现在为止，我们所关注的主要是 MNE 的技术资产积累，虽然我们或许也应该考虑另一些学者的遵循演化方法的研究，例如 Vernon（1966，1979）的产品生命周期理论和 Ozawa（1992，1996）对经济发展的不同路径的研究。

[①] 与此同时，Kojima 宣称，西方经济学家和商业分析师趋向于强调市场扭曲的内部化优势，而不是市场促进的内部化优势。对这一主张的抨击参见 Buckley（1991）。

[②] 对于将动态因素和组织因素纳入内部化理论的扩展所作的尝试，参见 Hill 和 Kim（1988）的一篇有趣的文章，对国际生产动态更一般的分析参见 Dunning（1993a）。

[③] 例如，利用规模经济时，MNE 在从事需求的国家产品细分和国际加总的战略平衡方面，处于比它们的单一国家 MNE 更好的位置，此外，它们升级并监控跨境信息以及从最廉价的资源中获取投入要素的能力帮助它们进一步建立了学习优势和地理上分散的工厂带来的优势。

在 Rosenberg（1976，1982）、Nelson 和 Winter（1982）、John Cantwell（1989，1991a）的文章中，他们已经论证了企业内新技术和新技术系统的创造和维持应当被理解为一系列演化的调整和提炼。当被运用到国际化进程中时，由于面临的 OLI 格局不同以及企业应对这些变量的战略响应不同，MNE 或潜在的 MNE 将会创造它们自己独一无二且差异化的技术轨迹或路径，在这个路径的每一步中，企业都需要向领先它们的企业学习并与它们合作。[1]

技术越复杂、越依赖路径、越广泛地分散，那么学习的过程就越可能需要被内部化。然而，即使技术能力通常是一种 O 资产，它的创造和使用也常常取决于企业的创新能力、市场特征、企业生产所在国的激励结构以及它们对这些 L 优势的特征作出的反应。技术能力的创造和使用也可能取决于与不同国际化模式相联系的学习进程、企业针对分散化的 R&D 活动的战略（Cantwell，1991b，2001；Dunning，1993c）、企业资产升级型活动的责任向子公司或区域总部的转移（第 8 章将对此作深入讨论）。

国际生产的路径发展需要企业技术资产、特定要素禀赋以及一国制度之间在某个给定的时间或随着时间进行的互动。即使研究 MNE 的演化方法更倾向于将注意力放在企业的技术能力上，但也很容易延伸到管理、组织、融资、市场营销知识以及企业激励结构等方面。此外，在 21 世纪初，资产升级型 FDI 成为演化模型的一个组成部分。确实，就像第 2 章和第 3 章陈述的那样，成熟和新兴的 MNE 增加的三联体内部的资产寻求型投资的比例将会获得维持或增加它们现存的 O 优势。MNE 选择的区位和参与的模式也常常会进一步影响 MNE 的成长路径。事实上，追踪传统的和最近建立的 MNE 的发展过程，我们就会发现企业 OLI 优势的内容以及企业与其他企业互动的方式是在不断地升级的。

在这里，与公司演化理论一样，IB 学者很难给出一个概括。这是因为技术、企业与产业结构、国家区位优势以及激励行为的治理制度这四者之间的共同演化是在不断地变化的（Nelson，2006）。用演化方法去理解各个 OLI 优势在 MNE 活动增长和重组过程中扮演的角色需要将每个变量分开考虑，并考虑它们之间互动的动态学。最近一些新兴国家的 MNE 企图赶超成熟竞争对手的行为显示出了这种共同演化。例如，对技术、组织和制度的学习是中国、韩国以及印度在先进工业化国家的 FDI 的组成部分。即使是在过去的十年中，我们也可以看出资产升级型活动是路径依赖进程的一部分，关于它的演化理论比传统的新古典模型更容易理解和评价（Nelson 和 Pack，1999）。

本书第 II 部分将会详细讨论资产寻求动机如何影响投资的演化以及 MNE 内部和外部增值网络的协调活动。[2] 现在，我们应该只是简单地提到了资产寻求型或资产升级型投资对于理解现代 MNE 的演化具有十分重要的作用，并且这些活动也是两种新的理论方法的核心，即企业的资源基础理论和知识基础理论。我们将在第 5 章对其与折中范式的相关性进行讨论。

---

[1] 因此，这种演化方法类似于乌普萨拉国际化模型。

[2] 参见 Dunning（Dunning，1996；Dunning 和 Lundan，1998），Kuemmerle（1999a）和 Makino 等（2002）的著作。

最后，从一个宏观层面上，企业 O 优势的变化与国家的 L 优势相互影响的动态学用于解释 MNE 在特定国家的外来或对外的活动模式已经被投资发展路径（IDP）所探索。IDP 模型最初是由 Dunning（1981，1986a，1988a）提出来的，并由 Dunning 和 Narula（1996b）、Narula（1996）进一步发展成为描述和分析不同发展阶段中 FDI 导向型重组的内在原因的一种方法。这一模型的基本假设是，当一个国家发展时，可能投资于该国的外来企业以及该国可能从事境外投资的本土企业所面临的 OLI 优势格局会发生变化，而且有可能识别这些变化的决定因素以及它们对发展轨迹的影响。Dunning 等（2001）对 IDP 的最新思考试图将贸易和产业结构变化纳入分析中。第 10 章将会更详细地讨论 IDP。目前，我们可能会将它作为一个 MNE 活动可能会如何影响一国发展路径的演化的例子。

4.5　现有理论已经解决的问题和未解决的问题

在本章中，我们已经描述了在过去四十年中国际生产理论的演化。值得一提的是，就像 Dunning（2004a）做的那样，英国（和其他欧洲的）学者对于 MNE 理论的贡献是很大的，他们对 MNE 和跨境投资历史的贡献也十分巨大，这些将会在下一章中进行回顾。然而，在第 II 部分中，当我们为理解和评价 MNE 的结构和战略变化走进企业内部时，北美学者的贡献则变得十分突出。虽然这样的差异可能正在消失，特别是随着新的商学院的出现以及学者跨境移动性的增加，但是北美商学院的传统强势地位使其仍然可能解释许多这种差异。

在 21 世纪初期，我们有一系列局部理论声称能解释 FDI 和 MNE 活动的特定方面、境外生产的特定种类、不同类型 MNE 的特定行为战略。这些理论大部分已经用实证的方法得到验证；并且大部分都试图识别影响境外生产的地理或产业分布的特定 OLI 变量，以及影响 MNE 应对这些变量的战略反应的特定 OLI 变量。令人惊讶的是，这些理论很少企图估算在多大程度上境外子公司实际上比本土竞争对手创下更高的利润，或者它们是否相对于在母国从事相同的活动获得了更高的回报率，尽管在 20 世纪 60 年代和 70 年代也有经济学家尝试着从资源配置的效率角度来估算。Stevens（1974）和 Caves（1982 [1996]）对相关的实证分析作了很好的总结。

在过去的三十年中，我们的注意力已经指向了对于国际生产更加一般化的——甚至是跨学科的——解释上来，折中范式可能就是这些解释中最雄心勃勃的。很显然，要对这个范式提出批评十分容易。实际上这个范式最强的方面——包括了一系列分散的变量——使得任何系统性的检验都很难进行。然而，值得再一次说明的是，折中范式的目的是——并将继续是——提供一个分析的框架。在这个框架内，对 MNE 活动决定因素的特定解释可以被合并和评价（Dunning，2000a）。从这个意义上讲，与两个学派之间的争论以及赞成和反对一般化解释的人之间的争论相比，认为市场失灵是解释 MNE 存在的必要和充分条件的人与断定折中范式为分析 MNE 活动的程度和模式提供了一个有用框架的人之间的争论则更加有意义。

同时，这里依然存在着许多值得注意且 IB 理论没有解决的问题。在第一次出版后 14 年，Caves 具有开创性的专著《跨国公司和经济分析》（*Multinational Enterprises and Economic Analysis*）在 1996 年第二版的出版为这些对 MNE 理论感兴趣的人提供了检验过去十年的发展和挑战的机会。Buckley 和 Casson 的《跨国公司的未来》（*The Future of the Multinational Enterprise*）（2002）25 周年纪念版的出版则提供了另一个思考的机会。[①] 我们自己对出版的书所付出的努力必须被看作是一个类似的机会，因为 15 年的时间足够估计出这个领域的发展。

虽然内部化理论本身还是对 MNE 所有权边界的强有力的解释，但是新的话题激起了新的学术兴趣，包括 OLI 优势的特征和组成、企业在交易网络中的边界、企业在非股权和股权关系中的协调能力。超国家和"天生全球型"MNE 的出现，私募股权管理的 FDI 的出现，以及复杂的企业间交易的出现；关系资产、流动性和实物期权的重要性不断增加；以及战略联盟的持续增加也激起了对战略管理和国际商务联合理论的兴趣。同时，由于国家之间都在竞争外来 FDI，折中范式中的 L 优势越来越受到关注。而且，企业的区位需求正在重新构建。研究表明，诸如制度基础结构、当地支持企业的存在（如供应商）、高技术集群的机会和社会资本的质量这样的因素对于解释中欧和东欧 FDI 最近的增长和地理组成具有非常重要的作用（Holland 等，2000；Bevan 等，2003；Grosse 和 Trevino，2005）。

我们相信一些正在发生的事件，包括服务型 MNE 的持续增长、一些发展中国家和新兴经济体 MNE 的出现、中欧和东欧以及中国和印度对 FDI 的不断开放，只要求稍微修改一下内部化理论和折中范式就能够得到解释[②]，无论这些现象是否要求对试图评价影响特定 MNE 活动种类的重要 OLI 变量的几种情景理论进行重新评估。类似地，与战略行为理论一起，内部化理论和折中范式能够令人满意地识别企业更倾向于建立合资企业而不是 100％拥有境外生产的原因。它们甚至能够解释企业内控制的核心的决定因素。然而，我们和其他学者已经确认了国际商务中可能要求对已有的思维模式进行一个更基本评价的四个趋势。这四个趋势包括：（a）合作性联盟和网络的重要性日益增加；（b）国际空间聚集的重要性持续增长；（c）企业和国家关系资产的质量越来越重要[③]；（d）制度在支撑企业的 O 优势和 L 优势以及区位的 L 优势方面发挥的作用也越来越重要。第 5 章我们将尝试把这些因素纳入折中范式中。

---

① 基于 1998 年 *Journal of International Business Studies* 特刊的 Brewer 等（2003）对 Caves（1982 [1996]）的反思，此外 2003 年 *Journal of International Business Studies* 特刊对 Buckley 和 Casson（2002）也进行了反思。

② 这并不是否认 Cantwell 和 Narula（2003）主编的书中一些作者对折中范式（约 2001 年）提出的尖锐而有益的批判。

③ 例如，包括 MNE 与政府的关系、MNE 与超国家机构的关系、MNE 与民间组织的关系。

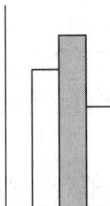

MNE 活动的决定因素：OLI 范式的重新审视

5.1 引言

在过去的几年中，我们对折中范式演化的认识提出了四点补充，将它以"包裹"的形式呈现。正是采用这种"包裹"的形式，关于 MNE 活动的各种局部理论才得以归类整合。（Dunning，1998b，2000a，2000b，2004b）。[①] 此外，2001 年 *International Journal of the Economics of Business* 专刊，Cantwell 和 Narula（2003）随后撰写的书，以及 Gray（2003）的论文纪念文集，都对折中范式过去和未来发展的方向作了深度分析。在本章中，我们想对这种范式提出综合改进，同时采纳关于它可能的发展方向的最新思考。

在前面的章节中，我们识别了在 MNE 组织和外部环境中的一些变化，这使我们考虑如何把这些改变纳入折中范式中。或者说，考虑这些变化是否在内容和方法上对折中范式提出了质疑。这些发展包括合作关系和网络的迅速增长，高附加值活动的集群，在经济活动中公司和国家关系资产[②]日益增加的重要性，以及制度在支撑企业 O 优势和 I 优势以及国家 L 优势方面的作用。

为了适应这些现象，我们会在 5.2 节提出三个理论上的改进。其一，每当通过外部交易的协调完成时，关于内部化概念的评估也变得被更广泛地接受。其二，就企业以及它与资产开发性和资产寻求型投资的关系而言，对资源基础观和演化理论的批判更明确。第三，承认企业知识基础理论有助于我们理解 MNE 的活动边界。

串联这些改进措施的一条常见主线是对公司以及国家资产组合中关系能力和制度能力重要性的一个更为具体化的认知，以及上述能力对 MNE 网络活动协调造成的影响的具体化认知。在 5.3 节中，我们将更加详尽地阐述关于制度的概念，并将

[①] 在过去三十年发展了折中范式的原文已经在 Dunning（2002d）中发表。

[②] 例如，包括 MNE 与政府的关系、MNE 与超国家机构的关系、MNE 与民间组织的关系。

更明确地说明制度因素融入 IB 学派的重要性。随后我们会提出一个修改后的解释框架，这将扩大我们在本书所有后续分析中的制度视角。

5.2　新的理论观点

□ 5.2.1　合作关系和 I 优势

我们已经多次指出内部化理论和 OLI 范式没有直接的可比性，因为它们解释的不是同一个现象。然而与此同时，境外参与的模式，换言之，一家企业宁愿选择拥有某一特定 O 优势的使用权而不是出售（或购买）这一使用权的原因，正是基于交易费用经济学中的内部化理论。正如企业竞争优势背后的资源基础理论和演化理论是局部理论，我们把内部化看作解释特定交易形式的局部理论。因此，I 优势可以解释为什么市场会承担特定交易，而其他交易却在公司科层内能够更有效地组织。但就像前文提到的那样，它本身不能够解释境外生产的模式。

事实上，交易费用经济学在评估原始的购买或生产决定时具有很大的价值，这一点是被广泛承认的。购买或生产决定指的是公司是否应该前向或后向一体化，或是应该进入新市场建立合资企业，或者建立一个全资子公司。[①] 然而，在解释一些大型的当代 MNE 的结构和动态特征，以及在其总部和子公司形成的跨境一体化网络关系网构成的治理系统时，它的价值仍然有待被证实。除了内部网络之外，对于其自身的所有权边界而言，MNE 是更大的外部网络的一部分，这一网络涉及与供应商、客户关系、战略联盟伙伴的密切协调。在这种情况下，所有权关系不需要存在于核心或旗舰公司与网络合作伙伴之间。（网络 MNE 的管理和组织结构将在第 II 部分进一步讨论。）虽然这些结构发展强调的是 MNE 作为分布在不同地区高附加值活动的协调者本质，但同时也提出了企业边界的有关问题，这些问题在文献中的严肃探讨才刚刚起步。

事实上，购买或生产的决定很少是（如果有的话）一个在两者之间明确的互斥选择。在市场的短期交易和公司内部的行政命令之间，可被称为契约合同的协调方法有多种形式。一些学者喜欢把这样的一种中间形态叫做混合形态（Powell，1990），而其他的一些学者，比如 Hennart（1993，2000）强调不同的合作模式仅仅代表了任意两种根本不同机制的结合，其一是市场价格的协调，其二是科层结构行为约束的协调。这些都不能解决所有的协调问题，而且两者在使用上都会导致收益减少（Hennart，2001）。[②]

采用科层来协调交易模式存在的问题是众所周知的。这包括削弱激励（因为补偿只能与部分产出联系）、目标错置、代理问题和偷懒。提高监管水平以及合适的内

---

① 参见 Williamson（2003）关于交易成本的用途和局限的理论推导。

② Hennart（1993）强调了作为组织方法的价格和科层与作为制度的市场和公司之间的差异。虽然我们同意他的观点，但是在诺斯意义上运用制度使得我们无法采用他的术语。

在激励结构能够克服一些问题，但这些措施的识别和实施并不是无成本的，其有效程度将取决于产品质量评估的难易程度。[①] 相比之下，干扰长期合同（或者任何不确定条件下的合同）的因素包括事前的逆向选择和事后的道德风险，这两者都是由信息不对称和机会主义共同造成的。然而，它再次强调了这些问题不能简单地由内部化交易解决。激励因素的成本，即使比公开市场上的交易费用便宜，也取决于公司内部的激励机制，其中包括了正式和非正式制度。在任何形式的关系型契约下，无论是被市场管理还是公司科层管理，激励结构涉及的费用都会影响合同的执行。

除了信息不对称以外，因资产专用性和小规模交易限制导致的套牢情况，一些交易更为复杂化了。[②] 前者的一个经典案例就是 Hennart（2001）提出的铝业的后向一体化，因为铝矾土的高度异质性且加工需要专门的设施。香蕉产业提出了一个不同的挑战。在这个产业中，对未成熟的香蕉进行粗糙的处理降低了质量，尽管直到卖给最终消费者的时候这一损害也不是那么明显。因此，解决方法就是在同一家公司里控制采摘和分销流程。有时结合市场和科层是最理想的组织形式。在一个拿薪水的销售队伍和一个仅在佣金基础上获取报酬的销售代表之间如何做出选择，很可能取决于代表会不会在销售过程中损害公司的无形资产，比如公司的名誉。如果仅支付佣金的代表质量较低，那么员工"底薪加提成"的解决方案就会被提出。

价值链多阶段的外包，最初由清洁以及餐饮服务开始，逐渐外延至交通和物流，最后发展为制造业与客户服务（例如呼叫中心），这一日渐增强的趋势已导致许多公司的直营业务数量大量减少。与此同时，多种经营活动通过非股份（合同）关系进行协调。公司基于它们所确信的自身核心竞争力领域制定外包决策。主流的教科书观点是任何不属于核心经营的活动都可能被契约伙伴更好地经营。我们以客户服务为例，乍看起来，一个公司把其客户服务作为非核心业务外包是不太可能的。事实上，如果只能选择以短期合同的形式雇用客户服务代表，大多数公司宁愿把这些代表当作公司的职员。然而，如果能够与一个专门提供呼叫中心服务业务的公司签订合同（可能是长期性的），那么把训练和监管的成本转移到另一个公司的机遇是成本有效的。

在前面的例子中，对公司所有权边界内部交易费用的一个严格阐述表明，我们不应该把上述活动作为协调功能的一部分，因为呼叫中心的雇员并不为企业工作。但是，事实上，如果它们的顾客对其接受的服务不满意，上文描述的契约关系需要对公司激励结构的监管和定期重组。如果公司被发现无法达到社会或环保标准，那么公司宁愿与其供应商分离，也绝不能与其顾客分离。价值链依然由公司协调，这种协调角色是理解公司 I 优势的核心。[③]

另外，虽然交易费用经济学能够判定什么类型的市场最有可能被内部化，但它不能表明谁能内部化什么，我们的观点是，O 优势对于解释为什么香蕉分销商选择

跨国公司与全球经济（第二版）

---

① 例如，由于对如广告、法律建议或咨询等更复杂的服务的质量监控的困难，这些公司倾向于运用子公司；形成对比的是快餐、汽车租赁等更标准化的服务，这类服务的特许经营情况更加普遍。

② 例如，参见 Milgrom 和 Roberts（1992）关于合同风险的较好描述。

③ 也可参见 Cantwell（2000: 18）关于在公司成长的解释中定义企业边界和 O 优势重要性的内部化局限的研究。如 Hennart 那样在不同国家间限制雇佣合同治理的 MNE 业务的定义，会导致一个更清晰的企业定义，但我们认为这个定义遗漏了许多公司协调功能导致的并与 MNE 作用评估相关的业务。

收购种植者而非相反是必要的。传统的方案是把这些优势同公司实际控制的业务联系起来。关于这个问题有一个先前的疑问：是否可以通过内部化中间产品市场获得新的 O 优势，如果可以的话，公司需要在内部化之前具有 O 优势吗？如果将协调作用视作企业 I 优势的核心的话，那么即使一个通过与外部供应商签订契约从而协调价值链的单个企业家也有能力（O 优势）击败竞争对手。但是随着公司的发展，仍很有可能要雇用更多的员工，收购更多的额外资产。虽然几乎所有这样的交易都能潜在地通过一个或多个团体内部化，但到底是谁内部化了什么，这需要一个依赖于公司特定能力的解释。

为了说明一个小型的且生产单一产品的公司如何从市场中内部化一些优势，我们已经关注了这个特殊观点。在另一个极端，全球一体化 MNE 引发了我们的疑问：一个公司通过不被所有权限制的活动的内部化治理能壮大到什么程度？对公司来说，这种壮大会对基于其已共享的资源获取方法而获得的独特竞争优势产生什么影响？在这个背景下，"内部化"这个词本身就变得有点不恰当。如果一个人把 MNE 看作一个同时处于企业所有权边界的内部和外部但由企业控制和管理的互相关联的业务组成的系统，那么内部化指的是它拥有的资产以及通过各种渠道获得的资产。[①] 尽管如此，我们已经说明了，由于特定资产的价值取决于它们在公司增值活动中如何被运用，所以一个公司获取（但不是拥有）资产的 I 优势将不同于另一种获取（但不是拥有）该资产的 I 优势。在这种意义上，内部化仍然是一个合适的名词，其含义是在一个公司内部控制和协调业务，而不是让市场去决定活动，即使在全球一体化 MNE 的案例中也适用。[②]

随着 MNE 网络的兴起，我们意识到它不仅仅反映了技术市场的失灵，同时也是价值链中多元化的市场失灵，这决定了 MNE 治理的可行选择。[③] 在一个有趣的理论研究中，Chen（2005）试图扩展包含新兴市场失灵的内部化理论，尤其是涉及那些在生产和分销领域失灵的内部化理论。为了说明其方法的重要性，Chen 分析了在许可证和契约（OEM）生产之间的选择[④]，虽然其实证意义日益重要，但在之前的文献中却没有引起足够的重视。他的目的在于解释公司组织安排的选择不仅取决于技术市场的失灵（原先的 FDI 或许可证决策），而且取决于制造市场的失灵（FDI 或 OEM 决策）。

接下来两部分讨论了把 O 优势融入交易费用基础分析的几种方法。首先是资源基础观，这对解释随时间变化的实体和人员资产积累很有用；其次是企业的知识基

[①] 与此处相关的是 Dunning（2003b）提出的公司交易和转换功能之间的差异。我们考虑的是，内部化原则能够同时运用于这两个功能——特别是当 MNE 活动的动态学是关注的焦点时。也可以参见 Rugman 和 Verbeke（2003）对 MNE 一体化网络结构复杂度与内部化理论的调和。

[②] 在 Hirschman（1970）的基础上，我们也将联盟刻画成"发声"战略，将内部化刻画成"退出"战略（Dunning，1995）。

[③] 如果全盘接受交易成本理论，那么不仅中间产品市场存在内部化，而且包括劳动（中介服务）市场和资本市场在内的其他市场也存在内部化。相反地，Casson（1994，1998）宣称在独立公司背景下（我们在第 6 章中讨论），交易费用观点应该被限制在其起源地的中间产品市场上，而且不应当被延伸到 Hennart（1994a，1998）提出的资本市场内部化上。

[④] 在特许授权之下，MNE 向其他公司收取为了生产最终产品所需缴纳的技术使用费。而后一种情况是，契约型原创设备制造商（OEM）并不收取知识费用，而是直接收取用于 MNE 自身销售的产品。

础观，用于解释一种治理方式的优越性，这种方式是，公司通过合适的激励创造和传播知识。

□ 5.2.2 资源基础观和动态 O 优势

实体资产所有权的重要性弱化了，而知识资产的重要性增强了，业务外包的发展也减少了拥有而非获取特定资产的重要性。即便如此，过去的几十年也见证了管理和商业经济领域不断增加的对于企业资源基础理论的研究兴趣。这一理论基于 Penrose（1959）开创性的贡献。它假定宝贵的、罕见的和难以模仿的资源是企业竞争优势的来源。[1] 企业不仅要拥有，更要增加和获取更多的这类资产，以保证与其他企业相比，能维持一个持续性的竞争优势。企业的这一能力已经成为研究动态能力的相关文献关注的焦点。[2]

资源基础理论如同内部化理论一样，是一个企业理论，它试图回答一部分由折中范式提出的问题，但并不是全部。在过去的不同时间我们已经提出 OLI 范式不是一个特定的且可以检验的 MNE 理论，也没有打算成为这样一个理论。相反，它试图解释在总体水平上的企业的跨国增值活动。正如第 3 章讨论的那样，为了理论化个体公司的行为，更多的背景信息是有必要的，如有关投资的动机，即其是市场、资源、效率还是资产寻求型。

作为公司的主流理论，资源基础理论由 Edith Penrose 的贡献对关于公司的内生增长的研究带来了一些新的希望（Pitelis，2002b，2004；Rugman 和 Verbeke，2002，2004a；Dunning，2003a）。因为 Penrose 理论是一个真正的企业理论，MNE 的出现是一个增长的结果，其扩展程度超越了国家边界。资源基础观点中新的内容专注于隔离机制，这一机制有助于确保一个特定公司能力的唯一性，从而使得其竞争地位相对于其他公司更有利（Rugman 和 Verbeke，2002）。除了有形资产，资源禀赋观点把知识作为另一种类型的能力，把国际知识和经验视为宝贵的、独特的和难以模仿的资源，从而把胜利者和失败者以及在全球竞争中少有的幸存者区分开来（Peng，2001:820）。

从 OLI 范式的观点来看，虽然资源基础观的发展增加了很多我们对企业的有形资产和人员竞争力的理解，但它们也留下了从哪里和以何种形式把这些优势开发出来的问题。然而，资源基础理论的研究越来越受欢迎是因为它提供了一种将动态学纳入 OLI 范式的自然方式。在先前的研究中（Dunning，1993a），我们已经描述了 OLI 范式的动态学，主要讲的是 OLI 变量格局在 t 期和随后的 $t+1$ 期的区别。这些变化可能是外生因素的结果；例如，那些与 MNE 母国和东道国区位吸引力有关的因素。然而，有一些可能属于特定公司内部，其中包含对公司当前拥有或适用的资

---

① 这些资源囊括了实物资本和人力资本，可能包含有形资产和无形资产，后者作为能力和竞争力被理论界广泛引用。

② 除了现有的对资源禀赋（和动态能力）理论的大量评述（Barney，1991，2001；Conner，1991；Peteraf，1993；Wernerfelt，1995；Teece 等，1997；Eisenhardt 和 Martin，2000；Peng，2001）之外，Foss（1997）主编的论文集中也收集了演化经济学家的重要贡献。

产组合所作的重新评估或者重新配置，以及公司内部使用这些资产的协调方式。

　　承认独特资源的重要性也强调了资源积累动态学的重要性。尤其是考虑到战略资产寻求型 FDI 的情况，在这类 FDI 中公司现有资产开发和公司资产升级或增加之间的差异成为关注的焦点。以市场和自然资源为基础的 FDI 的预期收益用净现值法是更容易计算的，而寻求资产的投资价值通常依赖于 MNE 拥有或控制的其他资产、资源和能力，以及成功协调其全球业务系统的程度。这种系统性竞争力（和它们的制度支持）也许能够使得特定资产的兼并对某一企业比对另一企业更加有价值。[①] 因此，即使是相对同质的资源也能够对一家特定公司的竞争优势做出贡献，而高度异质性的资源对一些公司的价值有限，但对另一些公司有很高的价值。例如，使用技术密集型的资产的有效程度依赖于收购方企业的吸收运用能力（Cohen 和 Levinthal，1989）。最后，最重要的是，大部分的资源基础分析较少关注公司内和公司间关系的质量，也不关注公司内外部激励机制，尽管该机制支撑了公司的资源和能力的获取、创造和运用。[②]

　　与资源基础观有很多共同点的其他理论包括演化经济学（Nelson 和 Winter，1982；Nelson，1991）以及特别是 MNE 的技术积累理论（Cantwell，1989，1991a，2001）。像资源基础观一样，这些理论主要关注现有资产的路径依赖和新资产的积累；它们通过研究公司内部学习的过程和知识传播提出这些观点。这两种理论都强调公司的 O 优势无形资产，从而产生了对境外子公司介入模式更多的研究兴趣，因为这依赖于公司寻求开发或获取的特定知识种类。由于它们主要关注公司的成长，其区位方面的因素可能发挥了比较小的作用。然而，由于全球化、集群经济和区位邻近企业技术溢出的可能性所提供的机遇，知识在哪里进行传播也已经成为演化理论学者日益关注的问题（第 16 章将会回顾集群和溢出的有关文献）。这个领域发表的理论著作，包括 MNE 内部技术积累方面的实证研究（见第 11 章）以及涉及 MNE 网络内部知识和辅助决策管理的管理学问题（见第 8 章和第 9 章），也将会在随后的几章中进行讨论。本章的随后几节也会关注资源基础和演化理论的制度基础。[③]

　　随后，我们把 MNE 看作一个增值活动的协调系统，它的结构由科层的生产成本、市场的交易费用以及生产与交易的相互依存度共同决定（Dunning，2003b）。我们的观点与 Madhok（2002）类似，他把这三个因素命名为治理结构、交易和资源属性，用于解释企业的边界。我们承认交易费用能够在一个静态框架中用来解释边界，但为了解释动态增长，我们相信对依赖路径的资源和公司特有的能力做一些参考是必要的。此外，因为交易、资源和治理模式的不同结合是有可能的，公司没有必要以相同的方式组织相似的交易。至少在这一方面，交易费用对公司来说也许是特定的。例如，对于一家公司而言，企业间的合作安排可能有经济意义，但对于另一公司来说，同样的安排可能产生过于昂贵的监管成本。因此，一个特定公司的 O 优势的内容和结构也许能够严重影响特定的资源和竞争力是如何被创造、获取和部署的。最后，对治理结构、交易费用和资源属性互相结合的可能方式的强调，对于理解公

---

①　在这种情况下，资源本身实际上没有必要是独特的，增值组合独特且能够避免被模仿就足够了。

②　Oliver（1997）的研究是一个例外。

③　制度复杂性被纳入演化经济学家的研究中，参见 Nelson（2006）。

司并未拥有的资源和能力的感知价值，以及企业可以获取从而在 MNE 和其他企业间作出区分的资源和能力的感知价值，都是至关重要的。

□ 5.2.3　公司的知识基础理论和动态 O 优势

除了资源基础观，公司的知识基础理论为最近一些 MNE 行为的实证研究提供了理论基础。这一理论认为任何在 MNE 网络内部产生和转移的知识可能是根据"更高层次的组织原则"组织的，这只可能在科层组织内部出现（Kogut 和 Zander，1993）。[①] 在他们有影响力的文章中，Kogut 和 Zander 研究了默会知识和显性知识影响知识转移的形式有何差异。他们特别指出了默会知识更可能在公司内部被有效传播。事实上，在他们看来，这给 MNE 的存在本身提供了一个理论依据。

他们著作的另一个重要内容是强调了 MNE 作为"一个专门从事知识创造和内部传播的社会共同体"的概念（见原书 625 页）。Kogut 和 Zander 随后的研究进一步发展了以下想法：组织身份是企业内部知识共享的基础，企业本身被看作一个实践社区，该社区内的规则和标准的边界指导了学习过程（Kogut 和 Zander，1996，2003）。[②] 我们相信，这种见解对加强我们在企业层面的非正式制度的理解提供了充分的基础，也与本章中提出的 MNE 活动在制度层面的观点相契合。

尽管企业的知识基础理论本质上拒绝把交易费用和市场失灵作为技术转移内部化的解释，我们仍然相信这两种观点可以调和。[③] 这种调和需要我们使用交易费用和资源基础推论来解释随着时间推移的内部化和资产积累行为，并把这与一个能够解释企业内部有效激励结构的形成和实施的论点结合起来。

正如我们前面提到的那样，我们仍然认为交易费用理论对我们理解公司开展交易的效率取向以及它们的治理模式至关重要。另外，如前面的小节中讨论的那样，交易费用不是由单纯的机会主义引起的，但如果没有机会主义，就很难理解为什么绝大多数情况下市场交易很难被接受（Foss，1996a）。没有任何形式的治理能完全摆脱机会主义的影响，这一点也很清楚（Hodgson，2004）。信息不对称带来的问题有，沟通困难以及契约关系和科层内关系的动机缺乏。既然如此，公司作为治理机制在"实践社区"内必然会调整个人的激励措施，这一点并不是显而易见的。然而，我们认为"更高层次的组织原则"，以及伴随它们的激励结构，有可能解释为什么一个公司的制度结构比另一个公司的制度结构更适合知识创造和传播。[④]

在某种程度上，公司内部的激励结构更容易以一种互利的方式建立，代理商也可能不太容易欺骗他们的委托人。同样，在一些实例中公司能够比市场提供更好的沟通方式，实际上诚实的分歧或误解也更容易内部协调（McFetridge，1995；Ghoshal 和 Moran，1996）。由于新知识的产生过程充满不确定性，一个公司创造社

---

① 例如，参见 Nonaka 和 Takeuchi（1995）在知识管理领域的一篇经典文献。

② 关注剔除进程和"俱乐部"会员经济学是看待社会共同体在知识共享中的作用的另一方式（Sandler 和 Tschirhart，1980；Lundan，2003a）。

③ 也可参见 Verbeke（2003b）。

④ 正如 Spender（1989）描述的产业方法一样，部分组织原理也可能基于特定产业而不是特定企业。

区以提供结构性试验情景的能力是一个在市场中更难获取的重要功能（Spender，1996）。但是，即使这样也不能解释何时何地知识的产生会发生，我们认为这依赖于影响公司内部员工认知和动机的非正式标准和激励。

我们同意 Foss（1996b）关于任何企业理论本质上应该解释三件事情的观点：为什么企业更愿意招聘雇佣工（而不是合同工），为什么选择拥有资产而不是租赁资产或其使用权，如何在企业内部进行监管和补偿。与此同时，我们认为第三个方面可能对作为一种治理形式的公司的效率非常关键。这是因为理解监管和补偿治理的规则需要对引导人们进行合作的激励结构的理解。而这些激励措施包括管理层设定的正式激励以及渗透到组织内部的非正式规范和价值观念。总而言之，在我们看来，公司提供一个制度框架，在该框架内，指导知识创造和知识传播的正式和非正式规则和激励得以形成并实施。除了被传播知识的属性，我们也相信知识的创造和传播取决于转让人和被转让人的意愿和动机，这两者都可能强烈地被一个公司制度矩阵中的部分激励所影响。

考虑到这些理论的精华部分，我们现在对 MNE 活动的决定因素和结果的影响要素做一个更加明确的分析，也对这些影响要素应当如何纳入 OLI 范式中做一个更加明确的分析。

5.3　国际商务中的制度

当代国际商务和管理理论把 MNE 看作一个资源和能力集合的创造者、获取者和转移者，这些资源和能力通常包括财务资本和技术，后者由硬技术（比如研发能力）和软技术（比如组织体制）组成。大多数有关技术转让的成本和收益的文献一直在关注硬技术，但直到最近学者们才开始承认 MNE 转让和/或修改软技术的意愿和能力也同样重要，特别是组织结构和工作惯例这样的软技术。

在本章的剩余部分，我们的目标是提出一个概念框架，用于进一步研究这一资源和能力的集合，并且指出制度的特性应该明确被分离为 MNE 资源和能力转移的三个主要元素之一。MNE 带来的制度元素会以有益或有害的方式影响东道国，但如果没有明确的识别和评估 MNE 传播的要素集的这一组成部分，大量关注这些影响是不太可能的。因此，我们认为获得对 MNE 活动的制度层面的理解不仅是对 MNE 自身的一个改进分析，同时也让我们更好地理解 MNE 活动如何影响国家层面的制度，从而完成国家的经济和社会目标。

纵观本书，在文献回顾的过程中，我们已经识别了一系列指向制度要素的相关实证结果。这些调查结果伴随着制度理论的较大进展，其中发展最明显的是经济学、管理学和社会学领域。在微观层面上，有关进入模式和区位选择的研究已经运用制度观点来强调同质性。在宏观层面，经济学文献发现了制度对于国家吸引 FDI 并借此从中获取持久经济利益的能力的重要性。本章更关心的是微观层面，并把制度因素纳入我们的解释框架，宏观层面制度的一些细节也将在第 10 章讨论。

国际商务文献在过去已经涉及了制度问题，现在的涉及面更加广泛。但事实上不同来源的分析已经阻止了微观或企业层面分析与宏观或国家层面分析的结合。虽然这种方法在理解 MNE 行为的决定因素的研究中取得了一定进展，但我们认为在评估 MNE 活动的影响方面却没有那么成功。我们相信一个统一的框架，结合宏微观层面的分析，并明确考虑两者之间的相互依存关系，将有助于实现对 MNE 本身的行为以及其对母国和东道国的影响的更好的分析。考虑到 OLI 范式的整体性，我们认为它非常适合此目的。

我们提出的第二个观点是，无论是在国际商务中还是在一般商业和经济文献中，制度分析很少关注企业背后战略行为的动机。大多数研究往往侧重（大多数情况下是企业的）产出而不是投入，或者涉及公司内外部标准和价值的决策制定背景。作为影响有形和人员环境的正式制度的一个重要补充，关于国家层面经济增长的目标和决定因素的研究越来越重视非正式制度的内容和作用。我们相信本研究能够找到对立面的研究，其关注的是非正式制度在企业层面如何影响公司战略和 MNE 活动的后果。

我们将进行如下讨论。首先简要说明为什么我们认为制度的作用在过去二十年里日益受到商业学者的重视。其次是一个简短的回顾，关于国际商务文献如何开始把制度因素纳入学术界考虑的范畴。随后我们提出自己的制度和制度变迁概念，这大体上引用了 Douglass North 的著作。我们将分析 OLI 范式三个部分的每个部分，来说明制度层面是如何纳入分析并与先前理论结合起来的。

□ 5.3.1　为什么关注制度？

为什么在过去二三十年制度变得这么重要？我们认为原因在于我们对于 MNE 作为一个组织实体的概念认识的变化，以及极大地改变了经济格局的全球经济发展。

上一节详细地描述了 MNE 作为一个组织实体概念的改变。国际商务学者们现在把 MNE 看作国内和跨境增值活动的协调系统。这种制度的内容和结构被认为是由科层的生产成本、市场的交易费用和生产交易的相互依存度决定的。我们承认交易费用可以用来解释这些在静态框架中的相互依存关系和边界。为了解释动态增长，我们认为参考一些路径依赖的资源和公司特定的能力是必要的。另外，我们断言公司的制度结构创建、获取和部署影响了其关于生产和交易活动中治理的选择。在这种情况下，交易费用是企业特定的。

纵观其历史，国际商务活动决定因素的大多数经济理论都是基于资产研究的，无论这些资产是 MNE 拥有的还是获取的。然而，在过去二三十年间，随着公司可以获得的有形资产和无形能力变成了信息和知识密集型，竞争力增强型资产的构成和意义也发生了改变（Dunning，2004b）。与此同时，它们的地理来源和部署也被更广泛地分散到全球。这也使得 MNE 作为一个在经济活动中潮流引领者和组织者的重要性不断增强，因此动机、价值和规范都能够协调和约束 MNE 的决策。

目前的很多经济价值是公司 O 优势创造和部署方式的一种回归，而不是资本的回归，即公司拥有的资本设备和财产意义上的回归。公司拥有包括生产性资产和不动产型实物资产的规模减少，以及相应的合同外包的增加改变了公司边界。只有那些拥有独特技术和能力的公司业务可能被内部化。对于其他增值和交易业务，设计的日益模块化和模块元件的日益商品化，都已经导致或正在导致能够以低成本和高规格迅速产出中间产品的公司数量的急剧增加。甚至像对公司知识的产生至关重要的研发创新能力这样的活动，也开始模式化和外包，至少在很多常见的研究领域是这样的（Zysman，2004；UNCTAD，2005c）。

当然，MNE 本质的这些变化已经受到了全球经济和政治格局发展的驱动。通信和交易费用的显著减少，加上跨境市场相互联系的日益增加，已经导致了增值活动能够发生的区位数量的增加。这给 MNE 提供了更多选择，它不仅可以开发任何位置的区位约束型"黏性"资产，而且可以通过从事成本降低型自由投资来生产并不依赖区位型资源的商品和服务。

在国家层面制度会影响公司的增值机会，包括那些凝聚或集聚经济（Enright，2000c）。[①] 而对于某些这类活动，如简单的零部件组装，MNE 或许有多个区位可供选择。但对于知识密集型活动的区位选择数量可能是非常小的，有时只有一个选择。这使得理解宏观或国家层面的制度如何影响 MNE 的增值机会，以及企业的思想和行动如何随着时间影响这些制度的内容和意义变得十分必要（Ozawa，2005）

□ 5.3.2　国际商务文献中的制度

国际商务文献基本上遵循了 20 世纪 60 年代至 70 年代的新古典主义方法。尽管这些年公司的利润最大化模型受到了挑战（Simon，1959），但欧洲早期关于 FDI 的研究从 Dunning（1958）起就趋于把企业看作以利润或资产最大化为目标的个体。[②] 在美国商学院，学者们很少理会管理决策的制度组成部分。[③] Vernon（1966）的产品周期模型也很大程度上忽视了动机和行为问题，虽然有一些例外，如 Aharoni（1966）更微观层面和关于企业行为更细致的研究。从 20 世纪 70 年代开始，研究焦点开始转移到 MNE 本身，Behrman（1974），Buckley 和 Casson（1976），Johanson 和 Vahlne（1977）的著作见证了从组织角度出发研究问题开始占据主导地位的过程。这里，尽管"制度"这个术语没有明确运用在评估折中范式三个组成部分的显著性上，但行为组成这个部分通常处于他们思考的核心地位。在宏观层面，相对于 MNE 活动的影响和冲击，政府及其制度基础的作用这些年来在自己领域的研究中也得到了一些关注，同时也出现在联合国经济和社会理事会的知名人士小组的研究中（Dunning，2005a）。

在过去的 20～30 年中，制度在解释国际商务活动的决定因素和影响方面变得更加完整。正如我们所说的那样，这主要是因为全球化和技术进步拓宽了公司和政府的行为选择，也因为 MNE 运作的环境变得更加不确定和复杂多变。20 世纪 90 年代，部分情况变得尖锐化。这都以各种方式表现了出来，包括通过在不同的文化和

第 5 章

MNE 活动的决定因素：OLI 范式的重新审视

---

　① 如需进一步了解对 IB 理论处理区域或地理问题的方式以及地理学理论缺乏 MNE 区位问题研究的程度，参见 McCann 和 Mudambi（2004）的批判性评论。

　② 了解 FDI 理论中早期制度贡献的综述，参见 McClintock（1988）。

　③ 有关这一理论的综述，尤其是与商业和政府之间的关系相关的，参见 Boddewyn（2005）。

信仰体系下认识和反应的提高，以及这种提高如何影响公司的跨境活动来体现。然而，在 20 世纪 80 年代和 90 年代，大多数研究国际商务问题的经济学家和商业战略家继续关注新技术和信息相关的发展对 MNE 资源和能力以及它们所服务的市场的影响。

与此同时，制度一直被认为是国际商务研究领域中一些重要流派的核心。其中比较重要的是基于企业层面交易费用的内部化理论。其他学者已经开始从事关注制度问题的研究，尽管目前著作并不多，并且制度的作用也没有成为研究的目标。在国家分析的层面，这包括研究政府—企业议价关系和领土纷争议题的国际关系和国际政治经济方面的学者，比如 Eden 和 Potter（1993），Kobrin（2001a），Eden 和 Molot（2002）以及 Grosse（2005b），也包括商业历史领域的学者，比如 Wilkins（2001，2004）和 Jones（2000，2004）。在公司层面，对文化作用感兴趣的学者，以及分析组织工作相关文化的社会学学者，都同样对把制度因素引入主流理论做出了贡献，比如 Kogut（1992，1993）和 Westney（1993，2001）。在这里，我们还应该提及对文化研究的一系列文献，它以 Hofstede（1980，2001）的著作为基石，由 Graham（2001），Leung 等（2005）① 和 Kirkman 等（2006）作了回顾。

然后，在 20 世纪 90 年代和 21 世纪，人们关注的焦点已经开始由管理学者和国际商务经济学家的著作转向他们理论和实证研究中的制度资产及关系资产的作用（Mudambi 和 Navarra，2002；Sethi 等，2002；Henisz，2003；Maitland 和 Nicholas，2003；Mudambi 等，2003；Peng，2003）。②

在商业和管理的文献当中，公司层面的制度分析经常借鉴 Scott（1995 [2001]）的框架，他确定了三种类型的制度：规范、调控和文化认知，其依据是对制度基本作用普遍存在于不同学科之中的不同认识，并且运用了不同的执行方法。另一种被管理学者普遍运用的类型是 DiMaggio 和 Powell（1983）识别的制度扩散的三种机制，即强制性、规范性和模仿性，这会映射到 Scott 识别的类型中。③ 其中，模拟压力的影响吸引了学者的特别关注，即对于为什么公司会选择采用与它们在自然或者人为环境中普遍经营的相似的实践或者结构的关注。④

在这一脉络中，国际商务学者特别感兴趣的领域一直是 MNE 子公司寻求合法性的方式，无论是在母公司还是在它们经营的东道国的价值观和制度背景中。这一通常在制度距离框架下进行的研究（Kostova，1999），已经开始揭示关于激励结构和执行机制的有趣见解，以及关于这些结构对 MNE 子公司区位选择及其行为和行动的影响的有趣见解（Kostova 和 Zaheer，1999；Kostova 和 Roth，2002）。制度距

---

① 实际上，Leung 等（2005）指出，建立更复杂的文化概念并将文化元素整合进所有 IB 理论的主要基石是必要的。同时他们指出，由于文化和制度之间的动态交互作用，这些做法需要考虑社会经济学变量和政治变量。

② 例如，Peng（2001）提倡对资源基础观与制度理论更好地整合。Ricart 等（2004）关于国际商务战略研究中的当前状态和未来挑战的综述呼应了 Peng 的观点。

③ 虽然我们的讨论主要关注经济学和政治学中的制度理论，但是，*Academy of Management Review* 1998 年特刊、*Organization Studies* 2001 年特刊和 *Organization Science* 2003 年特刊表明，组织管理领域中的制度理论同样跃于学术界。

④ 参见 Haveman（1993）的一项关于模仿性同构的经典研究，即关于一些企业模仿其他成功企业行为的研究。

离概念的另一个运用领域是从 O 优势（包括组织惯例）转移到子公司（Guler 等，2002）。最后，公司层面的制度变量已经开始用于解释 MNE 的区位选择和进入模式之间的相互作用（Xu 和 Shenkar，2002），并探讨模仿它们进入选择时机的影响（Davis 等，2000；Chang 和 Rosenzweig，2001；Lu，2002；Guillén，2003）。

一些国际商务学者开始探讨公司层面和国家层面的制度在影响 MNE 行为和进入模式时的作用（Meyer，2001a；Yiu 和 Makino，2002；Delios 和 Henisz，2000，2003）。[①] 我们关于这个问题的思考是从 Dunning（2002b，2004c）对公司"关系"资本的思考探索中产生的。[②] 随后的演变是，由于制度变量影响发展中国家和经济转型国家的 MNE 活动，Dunning 试图把它融入 OLI 框架中（Dunning，2005a，2006c）。后来的著作都受到 Dennis Rondinelli（2005）提出的国家层面制度分析的影响。在他的贡献中，Rondinelli 探讨了七种国家制度的特征：调整和稳定经济；有助于影响经济动机；引导私有财产保护；促进企业自由；制定企业合作和社会指导规则；促进竞争；促进社会利益相关者的平等并获得机会。我们在第 10 章会回到宏观制度重要性上来。

在国际商务文献中，很明显宏微观水平的分析源于不同的制度传统。为了更好地理解 MNE 活动的决定因素及其影响，我们认为需要同时考虑制度对公司内部的影响，以及对公司间和公司运营外部环境状况的影响。为了实现框架的统一，在其中同时容纳公司和国家的具体因素，我们选择继续扩展 Douglass North 的分析（1990，1994，2005）。他在宏观层面的分析，具有较强的微观经济基础，这使我们相信其可以用于扩展到企业层面的分析。虽然我们认为采用 North 框架不是调和企业和国家层面分析的唯一方式[③]，但如果能够有效突出两个层面相互依存关系的重要性，我们仍认为采取一个统一的定义和方法是可取的。

我们已阅读的文献中出现的第二个因素是，即使公司的资源基础观分析已经很受欢迎，但它们却很少明确考虑资源和能力如何以及为什么被创造或开发。[④] 尽管国际商务学者在讨论战略和政策的产出时考虑了这些元素，但据我们所知，至今没有著作（March，2007）解决不断变化的价值观和信仰体系在投入层面的重要性，以及在重塑影响战略和政策的制度方面的重要性。一家公司的战略意图和执行之间的相关性在文献中被多次强调，但影响战略形成和实施的因素受到的关注却较少，甚至都没有将信仰体系作为战略基础展开讨论。

同样，在国家区位（L）吸引力方面，直到最近为止很多讨论都忽视了制度背景以及一个国家的制度如何受到 MNE 及其子公司的影响。[⑤] 正如已经提到的那样，因为内部化因素涉及成本和收益的治理模式，所以关于它的讨论一直是制度导向型的。然而即使在这里，企业特定协调成本的动态学仍有待探索。

---

① 在企业层面，包括组织能力；在国家层面，包括公共风险和私人征用风险。公共风险包括政策或监管制度的不一致的风险，私人征用风险包括无意识地向投资合伙人泄露技术的风险。

② 也可参见 Dyer 和 Singh（1998），以及 Kale 等（2000）关于关系资本的研究。

③ 定义并衡量制度的其他方法参见 Williamson（2000），Nelson（2002）以及 Mudambi 和 Navarra（2002）。

④ Oliver（1991，1997）的著作是一个例外。

⑤ 再次，有一些例外，例如有关投资激励的基本原理和有效性的研究工作。

现代 MNE 的网络结构引起了对人文环境和成功跨境联系的先决条件更大的关注。信任、互惠、诚实、宽容和正直等价值观实践受到社会制度框架的影响并对制度框架产生影响。这些价值观的存在或缺失也是公司和国家实现目标的关键。在同一时间，市场的道德基础被认为是一个本地（完善的）市场的特征。目前，这已经不再是一个有效的假设，因为有太多的市场失灵（比如不确定性、信息不对称和波动）。[1] 虽然 MNE 在影响国内和跨境市场的特征和内容方面起着至关重要的作用，但我们相信是时候把一些学术上的关注焦点放在正式和非正式制度在影响 MNE 活动的决定因素和效果中的作用上面了。

5.4 把企业制度融入 OLI 范式中

□ 5.4.1 制度的界定

在对于制度的定义上我们采取了 Douglass North（1990，1994，2005）的研究成果，因为他在这一方面的研究比其他人更能够使我们在宏观层面上加深对这一概念的理解。North 将制度分为正式制度（比如像宪法、法规以及规制）和非正式约束（比如行为准则、习俗以及自我施加的行为规范）。制度（以及它们的执行机制）确定了"游戏的规则"，且追求自身的资源配置目标的组织必须遵守该规则。一个完整的制度体系必须包括正式和非正式制度。尽管我们也引用了 Williamson（1985，2000）的定义，但是我们更加倾向于 North 的界定，这是由于 Williamson 在考虑这一问题时首先采用了组织化或者说经济学的视角，而没有去关注激励和信仰系统的问题，我们认为这稍显狭隘了。我们对 North 的观点进行延伸，使得我们能够在更加微观的层面上去探究公司制度与国家层面制度之间所存在的内在依存关系。

就正式制度对国家层面经济行为和增长方面的影响而言，这一方面的研究提出了一些至今没有得到解决的问题。发达国家经济表现的广泛趋同反映了广泛的激励结构和执行机制，使得我们发现许多不同的制度格局却产生了广泛的相似结果。一种解释认为，这可能是因为特定制度是有效（并符合社会责任）的特定产品和服务的生产所需求的（Amable，2003），而其他制度仅仅代表了（经济方面）并不互为因果的多样性。尽管如此，对于我们而言，困难在于如何能够把一种情况和另一种情况区分开来。与此同时，发达国家和发展中国家之间所存在的经济发展水平的差异却在过去的几十年中始终存在（有一些显著例外，特别是在亚洲）。支撑现代经济的正式制度，包括司法体系、金融制度设计以及知识产权在内的系统，正在被许多发展中国家所借鉴，但是为什么它们在经济发展上仍旧没有明显的进步呢？一个由 North 提出并且被许多实证研究[2]所支持的答案是制度体系应当是由正式制度和非正式制度共同组成的。某些国家在经济上表现较差，是因为它们的价值观、社会规范

跨国公司与全球经济（第二版）

---

① Dunning（2003c）探讨了现代资本主义的道德基础。
② 参见 Fagerberg 和 Srholec（2005）以及 UNIDO（2005）等所作的记录。

和信仰体系等非正式制度在一定程度上并没有以一种与全球资本主义相容的方式支持经济活动。

　　与 Adam Smith 一样，North 也构筑了自己的一套关于人性的基础理论来支撑他的分析。[①] 他的理论是基于个人面对自我认知的局限性时，会考虑到正式制度及非正式制度对于自己的激励和行为所产生的影响。人们为了满足他们的需求和欲望设计并实施了有效制度，并且减少了他们的信息处理成本。然而，从经济学角度来看，不能保证这样的制度设计是有效的，甚至从社会角度来看也不能保证其被广泛地期待。制度变迁是一个路径依赖的过程，改变现有结构也存在着相当大的交易成本，这是因为个人和组织都抱着非常谨慎的态度来适应他们所处环境中的变化。另外，任何一套制度都是促进和阻碍现有资源和能力的各种元素的结合。因此，即使在有效率的制度多于无效率的制度的国家，制度变迁也不能保证一定达到它想要达到的结果（Eggertsson，2005）。部分原因就是 North（2005:19）所谓的当代世界的非遍历性[②]，这意味着不确定性是极难衡量或处理的，更不用说通过对过去的事件、信息和目标的参考来克服这种不确定性。因为制度变迁也不太可能实现预期的结果，所以这对没有健全制度的国家来说是一个特殊的挑战。

　　那么，什么能够解释制度制定变化的动态性？传统的经济解释认为是相对价格的变化。稀缺性这种基本经济状况导致了竞争，激励了创新和学习，并制定了更好的制度。但这并不能解释所有的制度变迁。根据 North 的观点，主要的障碍在两个方面。首先是既得利益和统治利益拒绝变迁，其次是非正式制度，特别是社会习俗和传统。这种"自下而上"的制度变迁理论意味着任何能影响个人决策的事物，如教育和信仰体系，也可能影响制度选择，从而改变经济增长的路径（North，2005；Nelson，2006）。

　　在 North 的著作中，他强调了作为几种使得文化能够通过代代相传的方式跨越空间传播的方式：信仰、价值观和行为规范。当然，这让人联想到 Weber（1920）关于新教工作伦理和资本增长的关系之间的分析，以及其他一些涉及国家文化和经济增长关系的最近的研究（Jones，1995；Gray，1996；Casson 和 Godley，2000）。然而，在这当中，North 是唯一一个能够提供有关方面的一个通用完整理论的学者。该理论不受时间和地点限制地将微观层面（无论个人层面还是公司层面）的动机和行为与宏观层面的经济增长模式连接起来。在国际商务学者当中，Mark Casson（1982a，1993，1997）关于国家文化对经济增长的影响的著作观点与 North 提出的最接近。Casson 看起来特别重视信任和监管对创业活动的影响，但这是一种严格的理性行为观点。虽然其不是明确地受 North 著作的启发，但这一著作在建立一个依赖于企业家个人信息处理的国际商务活动理论时也运用了同样的"自下而上"的逻辑。[③]

---

　　① Adam Smith 有关人性的基础理论出现在其《道德情操论》（*Theory of Moral Sentiments*）（1790）中。

　　② 发明导致非遍历性改变的历史案例包括海上保险的出现以及战争技术的发展。在这些案例中，事件随后引发的物质以及人文环境变化是意义深远的，但每项发明都无法事先预料这些改变（North，2005:20）。

　　③ 也可参见 Casson 和 Lundan（1999）关于运用自上而下法的比较制度研究的评论。他们不是解释国家层面的制度如何约束或者促进经济活动，而是运用自下而上法关注企业家精神等级的差异性。

我们认为这种制度的推论应当合理地扩展到分析 MNE 的动机和行为中去。这种推论包括治理 MNE 内部、MNE 和外部利益相关者（包括供应商、顾客和社区团体）之间关系的规则和规范。在我们的理解当中，制度本身就是严格的，因为它们限制了公司部分行为，使得这些行为的成本过高，或者价值降低。与此同时，制度不仅仅对公司的行为强加限制，它们也可能影响管理者的认知和限制 MNE 能够寻求的可能行为路线。[①] 更重要的是，在某些情况下，我们还认为 MNE 有能力改变影响它们行为的正式或非正式的激励结构。

这样设想的话，激励结构和执行机制的设计和实施也许会影响折中范式的所有三个部分。最直接的联系是有关制度对于解释国家层面经济增长重要性的经济学新文献与 OLI 范式中的 L 优势这两者之间的关联。虽然内部化因素（I）很大程度上被局限于关注不同形式的组织交易效率的静态比较（比较静态分析），它在微观层面也已经被制度化了。在 OLI 范式的三个组成部分中，O 优势是最难处理的，也是最关键的。O 优势要求我们研究在何种程度上能够描述企业层面的制度（正式的和非正式的），以及从中获取的优势（Oi），然后区分 O 优势在现有文献（例如，Dunning，2004b）中已经得到了识别的资产优势（Oa）和交易优势（Ot）。最后，所有这三个因素都会在演化或者动态背景中被考虑。因此，我们可以预期在 t 期的 Oa 和 Oi 会影响 I（即进入模式）以及可选择的区位的 L 优势。在 $t+1$ 期，MNE 经营地点的 L 优势也许会影响其投资的 O 优势。我们现在应该反过来解释各个框架中的组成部分。

□ 5.4.2　所有权特定优势

正如在第 4 章所说的那样，MNE 的资产优势（Oa）涉及包括生产管理、组织体系、创新能力和工作组织等在内的专有技术。[②] 因此，处理 OLI 范式内部制度的一种方式是将它们以组织技术的另一种形式归入 Oa 中。[③] 虽然有理由推荐这种主流方式，但我们没有充分的理由相信它能够解决这里提出的问题。而公司内外部的激励结构可能会影响特定投入转化为特定产出的程度和方式，我们认为它们不只是另一种资源和能力。在本小节中，我们力求解释为什么制度优势应该和其他的 O 优势分开以及这些优势会包括哪些内容。

区分 Oa 和 Oi 优势的需要

虽然它们有很多相似之处，但公司可得的资源、能力和市场与公司组织以及制度优势之间的重要差异都与 Oa 和 Oi 的起源有关。虽然构成 Oi 的部分元素反映在一些被称为"企业文化"的公司特定的规范、价值观和执行机制上，其余元素更容易被公司外部的规范和价值观影响，尤其是那些公司开展活动所处的人文环境。[④] Oa 和 Oi 优势的发展容易受到外部需求和偏好改变的影响。但前者的情况是与产品和服

---

① Nelson（2002）运用横穿沼泽的临时道路来作比喻。虽然该道路限定了人们在沼泽上的活动范围，但是关注这种限制意味着忽略了该道路的存在导致的种种可能性。

② 在其他研究中，我们称为资源、能力和市场（RCM）开发优势（Dunning，2006c）。

③ 本质上，共同治理经济带来的交易优势（Ot）不受 Oi 内涵的影响。

④ Noorderhaven 和 Harzing（2003）定义了由主要决策者的隐性信念和价值观带来的 MNE 的母国效应。

务直接相关的改变，后者更多地受到价值观、观念和行为习俗转变的影响，这可能与公司提供的产品和服务没有直接关系。[1] 如，最近思想的转变直接影响了公司提供的产品和服务，这就是所谓的开源运动，它强调保持"知识共享"的价值，公开鼓励创新（von Hippel 和 von Krogh，2003）。相比之下，许多大型的信息通信技术（ICT）公司和制药公司战略都集中在通过知识产权（IPR）法案扩大私人知识的边界（Weber，2006）。

最后，由于一个公司的资产优势（Oa）可以增强和再生——比如通过研发功能实现——我们现在对一个公司在增加或调整制度优势的机制方面所知甚少。事实上，Nelson（2005）对于下述观点非常重视，即一方面硬技术程序可以概括为，在容许其他生产经验条件的同时发展合适的隔离技术（如避免震动或粉尘的物理技术），但在另一个方面，社会环境却是难以或者无法隔离的，这也使得制度创新更为复杂。[2]

我们正在寻找一个例子说明 Oi 的影响是最明显的。追溯到 19 世纪的资本主义，那是一个强大的工业家集中的时代，比如 William Lever 创造的工业帝国和"阳光港"之类的社区，其强烈地反映了创始人的价值观和信仰。这一模式今天仍较为隐晦地存在于一些拥有善解人意的企业文化和明确的目标或愿景的公司中。[3] 为什么组织需要坚强有效的制度，一个重要的原因就是需要反复权衡的决策正在增加。随着社会目标的多样化，以及经营环境的复杂性、波动性和不确定性的增加，越来越多的决策必须慎重进行，而不是按常规或既定程序进行。

当今的公司面临着制度和文化基础的披露风险，这种挑战反映在不断增加的关于公司社会责任（CSR）的监督和报告上。一个有关社会责任的商务案例的严格解释表明只有在企业证明自己履行了财务条款的时候，社会需要的投资与股东价值最大化的目标才是一致的。一个更宽松的解释认为企业社会责任水平根据利益相关者不同形式和程度的影响可以或高或低，但对于一个给定的社会绩效水平，管理良好的公司可以通过妥协降低长期成本。[4]

从制度的观点来看，人们会期望成功的公司表现出对社会更负责的态度，并通过资源和协调机制（Oa 和 Ot），以及认知和动机（Oi）实现。公司的股东经常会对公司提出一系列互相矛盾的需求，我们指出一个拥有强大的制度资产（Oi）的公司能更好地察觉何种需求与自己拥有的资源、能力和社会目标相一致。另外，尽管将企业的社会责任与业务经营的每一个方面整合起来会产生经济和社会意义上的最佳业绩，但是将社会责任与商业战略纠缠在一起的议题越多，对于外部观察者来说公司就显得越不透明。这又导致必须探讨什么样的动机和信仰体系构成并影响 Oi。

事实上，相对于 19 世纪家长制下的作坊主面临的情况，现代组织有可能，并且也

（页边）第 5 章

MNE 活动的决定因素：OLI 范式的重新审视

---

[1] 关于化工行业中环境问题的态度改变，也可参见 Hoffman（1997）。

[2] North（2005）指出由于人类环境的改变涉及非遍历不确定性，因此想要预测这种改变要困难得多，从而表达了对这种观点的赞同。

[3] 深厚的企业文化的一个替代选择是总体质量定位或者关注股东价值最大化。两者都使得企业目标明确化，并明确不确定性的解决方案。

[4] 狭隘地关注管理理论的财务状况也有助于加强企业社会责任（CSR）中"商业案例"的重要性，而非将注意力引向调查大型公司与环境相互影响的多种途径，不论是好的影响还是坏的影响（Margolis 和 Walsh，2003）。也可参见第 18 章。

确实有必要通过公司价值观和信仰反映组织顶尖人士的个人信仰，以及横向的利益相关者的个人信仰。同样清楚的是，公司外部的个人或组织（例如，非政府组织）价值观和信仰的改变相对维多利亚时代而言具有更加迅速的影响，并且更加具有战略意义。

除了对 Oa 和 Oi 优势在公司内部是如何创造、评估和发展的作出区分以外，从母国和东道国的角度来看，Oi 优势对理解 MNE 活动的影响越来越重要。与资源和知识的所有转移形式一样，Oa 和 Oi 的转移形式包括惯例和制度的有意转移以及对其他公司的无意"溢出"。尽管在社会背景下的创新（非技术创新）非常困难，最佳惯例被复制和吸收的程度也有限，MNE 在持续的跨境转移活动上仍然是独一无二的。如果我们认为不同的激励结构作用是同等的，那么在 MNE 网络内外部发生的大量转移为新制度的试验和创造提供了一个强大的背景。[①]

正如我们已经提到的那样，新古典主义经济学家认为公司和制度机制的单一的动机和目标直接用于实现这些目标。此外，在完全竞争市场条件下，没有战略选择，没有不确定性，也没用能力赚取经济租。在当今的全球经济中，经济活动的目标变得更加多元化，利益相关者资本主义部分取代了股东资本主义，非市场行为者的角色变得更加重要，不确定性、流动性和复杂性导致了不完善的市场和不断扩大的战略选择。因此，就企业针对资源和能力（以及它们所产生的回报）的创造、吸收和部署的行为激励而言，这些激励对公司的成功至关重要。虽然现存的理论中 Oi 优势可能建立在 Oa 和 Ot 基础之上，但我们相信由于当代的人文环境特点，分离这些优势并把它们看作公司创造新的或更加有效地利用现有资源、能力和市场方式的影响因素，具备一些好处。

Oi 优势的实例

那么，什么是制度优势呢？Oi 包括了激励结构，这对一个企业来说是特定的。任何时候，无论是内部产生或外部传入的动机、规章和准则共同组成了激励结构，其中任何一个都可能影响经营管理决策过程，企业股东的态度和行为，以及在价值创造过程中这些因素与其他经济或政治实体的目标与期望相联系的方式。正式或非正式的激励结构（在 North 意义上）都会受到企业自身执行机制的推动。表 5.1 列举了不同类型制度资产的实例。

企业 Oi 优势的广度与强度大多是前后关联的。特别地，Oi 优势很有可能体现其实际作用的企业或国家的宏观制度基础的特征。来自某一国家的一个 MNE（或潜在的 MNE）的内部激励结构接受这些制度，并且修改它们以适应自身需求的程度与方式，很可能是前者资源与能力的内容与质量的重要组成部分。例如，对于那些位于与母国文化、政治制度非常不同的区位的 MNE 子公司，其以母国为中心的制度管理方法，相比于在组织跨境经济活动方面最为有效的，使得一家 MNE 激励结构外部化的地理中心方法而言，不太可能产生一系列不同的 Oi 优势。

同样地，考虑到 MNE 及其子公司增值业务及其动因的不同，MNE 的制度组合也会有所变化。因而，同样是能够刺激成本有效的创新活动的游戏规则与执行机制（尤其是和其他公司共同实现的执行机制），可能会与支撑下面这些行为的游戏规则和执行

---

① Zysman（2004）和 Nelson（2005）都强调了在越来越不确定的环境中实现经济增长的有意识的实验的重要性（和难点）。

机制迥然不同：MNE 的母国和东道国人事经理制定人力资源战略，采购经理制定雇佣惯例及承包商安全措施标准，销售经理制定针对经销商的质量控制程序。

在 MNE 业务的动机方面，一些种类的战略资产寻求型 FDI 是为了打通获取境外资源、能力与市场，以及企业特定和国家特定制度的渠道。特别地，当母国经济结构、商业社会文化与东道国存在巨大差异时，这一类型的 FDI 更容易产生。针对市场寻求型 MNE（尤其是那些缺乏境外市场经验的 MNE）基于本土产生的 Oi 资产作出适应，也有必要权衡两国在消费偏好与行为上的差异。同时，由于劳工和（或）工会的期望、需求与价值观的不同，需要修正支撑效率寻求型 FDI 的激励因素，尤其是在劳动成本较低的发展中国家。最后，与在复杂人际交往网络中运行的知识密集型 MNE 相比，国与国之间制度差异的协调在资源与资本密集型 MNE（这些企业生产交易过程的公开程度通常较低）中发挥的作用正逐渐削弱。

表 5.1　　　　　　　　　　　　将制度资产纳入折中范式

	O	L	I
	组织/管理	社会资本	关系
制度			
正式的	法律，法规 经济市场纪律 指令/科层	法律，法规 政治市场纪律 基于规则的激励	合同（内部和外部）
非正式的	规则，规范 国家/企业文化 个人道德态度	宗教，社会风俗，传统 非政府组织——作为制度重塑者	契约，规则，以信任为基础的关系（内部和外部） 通过网络/公司集群的制度建设
执行机制	制裁，处罚	制裁，处罚	违反合同的处罚
正式的	税收，优惠政策 利益相关者的行动（消费者，投资者，工会）	公共组织的质量 教育（塑造和实施制度）	罢工，停业，高劳动力流动率 教育，培训
非正式的	道德劝告 现状/认知的损失或者收益 报复 增加/减少信任 投反对票	宗教 定罪，侮辱 示威活动，积极地参与决策组织（自下而上的影响） 道德劝说（自上而下地对制度、组织和个人产生影响）	没有重复的交易 定罪，侮辱 外部经济/从网络和联盟中产生的不经济性，例如学习收益 投反对票
制度不完善性	不正当的会计行为，骗局和其他企业滥用	犯罪、腐败、司法制度的缺陷，导致社区/个人关系的破裂	缺乏良好的内部或者外部合作关系；联盟或者守则的失败；缺乏透明度/问责制度

体现 Oi 优势重要性的文献里有什么证据呢？因为后者没有单独与不同形式的技术或其他 O 资产分开，因此直接回答这个问题是不可能的。在本书的随后章节中，我们会根据已有的证据尝试和强调 MNE 活动的制度层面。总的来说，我们已经识别了能找到充分例子说明的三个较为广泛的研究领域。其一，制度惯例的跨境传播；其二，公司的 Oi 能够影响，或者被国家的 L 优势影响的案例；其三，公司的 Oi 优势能够影响其进入模式和市场内部化的程度。第一种情况将在本节讨论，其他两种情况在随后小节中讨论。

关于组织惯例（Oa 和 Oi）的转移，过去的例子包括 20 世纪 20 年代和 30 年代在美国和欧洲的多元部门或称 M 型组织（Chandler，1990；Kogut 和 Parkinson，1998），以及在 20 世纪 50 年代和 60 年代从美国转移到欧洲的美国的管理模式和激励结构（Kipping 和 Bjarnar，1998；Zeitlin 和 Herrigel，2000），此外还有在 20 世纪 80 年代从日本移植到美国和欧洲的工作惯例和质量控制程序。事实上，正如 Westney（2001）提出的那样，在日本"移植"的研究之前，很少有对组织系统的跨境传播的研究，而对逆向转移亦即 MNE 的境外经历引起的母国变化也没有太多的关注。最近的一个例外是 Ozawa（2005：206）研究美国 MNE 对日本制度转型有怎样的影响。在他看来，现在在日本极受欢迎的、重振公司业务部门的外来跨国公司，是一个依据外部规范来修正日本内部制度集合的革新者。[1]

还有一点值得注意的就是，虽然 20 世纪初欧洲企业在汽车等行业很快引进了大规模的生产方式，但它们花了更多的时间才采用多元部门（或者称为 M 型）组织形式（Kogut，1990）。这样看来，克服根深蒂固的传统和商业惯例导致的交易费用比起单纯地替换"硬"技术和引进新产品要高得多。事实上，这就是我们认为 Oi 优势应当在它们自己的权利范围内才被看作一个优势的原因。

当代不同强制和自愿标准的转移和逆向转移的案例非常多，而 MNE 是通过它们的子公司网络转移一系列标准的。[2] 这包括质量管理程序的标准，比如 ISO 9000（Guler 等，2002），或环境管理方法，比如生态管理和审计计划（EMAS）和 ISO 14000（Christmann 和 Taylor，2001）。间接的例子包括 MNE 监管标准的传播，比如斯堪的纳维亚（半岛）传到美国的无元素氯漂白制浆过程的监管标准（Lundan，2004a），北美内部定价转移的公平交易标准的扩散（Eden 等，2001），以及中欧和东欧的外来投资者对企业治理标准产生的影响（Hellman 等，2002）。最近逆向转移的例子包括德国 MNE 在它们母国的企业治理方式也受到美国《萨班斯-奥克斯利法案》（Sarbanes-Oxley Act）[3] 的影响（Hollister，2005）。

制度转移也涉及员工惯例的跨境流动，比如日本 MNE 在 20 世纪 80 年代提出的在其英国子公司实行"一个工会"系统（Dunning，1986b；Oliver 和 Wilkinson，1988），美国 MNE 在一些英国子公司修改并采用员工多元化政策（Ferner 等，

---

① 也可参见 Ozawa（2003）。

② 这并不意味着企业内部转让是容易而可预测的。例如，可以参见 Jensen 和 Szulanski（2004）。

③ 为了应对大量的会计丑闻（其中以安然公司和世通公司最为知名），美国颁布了《2002 年公众公司会计改革和投资者保护法案》（也被称《萨班斯-奥克斯利法案》）。该法案规定，公司官员须保证公布的数字真实地反映了公司的财务状况。

2005）。其他的制度变迁不能仅仅归因于 MNE，但往往也受到它们的影响。这种关注个人成就和个人奖励，以及对传统的工作—生活平衡的挑战的制度变迁，实际上是反工会文化的表现，其塑造的是一个更为原子化（反社区化）的社会群体。

最后，制度扩散的一个特例涉及一个不从事对外或外来 MNE 活动，但 MNE 还是融入了母国以外的制度框架的案例。这里我们提到 Oxelheim 和 Randøy（2003）提出的证据，他们发现把英美资源集团员工引入瑞典和挪威公司的董事会增加了企业价值。他们把这种效果归因于一个更加多元化的董事会成分带来了企业信誉的增强以及更高的公司治理标准。随着金融市场跨越国界的联合越来越密切，在境外寻求一个占主导地位的证券交易所上市或发行股票也旨在凭借（潜在或实际的）更高的披露标准而获得知名度和提高形象（Modén 和 Oxelheim，1997）。在这里概述的每一个例子中，Oi 都是沿着 Oa 传播的，虽然这样一种依赖一个或另一个属性的传播成功的程度是不同的。

全球经济联系了越来越多的来自不同制度国家的人和组织，而 MNE 正是这一过程的一个重要促进者。因此，我们相信这些公司回应这些制度差异的方式对它们的长期竞争力来说会越来越重要。例如，中国家族企业的特殊主义和家长式作风（例如，参见 Redding，2001），在中国文化背景下表现得很完美，其站在大多数美国和欧洲公司追捧的公开透明、平等和多样化的对立面，既是为了达到更加有效的组织效果，也是更广泛的社会关系的体现。[1] 激励结构的混杂能从不同的制度背景中有效地桥接组织，从而降低交易费用，但由于人们一直习以为常，要在社会（人文）环境而非物质（技术）环境中达到这一点是受到质疑的。

□ 5.4.3　区位因素

近年来在经济学领域中，制度分析已经被提升到了重要的位置。其中一部分分析研究经济史、公众选择、国际政治经济和国际经济学等领域，主要探究制度和优秀治理对经济效率和经济增长的重要性，所以与本书的利益尤其相关。[2] 相比于企业层面的制度来说，国家层面的制度更容易被刻画和识别（虽然有时并不容易度量），这也就造成了国家层面制度的例子非常丰富，而关于 MNE 对制度的影响的例子很少。

在一个被广泛引用的研究中，Rodrik 等（2002）比较了三组经济增长的决定因素，这些决定因素包括地理因素（天气、自然资源、疾病负担和运输成本）、经济开放和国际贸易程度因素以及制度因素（产权、法律和社会基础设施）。作者得出了如下结论：制度的重要性超过了其他所有的影响因素。换言之，一旦制度质量给定，经济一体化对收入水平并没有直接的影响，而地理因素最多也只有较弱的影响。另外一组学者测算出全球收入分布的两极间差距大约有四分之三可以用它们的制度差距来进行解释（Acemoglu 等，2001）。其他研究则强调了人力资本对经济增长的影

---

① 也可参见 Ostry（1998）关于西方一般公司模型面临的新兴挑战的研究。

② 正如 Nelson（2002）一样，有人认为，古典经济学是演化的和制度化的，然而新古典经济学并非如此，因此当前的趋势代表着向古老主题的回归。

响，他们认为人力资源的升级（通过教育）促进了经济增长，而经济增长又促进了制度的升级（Glaeser 等，2004）。

我们相信在许多 Oa 优势变得越来越普遍并且在国际间的转移变得越来越容易的世界中，制度和作为制度基石的信仰与价值体系正在对国家区位吸引力起着越来越重要的作用。MNE 的 Oa 优势是否可以通过转移实体得到成功的吸收或建立，主要取决于 L 制度的内容和质量，特别是在那些目标已经扩大至保护环境、安全和提高生活质量的国家中（Dunning，2006c）。一些国家层面的制度的目的是鼓励外来或对外直接投资，其他制度更为一般化但对 MNE 活动对于经济福利的影响仍然至关重要。我们认为全球化促使了对不同母国和东道国的正式和非正式制度基础的重新检验，而这并不仅仅是因为制度的内容和形式正在凭它本身的力量成为一个 L 优势（或劣势）。

类似于公司的 Oi 优势，与制度有关的国家区位优势（Li 优势）有可能十分依赖于情境，而且在发展中国家与发达国家之间或者在发展中国家内部差异很大。① 例如，在 20 世纪 70 年代、80 年代和 90 年代初期，相比于大多数拉丁美洲国家和几乎所有的撒哈拉以南的非洲国家而言，大多数东亚国家的激励结构和执行机制都更有利于提升它们自身资源、能力和市场的创造和利用，从而用于升级它们的发展目标。自上而下和自下而上的激励结构之间的平衡，以及义务执行机制和自愿执行机制之间的平衡都可能是极为国家特定的 Li 变量。对于一个特定的国家而言，确定它的非正式制度的范围非常困难。文献中使用了社会资本的概念以度量社会中非正式制度的质量。社会资本被定义为：公民间的以促进解决集体行为问题为目的的合作关系网络（Brehm 和 Rahn，1997：999）。公民规范对公民施加了内生激励（通过负罪感）和外生激励（通过羞耻和排斥）以使得公民在那些近似于囚徒困境的情形中进行合作。

如果 North 和 Nelson "国家之间的激励结构和执行机制的差异是解释它们经济增长率和发展轨迹差异的重要因素"的断言是正确的。那么与之类似，作为 FDI 的重要决定因素，国家激励结构的内容、形式和质量及激励结构的升级（如同对财富创造过程中的每个组织和个体的影响）也有可能严重影响外来和对外 MNE 活动的数量和质量。关于外来和对外 MNE 活动所必需的制度的种类及其对经济增长和发展的影响，第 10 章有更为全面的讨论。

如果制度演变被视作路径依赖的、缓慢变化的和不确定的过程，那么可以预期实验研究对制度改善起着重要的作用。② 作为这些实验的结果，同样可以预期那些虽然设计不同但是功能相同的制度可以跨国长时间保持。由此看来，中国的双轨制改革，以及日本零售行业的无效率状况和终身雇佣实践，这些案例可以被视为实验成功的例子（Rodrik，2000b）。在另一方面，网络联系可能会转变为权贵资本主义，

跨国公司与全球经济（第二版）

---

① 尽管在这一讨论中我们关注的焦点主要在国家层面，公司和产业层面制度的共同演化同样重要，甚至有时在形成 MNE 行为方面比国家制度结构更重要。参见 Djelic 和 Quack（2003）运用几个欧洲的案例对这种演化模式进行的研究。

② 例如，有时就政治改革而言，或许会有很快的制度重组，尽管这些制度重组的效应需要一定的实践，东欧剧变是一个很明显的例子。

而对于拥有许多独特的制度特征并且促进了 20 世纪 80 年代中期和 90 年代中期日本经济增长的日本模型，同样的制度特征在过去的十年中却转变成了不断增加的债务（Florida 和 Kenney，1994b；Ozawa，2003）。

中东欧转型经济体和东亚新兴工业化国家的经验，使得政府以成功进行经济转型和实现高经济增长为目的而采用的与制度有关的目标和政策变得相当趋同（Rondinelli 和 Behrman，2000）。这些政策包括合理的宏观经济政策、保障产权和契约权利的制度、加强竞争的政策、金融制度的监管、增强社会凝聚力的政策、保证政治系统参与度和政府的透明度与问责的制度。政策究竟要使用哪一种制度形式取决于国家特定变量。但是整体来说，随着经验证据的逐渐增多，制度对于经济转型和经济增长的整体重要性已经变得越来越清晰。随着新蓝图的应用，一个国家正式制度的变化可能会十分迅速地发生，例如俄罗斯的休克疗法。但是只有在潜在的非正式制度有足够时间变化的情况下，正式制度的变化才有可能成功。[①]

除了认识到一个运作良好的经济体需要清晰界定的产权、具有可信执行力的法律系统之外，North 观点的另外一个重要的部分是社会中非正式制度和价值观不仅对不同制度所采取的功能形式产生影响，还会对社会中即将发生的制度变迁进行限制。[②] 确实，对中东欧的研究解释了文化并不是恒定不变的，正式和非正式制度的变化对实现经济增长来说都是必要的（Meyer 和 Peng，2005）。

国家层面的制度会影响到国家（无论是母国还是东道国）对 MNE 活动的吸引力。正式和非正式制度的组合影响了公司可能发展出的 Oa 优势和 Oi 优势，而且就我们的观察而言，国家层面的制度也会受到本土和外来 MNE 的影响。如果从东道国的角度来看，什么证据可以表明正式和非正式制度会影响国家吸引 FDI 或从中获利的能力呢？对于后面一个问题，目前并没有很多可得的数据，但有一个看起来是制度 L 优势影响了外来投资者的投资策略的例子。这个例子由 Chen 等（2004）提出，他们发现中国台湾企业更倾向于与美国而不是与中国大陆或东南亚国家的当地企业建立联系。他们认为这主要是由于美国存在更令人满意的战略和知识资源，但是作者同时强调了友善的并且有利于在东道国建立联系的网络环境的重要性。

对第一个问题，关于治理良好和治理不良的影响的截面研究已经证实了良好治理的国家会吸引最多的 FDI（Henisz，2000；Stein 和 Daude，2001；Globerman 和 Shapiro，2002），并且良好的知识产权保护对于 FDI 的流入也有着显著的正效应（Li 和 Resnick，2003）。面板数据的运用使得研究可以考虑时间维度，也已经开始提供更多的关于制度结构变化后果的实证证据，例如知识产权制度的从严是如何影响 MNE 的投资决策的（Smarzynska Javorcik，2004a；Branstetter 等，2005）。对于不良治理的影响，腐败和环境污染这两个特殊的问题已经在现有的研究中得到了广泛的探讨。这些研究证实了不良治理（地方贪污腐败严重、较弱的环境保护措施）会减少对外来 FDI 的吸引力（OECD，1999；Wei，2000；Zhao 等，2003；Habib 和 Zurawicki，2002）。第 10 章中会有关于这些研究的详细讨论。

学者也考虑了母国制度对 MNE 战略的影响（例如，Pauly 和 Reich，1997；

---

① 确实，国家层面的制度存在某种容许新制度转移和实施的吸收能力。例如，参见 Rodrik（2000b）。

② 也可参见 Phelps（2006）对非正式制度阻碍欧洲经济增长所作的研究。

Amable，2000），这些分析倾向于忽略国家制度优势的动态升级及其对本地和外来 MNE 的影响。[①] 然而，最近的一些研究从母国的角度来思考，并且开始探讨国家层面的制度（正式和非正式的）和公司战略之间的相互作用，尤其是关于公司经营范围和多元化程度决策的战略。第一个研究是由 Kogut 等（2002）进行的，他们讨论了是否存在公认的与技术和市场有关的观点以促使企业采取近似的产业多元化战略（不论母国为何），并探讨了产业多元化对某一特定母国的企业来说是否是一个更有可能的战略。他们分析了法国、德国、日本、英国和美国的大型公司的多元化模式，但并没有发现国家之间的一般的多元化模式。在一个有关的理论研究中，Peng 等（2005）探讨了制度变化（正式与非正式）如何改变了经济体中所有公司的可能行为的参数，尤其是在公司的产业多元化模式方面。[②]

□ 5.4.4 内部化因素

OLI 范式中的内部化因素 I 解释了公司内部化市场失灵的倾向。如我们已经说明的那样，关于 I 的许多常识在方法上都是直接或间接与制度有关的。这是因为内部化因素被用于评估开发和获得 O 优势的成本和收益，无论 O 优势是怎样形成的。

如我们在本章开始时所说的那样，从制度角度的考虑可以使我们将 MNE 看作一个增值活动和公司内与公司间交易的系统。这产生了问题：在什么情况下从事公司内或公司间的交易和增值活动是最好的选择？在这里我们相信制度在决定不同模式的互补性和替代性方面起着主要作用，这也从本质上代表了两个迥异的机制的不同组合：通过价格协调的市场机制和通过行为约束的科层机制。

此外，尽管交易成本可以决定什么样的市场是最有可能被内部化的，但是它并不能说明什么类型的公司将会内部化哪一种市场失灵。我们的观点是：回答后者需要一个同时基于企业 Oa 和 Oi 的解释，除了将内部化与所有权视为等同之外，我们认为更应该将内部化看作公司对于购买还是生产的决策的加总反映。因此，MNE 最好可以被看成一个同时处于企业所有权边界之内和之外，并由企业控制和协调的业务集合。即使低于在市场中交易的成本，激励公司内部代理人的成本也取决于公司所制定的激励结构和执行机制，从而也包括了其中的正式和非正式制度。

Oi 优势是如何影响 I 优势的呢？在一个极端的情形下（例如，某些种类的资产寻求型 FDI），投资公司或母国的激励结构在运用到境外子公司上时可能会完全不适用。那么接下来的选择就是要么修改其母国（或全球）的激励结构，要么与当地的公司建立某种程度的伙伴关系，从而使得（其他）O 优势得到转移并与伙伴公司资源结合，从而得到有效配置。在与本国拥有完全不同的商业文化或信仰体系的国家中（例如，伊朗和德国）或与本国处于完全不同的发展阶段的国家中（例如，澳大利亚和斯里兰卡）进行投资时，企业更愿意采用后一种组织形式。同时，如果投资公司的激励结构最终被东道国完全接受（现在来看，英国和德国在波罗的海国家、

① 一个局部例外的是 Yeung（2002）的研究，他关注中国香港和新加坡的国内（地区内）制度对企业家精神和企业国际化的影响。

② 也可参见 Peng 和 Delios（2006）对这些观点的延伸表述。

克罗地亚和斯洛文尼亚的 FDI 就属于这种情况），那么至少在 FDI 进入陌生国家的最初阶段，交易和增值业务的协调更有可能会被内部化。

然而，与其他形式的境外参与类似，FDI 在很大程度上依赖于东道国对于非居民持有的本土资产的态度和政策。一方面，20 世纪 90 年代的市场自由化、发展中国家逐渐通过效率寻求型 FDI 融入全球经济都导致了公司内部激励结构的协调。另一方面，对于企业社会责任全方位的日益重视促使一些发展中国家改变了它们早期的做法，以确保境外子公司的经营和表现能够提升本国经济与社会的需求和目标。这些做法包括促使境外子公司遵守东道国的正式和非正式制度并且尊重作为制度根基的价值和信仰体系。

在国际商务的论文中，有很多研究证实了东道国的制度内容和质量可能会影响 MNE 的进入模式。一些研究发现了制度对促进东亚经济体发展的重要性（Kasper，1998）和它们在影响对外和外来 FDI 中所起的作用（Mathews，2006；Peng 和 Delios，2006）。其他研究探究了中东欧和越南地区与制度质量相联系的进入模式选择（Meyer，2001a；Meyer 和 Nguyen，2005），也有学者对欧盟的相应情况进行了研究（Brouthers，2002）。Delios 和 Henisz（2003）考虑了组织能力、公共风险和私人征收风险对日本 MNE 进入模式选择的影响。Yiu 和 Makino（2002）抛弃了对心理距离的测量，应用制度距离的概念解释国家层面的进入模式选择。其他学者探讨了进入模式模仿的影响（Davis 等，2000；Chang 和 Rosenzweig，2001；Lu，2002；Guillén，2003）。最近由 Chen 等（2006）进行的研究考虑了 MNE 本身和竞争对手的进入和退出历史产生的影响，并就母国、全球产业、东道国的当地产业和母公司四个层面分别进行了研究。

最后提出一个我们认为很重要的观点。现在大多数对于市场内部化的研究都假设公司采用经济理性的方式进行经营，并且到目前为止，经济理性的决策被认为是有能力去应对或至少最小化不确定性的。然而，当企业不能遍历所有情况时，企业为了追求不断变化的多元利益进入到不熟悉的文化领域中，所以基于效率的交易成本模型需要进行一些改进。在这样的情况下，为了提升那些能够最好地保护或巩固企业的动态 Oa 和 Ot 优势的制度，并且最小化由变化带来的不利影响，企业需要考虑各种各样的非经济要素（非理性要素）。应当承认，这会将我们带入一个没有被内部化学者、管理学家和经济学家研究过的广阔领域。但是我们相信经过演化经济学家、来自不同领域的制度学家和国际商务学者的共同努力，我们有可能提出甚至解决这些挑战性的问题。

□ 5.4.5　有关制度转移和变化的命题

将 OLI 范式的三个组成要素放在一起，我们对 MNE 活动的程度和模式的决定因素受到制度影响的显著性了解了多少？Oi 的转移在哪里最有可能被感觉到？在本章中，我们有两个主要的观点。第一个观点是制度对 MNE 行为影响的企业和国家层面的分析需要相互联系和整体审视。我们相信，这对于领会两者之间的相互依存关系，即国家层面的制度和企业层面的战略之间如何互相影响，是非常必要的。第二个观点是，公司拥有的制度优势与其他的 O 资产（包括硬技术和软技术）是不同的。

基于之前的对 OLI 范式中各个要素是如何受制度要素的影响的讨论，我们总结了以下四个命题：

P1　公司基于资产协调和所有权的优势被开发的程度和方式取决于公司的制度优势。资产和制度优势共同决定了公司的内部化程度。（Oa＋Oi→I）

P2　MNE 的资产所有权优势的转移与公司特定制度优势的转移共同发生。这使得东道国同时成为科技转移与制度转移的接受者。（Oa＋Oi→L）

P3　在 P1 成立的条件下，制度优势会影响公司资产和协调优势的使用模式，它们也会间接影响转移到东道国的要素。（Oa＋Oi→I→L）

P4　母国的正式和非正式制度同时会影响母国公司的制度优势，而东道国的制度产物也会影响 MNE 子公司的制度优势。（L→Oa＋Oi）

以上的每个命题都是可检验的，但就如之前对不同类型的 O 优势（Oa 和 Ot）的研究一样，在未来的研究中不同类型的 Oi 优势也需要被识别出来。识别不同类型的制度优势的一种方法是关注治理企业内部行为变化的规范，这是企业的演化理论和知识基础理论得到的。在实证研究中，在国家层面上使用如 Knack 和 Keefer（1997）使用的 World Values Survey 等衡量方法或在个人层面上使用由 Fu 等（2004）发展的文化种类测量方法，提供了与 MNE 行为相联系的激励问题能够如何得到更为直接的解决的推论。

5.5　结论

本章开始时，我们探讨了如果要成功地适应全球一体化网络 MNE 的复杂性，我们的理论框架需要进行什么样的改变。与其将所有权与内部化等同起来，我们更可以将它理解为由企业做出的生产或购买决策的加总反映。MNE 因此可以被认为是一个本土和境外业务系统的协调者。制度在决定不同协调模式的互补性和替代性中起着重要的作用。

经济史、公共选择、国际政治经济学和国际经济学等领域在国家层面的制度分析着重于考察制度和良好治理对经济效率和经济增长的重要性。公司层面的制度分析发现了制度对 MNE 行为的规范、规制和认知影响。这些学者对企业在何种程度上被迫采用与所在地人文环境和物质环境相似的惯例，以及 MNE 子公司寻求获得合法性（在母公司眼中的合法性与在东道国的价值和制度背景中的合法性）的方法格外有兴趣。我们提出了将 OLI 范式作为发现和评估宏观和国家层面的制度如何影响 MNE 的增值机会，以及 MNE 行为如何影响这些制度的内容和显著性的方法。

在某种程度上，制度分析的许多方面在现有的国际商务理论中已经存在很长时间了。然而，正如我们在本章概述中所列明的原因一样，我们觉得如果未来的学者可以将 MNE 行为和战略受到的制度影响从其他影响中清晰地分离出来，他们的研究将是富有成效的。这在一定程度上是与当前公司需要越来越多地考虑利益相关者的想法而不仅仅是股东利益的背景相对应的，但这不仅限于社会绩效的问题。确实，制度视角并不能对宏观或微观制度是否有益做出任何判断，也不能判断新制度是否会产生（North，2005）。我们的观点是：正式制度不能从作为其基础的激励和信仰体系中分离出来单独进行研究。制度规范的统计比较忽视了如下事实：功能上等效的制度可能会存在不同的形式；作为基础的非正式制度有可能在长期中决定可持续的产出。我们还认为，在一个动态的、复杂的并且不稳定的全球经济环境下，公司特定制度和区位特定制度在跨境增值和交易活动中降低交易成本的作用变得越来越重要。

我们相信 MNE 转移的资产组合的概念（不仅包括资源、生产能力和市场，还包括制度优势）将会帮助我们理解 MNE 跨境转移知识的能力和意愿的决定因素，以及东道国企业和个人合理利用转移而来的知识的能力和意愿。跨境商业活动提供了很多创造和利用新制度模式的机会。尽管并不是所有这样的结合都会成功，由所有下述维度——国家、地区或全球，新成立的公司或成熟公司，个人主义或集体文化——的规范和价值观组成的新制度将变得越来越普遍。因此，公司和政府面临着逐渐增加的多元化非经济目标的挑战。因此，研究公司的跨境活动不仅仅有利于研究在特定的治理系统下不同的产品—市场组合，还有助于研究这些活动体现出的非正式制度。从管理学角度来看，引入新制度形式会产生潜在的效率增益和效率损失。从政策的视角出发，由本土和外来 MNE 引入的不同制度的混合有可能在影响国家层面制度的动态变迁方面起着重要的作用。

我们庆幸的是，这里引入的并不仅仅是一个全新的未经研究过的广阔领域，同样也是经济学家和战略商业分析师们所熟知的领域（分析企业结构、市场和国家经济，在给定效率标准下评估企业绩效）的不断延伸。尽管如此，为了了解全球经济的演化，我们需要对隐藏在企业行为下面的目标和动机种类、这些目标和动机在国家和产业之间的差异，以及 MNE 如何跨境转移和转换这些制度进行更为谨慎和系统的思考。

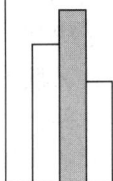

第 6 章

国际生产的出现与成熟：一次历史回顾

6.1 引言

自现代文明开端起，个人、社会集团、制度和政府总是通过对三种空间活动方法的参与来寻求推进其经济的繁荣。第一种是通过迁移或移民，尤其是专家、管理人员和技术工人的迁移来实现。第二种是通过资产、商品和服务的贸易来实现。第三种是通过获得新领土或对其进行殖民来实现。为了促进这些行为，不久就出现了对某种形式的境外生产的需求。在迁移的案例中，新的定居者不仅仅带来了他们储蓄的资本和知识。他们的迁移往往导致了国际投资，或者由国际投资所催生。在贸易中，国际参与的形式可能是购买或出售代理机构、接待处、仓库以及仓储设施等。至少，殖民需要一些资源和能力来建立贸易前哨或桥头堡，直到定居实现自给自足。通常，这些基础活动需要支持服务，例如银行、保险和船舶维护。不久，国际商业活动的一个初级网络就建立起来了。

显然，任何国际增值业务的发生都需要特定的先决条件。其中包括对于具有经济价值的境外①区域的认知或知识。FDI 的历史在很大程度上是关于创造价值的实体在境外从事生产和交易的不断增强的便利和动机的故事。在接下来的数页中，我们会在前一章给出的折中范式的语境下描述这些发展。特别地，我们将会看到公司早期的跨境业务很大程度上取决于：第一，它们（或其母国）跨境获得资源或市场的需要和能力；第二，跨越地理空间（尤其是水路）运输货物、人员和信息的可用设施；第三，从事跨境中间产品交易的可替代形式的相对成本和收益。

接下来的几节总结了从中世纪起国际生产的主要特征，虽然 MNE 雏形的早期例子基本都可以在腓尼基人和罗马人，或者更早之前近东和中东、中国以及南美可能的早

---

① 这里说的境外指的是某一特定国家的物理限制之外。使用这一定义时，殖民和海外所有地也被认为是境外区域。

期文明的殖民行为中找到。Moore 和 Lewis（1999）开创性地尝试书写这些企业的历史，他们提供了关于我们的祖先如何处理那个时代的大多数经济问题，以及亚述人、腓尼基人、希腊人和罗马人的制度在支持经济交易方面有什么不同的迷人一瞥。

6.2　殖民和商户资本主义

在工业革命之前，经济实体（国有公司、私有公司、家庭或个人）引发的大多数境外增值活动由三个因素驱动。其一是对发展贸易和金融业务的渴望，这与国家的需求、个人生产者或消费者的需求相一致。其二是获取新的领土和新形式的财富。其三是发现利用国内储蓄的新途径。

在 13—18 世纪之间的大多数时间里，国家直接或间接地参与多种形式的海外投资。大多数交易都被科层化或个人化。我们今天所知晓的资本市场和中间产品市场并不存在。这些海外投资通常是为了推进母国政府的政治或战略目标。它们主要是由获得了特许经营权的土地公司、商人和富有的家族集团来从事的。

这一时期的三个特征尤其值得注意。首先，至少到 19 世纪为止，相对于陆地，通过水路进行商业活动一般是更快和更便宜的选择。因此，出口导向型工业的发展比本土工业的发展更快速（Williams，1929）。这里仅举一例，现代工业（基于外包系统）产生于低地国家和意大利的中世纪城镇，这些城镇制造的商品主要用于出口。第二个特征是，由于大多数贸易都是在宗主国和它们的殖民地之间进行的，内部交易和跨境交易之间几乎没有明显的区别；二者产生了有机的联系。这一时期的第三个特征是，迁移和投资是相互服务的。确实，在中世纪，海外投资是国际商务活动的一种重要形式（Cunningham，1902）。

Douglass North（1981，1985）将最早期国际商务企业中的一些追溯到康孟达形式，这一形式支配了中世纪欧洲的大篷车和海洋贸易。康孟达由主要的一个或一群投资者组成，他们将资本（或货物）委托给一个代理人或经理，后者随后使用资本（或货物）进行交易，并将本金和利润中商定的一部分偿还给投资者。大多数这种商业涉及跨境的资源转移。它们由来自文化相似并且成员相互知晓且信任的团体执行。根据 North（1985）的研究，这减弱了对以公正交易为特征的正式规则和妥协程序的需求。

除了康孟达外，在中世纪早期，位于欧洲不同地区的大量贸易公司在欧洲大陆的许多重要城市建立了办公室和代表处。这些公司是 16 世纪和 17 世纪商户资本主义和现代日本、韩国贸易公司的祖先。它们一般在短期内采用合伙制，而在利益分配之后合伙关系就立即结束。然而，存在两个重要的特例，其一是汉萨联盟，由一群汉萨商户拥有和经营的位于德国吕贝克的一家跨境贸易公司。汉萨联盟是 14 世纪西欧和黎凡特商业的卓越组织者和促进者。它的特定 O 优势是它在全欧洲协调和分配资本使用、企业家精神和商品的能力。它的许多成就包括在波兰的农业领域、在英格兰的羊群饲养业、在瑞典的钢铁制造业和在比利时的普通工业领域帮助发展了多家子公司（Williams，1929）。

早期贸易 MNE 的第二个例子是商户冒险者——英国羊毛和织物领域的一家强大财团，其设立的目的是促进其成员企业的商品在低地国家的营销布局。这些早期的商户冒险者中的一些也促进了银行服务的发展，尤其是为客户提供贷款和信用的服务。

而后在 14 世纪，国际商务的重心转移到了意大利，资本化在东西半球之间的地理区域进行，这时意大利的银行和贸易财团的霸权达到了顶峰。Bardi、Acciauoli 和 Peruzzi 等银行巨头在伦敦、布鲁日和巴黎等地开设了分公司。根据一项估计 (Hawrylyshyn，1971)，截至 14 世纪末期，一共有 150 家意大利银行企业的经营是真正跨国化的。其中最著名的是 Medici，它支配了佛罗伦萨的商业和政治生活。这家公司在全欧洲拥有至少八家贸易和银行机构 (Heaton，1936)。这些早期企业中的一些也参与了境外的采矿活动。热那亚的商户将资金投向了波兰的盐矿。在 1525 年被公认为欧洲最富有的公司的 Fugger 家族，在西班牙和拉丁美洲投资了银矿和水银矿，并在欧洲的大多数较大城市投资了连锁商店。

在 15 世纪晚期和 16 世纪早期，Bartolemew Dias、Vasco da Gama、Ferdinand Magellan 和 Christopher Columbus 等欧洲探险家进行了数项寻求贸易和财富的远征。然而 Gavin Menzies (2002) 整合的一些新兴（但备受争议）的发现指出，在这个年代唯一的境外殖民冒险是由中国人完成的。在 15 世纪初，中国是世界上经济最发达、技术最先进的国家。为了提升其国际地位，在 1421 到 1423 年间，当时的中国皇帝朱棣资助了一系列寻求贡品的远征，船队的规模高达数百艘。在这一探险的过程中，中国在美洲（并且可能在大洋洲）的许多地区建立了数个永久的中国殖民地。

根据 Menzies 的观点，作为这些远征的结果，中国人不仅开创了许多植物和农作物产品（比如大米和块根农作物）的全球传播，也可能参与了南美洲的银矿和钻石矿开采，并且在墨西哥建立了初级着色剂和涂漆技术产业。然而，在 1421 年中国舰队出海之后不久，中国发生了一系列事件，导致国家在接下来的三个世纪完全切断了与世界其他地方的联系。如果不是前景和政策的这一气候变化，中国很有可能会早于 15、16 世纪领导世界经济全球化的进程。

国际商务在 16、17 世纪又有了新发展。随着跨境交流的增加和以适应新制度和新文化为目的的商业边界拓宽，贸易伙伴之间的关系逐渐变得较少个人化，并且开始越来越以正式文件为基础。在这一时期，FDI 仍然分为两种。第一种，同时也是最重要的一种，其意图在于支持母国的贸易活动。确实，这是西欧公司的第一次主要的殖民冒险时期。然而，与它们中世纪的前辈不同，在这个时期大多数公司都是直接由国家设立或支持的，并且只要推进了国家的经济和政治目标就会享受国家的资助。在这一时期最知名的贸易公司是英国东印度公司（于 1600 年特许建立）和荷兰东印度公司（于 1602 年特许建立），它们都深入地参与到了印度和远东的事务中，最知名的贸易公司还包括莫斯科公司（于 1553 年特许建立），其成立的目的是开拓东北走廊，以及皇家非洲公司（于 1672 年特许建立）和哈德逊湾公司（于 1670 年特许建立），后者是在北美洲最先进行主要的批发贸易运营的公司之一。[①]

---

① 所有这些公司，除了哈德逊湾公司还在经营以外，在 19 世纪中期都倒闭或被解散了。

就像汉萨联盟一样，这些贸易科层中的一些也对培养境外增值活动有所助益，并且在很多方面可以称为现代 MNE 的祖先。[①] 哈德逊湾公司对加拿大皮毛的生产和贸易的支配就是这样一个例子。另一个例子是荷兰东印度公司于 1641 年在孟加拉设立的工厂，这一工厂从事了 10 年的硝石精炼和纺织品印染业务。报告指出，截至 1717 年，该公司在 Kaimbazar 雇用了超过 4 000 名丝绸纺织工（Prakash，1985）。在其他一些案例中，经营活动是由个人企业家执行的。例如在 1632 年，两个荷兰商人 Andrei Vinius 和 Peter Marselis 在莫斯科以南 150 公里处建立了水力钢铁厂（McKay，1970）。该项投资的资本和技术都由荷兰出口。这次投资被其他人效仿[②]，截至 19 世纪末，在俄罗斯大约有 3/5 的大型工业工厂都被认为是由境外企业所有的（出处同上）。

在这一时期的第二种 FDI 是以促进殖民和土地开发为目的的。在 17 世纪早期，大部分关注都聚焦于美洲，例如弗吉尼亚公司和马萨诸塞湾公司等数家公司都在帮助安顿东海岸。这些公司中的大多数都来自英国，在那一时期英国为新兴的国际企业家提供了适当的激励。像贸易公司一样，这些殖民企业很快就建立了分公司去从事其他业务。例如，马萨诸塞湾公司帮助建立了一个基于捕鱼业、造船业和简单制造业的新英格兰经济体，而在弗吉尼亚，英国资本家建立了一个种植园经济体，其繁荣主要依赖于棉花和烟草。在这两个案例中，转移到国外的资本和工人、幕后的投资者和一些直接投资都扮演了至关重要的角色。正如 Coram（1967）和 Wilkins（1989）所记载的那样，工业革命前的这些产业中有很多都是由欧洲（主要是英国）的资本、科技、机器和技能所建立的。其他特许经营公司也帮助在世界其他地区进行殖民，尤其是在非洲。

除了中世纪早期的中东贸易公司外，工业化时代之前的大多数国际商务都源自于低地国家和英国的主要城市。除此之外，两个瑞士家族 Jenny 和 Blumer 在 18 世纪意大利的银行和贸易企业中表现活跃（Wavre，1988）。在这一时期的后半叶，美国殖民商户也开始在英国和西印度群岛建立分公司（Lewis，1938）。

6.3 19 世纪早期：现代 MNE 的先驱

6.3.1 简介

工业革命极大地改变了公司和国家参与贸易和殖民活动的能力和动机。19 世纪也导致了规模巨大的人口跨境迁移，尤其是从欧洲到北美。资本、技术、管理和企

---

① Carlos 和 Nicholas（1988）认为早期贸易公司存在的原因在于节约大量跨境交易的成本。通过聘用带薪的经营团队嵌入 MNE 科层来代替单一产品公司所有者的管理，它们实现了这一目标。在时间和空间上把市场不完善内部化，这些企业得以降低了交易成本并且利用了相对分离的业务治理的经济性。Jones（2000）提供了广泛的证据来证明 19 世纪和 20 世纪英国贸易公司从商人到跨国公司的转变。

② 正如 McKay（1970：339）引用的那样，根据 Joseph Fuhrmann 的研究，在 1637—1662 年间，荷兰企业家在俄罗斯建立了 10 家钢铁厂，然而同一时期俄罗斯贵族仅建立了三家，政府建立了另一家。

业家精神也都随之转移，并支持和维持了这些活动。同时，企业也受新的原因驱使进行对外投资，尤其是获得本国工业需要的矿物和原材料、供给本国国民的食品以及保护或拓宽本土市场等。第一种投资一般是贸易创造而不是贸易替代的（除非在投资之前，资源一直由独立的境外供应商进口），而第二种投资在市场先前由出口进行服务的情况下往往会减少贸易。然而，市场寻求型和资源寻求型的境外投资者的目标都是生产能够提升本国经济福利和推进宗主国政府殖民政策的产品和服务。

工业革命同时影响了企业增值业务的本质和组织形式。它引入了工厂体系，并帮助将商业企业的形式塑造成了我们今天所知晓的那样。它也极大地影响了公司管理的形式、生产技术和可以由单一科层有效从事的增值业务的范围。工业革命创造了对新能源和新工业材料的需求。通过提高生活水平，工业革命也增加了对温和的工业化国家所不能生产或不能经济地生产的食品和其他产品种类的需求。工业革命导致了新的和更有效率的交通形式，并显著降低了企业内和企业间的沟通成本。它使得企业必须改变其法律和金融状态，而且改变了交易关系的特征。以法律契约合同和严密的监管制度作为基础的公正激励结构取代了基于信任和相互容忍的个人交易（North，1981；Jones，1986）。

工业资本主义的发展还导致了劳动力在商业企业内和企业之间的进一步专业化和分工。反过来，只要一种商品的生产或交易会对其他产品的生产或交易产生成本和收益，劳动力的进一步专业化和分工就会产生生产循环和制度机制的重组（North，1999）。科层的雏形开始出现，虽然它们直到1850—1875年之间才成熟（Chandler，1980）。

最后，工业革命极大地加强了技术能力、资本和人力竞争力在生产过程中的角色。然而，与自然资源不同，这些资产都是需要创造的。一旦被创造出来，它们一般会成为所有者的所有权（即，它们成为了O优势）。它们也是潜在可跨空间移动的，这就使得企业有可能利用它们在一个国家产生或获得的人力和有形资产，以供在另一个国家生产产品和服务。

加总之后，这些事件揭示了国际商务历史的一个分水岭。先前支配了国际商务两个世纪的商户资本主义时期现在被工业资本主义时期所取代。尽管我们今天所知晓的MNE直至19世纪的更晚些时候才出现，但是来自欧洲和北美的大量企业开始投资境外的种植园、矿山、工厂、银行、销售与分销设施。我们可以识别19世纪前半叶的三种主要的FDI种类。接下来的小节会分别描述这三种FDI的主要特征。

□ 6.3.2　个体企业

在管理资本主义和有限责任出现之前的时代由小公司所统治，而小公司则通常由单一的企业家或家族集团拥有和经营。其中一些企业家从一开始就是国际导向的。Mira Wilkins（1970:17）识别的起源于美国的企业家包括：19世纪中叶在拉丁美洲建立了一些业务的William Wheelwright；帮助在智利发展了一个交通和通信设施网络的Henry Meiggs；20世纪50年代在安大略的温莎建造酿酒厂的Hiram Walker；以及在1820年左右在英国曼彻斯特建立工厂来生产由美国设计的机械的Joseph

Dyer。

与此同时，受到市场前景和国家立法机关慷慨激励的吸引，欧洲商人向美国迁移。与美国同行类似，欧洲企业家往往也投入小部分的资本以及大量的技术和管理经验。由于大多数国家政府，特别是英国政府将美国看作潜在的产业竞争者，它们尽全力阻止这种跨大西洋的资本和技术出口。这些努力通常是不成功的，至少到美国南北战争为止，一直存在着稳定的技术工人、发明家和管理人才横跨大西洋迁移的情况。一些企业家，例如地毯制造业的 Andrew 和 William、丝绸业的 John Ryle、钢铁产业的 Thomas Lewis、酿酒业的 Peter Ballantine 和雨伞产业的 Wright 兄弟，都对美国制造业的发展起到了关键作用。[①]

一些说英语的企业家也对俄罗斯的工业化起到了主要作用，尤其是在纺织品、机械和铁路设备工业领域，例如苏格兰钢铁制造商 Charles Baird（McKay，1970）。19 世纪早期由英国企业家在欧洲设立的企业（并不都是成功的）包括 1807 年 William Cockerill 在比利时建立的工程工厂、1819 年 Aaron Manby 在巴黎附近建造的工厂、苏格兰蒸馏酒制造商 John Stein 在 1802 年左右于圣彼得堡建立的酿酒设施（Corley，1992）。

由于 19 世纪初许多企业家带着他们的资本进行了迁移，之后他们进行的投资按照今天的定义就不能认为是"对外"或"直接"的了。与此同时，当考虑其动机和对东道国经济发展的贡献时，这种投资具有 FDI 的许多特点。因此可以合理地认为这是现代 MNE 的先驱之一。

□ 6.3.3 金融资本家

如果企业家只带了小部分货币资本到境外进行投资，金融资本家则除了货币资本别的几乎都没带。他们一般不参加所投资的商业的管理或组织。事实上，19 世纪金融资产的大多数跨境贸易很大程度上都与技术和企业家精神的跨境贸易无关。一个例外是法国资本输出与企业家之间的密切关系，例如，Rondo Cameron（1961）发现在 19 世纪前半段法国对欧洲和非洲的一些大宗 FDI 都伴随着法国的管理和技术。

英国在拿破仑战争之后率先开始进行大规模的资本输出以帮助欧洲进行重建，随后于 19 世纪 20 年代在拉丁美洲产生了投资潮（Rippy，1959）。这些资本中的大多数是由英国的工业家们积累的，这也是工业革命的第一批果实。英国政府最开始是支持这些对外投资的，但是从 1840 年左右起，除了流入英国殖民地的投资外，英国政府逐渐采取了一种不干涉主义的立场（Stopford，1974：308）。1850 年之前大部分的资本输出都采取的是投资组合的形式而不是直接投资，尽管在一些案例中投资的比例足够高以至于投资者在境外公司的管理中具有话语权。在大多数情况下，是欧洲提供了融资（而不是美国，美国在当时是资本的主要进口国），而英国商业和投资银行起到了领导性的促进作用。

由欧洲资本家投资的海外公司主要有三种。第一种是，从组合投资者手中筹集

[①] 早期跨境企业家的投资的更多相关内容可以参见 Clark（1929），Lewis（1938），Coram（1967）和 Wilkins（1988a）的研究。

资金（主要在伦敦市场上完成），然后在海外组织部署这些资金。这些投资通常都是某种意义上的独立投资：除了在母国维持一个规模较小的总部，所有的增值活动都在其他国家进行。Mira Wilkins（1988b）指出在 1870—1914 年间有数千家英国独立公司参与了多种范围的活动，包括在俄国的铜矿、美国的养牛业、巴西的铁路、澳大利亚的抵押公司和阿根廷的肉类加工厂等。Corley（1998）利用 15 个资本来源国的数据对与独立公司有关的资本的范围进行了估计，结果表明在 1914 年独立资本可能占 FDI 总存量的 45%。[①]

与此同时，这些独资境外业务中至少有一部分是由母公司密切管理的。对这群境外投资者来说主要的 O 优势在于他们可以通过英国资本市场筹集资金，以及他们管理境外投资的组织技能。一些独立公司是今天巨型 MNE 的先驱者（尤其是在石油行业）。[②] 另外，很大一部分的独立投资看起来是由殖民权力所带动的，而在当时对殖民地的投资并不经常被看作是"对外"的投资，这是因为母国和殖民地之间的制度具有高度的相似性，而且当时母国正在经历着资本过剩的问题。

第二种海外公司是那种由当地企业家成立并管理但缺乏外部资本的公司。在海外注册公司的主要种类是英国铁路、公用事业和矿产公司以及一些由欧洲大陆所有的铁路公司。据估计，上述类型的公司共有 2 640 家在 1914 年进行了注册，且大多数仅在伦敦设有小型总部（Houston 和 Dunning，1976）。它们将资源主要投资于境外的矿山和种植园。这类 MNE 中最活跃的有力拓、Consolidated Gold Field 和 deBeers 等。[③]

第三种海外投资者是基于英国的投资集团，这些集团主要包括从事境外采矿业、制造业和第三产业的具有声誉的企业和家族。在某些方面上，这些集团介于第一种和第二种类别的资本家之间。而实际上，Wilkins（1988a）认为这些集团中的很多都属于独立投资。而值得特殊关注的是，它们是 17 世纪和 18 世纪大型贸易集团的自然后裔。本质上，它们的任务是促进英国所有种类的贸易和商务活动。为了实现这个目标，它们频繁地参与 FDI。这些投资集团的典型代表有 Matheson and Co.、Jardine Skinner、Finlay and Co.、Wallace Bros、Harrisons and Crosfield 以及 E. D. Sassoon and Co.，这些投资集团拥有印度、中国和远东的棉花和黄麻工厂、咖啡和茶庄园、橡胶种植园、船厂、糖精炼厂、铜、钻石和金矿（Chapman，1985；Jones，2000）。[④] 商业集团的一些境外业务是由它们在英国的总部组织的，而另一些业务，如同侨民企业一般，是由当地的代理人管理的。这一系统在传播到伊朗和马

---

① 投入资本程度往往低估了跨境活动的真实程度，因为其他一些重要的融资形式（例如债务）被忽略了。

② 独立公司提出了一个定义问题，这是由于境外公司受到母国总公司控制的程度是不清晰的。如果总部基本不施加控制，总部就成为一个金融工具，它的职能接近证券组合投资。如果总公司的控制很明显，子公司就不再是独立公司。这一议题在 Wilkins 和 Schröter（1998）的研究中进行了深度的讨论。在 Casson（1994）与 Hennart（1994a）的研究中也可以看到类似的探讨：独立公司将市场内部化是为了得到项目管理技能还是资本，或者两者兼得。

③ 然而，当力拓和 Consolidated Goldfields 公司在英国注册成立的时候，它们可以被看作是独立公司（Wilkins，私人通信）。

④ Jones 重新解释这些投资集团，称之为"商业集团"，即准投资资本家通过一系列股权和非股权关系来控制大量的单独上市公司——所谓的独立公司。Jones 和 Khanna（2006）的研究很明确地指出了这些早期的投资集团与现在亚洲和拉丁美洲商业集团的相似之处。

来西亚后，在印度尤其流行（Davenport-Hines 和 Jones，1989；Tomlinson，1989）。[①]

尽管如此，当时大多数英国公司的境外投资都采取了投资组合的形式。在 19 世纪前半叶，金融资本流向了欧洲和美国并帮助完成了公用事业、运河和铁路的建设。到 1850 年，这些业务占据了英国超过半数的资本出口（Houston 和 Dunning，1976）。其他的资本则流向了白人自治领和拉丁美洲，但是只有很少的大型投资涉及管理和控制。

□ 6.3.4　MNE 的雏形

第三种对外投资由公司本国增值运营的区域扩张主导并组成。这些投资包括由制造业 MNE 的雏形完成的投资。有时，它们先出口到它们进行投资的国家，在其他情况下则不出口。在少数情况下，一家企业在一个国家建立，却在另一个国家开始进行投资，随着时间的推移最终依赖境外基地成为一家 MNE。Geoffrey Jones（1986）将这些公司称为"迁移"MNE。然而，在每种情况下，投资公司认为自己相对于母国的竞争者或在东道国进行生产的竞争者来说具有特殊竞争优势，即 O 优势。这种优势经常体现在供给销售的产品和生产工艺中。然而对那些资源基础型投资来说，进入境外市场也同等重要。在一些情况下，高空间转移成本为海外生产提供了最初的动机；在其他情况下，随着本地市场的扩张，对外投资在出口之后出现。

基本上，这种投资形式是在发达国家世界中的，并且目的是为本地市场生产商品和服务。Corley（1992）发现了一个特例，是由 Prices Patent Candle 公司在 Ceylon（如今的斯里兰卡）建立的为英国提供蜡油的椰肉压制工厂。制造业投资占据了美国 MNE 早期行为的很大一部分（Lewis，1938）。早在 1804 年，两个美国人在魁北克建了一个造纸厂，在接下来的半个世纪中，几家美国公司在加拿大建立了子工厂。在 1855 年左右，美国技术在金属使用工业和利用大量生产技术（例如，机床、农业设备、军火和纺织设备）的工业上都超越了欧洲技术。

受到在 1851 年伦敦水晶宫展览中获得了良好反馈的激励，美国企业尝试着将销售拓展到英国以资本化它们的优势。然而，它们不断发现由美国工厂出口是非常不经济的。企业有两种选择，第一种是采用许可证授予办法由英国厂商进行生产，这是 Cyrus McCormick 公司于 1851 年采取的方式，它将特许权授予英国公司 Burgess and Key 以生产农用收割机。另一种选择是建立境外生产基地，Samuel Colt 偏好于以这种进入方式，他在 1852 年建立了第一家位于英国的美国工厂（Wilkins，1970）。英国分支机构被设计为生产与美国工厂完全相同的左轮手枪。

Colt 公司主要的 O 优势在于它设计和大规模生产枪支可更换部件的能力。然而，除非在其领土进行生产，否则就有将欧洲市场输给竞争者的可能，这也是对 Colt 参与 FDI 的主要的区位刺激。而英国被选择作为生产基地的原因主要是较大的当地市场和共同语言。三年之后，另一家美国公司 J. Ford & Co. 在苏格兰建立了一家加硫

[①]　Tomlinson（1989）指出，19 世纪晚期由英国侨民商人参与的管理机构"几乎渗透了整个印度次大陆经济体的各行各业"（p.96）。截至 1914 年，境外公司对非传统市场营销流程施加了极大的影响力（p.97）。

橡胶工厂。这家工厂是美国投资、设计、装备和管理的。然而这两家企业都不盈利，而且都在建成后的 10 年内卖给了英国人（Dunning，1998a；Jones，1988）。

欧洲企业在 19 世纪前半叶也开始在美国建立子公司。一个例子是利用了法国的资本和管理于 1801 年成立的杜邦公司。然而，19 世纪后半叶施加的关税导致了第一次对美国制造业直接投资的浪潮。这也是某种欧洲内部 MNE 的活动，但是很难查明它究竟有多重要。英格兰人 William Cockerill 于 1815 年在普鲁士建立了一个生产纺织机械的子工厂。根据 White 的描述（Wilkins，1977b），在拿破仑战争之后，很多英国资本进入了法国建立了纺织工厂，之后又建造了铁路。Jenks（1927）观察到，截至 1840 年，大约 20 个纺织工厂和钢铁铸造厂建成，并且由英国人在法国的不同地区运营。贯穿整个 19 世纪，还有大量的瑞士直接投资流向了意大利纺织工业，比如苏黎世拥有的公司 J. Egg，1834 年在意大利的一个棉花工厂里雇用了 1 300 名工人（Clough 等，1968）。

19 世纪前半叶见证了持续增长的外资贸易和销售公司，以及第一家境外银行和境外保险公司的成立。美国商业银行在伦敦和巴黎开了分支机构，而 1838 年第一批促进美国—西印度糖贸易的商业联盟在古巴建成了（Lewis，1938）。欧洲银行集团 Baring、Rothschilds 和 Lazard 在投资欧洲大陆和美国的基础设施建设中都非常积极；而在亚洲，成立于 1845 年的 Oriental Bank Corporation 在几十年间都是东半球最重要的英国银行（Davenport-Hines 和 Jones，1989；Jones，1993a）。第一家境外保险公司 Phoenix Assurance Company 于 1804 年在美国成立（由英国投资）。一些欧洲土地公司也在美国建立了子公司以购买并经营大量的农田（Lewis，1938）。

工业资本主义的出现随后催生了一系列由境外投资者投资并运营的活动。再加上现存的贸易投资的扩张以及一些在非洲发生的法国和英国的早期种植园投资，国际商务活动已经达到了一个令人印象深刻的数量。企业不断增加的 O 优势（尤其是在加工工业、保险、银行和海运方面）、逐渐减小的国家之间的区位壁垒以及对获得境外投入和产出市场渠道的需求，导致了许多公司的跨境行为不仅仅是为了中间产品和最终产品，而且是为了控制这些产品的生产和销售。尽管如此，截至 19 世纪 50 年代中期，我们今天所了解的国际生产的发展仍处于初级阶段。

6.4 1870 年起：现代 MNE 兴起

□ 6.4.1 新技术和组织的发展

我们很难确定 FDI 和 MNE 活动历史的第二个转折点的准确时间。这是因为在 19 世纪 30 年代中期至 19 世纪 70 年代中期发生了一系列对生产的本质、组织形式和区位选择产生重大影响的相互关联的事件。依据 OLI 范式，19 世纪后半叶见证了组织和科技创新，这些创新不仅更好地使得公司创造和拥有了所有权，而且使得公司可以以更大的规模进行生产，还可以使公司具有成为多产品、多国家生产者的可能。

特别地，国内和国际交通、通信和仓储技术发生的巨大进步创造了新的市场机会并使得厂商重新考虑它们的区位策略。这些进步与新出现的经过职业训练的管理人员和经理一起，导致了增值链的拓宽和加深，并导致了工业化经济体交易性行业的增加。

与之前 50 年的科技和组织进步相对比，相对于加工工业而言，19 世纪中后期的进步极大地影响了制造业，尤其是工程和使用金属的部门。因此，同时也因为这两个部门资源、生产和交易需求的差异，新工业的组织领导从所有者管理和家族管理的企业向股份公司变化。这些较新的工业的特点为：更高的非生产工人—生产工人比例、显著增加的生产一种特定最终产品需要的独立经济业务（以及交易）。

与大多数欧洲国家相比，美国更擅长创造和利用这些进步。确实，以适应第一阶段工业革命需求为目的发展的制度机制和组织结构被证明对第二阶段的工业革命产生了阻碍作用。作为一个新兴工业化国家，美国拥有足够的实力去满足和完全利用 19 世纪末期的需求和挑战，而创新本身影响着并且受到自然资源、组织能力和市场的影响（Wright，1990）。

第一次世界大战之前的最后半个世纪出现了一波科技进步的浪潮。在许多方面，这些科技进步都要比它们的前辈意义深远。它们是由新的运输和通信网络的创造所激励和支持的，而新运输和通信网络同时提高了商品和服务的需求和供给。电力和内燃机、零件的可替换性和新的连续加工机械的引入是第二次工业革命的科技关键。[①] 它们的加总使得生产的规模经济和营销的范围经济成为可能。同时，为了盈利，新的和更资本密集型的生产技术需要可靠并持续的中间产品供应、工人工作场地上不间断的工作流程和确定且稳定的市场以及分销网络。

这些科技变化从根本上影响了公司的生产边界、公司成长的能力和策略，以及它们运营所处的市场环境。它们创造了新的 O 优势，这些 O 优势增加了公司开发境外市场并影响其组织文化的能力。例如，与之前相比，这些 O 优势为不具有这些 O 优势的公司设置了许多进入壁垒和向别国转移的壁垒。这些壁垒包括逐渐增加的大型工厂的成本效率、加工的经济性、产品或市场协调和由国际专利系统提供的保护。它们鼓励了进一步的科技和组织变化，这些变化最终导致了工业产出的进一步集中和一些国家的 L 优势向公司产权的转化。

19 世纪末期的创新在另一种意义上有所不同。尽管一些早期的在冶金学、动力产生和交通上的发现之间是互相相关并且相互增强的，但这些相互依赖并不会跨国境延伸。下面这些进步的影响却是跨大陆的。通过运输成本的大幅下降和初级产品储藏品质的大幅提高，铁路、铁壳蒸汽轮船和新型制冷与温度控制技术的发明开辟了食物与原材料在遥远国家的新来源。这些发展尤其导致了境外贸易部门规模的增加。

有关新技术的另外两个特点也很值得注意。第一，相对于之前的技术，新技术需要更高且更一致的投入品（如，零部件、技术劳动力、管理经验）的质量。与此同时，它们使用的原材料在地理上的分布更分散。通常来说，拥有这些投入品为公

---

① 到 19 世纪 80 年代，生产香烟、火柴、早餐谷物、面粉、肥皂和各种罐头食品等商品的连续加工流水线和工厂已经发展起来（Chandler 和 Daems，1974）。也可参见 Wilkins（1976，1977a，1977b，1989）。

司创造了优势，这种优势不仅对于拥有这些投入品的公司来说是独家的（至少在一个时期内是），而且可以通过 FDI 和合约协议跨境转移。第二，相对于之前的技术来说，新技术趋向于复杂，这体现在它们的产出品需要经过多个可分割的生产过程，这些生产过程可能是横向的（比如说纺织工业），也可能是纵向的（如连续加工工业）。但是为了达到完全有效，这些独立的工艺需要在公司内部频繁地协调。因此规模经济和专业化在联合生产经济中实现了统一。这种一体化超出了生产工艺的边界，而体现在购买投入品和销售产出品上。确实，一些作者，尤其是 Chandler（1977）坚称分销网络的使用权和控制是新科技的成功的商业开发的基础。

作为这些发展的结果，许多企业发展成为多国、多地区和多业务的单位。根据 Chandler（1980：397），现代工业企业并不是主要通过生产新的产品或用新的方式生产产品来实现增长的，而是通过在生产中增加新的生产单元和分销渠道，通过增加销售和采购部门，通过增加原材料和半成品的生产设施，通过获取海运航线、火车车厢、输油管道和其他运输单位，甚至通过建立研发实验室来实现增长。

从另一个角度来看 Chandler 的文章，公司的竞争优势很少是基于生产所在国的自然资源的，而主要是基于公司生产新产品和使用新生产方式，以及协调这一系列互补性资产和相关增值业务的能力和意愿。在创造和维持这些优势的过程中，企业逐渐具有了之前由市场承担的组织功能。在 O 优势资产的产生和为了获取这些优势的市场内部化中，第 4 章所述的现代 MNE 存在的第一个和第二个条件得到了满足。同时，在创新公司位于母国之外的这些业务中至少有一些是被区位所吸引的。

第 3 章区分了为什么公司最开始选择进行 FDI 的两个主要原因。第一个是获取和控制作为投资公司其他增值活动投入品的中间商品的生产和销售，这样的投资被称为"资源寻求型"投资。第二个是获取使用也由投资公司生产的中间产品所需商品和服务的生产控制，这样的投资被称为"市场寻求型"投资。1914 年欧洲和美国对外直接投资工业分布的数据表明在之前的大约半个世纪，这两种投资的总量基本一致。大多数资源基础型投资流向了发展中国家而大部分市场寻求型投资被欧洲和北美洲吸引。据估计，在 1914 年，美国 FDI 总量为 26 亿美元，其中 14 亿美元（54.6%）投资于石油、采矿和农业活动，其余的投资于制造业、铁路、公用设施和销售营销组织（Lewis，1938）。同年，3 373 家于伦敦证券交易所挂牌上市的全部或大部分在海外运营的英国公司中，1 802 家（53.4%）从事初级产品的生产，其余的从事制造业和服务活动（Houston 和 Dunning，1976）。

在 Franko（1976）对欧洲大陆 MNE 的研究中，他发现了 1914 年以前的由 85 个大型欧洲 MNE 设立的 167 个制造业子公司。除此之外，这些公司还拥有 48 个采矿、石油和种植园业务单位。其他的初级产品部门并没有可得的投资数据。在对 1927 年以前瑞典直接投资的研究中，Lundstrom（1986）发现大部分的投资是制造业公司以寻求境外消费者为目的发生的。德国 MNE 的境外活动也倾向于市场寻求，美国的化学和电气工程部门吸引了德国大部分的资本出口（Hertner，1986；Wilkins，1988a）。

法国的境外商业利益可以追溯到 19 世纪中期 St Gobain 在德国建立的工厂。截至 1914 年，法国 MNE 在广泛的部门都有经营，或是自然资源寻求型或是市场寻求型。瑞士 MNE 已经在一些消费品部门和酒店业有着活跃的经营，尤其以质量控制技术闻名（Himmel，1922）。Société Générale de Belgique 是 19 世纪末比利时最大的多元化国际投资者之一，Wilkins（1990a：27）借鉴了 Van der Wee 和 Goosens（1990）的研究，认为比利时个人企业家拥有多项海外直接投资。[①]

日本 MNE 在 19 世纪末期和 20 世纪初期的活动的主要推动力是提高工业出口并保证国内的工厂拥有足够的原材料供应。因此，建立一个有效的贸易公司网络至关重要。除了贸易之外，大多数日本的投资流向了周边的地区，尤其以中国为主。根据日本银行（Wilkins，1986）的统计，在世纪交替的时候，流向中国的投资占据了日本对外商业投资的 77.5%。

实际上，中国已经吸引了很多来自西方的投资，投资的部门主要集中于船舶修理和维护、丝绸加工、大豆加工和铁路（Allen 和 Donnithorne，1954）。而在 1895年《马关条约》签署之后投资速度得到了显著加快，这一条约有史以来第一次允许外国人在中国通商口岸进行生产。然而，根据 Wilkins（1986）的研究，于 1850—1913 年间建造的 136 个外资棉花工厂中有 36% 是日本拥有的。中国的火柴业完全由日本控制，而且有相当大的日本直接投资流向了煤炭、钢铁和航运部门。Wilkins 也注意到了当时日本公司的主要 O 优势（相对于中国企业）在于它们明显领先的工业经验、创业动机、打开境外市场的强大动机和来自本国银行的良好的金融支持。接下来的小节详细探讨了这两种境外生产方式的原因。

□ 6.4.2 市场寻求型投资

虽然市场寻求型 MNE 的组织结构会因为母公司所在国的不同而不同，但每个MNE 都会通过建立境外增值子公司来利用自己的竞争优势，并以此为目的驱动了对外投资。这类 O 优势会因公司所处的行业或地理多元化程度，以及产品特性、管理能力、母国市场结构等的不同而不同。

从英国 119 家制造型企业在 1870—1939 年间的 FDI 来看，Nicholas（1982）认为在境外开设工厂的半数企业是为了利用自身技术优势。在之后的研究，Archer（1986）基于 187 家英国 MNE 的信息，发现品牌和商标的所有权，以及提供高质量细分商品和服务的能力，是仅次于高级技术和管理竞争力的主要 O 优势。这一发现与如下的事实一致：在第一次世界大战前，英国境外投资者的大部分市场需求性投资流向了加工和消费产品部门，在生产周期的下一阶段中境外子公司再承担生产任务（Vernon，1966）。

相比之下，美国的直接投资大部分流向新兴的资本密集型的大规模生产和制造部门。正如 Mira Wilkins（1970：66）所言："美国在国外的成功，主要归功于新产品、新制造技术、新销售以及广告技术。对外投资的美国企业基本都会根据外国消费者的特点提供细分的商品和服务。同时，它们不仅仅销售产品，也在创造境外需求。从缝纫机到药物，从石油到保险等行业，积极和富有想象力的营销是美国企业

[①] 相对于瑞士、瑞典、荷兰而言，奥地利的对外（以及外来）投资程度要低得多。直到 20 世纪 90 年代初，才有奥地利企业在中欧和东欧投资（Bellak，1997）。

极大的优势。而当它们发现这一优势时，美国企业便迈出了国门。"

　　欧洲大陆企业的竞争优势主要表现在化学和电气工程领域。对欧洲几家大型MNE进行分析后，Franko（1976:77）认为产品和工艺创新更多偏向于材料节约以及"工薪阶层和奢侈品"。但也有例外，最显然的是雀巢的奶粉以及一系列大公司的电子产品创新（如德国的西门子和AEG，以及荷兰的飞利浦等）。从东道国视角来看，Brown（1976）认为，相比于本土企业，欧洲MNE的高级生产技术帮助了中国船舶修理维护以及丝绸产业的发展和现代化。在对日本1899—1931年间MNE活动的分析中，Mason（1987）认为，虽然在此期间外资总量是小的，但其影响是深远的，尤其是可以提供高级生产工艺、关于西方管理方式的有用知识和财务控制系统①，以及日本工人的培训和技术发展。

　　除了19世纪末美国和欧洲MNE在组织结构上的差异外②，早期欧美MNE表现出两个共同特点。第一，这些企业基本是被那些富有冒险精神、愿意在陌生领域投资的动态企业家所管理。在对1914年之前英国制造业MNE的研究中，Stopford（1974:318）认为这些公司均被有全球视野的企业家所领导，如William Lever（来自Lever Brothers）、Thomas Johnston（来自Nobel Explosives）及A. Dewhurst（来自English Sewing Cotton）；有时公司最高管理者也会是外国人，如Henry Wellcome和Silas Burroughs（来自英国企业Burroughs Wellcome & Co.）就是美国人。③欧洲大陆也会出产自己的企业家，如Henri Deterding（来自荷兰皇家壳牌公司）及Lars Ericsson（来自Ericsson）。同样，美国人也在本国企业的商业活动国际化中扮演了重要角色，如Alexander Graham Bell、Thomas Edison、George Westinghouse、George Eastman和Isaac Singer。

　　欧洲和美国市场寻求型投资的第二个共同特点是，两者均高度集中于具备寡头竞争特征的行业。这段时期也是企业开始将使用境外生产作为公司战略手段的时期。第一次世界大战前的二十年里，一系列新兴行业开始出现，如制药、轮胎、机电设备、石油和汽车。这些行业的龙头企业也纷纷在更大、更有前景的境外市场建立某种类型的子公司。

　　拥有某种竞争优势是市场寻求型FDI的一个必要的先决条件，但是从事境外生产的动力来自与本国生产出口模式所作的净经济效益比较。关于这一点的证据是非常明确的。在影响MNE活动的因素中，有四个特定因素最为关键。

　　第一，东道国政府针对境外商品或服务的一系列壁垒。在1860—1904年间，美国、加拿大以及大部分欧洲政府都大幅提高了对多种进口制成品的关税。例如，在美国南北内战前，与美国间的贸易占J. & P. Coats公司总贸易额的3/4。1864年，该公司及其他棉线生产商均遭遇了50%的关税，导致了它们生产制造活动迁往美国进行。到第一次世界大战爆发为止，美国棉线制造总量中4/5是由英国子公司贡献

---

　　① 更多细节参见 *History of the Western Electric and NEC*（日本电力公司，1984）。

　　② 特别地，英国公司在采用科层组织系统、升级管理惯例以及鼓励聘用大学学历的工学和商学人才等方面的挫败，导致它们无法完全参与更新的国际化导向的部门，例如电气工程、标准化机械以及垂直一体化贴牌产品（Chandler，1980，1990）。

　　③ Archer（1986，1990）也列举了英国公司不惹人注意的国际化经历，他将之归因于匮乏的企业家精神。这些公司包括力拓锌业（1900年前），Burmah Oil（1904年前），Bryant and May（1901年前）。

的（Wilkins，1989）。

到 1890 年，美国进口的铁皮中 70% 来自于南威尔士。而当美国政府开始征收 90% 的从价税后，大约 60 家威尔士工厂关闭（Berthoff，1953）。为了恢复市场，资金、技术、劳动力等生产要素开始了跨大西洋的稳定迁移。更早之前美国政府施加的关税也具有近似的效果。在 1867 年，谢菲尔德的一家坩埚钢及工具制造商 W. and S. Butcher 在费城开了一家子公司（Corley，1992）。1864 年，两名英国化学家开始在一家纽约工厂生产苯胺油和品红（Wilkins，1989）。然而，英国资金和人才流失最严重的行业是纺织业，据估计 1870—1893 年间，有约 16 000 人从英格兰的麦克莱斯菲尔德迁出。数家英国公司将工厂整体或部分移到了美国，除了机器转移外，它们还迁移了仓储和员工（Mason，1920）。它们比马口铁制造商发展得好；特别值得一提的是，它们占领了丝绒绸缎行业的大部分美国市场。

在对商业史的研究中，Archer（1986）和 Jones（1986）均认为关税是 1914 年之前英国市场寻求型 MNE 进行境外投资的最重要的驱动因素。[①] 德国印染业、电子制造业、制药业等行业的厂商也受日益增加的进口税影响而纷纷选择在法国和俄国建立制造工厂（Hertner，1986）；瑞士的纺织企业转移至意大利生产（Wavre，1988）；[②] 荷兰的肥皂和食品企业将一些业务转移至比利时和德国（Franko，1976）；美国烟草公司也在 1901 年进入了英国市场（Dunning，1998a）。类似地，很多美国制造业企业早期在加拿大的投资也受加拿大 1879 年《关税法案》的影响（Marshall 等，1936）。当然也有许多在英国投资的实例，这些投资以获得进入英联邦市场的渠道为目的。此外，受 19 世纪 80 年代和 90 年代"购买英国货"计划的非关税壁垒影响，德国公司对英国进行了直接投资（Hagen，1999）。[③]

除关税和进口管制外，也有一些政府采取一些措施来吸引外来投资。例如，俄国政府限制国内企业的工业产品采购量（Kirchner，1981）。对专利的立法保护，尤其是一些政府对境外专利必须在当地利用的坚持，导致了如下这类案例：邓禄普在法国和德国设立了橡胶轮胎工厂（Jones，1984a）；西门子在法国投资生产电气照明设备；贝尔电话公司在加拿大生产电话设备；Badische and Hoechst 在英格兰生产染料（Jones，1988）；数家美国公司在英国建立生产设施（Lewis，1938；Wilkins，1970；Jones，1988）。但另一方面，因为美国政府在专利上没有任何法律限制，德国染料制造商可以通过出口或成为美国公司而占领美国染料市场（Hertner，1986）。

另外，也有一些政府对外来投资者提供税收或其他方面的优惠。从商业史来看，这种刺激主要影响了 Lever 在南非的投资，美国钢铁公司在加拿大建厂生产，以及英国维克军火公司在欧洲多国的生产。美国的许多州也通过对外来公司提供财政支持来吸引它们。与此同时，也有一些东道国政府会谨慎地阻止其他国的外来投资，例如墨西哥和加拿大政府在铁路行业采取的策略（Wilkins，1970：170）。

---

① 一般来说，投资者为他们所投资的工厂的地理多元化感到不安。西电公司（Wilkins，1970：51）的观点特别典型：这些工厂的增长受制于不愿购买本国以外产品的政府，从而不得不为这些国家的政府工作。

② Wavre（1988）指出，1900 年有 46 家瑞士棉制造商在意大利从事生产。

③ 一个典型的例子是瑞典 Vulcan 公司于 1910 年在英国建立一个火柴工厂并出口到只对英国火柴征收 50% 标准进口税的澳大利亚。

第二个促进海外投资的区位因素可以称为"竞争力战略"。先前，我们指出 19 世纪末大多数从事境外生产的公司属于寡头垄断行业。虽然这本身并不是一个充分的对外投资动因，但就当时而言肯定是最为重要的决定性因素。寡头垄断战略影响境外生产最著名的案例可能是荷兰皇家壳牌公司在美国的投资。其他的例子包括邓禄普出于对美国轮胎公司的竞争考虑在 1899 年先行一步进入日本；瑞士和德国人造染料企业进入俄罗斯和法国也是为了匹配其竞争对手从而维持全欧洲市场的产品占有率；日本纺织公司进入中国也是对上海和其他港口市场向西方制造商开放的直接回应（Wilkins，1986）；以及荷兰人造黄油公司在欧洲大陆的子公司广泛扩张（Franko，1976:95）。

19 世纪企业在境外生产的第三个促进因素是降低运输成本和生产成本。19 世纪末大多数美国在欧洲的制造业投资及欧洲在英联邦国家的投资都出于此动力。这一诱因是非常显然的，特别是在产品体积大、易碎易腐的行业，以及东道国劳动力、原材料、能源的成本显著低于母国的部门。这一类别的行业主要有水泥、巧克力、酿酒、面粉、牛奶及钢铁制造等。例如，盎格鲁瑞士炼乳公司在挪威生产炼乳，Tobler 在意大利投资生产巧克力，Westinghouse 在巴黎生产刹车。政治、文化和经济纽带也有助于解释英国公司在白人自治领和印度次大陆的生产偏好；比利时和法国在非洲的投资偏好；以及美国在南美的投资偏好。另外，伦敦金融城筹集资金的能力也是影响美国企业在欧洲设置子公司这一区位选择的影响因素之一（Jones，1988）。

第四，公司从事 FDI 更接近市场，更迎合当地客户的特定需求。西方电气公司和国际贝尔电话公司 1882 年在比利时设厂制造电话设备时声称是出于这一目的（Wilkins，1970:51）。随着市场的增长，这一因素变得更加重要，且在境外公司需要根据要素禀赋差异和消费者偏好来提供相适应的产品和生产方式时变得尤为重要。特别是在银行、保险、餐饮等服务业，境外公司建立的目的是满足先前已建立的境外子公司和/或移民的需求。[①] 英国度量单位的使用影响了斯凯孚公司的跨国战略，瑞典轴承制造公司在 1910 年开始在英国设厂生产（Lundstrom，1986）。为抑制兔子的扩散，英国公司 John Lysaght 于 1884 年在澳大利亚设厂生产铁丝网（Blainey，1984）。

另外，有些外来公司试图创建和塑造需求，如美国的消费品制造商（Wilkins，1970:66）。在另一些案例中，例如雀巢婴儿食品，高收入市场对其的需求旺盛，使得在当地设厂制造成为可能。在 19 世纪末，梅赛德斯与美国钢琴制造商施坦威在美国合资设厂生产制造豪华汽车，而戴姆勒奔驰也在 1893 年进入英国生产手工制造的豪华汽车，数年后也进入了美国市场。与此同时，Godley（1999）指出在 1890 年之前，很少有美国消费品生产商能够在英国市场上取得成功（除了 Singer 缝纫机的成功进入），主要还是由于产品不足以适应当地市场状况。市场寻求型投资在进入发展中国家服务消费者时，需要更加注重适应当地消费者偏好、需求差异以及当地的供应能力。一个例子是英国留声机公司对印度的投资是由于印度消费者对本土音乐唱

---

① Wilkins（1989:337）引用了一家日本酱油制造商 Kikkoman 的例子，1982 年这一企业在科罗拉多建立工厂并为日本移民生产酱油。

片的需求，而不是对美国音乐的需求驱动（Stopford，1974）。

当然，也有很多 L 变量影响了 19 世纪末市场寻求型投资。这些 MNE 活动的最终动机反映了企业对竞争优势的市场内部化动机。例如，为什么大部分 19 世纪的发明家不授权境外企业使用其发明的果实？为什么许多制造业投资者倾向于不使用当地代理商，而是更多地选择在当地拥有自己的销售和分销设施？

当代商业历史学家认为主要有两个原因导致了公司更加倾向于从事 FDI。第一，Chandler（1980）明确地阐明，国内企业的发展形成了"多部门企业创造、内部科层管理"的格局，所以在国界之外的扩张可以产生相似的结果。此外，在每种情况下，相同的原因都是企业可以通过垂直或水平一体化来减少市场"看不见的手"的交易成本。同时，距离和在陌生的政治、经济及文化环境下生产会增加运输、库存控制、员工激励、供应商可靠性和质量保护的成本和不确定性。这些市场的失灵也是 FDI 的另一个原因。

第二个原因与第一个紧密联系，但更少地依赖于共同治理的优势，而是更多地依赖于某一特定资产产品销售的交易成本最小化。这里的主要理性化因素是保障投资公司的产权和利益。例如，Nicholas（1983）认为独立销售代理在从事（或计划从事）出口企业利益代言人方面的失败是促使早期英国企业在跨境销售和营销业务领域投资的重要原因。[①] 这一观点可以被合理延伸并用于解释 Singer 对拥有和管理自己零售和服务网点的偏好（Chandler，1990）。Singer 是第一批功能管理结构成为后代 MNE 参照标准的企业之一（Davies，1969）。到 1914 年，Singer 在沙俄拥有近 1 000 个分销中心（Kirchner，1981）。母公司认为独立代理商对公司产品不够关注，不知道如何服务，不知道如何有效展示，也没有积极寻找新的客户。一些著名美国制造商也会选择特许经销商，如农业工具生产商（Chandler，1980：399）。循着增值链，虽然一些美国公司会授权给外国制造商，但是它们中的大多数认为 FDI 可以更好地保护这些产权，以免滥用和耗散。另外，也有一些情况是由于设备和制造工艺过于先进，当地几乎没有能力去掌握及实现其成功的实施。

虽然上述描述的两种市场失灵都会影响所有类型的市场寻求型投资，但流程工业（如日化品、食品、饮料、烟草等）的市场寻求型投资更倾向于第二个原因，而加工制造业（如金属使用及工程）的投资则更基于第一个原因。这一部分是由于管理科层的影响在制造部门表现得更加明显，同时增值交易的比例也更高。这也同样解释了为什么在大型多元化企业中共同治理的优势最为明显。对 1914 年之前美国 MNE 境外业务产业组成的分析发现，这些公司明显偏好那些拥有最适合用管理科层进行组织的资产和能力的行业。相比之下，欧洲 FDI 主要是由那些竞争力基于其对特定无形资产垄断的企业进行的（Franko，1976；Chandler，1980）。

对 1914 年之前美国处于领导地位的市场寻求型境外子公司的分析研究发现，

---

① 在对 1939 年以前的英国 MNE 所作的研究中，Nicholas（1982）发现，88％的公司在投资海外销售机构之前都先签订了一个代理协议，几乎所有英国市场寻求型 MNE 都在开始境外生产时先建立一个销售子公司。在其他论文中（Nicholas，1983：684 - 5），作者指出英国公司设立境外销售部门的倾向更加明显：销售量越大，产品复杂度越高，更多的独特投资会指向主要的前期资本和品牌名称，代理商的机会主义产生的可供专用的经济租也就越大。

3/5 的企业集中于加工制造业，2/5 位于流程工业（Wilkins，1974）。英国的相应比例是 1/3 和 2/3；欧洲大陆的相应比例是 1/4 和 3/4（Vaupel 和 Curhan，1969）。有趣的是，瑞典的制造业投资模式更接近于美国而非欧洲大陆（Lundstrom，1986）。Jones（1988）在对 1914 年前在英国设立制造业子公司的 27 家美国公司进行分析后发现，7 家公司分布于加工制造业，而 23 家欧洲大陆投资者设立的子公司中 15 家是属于流程工业行业。瑞典在英国设立的制造业子公司均位于加工制造业。然而，以美国企业的标准来衡量，这些公司的投资均比较少，并且这些公司的母公司相比美国公司而言垂直一体化程度通常显著较低。

从东道国的角度进行的研究证实了上文提及的模式。就英国而言，Bostock 和 Jones（1994）指出，虽然第一起英国吸收的制造业 FDI 发生在 19 世纪 50 年代，但是到约 1885 年为止发生在英国的 FDI 都是不显著的，而真正有实际作用是在第一次世界大战之后。[①] 绿地直接投资是主要的 FDI 形式，特别是在高经济增长部门中；并购投资也占据很大一部分，但合资企业直到第二次世界大战之后才渐渐成为常态。[②] 在第一次世界大战前，德国在英国的 FDI 仅次于美国对英国的投资。[③]

Fletcher 和 Godley（2000）运用与 Bostock 和 Jones 相同的方法对同时期进入英国零售业的 FDI 进行检验。与制造业投资不同，进入零售业的投资相对较为罕见，在其后的 20 世纪 80 年代和 90 年代才真正大范围出现（Godley 和 Fletcher，2000）。事实上，伍尔沃斯公司是英国商业历史上一个著名的例外，它在 1909 年进入利物浦，并迅速发展建立了庞大的零售网点网络。即便如此，伍尔沃斯公司也没有将杂货店模式引入英国，其进入战略是快速获得市场份额，直到市场饱和。

几乎所有的其他主要零售进入案例也都是制造商，而非零售商进行的。其中最典型的还是 Singer，但这一类型的企业还包括销售专用产品的较小型公司，如摄影、唱片、乐器等。对这些公司来说，零售只是达到目的的一种手段。由于公司制造的产品复杂且需要展示，它们对分销渠道、金融和其他服务进行投资以便成功地将产品引入市场。事实上，在 20 世纪 20 年代，境外制造商进入零售业的案例逐渐消失，表明在大约 30~40 年后，这些公司发现有必要将零售业务内部化。然而，一旦市场逐渐复杂化，公司拥有独立的中介渠道将成为更受偏好的选择。

上文表明，1914 年以前的市场寻求型 MNE 活动的决定因素和特征均很难进行一般化。在水平或垂直一体化提供的优势（即第 5 章识别的 Ot 优势）方面，Chandler 对大型企业增长的观点一定程度上能够解释一些种类的 FDI，特别是更大型且更多元化的美国公司。然而，这一观点在解释依赖于拥有特定无形资产（即第 5 章识别的 Oa 优势）的境外生产种类时不那么使人信服。在这种境外生产中，由于这一

① 由于 1963 年之前英国吸收的 FDI 存量和流量没有官方记录，现有的数据是通过每一项可识别的对于英国制造业的 FDI（包括许多中小型企业）的进出编制出来的。也可参见 Jones 和 Bostock（1996），他们针对进出英国制造业的模式，以及子公司出口和从事研发的倾向给出了更加广泛的数据和分析。

② 在 Bostock 和 Jones 的数据中，1850—1962 年间，1 007 家子公司中有 327 家是被境外投资者并购的英国公司，80 家是第三国投资者所有的境外子公司。

③ Hagen（1999）识别了在英国从事生产的 61 家德国企业，这个数字比 Bostock 和 Jones 研究的样本数有明显增加。然而，Hagen（1999）的研究方法有所不同，该研究使用了一份第一次世界大战中被没收和销售的幸存企业名单。

资产或其产权市场的不完善，企业认为选择境外区位能够最好地利用这一资产。

□ 6.4.3 资源寻求型投资

随着西方工业化的发展，母国对于本地可获取的资源的额外或新来源的需求越来越大。同时，19世纪末的创新增大了对不同种类的矿物和原材料的需求（如石油、铝土矿、橡胶等）。另外，随着收入的提高，位于温带气候地区的消费者增加了对热带地区食品饮料的需求。

因为这些涉及的大多数资源都是汇集在特定地点的，解释FDI地区选择的因素很容易识别。在投资者具备一些选项的情况下，关键的L决定因素包括运输成本、政治和文化纽带，以及基础设施（如道路、码头、公共事业）的质量。在第一次世界大战之前，出于在与法国竞争对手的竞争中加强自身地位的目的，许多德国钢铁制造企业在法国铁矿领域进行了投资（Franko，1976）。出于经济和政治的考虑，英国、法国、比利时和荷兰制造商大多从殖民地区获取原材料和农产品。美国制造商倾向于从加拿大、墨西哥、智利获取矿产，从墨西哥、加勒比地区获取原材料和农产品（Lewis，1938），而日本制造商在中国拥有价值极高的铁矿石储备和煤矿。在许多情况下，特别是在殖民地区，MNE一般会选择自行建造公路、铁路、码头、仓库等设施，同时向其工人提供必要的住房和教育设施。[①]

在本章的前面部分，我们指出在工业革命前，大部分世界贸易的主要组织形式是特许经营或土地公司。有时，这些公司也投资于获取进口产品的当地生产和加工。然而，一般而言这是不被宗主国权力所鼓励的。工业化大大增加了对大多数原材料、矿物和农产品的需求。同时，随着农业和矿业技术的提高、海洋和陆地运输成本的降低、存储技术的改进，这种投资具备了实际可行性。在1800—1875年间，英国进口的初级产品实际增加了二十倍以上。大多数这些产品都是由当地生产商提供的，但一个不断增加的比例（尽管没有确切记录）是由MNE子公司提供的。[②] 有趣的是，这是为什么呢？

正如前一章指出的，这一问题的答案在于，在企业内部组织初级产品的跨国购买而非通过市场，有利于降低交易成本。这也就意味着投资公司认为自身具有充分的O优势来进行这些产品的生产和/或销售，或者通过FDI来获得这种优势。前一章也识别了这些优势的本质，以及MNE更倾向于通过FDI来利用这些优势，而非通过许可或其他非股权合约的方式来利用这些优势的情况。

19世纪晚期许多重要的经济变化从根本上改变了中间品贸易的性质和组织。第一个变化是初级产品生产中技术和资本密集性的增加。这一变化在石油部门和非金属矿业部门表现得最为明显。然而，在第一次世界大战前的数年时间里，许多农产品和原材料的大型种植业经济也达到了顶峰。第二个变化是企业更加重视产品质量

---

① 其至在今天，从事资源寻求型投资的MNE也投资基础设施。第Ⅲ部分将更加细致地考察这类投资的含义。

② 在这一时期内没有公司内贸易的详细资料。然而，从公司的记录中我们确实知道在数个产业（可可、橡胶、热带水果、石油化工，等等）中大多数的主导厂商是发达国家MNE的子公司。

的稳定性，以及向产业和本土消费者交货的可靠性，包括石油、铜、铝土矿和一些农产品（如菠萝、香蕉和咖啡）。这些事件均证明大型生产商以及更能协调生产和营销功能的厂商更具优势。这些资产和组织技能大多数仅能在高收入购买国获取到。

第三类经济发展是规模化和标准化市场的增长。由于这类市场主要集中于发达国家，这类国家的企业就具有获取该类市场最直接的渠道，以及知道如何供应这类市场。上述三点原因和投资公司本身的议价能力，解释了为什么该类公司频繁地主导跨境自然资源的生产和贸易。

然而问题仍然存在。为什么一家公司希望拥有自己的中间产品？为什么不许可其他企业使用其所拥有的资产？内部化理论指出由于一些战略和经济原因，公司更倾向于从事后向垂直一体化。首先，通过控制必要资源的供应来保护和加强市场地位。在 19 世纪末期，企业积极寻求控制重要初级产品的供应，试图限制竞争对手的进入，并作为竞争对手采取这类战略时的防守策略。

其次，但同样重要，后向一体化的动机是为了防止境外供应商选择其他方式（例如，改变产出种类，提高价格，改变质量，变更交货日期等）损害购买者的利益。这无疑是下面这些案例的重要原因：英国公司在美国和阿根廷投资畜牧行业，美国 MNE 在智利和玻利维亚参与硬矿产行业（Lewis，1938；Coram，1967）。第三，确保供应中间产品的质量和效率能够符合购买者的要求和标准。这表明购买方可能具备高级知识，并认为这一知识在不具备所有权的情况下不能完全地被供应商所运用。有时这是因为供应商觉得对这一技术的资金投入是不经济的。也有可能是因为供应商没有管理或组织技能来运用和监管该优势的使用。许多欧美国家对发展中国家农业领域的 FDI 就是由于这一原因（Wilkins，1988a）。

对美国、英国与欧洲大陆投资于资源基础行业中的 MNE 进行分析，Wilkins、Stopford 和 Franko 均得出了近似的结论。Wilkins 指出在 1914 年之前，美国 MNE 大多数从事销售和制造业务的境外投资，只有一小部分公司会在多个国家进行以供应为导向的投资。Wilkins 认为出现该现象的主要原因是在 19 世纪的大部分时间里，美国在大多数矿物质、原材料和食品上均可实现自给自足。事实上，直到第一次世界大战爆发，美国才成为当时主要的石油出口国。

尽管如此，Wilkins 还是列出了在 1914 年投资多个国家精炼或农业领域的 9 家公司（Wilkins，1970：216）。此外，她和其他学者（例如 Lewis，1938；Stopford，1974）也识别了一些在 19 世纪末或 20 世纪初从事后向垂直一体化的制造业企业。这些企业包括在马来西亚和利比里亚拥有种植园的橡胶轮胎生产商巨头（如邓禄普和 Firestone）；在俄罗斯拥有铁矿和林地的 Singer；在阿根廷和乌拉圭拥有由畜牧场供应的包装厂的肉类加工企业（如 Armour 和 Swift）；在古巴和土耳其拥有烟草种植园的美国烟草公司；在加拿大拥有森林的 Diamond Match；在墨西哥拥有铜矿的 Amalgamated Copper；在智利拥有硝石矿的杜邦公司。

大多数美国矿石和石油生产公司最初在国外投资是为了其国内产品在国外的销售，而非从事当地的初级生产。同样地，关税是改变的主要因素。随后硬矿业公司遵循了这一发展路径。成立于 1878 年的牛津镍铜公司在加拿大投资开采镍；Bato-pilas 矿业公司（五家银矿企业的联盟）在墨西哥投资开采银矿；美国冶炼和精炼公司成为墨西哥开采铅和银的主要矿产和冶炼企业。在智利，美国资本受到高度稳定的国内环境和大量投资激励措施的驱动，在 Braden 铜业公司和 Guggenheim 家族企业家的影响下主导了当地铜产业的早期发展（O'Brien，1989）；在加拿大，美国资本主要倾向于投资石棉和贵金属行业；而在加勒比地区，美国资本则被吸引到了沥青和铁矿石行业。

第一家进入 FDI 领域的石油公司是市场的寻求者。直到 1910 年，才有美国 MNE 开始主要在墨西哥、加拿大、秘鲁和罗马尼亚生产原油。在这些公司中，美国标准石油公司具有最积极的国际战略规划。1900 年，美国标准石油公司已经成为成熟的 MNE，而到了 1907 年，该公司收购了 55 家境外企业的控制权。当全球对于石油的需求迅速上升时，美国标准石油公司开始寻找新市场。它试图获得远东地区的市场份额，如在缅甸和荷属东印度群岛，但这一计划由于英国和荷兰政府的干预而失败。随后，在 1911 年公司解体之前，美国标准石油公司除了对加拿大、罗马尼亚和墨西哥有少量投资外，不再从事更多的石油勘探。但是，在 1911—1914 年间，其他的几家美国公司增加了对墨西哥油田的投资（Lewis，1938）。

在原材料和农业领域，美国资本大量投资于加拿大的森林（1909 年英属哥伦比亚估计约有 90% 的可开采森林由美国公民或企业控制）和墨西哥的橡胶种植园以及畜牧业。然而，在 19 世纪末期，大多数美国资本流向了加勒比地区，当今的很多大型农业 MNE 都是从那时候发展起来的。Wilkins（1970：151）详细记载了当时美国贸易商转变而来的投资者 Lorenzo Dow Baker 上尉在 1870 年如何开始香蕉贸易，以及 Andrew Preston 如何开始在美国销售水果。这两者在 1885 年合并，新产生的企业波士顿信托公司（后来被联合果业公司收购），为了确保稳定可靠的水果供应（出处同上：151），迅速决定应当种植并购买和销售香蕉。作为结果，该公司在牙买加和圣多明哥（多米尼加共和国）买下了一些种植园。

在加勒比地区的其他地方，古巴糖业种植者在偿还美国商人贷款时的违约导致了如 Atkins & Company 这样的企业在 19 世纪 80 年代收购蔗糖种植园。据报告，到 1885 年已经有 200 名美国工程师和机械师从事古巴糖厂的建造（Jenks，1927）。由于不用承担美国进口税负以及采用最新的生产技术，蔗糖生产为美国投资者提供了高额的利润，截至 1909 年，美国子公司的产量占古巴蔗糖总产量的 40%（Lewis，1938）。

同时，美国联合果业公司进行境外运营的案例基本众所周知[①]，这一案例也是最具吸引力的早期 MNE 活动之一。该公司成立于 1889 年，当时其在西印度群岛拥有或租下共计 322 000 英亩土地。这些种植园不仅种植香蕉，同时也种植柑橘、椰子、橡胶和蔗糖。最初，联合果业公司香蕉总量的 65% 是通过开放的市场和契约购买到的。

随后，它决定购买更多的土地以实现所销售的水果的市场占有率达到 80% 的目标。Wilkins（1979：158）认为这一公司政策的制定主要是由于当时人们对稳定的高品质产品的需求旺盛，同时当地水果供应商遵守合约的程度不高。

[①] 参见 Wilkins（1970），Read（1983）和 Bucheli（2005）。更多关于美国香蕉贸易历史的详细分析参见 Wilson（1974）。

此外，美国联合果业公司开始建立自己的运输和分销设施，以防止水果到货时间的不确定性。它在香蕉种植国拥有多条铁路以及轮船公司，以确保可以将水果运输到美国。这是最早意识到并利用跨境生产、购买、运输和营销活动的共同治理的好处的资源基础型公司之一。该公司安装排污系统和供水系统，修建公路，建造公司城并投资医院。① 截至 1899 年，联合果业公司控制着 90% 的美国进口香蕉，截至 1915 年，它也成为世界上最大的 MNE 之一，并拥有近 9 000 万美元的资产（Read，1983）。

在早期关于母国政府和商业利益间相互影响的研究中，美国在加勒比地区农业领域的直接投资是个很好的例子。这一案例也被完整地记录了下来②，并在 William Taft 总统任期内表现得最为明显。当时，美国政府出于保护加勒比地区美国子公司的财产和商业利益，派遣了炮舰和海军到这一地区。20 世纪早期的另一些并不那么明显的案例表明，美国当局影响了 FDI 的数量、类型和形式③，同时东道国也积极地为外来公司提供诱人的减免以促进本土资源的开发。

在南美洲，美国在农业领域的投资则相对比较多元。一部分投资于秘鲁、玻利维亚和巴西的橡胶种植业，一部分投资于巴拉圭的畜牧业。但美国肉类包装企业并没有进行畜牧场所的后向垂直一体化，相反，为应对来自阿根廷肉类包装商日益激烈的竞争，美国包装企业更多的是进行横向扩张。截至 1914 年，大多数美国肉类包装企业在巴西、巴拉圭、乌拉圭和阿根廷都有投资。这些企业的投资动机主要是为了保护其现有的市场，同时也有证据表明它们也准备好了为此付出代价。

英国制造型企业的资源寻求型投资也是出于抵消市场失灵的目的。例如，通过拥有或控制石油和橡胶资源，壳牌和邓禄普公司能够为客户提供更安全、稳定的供应，同时减少自身对不友好市场势力的依赖。随着加工业务变得更加资本密集，不稳定供应导致的损失增加了。当然，一些企业进行后向一体化是为了获得矿产和种植技术信息（Jones，1986）。英国制造商逐渐倾向于拥有或控制其产品的主要来源，而非依靠双边契约协议。

以下举一些出于这一目的的跨境垂直一体化的例子：吉百利在黄金海岸和特立尼达的可可种植园的投资；Crosfield（即后来的联合利华）在荷属西非地区的植物油种植园的投资；Fitch Lovell 在美国畜牧业和肉类包装行业的投资；帝国烟草公司在尼亚萨兰（即现在的马拉维）烟草业的投资；Turner Brothers（即后来的 Turner & Newall）在罗德西亚（即现在的赞比亚）和南非石棉矿业的投资（Stopford，1974；Houston 和 Dunning，1976）。英国和俄罗斯的茶叶商们也在推动中国出产的茶叶质量的提高和稳定方面发挥了积极作用。

与供应安全同等重要的，是工业消费者对于以合理价格获取初级部门产品的需求。William Lever 强烈质疑了境外原材料生产商的结合，认为其结合会导致购买方制造商处于劣势。因此，在 20 世纪初，Lever 开始在所罗门群岛、比属刚果和尼日利亚收购大量的植物油种植园。

----

① 这并不是 MNE 投资农业欠发达地区的唯一典型案例。在 20 世纪初，Lever 在比属刚果做了同样的事。
② 参见 Wilkins（1970：168-9）。
③ 例如，参见 Munro（1934）和 Bemis（1943）。

然而，与美国公司不同，大多数投资于境外自然资源的英国企业在本土并不从事相似的业务。[①] 然而，英国发达的金融市场能够为那些跨境矿业企业和大宗商品企业带来融资便利，很多独立公司也纷纷在伦敦上市。这类 MNE 包括力拓锌业、Gopeng 锡矿、南非的 Consolidated Gold Fields、Borax Consolidated 有限公司，这些公司的 O 优势部分基于在矿业领域多年的专业知识和经验，部分基于其获取国际（特别是英国）资本市场[②]融资的独特渠道，部分也基于其获取最终产品市场的独特渠道。这些资产使得企业能为东道国提供比竞争对手更高级的资产集合。

英国在 19 世纪后期也出现了各种各样在矿产行业的投机性对外投资。在 1851—1913 年间，至少有 174 家英国矿业公司拥有或控制着西班牙的黄铜、铁、铅、银等矿产，与法国和德国利益集团一起控制着西班牙的矿产部门（Harvey 和 Taylor，1987）。[③] 另一份研究（Wilkins，1989）表明在 1880—1904 年间注册的 659 家英国公司一同主导了美国矿业的发展。截至 1889 年，据估计美国铜矿业有 25% 以上的产量是由外资公司完成的，而其中主要是英国公司。出于高关税的影响和对于假如不在美国生产就会将市场让给本土企业的顾虑，很多英国钢铁产业的 MNE 在美国南部进行了一些活动。个人企业家及其集团最初发挥了关键作用，但后来让位于 Southern States Coal，Iron and Land Company 这样的辛迪加财团，后者帮助建立了田纳西州的工业城市匹兹堡（美国钢铁协会，1887）。但在当时大部分的投资是不理想的，主要原因是当地管理的无能（有时是不诚信）、当地开采条件的不足和一些意外的组织问题（Coram，1967）。

总的来说，英国和欧洲企业都很少尝试利用垂直一体化所带来的好处。Wilkins（1989）认为这主要是因为美国企业进行境外投资通常是为了获取国内生产所需的中间产品，而英国及欧洲 MNE 大多是为了向当地市场出售产品而在美国进行投资的。[④] 关于美国吸收 FDI 的演化的近期回顾，包括一些有趣的企业案例研究，参见 Wilkins（2002）。

英国投资常常活跃在美国的农业领域，特别是畜牧业。在 19 世纪 60 年代和 70 年代，英国投资者被美国当地畜牧企业赚取的高额利润所吸引。很多来自苏格兰的资金都是通过抵押贷款和投资经纪人进行投资的，这些投资管理者在母国畜牧业商务方面的融资非常有经验。1879—1889 年间，在美国西部地区共发生 41 起英国公司收购牧场的案例，投资总额超过 1 000 万英镑（Wilkins，1989）。英国公司拥有了位

---

① Jones（2000）的第 9 章广泛讨论了英国商业集团在矿产、石油以及橡胶、茶叶、木料等大宗商品领域的协调投资。

② 在锡矿产业中，这一点显得尤为重要。确实，Hennart（1986c）认为，马来半岛锡矿公司在必要融资（如挖掘技术）方面的能力不足解释了西方企业在这一产业部门的主导地位。

③ 在他们的文章中，Harvey 和 Taylor 对东道国的资源基础型投资的成本和收益作了具有吸引力的概述。特别地，他们引用了（1987：187-8）一位西班牙采矿工程师 1891 年的观点，指出虽然境外投资者为西班牙采矿行业提供了"资本、企业精神和商业能力"，但西班牙矿产行业并没有提升"本国的长期续存产品"，而是仅仅创造了"逐渐衰落的短暂资产"。对英国投资者的另一个强烈批判在 1913 年由 Huelva 记录的一份西班牙刊物中有记载："英国国民进入了该省，并且迦太基人的狡猾、美国人的野心、英国人的傲慢都威胁要撕碎这一省份，刨开它的鲜肉，吸吮它的献血，将之变为奴隶。"

④ 确实，Wilkins 举例说明了英国钢铁制造公司的投资，特别是形成了美国独立的铁矿公司的那些投资并不是为了获取原材料，而是为了打开英国制造产品的销售市场。

于得克萨斯、怀俄明、科罗拉多和新墨西哥的大面积牧场（Lewis，1938）。

除了资本，专业知识也转移到了大西洋彼岸。牛品种随着英国纯种动物进入美国而获得了改善。英格兰畜牧业和育种技术被转移至美国，同时也有一批牛群饲养者也从英格兰迁移至美国。在那一时期，正如我们所看到的，虽然畜牧公司没有对肉类包装企业进行前向一体化，但多家英国肉类包装企业于19世纪80年代在美国设立了子公司。

当时，最大的资源基础型对外投资是英国和盎格鲁-荷兰石油公司。在19世纪末20世纪初，荷兰皇家壳牌公司在荷属东印度群岛（即现在的印度尼西亚）已经拥有了油井。[①] 随后，其又收购了在俄国和罗马尼亚的新油田。截至1914年，壳牌公司已经控制了俄国石油总产量的20%（Davenport-Hines 和 Jones，1989）。而直到1908年，盎格鲁-波斯石油公司（如今的英国石油公司）才在中东地区发现了石油。为了反击美国标准石油公司进入远东地区，荷兰皇家壳牌公司在20世纪初在加利福尼亚州和俄克拉何马州收购了油田。然而，这一投资也是为了获取当时全球最大的石油市场。正如John Stopford所指出的（Stopford，1974：332），荷兰皇家壳牌公司"虽然只有40%的英国控股成分，却是一个典型的英国资本运作范例，这表现在其在全球范围内开发自然资源的运作模式上"。

欧洲大陆企业在第一产业的投资活动主要集中在萃取行业。第一个（但并不成功的）实例是1792年荷兰一家糖果精炼公司在纽约州北部设立的枫糖子公司（Wilkins，1989）。Franko（1976）记录了多起大型欧洲制造业公司在煤炭、铝土矿、铁矿、镍、铜、锌和石油领域的后向一体化。多数的投资主要位于欧洲的其他地区，只有小部分投资到了殖民地区或其他发展中国家。从投资目的地来看，欧洲大陆政府担心的是会不会过度依赖境外供应，这一供应可能被英国海上力量和苏伊士运河的关闭所切断（出处同上：52）。[②]

除了荷兰之外，欧洲大陆其他公司在境外石油勘探上并没有多大兴趣。直到第一次世界大战，Union Minière——一家比利时MNE才开始在刚果进行铜和其他有色金属矿石的开采。该企业后来的投资行为类似于美国联合果业公司在加勒比地区的投资。

除了荷兰独立公司在荷属东印度群岛（即现在的印度尼西亚）的运营，欧洲大陆的公司也很少像英国公司的独立投资那样在矿产、原材料和农产品等领域进行投资。法国和德国公司看似更倾向于拥有和管理境外子公司，或者投资英国企业，而这类被投资的英国企业参与独立投资。例如，法国公司在美国开采银矿，在西班牙和美国开采铜矿，在美国和北非开采硅酸盐。德国企业也成为世界上最大的锌和铅的交易商之一。利用其长期经验和技术专长，它们在美国和拉丁美洲进行了熔炼和

跨国公司与全球经济（第二版）

---

① 1880年荷属东印度群岛发现了石油，10年以后，先驱者荷兰皇家壳牌石油在荷兰成立并开发这些资源。它在远东的苏门答腊建立了一个精炼厂。1895—1896年，英国公司M. Samuel & Company在荷兰婆罗洲生产石油，之后在1897年成为壳牌运输和贸易有限公司。1894年，瑞典Nobel家族对俄国石油进行了投资。

② Franko（1976：52）的报告指出在1946年以前，所有欧洲大陆企业的萃取运营中有49%（如果壳牌公司的业务包括在内则是68%）是在欧洲大陆内部完成的。1859年，商业用油在美国的泰特斯维尔最早出现，到1871年，美国精炼油品开始出口，主要目的地是欧洲。在19世纪80年代中期，美国油品在欧洲市场面临着来自俄国油品的竞争。

精炼业务的后向垂直一体化。

很多大型美国矿业公司也是由德国侨民所创建的。大量德国资本参与美国钾矿开采，而在 20 世纪早期，德国贵金属公司 Degussa 的美国子公司为美国工业提供了所需的大部分氰化物。伴随着煤矿产业冲洗、选矿、转化、通风、供电、矿坑集中等方面新技术的产生，一些欧洲公司直接投资于俄国的煤矿领域（McKay, 1970）。

在另一块大陆上，第一起澳大利亚公司的对外投资发生在 1882 年，即殖民地糖果精炼公司（CSR）投资于斐济制糖工业（美国产业经济局，1984）。这是一项防御性的横向投资，目的是防止斐济制糖工业对昆士兰州产业带来竞争威胁。澳大利亚 MNE 是在马来半岛（如今的马来西亚）铁、锡、黄金矿业投资最早且最成功的一批企业之一，这类投资可以追溯到 19 世纪 80 年代。截至 1930 年，澳大利亚公司占据了马来半岛和暹罗（如今的泰国）外来直接投资部门中的大部分（Birch, 1976）。

最后，也有一部分供应导向的对外投资来自于零售商。最著名的例子是，在 1880—1902 年间，英国人 Thomas Lipton 对美国肉类包装厂的投资。其他的例子包括在肉类贸易的批发和零售领域进行的投资，但这类投资大部分也都是短暂存在的。

□ 6.4.4　其他投资类型

最后，需要简要提及那些不属于市场寻求型和资源寻求型的其他 MNE 活动。其中涉及最多的是铁路、航运和公用事业等领域的 FDI。[①] 然而，虽然这类投资也都有活跃的境外组织和管理参与，如日本企业对中国海运领域的投资（Wilkins, 1986），但大部分都是独立投资型的，而非国内成熟企业的扩张。铁路投资方面的境外直接控制更多地出现在发展中国家（如印度和阿根廷），而非具备更加充足劳动资源和技术能力的美国。境外投资者在这一行业（事实上也在其他行业）的主要问题在于信任谁以及应当如何分配职责。

截至 1914 年，英国对外的资产组合和直接投资中有 60% 投向铁路部门（Houston 和 Dunning, 1976：44），而美国的外来投资中约 1/3 投向铁路部门（Lewis, 1938）。但是，实际上很少出现真正的跨国铁路公司。与此类似，虽然在一些发展中国家，欧美 MNE 主导天然气和电力供应行业，但是参与公用事业的境外投资大多以资产组合投资而非直接投资的形式存在。

19 世纪末也是辛迪加式国际投资活跃的时期。大量英国资本涌入美国，用于收购谷仓、面粉厂、酿酒厂等。例如，在 1888—1891 年间，24 家英国辛迪加财团收购了 80 家啤酒厂和 2 家麦芽制造厂，投资合计 9 000 万美元（Coram, 1967）。但是，由于缺乏企业家精神和完善的管理手段，到第一次世界大战开始时，大部分这类企业都已经出现了亏损并失去了所有权中的英国成分。

在 1914 年之前的半个世纪里，在许多服务性行业中也出现了境外生产。跨国银行，如德意志银行（德国）、法国兴业银行（比利时）、东方汇理银行（法国），在世界多个地区都建立了办公室（Jones, 1990）。截至 1913 年，28 家英国银行已经建立

---

①　Linder（1994）给出了那些出于第二次产业革命的需求而建造铁路、大坝、桥梁和运河的欧洲和美国公司，以及那些建筑产业 MNE 巨头的先驱者的演化史。

了 1 286 家境外分行和机构（出处同上），是德国、法国银行在境外机构数目的 2 倍多（Aliber，1984）。Jones（1993a）认为英国银行后来所拥有的 O 优势在于：相比于其竞争对手能够以更低的融资成本在全球最大的资本市场上筹集到资金；在伦敦金融中心拥有相关产业和配套产业；组织能力；提供多元服务和细分产品的独特性；跟随客户前往境外的焦点战略。其实，1914 年之前一些专业海外银行（相当于独立公司）拥有广泛的分支网络，如南美伦敦银行，南非标准银行以及印度、澳大利亚和中国渣打银行等。1914 年之后，英国的一些国内银行，如巴克莱银行，开始购买上述这些在南半球和亚洲地区的许多国家支配了银行业的银行的股权。

相比之下，美国银行缺乏这些能力，并且政府对银行的分支也有法律上的限制。因此，正如 Wilkins（1990a：222）所言，在 1914 年之前许多美国银行并不从事境外业务。而据 Wilkins（1986，1990b）记载，横滨正金银行（东京银行的前身）1880年就在纽约设立了分支机构，1894 年在孟买设立了分支机构。Tamaki（1990）则认为该银行至少建立了 21 家海外银行部。而后来在东南亚表现突出的中资银行在 1912年便在马来半岛和英属海峡殖民地地区设立了子公司（Brown，1990）。

欧洲的航运、有线、无线公司在美国也很活跃，马可尼公司是当时无线电通信领域的龙头企业（Wilkins，1989）。瑞士酒店集团在意大利、法国、北非均拥有或管理当地的酒店（Himmel，1922）；比利时则在境外的电车领域有大量投资（Van der Wee 和 Goosens，1990）。同时，也有大量 FDI 流入保险领域，这类资金主要来自美国和英国。1914 年的 Best's Insurance Report 显示保加利亚第一保险公司在欧洲七个国家和美国都设有办事处。来自欧美的会计、工程咨询和建筑领域的公司在多个发展中国家和发达国家开设了子公司。在 1850—1914 年间，也有一部分境外公司进入英国零售业，但大多数只是制造商用来分销公司产品的工具（Fletcher 和 Godley，2000）。

在 19 世纪末 20 世纪初，日本贸易公司的业务占了日本出口总额的一半（Yonekawa，1985），同时日本 MNE 拥有或控制了跨太平洋海运的一个重要部分。截至 1881 年，14 家日本贸易公司在纽约设置了分支机构，其存在主要是为了促进日本的出口，特别是丝绸的出口，同时也为国内的制造商采购材料和机械。根据报告，在 1914 年，日本贸易公司三井集团控制了美国出口到日本的原棉的 30%（Sugiyama，1988，由 Wilkins（1990b）引述）。英国、德国、法国公司也积极参与进出口贸易，尤其是初级产品的进出口贸易。

Geoffrey Jones 的全面研究揭示了英国贸易公司在 19 世纪和 20 世纪运营的程度（Jones 和 Wale，1998；Jones，2000）。这类公司形成了一个多元化集团，并从 1870年起逐渐将业务拓宽到了船运、融资和银行服务，最终进入了制造业领域。Jones 认为贸易中介是一个有限的市场业务，仅仅具有相对固定数量的买家和卖家。一旦买卖双方建立联系，贸易中介就没有了存在的意义，除非中介能够提供许多其他服务。Jones 指出这在 19 世纪末期导致了商人企业从贸易中介逐渐向 FDI 渠道模式转型。虽然商人资本主义时代的终结确实为简单的商人活动画上了句号，但企业开始进军其他业务，例如制造业和资源基础投资，在这一转折点之后仍然生存了下来。

总的来说，这些商人团体的活动，以及源于英国的广泛的独立投资一起形成了不一样的格局，这与 Chandler（1990）在他对于美国、英国和德国在 1870—1940 年间的经济增长驱动力的分析中提出的格局有所不同。值得一提的是，Chandler 主张那个时期英国工业企业主要是家族式所有模式①，其更关注当前的收入而非风险战略，后者对于生产、分销和管理这三方面投资的收益开发而言是一种必需。虽然大多数英国制造商均弱于美国同行，但是 Jones（1997）指出考虑到商人团体和独立投资的业绩，在第二次世界大战前的时间里英国遭遇了广泛的失败这一观点并不是完全站得住脚的。

事实上，与运营糟糕相去甚远，大多数商人团体的财政表现都还不错。Jones（2000）引述 Casson（1997）的观点，认为由于企业声誉和广泛的本土知识，这类企业能够克服信任和信息缺失对交易的阻碍。此外，很多商人企业依赖于他人资本而非自己所有的资本进行投资融资，因此这些企业与伦敦金融中心的龙头企业保持着密切往来，并且具备诚实守信的企业形象，从而集团可以为许多高风险项目，例如在自然资源领域的投资筹集资金。②

英国严格的阶级系统及家族所有权的存在，导致大多数管理者彼此熟识，而且更有可能在社交层面上认识那些潜在的投资者和银行家。这样的社会关系对那些缺乏必要投资因而无法实现规模经济和范围经济的制造业企业来说帮助并不大，但对那些使用社交手段管理境外经理业绩的零售业企业来说十分有效。Jones（1993a）也在与英国跨国银行的联系中识别了相似的优势。

□ 6.4.5　1914 年之前的格局：简述

近二十年的研究表明早期学者大幅低估了在第一次世界大战之前的 40 年里 FDI 作为无形资产国际转移工具的作用。在对有国际资金直接流入或流出的国家的分散统计进行整理后发现，1914 年至少 145 亿美元并可能高达 180 亿美元的资金被投入了那些由一个或一群非本国居民个体或企业拥有或控制主要（或大多数）股权，或者由之前移民的第一代侨民拥有或控制的企业或分支工厂中。这一数字占了当时国际长期债券总估计量的 35% 以上。

从一些母国和东道国的角度来看，MNE 活动毫无疑问既是国与国之间资源与能力转移的通道，也是控制当地资产及其互补性资产的手段之一。该时期 MNE 活动发挥的作用与 20 世纪中期之后的影响同等重要，均远超于两次世界

---

①　确实，世界很多地方的家族企业的保留都表明所有权形式和大企业管理并不是不可协调的。例如，财富 500 强企业中的三分之一是家族企业，在葡萄牙和意大利，70% 和 95% 的注册公司是家族企业（Colli 和 Rose，2003）。韩国的 chaebols、海外的中国商业网络、拉丁美洲的 grupos 是更加明显的家族所有或者家族式结构的例子。在荷兰的商业史中，家族企业的角色，见 Sluyterman 和 Winkelman（1993）以及 Jones 和 Sluyter-man（2003）。

②　由于独立企业通常在本国没有海外融资的相关业务。Hennart（1994b）把独立企业视为对资本市场的内部化。在现代 MNE 中，多元化的集团企业具有内部资本市场，并在公司层面协调产生协同效应收益，（成功）导致了整体的集团价值高于其各个企业的加总。风险投资公司呈现了另一种现代形式的资本市场内部化。创业企业成功的不确定性激励投资者成为积极主动的所有者。企业集团母公司和风险投资公司都希望从所有权中获得信息优势。对于独立企业来说，信息优势建立在关于企业的知识上，这些知识通过私人联系获取并在社会环境下加强。

大战之间时期的影响。此外，FDI 的区域范围比之前半个世纪的大部分时间都更广泛。如在第一次世界大战之前，东欧和中国吸引了大量的外来投资。根据 McKay（1970）的估计，1880—1913 年间，在俄国从事商业活动的工业企业吸收的资本中大约 50% 是来自国外的，而当时中国东部沿海的许多产业和贸易则是由日本公司控制的。值得一提的是在 19 世纪末和 20 世纪初，政府在外来和对外资本流动以及 MNE 和其子公司的业务范围或行为方面几乎没有管制。

在 19 世纪初期到 20 世纪 70 年代之间的时间里，直接资本出口[①]大部分是由母国的公司或者个体企业筹集的融资或侨民投资组成的，而在接下来的 40 年里，在今天占据主流的 FDI 类型经历了"婴幼儿"和"青少年"时期，特别是那些已经在母国进行生产的企业拥有和控制的 FDI。该资金流出模式开始于 19 世纪中期，在 1875 年之后快速发展。截至 1914 年，MNE 已经正式成为国际经济参与的主要载体。

如表 6.1 所示，英国在 1914 年是最大的境外资本持有者。据统计，独立企业占了英国企业直接投资总量的 3/4 以上（Corley，1994）。对英国、荷兰、德国企业直接投资的最新研究认为其投资总存量比先前的估计高 34.5 亿美元。这些新增估计的来源，以及与评估历史上投资的母国和东道国的分布有关的问题，参见 Jones（1994）。

表 6.1 和表 6.2 采用当前价格和汇率估计出了 1914 年全球 FDI 存量的程度和分布，我们相信这仍然是唯一全面的估计。但值得注意的是，两个表格中有些数字只是代表数量级的概念而非具体数字，尤其是在不同东道国吸收投资的分布方面。表现突出的母国数量一直是较少的，而东道国的数量则相对较大，导致很难进行精确的估计。事实上，Wilkins（1994）在研究中也没有给出具体数据，但根据东道国的重要性罗列了先后顺序。除中国外，原排名与本书采用的排名是一致的。在表 6.2 中，由于缺乏信息，先前发现多出的 34.5 亿美元额外投资没有在东道国中进行再分配。

即便在 1914 年，美国的投资者也更倾向于在境外投资于高增长部门，相比于拥有境外企业的股权，当时更倾向于直接从事 MNE 子公司的业务。[②] 这一国别差异反映了母国在资源禀赋和能力、制度机制和投资倾向上的差异。因此，欧洲积累了大量的创业和管理经验并已经成为主要的资产组合资本输出者，而美国并不具备这些背景，因此则在企业技术和管理技能方面具备很强的比较优势，这些技能可以在产生它们的企业内部得到最好的开发。

---

① 正如 19 世纪投资被看待的方式，FDI 的定义始终是经济学家争论的对象。但当今的观点，尤其是 Stone（1977），Svedberg（1978，1981），Wilkins 和 Schröter（1998）以及产业和国家研究者所阐述的，指出大部分最初被当时统计者归类为证券组合的投资，实际上是非本国居民管理和控制的，而当代对直接投资的估计通常也排除了再投资收益。

② 使用商业史和公司档案获得的数据，Nicholas（1982）列出了 119 家在 1870—1930 年间进行 FDI 的 MNE 的产业结构详情，同时与 1914 年以前美国 MNE 样本，以及 1919—1930 年间规模最大的 50 家英国公司的相应结构进行了对比。他对于大型英国和美国公司结构的结论与早期作者的结论相似，例如 Chandler（1977）。然而，他的研究也揭示了主导英国企业经济和支配英国直接投资的部门间极高的相似性。

跨国公司与全球经济（第二版）

表 6.1

	1914		1938		1960	
	百万美元	%	百万美元	%	十亿美元	%
发达国家	14 582	100.0	26 450	100.0	65.4	99.0
北美						
美国	2 652	14.7	7 300	27.7	31.9	48.3
加拿大	150	0.8	700	2.7	2.5	3.8
西欧						
英国	8 172	45.3	10 500	39.8	10.8	16.3
德国	2 600	14.4	350	1.3	0.8	1.2
法国	1 750	9.7	2 500	9.5	4.1	6.2
比利时					1.3	2.0
意大利					1.1	1.7
荷兰	1 925	10.7	3 500	13.3	7.0	10.6
瑞典					0.4	0.6
瑞士					2.3	3.5
其他发达国家						
俄罗斯	300	1.7	450	1.7	极少	极少
日本	300	1.7	750	2.8	0.5	0.8
澳大利亚					0.2	0.3
新西兰	180	1.0	300	1.1	暂缺	暂缺
南非					暂缺	暂缺
其他	极少	极少	极少	极少	2.5	3.8
发展中国家	极少	极少	极少	极少	0.7	1.1
总计	18 029	100.0	26 350	100.0	66.1	100.0

数据来源：参见表 6.2。

1914 年数据体现了在第一版基础上所做的下列修改：

德国数据基于 Jones（1994）中所引用的 Schröter（1984）。

荷兰数据（1 925）基于 Jones（1994）中所引用的 Gales 和 Sluyterman（1993）。

英国数据基于 Corley（1994）并反映了 1913 年的存量。

意大利、比利时、瑞典和瑞士的估计数据（1 000）基于 Corley（1994）。

表 6.2 显示，在 1914 年有 3/5 的境外资本流向了如今的发展中国家。然而，如果将发展中国家的定义扩展为西欧和美国之外的所有地区，那么这一数字将超过 4/5。国际资本流入国的分布较为广泛和分散，但是俄罗斯和中国的资金流入比例之和超过了西欧，仅稍低于北美吸收的比例。在这两个经济体的经济发展中，非本国居民的资本和专业知识的重要性往往被低估了。

在 1914 年，55% 的全球 FDI 主要流入了初级产品部门，20% 流入铁路部门，

15％流向制造业部门，10％流向贸易、分销、公共事业和银行业。[1] 制造业投资，其中大多数为市场寻求型，主要聚集于欧洲、美国、英联邦地区和俄罗斯。除铁矿石、煤和铝土矿之外，几乎其他所有的矿产投资都位于英联邦国家或其他发展中国家。

表 6.2　　　　　　　　　　1914—1960 年间 FDI 东道国或地区累计存量的估计

	1914		1938		1960	
	百万美元	％	百万美元	％	十亿美元	％
发达国家	5 235	37.2	8 346	34.3	36.7	67.3
北美						
美国	1 450	10.3	1 800	7.4	7.6	13.9
加拿大	800	5.7	2 296	9.4	12.9	23.7
西欧	1 100	7.8	1 800	7.4	12.5	22.9
英国	200	1.4	700	2.9	5.0	9.2
欧洲其他区域	1 400	9.9	400	1.6	极少	极少
俄罗斯	1 000	7.1				
大洋洲和南非	450	3.2	1 950	8.0	3.6	6.6
日本	35	0.2	100	0.4	0.1	0.2
发展中国家	8 850	62.8	15 969	65.7	17.6	32.3
拉美地区	4 600	32.7	7 481	30.8	8.5	15.6
非洲	900	6.4	1 799	7.4	3.0	5.5
亚洲	2 950	20.9	6 068	25.0	4.1	7.5
中国	1 100	7.8	1 400	5.8	极少	极少
印度和锡兰	450	3.2	1 359	5.6	1.1	2.0
南欧	暂缺	暂缺	暂缺	暂缺	0.5	0.9
中东	400	2.8	621	2.6	1.5	2.8
跨国及未分配	极少	极少	暂缺	暂缺	暂缺	暂缺
总计	14 085	100.0	24 315	100.0	54.5	100.0

注：表 6.1 和表 6.2 中展示的投资总存量不一致，这是由于投资存量地理分布的相关信息缺失。

表 6.1 和表 6.2 的数据来源：表中数据有很多来源，但主要来源是下面这些：

1914 年 Allen 和 Donnithorne（中国和日本，1954）；Bagchi（印度，1972）；Callis（东南亚，1942）；Frankel（非洲，1938）；Hou（中国，1965）；Houston 和 Dunning（英国，1976）；Lewis（众多国家和地区，1938，1945）；McKay（俄罗斯，1970）；Pamuk（奥斯曼帝国，1981）；Paterson（加拿大，1976）；Rippy（拉丁美洲，1959）；Svedberg（众多国家和地区，1978）；Wilkins（众多国家和地区，1988a）。

1938 年 Allen 和 Donnithorne（中国和日本，1954）；Bagchi（印度，1972）；Callis（东南亚，1942）；Conan（英镑区，1960）；Hou（中国，1965）；Lewis（众多国家和地区，1938，1945）；Svedberg（众多国家和地区，1978）；Teichova（东欧，1974）；联合国（1949）。1960 年 联合国引用的众多政府出版物（UNCTC，1981a），特别是这些国家政府的出版物：美国（商务部）；英国（贸易部）和加拿大（统计局）。也可参见 Conan（英镑区，1960）和 Kidron（印度，1965）。

另外，这一时期原材料和农业投资也具有特别重要的意义。大型种植园（橡胶、茶、咖啡、可可）、牧牛场和肉类加工也在这一时期达到鼎盛。这同样也是 MNE 在热带水果、糖、烟草行业的垂直一体化案例大量出现的时期。事实上，除欧洲和拉

---

[1]　尽管存在这样的可能：电力照明和能源领域的投资更为重要。参见 Hausman 等（2007）。

丁美洲的一些跨国铁路业务之外，国际科层组织也在农业部门呈现了第一次繁荣景象。尤其显著的是那些高度依赖于生产、分销、营销被数家境外公司控制的单一经济作物的经济体的繁荣。

截至 1914 年，FDI 越来越多地以 MNE 子公司业务的方式出现。由于企业渴望将中间产品市场的不确定性最小化，并试图利用垂直或水平一体化生产的优势，资源基础型和市场寻求型投资都被强烈地驱动了。而这样的跨境活动也越来越多地由国际寡头进行。动态企业家能力仍然是一个关键的 O 优势，而战略考虑也开始成为影响境外投资决策的重要因素之一。

6.5　境外生产的成熟：1918—1939 年

□ 6.5.1　引言

第一次世界大战和随后的几年见证了国际生产在水平、形式和结构上的一些变化。战争本身直接导致了欧洲几个交战国出售它们的一些投资，同时随后的政治动荡和边界变化进一步减少了欧洲大陆内部的企业活动，这些活动也完全从俄罗斯消失了。主要的投资母国中，只有美国在这些事件中毫发无损。然而，同其他国家一样，它在 20 世纪 20 年代末和 30 年代初也遭受了国际资本市场的崩溃。尽管如此，因为美国的 MNE 活动主要位于提供高于平均收入需求弹性的产品的部门，因而美国占世界直接资本的份额从 1914 年的 18.5% 上升到 1938 年的 27.7%。

总的来说，如表 6.1 所示，国际资本总额在两次世界大战之间的上升非常明显，尽管存在一些从西欧流向中欧的大宗投资，但俄罗斯在革命以及随之而来的征用之后，吸收的投资总量急剧下降（Teichova，1974）。美洲继续吸引着超过美国直接投资三分之二的外资。20 世纪 20 年代欧洲内部国家和美国在欧洲的投资参与度下降，而在 20 世纪 30 年代这部分投资开始回升，同样地，欧洲对美国的投资也有所回升。欧洲经济体对拉丁美洲的投资也出现了紧缩——尤其在铁路部门。这一紧缩得到了部分补偿：英国适度增加了对英联邦国家的直接投资，试图夺回在战争期间失去的出口市场。① 中日战争之前，西方国家和日本在中国的商务活动也急剧上升。

在两次世界大战之间，德国作为对外直接投资者的案例是特别有趣的。德国在第一次世界大战爆发之后失去了大部分的境外资产，很多德国 MNE 不愿进行海外投资。此外，金融资源和外汇的短缺也限制了它们的选择。相反，德国企业转向将国际卡特尔和契约合同作为一种确保关键原材料供应并在主要工业国家保护市场份额的方法（Schröter，1988）。

在两次世界大战之间德国直接投资最主要的地区之一是斯堪的纳维亚半岛。有时，这种参与会采取 FDI 的形式（例如，在挪威的铁矿、氮产业等领域），有时会采

---

① 尤其是在英国先前具有比较贸易优势的纺织品和知名消费品领域。

取卡特尔的形式（例如，由 ASEA、AEG 和西门子在电力及设备领域形成的卡特尔，由杜邦和 I. G. Farben 在化学领域形成的卡特尔），有时则采取长期契约形式。这类契约的例子包括德国钢铁生产商和瑞典企业 Granges 在铁矿石领域的合作，I. G. Farben 和芬兰乳制品企业 Valio 在旨在保护牲畜饲料的化学领域的合作（出处同上）。

在两次世界大战之间，在发展中国家也有相当多的 MNE 活动。这包括美国公司在墨西哥湾、荷属东印度群岛（现在的印度尼西亚）和中东的新油田投资，在非洲的铜和铁矿石的投资，在荷属和英属圭亚那（如今的苏里南和圭亚那）的铝土矿投资；在智利的硝酸盐矿投资；在南非的贵金属投资；以及也许最值得注意的在南美洲的有色金属投资。事实上，在 1929 年，两位矿业研究的专家观察到"南美洲的大部分生产性矿产资源都被美国利益集团所占有"（由 Wilkins，1974:106 引述）。矿产行业之外，日益增长的对橡胶的工业需求导致美国和欧洲轮胎制造商增加了在利比里亚、马来半岛和荷属东印度群岛的投资。同时，工业化国家实际收入的上升促进了糖、热带水果和烟草业的进一步 MNE 活动。美国公司在拉丁美洲公共事业部门的投资也有一个规模较大的扩张。在这些年里美国和英国 MNE 都在扩展其产品的境外销售和营销业务。

虽然在整个时期 MNE 新设立的子公司的数量持续上升，但直到 20 世纪 30 年代，全球境外直接资本的价值才超过战前水平。欧洲大陆公司的投资主要针对欧洲其他地区和美国，而美国 MNE 主要投资于南美、加拿大和较大的欧洲国家。1970 年日本规模最大的公司的第一批四个境外制造业子公司是在 1920 年和 1938 年间设立的（Vaupel 和 Curhan，1974）。在此期间，许多日本棉纺织机械公司在中国设立生产基地，主要是为了保护其市场份额（Kuwahara，1989），同时还有一些一般贸易公司（比如 Mitsui 和 Mitsubishi）在美国西海岸积极地设立了进出口经销代理子公司（Kawabe，1989）。

一般来说，跨国商务环境远远不如 1914 年之前。越来越多的关税和其他进口管制抑制了建立在国家特定资源和能力的专业化以及效率寻求型境外生产基础之上的贸易。由此产生的国际经济环境鼓励进口替代型投资和跨境卡特尔的形成，以此来保护其参与者免受毁灭性竞争的伤害。另一方面，新技术和组织形式的进步帮助推动了公司产业和区域边界的扩张，并鼓励了产品和工艺的多样化。发达国家原材料和食品的需求超过了这些国家的供给。有时这导致了更多的 FDI，例如欧洲公司在其殖民地、美国公司在拉丁美洲和加勒比地区增加了 FDI。在其他情况下，这导致了母国生产的人工合成品对进口材料的替代。

这些发展的最终结果是增加防御性市场寻求型制造业投资，减缓了进攻性和效率寻求型制造业投资的增长。资源基础型 MNE 活动持续扩张，特别是来自欧洲大陆国家的这类活动，但由于人造材料（例如人造纤维、塑料、合成橡胶）厂商开始取代其自然产品的竞争对手，这类投资的增速放缓。

两次世界大战之间的另一个特性是辛迪加型和独立 FDI 的衰落，以及各种各样的 MNE 活动的增加。境外生产的增长逐渐采取了更多的垂直或水平一体化形式。这段时期公司内部交易的平均规模和交易量都急剧增加。跨境 M&A 相对于绿地投资也有增长。资产收购型 FDI（见第 3 章）增加，因为公司试图保护或加强其市场地位和/或降低生产和交易成本。与此同时，国内市场垄断者的战略目标扩大至国际市场。

Wilkins（2004）在延续其对美国早期 FDI 的开创性研究的基础上[①]，考察了 1914—1945 年间这段动荡时期内境外投资者的经历。在 1914 年，资产组合投资已经占了美国对外投资的四分之三，到第二次世界大战结束时，这一比率已经低得多，尽管证券组合投资在数量上仍然超过了直接投资。也是在这一时期，在世界经济中美国从一个净债务国成为净债权国。

除了分析境外投资组合和境外直接投资的发展，Wilkins 也发现了它们之间的联系，她引入了所谓的"全球金融"相关的新证据，"全球金融"是指在 20 世纪 20 年代末公司常常进入纽约活跃的金融市场。事实上，全球金融有许多不同的形式，资产组合和直接投资都是其中的种类，而进口和出口交易也都会在这一范畴内发生。例如，Ivar Kreuger 控制着一个包括瑞典火柴公司在内的庞大的商业帝国，他在美国的投资不仅是为了支持当地的制造业活动，也是为了向欧洲和其他地区的业务提供金融支持。

与通常在本国筹措资金以进行境外投资的独立公司相比，全球金融为在境外投资的企业提供了一种增加母国或其他地区资金来源渠道的方式。尽管资本市场一体化使这种形式的投资仅仅是昙花一现，但这一事实形成了 Wilkins（1999）提出的更广泛的观点的一部分，即资产组合投资和直接投资一直以多种方式相关，但尚未被目前的研究充分探讨。[②]

在两次世界大战之间的大多数时间里，国际卡特尔蓬勃发展。贸易约束也迫使 MNE 在几个国家内复制同样的增值业务，其结果是可持续生产难以为继。政府抑制国内的竞争并鼓励国际市场共享方案。最终的结果既包括市场被特定国家的公司所瓜分，也包括像 Franko 指出的那样，"市场的寡头垄断匹配让位于国际竞争对手联合拥有的制造业子公司的进入"（Franko，1976：95）。

公司偏好采取国际经济参与的一种形式而非另一种，同样取决于部门、国家和企业特性。例如，在快速增长的机动车行业几乎没有合作协定，这一行业中美国 MNE 的技术和营销优势尤为强劲。每家公司生产有限种类的产品。巨大的规模经济使美国生产商获取和应用生产、管理和营销技巧上的知识，这些知识对世界其他地方的汽车制造商来说是无法获取的。此外，早些时候由美国公司在机床技术和组织生产的 Taylor 系统方面获取的经验，被证明是一个无价的 O 优势（Foreman-Peck，1982）。相比之下，在充斥着卡特尔的电气设备行业和一些化学分支行业以及重工行业，这些条件在很大程度上是缺失的。

此外，技术的合同交易被恢复元气的西欧大公司所青睐——特别是德国公司——并作为一种在没有大量资本投资的情况下渗透美国市场的方式。这也解释了为什么欧洲公司在美国投资的合资企业更普遍，而不是美国公司在欧洲成立的合资

[①]　参见 Wilkins（1989）。

[②]　最近的发展证实了这一点，由于跨境风险投资资本和私募股权投资再次推动了混合形式的投资，而混合投资既不是纯粹的证券组合投资也不是传统的 FDI（UNCTAD，2006）。也可参见 Hausman 等（2007）。

企业的数量更多。同时，专利联营和国际卡特尔协议在两次战争之间的期间越来越受欢迎，这也将外来跨国公司，特别是德国跨国公司置于对其事实上阻碍了美国本土公司的科学发展的质疑中。然而，Wilkins（2004：607）提出的证据表明，在化工行业等产业，外来 MNE 有大量的所有权优势，这表明外来投资对美国公司的技术发展有着积极而不是消极影响。[①]

在此期间纵向直接投资也有一定程度的回落，这是因为新的国际大宗商品市场的建立。另一方面，在那些特征为成本高昂且不可分割、显著的进入壁垒使公司数量很少、防止产量波动尤为重要的初级产品部门（例如石油、热带水果、橡胶和一些有色金属），MNE 加强了其科层控制。

□ 6.5.2 市场寻求型投资

美国和欧洲制造业成熟 MNE 的国家特定 O 优势，从 1914 年之前延续到两次世界战争之间。例如，因为其供应能力的结构以及国内市场的规模和性质，美国公司在许多加工制造业的实力持续增强。事实上，截至 1939 年，它们在工程和汽车行业的对外投资总额约占全球的三分之二。除新产品和工艺创新外，管理、组织和工作管理的重要发展也相当明显。国内市场的扩大也使美国公司能更好地利用垂直和水平一体化的经济性，这使得许多美国本土企业在第一次世界大战之前高速发展。

除了少数例外（例如，火柴、钢铁、烟草和保险行业失去了先前的一些竞争优势），美国 MNE 在 20 世纪 20 年代保持着强有力的增长。[②] 大部分增长流入了加拿大和西欧国家，它们约占 1919—1929 年间美国所有制造业对外投资的 72%。仅在 1925—1929 年间，美国在欧洲和加拿大就设立了 303 个新工厂，其中 31% 在 1929 年运营（Lewis，1938：599）。根据 Jones 和 Bostock（1996）收集的全面数据，美国在英国出现了显著的投资浪潮，在 20 世纪 20 年代和 30 年代分别有 121 家和 112 家新制造业子公司成立，其中分别有 40% 和 23% 是通过收购进入的。

大部分投资是为了在美资企业具备竞争优势的领域生产商品，即在使用新材料且技术密集型的加工行业，以及高收入、产品差异化的消费品行业等领域生产产品。[③] 在欧洲国家尤其是英国和德国看来，这很令人忧虑，以至于美国企业经常被迫伪装其来源或与东道国伙伴建立合资企业（Wilkins，1974）。这种忧虑也出现在世界其他地区，如拉丁美洲和澳大利亚等。相比之下，在日本外来投资十分受欢迎，虽然这些投资经常是以与日本公司巨头或财阀合资的形式实现的。Mason（1987，

---

① 在这个时期的官方统计中德国投资是被忽略的，因为它们经常选择途经荷兰、瑞士或瑞典来避免不利的关注和最终的征收（Wilkins，2004：371）。尽管这种"伪装"策略传统上被看作是德国 MNE 与纳粹战争机器的合谋证据，但新的研究表明，伪装更多地是被商业利益和长期策略而不是纳粹政权驱动的，后者对这类跨境努力的支持非常不稳定且极为短暂。

② Wilkins（1970）引用了曾经一度在火柴制造技术方面居于世界领先地位的 Diamond 火柴公司案例。到 20 世纪 20 年代，与瑞典火柴公司相比，Diamond 丧失了大部分的技术优势。

③ 美国的境外子公司也是最先引进仪器控制新方法的，Jones（1988）引用了 H. J. Heinz 的案例：1929 年，H. J. Heinz 在英国罐头制造商尚未引进任何形式的控制手段之前，就已经在其伦敦子公司实现了自动化控制。

1992a）记录了 20 世纪 20 年代欧美 MNE 知识转移的一些案例，包括 Western Electric（美国）、邓禄普橡胶（英国）和西门子（德国）。[①]

随着美国公司扩展到更多国家，O 优势的特征从基于对特定无形资产的持有转移到对这些资源的跨境组织和协调方式。随着 MNE 越来越多地增加境外资产（即从事持续投资）以及在更多的国家建立子公司，其子公司的角色从简单的母公司附属物成为系统性的跨境增值业务网络的一部分。虽然全球企业是最近才出现的，但产品和市场的全球化运动却始于 20 世纪 20 年代，而且起源地主要是美国。

英国和欧洲 MNE 继续在加工行业开发新的 O 优势。在欧洲，材料成本和劳动力成本的比例远远高于美国，这使得它们更不愿靠外国原材料（例如，橡胶、化肥、染料）。[②] 相反，这鼓励了合成替代品的发展，以及更有效地使用现有材料。更具体地说，比如在德国引入国家健康保险和退休计划的政策限制了其他创新。在对欧洲 MNE 的分析中，Franko（1976）表明，在美国大多数创新都指向中等收入阶层的大规模市场，且是劳动节约型创新；在欧洲的奢侈品或低端服务市场，劳动力相对便宜，许多材料十分昂贵或必须进口。同时在欧洲内部，各国的条件也不同。例如，法国的制度结构和职业培训机会一般都不如德国同行有利于创新。尽管如此，法国企业仍然是合成人造丝和铝行业的先锋。

欧洲 MNE 进一步在两种业务中发挥它们的竞争优势。首先是在加工领域，尤其是化工行业。在 1920—1939 年间美国授予欧洲化学公司的专利增长完全超过授予北美公司的专利（Cantwell，1992）。截至 1940 年，德国企业生产世界上 90% 的合成染料。第二种是在制造行业的利基市场。德国人同样率先提供了豪华汽车和高质量的电器产品，像 Franko（1976：25）所指出的，"使用独特工艺生产的商品的供应，或独特产品的供应"。

在两次世界大战之间英国市场寻求型 MNE 最显著的两个特点是数量的增长和对英联邦国家区位的偏爱。Nicholas（1982）对 1939 年之前的 448 家英国制造业 MNE 的调查显示，1914 之后成立的企业 52% 在这个区域，而在 1914 年之前只有 34%。事实上，Lundan 和 Jones（2001）表明，即使在今天，现代英联邦内部的 FDI 存量和贸易模式中这种关系的影响也是可见的。在一定程度上，这种偏好反映了一个事实：当代的英国顶尖企业非常偏爱英联邦地区，部分原因是它们经常跟随美国和德国 MNE 的战略，部分是因为它们普遍认为这些地区比工业化成熟的市场更容易渗透（Stopford，1974）。[③]

在英国巧克力制造商的例子中，战争损害了它们对加拿大和澳大利亚市场的出

---

① 作为一般性观察，商业历史学家正在为国际商务学者提供更多关于早期 MNE 拥有 O 优势，以及这些优势如何影响所处经济体的阐述和案例。对这个领域更重要的贡献的回顾，参见 Wilkins（1991）和 Jones（1993b）主编的两本专著，以及 Wilkins（2001）和 Jones（2004）。

② 特别地，对海军封锁的担忧持续地降低了一些国家对国外原材料的依赖度（Franko，1976：39）。在其他案例中，例如石油，境外卡特尔通过维持价格高位来鼓励用户寻求替代品（在此案例中是电力）。

③ 偏爱英联邦市场可以看作是企业作为强者还是弱者的标志。Lundan 和 Jones（2001）提出的论点是，制度相似和共享的语言使英国企业更容易在这些市场发展优势。这并不意味着这种论调是正确的：帝国市场"有求必应"，导致第二次工业革命期间英国制造业的衰落。事实上，通过研究英国商品主要市场的贸易模式，Thompson 和 Magee（2003）发现没有证据表明第一次世界大战之前英国工业能够利用帝国市场逃避竞争。

口，它们发现恢复这些市场的唯一途径是通过 FDI（Jones，1984b）。基于一个非常不同的原因，英国仪器生产商 George Kent 成立了一个加拿大子公司以应对"英国本土上美国公司在欧洲进行的水表和仪器的销售"（Archer，1986:299）。然而，该公司选择了加拿大而不是美国，这是因为美国公司在加拿大的活跃度较低。在两次世界大战之间，英国公司在美国和欧洲有一些投资[①]，尽管到 20 世纪 30 年代末，德国的政治环境显著降低了新 MNE 活动的流量。大多数新企业都在相对成熟的、技术含量较低的加工行业。[②] 事实上，记录表明在两次大战之间英国 MNE 在这些行业普遍提高了全球竞争力（Houston 和 Dunning，1976）。

然而，在技术先进和垂直一体化的制造领域，英国是落后的。这归因于英国企业缺乏对业务进行现代化或合理化的动机，英国教育体系的缺陷，以及英国公司对这些领域管理和组织结构的缓慢适应（Chandler，1980）。

在第一次世界大战前的一段时间内，英国顶尖 MNE 依旧由所有者管理。虽然这有时会导致企业强有力的领导（例如，来自 Metal Box 的 Robert Barlow，来自 Bowater 的 Eric Bowater 以及来自 Glaxo 的 Harry Jephcott[③]），但家族企业一般不愿意从事任何形式的扩张，因为这可能需要稀释所有权或控制权。[④] 此外，例如 ICI，Courtaulds，Pilkington 和 Metal Box 这样的 MNE 因为跨境许可或卡特尔协议而限制了其境外生产。在某些情况下，卡特尔明确禁止其成员参与 FDI。比如，1933 年英国线钉制造商与欧洲大陆同行达成协议，禁止后者在英国设立线钉工厂（Jones，1988）。在其他情况下，英国公司被允许在英联邦国家生产，但不是在美国。例如 ICI 和杜邦，Metal Box 和 Continental Can 之间的协议约定。

如果两次大战之间的市场寻求型 MNE 的 O 优势的特征大体与以前的时期类似——除了那些与跨境"学习成本外部化"密切相关的优势的重要性日益增加（Kogut，1983）——那么这些影响基于优势的增值活动区位的因素发生了巨大的改变。关税和其他形式限制进口的贸易保护主义升级。这段时期的实证研究（Southard，1931；Marshall 等，1936；Royal Institute of International Affairs，1937）表明多数以市场为导向的 FDI 在发达国家中以防守为目的。在加拿大，Marshall 等发现，关税在子公司活动中拥有压倒性的重要性。相比之下，学者估计，加拿大在美国设立的分厂只有 15%～20% 将其存活归功于"在任何量度下运输成本的节约"，而美国公司在加拿大的分厂的成本在大多数情况下绝对高于母公司。

在欧洲，Southard（1931）得出的结论是，美国公司建立分厂主要基于根据当地的供给能力和需求的独特性定制产品（特别是消费品）的需要，以及基于节省跨

---

① Nicholas（1989）记录了 1914 年之后 11% 的英国 MNE 设立在美国（1914 年之前则是 13%）。设立在欧洲的相应百分比则分别为 43% 和 27%。他也指出 1918 年之后所有的英国对德国的投资中有三分之二是在 1918—1933 年间发生的。

② 55 家在 1938 年至少在四个国家设立境外生产型子公司的英国工业企业中，不少于 40 家属于加工行业，仅有 15 家属于工程和金属制品行业。

③ 在对 Harry Jephcott 爵士的研究中，Davenport-Hines（1986:140）指出"他对 Glaxo 药厂的战略察觉对公司从 1935 年到 20 世纪 60 年代中期英国国内和国外的决策和绩效起到了重要作用。该企业的主要产品于 1924 年增加了维生素食品类别，于 20 年后增加了抗生素类别，这在很大程度上也是出于他的推动"。

④ Archer（1986）给出了几个英国 MNE 合并的案例，这些企业自身存在较少的组织合理化，导致包括 ICI 等企业的研发在内的许多共同治理经济并没有实现。也可参见 Stopford（1974）和 Hannah（1976）。

大西洋运输成本（尤其是笨重、易腐或脆弱的物品）的需要和非关税壁垒（例如，歧视性的政府采购政策和"购买国内产品"的销售观）的盛行。Nicholas（1982）识别了澳大利亚、印度、意大利和爱尔兰政府较轻的民族主义压力是英国制造业在这些国家投资的强大诱因，而埃及 1930 年的关税改革直接导致了英国三大纺织公司在这一国家设立工厂（Tignor，1987）。一些美国公司也试图通过收购欧洲公司来阻止欧洲公司进入美国市场。

这些年内，随着市场变得不安全以及歧视化，公司也开始寻求在政治、文化和社会上类似于母国的区位。这就解释了英联邦国家在英国投资，以及美国在加拿大、拉丁美洲和亚洲的部分地区投资的偏好。相比之下，欧洲政治局势动荡，当地企业被卡特尔集团和政府保护主义政策所支持。

最后，正如上面指出的，尽管在两次大战之间跨境科层活动的交易成本下降了，但我们认为来自替代组织形式的好处更大。经济衰退、货币不稳定（导致扭曲的价格关系）和对合作协议轻慢的态度孕育了区域和市场分割协议盛行的环境。结果是，前向一体化的主要推动力不复存在。此外，由于分割市场，在多个国家设立子公司的 MNE 没有发现这有利于参与子公司之间生产的专业化。公司内贸易仍然较少。所有这些因素的结果是，尽管国内（尤其是美国）市场的内部化继续增长，但这些跨境业务主要局限于销售活动。[①]

一些投资政府的作用没有那么重要。例如，1929 年之后，英国的资本出口受外汇管制的限制。与此同时，英国的政策看起来比 1914 年之前更看好外国制造业。在某种程度上，这种态度的改变是受到寡头竞争的内部扩张以及在某些情况下国内和外国投资可能是互补的而不是可替代的认知的影响。

几乎没有实质性的证据解释为什么在两次世界大战之间公司使中间产品市场国际化。Stopford 和 Turner（1985）声称，英国公司通常避开许可选项，因为可执行的专利立法的缺乏或监控被许可方的困难性。然而，回顾公司历史和档案材料可以发现英国公司选择外国直接投资而不是非股权合作协定的其他原因。这些原因包括很难找到合适的分包商或授权商；未能达成可以接受的合同条款和条件；以及担心被许可方可能成为未来的竞争对手（Archer，1986）。

□ 6.5.3　资源依赖型投资

在两次大战之间供给型 FDI 在采矿和农业综合企业间表现为混合型，很大程度上是由美国和英国控制。也许最引人瞩目的增加发生在外资石油产业。我们已经看到，在 1914 年之前，美国 MNE 的外资活动主要是为美国石油寻求市场。然而，截至 20 世纪 20 年代和 30 年代，美国企业在拉丁美洲、中东和荷属东印度群岛投资大笔资金进行原油勘探和生产。截至 1928 年，委内瑞拉已经成为英国第二大石油供应国

---

① Nicholas（1982）和 Archer（1986）给出了几个例子，包括机器皮带制造商 Thomas Fenner 在印度销售代理商不能满足要求之后，于 1929 年在印度建立了一个销售分支机构，以及因为不信任独立代理商能够适当地维护公司利益，Brunner Mond 偏好拥有海外销售公司。另一方面，Glaxo 认为其成功取决于通过准确的指导和契约筛选人员使得营销精确化和系统化，因此将其最终产品市场内部化了（Archer，1986：246）。

（Wilkins，1974）。1932 年美国设置了委内瑞拉石油进口关税，美国在委内瑞拉的石油分公司开始出口到欧洲。与此同时，当美国石油公司开辟新能源生产、建造新管道和炼油厂、增加油轮船队和扩大其分销网络时，两个主要的欧洲石油公司——BP 和 Shell——也多样化了它们的生产利益，且截至 1939 年已经覆盖了美国竞争对手的大部分地区。

在两次世界大战之间除了在一些新金属行业，FDI 在矿业仅有略微上升。尽管比利时公司 Union Minière du Haut Katanga 是加丹加省一个领先的有色矿石生产企业，同时在欧洲南部和东部，德国和法国在铝土矿业的权益也令人瞩目，但是在石油行业，美国和英国的 MNE 占了大部分（Franko，1976）。这些企业都是部分或全部国有。[①] 然而，正如前面提到的，两次世界大战之间的岁月见证了美国和欧洲能源业和矿产业卡特尔的诞生，特别是焦炭、锡矿和铜矿产业。当在马来西亚和利比里亚的橡胶种植园以及在非洲和亚洲的部分地区的林业产品的投资增长迅速时，也有一些在欧洲殖民地的矿产投资。

一般来说在这一时期几乎没有发展中国家的 MNE 从事二次加工活动，一些东道国政府试图抵制对自然资源的国际投资。但在 20 世纪 30 年代末，新商品和期货市场（例如，在橡胶、茶和咖啡方面）开始出现，最终侵蚀了垂直整合的优势。1968 年，Reddaway 等（1968）注意到，在 20 世纪 50 年代末一些英国公司直接拥有了在半个世纪前就被它们控制的原材料部门的外国资产。这一时期另一个关于供给导向投资的特点是它们对工业化国家供应的输出要远远大于对投资国供给的输出。跨境公司内部的贸易也有一些增加。

□ 6.5.4 其他形式的投资

在两次世界大战之间服务业 FDI 的有限数量反映了 MNE 活动在其他领域的缩减。不过也有例外，例如，日本贸易公司在欧洲和美国之间多有活动。在欧洲，Mason（1992b）指出，这些公司不仅扩大了交易产品的范围，也承担着越来越重要的为国内母公司提供市场情报的角色。日本保险公司如三菱集团和东京海运，在两次大战之间还建立或扩大了其在英国的业务。[②]

20 世纪 30 年代在美国，横滨银行的分支机构和代理机构的融资一半以上是来自美国的进口融资，是日本对美国出口融资的主要参与者（Wilkins，1990b）。在当时，所有的主要贸易公司在美国都有分支机构，每个企业在促进跨太平洋商业贸易、技术转让和协助美国公司在日本建立合资企业中都扮演了一个关键的角色。贸易公司得到日资运输和保险公司的进一步支持。事实上，Wilkins 也认为，在战争期间日本在美国的直接投资为日本商务提供了基本的基础设施（出处同上：598）。

对比日本贸易公司和银行的发展，英国在两次大战之间的年增长率较低。部分原因是第一次世界大战后英国制造商的外国竞争者（特别是印度和日本）带来的贸

跨国公司与全球经济（第二版）

---

① 例如，Union Minière du Haut Katanga 部分由比利时政府拥有；法国石油公司部分由法国政府拥有；联合铝业公司部分由德国政府拥有。

② 可以参考 Mason 和 Encarnation（1994）关于日本在欧洲的 FDI 的文章。

易损失。但是随着当地银行的出现、中央银行的建立、银行监管制度的发展、作为全球领先金融中心的伦敦金融城的相对衰落以及英国银行没有能力或者没有意愿调整其组织结构来应对不断变化的环境，英国银行业损失了一些最初的 O 优势（Jones，1992）。与此同时，英国的贸易公司和银行都有很强的内部化优势，使它们保持了强大的市场地位，甚至扩展了它们的业务，例如，从贸易转移到机动车领域，并且扩展了当地贷款业务（Jones，1993a，2000）。

□ 6.5.5　两次世界大战之间：结论

尽管在两次世界大战之间，国际经济和政治气候不是特别好，但 MNE 活动持续增长，特别是在 20 世纪 20 年代。这段时期最重要的特征是：

（1）美国直接投资的成熟，特别是，多样化和综合性的 MNE 的出现；

（2）防守性市场寻求型投资的增长，尤其是在欧洲；

（3）外国投资者进入新资源产业，特别是石油、有色金属和磷酸盐；

（4）外国生产逐渐被那些曾吸引大量 FDI 的卡特尔部门所替代；

（5）日本贸易公司在日美贸易和日本经济发展中扮演了主要的角色。

这些特性与这一时期组织和沟通的加强导致了企业领土边界的进一步回撤和新市场的开辟。与此同时，发展中国家继续吸引着大量的资源基础型投资，发达国家继续吸引着大多数市场寻求型投资。随着外国分支机构开始专门从事它们的一些产品和流程活动，以及从事跨境公司内部贸易，出现了少量的效率寻求型 FDI。随着寡头 MNE 开始从事更多的全球生产和销售，战略资源捕获型业务也开始出现。

6.6　战后初期：1945—1960 年

□ 6.6.1　一些事实

如果两次世界大战之间的时代见证了国际业务的成熟以及增长的减速，第二次世界大战以后的年代则见证了各种贸易和投资无间断的扩张。这一期间也见证了全球资本的出现和成熟（Dunning，2001b），或许可以简单地划分为两个阶段。第一阶段从战后到 1960 年，这是一段美国主导的新 MNE 活动。自 1939 年以来世界直接资本股权以及 Vaupel 和 Curhan 在 1974 年研究中定义的世界领先的 MNE 中 174 家制造业子公司的数量都有增长，而美国大约占了增长份额的 2/3。第二个阶段横跨接下来的三十年，先后见证了欧洲大陆、日本以及发展中国家作为直接投资者的重要作用。[1] 这一时期也见证了新地区（特别是中国和中欧、东欧地区）对外资生产的开放，许多国内和跨境市场的自由化，互联网和电子商务的出现，区域经济一体化的

---

① 例如，Wilkins（1982）记录了 1930—1952 年间美国在日本的投资，以及日本在美国的投资。

发展，以及一些真正的全球 MNE 的出现。

第二次世界大战的影响类似于第一次世界大战，每个主要的欧洲交战国被迫剥离它的许多外国直接资产。然而与第一次世界大战不同的是，第二次世界大战催生了一系列重大技术进步，随后导致了特别有利于跨境业务活动的国际经济和政治氛围。而且战后不久，英国和欧洲大陆国家，除了联邦德国，都开始重建它们的国际投资。截至 1960 年，法国和荷兰公司的外国直接资产已经超过战前水平。

1938—1960 年间全球 FDI 股份占全球产出和贸易的比例都有小幅上涨。在此期间有一个 MNE 对发达国家新企业活动偏好的战前延续。1938 年大约三分之二的外国资产属于位于发展中国家的公司，到 1960 年这一比例已降至 40％。这部分地反映了一个主要的结构变化，即国际公司的市场寻求活动的兴趣增加了，旨在规避一种或多种贸易壁垒。1960 年大约 35％的美国和英国所有的外国资产都是在制造业部门，这一比例在 1938 年和 1914 年分别是 25％和 15％。相比之下，对农业和公共事业活动的兴趣明显下降，同时，作为一个整体的矿业投资显示了增长的平均水平。然而后一投资，特别是英国和美国的 MNE 在有色金属业（智利和秘鲁的铜、加勒比地区的铝土矿等）以及波斯湾的石油业的投资增长迅速。

虽然这期间见证了一些东道国和新建立的国际生产商的卡特尔开始执行撤资或国有化计划，但直到 20 世纪 60 年代，一些发展中国家日益增长的经济实力才完全显现。[①] 除了国有石油公司，欧洲 MNE 在基础部门不是非常活跃；在 20 世纪 50 年代主要的资本输出国是荷兰、法国和瑞士，并且倾向于投资制造业、贸易和服务活动（包括金融、保险）。在两次世界大战期间，英国的 MNE 将它们的注意力集中在英联邦国家。事实上，这些国家各地的总资本的股份份额从 20 世纪 30 年代的 50％增加到 60 年代的 70％。在战后初期，南非、澳大利亚和加拿大吸引了大量的英国直接投资。相比之下，美国 MNE 的兴趣主要集中在加拿大和西欧。

关于这个 IB 扩张的时代可能提出其余两点看法。第一，Vaupel 和 Curhan（1974）指出的外国子公司的相对重要性，这是由绿地投资建立的，（相比于收购、兼并或重组）从 1946—1952 年的 55％降至 1959—1961 年的 48％；1914 年之前和 1919—1939 年相应的数据分别是 67％和 58％。第二，对于美国和非美国的 MNE，95％以上的子公司的股权从 1946—1952 年的 60％下降到 1959—1961 年的 54％。[②]

市场寻求型和资源基础型 MNE 活动在战后急剧上升。战前，前者主要是针对发达国家，特别是西欧和加拿大，而后者主要是针对发展中国家以及加拿大和澳大利亚。效率寻求型投资活动的增加并不明显，并且几乎没有任何外资活动旨在获取新的竞争优势。然而，战后初期见证了 FDI 的组织和区位的许多重要的变化。这些将在以下部分描述。

---

① 例如，在联合国（UNCTC，1978）记录的 1960—1976 年间的 1 369 家国有化实例中，有 67％是在最后的六年记录的，有 19 个生产协会成立于 1976 年，只有一个（OPEC）成立于 1960 年。

② 1914 年之前和 1919—1939 年间的相应数字分别为 62％和 63％。美属 MNE 对经营自有的附属公司的倾向要高于非美属的 MNE。

□ 6.6.2　国际商业组织的变化

1945 年后的 15 年间几件事情共同影响了国际企业的组织形式。第一，正如第 2 章已经介绍的，在这段时期中的相当长的时间内美国控制了新资本、创新和企业家的供给。第二，这段时期，难以编纂的技术、管理经验和组织能力进步显著，并且国际市场是非常不完善的。第三，反垄断立法，特别是在美国，使得国内外并购或联盟比战前更加困难。第四，喷气式飞机和计算机的出现开启了交通和通信设施的新时代，减少了交易成本。第五，战后第一个十年几乎所有类型的国际市场陷入了混乱，布雷顿森林体系和哈瓦那协议建立的 FDI 和贸易的基础经济环境，比战争年代政策制定者面临的环境更适宜和稳定。除了这些因素以外，世界总产出扩张最快的工业和服务业部门类型更替了，最渴望吸引外来企业家、技术和资本的国家更替了，资源替代方案缺乏吸引力的相对程度也转变了，这些年间国际生产上升得如此显著就并不令人感到惊讶了。

这一时期见证了 MNE 在集成产品和市场结构方面趋势的延续。同时，阅读许多发表在 20 世纪 50 年代末和 60 年代的国家 FDI 的研究可知效率寻求型外国生产，正如今天我们所知道的那样，仍然是一个例外，并非是制造业的范畴。当然，MNE 企业内制造的进口和出口是它们当前水平的一小部分，在大多数情况下，这些公司从事一小部分跨境产品或专业化加工。事实上，Dunning（1958），Stonehill（1965），Brash（1966）和 Safarian（1966）早期的实地研究表明，美国制造业子公司切断了它们对母公司的模仿，在一段学习期后，它们倾向于在母公司最小的干扰下处理它们的事务。

这将使我们有一个大体的了解。外国子公司的设立就像在母国建立了一个母公司的新分支工厂，它也有一些新创公司的特点。正因如此，国家内的大型企业发展的钱德勒式的解释（例如，Chandler，1962）可能不完全适用于进行国外生产的最初决定。这不仅是因为大多数 MEN 是中小企业，还因为外国投资决策不同于国内投资决策，它最初的目的往往是保护现有的市场，也就是说，是转移而不是扩大生产。然后，如果考虑到两国之间存在各种贸易壁垒，在过去的几百年特别是在两次世界大战之间和战后时期，有相当多的生产和服务的投资源于这种方式。例如，在 20 世纪 70 年代中期经营的英国和美国的 MNE 中大约有 75% 是 1945 年后在母国之外建立的（Vaupel 和 Curhan，1974）。其中德国公司的比例将近 85%，日本公司将近 95%。

在基于资源的资本密集型和技术密集型制造业领域，有证据表明竞争垄断型 MNE 的新活动集中出现在这个时期（Knickerbocker，1973）。我们已经指出，这种行为是一种风险最小化策略，在更广泛的背景下，有助于解释许多 MNE 从事全球活动的必要性。同时，资本投资会带来不确定性，当这些不确定性大于内部化所降低的风险时，可能导致公司更喜欢以合作或契约路线来服务国外市场。

FDI 风险的测算可以通过检查外国投资者在一个给定的东道国的生存率来获得。在英国，Bostock 和 Jones（1994）编制的数据显示，在 1850—1962 年间退出的 165

家企业（总数是 1 017）中，72 家企业没能生存超过十年，另有 51 家企业没能生存超过二十年。在 19 世纪 90 年代和 20 世纪 30 年代之间，大约 10％～13％的新进入者在十年内消失。此外，在 1908—1962 年间的数据库记录的 90 家退出的企业中，36 家企业被收购，所占比例略高于它们进入的份额（Jones 和 Bostock，1996）。[①]Fletcher 和 Godley（2000）进一步的比较分析表明企业的寿命（进入和退出之间经历的平均时间）在零售业比在制造业长。这很奇怪，因为不可逆转的投资和风险的程度在前一种情况下可以说是较低的。然而，这可能反映了英国制造业的势力相对较弱，这将鼓励进入，相反，英国零售业可以说更具竞争力，为外国企业带来了更高的进入门槛。[②]

在 1945—1960 年间，影响国际公司增值活动区位选择的最重要和独特的变量是世界上美元的短缺。特别是，这经常要求美国公司进行海外生产以销售它们的产品。这也有推动因素在起作用，如美国和其他工业化国家劳动力成本的差异化增长，美国妨碍国内市场 M&A 增长的反垄断政策的复苏。渴望利用它们的新技术和营销优势做国外市场的领导者，美国在机动车、制药、电子产品、计算机、工业仪表和其他行业的垄断者迅速在欧洲、加拿大、澳大利亚和一些富裕的拉美国家建立分支机构。

许多早期的战后欧洲直接投资也是这种类型的，并且有一个确定的模式。首先，建立一个销售和服务设施，促进出口，随后使用进口原材料和组件进行当地生产，紧随其后的是在当地进行更高附加值的生产。在 20 世纪 60 年代这个过程经常可以在英国和美国制造业的投资中观察到。同样，通常被进口管制保护的崛起中的市场，以及对于被竞争对手抢走现有或潜在客户的恐惧，是主要的诱因。国际卡特尔的放弃导致几家英国公司在美国建立生产设施，而另一些人则认为这样的投资是获取美国技术最好的方法。

第二次世界大战结束后工业产量的快速增长导致了对原材料前所未有的需求以维持出口，所以越来越多的工业国家被迫寻求新的供应来源。基于与 19 世纪促进后向一体化完全相同的原因，采购初级产品来加工和制造的大公司寻求它们的供应来源。因此，在北部大量外向的供给导向型投资与制造业产出和国内工业化收入成正比。同时，生产国家更关注出现越来越多的外国公司的关键自然资源领域。这不仅仅是这些公司获得垄断利润能力的问题。东道国政府同样感知到本地资源的利用方式、开发的效率、被谁开发、以什么条件以及出售的方式。也有一些对 MNE 获取（或被认为获得）经济租方式的担心，例如通过操纵跨境转移价格。许多这样的 FDI 的成本被 MNE 与其子公司之间的交易内部化。

接收国对这些事件的反应是众所周知的，我们将在第 Ⅳ 部分较为详细地研究这些。在此只想说一点，到 20 世纪 60 年代中期，一些东道国政府鼓励或强制 MNE 在

---

① 退出的结果是多数的商场被清算；更通常地讲是附属公司被出售给英国利益集团。

② 这也与英国制造业 FDI 的产出增强效应被广泛认可的事实是一致的，零售业部门 FDI 带来的创新却相对较弱（Godley，2003）。

许多资源基础型行业进行资产剥离，试图改变他人（特别是新投资者）的条款和条件。公共命令代替了企业命令，然而由于越来越多的 MNE 之间的竞争和本土企业的发展，许多中间产品市场变得不那么完善了。

这些事件的结果是，在 20 世纪 60 年代和 70 年代供给依赖型外国投资有一个相对的下降，除了在一些资源丰富的发达国家，如加拿大、澳大利亚和英国（为了北海油田），以及在远东的政府和投资者有着共同政治信仰的国家。例如，在远东地区，日本投资者在 20 世纪 60 年代第一次强行进入。四十年后，他们比美国或欧洲同行有一个更大的资源基础型活动，特别是在亚洲和太平洋地区。这些投资由日本工业或贸易公司直接或间接地紧密控制。

6.7　生产的全球化：1960—2000 年

□ 6.7.1　引言

人们普遍同意，第一次世界大战的开始标志着第一次全球经济的结束。早期的数据显示，截至 1914 年，FDI 约为 150 亿～180 亿美元，其中英国占最大的份额。在 1914 年 FDI 占全球产出的比例达到 9%。直到 20 世纪 90 年代才再次达到这一水平（Jones，2004）。

这是因为在第一次世界大战之后，主要贸易国家采取竞争性货币贬值的策略以促进出口、阻碍进口，试图"出口失业"。贸易障碍也伴随着移民的限制，20 世纪 30 年代初，第一次全球经济开始萎缩。维持英镑与黄金平价变得困难，并且其结果是英镑在全球经济中作为储备货币的作用消失，这也标志着由英国主导（不列颠治世）的第一次全球经济向由美国主导（美利坚治世）的第二次全球经济转变。

第二次世界大战之后的二十年是一个过渡时期，到 20 世纪 70 年代末第二次全球经济开始成型。担心美元即将枯竭崩溃的学者指出今天的全球经济可能即将过渡到由欧盟或者中国主导的第三次全球经济（Gray，2004）。[①]

第 2 章已经介绍了近期的 FDI 和 MEN 活动的增长趋势和模式。特别是，它强调了自 20 世纪 70 年代中期以来产生对外直接投资的国家数量在增加和主要工业国家的净对外直接投资在逐渐收缩。在过去的 40 年里，国际生产已经越来越像国际贸易，国家现在将它们自己的 MNE 和它们中间的外国 MNE 子公司的活动，看作一种从国际分工以及市场的区域化和全球化获益的方式。除非在一个相对自由的贸易和投资环境，否则这种专业化和增长机会不可能发生。

虽然母国和外国的 MNE 活动在大多数发达市场和发展中经济体中有着更大的

---

① 此外，如果历史可以借鉴，一个霸权到另一个霸权的变迁就不可能是平稳的，因为就像 Godley（2003）指出的，一个霸权是不可能承认它的完结的。

重要性①，或许自 1960 年以来 IB 活动的重要性已经增加了三倍。首先，MNE 参与投资的主要形式已经从市场寻求型和资源寻求型转变为效率寻求型，近年来转变为战略性资源获取型。同时，前两种投资已经越来越多地从全球视角出发，并成为了MNE 中心论或跨国组织战略的一部分。② 尤其可见所有形式的公司内贸易非常可观的增长——比如在外国子公司和母公司之间，在发达国家子公司与子公司之间，特别是在欧盟和北美等一体化区域。

第二，IB 组织形式变得更加多元化。特别是，各种形式的非股权合作合资企业如雨后春笋般涌现。在 21 世纪伊始，IB 学者像重视 FDI 本身那样重视解释跨境战略联盟的增长，以及作为 MNE 活动的全球网络一部分的供应商和客户网络的增长。

第三，在过去三十年中，许多 MNE 已经演化出新的态度和策略来开展它们的国际活动。现在撤资与新投资齐头并进。在一个部门或领土的扩张往往伴随着在另一个部门或领土的收缩。组织形式和激励结构不断被修正以满足新环境、科技和社会挑战。特别地，决策中的辅助性原则现在是许多 MNE 全球战略的一部分。③ 新跨国联盟形成快，旧跨国联盟崩塌也快。越来越多的外资正接近一个类似的连锁增值活动的系统的控制点，它的成分和组织不断根据外生确定的事件以及 MNE 本身的重点和策略进行调整。

本书后面的章节将详细关注这些发展，而最后一章会推测一点关于未来 MNE 业务的进程。然而，从历史的角度来看，它们代表 IB 一个连续的演变，由技术发展、政府在其管辖范围内对资源与能力结构的影响以及国际贸易水平与层次共同塑造的性质和形式。

当然，当今世界经济最鲜明的特点之一是某些资产和中间产品的灵活性，这决定了一个国家的繁荣和经济增长能够跨越国界。作为安置和控制这些资源和能力的组织和区位的运载工具，MNE 保持在自己的类别中。然而与此同时，MNE 需要区位特定的制度、资源和能力来补充自身 O 优势，这些区位特定的制度、资源和能力的可用性和质量越来越多地决定了它们的全球竞争力（Porter，1994，1998）。

下面的内容将考虑过去 40 年一些比较重要的组织形式和区位变化对 MNE 的影响。

□ 6.7.2　组织形式的变化

过去的 40 年里我们看到了组织和管理在跨境增值活动中相当大的变化，这些变化不仅表现在减少或增加了在某些国家和部门 MNE 层级的作用，而且表现在改变了这种层次的形式和结构。但支持前者的倾向已经改善了中间产品市场的效率。加强这种趋势是 MNE 的自愿选择或一些东道国政府在许多主要行业和一些关键的二、

———————————

①　参考第 2 章。这里只重复一组数字：作为全球 GDP 的占比，对内和对外资本股份从 1967 年的 7.8% 上升到 1980 年的 12.5%，1990 年为 17.9%，以及 2002 年为 43.9%（UNCTAD，2003b）。然而，如第 2 章讨论的，被官方统计计划分为 FDI 的部分投资实际上是证券组合投资，这部分投资是未被监管的资本出口。

②　为拟定地理中心和跨国组织战略的定义，可以参考第 7 章。

③　更详细的内容，可以参考第 8 章。

三级部门强制使用的市场路线。所以，除了在用户容量仍然不足的国家，最初旨在利用独特的有时效限制的无形资产的国际生产在逐步萎缩。相比之下，MNE 在技术异质、复杂而不易模仿的创新领域以及政府管制的地理上资源和能力分散的领域继续蓬勃发展。

然而，这些现象都是同一个故事的一部分，能与产品或行业技术周期的思想很好地融合。MNE 设想何处作为机构、资源和能力的转让方，或者作为使用这些资源及相关资产的先行者，它们在任何特定的国家的存在可能是短暂的，除非它们可以升级这些优势或创建新的优势。因此，正如前面提到的，在绝对意义上以及与他们的竞争对手相比较而言，人们会期望一个国家的对外直接投资与本土企业家的能力、激励结构和创新能力的质量和增长率正相关。

然而，撇开这些国际生产的兴衰，过去 20 年里最显著的组织发展是真正意义上的全球企业的出现和各种形式的合作联盟的迅速增加。这是 Mira Wilkins 提出的"第三阶段"MNE 发展的自然延伸（Wilkins，1974）。与其说这里外国生产的动机是获得可以获取市场优势的经济租，还不如说是捕获这样生产带来的经济一体化和多元化。这种多部门或多国家形式的外资活动不仅可能导致一批外国子公司之间或它们的子公司和母公司之间更多的效率寻求型生产，而且还会导致这些子公司利用或创造新的竞争优势。

资源利用型投资和效率寻求型投资是两种有差异的投资。首先，在许多国家进口替代活动的重组，最初旨在满足国内的需求。当市场足够大和/或成为集成时，那么 MNE 可能发现采用基于产品或工艺的经济专业化和内部交易的不同策略是经济的。其次，企业一体化可能采取出口平台制造投资或初级产品下游加工的形式，分工往往是基于增值链的不同阶段及国际成本和市场营销的差异。相比之下，资源扩张型投资旨在利用东道国区位资产、知识和能力，更可能是通过发达国家之间M&A 或发展中国家的 MNE 在发达国家的品牌专利、分销渠道和技术获取。

国与国之间的贸易壁垒的减少、交通和通信技术的进步以及跨国组织能力的持续改进，已使得这些和 FDI 类似形式的扩张成为可能。但是，在某些情况下（特别是在欧盟），实际上发生的是，一个 MNE 已经将系统转移到位于一个特定区域的每个小组的子公司中。它不太可能从母公司和子公司之间的交易内化导致的新的外国生产中获得收益，更多的可能是源自子公司增值活动的共同治理。在这种情况下，母公司多形式的系统经验优势可能有效地复制到区域层面上，比如集中采购的效益，复杂会计系统的使用，新制度模式，环境风险的减少和子公司之间转移高层人员的能力。

再次，观察来自不同国家的 MNE 及投资国的国际经济参与模式的差异。这些往往反映行业或公司特有的特征。这也是 MNE 垄断者相互依存的行为标准。20 世纪 60 年代后期和 70 年代早期是美国在欧洲半导体和制药行业直接投资的明显时期。同样地，在 20 世纪 90 年代日本汽车和电子 MNE 积极寻求在欧洲和美国的新的出口。

Davidson 和 McFetridge（1985）表明，如果转让人已经在接受国运营子公司，或者以前的转移已经内部化，技术的国际转让更可能是内部转让。当然，在 20 世纪 70 年代美国制造业 MNE（相对于其他民族）更偏好于拥有子公司全部所有权，这至少是因为它们产品的国际化和产业一体化的程度比较高。然而，在过去的十年中，我们可以看到许多垂直一体化的好处可以通过 MNE 及其供应商之间的合同协议来获取。事实上，最近的研究（Contractor 等，2002）表明，Davidson 和 McFetridge对重复转移技术的观察同样适用于非股权关系，前提是双方互相信任，致力于推进它们的共同利益。

虽然，自 20 世纪 60 年代中期，美国在世界直接投资中所占份额一直在稳步下降，这是因为美国知名的跨国企业大多数对国际生产追求钱德勒式策略。即便如此，在医药等行业，生物技术革命意味着除了从事 FDI，特别是收购的形式，大型 MNE现在沉浸于与较小的生物技术公司各式各样的合作和契约关系中（Galambos Sturchio，1998；Malerba Orsenigo，2002）。同样，在计算机行业，网络关系在过去几十年里组成了主要的供应关系，现在也涉及战略技术开发（Cloodt 等，2006）。[1] 与此同时，在过去的十年里市场和资源寻求型 M&A 的增长同样激发起了研究并购作为一种进入模型的历史证据的兴趣。[2]

前面已经表明，在战后时期组织替代形式优势的变化和公司竞争优势的位置在国际生产水平和模式方面起到了重要的作用。特别是内部化模型解释了为什么在进口或出口（包括中间产品）交易市场大幅提升的行业，MNE 的贡献有所下降。但在其他领域，公司的 O 优势变得更加特殊或者与相关活动的协调相关，它已经变得更加重要。我们还认为，尽管 Chandler 理论在解释公司最初的对外投资决策时不是非常有用的，但 MNE（尤其是那些位于大型市场的公司）成立的子公司的增长越来越多地跟随国内同行的模式。事实上，可能假设相对于国内生产，国际生产会有一个较快的增长速度，这可以归因于预期收益，该收益源于外国增值活动的共同治理。

例如，在整个 20 世纪 50 年代、60 年代和 70 年代 BP 和 Shell 都允许其美国子公司近乎自治的运营。然而，到了 20 世纪 80 年代，两家公司都寻求在全球范围内整合业务，在这样做的过程中，它们需要减少给予美国业务的自治。对 BP 公司来说，它作为美国市场的后入者，在 20 世纪 60 年代末进入阿拉斯加开发油田，随着时间的推移，成为俄亥俄州标准石油公司（Sohio）的多数股权持有者，这意味着在 1987 年其对 Sohio 拥有了完全的控制（Bamberg，2002）。对 Shell 公司来说，第一次世界大战之前它就一直活跃在美国石油行业，并将 Shell 建立成大的自主运行公司，这意味着在 1985年收购剩余的少数股份后，Shell 石油再次被国外直接控制（Priest，2002）。[3]

20 世纪 80 年代和 90 年代欧洲和日本直接投资显示了增加对美国投资而不是出口到美国的好处。再一次，国际生产模式的这一转变主要是位置替换，虽然第 2 章已经指出，它的一部分采用企业 M&A 的形式肯定是为了保护或推进 MNE 的全球战略。例如，西门子，直到 20 世纪 50 年代才从事专利交流与其他类型的技术转让，20 世纪 70 年代在美国开发了一个重要的出口市场，但直到 20 世纪 80 年代和 90 年代才开始通过收购一些美国公司进行大规模的外国投资（Feldenkirchen，2002）。

---

[1] Silva Lopes（2002）研究了 1960 年之前在跨国公司的演化过程中酒精饮料部门的品牌的重要性。

[2] 例如，Jones 和 Bostock（1996），Jones（2005），以及 Jones 和 Miskell（2007）。

[3] 除了反垄断问题，美国业务管理的问题似乎困扰了许多觉得有必要美国化他们的业务，并且允许附属公司有更多的自主权的（欧洲）外国投资者（Jones，2002；Jones 和 Galvez-Muñoz，2002）。外国投资和美国公司之间的盈利缺口归因于管理似乎也符合假设。其他的原因包括在第 17 章讨论的转移定价和相关税收的应用。

跨国公司与全球经济（第二版）

这些收益可能通过 MNE 内部、MNE 与其他公司之间更有效的组织来获取。第 8 章和第 9 章将更深入地研究这些问题。此时只要注意，过去的二十年见证了 MNE 之间一个极大的蜕变。对 M&A 增长的补充表现为各种形式的合作，特别是在三联体内部。这些联盟和之前那些的本质差别在于它们组织并融入参与公司的全球战略。正如在第 5 章我们观察到的情况，MNE 现在是一个协调一组地理上分散的，但是资产和能力相关的容器。它会希望其中一些具有代表性的核心能力是自己的，而另一些能力（可能不是成功的关键）将从独立供应商处共同供应或购买。事实上，尽管在许多方面非常不同，但一些早期形式的 MNE，就像 Jones（2000）分析的商人团体那样仍然与现代形式的外资机构具有较多的一致性，如 Mathews（2006）描述的龙跨国公司，控制着一个广泛的活动网络，但其"核心"方面的资产所有权仍相对较小。

□ 6.7.3 近期区位因素的变化

我们现在考虑过去四十年外资活动区位改变的一些特性。一部分原因是市场的扩大，尤其是由生活水平的提高和区域经济一体化引起的市场扩大；另一部分原因是 MNE 生产和营销策略的变化，影响 FDI 地理分布的因素也发生了巨大的变化。现在这些较少的依赖离散的市场导向型或资源基础型投资的决策，更多地依赖于相关增值活动的空间优化。在这方面，国内与国际生产专业化有很大的相似之处。这给出了在独立所有权下这类跨境的相似活动的区位的解释，这也引发了产业内贸易。

对 FDI 后一种形式最好的说明是两个主要的区域一体化（欧盟和北美自由贸易协定）的 MNE。为了获取利用自由贸易区优势的生产的规模经济和集中化，外资子公司作为之前被截断的母公司的复制品，发现集中生产一个或多个工厂的独有产品并将它出口到整个地区是很值得的。这些工厂的位置选择以及资本股权整体和分配合理化的影响部分是由现有产能决定的，部分是由相关的生产和交易成本决定的，部分是由特定国家因素决定的（例如，熟练劳动力和材料的可得性，运输和通信成本，消费者的口味，政府法规等）。结果是生产的地理分布更倾向于一个在特定地点提供绝对优势的资源禀赋的国家。

同时，Jones 和 Miskell（2005）对联合利华历史的研究表明，尽管联合利华支持欧洲政治和经济一体化，但它仍然花了几十年重组业务，以更好地利用集成市场提供的规模经济的机会。事实上，其美国竞争对手宝洁（Procter & Gamble）在欧洲业务的重组更快。由于其规模以及英—荷管理，联合利华当然不是一个典型的欧洲公司，但可以说这些特征应该让联合利华更容易适应新的它们自己所支持的经济形势。然而，像许多欧洲公司，联合利华固守在国家定义的结构上，这也将有助于强化国家的差异，而不是相似之处。[①]

---

① 与此同时，事实上，联合利华致力于"本土化"，并确保在公司运营中当地国民可能上升到高级职位，这也有它的优势。例如，印度利华——联合利华在印度的子公司——在 1949 年成立了一个管理培训计划，在 1961 年，它也成为第一个任命印度人为董事会主席的国外公司。印度利华建立了一个 R&D 中心，旨在对本地材料的开发，在 20 世纪 60 年代共雇用了超过 30 个科学家和 200 个员工（Jones，2005）。也许不是巧合，除了作为一个盈利的子公司，印度利华通过产品新配方的引用、低成本的包装和分销的引用，已经成为一个经常被引用的成功开发金字塔底部的低收入市场的例子。

在欧洲、北美、拉丁美洲，与效率寻求型投资相伴随的贸易形式主要不是基于古典或新古典主义意义上的要素禀赋分布的差异。然而，在世界的其他地方，另一种类型的效率寻求型投资——出口平台类型——是这样的。在 20 世纪 70 年代末，东亚、墨西哥和欧洲南部的一些地区制造业 MNE 的快速增长的活动，是为了利用廉价、充足和熟练劳动力来生产需要这种资源的产品或过程。引起此类活动的主要区位动力是许多新兴工业化国家（NIC）生产能力的提升以及这些国家对出口导向型的 FDI 自由主义的态度。然而，在 20 世纪 80 年代和 90 年代，由于新兴工业化国家劳动力成本的上涨、计算机辅助设计和制造技术的进步，电子产品、纺织品和服装行业发现在母国重新安置它们的一些活动是有利可图的。[①]

值得注意的是，大部分的第一和第二种效率寻求型生产反映了外资参与增长的一种形式，而不是最初进入的方式。从本质上讲，这种生产反映的是多元化内部的专业化；产生的好处是完全的规模经济和范围经济。其中的一些经济体可能特定于地理多样化，比如那些引起公司内部贸易增长的经济体。这些表明，空间上分开生产产品的共同所有权影响资源分配的方式。

在本章末尾，我们再提出两点。第一点是外资活动不断变化的来源和目的地。第 2 章已经指出了一些突出的事实。然而，从历史的角度来看，也许最有趣的方面是已成为重要的对外直接投资者的国家越来越多，同时已有的资本出口商变成大量跨国活动的载体。这一现象已经完全与投资发展路径的预测相符，对发展中国家和东亚国家而言，经济增长的阶段或"雁行模式"会在第 10 章中进行分析。这表明，随着时间的推移，随着国家或地区的经济、制度和社会特征的变化，以及可用的交通和通信技术的发展，公司的战略反应可能会考虑在这些国家进行投资。反过来，后来章节会详细解释这些公司的反应导致的世界投资和被投资国家重新调整的原因。重复第 2 章中强调的一个例子：迄今为止尽管美国仍然是最大的对外直接投资者，但其直接资本存量占全球份额的比重在过去四十年却稳步下降，从 1960 年的 47％到 1980 年的 42％、1990 年的 24％、2005 年的 19％。

第二点涉及过去的几十年里许多政府对对外和外来直接投资逐步自由化的态度。特别明显的是在这方面已经出现一波新的市场，在 21 世纪早期来自中国和印度等发展中国家的 FDI 通常采取 M&A 投资的形式（UNCTAD，2006）。与此同时，由于政府的学习过程，关于外国企业的进入、经营和退出条件都变得更开明（见第 19 章）。在一定程度上，20 世纪 90 年代中期和 21 世纪早期的活动已经证明了不稳定性质不仅存在于外国组合投资，也存在于某些 MEN 活动。例如，UNCTAD（2003b）的数据显示在 2000—2002 年进入美国、德国、英国、阿根廷和中国香港的 FDI 有一个极大的萎缩，与此形成鲜明对比的是在此三年前，FDI 流入有一个同样壮观的上升。与此类似，FDI 流出的不稳定性也很明显，在亚洲金融危机及 2000 年后世界经济增长放缓时，许多发达国家和发展中国家的 MNE 都削减了它们的海外业务来保护本国利益。

---

① 这一要点将在第 15 章进一步给出。

6.8　结论

近代历史上国际生产的增长基本上反映了世界资源和能力的结构和组织的变化对公司的跨国生产和事务策略的影响。虽然历史上 MNE 一直是一个积极与消极并存的角色——在 21 世纪早期肯定是非常积极的——但新领域的发现、人口的增加、技术的进步、全球资本主义的出现以及政府对这些发展的反应是原动力。

企业对这些发展的反应是重组增值活动的范围、形式和地理位置。在 20 世纪的大部分时间里，MNE 的发展倾向于增加它们的增值活动的范围和深度。到 20 世纪 80 年代末，除了来自贫穷的发展中国家的一些 MNE，工厂制都充分取代了家庭包工制，企业整合了生产和营销功能。

然而在过去的 20 年里，尽管采用了新形式，但家庭包工制已经有了复兴的倾向。到 20 世纪 90 年代初，成立于 20 世纪 60 年代和 70 年代的大型多元化企业集团经过重组来专注于自己的"核心竞争力"。这种能力包括独一的特定资产和能力，这是形成公司竞争优势的基础。为了使它们专注于核心竞争力，MNE 开始越来越仔细地审查它们的价值链以识别公司不具有独特优势的活动。然后，在一系列"自制或购买"决策中，MNE 以前开展的许多活动开始外包。

在它的初期阶段，外包主要是与辅助活动相关，如工资、计费、托管和维护服务。然而，很快那些与产品或服务生产相关的"核心"活动，如编程或客户服务（例如，呼叫中心）也开始外包。过去 10 年，跨境外包这样的活动越来越针对劳动力受过良好教育但工资水平相对较低的国家，如印度、爱尔兰和波兰。[①] 由于这些发展，当代 MNE 被嵌入一个合同和合作关系网络中，它们在充当协调跨境活动的角色，而不是拥有资产的所有权，这是它们与众不同的特性。

在描述外资活动的历史时，我们利用了第 5 章的折中范式。更特别的，我们发现了大量 FDI 的出现和成熟的转折点，显示了这如何影响公司的 O 优势、L 优势及公司策略，或被这些优势及策略的变化所影响，特别是影响全球市场的组织和生产。我们已经看到，每个转折点都是由重大技术或组织进步、国家行为、国家团体触发的，这已经影响到公司管理分散资产的动机和能力以及它们对待与跨境市场失灵相关的不确定性的态度。

有时这个触发点是使交易成本减少以及促进新形式的组织和管理的创新。有时是以新的生产技术或新产品的方式引入，以便进行外国材料的采购或保护公司的分销渠道。有时主动权来自政府，政府为对抗邻国以保护自己而改进军事技术或通过进口控制以保护自己免受经济战争。有时动力是殖民化、人口增长或收入增加带来的市场扩张。有时，新的激励结构和变化的文化价值观影响了外资活动的内容和效果。

---

① 尽管这一过程本质上与生产的外包并无区别，但"离岸"这一术语有时用来特指服务的跨境外包。离岸，是指生产或者服务活动外包的跨境转移，包含 MEN 活动的转移，或者包含（长期）保持一定距离的契约关系。作为最近的例子，可以参考 UNCTAD（2004）的第Ⅳ章。

在所有这些情况下，主动权对国内外生产的收入和成本有广泛的影响。它们可以影响新产品和方法的创新，公司之间及公司内部的增值活动的组织，市场和公司之间、公司内部的交易组织及活动地点，以及国家和生产交易代理经济体间的互动。

外资的历史活动是一系列政治、社会和文化活动的故事，塑造了国际生产的所有权、组织和区位。虽然发表的大部分英文文献专注于美国和欧洲的 MNE 的历史，但近几十年来也开始研究在不同的制度和文化环境中 MNE 的出现和成熟。[①] MNE 在当代全球经济中的强大角色，反映了它在比任何替代制度机制更为有效（不论好坏）地组织跨境生产和交易方面的能力和意愿。本章试图证明折中范式在帮助我们理解 MNE 作为跨境贸易的关键组件的演变上起了重大作用。本书接下来的章节将会揭示折中范式也有助于我们理解那些最受 MNE 影响的后果。

---

① 除了美国和欧洲之外，Chandler 等（1997），Amatori 和 Jones（2003）的文章回顾了拉丁美洲和亚洲，包括阿根廷、日本、韩国和汉语区的商业历史。

第Ⅱ部分

跨国公司内部

纵观本部分，一个关于 MNE 活动的主旋律是其跨境获取、创造和运用资源、能力、市场和制度的方式。第Ⅱ部分考虑了 MNE 个体必须要做的一些微观组织决策。与稍后的章节相比，第 7~9 章讨论了与国际商务管理直接相关的问题。

第 7 章以考察国际化作为经济活动的国内增值链的扩展开始①，随后描述和评价了商业分析人员解释 MNE 的 IB 活动演化——从简单的出口单一商品到组织和运营一个全球的综合性与多样化的增值活动——所做的努力。同时，该章还表明不同类型的 FDI 遵循着不同的扩展和加深跨境生产的方式，以及不同的发展外国分支机构的趋势。一些重要的发展是"天生全球型"企业的出现，跨国网络内的辅助性决策越来越多，一系列分公司可获取的区位异质性资产越来越重要，以及为了获取或兼并这些资产——通常以 M&A 的方式——而带来的 FDI 越来越多。

在第 8 章，我们考虑了经济活动全球化对于参与或想要参与 FDI 的企业其组织性或制度性结构的影响，以及对于企业内决策的内容和轨迹的影响。MNE 协调不同子公司网络，以及规定恰当的激励结构以实现和保持一体化所做的努力，是该章的核心议题。尤其是知识管理，包括知识管理的程度，以及知识管理的形态——只可以在 MNE 内部传播——是我们理解现代跨国公司的关键。第 8 章和第 9 章均分析了科层内部决策的本质和特点，以及公司内部合作安排可能采取的方式的经济性和战略性的决定因素。特别的，该章表明，取决于 MNE 对于给定的 OLI 范式的战略性反应，调节内部决策的激励结构将会随着科层和变态分层，以及 MNE 认为它们需要拥有国外资产配置以满足它们的全球目标的影响程度的变化而变化。

在第 9 章，相对于全资的国外子公司，我们将考虑一些 MNE 跨境活动的替代方式。再次需要强调的是，在第 4 章和第 5 章中提出的理论可以被充分地扩展，用以解释企业缔结联合和非股权合资企业（例如，战略联盟）的偏好；也可用于处理网络或相关活动。这是因为大多数经济学家和商业分析师对于解释企业在境外可执行"控制力"的外延与它们"所有权"的结构持同等兴趣。第 9 章表明，控制力可以通过各种各样的资源获得，以多种方式执行。第Ⅱ部分最终表明，在过去的 20 年，MNE 已经变成众多跨境控制和激励机制的联结点，利用这些机制来实现其全球目标的方式将会在很大程度上决定其支持或促进长期竞争优势（或 O 优势）所能到达的程度。

最后，我们强烈建议读者将第Ⅱ部分视为第Ⅰ部分和第Ⅲ部分的桥梁。这并不是要求对该部分 MNE 工作活动进行一个综合性分析。例如，很少有人对一些关键的财务或市场问题，或人力资本管理问题给予充分的关注。该部分的目的是不同的，联系第Ⅰ部分，它的目的是为读者在随后的第Ⅲ部分和第Ⅳ部分提供分析。当我们考察 MNE 对于其经营所在的经济体的影响时，有两个变量需要反复强调。第一个是 MNE 活动发生的国家（或地区）的制度内容和质量；政府所追求的宏观和微观管理政策。第二个是 MNE 自身组织跨境经营活动的方式以及原因。在第Ⅱ部分，如果识别出前述变量在全球经济和政治环境的决定因素上的主要变化，以及分辨出其随着技术和制度的进步、全球经济和政治环境的变化是怎样响应的，我们的目的就达到了。

---

① 我们用"国际化"（internationalisation）来描述一个企业变得更"多国化"的过程。国际化可以是深思熟虑的战略，但也可以仅是一个对市场条件变化的反应。

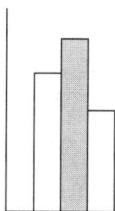

第 7 章

MNE 的进入与扩张战略

7.1 引言

在第 I 部分，我们考察了国际生产的动机和决定因素，同时也试图对 MNE 活动的历史演进进行解释。在本章，我们把 FDI 看作是公司制度和组织的一种战略行为。由此，我们可以以更加微观的和行为的视角来看待 MNE 行为，解释它们参与全球经济活动的原因和所面临的境遇，特别是当企业成为国外生产者，以及（或）增加、改变全球经济参与的内容和模式时。我们也试图确定影响国际生产控制和组织的主要决定因素。

在第 1 章，我们定义 MNE 为在一个以上国家拥有和控制价值增值活动的公司。第 3 章表明，MNE 参与国外生产，其目的是为了增加创收型资产的价值。第 5 章表明，MNE 通过有效整合既有资产（包括它们可能获取和租用的资产）——也就是通常所说的 O 优势——和目标国的 L 资产配置以实现这个目标。第 5 章还进一步探讨了 MNE 的价值增值行为中有两种成本——即生产成本，也就是价值增值的成本；交易成本，也就是交换和制度成本——这些成本随着活动的性质和范围、调整的方式和区位的变化而变化。比如由一个公司还是多个公司来进行生产（也就是将低价值投入转化为高价值产出的过程），生产成本可能会高低不同。同样地，中间产品或服务在增值链的不同阶段嵌入中间产品——这也是生产中通常的做法——这一职责是由市场、单一的管理科层、合作联盟还是一个公司网络来承担，其产生的交易成本（即组织这些不同生产活动的成本）会随之变化。无论在何种情况下，当生产活动在相同的而不是割离的所有权和管理控制下能最有效地协调两个或更多价值增值活动时，以及企业的所有者和经理人认为至少将某些生产活动安排在国外能给他们带来最大利益时，MNE 就会蓬勃地发展。

第 6 章还进一步表明，MNE 的历史增长过程反映了三种力量的交互作用。首先是货物和服务的有效生产和分配所必需的资源、能力、市场和制度，在多大程度上是特定企业的优势资产或特权（在某种意义上而言）。正如第 5 章所持的观点，正是占有这些资产或特权才使一个公司拥有高于其对手的竞争优势。第二种力量是企业认为采用交易的方式比收购和亲自使用这些权利，或者采用其他方式实现这一目的更有利可图的程度；这也解释了随着这些交易的进行，企业内部和企业之间生产的组织越来越集中在少数 MNE 手中，而不是为众多公司所分享。第三种影响国外生产增长的因素是，由于种种原因，MNE 发现相比于局限于本国范围内，跨国经营更有利于增值既有资产，或更有利于从这些资产中生产商品或服务。

第 6 章还突出了人力资本和实物资本的增长与价值增值活动的宏观组织之间的交互作用。需要强调的是，MNE 活动的扩张，应当视为国际资本的增长和传播、技术和组织的变化、新市场和材料的发现、新政治经济体系的出现、牢固有效的制度体制和稳健的资本市场的创立，以及商品、资产和人员跨境流动成本的持续下降等的不可或缺的组成部分。上述每个商业活动，不仅深刻地影响了商品、服务的可获得性和质量，以及与之相关的生产和交易的成本，还影响了生产、交易活动的拥有和组织的形式。

而在本章，我们将会以公司所有者和经理人的视角来看待上述这些问题以及相关的生产经营问题。承接前几章内容，本章将更多地聚焦于支撑企业资源和能力（这些被商业公司所拥有和获取）的制度，以及企业在境外的价值增值活动中每时每刻所进行的战略管理行为。特别地，本章还会着眼于国际化进程的性质、时机和形式的决定因素。

7.2 商务战略的概念

战略行为，指的是在特定时期内，为了达到某个或某组目标，公司的所有者和经理人在其责任范围内（即它们的 O 优势）统筹组织资源和能力所做的审慎决策，其延伸到企业每时每刻的运营之中。在经济学家定义的完全竞争的世界中，战略、管理或企业家精神都不扮演重要角色。资源和能力通常被假定为不变、可替代和同质的。企业被假定为理性但被动的经济主体，其几乎没有或没有任何战略选择的自由。它的制度安排被要求与市场的需求相吻合。为了抵消机会成本和最大化其资产价值，商品产出的数量和价格都是事先决定了的。而且在均衡中，每个企业的利益相关者（包括主要决策者）所得到的收益都等于它使用其资源和能力的机会成本。

而一旦引入市场不完全竞争，企业的行为选择范围便会扩大，所有者和经营者会扮演更加积极主动的、战略性的角色。它们的角色将会随着市场不完全的性质和程度、各种利益相关者之间的利益一致性、对于可供选择的策略行为的结果所做的关于可能性和时间表的评价判断，以及可能影响目标实现的决策方式的、公司内外的激励结构而不断变化。

新古典经济学家最初是通过探讨参与者的行为对其他市场参与者的影响而研究市场不完善的。在这种情况下，企业便将制度安排的收益在市场上内生化了。特别的，三种结构性市场扭曲被识别出来。第一种是市场参与者通过增加或者减少待售（或待购）商品的数量从而影响商品价格的力量。第二种是生产者根据企业的能力对产品进行异质化的力量，例如使用品牌以区别于同类竞争产品。第三种是来自产生（或创造）市场壁垒的力量。除了在寡头垄断市场中，新古典主义经济学家将这些市场不完全竞争现象看作外生的，同时继续假定企业以追求利润最大化为目标。

但是，正如我们所看到的，市场不完全竞争的引入，不仅拓宽了企业的产品和生产组合的选择范围，同时也拓展了其可能影响上述选择的内外部制度的选择范围。首先，一旦接受企业不一定实现目标最大化的假设，它们就有可能出现替代的目标和实现这些目标的战略。最初经济学家和组织学者倾向于关注有关企业产出和价格决策的一系列非利润最大化目标，例如销售收入最大化或财富最大化，或者一些形式的效用最大化或有约束条件的利润最大化。[①] 最终他们认识到，还需要一个更加基础性的针对企业激励结构的评估，因为运用这种特定的交换机制，任何偏离完全竞争的行动很容易影响成本和收益。交易成本经济学和那些战略行为的选择均脱胎于市场的不完善。同时，它们也都可能被越来越宽泛的制度——这可能影响行为及其深层的动机——所影响。

其次，为了追求更大的利润，企业自身也会试图去创造新的市场不完全竞争。传统经济学家往往会绕过这一问题——主要是因为他们对组织行为不感兴趣。确实，在多数情况下会假定市场的交易成本为零，或者总是小于其他任何一种组织化的企业。然而，市场失灵和关系契约理论（Williamson，1979，2000）表明，这一情况并不必然属实。正如 Teece 优雅地说到，"由于忽视市场结构的制度性基础，传统经济学分析工具在解释许多战略管理问题上显得十分无力"（Teece，1984：91）。

当传统经济学家在尝试努力克服问题时，他们首先关心的是确定替代性战略行为可能导致的结果。因此，关于寡头的所有文献都采取了博弈论的视角——因为认识到了市场失灵而得到了一个不确定的答案。例如一个特定的寡头垄断者可能不仅对于自身的行为（包括关于价格、产出、产品的范围和种类、创新活动、市场类型等等的决策）对竞争对手的影响程度不确定，而且反过来，他们对于应该如何对这一行为进行反应也不确定。于是绝大多数经济学模型致力于寻找某些类型的行为的结果，而没有明确地检验这些可能决定那些行为的制度和策略。

一个类似的方法也被用来分析信息不对称、不确定性和时滞问题。大多数经济学（有别于金融学）课本，很少关注信息不对称的问题，而倾向于把第二个和第三个问题看作是成本，需要以更高的收入来弥补（尽管"交易费用"的概念并不经常使用）。[②] 因此，在五年后才能得到的净收入包含了不能在今天赚得的成本，这一成本等于将这一收入在四年内再投资所获的利息。同样地，一项有 50% 的概率赚取 500 万欧元利润、有 50% 的概率赚取 400 万欧元利润的项目，与有 100% 的概率赚取 450 万欧元利润的项目的价值是相等的。

在过去的约十年间，另一种衡量不确定性对于投资决策影响的方法开始由一些真实选择的文献所提出（Dixit 和 Pindyck，1994；Amram 和 Kulatilaka，1999；

---

① 作为这一文献的回顾，例如参见 Putterman（1986）和 Ricketts（1989）。

② 例如，见 Guiso 和 Parigi（1999）（主观的）关于不确定性对大样本的印度公司投资的影响的研究。

Damodaran，2000）。这一观点背后的含义是，当面临众多不确定性时，相对于投入资源，企业会倾向于保持其最大化的资本流动性。同时，如果竞争环境允许，企业会选择等待，直到得到尽可能多的信息时，才去做投资决定。在本质上，如果投资不是一期的，更确切地说是一系列小额投资，可以对项目的每一步进行再评估，那么任何不确定的投资都可能包含很多真实的选择。如果投资者基本上不受下行风险的影响，还可以获得等待市场好转的机会并进一步推进投资，那么这种"选择等待"的策略是有价值的。同时，从理论上讲，任何选择将永远不会有负值，在现实中，"选择等待"的价值是受到竞争对手行为和预期的选择影响的，例如，如果竞争一方能够获得所有市场份额，则另一方会选择等待。

运用修正后的期权定价公式，就能够评价蕴含于连续性投资的流动性价值，并在 NPV 的基础上与一期投资决策进行比较。虽然这一方法有明显限制——比如许多特殊的公司投资项目（例如对 R&D 的投资）所带来的限制，以及因此导致的风险（波动）评估困难——但仍存在一些尝试，试图将 MNE 模型化为包含了一系列真实选择的集合体（Buckley 和 Casson，1998；Casson，2000；Kogut 和 Kulatilaka，2001）。真实选择法也被用来解释合资企业（Kogut，1991；Folta 和 Miller，2002）和持续性市场进入现象（Kogut 和 Chang，1996）。

当然，上述只是在市场不完全是资源分配的决定性机制时的一个简单解释。市场之外的制度主导下的选择为市场决策者提供了一个新的战略决策领域。实际上，大多数的决策不仅导致了一整套相互关联的结果且每个结果都是不确定的，而且几乎每个决定在某种程度上都使得收入和支出水平及收支平衡难以确定，无论是涉及组织最佳的创新活动，还是引入工资激励机制。其他替代方案的选择取决于战略者对于可能结果的估计，和（或）被授权人对决策的估计，以及影响他（她）做出决策的激励结构。

与经济学家相比，商务策划者的方法是不太正式的，但更加简单易懂且实用性更强。与其寻找一个特定问题的"通解"，他（她）更关心的是为拥有类似特点和相同因素的单个公司或多个公司确定一个"特解"。尽管强调决策要针对特定领域，但越来越多的人认识到成功的战略家是那些愿意并能够对他们的增值活动——包括那些境外活动——采取系统的和综合的方法的人。接下来的各节中，我们会将这些概念运用在与 MNE 组织、所有权和运营相关的一些问题上。然而首先我们需要从商业角度出发，考虑企业经济活动的本质。

7.3 增值链

☐ 7.3.1 一些通用的准则

商业公司的主要任务——并且它对于组织也是独一无二的——就是生产。生产是指价值创造或者价值增加活动。这种增值是通过将市场价值含量较低的投入品转化为价值含量较高的产品实现的。换句话说，就是企业拥有或者租用劳动力、物质或财务资产，支付给它们至少等于其机会成本的价格。在利润最大化模型中，企业所有者的策略是协调和配置这些资产，生产出高于机会成本的产品，以最大化其利润（即经济租），这些利润都被假定为归企业所有者拥有。

这些利润会被分配给企业所有者，或者再投资于预期能获得未来利润，或增加企业净资产的生意。或者在不完全条件下，企业所有者可能会去追求其他目标。根据他们寻求达到的目标和各自的讨价还价能力，超额利润可能被无效的管理所侵蚀，或者可能被其他一些股东（例如，消费者和劳务所有者）全部或部分地分配或挪用。

为了达到其目标，企业需要参与市场交易。甚至是那些只从事了一种经济活动的企业也会参与两种交易活动。第一种是与资源、能力所有者进行交易以生产增值产品；第二种是与它产出的产品和服务的购买者进行交易。这些交易发生在企业外部，也就是与其他独立经济主体（例如其他企业和家庭）的交易，这些活动往往由市场来组织。尽管存在着交易成本，比如第5章所提到的那些，但是只要企业要生产，它们就必须产生。更进一步地说，这些成本与收益是相伴而成的，调整劳动力投入和监督雇员行为所带来的成本很可能与劳动生产率直接紧密相连。寻找买方过程中形成的高额的交易成本，能够被寻找到的销量增额部分或者全部抵消。近几年，在关于某些产品的生产和交易的条件方面，分析家们越来越关注产品生产和交易下的公司的社会责任、环境可持续性、道德投资、消费者讨价还价的能力等问题。每个问题都表明过分简单的利润最大化模型不足以总能反映管理者的多样化目标。

在利润最大化的单一模型中，企业的主要目标是在给定生产水平下，以最大化收入、更小化因追求收益而产生的（净）交易成本的形式，购买投入品，卖出产品。另外，企业会持续生产，直到生产和交易的边际成本等于边际收益。即使利用这种简单的计算也包含了很多问题。一个是由于交易费用并不总是可以衡量的——特别是与风险和人际关系相关的交易费用——在给定的产出水平上，很难判断费用是否在被最小化或收入是否在被最大化，或产出水平是否最优。另一个是一些交易费用很难分摊到特定的投入中，例如为了减少员工偷懒和机会主义的行为，对员工进行监视的成本，或者确保次承包商遵守合同的成本。

一旦企业参与多个增值活动，不仅交易费用和利润都会增加，而且至少从理论上来说，企业还可能以其他组织模式的方式开始扮演一个新的角色。通过企业在价值链上下游的生产活动，除了它已经在进行的经营活动，企业还可以把正在买卖东西的市场内部化。由此，企业将生产活动置于一个单一的所有权下，而生产活动（或者新的生产活动，如果可能的话）原先是由两个或者两个以上的所有者进行的。多样化生产的企业，例如一个公司从冰箱的生产者转变为冰箱和洗衣机的生产者，需要对两种生产活动进行管理，从而会增加额外的交易成本。一般认为这种内部化的成本要么小于市场交易下的成本，要么将会得到补偿性收益，例如将两种产品内部化后，会实现规模经济效应、公摊一般管理费用。分散产地无疑会增加交易成本，比如调和正式以及非正式的制度差异、协调科层控制和内部沟通的成本。但是这些成本可能被开拓新兴市场带来的利润、国内外生产减少的单位交易成本、专业化生产的利润、要素价格的跨境套利以及分散的风险和环境波动带来的收益远远地超出

(Kogut，1985)。

上述分析为理解企业跨国生产决策提供了框架。当企业意识到给定某一市场或一些市场，相对于其他一些买卖形式，参与国外生产能带来更多的净利润时，企业的跨国经营就会发生。也可能在如下情况下发生，例如，企业认为从事任何生产活动的成本加上内部化跨境中间产品交易的（净）成本，高于在每国从事相同的生产活动并出口到其他国家，或者与国外独立企业缔结交易合同的成本。

□ 7.3.2 增值网络和 MNE 活动

现在我们来看看企业的国际化过程。在这里我们需要介绍增值链的概念（或者其他学者，例如 Porter（1980，1985）所说的"价值链"），它是指经济活动的多个阶段，这些阶段组成了某一特定产品或服务从开始到结束的生产程序。在每一阶段，中间产品会被生产并成为下一阶段的投入品，直到商品或服务被消费者购买为止。[①]例如，在棉 T 恤的生产过程中，增值链包含了 T 恤的设计、棉花的生产、纺纱、织布、成衣制造（例如，剪裁、缝纫、包装）以及最终产品的营销和对批发商、零售商的分销。对比之下，某一特定企业的增值过程可能只包含上述一个过程，或者全部过程。

在价值链的每一个环节，新增加的价值被赋予到已有的商品上，因此最终商品的总价值等于在每个独立阶段增加的价值的总和。因此，如果 R_A 代表最终产品 A 的销售收入，并且 N_{Ai}，…，N_{Av} 代表环节 i，ii，…，v 的增值额，那么

$$R_A = (N_{Ai} + N_{Aii} + N_{Aiii} + N_{Aiv} + N_{Av}) \tag{7.1}$$

然而，链条的定义并不能完全准确刻画生产过程。事实上，正如我们将会看到的，由于一些中间产品并不是单一持续使用的，而是在多个生产环节中结合起来使用，因此这一概念的使用会越来越少。这些中间产品包括公共制度和激励机制、行政部门服务、金融和咨询服务、交通服务和公共事业、一些专业（例如，审计、广告和法律）服务。尽管在理论上有可能将这些互补的增值活动划分在特定的生产阶段中，但实际上这样做是极其困难的，然而它们确实是增值网络的一部分。

企业参与特定价值链和环节的选择是由已有的制度性的、基于自身资源的和营销的优势以及利用这些优势所采取的战略所决定的（Tallman，1991）。正如我们所提到的，这种策略很有可能会影响企业未来的竞争地位（Dunning，1993a，2000a）。这些活动的地理区位的确立也取决于企业对于替代区位相对吸引力的看法。正如 Porter（1994，1996）和 Enright（2000b）所强调的，不同价值链环节对于企业的吸引程度是企业战略的重要影响因素。

到目前为止，我们还没有讨论增值链或增值网络的组织或所有权情况——即不同环节是如何相互合作的。对于某一特定企业来说，选择很多。从每个活动由单个生产实体从事，或与其他实体合作进行，到整个网络都置于单个科层的一般所有权下，各种选择不一而足。但是，不管生产组织是怎样的，生产网络中的行为是由一

跨国公司与全球经济（第二版）

---

① 然而一些产品可能既是中间产品又是最终产品，这取决于它们是卖给最终消费者，还是被生产商购买用来进行进一步的增值活动。轮胎就是一个例子。

系列纵向、横向的交易关系所联系起来的。这些关系的具体形式取决于法律要求、商业条款、其他制度规范、预计可获得的战略和经济利益。在不同的国家、同一国家的不同时间，它们的差别很大。

越是认为经济活动各个连续阶段的科层控制更能够使公司获益，而不是利用市场或者与其他公司结成联盟，那么垂直一体化将越会成为更受青睐的组织模式。契约关系中的交易成本越低，以及内部化引致的生产经济性越少，那么价值链上的交易越可能是市场导向型的。尽管行业间生产和分配的通常条件可能使其偏好于某些布局，然而即使在同一种行业内也会存在显著不同，例如通用汽车公司长期偏好于与独立的供应商合作，而福特公司则有时会试图整合整个价值链。这些差别说明了契约成本、内部化成本取决于公司的制度性资产（Oi），具有较好的关系能力的公司在任何一种交易模式中可能会有更低的交易成本，因此对增值活动设计的灵活性也越大。

图7.1描述了渐次复杂的四种不同形式的增值链。第一个例子假设企业生产产品A，它需要经过四个生产过程（i～iv）。每个生产过程中可能需要采购支持性或互补性资产，这些资产或者由企业自己提供，或者从其他企业购买。各个生产环节的产出包含了中间产品和服务，同样，它们也会由企业自己提供，或者从其他企业购买，这加上了该企业的增值。这些增加值包括生产和交易活动所付出的费用，也包括企业所有者所得的利润剩余（有可能为负）。为了进一步说明，我们假设所有的交易费用都被包含在互补性资产中，并且不对增加值的组成部分（工资，利息，租金等）进行详细分解。但中间产品的价格是会变化的，尤其是随着买进、卖出的产品数量，以及利用它们创造增值活动的效率的变化而变化。

方格间的虚线表示两种生产活动是在共同的所有者控制下进行的，交易是内部化的。实线表示生产活动在不同所有者控制的企业中进行，交易活动通过中间产品市场进行。企业被假定为从事多种生产活动的企业，因为其参与了四期的生产活动（即使它只生产一种最终产品）。在过程i和ii，企业只在其母国生产，尽管部分产出会出口。在过程iii和iv，企业的部分增值活动在国外生产，部分在国内生产。企业也可被假定为从其他市场参与者购买投入要素，向其他市场参与者卖出最终产品。

图7.1的案例2将分析进一步深化。假设企业生产两种最终产品（A和B），对于每种产品，它都参与到四期的生产过程中。换言之，这是一个横向多元化、纵向一体化的多业务企业。其次，假设每种产品的至少两个增值生产过程都位于国外。第三，企业也从要素服务市场购买投入品，并假定它参与对应方格之间的另外两个外部交易。

图7.1还举例说明了不同增值活动的地点。产品A的目的是在国外市场出售。假定企业在国外生产该产品工序的最后两个阶段，而前三个生产阶段在母国进行。以制药公司为例，公司会承担最后的剂量、配置和包装环节，以及最终产品的市场营销和出售。在上述两个案例中我们推测，企业认为在国外参与阶段iii和iv的生产的成本比在国内生产要少。另一个推测是，企业认为亲自参与增值活动，比以许可形式将这个权利转移给国外生产商获得的利润更大（如果选择后一种路径，过程iii和iv之间的虚线将会变成实线）。

产品 B 的目的是在国内市场出售，但假定增值过程的一部分是从国外进口的。虚线说明了这种中间产品市场是内部化的。同时也假设外国子公司所有的产出都要出口到母国，后者完全依靠其海外子公司在第一个生产阶段的生产。在案例 2 中，实际上假定增值过程的第一部分在海外生产，表明 MNE 是一个资源寻求者（见第 3 章），例如，一个制铝公司投资加勒比地区的铝土矿，或者一个橡胶公司在利比里亚寻找自己的种植园。但是，MNE 也有可能在国外投资以在后期的价值链环节上利用相对低廉的劳动力价格（例如，德国 MNE 在马来西亚半导体产业的投资，或者日本公司在泰国纺织业的投资，其可能既从母公司或者母国进口中间产品，又向母公司或母国出口最终产品）。

案例 3 和案例 4 揭示了最后一种情况。这里，MNE 被假定为生产两种产品（A 和 B），每个产品有四个生产阶段且打算在两个国外市场（1 和 2）出售。现在考虑国外生产可能出现的动态情况。在案例 3，假设企业的第一阶段，例如每种产品的 R&D 和设计工作，是在母国生产的。因此，这是一个多国化的市场寻求型 MNE。每种产品生产的下一阶段都集中在国家 1（外国）；产品 A 的最后两个生产环节在国家 1 进行，而产品 B 的最后两个环节在国家 2 进行。接下来每种产品会在当地市场出售。在案例 4 中，假设由于两个国家（外国）贸易壁垒的消除，企业将产品 A 的产出集中于国家 1 生产，产品 B 集中于国家 2 生产，但是，每种产品生产的第一阶段部分在母国进行，最后阶段（例如，销售和分配）的一部分在母国，一部分在国外。案例 4 代表了 MNE 的身份从市场寻求型投资者到效率寻求型投资者、从多国一体化公司到全球（区域）一体化公司的转变。

上文和图 7.1 阐释的这些简单概念将会被进一步拓展和提炼，以涵盖更多复杂的增值网络。第 8 章和第 9 章会分析 MNE 的一些组织战略以及其与子公司和（或）中间产品供应商、其他股东（例如，要素的提供者）所缔结的跨境交易关系。在多数大型 MNE 中，这些关系范围贯穿了从现货市场交易，到大量的与其他公司达成的合作安排，直到合资公司以及 100% 控股子公司。

随着 MNE 正变得越来越全球化，来源国也越来越多元化，我们发现，甚至非股权交易关系的条款也越来越多地反映出进行交易的国家内部或国家之间非常不同的法律、文化和其他制度规范的差异。反过来，这反映了替代性组织协议的交易和生产成本。交叉许可协议——一种技术的易货贸易或反向贸易协议——已普遍实行了很多年，因为这一协议能够帮助企业实现人力和物质资源的共享。然而更为重要的是，这种协定的数量、复杂程度和完善程度均有了很大提高。我们将在第 9 章详细讨论这个问题。在这里我们需要强调的是，各种形式的合作协议不仅影响了某一特定产品和（或）企业的所有活动其增值网络的内容和所有权形式，而且受到基于该网络的激励结构和执行机制的影响。即使没有其他原因，我们也认为，这需要一个更全面的方法来评估企业的 OLI 配置和管理人员对这些变量的战略反应。

本章的以下部分将会考察 MNE 从最初的 FDI 行为，到全球整合的跨境增值活动网络的演变中一些可能的阶段。为此，我们也会探讨企业在全球化进程中每个阶段可选择的其他战略。

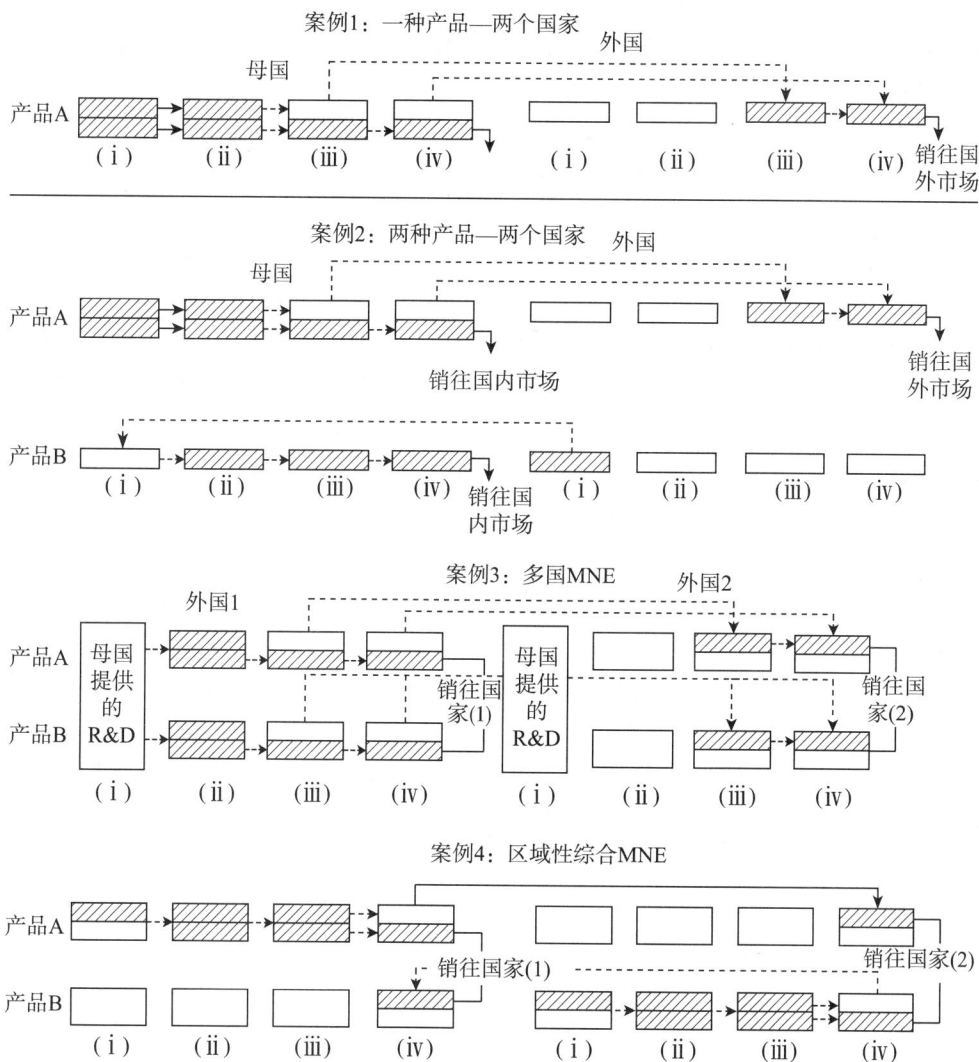

图 7.1　价值链：四个可能的案例

7.4　国际化进程分析

□ 7.4.1　简介

　　毫无疑问，通往生产和市场全球化的路径正逐渐多样化。同样无可争议的是，在过去的十年中，外部经济环境和技术环境的改变促进了 MNE 的来源国及其分支机构所在国家的地域多样化（见第 2 章）。因而，一个 MNE 国际化过程的示意图可能会很有用。它描述了国际化过程中可能的替代选择，而不是任何单个企业实际的写照。

首先，我们将会简单回顾一下在第 4 章中讨论的有关国际化理论的某些关键部分。这一理论将企业的经验学习与逐步提高的国际资源投入和不断扩大的 MNE 地域格局联系在一起。在讨论之前，我们会简单介绍 MNE 的网络组织，这一点对于理解 MNE 在参与跨境活动时其组织合作和控制的结构的多样性是必要的。第 8 章和第 9 章将更详细地讨论 MNE 组织结构的特点。

□ 7.4.2　在国际进程中学习

在第 4 章中我们认为，尽管乌普萨拉学派提出的国际化理论有助于理解很多市场寻求型 MNE 的初始扩张过程，特别是母国为小国的 MNE，但其对于 FDI 动机的解释力度就比较小，这其中就包括资源寻求型投资、资产寻求型（而非资产开发型）投资以及在本章后面讨论的“天生全球型”的企业。然而我们认为，在指出企业学习战略的重要性这一点上，该模型很好地强调了这一国际化进程中一直以来的核心方面，尽管经验学习也在不断地得到 MNE 网络中其他学习形式的补充。

事实上，通过模仿学习，或者通过主动寻找、搜集新的信息来进行学习，是 MNE 产生知识的一种越来越重要的方式（Forsgren，2002）。此外，正如 Delios 和 Henisz（2003）的研究所显示的，东道国的制度因素，比如对于政策环境的不确定性和政府执行政策的公信力，也会影响企业后续的投资和学习的类型。在他们对位于 49 个国家的 665 家日本制造业企业的研究中，在东道国的政策不确定性较低的情况下，开始进入时专注于市场营销和分销活动的学习往往是首选。在高度不确定的环境中，MNE 倾向于从事与当地公司合作以形成合资公司。同时，作者发现在政治环境不确定的情况下，进入时采取合资公司形式的那些 MNE 更有可能通过对全资子公司投资的方式来提高资源投入。

正如我们所看到的，跨国公司正在超越国界（Bartlett 和 Ghoshal，1989），或超越国家（Doz 等，2001），以便企业协调其内外部互相依存的网络关系，实现知识和制度的内部整合。在此过程模型中，缺乏学习的间接形式确实是一个重大缺陷。这些批评和限制固然正确，然而我们认为，逐渐提高资源投资的这一阶段模型对 MNE 的分析仍然是一个有用的起点，尤其是对国际化进程中的早期阶段和缺乏经验的公司（经常是小公司）。用网络的方法理解 MNE 活动的演进提供了关于促进国际化过程的因素的更深层次的理解，我们将在下一节对此予以分析。

□ 7.4.3　网络化分析

关于企业 OLI 范式动态学的一个补充方法首先由组织学者提出，他们强调企业特定优势源于其是互补活动的网络的一部分，并且认为国际化进程依赖于合作的跨国关系的优势——尤其是在买方和卖方之间。网络化的早期论文（例如，Johanson 和 Mattson，1987a，1987b）认为，既然企业在它们共同经营的网状空间里相互依赖，那么其经营活动就需要相互协调。然而，这种协调关系并非由市场或者个体的层级决定，而是由交易网络形成，由企业参与的一系列双边交易关系缔造。由于这些关系需要花费时间和精力去建立与发展，因此它们的具体形式将不仅取决于公司的短期利益，还取决于其如何从整体上影响网络的效率（从长期来说，也就是其自身的效率）。

随着当代众多 MNE 的地理范围的扩大，公司系统性的组织结构也发生了巨大改变，其中一些用"网络"来刻画其特点是最佳的。正如我们所讨论的，除了管理结构配置的变化，MNE 的定义边界也变得更加模糊，它已经纳入了多种形式的股权和非股权关系，例如合资企业和战略联盟。一些企业早已与某些供应商、客户或者政府形成合作关系，我们认为除企业间协作活动的增加以外，国家监管机构、非政府组织和其他非市场性活动对企业的影响也伴随着企业全球化的进行而逐渐增强。在第 5 章，我们已经揭示，来自于公司制度性资产（Oi）的关系能力在某种程度上被用于管理这些需求。我们在第Ⅳ部分会回到这个问题。

学者们用"网络"这一术语来表现 MNE 组织和运作的复杂程度。在最一般的层次上说，这些"网络"类似于线性规划的网络模型，在这个模型中，一系列节点由不同的承载能力相连，而管理者则在网络中寻找传送资源的最优路径。一些节点通常比其他节点更容易被连接在一起，如果这样的节点代表了子公司或公司的分部门业务，那么它们在 MNE 网络中具有相对更大的战略意义。换句话说，如果网络中的某些节点没有被连接上，那么公司配置中的结构漏洞就出现了。

在不同的网络结构成员之间，除中间产品和最终产品外，各种各样的知识被越来越多地传递。我们的确可以说，我们生活在一个联盟资本主义或知识资本主义的时代（Dunning，1997a；Dunning 和 Boyd，2003）。其中颇有价值却又难以得到的是默会知识，它体现在个人和组织中以及组织内部共同拥有的学习关系和共同经历之中（Cantwell，1991b；Spender，1996）。由于默会知识经常与高技术员工和当地习俗相关联，因此其很多具有很强的地域性。因此，MNE 的挑战就是通过其国外子公司吸收当地知识并利用企业可用的资金和其他资源（Birkinshaw，1996；Birkinshaw 和 Hood，1998；Holm 和 Pedersen，2000）。从结构性角度来看，跨国公司必须寻求一种使其不同部分相协调的方式，以期在某种程度上允许其来捕捉当前的市场机遇，而在同时，能够达到并"挖掘"国外的、多种多样的、具体地点的资源。关于 MNE 子公司组织和管理方式的这些变化，我们将会在第 8 章中予以进一步讨论。

除了描述一个 MNE 的系统性结构之外，网络化分析方法也使我们着重看待控制和协调问题以及它们基础的制度性问题，这些问题存在于市场交易和企业的行政命令之间的某些地方。当将分析从企业内部拓展到包含许多企业外的不同角色——无论它们是供应商、客户还是竞争对手——时，这个方法尤其恰当。对于这些企业间的合作关系，如合资企业和战略联盟，相关的经济学分析会在第 9 章中进行更详细的讨论。

接下来的一节将会采用增量的方法分析企业增值活动的国际化进程，但首先必须要强调的是，图 7.2 所描述和揭示的这些步骤，对于一个特定的企业来说并不是必要的。例如，资源寻求型 MNE 的国际化道路就可能与市场寻求型或资源寻求型 MNE 有所不同。我们所列出的步骤应当理解为对逐渐增多的国外资源投资及跨国协调的复杂性的一个解释。一些公司国际化的步骤与图中所列出的很吻合，而其他公司尤其会根据其参与国际化的动机省略一些步骤或者增加一些步骤。图示也没有表明企业经历完所有步骤可能花费的时间。在本章的后面，我们将会关注"天生全球型"企业，以及那些为了获取新的竞争优势（或者 O 优势）而不是更好地利用现存优势的海外合资企业。此外，在本章的最后一节会提出，已成立的和面向全球化的MNE 正越来越多地采用多元化和一体化的方法来进入新的市场和应对不断变化的全球经济环境。

　　尽管本章所描述的更适用于市场寻求型 MNE，但我们也会努力分析服务型企业国际化进程的不同阶段，正如第 2 章所提到的，服务正逐步成为 MNE 活动的一种重要活动。我们也会尽可能地指出，MNE 的市场进入模式（绿地投资，收购，合资企业）——可能存在于任意阶段——取决于其投资的动机（见第 3 章）。我们也会注意到，相比于 FDI，联盟或进行许可贸易可能是服务外国市场的一种首选方式。

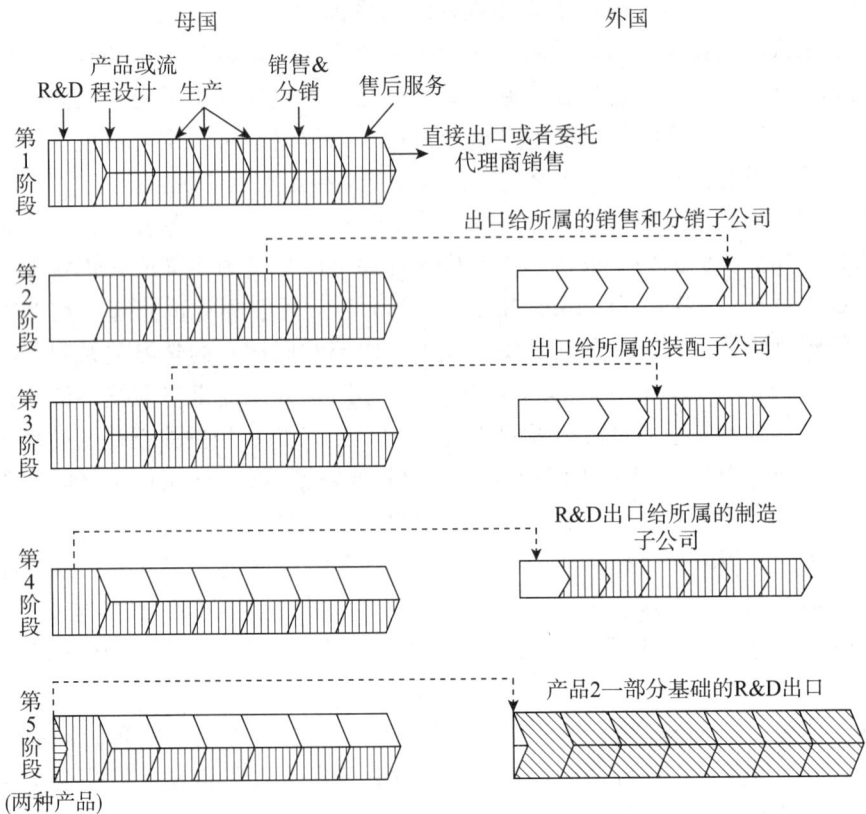

图 7.2　MNE 的可能演进

资料来源：改编自 Ohmae（1985，1987）。

☐ 7.4.4　第 1 阶段：出口和国外采购

　　公司最初从事跨国贸易可能是由于以下两个原因之一：一是以低于国内资源的价格获取增值性资产，或将其投入自身的价值链中；二是保护已有资产，或为国内产品寻求新的市场。无论在哪种情况下，国际化可能只是企业所采取的战略选择之一。例如，企业在寻求和服务国外市场时所使用的资源和能力，可能比投入到国内市场中用于进行多元化经营、升级供应能力、提高生产力或者兼并其他本土企业来得更好。企业通过并购的方式，也可以通过选择与国外公司进行非股权联盟的形式来寻求获取新资产，二者非此即彼。但参与跨境商务关系所带来的成本总是存在一些不确定性，当一些企业选择参与这种关系并视其为战略选择时，其他公司可能会为市场变化所迫只在中间产品或者最终产品的生产中参与跨境活动。

虽然第 1 阶段不涉及任何 FDI，但企业仍然有很多方式参与跨境活动。考虑以下四种情况。第一种情况是一个公司希望将中间产品或者最终产品外包给相对于本国生产而言更具有成本优势的外国公司。事实上，合同外包的发展是当代全球化形式的一个标志，它不仅包含中间投入品外包（如组件或部件），而且包括服务的外包（如呼叫中心）。[①] 有趣的是，即使在外包业务繁荣发展之前，Korhonen 等（1996）也发现，在 20 世纪 70 年代和 80 年代实现国际化的超过一半的芬兰中小企业都是通过进口机械、原材料、零部件和转售最终产品的形式进入第 1 阶段的，而非通过出口的方式。

第二种情况是一个公司希望将产品出口到一个新的国外市场。然而，由于作为一个外来者，对国外市场和需求的不甚了解，公司——特别是对于小公司而言——希望在进行国际营销、采购时能够避免风险。作为替代，它会优先购买当地销售代理的服务，也就是说，利用境外市场。另一方面，如果要为产品开拓新的市场，或者这一产品需要改进以适应当地购买者的需求，或者准备销售多种产品，以及协调多种产品的销售存在净收益，或者当产品的售后、维修、保养服务是其产品吸引力的关键因素时，国外代理销售的风险会高于一开始即建立营销和配送机构的成本（第 2 阶段的进入）。例如，在第 6 章就给出了历史上英国 MNE 进入国外市场的形式的例证。

第三类增值活动由商品或服务的生产组成，交易双方需要建立定期、持久的联系。在这种情况下，产品具有异质性，销售数量少，或者交易不定期。此时，最初的市场进入可能发生于企业直接与供应商及客户的交易，在一些特殊情况下，公司可能会需要国外的掮客来帮忙寻找客户，或者与供应商、客户进行谈判。进一步地，交易非标准化的中间产品（包括所有权和管理服务）的企业，将倾向于向它们认为能实现其最大利益的其他公司销售这些产品（例如授予使用权）。与此相反，从外国供应商处购买"定制"产品的企业会倾向于与其供应商发展连续的契约关系。在外包关系中作为供应商的 OEM 生产商可能归于此类；在特定时候，其中的一些公司可能凭借其自身实力发展成全球生产商，例如宏碁（Leung 和 Yip，2003）。

第 1 阶段的第四种情况是企业的产品难以或者不可能进行跨境贸易。由于一些商品和服务难以跨境运输，外国投资者或者必须采取 FDI 的方式（第 3 阶段～第 5 阶段），或者当中间产品可交易时与生产国企业签订合同。这种合同包括签订交钥匙建筑项目协议——例如中国建筑公司在非洲进行的高速公路和电站建设——或者连

[①] 尽管外包在节约成本方面获得的利润很可观，但 Chesbrough 和 Teece（2002）警告说，在弱化企业生产和工艺创新方面，这种"虚拟化"的生产也存在潜在的成本。

锁酒店的许可协议，或者食品、饮料服务连锁的特许经营协议，例如麦当劳、星巴克的经营店。在第1阶段进入的建筑公司在当地不能永久存在，而许可证或特许权所有者也很少或几乎不干预许可证持有人或特许经营人的日常管理，但是它们通过中间产品（例如经营知识）的交换来取得收入。

然而，如果前面例子中的建筑公司为了获得更多的新合同，在当地设立了市场办公室，这就构成了第2阶段的进入。如果它们针对各种不同项目还设立了一个协调项目管理方面的办事处，这就构成了第3、4或5阶段的进入，具体是哪一阶段的进入则取决于非洲附属机构处理的项目的范围和复杂程度。同样地，只要麦当劳或星巴克实际拥有和经营国外的子公司，这就代表了第3～5阶段的进入。一个特殊情况是服务，此时买方需要亲自前往生产服务的国家，例如澳大利亚旅游者在斐济购买当地酒店的服务。在这个例子中，斐济酒店老板获得了隐形出口，因为服务是由外币支付的。如果酒店是一家连锁店，该特许权所有者将会获得相应的合同份额。

对于转移到国外的资源，第1阶段只涉及了数量极少的投资，它在很大程度上依赖于合同模式。当企业将产品卖给中介时，它们是希望在适当时候，通过投资国外市场和分销的方式来扩大市场份额，或拓展在国外的增值链。而在国外寻求资源的企业则满足于与供应商签订长期的国外采购合同，或者希望通过并购、绿地投资的形式加强对其拥有的国外子公司的控制。这在很大程度上将取决于目标市场的特点、所生产和进行贸易的产品和服务的种类、企业竞争的市场结构以及跨境交易机制的性质。相关文献研究表明，这些变量的价值和重要性受到国家特定的经济、政治、体制和文化关怀的影响。公司特有的因素，例如，公司的技术和管理能力、新市场的潜在股权、对于竞争对手和潜在竞争者的了解程度、东道国的制度质量等也是重要的相关因素。确实，由于它们影响贸易和生产的决定因素，因此企业的OLI优势的配置会影响它们首次进入国外市场的战略。[①]

□ 7.4.5　第2阶段：营销和分销投资

除了那些只通过某种实体形式在国外市场买卖产品的公司之外，那些试图并购现成外国公司的公司、在当地经验非常有价值的专业市场或陌生市场买卖产品的公司大多数将利用外国代理商和分支机构作为市场寻求型和资源寻求型（而不是效率寻求型和资产寻求型）FDI的第一步。企业为何希望内部化市场以出售其增值活动的产品，其理由可以简化为一个权衡选择：确保控制这些活动的形式、质量和价格所得到的收益，以及与涉及的资源投入相关的风险。

对于新古典经济学家来说，这一选择从根本上讲是一个在最大化收益和最小化成本时——包括生产和交易成本——有关可替代组织模式的效率问题。与国外捐客合作有两个显而易见的优势：首先是，他们对当地制度和供需情况的熟悉和经验；其次是，他们对与贸易相关的活动具有开发规模经济和范围经济的能力。最常见的风险是那些与委托人/代理商相关联的问题，尤其是当某一特定代理商服务许多委托

---

①　第9章将更详细地介绍外资进入的方式。

人的时候，这包括为了确保产品分销商或进口商按照实现出口商或进口商的最大利益来进行经营所产生的成本（其中可能包括为了确保不增加竞争对手的收益所产生的成本）。

此外，找出影响企业从委托外商销售、与国外代理商合作，转变为建立自己的分支机构、购买设备的内外部因素并不难。显然，如果企业最初没有选择第二种方式，它入境后对特定国家的学习经验和销量增加可能使利用内部市场和外部市场优势均衡的状态转而偏好前者。然而这一过程并不是不可避免的，如果一个企业的经验更加丰富、对当地市场更为熟悉，在某一特定国家的买卖份额更大（例如，关于贸易产品的数量和类型方面），那么它会更倾向于建立自己拥有的销售网络。同时，与贸易相关的 FDI 可能被专业的贸易公司接手，其中较大的公司会参与到广泛的、与进出口相关的商业服务活动中。[①]

例如，在 Pedersen 等（2002）对 276 个丹麦公司的研究中，发现在 1992—1997 年间，17％的公司由委托独立的中介机构出口，转变为自己建立销售机构服务海外市场。由于这些公司获得了更多的海外市场经验，更有可能投资于自己的销售机构，但这一行为会受到转换成本的约束，并以合同限制和可能损失的客户数量，以及建立销售机构的成本的形式呈现。

然而，对于所有国家的公司来说，与贸易相关的 FDI 活动非常重要，尽管由于 FDI 在其他服务部门的爆炸式增长，FDI 存量中批发和零售存量的比重由 1990 年的 17％已经下降到 2004 年的 10％（UNCTAD，2006）。通常，这些子公司是第一产业或第二产业的生产企业一部分。例如，在 1982 年，多达 52％的美资 FDI 是由非服务（主要是制造业）公司进行的（UNCTC，1989）。1999 年，非服务业 MNE 的 FDI 占美国 FDI 总额的 41％，在 2000 年的德国，该比重为 10％（UNCTAD，2004：105）。这些服务贸易包括与母国出口相关的贸易、市场和金融服务，或国外子公司在当地市场的促销服务。

与贸易和市场营销有关的 FDI，自然包含了广泛的功能[②]，并且 MNE 可以采取不同的进入模式以实现不同的功能。例如，可以将广告转包给国外的专业公司，而将售后服务内部化。各大国际航空公司在一些机场拥有自己的保养和维修设施，而在其他机场，则会从本地公司购买这样的服务。日本的综合商社（sogo shosha）对贸易活动采取了相互协调且严格控制的方式，而中国香港和中国台湾产品的市场营销则相反，其倾向于委托大量独立的专业贸易公司来销售（Ellis，2001）。然而近年来，综合商社的贸易促进作用正在下降，尤其是涉及出口方面，因为日本 MNE 正在承担更多的市场销售功能（UNCTAD，2004：133）。作为商品生产部门，组织形式的选择依赖于其感知到的对 MNE 盈利能力以及相关生产和交易成本的影响。一般而言，交易中市场失败的可能性越大，MNE 越倾向于内部化。

---

① 一般的贸易公司都是多元化 MNE 的最卓越的例子，这些 MNE 的 O 优势源于协调多种不同类型的互补的贸易相关活动（包括航运，保险，外汇交易和信息采集）的能力以及进入中间和最终产品市场的许可。对来自亚洲 13 个国家的一般贸易公司不同战略的描述可以参考 Ozawa（1987）。对英国贸易公司的综合历史研究可以参考 Jones（2000）。

② 这些包括委托业务、经纪人业务、批发业务、零售分配、托运销售、仓库贮存、航运业务、金融业务、项目管理、信息获取、市场调查、保险业务和咨询业务。

第 2 阶段的另一个例子是，MNE 为了有效地利用其竞争优势，必须将这些优势与外国某一公司或某些公司拥有的其他优势结合起来。例如，一家希望出口到中国市场的美国公司需要与当地企业建立合作项目，以获取销售渠道。在这种情况下，尽管这家公司希望通过内部化市场和分销网络来实现全面控制，但是如果没有当地合作伙伴，不透明的商业惯例和排外的本地网络可能使得开拓市场几乎不可能。

需要记住的是，投资于与贸易相关的活动可能是实现在国外生产产品和服务的第一步。的确，公司可能已经在其他国家参与了此类活动。仓储就是一个例子。从储存最终产品，到储存中间产品或者其他部件——这些产品在出售到国内和国外市场之前，需要进行一些检查、组装和包装——仓储只是业务的一小步发展。此外，这一与贸易相关的存在会帮助企业认识自己进行国际生产的能力，或者认识当地企业提供中间产品的情况。它也可以帮助企业深刻理解国外的生产技术、制度和组织结构，以及为满足当地市场需求进行的产品调整。简言之，与贸易相关的或市场营销的分支机构能够为潜在的国外投资者提供有关国外生产的前景和机会的有用见解，这样做减少了生产和交易成本。例如，在一个有关中等规模的挪威公司的一个详细的案例研究中，Welch 等（2002）发现，早些年在俄罗斯建立的采购关系有助于在下一个阶段为企业提供联系和信誉，这些是进入该国市场所必要的。

同时，不通过从提供产品生产到提供服务——例如，仓库保管——的出口扩张，这些活动由出口国的一些专业公司承担也可能会更有效率。例如，中国香港的亚洲货柜物流公司正越来越多地承担商品在离开中国之前的服装零售商的分类和标签工作，这样可以直接装船运到商品的进口国。而在上海的 NYK 物流公司则会为用于超市的产品进行收缩胶膜包装，从而在进口国公司的仓库中能处理得更高效。[①]

最后，我们需要考虑一种被称为"天生全球型"的企业，它们的国际化进程非常快。[②] 它们往往是技术密集型的企业，一开始就服务于利基市场，采用了灵活的结构，可以直达世界各地的供应商和消费者（Madsen 和 Servais，1997）。从 Oviatt 和 McDougal（1994）对国际新型合资企业的研究开始，对国际企业家精神的研究已延伸至小企业的国际化，特别是在高科技领域。这些研究试图考察这些"天生全球型"企业进入国际市场的可行渠道，以及它们有限而高度专业化的资源、国际组织结构是如何影响其全球化进程的（Gabrielsson 和 Kirpalani，2004；Knight 和 Cavusgil，2004；Kuemmerle，2005）。[③]

由于对"出生"的时间长度、对"天生全球型"企业本质的理解缺乏统一的认识，因此难以全面理解这类公司的影响程度。考虑到它们通常只提供小范围的商品和服务，境外资源投资水平较低，以及把出口作为跨境贸易的主要方式，我们认为这种"全球化"公司更类似于我们归为第 1～3 阶段的企业。事实上，虽然在最初的几年，"天生全球型"公司国外赚取的利润比重非常高，但以色列的例子却表明，这

---

① "Western retailers shift their supply chain tasks to China"，*Financial Times*，March 27，2007，www.ft.com.

② 参考 Autio（2004）对这一领域的主题和研究方向的概述。

③ "天生全球型"企业的另一个相关的问题是，它们是否会因为已有的学习僵化较少，而比它们的大型 MNE 竞争对手更擅长从企业间关系中学习（Autio 等，2000）。也可以参考 Liesch 和 Knight（1999）关于小企业为获得国际化回报率而学习国外市场的能力的研究。

些公司也会遵循传统步骤，逐渐增加在国外市场的资源投入，而在这些国家建立营销分支机构是它们国际化的重要进程中极其重要的一步（Hashai 和 Almor，2004）。

□ 7.4.6　第 3 阶段：中间产品及服务的国外生产

第 2 阶段是 MNE 发展进程中一个十分关键的步骤，不仅公司自身权利得到了发展，而且第 2 阶段还带来了进一步的 FDI，这一阶段中资源以及能力的投入数量通常是很少的。而对于绝大多数（并不是全部）制造业企业来说，当一家公司不是促进已经生产的产品和服务的销售或者购买，而是开始致力于产品以及服务的国外生产时，上述情况将会得到巨大改变。对许多（但不是全部）制造业企业来说，最初的绿地新建（但尚未获得的）市场寻求型业务通常是增加值相对较低的业务，通常是位于价值链的最后组装阶段或者最初加工阶段。随着本地或者区域市场的扩张，建立或者获得国外生产设施的经济可行性也许会增加。

这样的生产究竟达到怎样的程度才能引致 FDI 主要取决于所提供的中间或者最终产品的类型、所使用的生产流程的性质以及国外供应能力的质量。如果国内生产工艺是资本密集型的，或者需要生产大量专业化的设备以及训练有素的劳动力，又或者生产不能够轻易地缩减规模，那么启动国外生产就会耗时很长。如果工厂的最优规模小并且能够便宜且容易地获得本土生产投入品，那么国外生产不仅能够在早期就取代出口，而且它甚至有可能是公司进入国外市场的最初方式。值得注意的是，生产的最优水平和区位要求都有可能随着增值活动阶段的改变而改变，因为跨境的运输和交易成本可能与这些或者其他的增值活动联系在一起。

图 7.2 刻画了第 3 阶段的投资，这一阶段中制造或者服务流程的一个特定部分从母国转移至国外。这样外国增值活动也许会取代出口，甚至是国内增值业务的等价物，此时 FDI 的目的是向国内市场提供产品，取代国内企业的生产或者外国本地公司的生产。另一方面，国外生产也许会补充或者独立于它在国内的相对应的生产。在上述任何或者全部情况下，可以建立一个全新的（即绿地投资）增值设施，或者收获一个已经存在的设施。

伴随着网络以及更好的远程通信的出现，从国外寻找诸如客户呼叫中心、后台功能以及电脑编程等许多服务正变得越来越经济。在这种情况下，服务的生产会被安置在拥有训练有素且具有成本竞争力的劳动力的地方，然而服务本身能作为一种中间投入再次转移回原来的公司，或者直接提供给全球的消费者。2003 年英国电信决定将电话号码查询台服务安置在一个印度呼叫中心就是后者的一个例子，而 2004 年飞利浦将金融服务中心外包至波兰则是一个第 3 阶段类型的中间投入。这两个例子中，中间服务都是由一个地处国外的绿地投资外包的。在其他情况下，MNE 不再认为保持如此活动的层级控制是必需的或者有利的，那么外包就会是第 1 阶段的合同形式。如果是这样，一个在印度的呼叫中心也许是由一家当地公司来运营的，或者是由一家像美国肯沃基公司一样的、已经在大量发展中国家建立了联盟的、大型合约服务提供者来运营的（UNCTAD，2004：158）。

将国际化公司的产权许可给一个外国生产商是何时出现的呢？在分析第 1 阶段

的初次进入时，我们认为出口产权和出口最终产品是一样的。然而，一家公司之前向自己营销子公司出口最终产品，现在这家公司出于某种原因发现在国外生产部分或者全部的产品，在战略上或者经济上都是十分值得的，然而为达到这样的目的，最好的方法就是与一家外国公司订立许可或者特许经营协定，然后该公司就会用一种中间产品或者服务（如知识）的出口来代替最终产品的出口。然后最终产品将会由一家非子公司在外国进行生产，接着产品被售往该公司自己的营销子公司（结合第 1 阶段和第 2 阶段的进入方式）。然而，如果该公司决定建立起自己的外国组装子公司（一家绿地投资公司或者一家并购公司），那么这就是一个第 3 阶段的进入，在这样的阶段，产品通过公司自己的营销子公司或者分配子公司进行销售，或者通过一个独立的代理商进行销售。组装子公司也有可能是一家该公司与国外合作者的合资企业，中国的制造业投资大部分就是这样的情况，东道国政府对所有权的严格管制是造成该种情况的原因（Buckley 等，2004）。

有大量的文献在研究是选择利用本国生产厂商进行特定产品或者服务的生产然后进行出口，还是选择在产品的销售国（或者第三国）进行生产，在第 4 章中已经有参考文献对此进行了描述。大多数此类研究将重点放在出口和当地生产在制造、组织以及营销方面的比较成本，还有对未来市场规模以及增长的预期、运输成本、与政府相关的贸易壁垒以及对国外直接投资者的有利和/或不利因素等方面。在一篇原创性论文中，Buckley 和 Casson（1981）表明转变点可能与以下各项产生负相关关系：投资公司的设置成本和经常性固定成本对生产总成本的相对重要性以及增加对外国市场的熟悉程度而影响最优市场服务决策的方式。另外，他们认为只要 FDI 的跨境运输成本、关税成本以及公司内部治理成本高，那么订立许可证将会是优先的服务模式。而且当前述的成本下降时，他们认为公司会尝试着从订立许可证转变为 FDI。

在较早期的模型中，贸易和许可证被认为是出现在国外生产之前的，而没有被认为是投入产出市场在国外的学习经历，也没被认为是国外生产的中间产品（如许可证和外包）的贸易。然而众多的实证研究已经指出了非股权形式的跨境交易的经验价值，并且这种价值正是之前讨论过的乌普萨拉学派国际化理论的核心。既然学习成为一个重要的角色，一家公司对于国外市场以及生产情况的了解常常是时间，以及先前参与国外活动的范围和形式的函数。然而函数中的其他变量，诸如公司的规模、公司与当地进行的交易以及与其他企业的互动，也是相当重要的。我们之前已经讨论过，一个第 2 阶段的营销子公司可能会帮助一位潜在的外国投资者更加深刻地了解外国生产的前景以及机遇，这样做能够减少与生产相关的准备成本和交易成本。

□ 7.4.7　第 4 阶段：增值网络的深化和扩展

处于第 3 阶段的公司参与中间产品生产，例如境外装配，而处于第 4 阶段的公司则进行与最终产品生产相关的工作，并且参与最终产品在东道国市场或其他海外市场的营销与分销。子公司使用当地技术和创新要素的投入来开发新产品，从而获得所谓的"生产授权"（product mandate），并且得以在跨国网络中扮演一个比单纯的装配者更加重要的角色。在第 4 阶段，子公司掌控价值链的大多数环节，自己采购，并能开始发展一个合约性以及合作性的关系网络，这使它们成为东道国市场的局内人。总之，第 4 阶段的全球化更加注重子公司自身的能力，而第 5 阶段则更加强调子公司整合、融入 MNE 网络。区分子公司处于第 4 阶段还是第 5 阶段的一个重要标准是创新活动。第 4 阶段中的子公司通常依赖于在母国总部或者位于另一东道国的精英子公司进行的研发。因此，在图 7.2 中我们指出，子公司处于第 4 阶段的显著标志是向东道国转移了除研发之外的其他所有生产阶段。

进入第 4 阶段标志着，先前参与了中间产品生产的处于第 3 阶段的境外子公司的中间产品的生产过程正在逐步成熟。中间产品生产活动在人员竞争力、有形资本和制度基础设施建设中所需投入的资本是最少的，从而也只会面临最小的风险。如果向东道国的转移获得了成功，并且市场得到扩张，当地供给能力获得了提升，或者东道国提供了更多的激励，那么图 7.2 中显示的上游高增值业务可能会更多地从母国转移到东道国。增值业务越能够适应特定的国外市场的供给能力和需求，并从相契合的创新环境中获益，境外生产就越有可能提早开始。此外，这些能力中的大多数在长期内可以通过训练和教育的改进、资源质量的升级、将更多的管理责任转交给当地经理人、嵌入本土企业网络、适当建设基础设施（例如，公路、公共设施、无线通信）以及发展更高效的生产方法和组织技巧等方式得到增强。

有时这些能力的提升是由公司自己完成的，有时则是由国家或者地区政府提供的，这些政府同时从区域或国际机构（如世界银行和亚洲发展银行）获取资金支持。第 10 章将会指出，当国家所处的发展阶段发生改变时，它们吸引外资的能力也会有所不同，近年来的一个例子就是越来越多的 MNE 经营活动被吸引至中欧、东欧以及中国（UNCTAD，2006）。此外，积极的激励结构（例如，税收减免、投资准入、区域补贴、双边投资协定）和消极的激励结构（例如，由于政府为了支持当地生产商而制定的政府采购方案、进口规制以及竞争对手的不良竞争行为而可能造成的市场份额减少的威胁）都能够鼓励或迫使公司想办法在当地生产并承受相关的调整费用。①

在资源寻求型 FDI 的例子中，其最初是由 L 型禀赋驱动的，初次进入境外投资的主要动因并不是为了取代已经存在的进口市场，而更多的是为了将该市场内部化。尽管自然资源的二级加工通常有更多的可选区位，但这些下游业务通常需要更复杂的人力和有形资产，这通常超过资源所有国的初始状况。无独有偶，当经济持续发展并且境外子公司参与初级生产的经验愈加丰富时，母公司可能会愿意在二级加工环节投入更多资金，特别是在受到东道国政府鼓励的情况下更是如此。这方面的案例包括美国原油生产商在加拿大炼油和石油化工领域的前向垂直一体化；外资采矿公司在南非铝、钢、钛加工业内的扩张；以及韩国渔业公司对加拿大和美国渔产品加工业的进军（UNCTAD，2007）。

---

① 进口规制很少是政府仅有的（更不可能是最合适的）用于吸引外资的工具。比较普遍的一种状况是，进口规制与全方位的贸易型投资调控措施（TRIM）和/或绩效要求相结合。政府鼓励或劝阻 FDI 所采取的手段的有效性在第 19 章和第 20 章中讨论。

这一阶段 MNE 活动的持续壮大可能包含多种形式，包括在不同的增值环节增大 FDI 投入；增加某一区位的产量；扩展到多个东道国；或者是上述这些形式的组合。[①] 这里所说的壮大可能表现为收购、并购以及扩展公司现有部门，例如境外子公司扩大其产品涵盖的范围。在这种情况下，含有境外生产环节的价值链的数量将会增加。首先，绿地投资部门的增值活动很可能是企业在母国进行的增值活动的一个缩微版本。这类案例中境外子公司受命生产利润最高（同时也最安全）的产品，而这家企业的其他产品则可能继续从母国或者另一境外子公司进口。这很可能（尽管不是必然）导致其他产品的诞生。例如，20 世纪 70 年代末和 80 年代，日本电子企业进入美国市场，它们首先进入的是自身的核心业务领域，然后便扩展到了非核心领域，在这一过程中将先前的投资作为未来投资的一个平台（Chang，1995；Kogut 和 Chang，1996）。

更为普遍的情况是，当子公司或者母公司有实现范围经济的机会时，生产基础的扩展（即子公司的水平多样化）便有可能发生；或者出于进攻以及防御战略的考虑，MNE 觉察到需要使境外资产多样化。在后一种情况下，这种连续投资通常以收购、并购或者战略联盟的形式实现。

连续投资的另一种形式是让一家已经成功渗透到境外市场的 MNE 进入另一市场（通常是毗邻市场），这与乌普萨拉学派提出的学习观点一致。Wilkins（1970，1974）在其历史学的分析中阐述了拉丁美洲国家的市场在 19 世纪和 20 世纪早期是如何被美国 MNE 相继渗透的。同一时期欧洲的 MNE 巨头在撒哈拉以南非洲地区的投资也遵循相似的路径（Franko，1976；Archer，1986）。自 20 世纪 70 年代初日本企业第一次进军英国之后，亚洲 MNE 在欧洲经营的地理和产业结构都得到了极大的扩展。近年来，中欧和东欧 MNE 进驻的欧洲国家在数量上持续增长，验证了 FDI 参与的学习过程的涟漪效应（UNCTAD，2006）。

此外，企业所做的调整体现了国别和产业层面的差异。后者的一个例子是日本的汽车公司，其企业集团型优势已经成功地移植到了美国的汽车工业，而日本的电子制造商则更多地试图适应美国市场通行的规范和惯例（Kenney 和 Florida，1995；Kotabe 等，2003）。总的来说，随着日本 MNE 在美国以及欧洲的投资越来越多地向知识寻求型投资转变，相较于其他合作关系而言，传统的"买方—供应商"关系对于投资成功的重要性已经越来越弱（Mason 和 Encarnation，1994；Morgan 等，2002）。

越来越多的外来投资者根据相关生产和交易成本状况，决定采购更高比例的自身产品，或者选择在当地市场上从本土企业手中购买，从而转变为了"局内人"。欧洲内部市场和北美自由贸易协定的建立促进了这种转变。境外生产的成熟程度与 MNE 子公司不断提高的自治程度，以及其作为跨国公司内部"学习"的角色相契合（Birkinshaw，1996；Birkinshaw 等，1998；Holm 和 Pedersen，2000）。这类子公司不仅仅是母公司技术和组织惯例的传播渠道，同时也通过自身的研发部门或者接触其他企业的研发部门来促进新知识的产生。

---

① 除了产品或地理层面上不断丰富的多样性效应之外，Vermeulen 和 Barkema（2002）指出，国际化的速度和步调也可能是影响跨国企业母公司未来业绩的独立变量。

此外，随着 MNE 的投资变得更加成熟，MNE 对现存业务的连续投资可能增加——这些业务经常由再投资收益提供资金支持（至少部分提供）。尽管再投资具有重要作用，但在过去的研究中它却没有引起足够的重视。[①] 一个例外是 Mudambi（1998）对 70 家位于英国的 MNE 子公司的研究，该研究表明相比于较近期进入东道国市场的竞争者而言，进驻市场时间最长的公司更有可能在同一东道国进行再次投资。另一研究是 Song（2002）对位于韩国、中国台湾以及新加坡的 194 家日本电子企业子公司所作的考察。这一研究发现当生产条件向不利方向进行发展时，这些子公司坚持运作，甚至继续投资，这一现象在 1988—1994 年间的工资水平上涨期间表现得尤为明显。他的研究指出，不仅当地经验（以进驻时间长度来衡量）能够促进升级，对公司特有能力以及本地货源所作的投资也起到了很大作用。有趣的是，在他的样本中，日本电子企业更倾向于升级位于新加坡的业务，而不是位于中国台湾或者韩国的业务，这也许是因为新加坡政府出台相应政策来鼓励 MNE 提升它们的本地能力。

通常来说，一群企业进行的资源寻求型和市场寻求型的外国投资也有可能鼓励其他公司的投资（20 世纪 90 年代在中国进行投资的"淘金热"就是一个例子）。我们在第 4 章已经讨论过在国际寡占市场中参与竞争的公司的"跟随领导者"和"相互威慑"战略。我们指出，确保在增量市场上的份额不仅可能帮助投资企业降低其平均固定成本（例如，将研发和营销开支平摊至更多的产量上），而且也可能防止竞争者利用这一规模经济或者范围经济。可以看出，在这种情况下一旦境外生产值得投资，一群 MNE 就会设立新的生产部门，即使这样的做法对于它们中的部分或全体来说并不一定是有利可图的；这是因为假如它们都在这一市场之外驻足，利润空间甚至可能被进一步压缩。这类 FDI 集聚并不会总是发生；有时候本土或者区域市场的规模并没有大到容得下两个或者更多的生产商。此外，即使 FDI 集聚的确产生了，它也不一定会在同一国家内发生，特别是当这个国家吸引的外资专门用于向出口市场提供产品时。[②]

不仅市场竞争对手想模仿另一个企业的行为，相关行业的其他企业也可能会受到激励从而进行投资。例如，在两次世界大战间期的福特、通用汽车以及 20 世纪 80 年代的日产和丰田分别在英国进行了大量投资，大量来自美国和日本的零件供应商纷纷跟随它们进入了英国市场。无独有偶，东道国当地资源加工企业（例如，石油勘探公司）的出现常常会吸引境外下游企业（例如，石油化工或化纤企业）的投资。在过去，来自初级或者制造业企业的 FDI 促进了服务业企业在当地基础支持和设施建设领域的投资，譬如建筑公司、银行、保险公司、广告公司、酒店、汽车租赁以及餐饮公司（UNCTAD，2004）。这类投资很少是为了取代贸易；问题的关键在于潜在的投资者是选择凭借自身的所有权优势来亲自从事增值业务，还是选择将从事这些业务的权利出售给独立的国外生产商（例如，通过许可证、特许经营或管理

<hr />

① 第 2 章给出了一些再投资收益在 FDI 总量中所占比重的实例。Lundan（2006）提出了一个再投资决策的概念模型。

② 例如，从彼此激烈竞争的日本制造业企业集团进入美国市场的事实中，Hennart 和 Park（1994）发现了"跟随领导者"行为的一些证据。

合约)。

　　企业初次进入第 4 阶段的一个特例是销售者必须在产品消费国生产该产品的情况。例子包括搬运和运输费用很高的商品;易腐烂的商品或价值重量比率低的产品;需要生产者与消费者当面沟通且随叫随到的服务,例如某些形式的医疗顾问服务[1];批发、零售分销;进口贸易。确实,UNCTAD(2004)最近发布的报告指出,服务贸易在国际投资以及贸易中扮演的重要角色的确凸显了服务业 MNE 在国际化进程中所采取的形式的多样性:航空企业主要采用非股权联盟;邮政服务、通信、零售以及金融服务公司的案例中 M&A 和合资企业的形式则比较多见。在法律和会计服务行业,跨国企业的进入模式基本由当地的监管环境决定,但通常都是凭借合作和联盟来扩张的。除了"建造—运营—转让"合约和管理合约之外,在公共设施领域(例如,发电、供水和污水处理系统等)的私有化投资中,也有一些 FDI 参与。

　　最后,需要留意的是与对国际扩张的关注相对应的问题,也就是撤资。国外子公司的糟糕绩效和 MNE 内部的战略性重组都可能导致撤资。[2] Benito(1997)研究了 1982—1992 年间挪威公司的 153 项 FDI 样本,验证了撤资的经验意义:在十年的时间里,这些样本中超过半数的投资都被撤回了。Benito 同时指出,相比于通过M&A 获得的子公司而言,绿地投资子公司更少遭到撤资,尽管对于撤资的动机我们不得而知。Mata 和 Portugal(2000)进行的另一项研究使用了葡萄牙境内的一组较为全面的外国子公司样本(包含独资和合资),区分了出售境外子公司(撤资)和关闭境外子公司(清算)。该研究发现相比于通过收购获得的公司而言,绿地投资子公司更不太可能被出售,尽管后者被清算的危险更大。

　　总的来说,如果境外生产的第一步获得了成功,那么它就能创造良好的势头并且可能引致连续性投资,表现为垂直一体化形式或水平多样化形式或者两者兼有,同时也能鼓励相关性和支持性活动的展开。针对这个一般性的论述,一个可能的例外是一家公司收购另一家公司从而获得特定的战略性资产,同时避开对现有竞争优势没有帮助作用的其他公司。目前看来,这种类型的 FDI 同跨境战略联盟的建立一道,正在变成 MNE 活动越来越重要的组成部分,特别是来自三联体,以及部分发展中国家的 FDI(UNCTAD,2006)。一些很有地位的 MNE 希望与其他(跨国)企业相互补充资产和管理优势,它们所进行的各种形式的效率寻求型以及战略性资产寻求型 FDI 的数量近年来得到了很大增长,这表明过去那些对企业实现中间产品市场内部化的途径所做的解释,不再像从前那样符合实际了。除了欧洲、亚洲和北美洲区域内的 M&A 之外,这一阶段资产扩张型 FDI 的例子包括中国台湾、韩国以及近年来的中国和印度企业为了获得欧洲和美国的现有品牌和分销渠道所进行的合资或收购(van Hoesel,1999;Makino 等,2002)。大多数资产寻求型投资的目的确实在于获得知识密集型或制度资产或者新市场,并且这类投资将会被认为是下一节中第 5 阶段全球化的一部分。

① 某些形式的医疗顾问服务,例如对于放射性成像的解读,如今也越来越多地通过远程沟通实现。
② 参见 Boddewyn(1983)对于投资和撤资决策异同的检验。

跨国公司与全球经济(第二版)

　　绝大多数的 MNE 在其境外市场进入和扩展战略中都会或多或少地对国外以及本国业务进行协调。如果不这么做，它们当初进行的 FDI 就不具备任何意义了。第8、9 章将会详述 MNE 可能采用的跨境制度和组织机制。这一小节中我们将会看到：对境外生产进行连续的控制（任何程度的控制力度）似乎是可行的；实施这种控制可能基于各种各样的原因；由于行业、公司和国别的特定因素的存在，控制和协调实施的程度将会随着时间（譬如学习和实践的时间长短）而变化。

　　第 3 章对效率寻求型或者理性投资的讨论主要关注了 MNE 参与的增值活动类型。但是早在这些类型的境外生产开始之前，就存在一些影响资源寻求型或市场寻求型子公司繁荣的决定，而这些子公司可能受到母公司的中央控制和协调。例如，与研发活动、资本支出、会计程序、制度发展和市场服务相关的决策。国际生产的合理性仅仅只是公司内部生产和交易的区域一体化或全球化进程中的一个步骤而已。

　　在 MNE 投资的演化中，第 5 阶段设想了母国和东道国之间增值活动的分工，这一分工与图 7.1（案例 4）中描述的两个东道国之间的分工十分相似。在这一阶段中，母国和境外子公司生产不同的产品，并且都在世界市场或区域市场上出售这些产品。事实上，在 MNE 内部存在频繁的产品交换。每种产品的研发中也有部分是在后续生产阶段所在地进行的。因此，第 5 阶段与前述的 4 个阶段不同，后者关注的是价值链上某一特定产品在生产的各个阶段的地理分配。[①]

　　显然，MNE 是否能以及何时能演化到第 5 阶段（图 7.2 中作了阐明）将取决于一系列因素，包括产品范围和类型、有可能导致规模经济或者范围经济的生产加工专业化程度、正在投资的国家或拟投资的国家所提供的经济机遇、进行中间产品或者最终产品跨境贸易的容易程度、公司内部交易成本以及 MNE 对其境外增值业务管理的态度和策略。企业内部产品市场的专业化和一体化进程很可能伴随着 MNE 内部众多生产单位之间贸易量的急剧增长。第 14 章将会指出，与公司内部贸易相联系的活动种类具有很多前后关联的特征。特定业务的特征包括发掘工厂规模经济的机会，以及跨境激励结构和沟通设施的重要性，等等。贸易壁垒几乎不存在，或者完全不存在，就是最重要的国别特征。只有那些基于全球或者区域视角审视其境外业务，并且认为必须整合母国和境外经营的 MNE 才有可能实施跨境专业化战略。

　　如上所述，可能以合资和 M&A 形式呈现出来的战略性资产寻求型投资是第 5 阶段的一个重要组成部分。这类 FDI 可以大致分为两类。第一类在全球 M&A 活动中表现得举足轻重，特别是近些年一些强强联合的并购案，如时代华纳—美国在线公司、戴姆勒—克莱斯勒以及惠普—康柏（近期趋势的更多例子见第 2 章）。在这些案例中，效率寻求型和战略性资产寻求型动机结合在一起，收购方企业渴望全盘掌握被收购公司能够提供的全部知识、能力以及生产性资产。

　　第二类资产寻求型投资主要与采购境外知识资产有密切联系。对制造业和商务

---

　　① 然而一家 MNE 事实上可能生产多种产品，并且其跨境增值链上的活动的地理分布对于这些产品而言可能大不相同。

服务业龙头企业的一项研究表明，境外技术竞争力和管理竞争力的获取已经成为企业全球竞争力日益重要的决定性因素（Dunning，1996；Dunning 和 Lundan，1998；Dunning 和 McKaig-Berliner，2002）。很多知识资产受到地理限制，并且只有通过进驻知识资产所在地才能获得，这一事实驱动了这类资产寻求型投资。典型的案例包括在硅谷形成产业集群的半导体行业，以及在波士顿、纽约（新泽西）、圣迭哥和英国剑桥的各大公共研究中心形成集群的生物技术产业。研究表明，具有较高创新产出的美国生物技术公司更有可能吸引外资入股，而在美国的半导体行业中，外资公司比本土公司更有可能引用当地专利。这样的事实似乎表明境外公司存在的意义就在于学习（并且助力）当地的产业集群（Almeida，1996；Shan 和 Song，1997；Kuemmerle，1999a）。

如果知识寻求型投资是通过收购实现的，收购方企业必须在公司内部实现一体化，然而对于合资和战略联盟而言，一体化很大程度上是在公司间层面完成的。除了股权和非股权合资企业之间资本支出融资的差异之外，公司内部——而非契约企业之间——激励结构的相对效率更有可能成为决定企业长期业绩的关键因素。大众对于 M&A 的总体印象是它在长期内几乎不能增加股东利益，并且常常会不断地引发公司内部的管理问题。最近对企业收购后业绩的研究确实表明，尽管被收购方的股东在短期内都获得了利益，但是收购方企业股东的近况与收购前持平，甚至可能更糟糕（Agrawal 和 Jaffe，2000；Bruner，2002；King 等，2004）。尽管没有理由期待某种协调在形式上具有天然优势，但是假如能够正确地设计企业之间的相互激励机制，非股权模式就能够成为 MNE 达到既定目标的一种可选方法。在第 9 章中我们将继续讨论这一点。

相比较而言，实施第 5 阶段类型的全球一体化生产和/或加工战略的 MNE 数量很少（Rugman 和 Verbeke，2004b）；而且几乎没有跨国公司真正地在众多生产单位之间建立了资源和组织之间的相互联系（Hedlund，1986；Bartlett 和 Ghoshal，1989；Doz 等，2001；Birkinshaw 等，2003）。少数真正能够演化到这一阶段的公司包括汽车、消费性电子产品、计算机以及酒店领域的一些全球最大的企业。然而即使是上述公司也没有准备好让所有的子公司参与决定所有增值业务的布局，特别是研发活动的布局。近几年确实出现了一些诸如 ABB 和宝洁这样的公司，它们避开了全球一体化矩阵的组织形式，这也显示出跨国公司在组织结构上的自身固有的复杂性（Westney，2003）。

此外，生产战略可能基于区域内部而非区域之间的资源分配。例如，根据 Rugman 和 Verbeke（2004b）提供的数据，财富全球 500 强名单内数据完整的 365 家公司中只有 9 家是全球化企业，这里全球化企业的定义是在三联体均分别销售了产品总量中的 20%～50%。与此同时，这 365 家企业中有 320 家在其母国的销售量超过了 50%。[①] 分别来自三联体国家的业务之间可能存在专业化分工，然而单独来自三联体三个区域中某一区域的国家之间也可能出现这样的专业化分工，例如欧盟内部

———————————
① 生产比销售更加全球化的可能性仍然存在，特别是把合同外包纳入考虑的情况下。第 2 章给出了有关大型 MNE 国际化指数的更多证据，这里，国际化指数指的是 MNE 境外部门销售、资产、人员规模占其总量的比例。

的这类分工。MNE 生产的区域化究竟是迈向全球化的一步，还是当下区域内贸易和投资壁垒的替代品？这个问题还需要继续研究讨论。

然而，下一章将会指出，在企业寻求从全球一体化中获取利益并且满足当地消费者、供应商以及东道国政府需求的同时，MNE 的组织结构也发生了巨大变化。不仅 MNE 完全控股的子公司正在经历重构，所有跨境交易关系——包括出口和所有形式的合作联盟——也都在经历重构。国际合资企业和非股权联盟都是效率寻求型和战略性资产寻求型 MNE 战略中不可或缺的组成部分。这些改变影响着国际化进程的实现路线和表现形式。当代观点指出，将 MNE 视为企业内部和企业间关系系统的神经中枢是最合适的，这一系统被一个共同的企业愿景捆绑在一起，并且系统中的每个单位能够在各自运营的市场中利用丰富的组织和技术的专门知识。① 然而，与过去相比，现代 MNE 的关系网络具有更加丰富的层次且更加多变。导致这一现象的部分原因是近期发生的经济和政治事件要求对跨境治理的制度进行重新评估，另一部分原因是根据活动和参与交易的当事人的不同，公司间和公司内部关系的成本和收益也会产生很大的差异。

在第 4 阶段，我们断言一些境外子公司凭借获得"生产授权"和在东道国市场成为知情者的优势，已经在所属 MNE 的内部获得了特殊地位。在第 5 阶段，我们相信这样的子公司作为专门的"卓越中心"更有可能体现出战略重要性。这意味着子公司肩负着在公司内部竞争的某一领域发展和提升卓越能力的全球性责任（Holm 和 Pedersen，2000）。无论怎样，MNE 对由子公司获取或创造的本土知识以及制度利用或转移到公司内部其他机构的可能性，很大程度上取决于其建立合适的激励结构并实现一体化的能力。

超国家公司为知识整合的问题提供了新颖的解决方案（Doz 等，2001）。诸如诺基亚（芬兰）、资生堂（日本）和宏碁（中国台湾）这样的 MNE，被认为受益于出生在错误的地方从而需要打破地理的局限。颇具规模的竞争者们可能尝试通过发展卓越中心并对更好的信息系统和知识管理进行大量投资的方式来重新设计已经存在的组织结构；但是超国家公司更可能专注于寻找并获取新技术，将技术转变成创新型产品，最终在全球范围内扩大创新范围。它们的关键优势在于从公司所处的任何运营环境中汲取知识的过程。例如，Doz 等描述了宏碁如何模仿麦当劳建立自己的组织结构，将公司分割成 40 个独立的当地公司，从而根据不同的当地需求来进行电脑组装。宏碁认为一些子系统是容易消亡的，并因此砍掉了近半数的对于瞬息万变的项目的研发。

与超国家公司相似的一个概念就是所谓的"龙跨国公司"，这类公司为了平衡而使用它们的网络联系（Mathews，2002b）。这类公司主要是来自东亚的大型 MNE，包括宏碁（中国台湾）、利丰（中国香港），当然还有伊斯帕特（印度）和西麦斯（墨西哥）。通过在全球范围内熟练地识别、获取和整合资源以及能力，并且在公司运营范围内利用其资源和能力，这些后来者已经成功地克服了它们区位外围的劣势以及缺乏特定能力的缺点。这类龙跨国公司的一个突出特点是它们国际化的加速度，

---

① 例如 Casson（2000）以及 Buckley 和 Hashai（2004）的关于 MNE 是一个系统的观点。

此外，尽管一般来说这类公司都十分庞大，但从国际化加速度这一角度来看，它们也与前文讨论的"天生全球型公司"很相似。这些公司全球化程度很高，母国市场规模受限以及国内资源和能力受到的约束都没能阻止它们成长为巨型企业。它们通过最大化公司网络关系的效用以及有控制地扩展公司核心的方式已经完成了成长。

最后，我们也许会提到巴蒂集团的例子，巴蒂集团的独特之处在于通过将公司所有的核心业务全部外包给境外 MNE 的方法成长为一个巨大的商业帝国。这类关系包括，例如，在移动通信市场上给予沃达丰 10％ 的股权参与，与爱立信以及 IBM 订立合同来构建网络基础设施，与沃尔玛合资进入碎片化的零售市场。[①] 然而巴蒂集团并不是国际化的一个例子，因为它首先专注于印度市场。相比之下，它是"反向"外包的一个例子，"反向"外包有效地利用了希望在印度市场扩展业务的一体化境外 MNE 的竞争力。

7.5　结论

在讨论了增值链的概念以及它对我们理解 MNE 境外活动的贡献之后，这一章追踪了之前仅在国内生产的公司可能会采取的一些主要的境外增值业务的进入战略。这一章也试图描述一家公司在其国际化进程中可能经历的各个阶段，以及这些阶段是如何由公司 FDI 的初始动机和市场进入战略的可行范围决定的。

需要再次强调的是，我们描述的所有阶段中的公司增值业务转移都不是自发的或者不可避免的。一家企业能够采取的境外市场进入方式以及发展战略也并不仅仅局限于这些。MNE 运作以及新的组织形式正在变得愈加复杂，例如"天生全球型"公司、资产寻求型 M&A 以及众多由私募投资者管理的跨国公司[②]，这也导致了第 1 阶段和第 4 阶段之间明显的"阶段跳跃"。与解释在发展中国家、中欧和东欧发生的初次市场寻求型和资源寻求型 FDI，以及蓬勃发展的中小型 MNE 的 FDI 相比，我们指出，很多研究国际化进程的权威文献与大多数当代三联体范围内的 MNE 境外生产的关联性并不高。

同样明显的是，一家公司的全球化形式与其组织结构、信息系统和管理作风息息相关。为了理解公司的增量投资模式和持续投资模式，以及通过此种投资建立的合作联盟的多元模式，我们需要使用新的模型或者概念框架——或许要遵循上文提到过的网络与制度方法的轨迹。同时需要强调的是，行业和国家的具体特征以及公司根据 OLI 布局作出的战略反应都会决定企业进入境外新市场的形式和对现有 FDI 进行扩展或重组的形式。

公司国际化进程中的一些改变有可能反映外生事件。最明显的是，在过去的 20

---

① "Entrepreneur sows his mobile millions in the fields", *Financial Times*，January 26，2007，www.ft.com.

② 详见第 1 章的讨论。在这里，私募投资者获取的企业可能通过注资、重构和引入新管理方法的形式加速企业的成长和国际化进程。

跨国公司与全球经济（第二版）

204

年里，沟通和交通成本的下降、一些跨境市场的自由化、国家或者超国家机构的重组和/或升级都会使跨国公司进入市场以及扩展的选择越来越多。这些为 MNE 的业务开展提供了新的机遇，特别是在中欧、东欧、中国以及印度。此外，三联体内部日渐增强的区域一体化也为颇具规模的一体化 MNE 创造了新的机会。与此相反，有一些变化对于公司自身来说是内生的。对作为公司核心竞争力的知识、能力和制度效率的重要性的日益重视已经促使了更多战略性资产导向型投资的发生，这样的投资到目前为止大多是以 M&A 的形式发生的。与此同时，对知识和学习的重视通过增加合作关系的数量和种类已经极大地拓展了合作网络。

我们在这一章也试图表明，因为有着众多的国际业务种类以及可能的合作模式，公司内部治理制度（Oi）以及由这些制度衍生出的相关能力已经变得至关重要。这样的能力巩固了一体化 MNE 协调第 4 阶段和第 5 阶段业务的能力，与此同时，对于处在第 1 阶段中依靠广泛合同外包来获取竞争优势的公司来说，这样的能力对支持公司成长也十分必要。在母国和东道国层面上，政府也显著地影响着不同的市场服务模式的相对成本和收益。我们特别强调了基础设施和制度发展对于企业从纯销售和分销业务向境外生产转型的促进作用，以及对于企业通过增加当地采购、在当地市场获取知情者身份等方式来拓展公司境外生产的促进作用。有证据表明这类全面且成熟的子公司对东道国经济助益很大，同时也成为母公司独特的资源和情报站。接下来的两章将会更加详细地揭示跨国公司内部组织的变迁以及合作关系的发展状况。

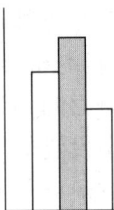

第 8 章

MNE 活动的组织：内部网络

■ 8.1 引言

　　人们很早就意识到了，公司组织和协调其增值业务的方式不仅会影响公司竞争优势或 O 优势的发挥效率，还会按照其固有的特点构成有价值的竞争力。Alfred Chandler（1962，1977，1990）最先强调了组织创新是影响 19 世纪下半叶大型美国企业建立和发展的一个重要因素。当公司被引导着将其中间产品（在增值链的独立阶段）的交易从外部市场转移至被公司管理的科层结构中时，组织创新的重要性尤为明显。①

　　Chandler 认定，组织变动的最初动因是 19 世纪早期一系列技术革新和管理资本主义的诞生。他进一步指出，这样的组织变动需要对决策制定的区位以及地理格局进行根本性的重构。随着公司规模以及生产迂回性的增加，公司内部交易的数量以及复杂性也增加了。因此，对于管理职责与治理之间的界限，以及总部、区域办公室、部门办公室、经营单位之间的交流沟通路径进行更加明晰的描绘和定义，已经变得尤为重要。类似地，用行政法令取代外部市场意味着有必要建立更加正式的激励结构、控制执行机制、沟通渠道以及指导内部决策执行者的行政程序。

　　在检验这些变动对企业内部治理意义的过程中，Chandler 指出，对于组织的整体（U 型）结构即功能结构而言——制定决策的责任与增值链中的特定阶段或这些阶段中发生的交易是相互关联的——将因为公司的增值链或其投入及产出变得越来越多元化，而变得越来越不适合公司的发展。他认为一个多部门的结构（M 型）能更好地保障企业的利益，这里 M 型结构包含的劳动科层分工基于所生产的产品或所

---

　　① Chandler（1977）特别指出，考虑到制度创新或境外资本流入的影响，假如商务措施和惯例的变化可以被授予专利，商务变化对美国经济增长的贡献将会是非常巨大的。Arrow（1970）数年后的研究提出了风格相近的观点，他指出在人类的所有创新中，利用组织来完成其任务是最伟大和最早的创新之一。

服务的地理位置，而非基于公司履行的功能。

我们在第 1 章已经指出，MNE 的突出特点就是它是一个地理上分散的多元化经营公司。我们进一步指出，一家公司进入境外市场有可能对公司的组织结构以及决策责任的分工提出额外的并且常与以往不同的要求，这一点也将会在这一章详细阐述。这些影响通常会较为明显地体现在全球整合的 MNE 案例中，这些 MNE 所采用的传统的、基于垂直单一科层关系的组织规范效率越来越低下。

围绕着这一节导论介绍的几点，这一章主要关注 MNE 内部治理的可选结构，以及全球化是如何影响这些结构的。这一章还表明 MNE 协调其国内及境外增值链业务（从要素服务和中间产品的采购到价值链中的各个环节）的方式、决定从事何种业务和去哪里开展这些业务的主要因素都能显著地影响跨国公司的全球营销和生产战略，同时也会影响这些战略对母国和东道国经济施加作用的方式。

这一章我们将会依照第 5 章中介绍的制度框架来重点回答三个组织问题。① 首先，我们将描述并评估 MNE 采用的一些组织架构，以及随着这些 MNE 成为全球经济中越来越重要的一股力量，这些公司的组织架构又是如何发生改变的。其次，我们会研究 MNE 内部决策演化轨迹的一些模式，同时会重点关注 MNE 总部对决策制定的参与程度，以及决策权在组织内部不同部门之间的共享程度。我们将会特别关注 MNE 的某些类型的子公司日益增加的独立性，以及所谓的"卓越中心"的发展状况。最后，我们将会解释为什么 MNE 会选择现行的内部市场和决策制定程序的组织方式。在这些讨论中，我们会特别留意国家、产业、公司的特征对 MNE 活动本质、规模以及区位选择施加的影响，以及对 MNE 国际生产战略的影响。

8.2 组织功能：一些总体观察

☐ 8.2.1 对组织结构的需求

在给定所处的全球政治经济环境的前提条件下，我们认为公司部署其竞争优势或者所有权优势的方式，以及公司为了实现这一部署所需要采用的组织结构，主要是由以下六个主要因素决定的：

（1）公司的所有权结构以及法律地位；

（2）公司的年龄和规模；

（3）从事增值业务的数量、特征以及与增值业务相关的交易；

（4）以何种形式和程度与其他企业（竞争者、供应商、客户等）和非市场角色（监管者、非政府组织等）建立关系；

---

① 需要强调的是，这一章仅讨论与 MNE 及其子公司组织方式相关的所有命题中的一部分。更为专门的对于 MNE 和组织命题的研究参见 Bartlett 等（1990）、Ghoshal 和 Westney（1993 ［2005］）、Hedlund（1993）以及 Birkinshaw 等（2003）的论文集，Birkinshaw（2000a）和 Verbeke（2007）的专著，以及 Westney、Zaheer 和 Birkinshaw 在 Rugman 和 Brewer（2001）一书中所著的章节。

（5）公司业务的地理拓展；

（6）公司的国际生产和（或）营销战略。

例如，考虑两种极端的公司类型。首先假设一家小型私营公司，它从一个所在地向一个完全竞争市场供应一种产品。在这里，组织功能被限定到了最小。第3章已经表明了在这种情境下公司几乎没有战略灵活性的余地。公司的内部交易极少，同时公司完全知晓所有决策的可能结果。

现在，我们考虑这家公司生产的可能发展路径。这种发展可以用多种方式实现，例如公司可能简单地增加现有产品的产量。这样做的话公司内部和外部的交易数量将会增加，而这些交易会提高对公司组织以及制度能力的要求。因此，这迫使一些授权和（或）专业化的决策——例如采购、生产、融资、人事管理、营销等——按照功能进行。如果扩张是以收购或者部分收购另一家公司的形式进行的，那么所暗含的劳动组织分工的必要性就会更迅速地显现出来。

与此同时，或作为替代，公司可能通过垂直一体化或水平多样化来拓宽其增值业务的范围。这类拓展的目标通常是通过获取常规管理的经济性来增加销售量或者减少生产和（或）交易成本。然而，其本身可能要求新的或者改良的激励结构以及组织形式。第三，公司可能通过多样化市场和（或）生产区位的方式来拓展其业务规模。这也可能需要公司对其组织结构进行重新评估。在所有这些例子中，公司处于环境不确定条件下做出的决定可能会拓宽公司战略选择的范围，这些决定也有可能扩展公司的组织功能，从而使得组织功能能够囊括对自身不确定性的管理。

现在我们考虑一家生产众多种类产品的公司，每一件产品都要求不同种类的投入要素和中间产品，同时该公司向国家市场（或者区域、次国家市场）出售产品。除了拥有很多境外子公司之外，该公司还参与了许多跨境战略联盟。我们同样假设这家公司在寡头垄断市场和高风险市场上进行竞争，同时公司的 O 优势取决于其创新和管理多国境内的资产的能力。最后，我们假定公司的所有权结构很复杂。公司的股份在所有主要的证券交易所都有报价。对于这样的一家公司而言，制度成本以及其他策划、维持有效组织结构和机制（用于收购、部署以及监管要素服务、中间投入和市场）的成本是相当巨大的。另一方面，使用其他组织途径（如外部市场）的成本可能更大。

大多数跨国公司的科层结构介于这两种极端的原型之间，但与单一国家企业不同，跨国公司在不同的国家进行生产的事实有可能引入一个新的组织维度，特别是在跨境文化、政治和经济制度、语言、意识形态以及制度结构之间存在差异的情况下。此外，根据 FDI 的本质和目的以及 FDI 实际发生的国家不同，用于实现特定功能的组织也会不同。因此，技术密集的"生产者型企业"可能与资源密集的"消费者型企业"有着不同的组织需求。无独有偶，在发展中国家从事生产的子公司的组织方式与在发达国家从事相同生产的子公司的组织方式也可能很不一样。一家追求全球产品采购和营销战略的全球一体化 MNE 有可能与一家奉行"自主自立"战略的多国化 MNE 有着截然不同的公司内部关系结构。最后，随着时间推移，公司业务的本质、技术以及所处环境发生了变化，组织需求也可能随之改变。

跨国公司与全球经济（第二版）

□ 8.2.2 组织需求的战略反应

组织结构影响公司战略，同时也会被公司战略影响。一家公司的决策机构网络有可能反映公司首席执行官和董事会的价值观以及企业愿景，同时也会反映决定公司竞争优势和劣势的一系列复杂的历史、文化以及意识形态因素。最后，一家公司面临的环境、意识形态以及制度框架在国家与国家之间迥然不同。就这一点而言，组织结构以及公司内部关系至少在某种程度上是国家特殊性的。

我们现在给出两个简单的例子来说明，即使所处环境与 8.2.1 小节提到的相同，企业也会作出不同的反应。第一个例子是风险，第二个例子是技术收购。

风险与跨国公司战略

风险可以有许多分类方法。在一篇经典的文章中，Ghoshal（1987）区分了四种风险。第一种是宏观经济风险。一家独立的公司通常无法对这一类风险施加影响。宏观经济风险包括的事件有战争、全国性灾难以及市场势力的外生性转变（工资率、商品价格以及汇率的改变）。第二种风险是政治风险。本国或者东道国政府未来行动的不确定性增加了这一风险。[1] 这类风险包括税收的可能变化、外来或者对外直接投资的控制、经营需求和反垄断法规方面的改变。第三种风险是竞争风险。这类风险源自竞争对手行为的不确定性，例如对手企业自身全球战略改变之后，它们对于这一改变的反应。第四种风险是资源风险。这类风险伴随着兼并的时机和条款的要求，与资源以及中间投入的收购有关。除了这四种风险外，其他的风险还包括与中间产品或者最终产品的销售有关的风险。这些风险不仅仅包含需求的不确定性，还包含在某种程度上作为销售公司"代理人"的买方行为以及这类买方行为对企业行为的影响。[2]

一些风险对所有公司来说都是普遍存在的；另一些只有从事境外增值业务的公司才会面临；还有少数是公司特有的风险。也许与 FDI 相关的最明显的风险就是国际市场上外币和本币未来价值的不确定性。其他风险可能不那么重要，也有可能更重要。它们包括政治风险、资源风险和制度风险（例如，对于工作和当局的态度，兑现合同，激励结构等方面）。[3] 另一方面，地理多元化 MNE 应对多变环境的灵活性可能使得该公司相对于只在少数国家进行生产的竞争对手来说更具优势（Kogut，1985）。大型跨国公司的知名度和卓越表现可能使之成为非政府组织的攻击目标，这也使得优秀的治理方式（例如透明度和问责）成为应对威胁公司声誉的潜在风险的重要手段之一。

文献表明一家公司可能使用多种方式来应对风险，每种应对方式都有可能要求公司对其组织结构做出修改。首先，公司可能简单地通过减少风险业务的参与度来达到规避风险的目的。乍一看，这样的方式看似能够简化公司的组织

---

① 例如，Henisz（2002）对 100 多年的历史所作的分析表明，政府承诺实行一系列政策，并保证避免政策突然调整的能力，是企业进行基础设施投资的前提。

② 不难发现，这些风险事实上是市场失灵的各个方面，我们在第 4 章中对此作了详细讨论。

③ 汇率对于 FDI 时机和形式的影响，参见 Barrell 和 Pain（1996）以及 Blonigen（1997）。

需求，但是只要以前由其他公司从事的业务现在由该公司自身经营，组织需求就似乎不太可能得到简化。其次，公司可以为了规避风险而投保，但是投保的效果同样也不一定能立竿见影。一方面，投保行为减少了公司对自我保护措施的需求。另一方面，鉴于公司将其风险承受功能外部化了，公司有可能开始涉及一些原本不会涉及的高风险业务（也被称为"道德风险"）。其三，一家公司可能会尝试通过一系列对冲的办法来减少风险。一个明显的例子就是外汇市场上的公司通过对冲来避免公司交易所使用的货币价值的下跌（或上涨）造成的风险。保险和对冲都会产生成本，而且这些成本代表了公司为了减少其收益不确定性（变化性）付出的代价。

风险对公司增值业务国际化的影响首先取决于风险的类型，同时也取决于公司决策制定者对承担风险的态度。第4章已经表明，考虑到对分散但关联的交易进行常规管理的经济性，与跨境市场失灵相关的风险可能成为FDI行为的诱因。另一方面，FDI自身可能带有风险（例如，资产被征收的可能性和（或）一项投资无法盈利造成的常规商务风险）。政治或者制度风险的增加有可能减少公司境外资产的价值，从而会使得公司倾向于通过合资或者另一些形式的合作联盟来分担金融风险。第7章在考虑进入境外市场的备选模式的收益时，对这一点作了详细讨论。从交易费用的角度来看，使市场备选方案变得昂贵的原因同样也可能是使得内部化更昂贵的原因，但不一定是通过相同的方式。下一章我们会再讨论不同类型的企业合作方式的成本和收益。

技术创造和收购

第4章指出公司以一个实惠的价格创造或者收购技术资产的能力是MNE竞争优势的关键组成部分之一。同时，MNE组织其技术产生和购买的方式是公司成功的一个至关重要的因素。例如，在创新能力方面完全自给自足往往不仅仅需要建立研发部门，还需要研发部门与公司其他部门的整合统一。另一方面，独立自主的技术购买能力可能会减少与外部技术供应商交易的费用，例如在产品的价格和质量层面降低成本。与其他公司缔结合作联盟来为联合研发项目融资或为生产更多种类的产品融资。尽管可能是一种低风险的战略，但是这种做法可能会要求更进一步的内部重组。在公开市场上购买技术，或者通过合约协议来获得技术可能是第三种可选方案，这种方式也会有其相应的组织需求。

总的来说，生产一种特定产品要求的技术数量越多、越复杂，并且一家公司的产品（或者生产过程）越多，那么公司的组织结构就有可能越复杂。在过去的十年间，关于通过股权和非股权方式发展和获得知识资产的文章构成了IB文献的一大部分。在管理类文献中学者们关注的相应问题是知识管理，它指的是组织内部新知识的收购和/或产生以及传播，这里的知识包含技术知识、营销知识以及其他类型的知识。我们稍后将在这一章论及MNE迫切希望将其子公司打造成"卓越中心"的例子。

8.3 MNE 的组织结构

□ 8.3.1 总体特点

我们首先考虑文献中提到过的一些 MNE 组织结构。现实中并没有哪一家跨国公司能够恰好对应某种类型。每家企业在某种程度上都是独特的，并且可能是不同组织结构的混合体。此外，任何一家特定 MNE 的最优或者所谓最优的组织结构都可能随时间而变化，例如在公司扩展或缩小其产品范围，或者加深其多国性程度的情况下。事实上，在描述正式组织结构时，大多数 IB 教科书倾向于考察企业从初次涉足境外生产时的时点演变到在许多国家经营一个一体化的子公司网络时的时点的过程。例如，West-ney 和 Zaheer（2001）定义了 6 个 MNE 组织结构原型：国际事业部结构、地理区域结构、全球产品组织、全球功能组织、矩阵组织以及前端/后端组织。图 8.1 总结了上述组织结构中的 4 种。读者如果希望了解更多相关细节，可以参考 IB 的专业书籍，例如 Ghoshal 和 Westney（1993 [2005]）以及 Birkinshaw 等（2003）。

自从 Bartlett 和 Ghoshal（1989）引入了跨国解决方案，对于组织结构或组织重组解决国际响应性以及协调性问题的能力方面的兴趣和信心都减少了。Franko（2003b）将这一现状归因于 MNE 被迫直面来自金融市场（被诸如大型养老基金这一类机构投资者影响）和产品市场（被全球客户影响）的压力，从而变得越来越外向。与此同时，随着 MNE 越来越青睐基于相关业务的跨境组织形式，对于地理因素成为组织设计变量的可能性而言，其受到的关注也越来越少（Westney，2003）。然而，最为重要的是 MNE 如何实现内部网络和外部网络之间以及各自内部的一体化，以及企业聚合和传播知识的效率有多高。大多数当代的管理学研究，事实上还包括本书的章节分布，都将公司内部一体化的论述与公司和其外部（联盟）合作者之间关系的论述分隔开了，但是假如 MNE 想要获取其网络的全部价值，它就必须把这两个系统整合起来。①

在分析的开始，我们简单地阐述 MNE 为了应对日益复杂的产品市场和对于一体化愈加迫切的需求，其可能采取的组织结构的改变方式。在前一章我们指出进入境外市场并进行扩张的形式多种多样，并且很多公司并不是遵循逐步发展的行为模式。来自诸如瑞典、荷兰或新加坡这样的小型开放经济体的企业，与在庞大的母国市场——如美国和中国——进行销售的公司相比，倾向于在更早的阶段进行程度更深的国际化。处于一些技术利基市场中的公司可能是"天生的跨国公司"，这类公司在短短几年之内就将其销售国际化，与此同时，那些从事低技术产业或中等技术产业的公司，可能在多年之后还苦于应付与公司业务的国际分散和协调相关的更为基本的问题。

---

① 一个例外是 Scott-Kennel 和 Enderwick（2004）的工作，他们在对位于新西兰的 MNE 子公司所作的实证研究中将外部和内部网络融合在了一起。还可以参考 Birkinshaw 和 Hagstrom（2000）编辑的版本，其提供了许多旨在区分不同的能力，以及 MNE 外部和内部网络如何产生租金的实证研究。

从事知识密集型产业的企业已经经历了本质上的转型，它们已经开始把公司看作一个学习网络，将独立的子公司看作该网络中的参与节点。对于理解作为公司特有资源的知识价值和契合的激励结构的价值而言，对组织认知论（探明你究竟是如何知道你所知道的一切）的认可是至关重要的一步。考察 MNE 结构转变的大多数近期学术文献确实都重点关注了高技术产业（如计算机、电子、制药）的公司面临的挑战，这类公司寻求聚合那些原本相当分散的知识，从而使得公司内部能够获得这些知识。

对于全球一体化的 MNE 来说，全球客户——指能够认知到全球价格和质量的差别，并且在所有市场中都需求相同的条件（他们也许自身也是全球一体化的 MNE）的客户——的出现已经导致了境外子公司作为整合者的角色的弱化。如果 MNE 不能通过其子公司使得其产品范围契合当地需求，那么简单的价格歧视也会难以实现。全球客户和跨境定价透明化的涌现已经减弱了子公司的市场影响，因为越来越多的产品相关决策需要在全球范围内制定。与此同时，子公司在公司内部知识生产中扮演的角色增加了子公司在 MNE 内部与资源相关的重要性（Birkinshaw，2001）。

□ 8.3.2　国内企业的组织管理

首先，我们考虑公司在未进行 FDI 之前的组织结构。根据图 8.1 识别的变量，职责的分工很有可能表现出"U"或者"M"型。我们已经指出 U 型（单一型）组织结构一般来说更加适合小型、单一业务的公司，这类公司需要协调的决策数量相对来说较少，并且个人或者小组对于制定这些决策来说已经足够。然而，一些大型的、紧密联接的家族企业也有可能选择这种科层组织结构，其决策制定的核心是高度集中的。

M 型（多部门型）组织结构考虑到了职责的专业化。在一家只在母国市场进行生产和销售的公司里，这种专业化可能通过决策制定的"生产"（或者业务）来实现，也可能通过决策制定的"功能"（或者地区）来实现。它也对公司内部交流和决策制定的垂直系统作了正式化。在前一种情况中，每一个产品部门都有可能拥有相似的组织结构，部门中的每个产品经理都对小组产品经理或者首席执行官（CEO）负责。在每一个产品组内，单个产品生产的负责人都向产品组经理汇报。与此相反，职责的功能型分工通常会在所有业务范围内授予该功能一个独立的决策制定权限，同时董事会成为主要的计划和协调主体。

即使是在一个纯粹的国内公司内也不存在一个"正确"的组织形式，一度认为是"正确"的组织结构也不大可能成为一个永久的组织结构。然而，就一般规律而言，在其他条件不变的情况下，终端产品越多样化、产量越庞大，一家公司的组织形式越有可能是基于产品的。与此相反，终端产品越少，企业在其增值链上的垂直一体化程度越高，企业的组织形式就越有可能是基于功能的。需要再次说明的是，一家本土化程度最高的公司可能同时具有这两种结构的组织元素，但其中一种有成为决定性结构的趋势。

案例 A：国际事业部组织

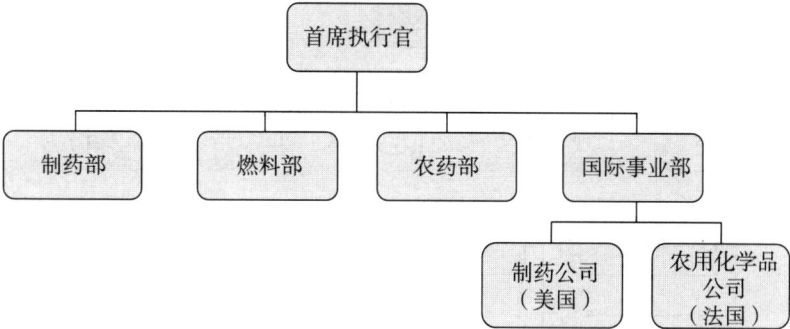

案例 B：多部门全球生产组织

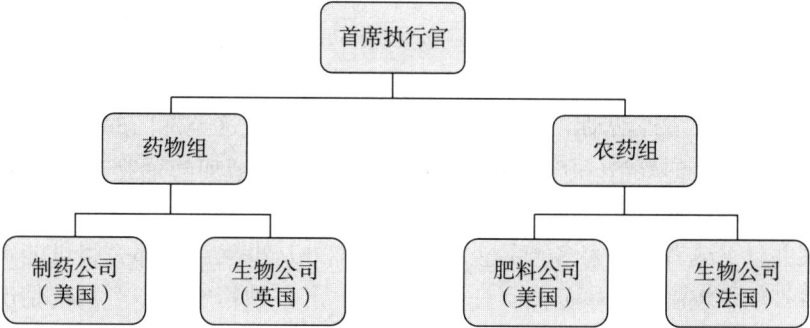

案例 C：矩阵组织

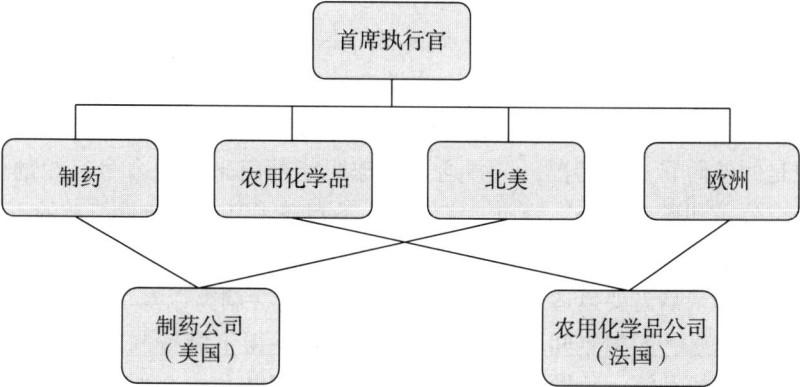

案例 D：前端/后端组织

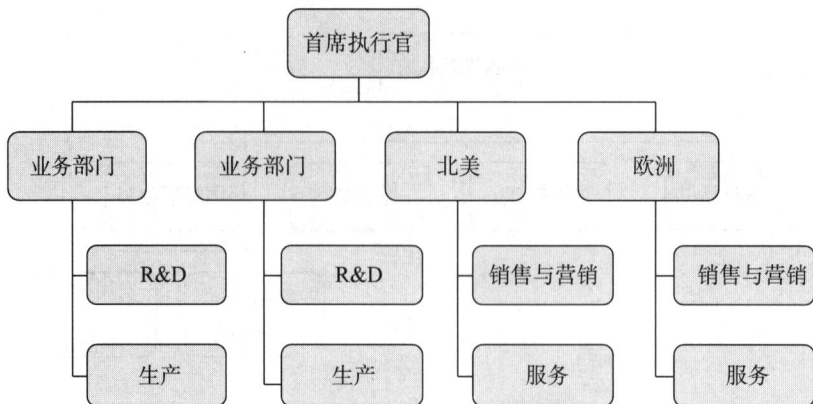

图 8.1　跨国公司组织结构的 4 种形式

□ 8.3.3　国际化对组织治理施加的影响

一个公司一旦开始从事境外交易，就面临了一些新的组织挑战。这些组织挑战将会以各种各样的形式出现。起初，对公司来说最有可能的反应是建立一个新的国际事业部来负责其境外活动（如图 8.1 中的案例 A）。[①] 这类部门的存在理由是公司认定，由于国内外的政治经济环境之间的差异以及由此增加的企业内部的沟通成本，一种组织和治理境外增值活动的新形式成为一种必需。然而，一旦这些增值活动获得了拓展并且（或者）一家多产品企业开始在境外从事生产，那么很可能每个产品部门都将被赋予控制国外事务的责任。在企业生产多种精密技术产品的情况下，或者当管理者必须充分熟悉所负责的产品和服务的性质和性能时，这种控制国外事务的责任赋予特别有可能发生。此外，一家已经实现了功能链治理的企业可能开始考虑每个功能的国际化发展方向。

包括 IBM、施乐公司和杜邦公司等在内的 MNE 在组织它们境外业务时主要通过国际事务部的方式实现。通过全球产品部门来组织部分或者全部业务的 MNE 也为数众多，包括达能和联合利华在内，这类全球产品部门中的每一个都从事境内和境外业务（图 8.1 中的案例 B）。倾向于一个更加以功能为导向的组织职责分工——这些往往是例外而非一般情况——并通过全球职能部门来实现自身组织的 MNE 包括英国航空公司和埃克森美孚公司，它们的业务覆盖了某一行业价值链的不同部分。

在决定合适的组织模式时，所有 MNE 都将需要调整产品、生产方法、工资政策、营销技术和采购需要以适应市场需求，同时在这些调整以及境外供应商、客户、员工和政府的意愿和能力之间取得平衡。它们也将不得不维持制度和战略上的灵活性，同时实现规模经济、范围经济和地理多元化经济并从中获取最大收益。正如两名学者所指出的，跨国任务涉及平衡"本土需求"和"全球视野"（Prahalad 和 Doz,

---

[①]　一些评论描述了一个早于国际事业部出现的阶段，并称之为"母女"结构。在这一结构中，每一境外单位都为当地市场服务并直接由企业总部负责，最为重要的是，所有这些单位都在商业运营上被给予了充分的自主权。

1987）。实际上，他们的整合—回应架构作为一种应对全球一体化挑战的成熟方法已经被沿用了近 20 年，尽管近年来的发展表明，随着越来越多的产品相关的决策不得不在全球范围内制定，MNE 内部子公司的产品相关的重要性有所下降，同时资源相关的重要性却不断增加（Birkinshaw，2001）。

组织结构选择的另一视角是识别企业核心竞争力的本质以及境外生产的动机，并把这些本质和动机与生产部门所属环境的特征关联起来。例如，一家企业签订合同以购买标准原材料，对于中央采购部门而言，为所有生产网点采购这些原材料可能是合适的，这样能使其获得最大的从量折扣。相比之下，当某一产品需要特别适合当地客户的需求和（或）需要购买专门组件或其他投入时，原材料通过境外子公司采购会更加合适。同样，监测和套利利率或汇率变动情况采用集中决策可能有最好收效，然而与工会组织的谈判委托给地方人事部门经理可能会更加合适。会计和财务融资功能可能会集中协调，而涉及东道国政府的协商（那些涉及母公司资源大宗投入的议题除外）往往会由当地子公司来管理。

随着一家企业越来越以国际化为导向，基于企业市场和产品地理环境而形成的科层组织结构的第三种形式成为一种可能。企业向越多国家出口，在越多国家从事生产，就越有可能成立负责特定国家组的区域部门。在某些例子中，这可能会与区域办事处的设立相伴而生，这些区域办事处承担一些母公司的组织职责，特别是在处理与特定区域有关的问题时（例如，监测和分析东道国政府的法规和政策）。正在向以地理为导向的组织结构转变的 MNE 包括吉百利史威士公司和雀巢公司；同时也包括大多数专业服务、酒店及运输企业。

当一家 MNE 变得更加国际化时，它可能会演化出其他的组织管理模式。垂直一体化的资源型企业（例如，从事金属业的企业）也许会根据增值链的不同阶段（例如，矿产勘探、冶炼和精炼）进行职责划分。此外，职责的划分可能反映了重要客户（例如，消费者、企业、政府）的特征。在实践中，许多 MNE 采用的混合组织结构有不同类型的组织特征。譬如，在 2004 年的商务战略转变之后，联合利华重新配置其全球产品部门，并将其分为两组（食品组，以及家庭和个人护理组）。与此同时，包含所有部门在内的运营公司在地理（区域）基础上进行了重组。

因此，一家颇具规模的 MNE 采用的组织结构会根据其投资动因、子公司数量和位置、所服务的终端市场种类、海外经营的经验、产品或工艺多样性以及其全球管理战略等方面存在的差异而千变万化。一般而言，如果 MNE 通过境外子公司来生产种类较少的产品并出售至独特的母国市场，则这家企业更有可能是遵循地理边界来组织的。相比较而言，一家公司的产品多样性越强，推行的理性化投资战略越多，它越有可能沿着产品边界来组织。机动车、工程和通信行业的许多大型 MNE 的情况都属于这种类型。我们将在随后的论述中指出，其他变量同样也会影响（限制）企业组织结构的选择，母国和东道国也在这些变量之列。

□ 8.3.4　全球性企业的组织结构

当一家企业扩大其地域范围、增加其参与境外增值业务的强度并在更多国家从事生产时，它可能需要再次改变其组织结构。同样地，其选择将取决于企业涉足境外活动的本质，尤其是企业对国内外业务采取一体化战略的程度。一个在东道国复制国内生产并依赖于母公司供应商不可或缺的原材料重点投入的单产品 MNE，相较于另一个在它从事生产的每一个市场都供应特殊产品的企业而言，将会有不同的组织需求。反过来，多国化 MNE 相对于那些已经成为一体化战略中一部分的子公司来说，与母公司之间有着不同的一系列关联。

一家企业在主要职能上越全球化，它越有可能产生适应任何科层组织结构的需求。通常情况下，这涉及两种类型的平衡行为。其一，正如已经提到的，是在获取跨境整合利益和获取独立子公司响应国家能力和需求的利益之间取得平衡。尽管这由于国家、产业和公司的具体情况而迥然不同，但正如我们所看到的，来自 MNE 组织的不同部分的经理们在全球决策制定上更广泛的共享成为一种趋势，与此同时，如同为一个职业化管理的变态分层结构添砖加瓦一般，更为横向的信息和意见的交换也成为一种趋势（Hedlund，1986；Hedlund 和 Kogut，1993）。

平衡行为的第二种类型是尝试在分别利用基于地域和产品的组织结构的优势，和在捉摸不定的初级阶段混合利用这两种结构的优势之间取得平衡。产品多元化程度越高，MNE 有生产出口的国家越少，企业组织以产品为导向的可能性就越大。公司出口越细分，跨国性越强，采用基于地理的组织结构的可能性就越大。境外子公司在 MNE 的全球成功中扮演的角色越重要，公司内部决策制定越有可能变得水平和多维。

一项研究指出，在那些最大和最多元化的 MNE 中存在各种各样的组织结构。然而，它们中也存在一些共同点。所有这些企业看似都是根据所在国家进行业务集群，同时每个子公司合适的经理人都与他们在母公司内的相应成员进行交流。对于其他功能，特别是那些涉及复杂技术问题的功能而言，决策制定的分配仍然主要基于产品进行组织，同时更有可能是科层型的而非变态分层型的。同样，适当的关系的内部模式将取决于关系组织的交易成本。产品相关关系的共同治理会少于或者超过以地理为导向的关系的共同治理吗？国家特定资源和需求结构的异质性是否会比由区域关税同盟产生的国家政策的协调性更为明显？这种区域一体化是否会导致 MNE 区域办事处权力的增强？如果是这样，那么这是否会加速 MNE 科层结构的消亡？例如，数年前 Kenichi Ohmae（1990）指出一些 MNE 在其组织发展中已经达到了可以被称为"全球本地化"[①]的阶段，同时这一阶段特别需要对总部扮演的决策制定单位的角色进行重新评估。他特别强调了在像日产、雅马哈、本田和松下这样的日本 MNE 中，区域总部的重要性日益增加，同时指出"对于几乎每个成功的公司转型以获取全球竞争者地位而言，将公司中心分解为若干个区域总部已经不可或缺"（Kenichi Ohmae（1990），p. 88）。很显然，大型 MNE 在三联体中的仅仅一个或两个区域获取销售（Rugman 和 Verbeke，2004b），而这进一步暗示了基于区域的组织结构的重要性，无论是优先考虑或者次优先考虑。

为了应对一些在之前数节已经提到的互相冲突的组织需求，一些 MNE 已经采

---

① 由索尼的 Akio Morita 提出的原创性术语。

用了所谓的矩阵结构（图 8.1 中的案例 C）的混合型组织结构。它得名于一种组织形式（例如，基于产品）重叠于另一种形式（例如，基于地理）之上。这并不是一种由一个产品经理控制许多区域经理的科层结构，而是这两种类型的管理人员都保持平等地位，且他们的职责有重叠。在采用了矩阵结构的 MNE 中，信息流的轨迹横向跨越那些主要的维度。产品特定和区域特定的期望都被用于解决问题和应对机遇。然而，正如许多分析者所指出的（比如 Westney 和 Zaheer，2001），双重职责结构也产生了一些问题。为了解决稀缺资源的竞争诉求和将不同利益群体间的利益冲突降至最小，它们经常需要某类管理层面上的"领导人"，其任务是协调人与人之间的差别，并维持总公司和下属单位之间有效的双向沟通。一度采用了矩阵结构的 MNE 包括汽巴—嘉基、惠普（HP）和 ABB 等。其中，汽巴—嘉基在 1996 年被分割为化学公司（汽巴）和制药公司（诺华，在山德士合并后），而惠普于 2002 年购并康柏，同时 ABB 在 2001 年转变成一个全新的前端—后端结构（Westney，2003）。

如果 MNE 的目标是实现业务操作的灵活性，同时也想完全掌握地理多样化和跨境治理经济的收益，其组织心理就需要从基于一个垂直控制关系的金字塔心理转变为一个基于合作和水平关系网络的心理。不同的作者对这一观点都通过不同方式进行了阐述。例如，Ghoshal 和 Nohria（1989）就认为一个 MNE 的组织结构应该与其运营单位的可用资源相适应，同时也应与它们发展的阶段和其经营的外部环境稳定（与否）相适应。他们特别地区分了科层型、联邦型、家族型和一体化的结构，并认为一体化结构是最适合于管理所处环境复杂且拥有丰富当地资源的子公司。Ghoshal 和 Nohria 采用"差异化契合"的表述方式来暗示，企业组织结构的特点必须与其运营环境相匹配。他们指出，随着全球环境的技术、经济和政治因素变得更加一体化和多样化，对于 MNE 而言，把基于功能的地理、产品或者矩阵结构的原始组织系统替换为能让企业更好地应对国际突发事件并利用跨境联结优势的组织系统成为一种必需。[①]

遵循相似的研究路径，Ghoshal 和 Bartlett（1990：603）呼吁对组织间理论进行重建以涵盖 MNE 作为"价值业务的内部差异化跨组织网络"的跨组织理论的重建。Doz 和 Prahalad（1991）给出了基于 MNE 业务的多维性和异质性结合成果的组织结构案例。他们指出，应更加关注独立子公司的管理者作为决策制定基本单位的作用。与此相反，Hedlund 和 Kogut（1993）更倾向于强调 MNE 的科层属性，并指出对于一家资源和竞争力在全球范围内分散，但组织和制度优势越来越依靠有效的横向沟通——特别是在功能和项目层面——的企业而言，科层属性最能说明其决策结构。

目前对于 MNE 合适的组织架构的学说表明，到目前为止，没有任何一个学说被确认可以满足在工业化和（或）一体化经济体中从事大量企业内交易的全球公司的需要。在第 7 章中我们指出，对跨国公司结构的主流类比是建立在 MNE 内部，以及 MNE 和其他组织之间的一个关系网络，其中一些关系建立在不平等的基础上。MNE 的问题是要寻找一个在内部和外部网络层面都允许它对分散业务的范围进行协

---

① 这些结构遵循由 Lawrence 和 Lorsch（1967）最先提出的差异化和一体化维度。

调的结构（Nohria 和 Ghoshal，1997）。

还应指出的是，MNE 组织的一些层面不仅反映了控制和协调的内部化压力，同时也反映了在全球经济中已经发生的一些变化。这是显而易见的，例如几个大规模 MNE 已经选择在三联体都设立区域总部。一些特殊的区域，比如中国香港和瑞士，已经凭借其能提供的高质量商业服务成为 MNE 设立区域总部的热门地区，而就瑞士而言，更可以提供给 MNE 和其员工税收优惠和吸引人的生活方式（Enright，2000b；UNCTAD，2002:57；Wanner 等，2004）。也有一些迹象表明，总部的许多职能正在成为通过外包来实现功能的候选者，同时例如金融这样的功能也越来越多地处于流动状态。在后一种情况中，MNE 扩张到了诸如伦敦、纽约和法兰克福这样的成熟的金融中心，这一现象有助于增强企业的全球形象，并使市场更好地了解在 MNE 的战略或治理下所发生的任何变化（Birkinshaw 等，2006）。

近期对于整合—回应问题的一个解决方案就是所谓的"前端—后端"结构，它由一个前端（组织面向客户的部分）和一个后端（生产相关的部分）组成（图 8.1 中的案例 D）。像这样的结构已被一些 ICT 企业所采用，如思科和 IBM，同时也被一些先前的矩阵组织所采用，如惠普和 ABB（Westney，2003）。前端被设计成满足和预测全球客户的需求并提供解决问题的整体方案，包括一些目前无法提供的产品或服务的解决方案。后端被设计成能灵活地适应来自前端的不断变化的需求。随着对组件外包和 OEM 产品的依赖性不断增强，后端在作为生产站点的同时也同样扮演了物流和协调中心的角色。当前端和后端变得越来越专业化时，关于它们是否应该继续作为同一组织的一部分的疑问产生了。在交易成本方面，只要在公司内部协调的相互依存造成的收益超过其作为两个独立单位的运营成本，两部分就应当保持联系，但是就 MNE 的适当边界而言，目前没有一个简单的或者明确的长期解决方案。

结构配置问题的另一种新型解决方案是并不在第一时间采纳传统的大型公司结构。正如我们在第 7 章中讨论的，新一代"天生全球型"企业从初创时期就采用了可以触及全世界供应商和客户的灵活结构（Madsen 和 Servais，1997）。然而，到目前为止文献描述的大多数关于"天生全球型"企业的问题都主要关注利基参与者，其增长很可能受到市场规模的限制，同时其协调问题也就因此不再成为一种苛刻要求的特质。此外，讨论多集中在对其出口进行快速国际化的企业，而非那些根据前一章中介绍的分类来看仍处于组织演变的阶段 1 的企业。

或许比"天生全球型"企业更容易激起研究者的潜在兴趣的是在文献中定义的超国家企业（Doz 等，2001）和龙跨国公司（Mathews，2002b）。超国家企业据说是得益于诞生在一个错误的地方，因此需要摆脱地理限制。成熟竞争者也许会尝试通过大手笔投资建设更优秀的信息系统和知识管理来重新设计他们现有的组织，以使全球创新成为可能，而超国家企业则遵循完全不同的发展路径。此处关注的焦点是识别和获取新技术，把它们转化成创新产品并最终将创新扩散至全球。根据 Doz 等（2001），对于诺基亚（芬兰）、资生堂（日本）和宏碁（中国台湾）等一些超国家企业的研究最终指出了如下数条原则：

（1）全球扩散不是一个清晰可辨的优势；

（2）不存在所有企业都必须跟随进入的单一领先市场；

（3）有价值的知识是分散的；

（4）有价值的知识是复杂和具备黏性的。

因此，超国家企业成功的关键是在公司运营环境的每个地点都存在一个非传统的勘探知识的过程。例如，宏碁遵循麦当劳的模式，将自己分解成 40 个独立的当地公司，这些当地公司各自根据当地需要装配电脑。宏碁通过将一些子系统标记为易损坏的并把它们当做快过期的子系统来处理，最终削减了这些快速变化的项目一半的库存。

类似的想法是由 Mathews（2002b）在对一组来自东亚的龙跨国公司的研究中提出的，这些企业包括宏碁（中国台湾）、利丰（中国香港）、伊斯帕特（印度）和西麦斯（墨西哥）。通过识别和整合全球资源并在企业内部利用其资源，这些后来者成功地弥补了 O 优势的缺乏。龙跨国公司，虽然目前数量还不多，却是高度国际化的企业，并且尽管国内市场无足轻重且资源严重受限，但这些企业已发展到了不容忽视的规模。它们通过最大化跨境网络关系的效用、获取互补性资产以及将全球业务集中到核心能力上来实现这种发展（Mathews，2003）。超国家企业和龙跨国企业因此代表了新一代的大型 MNE，同时也可能属于首批摈弃了第二次工业革命的企业结构的大型 MNE。[①]

Zander 和 Mathews（2004）指出，这些"超现代"MNE 的多样性可能具备两个维度的特性：资源的所有权程度（我们提出的框架中的 I）和组织设计中的变态分层型结构或科层结构的程度。[②] 第一象限（科层型且高度集中，具有内部化的资源所有权）包含整合型 MNE，例如与传统 MNE 类似的沃尔玛，而非那些擅长使用它们的 O 优势（和市场势力）来更有效地管理价值链的企业。在第二象限（科层型且集中，但依靠外包），所谓的管道型 MNE，例如戴尔，保留产品设计和市场营销作为核心业务，同时采用一种开放的创新模式，与其他企业的合作和公司自身的开发活动形成互补。第三象限（变态分层型且分散，具有内部资源所有权）的典型例证是细胞型 MNE，例如宏碁，它是由全球范围内独立的公司实体集群组成的。在最后的象限（变态分层型，外包），实时全球网络型 MNE 包括全球创业型公司和第 7 章中提到的"天生全球型"公司。这些企业通常集中在高科技利基领域，利用成熟参与者的现有网络把产品推向市场。

☐ 8.3.5　组织结构：简要综述

总之，随着一家企业经历国际化的各个阶段，它的组织结构可能需要进一步修改。与此同时，在国际化的经济和政治环境中技术的进步和变化导致了对现有决策体系的重新评估。特别地，区域一体化使得一个用于创建并传递跨境金融和产品信

[①]　虽然诺基亚的历史可以追溯至第二次工业革命，但与其作为纸品、工业缆线和橡胶产品制造商的前身几乎没有相似之处。

[②]　就作者所知，这样一种框架对新的原型作了区分，但某一特定企业可能具有属于两个或更多类别的特征。

息以及利用资源的更多维方法成为了一种必需。公司内部和公司间联系的相关升级意味着基于统一指挥原则的金字塔多部门组织结构可能不再是实现共同治理经济的最好方式。我们需要另一种允许跨国信息和决策制定在负责特定产品和地理区域的经理间更好地循环流通的系统。

在20世纪70年代和80年代早期，组织的矩阵形式被创造出来并用于解决上述问题中的一部分。通过增加MNE总部的责任和决策权力，这一形式理顺了企业跨越产品和地理边界的全球业务，引导了新的创新活动，寻求和开拓了新的市场，同时对一个充满不确定性并不断变化的全球商业环境做了更方便的调整。

然而，因为矩阵结构导致了一个强度更高的内部通信网络，这一结构引发了自身的组织挑战。特别应当引起注意的是那些由于管理职责核心模糊不清而引起的挑战，以及由于网络成员的目标和战略之间产生冲突而导致的挑战。当MNE的境外子公司本身成为强大的实体时，这些问题最有可能引起关注。在这种情况下，总部最好被更少地看作控制中心，而应被更多地看作使得组织的每一组成部分将自身投入决策过程的手段。这就是Ghoshal和Bartlett（1990）提出的"跨国解决方案"，这一方案自身要求一个治理结构，而这一治理结构能够满足一个分散且相互依存的资源和能力的一体化网络的需求。

这些协调问题的一个新的解决方案是所谓的"前端—后端"结构，这一结构需要分割面向客户的组织部分和生产组织。前端组织负责向全球客户提供完整的解决方案，而后端组织需要根据前端传递的变化的需求灵活地做出调整。关于这种结构的一个可能的问题是在何种程度上两端开始发展成两个分开的组织，而非作为同一组织相互依存的两部分。我们提到的MNE的其他新兴的组织形式包括"天生全球型"、超国家和"龙跨国"公司。虽然这些公司在规模和国际化程度上有很大的不同，但每个种类都是通过MNE网络利用其资源来实现加速国际化的一种典型形式。许多这样的公司在其发展的后期阶段可能仍然会恢复到更加传统的结构，但它们仍然成为基于网络的商业系统的天然可能性的有趣案例。

组织结构的选择也会影响跨国公司对国内或国外环境变化的响应。最小化所做决策的生产和交易成本并理顺制度复杂性的决心会影响到企业内部决策的协调程度和组织治理的形式。跨境科层互动的成本越大，组织的独立子公司满足母公司目标的成本越小，就会有越多的这类子公司组织结构遵循独立的当地公司的形式。与此相反，在那些被认为实现了共同治理经济的企业中，子公司的组织结构很可能被作为一个整体整合到MNE系统中。同样，组织结构的选择（例如，在功能型、职责的产品和/或地理分工，或它们的混合形态之间作出选择）将依赖于所涉及的生产和交易的相对成本。之前的一些小节试图提出一些影响MNE选择某一特定组织形式而不选择其他组织形式的变量。

最后，跨境文化差异很可能在影响MNE组织结构方面发挥着重要的作用。这部分是因为新的组织惯例、体制结构和工作方法的跨国境扩散——尤其是在有显著差异的文化之间扩散——要比技术创新的跨国境扩散需要更长的时间（Kogut，1990；Dunning，2003c）。此处仅举一例便足够。Boisot和Child（1996）认为，在向市场经济转型的过程中，中国已经遵循与西方国家不同的路径，后者通往市场资本主义的路径涉及从封建制度向官僚体制和市场资本主义的转换。他们指出中国的路径是从封建制度向家族制度，随后向一种他们所谓的"网络资本主义"的资本主义转变。"网络资本主义"在西方语境下仍然是合同式的，同时产权的加强是一个法律问题；而在网络资本主义的嵌入式形式中，长期的关系被用于缓和不确定性并降低风险。

8.4　决策制定的核心

□ 8.4.1　引言

从字面上看，决策制定的核心是指负责在 MNE 内部制定决策的人物。显然，为作出任何决策，决策者都会被信息、经验和许多委托人的意见等因素所影响，同时也依赖这些因素来作出决策。因此，任何公司的决策制定模式都代表了来自不同业务、功能和国家的决策者组成的网络的输入。

一家企业的组织结构在一定程度上决定了决策的核心，但其境外业务的战略期望也同样重要。这些运营对其全球目标究竟在哪些方面作出了多大的贡献？回想一下，我们对这一问题感兴趣是为了加深我们对 MNE 业务的决定因素，以及其与所在国家的相互联系的决定因素的认识，我们将再分四个标题讨论决策制定核心的这一问题。第一，它的含义究竟是什么？第二，一个 MNE 内部决策责任的分配是由什么决定的？第三，现实中 MNE 是如何在分隔的运营和管理单位间分配决策权的？第四，对于空间分布和经济对 MNE 活动的影响，企业内部决策分配的可能反响是什么？最后一个问题在本章范围内只会简略提及，但在第Ⅲ部分会作进一步探讨。

多年来，组织学者主要关注关于 MNE 决策制定的两类问题。第一类问题是决策制定核心集中于 MNE 总部或委派（也就是分散化）至区域办事处或子公司的程度；同时这类问题也包括这一核心可能如何根据各种必须作出的决策种类而变化。第二类问题主要关注决策者（顶层管理团队的组成部分）的国籍，以及决策者由 MNE 还是其子公司任命。实证研究表明，根据 MNE 面临的 OLI 布局的不同，以及企业对于这种配置的战略反应不同，这些问题的答案千变万化。

□ 8.4.2　决策制定的经济学方法

任何对于企业内部决策制定核心的解释必定与需要作出的决策数量和特征相关联。在小型单业务公司的内部，决策完全由所有者兼企业家制定。随着公司的发展，至少某些决策的职责可能要委托给由所有者任命的"代理人"。通常这些代理人是"功能型"的决策者。随着企业的业务变得更多样，决策制定者的网络规模也增加了。除了功能型决策者外，还可能有产品专家参与决策。

国内外子公司的设立都需要新的决策者团队或网络，他们不仅彼此间相互关联，而且与母公司决策者也相互关联。决策制定的核心在此处成为一个重要问题。正因为境外子公司面临的经济和制度环境不同于母公司以及境内子公司面临的环境，一家 MNE 内的决策权委派可能不同于单一国家的企业。

为什么在 MNE 内的决策都不是集中作出的？为什么位于这类企业总部的所有者或高级管理人员选择将至少一部分决策委托给它们子公司的经理？在回答这些问题时，我们需要再次把方向转至折中范式的框架。更具体地说，我们将论证，科层或变态分层型结构内部决策制定的结构首先取决于子公司经理和管理人员制定决策的意愿和能力，总部管理人员认为这种决策是从 MNE 整体利益最大化出发来制定的。其次，决策制定结构取决于在某一国家设立决策制定单元的比较成本。现在，我们将详细说明这两点。

经济学理论认为，主要有三方面原因使得 MNE 不希望将决策委派给它们的子公司。首先，当子公司被视作自给自足的利润中心时，子公司的目标并不总与它们所属的 MNE 的目标相一致。利益冲突可能在如下方面表现得最明显：

（1）子公司和其母公司所理解的目标之间，以及实现这些目标的最佳战略之间存在差异。

（2）由子公司做出的和代表子公司做出的决策会产生费用或收益，这些费用和收益对子公司来说是外部的，但对所属的 MNE 来说是内部的。

此外，决策制定和相关支持服务的实际成本在东道国可能高于母国。最后，由于种种原因，母公司在开展这些活动时，可能比其地区性子公司或其分公司更有效。

对这些判断标准运用折中范式，第一个和第三个原因表明集权与决策委派之间的选择，以及主要决策者的国籍的选择，可以类比为组织部署 O 优势的科层路径与市场路径的选择。例如，假设 MNE 总部从地理分散的业务的共同治理中获得的 O 优势越多，和（或）从独特、不可编码、转移成本较高、易于失效或使用失当的专用知识中获得的 O 优势越多，越有可能导致由母国公民担任该子公司的顶层决策者，或者导致子公司的决策受到母公司的管理层最为密切的指导或控制。

MNE 集中制定决策的第二个原因与决策制定资源和竞争力的跨境分布有关，并且在母公司与子公司管理层对于利用这些资源和竞争力的最优方式的观点相左时体现得特别明显。假设"产出"相同，那么即使决策制定的（边际）成本在母国比在东道国低，这样的决策也不太可能被委派出去。除了决策制定的规模经济和范围经济之外，管理支持成本也可能会因国家而异。在某些情况下，管理层可能需要处于市场附近，并根据当地需求制定决策。在其他情况下，决策制定可能需要接近企业增值业务的核心。例如，我们观察到，全球客户的大量涌现使得在全球层面上对决策制定进行协调受到了青睐。

使用上述框架，提供一些关于决策制定核心的一般假设成为可能。首先，当 MNE 的 O 优势非常独特并需要专业的、经验丰富的支持服务时，或是 O 优势来自于地理上分散的业务的共同所有权时，集权最有可能发生。其次，当决策制定服务的相对真实成本在境外更高时，集权可能被选择。第三，当企业内部市场失灵意味着将决策委派至子公司管理层产生的交易成本被认为不可能被母公司管理层接受时，集权可能被选择。

用于分析决策制定的一种略有不同但相关的核心经济学方法，已经被那些将科层组织视作与国家的"大都市—偏远乡村"关系类似，而且决策制定活动等级分明的学者所接受（Hymer，1970；Cohen 等，1979）。决策制定的顶层负责确定企业目标，决定其长期战略，协调信息流并设定组织的控制与过程。下一层可能关注如何将这一战略转化为运营层面的生产和销售目标，并且为完成这些目标分配必要的任务和职责。底层负责执行第二层决策者下达的计划。

这里的结论是，随着一家企业成为 MNE 和（或）提高其国际化程度，总部、区域办事处和子公司的职责和任务分工也会发生转变。协调企业全球业务的需求最为明显，而决策制定的核心仍然在中央。重点是区域协调，但经营单位的经理需要大量的当地信息以及与当地企业的联系，从而能够有效地履行职能，则决策制定核心可以在很大程度上分散到各区域办事处和（或）当地子公司。

上文中阐述的大多数内容在很大程度上适用于各种类型的资产利用型 FDI。[①] 然而，这与解释资产累积型 FDI 所需要的组织转变就不那么相关了。正如我们所看到的，资产扩充型 FDI 已经成为了过去十年或更长时间里三联体内部 MNE 活动的重要组成部分。在这里，从一开始子公司的角色就可能更为重要，尤其是当这类 FDI 以 M&A 或合作联盟的形式实现时。这些结构减少到了两种不可或缺的形式。首先，由子公司在自身权力范围内创造新的竞争优势，例如，通过创新活动和人力资源开发；其次，扮演代表其所属组织的中介或代理人，并用于获取能够反映子公司所属国家或地区的 L 优势的外部资源、能力和市场。

□ 8.4.3　决策制定的战略方法

对组织结构和 MNE 内部决策制定的核心都产生影响的最显著的战略因素，也许是公司对于境外增值活动所持有的哲学或气质。1969 年在 Howard Perlmutter 的经典文章中，他识别了 MNE 可能发展的三个方向："民族中心"、"多中心"和"地理中心"。在后来与 Balaji Chakravarthy（1985）共同撰写的文章中，他添加了第四项：区域中心方向。Perlmutter 指出，一家 MNE 内部决策制定的核心很可能由于这些方向而迥然不同，这反过来又反映了企业的来源国以及其规模和跨国化程度。

民族中心企业对待境外子公司的态度类似于母国对待殖民地的态度，决策权力几乎不可能下放。当下放决策权力时，企业就会尽最大努力确保这样的决定符合母公司的期望。通常情况下，它在其国际化进程的早期会是市场寻求型或资源寻求型 MNE。产品发展主要由母国客户的需求决定，而组织结构很可能基于科层型产品部门。在大多数情况下，研发是高度集中的，同时以母国为中心的 MNE 其子公司的首席执行官都是由上级组织任命的母国外派雇员。

相比之下，多中心 MNE 的最佳描述是松散联系的多国子公司的联盟。企业调整其战略决策以适应东道国的资源、制度以及文化。因此，其决策制定程序可能是高度分散的，但影响到 MNE 核心资产分配的关键决策仍然会集中作出。

---

① 这一点在第 3 章中已经做出了解释。

区域中心 MNE 是指在区域基础上试图将自身战略利益与子公司战略利益融为一体的跨国企业。区域中心 MNE 的治理很可能是在总部和区域办事处之间进行交互协商的，同时这种治理也经过调整，以便在区域一体化优势与回应国家需求和抱负之间取得平衡。营销很可能在区域内部实现标准化，而非跨区域实现标准化。此外，奉行区域中心理念的企业很可能会采取一些决策制定的矩阵结构类型，其中产品和区域方向是并列的。

地理中心 MNE 尝试采用一种决策制定的全球一体化方法。这种做法将采取混合策略来应对决策制定核心的问题。这不可避免地依赖于与决策者进行的交易最多的那些个体所在的位置。在技术问题（例如，那些与研发、产品和市场拓展、金融和资本开支相关的问题）上，决策很可能被简单地集中制定，这是因为大多数讨论和交易可能在 MNE 的不同单位之间进行。与此相反，那些与分销渠道、人事招聘、采购以及同东道国政府协商有关的事务决策倾向于被分散制定，这是因为大部分信息、商品和服务交流都可能在东道国内的企业或个人间交流（即在 MNE 的外部）。然而，在所有情况下，母公司施加的影响（可扩展到哲学和战略的指导方针，甚至在决策分散的问题上）都比在第一种情况下大得多。

忽略跨国公司的战略方向时，容易看出控制与协调的方法从严格定义的科层渠道更多地转移到了基于变态分层型的价值和系统共享。Doz 和 Prahalad（1981，1984），Bartlett（1986），Doz（1986）以及 Bartlett 和 Ghoshal（1987a，1987b，1989）的经典研究以及近期的一些工作，例如 Birkinshaw（2000）都表明当代 MNE 的决策制定中存在一个更多元化或多维的方法。我们已经指出，由企业的内部和外部关系构成的网络最能说明现代 MNE 的结构（见第 7 章）。网络形式的中心具备在网络内部学习并转移知识的潜力。本章主要关注 MNE 的内部网络，特别是在子公司—总部关系的相关管理问题上。在最后一节中，我们将探讨跨国网络内部不同子公司扮演的多种角色，以及它们的多样性对于跨国企业吸收子公司知识流的能力施加的影响。

8.5 子公司的角色及其演化

□ 8.5.1 引言

虽然有关 MNE 子公司管理的很多文献都探讨了不同子公司的角色在不同语境下的含义，Rugman 和 Verbeke（2001）通过提出一个框架规范了这一问题的分析，该框架使企业特定优势（FSA）[①] 可以固定于其区位或移动，且可以从母国、东道国和网络资源中获取。他们进一步区分了 MNE 子公司内部发展得到的两种不同类型的移动资源——常规的不受区位约束的 FSA，以及子公司特定优势（SSA）——这

---

① 指一家企业拥有的所有独特优势，包括所有权优势（我们所说的 O 优势）。我们将其他 FSA 视作影响 O 优势的情境变量（contextual variables）（见表 4.2）。

跨国公司与全球经济（第二版）

224

些移动资源在规模上是全球性的，但在公司内部不容易转移。子公司从而可以参与许多 FSA 的创造，其中一些可能是所有权特定的，并且因其独特性而有价值，但也因其在企业内部转移受限而难以应用。他们观点的关键在于，只要跨国公司网络内部某处开发的资源不受区位约束并可以在 MNE 内部转移，子公司管理的影响力就相对较小。然而，如果子公司参与开发自身的 SSA，控制和协调的问题就变得极为重要。

我们已经指出，在现代 MNE 中，存在于不同子公司和合作伙伴中的本地知识，或者由其获取的本地知识，需要与母公司的资源、能力和制度相匹配。为了实现这一目标，总部必须能够保持公司内部的知识库和激励结构，以及对最佳惯例的传播。由于知识本身是分散在整个公司和（或）其所属的网络的，关于网络内可以获取哪种资源的知识，对战略决策者来说必须是可以获得的。鉴于 MNE 的附加值越来越少地从生产中获得，而更多地从市场知识、管理过程和企业活力中获得，许多 MNE 的核心竞争资源逐渐以知识为基础，并且被其制度优势（Oi）所影响。[1]

审视 MNE 的当代方式是具备灵活性和权力下放特征的网络，代表了市场和科层之间的一种混合（Powell，1990）。[2] 为了解释路径依赖的能力如何建立在公司内外的多重层面上，公司作为一个网络的概念往往结合了企业的资源基础观或动态能力观（见第 5 章）。使用合作协议——这一问题我们在下一章中讨论——以获取和发展知识已经变得越来越重要，但是企业内部知识的生成和使用的重要性也不应低估。

对子公司的角色及其演变的研究日益增多，我们可以将其分为两个主要流派。[3]一方面，一些研究侧重于分析和解释子公司不断增加的独立性，并力求阐明在生产、销售和研发的主要领域，子公司的角色如何演化出了更多的自主独立性。其他文献的重点是组织学习以及企业内部和企业间的知识转移。这两种流派并未被严格分开，而 MNE 作为一个知识网络的概念在两种观点中都被广泛采用。莫如说，这些研究的差异反映了其出发点的某种不同。我们将依次对这些问题进行探讨。

□ 8.5.2 子公司的自主权

MNE 子公司不断提升的自主性已经被许多研究所记载。最初可以追溯到 20 世纪 70 年代对加拿大子公司的研究，这些研究考察了拥有一个关于产品开发或营销职责的世界生产授权（WPM）[4] 的子公司，是否可以防止加拿大子公司的"空心化"（Rugman 和 Bennett，1982；White 和 Poynter，1984）。延续这一传统，Birkinshaw（1996）检验了美国 MNE 的 6 个加拿大子公司所进行的 32 个生产授权。他发现，如果其开发工作与所属的 MNE 的总体战略无关，或者如果它们没有对产品附加价值

---

① 一家 MNE 作为制度网络的观点尚未被现有文献完全阐明，但 Mudambi 和 Navarra（2002），以及 Maitland 和 Nicholas（2003）作了有益的开端。这一节中提到的许多其他学者的工作也暗示了这一观点。

② 也可参见 Lundan（2002）和 Mckern（2003）编辑的论文集对于 MNE 形成的多种网络关系的研究。

③ 对于附属文献的不同流派，Birkinshaw（2001）给出了更为具体的分类和有益的讨论。参见 Martinez 和 Jarillo（1989）先前的一篇优秀的综述。

④ Rugman 和 Bennett（1982：58）将 WPM 定义为一个"在世界范围内发展、生产和营销一条全新的产品线的特权"。

的明确能力，则子公司会失去它们的授权。[1]

　　研究拥有生产授权的境外子公司的其他学者还包括 Papanastassiou 和 Pearce（1994），他们特别注重出口导向和研发能力的发展情况。他们将子公司分为三种类型。第一种类型是缩略式微型复制品（TMR）型子公司，其含义是一个在当地生产和销售来自 MNE 的成熟产品的进口替代型子公司。第二种类型的子公司是理性化产品子公司（RPS），它从事中间产品的生产。他们考虑的第三种类型的子公司是全球或区域生产授权型（WPM/RPM）子公司。基于 1999 年在英国对 MNE 子公司所作的一项调查，Pearce 和 Tavares（2002）预测，产品授权子公司的比例呈上升趋势；这缓和了"自由型"子公司的退出造成的威胁，但也使 MNE 母公司面临协调和控制方面日益严峻的挑战。

　　第二种探究子公司角色的方法由 Taggart（1998）采用，他的研究主要基于 Jarillo 和 Martinez（1990）提出的整合—回应架构，而非专注于产品授权。在一项对西班牙制造业企业的 171 家英国子公司的研究中，他发现一些子公司同时属于模型的四个象限——即静态的、接受力强的、活跃的和独立的子公司，同时，在长达五年的时间里，企业经常以一种同样的方式从一个象限转移到另外一个象限。然而，与 Jarillo 和 Martinez 的发现相反，由于 Taggart 发现了多家处于静态类的子公司，这引发了对于这些子公司的生存能力的关注。

　　第三种在 MNE 内部管理协调性议题的方法是由 Kim 和 Mauborgne（1991，1993）介绍的程序公平方法。以此为基础，Taggart（1999）将子公司按照决策制定的两个维度，即自主性和程序公平进行了分类，他认为程序公平反映了子公司经理认为他们如何受到总部公平对待的观点。附庸者和好斗者的角色与低程序公平有关，而合作者和伙伴的角色则由与具有高水平的程序公平相关的子公司扮演。使用 MNE 在苏格兰、威尔士、阿尔斯特和爱尔兰的 265 个子公司的样本，Taggart 发现，随着子公司从附庸者发展为合作者、好斗者，以及最终的伙伴角色，其业绩表现往往与行业的其他公司的提升相对应。然而，与此同时，它们也变得较少受到母公司对于子公司业绩观点的聚焦和影响。

　　我们希望对第四个也是最后一个方法有所考察，它与 MNE 网络内部新兴的子公司"卓越中心"有关。在其著作中，Holm 和 Pedersen（2000）令人印象深刻地整合了一些研究，这些研究使用常规方法来调查一个 MNE 网络内部的子公司在其治理结构内变得更加自给自足的程度。在这一语境下的卓越中心被定义为一个因其卓越表现而被 MNE 的其他单位所认可的子公司，无论它是否由总部正式指派产生。[2]这些研究中母国的范围涵盖了北欧国家、英国、德国、奥地利、意大利、葡萄牙和加拿大。总体而言，该研究涉及了 20 世纪 90 年代末的 1 793 家子公司，其中 391 家是美国企业，而且可以预料，近半数是在过去 20 年间通过 M&A 获得的子公司。具备明确竞争力且可以被归类为卓越中心的子公司的整体发生频率从拓展业务领域的

[1] 利用美国商务部经济分析局的企业层面的面板数据，Feinberg（2000）也发现具有世界生产授权的加拿大子公司不太容易遭受裁员。

[2] 然而，将 MNE 视作明确和容易识别的卓越中心子公司网络，这一观点与先前讨论的超国家观点相左，这是因为它预先假定企业仅在其先前选定的区位和信息类型范围内展开搜索。

5%到营销和销售领域的 20%不等。

建立在他们对卓越中心项目的研究上，Frost 等（2002）认为，过往研究中的聚集程度过高，这是因为子公司开展的业务中只有一些可能是其卓越的源泉。在一项对 99 个加拿大子公司的研究中，他们将卓越中心定义为"涵盖了一系列被企业明确视作价值创造的重要来源的能力的组织单位，其意图是让公司的其他部分利用这些能力和/或将这些能力传播到公司的其他部分"（出处同上：997）。这项研究的一个特别有趣的发现是，凭借母公司数笔注资的支持，竞争力与日俱增的子公司案例为数众多。

母公司持续向子公司注资，无论是通过利润再投资收益还是额外的 FDI，都尚未在文献中受到明显关注，除了对所谓的"相继投资"的研究（Kogut，1983；Chang，1995；Kogut 和 Chang，1996；Song，2002）。[①] 尤其是作为一种在跨国网络内管理相互依赖关系的方法，预算控制的应用尚未被充分开发。Mudambi（1999）认为，如果 MNE 总部的作用之一是在企业内部有效分配资本，那么随着子公司获得独立自主权，内部资本市场的有效性会不可避免地受到损害。[②] 他利用一家工程公司位于英国的子公司的样本检验了这一命题，并且发现尽管 MNE 使用了内部资本市场，但在内部资本市场有效性和子公司独立性之间存在一个取舍。然而他也承认，当外部市场因为种种原因失灵时，内部资本市场变得至关重要，这意味着对于有充足机会进行外部融资的亚洲、欧洲或北美洲子公司来说，这一问题并不那么重要。

□ 8.5.3　知识转移

由于 MNE 内部的决策制定变得越来越分散，近期很多关于子公司战略的文献大多集中关注了子公司在知识的产生和转移中可能扮演的角色。特别地，学者们探究了如果子公司是在 MNE 网络内创造和分享其本地知识，那么什么类型的知识适合内部转移，以及需要采用什么样的激励措施。

在一篇经典的文章中，Kogut 和 Zander（1993）把注意力转向了能对知识可转移性产生影响的知识属性上，特别是默会和显性知识之间的分割如何影响转移的形式。通过使用瑞典 MNE 的 82 项创新技术转移的数据，他们发现默会知识可以更加有效地在企业内部转移，事实上，在他们看来，默会知识为 MNE 自身的存在提供了一个理由。[③] 随后的研究提炼了知识可分为默会或显性这两类观点，其提炼方法是，例如，将可观测性（逆向工程产品或工序的容易程度）和系统嵌入进行了明确的划分（Birkinshaw，2002）。

Kogut 和 Zander（1993：625）工作的另一个重要方面是他们提出了 MNE 作为

---

① 一个例外是 Lundan（2006）在有关税收的文献基础上对于子公司再投资的决定因素的研究。

② 这建立在 Shin 和 Stulz（1998）的结果之上，他们发现在多样化的美国企业中，内部资本市场被活跃地使用却并不有效，这主要是由于部门间和公司经理间的信息不对称。

③ 尽管 MNE 的知识基础观大体上否认了交易成本或市场失灵对于技术转移内部化的解释作用，但我们还是相信这两种观点能够相互调和（也可参见 Verbeke，2003b）。知识的默会性导致市场失灵，在静态情况下，这就能够解释内部化某一特定交易的选择。企业通过利用其路径依赖的资源和能力来产生新资源，一种包含了企业的这项能力的解释对于动态拓展来说是必需的（Madhok，1997，2002）。也参见第 5 章。

"专门从事创造和知识的内部转移的社会共同体"的概念。这两名作者的后续研究进一步发展了"组织认同与企业内部的知识共享具有相同的基础"这一观点（Kogut和 Chang，1996；Kogut 和 Zander，2003）。[①] 我们相信这一观点与我们在第 5 章中给出的制度视角相当契合。在公司提供的一种语境下，指导实验和学习过程的正式和非正式的规则和激励已经设定好了。除了被转移的知识的属性之外，我们还相信在公司内部知识转移的成功取决于转移者和接收者的意愿和动机，而这些意愿和动机受到作为企业 Oi 部分的激励所施加的强烈影响。

上述方面在 Almeida 等（2002）的研究中比较直观可见。利用在美国半导体产业的跨境专利引用，他们调查了知识转移和吸收的问题。作者构建了三组匹配的专利样本[②]，分别来自：（1）MNE 的境外子公司；（2）企业的美国联盟伙伴（在外来MNE 的母国没有业务）；（3）一组相似的专利，且这组专利与先前任意组中的任意专利都无关。他们发现，作为跨境知识转移的工具，MNE 优于联盟和市场，而通过访谈得到的进一步的定性证据表明，知识的构建的加强是通过信息共享的标准化形式，以及知识源的可信度和质量实现的。

关于 MNE 子公司是知识接收者还是传递者的研究中，Gupta 和 Govindarajan（1991）将子公司的角色区分为四种类型。分别是：全球创新者（高流出—低流入）、整合者（知识的高流出—高流入）、实施者（低流出—高流入）以及本土创新者（低流出—低流入）。此外，他们假定不同类型的子公司可能使用不同的控制机制来管理。这些机制包括正式的一体化机制（如矩阵结构）、子公司内部外籍管理者的比例、企业社会化，以及使用基于产出或基于行为形式的控制方法，还包括一些组织的情境因素，例如管理者对于子公司含糊其辞的容忍、子公司经理对于自治和自我控制核心的需求。

更为近期的两项研究强调了母公司—子公司和子公司—子公司的知识和投入产出流动的实证重要性。其一是 Gupta 和 Govindarajan（2000）对来自三联体的 75 家MNE 的 374 个子公司所作的研究，他们发现知识转移的程度取决于转移、激励和吸收能力的获取渠道，并且母公司与子公司之间的这种流动变得最为普遍。Schmid 等（2002）的另一项研究分析了在 2 110 个欧洲子公司的样本中投入和产出的跨境流动。虽然作者无法对母公司—子公司流动与子公司—子公司流动作明确区分，但他们发现，一些 MNE 子公司在流动的程度和临界性方面是紧密结合的，最重要的是，子公司在 MNE 网络内部的流动中仍有可能扮演接收者而非发源者的角色。

子公司的创新

技术知识（大部分是隐性知识）的转移是 MNE 内部知识流动的一个重要部分，在众多文献中，特别是与承担研发活动的子公司相关的文献中，这种技术知识转移获得了相当多的关注。在数量庞大且不断增长的文献之外，我们在这里只能强调很

---

① 对于社会共同体在知识共享中所扮演的角色而言，另一种视角主要关注了排外过程（the process of exclusion），以及"俱乐部会员"经济学（Sandler 和 Tschirhart，1980；Lundan，2003a）。企业内部俱乐部型行为的动态很可能与企业间俱乐部型行为相似，例如在形形色色的正式和非正式商业集团中所发生的（Granovetter，1995；Guillén，2000a）。其中的一些集团具备排斥性和有效性，而其他的集团仅仅只是从非会员者处收取租金。

② 对同一年和同一等级的专利进行匹配。

小一部分贡献，本小节将主要关注那些探讨子公司角色和组织问题的研究。[①] 我们将会在第 9、11、16 章讨论其他与知识密集型子公司相关的问题，例如外部技术的采购，以及区位集群和溢出。

几乎不可避免的是，随着制造业企业技术范围的扩大，子公司在产品开发中扮演的角色将朝着建立某种类型的技术拓展的方向演变，同时涌现出一批创新型子公司。Papanastassiou（1999）于 1993 年对位于英国、比利时、希腊和葡萄牙的 145 家制造业子公司进行了一项调查，试图识别子公司使用的技术的来源。她发现最重要的来源是来自 MNE 集团内部的其他地方，而非来自东道国或子公司本身。她还发现，美国 MNE 的子公司比欧洲企业的子公司更年轻，但是美国子公司需要花更长的时间才能从事自己的研发活动。[②]

Pearce（1999）于 1994 年进行的包含了 190 家英国制造业子公司的另一项调查显示，这些样本企业被委派的角色变化不大，并且它们也不指望其角色将来发生多大的改变。TMR 子公司、RPS 以及 WPM/RPM 子公司生产的成熟产品是同样普遍的。然而，新的 WPM/RPM 子公司更有可能从 RPS 子公司中产生，这至少暗示了以 TMR 公司为开端的演化过程首先涉及市场的扩张，随后发生了创新规模的增加。意料之中的是，对于创新型（WPM/RPM）子公司而言，拥有自身的研发活动是最为重要的，这也表明了在明确的子公司层面竞争力的建立过程中，正式的研究能力起着关键作用。

总体而言，对创新型子公司的研究表明，即使它们获得独立，子公司仍然依赖于 MNE 内部的合作和资源转移。因此，Pearce（1999）指出，MNE 母公司的作用是发展一个"集团层面的技术轨迹"，以便有效地管理各种各样发生在子公司的创新活动。这样的举措虽有创新性，但对母公司来说具有不确定的价值，而且这种举措可能变得无关紧要，除非其成果可以被整合进 MNE 的整体技术轨迹（Birkinshaw，1996）。

此外，知识密集型子公司相对于其母公司而言可以获得相当大的议价能力，同时可以利用这种权力进行寻租活动。在一项对位于英国高科技行业的 275 个 MNE 子公司的研究中，Mudambi 和 Navarra（2004）发现，高利润且具备议价能力[③]的子公司可能向其母公司转移更少的（净）金融流动。相比之下，议价能力较低的高利润子公司更有可能被用于在 MNE 内部补贴利润较低的单位。

▌ 8.6　结论

MNE 跨境业务的组织结构不仅反映了它们的 O 优势配置，也体现了其运营所在国家的 L 优势。然而，它也取决于企业的跨国化程度和特征。过去的半个世纪见证

---

① 在本书中我们并未讨论的一个问题是子公司金融业绩和生存的决定因素。例如，参见 Delios 和 Beamish（2001）的研究，他们探讨了经验、无形资产和进入模式是如何影响子公司的利润和生存状况的。

② 关于这一点的更多细节和更多相关研究参见 Pearce（1997）以及 Papanastassiou 和 Pearce（1999）。

③ 子公司的议价能力主要是从其向 MNE 的其他单位大量的知识传输中产生的。

了多单位企业结构及其所处全球环境的日趋复杂化。因此，MNE 的组织结构已经发生了相当大的变化，其差异化程度也不断加剧。一套相对简单的垂直单一维度的控制程序的设计意图是激励市场寻求型或资源寻求型跨国投资者的民族中心或多中心发展方向，从这一程序出发的 MNE 已经演化为一个包含了由企业内和企业间垂直和水平关系形成的网络的复杂的科层结构（或者在某些情况下成为变态分层型结构），这一结构经过调整以便实现其全球中心或者区域中心目标。此外，跨国网络内各类知识的流动日益重要，更加强调了 MNE 子公司内部的学习和创新能力。

我们已经指出，对于变态分层型 MNE 的协调问题而言，存在一种新型结构解决方案，即所谓的"前端—后端"模式，这需要对组织中面向客户的部分和面向生产的结构进行分离。在这些公司中，前端组织负责为全球客户提供完整的解决方案，而后端组织需要根据前端流入的不断变化的需求进行灵活的调整。MNE 组织的其他新兴形式包括"天生全球型"、超国家和龙跨国公司。尽管这些企业在规模和国际化程度方面差异很大，但它们在生产外包以及与网络伙伴一同从事"开放型创新"方面充分利用了其与日俱增的可能性。私募股权投资者越来越多地参与跨境业务，这也重塑了目标公司制定管理决策的环境，学者们才刚刚开始研究这种改变采用的方法。

最后，一个 MNE 由谁来做决策真的重要吗？地理中心或区域中心 MNE 的集中决策很可能基于 MNE 的全球利益考虑，有时也基于母国的全球利益考虑。相比之下，多中心或者多国的 MNE 所进行的分散决策很可能会更多地基于东道国的利益考虑，特别是在这样的决策涉及产品开发、生产方法、本地采购政策、工资政策、人事管理和市场营销等方面的情况下。尽管如此，全球客户的出现还是减少了一些 MNE 子公司在有关产品的决策方面的自主权。另一方面，子公司对 MNE 知识能力所作的贡献及其可能导致的自治程度抵消了前一种影响。

显然，在 MNE 对外和对内活动的有关政策上，东道国政府对决策制定核心的关注程度相当高。实际上，也许有人会说，如果越来越多的子公司扮演独立经济单位的角色，并且决策由当地经理而非母公司经理来制定，那么由政府提出的业绩要求就是不必要的、多余的，或者至少是不太必要的。决策制定核心的其他方面涉及东道国政府修改 MNE 子公司战略和行为的能力。对劳动力组织和 MNE 之间关系的考虑是非常关键的，因为当地工会的协商者可能对子公司或所属 MNE 的经济生存能力所知甚少。研究表明，政府影响子公司行为的其他领域还包括转移定价、股息和资本回流至母国，以及技术能力的所在区位。我们将会在全书的第 Ⅲ 和第 Ⅳ 部分主要关注这些问题，以及例如企业决策透明度、治理形式和问责制度等议题。

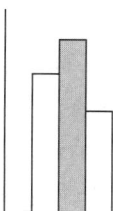

第 9 章

MNE 活动的组织：外部网络

9.1 引言

现在我们来探讨 MNE 对其交易形式和交易结果实施影响的可能方式，这里所说的交易包括在全球网络内部 MNE 彼此之间，以及 MNE 与其他公司之间发生的商务往来。事实上，随着全球化的来临，相对于公司科层内部的组织成本，市场成本大大降低了。这导致了外部关系——例如 MNE 可能会进入的战略联盟或外包协议——在形式和数量上的显著扩张。

与前一章相同，我们应从公司和国家的竞争优势，以及它们之间相互影响的可能方式的视角出发，考虑资源、能力和市场在组织层面上的问题。特别地，我们将指出，不仅可以通过国际生产折中范式来分析外部关系的决定因素，而且对于这些交易结构和模式的战略选择，很可能成为将来 MNE 的 OLI 布局的重要影响因素。

本章按照以下方式进行阐述：首先，描述了一家 MNE 可能和位于母国境外的其他公司建立的关系的种类。在这一描述的过程中，这部分内容考虑到了所有已知的外部关系种类，而非仅仅只考虑公平的外部关系。其次，我们着重分析了两种类型的跨境合作关系：合资企业和战略联盟。

9.2 组织模式的范围：合作与竞争

原则上，可以通过各种各样的方式来建立增值业务关系或网络。事实上，我们可以想象出组织模式的可行范围。在范围的一端，链上的每个业务都由一个分隔的（这里指单产品的）企业完成，它们通过自由市场购买并出售中间产品。而在另一端，所有的业务均由同一个公司完成，这意味着所有中间产品市场都被内部化了。

在前一种情况下，产品的所有权即中间产品使用的控制权在买卖交易达成的时点进行了转移；而在后一种情况下，产品的所有权始终属于同一个公司，并且对交易产品的控制权始终在同一个企业的管辖范围之内。

在这两种极端的组织形式之间，一家公司可能会与外界产生各种各样的组织关系，而每一种组织关系都涉及资源、能力和制度投资的不同程度的组合，以及风险分担和控制共享的组合。在一个计划经济体，或者混合经济体当中，政府许可证，甚至一些特殊利益集团（如非政府组织等）施加的影响，都有可能被看作是交易机制的一部分。绝大多数大型并且多元化经营的 MNE，尤其是那些有着变态分层型而非科层型组织结构的公司，很可能同时参与到某些相互依存的双边或多边业务和战略所构成的矩阵中，这一矩阵的特征与其所属的内部和外部关系之间很可能存在相互影响。

表 9.1 给出了 MNE 业务可能采取的不同形式之间的对比，包括了从全资子公司到许可经营和外包等形式。① 虽然本章主要关注企业所有权边界之外的关系，但也会讨论绿地投资和 M&A 之间的取舍问题，尽管这一问题并没有涉及这一类型的某个外部关系。然而，收购和跨境合资企业（JV）之间有着许多相似之处，其中跨境合资需要桥接不同的国家和组织文化。在范围的另一端我们也指出，既然许可协议代表了市场交易，那么它就不会构成由 MNE 协调的外部关系网络的一部分。然而，我们也会看到，虽然这一观点对于一些许可协议来说很可能是真实的，但更为常见的情况是，兜售许可证的 MNE 事实上建立了与协议遵循者的长期联系，这也可能涉及一些股权投资。②

表 9.1 跨境合作模式的比较

合作形式	股权型/非股权型	合作期限	地理范围	资源转移与权利变更	转移形式
全资的境外子公司	股权型	永久	由 MNE 决定	全部?	内部
合资企业	股权型	永久	合作双方约定	全部?	内部
外资少量持股企业	股权型	永久	受限	全部?	内部
"淡出"协议	股权型	有期限	协议本质规定	全部? 时长受限	内部/市场
许可	非股权型	有期限	可能受限	范围受限	市场
特许经营	非股权型	有期限	受限	受限+支持	市场
管理合同	非股权型	有期限	可能特定	受限	市场
交钥匙工程	非股权型	有期限	不常见	时间受限	市场
契约联盟	非股权型	有期限	可能双方约定	合同特定	混合
跨境外包	非股权型	有期限	可能受限	很少	市场

资料来源：基于 Buckley 和 Casson（1985）。

---

① 参见 Hennart（1993）对于定价系统和科层作为组织的两种互补方法的杰出分析。

② 补偿性支付（例如许可证费用）在合资企业中存在交易成本、道德危机或逆向选择的情况下尤为普遍（Chi 和 Roehl，1989）。东道国内的心理距离和经验缺乏导致了许可而非绿地投资这一模式的使用频率的上升（Arora 和 Fosfuri，2000）。

另外一种对商业交易的组织形式的不同（但互补）的分析方法基于经济主体对选择竞争还是合作来实现其目标的偏好程度。大多数新古典主义经济学家认为公司之间为争夺资源、能力和市场而相互竞争，并且在任何交易当中都把买卖双方视为敌对的群体。此外，他们认为市场这只看不见的手通过上述方式组织交易，并使得交易参与者均受益，但他们也指出除了在交易时点外，这些群体彼此间没有任何直接的接触。

实际上，无论作为生产者还是交易者，企业之间都存在着大量的合作，而且我们完全有理由相信，在当今的全球经济体中，这种合作是不断增加的（Contractor和 Lorange，2002）。确实，除了两种极端的组织形式外，几乎所有其他关系都或明显或隐晦地指出，一定程度的持续接触有利于交易的参与者。相比于那些外部市场或自给自足的科层和变态分层型结构可察觉的网络优势而言，不同种类协作的可察觉的网络优势将会决定企业所选择的商业模式。当然这一选择需要根据交易的类型、交易者可选择的组织范围以及参与到交易中的公司、产业、国家的具体特点而定。在某些情况下，公司可能通过协作来在较短的时间内完成具体的、明确的目标。在其他情况下，它们可能会通过设立 JV 或者建立非股权合作联盟，以期在较长的一段时间内完成多种多样的大量业务。当面对某些特定的市场失灵时，一些公司可能会暂时地采取"退出"战略，并将该市场内部化。而其他的一些公司则可能会采取"发声"战略（a "voice" strategy），并努力地降低市场的交易成本（Hirschman，1970）。

直到最近，大多数有关 MNE 业务和国际生产方面的研究都集中在公司的所有权本质而非公司间的交易关系上。即使在今天，大多数国际商务教科书都将一个企业在境外进行投资时应该采取收购、设立 JV 还是设立独资子公司的问题与企业的运营关系的章节内容区分开来。这里说的企业的运营关系，既包括公司治理范围内部（如母公司向境外子公司出售管理服务）的现有或未来关系，也包括公司与其他独立企业之间的现有或未来关系。然而，网络分析表明，对公司的全球竞争力而言，公司与其他企业间关系的形式起到的作用并不比公司内部关系的形式起到的作用小，并且其决定因素与所有权相关问题有许多共同之处。逐渐地，越来越多的学者也开始意识到需要将变化性和灵活性的因素纳入 MNE 布局的选择以及进入模式决策中。

今天，广义的联盟定义，如 Contractor 和 Lorange（2002）所采用的定义那样，包含了除独资的绿地投资和收购之外的一切进入模式。因此，根据市场和科层的连续性，联盟包含了契约形式（例如许可和特许经营）、非股权联盟（其中的许多形式也属于契约的范畴）以及所有权比例不同的 JV 等。经济活动的每种上述的合作形式通常都包含了某种契约关系。事实上，许多合作形式甚至是一种或多种其他形式的混合体，例如一家 JV 可能同时也涉及许可形式。

在国际商务的研究领域，对进入模式的选择，即 MNE 如何在不同类型间做出取舍的研究文献为数众多。[①] 在早期的研究当中，Anderson 和 Gatignon（1986）提出了四种治理结构：全资子公司、多数控股、平等控股合营以及少数控股合营。与

---

① 例如，参见对于过去 15 年间 10 种期刊的 191 篇研究合资企业的文章所作的评述（Reus 和 Ritchie，2004）。

此相反，Kogut（1989）却更加关注三种进入模式，即收购、JV 和绿地投资。Contractor（1990）和 Hill 等（1990）更倾向于识别以下三种不同的模式：全资子公司、JV 和许可协议。其他的研究工作包括对许可协议与对外投资决策的双边比较研究（Contractor，1981，1984；Davidson 和 McFetridge，1985）；以及对从出口转向对外投资的决策所作的研究（Buckley 和 Pearce，1979；Dunning，1980；Kravis 和 Lipsey，1982；Sleuwaegen，1985）。

有关公司间许可协议的研究往往倾向于关注诸如东道国本土的知识相关能力、技术转移政策、企业从事业务的研发强度等许可选择的影响因素。这些研究还讨论了许多企业特定的因素，比如先前转移的次数等；以及被许可的财产（或权利）的独特性，例如同一技术先前转移的次数等。对出口的研究检验了多种变量对选择出口还是境外生产的影响，这些变量如公司规模、研发强度和熟练员工所占比例等。在境外市场的特征中，也考虑了诸如 GDP 和人均 GDP、东道国市场相对规模、增长率、工资成本、运输成本以及关税和非关税壁垒这类变量。由于这些开创性的研究，大多数的进入模式都成为后来研究的对象，包括最受欢迎的国际 JV 和战略联盟，尤其是在高新技术领域。在本章中，我们稍后将回顾一些最重要的研究成果。

基于上述变量，学者们提出了许多观点来预测 MNE 可能采取的进入模式类型。[1] 这些观点指出，奉行地理中心战略的企业，以及需要跨境业务的紧密协调的企业，更倾向于采取控制程度高的进入战略。然而，当两国之间文化距离大、资源投入高、竞争波动性强的情况下，控制程度低的战略可能更受青睐。当市场需求条件不稳定且 MNE 境外经营经验不足时，企业往往更倾向于选择资本投入较少和风险较低的路径。而当公司发现合同条款容易执行、技术转让可编码而且组织成本较高时，许可协议的进入方式往往是最有可能受到青睐的。根据 Brouthers 和 Brouthers（2003），在制造业企业和服务业企业之间，进入模式的选择也可能存在差异。作者也指出，这两类企业对于进入模式的偏好的差异体现了制造业企业面临的技术和资本投入风险，而服务业企业更多地面临着人际关系和行为风险。[2]

在过去的十年中，实证地检验这些观点的研究浩如烟海。明确地将 OLI 范式应用于进入模式选择的早期研究是由 Agarwal 和 Ramaswami（1992）完成的。自那之后，学者们研究了国家文化（母国以及东道国）在影响决策方面所扮演的重要角色，无论是在直接投资和许可之间取舍（Shane，1994）、直接投资与特许经营之间取舍（Contractor 和 Kundu，1998）、绿地投资和收购之间取舍（Hennart 和 Park，1993；Hennart 和 Reddy，1997；Harzing，2002）还是在全资子公司与部分控股子公司之间取舍（Erramilli，1996；Hennart 等，1998；Makino 和 Neupert，2000）。近年来，学者们也开始研究东道国之间的制度差异，以及这种差异对企业进入模式选择

---

① Martin 和 Salomon（2003）的一个有趣而综合的贡献是，检验了知识默会性和企业特定转移能力的影响，从而预测企业可能选取的进入模式（出口、许可证、联盟或全资子公司）。他们预测，具有较强转移能力的企业有可能在更高水平的知识默会程度上采用全资子公司的形式，而一个转移能力较弱的企业会转而寻求出口或联盟。与此相应的是，在低水平的默会程度上，在一个较弱的企业可能采用许可证形式的领域，转移能力强的母公司会使用联盟形式；而在一个较弱的企业可能最终放弃进入的领域，转移能力强的企业会采用许可证形式。

② 同样可以参见 Erramilli 和 Rao（1993）研究的一些服务业企业的早期成果。

的影响（Meyer，2001a；Yiu 和 Makino，2002）。

　　还有其他一些学者则开始研究企业特定或行业特定的资源与能力（我们所说的 O 因素），这些资源和能力将使公司青睐于组织形式的某一特定选择（Madhok，1997；Erramilli 等，2002）。越来越多的这类研究也囊括了制度对公司行为的影响，包括模仿对于进入模式的影响（Davis 等，2000；Chang 和 Rosenzweig，2001；Lu，2002；Guillén，2003）。随着时间的推移，学术研究的重点逐步从识别可能促使公司选择某一特定模式的影响因素，扩展到了评估某一特定模式选择能否提升企业业绩，无论是 JV 还是合作企业（Woodcock 等，1994；Li，1995；Mata 和 Portugal，2000；Brouthers，2002）。在本章的后面，我们将回过头详细阐述这些研究，但在此之前，下一节将主要探讨一些与合作协议的研究有关的理论和方法。

9.3　合作协议：一些关于理论与方法的思考

　　以一家 MNE 进入并协调的业务网络而非独自拥有的业务网络作为我们分析的基点，这样做的好处在于我们可以全方位地评估 MNE 在母国和东道国业务的影响。与此同时，我们也更进一步地摆脱了早期理论的束缚，这里所说的早期理论基于对 FDI 的解释，并将 FDI 作为企业境外市场增值活动的一种方式。然而，FDI 与境外合作这两个概念之间一直存在着差异，例如，虽然境外生产可能会部分地接受本地资本的投资，但联盟资本主义的出现却使得 MNE 控制但并不拥有的业务规模大幅扩大。由于本书的目的是提供一个全面并且一致的框架来分析 MNE 对全球经济的影响，我们发现有必要更新本章和前面章节的解释框架来完成这一目标。

□ 9.3.1　交易成本与资源属性

　　在第 5 章，我们指出，企业内部化其跨境中间产品市场的程度（I）由它所有权优势之间的相互作用决定，这些所有权优势包括：资产（Oa）、交易（Ot）和制度（Oi）优势以及东道国和母国的区位优势（L）。因此，一家企业的全球业务网络受长期契约关系、JV 或战略联盟支配的程度，部分地受其所在的国家和产业因素影响。在管理不同种类的合作关系时，也部分地受其自身的制度能力和其他能力的影响。[①]

　　在进行多元跨境增值业务时，一家企业期望获得所有权的程度一方面取决于经济和战略背景，另一方面取决于社会、环境和文化背景。前者本质上代表了在公司对控制和管理这些业务的渴望以及最小化其资源投入以实现其目标的渴望之间所作的权衡。后者取决于 MNE 与东道国其他组织（包括政府）的目标、信仰体系、激励结构和执行机制之间的协同效应的程度。第 4 章也表明，在市场完善的情况下，除了单一的增值业务外，企业没有控制或完全拥有其他业务的动机。而在不完全市场中，一个公司可能基于三点原因寻求对多元业务的控制或者所有权。首先，企业

----

①　考虑到合同形式也有可能因合同的不完善而需要某种程度的合作。

相信，相较于业务所有权的分离而言，这样的治理更有助于推进其目标。其次是为了在能最好地推进其目标的路径内降低企业管理业务的可察觉的交易成本（包括风险）；第三是为了提高从业务中赚取的经济租和/或控制最终产出的用途。

内部化中间产品市场的主要成本如下：其一，额外的通信、组织和制度成本；其二（在某些情况下），额外的生产成本；其三，为了进行增值业务需要投入额外的资源和能力，围绕这一投入产生的金融风险和其他不确定性。

现在我们给出一些在控制和不控制之间做出权衡的例子：

（1）一家加拿大铝制造企业之前一直从一家牙买加矿业公司购买铝土矿，最近它直接从这家矿业公司收购了一座铝土矿井。毫无疑问，收购矿井增加了企业的资金成本，同时也导致了运营和管理企业的额外的内部沟通和组织成本。事实上，这也可能导致公司可供选择的其他铝土矿采购来源的减少。另一方面，由于不再需要从外部供应商那里采购，企业的交易成本降低了。这里的交易成本包括：供应临时中断的可能性，供应商无法或不愿提供质量合格的原材料所产生的成本，原材料价格上涨的可能性，以及供应商与竞争对手合作对公司造成损害的可能性。

（2）一家瑞士制药企业决定在美国建立一家境外子公司来开发和销售新药物。同样，建立一个境外子公司并将其运营与业务网络中其他部分的运营相协调，这会产生资金成本。与此同时，通过将药物配方市场内部化，这家瑞士企业不仅能比许可授权外国公司生产更容易控制配方的使用，而且也减少了配方的产权遭受侵权和浪费的可能性。此外，通过在美国设立一家子公司，瑞士企业希望它能够打入连接制药企业、研究机构与小型生物技术企业的当地创新网络。

（3）一家美国汽车公司到目前为止已经授权了5家欧洲制造企业按照它的标准生产一系列汽车配件。现在，它准备全资收购这5家公司作为子公司。它之所以这么做，是为了促进汽车生产流程的进一步合理化，从而降低其生产和交易成本。假如不能进行完全的控制，被许可方可能由于自身利益和许可方利益不一致而产生阻力。需要投入的额外资源成本包括了产生的资金成本和额外的共同治理成本。

（4）一家新加坡连锁酒店希望进军日本市场以拓宽其经营范围。它面临着两种市场进入选择：设立一家股权合资企业，或者与一家日本酒店签订特许经营协议。在前一种情况下，需要"购买权限"以在酒店的设计和建造，以及日常管理方面施加关键影响；在后一种情况下，虽然需要投入的资源相对较少，但是它将依靠特许经营协议获取 O 优势的最大化经济租。

上述例子展示了一些同时使用市场和科层组织模式的优缺点。根据 Richardson（1972）的研究，公司在它们所有权边界上不会放弃其管理区域。事实上，它们的兴趣可能覆盖影响其财富创造能力的整条增值链。然而，Richardson 也认为当企业之间从事互补但不同的业务时，它们可能会缔结联盟。他将这里所说的不同业务定义为需要不同的技术能力和组织技能的业务；并将互补业务定义为需要不同能力，并且需要对这些能力进行协调才能成功生产出最终产品的业务。在这种情况下，通过合作来协调会比单一科层更受青睐，因为后者在组织不同业务时的交易成本可能会高得无法承受。同样，通过合作来协调通常也被认为比市场更好，因为它是独立企业计划的协调，而不是总供给与总需求之间的匹配。事实上，Richardson 进一步指出，企业间关系的范围应该基于业务与能力之间的匹配，而非基于关系内部的企业是否生产互补或替代的产品和工艺。这一看法与当前战略管理领域的资源基础观以及有关联盟问题研究的许多观点不谋而合。关于联盟的问题，我们在本章的后面继续讨论。

在第 5 章中，我们强调了科层的生产成本和市场交易成本之间的区别，以及生产与交易的相互依存关系（Dunning，2003b）。我们对海外市场进入模式问题的理解，以及对企业国际化所采用的形式的理解，都基于交易成本推论。[①] 然而，假如进入模式完全取决于交易成本，那么对于在从事类似交易种类的企业，人们应该会看到大量的相同进入模式。诚然，确实有一些广为人知的产业案例，例如在硬矿物产业中，对于交易成本的顾虑是如此强烈，以至于大多数公司都选择了相同的进入模式，一如我们给出的铝土矿案例。然而，有许多其他产业，例如不同类型的服务业，领域内的企业选择的进入模式（以及内部化程度）的差异却非常大。特定产业内部价值链组分和结构的差异化程度，意味着企业特定因素发挥了重要作用，或者至少有一部分交易成本是企业特定的。

顺着这一思路，Madhok（2002）提出了一个引人注目的观点。这一观点认为三种因素，即公司的治理结构、最小化交易成本方面的竞争力以及资源属性，可以用来解释企业行为。因此，尽管内部化跨境中间产品市场的收益对于解释进入模式选择而言至关重要，有时甚至是充分的，但在大部分情况下公司现有的（和可获取的）资源和能力，以及治理结构也都扮演着重要角色。在第 5 章中，我们用了一些篇幅讨论了 MNE 的知识基础观，并接受了该理论和交易成本推论能够形成互补这一观点。[②] 我们相信机会主义在经济活动的公司间和公司内部组织中起到一定的作用，但我们同时也认为，MNE 网络内部知识的创造和转移是按照"高阶组织原则"组织的，这一原则最有可能在科层组织内部产生。所以，对于边界的决策并不仅仅需要考虑成本最小化，更需要考虑基于公司（已获得和可获得的）O 资产总额的价值最大化。[③]

事实上，治理结构、交易成本和资源属性三大要素的全盘采纳对于理解我们在第 5 章中提出的模型而言是不可或缺的。公司当前不拥有但可获得的资源价值在公司之间各不相同，取决于公司的现有资源和路径依赖的发展。治理结构不仅仅反映了公司的管理系统、信息技术工艺和市场知识（Oa），也反映了嵌入管理团队和企业文化的制度资产（Oi）；以及东道国制度资产（Li）。我们认为，一家企业 Oi 的内容和质量，将会决定企业在最小化其资源投入的情况下组织公司间交易的效率。

□ 9.3.2 一些方法论的问题

在研究当中，两种合作型进入模式吸引了广泛的关注，即股权合资企业和战略

---

① 参见 Zhao 等（2004）的综述，其涵盖了 38 篇对影响进入模式选择的交易成本因素所作的研究。

② 参见 Foss（1996a）对于企业理论的知识基础观的启发性阐述。

③ 治理的不同形式也可被看作提供了价值选择的不同种类。这一点在分包和特许经营的案例中体现得尤为明显。分包和特许经营提供了高灵活性和低资源投入的组合（Buckley 和 Casson，1996，1998；Chi 和 McGuire，1996）。

联盟，而它们也将是本章的重点。然而，在深入讨论这两种进入模式之前，我们想先强调方法论层面的四点担忧。随着这一领域研究的拓展，这四点担忧已经变得明显。

首先是对文化影响的过度强调。根据定义，国际合作活动发生于来自不同国家的两家企业之间。然而，这本身并不意味着（国家）文化在此类关系的管理中成为关键性因素。在对这一领域的研究作了回顾之后，Harzing（2004）总结并指出，一些研究并没有妥善地控制解释变量中的国家、产业和企业特定因素，因此很可能过分强调了文化因素在跨部门样本上的（正面或负面）作用。Tihanyi 等（2005）对 67 篇文章进行的综述证实了这一观点，他发现在文化距离和进入模式选择之间不存在显著的直接关系。

其次是关于绩效评估和成功定义的问题，这两个问题在由效率收益期望驱动的协议和由知识共享驱动的协议之间是迥然不同的。对于后者来说，成功与否的第一个评测标准与公司间是否存在知识转移的直接证据相关。这一点可以通过研究协议签订前后公司的专利行为来测度，或者通过基于问卷及案例调查的方法来获得经理的主观绩效评估。第二种评估成功与否的方法是间接的，它假设如果公司实现了成本效率，或者学习发生了，那么这些将会在适当的时候反映在财务状况的改善上。这种方式所面临的问题在试图将公司的绩效表现与战略选择联系起来的研究中相当常见。这些问题包括：金融措施在联盟层面几乎从未被获取，在商务单元层面也往往很难被有效地应用。此外，通过评估联盟公告的股市反应来测量绩效的事件研究，不仅需要对市场信息完善并且质量可靠作出强假设，而且需要将注意力集中在联盟公告发出之前和之后很短的一段时间内，以防止其他事件的干扰。

第三种评估绩效的方法是将成功与联盟的长期存在等同起来。在这里通常需要对解散联盟与改变公司治理方式作出清晰的区分。正如前面讨论过的，后一种做法通常是指一些特定的情况，例如一家 JV 转变成独资企业，或者非股权联盟转变成股权融合或共享的企业。[①] 由于合作关系往往通过调整以便达成特定目标，所以某一联盟或 JV 的终止并不一定意味着失败，并且问题在于"通过合作终止期限来研究失败，这一方法无法区分正常结束和非正常死亡"（Gulati，1998：307）。

其三，也是最基本的方法论层面的危机来自一个事实，即进入模式的选择对于独立企业而言是内生的，并且对公司自主选择的忽视很可能得出错误的结论。[②] 我们已经讨论过公司基于多种难以察觉的因素来选择进入模式，比如它们拥有的独特资源、能力和组织优势的种类。任何两家公司都不太可能以同样的眼光来看待不同的进入模式，因此，选择的绩效内涵对不同公司而言也不尽相同。鉴于这些不同能通过其他因素反映出来（比如，相比于小型公司，大型公司更有可能从绿地投资中受益），先前的研究已经控制了这类因素。然而，鉴于这些差异是企业特定的并且难以

---

① 例如，Hennart 等（1998）做了一项细致的控制研究，他们清晰地区分出了向企业实体清算中的一名合伙人出售股权份额的行为。他们发现日本企业在美国的合资企业更有可能被出售给合伙人，但在控制了年限和规模之后，JV 的不稳定性可以与全资子公司的不稳定性相比较。也可参见 Hennart 等（1999），他们发现没有充分的证据能够证明 20 世纪 80 年代日本 JV 在美国被当作获取美国合伙人的无形资产的"特洛伊木马"使用。

② 也可参见 Kogut（2001）对于国际商务研究方法的优势（以及劣势）的讨论。

观察，仅仅简单地控制这些因素是不够的。

这一问题在 Shaver（1998）的实证研究中体现了出来，他提出了一个企业绩效（定义为 FDI 存续的可能性）与先前选择的进入模式相关的模型。Shaver 提出的内生问题解决方案是首先获得战略选择的估计，然后将这些估计结果应用于绩效模型。他的研究同时也涉及对已经作出不同的进入模式选择的企业进行违背事实的情景模拟，其结论是当考虑最初的自主选择时，进入模式似乎对绩效不存在影响，然而当采用违背事实的选择时（如企业最初选择收购，违背事实的选择即为绿地投资），负面后果显而易见。

其四，由于希望识别并评估研究结果的管理学含义，对于进入模式选择的研究往往倾向于强调有限选择范围约束下的选择要素。在一个足够大的公司样本群中，可能的进入模式具有相当大的多样性，然而对某一个特定的公司而言，选择可能因为各种原因而受限。比如，我们已经指出，Oa、Ot（资源）和 Oi（治理）的不同组合影响着不同模式的企业特定交易成本，并很可能导致可行选择范围的有限性。有着丰富 JV 经验的企业比仅有绿地投资经验的企业更可能进一步参与合资经营。同样地，一家通过许可协议实现技术传递国际化的企业，可能会认为绿地投资的进入方式很困难。一家在特许经营或分包运营方面有着成功经验的公司很可能认为其自身根本没必要进行股权投资。

公司也可能出于应对独占性挑战而限制其业务规模，尤其是知识产权方面的挑战（Oxley，1999；Oxley 和 Sampson，2004）。当目标是"难消化的"，即渴望获得的资产与不渴望获得且不可分割的资产捆绑在一起时，JV 可能比收购更受青睐（Hennart，1988）。最后，进入模式选择也有可能受到真实或可察觉的收购的政治成本的约束（Kay 等，1996）。例如，在不同的历史时期，印度、中国和日本都曾只允许通过 JV 的模式进入其市场。

同样显而易见的是，企业最初摸索进入海外市场的模式和其随后的进入模式也可能有很大的不同。如在第 7 章所讨论的，在不同的阶段，前者从简单的出口到设立绿地子公司都有可能发生。然而，如先前的研究所指出的，有理由相信公司从自身以及行业中的其他公司学习。[1] 如果 MNE 及其子公司属于相关业务的一个扩展网络，并且它对其所处的社会和文化环境都不太熟悉，那么这种学习是特别富有成效的。[2]

因此，任何大型的跨行业 MNE 样本中都会包含许多情况，比如股权合资企业是最优的解决方案；企业的异质性技能使它更倾向于某种进入模式而非其他；监管压力或竞争对手模仿的压力迫使企业只能在有限的选择范围内进行选择。这些情况使得进入模式的研究变得非常具有挑战性。在大多数情况下，并没有所谓的最优的进入模式，但我们可以对同一企业在不同的时间段内，或者在（同一市场内）做出相同的进入模式选择的企业间，仔细研究不同进入模式的绩效含义。

---

[1] 参见第 4 章的乌普萨拉国际化模型，它是由 MNE 的经验学习驱动的。

[2] 例如，可以参见 Scott-Kennel 和 Enderwick（2004）关于内部和外部网络学习是如何发生的案例。

9.4 股权式合营企业

□ 9.4.1 为什么企业以合资经营的方式进入？

我们将股权式合营企业定义为未达到合并程度的长期联盟，而且在这一联盟中，两个或两个以上的经济实体都享有足够大的股权，能够在一些关键决策领域对公司经营进行一定程度的控制或影响。[①] JV 的参与股东可以是商业企业、公共机构、国际机构、非政府组织或个人。一个 JV 有来自至少两个不同国家的经济实体参与。当任何一个经济实体在合资公司中拥有大多数股权（51%及以上的股权）时，那么在法律意义上，它控制了 JV 的决策权。然而，实际上，公司多大程度上被主要股东控制主要取决于两个因素：第一个是其对公司的贡献（既包括财务方面的，也包括非财务方面的），任何股东都可以对公司做出贡献。[②] 第二个是在做出大家普遍赞成的决定之前，可能产生的交易成本，比如，新的子公司或者研发地点的选址、外包的程度、出口市场的分配以及利润汇回的问题。

在其他情况下，尽管一家 MNE 可能在以外国资本为主的合资公司中拥有 JV 的多数股权，但它可能会选择下放决策权给合资公司。无论何时，无论出于什么具体原因，只要它们发现有更合适的本地公司来进行组织运营决策，并且国内外股东之间存在着共同的目标、企业文化和管理理念，它们就会选择将决策权下放。基于类似的原因，当一家公司仅占有少数股权（即小于 50%），可能在法律意义上并不享有控制权，但是由于它的规模、管理经验以及对 JV 的贡献，它仍然可能对 JV 决策产生重大影响（Prahalad 和 Hamel，1990）。而且，这种影响和单纯依靠股权结构获得的影响有所不同。当一家 JV 仅有两位股东（一位拥有 51%的股份，而另一位拥有 49%的股份）时，它的运营管理很可能和其他一些 JV 的运营管理非常不同，例如：没有大股东而仅有一定数量的小股东的 JV 或者有两个股东但各占一半股权的 JV。[③]

对于 JV 而言，合作伙伴的身份以及它们能够给企业联盟带来什么和希望从企业获取什么是值得关注的。比如，MNE 外国子公司的多数股权很可能由东道国政府掌控，虽然政府在企业实际运营管理中并不会发挥多大作用。通常，MNE 之所以选择这类"被动"的合作伙伴，是为了尽可能确保当地股东或其他利益相关者得到公平的利益分配，同时确保董事会的决策没有违反大部分股东的利益。而在其他情况下，JV 的每个股东可能都非常积极地参与公司活动，无论是在资金投入方面还是在管理决策方面。

股权式合营企业一般最初由两个或两个以上的经济组织发起并共同设立，经营

---

① 一些早期的理论贡献，参见 Hladik（1985），Beamish 和 Banks（1987）以及 Kogut（1988）的文献。

② 从另外一种角度来看，如果其他股东撤资，这些股东可能面临的成本。

③ 使用 12 984 个日本 MNE 的海外子公司的数据，Dhanaraj 和 Beamish（2004）发现可能由于投入不足，参股 20%以下的 JV 的死亡率很高，参股 80%及以上的股本几乎与一个全资子公司的存活率相当。

并提供特定范围的产品和服务。或者，它可能是由一家或多家企业收购其他企业的部分资产而形成的。一家跨国 JV 可能由一个或多个国家的股东共同拥有。参股合资公司的多个股东中可能仅有一家外资股东。另外，JV 可能仅仅是 MNE 全球网络的国际增值活动的一部分，而且这种趋势越来越明显。

与全资子公司的设立目标一样，JV 的设立可能是 MNE 为了寻求更好的价值链服务、获得海外市场、寻找优质资源或者学习先进技术及管理经验、开拓新的市场，以及对现有的海外资产进行战略安排等。在某种程度上，MNE 设立 JV 的动机与我们在第 3 章讨论的 MNE 全球化的动机是一致的。综合公司也有可能将 JV 看作其组合重构战略的一个工具。在某些情况下，设立一家 JV 的最初动机有可能来自东道国。比如，一家中国企业寻求一家英国合作伙伴，以帮助它开发一系列新的在中国市场进行销售的医药产品；一家泰国服装公司希望与一家日本贸易公司共同组建 JV，以帮助其将产品打入日本市场；或者一家南非会计师事务所希望获得一家领先的 MNE 价值链的部分工作。逐渐地，两个或两个以上的 MNE 也可能为了实现某一个具体的目标而设立 JV，如利用 JV 的全球网络，通过 MNE 本身则很难实现（或正准备实现但仍未实现）这一目标。

其他一些 JV 可能是企业部分收购或合并的结果。收购公司的母国银行和一些国际金融机构某些时候会鼓励甚至提供实际的融资来帮助企业进行并购，这些国际金融机构包括国际金融公司、世界银行、欧洲投资公司和亚洲开发银行等。举一个例子，英国罗孚公司在 2005 年破产之后被中国南京汽车公司收购。通过注入资金并承诺提供亚洲市场，中国公司获得了英国公司的先进技术，或者它们可能更看重的是获得了罗孚这一国际知名品牌，从而帮助其成为国际汽车生产商。①

在组织其海外生产的活动中，一家公司可能会出于一系列经济或战略的原因选择另一家公司合作设立 JV。在某些情况下，正如我们之前所讨论的，东道国政府不允许外商企业全资控制一家当地企业。如果确实出现了这种情况，设立 JV 可能是进入该国市场的最优选择。直到 20 世纪 90 年代末期，中国政府才将合资经营作为外商企业进军中国市场的必要条件，并且对银行业和零售业的外商投资进行限制。直到近年来，随着中国加入 WTO 时所作承诺的兑现，这些限制才被解除。正如 Buckley 等（2003）提出的那样，在某些情况下，公司的经营战略受到其所有权结构的强烈影响，而不是没有影响。然而，设立 JV 可能会被视为跨国组织战略的最优方案。在 JV 的各个股东能够带来不同并且互补的资源、能力、管理经验和市场，他们的资金和资源承诺真实可靠，且 JV 的经营结果高度不确定的情况下，尤其如此。在上述情况下，部分占有及管理企业的交易成本比完全占有并控制企业的交易成本要低。反过来，这也表明，额外投入资本来获得更多所有权的预期收益低于投入的资本的边际机会成本。②

---

① 然而，南京汽车公司不是唯一一个拥有 Rover 商标权的中国公司。在 Rover 宣布破产之前，上海汽车公司就获得了这样的权利（"Rover versus Rover on streets of China"，*Financial Times*，March 24，2007，www.ft.com）。

② 例如，在一个针对日本企业进入美国市场的研究中，Hennart 和 Reddy（1997）发现，如果公司在美国几乎没有什么经验，首选的方式就是 JV（而不是收购），而且有些令人惊讶的是，当合作伙伴生产同样的产品时也会出现这种现象。JV 模式在高度集中的行业中也是首选。

研究文献表明，还有一些其他的具有不同特点或出于不同原因而选择 JV 的公司。有时，JV 仅仅是作为进入某一外国市场的最初进入模式，或者作为获取无形资产以及当地供应能力和劳动力状况等知识的一种方式。有时，一家外国子公司发现，如果它是由本土资本参股或者管理的，就能够更容易处理好与当地政府的关系或者从管理当局获得合同。有时，外国公司可能没有足够的资本和实力来单独建立一家子公司，它们很可能通过寻求当地合作伙伴来建立合资子公司。此外，从当地合作伙伴学习知识，无论是关于市场行情、生产工艺还是当地组织环境等方面的知识，都可能是一个重要的动机。[①]

相比于非股权合同安排，股权式合营企业往往更受青睐，其原因与 MNE 更倾向于 JV 而非全资子公司的原因是一致的，即降低生产成本或交易成本，更好地获取资源、能力、市场和管理经验，并参与制定 JV 的战略目标。市场失灵的含义一般需要视具体情境而定。它取决于被用来交换和出售的产品的特性和合作伙伴相关资产的质量。因此，一些 JV 都是通过垂直化投资建立的，并且基本上取代了沿着特定产品的价值链上下游的相关离岸外包和许可协议。其他的一些 JV 是通过水平化投资建立的，它们的主要目的是利用基于价值链上下游的至少一个以上投资者的范围经济和规模经济效应。有些 MNE 可能同时使用两种投资方式来保护或者提高公司的竞争地位，并且帮助其进行资产重组。有时 MNE 设立 JV 可能同时出于两种目的，既作为一种陌生市场的进入方式，也作为一种获取或监测新的技术和组织发展的手段。

股权式合营企业是这么一种企业，它既试图获得中间产品内部化所带来的利益，也想获得分享股权所带来的其他好处。与此同时，它也可以获得通过规模经济和范围经济带来的交易成本的下降的好处。Hennart（1998）提出，JV 为获得规模经济而建立，并将其与"连接"经济区分开来。"连接"经济是指由至少两个中间产品市场的同时失败所推动，企图通过建立新的经济体来获得成功的经济。其实在这两种情况下，只要预期的经济和战略利益足以抵消可能产生的企业组织成本和经济租，合资经营的进入方式就可能受到外商投资的青睐。

□ 9.4.2　合资企业何时可能获得成功？

对这个问题的简单回答就是，当参与者在以下方面达成一致时：

（1）JV 的目标；

（2）每个合资伙伴对企业承诺投入的资源、能力和市场的种类及数量；

（3）基于上述能力和资源而部署和建立的激励机制和运行架构；

（4）企业组织方式以及管理责任的分配；

（5）企业的利益分配；

（6）JV 增长的方向和形式，或者其多元化的类型。

有多方面的原因使得合资伙伴之间很难达成或维护上述所描述的一致情况。协调或者解决这些不一致导致的交易成本可能比较大，甚至有些时候，很可能因为这

---

① 关于企业的知识获取的突出研究参见 Lyles 和 Salk（1996）。

些不一致而导致 JV 出现运营困难甚至失败的情况。

一些围绕国际 JV 的设立及运作的潜在争议问题可以在合同中进行明确规定。其他一些问题则需要更多的非正式的制度安排，包括合作伙伴之间基于彼此信任而产生的默契。[①] 一般情况下，相比于旨在推进其全球战略的外国投资者，独立的合作企业不太可能引发管理冲突。JV 仅仅是 MNE 的一个组成部分，MNE 的其他部分的预期收益很可能对 JV 的运营决策产生重大的影响，这些运营决策包括部分供应链的离岸外包、研发中心的选址、市场营销及分销策略、企业转移定价等。这些决策可能与当地合作伙伴的利益是不一致的。对 MNE 整体而言，JV 的成本收益构成对不同的参与者而言是不同的，比如：制度资产（Oi）。实际上，对一方而言带来收益的同时，可能对另一方产生了成本，结果是，合作伙伴之间更难达成一致意见。最后，可能会在合作伙伴之间产生一些利益冲突，因为合作伙伴各自拥有不同的公司文化或民族文化，他们采用不同的组织管理方式，并且各自责任的划分尚不清晰。成功的 JV 需要合作各方拥有一致的目标和制度习俗，并且对彼此的差异能够理解和包容。

每个合作伙伴所提供的资产越是特殊，越不易对外销售，JV 消化这些资产的难度就越大。尤其是在外国政府可能拥有大量股份的情况下，企业运营分歧就有可能增加，比如生产方式、原材料采购、员工的就业与培训以及出口策略。当地企业认识到其最佳利益未必与外国公司的最佳利益一致。举个极端的例子，关闭工厂虽然可行，但当 MNE 出于其全球战略布局而关闭工厂时，其可操作性就另当别论了。此外，还有很多的日常决策限制了合资伙伴的自由。

相比之下，我们能够辨别合资伙伴之间经济和战略利益密切相关的情况。这些情况包括存在明显的组织、市场和技术的协同效应（Richardson，1972）；合资方的优势互补可以帮助每一个合资伙伴更有效地与更强的竞争对手竞争（Contractor 和 Lorange，1988，2002），以及更有效地与供应商、客户、工会和政府谈判的能力。然而，在每种情况下，有可能其中的一个或者多个目标不仅仅通过合资经营的方式实现，通过非股权合作的方式也可以实现。有关战略联盟的内容我们将在本章的后面进行讨论。

其中一个影响跨境 JV 的可行性和成功的因素是合资伙伴的选择。从 Tomlinson（1970）开始，有一些学者开始试图制定合适的合资伙伴的选择标准。这些标准包括合资双方互利共赢、严格的合作体制以最小化合资者机会主义的风险与共有资产和能力的溢出效应、愉快的过往合作经验、与东道国政府及当地工会打交道的能力、兼容的目标和制度框架，以及（或许是最重要的）共同的商业道德和企业责任感。[②] Geringer（1991:45）将合资伙伴的选择标准与任务相关标准进行了区分，他将任务相关标准定义为"JV 需要的用来形成强大竞争力的运营技能和资源"；但他将合作伙伴相关标准定义为"合作伙伴的合作带来的效率和效益"。两种标准通常与每个合作伙伴在多大程度上可以促进 JV 的核心资产和激励结构有关。虽然合作伙伴的选择

---

① 有关信任在个人、集团以及公司水平上的概念化和 JV 模式下的实际测量的研究见 Currall 和 Inkpen（2002）以及 Inkpen（2002）。

② 例如，关于真实性、信任感、问责制、透明度和人权尊重以及腐败和逃税等弊端的价值观念。

问题以及研究合作关系中的学习能力非常重要——如在其他一系列这种关系中的学习问题一样——但只有极少数验证了与合作伙伴选择问题相关的累积学习效应（我们将在 9.5.2 节讨论这一问题）。

最后，我们发现 JV 的成本收益（与其他合同协议所描述的进入方式相比），随着具体国家、行业和公司的经济特征或战略布局的不同而不同。我们不能预期 JV 可能出现的所有问题，并在合资之前对这些问题进行评估。不能总把有些问题看成是不利的，而要将其看作是某种"经验"。任何 JV 都可能失败，可能是价值创造逻辑本身的失败，也可能是联盟管理的失败，正如我们提到过的，比如，不同国家或公司的目标差异、合作经验的欠缺或者选择了错误的合作伙伴都有可能成为失败的原因。

□ 9.4.3　在合资企业中文化和制度的影响

在众多的学术话题中，有一个话题引起了大量学者的热切关注，即 JV 在多大程度上能够成为公司在具有较大文化和制度差异的市场上克服相关困难的一种手段。许多传统研究都采用了著名学者 Hofstede（1980）的国家文化维度理论，主要内容包括：集体主义与个人主义、男性化与女性化、不确定性规避、权力距离以及由 Kogut 和 Singh（1988）补充提出的心理距离。

包括 Hennart 和 Larimo（1998）在内的学者们采用了后一种方法，通过使用 401 个日本和芬兰资本在美国投资的样本来验证母国和东道国之间的文化距离的程度和特征是否影响 MNE 对子公司的所有权的控制程度。通过引入一些控制变量[1]，他们发现相比于芬兰投资者，日本投资者与美国投资者之间的文化距离更遥远，更倾向于建立合资公司。利用 Erramilli（1996）发明的测量文化距离的其他工具，Makino 和 Neupert（2000）研究了一组美国制造公司在日本投资的样本，得出了类似的结论。在另外一项有趣的研究当中，学者们研究了 JV 的寿命。他们比较了两组在美国的日本企业，Hennart 和 Zeng（2002）发现，日美 JV 很可能会被出售，而日式独资企业和日美 JV 所面临的被清算的概率相当。[2]

虽然合作伙伴拥有的本土知识可能会缓解 MNE 某些"外来者劣势"，但本土知识仍会带来由公司间的不同文化甚至相悖的目标的协调需求所引起的并发症。这些问题同样也可能在并购过程中遇到。虽然在并购过程中，收购方在理论上有可能对合并成的新实体施以全新的企业文化，然而，通过研究一组由印度合作伙伴参与的127 家 JV，Pothukuchi 等（2002）发现了国家和公司文化对国际 JV 绩效的影响。[3]他们发现文化距离对 JV 绩效的负面影响主要来自于公司文化的差异，国家文化差异对绩效的影响相对要小一些。

在第 5 章，当讨论 MNE 在制度上的所有权优势（Oi）时，我们对文化因素进行

---

① 所使用的控制方式多种多样（公司在国外生产而不是在国内生产时），包括研发强度、企业经验、企业规模、集中度和发展目标的增长率、资源强度以及通过绿地投资或收购的方式进入。

② 尽管在解释日本母公司海外投资为什么不倾向于购买股份时，制度因素也是原因之一。

③ 这些措施包括经理人对 JV 管理的满意度的评价，其对财务、效率提高的贡献，以及对竞争力的影响。

了区分，比如 Hofstede 提出的文化维度以及制度方面的因素。制度方面的因素主要是指影响员工工作积极性的正式和非正式的机制（激励体系和执行机制）。其中文化价值观和规范是非正式机制的重要组成部分，而正式机制通过鼓励或限制商业活动在塑造 MNE 的行为方面发挥着同样重要的作用。因此在我们的框架中，某个特定公司的 Oi 既反映了东道国的 Li，又反映了它自身所积累的全球学习和经验。

相对于已经被大量研究探讨的文化因素，制度因素对跨国商业活动影响的研究仍处于起步阶段。在这里，我们要着重介绍一些有趣的发现。DiMaggio 和 Powell (1983) 做出的开创性工作证实，由于强制性、模仿以及规范流程方面的原因，随着时间的推移，一个行业中的公司会变得更加相似（同构），一些学者开始将外国子公司模仿行为作为重要的研究对象（Guler 等，2002；Kostova 和 Roth，2002）。在一项从 1987 年到 1995 年的韩国制造业公司进军中国市场的进入模式演化的纵向研究中，Guillén (2003) 使用了一个复杂的乌普萨拉模型来证明，一个公司的资源承诺加大的同时，其学习能力（包括模仿能力）也逐步增强。他将合资公司和全资子公司进行了区分，虽然研究的最终结果有些复杂，但是他为了证实公司从自身经验及从其他公司学习的程度进行了细致的研究设计，仍然为进一步的研究奠定了基础。

另一个将制度因素和交易成本理论的预期相结合的模型，是在一项关于 1 194 个日本外国子公司（全资或 JV）进入模式选择的实证研究中由 Lu (2002) 提出的。她发现后进入者倾向于模仿早期同行的进入模式，而随着时间推移公司间也表现出了进入模式的一致性。此外，她发现本身拥有外国投资经验的投资者很少去模仿其他 MNE 的进入模式。①

现在我们把目光转向正式机制对市场进入模式的影响。通过使用一组包含 660 家日本 MNE 及其在 18 个新兴市场的 2 827 个子公司的样本，Delios 和 Henisz (2000) 发现了公司特定组织能力以及公共或私有征用风险的影响。② 他们发现，被征用风险越高，MNE 股权比例越低。先前的进入经验以及对行业、东道国或其他市场的了解，影响着公司处理这些风险的能力。此外，母国内机构，比如 Keiretsu、Sogo Shohsa（日本著名财阀），也有助于降低风险。③ 另一个由 Meyer (2001a) 进行的有趣的实证研究致力于对 North (1991) 提出的关于制度的观点，以及这些制度因素是如何影响中欧和东欧转型经济体的交易成本的问题进行解释。他发现 MNE 倾向于将全资子公司建立在制度健全的国家以及距离母国相对较近的国家。④

---

① Brouthers (2002) 采用了另一种不同的方法研究这一问题。Brouthers 将制度（法律对外国所有权的限制）和文化因素（市场潜力和投资风险）纳入基于交易成本的进入方式选择的模型中。以 1995 年欧洲大型 MNE 的数据为样本，他发现优越的金融和非金融表现与企业相关，这类企业的实际进入方式与扩展模型预测的相匹配。与前面所讨论的 Shaver (1998) 的研究一致，他的研究结果表明，尽管采用正确的选择模型对于一个特定公司是重要的，但是到目前为止还没有迹象表明公司中一种模式优于另一种模式。

② 社会危害包括政策或监管制度的不一致，而私人危害包括那些对合作伙伴的意外的技术泄露。

③ 参见 Delios 和 Henisz (2003) 关于政策环境不确定的东道国的进入模式顺序的分析。

④ 参见 Yiu 和 Makino (2002) 的分析，他们利用 Scott (1995) 鉴定的三种基本的制度形式，评价了 364 个日本子公司的进入模式选择。三种制度形式分别是调解制度（来自《世界竞争力报告》）、规范制度（来自《世界竞争力报告》以及 Kogut 和 Singh (1988)）、认知制度（样本中公司在多大程度上复制其他公司的进入选择或者跟随它们自己的历史记录）。

□ 9.4.4 结束语

在过去的十年中，很多学者都在进入模式选择的框架下研究国际 JV 问题。在这一过程中，大部分学者将注意力集中于股权模式和非股权模式、少数股权公司和多数股权公司等方面的研究。与此同时，其他学者也研究了合作关系的管理困境以及合作伙伴之间的关系的建立。关于文化对合资公司的形成和它们之后的业绩表现的影响，学者们也进行了大量的研究。然而，由于 JV 的背景在很大程度上不同，我们很难从学者们研究的论文资料中发现持续性的成体系的研究结论。比如，拥有一个集群活动网络的 MNE 对 JV 的看法很可能与一家采取多国化战略、在多个国家独立经营子公司的 MNE 对 JV 的看法是不同的。同样，JV 的东道国的合作伙伴倾向于根据自身的组织战略以及在其他价值链活动中的定位，评估其参与 JV 的成本收益。要解决这些复杂的问题，需要多维的方式和技巧，使它成为研究领域中非常具有挑战性的一个问题。然而，正如我们在前面提到过的，到目前为止，这些挑战中仅有有限的一小部分被国际商务研究者解决了。

在本章的开始，我们讨论过，在过去的三十年 MNE 的所有权模式的选择范围不断扩大，到如今有各种各样的非股权式战略联盟。事实上，回顾以往学者们的研究我们可以清楚地发现，在过去 40 多年中，公司选择 JV 的倾向以及动机一直在变化。在一项对 1961—1975 年间的大型 MNE 的对外直接投资的所有权模式的研究中，Gomes-Casseres（1988，1989）发现了一个所有权周期：大型美国 MNE 新投资的 JV 股权从 1955 年的 28% 上升到 1961 年的 55%，然后到 1969 年又掉落到 31%。在接下来的二十年中，这一周期又再一次重演。事实上，Kobrin（1988）的研究表明，在 1966—1985 年间，美国公司在发展中国家的合资股权保持在 34%～38% 之间，而这一点与 Gomes-Casseres 的发现是一致的。经验证据也指出，在高新技术领域，相比于授权进入方式，合资经营的受欢迎程度下降了（Hagedoorn，1996）。这类 JV 的普遍问题——正如前面我们所讨论的——包括专有技术遗失的风险、合作伙伴的"控制偏好"以及战略目标的分歧。与此同时，非股权合同形式的研发关系，比如联合研发协议和联合开发协议，已成为重要的公司间合作模式。

从更广阔且更长远的视角来看，我们可以将这些所有权模式的转变与以下事件结合起来看待，包括资本主义联盟的到来（Dunning，1995，1997a，2002b）、商务活动的逐步全球化以及国际政治经济环境的变化。在战后的第一个三十年，大多数 MNE 都采取市场寻求型或资源基础型的对外直接投资活动。MNE 战略一般是民族中心导向或者多国中心导向的，东道国政府欢迎引入外资共享股权。在过去的三十年中，由于内部和外部两方面的原因，选择合资经营的理由发生了重大变化。随着效率寻求型和战略资产寻求型投资的增长，MNE 组织变得越来越追求地理中心导向。与此同时，从 20 世纪 70 年代开始，许多东道国政府采取自由市场经济以引入外资，这也可能导致 JV 作用的下降。

然而，不断上升的创新和市场营销活动的成本、产品周期的缩短、技术更新的加速、主要工业化国家的技术融合、国家或地区市场的开放（比如中国，之前禁止任何形式的 FDI）、跨国机构学习的重要性等方面的因素抵消了 JV 的作用，使得 JV 的作用呈现下降的趋势。上述这些因素，以及公司需要增强其对核心资产的控制、降低某些跨国市场失灵的风险，共同导致了公司间进行大范围的资产扩张联盟。实际上，我们可以说许多当代的 MNE 将它们之间的关系看成是层级化的活动网络中互补性的交易关系，而非将市场、JV 和层级化的机构视为对立的组织形式。

　　一部分可观察到的变化有可能与重要投资国的投资成熟度有关，比如日本。Jacques（1985）在一份调查报告中发现，随着时间的推移，日本已经从一个相对封闭的经济体（如青睐市场寻求型 JV，旨在克服本土营销和分销障碍）转变成一个更加开放的经济体，它期待成为世界级的工业领袖。然而，为了达到这一目的，他认为日本企业需要通过外国公司的帮助来补充它们的资产，并进行价值链升级。有时，它们倾向于通过跨国并购和设立全资子公司来实现这一目标。然而，它们更愿意在高增值活动中培养新的合作关系。Jacques 发现在 1973—1984 年间，日本合资公司为寻求营销支持而进入美国的比例从 55％下降至 25％，然而在研发领域，这一比例却从 8％上升至 38％。Belderbos（2003）调查了 1993 年 420 家在美国的日本海外制造子公司发现，收购的子公司的研发强度远远高于全资绿地子公司，然而当日本母公司缺乏强劲的研发能力时，少数股权合资公司的研发强度往往更高。这与日本投资者作为"后来者"的观点是一致的，他们积极利用收购和合资路径来获得外国技术、市场和管理经验。

9.5　非股权合作协定

　　为了完成接下来的讨论，我们要区分两类主要的合作关系：一个是包括买家和卖家的垂直关系，另一个是包括战略性联盟的水平关系。当非股权合作行为总体上增加时，战略性联盟在过去的二十年间保持了重要而卓越的提升（Contractor 和 Lorange，2002）。然而，值得注意的是，当我们试图保持股权合作企业、非股权联盟以及与其他列在表 9.1 中的合约式关系的区别时，关于联盟的文献资料并非总是做出了相同的区分，也正是因为这个原因，在本节的某些部分也会考虑股权式合作。[①]

　　在检验战略性联盟的增长之前，我们需要简要地讨论不包含股权资本的内部纵向企业协定与合作关系的范围。这些范围多种多样，每一种都体现了讨价还价的过程。每一种同样都包含了一个不同程度的对应于这种关系的个体之间资源协定与风险共享机制。它们可以从一次性的、有限时间内的协定（例如，交钥匙企业）到持续性、地域性的合约（例如，特许经营协定）。

----

　　① 还应该指出的是，这一讨论涉及西方企业管理的合作模式，这些合作模式在西方历史上是沿着分层机制来组织的。另一种形式的合作是依据社会化条件下的海外华人商业网络关系建立的。这些社会关系基于信任和个人的建议、推荐等，将中国大陆、中国香港、新加坡和中国台湾的企业家联系了起来（Yeung，1997；Mathews，2002a，2006）。

□ 9.5.1　买方或卖方合作协定

这些协定主要包括了两个来自不同国家间的公司在同一条增值链上的关系。它们包括了把跨境采购（外包）合资企业作为后向垂直一体化的一种替代选择；或者把公开市场购买、许可证协定、特许经营和管理合同作为前向一体化或在公开市场销售的一种替代选择。每一种协定都包含了各组织之间不同程度的合作，同时包含一系列的签署了责任和权利的条款，风险、责任和回报都得到共享。接下来让我们对此提供一些案例。

首先，考虑某些反向的合作组织或者购买关系的形式。这些可能会组成一个一次性的交易，在此交易中合约制定者只是简单地明确他们从供应者那里需要得到什么，并且根据是否满足这一规格来判断接受或不接受相关的商品。或者，这些关系中可能包含一种具体的、多样化的、持续的供应者与客户之间的关系。这些相互作用可能会包含来自合约拟定人的信息或者金融援助的供应，同时（或者）包含对产品构成、生产、加工、定价、资源的获取、检测程序、人力资源管理成本等的建议。

更低水平的沟通与运输成本，伴随着数量日益增长的可选择的生产地点，已经产生了公司集中于其"核心竞争力"的前所未有的机遇（Prahalad 和 Hamel，1990），只要它们能有效管理外包关系的困境，尤其是在质量与可靠性方面。更广泛的 MNE 的供应选择也促使它们更多地了解了更具有企业性质的供应商，例如东风汽车之前所做的（Dyer 和 Hatch，2004）。它同样允许了一组亚洲的 OEM 生产商凭借自己的能力成长为供应商（Leung 和 Yip，2003）。

一个不同种类的协定是风险劳务合同，在合约中，一个外国公司被要求实行勘测、开发以及运营（合约方为此提供风险资金）。在这种情况下，资金加利息通常在生产时被偿付。此外，国外企业可能有权利以协商一致的折扣价格购买部分产品，并且在某些情况下，分享企业的收益。产量分成协议是另一个转包形式的变形。在这种情况下，国外企业承担产品开支，作为返还，其将获得一个约定比例的总产出外加一个剩余产出的利润分享，如同双方所商定的那样。在这种情况下，风险几乎完全由国外投资者承担，而没有任何正式的股权参与。

更进一步的合作或者销售协议可能更广泛、更复杂。文献资料通常对四类主要的协定进行区分：许可证、特许经营、管理和交钥匙合同。在每种情况下，对于一个协定好的特定时期，某些特定优势是由承包者租用的。此后，发包方（而不是承包方）拥有这种优势的附加值。然而，这些协定可能会根据资产的种类或权利的转换、在承包方与发包方之间权利与义务的分配、合约的时机以及性质、相关的利润分配的规定而不同。

例如，许可经营通常包含一种涉及实体产品生产的特殊专利技术的转移（例如，专利制度的实施）。尽管被许可方通常对产品负责，但是在协定中仍然可能允许承包方控制相应的权利，从而保证其自身的竞争力得到保护。在某些情况下，这种控制会包含一系列的决定，例如，投入品的采购、生产方法、雇用的国外劳动力以及出口市场的服务等方面。这类控制经常成为 MNE 和东道国政府之间的矛盾的原因。

通常对许可证的支付是一笔费用或者体现了许可证颁发者的信息和知识的产出的价值或数量的专利税。有时，这可能会与被许可方挣取的收益相关。

随着知识产权保护的进步、研究支出的增长以及专利税率的上涨，作为 MNE 战略性工具的知识产权管理变得比任何时候都更加重要（Grindley 和 Teece，1997）。第 11 章所阐释的论据表明大部分许可证是在公司内部实行的，作为一种 MNE 适应其子公司所使用的知识产权的价值的手段。同时，企业之间的许可证市场变得更加开阔，从制造过程或产品技术的许可，到其他形式的知识产权的许可。一个例子是电视节目版式的许可证，如荷兰生产公司安迪摩尔（Endemol）与世界几个成功电视节目如"Big Brother"和"Deal or no Deal"的许可证交易。[①] 此外，为了避免支付给其他公司一笔过多的因生产产品的技术而产生的版税，公司正在加强交叉许可以获取必需的技术，同时避免因损害利益而被投诉。[②]

特许经营，在可能包含特别详尽的要求和条件的几个部门中非常常见。如质量控制程序，许可方可能会期待被许可方遵守这些程序。这些程序在快餐店、汽车租赁公司、时装零售商案例中是很常见的。然而，在另一些例子中，唯一的服务可能是提供市场营销、分销，或者产品的销售，例如酒店的销售预订系统。在授权时，协定的条款通常会允许协约签订者在已转移的权利的配置中拥有一些管理权。他们也很有可能允许承包方定期检查特许经营人的设备，有时能够在关键领域如投入的外包以及关键人员的补充问题上发表看法。为取得特许经营权，一种典型的形式是特许经营人对经销商采取一次性付款外加一个基于单位销量的费用的模式。

在管理协定中，承包方将管理的"诀窍"转移到发包方，此时发包方有责任根据合同条款履行管理服务。然而，管理协定实际上很少是仅仅针对管理技能的转换。例如，在国际酒店行业，一个普通的连锁酒店在缔约的时候加入独特的企业文化、愿景和战略，提供管理与个人技能，提供资金来源，训练当地职员，提供世界性的运作资金，并且通过一个全球性的预订系统来实现全球性营销网络的运作的条件，对于承包方来说是很常见的。

例如，基于 1 131 家酒店，覆盖超过 60％的所有外资酒店客房的样本，Contractor 和 Kundu（1998）发现，使公司将房地产风险与酒店管理分隔开的管理合同是最常见的进入模式（37％），其次是部分或全资子公司的形式（35％）和特许经营的形式（28％）。他们还发现，共享模式在高政治和经济风险的环境中很受偏爱，而在低风险的环境和在低收入的发展中国家，所有权形式更为普遍。作者还发现，在发展中国家，拥有房地产的风险因激烈的竞争以及快速发展的市场而减轻。在这项研究中，文化距离是一个并不显著的解释变量，而国际经验更偏好基于股权的进入模式。另外，预订系统和品牌所有权是被用来抑制机会主义的很重要的资产，即使在非股权关系中也是如此。

---

① "Telefónica's Endemol auction entices media and buy-out groups", *Financial Times*，April 12，2007，www. ft. com.

② 对事后的交互授权或专利联营的一个补充是公司新专利文件联合共享的情况。Hagedoorn（2003）提出的经验证据表明，带有绝对条款的联合专利已经增加了，在 1989—1998 年间，美国专利中带有绝对条款的联合专利一直保持 1.3％的份额。一般来说，联合专利被公司视为一个次优选择，它们往往是小型的研究项目的结果，特别是在化工和医药以及仪器和 IT 领域。

管理合同通常包含大量对承包方业务的指导，包括在某些情况下，高级人员的任命。同时，承包商解除了对资本的责任，这些责任可能是实质性的（例如，在建筑和航空业中）。然而，成功的管理合同，需要发包方与承包商之间紧密的制度上的认知，以及明确的资源提供路线和组织的责任。支付款通常由一次性管理费用加上一个基于营业额和/或利润的变动的版税组成。例如，在过去的十年里，管理合同和授权模式已经成为供水行业中最常见的进入模式。国际化的公司如 Veolia Environment，Ondeo（SUEZ Environment 的一部分），RWE 和 Thames Water 在越来越多的外国管理模式下引进了新鲜的水以及污水处理系统（UNCTAD，2004：121）。①

交钥匙契约是一种一次性协议，外资企业同意设计、建造和装备一个完整的生产单元，如石化工厂或汽车工厂，然后在"磨合期"结束之后把它交给当地企业，在磨合期间外资企业的管理人员管理生产并同时培训当地人员。这种类型的合同通常包括一个全面和完整的协议条款，包括外国援助、可行性研究、基础设计、工程、采购、施工、技术援助、培训、金融和管理，这些都被规定在最初的协议中。对企业的支付通常是基于一个模式，该模式可能包括一次性总费用加上所输出的产品的版税。在旧的东西方合作协议中，这是常见的与对销贸易相关的一种协议形式。

在某些方面，交钥匙协议就像一个分包安排，但大多数的产品规格是由发包方而不是承包方决定。在其他方面，在那些由外国公司提供的服务的范围内，它是一个一次性授权和管理合同的组合，该合资企业的风险由外国公司承担，并且买方和卖方之间的持续合作通常是相当有限的。

上述的每种协议均代表了买方和卖方之间垂直合作协议的主要形式，通常这是一个合作伙伴之间的单向知识流动，如果不是这样，其中一方将成为国际直接投资者，而另一方将会成为投资者的子公司。在这种程度上，合作的形式和内容——或者像 Buckley 和 Casson（1988）喜欢说的，"通过相互宽容来协调"——将取决于选择、谈判的强度以及合作者之间的对称关系；还取决于贸易伙伴之间作为彼此的增值贸易伙伴的重要性。对于卖方来说，非股权安排减轻了所有权的风险，但增加了财产权利的滥用或浪费所带来的交易成本，无论何时，这些情况都是不能完全通过合同来保护的，并且诉讼程序是昂贵的或者无效的。寻找高效的，其资产、利益和声誉与自身特质形成互补，并且值得信赖而不欺骗（即投机主义行为）的"代理商"的需求使得以下这些特点——承包方控制机制越不正式，发包方就有越多的选择——变得越来越明显。不同的文化和经济、法律系统提供不同的激励制度和（或）执行机制来鼓励合作、减少机会主义行为。例如，建立在宽容、声誉、承诺和信任基础上的不同的商务关系形成了鲜明对比，正如在许多东亚国家很常见的那样，而美国则依赖于正式合同以及合同破裂所引起的诉讼的威胁。此外，买方将更愿意与卖方合作，因为后者有更好的机会转向其他买方，而前者由于其经济的繁荣则格外依赖于后者。

对于买方，分包会带来一些相似的以及不同的风险。在产品的可用性、价格、质量和被购买的产品的交货时间等问题上，购买方可能担心他们需要的这种类型的

---

① 特许权给予投资者在一个固定的时间段内正确地利用资源或运营服务的权利。因为特许权可能涉及实物资产投资，从而在投资者对实物资产的责任最小的领域，它们可能会引起相对于管理合同更大的外资流动。

合作无法轻易地通过契约关系得到保障。再次，正如刚刚所描述的，合作双方对合作产生的交易成本有一个清晰了解的情况可能是最少见的，这种了解包括对双方关系贡献的合理预期、保证不合作的收益是小的、惩罚不合作的力度是大的。事实是，相关服务经常可以占据（以销售有形商品为主的）公司利润的一个重要部分，从这个意义上讲，许多市场的交易并不是有限的。

表9.1突出显示了之前所描述的产业合作模式的特点。在大多数情况下，非股权合作协议既不经济也不是彼此的战略选择，而是某种基于股权的交易或现货市场交易的关系。这样的协作安排的范围是从一般到特殊。它们可能包括一次性的或有规律的交易，或者多个时间段的持续期间的交易。然而，许多非股权协议是多元化的，它们包含了其他协议的一些属性，是事实上的外国直接投资（协议）。例如，管理合同可能导致技术服务协议和市场营销专业知识的转让，这种协议包含特许经营安排的所有特征。同样，许可或分包协议可能包含已转移的知识或技术的使用限制，并可以体现提供商品或服务的市场的种类。事实上，这给了许可方尽可能多的对管理和营销决策的控制，就像被许可方一样。最后，交钥匙协议可能包含一系列的工程、许可和技术服务协议，在这种协议下本地企业可以获得特定的知识。

□ 9.5.2 战略联盟

就像FDI可能需要国际垂直一体化形式或水平一体化形式一样，非股权协议可能在公司处于价值链的不同阶段时订立，或在企业间生产的不同增值链上得以订立。前面内容讨论了垂直非股权关系。这一部分扩展分析提供不同产品但从事类似活动（水平非股权关系）的企业间的合作协议。

在两个有影响力的已出版著作《国际商务中的合作战略》（*Cooperative Strategies in International Business*）和《合作战略和联盟》（*Cooperative Strategies and Alliances*）中 Contractor 和 Lorange（1988，2002）指出了一系列原因来说明为什么公司可能希望相互配合以促进它们的战略目标。根据他们和其他学者的工作，我们可以确定战略联盟发展的三个主要原因。① 首先是在技术先进行业研发成本的增加，以及全球竞争压力加大，迫使即使最大的 MNE 也不得不进行合作创新活动。战略技术联盟连同技术寻求投资以及知识寻求投资的其他形式将在第11章作进一步阐述。

第二，公司可能会通过合作获得由规模化、专业化和合理化带来的经济性。这些经济性收益尤其可能发生在那些工厂或公司的最优规模非常大的部门，以及那些资源与能力的差异可以被充分协调的跨国联盟。额外的规模经济可能来自于组件或者中间产品的采购以及最终产品的分销。这样的潜在收益已经导致了在汽车、橡胶轮胎、药物以及一些服务的"外包"（如：呼叫和设计中心）等行业跨国并购投资和产量分成的合同安排。

第三，公司可能以联盟的形式吸纳或抵消与其利益冲突的竞争对手的 O 优势。

---

① "战略联盟"和"联盟"在很多文献中可以交替使用。联盟公告作为经验数据的基础，把它们的活动描述为"战略"，这可能反映了公司的偏好。

这样的联盟可能是被动的或主动的。几个美国和日本的汽车生产商在 20 世纪 80 年代为了在日本 MNE 进入美国市场之后更好地进入日本市场所签订的协议是前者的典型代表。联盟也可能形成一种减少竞争的机制，或者服务当地子公司由于监管限制很难服务的市场。后者的动机是，例如，在会计师事务所当中，通常通过本地拥有和管理的伙伴关系网络服务国外市场（UNCTAD，2004:110）。专栏 9.1 总结了各种缔结联盟的动机。

全面、可靠的关于联盟的数据很难获得。有关联盟动机的信息、内容和关联必须从杂志上的报道、专业贸易期刊和报纸，以及会计师、专业顾问和政府所提供的信息中收集。目前有关联盟的实证研究经常使用的两个大型数据库是：马斯特里赫特创新技术经济研究所（MERIT）支持的 CATI（合作协议和技术指标）数据库，CATI 专注于技术联盟；另一个数据库是证券公司数据库（SDC），其中包括联盟以及并购活动的数据。这些来源提供关于国内的、跨境联盟的以及基于合同和基于股权的合资企业的数据。

联盟网络的特征

联盟关系的数量激增，特别是在动态的高科技领域，学者们开始研究不同类型的公司在这样的网络中占领的地位，以及企业之间的微观层面的关系如何变化，这种变化有可能解释宏观层面的网络结构的特点。因为任何社会网络在本地组内比组间可能更具凝聚力，因此在更广泛的网络中，这里可能存在"结构漏洞"，或相对独立的区域。关于这种差距的重要性的两种截然对立的观点，已经提供了公司之间二元关系的分析（资料）。首先，Burt（1992）强调了静定联结和企业家角色在网络中填补"结构漏洞"的重要性。[①] 第二是 Coleman（1988，1990）强调了社会角色在复制和加强网络关系中的重要性。[②]

在实证文献中，这已经导致了地方关系和衔接关系之间的区别，前者拥有熟悉所带来的好处，但需要锁定成本和冗余信息，而后者产生了创建一个远距离的连接所带来的成本，但能够提供获得新信息的可能。由于衔接关系，公司仅仅只在本地网络内部连接，可以通过链接已经充分链接的公司，获得利用更广泛的网络链接所带来的好处。[③] 为了刻画某一个独特参与者的地位，正式网络分析通常使用联系的数量、网络距离（连接两家公司的最短路径）、中心度（公司的连通性的程度），以及冗余（重复联系）的程度。凭借它们的大小和现有的联系的范围，MNE 经常通过链接小公司与它们活动的全球网络而充当"经纪人"的角色。

公司如何决定它们的合作伙伴？考虑一家规模稍小且试图获取另一家 MNE 营销和分销渠道的企业，这种情况更像是一个买方市场，几乎没有联盟经验的稍小的企业可能在任何一种契约关系中承受更高的风险。然而，在现有的记录中的公司，重复相同的联盟伙伴关系可能被视为一个值得信任的表现，从而增加了未来合作的

---

① Burt（2004）承认，这并不是一个新颖的想法，而且在社会科学中有很多先前的学者提出过这种想法，包括 Casson（1982a，1997）的作品中有关企业家的链接作用的阐述。组织网络在经济增长中的重要性日益显现，使得这一想法被及时提了出来。

② 参见 Walker 等（1997）以及 Podolny（2001）的理论。

③ 这最早由 Stanley Milgram 进行过研究，由于"小世界"现象而被熟知，因为 1990 年 John Guare 提出的"六度分离"概念以及随后的以此为基础的电影而风行一时。详见 Uzzi 和 Spiro（2005）的实证研究。

可能性（Gulati，1995）。新联盟的机会也可能来自于公司现有的联盟伙伴，当寻求新的合作伙伴时它们也希望被推荐（Gulati，1998）。也有一些迹象表明，技术重叠可能被用于预测伙伴的选择，因为合营伙伴比非合营伙伴具有更高的重叠（Mowery等，1998）。

跨境战略联盟形成的原因

下述因素可能是积极的因素也可能是消极的因素；它们可能会促进市场进一步发展或者是阻碍市场进一步发展；它们可能会涉及相同的价值链或不同的价值链。

· 实现协同经济（例如，通过集中资源和能力，以及通过合理化生产）。

· 降低资本投资；分散或减少固定成本；更好地利用规模经济、范围经济；通过利用每个合作伙伴的比较优势降低单位成本。

· 作为一种技术的融合以及创新过程相互依赖的结果，作为企业对日益激烈的竞争的反应，一个较短的产品周期和更快的技术更替速度，从而：

（a）分散研发支出，获得快速地获取新技术的途径。

（b）作为推动供应商和/或消费者联合研发以及设计工作的途径。

· 获得由联合使用互补资源而得到的互惠利益；交换专利和领地。

· 克服政府干预的贸易或投资壁垒。

· 援助小公司进入高风险的商务领域，尤其是新兴的技术部门。

· 获得关于市场新知识，或者获得取得这种知识的更快的途径，和/或者分散营销和分销的支出，以拓宽市场来源。

· 预先处理或抵消竞争对手的策略或推进垄断能力；作为一个防御策略来减少竞争。

· 更好地保证在有地方保护主义倾向的外国政府中维护合约；更好地处理与当地供应商和/或工会之间的关系。

· 作为一种进入不熟悉市场的初始战略。

· 减少跨境政治风险。

联盟合作伙伴所形成的公司网络可以在两个方面带来益处。第一，直接好处来自关系嵌入性（或直接关系）的网络，特别是获得更好的信息。第二，间接或结构性的好处，这种好处来自于一个能够促进全部信息流动的网络。此外，公司可以在网络中积累的社会资本允许其在网络内深入利用生产性搭售方法。因此，企业拥有社会资本不仅能够获得更好的信息，也有助于它们成为更好的合作伙伴并且能够选择它们的合作伙伴，至少，能够获得大量的候选人。更广泛地说，我们将联盟能力看作基于所有权优势（Oi）的制度的组成部分，包括确定联盟的机会、选择合作伙伴、找到合适的治理机制、发展企业内部知识共享路径、使关系专用性投资调整以适应新的联盟条件（Doz，1996；Gulati 和 Singh，1998）。[①]

---

① 对于进入模式的每国（文化）偏见也会反映在公司的 Oi 优势上。然而，即使在这里，一个特定公司的 Oi 优势，由于合作伙伴的前期经验，很可能与来自相同国别的其他企业非常不同。

从战略伙伴中学习

在许多先前关于联盟的研究中，Ghemawat 等人（1986）使用了欧洲商务管理协会（INSEAD）的数据，发现1970—1982年间，1 546个联盟都集中在高科技生产和信息密集型服务部门。其他部门的公司，尽管有时也有全球化导向，但更多地偏向并购或者股权合作的方式来实现战略目标。Ghemawat 等人也发现四分之三的战略联盟是由三个因素驱动的——技术性合作驱动、产品整合驱动，以及优化分销与营销网络途径驱动。

在过去的二十年里，公司对联盟伙伴的学习需求已经变得非常重要，并且学习不只是局限于以技术进步为初衷的联盟关系中。竞争的强化以及更快速的技术发展周期导致了公司采取一种开放式创新模式，在该模式中它们能够在整个价值链中获取知识（Chesbrough，2003）。这些联盟关系不仅分享了前文所述的许多合资企业的特点，还提供了更多的实验的可能性，因为建立或解散一个联盟的成本比建立或解散一个联合拥有的企业要低得多。以此类推，由联盟关系提供的灵活性也同样需要付出一些代价，这主要是由相对较低的承诺水平，以及稀缺管理资源的约束作用导致的（Gomes-Casseres，1996；Doz 和 Hamel，1998；de Man，2004）。

在 JV 的学习内容中，所确定的许多重要决定因素很可能同样适用于联盟。根据 Inkpen（2000），这些决定因素包括合作伙伴的互补性（交换无争的信息）、信任[1]、知识的内隐性、转移机制的实用性、被转换知识的关联性。Mowery 等人（2002）也指出，在某种情况下区分转移知识的能力和意愿是重要的，这种情况下公司最能受益于彼此的知识也往往因为它们是直接竞争对手而会承受不必要的损失。[2]

在 Grant 和 Baden-Fuller（2002）之后，一个有益的区分可以用来说明联盟是旨在促进学习还是获取知识以及企图获取知识的。在前一种情况下，联盟会长期存在，并伴随着与伙伴的专业化的领域之间越来越多的重叠，而在后者，它们可能会持续更短的时间，专业化领域的变化更小。[3] Mowery 等（1996）发现了这两种动机的存在。Mowery 等人使用 CATI 1985—1986年的数据，利用之前和之后的"交叉引用率"（也就是说，一个公司引用其他公司的专利作为它们共同知识的论据）测算了联盟内部的公司间知识转移。他们发现，虽然公司的专利组合往往随着时间收敛于一定的比例，但在许多其他公司中呈现出下降的知识重叠，这表明知识获取型联盟在样本中是主要的。

Hagedoorn 和 Duysters（2002b）利用1986—1992年 CATI 以及美国专利局的数据，通过网络分析方法研究了世界范围的88个计算机产业公司。他们发现重复关

---

① 在相关联盟的文献中，与相同联盟伙伴的重复关系已经被用作衡量诚信水平的一种方法（Gulati，1995）。

② Doz（1996）论证了联盟中的学习和重复调整能够加强良性或者恶性循环，即使在一个新产品的市场明显存在的情况下，合作也不一定会带来期望的结果。Simonin（1999，2004）利用美国 MNS 对技术转移知识的模糊性（隐含性）的调查证据，发现（作为驾驶员）学习意图和知识的模糊性（一个阻碍因素）是知识转移过程中最为显著的决定因素。

③ 与潜在的联盟伙伴开发一些重叠的技术领域的需求与公司的吸收能力相关。这需要获得并使用外部的知识资源（Cohen 和 Levinthal，1989）。建立吸收能力需求，也是一些知识密集型的公司从事非商业性研究的原因。

系会对技术绩效（专利强度）产生积极影响，并认为一定程度的冗余是非常规动态环境中的学习成本。然而，在一个迅速改变的技术产业建立链接或者建立以合作伙伴为中心的链接关系似乎并没有那么重要，在该产业中结构漏洞（如果存在的话）也可能存在很短的时间。

关于合作联盟关系的治理，Gulati 和 Singh（1998）假设分级控制的程度会被预期的协调程度和分配成本所影响，后者是与保护专利、商标以及任何对模仿的先发优势相关的成本。使用 CATI 关于生物制药、新材料、汽车行业的数据，Gulati 和 Singh 发现合作伙伴之间的信任会减少分级控制的使用，尽管分配和协调意识在选择管理模式时是重要的，但对分配的担忧（无意识的知识溢出）在联盟开端并不是最重要的。Oxley 和 Sampson（2004）使用 SDC 的数据进行的一项研究也证实了这一点。同时合作伙伴的知识资产在一定程度上的重复对于知识转移而言是需要的。竞争对手特别不愿意拓展研发方向的合作，这种合作可能导致市场营销相关知识的泄露。

9.6 企业收购、企业联盟和绿地投资之间的选择

在第 2 章中，我们给出了 FDI 流动中企业并购所占份额不断上升的论据。尽管承认并购活动的强度是可变的——峰值在一波又一波的并购活动中加剧——并且 FDI 仅仅只是跨境收购融资的一个组成部分，但企业并购占 20 世纪 90 年代以来 FDI 增长的大部分份额，自 2002 年以来再一次变得很重要（UNCTAD，2000b，2006）。① 根据 UNCTAD 的估计，不足 3% 的企业并购是实际上的合并，全额收购占总数的三分之二，而占少数比例的收购则在发展中国家尤其普遍。此外，大多数跨国并购活动发生在同一行业的不同企业之间。

而并购投资的比例（的增长）显然是为了获得市场份额，有越来越多的证据表明，许多购买者（包括一些涉及发展中国家的购买者）正在从事增加收购公司的 O 优势的活动（UNCTAD，2006）。公司也可能愿意看到企业并购的速度超过绿地投资的速度，因为它们希望在竞争对手之前抢占优势，阻止它们的竞争对手进入特定的市场，或避免（感知）在市场中不积极带来的不利后果，或避免没有特定资源的获取途径。（通过企业并购方式进入所带来的竞争影响将在 15.5.1 节详细讨论。）一般来说，MNE 有两个选择，要么选择绿地投资和收购，要么选择战略联盟和并购。

Hennart 和 Park（1993）利用 558 家日本制造业子公司于 1978—1980 年和 1984—1987 年间进入美国市场的样本分析了选择绿地投资和兼并的决定因素。他们发现研发密集型的日本企业偏好于绿地投资，而那些生产一种不需要在国内进行生产的产品的企业更偏好于兼并。兼并的形式也往往会在某个行业正处于非常低或非常高的增长率的时候被青睐（由于进入的速度和行业产能没有增加）。以进入美国市场以来的年数来衡量经验，似乎并没有影响进入方式的选择，尽管使用累积的进入

---

① 然而，尽管很受欢迎，但文献发现从长期来看并购很少增加股东的价值，并经常导致公司内部连续不断的管理问题（Agrawal 和 Jaffe，2000；King 等，2004）。

次数可能产生不同的结果。在另一篇论文中，Hennart 和 Park（1994）扩展了这个研究，该论文分析在什么样的条件下一家日本公司想要在美国进行工业生产。他们发现在日本市场占有中等市场份额的研究密集型日本公司是最活跃的对外投资者。也有一些日本企业集团采取领导者跟随策略，但没有一个特定的日本企业的投资是威胁交互类型的投资[①]，这可能是由于非常低水平的 FDI 进入日本造成的。

　　另一个选择兼并而不是绿地投资的原因是克服有机增长之后的组织惯性。Vermeulen 和 Barkema（2001）假设，如果有效学习包括勘探和开发之间的平衡，兼并将会是散发活力或扩充知识的首选模式[②]，绿地投资将用于开发公司的现有能力（包括过去的经验），公司将随着时间的推移在两种形式之间交替。他们利用 25 家荷兰公司 1966—1994 年间的 1 349 家新的子公司样本检验这一假说，其中将近有三分之二的样本是国外样本。他们发现，随着时间的推移大多数公司没有明显的主要进入模式，正如预测的那样，它们在这两种模式之间交替。[③]

　　另一个可能会影响企业在并购与绿地投资之间选择的因素是全球性整合与本土回应之间的平衡。根据 Prahalad 和 Doz（1987）的研究，遵循全球性战略的 MNE 呈现出高水平的整合性与低水平的本土化经营，然而对于采用多国化战略经营的公司来说，这种特征是相反的。Harzing（2002）同样假定了 MNE 所选择的战略种类很可能影响最初的进入模式。[④] 通过对 MNE 及其附属机构大量邮件的调查，她发现遵循全球化战略的公司有着更高的绿地投资比例，而遵循多国战略的公司收购行为的比重更大。

　　当知识性获取成为最首要的动机时，MNE 面对的选择通常是并购与联盟之间的选择，而不是绿地投资进入模式的选择。除了两种模式的选择不同之外，Vanhaverbeke 等（2002）认为联盟会面临更大的机会主义风险，而并购会因为企业管理能力不足而产生负面影响。他们使用了来自 CATI 数据库以及 SDC 数据库有关专用集成电路部门（微芯片的一种）的 140 个收购案例与 145 个联盟案例的样本，发现先前的直接联系会增加一个公司收购另一个公司的可能，而非直接联系的程度（远距离网络）增加了进一步联盟的可能性。这与 Hagedoorn 和 Sadowski（1999）的结果相反，Hagedoorn 和 Sadowski 的结果发现只有很少联盟到收购的转变。然而，这个研究考虑的仅仅是第一种公司之间的联盟，因此排除了重复链接（关系）的影响。

9.7　关于跨境卡特尔与合谋的讨论

　　如果不提及跨境卡特尔，我们关于合作协议的分析将是不完整的。与大多数本章提及的合作性协定不同，卡特尔通常包含若干生产类似产品的公司之间的合作性

　　① 一家日本公司可能在美国投资，作为对策，其美国竞争对手在日本进行投资。可参见本书第 4 章。
　　② 事实上，很多学者已经强调了文化距离的调和问题，而 Morosini 等（1998）利用 1987—1992 年 52 个跨境兼并的样本发现了支持其假设的证据。他的假设是国家文化距离会加强跨境兼并的出现。
　　③ 这个发现也说明了着眼于跨部门样本的模型选择，而不是纵向样本的模型选择，可能导致潜在的错误。例如，有利的绿地投资（而不是企业并购）的影响可能简单地表明公司处于更高的开发阶段而不是探测阶段。
　　④ 这在某种程度上是建立在 Hill 等（1990）所提出的理论框架之上的。

协定，意图是实现某种特定的目的。有时候这种意图是良性的，比如专利权的交换、技术性共享与信息共享。在其他类型中，这可能是限制性与剥削性的，如对于产出和出口配额的协定、对于投标合约的磋商、价格维护和稳定合谋等。

根据 Random House 英文词典，对于跨境卡特尔的一个定义是，"一种国际辛迪加组织，（依据）联合或信任组成，尤其针对价格调节与某些商业领域的产出"。大多数卡特尔是由生产者联合形成的。通常它们出现在特定的行业内。它们在初级产品部门的垄断供应者之间经常出现，比如石油、铜、铝、铅、锌和金属矿，同样也会出现在那些提供规范标准的制成品部门中，比如钢铁和基础化工品部门。在近些年，它们被一些政府组织所支持，用来维持原材料的价格，或者维持有利于出口国家的贸易条件，或者控制不可再生能源的开采率。例子包括石油、铜、铝土矿、磷酸盐等产品部门形成的卡特尔。

国际卡特尔拥有大致与 MNE 一样长的历史[①]，事实上这两种方式是用于克服跨境市场失灵的互为替代的方式。然而，卡特尔倾向于在产品是同类性质的，并且服从于周期性的需求模式的情况下出现，这些地区经济规模通常不大，技术长期不变，国际市场在结构上是扭曲的。相比之下，MNE 经常出现在自由和发展性的市场上，或者处在动态的创造性的部门中，以及生产高收益的品牌产品、同时具有显著的共同治理的经济体中。

企业形成卡特尔的倾向同样根据它们的来源国的不同而产生差异。由于文化、地理、制度性的原因，欧洲当局采取一种更为宽容的对待垄断、收购和限制性做法的态度，并且"调和环境"[②]默许接受。跨境卡特尔行为，在欧洲比在美国更为普遍。[③]事实上，国家政府时不时会对跨境卡特尔进行支持。这是在战争年代，由欧洲 MNE 建立的国外子公司下降的数量比同时间段美国 MNE 下降的数量要多的原因（Vaupel 和 Curhan，1974；Franko，1976）。毫不罕见地，这些年建立起来的卡特尔控制着其成员的数量以及 FDI 的地理分布。[④]

卡特尔的历史暗示了卡特尔与其他形式的合作性协定以及地域性整合之间的某些共同特征。为了获得成功，各个参与者都对组织目标、战略，以及利益分配有着良好的共识。它们将在以下市场更趋于成功：卖方多于买方的市场；公司之间价格竞争不激烈的市场；产品具有很少的替代品或潜在的替代品的市场。它们不太可能在企业 O 优势有明显差异的区域成长，因为要想利用这种优势，企业需要将市场内部化。特别地，有时存在一种由公司内部整合形成的公共治理所得与公司之间合作所得的权衡。无论以哪种方式将国家或机构分组，相比于实现相同目标的其他形式而言，大多都要取决于合作行为的期望收益，以及成员间收益的分配方式。

有时企业偏好卡特尔而不是 FDI，可能因为企业觉得需要在行业层面采取行动，而集体行动将有助于提高公司一个特定方面的业绩。在 20 世纪 90 年代和 21 世纪初的世界经济形式中，卡特尔呈现出被跨境战略联盟、MNE 联盟和不正式的市场划分

---

① 详见第 6 章从历史角度的分析。
② 引自 Wilkins（1970：96），意思是自由竞争模式下的社会环境。
③ 免责条款包括美国人在 20 世纪 20 年代建立的一个制铜业的卡特尔。
④ Franko（1976）引用了 IG Farben 和 Swiss Interest Association 的成员之间的协定的案例。

以及价格协议取代的趋势。尽管如此，它仍是说明任何企业间合作关系都有可能涉及一些共谋的因素。[①] 因此，这不是一个亲密关系是否可能会产生共谋的问题，而是从更好的信息以及互补的资源中能否获得超过共谋所产生的效率的问题。公司间网络的历史研究似乎表明，亲密关系的合作往往在经济快速增长的时期是很重要的，而在经济衰退时期共谋变得更重要（Wilson 和 Popp，2003；Toms 和 Filatotchev，2004）。

9.8 结论

　　国际性合作协定填补了跨国科层和公平市场之间的组织性空缺。当一些形式的合作协定向层级方向转变时，那些风险共享与资源性投入的合作协定都将朝着市场交易转变。而处在持续性的合约方之间的协定除外，这种协定通常涉及一种资产与责任之间的交换与分享。

　　在近十年中，公司间协定已经成为一种跨境经济行为的重要形式。事实上这可能构成了比以往比重数量更高的交易，这些交易处在 MNE 层级价值链上或价值链之间。研发投入的上升，伴随着技术性替代速度的加快，以及企业对需求变动条件和竞争对手的行为更快地反应的需要，使得必须采取合作来维系或推进其竞争地位。

　　这些事件，同样伴随着一种政府姿态，而这种政府姿态对于被认为会推进国家竞争力的企业间的合作采取了更为宽容的态度，这也带来了对于这类公司的频繁的战略调整。在 20 世纪 50 年代和 60 年代，跨境 JV 和非股权协定被看作是一种推动以母国为中心的 MNE 的市场或资源寻求型目标的方式。或者，它们被认为是一个次优的组织战略，来满足对 100％股权投资没有兴趣的政府需求。同时，合作企业经常被看作是最优的组织形式，用于分散金融风险，促进资源的运用效率以及获取新的资产与资本。全球性整合或者跨国的变态分层结构（见第 7 章）都模糊了公司的边界，并且事实上提出了区别内外部交易关系是无意义的观点。网络分析体现了在网络中的公司的关系既是多层的又是多元的。这就是说，公司 A 可能有一个互惠的（而非屈从的）与公司 B 的关系，而公司 B 又有与公司 C 的一系列的关系，同样公司 C 又与公司 A 有着某些关系。

　　在联盟资本主义时代（Dunning，1995，1997a，2002b），本章试图定义一些现代 MNE 参与到各种各样的内部组织关系中的原因；以及它们如何影响它们的学习和资产扩张目标。我们的注意力主要集中在企业间关系和知识获取的联盟关系。在这里以及前面的章节，我们认为公司的特有能力（Oi）直接源于东道国的机构，以及源于公司内部执行的准则和价值观念。这些能力形成了企业特有资产的一部分，这有助于解释为什么寻求最小化交易成本以及最大化长期价值的企业选择不同形式的管理方式来实现其目标。我们同样回顾了关于企业管理方式的选择与其成功获取并应用新知识的可能性之间的关系。

---

　　① 关于董事会的有关消息处理效率和共谋的对比效应已经有了大量的研究，如 Haunschild 和 Beckman（1998）。

跨国公司与全球经济（第二版）

然而，组织形式的网络可能会服务于多种目的，从中转化的知识种类也可以呈现出许多形式（Lundan，2002）。更多的非传统形式的联盟合作包括公司与非营利机构之间的关系，如同 Starbucks 在 2000 年开始的与 TransFair USA 的合作。Trans-Fair USA 是一个非营利的独立提供可贸易的咖啡及其他产品的资质的组织。这种特定联盟的意图是帮助农民进入这种合作关系中，连结农民与其余咖啡出口商之间的关系，这些出口商提供可支付的信贷和一个超过当时国际市场价格的溢价水平。另一个此类合作关系是 Chiquita（一个香蕉供应公司）和 Rainforest Alliance 的合作关系，Rainforest Alliance 是一个非营利的致力于保护濒危的生态系统和生物多样性的组织。在这种联合之下，Rainforest Alliance 带来了管理综合保护项目以及维护项目信誉方面的技能和经验，而 Chiquita 认为由 Rainforest Alliance 批准的香蕉会提高市场价值，并且会增加市场对合格产品的需求。我们将在第 18 章重新分析这一类型的关系。

第Ⅲ部分

MNE 活动的影响

第Ⅲ部分是本书最长的部分。MNE 对全球经济及其开展经营活动的国家产生影响的方式，是学术专家和商业分析人员的主要发现，也是该部分所要呈现的。第 10 章从呈现一个新的发展范式的本质特征开始。在随后的文献回顾中，大多数的关注集中于国家的人力经济和社会环境，以及集中在上述因素对它们吸引或促进以及获取外来或对外 FDI 持续不断的好处的能力的影响。我们用更长远的眼光来看待发展，承认发展和经济重构可能适应于其他一些目标而不仅仅是提升物质福利；认为某一国家的制度性基础设施的质量和内容——这些可能受到境内和境外 MNE 活动的影响——需要纳入主流的研究。

根据第 5 章的讨论（当时我们将制度性因素纳入 OLI 范式），我们随后会在第 11~18 章建立分析框架。基本上，我们认为 MNE 可能的影响将取决于投资公司的（相对于其竞争对手的）特定资产和国家（这些国家产生或接受投资）的 L 型资源、能力及制度的性质和形式，取决于在特定时间或随着时间推移，相互交流的组织机制。我们认识到，正式制度减少不确定性和促进经济活动的影响取决于非正式制度，我们特别注意到信仰体系和思维方式所扮演的角色（例如，企业家精神），如果 FDI 可以提供预期收益，这些可能需要随之改变。

大多数的章节均是问题导向型。第 11~13 章力图评价 MNE 作为自然资源和已存在的能力的驱动者、转让人、传播者和升级者的角色。第 11~12 章的重点在于强调一国在升级人力和技术资产时的竞争力，通过升级可以创新产品和服务，更有效地生产商品和服务。另一方面，在第 13 章我们关注 MNE 活动对于使用和升级人力资源和竞争力的影响，没有这些，经济发展就很难进步。所有章节均回顾和分析了大量的关于 MNE 活动的方式可能促进或阻碍一国财富创造能力的文献——国家包括了资本输出国（母国）或资本进口国（东道国）。

随后第 14~17 章转而检验一些前几章发现的 MNE 活动的影响。第 14 章着眼于 FDI 对分配某一特定国家与其贸易国家相关的资源和能力的影响。在该章中我们承认，至少在一些例子中——尤其是在发展中国家——一国平衡其外部收支的程度是影响该国经济和社会发展的增长率和轨迹的关键因素。相对而言，第 15 章则处理对结构的境内和境外的直接投资的结果，处理母国和东道国资源分配效率的结果。这样，我们详细考虑了 MNE 和/或它们的分公司对生产某一特定产品或系列产品的效率（技术效率）所产生的影响；对不同附加值活动间分配资源和能力的效率（分配效率）所产生的影响；对企业特定部门充分利用经济规模的效率（规模和范围效率）所产生的影响；对再分配资源和能力以满足供求变化的效率（结构调整效率）所产生的影响。尤其是本章涉及了一些有关 MNE 经营的非常敏感的问题，举例来说，它们对于市场结构和行业集中度的影响，以及在追求全球战略时，它们参与的商业活动不为母国或东道国政府，或公民社会群体所接受的程度。

第 16 章继续检验一些 MNE 投资经济活动而不是它们拥有或控制的活动所带来的影响。这些影响本质上包括两种。第一种，存在与其他企业——MNE 或其子公司也生产的价值链的上下游企业——的连锁效应。第二种，存在与其他不同价值链的企业之间的连锁效应，这些可能是 MNE 所竞争或补充的。这些包括 MNE 在产品或要素市场活动的竞争对手，以及对 MNE 或其子公司提供支持的企业——作为相互依赖活动的集群或网络。文献表明，这些溢出效应有时可能比直接效应更重要。这些也在政府制定它们的激励结构和经济政策时受到特别的关注。

在考虑了 MNE 如何影响国际生产的水平和结构之后，第 17 章转向分析一些分配效果。由 MNE 或其分公司创造的增加值可能被东道国保留，这些活动的分配方式需要特别注意。这些课题本身就值得写一本专著。然而，在本书中我们将限制对影响 MNE 增加值分配的两个主要问题的讨论：征税和转移定价。在第 18 章，我们考察了 MNE 活动受影响的方式，以及它们自身有时会影响一系列涉及母国和东道国的政治、社会和文化的问题，从而结束了第Ⅲ部分。

纵观这些章节，我们的目标自始至终是在回顾重要的学术性贡献，以帮助我们评估关于可观测的且重要的 MNE 活动的影响的知识状态。此外，我们还融入了更广泛的讨论，这些讨论表明 MNE 活动具有更广泛的社会和经济影响，而这是更加难以量化的。这些问题受到制度设计和内容的影响。例如，在微观层面，这些议题包括企业的社会责任以及在决策过程中的多方利益参与；在宏观层面，包括 MNE 活动对于社会、环境和文化目标以及国家和当地社区的激励结构的影响。通过将这些议题融入关于 MNE 对某国（MNE 经营所在国）国民福利影响的讨论，我们想借此强调，这些后果也是 MNE 转移资源、能力和制度的同时所带来的不可缺少的一部分，这也需要经济学家用更传统的方法予以评估。

第Ⅲ部分

MNE 活动的影响

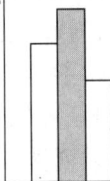

第10章

FDI、经济增长与发展

10.1 引言

MNE 进行商业活动时所面临的来自东道国居民和决策者的质疑，最常见的大概就是"MNE 对经济和居民社会福利的影响到底是好还是坏？"随之而来的追问通常是"如果是好的，怎样才能让它的影响更好呢？"甚至还会问"我们到底希望我们的国家在多大程度上依赖由外国 MNE 塑造和影响的劳动力、产品、工艺以及人力资源策略的国际分工呢？"

然而，在数量众多的关于 FDI 的经济后果以及 MNE 行为的实证研究中，我们无法得到这些问题的令人满意的答案。在政府针对 MNE 或根据其活动结果而制定政策的过程中，很大程度上取决于国家、产业、公司的具体特点以及所采取的 FDI 的种类，此外还取决于政府所关心的 MNE 活动的具体影响、时间周期以及从何种角度来评估影响。例如，美国对智利铜矿的直接投资所造成的长期后果，与一个法国人收购一家加拿大旅馆的短期影响相比可能大相径庭；而英国投资一家印度电话客服中心所带来的国内就业影响，相较于日本对一家德国电子公司的投资或印度尼西亚对一家美国鱼罐头厂的投资所带来的国内就业而言，也是截然不同的；一家韩国公司购买美国研发设备对母国技术能力的影响，与一家瑞典 MNE 在其母公司与东南亚子公司之间的增值活动重构的影响相比，同样相去甚远。涉及对这些政治自治、法律体系框架、文化认同、食物、安全以及环境管理等非经济学变量的境内外投资的影响的问题更是毫不相关。

这些问题在过去的十年中变得更加突出，正如关于 FDI 的政治观点已经从将其看作一种潜在的经济剥削与社会分裂的根源，转变为一种增强竞争力或推动经济增长的可取途径。在发达国家，FDI 在诸多高附加值经济活动中的聚集已经启发人们将 FDI 作为一种区域发展的工具。在一些情况下，例如美国的汽车投资，已经形成了一场吸引 FDI 的竞赛：不同地区采取公开税额与津贴，并隐性承诺宽松监管来相互竞争（Donahue，1997）。同时，服务业中 FDI 的增长趋势也引起了人们对发达国家中专业及半熟练工人失业问题的担忧（UNCTAD，2004）。

在发展中国家，20 世纪 70 年代的进口替代政策已经大部分让位于鼓励境内和境外 FDI 的政策，并作为实现组织结构升级及可持续发展的一个途径。然而，正如第 2 章中所指出的，境内外 FDI 的股份高度集中于少数接受国中，包括美国、欧盟、日本，其他经合组织成员国，以及发展迅速或新兴工业化经济体，如中国、印度、韩国和巴西。可以说，相比于它们的 GDP（对投资者而言的潜在市场规模），更多的发展中国家——包括一些在非洲撒哈拉沙漠以南地区的国家——已经吸引了高于平均比例份额的 FDI（UNCTAD，2006）。然而，在大多数情况下这个份额由少数大规模资源寻求型投资组成，尤其在矿产和石油领域。总而言之，这些投资不仅没有产生溢出效应，而且也无法改变接受国的经济结构。此外，随东道国的差异 FDI 的收益变化非常大，因此，学者们开始对体制性及政策相关因素越来越感兴趣，因为它们既有助于促进又能够约束发展中东道国从 FDI 的有利溢出效应中获益。

21 世纪初期的困境之一是，那些最需要 FDI 所带来的大量资源、技术以及管理能力的国家，正是那些对于国外投资者而言最没有吸引力的国家。为什么会这样呢？普遍的看法是，这反映出这些国家在 MNE 所寻求的互补性资产（特别是合适的人力资源）及市场方面的匮乏。但加强这些弱势又常常使得国家在为经济发展提供法律框架和激励结构时失败。我们在随后章节中将回顾的大部分研究都倾向于关注 MNE 活动所导致的经济学效应中的一个相对较窄的范围。但是，有一点非常清楚，那就是发展的"软性"问题——包括正式与非正式层面上的体制重组与升级——支持任何发展和成长的过程。尽管经济增长是发展的一个重要部分，但经济增长并不是发展的全部。类似地，虽然在很多情况下 FDI 是某些国家发展的必要条件，但就 FDI 自身而言，很少是充分条件。

在第 II 部分，我们还提出无法得到关于 FDI 与 MNE 活动的动机或决定因素的一般结论。不同种类的国际生产需要不同的解释，同样，不同国籍的 MNE 做了同样的增值活动也需要不同的解释。特别地，我们发现区分国际生产的"原因"、"地点"和"方式"很有用。同时，我们证明，虽然没有一组解释变量可以说明所有的国外生产，经济理论家或商业分析员却能够提供一个有效的概念框架来完全理解 MNE 行动的原因。具体来说，这个框架是以大量经济学及组织的命题为基础的。关键的分析工具是基于要素禀赋的宏观经济学理论（包括诸如文化和信任系统的"软性"禀赋），以及基于市场失灵和战略管理的微观组织理论。特别地，折中主义或折中范式的目的就是提供一个分析结构，以便人们可以在其中应用 MNE 或其行为的具体解释。作为分析单元，在本部分及第 IV 部分，我们将把注意力从公司或集团公司转移到国家或国家集团上。尤其是，我们将考虑 MNE 的策略及行为对东道国的经济和社会福利的某些影响，以及受 MNE 影响最大的个人与组织的体制性及其他回应，譬如国家政府、劳动组织、顾客、地方当局和公民社会等。

在下面的章节中，我们将讨论 MNE 活动在诸多政策导向领域的影响。以在第 5 章中介绍过的理论框架为基础，本章将证明一国的微观、宏观激励结构和执行机制

FDI、经济增长与发展

的内容和质量，不仅是一国吸引外来 FDI 并从中获益的能力的重要决定因素，也是形成本国 MNE 的重要决定因素。为了评估 MNE 活动对一国发展目标的贡献，我们首先规划我们对于那些有助于经济重组及增长的临界因素的理解。然后我们将探究 FDI 如何与这些决定性因素相互作用，以及什么使得东道国可以从中获利。

▌ 10.2 发展的新范式

全球化的当前阶段中颇出人意料的一个结果就是，全球化正在迫使学者、国家政府以及超国家实体重新评估发展、结构转变的本质与目的以及 MNE 用以回应和帮助塑造这些转变的活动方式。相较于被新古典主义经济学家所支持的范式，发展的新范式关系到发展的更为广阔的目标，并且谋求以一个经过深思熟虑的具体的方式探究体制在发展过程中的作用。

在 20 世纪 70 年代和 80 年代初期，占统治地位（新古典主义）的发展范式的关键命题是基于这样一个潜在前提，即作为一个团体，除了发展中国家处于其发展过程中的较早阶段之外，发展中国家的目标和特征从根本上来说与发达国家的目标和特征是相似的。此外，人们认为提高贫困国家生活水平的最好方式就是复制富裕国家的机制和经济政策，因为当初正是这些机制和经济政策帮助发展中国家发展和繁荣起来的。[1]

包括一些明显的例外（譬如 Dependencia 和 Marxist 学派[2]），且不像发展经济学的先驱们（如 Albert Hirschman，Ragnar Nurkse 和 Paul Rosenstein-Rodan[3]），20 世纪 70 年代及 80 年代初期的经济学家关于发展的观点和文章都相对很少关注社会目标、商品和服务的产出，而这些的快速供给都离不开市场。至少在发达国家，大部分的文献都是（占统治优势的）新古典主义范式的延伸，其中政府的功能局限于促进市场交易，以及提供市场无法或不愿提供的商品和服务。从本质上来说，对发展问题感兴趣的西方经济学家试图应用已经被认可的贸易、生产率以及增长理论，来解释为什么某些发展中国家增长了而其他没有（Reynolds，1970）。最主要的是，几乎没人注意诸如环境、参与、安全、公平、主权等商品，正如 Jack Behrman 在他的著作（Behrman，1971）中所提及的，以及 Joseph Stiglitz 在二十年后所定义的那样。[4]

尽管新古典主义的方法或多或少地被批评了，但诸如 W. A. Lewis（1965），Paul Streeten（1974），Hollis Chenery（1979）和 Bela Balassa（1981，1989）等学者的有影响力的文章——其中一些总结于 Lall（1993）的文献中——均从根本上认为发展中国家的处境源于用匮乏的本土资源和能力来满足一组经济目标。譬如，

---

① 参见 Meier 和 Stiglitz（2001：3）有关发展演变的思想。

② 参见 Sunkel（1972）和 Biersteker（1978）关于依赖理论和马克思主义的研究。也可以参见 Moran（1986）。

③ 参见 Rosenstein-Rodan（1943），Prebisch（1950），Nurkse（1953）和 Hirschman（1958）。

④ 尤其是他在 UNCTAD 上的普雷维什讲座（Stiglitz，1998）。

Streeten 在他细致简洁的评估中定义了发展中国家为了达到其政治目标所必须填补的八个"缺口"。[①] 但是，不管是他还是当代其他学者都没有对这些缺口可能被缩小的过程加以足够的关注。总体上来说，新古典主义的方法是一种相对静止的，无冲突的方法[②]，而且倾向于单因化和一元化。它主要利用了单一均衡模型。发展的途径和结果大部分都是独立于对方来处理的。不仅缺少对于国际公共产品，如环境和污染的考虑，不重视公民社会和超国家媒介的作用，而且更广泛的所有权问题、文化认同以及共享式资本主义更是被大大忽视。

然而，在主流学派以外，更广阔的基于发展问题的视角正在浮现。这一点在纽约的联合国最为明显，在那里，新兴世界经济中的发展中国家的整个主权以及参与问题都得到了积极的宣扬和讨论。在 20 世纪 70 年代，诸如"人权宣言"、"新国际经济秩序"、"国家资源的永久主权"以及一个知名人士小组关于"MNE 对发展和国际关系的影响"的报告（UN，1974）等公告奠定了定义发展的主要目标及任务的基础。[③] 尽管如此，一个更全面、更完整、同时认可对政治主权的合法追求以及一国政府制定经济决策的自主性的发展战略，并不为所有的发展中国家所认同，或在相同程度上认同。比如，拉丁美洲国家对此的争论最激烈，而快速发展的新兴东亚经济体最沉默。[④]

最主要的是，这些意见和行动并没有影响主流学派的看法，也没有在很大程度上影响企业的观点，而在当时，企业（少数特例）认为处理发展中的非经济问题——包括有关社会公平和环境的问题——应该是一国政府的责任。此外，这些企业的战略被认为极大地被满足股东利益的需求所驱动，主要是利润最大化和资产评估类。而公民社会的呼声——主要以特殊需求群体的形式出现——包括顾客和股东积极性，则通常被忽视而失效，除非其指向特殊问题如种族隔离、自然灾害及 MNE 公然进行的令人无法接受的行为，如智利的 ITT 事件及雀巢奶粉丑闻。

导致这种现象的原因之一，是人们的认知因素和关注范围——尤其在发达国家的股票持有者中——本身是不完善的。不管是国际旅行还是交流模式，都没有达到21 世纪的水准或复杂程度。但一些已建立的慈善机制和宗教团体仍然在继续强调发展中国家最贫困居民的需求，正如工会强调工人的权利那样。

总之，20 世纪 70 年代及 80 年代初期的主流学派观点倾向于接受一种狭隘的、稍带种族优越感的、单面线性的、静止的经济学方法。特别地，它较少关注机制的基础建设和社会资本。现如今，机制的基础建设和社会资本已被公认为一国成功的

---

① 这包括资金差额（意向投资与当地可以动用的储蓄之间的差额）、外汇或者外汇需求与外汇收入加上官方补助之间的贸易差额、目标收益与当地税收之间的预算差额、供给和容量需求之间的组织和技术差距、企业家精神差距、（中间产品）市场差距、就业差距以及（改善）市场结构差距。

② Hirschman 和 Balassa 是例外。特别地，Hirschman 认为 t 时刻的投资（包括国内和国外）是 $t+1$ 时刻投资的起点。他是提出国际投资是不均衡增长的首批经济学家之一。Balassa 的主要贡献是在分析贸易政策和经济增长的接口时提出了动态比较优势的概念。Hirschman 的工作与 Buckley 和 Casson 的工作之间的关系详见 Agmon（2003）。

③ 另外，多个联合国机构（例如，UNCTAD，ILO，UNIDO）采用的也是发展的广义定义。与之相反的，世界银行、国际货币基金组织以及关税与贸易总协定采用的是狭义的经济效益增强路径。

④ 前者受到依赖理论的影响最大，而后者通过一个基于西方新古典理论的方法来改进，将政府的角色包含其中，而政府的作用被认为是拥有授权权利并使人参与其中的管理模式。

主要决定因素之一，有助于发展中国家创造并有效利用资源和能力、进入市场，这些都是它们的发展所必需的。

然而，在 20 世纪 80 年代初期，两个因素促成了发展新范式的出现。那就是市场的自由化以及在跨境运输和交流过程中的技术进步。这两者都至少部分源于柏林墙倒下、里根和撒切尔政权的出现所带来的政治和经济观念的转变。它们不仅使得企业的经济机会增大、不同文化下人们之间的社交更加深入和宽泛，还大大降低了跨境贸易的成本。

全球化最重要的成果之一，正如前文定义的特征所直接产生的，就是对于国家机制、观念、思维方式以及个人和组织的行为所具有的暗示。在这里，我们主要明确两方面。第一个方面是，当代资本主义的特点之一就是它从很多方面联系了——并且互连了——不同的行为道德观念和信仰体系，尽管乍看起来它们很难彼此调和，如果要使国际贸易以一种和平有效的方式进行，则至少必须互相尊重。而事实上，全球化奇迹般地拓宽并改变了开展商务的地理面积和人文环境。在世界经济舞台上的新演员——每个人都有自己独特的意识和价值——其数量一直在不断增长。[①] 科技的进步使得全球的物质和人文环境变得更加易变、复杂、富有挑战性。电视、旅行和互联网增加了人们在世界范围内对于其信仰体系的公共性和多样性的意识与理解（更不必说期望）。它们促进了知识、想法和信息的跨境交换。运输和交流成本的降低还拓宽了人们贸易的范围，助长了公司间和公司内的合作。所有这些不仅迫使发展的方式和结果不得不重新布局，而且质疑那些可能可以解决贫困以及其他与我们目前全球化经济相关的问题的方法。

我们要明确的第二个方面，就是激励结构、执法机制，以及作为它们的基础的信仰体系很少随科技、经济或政治的改变而一同改变。正如 Michael Novak（1982：56）明智地观察到的，"资本主义的每一阶段都依赖于一个道德文化，它的存在依赖于它所培育出的美德和价值"。在本书中，我们证明了不仅全球化需要对目标、自然和发展决定性因素的新的理解，并且，如果要使全球化在经济上可持续发展、在民主上有包容性、在社会上被接受，那么它的机制及其基础设施就需要转型和升级。

10.3 机制与经济增长

发展的新范式证明了是机制形成了对市场及市场外发展的根本的激励结构。在本节，我们的目的是更详细地检验机制的内容和质量——包括正式和非正式的——是如何影响经济活动的。虽然机制的作用在经济发展的背景下最为突出，但我们所关注的并不仅限于发展中国家。实际上，诸如一国升级其非正式机制的能力等问题可能对于发达国家及发展中国家维持竞争力都至关重要。在接下来的三节中，我们关注的大部分将是外来 FDI 的影响。然而，对外 FDI 以及经济活动重组对母国的作用将在有关投资发展道路的总结部分以及本书接下来几章中说明。

---

① 例如，加入联合国的国家在 2003 年底是 215 个，而在三十年前只有 90 个。

在诺贝尔奖获得者 Amartya Sen 的颇具影响力的著作《以自由看待发展》(*Development as Freedom*) 中，作者提出了一种引人注目的论点，将发展定义为由对个人自由的追求组成，包括五种类型的自由：政治自由、经济能力、社会机会、保证透明和保护安全。这既是一个道德论题，因为它认为只有以自由看待发展才是值得追求的发展；同时它也是一个实用主义论题，因为它证实个人的自由是使人们建立和维持优秀机制的必要条件。[①] 自由造就了活跃的公民社会，对于选民的需求和关注积极响应的政府倾向于参与至少某些社会财富的重新分配。实际上，采用更大的样本和基于更大范围内的国家的改良测量法所得到的经验证据已经开始证实这一点，达到 Sen 所说的自由可能确实会促进经济增长，或者至少不会阻碍经济增长。

另一位诺贝尔奖得主，Joseph Stiglitz (1998)，是对所谓的 "华盛顿共识"[②] 批判得最猛烈的人之一，他重点关注宏观经济的稳定、价格、私有化和严苛的预算限制问题。作为世界银行的前任首席经济学家，Stiglitz 指责银行把结果混淆为途径。他认为，虽然金融改革者的目标很实际，通过支持严格的政策以及展示正式机制的设计蓝图就可以达到，但这些对于保证发展而言是远远不够的。相反，Stiglitz 强调需要将发展看作是社会变化的过程，其中经济增长扮演了重要角色，但是在健康、平等和教育等其他领域中的社会变化可能更为基础。Jeffrey Sachs (2001) 对世界银行和国际货币基金组织在市场和政府机制（重要）上的排外性进行了进一步的批评，他认为在那些最贫困的国家里，地理的影响不能忽视，因此，只有将更多的救助用于热带农业生产方式的改善、环境的管理以及公众健康，才能达到发展的目的。[③]

然而，尽管一个人认识到了机制以及他们潜在的道德和价值的重要性，正如 North (1990，2005) 指出的，向更好的机制进步的轨迹不可避免，经济增长也不可避免。相反，在过去的半个世纪中，相当多的国家的稳定经济增长是历史性例外，而不是规律。接下来的章节将详细检验正式机制、非正式机制及社会资本作为经济增长前提条件的作用。[④]

□ 10.3.1　正式机制

那么，正式机制在影响经济增长中起着什么作用呢？在一场雄心勃勃的分析中，

[①]　在某种程度上，一个将自由看作是发展的国家，对于一些文化传统，例如那些涉及妇女在社会上的地位问题的国家，可能会与自由的总体目标发生冲突。North (1990，2005) 通过所创造的新的制度分析了这个进程，其结果清晰地表明一些文化传统，例如，依赖个人的关系和特定形式的个人交流，可能会抑制经济的增长和结构的调整。不考虑在某个特定文化背景下的适用性，限制一部分人口的自由的做法不见得有利于在全球经济中扩大经济活动的范围。

[②]　参见 Williamson (2004) 关于华盛顿共识的历史的描述以及 Chang (2002) 关于舆论集中于发达国家在其发展过程中所没有实行的政策的描述。在第一代改革坚持华盛顿共识之后，一个有趣的讨论关注的是拉丁美洲发展过程中对于制度改革的需要，以及好的制度供给的难度，详见 Burki 和 Perry (1998)。

[③]　2002 年，蒙特雷共识制定了一个截至 2015 年实现联合国千禧年发展目标的策略，这一策略是通过贸易、私营部门的投资以及援助来实现的。除了减少一半的贫困和饥饿，以及减少三分之二的儿童死亡率的目标，其他目标包括普及初等教育，降低孕产妇死亡率，促进性别平等，解决年轻人失业问题，并战胜艾滋病毒/艾滋病、疟疾和结核病。通过饮用水的安全以及医疗设备的建立，环境的可持续性方面的目标得到显著改善。

[④]　例如，世界经济论坛公布的全球竞争力指数自 2005 年以来就已经包含了制度因素。

Rodrik 等（2002）着手比较了三组决定经济增长的因素。第一组因素集中在地理度量，包括气候、自然资源、疾病负担和运输成本，这是 Sachs 最近的著作（2000，2001）中显著的特点。第二组因素是关于 Frankel 和 Romer（1999）的整合观点，他们认为经济开放和国际贸易足以激发贫困地区和富裕地区的融合。① 最后一组因素是以有关机制作用的观点为基础的，特别关注财产权、法律和社会基础建设，尤其借助了 North（1990，1999）的观点，而 North 的观点与这里提到的很类似。

为了量化机制的内容和质量，Rodrik 等人采取了很多方法，例如世界银行的 Kaufmann 等（1999）② 的治理指标的法律指数法则、国际国家风险指南中的类似指数、自由之家的政治权利指数，还有政体 IV 数据集中的执行限制度量。通过采用 140 个国家的较大样本和 80 个国家的较小样本以及 1995 年的人均 GDP，作者们的结论是制度"胜过"其他所有因素，换言之，一旦制度的质量被操控，通过贸易达到的经济融合就对收入没有直接影响，而地理因素最多也只有很弱的影响。

尽管如此，他们还推断他们的结果只能为政策制定者提供有限的指导，这是因为，譬如当他们说明保护财产权对于经济发展很重要时，人们对应该会出台什么样的财产权制度一点也不清楚。比如在中国，FDI 的大量流入显示了人们在保护财产权方面的自信水平，尽管其正式的体系与西方模型中的非常不同；而在俄罗斯，尽管财产权制度与其他欧洲国家的非常相似，却遭受着投资者投资不稳定的烦恼。

在第 5 章讨论过，如果机制进化可以被看作一个不确定的路径依赖性的过程，我们就可以认为实验在改善机制的过程中发挥了重要作用。这种实验的结果是那些设计不同但功能相同的制度能够随着时间的推移在不同国家之间保留下来。③ 诸如中国的双轨制改革或日本零售商的低效和终身雇佣的做法等，都提供了实验成功而不是失败的案例（Rodrik，2000b）。从另一方面来说，网络联系都可以轻易转化为权贵资本主义，之前助推了 20 世纪 80 年代中期到 90 年代中期期间增长的日本模型，在接下来的十年中见证了同样的特点转变为发展的负担的过程（Florida 和 Kenney，1994b；Ozawa，2003）。

然而，这并不意味着所有的刺激性机制和强制机制起到的作用都一样好，我们依旧可以通过研究全球运行良好的机制的最佳行动来加深了解。④ 机制的设计，诸如竞争授权、金融市场的监督管理机制或者中央银行，可以在一定程度上被模仿，但

---

① 有关地理位置和机构的重要性，尤其是在热带地区的重要性，参见 Easterly 和 Levine（2003）。而贸易开放和制度因素，参见 Dollar 和 Kraay（2003）。

② 这些已经取代了排名第四的治理重要性指标（Kaufmann 等，2005，2007）。这些指标从各种各样的来源中收集，而这些指标是按照以下六个维度来分类的：1）话语权和问责制——测量政治、公民和人权；2）政治不稳定和暴力——测量暴力威胁的可能性，以及政府（包括恐怖主义）的变化情况；3）政府官僚机构的有效性——测量能力和公共服务的质量；4）监管负担——测量市场不友好政策的发生率；5）法治——测量合同、警察和法院的执行质量，以及犯罪和暴力的可能性；6）控制腐败——测量行使公共权力对私人收益的影响，包括小的和大的腐败以及政府捕获的腐败性。

③ 参见 Dore 等（1999）和 Amable（2000）。

④ 例如，采用 La Porta 等（1998，2000）的做法，测量制度因素在金融市场中的运行效果的方法是检查投资者（包含持股人以及债权人）的收益情况，而这些投资者都是被保护不被管理人以及控股股东没收资产的投资者。从这个角度来看，现在所存在的不同公司的管理系统不仅仅是不同的，因为他们的结果表明，普通法系国家通常会拥有对投资者最强的保护，而大陆法系国家对投资者的法律保护最弱，而德国－斯堪的纳维亚法系的国家居中。

跨国公司与全球经济（第二版）

这些永远无法显示出于与支持机制或接受国信仰体系的一对一的一致性。在应用新蓝图之后，一国正式机制的改变会很快发生，正如俄罗斯采用休克疗法的案例。但是，这只有在基础正式机制——包括个人和组织的观念——有时间改变时才会成功（Stiglitz，2002；Dunning，2003c）。实际上，人们可能会谈到一种国家层面上的吸收性和适应性能力，可以最小化东道国在引入新式管理时的社会混乱。

通过观察中欧和东欧的过渡经济以及东亚网络信息中心的经验，人们总结出一套政府应当采取的相当趋同的促进经济增长的战略。它们就是健全的宏观经济政策、保护财产权和合同权利的机制、增强竞争的政策、对财政机制的监管、增加社会凝聚力的政策、保护政治体系的参与及政府透明度和责任的政策（Rondinelli 和 Behrman，2000；Kogut 和 Spicer，2002；Rondinelli 和 Cheema，2003；Dunning，2005a）。具体哪个机制来制定这些政策取决于内容，但是机制在决定经济增长全局中的重要性已经随着不断增加的资本主义证据而越发清楚。[①] 在本节的余下部分，我们将详细检验某些证据。

Rodrik（1998a，1998b）认为，经济从外部冲击中恢复过来的能力——通过逐步重新配置并改善其机制结构或采用一套综合性机制改革而确实从诸如大萧条等灾难性外部冲击中恢复过来——可能取决于相对很简单的基础。他调查了为什么许多发展中国家在 1960—1975 年阶段之后的增长崩塌了，特别是，为什么诸如韩国等国家的政府可以采取正确的调节政策并使增长继续，而诸如土耳其和巴西等其他国家未能调节并面临很长时间的停滞。Rodrik（1998a）的简单论点是，反映外部冲击的经济增长变化本身就是负面冲击影响的产物再乘以社会冲突对冲突管理机制的比例。越分裂的社会受到的冲击越大，而给定社会分裂程度，更好的冲突管理机制可以减轻冲击的程度。[②]

该调查的样本覆盖了 92 个国家，比较了它们在 1960—1975 年间与 1975—1989 年间的增长率差异，1975 年是石油危机爆发后的第一年，很多国家的直线增长都被打乱了。潜在的社会冲突由不平等、民族与语言的破裂以及社会不信任的度量来代表，而冲突管理机制则由民主、政府质量和公众在社会保险上的花费来代表。结论是，社会分裂和冲突管理机制疲弱的国家在 1975 年后的遭遇更加恶化。与其批评许多拉丁美洲经济体在进口替代政策上的问题——更不用说超国家机制——他更认为许多政府不能抑或不愿参与正确的宏观经济政策以克服贸易条件冲击导致的相对价格迅速变化的结果。[③]

这些结果引发 Rodrik（2000b）来讨论民主是一种一元制度的分析，国家承受外

---

① 参考 Dixit（2006）关于经济管理的制度以及其与公共政策的相关性的相互矛盾的文献的评述。参见 Kaplinsky（2000）的一个分析框架，这个框架试图解释参与全球经济的国家的产出如此不一样是由于在全球价值链的不同阶段对于租金获取的能力的差异。

② Ritzen 等（2000）也提出了一个类似的观点。他说明了"在社会凝聚力较低和制度薄弱的国家中，一个'好'的政客无意中会参与'坏'政策的制定"。Acemoglu 和 Robinson（2001）认为一个非常不平等的社会可能会陷入波动和不民主的状况中。这是因为在一个不民主的国家，穷人更倾向于革命，特别是在经济衰退的时候。革命的威胁会引导精英阶层提高民主程度，但由于民主意味着收入的再分配，这背离了精英阶层想要通过政变的手段来维持独裁的动机。

③ 成功的复苏也将取决于政治企业家们的强大程度，以及愿意落实必要的改革的程度。

部经济冲击——不可避免地导致自由化及融入全球经济——的能力取决于其民主的程度。采用 90 个国家在 1970—1989 年间的样本，通过度量学校的升学率，他发现民主与更高层次的人力资本相关。通过度量另外两个测度，民主与更平均的收入分配有关。第一个测度是生产剩余的分配，在控制生产率和其他可能的决定因素时，民主国家将更高的分配份额作为薪水支付给工人。另一个测度是度量经济中收入不平等的基尼系数。[①] 除了在外部冲击面前更坚定之外，他还指出，给定平均收入水平，一个民主国家的收入从长期来看将经历更少的变动。Rodrik 认为在审视全部样本后，诸如新加坡、中国台湾和韩国等国家和地区中成功引领发展过程的强有力的政府实际上是例外而不是规律。应对冲击的调整需要管理社会冲突，而民主机制倾向于更好地完成任务。因而，在民主和增长之间不需要取舍。[②]

包括 Keefer（2004）在内的其他学者指出民主政权代表了明确主体，而民主的思想就像一把大伞，慷慨地容纳了政治制衡和限制政客采取机会主义的能力的平衡、普遍选举权和竞争性选举的存在。所以，问题并不是什么类型的体系主导[③]，而是它能否达到改善大多数人的条件的目的，同时避免租金的挪用或迎合特殊需要。虽然引发经济增长的初始条件可能有利于利润集中于少数有影响力的群体手上，例如石油工业或煤矿业，但与长期发展密切相关的问题是国家如何避开这些限制，开发更开放和包容的治理形式。

好政府的一个重要因素与政府对选民做出可信承诺的能力相关。Keefer 认为年轻的民主党派人士缺乏被政党和候选人自身认可的信誉。因此，可能会有更多的诱因来使政客们寻求支持，或通过与选民中一些关键群体的侍从关系，或诉诸与发展无关的方面的强烈表现，如军事实力或宗教纯洁。除此之外，对信誉的关心可能会使政府官员偏向于其表现更容易被看见的项目，如与教育相对的基础设施项目。

除了关注民主与增长之间的联系的研究之外，还有大量基于增长的决定性因素的经验研究，其独立变量也包括了民主。我们先只关注一个关于人力资本和增长的著名研究。

在一份以 1960—1985 年间 98 个发达国家和发展中国家为样本的研究中，Barro（1991）发现，实际人均 GDP 的增长与初始人力资本（用升学率来代表人力资本）正相关，而与初始实际人均 GDP 水平负相关。增长还与政治稳定程度正相关，在贫困国家比富裕国家发展更快的案例中，这一点表现为前者对机制的关注有利于人力资本的升级。换言之，Barro 主张贫困国家只有当在相同人均 GDP 水平上的人力资本储备超过了其他国家时才有可能实现增长。[④]

---

① 收入不平等的基尼系数是一个介于 0~1 之间的数字，其中 0 对应于完全平等（每一个人都得到完全平等的收入），1 对应于完全不平等（某个人对应于全部的收入，而其他人完全得不到收入），参见 Glaeser（2005）。

② 研究表明，贫困和收入不平等之间可能没有一个权衡（Ravallion，2005）。也可以参见 Goldsmith（1995）关于民主产权和增长之间的积极关系的讨论。

③ 尽管这对于定量研究来说是必要的。

④ 这个跨境的结果强调了教育的重要性。这一结论也可以从 Glaeser 和 Saks（2006）中得出，Glaeser 和 Saks 发现美国在 1976—2002 年间在教育程度更低、民族分裂更严重和收入更不平等的州的腐败程度更高。

因此，我们得出结论：正式机制对于经济增长很重要。[①] 我们很好地理解了机制应当实现的目标，尽管它们的特殊设计和内容随国家的不同而变化。保护财产权和合同权利的机制[②]、加强竞争的政策、财政机制的监管、加强社会凝聚力的政策以及保护政治体系的参与的政策，都被认为对产业重组和经济增长具有关键性的重要意义。先进民主国家似乎拥有更好的正式机制，这被认为是因为开放的政治参与使得决策过程中可以考虑更多的信息[③]，同时还可以形成社会凝聚力。在一些发展中国家——特别在孔子和伊斯兰传统中——非正式机制持续影响着发展的决定性因素。而使这些机制适应全球化要求的能力和意愿正是 MNE 在这些国家活动的内容及程度的关键性的决定因素之一。在发展中国家的世界里，受教育程度与民主程度紧密相关，并且都是增长的重要决定因素。

□ 10.3.2　非正式机制和社会资本

除了承认正常运作的经济需要明确定义的财产权和具有可信执行力的法律体系之外，社会的非正式规范和价值观不仅影响不同机制将采用的功能形式，还影响着实验和机制升级的程度。近年来引起众多学者兴趣的一个话题就是关于众所周知的"社会资本"。[④] 社会资本的概念度量的是一个社会中正式机制的质量，可以定义为"公民之间有助于解决集体行动[⑤]问题的合作关系"（Brehm 和 Rahn，1997:999）。问题通过公民规范而促进解决，既可以在内部（如通过愧疚）也可以在外部（如通过羞辱和排挤）执行，并鼓励人们在类似于著名的囚徒困境的情况下合作。[⑥]

我们相信合作和集体问题的解决具有至高的重要性，因为 21 世纪全球化很可能仍将持续使各国政府面对不断增加的波动和复杂程度，同时使企业面对增加的市场不确定性（和机会）。这些不确定性反映了不断发展的全球劳动力分工导致了熟练工人和非熟练工人之间的收入差距不断扩大；但这也与很多重要问题相关，包括全球外部性，如气候变化和水资源缺乏。

那么，社会资本的积累是如何在社会层面上形成的呢？前面的章节已经讨论过使得企业可以参与经济关系的信任的重要性，它位于市场与等级制度之间的某处。

---

① 然而，Barro（1999）发现，大量的证据表明经济增长伴随着管理的更多的民主形式，而不是更少的民主形式。同样地，Glaeser 等（2004）也发现人力资本的积累支撑了制度的发展以及随之而来的经济增长。而那些贫穷国家由于专制制度倾向于在经济增长之后改善政治制度而促进了经济的增长。

② 在他颇具影响力的著作《什么是资本》（*The Mystery of Capital*）（de Soto，2000）中认为对于除西方发达国家之外的大多数贫穷国家而言，完善的产权制度的缺失减少了经济发展的机会。

③ 例如，有观点认为，消息灵通的市民增加了抑制政客腐败的可能性。Adserà 等（2003）发现了报纸读者群和管理质量之间的正相关关系。

④ 这一部分主要关注有关资本、信任和经济增长问题的经济和政治科学方面的文献。关于这一主题的充满生机的演讲不断在组织管理学领域的学者中出现。例如，1998 年的《管理学会评论》（*Academy of Management*）特刊，2001 年的《组织学研究》（*Organisation Studies*）特刊，以及 2003 年的《组织学科学》（*Organisation Science*）特刊。

⑤ 对个人利益的追求而出现的集体行动问题可能会导致不行动情况的出现，因为个人的成本超过了个人所能够获得的收益，但是，致力于集体行动的能力可以达到更好的大规模集体奖励的平衡。

⑥ 在经典的囚徒困境问题中，如果两名囚犯能够合作，那么他们都不会被定罪。然而，由于他们不能配合，每个都会受到另一个人的影响，从而使得最终被判有罪。

我们在这里具体关注的两个问题是社会生活的重要性和信任的作用。虽然社会生活对社会资本的贡献的重要性和影响有点矛盾，但信任的作用应该具有核心重要性。我们现在就详细研究这两个因素。

公民社会的作用

人们对于团体生活促进社会资本的关注由来已久，最早可追溯到 Alexis de Toc-queville 的经典研究：《美国的民主》（*Democracy in America*）（1835）。[①] 近年来，Put-nam（2000）在其影响甚广的著作《独自打保龄》（*Bowling Alone*）中，认为美国社会资本的下降——表现在诸如对政府不断增长的不信任等方面——是由团体生活的下降所导致的。Putnam 感兴趣的团体不仅包括公共利益集团——通常由公民社会构成，还包括那些首要目标是提高成员利益和福利的团体，如保龄球联盟。Putnam 的观点是，民间团体很重要，因为它们是整个社会的某种训练场地，在小集体中产生的社会资本会激励人们更广泛地参与公共生活。

诚然，美国的社会生活可能已经改变了形式——其中更可能是在工作地点和网络中发生——但并不意味着社会资本必然下降了。另外，在任何关于社会资本作用的讨论中，为了避免回到起点，必须注意不要将社会资本的出现与好的结果等同起来（Sobel，2002）。这意味着，在观察到一个治理良好、经济增长稳定的国家时，切勿冒险断定这仅仅（甚至主要）反映了其潜在社会资本的质量；或相反地，断定任何衰退的国家一定缺乏合适的社会资本。

我们已经确定，为了确保寻求解决集体行动问题的方法的人们找到的方法可以造福尽可能广泛的公众，社会资本是必不可少的。然而，团体也可包括那些自利的集体，它们只寻求资源的重新分配以推进它们自己的目标。Putnam 的评论认为，民间参与本身并不需要提高一个人对于政府的信心。像任何集体一样，一个民间团体只有在成为成员得到的好处优于或不同于非成员的好处时才值得加入。根据团体的目标，一个人可以建立起对团体成员的强烈的信任和忠诚，而不会自动转化为在整体社会中的广泛信任。

事实上，过高的社会资本水平也可以产生惰性和不宽容。Richard Florida（2002）在他的《创意阶层的崛起》（*The Rise of the Creative Class*）一书中，注意到越来越多的发达国家的经济财富与创意阶层的活动有关，这里他将创意阶层定义为参与诸如研究、设计及艺术等传统创意领域的人们，还有在商业、法律和医疗领域的许多专业人士。作为一名地理经济学家，Florida 非常清楚集聚经济对于大城市作为吸引创意阶层的区位的吸引力的影响。然而，除此之外，他还发现新兴创意阶层偏好的区位是那些具有多样性，并且包容多种个人行为，但社会生活并不特别丰富的大都市。[②] 确实，他激烈地抨击狭隘和缺乏包容的毁灭性影响，因为这会扼杀创意和创新（Florida 等，2002；Florida 和 Gates，2002）。

---

① 其他的参考文献是 Coleman（1990）、Putnam（1993）。后者主要是解释社会资本在意大利北部和南部经济增长的差异问题。

② Noland（2004）利用皮尤全球态度调查的数据也发现了容忍度较高的国家会得到更多的 FDI 以及更出色的企业家精神。相关文献可以参见《人类发展报告》（UNDP，2004）中关于文化自由和文化容忍度的重要性的讨论，以及《世界发展报告》关于社会平等和少数民族保护的重要性的讨论。

信任的作用

如果社会资本对促进经济交易的机制的建立很必要，并且社会生活要么有帮助作用，要么有阻碍作用，那么社会资本根本上从哪里产生呢？一种具有文献规律的答案是信仰体系的影响——尤其是对于信任的态度——有助于经济交换。我们在第4章和第5章中简单地讨论了信任对影响企业间交易成本的作用。在第9章中，我们展示了信任可以降低 MNE 网络交易成本的证据。但是除了知道"信任很重要"之外，我们如何度量它的影响呢？

评估信任对于促进经济交换的作用的困难之一就是，很难将信任的作用与通过学习和经验产生的作用分离开来。例如，叠加通常得到正效应，如通过加入民间团体可能会使得一个人更加积极地接受其他人，并且相信他人是值得信任和公正的。在第9章，我们看到联盟伙伴之间的重复联结被用作一种度量信任的方法，因为形成一个新的联盟需要大量的信任，而从过去经验中获得的信息也在决策中扮演着重要的角色。信任的悖论是，从经验中得到的信息越多，越容易信任，同时也减少了对信任自身依赖的必要性。既然我们相信信任的问题是社会资本的关键组成成分，我们将继续探究新近研究中的一些重要发现。

通过采取"世界价值观调查"[①] 的信任和公民规范的度量方法来测度一份包含29个发达经济体的样本的社会资本，Knack 和 Keefer（1997）发现更高水平的信任[②]和公民规范[③]倾向于与更高的人均 GDP 增长率相关，而 Putnam 形容的那种社会活动与经济表现并没有联系。他们还发现，在那些拥有有效正式机制的国家中——特别是关于私人财产权的保护、合同保护的实施——以及那些在等级、种族和性别的基准上较少极化的国家中，协作的信任和规范更加强烈。虽然他们无法建立民间团体中信任与公民规范或成员身份之间的关系，但他们确实发现了在收入更高、收入分配更平等的国家中，信任和公民规范一般会更强。

社会资本与经济增长之间的正相关也在能限制执行权力并具有更高教育水平的国家中更明显。实际上，Knack 和 Keefer 认为，对社会的信任可以更好地激励创新和物质资本的积累，人力资本积累的回报也更高。他们发现信任每提高10%，增长相应地提高将近1%，信任的影响几乎等同于教育的影响。

那么，信任的文化源头是什么呢？Fukuyama（1995）认为高级经济体不再因其正式机制设计的不同而有所差异——因为这些都可以被其他国家所复制——而因公民社会在内容和影响上以及机制下潜在的规范和价值的不同而有所差异。他尤其对

---

① 世界价值观调查自1981年以来进行了四次，1999—2002年的那次包含了有代表性的60个国家的至少1 000个回答者的样本。

② 世界价值观调查中有关信任的关键问题如下：一般而言，你认为大多数人是可以信任的，还是认为在和别人打交道的时候再小心也不为过？这种测量方式没有解决所信任的范围在多大程度上超过了你所认识的人的问题。人们在低信任度的环境中更有可能经常与他们已经知道的人打交道，从而他们的信任主要反映群体内部的信任。人们在社会信任度高的环境中更容易与各种人打交道，信任更可能反映的是不受制于以前经验的条件下的情况。

③ 在世界价值观调查中关于市民规范的问题是：市民规范是否总是公正的，是否不公正，或者是以下五种情况：1）想要获得你本无权获得的政府福利；2）搭乘公共交通逃票；3）逃税；4）捡钱之后据为己有；5）对停放的车辆造成伤害而不报告。当询问一个志愿者其是否有过欺骗行为，而不是询问公民合作标准的度量（这要求受访者评价别人的诚信）时，可能会出现更多的测量误差。

那些受中国文化影响的东亚国家（和地区）的治理形式感兴趣，即中国、中国香港和中国台湾。在这些地区中，相对较大的商业组织仍然在血缘关系的基础上构建，正如意大利或法国这些典型低信任度的国家一样。① 这与诸如德国、日本、韩国和美国等高信任度的国家正相反，这些经济体倾向于由雇用专业经理的大型统治集团所主导。确实，回顾 Weber（1920）的联系保护主义与经济增长的分析，学者们认为诸如天主教、东正教和伊斯兰教等分级宗教可能不利于水平杠杆和信任的形成。②

从概念上来说，将国家分为低信任度和高信任度的文化意味着信任水平可以作为一国社会规范和价值观的一部分被传承下去。但以共享的信仰体系为例，另一种可能的解释是，一个人信任他人的倾向反映了性格特点和外部影响的结合，如经历过贫困、社会排挤和歧视，虽然这可能并不完全正确。确实，人们被教育去信任他人的程度可能很有限；当然，文献中大部分信任关系的证据似乎反映出一种重复和有利的互动因素。③ 作为经验主义问题，这说明在把信任水平简单地归因于文化、传统或宗教之前，我们应该排除其他已知前因变量的影响，如教育、共享的经历以及社会公正的有无。

在 Brehm 和 Rahn（1997）的一项关于广泛信任的前因变量的有趣的研究中，被定义为对政府的信心就是这样做的。具体来说，他们假设广泛信任同时受到人际信任水平和公民参与水平的影响。人际信任基于一个人的心理特点——如向往幸福和满足——以及可能建立或削弱信任的人生经验，如贫困或歧视的发生。此外，教育的质量和数量也被认为可能是提高一个人信任水平且使其能更容忍个体间差异的重要的外部决定因素。④

通过集中 1972—1994 年间美国的综合社会调查数据，Brehm 和 Rahn 设计了一个结构等式模型来研究对政府的信心、公民参与以及人际信任之间的双向效应。他们在人际信任和广泛信任之间、公民参与和人际信任之间都发现了最强的正相关。虽然公民参与本身对广泛信任有轻微的负面影响，但公民参与对鼓励人际信任的直接效应促成了人际信任和广泛信任（对政府的信心）之间的强正相关。他们还发现对政府的信心对人际信任具有微弱的但仍很重要的正面影响。正如人们所期望的，教育和收入被发现对于信任和公民参与都是重要的决定因素。

这反映出社会资本还可能是恶性和良性的循环。在一个良性循环中，更高水平的人际信任转化为对政府的更多的信任和信心，反过来又会促进人际信任。相反，人际信任的缺乏导致缺乏对政府的信心，而政府的糟糕表现又会进一步削弱人们对政府机制的信任。Rose-Ackerman（2001）从中欧和东欧的过渡经济中提供了这些恶性和良性循环的生动案例。如果官员们都很腐败，公民们就不依赖国家来解决他们的争端——通常这种情况需要非常高的人际信任水平。然而，在这样的情况下，人

---

① 尽管血缘关系在替代正式合同时表现出了更高水平的信任，但是在家庭之外，低信任水平的国家表现出了更低水平的信任。

② 参见 La Porta 等（1999b），Casson（1993）关于文化和宗教的评述，以及 Dunning（2003c，2005b）关于宗教和制度的论述。

③ 在重复相互打交道的过程中所形成的信任关系虽然不是基于保密协议而形成的信任关系，但至少在某种程度上是基于更好的信息形成的。

④ 更好的教育以及更富裕的生活水平可能能够更容易接受错误信任所带来的后果。

际信任大概也很少见，而解决方案之一就是依赖其他可以更容易信任的网络；其中，这样的网络可能包含有组织的犯罪团伙，譬如俄罗斯和乌克兰就经历过。[①] 相反的情况是腐败被最小化并且同时政府具有透明度和责任感时。当公众期望会有公平交易时，人们相信任何违约行为都会被惩罚，他们也会报告任何犯罪。与信任可降低企业内交易的监控成本的原因相同，从人们之间的信任产生的对公共机制的公正性的信任也可以降低一国维持繁杂的实施方法的负担。

实际上，管理发展学院（IMD）发行的《世界竞争力年鉴》（*Competitiveness Yearbook*）以及世界经济论坛的《全球竞争力报告》（*Global Competitiveness Report*）连续几年将芬兰和瑞典等国纳入最具竞争力的经济体并非偶然。根据"透明国际"，这些国家具有全世界最低的腐败率，同时根据"世界价值观调查"，它们在人际信任的度量方面也遥遥领先。这些国家还具有极高的受教育水平、充分的社会平等以及低水平的性别和种族歧视，高同质性的群体促成了后者的实现。[②]

因此，我们可以总结出，对自上而下的机制的信心，当公民们进行人际互动时，需要对自下而上的非正式机制的信心；而抛开个性的差别不管，歧视、贫困和缺乏受教育机会的经历可能会消除这种信心。一个积极的公民社会可能会鼓励广泛信任的产生，但过度的社会资本可能会阻碍创新。[③] 有效的教育体系有两个重要的作用。它不仅能直接增加可用于经济生产活动的人力资本，还有助于社会资本以及企业和产业相关资本的升级（Dunning，2004c）。

10.4 机制质量与吸引 FDI 的能力

机制的质量和内容如何影响一国吸引 FDI 的能力并从这些投资中获得长期利润呢？前面的章节为我们展示了东道国机制的内容和质量如何影响 MNE 进入模式的例子（Meyer，2001a，2001b；Meyer 和 Nguyen，2005）。在关注具体东道国或地区特别是新兴经济体和过渡经济体的研究中，它们还是区位的重要决定因素（Holland 等，2000；Bevan 等，2003；Dunning，2005a）。[④] 本节回顾的研究通过估计大量东道国中每一具体国家的激励结构和执行机制如何影响 FDI 的流入来作为补充证据。

□ 10.4.1 良好的治理

什么样的（发展中）国家可能会接收 FDI 流入呢？Globerman 和 Shapiro

第 10 章

FDI、经济增长与发展

---

① 在这个意义上，发达国家的贫困区域所出现的街头帮派类似于在一些转型经济体和发展中国家已经出现的犯罪团伙。

② 根据 OECD（2004）的数据，芬兰不仅是世界上最具竞争力和最不腐败的国家，而且是在中等学校层次的数学方面拥有最高教育质量的国家。在芬兰，即使是在车辆很少、罚款的可能性很低的时候，乱穿马路的情况一直也很少见。

③ 例如，参见 Florida（2002）关于开放、容忍度以及区域经济发展之间的关系的文献。

④ 近些年，可能看到一些关于国际商务中制度的角色的概念上的研究（Hoskisson 等（2000）；Mudambi 和 Navarra（2002）；Peng（2003）；Meyer（2004））。

（2002）采用 144 个国家在 1995—1997 年间的横截面数据，并分别处理发展中经济体和过渡经济体，最终检验治理设施对 FDI 的流入和流出的影响。他们还采用政府治理指数——其自身就是几种不同资源的合并——来度量治理的差别。为了度量人力资本，他们采用了联合国的人文发展指数（HDI），该指数包括人均 GDP、教育成就、识字水平和期望寿命。而在环境质量方面，他们利用了世界经济论坛、哥伦比亚大学和耶鲁大学共同开发的环境可持续性指数（ESI）。[①] 对治理的度量显示出良好的治理与 FDI 流入（流入和流出分别检验）之间非常强的正相关。HDI 和环境的可持续性也被发现对于吸引 FDI 流入具有重要意义。[②]

那么民主本身可以鼓励 FDI 的流入吗？Li 和 Resnick（2003）将民主机制分为三种主要类别：公民选择政策和政治领导人的机制，限制当选领导人决策权力的机制，保证公民自由和政治参与权利的机制。他们认为，一旦一家 MNE 投资者参与进来，民主国家提供适当租金的可能性就更小，并因此变得更不具有吸引力。民主政权则使一国更有可能保护国内企业而不是 MNE 子公司的利润。另一方面，与独裁政权相对，民主政权更有可能支持财产权，而不会像国外投资者一样掠夺性地行动。

Li 和 Resnick 在一个包含 53 个国家 1982—1995 年间数据的经验研究中调查了这些命题，所采用的大量国家级度量方法大部分是从整体 IV 数据库中得到的，包括多种对财产权和民主的度量以检验其坚固性。他们发现虽然民主对 FDI 流入具有正面影响，但这个效应主要是由民主加强对财产权的保护的间接影响所引起的。在另一个 Jensen（2006）的综合研究中，通过结合一份包含 114 个国家 1970—1998 年间的样本与一系列广泛的访谈，得出民主机制与联邦政治体系更有利于 FDI 流入的结论。他还发现，从一个独裁政权转变为一个民主政权可以增加 50% 的 FDI 流入（Jensen，2006:85）。

被设计来保护财产权以吸引 FDI 的正式机制的重要性正越来越被学者所认可，尤其是关于知识产权（IPR）的保护和监管。保护知识产权的重要性在不同产业间可能非常不同，其中高科技领域对跨国界差异要敏感得多。

这一点在 Smarzynska Javorcik（2004a）的研究中被证实，他采用的是欧洲复兴开发银行关于 1995 年 FDI 在中欧和东欧及苏联的选址调查证据。该证据由另外的企业级数据和两个 IPR 保护指数来补充：现有的法律保护程度以及执行机制的质量。她发现，虽然对 IPR 的较弱的保护会降低 FDI 进入高科技产业的可能性，较弱的保护似乎激励了外国子公司在所有部门都更关注其活动的分布而不是生产。Nunnenkamp 和 Spatz 报道了更广泛的相似结果（2004b），他们所用的部门分解数据集包含了大量的东道国和不同的度量 IPR 保护的方法。他们发现这种影响不仅在部门和东道国存在差异，而且对 IPR 的保护越强，FDI 的质量越高并且数量越多。

跨国公司与全球经济（第二版）

---

① 所有这些指标在互联网上都是公开的。

② 然而，Globerman 和 Shapiro 所使用的三组测量工具都是经济和社会发展的决定因素，也是产出过程的代表。这引起的内生性问题在很多关于发展的研究中非常常见。这也会产生多重共线性的问题，因为拥有良好的治理的国家往往会在其他的每个维度上都表现得更好。例如，环境发展指数与政府治理问题高度相关。

□ 10.4.2 糟糕的治理

在回顾的最后一部分，我们希望探究的观点是：如果东道国需要高质量的机制来吸引 FDI（并从中获利），那么糟糕的机制将会阻碍 FDI 的流入。我们先简要地看一下糟糕的治理的两种影响：腐败对 FDI 流入的影响以及东道国作为污染避难所对 FDI 的吸引力。

腐败

腐败的存在——通常被定义为利用政府职务谋取私人利益——被理解为动机（如低工资）与机会的结合，其部分受经济活动类型的影响，部分受公务人员判断力的水平的影响。虽然可以通过改变在这两方面的刺激来减少腐败，但这还远远不够。腐败是糟糕治理的一方面，除非进行基础机制改革以及思想观念和信仰体系的转变，否则很难被清除（Tanzi，1998）。[①]

从投资企业的角度来看，腐败就是一种武断的赋税（Shleifer 和 Vishny，1993），纳税人永远也无法确定期望的利益是否能实现。IB 学者们也正对腐败是否会阻碍 FDI 流入的课题产生兴趣。这方面的研究一般采用如"透明国际"的国际国家风险集团腐败措施或腐败感知指数（CPI）对 FDI 的流量进行回归。这里的经验问题有两方面：首先，腐败与其他糟糕的治理措施高度相关；其次，FDI 流量高度集中于大部分不是非常腐败的国家。第一个因素使得腐败的影响很难从治理的其他方面分离出来。第二个问题则意味着我们不大可能找出 FDI 流量由一国腐败程度所导致的差别，除非是那些基于资源的投资。在 OECD 国家中，腐败以及治理不当的其他形式的水平都很少大到导致投资匮乏，尽管资源寻求型投资因为选址的有限而相对较少地受糟糕治理的影响。剩余的 FDI 流量仅指向少数国家，因而很难在腐败和一国吸引 MNE 入境活动的能力之间建立起固定的联系。

尽管如此，记住警告，可用的证据通常证明腐败和 FDI 之间存在负相关。基于 Shleifer 和 Vishny（1993）认为腐败是随意征税的观点，Wei（2000）考察了 1993 年 12 个母国和 45 个东道国中 FDI 双向投资的分布，采用三种度量腐败的方法和两种度量相关征税的方法。结果腐败和征税似乎都与 FDI 负相关；例如，根据模型，将新加坡的腐败指数提高到同墨西哥一样，与将税率提高 18~50 个百分点具有相同的效应。

通过 7 个母国和 89 个东道国在三年间的双向数据，Habib 和 Zurawicki（2002）发现在腐败的 CPI 指数和 FDI 流量之间存在负相关。Zhao 等（2003）对 40 个国家在七年间的混合的跨国时间序列进行了研究，并发现 FDI 流量同时与 CPI 指数和 IMD 的《世界竞争力年鉴》的透明度指数存在负相关。最后，Campos 等（1999）发现，基于调查结果得到的证据——虽然样本较小——除了腐败水平外，腐败发生的不可预测性对于投资者也很重要，

我们再来看看母国。Cuervo-Cazurra（2006）研究了母国腐败水平如何影响

[①] 第 19 章将会检验腐败作为一种社会责任产生的问题。Rose-Ackerman（2002）认为 MNE 至少应该在贿赂的问题上宣传这种企图并与政府机构合作来打击贿赂行为。

MNE 的选址决策。他假设来自签署了 OECD《国际商务交易活动反对行贿外国公职人员公约》的母国的企业将更不愿意在更腐败的国家中投资，而腐败程度很高的母国则会使东道国的腐败不再成为障碍。通过大量母国和东道国，他发现了支持这两种论点的依据。他还发现腐败不仅降低了一国可能接收的 FDI 水平，还改变了其构成，使得来自相对更腐败的国家的投资占更大的比重。[①]

除了影响 FDI 的流量和构成，任意腐败的广度和程度还与 MNE 的进入模式的选择有关（Smarzynska 和 Wei，2001a；Rodriguez 等，2005）。比如，在一个包含了64 个发展中国家的 220 个电信工程的经验研究中，Uhlenbruck 等（2006）发现MNE 采取短期承包和合资企业来减轻腐败的影响。当 MNE 因为腐败可能会放弃完全内部化时，这就会对知识和技术在东道国的传播造成不利影响。Weitzel 和 Berns（2006）的一份研究也发现更腐败的国家中的并购目标要求更低的费用，这进一步削弱了对东道国的益处。

最后，Kwok 和 Tadesse（2006）的一份有意思的研究为 MNE 活动对东道国腐败的影响提供了新视角。他们假设外来 FDI 会成为鼓励东道国中更好的商业行为的催化剂。他们认为这种积极的结果可能源于三种效应的结合："调节压力"效应——即一个强大的 MNE 对贿赂的拒绝可能会促使机制变化，"示例"效应——因为当地公司目睹了不同的商业做法，以及"专业化"效应——因为对专业化教育的需求提高了。[②]

采用了 140 个国家的样本以及可追溯至 1970 年的 FDI 数据，Kwok 和 Tadesse发现在长期内，FDI 减少了东道国的腐败。但是因果关系也可能相反，即减少了腐败的国家吸引了更多的 FDI，因此他们采用了一些工具变量来检验稳健性[③]，并检验了 FDI 与诸如教育和文化（尤其是权力距离和集体主义）等影响腐败的变量之间的相互影响。[④] 后者的检验确认了教育对减少腐败的有利影响会随 FDI 的出现而加强，而文化的负面影响则会被减弱。

污染避难所

虽然研究者们普遍认为腐败水平与外来 FDI 呈负相关，但污染避难所的假设反映出正向的期望，换言之，就是环境指标的缺少会将 FDI 吸引到发展中国家。"资本外逃"的观点认为母国的高环境保护成本会迫使企业重新选址，而"污染避难所"将会被选在更少注意环境保护的发展中国家中。

对该假设的合理检验需要两个阶段。第一阶段需要证明，为了应对正式管理和执行机制，高污染部门的生产实际上被转移出境，并被定向到保护水平更低的国家。第二阶段则需要证实，随着外来投资，污染避难所国家出口的高污染产品也增加了，相应地，投资企业母国对这些商品的进口也增加了。然而，大多数的证据只处理一

---

① 值得注意的是，大多数 FDI 仍然在腐败较少的国家之间发生。Lundan（2003b）认为在 FDI 构成问题上，转型经济风险的较低的环境标准以及不充分的执行情况创造了一个关于投资者质量的"柠檬市场"（Akerlof，1970）。

② 正如作者所认为的，这些影响与 DiMaggio 和 Powell（1983）提出的强制、模仿和规范密切相关。

③ 工具变量应该与它所替代的变量密切相关，而不应该与模型的残差相关，当被怀疑有反向因果关系时，工具变量应该和因变量相关，但不能被它所影响。因此，在实际操作过程中寻找工具变量往往是很困难的。

④ 交互效应测量的是一个自变量对于因变量的影响与另外一个变量相关。

个阶段，即生产的迁移或贸易模式的改变。

目前最综合的结果来自于 Leonard 和 Duerksen（1980）以及 Leonard（1988）的研究，它显示出美国高污染产业的对外 FDI 不比其他制造业部门增长得更快，美国的高污染产业相对于发展中国家的份额不比相对于发达国家的更高。此外，美国对高污染产业的进口份额与其他进口商品的增速相同。[①]

Eskeland 和 Harrison（2003）检验了 20 世纪 80 年代初到 90 年代间对科特迪瓦、委内瑞拉、摩洛哥和墨西哥的 FDI 流入。通过采用四个独立的面板以及一个混合样本，他们发现了证明外国投资者在高空气污染水平的地区不对称分布的并不充分的证据。然而，他们还发现了外国企业比国内企业更加节能，且使用更多的清洁型能源。他们发现没有理由假设在这些发展中国家的投资与母国的减排成本相关。[②]

但也有可能是国家级或产业级的数据掩盖了企业级的污染避难所效应。通过采用 24 个过渡经济体的企业级数据，并测量它们环境指标的水平和执行机制的效率，Smarzynska 和 Wei（2001b）发现，虽然某些结果显示 FDI 被管理水平所吸引，但这些结果不能通过稳健性检验——包括那些与环保制度的替代措施相关的检验——或是对投资者的污染程度的影响的检验。在他们看来，其他因素（诸如腐败的存在），因为与较低的环境指标紧密相关，更有可能阻碍 FDI。

其他企业级的新研究由 Dean 等（2005）提供，他们研究了 1993—1996 年间中国的 2 886 家制造业合资企业。虽然环保的严格性并没有显示出对来自 OECD 国家的投资者有任何影响，但它确实影响来自香港、澳门和台湾的中国投资者的选址决策。此外，还有证据显示，在美国国内，环保制度的差异可能影响工程的选址决策（Bartik，1988）。通过利用一个 1977—1994 年间的国家级的面板数据，Keller 和 Levinson（2002）发现减排成本可能对外来投资有轻微的阻碍效应，而一旦将国际产业结构差异考虑进去，List 和 Co（2000）发现了更加严格的国家制度可能会阻碍外国投资者的进入，不管是低污染还是高污染部门。

为什么很少有证据支持污染避难所假说呢？Gladwin 和 Welles（1976）以及 Gladwin（1977）提供了一些早期解释，归结为 MNE 不大会投资"污染避难所"。他们认为这是由于污染避难所目标国的高政治风险以及当地资源和基础设施的匮乏，还有部分原因是管理储备和环境制度差异可能在未来趋同的期望。此外，他们还认为遵守环保制度的成本还没有高到影响进行 FDI 或迁移已有工厂的决策。即使在污染最严重的产业，即化工、造纸、石油精炼和煤矿业，遵守环保要求的年成本一般都未超过总成本的 5%，还不足以引起资本外逃（Leonard，1988:88）。通过更广泛的文献回顾，Jaffe 等（1995）并未发现美国的环保制度对美国企业的全球竞争力产生负面影响的证据。

因此，我们得出结论，虽然支持污染避难所的经验证据很少，但它依然作为一

---

① 从 Pearson（1985，1987）中可以发现早些年的文献研究涉及跨境产业安置问题，Low（1992）、Tobey（1993）综述了贸易格局。OECD（1999）所做的文献综述得出的结论表明污染庇护所的假设的证据支持依然不足。最广为人知的例子是，在 20 世纪 70 年代末日本污染密集型产业的重新安置（Mani 和 Wheeler，1998），并且欧洲制革行业到东欧国家和发展中国家的重新安置的案例（从日益增长的外包案例中）可以得出这一点（Jenkins 等，2002）。

② 在墨西哥和委内瑞拉的投资者的母国是美国，在科特迪瓦和摩洛哥的投资者的母国是法国。

种"城市神话"存在着。我们关注的是，该假说不仅不正确，而且将人们的注意力从真正的问题上转移了。外来 FDI 不会被低环境标准引诱，或者至少那种对发展有贡献的 FDI 不会。相反地，环境指标的执行机制不仅像治理的其他方面一样，而且良好的环境表现可能与治理的其他机制质量有关。[①]

尽管不断增长的产业产出可能会导致更高的绝对污染水平，但单位产出的污染程度可能会随经济的发展而降低。这可能部分反映了经济活动转向服务业的重组。大多数国家的综合效应可能表现为污染随着它们跻身中等收入阶层而增加，之后随着收入增加保持相对稳定。通过采用 1989—1995 年间不同发展程度的 13 个国家的工厂级数据，Hettige 等（2000）发现了水污染[②]呈现这种模式的证据。Antweiler 等（2001）进行了进一步的确认，他们检验了增长的贸易开放程度对于 1971—1996 年间 43 个国家的空气污染（SO_2）水平的影响。他们发现，虽然贸易通过改变产出的构成而引起了污染的轻微增加，但贸易引起的科技和规模效应抵消了这些影响，而且减少了污染的排放量。在这些现存的证据面前，我们没有理由认为环境质量可以用来换取 FDI 辅助式的发展。

□ 10.4.3　结论

MNE 入境活动与国家治理的正式机制之间存在关系的经验证据尚不明确。良好的治理有助于吸引 FDI，而糟糕的治理则会阻碍 FDI。民主倾向于激发更好的治理，并鼓励外来 FDI。在诸多可用于治理的制度工具中，证据显示财产权的保护和执行对于潜在投资者而言格外重要。腐败是一种随意征税的形式，对投资有可预见的削弱效应。有效的环境指标可能与其他形式的良好治理有关，并能鼓励外来 FDI，而低指标与糟糕治理的其他形式有关，并会阻碍投资。

10.5　经济增长和外来 FDI

在本章开头，我们描述了发生在过去几十年中有关发展的目的和内容的思维上的变化。经济研究主要关注国内生产总值的增长，这既是发展的前提，也是发展的结果。发展的新范例采用了一个更广的视角。该观点认为，安全、收入分配和文化特性等目标伴随着国家想要吸引 FDI 和增强它的动态比较优势的愿望。"全球本土化"的概念，或者说 MNE 需要全球导向性而不是按照本地偏好运作，也符合国家的经济和社会目标。在这些国家中伴随着经济的开放和全球经济一体化，它们渴望保护本国文化特性和决策制定上的自主权。

然而，因为经济增长使追求更广泛的发展目标成为可能，以及这样的 FDI 越来

跨国公司与全球经济（第二版）

[①]　一个关于 31 个发达国家和发展中国家的环境政策跨境差异及表现的研究揭露了环境绩效、人均国内生产总值、产权保护、法律和监管系统的全面发展之间的紧密联系。

[②]　正如生物需氧量（BOD）的测量方式那样。

越被认为是促进这种增长的主要形式中的一种①，我们现在应该暂时转向这两种变量间的关系的实证证据。第 11～18 章会从技术转移、雇佣情况、收支平衡、市场结构和商务实践角度详细地回顾有关国际直接投资对母国和东道国的直接和间接的影响的证据。为了明确为什么人们会预期国际直接投资和全球经济增长间存在正向相关关系，我们会在此简单概述支撑这些章节的观点。

□ 10.5.1　FDI 如何影响增长？

FDI 的直接影响源于下面的条件：金融资本的联合、生产技术的转移、研究与开发能力、管理与营销方法、技能、制度以及在东道国不能获得或者不容易低成本获得的企业家精神。② 在这种情形下，国际直接投资代表着这样一种行为：除非可能开辟新市场，否则极有可能不会发生。FDI 也使新制度的推行成为可能，也鼓励了企业家精神，增加了产出，升级了经济结构，提高了当地的生产率。FDI 的出现还可能导致当地公司的后续投资"挤入效应"（a crowding-in effect）。而相反的情况是，因为外国公司先进的技术或市场力量，FDI 会挤出本土企业，减少了竞争。在这种情况下，平均生产率的提高部分归功于 MNE 较高的生产率，部分则归因于较低效率的本土企业在该行业的退出。此外，MNE 会给当地雇员提供培训，或者投资于（部分是其拥有的）供应商的技术和技能的升级。就像第 13 章将会详细讨论的那样，MNE 显然比当地企业支付更高的工资。这种效应是两种因素的结合的结果：MNE 更有可能参与高附加值的部门以及这些工作需要高于平均技能水平的技术。

除了这些直接效应外，还有大量的可能源于 FDI 和 MNE 活动的间接或溢出效应。这些活动是除投资型的 MNE 以外的公司所进行的活动：它们不是源于 MNE 与当地合作伙伴的有目的的资源交换。这些溢出效应可以通过雇员的流动发生，比如一段时间后原 MNE 雇员（拥有高水平技术）被当地企业所雇用。MNE 的出现也会给经济体带来更多高附加值的进口和更高附加值的出口，两者都给竞争者与供应商提供了通过观察和逆向工程来学习新技术和管理制度的机会。对与 MNE 同行业的当地企业来说，雇员的流动和示范效应都是水平溢出效应的例子。垂直溢出效应源于成为 MNE 供应商的当地企业的后向联系。正如第 16 章将会指出的，即使这些联系限于和 MNE 的契约关系，供应商的后向联系常常与当地企业生产率的提高相关。相反，MNE 所在行业的其他企业未必很显著地得益于外国公司的出现。③ 然而，对供应商的好处却很可观，这些益处不止包括与生产相关的技巧和技术的升级，也包括管理与控制系统的升级，尽管至少一些益处可以源于有目的的交换而不是实际的溢出。

源于 FDI 的好处也部分源于投资动机和 MNE 选择利用自己的 O 资产的形式

---

① 这不是唯一方式。确实，为了帮助实现"千年发展目标"，援助、借贷和贸易壁垒的移除都是重要的方式（Brown，2003）。

② Blomström 和 Kokko（1998）、Lipsey（2002b）提供了关于 FDI 的绝妙评论。

③ 然而在这种情况下，MNE 之所以是 MNE 并不是重要的因素，因为无效率生产者很少从现存的生产者中获利，无论国内还是国外。

（参考第Ⅱ部分）。（MNE）以企业并购的方式进入另一个发达经济体中的一个竞争性行业与以"绿地投资"的形式进入一个发展中经济体的一个仅有少量本地企业的行业，其产生的影响是有很大差别的。相似地，与通过全资子公司的方式进入（当地市场）相比，通过成立合资公司的方式进入（当地市场）对当地的学习和本土的R&D能力可能有不同的影响结果。此外，还有一些来自MNE活动的益处不是通过FDI产生的，比如那些源于技术授权、特许经营、长期供应商关系或战略联盟的活动。

全球化使高于一定发展门槛水平的国家更容易发展，而另一种有争议的观点是，它使那些最贫困的国家的经济增长更加艰难。对处于发展最低阶段的国家来说，开放市场的好处微乎其微，而只有制度改善到可以吸引更多的FDI和吸收到更多溢出收益时，中等偏下收入的国家才可能获得全球化的好处。[1] 然而，这一定要与以下因素进行权衡：可能的出口挤出效应，更高可能性的、与证券资产组合投资相关的资本外逃以及外来FDI更加激烈的竞争。对中等收入的发展中经济体来说，一场全球经济危机[2]的伤害会尤其剧烈，因为这些国家产业结构强烈地依赖于复杂的三联体（the Triad）出口（Gray，2000）。

□ 10.5.2　经验证据

假设一国可以吸引FDI，下一个问题就是关注它对发展目标所做出的贡献。FDI能在多大程度上促进经济的增长和发展？而成功的发展能在多大程度上促进FDI的增长？FDI能在多大程度上促进经济活动的产业升级和重建？用什么方式？与国内投资相比，FDI的效果如何？当地的人文环境在获得FDI收益时扮演了什么角色？

Balasubramanyam等（1996）检验了奉行鼓励出口政策的国家是不是比奉行进口替代经济政策的国家从FDI得到了更多好处。他们基于46个发展中国家的截面样本，采用了1970—1985年的年度平均数据进行研究，结果发现不仅更高的增长率确实集中在实行鼓励出口政策与贸易开放政策的国家，而且在这些国家FDI而不是国内投资对增长的促进作用最大。[3]

近年来，增长模型已经越来越从截面分析与时间序列分析转向面板数据的分析，因为这可以让研究者控制难以观测到的国家异质性。de Mello（1999）研究了1970—1990年间32个发达国家和发展中国家的面板数据，发现FDI加速了所有国家的产出的增长，但是在发达国家，FDI增加了其TFP的增长，而在发展中国家，FDI仅仅增强了资本集聚但没有增加TFP。

在一个广泛引用的研究中，Borensztein等（1998）发现在发展中国家，FDI对经济增长所起的作用比国内投资大。但是FDI的促进效应大小是视资本接收国的人

---

① 这已由 Nunnenkamp 和 Spatz（2004a）证实，他们比较了低于吸引 FDI 的平均水平的国家与高于平均水平的国家之间的 FDI 与经济增长，发现发展良好的制度和足够的吸收潜力对于获得 FDI 的好处是必要的，且已获得的 FDI 越多，这种影响越强烈。

② 例如，全球经济衰退，可能因为美国不能抵消其贸易赤字而引起。

③ 这些结果基本上已经由 Mello（1997）证实，他检验了 11 个国家 FDI 和增长的证据，发现开放和发展程度之间存在显著的正效应。

力资本水平而定的。他们的研究结果还表明 FDI 有可能带动本国投资而不是挤出本国投资，尽管这些结果不是很稳健。该回归基于 1970—1989 年间 69 个发展中国家的面板数据。他们对人力资本存量的衡量尺度是男性中等教育水平平均年限的起始年级水平，早期 Barro 和 Lee（1993）也使用了这些数据。控制变量是地区虚拟变量、政治稳定程度、金融发展水平和基于国际国家风险指南指数（International Country Risk Guide indices）的本地制度的质量水平。包含这些控制变量后 FDI 与人力资本质量之间正相关的基本关系并没有改变。他们的研究结果也证实了 FDI 对增长的影响大部分源于效率收益[①]而不是简单源于增加的投资水平。[②]

在某种程度上说，尽管 OECD 国家之间的技术差距很大，但是大量的人力资本投资已经完成了，因此经济转型国家在发展中国家中是一个独特的存在。Campos 和 Kinoshita（2002）利用 1990—1998 年间 25 个中东欧经济转型国家的面板数据，发现 FDI 对经济增长有重要的积极影响，是对国内投资的一个补充。然而，与发展中国家数据相悖的是，转型经济体的 FDI 和人力资本（来自 Barro 和 Lee（1993）的研究）的相互作用效应是不显著的，甚至是负相关的。按照作者的观点，这反映出转型经济体相对较高的人力资本水平。

Li 和 Liu（2005）认为传统的因果关系检验并不足以分辨 FDI 对 GDP 增长的影响（反之亦然），因此他们运用联立方程组模型进行研究。[③] 在他们的内生增长模型中，他们运用 Barro 和 Lee（1993）的测量方法，假设人力资本和技术差距（以特定国家的人均 GDP 与美国人均 GDP 的比例来测量）是决定经济增长的两个核心变量，并用 FDI 与其他变量的交叉项来刻画东道国制度情况和吸收能力。他们估计了 1970—1999 年间 84 个国家的人均 GD 增长和 FDI 增长的单方程，其中包括 21 个发达国家和 63 个发展中国家。他们发现 FDI 对经济增长有积极并且显著的影响，他们进一步发现在发展中国家，FDI 和中学入学率的交叉项对经济增长也有显著且积极的影响。

技术差距对经济增长具有负面的直接效应，但对发达国家来说负作用更大。FDI 与技术差距的交叉项对发展中国家来说是负的，但对发达国家是正的，尽管统计意义并不显著。这可以解释为发达国家更大的技术差距可能为经济增长提供更多机会，但不充分的吸收能力会阻碍对来自 FDI 的好处的获得。最后，GDP 增长与市场规模和贸易开放度[④]一起被认为是发达国家和发展中国家 FDI 流入的重要决定因素。

---

① 这些效率收益可能不仅反映了配置效率，还反映了技术效率，因为基于 MNE 的高生产率，FDI 可能集中于更高增长部门和更高技术效率的部门。参见第 15 章。

② 然而，Carkovic 和 Levine（2002）利用 72 个国家 1960—1995 年的数据，发现 FDI 与增长并不独立。

③ 也可参见 Liu 等（2002）所研究的中国 1981 年和 1997 年的 FDI、贸易和增长之间的双向因果关系。

④ 利用拉丁美洲 18 个国家 1970—1990 年的面板数据，Bengoa 和 Sanchez-Robles（2003）估计了两个简单的模型，一个是关于 FDI 的决定因素模型，另一个是 FDI 和 GDP 增长模型。经济自由指数和市场规模是 FDI 最重要的决定因素，而 FDI 和经济自由对经济增长有强正向影响。

□ 10.5.3　结论

根据实证证据，我们可以得出 FDI 和经济增长的关系是什么呢？FDI 最先的影响是提高了产量，在假定实施了合适的宏观组织政策且制度结构有助于吸引 FDI 的条件下，FDI 将会导致更高的经济增长水平。生产力的增加要么来自 MNE 内外之间知识、组织结构与实践、企业家精神的转移，要么是获得新市场的结果。来自 FDI 的收益也可能是间接的，通过学习和示范效应、逆向工程、人事部门的变动（比如当地企业雇用来自 MNE 分公司的员工）等渠道以对当地企业产生溢出效应的形式进行。

更进一步地，FDI 有可能通过提高或降低集中度以及以吸引和挤出本国投资的方式影响经济结构特征的形式来促进经济增长。开放度的提高有可能通过越来越多的复杂进口来促进学习，而作为 MNE 的供应商的当地企业通过越来越复杂的出口将会被引导学习。尽管有充分理由认为 FDI 在发展中国家的情况下可能比国内投资更有生产力，但仅单方面关注 FDI 会低估与 MNE 相关的活动产生的实际影响程度。

无论如何，为了获得 FDI 诱导式增长（FDI-induced growth），一个国家一定会成功地吸引 FDI 流量，并且从中获得溢出效应。我们已经说明在当代全球经济中，一国对外国投资者的吸引力越来越受该国制度基础的影响。这包括以正式制度的方式来巩固私有财产权，促进竞争，鼓励创新和企业家精神，促进形成有效资本市场以及组成社会的社会资本的传统规则、行为规范和价值观，促进信任与合作行为。

若一个政治体制允许开放的政治参与、广泛的生产性资产所有权的存在，包括减少伦理与宗教分歧影响的手段以及提供合理的收入均衡水平和广泛的普及教育，就会增强之前所述的内容。如果没有这种制度和信用体系的支持，通过当地资源和潜力的生产力升级来实现经济增长是很困难的，也不可能通过 FDI 的有益影响来拉动经济增长。也有证据表明实施更加民主的管理形式的国家有可能在它们的正式制度的质量上和容忍可能发生在开放经济体中的不可避免的冲击上表现更好。最后，值得再次强调的是正式和非正式的制度及实施机制各自的作用可能具有高度国家异质性，尤其会因经济结构、文化和社会规范、发展阶段的不同而不同。

在使东道国从入境投资获得利益的众多因素中，最重要的是它的吸收能力。就像一个公司的知识存量可能会因为在 R&D 上的内部投资增加而增长一样，又或者像外部协约或合作关系一样，一国的人力资本存量也能通过其对教育和培训的投资而增加，或者通过外部资源实现。外部资源的知识存在于人类的迁移中，包括学生的迁移（学生在毕业后回到他们的祖国）和技术专家的迁移（Mody，2004）。

10.6　重新审视 OLI 范式

本章中提到的发展目标的重置和目标可能实现的方式是怎样影响我们理解公司竞争力或 O 优势的决定因素的？这在多大程度上引起了对获得或增加这些创收资产

价值（即国家或地区的 L 优势）的替代地理位置的增值吸引力的重新评估？到多大程度时要求我们重新思考公司在利用或增加自己的 O 优势上的选择模式，最显然的是内生化跨国市场（I 优势）还是向外国公司出售使用权？

本部分关注的焦点是 MNE 活动的影响，换言之，MNE O 优势的配置是如何影响东道国和其母国的，我们还认识到 MNE 效应可能在很大程度上是具有部门和国家异质性的，这取决于投资的动机。为结束本章，我们重新审视了折中范式或者说 OLI 范式。OLI 范式首先在第 4 章进行了陈述，在第 5 章进行了深化，详尽考察了公司的 O 优势和配置 O 优势的方式及其动态交互作用，以及各国家和地区的 L 优势，这些关系如图 10.1 所示，该图展示了在面对一个特定 MNE 时 OLI 范式如何随着时间推移而改变，并同时考虑了 MNE 在其母国和东道国推动的变化，以及由于不可控的技术革新、市场开发和政府政策等原因导致的变化。

在第 4 章和第 7 章我们会看到传统意义上公司在开发其 O 优势时存在下列选择：
（1）出口（或进口）产品；
（2）与外国公司签订合同来生产可能出口或进口的产品；
（3）参与外国生产来替代出口或进口。

除了这些基本选择，第 9 章演示了 MNE 越来越倾向于与外国公司建立合作或联盟关系。特别地，我们的讨论主要集中在公司间合作的两种流行方式：股权式合营企业和战略联盟。我们认为尽管基于股权的合作可以很容易地被吸收进 OLI 范式中内部化的那一部分，但将更多类型的基于战略联盟形式的 MNE 活动融入我们的分析，就需要我们拓宽 MNE 的概念，将 MNE 视为关系网络系统中的协调者。

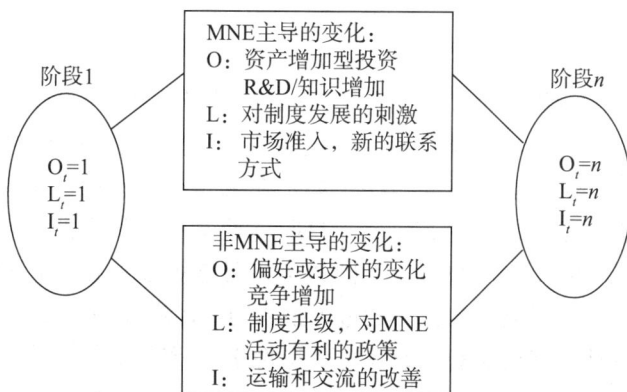

图 10.1　OLI 范式动态图（MNE 视角）

沿着我们之前的讨论，也可以假设 MNE 活动的结果会因为国家、行业、公司的特殊环境不同而有所差异。美国电子公司投资于一个小型的、正在进行工业化的国家——在这个国家几乎没有来自本地的竞争或国家也没有供应能力，或者发展程度比较低或缺乏配套的制度体系，而且东道国政府致力于进口替代政策，并且对外国附属子公司的行为要求比较严格——的结果可能非常不同于把同样的资金投资在一个大型先进工业化国家，这样的国家拥有繁荣的本土部门、良好的供应能力、积极进取的刺激机制并且政府给予外国投资者完全的经营自由。值得反思的是这些国别异质性的特点也同样影响着实施 FDI 企业的积极性，例如，与非股权投资和出口相比居于首要地位。

L 优势因素的另一个方面涉及影响的目标。比如，当考虑美国电脑软件公司在印度的投资或意大利鞋履公司在菲律宾的投资时，人们首先主要关心的是它对东道国经济福利的影响还是福利的特定方面，比如当地资源和能力的全球竞争力？或者人们关心的是对这些国家更广泛的社会、政治、文化目标上的影响，比如那些在本章前面列出的内容？人们感兴趣的是投资对所有居民的影响还是对特殊部门利益的影响？比如入境的 MNE 在有组织的劳动力上的活动的影响可能与本国的消费者、竞争者、供应商的活动的影响很不同。

高失业率地区对外国公司的态度和那些劳动力严重短缺的地区对外国公司的态度可能很不同。MNE 将更多高技术含量的附加值活动"注入"东道国的有效程度取决于该国家对人类资源发展的制度和政策的内容和质量。MNE 对市场结构的影响和特定行业技术上的优越性可能很大程度上依赖于那个行业的竞争程度和该行业在投资进行之前的有效性。把新技术资产、企业家视角和管理技能向一个缺乏创新支持制度的经济体转移，其收益很有可能小于向拥有良好发展系统的经济体转移所得的收益。在文化敏感服务部门（比如媒体和旅游业）的 FDI 有可能因为 FDI 接受国的信仰体系不同而有所差异。在我们转向对投资发展路径（它描绘出公司和国家在发展过程中其优势组成的动态变化）的研究之前，在我们研究描绘出了发展过程中公司和国家不断变化的竞争优势组成成分的投资发展途径之前，我们将依次考虑 OLI 范式的每一部分。

□ 10.6.1　O 优势

迄今为止，MNE 拥有和组织的资产与它们的异国竞争者不同，有理由假设外来直接投资独特的影响会反映在这些资产的内容和形式上。然而，根据一个国家的发展阶段，外国的 MNE 可能拥有的一些优势，在或大或小的程度上，也可能为东道国自己的 MNE 所拥有。这些优势包括来自跨国性本身所带来的优势。在这样的情况下，基于外国的 MNE 拥有的与众不同的优势可能更多地在于它们拥有的所有权资产的种类，或者它们可能有的更好的进入投入与产出市场的机会。然而，就像第 4 章说明的那样，这些优势的所有权或者可获得性未必意味着公司会实际地参与 FDI。至少从某种程度上来说，利用这些优势的影响可能与出口或组建跨境合作企业的影响是相似的。

公司所有权特定优势的本质和范围也会影响对其母国的经济福利。比如，拥有重要前沿技术或 R&D 能力的 MNE 可通过附属子公司将这些东西转移到外国，这种 MNE 与拥有特殊商标或市场营销技能的 MNE 对其母国的人力资源发展和技术竞争的经济影响可能并不相同。来自主要能力在于创造或利用效率更高但资本集约型生产技术的公司的对外投资对其母国就业结构产生的影响有可能与来自能够提高生活质量或提供劳动集约型产品和服务的新市场的公司的外国投资的影响并不相同。若一个公司的对外活动主要属于自然资源开发型，它对母国贸易结构产生的影响与一个其活动主要属于母国出口替代型的公司产生的影响可能是非常不同的。通过在全球运营中紧密整合产品和采购策略来获得日常管理下的可观的经济效益的 MNE 与对产品供给有垄断权但只寻求服务本国市场的 MNE 相比，其对资本输出国的产业化政策可能很不相同。

所有上面的 O 优势源于有特权拥有或方便获得的特殊的无形资产。其他的第 4 章中提到的优势源于公司更有效地协调一系列不相关资产的能力（即 Ot 优势）。这种能力本质上反映了投资公司内部化跨境中间产品市场的机会和能力，和/或扩大其资产和竞争力的能力超过了一些可替代的组织形式所能达到的（比如，合资企业或是合作协定）。这样的 O 优势全部来自相似或多样化的跨境增值活动的日常管理。就像第 4 章已经展示的那样，这些好处包括企业日常费用的共享、差别生产要素的成本的套利、国家特有环境动乱的平衡、范围经济和规模经济的开发、对知识和市场寻求型 FDI 的整合策略。因此，可以假设公司越多样化、生产的国家越多，这些资产的影响可能越大。

除了 MNE 的 Oa 优势和 Ot 优势，或者被折中范式确定的潜在 MNE，在第 5 章我们增加了第三种：制度上相关的竞争优势（Oi）。这样的优势包括信仰体系和对一个特定企业特有的激励的内容和质量。在任何一个给定的时间点，公司的制度由一系列内部产生和外部施加的激励、管制和规范（以及公司对它们的回应）组成。每一种优势可能以各种各样的方式影响管理决策的制定、公司股东的价值观、态度和行为以及在财富创造过程中每一种优势是如何与其他经济和政治角色相联系的。[①] 这样的相互作用和整体的激励系统可能是正式的，也可能是非正式的（见第 5 章讨论的 Northian 的观点），这也是受公司自身的批准和/或执行机制支持的。

通过将 Oi 融合到折中范式中，我们承认这是公司收入增加型资产越来越重要的因素。此外，这反映了增长的复杂性、公司所处的自然环境和人文环境的波动性和不确定性。[②] 按照公司基于资源的理论，为了让 Oi 优势产生净竞争优势（和竞争企业的 Oi 相比），这些优势必须是独特的、难以模仿的以及可持续的。同时我们也认识到了公司 O 优势的整体性（也就是它的 Oa、Ot、Oi），它明确了公司参与新的或者增加已经存在的外国增值活动的意愿和能力。

我们相信，全球化和相关技术变化，再加上对此的宏观制度响应，使学者更仔细地辨别和评估公司 Oi 对增值过程的贡献，这既和竞争者的 Oi 相关，也和 O 资产的其他形式相关。在一些情况下优势可能来自于将国家特有的制度内部化。例子包括知识产权（IPR）的延伸、专利法案的修订、政府为了抵制公司渎职行为和腐败行为执行的更有效的实施机制以及他们强烈的希望与社会不同利益相关者形成合作关系来促进环境友好型增长、更符合道德伦理的消费和在缓解贫困中起到的积极作用的意愿。在其他情况下它们可能有更多的公司特定性，包括越来越积极地承担起企业的社会责任、设计出加速创新过程的合作安排新形式。动机结构中哪种特殊形式或哪些特殊形式有可能实现特定的行为目标？对于这些问题，还有很多别的类似的问题，我们仅仅提出来但在本书中并没有做出回答。但我们认为为了更好地理解

---

① 所谓的公司的"关系型"资本正如 Dyer 和 Singh（1998），Kale 等（2000）和 Dunning（2002b）所检验的那样。

② North（2005）和 Dunning（2007）对物质和人文环境之间的差异进行了详尽的探讨。

MNE 在发达国家和发展中国家的活动的决定因素和影响效应，这些问题确实值得 IB 学者的更认真的关注。

就像我们已经表明的那样，公司的 Oi 优势组成部分和优势可能很大程度上是前后相关的。[①] 特别地，这可能反映了 MNE 开展经营活动的一个国家或一些国家的宏观制度基础设施的特征。对于一个特定国家的 MNE 或潜在的 MNE，其内部激励结构将会把这些制度提上日程并将这些制度进行调整以适应它们自己的信仰体系和战略，这种行为的程度和方式可能是 MNE 独特的和可持续的资源和能力的质量的重要成分。比如，位于与投资国的文化和政治体制不同的地区的 MNE 附属子公司在制度管理上的民族中心倾向战略与地理中心倾向战略相比，不太可能形成 Oi 优势，后者具体化了 MNE 的独特的激励结构，而这对组织 MNE 的跨境运营是最重要的。

MNE 的制度组合有可能因为 MNE 和它们的子公司开展的价值活动的种类与这些活动的目的不同而有所差异。因此，加速成本效应创造性活动的博弈规则和执行机制——特别当后者是与另外的公司联合执行时——与那些以母国和东道国的人事主管在制定人力资源发展战略时的行为，或那些以采购经理在制定雇佣条件和次级承包商安全条款时的行为，或那些以市场营销主管在确保它们的本地分销商可接受的质量控制程序时的行为为基础的规则和机制可能是非常不同的。

至于 MNE 活动的动机，某些种类的战略性资产寻求型 FDI 的目的似乎不仅是为了更容易地获得外国资源、能力和市场，而且是为了更容易获得公司或国家特有的制度。比如 MNE 有强烈的偏好想要在发展良好和有国家支持的创新体系的国家参与 R&D 活动。市场寻求型 MNE 针对以母国为基础的 Oi 资产的调整——特别是那些外国市场经验最少的 MNE[②]——也需要考虑消费者偏好和行为的不同；因为工人个人或工会有不同的期望、需求和信仰体系，以效率寻求型 FDI 为基础的激励结构可能需要修改，尤其在劳动成本低的发展中国家投资时。最后，国别制度差异的协调在自然资源型和资本集约型的 MNE 活动中可能发挥的作用并不显著，因为这只包括了相对来说很少的交易，而且很直接。举个例子来说，与知识集约型 MNE 的活动相比，后者就要庞大、复杂和不稳定得多。

在我们的判断中，MNE 内部产生的 Oi 的比例越来越高，而且不仅仅反映了母国的制度背景。确实，人们可以预测，企业开展运营的国家的文化多样性越大，波动性越大、进行的交易越复杂，更有可能聚集和同化新的 Oi 形式——特别是如果它追求外国运营中的超国家战略时（Doz 等，2001）。

□ 10.6.2 L 优势

第 4 章表明，相对于其他国家，一个国家的要素禀赋、创造的能力和可利用的市场在很大程度上可能会影响公司在一个特定国家的投资倾向，一个国家的经济体系和政策也可影响公司利用其 O 优势盈利的程度。

---

① 也参见表 5.1。
② 尤其是一些小的和中等规模的外国初次投资者。

描述一国区位优势的方法有很多。两个有名的框架是 Koopmans 和 Montias (1971) 的环境/体系/政策（ESP）范式和 Porter（1990）的竞争优势钻石模型（diamond of competitive advantage）。在 ESP 范式中国家是根据它们的经济环境（E）、经济体系（S）、政府政策（P）来分类的。这里"环境"包含资源和能力，包括对一个国家来说广泛的无形资产和企业运用无形资产来服务本国或外国市场的能力。"体系"的意思是决定资源和能力分配的宏观组织机制。比如，主要是市场执行这个任务还是由政府命令决定的？或是这两种因素的结合？商业阶层在影响不同组织形式的交易成本方面的作用是什么？"政策"指的是政府的战略性目标和政府实施的宏观或微观手段，或在它们所处的体系和环境中执行或推进这些目标的相关制度。

第二（相关的）范式是 Porter 的竞争优势钻石模型，就是在他的书《国家竞争优势》（*The Competitive Advantages of Nations*）中展示的那样。波特认为位于一个特定国家的公司的竞争性（O 特定）优势（因此，国家的竞争优势就是一个整体）是被特定的因素决定的。这些因素对那些国家很独特（在我们的术语中就是区位优势）。波特确定了这些因素中的四种：

（1）自然资源和创造的能力（特别是人类和创造性资本，一个国家创造财富的基础设施）；

（2）本国消费者要求的产出的等级、种类、成分和质量；

（3）供应商或支持产业集群的出现；

（4）公司间竞争的程度和类型以及对当地企业创造力和竞争策略的影响。

除了以上四个因素的相关因素及其相互作用之外，波特还确定了其他两种因素：本国政府和机会的作用。钻石模型的每个面从某种程度上来说都是相互依存的。尽管每个因素的相关的重要性有可能在国与国之间、行业和行业间或部门与部门间不同，波特主张只有系统地组织这些因素，它们才有可能发挥最大效率。

查阅 20 世纪 70 年代和 20 世纪 80 年代关于特殊区位吸引力的文献[1]，其包括了国家及国家中的区域，既有本国的公司又有外国的企业。文献表明，当时大家都在强调：(a) 特殊要素禀赋的成本和质量；(b) 本国市场的规模、特征和增长；(c) 东道国的政策，比如可能会影响（a）和（b）的税收和财政刺激。尽管（c）包括与制度相关的变量，比如社会资本，但很难从整体上讲清楚或者对待。[2] 随着当前的全球化——尤其是一些中东欧经济体以及中国转向以市场为基础的经济系统——越来越多的人开始关注影响外来 FDI 的、国家特有的激励结构和执行机制的内容和质量。专栏 10.1 展示了 21 世纪早期我们对主要东道国 FDI 决定因素的分类。这也确定了特定的区位决定因素，在我们看来，这些决定因素在过去的十年甚至以上时间变得更加重要。

现在我们以本章之前讨论的发展新范式的视角来考虑 L 优势的重新配置。我们已经看到关于发展目标和实现这些目标的方法，新范式和老范式在很多重要方法上不相同。一旦已经确定了这些特征，本国政府的下一个任务是在促进它的长期经济

---

① 例如本书第一版的总结 (Dunning, 1993b)。

② 例如，一些例外可见联合国跨国公司中心（UNCTC，1978，1983）。

和社会目标时确保社会宏观和微观的激励结构①以及组成的财富创造实体能最有效地创造和组织以及利用它们可得到的资源、能力和市场。为了利用成为全球经济一部分的有利条件，通过进口、FDI 和跨境联盟、外国公司的方式，这也包括了一系列必要的制度条件或升级以增加外国公司的能力和资源。但是为了使其成为可能，如果这些国家想要进行那种生产的话——并且用一种有效且及时的方式，资本接收国本身就必须准备好提供外国公司所需要的制度和制度性的支持。

专栏 10.1

东道国 FDI 的决定因素

1. 一般的政策框架
- 经济、政治和社会稳定性
- 良好的监管（透明可信的政策及其执行）
- 执行的政策和市场结构（特别是竞争和并购政策）
- 私有财产保护（包括知识产权）
- 产业和地区政策；竞争群集的发展
- 贸易政策（关税和非关税壁垒）以及稳定的汇率

2. 针对 FDI 的特殊政策
- 双边国际投资协定（IIA）
- 投资动机和运营要求（进入市场前后）
- 投资前后的服务（比如一站式购足（one-stop shopping））
- 社会设施（国际学校、生活质量等）

3. 由投资类型决定的经济决定因素
(a) 市场寻求型投资
- 市场规模和人均收入
- 市场增长
- 特定国家的消费者偏好
- 市场结构
- 心理距离
- 地区和全球市场的可获得性

(b) 资源寻求型投资
- 土地和建造成本：租金和利息
- 原材料、组件和零部件的成本
- 廉价的非熟练的劳动力
- 熟练劳动力的可获得性和成本

(c) 效率寻求型投资
- 资源成本和（b）中的调整劳动生产力的能力
- 其他投入成本，比如来自东道国经济体和东道国经济体内的交通和通信成本
- 签订地区联合协定会员资格，目的是为了更有利于提升更具成本效应优势的国内劳动分工。
- 市场促进制度的质量

(d) 资本寻求/增资型投资
- 竞争政策（包括企业并购）
- 技术资产、管理资产、关系资产和其他已创造的资产
- 实体基础设施（港口、道路、能源、通信）
- 宏观创新、企业和教育能力/环境

备注：用斜体字标注的决定因素代表了作者（基于当下的研究）认为在过去十年左右的时间里越来越重要的因素。

资料来源：改编自 Dunning（2006b）。

---

① 它们中的一些已被 Gray（2002b）和 Rondinelli（2005）确认。

这样的位置约束性制度（Li）是在一个广阔的范围内延伸的。在这个范围的一个极端，东道国政府的促进投资的政策及其签署的双边投资协定的内容可能会影响外国投资者。在另一个极端，有大量的政策选择、规则、刺激政策，以对外国投资者的进入、运营和退出条件施加影响（UNCTAD，1999，2003a，2006）。

越来越复杂的跨境贸易以及新出现的对发展的社会目标的关注，都在挑战个人和机构的意愿和能力，之前个人和机构彼此之间几乎很少联系，现在开始共同而高效地工作。在国计民生的所有层面，已有的制度影响和缓冲的行为模式正在遭受质疑和重置。这有时与个人消费者、工作者和投资者的态度和行为相关，有时与公司商业行为相关，有时与政府政策相关，有时与非政府组织（NGO）和特殊利益集团的拥护支持相关，有时与超国家机构的想法和行为有关。部分质疑来自于长期保持和尊崇的信仰体系和传统。全球化正在使人们重新评价不同国家（母国和东道国）经济体的道德生态系统，不仅是因为它的形式和内容正以自己的力量成为区位优势（或劣势）（Dunning，2003c）。

就像公司的 Oi，国家的 Li（和 Li 的改变）（当它们影响公司表现时）有可能在很大程度上是随着具体环境而变化的。在现在的背景中，我们认为它们在发达国家和发展中国家间以及发展中国家之间都有相当大的差异。作为后者的例子，在 20 世纪 70 年代、20 世纪 80 年代和 20 世纪 90 年代早期的绝大部分时间中，相比于绝大部分拉美和撒哈拉沙漠以南的国家，大多数东亚国家的激励结构都有利于促进创新和提高资源利用率、提升能力和发展市场，以实现其促进发展的目标。[1] 如果没有信仰系统、体系和社会资本的重新配置，中国过去 15～20 年间的令人印象深刻的发展路径可能未必能实现。最后，自上而下和自下而上的激励结构的平衡，以及强制和自愿实施机制的平衡可能是具有很强文化特殊性的 L 优势变量。而就像我们已经表明的那样，缺乏文化敏感性和对 MNE 部分的理解，这势必会增加母公司和它的外国子公司在制度上的距离。[2]

很多其他的国别特征有可能决定 L 优势的内容，这在本章之前已经强调过。这些包括国家的开放度以及其参与的包括不同国家的跨境商贸的程度（可比较新加坡和加纳）；不同信仰体系的多文化和宽容的程度（可比较马来西亚和伊朗）；经济和社会发展阶段（可能会影响其支持的制度上的基础设施的内容和有效性，可比较巴基斯坦和韩国）；对特定行业结构的制度要求（可比较沙特阿拉伯和中国香港）；国家的规模（可比较斯里兰卡和印度尼西亚）；它对财富创造和企业家精神的态度和政策（看比较中国台湾和韩国）；社会动荡和紊乱的范围和严重程度（可比较哥伦比亚和智利）；以及也许最重要的，国家的监管模式，尤其是当它允许社会的主要财富创造者的行为自由时（可比较越南和柬埔寨当下的情况与 20 世纪 80 年代的状况，或是比较津巴布韦和博茨瓦纳在 21 世纪早期的状况）。无一例外，这些例子显示了：

---

① 联合国非洲经济委员会（UNECA，2006）的一个报告表明，过去的四十年，流入非洲的资本并未随之实现经济的转化，除非当地制度和政策也随之进步，例如坦桑尼亚和突尼斯。

② 例如，参见 Xu 和 Shenkar（2002）、Dunning（2006b）关于制度距离的研究。这个理论可以追溯到 Seev Hirsch（1976）的开创性贡献，即如果协调不同（与外国特定产品的生产相关的）激励机构的成本超过从母国出口相同产品的成本，那么出口将是服务外国市场的更好路径。

（a）国家特有竞争性资产的 Li 组成部分的重要性；（b）Li 各种各样的组成成分和质量的综合性和复杂性；（c）在制度距离上的差距和原因可能因特定的母国和东道国而异。

总的来说，21 世纪发展的新目标和内容，以及世界经济和政治情境近来的改变表明了基于区位的制度和制度的基础设施应该成为对 IB 活动的决定因素和影响的研究的核心。如果 North（1999，2005）正确断言了国家间的信仰体系和激励结构的差异是它们增长速度和发展路径的轨道和差异化速度的关键性解释，那么可以断定国家激励结构的范围、形式、质量及其动态升级模式有可能是影响外来 FDI 和对外 FDI 对促进经济发展和特定国家战略调整的贡献方式的关键要素。

□ 10.6.3　I 优势

最后，拥有相似的 O 优势且面临广泛而可比较的国家的 L 特性，MNE 仍可能对于其经营的所在国有不同影响，因为它们用不同方式组织和控制这些资产的使用。第 3 章已经显示了在完全竞争市场中生产的单业务公司的价格和产出策略被限定在那些和利益最大化相一致的策略中。在不完全市场结构中，特别是在技术复杂且不确定以及规模经济鼓励公司多样化其商品和生产出口的情况下，公司会有更多选择权。这样的话，施加在任一活动上的组织方面的监管政策与施加在众多相同活动中的一种活动上的政策很有可能是不同的（Caves，1981）。换言之，资产的所有权可能会影响它们协调的方式，反过来也可能会影响它们使用的后果。

基本上，我们贯穿全书的假设是 MNE 会努力并且确保自己掌控着增值活动的管理，且以一种促进企业总体利益的方式进行。因为管理很多外国子公司与仅管理一个子公司的差异，其对东道国的影响也是不同的。实际上，后面章节会说明，正是因为 MNE 获得和使用中间产品的不同策略以及它们组织营销和分销网络的方式，使得很多政府认为这正是相对于国内公司显著不同的特点。尽管已经认识到外国 MNE 可能提供新资源、能力和市场、激励结构和企业家视角以及基于母国的 MNE 的出口技术和人力资源，但 MNE 之所以为 MNE，其独特之处是它转移或得到的资源、能力和制度与东道国独有的资源、能力和制度相协调的方式。

（第 4 章）在解释地处外国的公司的 Oa 和 Ot 资产配置的组织选择时，我们发现很多学者比如 Peter Buckley、Mark Casson、Alan Rugman、Jean-François Hennart 转向了交易成本理论的研究。在 Oa 情况下，对于某一特定所有权（比如，专利权）增值活动的选择，是采取全资子公司的形式还是非股权合资的形式取决于科层控制的收益——比如为了应对机会主义、道德风险、声誉损失和质量控制不足等有关内容的收益，与减少或取消资本投资（风险也随之而生），辅以合作协议可能提供的增加知识的机会和更具支持性制度结构的收益——之间的权衡。在 Ot 情况下，根据定义，它们与 Oa 分离后是没有市场的，因此只能将它们内部化。

Oi 有什么用？我们通过考虑 MNE 和一个外国公司之间决定结成合资企业的好处来举例说明。第一个例子是公司和它们在投资国与资本接受国所处的社会的激励结构基本上是一致的（比如，美国和加拿大之间，美国公司和加拿大公司之间）。只有东道国公司拥有了除东道国公司（可能的合作伙伴）以外的 Oi 优势并达到一定程度时，恰当的管理跨境资产（或权利）交易的问题才会出现。当然，只要 Oi 优势需要与 Oa 优势和 Ot 优势一起配置，它们就必须受到同一公司的管理。

然而，全球化和发展新范式的一个特别有趣的特征是，不但公司可能把社会变量——比如人类权利和环境相关的变量——融入它们的经济目标中，而且潜在的和支持性的制度——帮助深化了这些额外的目标——也可能因投资国和资本接受国的差异而显著不同。这在北/南和南/南 FDI 中的应用不比在南/北 FDI 中的应用少。因为这个原因——这带给我们第二种情况——供选择的跨境组织形式的相关优点有可能会改变。从极端上来说（比如在一些战略性资产寻求型 FDI 中）投资公司或国家的社会目标和激励结构可能是完全不合适施加于它的子公司或者与它的外国子公司共享。那么选择要么是调整它的基于母国（或全球）的制度，要么是和当地公司进行某种合作，以便使这种（或其他的）已转移的 O 优势和合作公司的 O 优势尽可能地高效配置。后面这种制度形式有可能在非常不同的商业文化和/或信仰体系（比如中国和坦桑尼亚）或在不同发展阶段中（比如澳大利亚和斯里兰卡）最为流行。

同时，如果投资公司所拥有的激励结构和执行机制优势显示出有可能最终被东道国拥有（就像现在似乎正在发生的、西欧对波罗的海国家和克罗地亚、斯洛文尼亚进行 FDI 的那样），那么公司的 Oi 优势，至少在一个不熟悉的国家进行 FDI 的最初阶段，更有可能被内部化。

然而，就像外国参与的任何形式的投资，很多投资会取决于东道国政府对本国资产非居民所有权的态度和政策。另一方面，20 世纪 90 年代市场自由化和更多发展中国家融入全球经济，导致了一个协调的公司内激励结构。另一方面，人们现在越来越关注企业社会责任（CSR）的各个方面，鼓励了一些发展中国家重新审视之前为确保外国子公司的行为和运营促进自身特定经济、社会和文化目标而做的尝试。尤其是这包括了鼓励外国子公司遵循母国正式或非正式的制度性风俗习惯以及尊重支持它们的价值观和信仰体系。很多 MNE 的回应是偏好建立非股权合作商业关系。例子包括纺织品、衣物和鞋履这些劳动密集型生产流程的外包以及服务热线中心从某些发达国家搬到发展中国家（UNCTAD，2004）。

就像 Oi 和 Li 优势，那些与投资公司利用或增加制度性资产的组织模式相关的特征和重要性也可能是具有国家、行业或者公司异质性的。在这些包括文化敏感性或复杂的生产流程或产出活动的情况下，或者投资者首次在不熟悉的社会环境中寻求市场的情况下，可以理性地预言：如果与一个当地生产商建立了合作关系，而不是追求一个"单独行动"的模式，那么公司的制度性相关的交易成本可能更低。相反，在很多欧盟内部和横跨大西洋的 FDI 的例子中——包括标准化商品的生产和价值链上相当少的交易，比如炼油、专利药物和日常会计服务——外国投资者试图受困于一个合作公司的制度性基础设施或者期望修改东道国的基础设施是没有任何益处的。

20 世纪 90 年代是一个跨境企业并购活动繁荣的时代（UNCTAD，2000b）。然而这主要是三个大洲之内的特性（an intra-Triad nature），自从 21 世纪初期以来，来自发展中国家公司的跨境兼并（包括发展中国家公司互相兼并和兼并发达国家的公司）的增长速度已经超过了世界的其他地区（UNCTAD，2006）。我们认为这种情况的部分原因不仅仅是为了获得外国公司的制度性资产，也是为了使东道国其他组织的激励结构和执行机制能更好地增值——尤其是当购买者正在考虑扩张或重构所兼并公司的产品或生产组合时，这种可能性更大。

10.7 投资的发展路径

在审视了公司不断改变的 O 优势和国家的 L 优势如何相互作用以解释外来和对外 MNE 活动的模式之后，我们现在转向研究旨在捕获一个特定国家动态远景的架构，也就是投资发展路径（IDP）。

学术性的研究表明，很难概述 FDI 在经济发展中最合适的角色（Dunning 和 Narula，1996a）。在 20 世纪，外国资本、技术和人类技能以及企业家精神在西欧经济体、美国、日本的发展的"腾飞"中扮演着一个可变的角色。在 21 世纪，与这些经济体相似的国家的经历更具"分散性"。人们只需要看第二次世界大战后的日本和德国或韩国和印度的历史，就能明白经济的发展和成功未必依赖于 MNE 活动大规模的进入。

与此同时，印度、中国和东欧经济体过去的经历也显示了缺少 MNE 不能保证经济的平稳增长。MNE 对追求或者已经获得内向的进口替代或准社会主义政策的经济体的影响，有可能与追求外向的出口导向和自由市场策略的国家非常不同。很大程度上受关税或者非关税壁垒保护的经济体，比如 20 世纪 60 年代的加拿大、20 世纪 70 年代的巴西以及近来的印度甚至 20 世纪 90 年代的日本，与那些没有或只有少量贸易限制的国家（和地区）相比，比如新加坡、中国香港、瑞士或者英国，受到的影响也是很不同的。之前的部分已经试着说明，有强有力的证据表明 FDI 对发展的贡献很大程度上与东道国制度的内容和质量相关——特别是有关增强竞争性活动的制度。

在第 4 章，由 Dunning（1981，1986a，1988a）提出的、Narula（Dunning 和 Narula，1996b；Narula，1996）进一步发展的 IDP 模型，是一种将动态因素融入国际生产理论的方法。IDP 模型提供了描述和分析由 FDI 导致的、在不同发展阶段的制度重构的潜在原因。基本的假设是：（a）随着国家的发展，可能在某个国家投资的外国公司面临的 OLI 优势是可以重新配置的，海外投资的本国公司的 OLI 优势也是会改变的；（b）识别这些变动的决定因素以及这些变动对发展路径的影响是可能的。这个概念也表明外国和本国公司的相互作用方式本身就可能影响国家投资的发展路径，这方面的文献见 Tolentino（1992）。

□ 10.7.1 IDP 的阶段

在 Dunning 等（2001）对 IDP 的最新思考中，他试图将贸易和行业结构的改变添加到 IDP 的分析范式中。他对韩国和中国台湾进行了案例研究，识别了 IDP 五个阶段的四个阶段以及贸易组成（进口和出口）和 FDI（包括对外和外来）是如何相互联系的。在表 10.1 中我们复制了支撑这个更宽泛的、制度导向方法的主要假设，Ozawa（1992，1996）在分析众多亚洲国家外来 FDI 和产业升级之间的联系时，使这些假设得到了多方面的反映。①

阶段 1

在这个阶段，国家的竞争优势主要取决于它拥有的自然资源。一旦外来投资被吸引，就会被导向初级产品部门和（提供相对简单的消费性商品）劳动密集型制造业部门，产品要么流向当地市场，要么流向出口市场。在这个阶段，国家几乎没有创造能力或其他竞争力，这些能力或许来自工艺品行业人类技能的聚集以及专业化的采矿业、农商业和渔业活动。它的制度也是简单的，发展水平较低。因为这些特点，对外 MNE 活动可能是受限的，属于贸易支持型和/或资产寻求型。

在这个阶段的国家倾向于（主要地）参与资源基础型部门的、中低端创造型资产密集型部门的进出口，对外国子公司几乎不施加经营要求。资产的累积会受限并且非常依赖于东道国的供给能力或市场能否足以导致主要活动的提前处理。如果没有这样的能力，外来投资就可能有导致飞地经济活动的出现、催生"二元经济"的危险。

阶段 2

这个发展阶段是以增值活动的投资资本与日俱增的重要性为标志的，在一些情况下，是以国内市场的规模和质量为标志的。同时，依靠其汇集和分散资产的能力，一个国家可能发展为经济活动的集群。阶段 2 也可以以对中等教育、公共健康事业、交通和通信的关注的急剧增加为标志。通过升级当地资源的能力和生产力以及通过激励竞争，外来 FDI 可能会对国家的改革起到重要的辅助作用，尤其是当该国正在追求的是出口导向型发展战略时。另一方面，一国更可能偏向于发展它自身的资产能力和限制外来 FDI 的规模。这是日本和韩国开始于 1952 年之后的战略，也是一些拉丁美洲经济体在 20 世纪 60 年代晚期和 70 年代的战略（Jenkins，1984）。

在发展的投资导向型阶段，一国的显示比较优势（RCA）结构有可能向中等范围到大范围的资本集约型的部门转移，比如基础药业、钢铁以及造船业；一些较小范围和专门机械工程活动；劳动密集型但中等的知识密集型消费品的生产，比如电子产品、服装、皮制品、加工食品和香烟。外来投资产生"邪恶"或"善良"的本地资产积累和行业重构的倾向，可能强烈地依赖于东道国政府对以下三点的应对程度：(i) 能够培育支持性制度和供给能力，(ii) 成功设计和施行恰当的宏观经济和组织政策，(iii) 向它们自己的公司提供必要的动力来升级其产出的质量以达到国际认可标准。在阶段 2，国家开始吸引更多的外来 FDI，但是本国 MNE 进行对外 FDI 仍有可能不太重要。在阶段 1 和阶段 2，贸易和 FDI 仍发生在不同行业的部门之间，也就是说行业间贸易和行业间 FDI。

---

① 在其"发展阶段"模型中，Ozawa 区分了三个主要发展阶段，即要素驱动、投资驱动和创新驱动，并将日本结构性转变和相伴随的 FDI 联系在一起。

表 10.1			经济发展阶段			
	I 和 O 投资的平衡	I 投资的特点	O 投资的特点	O 优势	L 优势	企业的 I 偏好
阶段 1:自然资源基础型	少量的 I 和可忽略的 O;低端行业内贸易和投资	资源基础型	出口促进型投资;有限的资源寻求型投资;农业和原材料产品部门;小规模手工和劳动密集型制造业,尤其是纺织和服装行业	在邻国或利基市场进行的限于小规模特有产品的销售	主要出现在自然资源部门,对基础设施的支持也很重要;政府在建立法制和商业制度上所扮演的角色	除了进出口部门,市场是不完善的
阶段 2:投资驱动型	越来越多的 I 和有限的 O;低端行业内贸易;增加的行业内贸易	依旧是资源基础型,但是资本密集型部门有所增加;雇用低成本劳动力	进行资源和市场寻求型投资;部分在发达国家投资;大多是地区性绿地投资;自然资源投资(包括农业和水产养殖业);利用成熟的技术进行轻工业生产;部分服务业,如旅游业	生产低成本、标准化的产品,或基于邻国自然资源的产品的能力	低实际工资成本;自然资源供应能力和本地工业集聚;教育、交通和 ICT 设施越来越重要	强烈依赖政府政策和当地基础设施,但总体来说是许可贸易
阶段 3:创新驱动型	O 增长快于 I;越来越多的工业贸易和投资	为当地市场提供复杂的产品或需要更多技术型劳动力	各种各样的投资,包括效率寻求型和资产增加型投资;大多数仍然是地区性或绿地投资,但有了一些 M&A;大规模制造消费型商品,如电子产品、服装;更多服务投资,如建筑和银行业	区分产品和(或)适应当地消费者偏好的能力;一些限于产品和流程方面的创新	企业家精神;更大规模、更复杂的市场;政府在经济重建和促进竞争市场方面的作用;非正式制度越来越重要	企业倾向于股权多样化以保护知识产权和控制市场
阶段 4、阶段 5:越来越多的知识和服务密集型;知识经济体	大量的 I 和 O;O 经常超过 I;大量的行业内贸易和投资;I 和 O 流动的平衡	越来越多的效率寻求型和资产增加型投资	越来越多的效率寻求和资产增加型投资;包括地区性和全球性的 M&A 以及企业联盟;在知识密集型部门(如 ICT、生物技术、纳米技术)、高附加值部门(如咨询)重建全球价值链	大量 Oa + Ot;越来越重要的 Oi;MNE 内外网络的协作;开放性创新的重要性	供给能力、服务业和市场促进服务越来越重要;政府在最小化交易成本、促进创新和经济重建中的作用越来越大;非正式制度越来越重要	越来越多地以合作和(或)合约关系的形式来管理 MNE 外部网络;在海外注重大量运用核心竞争力

阶段 3

在这个阶段，发展中国家正在接近经济成熟，它的收入水平和工业结构开始与发达国家相似。依据它们的规模、它们资源和能力的结构以及它们制度的竞争力，大多数国家会发展成工业化或者混合型经济体。在任何情况下，尤其在之前的案例中，阶段 3 的标志是经济增长从强调投资驱动转向强调创新驱动，就像急速的城镇化和急剧增加的创新活动的支出所表现的那样。

因为生活标准提高了，消费者有可能偏好高质量和差异化商品，而低成本的资源密集型产品在世界市场中的竞争力变得更小。阶段 3 经济体的标志之一就是政府在高等教育和通信设施上的花费引人瞩目地增长。同时，它们公司的竞争力开始较少依赖于对本国自然资源的拥有而是更依赖于它们的管理和组织上的竞争力以及企业精神的品质。

在一个具有比较劣势的国家，因为其 O 资产的条件，以及因为协助东道国升级它们本国的制度和能力，外来 FDI 的作用将继续受重视。另外，FDI 能帮助东道国重构其经济体系，从自然资源型和（或）物质资本密集型部门的活动向创新密集型部门的活动或者那些生产高质量的差异化商品的活动发展。当外来 FDI 驱逐了当地的竞争者并促成了资产累积的"邪恶的"循环时，外来 FDI 就可能不受欢迎了——除非该部门在该国正在逐渐丧失比较动态优势。

随着本地公司开始形成它们自己的所有权优势——将非常依赖于教育和政府制定的创新激励结构——它们有可能首先通过出口予以利用，然后通过对外 FDI 的方式，在外国市场的销售量也随之增加，或者在母国的生产成本也随之上升。在这个阶段，除了资源寻求型和市场寻求型投资，公司也可能开始参与效率寻求型和战略资产获取型的 MNE 活动。这样的公司会通过参与企业并购或与处于阶段 4 和阶段 5 国家的公司建立战略联盟的方式寻求外国技术、品牌名称、管理技能和新市场。

阶段 3，ESP 范式（见 10.6.2 节）的关键因素有可能从强调环境和制度转而强调制度和政策。设计正确的经济系统和最优的政策以及制度工具来支持和（如果必要的话）修改系统成为政府越来越重要的任务，特别是它们影响市场效率和财富创造公司的交易成本的方式，使得政府作为有效资源配置促进者的角色变得更重要。

阶段 4

在 IDP 这个阶段，国家的 L 优势可能围绕着它们已创造的资产的范围和质量，至少在一些部门，本国公司的 O 优势开始与来自发达国家的公司进行匹配。外来投资，尤其是来自阶段 4 国家的投资可能变得更具连续性，且属于效率寻求型和资产寻求型的投资。在阶段 3 和阶段 4，贸易和 FDI 行业内成分越来越多，行业间成分则越来越少更好。

处于阶段 4（和阶段 5）的经济体有可能是在 R&D 处于领先地位的"花钱者"，R&D 大部分是用来进行新产品和生产方法的创新。计算和电信技术的极速进步已经加速模糊了制造业和服务业之间的传统界线，特别是包含创新活动的服务内容。因此在公司完成的产出中，越来越大的比例要么直接由服务组成，要么由包含大量服务内容的商品组成。因此，在该发展阶段的经济体也被称为"后工业"或知识经济体。

政府的作用依旧重要，但是它现在强调的重点由减少结构性市场扭曲转向强调协助公司绕开或克服地方市场失灵。这种市场失灵是因为市场波动性和相互关联性的增加而出现的。这些特点导致了达成交易的结果更加具有不确定性，导致更多与它们相关的外部化。这些特点均要求进一步的制度升级，尤其是在促进创新和人力资源发展方面。

在发展过程中的阶段 4 是这样一个阶段：有更多的国内和跨境公司及其内外的联系，既有基于合作的也有基于股权的，国家在资产集聚上的成功越来越依赖于公司在地区和全球水平上协调其资产和才能的能力。自然资源禀赋大致相似的国家在阶段 4 的比较优势有可能更多地以它们的宏观经济和制度体系的效率为基础。因此，外来 MNE 活动和对外 MNE 活动不能仅靠外国资源和能力的标准来评判，也依靠它们的组织方式和它们对当地竞争者、供给者和消费者在效率和竞争力方面的溢出效应来判断。因为一个国家的制度体系本身就是一种资产，这种资产在很大程度受国家文化和信仰体系的影响。通过文化连接，MNE 活动可以在实质上影响——无论好坏——处于阶段 4 的经济体保持或提高其全球竞争地位的能力（折中范式中的 Li）。

阶段 5

发展的最终阶段由 Dunning 和 Naruha 首先提出（1996b），并以美国、日本和瑞典等国家作为例证。阶段 5 的国家更像是先进的阶段 4 中的国家，本国 MNE 仅从它们母国获得的 O 优势越来越少，更多地在外国参与效率寻求型和战略性资产寻求型投资。阶段 5 的国家继续接收外来 FDI——包括增资型 FDI——并以大致相同的程度参与对外 FDI。实际上，Dunning 和 Narula 认为 FDI 净值（存量）以零为中心上下浮动将是阶段 5 的国家的一个特点。他们也预测到，持续的交叉投资有助于工业结构的集聚，并最终导致阶段 5 的国家间的增长速度趋同。

□ 10.7.2 制度和 IDP

对 IDP 的经验研究——比如 Dunning 和 Narula（1996a），他们的贡献中包含一系列发达国家和发展中国家——已经显示了在跨越发展阶段的过程中剧烈的变化。随后 Buckley 和 Castro（1998）对葡萄牙、Bellak（2003）对澳大利亚、Lantouris 等（2002）对希腊、Svetlicic 和 Bellak（2003）对奥地利和斯洛文尼亚、Barry 等（2003a）对爱尔兰进行了研究。在所有这些研究中可以很明显地看出，国家之间由于资源禀赋、体系和政府政策的不同，IDP 的特定轨道也很不同。

比如，在葡萄牙的例子中，只有结合政治和经济因素，即成为欧洲自由贸易联盟（EFTA）和欧盟（EU）成员，以及独裁政体的结束，才能够解释为什么该国似乎在 1975 年和 1988 年两次进入阶段 3，但最终都失败了，直到 20 世纪 90 年代才成功（Buckley 和 Castro，1998）。在爱尔兰的例子中，尽管净对外 FDI 头寸的整体模式上符合 IDP 的预测，但爱尔兰对外 FDI 集中在非贸易部门，比如建筑材料和造纸业以及包装业，而外来 FDI 集中在高技术部门（Barry 等，2003a）。

在模型预测方面关于恰当的数据检验技术的讨论、用人均对外 FDI 净值而不是分别用对外 FDI 和外来 FDI 存量的合理性的讨论有很多，因为在阶段 4 和阶段 5 的国家均具有"零净头寸"的特点。Duran 和 Ubeda（2001）认为人均 GDP 在确定发展水平上是不充分的，他们运用了因子分析法来检验一组更宽泛的结构变量对 IDP 的影响，结果表明这样的方法有一些优点，尤其是对发展中国家。他们随后的一系列分析证明了，尽管对外 FDI 的大幅增长是阶段 4 国家的一个特征，但这并不一定能导致一个正的净投资头寸。阶段 4 国家和阶段 5 国家的主要不同在于它们的知识密集型资产的禀赋（Duran 和 Ubeda，2005）。

与 IDP 原本预测的一个重要背离是：在 21 世纪早期，一些发展中国家开始在 IDP 早期阶段参与对外 FDI，因此在较低的人均 GDP 水平上获得了正的净外来 FDI 的地位，或者换种说法，获得了在得到大量外来 FDI 的条件下，程度较低的净对外 FDI 头寸的地位，比如巴西、中国、印度、墨西哥和南非（UNCTAD，2006：142）。来自发展中国家 MNE 的投资均典型地集合了利用资产和增加资产的动机，在一些情况下，比如中国、马来西亚和新加坡，对外 FDI 的增长受到了政府政策的鼓励。

尽管 IDP 已经对促使一个经济体度过各个发展阶段的潜在制度的发展过程给予了一些思考，但仍大体上局限于对基础设施和教育的投资。[①] 在新的发展范式的背景下，恰如在本章中某处所讨论的，把更多样的制度性激励机构包含进 IDP 将是一个新的研究领域，理应得到更广泛的关注。

这些激励结构有可能在每一发展阶段都不同。在最早的阶段和最基本的水平，可能存在一个从个人到非个人交换形式的经济活动的转移（North，2005）。伴随着劳动力分工的增加，以及更加复杂的交换形式，就需要一系列的协调和促进制度，尤其是为了对抗信息不对称和道德风险来保护个人和组织，因为它们"学然后知不足"。除了促进合约执行的制度外，还有可能包括寻求保护个人和组织免受其他形式的风险的制度，比如通过制度上的环境和安全规则。[②]

因为当无法预见的不确定性事件发生时，合约很可能是不完全的，需要反复的交流、精心设计的激励和（或）社会关系来确保执行，因此对于这些制度的需要应运而生。这些条件在本国环境下而不是当公司跨境时更容易实现，某种程度上，这个经济活动的模式有可能反映了一种"母国偏见"，这已经在许多不同的情境中得到了经验性的观测。[③] 由于正式制度（比如法律、法规、合同）需要非正式制度的有效运行，在交易越来越复杂的情况下，非正式制度的作用也有可能会加强。

在后面的发展阶段，越来越多的不确定性和技术改变会将焦点从实体环境的控制（减少不确定性）转向试图控制人文环境。由于交易越来越复杂，对个人的思维模式和信仰体系有可能会产生压力，进而可能在随后的发展阶段阻止或促成合理的制度结构的产生。在这一点上，制度化的企业家精神与可调整的效率在公司和国家

第 10 章

FDI、经济增长与发展

---

① 但是 Scott-Kennel 和 Enderwick（2005）已经向着这个方向迈进，他们从本地公司利用溢出以及与 MNE 子公司建立联系的机会的角度出发（而这提升了 IDP 的每一个阶段），描绘了外来 FDI 对东道国发展的影响。

② 正如 Giddens（1990）指出的，在一个愈加整合和相互联系的世界，信任一些不能被高效地控制或监督的专家系统是现代社会的一个永久的特征。

③ 例如，世界最大的那些 MNE 的销售是地区性而不是全球性主导的（Rugman 和 Verbeke，2004b；Rugman，2005），投资者在其证券组合中持有不成比例的母国证券（Strong 和 Xu，2003；Stulz，2005），外国投资存量的模式反映了制度和文化的相近性（Petersen 和 Pedersen，1997）。

水平上的差异有可能产生相异的发展路径。

透明的和连贯的正式制度的发展对保持发展势头是必要的，比如那些旨在促进和巩固财产权、鼓励创新、促进有效金融市场形成、为那些本身没有错误但受到（政策）变化和非遍历的不确定性的不利影响的（公司）提供庇护的制度（North，2005；Rondinelli，2005）。尽管有很多国家是随着经济的增长来完善这些制度的，但更通常的情况是制度的发展超过了经济发展。无论发生何种情况，在较晚的发展阶段，给予个人更多自由和提高公民社会发展的可能性也变得更加重要（Sen，1999），因为这鼓励了信任和合作行为。同时，实施一系列正式制度，允许开放政治参与，减少种族或者宗教的影响，保证合理的公平收入水平和普遍的受教育机会，就有可能巩固之前提到的所有因素。在某种程度上，只有在后面几个发展阶段再分配目标才变得更加重要，这些选择反映了与经济表现的背离，其在这个阶段变得更为明显（比如美国和欧盟之间）。

10.8 结论

本章从制度视角考察了经济发展的过程和 MNE 在该过程中的角色。主要的主张是交易量的日趋扩大和交易的日趋复杂，这些对经济活动范围的扩展也是必然的，由于越来越先进的劳动分工和不确定性的产生，需要发展新形式的制度来进行缓和。这些制度分为两种基本类型：一种是正式制度，如法律、规则和合同等；一种是非正式制度，如价值观和信仰体系等。

有效率的市场需要一系列的正式和非正式制度来实现良好运行。在这些制度中主要的是保护私有财产权和强制执行合同的正式制度。然而为了减少交易成本，还需要支持性的非正式制度，包括信任和宽容，因为这减少了在不可预见的突发状况下发生冲突和重新协定合同的可能性。随着国家越来越发达，制度不仅保护合同当事人，还尽可能保护社会的安全稳定，并有可能发挥更重要的作用。这些制度包括社会规范的很多形式，无论是处理雇员的雇佣和解聘，比如非歧视政策，还是环境和健康保护的措施，比如控制碳排放量或者食品安全管制。

随着国家政府所追求目标的拓宽，个人和组织解决共同行为问题的能力以及这样做所需要的社会资本变得越来越重要。有助于社会资本形成的因素是以大量国民参与和广泛的信任的形式出现的，而这本身受到了社会经济平等和减少歧视这些流行内容的影响。这样的特点在拥有民主政府形式的国家更加普遍，尽管民主本身不是社会资本集聚的保障。然而通常情况下，在拥有更多丰富的社会资本的国家，政府政策可能更具有连贯性，正式制度更可能是透明可信的，这使得它们成为开展经济活动令人满意的地区（Rodrik 等，2002）。在没有这些条件的国家中，如果存在大量的多种形式的不良监管（比如腐败和政策撤销），就会使这样的国家难以维持经济增长。

作为参与发展全球经济的主角，MNE 会对东道国发出的制度信号做出反应。自然资源开发部门除外，MNE 活动的关注点主要集中在有良好监管的地区，因此受不平等和不安定困扰的国家得不到这种投资所带来的好处。在宏观水平上，能吸引MNE 活动不是经济增长的保证也是显而易见的。那些看起来能获得最大利益的国家也是因为能够升级它们的制度，特别是通过在教育和技术生产力方面的投资（以升级其制度）（Glaeser 等，2004）。也存在这样的国家：有能力调整它们的制度以满足全球市场要求，而把外来（和对外）MNE 活动作为重建过程的工具（Ozawa，2003，2005）。

在本书该部分接下来的章节会详细观察 MNE 对它们的东道国和母国做出的不同种类的贡献。这些分析比在本章叙述的宏观层面上的研究更好地揭示了（MNE）特定的运行机制对其东道国和母国的影响，无论是直接的还是间接的。这样的影响包括技术转移（转向东道国和来自东道国）、就业机会和培训的规定，对竞争和供给条件的影响以及对当地公司的间接效应或溢出效应。所有这些效应的总和，一些有可能是负的，一些有可能是正的，这反映了 MNE 对它们的母国和东道国做出的多层面的贡献。

第 10 章

FDI、经济增长与发展

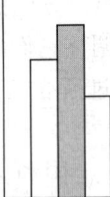

第11章　技术与创新能力：公司的角色

11.1　引言

　　一个广泛接受的观点是，在任何社会中创造、获取、学习如何使用并有效配置技术能力的能力是经济成功的关键要素。同样得到广泛认同的是，在过去的几个世纪里，与制度革新一起，产品、生产、信息和组织技术的进步都为各国的经济增长做出了极大的贡献。事实上，人们有理由相信，技术革新速度在过去几十年的变化已经使得技术扩散变得更加困难，与此同时，科技前沿的创新在解释国家间经济增长差异方面变得更加重要（Fagerberg 和 Verspagen，2002）。

　　在工业革命之前，自然资源禀赋、企业家精神和国家的优化制度作用（如建立令人满意的法律制度和税收系统）对一国的经济增长起决定性作用。自从珍妮纺纱机和蒸汽机的发明，以及之后管理型资本主义的兴起，一系列技术和组织革新使得人力资本逐渐取代自然资源成为经济发展的主要推动力，这种变化至少发生在发达工业国家中。

　　在最近的几十年里，科学和技术的进步以及仪器制造的改进，尤其是计算和通信工具的改进，都在新的经济环境中增加了知识的运用。此外，文献资料明确显示，在过去，外来 FDI 和对外 FDI 都经常（即使不总是）对一国技术能力结构和技术能力增长做出突出贡献。尽管有一些国家（例如，新几内亚、沙特阿拉伯、博茨瓦纳和牙买加）仍旧依靠初级产品的生产来增加国家财富，但世界上一些经济增长速度最快的发展中国家和地区（例如，中国香港、新加坡和韩国）几乎完全依赖于其获取和发掘必要技术的能力而在国际市场竞争中获益，包括制造业市场和服务业市场。

　　本章将会评估 MNE 作为知识的创造者和技术的跨境转移者所起的作用。首先，我们将概述世界各地知识创造能力的分布状况，该分布状况是通过比较不同国家对全球 R&D 的贡献获得的，其中既包括如 R&D 经费支出、科学家和工程师的培训等

R&D 投入，也包括专利和版权等 R&D 产出。接下来，我们关注 MNE 对母国和东道国的知识能力的提升做出贡献的有效证据，既包括现有技术的转移和调整，也包括公司 R&D 活动的国际化和一些其他形式的知识获取活动。[①]

□ 11.1.1　直接与间接的影响

本章运用 OLI 范式作为分析框架，试图评估 MNE 在不同经济活动领域内的直接和间接影响。当我们评估直接影响时，相对于本土企业的表现，我们会对比外国子公司（作为整体）的表现和其特有的 O 优势，尽管有观点认为，发达国家的相关政策问题与其说是境外 MNE 与非境外的本土企业有何差异，不如说是它们与当地 MNE 有何差异（Bellak，2004a）。

在实现国家的经济和社会目标方面，这种影响可能是正面的也可能是负面的，即净收益或者净损失都是可能的。然而，由于创新活动对于企业和国家竞争的重要性，本章的分析将超出 MNE 活动的影响范围，以用来检验外来 FDI 对新技术创造、使用和传播的影响，以及东道国环境对这项活动的传导作用。

本章主要关注的是，在经济全球化和 MNE 创新活动分散化的背景下，探索技术能力扩散的结果，包括但不局限于子公司的 R&D 活动在哪里发生这样的问题。就 MNE 技术转移和创新活动的影响这一问题而言，本章所阐释的论据主要集中在对东道国的直接影响上。在第 12 章中，我们将会考虑逆向知识转移对母国的影响，以及本土企业逆向溢出的可能性。MNE 对东道国本土企业的间接影响，不管是上下游产业的联系还是竞争企业之间的水平溢出，都将在第 16 章进行讨论。

同样值得注意的是，虽然本章主要集中于技术密集型行业的讨论[②]，但是技术的创造和扩散几乎对所有的货物和服务领域都会产生重要的影响。即使是看起来技术含量并不高的产品，如食品、纺织品或酒店服务等，在它们进入市场之前也常常包括复杂的生产或者物流技术。当然，这些行业和生物技术、航空航天、半导体生产等行业还是有着很大的不同，后者在 R&D 上有着巨大的支出，但是在所有的货物和服务领域中，科学技术起着日渐重要的作用却是世界经济发展一个不争的事实。一种本质的变革可以从下面的数据反映出来，在 20 世纪 50 年代，美国制造业中 80% 的增加值来自农产品、矿产和原材料产品，只有 20% 来自知识资本，而到了 1995 年，这个比例分别变成了 30% 和 70%（Stewart，1997）。现在，用来衡量企业无形资产价值并表示企业市场价值与资本重置成本之比的托宾 q 值在绝大多数 MNE 中已经超过了 1，并且可以轻易地翻至 3~5 倍。[③]

---

① 关于 MNE 活动截然不同的观点，参见 Kumar 和 Siddharthan（1997）、Narula（2003）的论文，以及 Cantwell（1999）的论文集。

② 稍微有些不成比例的关于高科技部门的观点也反映了现有文献、可获得的关于技术联盟和专利的可比较的数据资源。

③ 1994—1997 年 S&P 500 的 89 个公司样本中，托宾 q 的平均值是 3.53（Dowell 等，2000）。

在这一点上，我们将会阐述三个一般性发现。第一是技术能力，它是指有效地生产、分配和组织技术所必需的人力和物力资产，该能力主要集中在富裕的发达经济体。事实上，世界上许多甚至大多数国家，都需要以中间品、制成品、资本装备、机械产品和中间服务等形式来进口它们所需要的技术。

第二，由于技术或者技术能力的获取和挖掘是一项耗资巨大的商业活动，所以这些活动主要集中于能够在 R&D 上大规模投入的大型或者专业化企业。[①] 所以，正是这些企业支配着技术的组织和生产。为了实现技术的组织和生产，它们把市场及子公司、合作企业形成的战略联盟作为技术创造和扩散的媒介。

第三，承接第一点和第二点发现，技术贸易的总额庞大，但大多数是集中在企业内部的。进一步说，不是所有的技术贸易都是单向的。很多国家，尤其是工业化发达的国家，越来越多地成为既是技术出口者也是技术进口者。例如，2005 年，美国在特许与许可服务上一共支出了 574 亿美元，其中，379 亿美元来自美国对其境外子公司的技术获取，42 亿美元来自美国的境外子公司对其母公司的技术获取。同一年，美国对海外公司支付了 245 亿美元的特许与许可服务费用，其中，32 亿美元是美国 MNE 向其子公司支付的，172 亿美元是境外子公司向其母公司支付的（Koncz 等，2006）。

这些数据成为所有国家的政策制定者在技术能力生产和获取过程中的兴趣和关注点的基础，同时，也决定了政策制定者和外国 MNE 在所有权、组织和部署中的作用。以知识为基础的资产获取、创造和控制正是 MNE 主要的 O 优势之一，也是一个国家的 L 优势。

接下来，将会给出一些定义和对技术能力分布的一个概括性描述，同时本章还将探讨两个关于 MNE 和技术转移的主要问题：

（1）什么样的技术会得到转移，以及 MNE 的 O 优势和 I 优势、东道国的 L 优势是如何影响技术转移的决定和形式的？宽泛地讲，基本上是技术的差别导致了 MNE 相比于本土企业的表现和行为的差异化。然而，特定技术的运用导致的特定差异，如 MNE 和本土企业在雇员工资上的差距、MNE 和本土企业在生产率上的差距等将分别在第 13 章和第 15 章讨论。

（2）除了现有的技术转移和改进以外，在什么样的情况下，MNE 最倾向于从事海外创新活动？这部分的讨论是建立在第 8 章关于 MNE 作为学习组织、MNE 内部网络、子公司的优势集聚以及第 9 章的 MNE 外部环境等基础上的。这些包括了公司 R&D 的国际化等重要内容，同时也包括其他与发展相关的海外创新活动。随之而来的一个问题就是，MNE 的这些资产累积活动会倾向于在哪里发生？这个问题与知识溢出、本地制度能力和经济集聚等密切相关，并且将会在第 16 章加以讨论。

---

① 然而，在一些部门中，创新型小公司的贡献可能是巨大的（Acs 和 Audretsch，1988；Acs 等，1994）。也可参见 Eden 等（1997）关于 MNE 在生产和技术转移中所扮演的角色以及 MNE 与中小企业作为技术生产者的评论。

基于技术能力的分配、MNE 的策略以及这些策略对国家经济等其他方面的影响,最后的问题是,母国和东道国政府如何制定政策来影响技术转移的种类和平衡?在第 12 章,我们将会回顾对 MNE 策略和技术竞争强加的特殊制度机制的案例,也会考虑东道国技术吸收能力的重要性。从母国的角度来看,我们也应该考虑 MNE 的外向型(和内向型)技术转移对本国经济的影响。

技术分类本身就是一项议题,但是因为技术这个定义较为宽泛,包含很多不同的解释,所以我们有必要区分其中的几个概念。下面列出的是学者提出的技术概念的一些主要区别:

(1) 技术和技术能力两个概念的区别。技术能力是指技术生产型资本的储备,例如,从事 R&D 活动的劳动力人数、高等教育机构数量、科学家和工程师数量、各种类型的信息、私人和公共机构的经验积累、管理者和管理工人的知识水平等;而技术则指的是技术能力的产出,例如,新产品、技术进步、组织力进步、更有效的创新管控技术、运输和沟通的新形式等。

(2) 人力技术资本和物质技术资本。前者包括科学家和工程师、设计师、管理者的数量等,也包括从其中产生的服务。后者包括建筑、厂房、设备、实验室、规划蓝图、技术专利等,此外,还有包含了技术资本产出的生产资料。二者之间的一个区别在于"软"、"硬"技术的区别。人力技术资本代表了所有有形的创新资本,而后者则包括规划、蓝图、规则、指标、技术说明、技术能力、组织管理技术、质量控制系统、创新管理、工业生产过程等。①

(3) 对技术能力等级和阶段的划分。例如,Lall (1987) 曾经指出,依据对接受国经济体生产力提高的贡献程度,可以将技术能力划分为不同层级。特别地,Lall 指出了技术有"知道如何"和"知道为什么"的区别。前者代表着怎样最大化利用已获得的技术或技术能力,大多数的生产技术都属于这一类。这类技术的运用同样也会带来生产布局的优化、质量控制和生产过程监控的升级、设备以及产品或市场策略的改进等。相反地,在定义"知道为什么"型技术的时候,Lall 认为其是对产品原料、生产过程和生产技术本质的理解,并将会带来对现存的原材料、生产过程和生产技术的深度适应、提高甚至替代。这样的提升一部分源于对"知道为什么"型技术的扩展和深化,另一部分源于自觉地提高和改造产品设计、培植及类似的活动(出处同上:196)。

Lall 认为发展中国家正在经历着技术发展的不同阶段,其中第一阶段是"知道如何"型技术的引入,这伴随着引入的知识技术在商业创新过程中的运用。技术能力的最终阶段(很多国家还没有达到这个阶段)是国家和企业对它们的基础研究("知道为什么"型技术)运用的能力,它是对前沿研究的推进,而不涉及具体的商

第 11 章

技术与创新能力:公司的角色

---

① Romer (1990) 强调,"点子"(idea) 是非竞争性的商品,可以以一系列字节的形式存储;"物"(things) 是竞争性物品,一般包含物质和能量。尽管技术属于"点子"的范畴,是非竞争性的(一个人使用已有的点子并不能消灭其初始的价值),但仅仅是以保密、专利或版权的形式具有部分排他性。

业应用。[1]

（4）技术转移、扩散和吸收之间的区别。"技术转移"通常意味着产品生产技术在公司间或者公司内的跨境转移，同时也可以是一国内不同企业和组织之间的转移。这种转移不会剥夺和削弱转移者的技术资本。所以，"技术传播"是比"技术转移"更合适的术语。"扩散"这个术语意味着技术从拥有者向其他组织转移，即对外转移所有权或使用权。在本章稍后的部分，我们会看到，技术扩散会发生在处于相同增值链（例如，供应者或行业消费者）或不同增值链（例如，同一地区的竞争或非竞争关系的企业）的企业之间。东道国可能会对技术扩散倍加关注，这些技术的最初来源是国外 MNE 或者子公司。"（技术）吸收"指的是一个经济体的制度和其他竞争力该经济体获取技术后对其进行利用或改造使之成为自己的优势。与初期不能获取技术一样，其他补充资产的缺乏，尤其是有效吸收国外技术所需的组织和激励结构能力的缺乏，也常常是经济发展的重要阻碍（North，1990，2005）。

几乎不言自明的是，技术和技术能力的布局、如何布局以及用多少成本在国家和地区间扩散等问题，会影响任何国家实现其自身经济、社会和战略目标的竞争力。而且在一个生产日益国际化的世界，技术所有权的国家归属也同样重要。比如，在一个特定国家里，（技术所有权归属）取决于技术能力是本国企业所有还是外国企业所有，如果是后者所有，那么通过多国化或全球整合 MNE 后，该国引导和控制其财富生产的能力将会受到影响。这同样也会影响一国使用或提高其技术能力、改善其政府组织的宏观环境以及提升其国家竞争优势和比较优势能力的程度。

MNE 尤其会影响全球技术资产的创造和分布。然而一个事实是，境外子公司的R&D 支出（占销售额的比例）经常会与其本土竞争者持平或者更少，但是随着最发达的工业化国家间 R&D 跨境贸易的增加，这一情况正在悄然发生着转变（UNCTAD，2005c）。进一步地，从东道国的视角看，相对来说，MNE 子公司的创新活动通常是非常重要的。但是即使国外子公司不花太大精力从事创新活动，MNE仍然对全球技术资本的布局产生着重大影响。事实上，本章后续会讨论到，MNE 会对这一布局施加非常重要的影响。

11.2 技术能力的分布

通过考察 R&D 以及科学家和工程师培训这两种投入，我们从国家层面[2]来对技术能力的分布进行回顾与总结。随后我们考虑技术能力的两大产出方式的有效证据：专利模式以及特许与许可服务费用。

---

① 也可参见第 10 章关于投资发展路径（IDP）的讨论。

② 一种描述一个国家技术特点的方法是利用包含许多单个技术活动指标的混合指数。一些指数诸如 UN-DP 的技术进步指数（Technology Achievement Index）、UNIDO 的工业竞争力指数（Competitive Industrial Performance Index）和 UNCTAD 的创新力指数（Innovation Capability Index）是可以获得的。Archibugi 和 Coco（2004）定义了一个备选性的指数，与已有的指数非常类似，但是有个优点，其组成部分中不涉及货币价值，当使用贸易或增加值作为解释变量时，可以减少多重共线性。

□ 11. 2. 1　R&D 支出

尽管 OECD 国家间的差异仍然很大，但过去二十年的一个清晰趋势是，国家 R&D 支出份额越来越少，而行业研究支出份额却在增加。在八国集团（G-8）国家中，一定程度上是工业部门主导了 R&D 绩效，从意大利的 50% 到美国、日本、德国和俄罗斯的 70% 左右。除此之外，工业部门提供了大部分的工业行业 R&D[①]，然而在俄罗斯，政府却支付了大量的工业 R&D 费用（美国国家科学委员会，2006）。尽管由于反恐的需求，美国政府提高了国防研究的份额，但在过去的二十年中，大部分国家的国防研究占比是有所下降的。

三十个 OECD[②] 成员国 2002 年有 6 520 亿美元（购买力平价：PPP）的 R&D 支出，其中，加拿大、法国、德国、意大利、日本、英国和美国（G-7 集团国家）占据了其中的 83%。[③] 仅美国就占了总量的 43%，并且其在 2002 年的 R&D 支出总额超过其他 G-7 国家的总和。[④] 发展中国家占 R&D 总额的比例仍然很小，但是新兴工业化国家的占比有了很大的进步。例如，韩国占 OECD 总额的 3.5%，超过了加拿大和意大利。

1953 年，美国工业 R&D 支出了 190 亿美元（以 1996 年美元价值衡量）。到 1958 年，这一数字是 1953 年的两倍，而在 1980 年，这一数字是 1953 年的四倍，达到了 760 亿美元。1997 年，这一数字又增加了一倍，达到了约 1 520 亿美元。这一数字在持续增长，直到 2000 年的 1 850 亿美元，此时已是 1953 年投入的约十倍。从 R&D 总量占 GDP 的比例（R&D 强度）来看，自 20 世纪 80 年代以来，大部分 OECD 成员国都有着较为适当的提高，而在芬兰、瑞典和以色列，这一比例显著增加并且超过了平均水平，然而英国却落后了（见表 11.1）。尽管起步较低，韩国和新加坡在过去的十年中，R&D 强度也超过了 OECD 的平均值。在本身就占有很高份额的日本，这一数字同样也在逐渐增加。在同样起步较低的情况下，过去十年中国的 R&D 强度已经翻倍，并且 OECD 的估计显示，2006 年中国在绝对值上已超过了日本（OECD，2006）。2005 年 OECD 平均 R&D 强度系数为 2.3%，欧盟 25 国的平均值为 1.8%，这一数字明显低于 Lisbon/Barcelona 宣称的 3% 的目标。

英国贸易与工业部（DTI，2006）发布的年度 R&D 记录表明，在 2005—2006 年度，排名前 1 250 的企业花费在全球 R&D 的支出增长了 7%，R&D 的总金额达 2 490 亿英镑，其中最活跃的一百家企业占据了总额的 61%。美国企业正以高于平均值两倍的速度提高 R&D 支出。与此同时，欧洲和日本企业的增长速度却低于平

---

① 行业 R&D 指的是由所有公司资助或采取的研究，包括国有企业和服务部门的 R&D。

② OECD 现有（2007 年数据）成员国：澳大利亚、奥地利、比利时、加拿大、捷克共和国、丹麦、芬兰、法国、德国、希腊、匈牙利、冰岛、爱尔兰、意大利、日本、韩国、卢森堡、墨西哥、新西兰、挪威、波兰、葡萄牙、斯洛伐克共和国、西班牙、瑞典、瑞士、土耳其、英国和美国。

③ 用最宽泛的标准进行研究，涵盖所有资助来源的国防和民用研究，包括政府、私立大学和私有研究机构、行业。

④ 2004 年美国 MNE 进行了 1 800 亿美元的 R&D 投资，15% 是由其境外子公司投入的，美国 MNE 母公司占美国行业 R&D 投资的 73%（Yorgason，2007）。

第 11 章

技术与创新能力：公司的角色

均值。来自中国台湾和韩国的企业在研发支出方面显示出了强劲的势头，从 R&D 支出的比例来看，在排名前 1 250 的企业中，来自这两个国家（地区）的企业均跻身前十五。

表 11.1　　1981—2005 年国家/地区 R&D 费用支出占 GDP 的比例 (GERD)（%）

国家/地区	1981	1985	1991	1995	2001	2005
发达经济体						
欧盟						
奥地利	na	na	1.47	1.54	2.04	2.36
比利时	na	na	1.62	1.67	2.08	1.82
丹麦	na	na	1.64	1.82	2.39	2.44
芬兰	na	na	2.04	2.26	3.30	3.48
法国	1.93	2.22	2.37	2.29	2.20	2.13
德国	2.43	2.68	2.52	2.19	2.46	2.51
爱尔兰	na	na	0.93	1.26	1.10	1.25
意大利	0.88	1.12	1.23	0.97	1.09	1.10
荷兰	na	na	1.97	1.97	1.80	1.78
西班牙	na	na	0.84	0.79	0.91	1.12
瑞典	na	na	2.72	3.32	4.25	3.86
英国	2.38	2.24	2.07	1.95	1.83	1.73
欧盟新成员						
捷克共和国	na	na	2.02	0.95	1.20	1.42
匈牙利	na	na	1.06	0.71	0.92	0.94
波兰	na	na	na	0.63	0.62	0.57
斯洛伐克共和国	na	na	2.13	0.92	0.63	0.51
斯洛文尼亚	na	na	na	1.35	1.55	1.22
其他西欧国家						
瑞士	na	na	2.70	2.67	2.52	2.93
北美						
加拿大	1.24	1.44	1.60	1.70	2.09	1.98
美国	2.34	2.76	2.71	2.51	2.76	2.68
其他发达经济体						
澳大利亚	na	na	1.5	1.67	1.63	1.77
以色列	na	na	2.53	2.91	4.76	4.71
日本	2.11	2.54	2.94	2.92	3.13	3.18
新西兰	na	na	0.98	0.95	1.13	1.14
发展中经济体						
非洲						
南非	na	na	na	0.52	0.74	na
亚洲和太平洋地区						
中国	na	na	na	0.57	0.95	1.34
印度	na	na	na	0.55	0.79	na
韩国	na	na	1.82	2.37	2.59	2.99
新加坡	na	na	na	1.38	2.11	2.36

国家/地区	1981	1985	1991	1995	2001	2005
中国台湾	na	na	na	na	2.16	na
土耳其	na	na	0.53	0.38	0.72	0.67
拉丁美洲和加勒比地区						
阿根廷	na	na	na	0.42	0.42	0.46
巴西	na	na	na	0.77	1.15	0.92
墨西哥	na	na	0.28	0.31	0.39	0.43
独联体						
俄罗斯联邦	na	na	1.43	0.96	1.18	1.07
欧盟 25 国	na	na	na	1.69	1.79	1.77
OECD 合计	1.95	2.26	2.21	2.07	2.27	2.25

资料来源：1981—1985 的数据来自美国国家科学委员会（2004），基于 OECD 数据库；1991 年的数据来自 OECD，主要科学和技术指标，2004 年 11 月；1995 年、2001 年和 2005 年的数据来自 OECD，主要科学和技术指标，2006 年 12 月；其他数据来自世界银行的世界发展指标和 UNCTAD 的《世界投资报告》（2005c）。数据反映了最近几年的情况；一些数据是估计的。

工业 R&D 部门

不同国家的工业 R&D 部门的分布有着巨大的差异。美国相对特殊，因为它在不同领域都有着较强的竞争力，但大部分其他国家均是在某一个特殊的领域有着相对集中的竞争力。例如，1997—2000 年，芬兰在电子仪器制造领域的研发投入占 R&D 总和的 49%；而韩国的比例接近 37%。同样，德国的汽车部门和英国的医药研发部门均占有本国技术研发部门总和的 20% 以上（美国国家科学委员会，2004）。

服务行业 R&D 活动的增长尤为明显。[①] 这从本质上表明了诸如通信、金融、商务、教育以及健康服务等知识密集型服务业的重要性。比如，1990—2002 年，尽管存在通货膨胀，但是美国工业企业在 IT 研发（包含众多的服务元素）的支出增加了五倍（出处同上）。据 OECD 数据显示，2000 年美国服务类行业占工业研发总和的 34%，而这一类行业在法国、意大利和英国仅占 10%。在德国、法国和日本，服务类行业所占的比例不到 10%。此外，服务类部门占美国工业研发部门的比例从 1996 年的 19% 突增至 2000 年的 34%，这一份额占据了该阶段大部分工业研发经费。[②] 相比而言，2000 年，服务类部门在日本所有工业 R&D 部门中仅占 2.1%。在欧盟 15 国中，1999 年，服务类部门在欧盟工业研发部门中占 13%（出处同上）。总的来说，在 OECD 中，服务类 R&D 在 1990—2003 年间以每年 12% 的速率增长，而同一周期内，制造业的增长率仅仅为 3%；到 2003 年，服务类占据了工业 R&D 总和的四分之一（OECD，2006）。

OECD 按照不同的研发强度系数将不同国家的制造业分为四类。五个行业被列为高新技术行业，它们分别是飞行器与航天器、制药、计算机、通信设备和仪器，这些行业的 R&D 强度系数（R&D 支出占总产值比重）均在 7.3%～14.2% 之间；

[①] 例如参见 Kanerva 等（2006）关于服务业有关创新衡量问题的讨论。
[②] 尽管某种程度可能反映了一些部门的重新分配现象，即之前在 SIC 编码下归于制造业的，现在在北美产业分类体系下归于服务业（NAICS）。

中高科技产业的 R&D 强度系数均在 1.9%~3.9%之间，包括电子器械、汽车、化工（不含制药）、运输设备和非电子器械；中低技术产业的 R&D 强度系数在 0.6%~1%之间，包括石油、橡胶、非金属矿产、造船、基础金属和建材。低技术含量产业的 R&D 强度系数在 0.3%~0.4%之间，其中包括纸浆和造纸、印刷和出版、食品和饮料、烟草、纺织品、皮革和鞋类（美国国家科学委员会，2004）。

更高的增长率使得高新技术产业部门尤为重要。在 1980—2001 年，美国高新技术工业产值在扣除通胀因素后以每年接近 6.5%的速率增长，而其他制造业产品的增长速率仅为 2.4%。相对于其他制造业，美国的高新技术工业增加值在生产总值中的比例要高出大约十个百分点（出处同上）。尽管没有高新技术制造业的增长速度快，但高新技术服务业依旧以一个高于其他制造业平均值的速度增长。此外，在 20 世纪 90 年代，美国高新技术工业出口总值占生产总值的百分比在 50%以上，而其他制造行业仅占不到 30%（出处同上）。

然而，高新技术制造业和服务业的快速增长不仅仅局限于美国。1980 年，工业化国家创造了世界总制造业产值的 77.2%；转型经济体创造的比例仅为 8.6%；而发展中国家的比例约为 14.2%。到 2000 年，这一比例分别为 71.8%、4.1%和 24.1%。值得注意的是，东亚（不包括中国）的份额从 2.7%增长至 6.8%；中国大陆从 1.5%增长至 7.1%（UNIDO，2004）。

同时，工业化国家制造业的出口年增长率从 20 世纪 80 年代的 8.6%跌至 90 年代的 4.9%；然而，转型经济体制造业的出口年增长率从 3%增至 9.3%；在墨西哥，这一数字从 9.5%增至 26.5%。东亚地区（不包括中国）的年增长率从 20 世纪 80 年代的 12.7%降至 90 年代的 10.9%；中国的年增长率从 20.6%降至 17%。相比而言，高新技术出口在工业化国家、转型经济体以及发展中国家分别以 8.4%、12%和 19.3%的速度在增长。发展中国家的高速增长主要受一些国家和地区的影响，比如墨西哥（44.5%）、中国（32.7%）、东亚（不包括中国大陆）（18.3%）、土耳其（19.1%）、南非（17.7%）。发展中国家制成品的出口占世界制成品出口总额的比例从 1980 年的 13%增长到 2000 年的 27%，而高新技术出口总额占比从 9%突增至 32%。同一时期，全球高新技术产品出口总额占比从 14%增长至 28%（出处同上）。

中国台湾和韩国的技术进步尤为引人注目。1980 年，中国台湾的高新技术制造业占制造业总产出的 8.2%；到 1989 年，这一数字增至 12.4%；2001 年达到 29.2%。与此相比，美国和日本的这一比例分别约为 20.9%和 15.8%。在韩国，高新技术制造占总产出的比例从 1980 年的 6.1%增至 2001 年的 31.0%。从世界市场占有率角度看，1980—2001 年，美国占有全球高新科技市场的近 30%，而欧盟的比重从近 30%跌至 25%以下。而日本的份额从 20%左右跌至不足 15%，韩国和中国的增长势头强劲，2001 年，它们的份额从短短的几个百分点，分别猛增至 7.1%和 8.7%（美国国家科学委员会，2004）。[1] 正如我们将在后面看到的，MNE 和（或）它们的附属子公司发挥了至关重要的作用。

---

① 以十年之前的日本作为比较，1970—1987 年其实际 R&D 花费增长了三倍多，R&D 人员增长超过一倍，专利申请量超过六倍（美国国家科学基金会，1989）。

□ 11.2.2　科学家和工程师的培训

另一个评价一个国家技术能力的方法是统计大学毕业生在人口中的比例，尤其是理工科（S & E）毕业生的比例。表 11.2 和表 11.3 描述了在抽样国家中理工科毕业生的比例概况。据表 11.2 显示，在过去的三十年中，尽管西欧的大学毕业生总人数飞速增长，但是理工科毕业生人数却在急剧下降。在日本，下跌的比例要小很多；而在美国，由于大量的外国留学生入境，理工科毕业生的数量保持相对稳定。

2003 年，中国第一学位是理工科的毕业生数量超过了诸如日本和美国这些历史上曾是提供最多理工科毕业生的国家，再一次证明了诸如中国这样的国家的增长潜力。[①] 然而，不考虑教育水平的差异，不同国家对工科领域或其分支领域，诸如化学、机械和软件工程等与实际企业密切相关的学科，有不同的侧重点。另外一个值得注意的是，教育统计数据没有将在职培训考虑在内，传统上，德国、日本和瑞士的企业在这方面分配了丰富的资源。

由于这样或那样的原因，一份比较美国、中国和印度理工科毕业生可获得性和质量的报告与原始数据相悖，报告表明实际情况更加微妙，其中包括美国拥有丰富的合格工程师供应（Gereffi 和 Wadhwa，2005）。同样地，一份由麦肯锡全球研究院完成的研究表明，从技术和语言能力两方面考虑，中国工程师中能够胜任 MNE 工作的比例可能不超过 10%。[②] 其他估计表明，25% 的工科毕业生和 10%～15% 的其他印度毕业生适合在出口导向型 IT 和商业服务部门工作。[③]

表 11.3 主要侧重于博士学位，并且描述了博士毕业生在自然科学、数学和计算机科学、农业、社会和行为科学（包括商学和经济学）以及工程科学的分布情况。2002 年，美国培养的博士毕业生数量约是位居亚军的德国的两倍，而中国、印度和俄罗斯的博士毕业生总量超过了美国。对于博士学位来说，理工科学位的占比在不同国家有着相当大的差异，但一般高于在第一学位中的比例。尽管大学（第一学位）毕业生的人数可以合理地表明当前可获得的劳动力的知识和能力，但是博士毕业生数量能够更好地反映出一个国家从事前沿研究的能力，而这为进一步的创新奠定了基础。而博士的绝对数量再一次显示了美国的强大，美国的大学接受了大量来自诸如印度、中国、中国香港、新加坡、马来西亚、韩国和中国台湾这些有派出大量留学生传统的国家和地区的留学生（Arora 和 Fosfuri，2000；OECD，2002b）。[④]

[①] 本章聚焦的是在科学和工程领域的高等教育情况。有关小学和中学（也包括高等教育）适龄人群入学率的数据可以从世界银行的世界发展指标中获取，这个指标是基于联合国教科文组织（UNESCO）的数据编辑而成的。

[②] "Don't be afraid of offshoring"，*Business Week*，March 22，2006，www.businessweek.com. 也可参见 Fischer 和 von Zedtwitz（2004）关于 1980 年之后中国 R&D 发展史以及其对目前仍存在的挑战的评估。

[③] "How India raises an army"，*Financial Times*，May 22，2007，www.ft.com.

[④] 尽管由于"9·11事件"导致 2002 年和 2003 年美国科学和工程领域的外国研究生申请量第一次有所下降（美国国家科学委员会，2006）。根据 Arora 和 Gambardella（2004）的研究，爱尔兰、印度、以色列、巴西和中国软件行业的发展依赖于大规模可获得的受过良好教育的工程师，加之本土企业和外国 MNE 日益增长的需求（尤其在爱尔兰）或来自政府的需求（在巴西）。除了本地工程师的供应，由于出国研究或工作导致的"分散居住"的有才华的人已经成为这些国家当地软件公司重要的贡献者。

表 11.2　1975—2004 年抽样国家中第一学位中属于理工科的比例

国家/地区	1975 年		1980 年		1985 年		1990 年		1995 年		2000 年		2002/2004 年	
	第一学位	S&E 份额	第一学位	S&E 份额	第一学位	S&E 份额	第一学位	S&E 份额	第一学位	S&E 份额	第一学位	S&E 份额	第一学位	S&E 份额
发达经济体														
欧盟														
德国	97 399	60.8	111 458	54.6	131 969	54.2	147 607	60.5	201 667	52.0	190 076	49.7	176 025	36.0
英国	55 450	58.2	68 030	56.0	72 000	56.3	77 160	51.2	340 590	24.6	274 440	34.7	272 660	34.9
北美														
美国	928 228	32.7	963 778	32.4	1 003 532	33.0	1 143 638	30.8	1 179 815	32.6	1 253 121	31.8	1 305 730	31.8
其他发达经济体														
日本	313 072	70.3	378 666	67.6	373 302	66.2	400 103	66.0	493 277	66.9	538 683	65.6	548 897	64.0
发展中经济体														
亚洲和太平洋地区														
中国	na	na	na	na	183 241	69.5	273 684	66.4	325 484	66.5	495 624	66.6	929 598	57.4
韩国	34 725	42.1	50 973	41.2	118 584	38.0	165 916	37.1	184 214	45.8	214 498	45.2	239 793	47.2

资料来源：1975、1980 和 1990 年的数据来自美国国家科学委员会（OECD）；1985、1995、2000 和 2002 年的数据来自美国国家科学委员会，基于 OECD 和国家数据；作者计算所得。

最新的数据是 2004 年的日本和 2003 年的中国。

表 11.3

2002 年抽样国家中理工类博士学位比例

国家/地区	博士学位总计	S&E 份额	各学科份额				
			自然科学	数学和计算机科学	农学	社会和行为科学	工程
发达经济体							
欧盟							
奥地利	2 125	49.4	18.7	4.7	2.2	7.5	16.2
比利时	1 413	62.8	29.9	8.9	4.2	8.4	11.5
丹麦	732	42.5	24.2	0.0	0.0	8.6	9.7
芬兰	1 797	51.3	13.7	4.2	2.0	11.4	20.0
法国	10 404	66.2	40.0	8.0	0.2	8.9	9.2
德国	23 043	46.9	22.8	4.3	2.2	8.7	8.8
希腊	932	39.4	13.7	4.7	3.9	7.1	10.0
爱尔兰	520	67.5	41.3	5.6	1.9	4.8	13.8
意大利	3 977	49.2	20.6	0.0	8.6	1.5	18.6
荷兰	2 556	57.9	19.1	0.0	8.7	12.8	17.4
葡萄牙	3 723	45.4	11.4	2.0	1.9	16.0	14.0
西班牙	6 905	45.8	24.4	5.5	2.0	6.9	6.9
瑞典	3 517	59.7	18.1	4.6	2.4	8.2	26.4
英国	14 870	59.2	25.4	5.0	2.0	13.2	13.6
欧盟新成员国							
捷克共和国	1 327	64.8	20.6	12.7	6.5	7.8	17.2
匈牙利	983	36.9	13.6	3.2	4.5	7.1	8.5
其他西欧国家							
挪威	740	21.9	0.3	0.0	8.0	10.3	3.4
瑞士	2 800	45.9	24.1	5.3	1.4	3.6	11.5
北美							
加拿大	3 545	69.8	27.8	3.9	3.8	20.7	13.5
美国	40 710	66.1	28.1	4.6	2.3	18.2	12.9
其他发达经济体							
澳大利亚	3 910	55.1	24.0	4.5	4.0	10.9	11.7
以色列	863	69.4	39.0	6.3	5.1	12.6	6.4
日本	16 314	46.5	10.1	na	7.7	4.6	24.0
发展中经济体							
亚洲和太平洋地区							
中国	12 465	65.4	21.3	na	4.3	5.0	34.8
印度	11 974	46.2	33.0	na	7.0	na	6.1
韩国	6 690	48.2	8.8	3.9	4.3	2.8	28.4
中国台湾	1 759	66.3	11.5	7.2	5.3	5.1	37.3
土耳其	2 472	48.8	12.3	3.4	7.9	11.2	13.9
非洲							
肯尼亚	1 331	35.2	13.7	na	8.5	8.6	4.4

第 11 章

技术与创新能力：公司的角色

国家/地区	博士学位总计	S&E 份额	各学科份额				
			自然科学	数学和计算机科学	农学	社会和行为科学	工程
拉丁美洲和加勒比地区							
阿根廷	344	68.3	46.5	1.5	0.3	11.0	9.0
巴西	3 604	60.4	25.6	2.4	10.4	8.3	13.7
墨西哥	1 801	60.3	21.6	2.1	4.9	23.4	8.2
独联体							
俄罗斯联邦	18 274	57.0	19.5	na	3.7	13.2	20.5
总计	239 759	52.1	21.1	2.9	3.6	9.6	15.0

注：表格中由于 S&E 定义的差异导致了一些低（零）得分情况的出现。

资料来源：美国国家科学委员会（2006），基于 OECD、UNESCO 和国家数据；作者计算所得。对于一些国家，给出了可以获得的最近一些年份的数据。

□ 11.2.3　授予专利权

现在，从分析专利申请的国际模式开始，我们转而考虑技术能力的输出方式。大量文献都采用专利数量作为国家和企业层面衡量技术能力的指标，并且把专利引用作为知识转移或者特定专利重要性的衡量标准。由于纵向数据的可得性和美国市场对外国企业的重要性，在许多研究中，一个企业在美国的专利持有数量已经被用于衡量技术能力。

由 Cantwell（1995）提出的涵盖 1920—1990 年的历史数据表明，早在 20 世纪 20 年代和 30 年代，跨国 R&D 对诸如英国和瑞典这样的国家有重要作用。在 1920—1939 年间，瑞典企业在机械领域的美国专利中有 37% 是由它们的境外子公司完成的，而英国在化工领域的美国专利中有 42% 同样也是由国外的研究机构承担的。在第二次世界大战后，瑞典企业直到 20 世纪 80 年代末才恢复这一数据，而英国的这一比例相对稳定，并且在 1987—1990 年达到了 51%。在 20 世纪 60 年代末，瑞典其他几个部门的份额也开始增加，并在 1987—1990 年达到了 43%。德国和法国企业的这一份额同样在增长，但是只有 18% 左右。相比而言，美国 MNE 的对外活动对美国专利的占有量增长相对较慢，从 1920—1924 年的 3% 仅增长到 1987—1990 年的 9%。[1]

在 2003 年美国授予的 169 000 个专利中，48% 的专利授予了外国企业（美国国家科学委员会，2006）。尽管这一比例每年都在波动，但是一直到 1980 年这一比例依然保持相对稳定。[2] 专利分类在美国企业和寻求美国专利的外国先进企业之间有着

---

[1]　Patel 和 Pavitt（1991）利用在美国申请专利作为外国创新活动的替代，样本包括 686 个世界最大的公司，占 1981—1986 年世界创新活动的一半多。他们的结果证明了，对于较小的母国来说，境外子公司的专利经常占其母国在美国申请专利量很高的比例。

[2]　比如，在 1996 年，外国专利份额是 44%（美国国家科学委员会，2006）。

明显的不同，这反映了不同国家的 R&D 支出模式的差异。

日本、德国、法国和英国占有 1963—2001 年间美国颁发的专利总量的 72%（美国国家科学委员会，2004）。然而到 2003 年，日本和德国成为拥有美国专利最多的两个国家，紧随其后的是中国台湾、韩国、英国、加拿大和法国。尽管授予外国的美国专利数量在下降，但日本仍然是迄今为止最多的美国专利持有者，占有 40%；其次是德国，占有 12%（美国国家科学委员会，2006）。中国发明者的申请数量已经从 1990 年的 111 次增长到 2003 年的 1 034 次。一些为科学和工程技术投入大量资金的国家，诸如印度、以色列和芬兰也存在类似的增长（出处同上）。此外，由于大量的发展中国家在 2001—2003 年间向美国申请专利，很高的比例——占中国的 63%、印度的 40%——要归因于在美国注册的外国 MNE。然而，对于两个美国专利持有量最多的发展中国家和地区——中国台湾和韩国来说，这一比例只有 4%（UNCTAD，2005c：135）。

然而，作为技术能力的一个指标，专利数据同样有一些缺陷。专利申请的重要性因国家和部门的不同而差异巨大，这取决于知识产权（IPR）其他的有效保护措施，以及专利在特定技术领域的可用性。例如，限制对"授予专利权"领域而不是版权或保密协议相关领域的分析，是保护 IPR 的主要方式。另一个重要的限制就是对所有专利的分析都平等对待，虽然一些专利相对于其他的会更重要（经济）。[①] 此外，由于新专利都会引用已有的专利来反映"已有技术"，专利引用可能会反映出研究者的"规模经济偏好"，因为那些为研究人员所熟知的专利将会得到更高的引用次数。

通过对三个有专利保护的重要市场——美国、欧洲和日本——的一系列发明的关注，有关三方专利族（Triadic patent families）的最新 OECD 数据库得以建立，从而解决了重要专利和无关紧要的专利的问题。三方专利族数据背后的想法是，三方市场专利申请的高成本有助于区分对知识技术起到极大补充作用的专利和在完善的主题上仅做微小改动的专利。表 11.4 显示了采用三方专利族分类后 1995—2003 年间世界范围内的专利发展情况。在这种分类中，美国、日本和德国仍然居于领先地位，而且随后的法国和英国与这三者仍有一定的距离。

表 11.4　　　　　不同国家三方专利族数量以及占 OECD 国家总量的比例

国家/地区	1995 年		2000 年		2003 年	
	数量	份额	数量	份额	数量	份额
发达经济体						
欧盟						
奥地利	219	0.62	290	0.59	288	0.55
比利时	374	1.06	431	0.87	471	0.90
丹麦	189	0.54	243	0.49	211	0.40
芬兰	312	0.89	539	1.09	635	1.21

---

① 正如 Griliches（1990）在其关于专利统计数据局限的谈论中指出的，专利申请时所要求的创新与学术期刊中要求的创新是不同的——专利申请的创新要求不是很高。实际上确实如此，在美国，对于在保护专利时受到非显而易见的标准的腐蚀、直线上升的专利申请量（尤其是医药领域）的担心在近些年与日俱增，这可能导致进一步的研究受阻。

国家/地区	1995 年		2000 年		2003 年	
	数量	份额	数量	份额	数量	份额
法国	1 906	5.42	2 365	4.80	2 379	4.54
德国	4 814	13.68	7 142	14.48	7 248	13.82
爱尔兰	31	0.09	57	0.12	62	0.12
意大利	610	1.73	801	1.62	816	1.56
荷兰	723	2.05	913	1.85	1 017	1.94
西班牙	87	0.25	122	0.25	119	0.23
瑞典	700	1.99	949	1.92	794	1.51
英国	1 643	4.67	2 095	4.25	1 973	3.76
欧盟新成员国						
捷克共和国	3	0.01	11	0.02	14	0.03
匈牙利	25	0.07	34	0.07	22	0.04
波兰	5	0.01	10	0.02	11	0.02
斯洛伐克共和国	2	0.01	4	0.01	2	0.00
斯洛文尼亚	7	0.02	9	0.02	4	0.01
其他西欧国家						
瑞士	747	2.12	907	1.84	904	1.72
北美						
加拿大	384	1.09	645	1.31	733	1.40
美国	12 286	34.91	17 440	35.37	19 701	37.56
其他发达国家						
澳大利亚	227	0.64	372	0.75	422	0.80
以色列	158	0.45	360	0.73	363	0.69
日本	9 440	26.82	13 086	26.54	13 557	25.85
新西兰	20	0.06	50	0.10	52	0.10
发展中经济体						
非洲						
南非	na	na	37	0.08	36	0.07
亚洲和太平洋地区						
中国	20	0.06	90	0.18	184	0.35
韩国	326	0.93	644	1.31	839	1.60
新加坡	26	0.07	79	0.16	84	0.16
中国台湾	25	0.07	81	0.16	na	na
土耳其	2	0.01	6	0.01	8	0.01
拉丁美洲和加勒比地区						
阿根廷	6	0.02	11	0.02	10	0.02
墨西哥	12	0.03	15	0.03	16	0.03
独联体						
俄罗斯联邦	63	0.18	66	0.13	59	0.11
欧盟 25 国	na	na	16 057	32.56	16 105	30.71
OECD 总和	35 197	100.00	49 314	100.00	52 447	100.00

资料来源：OECD，《主要科学技术指标》，2004 年 11 月和 2006 年 12 月。一些数据是估计的。

□ 11.2.4　特许经营权与许可证费

我们希望考虑的最后一个技术能力衡量标准（也是技术能力的产出标准），是企业以特许经营权与许可证费的形式面向市场出售技术并收取的支付价值。表 11.5 显示了 OECD 从德国、日本和美国三个国家获得的 MNE 子公司跨境技术的收支数据。在德国，MNE 子公司已经占有绝大部分的技术支出，约为收入的三分之一。对日本来说，只有支出的数据是可以获得的，并且一半是由境外子公司占有（然而，由于这个数字涉及日本为东道国，并且外商对日本的 FDI 已经很低，较高的境外子公司份额的意义不是特别大）。对于美国来说，境外子公司也占有超过一半的支出数额，然而它们的技术收入占比已经不到十分之一。

美国有更详细的数据，这些数据显示了与境外子公司在美国的业务和美国 MNE 在国外的业务操作相关的技术收支平衡。将两者结合起来考虑，这些数据表明，1987—2005 年间，子公司之间的交易比例从大约三分之二上升至超过四分之三（Borga 和 Mann，2002，2004；Koncz 等，2006）。[①] 在 2005 年美国 MNE 的特许经营权与许可证费的收入中，企业内部之间的交易占 66%，而相关美国母公司所支出的比例约为 13%（Koncz 等，2006）。美国知识产权的收入一般是支付的 4～5 倍，尽管差距在 20 世纪 90 年代初缩小至 2.5 到 1。逐渐缩小的收支差异（包括非子公司之间的交易）可能反映了一个事实，即美国的子公司可能越来越独立地处理与国外客户之间的贸易（美国国家科学委员会，2004）。

2003 年，日本和韩国是美国技术的最大买家（美国国家科学委员会，2006）。欧洲国家与美国的知识产权交易到 20 世纪 90 年代中期仍保持相当均衡的状态，此时美国对欧洲交易开始积累盈余，部分是因为德国、法国和瑞士的企业越来越多的许可授权。德国、英国和瑞士已成为美国知识产权销售的重要卖家。然而自 1992 年后，日本一直是美国唯一的最大的技术提供商，后者有大约四分之一的交易额是与日本企业完成的（出处同上）。

11.3　MNE 对东道国技术能力的影响

历史上，MNE 在母国之外的 R&D 活动规模一般都比较小。以日本企业为例，这一活动基本上是可以忽略的，尽管在 11.6 节中有证据表明这一比例在过去的几十年里在不断上升。更进一步地说，绝大多数 FDI 来自于 R&D 支出最多的几个国家，这些国家申请的专利数量最多，并且有着更高的高等教育入学率。这表明国家之间和企业之间技术能力的地理分布很可能是相似的。然而这些例子很可能会使我们得出一个不合理的假设，认为 MNE 相关活动对东道国创新能力的影响几乎是可以忽略的。但事实远非如此，包括技术进步的合作模型在内，很多方式都证明了 MNE

---

① 参见表 14.1 和表 14.4。

表 11.5　所选东道国 MNE 的特许权和许可证费的收支情况及其子公司占东道国国总量的相关比例（当地货币和百分比）

国家	1985 年 制造业企业	1985 年 总计	1990 年 制造业企业	1990 年 总计	1995 年 制造业企业	1995 年 总计	2000 年 制造业企业	2000 年 总计	2002 年 制造业企业	2002 年 总计
德国										
技术支出	985	1 202	1 730	1 876	1 649	1 957	1 583	2 488	1 434	1 718
子公司份额		80.0		77.4		66.6	61.4	67.2	61.6	59.5
技术收入	118	124	174	195	384	452	598	695	886	1 089
子公司份额		15.1		15.2		27.6	30.0	29.2	35.5	34.9
日本										
技术支出					173 693	203 760	199 408	289 244	188 315*	286 246
子公司份额					44.7	52.0				
美国										
技术支出	319	568	1 317	1 860	3 350	4 411	5 551	9 627	6 370	11 639
子公司份额								59.8		60.6
技术收入	58	102	165		709	1 387	1 064	2 113	1 869	2 994
子公司份额								5.3		6.8

注：* 表示 2001 年的数据。

资料来源：OECD 全球化标准数据库·Borga 和 Mann（2002，2004）。

的战略和政策都可以并且也确实能够显著地影响其东道国本土企业的技术能力。

□ 11.3.1 境外子公司在投资和进行 R&D 方面所占的份额

MNE 在东道国的创新活动的一个越来越重要的迹象是，来自海外的 R&D 投资在过去的 20 年里已经得到了大幅度的增长。其中，85％的外国资本是由 MNE 子公司提供的，尽管在欧洲，R&D 投资的海外来源不仅有境外子公司的 R&D 支出，也包括在欧洲框架计划下实施的研究投资。[①]

根据 OECD 提供的数据，在 2005 年，国外资本占奥地利工业 R&D 支出的比例高达 26％，英国的这一比例是 23％，匈牙利是 18％，加拿大是 15％。相反地，日本的这一比例是 0.4％，韩国是 0.9％，芬兰是 1％，反映了这三个国家外来 FDI 的水平很低。1981 年，在所有的 OECD 国家中，海外投资占工业 R&D 总投入的比例不足 10％。现在，这一比例在英国和加拿大有显著的提高，然而在法国和意大利，这一比例还保持在 5％左右，不到 10％，而在德国，这一比例保持在 2％～3％并且基本不变（美国国家科学委员会，2004）。

作为 MNE 在 R&D 投资上所扮演的角色的补充说明，表 11.6 显示了境外子公司的 R&D 支出占东道国所有 R&D 支出的比例，不包括那些来自东道国之外的国家所资助的活动。这一比例比其他一些与海外资金有关的比例要高，并且爱尔兰、加拿大、捷克、匈牙利、瑞典、英国等国家的这一比例非常高，这些国家承接了很多境外子公司的本土 R&D 投资。事实上，像荷兰、瑞典、捷克等国家，境外子公司在东道国的 R&D 总支出方面所占的比例要比这些子公司在附加值、雇佣劳务费、固定资本形成总额方面所占的比例都要高（见表 13.3）。在 2004 年的 OECD 国家中，超过 16％的工业 R&D 支出都是由子公司带来的，1993 年时这一比例是 12％（OECD，2006）。

表 11.6　　　1993—2004 年境外子公司的 R&D 支出占东道国总额的百分比

东道国	1993 年	1996 年	1999 年	2001 年	2004 年
发达经济体					
欧盟					
比利时	na	na	na	na	55.6
芬兰	na	13.9	14.9	14.2	16.4
法国	na	16.7	16.4	21.5	25.3
德国	13.4	13.0	17.8	24.8	26.7
爱尔兰	71.0	65.9	63.8	65.2	72.1
意大利	na	na	na	33.0	32.1
荷兰	na	na	21.5	19.6	na
西班牙	39.6	30.0	32.8	31.0	27.0
瑞典	14.7	18.7	36.4	40.7	45.3

[①]　从第一次框架计划（1984—1987 年）到第六次框架计划（2002—2006 年），在欧洲境内用于研究和技术性发展活动的预算从 37 亿欧元增长到 175 亿欧元。

东道国	1993 年	1996 年	1999 年	2001 年	2004 年
英国	na	30.1	31.2	39.5	38.6
欧盟新成员					
捷克共和国	18.0	18.0	27.4	45.3	48.7
匈牙利	12.4	44.4	78.5	71.4	62.5
波兰	na	na	20.2	14.6	16.8
斯洛伐克共和国	3.5	4.4	3.2	19.0	20.4
北美					
加拿大	31.8	31.7	32.0	29.6	34.9
美国	12.1	12.4	14.7	13.3	13.6
其他发达经济体					
澳大利亚	na	30.3	41.8	na	na
以色列	na	9.7	14.3	20.7	na
日本	0.9	0.9	3.9	3.4	4.3
发展中经济体					
亚洲和太平洋地区					
中国	na	na	19.2	21.7	23.7
印度	2.0	2.3	3.4	na	na
韩国	na	0.3	1.4	1.7	na
新加坡	na	na	na	57.6	59.8
中国台湾	24.5	na	na	na	na
土耳其	16.3	21.7	7.3	10.6	na
拉丁美洲和加勒比地区					
阿根廷	na	14.3	7.1	16.5	na
巴西	na	na	na	48.0	47.9
墨西哥	na	51.3	39.9	32.5	na

资料来源：1993 年和 1996 年的数据来自 UNCTAD（2002），基于各种资源；1996 年、1999 年、2001 年和 2004 年的一些数据来自 OECD，《主要科学技术指标》，2004 年 11 月和 2006 年 12 月；其他的数据来自 UNCTAD（2005c）。一些数据是估计的。对于一些国家，数据选择的是最近可获得的年份。

对于更详细的数据，我们可以通过在美国的境外子公司的创新活动获得，也可以通过美国 MNE 的对外活动获得，这些数据来自 BEA 的调查。1994—2000 年间，美国的工业 R&D 总投入中境外子公司占了 11%～13%（美国国家科学委员会，2004）。2002 年，外国企业的 R&D 支出达到了 275 亿美元，占了美国工业 R&D 支出总额的 14%（美国国家科学委员会，2006）。制造业占子公司 R&D 支出总额的四分之三，并且主要集中在以下三个行业：化工与制药、计算机和电子产品、运输设备。以下七个国家，即德国、英国、苏格兰、日本、加拿大、法国和荷兰占据了在美国的境外子公司 R&D 支出的 90%。到 2004 年，非银行控股子公司（MOFA）的 R&D 支出已经增加到 29.9 亿元（Anderson 和 Zeile，2006）。

这种情景和美国 MNE 在海外的创新活动情况非常相似。在超过 20 年的时间里，美国企业在本土以外的 R&D 活动有三分之二都布局在以下六个国家：英国、德国、加拿大、日本、法国、瑞典。在美国获得大部分 R&D 投资的工业部门同样承担着美国 MNE 子公司在海外的 R&D 活动。2002 年，美国 MNE 子公司的海外 R&D 投资是 212 亿美元，占美国工业 R&D 总投入的 11％（美国国家科学委员会，2006）。

总体来说，现有证据表明，外国企业的 R&D 活动在东道国（包括一些发展中国家）的技术活动中变得越来越重要。例如，截至 2004 年，超过 100 家 MNE 已经在印度建立了 R&D 分支机构，同时超过 700 家已经在中国设立了类似机构（Reddy，2000；UNCTAD，2005c：141）。UNCTAD（出处同上：125）的评估结果显示，对于发达国家来说，境外子公司所占东道国 R&D 活动比重由 1996 年的 11％上升到了 2002 年的 16％，而在同期，发展中国家的这一数据是从仅有的 2％上升到了 18％。这种趋势在欧亚及北美尤其明显，且很大程度上来自于 20 世纪 90 年代的研发密集行业的大规模的 M&A 活动，包括制药、生物工程和信息技术领域（ICT）。更进一步地说，这些领域中的企业在技术联盟中异常活跃。

大多数技术联盟是契约形式的，并且对具体研究活动在哪里完成以及由谁来完成进行了详细说明（见 11.7 节）。因此，技术联盟可以被看成是新技术发展的关系契约，这与合同外包的其他形式不同，因为其产出的明确特点是无法预知的。同样地，联盟协议很可能会影响创新活动的分布和范围，且协议的集体影响力会从两方面在长期数据上反映出来，一是对 R&D 活动的外来资金支持，二是参与 MNE 子公司 R&D 活动的份额。

□ 11.3.2　境外子公司的 R&D 强度

即使境外子公司的 R&D 活动占东道国的比例逐渐增加，也并不意味着 MNE 子公司要比东道国的本土企业有更高的 R&D 强度。英国（Dunning，1958）、加拿大（Safarian，1966）、澳大利亚（Brash，1966）的早期数据似乎表明，在大多数国家中，境外子公司要比本土企业在技术创新活动上花费更少的精力。在巴西，一项由 Evans（1979）在 1967 年进行的涉及圣保罗 183 家企业的调研表明，MNE 的外资拥有权程度与其进行 R&D 活动的倾向之间呈负相关关系。后来，瑞典、印度和比利时等地的数据也都表明，与本土企业相比，MNE 在总收入中用于开展 R&D 活动的比例更低（Håkanson，1981；Rangachand，1981；Van den Bulcke，1985；Kumar，1990；Pearce，1990a）。

有趣的是，这些信息恰恰偏离了人们的预想。在考虑投资的原因的基础上，如果将 MNE 和本土企业作为一个分组来进行对比，就会发现，国际投资者在任何东道国（特别是较大的东道国）进行的海外投资都是异质性的。[①] 尽管在过去的 20 年里，随着企业 R&D 活动的国际化，境外子公司的平均 R&D 强度在上升，但是 R&D 活动的种类和范围差异很大。

境外子公司的平均 R&D 强度也受到每个东道国的主导工业部门的影响。11.2 节的数据表明，在不同部门之间，R&D 强度有很大的差异。所以我们所期待的合理的比较方式是，同一个工业部门、同等规模的境外子公司与本土企业进行比较。但

[①]　例如，资产寻求型投资可能会增加投资公司的 R&D 强度，但它对东道国没有直接的影响。

是这种比较也只有当本地存在实力较强的本土企业时才具有可行性，就像 20 世纪 90 年代欧洲制药公司在美国投资的例子。在爱尔兰和新加坡这样的国家里，本国工业部门基本都是依赖 FDI 建立起来的，本土企业的规模相当小甚至不存在，这种对比就很难进行。当你试图在一个东道国里比较来自不同国家的境外子公司的 R&D 强度时，同样的问题也会出现。除非这些 MNE 在所投资工业领域的分布是相同的，否则这种比较就很难进行。

□ 11.3.3　对本土企业的溢出效应

境外子公司对东道国技术能力除了有直接影响外，实际上还存在很多间接影响。这些间接影响中，典型的是对东道国本土企业的 R&D、技术和知识的溢出效应。由于我们不能直接衡量溢出效应，所以我们要通过其他数据来推断溢出效应的存在，比如因为 MNE 的存在导致的东道国本土企业生产力的提高。在第 16 章里，我们将讨论溢出效应及连锁反应的一些细节，包括溢出的方法论问题以及溢出的区位特性等。[①] 而在这里，我们只是想强调一些简单的发现，以一种或者几种方法来追踪 MNE 子公司创新活动的溢出来源。

Xu（2000）对在 40 个国家拥有多数股权的美国制造业子公司的面板数据进行的分析，支持 MNE 对东道国的 FDI 会通过技术转移来提高东道国的生产力这一观点。这项研究以特许经营权与许可证费作为价值增值的一部分来衡量技术转移，尽管技术扩散可以提高发达国家的生产力，但是在发展中国家，由于技术消化吸收能力不足，所以技术扩散并没有带动东道国的技术进步。

另一项由 Kinoshita（2001）进行的研究运用了 1995—1998 年捷克共和国的企业层面的面板数据，将 R&D 投资效应对本土企业生产力进步的影响从技术效应中分离出来。Kinoshita 发现，在某些工业部门，当本土企业在 R&D 上投入更多时，这种由外国企业的存在而产生的生产力提高就会受到限制。最后，Feinberg 和 Majumdar（2001）对 MNE 在印度的制药子公司进行了研究，考察了当地 R&D 活动的技术溢出的来源与对象，发现尽管看起来境外子公司通过这些 R&D 活动获益，但是这些活动却并没有对本土企业产生溢出效应。

11.4　MNE 的技术转移与技术调整

如果个体参与 R&D、技术转移与调整的成本和收益与东道国参与的社会成本及收益是一致的，并且如果 MNE 以有效的方式运营，那么入境 FDI 将自动为东道国提供正确的技术和创新能力。然而，至少有三个原因可能使情况变得并非如此。第一，MNE 的目标可能与它们所在国的目标不同。因此它们对于 L 资源配置的反应会彼此不同。第二，由于结构性市场不完善，MNE 或其子公司的战略行为可能不符合

---

① 例如，Bottazzi 和 Peri（2003）运用欧洲数据分析发现，区域内创新（专利）对 R&D 的弹性会随着距离增加而降低，半径 300 公里以外的区域基本不再能观察到 R&D 的溢出效应。

东道国的最佳利益。第三，个体和社会做出（技术）调整（特别是软技术）的成本与收益可能有很大的差别。对企业来说，其调整成本会比东道国的调整成本大得多。举例来说，由于这些调整对就业结构、关系结构与市场结构的影响，因此，它们会带来大量的社会净收益。[①]

另一方面，东道国对于技术调整的偏好与它的制度基础、经济和社会环境相关。当然，公司对进入、转移、利用和组织国外科技的接纳程度不仅会受到创新体系内容和有效性的影响，也会受到经济和当地政府的影响。与追求贸易保护主义的进口替代战略的经济体相比，追求市场导向型和出口拉动型增长战略的经济体会制定政策与制度以更少地强制 MNE 做出工艺流程与产品生产调整。与之相似，一个旨在技术性自给自足的国家，与相信知识的力量会显著影响其动态比较贸易优势结构的国家相比，很可能对它自己的企业及对内投资做出不同的要求。

现在的问题是，MNE 会（或能）在多大程度上为东道国升级其本土资源和能力提供它们所需的技术资产？为满足东道国特别的供需要求，它们在投入新技术或者调整现有技术方面还有多长的路要走？

要全面回答这些问题很难，研究显示，到目前为止，在不同国家的情况下，主要有三种决定性因素影响 MNE 调整其 O 技术的能力与意愿：

（1）对应市场的规模和特性；

（2）跨国要素成本的差异性以及要素投入和原材料的可得性；

（3）跨国文化差异、制度差异以及组织方式差异。

此外，这些调整可能会采取以下两种形式：一是对特定产品生产方式的调整（如加工和制造技术），二是对生产产品种类（产品技术）的调整。我们会依次来讨论这两种技术调整。

□ 11.4.1　市场规模与特性

我们经常提到的 MNE 的 O 优势——有时是跨国性的原因，有时又是跨国性的结果——是指它们能够利用规模经济优势来使用、设计和实施生产和组织技术。除此之外，它能让 MNE 发展和利用最新的"硬"技术和"软"技术（例如，采购、库存控制、工作组织、预算控制以及战略规划）。

这导致的第一个结果是，一系列增值活动的生产函数可能会不同，因为境外子公司是更大组织体系和增值活动网络中的一部分。第二个结果是，它能对那些必须在东道国进行的活动产生影响——不论它们是第一产业、第二产业还是第三产业提供的商品和服务。证据表明，如果其他条件不变，MNE 希望对所有的生产标准化其技术，从而避免调整成本。某些情况下，在子公司生产商品和服务并卖到国际市场的过程中，为了避免产品质量受到不利影响，产品生产方法的调整会受到阻碍。许

---

① 例如，Young 和 Lan（1997）建立了一个简单模型，将母国与东道国的政策和激励措施以及技术提供和接受公司的意愿和能力作为影响技术转移的重要因素。研究表明，对中国的技术转移在后者显示出相当大的差异：西方企业显示出既有意愿也有能力进行转移技术，日本投资者虽有能力但是没有意愿支撑，来自香港、澳门和台湾的中国投资者有意愿但是能力又略显不足。

多追求效率的 MNE 就是这么做的。除此之外，一些进口替代投资（产品只销往市场规模更小的本地市场）按比例削减产品工艺流程的成本非常巨大。在一些知识密集型部门中，这更是行不通的。

尽管如此，实证研究表明，MNE 选择让其境外子公司在东道国（尤其是发展中国家）调整当地技术的主要原因是发展中国家的产出相对更小。很明显，这种调整的程度取决于产品工艺技术的替代性。一般而言，采掘企业很难修改它们的增值活动，资本密集型和高科技企业也同样如此。然而，一些规模驱动的调整行为是对不同要素价格结构的反应，因为一些小工厂只有在劳动力成本较低的地方才会具有竞争力。此外，这种调整行为会受到财政措施以及对境外子公司其他激励措施的影响，即如果东道国政府认为子公司重塑其生产过程，可以最好地推进其经济社会目标，那么它会给子公司施加某种激励。

市场特性也会影响 MNE 采取本土化产品策略的意愿。再者，基于其资产优势，MNE 通常处于产品开发的前沿，并有助于消费者需求质量的升级。同时，MNE 也必须接受这样一个现实：它们的客户可能是高收入人群、技术熟练工人、规模密集型制造商等。这就意味着一部为美国中西部消费者设计的手机可能不会受到芬兰、印度、中国消费者的喜爱；适应德国家庭需求的食品不大会受到日本或巴西消费者的青睐；面向英国市场的电器不做相关改装在印度尼西亚、意大利或墨西哥就卖不出去。

另一方面，也有许多产品只要稍加改动就能跨越国界限制。比如全球化所需要的标准化生产资料，如电信系统、药品、品牌消费品，还有一次性剃须刀、软饮料、谷物早餐、服装、酒店等服务产品。事实上，MNE 对厂商消费者和个体消费者的吸引力之一来自它们提供质量控制的标准化产品，这一模式深受 MNE 的广告密集投放的影响。许多 MNE 认为如果它们要为消费者提供一个灵活且全球化的产品网络，那么产品的标准化就非常重要了。许多东南亚政府通过 MNE 来提升它们作为高质量产品生产者的这一国际形象。同时，也有人反对遍布全世界的跨国品牌，如 Naomi Klein 在《没有品牌》（*No Logo*）一书中就提到了这一点。

对于这些观点，有人赞成，也有人反对。一方面，MNE 的一项 O 优势在于其在主要市场的品牌产品的质量与标准化。它们认为使产品本土化的成本会高于标准化产品的推销成本。这一观点推动了全球及区域（欧亚地区）产品授权的发展。[1] 另一方面，越来越多的 MNE 已经意识到适应各国消费者需求的本土化能力是企业自身的竞争优势。灵活的生产方法的引入在一定程度上使本土化生产成为可能。总的来说，不同国家的特点（如收入水平、收入分配）决定了不同国家的需求模式。

□ 11.4.2　要素可得性与价格差异

新古典经济理论认为，给定投入要素以及中间产品的可得性及价格水平，在一定产出规模下，企业会采用最小化其成本的生产技术。如果实际劳动力、原材料、

①　见第 8 章。

能源成本低而实际资本成本高，那么企业就会采用资本节约型技术。相反，若实际资本成本、原材料、能源成本低而实际劳动力成本高，企业就会采用劳动力节约型技术。[1] 若实际劳动力、资本成本低而原材料或能源成本高，企业就会采用原材料或能源节约型技术。

在需求标准高、零部件和原材料的供应能力成熟以及法律体系、技术和通信基础设施配套完善的区域，MNE 子公司采用的生产方法会比缺乏这些资源的地方更具技术和信息密集性。同时，企业也会根据当地的自然资源和创造性资产的成本差异而采取不同的办法。不考虑企业所有权，仅仅因为不同国家的企业间组织结构和竞争优势不尽相同，就会使得例如斯里兰卡或肯尼亚的肥皂、纺织品、电灯泡、香烟的生产以及与商务和旅游相关的服务与德国和瑞典的产品有很大区别。

有充足的证据表明，不同国家在某些程度上增值活动的要素投入比例不同。此外，许多出口导向型的制造业与服务业 FDI 在发展中国家受到更廉价劳动力的激励。一些增值活动（如烟草种植、化工、航空）只能通过特定方式降低成本。其他的（如煤炭开采、药物剂量准备、织物整理加工、灯泡制造、材料处理、会计程序、建筑建设和呼叫中心）可以通过技术改造降低成本。实际上，没有哪个增值活动和哪家企业不会注重边际要素价格以及产品质量差异。总体来说，产品生产过程中所需要的特定资产越多，产品或工序调整的余地就越小。最终产品差异越大，变更自然资源投入要素的可能性越大，产品的生产方法就越灵活。

那么 MNE 在考虑国家特定要素成本和可得性的差异的情况下可以在多大程度上调整生产技术呢？子公司的生产技术与母公司或本土企业比较情况如何呢？正如我们前面所说的，这种比较充满了概念和统计陷阱。其中最主要的是，在对从事相似增值活动的企业进行比较时，很难区分子公司的 O 效应。研究表示 MNE 子公司比本土企业更多地采用资本或技术密集型方法。深入想一想，这是因为前者更加关注资本和技术密集型行业。即使在行业内部，产品构成以及垂直一体化的程度也会因为企业与地域的不同而不同，这导致了资本强度的差异。

研究结果普遍认为，产品生产过程的本质改变只会发生在发展中国家中低等技术含量的进口替代活动中。[2] 其调整程度会随国家、行业、企业的不同而不同。因为 MNE 在技术创造和开发方面而不是在人事管理方面相对本土企业拥有 O 优势，这导致了企业可能会为了节省熟练劳动力而对已存在的技术进行"去技术化"。然而，如第 13 章所述，由于全球人力环境的变化，这一观点备受挑战。就是在 20 世纪 80 年代和 90 年代，日本在欧洲对汽车和电子行业的直接投资导致国内人力资本的升级。

----

① 实际劳动力和资本的成本是用于这两种投入质量（改善）的劳动与资本的调整成本。因此，低工资并不意味着低劳动力成本。一个很可能的情况是，更高的工资成本比更高的劳动生产率更引人注目。同时，因为一部分劳动力廉价就下结论认为所有劳动力都廉价是错误的。一份国际劳工组织（ILO）的报告（ILO，1984：23）引用了尼日利亚一家境外子公司的案例，说明其为了节约熟练劳动力而使用比发达国家更多的自动化工序。

② 对此我们要特别关注 ILO（1972）、Morley 和 Smith（1977）以及 Langdon（1978）的发现。早期研究发现，MNE 子公司在相同工业领域比本土企业资本密集程度更高，这些研究包括 Agarwal（1976）对印度的研究、Balasubramanyan（1984）对印度尼西亚的研究、Newfarmer 和 Marsh（1981a）对巴西的研究、Forsyth 和 Solomon（1977）对加纳的研究以及 Biersteker（1978）对尼日利亚的研究。相比之下，其他的研究，例如，Chung 和 Lee（1980）对韩国的研究以及 Willmore（1976）对哥斯达黎加的研究，发现国内外运用的生产方法并不同，没有一致的趋势。

这仅仅因为日本企业的一个 O 优势——有效地管理和组织企业内部和企业之间的工作关系。2000 年初，人力资源管理质量逐渐成为跨国 M&A 和合作的决定性因素。此外，在第 13 章中会讲到，特别地，MNE 会对中上等发展中国家和先进工业国家的人力资源培训与升级起到重要的促进作用。

MNE 在东道国调整产品技术的另一个原因是为了兼顾东道国原材料和中间产品与母国的区别。这一区别在最不发达的母国最为明显。虽然境外子公司也希望从国外进口一些原料，但运输成本、关税、非关税壁垒以及政府限制等原因使得子公司只能采取本地采购的策略。通常来说，原材料会影响供应的产品而不是所用的工艺。但有时它也会影响资本设备的使用，例如合成材料（相对来说是资本密集型的）取代了自然材料（相对来说是劳动力密集型的）。过去几十年能源成本的上升、矿物开采难度的增加使得一些企业不得不改良它们的技术（UNCTAD，2007）。在原材料和/或零件成本节约方面，与其他国家相比，一些国家面临着更大的压力（由于可得性和更高的实际价格），这也会影响其组织部署，包括库存控制、测试、质检、环境政策。

要注意的是，依靠专业技术供应商提供核心技术的行业，工序的调整可能是受限制的。在需要专业的工程企业来建造厂房和机械设备的行业（如化学、钢材、造纸）中，这一点表现得尤为明显。这些企业出售技术形成技术市场，该市场的动态决定着世界范围内某种技术的可得性。事实上，这就是为什么"绿色"创新可能会穿越边界作为跨国投资的一部分，发展中国家的 FDI 也是如此（Lundan，2004b）。除了 MNE 的声望和社会影响力的提升意愿外，市场上技术的可得性应该反映其实践应用状况，而不是投资流向。[①]

此外，发达国家上游专业工程企业的存在就能说明 Arora 等（2001）所提到的在发展中国家的"非传统溢出效应"。他们认为，由于发达国家在化工行业开发新工艺技术的固定成本已经被发达国家的企业吸收殆尽，这使得发展中国家能以更低的成本得到技术。通过本土化策略或 MNE 投资，化工行业进入了缺乏这些专业工程企业的发展中国家。这使本土企业得以依赖由发达国家的上游技术供应商构成的竞争性市场而发展，并且发展得更快。

□ **11.4.3 制度与文化差异**

MNE 带来的技术的成本与收益都与工程技术有关。然而，我们也不能忽视技术转移和技术调整的意愿和能力的重要性，特别是管理结构和工作经验。[②] 同时，由于母国和东道国之间企业文化与宏观制度环境的差异，母公司在将管理技术转移到东道国时会遇到重重困难（Kogut，1991）。尤其是母公司的 O 优势（参见第 5章）——其独特的激励措施和具体的实施措施更是在技术转移过程中扮演了很重要的角色。

---

① 然而，这种说法只适用于工程或"硬"的技术方面。在"软"的一面，技术是否能发挥其潜在作用以及其表现的好坏取决于使用技术的员工的技能以及对员工的激励。

② 例如，见《管理人员学刊》（*Academy of Management Executive*）2005 年关于"管理知识的全球转移"特刊。

除了以上 MNE 的这些优势外，如果一个国家协调的意愿与能力可以使企业文化适应不断变化的世界市场的需求与速度，那么这将是其具有竞争性制度优势的体现（Amable，2003）。这种文化流动性有许多表现方式，如产品的外语标签、国外想法与概念的公开、劳动相关的激励、度量衡的标准化以及一个地方性社区的成熟度。历史表明，许多凭借国际贸易发家的国家在这方面做得相对较好。此外，一些国家的企业文化与其他国家存在着明显区别。日本为了保持其在国际上的商业信仰与价值，重新配置其国家机构来满足国际经济发展的需要（Ozawa，2005）。中国的商务网络也是一个例子。

一旦 MNE 能敏感地捕捉并充分地尊重国家和地区的传统和风俗，在引入新兴组织形式和关系方面，MNE 就能起到重要的作用。下面我们从几个例子开始说起。第一个例子是美国 MNE 在 20 世纪 20 年代和 30 年代将新的财务控制、管理和营销技术引入欧洲子公司（Kipping 和 Bjarnar，1998）。第二个例子是日本在美国和欧洲成功植入工作实践和质量控制过程（后者至少在半个世纪前由 Taylor 在美国进行了倡导）（Dunning，1986b）。第三个例子是福特和丰田之间的故事。这两家企业进入东道国的例子堪称典范。欧洲企业在汽车行业和其他行业迅速且大规模引入生产技术到东道国时，耗费了比较长的时间来采取多部门的组织形式（Kogut，1990）。很明显，消除地域偏见比引入新产品或替代新技术难得多。

随着 MNE 全球化的发展，越来越多的技术标准和管理方式通过 MNE 子公司转移到了东道国。在第 5 章，我们提到了质量标准化的例子，如 ISO 9000（Guler 等，2002），或环境管理过程的例子，如 EMAS 和 ISO 14000（Christmann 和 Taylor，2001）。间接地，这还包括具体的监管标准的转移，如无元素氯（ECF）的监管标准从斯堪的纳维亚（半岛）到美国（Lundan，2004a），或北美内部转移定价正常交易的扩散（Eden 等，2001）。

除技术标准外，模式或企业治理和劳动关系也在逐渐向东道国转移。例如，Khanna 和 Palepu（2004）指出，在全球产品和人才市场（而不是资本市场），Infosys 充当着良好的企业治理的典范，尽管对其他印度企业的扩散比较有限。转移还涉及就业实践的跨境转移，如在英国采用劳动力多样化政策的美国子公司（Ferner 等，2005）。其他社会变化不能仅仅归因于 MNE，但经常会受它们的影响，包括关注个人成就及奖励、挑战传统的工作和生活平衡——导致了一个小经营者（而非共产主义）的社会（Guillén，2000b；Peoples 和 Sugden，2000）。①

尽管如此，即使外资导致东道国技术标准的升级，企业内部转移的过程依然存在问题。Jensen 和 Szulanski（2004）调查了被称之为"黏性"转移和调整跨国组织实践的知识转移。借鉴 Kostova（1999）以及 Kostova 和 Roth（2002）的观点，作者认为在东道国的调整可以提高认知和规范的合法性，改善接受者接受转让行为的动机和能力。与此同时，如果合法性与制度距离呈负相关，那么当这个距离增加时，调整的好处就会显现。然而，Jensen 和 Szulanski 发现，即使控制了制度距离，调整

---

① 在诺基亚的母国芬兰，其著名的广告标语——科技以人为本，需要关键的修饰语，即使得家人彼此分离的家庭得以联结。

的存在似乎仍会加剧组织转移的难度。① 尽管调整有好处，但作者发现有的企业并没有在东道国采取调整措施，这可能是由于跨国转移开始之初很多东西不完善所致。

11.5 联盟 R&D 的目的、类型和组织

R&D 活动代表一个企业特定形式的增值活动。虽然这些活动通常被认为能推动产品的制造，但是制造完成后对产品的修改和改进将创新活动与产品的过去和未来生产联系了起来。在本节中，我们研究子公司研发的目的、类型以及子公司研发与集权和分权的关系。按照第 II 部分的讨论，我们将对与 MNE 现有资源开发相关的 R&D 以及与新知识和能力相关的 R&D 予以区分。

此外，正如我们在第 9 章中讨论的，MNE 与其他企业以及额外市场组织相联系的外部网络，已成为创新活动的一个重要组成因素。以 R&D 投资为代表的 MNE 内部创新活动与外部活动互相补充，其中，外部活动包括合同研究和 R&D 联盟等。因此，当我们讨论的部分涉及企业自身的 R&D 活动时，11.7 节会对 MNE 知识扩张活动的外部性予以特别专注。

□ 11.5.1 境外子公司进行 R&D 的动机

MNE 子公司所承担的 R&D 程度取决于两个因素：一是，子公司是否参与了所有的研发活动；二是，与研发活动放在母国相比存在的比较优势。与国外生产需要借助部分投资企业的 O 优势不同，国外研究则是为了创造并获得这一优势。然而 R&D 活动自然离不开企业现有的技术能力和/或互补资产的可得性（包括学习经历）。拥有技术能力可能会降低研发的边际成本，所以，在寻找、监察、吸收研究设备和将其他企业的创新占为己用方面，MNE 具有一定的优势。同时，MNE 也会在理想化的机构环境中寻找利益。因此，美国企业希望能在欧洲进行创新活动，欧洲和日本的企业希望能在美国有一个研发基地。

值得回顾的是，创新资源市场通常被认为是最不完善的。当这些缺陷导致这些资源的价格在国外相对较低时，MNE 参与跨国 R&D 就有了另一个原因。

文中提出了 MNE 子公司影响创新活动的一些具体的活动特性、企业特性与国家特性。此外，投资企业的年龄、规模和经验，及其他增值活动的范围与位置是其他相关变量。② 总的来说，除了 MNE 在东道国兼并外国企业或建立起一个 R&D 中心来开发本地创新能力之外，R&D 倾向于遵循下游生产。正如我们在 11.2 节中讨论的，科学家和工程师的可用性和成本显然要被考虑到，尽管大型市场可能以特定

---

① 尽管需要注意的是，实证结果仅仅基于 8 个公司内部的一系列转变。

② Petit 和 Sanna-Randaccio（1998）给出了一个有趣的分析模型，在模型中企业做出三种类型的决策：一是选择出口还是对外投资；二是在 R&D 上投资多少；三是决定在每个市场上卖出多少。他们假设技术是可转移的，但也是有瑕疵的。这个模型表明，技术转移成本低廉的地区在 R&D 水平与 FDI 上有双向关系，这意味着 R&D 活动的存在使得 FDI 更可能，并且 FDI 反过来导致了一个更高水平的 R&D。

的形式提供特定的产品。

东道国政府的支持和/或压力也是一大考虑因素。出于对本国创新能力发展的考虑，东道国政府会极力支持 MNE 的海外 R&D。它们会采取许多手段，比如现金或实物补偿。有的时候数量很可观，但这并不构成 MNE 是否要在海外进行 R&D 的一个重要的影响因素。

在 20 世纪 80 年代所开展的各种研究表明，绝大多数由 MNE 的境外子公司进行的研发针对的是特定产品、生产工艺或功能、生产工序的调整，而不是基础性的研究（例如，Pearce，1990a；Casson，1991；Pearce 和 Singh，1992）。[1] 虽然这仍然是常有的事，但子公司获取新知识而不是采用已经存在的知识来提升企业竞争力这一现象自 20 世纪 90 年开始就变得愈发重要（Cantwell 和 Mudambi，2005）。[2]

这种转变的证据是由 Kuemmerle（1999b）的研究提供的，他们将 R&D 分支机构分成两类，一类进行本土化开发活动（HBE），一类进行本土化扩张活动（HBA）。本土化开发活动是为了本土化创新和东道国市场而进行 R&D，而本土化扩张活动则是为了进入东道国的需要而存在。作者的例子包括 32 个来自美国、日本和欧洲的制药和电子行业的大型 MNE，共有 238 个研究实验室，其中有 156 个在国外。[3]

Kuemmerle 发现，在研发实验室中，本土化开发活动占了 38%，本土化扩张活动占了 62%，而国外 R&D 工作占全球研发工作的比例从 1965 年的 6% 增加到了 1995 年的 26%。国内的研发投资超过了国外的研发投资，并且国外的本土化开发活动是优先于本土化扩张活动展开的。在日本企业的案例中，海外研发紧跟制造业国外直接投资的浪潮，前者大约滞后了 5～10 年。

□ 11.5.2　子公司的 R&D 类型

第 4 章论述了这样一个事实，当 MNE 认为在东道国能够获得技术和组织性的 O 优势时，它们就会参与 FDI。然而，MNE 可能还需要扩大其现有的无形资产，加上那些已经拥有的资产，它们认为这将有助于维持或提升其全球竞争地位。企业选择收购或从事对外创新性活动有几个原因。我们将四种类型的子公司 R&D 模式加以区分。[4]

产品、原料和流程的调整与改进

MNE 的海外创新活动大部分需要技术和组织配套设施的支持。这些创新活动由于材料可用性的差异、供应能力和消费者需求的不同以及在工作实践、组织习俗和创新结构上的差异而显得格外重要。这样的创新活动是以资源为基础的，以市场为导向的，是效率寻求型或资产寻求型的。它们经常需要多种技能、能力和经验，特别是那些科学家、开发工程师、技术人员和专业人士。外部的联系主要是与中间产品的供应商和最终消费者进行沟通。

---

[1]　事实上，Cohen 和 Levinthal（1989）已经提到，如果并不是需要建立这样一种使得企业可以在其 R&D 努力中利用公开研究成果的吸收能力，企业几乎没有动力去完成一些基础调研。

[2]　例如，见 Ivarsson 和 Jonsson（2003）对瑞典资产寻求型投资的研究。

[3]　另见 Shan 和 Song（1997）对制药行业国外知识采集的分析。

[4]　这种分类凭借的是 Ghoshal 和 Bartlett（1990）、Pearce（1990a）以及 Pearce 和 Singh（1992）的结论。

这种类型的 R&D 取决于并影响着其所在国家的"知道如何型"（know-how）能力，而不是"知道为什么型"（know-why）能力。它既依赖于当地的技术能力，又影响当地的技术能力。多数 MNE 在境外子公司的初步创新投资是这样的。但是，一个重要的例外是 MNE 以现有 R&D 设施收购外国企业。此外，一般在这些国家和地区，如巴西、中国、印度、韩国、墨西哥、新加坡和中国台湾，除了农业、食品加工、纺织服装、医药、广告和管理咨询这些行业外，这种类型在发展中国家的 R&D 中一直占据主导地位。然而，在一些情况下，R&D 对 MNE 活动的影响外部化至上游卖家或下游买家。

基本材料或产品研究

这方面的研究最有可能被定位于 MNE 母国。有时，由于材料不可得或特定的材料在该国的高成本，或者由于东道国政府政策等原因，产品生产方法和创新活动有可能需要重新评价。如果 MNE 选择在海外，R&D 就有两种类型。第一种类型是所需要的要素投入是固定的（例如，茶园，铝矾土开采，特别的气候和生态条件，农业企业的质量改进技术等）。第二种类型是定期检测和客户互动需要在本地研发。客户互动要求与产品周期第一阶段的 R&D 和生产的近距离要求很接近。研究产出可以供给本地市场或出口市场。

后一种类型的研究可能创造更多的当地基础设施革新需求。它强调知道为什么而非知道怎么办。当它成为类似的 R&D 活动的一部分时，当 MNE 能够很方便地接触大学或者合作研究机构时，或者当机构设置能够鼓励产品和生产流程的创新时，它就会蓬勃发展起来。同时，MNE 活动可能对本地的集群化创新活动产生或好或坏的影响。

效率寻求型研究

这种类型的 R&D 等价于理性化的和效率寻求型生产。为了获得规模经济和范围经济，MNE 可以在国外选择某些特定类型的 R&D。就像 R&D 的第二种类型，专业的或合理的研究通常将被引入到具有完善的技术和教育基础设施的国家。证据表明，特别是在发达国家，这种类型的 R&D 增长最快、跨国程度最高，并且存在于企业内部分工最为明显的部门（Pearce 和 Singh，1992）。

对收购及利用技术资产或技术能力的研究

由于 R&D 的所有权变得越来越集中而它的位置却越来越分散，许多 MNE 发现，特别是在技术密集型行业以及在主要工业化国家中，创新与制造的存在非常必要。与此同时，不断上升的竞争压力和成本导致越来越多的企业采取跨境研究联盟。例如，IBM、飞利浦、西门子、诺基亚、索尼、ICI、SKF、联合利华和杜邦公司在欧洲、美国和亚洲都有 R&D 中心。国家急于建设卓越的创新中心来吸引企业的高价值活动。一些来自于投资驱动型发展中国家的 MNE 也投资于欧洲和北美，以进行收购或者获得技术能力，并从中得到更有利的创新系统，这与工业化国家的企业投资于一些发展中国家来获得原材料或廉价劳动力类似。关于企业的位置，最近的一项关于企业 R&D 区位的调查涉及了 203 个 MNE，这些企业大多数来自美国与欧洲，调查显示，发达国家超过 45％ 的工作涉及"新科学"，而新兴国家（中国和印度）的这一数据只有 22％（Thursby 和 Thursby，2006）。

□ 11.5.3 子公司的 R&D 组织

假设 MNE 希望通过内部 R&D 或通过收购许可证和专利，而非通过合同方式（例如，通过 R&D 联盟）增加自身知识存量，那么它就会面临着如何更好地组织创新活动的问题。这主要涉及两个选择：第一个选择关于权力下放程度，第二个选择关于子公司的战略、范围和授权内容。

R&D 的集权与分权有重要的区位原因。[①] 那些赞成集权的原因包括：MNE 有通过 R&D 来获取和开发规模经济的愿望；集权有助于提升母国制度与集聚经济的质量和有效性；生产单元与供应商协同定位可能获得好处。而 R&D 分权最强有力的动机是，通过开发构建国家或区域创新体系的有力制度，来充分利用其他国家的研究人才和我们需要本土化的知识，来帮助我们调整产品和服务以符合当地偏好。此外，这些知识也反映了东道国在某些特定类型的研究（资源）上的比较优势，所以我们需要一定的投入来有效地追踪它。

在这些参数中，为了与国际组织的研究活动靠近，MNE 可能会实施各种不同的策略。Bartlett 和 Ghoshal（1990）根据 R&D 的区位和目的描述了 MNE 的研发和创新活动。因此，他们将本地—本地（local-for-local）R&D 定义为 MNE 在特定国家的子公司完全按照所在国家的水平进行创新和补充的 R&D 活动。一旦这些创新被发现适用于多个国家，它就变成了本地—全球活动。与此相反，一个中心—全球创新战略是在一个中心 R&D 实验室中，为世界范围内使用的产品、过程或系统进行研发。而全球—全球创新则是集合不同研发单位的资源与能力来帮助解决全球性问题（Nohria 和 Ghoshal，1997）。[②]

正如我们在第 8 章所述的，子公司自主权的增加和卓越中心的出现使得知识管理成为了 MNE 的一个重要的战略问题。企业分支机构越来越有可能发展能够增加其技术资产的能力，但这样的战略也导致了 MNE 内部子公司的自主权和集中控制之间的紧张关系。[③]

一些关于 R&D 子公司战略角色的见解由 Florida（1997）提出，他在 1994 年拿到了一份美国 R&D 分支机构的详细清单，并以此对其中 186 个境外子公司的 R&D 实验室作了调查（有近 90% 的回应率）。他发现，子公司的 R&D 支出并不是产品在当地市场的调整成本，而主要是涉及开发新产品、获得科学和技术发展信息以及接触高科技科学家、工程师和设计师的费用。尤其重要的是它们吸引高素质科技人才的能力。大学被认为是创新（定义为新产品的创意）的一个相对不重要的来源，除了一些以科学为基础的行业（如生物技术）外。子公司在发起新项目、聘请科学家和工程师方面表现得相当自主，虽然它们定期向姊妹 R&D 机构和企业总部报告一

① 但是，利用 MNE 子公司在英国的数据，Cantwell 和 Mudambi（2005）研究显示，除了区位因素的影响，MNE 子公司和集团层面的特定属性也会影响 MNE 子公司的 R&D 强度。

② Zander（1999）提出了一种基于它们重复和多样化程度的技术能力分类方法。这产生了四种基本类型：国际重复的、国际分散的，以及母国集中的和国际多样化的子公司。

③ 见 Zanfei（2000）对 MNE 子公司创新行为以及子公司自治与中心集权的矛盾的文献回顾。

般行政事项。对于管理和组织实践，MNE 首先会效仿美国 R&D 实验室以及企业和大学的创新管理体系，而不是它们在本国的同行（Kenney 和 Florida，1995）。[①]

在加拿大，Niosi 和 Godin（1999）确定了 60 家在科研方面活跃的国外分支机构，其中 18 家对调查做出了回应。它们的大部分 R&D 活动发生在美国，它们的一些子公司甚至没有在加拿大进行任何 R&D。它们主要从事与商业相关的 R&D，伴随着境外子公司的需要，以接近客户作为设立外商 R&D 基地的原因，并且支持本土制造企业。与子公司高技能人才招聘和监测技术发展同样重要的是，即使在市场分割的情况下，它们在 R&D 和发展活动之间的预算分配也是相当均衡的。在这项研究中，子公司享有相对较高的自主性，只有在提交重大项目时才会让加拿大总部审批。

英国的 R&D 机构实证是由 Pearce（1999）提供的，他进行了两种调查。第一种是对外国 MNE 生产型子公司的调查，在 812 家 MNE 境外子公司中有 190 家子公司对调查予以回复。第二种是对在英国的外国 MNE 的调查，180 家子公司中有 48 家 R&D 实验室给予了答复。该调查历时两年，自 1992 年开始，在 1994 年完成。调查的主要结论是分权 R&D 业务的角色转变，首先是从生产适应到生产发展的转变，其次是在充分利用知识资源本地化的优势下，寻求基础的全球项目或实用的竞争前研究。[②]

在对上述 48 家 R&D 机构资金来源的进一步研究方面，Papanastassiou 和 Pearce（2005）假设，子公司的不同角色可以在它们的资金来源上得以反映，特别是那些资金来源就是子公司本身的。他们确定了四种不同类型的角色，其中两种是传统实验室，有助于在本地市场上基于现有的技术来开发产品。第三种是从事新产品技术转让和调整的本地实验室。第四种是国际性的相互依存的实验室，这是将自身努力和 MNE 中其他研究单元相结合的纯粹实验室。母公司的资金支援在每种角色中都十分重要，在第四种角色中最重要，例如制药业子公司。相比之下，调查显示自我融资最高的是电子产品子公司，它本土化导向更为明显，并且为实验室或者本地协调型研发机构提供资金支持。

Belderbos（2003）利用 1993 年 MITI 数据，选取了 420 家子公司作为样本，对日本制造业子公司的海外 R&D 活动进行了研究。他发现，随着它们自身经验与能力的提升，新建子公司体现了一种递增的外国 R&D 的增长模式。这与如下解释并存：相对而言，日本是国际化生产的后来者，其 R&D 落后于外国生产者的 R&D。传统上，日本企业的重点在于发展，而不是研究。制造业与实用的 R&D 和工程之间的紧密联系导致了日本企业将 R&D 活动集中在本土（Westney，1994；Kenney 和 Florida，1995）。但是，Belderbos 的报告称，R&D 的高强度表明，日本企业利用外资收购和合资企业来获取国外的技术和创新系统，这使得日本子公司可以以更快的速度获取 R&D 能力。

---

① 见 Florida 和 Kenney（1994a）对日本在美国 R&D 的研究。

② 见 Pearce（1997）以及 Pearce 和 Papanastassiou（1999）的进一步研究，以及第 8 章对子公司自治行为的讨论。

跨国公司与全球经济（第二版）

11.6 企业 R&D 的国际化

11.2 节介绍了母国公司技术能力的不同衡量标准，11.3 节呈现了 MNE 子公司对于东道国技术能力的贡献。本节着重考察 MNE 的 R&D 活动在程度和分布上的变化的实证研究。

我们从探索企业国际化中技术多元化的历史演变开始。我们也考察了当代大型 MNE 的技术情况，以及随着时间的推移，这些技术发生了多大程度的改变。然后，我们发现 MNE 的 R&D 活动国际化程度在加深。总的来说，大多数 MNE 仍将 R&D 活动集中在国内，但在过去的二十年里，国外开展 R&D 的比例有所上升，MNE 的 R&D 活动仍集中在发达国家，除此之外，新兴国家的海外 R&D 的上升也是一种趋势。

☐ 11.6.1 多元化和 MNE 的技术概况

Patel 和 Pavitt（1997）对美国、欧洲和日本最大的 440 家大型企业进行了研究，他们发现，这些企业大多具有广泛的技术能力，包括在非电动机械、仪器和计算上的技术能力，这些技术能力构成了行业内广泛的技术应用。基于企业在给定部门的专利份额和比较技术优势（RTA），Patel 和 Pavitt 采用四倍分类方法对企业的产出进行了研究。RTA 有两个组成部分：一是该企业在特定部门的专利相对于母公司授权给相同行业的其他企业的专利优势，二是企业在多个部门的全部专利相对于母公司授权给相同行业的其他企业的专利优势。[①] 企业的核心领域与基础领域往往有最多专利（知识积累），这里的核心领域是指，企业在其中具有独特能力的领域。对于边缘和利基领域企业拥有的专利较少。边缘活动在 RTA 较低的领域，利基活动在 RTA 更高的领域。

根据 1969—1974 年和 1985—1990 年间美国专利的分析，Patel 和 Pavitt 发现，90% 的专利情况极为相似。除了自己的核心技术，大多数企业在其他基础领域也有重要的经济活动。这些活动反映了技术知识相互依存的关系，也反映了企业获取供应商的第一手技术的需要，即使这些活动最终可能是外包的。维持基础领域重要的经济活动的第二个原因是其有利于新兴技术的获取。[②] 即便如此，企业的技术仍强烈受到所在行业的影响，以至于在同一行业中找到相似企业的概率比在不同行业中高出了五倍，如计算机和制药行业。

在相关的研究中，Cantwell 和 Piscitello（2000）将企业在多元化和国际化方面

---

① RTA 可以表示为 $RTA_{ij} = (P_{ij}/\sum_j P_{ij})/\sum_i P_{ij}/\sum_{ij} P_{ij}$。大于 1 的值表明企业在自身工业领域的给定技术部门相比较其他公司而言更先进。

② 庞大的国内市场促使制造业企业在 19 世纪美国通过互换部件生产标准化的产品，同时鼓励了专业化机械市场的增长。之前为某一产业比如纺织业生产机械工具的机械商店现在可以把其机械卖给使用不同机械的其他不同产业（Rosenberg，1963）。现阶段的特色是专业化的机械生产企业可以制造机械配给不同产业，但是大部分大型企业现在至少在关键技术领域（比如软件工程）有一些背景能力。

的增长确定为三个历史阶段。① 他们按照 1901 年到 1995 年 166 家欧美企业的创新节点实证检验了每个阶段的时机。作者使用了 RTA 指数的变异系数的逆来衡量它们的多样性。由于技术积累被定义为每年注册的专利数量的增长，所以企业的国际化程度由其在国外申请的专利的份额所决定。由于多元化和国际化之间相互的因果关系不能被拒绝，作者利用联立方程组对两个变量进行建模。

其结果大致符合文献中列出的三个阶段。第一阶段，从战后初期一直到 20 世纪 70 年代初，多元化或者国际化是企业成长的手段，子公司 R&D 所扮演的角色主要是调整其母公司提供的产品以适应东道国的市场条件。第二阶段，从 20 世纪 70 年代末到 80 年代初，现有技术利用规模经济的潜力已开始枯竭，而资产寻求型投资还没有起飞，这标志着技术发展方式的转型（Freeman 和 Perez，1988）。第三阶段（以及现阶段），要从 20 世纪 80 年代后期开始说起，技术多元化的发展体现出其越来越紧密的相互关系，之前企业间被切断的工作现在正被整合进一张交互的关系网中，创造了新的竞争力。多元化和国际化正是第三阶段的特征。②

有证据表明，企业的技术能力是强路径依赖的，即工业产业内企业有大致类似的技术水平，寻求新的技术受到企业现有技术能力的约束。③ 某一企业与同一行业中的其他企业相比往往是相似的，但是企业的形象却大不相同，这就为利用新旧技术的融合的产品的多样化带来了可能性。事实上，企业核心技术领域之外的额外的 R&D 对知识寻求型活动的发展起到了既推且拉的作用。各种各样的技术使企业能够在更广泛的范围内寻找新的机会。这使得企业之间相互借鉴技术成果成为可能。同时，这使得企业能够找到一个值得合作的潜在合作伙伴。因此，随着内部多元化的发展，那些迅速增加的外部知识应随着时间的推移而外包。④

□ 11.6.2　企业 R&D 是如何国际化的？

由于数据的缺乏，有效识别企业 R&D 的国际化发展趋势较为困难。11.4 节显示，在过去二十年中，MNE 在母国进行的 R&D 有了大幅上升。然而，只有美国 MNE 记录的国外 R&D 活动的数据较为全面。对于其他国家，我们必须依靠以调查为基础的证据来判断大型 MNE 国际化 R&D 活动的程度。然而，有证据显示出 MNE 在国外进行的 R&D 份额在增长，同时，海外 R&D 的国际化程度还没有达到境外生产或境外就业的国际化水平（UNCTAD，2005c）。

世界上最大的工业企业数据显示，1982 年，约 30% 的产品生产是在本国边界以

---

① 见 Fai（2003）关于企业技术能力的历史演进。

② 此外，Cantwell 和 Vertova（2004）的研究表明，自 20 世纪 60 年代中期，尽管在技术领域有相当大的总体增长，但各国仍有集中其技术活动的趋势。因此，MNE 和其子公司似乎在保持其原有定位的基础上，只是在东道国做一些技术专业化方面的补充，而不是追求更大的差异化。

③ 例如，Penner-Hahn 和 Shaver（2005）研究表明国际 R&D 支出只有在企业具有足够的潜在研究能力时才会增加日本制药企业在 1980—1991 年的创新（专利）产出。

④ Granstrand（1998）认为，即使控制了生产多样性和收购，技术多样化仍是决定企业增长的基本因果变量。多样化导致在 R&D 支出上的增长，进而会导致需求的增长，增加使用外部技术资源的技术供应。见 Granstrand 等（1997）。

外进行的，而创新活动只有约 12% 在国外进行（Dunning 和 Pearce，1985）。1989年，基于这些数据对创新活动进行的实地研究，在很大程度上证实了 167 个世界上最大的工业企业的创新活动的地理分布（Pearce 和 Singh，1992）。本次调查发现，尽管 44% 的企业并没有承担任何海外 R&D 活动，但 21% 的企业将超过其全球 R&D 预算五分之一的资金分配到它们的海外活动中。食品、饮料和医药 MNE 往往最倾向于从事国外 R&D 活动。大多数国外 R&D 部门是相对较新的，42% 是 1980 年后设立的，三分之一是 1980 年之前设立的。

更多的调查表明，如今大型 MNE 更加倾向于寻求海外的技术资产。在一些欧洲企业，尤其是在制药、食品、饮料和烟草行业，外资 R&D 经费支出超过本国的 R&D 支出（Dunning 和 Lundan，1998）。85 个大型 MNE 海外 R&D 所需的平均份额为 21%，其中包括欧洲的龙头 MNE，如 SKF、皮尔金顿、赫斯特、英美烟草公司、雀巢和飞利浦。1993 年，美国和加拿大的 MNE 中，如阿莫科（BP 现在的一部分）、固特异和加拿大铝业公司，其 R&D 均有 40% 以上在国外。

Niosi 和 Godin（1999）的经验证据表明，来自小国——如比利时、加拿大、荷兰、瑞典——的大企业倾向于通过境外子公司进行全球 R&D。来自英国的企业也在国外开展自己的 R&D 活动，而意大利和日本企业通常在母国进行创新 R&D 活动。美国、法国和德国的 MNE 通常介于二者之间。[①] 这一模式也在 UNCTAD（2005）的报告中被证实，然而德国 MNE 的海外 R&D 比重有了大幅增长，其国外 R&D 子公司从 1996 年的 2 000 名员工扩张到 2003 年的 11 000 名员工（UNCTAD，2005c：124）。

2004 年，美国 MNE 子公司进行的 R&D 活动占美国所有 R&D 活动的 15%（Yorgason，2007）。这与 2000 年时的 13% 相比呈现出上升趋势。然而，这一数字仍低于全球 MNE 就业（26%）、销售（28%）和增值活动（22%）的比重，但比 1982 年在美国以外进行的 R&D 的 7% 的比例高（美国国家科学委员会，2004）。

二十多年前，大约三分之二的美国企业的 R&D 在境外的六个国家进行，即英国、德国、加拿大、日本、法国和瑞典。即使在 2004 年，英国、德国和加拿大子公司的 R&D 经费也占 47%（Yorgason，2007）。然而，1994—2002 年，子公司的 R&D 开支增长速度（每年 7.5%）比它们在美国的母公司支出（5.3%）高不少，与此同时，创新活动越来越多地被引向小的东道，如新加坡、以色列和爱尔兰，以及发展中国家，尤其是中国（美国国家科学委员会，2006）。

美国在非传统市场的 R&D——即在新加坡、以色列、爱尔兰、中国、中国香港、墨西哥、巴西、马来西亚、中国台湾和韩国的 R&D——只有 13 亿美元，占美国海外 R&D 支出的 11%。到 2000 年（以现值美元计算），美国 R&D 支出已增长至 35 亿美元，占子公司 R&D 总开销的 18%。更值得注意的是，与所有东道国的增长率总计仅有 6.9% 相比，R&D 支出以 15.9% 的年平均增长率增长（通货膨胀调整后数据）（美国国家科学委员会，2004）。

由 Fors（1998）提出的详细的瑞典数据显示，在 1994 年，国外 R&D 占所有行

---

① 对这一部门的一些研究来自《研究政策》（*Research Policy*）1999 年有关工业 R&D 国际化的特别话题。Serapio 和 Dalton（1999）特别研究了在美国的境外子公司的 R&D 行为。

业的 25%，占化工行业的 29%，占非电力机械行业的 63%，占电力机械行业的 25%。当时，瑞典 MNE 的 65% 的研究是在欧洲进行的。与 1970 年的数据相比，那时外国 R&D 费用占所有行业的 9%，占化工行业的 10%，占非电力机械行业的 14%，占电力机械行业的 12%，并且瑞典企业 75% 的境外 R&D 发生在欧洲。然而，在 20 世纪 90 年代后半期，瑞典企业境外 R&D 经费支出比重大幅增加，这样到 1999 年，这个比例已经接近 42%，在 2003 年达到了 43%（UNCTAD，2005c：123）。类似的发展同样发生在芬兰，芬兰企业的境外 R&D 经费的比重在 20 世纪 90 年代后期迅速增长，2001 年达到了 45%（Ali-Yrkkö 和 Palmberg，2006）。

日本在历史上进行的境外 R&D 非常少，Granstrand（1999）报告称，1987 年日本境外 R&D 仅为 1.6%，1991 年为 5%，样本涉及 24 个化工、电力、机械等行业的大型日本 MNE。Kumar（2001）利用 MITI 数据显示，从 1989 年到 1997 年，日本 MNE 子公司的 R&D 境外支出与母国企业的 R&D 支出的占比从 1.4% 上升到了 2.3%。UNCTAD（2005c：123）最新的估计指出，日本 MNE 境外子公司 R&D 的比例在 20 世纪 90 年代末有所上升，并在 2002 年达到了 4%。

最后，我们要提一提最近的两项调查结果，该调查试图评估国际 R&D 区位选择的重要影响因素。涉及来自欧洲 500 强企业的 95 个样本（欧盟委员会，2006）。在本次调查中发现的最重要的区位因素是科研的可行性、是否能获得专业化的 R&D、市场准入和知识产权框架。研究人员的成本是最不重要的因素之一，并且在三分之二的情形中，母国被认为是最具吸引力的 R&D 地点。美国显然是欧盟以外的最理想的投资地点，中国和印度紧跟其后。

第二次调查涉及的 203 个样本主要来自美国和欧洲的 MNE（Thursby 和 Thursby，2006）。该问题以 R&D 就业而不是 R&D 支出来衡量，以尽量减少货币转换带来的误差和问题。当问及一个新 R&D 中心的选址时，有 70% 的回答是希望对现有设施进行扩张，而不是搬迁。对于区位的选择看重的是 R&D 人员和产出市场的质量、高知识产权保护以及与大学合作的可能。相反地，最不看重的是 R&D 的减税和人员的低成本，这通常发生在发展中国家（中国和印度）。

这两项调查都旨在说明 MNE 的 R&D 区位选择的重要性。同时，它们都突出了（潜在的）输出市场的重要性，这抵消了一些企业对中国和印度的知识产权方面的担忧。

11.7 MNE 的外部技术资源

上一节讲述了企业 R&D 的国际化证据，本节将简要讨论 MNE 对技术寻求与发展采取外部形式（即开放式创新）的动机和相关实证。在此过程中，我们将特别专注于子公司跨境 R&D 的作用。外部知识获取的其他形式，如在特定领域连接本地大学、研究机构以及进行 R&D 的国内外企业的创新集群的知识溢出效应，将在第 16 章中进行更详细的说明。

一些迹象显示外部知识寻求的重要性不断增强。2003 年，美国国内合同制

R&D 占美国所有行业的 R&D 的比例为 5.6％，这标志着自 1993 年的 3.7％以来的显著增加。另外，这些数据仅提供了一个局部视图，因为它们被限制在美国合同制领域的研究（美国国家科学委员会，2006）。一项包含 95 家欧洲 R&D 密集型 MNE 的调查显示，95％的受访企业外包它们的一些 R&D 活动，平均有 15％的 R&D 由其他企业来完成（欧盟委员会，2006）。

□ 11.7.1 跨国联盟 R&D 的动机

在第 9 章中，我们认为，合作性 R&D 活动是过去的二十年中子公司增长的一个重要的组成部分。在 Hagedoorn 和 Lundan（2001）的研究中最经常提到的动机为：

（1）监控和参与科学技术的需要；

（2）获得 R&D 的规模经济和范围经济效应；

（3）分摊 R&D 的成本；

（4）缩短创新周期；

（5）吸收新的科学技术；

（6）寻找科技之间的契合点；

（7）学习合作伙伴的默会知识；

（8）共担 R&D 的风险。

这样的合作协议包括技术和 R&D 共享型资源，这些共享资源来自母公司的工程师和科学家组成的项目组。资本投资成本，如实验室、办公场所、设备等，都是合作伙伴之间共享的。虽然合同性 R&D 联盟以项目为基础，通常有一个有限的时间范围，但是它们似乎需要一个相关企业的强有力的资源承诺，以及在合作项目上协调组织间相互依存关系的相应水平。在高科技产业，如生物技术、医药和 IT 行业，合约协议经常聚焦在深入的研究活动上，对比许多其他行业，这样的伙伴关系往往会更加注重新产品或新工艺的发展和管理。

虽然各种不同规模（由雇佣工人数量来衡量）和不同国际化程度的企业都会参与战略联盟，但企业的规模仍然是解释企业结盟倾向的重要因素（Duysters 和 Hagedoorn，1995）。此外，Hagedoorn（1995）已经证实，在大多数工业领域中，规模最大的 MNE 是最活跃的联盟伙伴。对几个行业的网络分析也显示，与其他合作伙伴一样，许多 MNE 在战略联盟网络中都是"节点"成员，国内（一国的）企业起的作用则更为有限。[①]

□ 11.7.2 联盟活动的趋势

为了获得技术联盟的工业和地理分布情况，我们需要从现有的关于技术开发或联盟扩张的两大数据库的一个中找到可用于研究的数据。其中第一个是合作协议和技术指标（CATI）[②]，数据库是由马斯特里赫特的创新和技术经济研究所（MERIT）

[①] 也可以参见 Rugman 和 D'Cruz（2000）关于 MNE 作为旗舰企业角色的研究。

[②] CATI 数据库的构成已经被 Hagedoorn（1993）等人讨论过了。

维护的，它专注于技术联盟。二是证券数据公司（SDC）[①]，其中包括了联盟和 M&A 的数据。

据 Hagedoorn 和 Lundan（2001）提供的 CATI 数据，20 世纪 80 年代合作需求急剧增加，从开始创造 200 个左右的伙伴关系到每年新创建超过 500 个 R&D 伙伴关系。20 世纪 90 年代最初的几年里，每年约有 350 个新的伙伴关系，但在 1995 年，近 700 个新的 R&D 伙伴关系的建立将合作需求推上新的高峰。在这个十年结束时，新的 R&D 伙伴关系的数量又开始减少，大约每年有 500 个，然而 2003 年它又达到了一个新的峰值，有 695 个联盟形成（美国国家科学委员会，2006）。

合作联盟的发展至今已经呈现爆炸态势。在 1980 年，合资企业和契约联盟大约占了年度联盟总数的一半，到 1998 年，合作联盟已经占了年度所有联盟的 90%，自 20 世纪 90 年代中期开始，这一趋势保持不变。事实上，自 20 世纪 80 年代初开始，合约性伙伴关系绝对数量的增加在很大程度上导致了 R&D 新建伙伴关系的增长。

从 1980 年到 1998 年，高新技术产业中新建的 R&D 伙伴关系已经从约 50% 提高到 80% 以上。在同一时期，中等技术产业在新兴 R&D 伙伴关系中所占比例急剧下降，从 40% 左右直降至低于 20%。因此，在过去的十年中，合作联盟与高科技联盟（包括生物技术、信息技术和新材料）占了相当大的比重。[②] 事实上，CATI 数据库显示生物技术联盟在 2002 年就占了所有联盟的 63%，2003 年占 53%。

下面是关于跨境联盟的情况。

据 Hagedoorn 和 Schakenraad（1991）所述，在 20 世纪 80 年代，大约有三分之一的欧洲企业跟随它们技术合作伙伴的区域战略，而它们在日本和美国的同行更倾向于赞成国际或全球战略。Hagedoorn 和 Schakenraad 还发现，战略联盟的全球化曾在 20 世纪 80 年代后半期略有增强，特别是日本的 MNE，如化工和汽车行业的各个企业。然而，根据 CATI 数据库，在 20 世纪 80 年代末，参与联盟的企业中仅有 6% 给出了清晰的全球战略。

根据同一作者（Hagedoorn 和 Schakenraad，1990），20 世纪 80 年代 21 家 MNE 各自拥有 100 多个技术相关的联盟。由 Hagedoorn 和 Schakenraad 确定的联盟数量看，日本 MNE 占了 42%，排名第一，欧洲占了 37%，排名第二，美国为 21.1%，排名第三。的确，很长一段时间，为了获取新技术、渗透入新市场，培养这样的联盟一直是日本政府的战略。这在市场上引发了一定的担忧，它们认为日本可能试图抽走美国（和欧洲）企业的技术能力。

后来 Hagedoorn 和 Lundan（2001）列举的数据表明，国际联盟所占比例由 20 世纪 80 年代初的 70% 下降到 90 年代初所有联盟的 60% 左右。到 20 世纪 90 年代末，国际伙伴关系的比例低于所有新兴 R&D 伙伴关系的 50%，这是 1980 年的该比例的两倍以上。20 世纪 80 年代早期美国和欧洲企业之间的联盟占总量的 20%～30%，而美国和日本企业之间的联盟的占比从 20 世纪 80 年代初的 20% 下降到 21 世纪初的 10% 以下（美国国家科学委员会，2006）。

[①] 现在是汤姆森金融证券数据公司（Thomson Financial Securities Data）的一部分。

[②] 在 1998 年虽然 81% 的高科技同盟是契约式的，但中等科技含量的契约比例只有 52%，低科技含量的契约比例只有 62%。

跨国公司与全球经济（第二版）

Hagedoorn 和 Narula（1996）的另一贡献表明，战略合作活动更均匀地分布在技术策略有集群优势的多个技术先进的国家，特别是欧洲制药公司和美国生物技术公司之间的技术联合，以及欧洲 IT 公司与硅谷半导体和软件公司之间的技术联合。

虽然 Freeman 和 Hagedoorn（1994）发现，超过 95％的战略技术联盟是在发达国家之间缔结的，但一些证据却表明，来自亚洲经济小团体的 MNE（韩国、中国、中国台湾、中国香港）也与发达国家 MNE 一起参与到资产扩张联盟中，尤其是在电子及其相关行业（Duysters 和 Hagedoorn，2000）。

□ 11.7.3　联盟还是 M&A

当企业的主要动机不是维持或扩大市场份额，而是获取知识密集型资产时，它们的进入模式往往在收购和联盟之间选择。[①] Hagedoorn 和 Duysters（2002a）将有关联盟的 153 家企业的 CATI 数据与有关 M&A 的 SDC 数据合并起来分析，得到如下结论：当收购企业的目的是提升其核心 O 优势时，企业往往会选择 M&A。他们还发现，不同类型的经历会影响企业在 M&A 和联盟之间的选择。然而，在高科技行业，企业首选战略联盟，在低技术行业则恰恰相反。虽然从绝对数量来看，高科技企业有很多 M&A，但它们往往更多地参与战略联盟。这是由高科技行业技术发展的速度、股权收购的时间、金钱限制和合适的目标所驱动的。

M&A 和联盟的动机往往涉及知识转移的相关知识，这两种模式会带来显著的收益和成本。事实上，Hagedoorn 和 Sadowski（1999）的研究证实，技术联盟不会变为 M&A，虽然在 CATI 数据库中有近 13 000 个实例，但只有不到 3％在三年时间里转化为 M&A。根据他们的实证数据，二者之间的转化有随机性，无论是规模还是国家起源都不会对转化率有显著影响。

相反，20 世纪 80 年代，当时的合作性 R&D 活动（特别是日本企业的），主要出现在合作伙伴之间竞赛学习的背景下。实证表明，作为企业之间技术专业化的补充手段，收购和建立伙伴关系应被视为替代的（Zeng 和 Hennart，2002）。

11.8　结论

本章回顾了 MNE 在新知识创造和新技术转移中的作用。我们以世界范围内知识创造能力的分配为开篇，反映了创新活动实施区位的扩展。同时，它证实了技术密集型活动大多集中于发达国家的小团体中。然后本章转向考虑 MNE 通过技术转让和对现有技术的调整，以及 R&D 全球化对母国和东道国知识能力的推动作用。

我们发现，MNE 的内部创新活动（由其 R&D 支出表示）得到外部活动越来越多的补充，如合同性研究及 R&D 联盟。MNE 的内部 R&D 活动的国际化与外部更广泛的创新活动相结合，使得 MNE 之间的技术能力具有异质性。Castellani 和

[①]　见 Håkanson（1995）有关当 MNE 获得知识密集型资产（如 R&D 设备）时面临的管理与社会文化、技术与生产工序整合的挑战。

Zanfei（2006）猜想，这种异质性至少可以部分解释为什么不同企业在技术来源和技术溢出接受者等方面的差异较大。我们在第 16 章会详述这一点。

接下来，本章研究了子公司 R&D 的动机和类型，剖析了影响子公司 R&D 集权或分权的因素。此外，还对两种类型的子公司 R&D 作了区分：一种是利用 MNE 的现有技术能力进行 R&D 的子公司，另一种是依赖新技术和能力的产生和获取进行相关 R&D 的子公司。虽然我们发现大量 MNE 开展的 R&D 仍集中在母国，但是发生在国外的 R&D 比例在过去的二十年有了一定的上升。虽然在新兴工业化国家 R&D 的增长趋势也显而易见，但 MNE 的 R&D 活动仍然集中在发达国家。

我们最后讨论了 MNE 尤其是跨国 R&D 联盟采用外部技术和创新的动机和证据（即开放式创新）。前面描述了 MNE 创新活动的范围，分析了影响 MNE 技术转移和将创新活动安置于国外这两个偏好的权变因素，下一章将对一国政府在鼓励和削弱 MNE 在母国和东道国中的影响方面的作用进行评估。

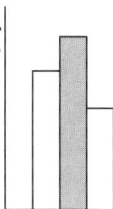

第 12 章

技术与创新能力：政府的角色

12.1　引言

本章将关注东道国和母国政府在影响其辖区内的机构创造和发展技术能力中所扮演的角色，以及 MNE 的活动会在多大程度上促成或偏离其特定的目标。尤其当东道国强烈希望尽可能多地占用来自技术密集型 MNE 的收益时，可能会引起母国的恐慌，因为当创新活动迁往海外时，可能会导致国内技术基础的侵蚀（UNCTAD，2005c，2006）。就 MNE 的技术活动而言，大多数发达国家同时扮演了东道国和母国两种角色，所以对政府的关注也反映了这两种角色。我们首先探讨东道国政府的角色。

12.2　东道国政府的角色

对于东道国而言，什么是利益攸关的？我们认为，通过 MNE 转移的硬技术和软技术有助于东道国的知识积累，进而影响其生产率、经济结构调整和长期发展。尽管构建一种能够反映 MNE 对东道国直接和间接影响的单一测评维度是不可能的，但这些影响的一些迹象可以通过观察 FDI 对生产率的影响来衡量。来自英国的一个例子就足以证明这些，在这个例子中我们将重新回到国内外企业之间的生产率差异的问题，以及生产力溢出的问题，我们在第 15 章和第 16 章将进行详细阐述。

Barrell 和 Pain（1997）通过劳动需求方程和技术进步系数结合的方式评估了 FDI（即时价格）存量变更对产出增长的影响。他们的研究结果表明，在 1985—1995 年的十年间，FDI 使英国的制造业产量提高了 12.5%，或者说是每年提高了约 1.2%。这意味着高达 30% 的英国制造业的生产率的增长可以归因于 FDI 的影响。

这些结果表明，无论是用直接的方式还是用间接的方式，重要技术转移已经发生。

然而，这种转移并不是自然发生的。MNE 在投资时可能对技术转移毫无兴趣，因此它们只是作为一个不情愿的传播者。另一方面，本地企业可能无心或无力占用 MNE 转移的知识，即便它们积极参与了技术转移。[①] 例如，Veugelers 和 Cassiman (2004) 利用了第一次（1992）欧盟共同体创新调查的数据，评估了比利时的外国制造企业有多大的倾向把技术转移到本地企业。他们发现，总的效应是影响效果相反的直接和间接影响的综合。直接的负面影响是，境外子公司不太可能在本地共享知识。间接的正面影响是，在国际上寻求知识的外国企业更倾向于转移知识，并且它们的子公司更有可能在国际上获得自己的知识。总的影响是负面的，但并不显著，这表明，与当地企业相比，比利时的 MNE 子公司更有可能转移知识，但是它们意愿并不强烈。因此，政府能在多大程度上影响本地企业的自主能力和 MNE 转移知识的意愿是本节的重点。

□ 12.2.1　各国政府影响本地技术实力的能力

在所有影响 MNE 对创新能力的创新和本地化的作用，以及影响其产出扩散的因素中，或许没有比其经营所在国政府的态度和行为更为重要的了。众所周知，通过管理、委托和资助研发活动，各国政府和地区当局可能会直接影响创新相关活动的水平和结构。政府的一些不怎么被欣赏的间接动作也会影响到创新活动，如在调整的制度框架内鼓励企业（包括 MNE）参与有关创新活动，并在某些情况下直接决定由哪些企业来开展这些活动。企业、大学、科研院所和政府机构之间复杂的相互作用构成了一个所谓的"国家创新体系"（NIS），这一体系在母国和东道国 MNE 的知识创新活动中发挥了重要作用（Lundvall，1992；Nelson，1993）。

许多研究已经确定了政府在影响受过培训的人力资源供给上的多方面作用。这些作用包括通过金融资本支持的适当的利率政策和财政政策（特别是对储蓄）；通过交通和通信公共设施的建设支持；通过培育企业得以营运、创新和签订合作联盟的市场结构；通过制定环境法规和采购标准；通过鼓励创业的激励机制和工作精神；以及通过知识产权的充分保护来筹备和/或鼓励教育性和职业培训性项目。所有这些政策以及制度的实施，可能会影响内资和外资企业的能力和动机，进而提高它们增值活动的知识组成部分。然而，这些政策的实施和彼此整合的方式也许并没有那么关键。下面来解释一下我们的意思。

在大多数情况下，至少在先进的工业社会，政府的政策是着眼于经济和社会客观的平衡。在过去，很少把国家资源的升级和竞争力的提升作为关键的战略目标。换句话说，政府尽管认识到，竞争、教育、财政、环保、安全等政策以及它们的配套机构可能会影响该国的创新能力，但这些很少成为这种政策的主要焦点。从推进竞争力的角度来看，这样的政策往往是零碎、不协调和低效的。此外，相对于那些

跨国公司与全球经济（第二版）

---

① 当然，本地企业也有强烈的动机和能力，因此 MNE 很难防止它的一些技术被本地企业挪用。同时，在一般情况下，我们通常认为技术在 MNE 内转移比在非关联企业之间转移成本更低，一些技术在不经意间转移到有动机的局外人手中是可能的，就像其他技术也许不能有效地传递到不情愿的局内人手中一样。

简单普通的政府政策而言，那些旨在直接影响创新系统和能力的政府政策往往不那么有效，因为其他的政府政策并不支持这一目标。

本章的目的不是比较政府态度、政策措施和实施机构对创新能力和 MNE 角色的直接或间接影响。然而这种态度、政策措施以及其效果的多样性是毋庸置疑的。例如，Porter（1990）很好地梳理了日本、韩国和中国意在稳步提升资源和创新系统以及能力的全面的、协调的经济策略与西方国家单面的、不协调的微观经济政策的对比。甚至，制定研发政策的机构也可能不同。例如，Ergas（1988）将美国、英国和法国的"任务"导向型的技术政策与德国、瑞士和瑞典的"传播"导向型的技术政策进行区分，他认为这两种技术政策对创新能力的类型和结构有全然不同的影响。

人们很少关注对国外公司创新能力的创造和传播政策，或者说由国内 MNE 海外研发所导致的创新能力的创造和传播的相关政策。尽管国内外 R&D 活动受相似因素的激励，但是国内企业和 NIS 路径依赖的共同演进对国外企业既有好的影响也有坏的影响。这一观点被挪威的 Narula（2002）阐明，他将企业分为两类：一类是处于"传统"工业之中并自始至终都被创新系统支持的企业，另一类是处于新部门中却没有得到类似服务支持的企业，尽管人们预期后一类企业在它们的研发中更加国际化，但事实上这两类企业都被"锁定"在母国的创新系统中。导致这种结果的部分原因是资源的限制，但更重要的原因是构成创新系统的正式与非正式关系的复杂性和不可转让性。

为什么拥有或者控制一个国家的创新能力显得至关重要？首先考虑外来投资的情况。简单的经济解释是，只要社会的外来投资回报率（它相当于由国外所有者创造的增加值，积累了较少利润）比其使用的资源的机会成本高，它就可能是有益的。这一情况更易识别而不易测评，尤其是对于任何时间长度而言。关键的问题并不在于境外子公司的投资相比于本土企业是否有更高的国内附加值，也不在于对外投资是否比对内投资有更高的回报率，而是如何实现这些目标。通过它们的产品和创新政策、与供应商和消费者的联系、有竞争力的激励机制和企业家事迹，国内外的 MNE 能够比国内或非国际公司更好地升级本土资源、推动经济/或社会福利的增长。①

外国投资的类型也很重要。如果 M&A 的资产寻求型投资导致了技术和组织升级，而且提升了被收购企业的竞争地位，那么即使其对本国实力的初步影响较小，其长期影响也可能是很可观的。从某种程度上来说，MNE 比纯粹的国内企业更加高效，资产开发型绿地投资也能有助于本国能力的提升，但其长期影响取决于 MNE 投资的战略以及本土实力的发展（见第 15 章和第 16 章）。

外来投资对创新能力影响的基本观点由两部分组成。首先是 MNE 应该尽量避免在东道国承担活动，即使进行一些活动，也应该是低附加值的活动，并且在母国集中进行创新活动——或者只是在其他的外国子公司集中进行创新活动。这个论点进一步预测，MNE 通过竞争策略将会把可以进行高附加值活动的本地企业赶出市场。然后母国的创新基础就会被侵蚀，最终一个国家的资产积累的恶性循环就会变

---

① Kearns 和 Ruane（2001）专门比较了爱尔兰承接 R&D 与不承接 R&D 的外国子公司后发现，当控制了工厂大小和具体部门等影响因素之后，R&D 密集型子公司持续时间更长并且就业质量（持续时间）更好。

成另一个国家的资产积累的良性循环。第二个忧虑是，MNE 的全球目标不一定有利于东道国经济的创新发展。虽然这些担忧并不新奇，但是由国家（尤其是发达的工业化国家）主导的提升本土资源和能力的生产率的重要性日益增加，使 MNE 对创新能力的贡献不容小视。

然而，这些忧虑是可以理解的，因为它们是基于一系列并不能确定是否合理的假设。第一，几乎可以确定的是，如果讨论中的投资并没有被谈及的东道国吸引，而被其他国家吸引，那么 MNE 所带来的威胁就不会消失。第二，我们无法假定若 MNE 所利用的本土资源用于别处会有更好的经济效益，比如这些资源被本土企业利用。在这种情况下，在很大程度上取决于政府所倡导的宏观经济和组织政策，以及国内外企业所使用的资源的相对效率。第三，外商独资企业的存在不仅仅可以刺激本土企业变得更加高效，还能帮助创造和维持 R&D 活动中心，这些中心产生了有利于竞争对手的凝聚经济体（我们将在第 16 章回到这个问题）。第四，即使可以证明外国子公司的存在削弱了 MNE 所投资的行业的创新能力，更可能的情况是如果释放的资源被用于东道国其他经济活动将有更大的价值，且外来投资能产生有益的重建功能。

当然，我们更看重关于创新发展的现有体制结构适用性的假设，以及政府在实施资源分配机制中的作用，这种机制的实施会以最低的成本改善人力、物力和财力资源的质量和使用效率。这些政策不仅涉及创新活动本身，而且还会涉及影响这些创新活动的其他因素（例如，反垄断、金融、政府采购、教育、培训、财政、交通和通信、贸易和投资政策）。现代全球经济的创新竞争力首要取决于对有利竞争的公共政策的追求，以及提供足够的和支持性的制度基础设施。

正如我们在第 10 章指出的那样，"让制度适用"意味着，正式制度和非正式制度要互相协调，共同创造一个有利于经济增长的环境。例如，在中欧和东欧，创造和维持一个能够鼓励创业活动和民营企业的环境是政府一直以来面临的主要挑战。我们只有一次机会可以实现市场发展机构对"游戏规则"的定义，使得外来 FDI 和技术转移成为可能并被接受（Behrman 和 Rondinelli，1999；Tihanyi 和 Roath，2002；Bevan 等，2003；Dunning，2005a）。政府的作用是充当调解人，而不是技术转移的遥控器，在这方面它有各种各样的激励措施可供使用。

当涉及政府促进知识转移和/或者吸引 MNE 子公司的创新活动的能力时，也许最大的关注点就是在潜在的东道国的制度结构下对知识产权（IPR）的执行。虽然外国投资者倾向于考虑东道国提供的资源和制度，并且拥有发达的人力资源和可靠的监管部门的东道国也会对知识产权出台相应的扶持政策，但是美国 MNE 的证据表明，知识产权制度对它们的知识增强活动的区位分布有着至关重要的影响。

在对美国 MNE 的调查中，Lee 和 Mansfield（1996）发现，它们不愿意许可具有重要战略意义的技术，甚至也不愿意在企业内部转让这些技术，更不愿将技术转移给那些知识产权制度不完善的国家。相反，在一个具有一定代表性的研究中，Nunnenkamp 和 Spatz（2004b）发现，有强知识产权保护的美国 MNE 可以吸引更高质量的 FDI，并且其境外子公司的研发开支随着知识产权保护水平的加强而增长。Branstetter 等（2005）利用 1982 年至 1999 年美国 MNE 的纵向面板分析，得出了美国子公司的特许权使用费和 R&D 支出随着东道国知识产权改革而增加的结论。

在中间产品市场不完善和扭曲的条件下，评估入境 MNE 活动对技术能力的经济影响有一个难题就是要评估所用资源的真实的经济价值。几乎所有市场都包含不完善的因素。有时候，政府通过施加进口配额、提供区域性补贴、价格管制等加剧了这些不完善。有时候，政府也会帮助改进这些不完善（比如，通过反垄断政策、降低不确定性和完善相关制度）。然而，当评估政策制定者对外来直接投资和对外直接投资的反应时，这种影响完全有可能不像预期中的那样有益，或许是因为市场扭曲，或许是因为市场未能正确传达对社会有益的创新活动需求的信号。我们认为制定政策和完善相关配套机制比控制活动更好，因为以对市场全球化的认知来看，制定政策和配套的机制是使政府能够升级和转型其资源和能力、满足国内外消费者需求的最好办法。

当然，我们接受这样一个事实，无论政府多么希望它们内部的经济事务有秩序，它们仍然可能面临这样一种情况——其他政府为了提高它们的自身利益而引起的国际市场的结构扭曲。如果这些不能通过国际诉讼和谈判来调节，那么弱势政府可能希望通过一些贸易和工业战略等报复行为作出回应就完全可以理解了，这可能会直接影响国内和国外企业的创新能力。

□ 12.2.2 东道国政府的策略

东道国对于外资持股的技术和技术能力的态度可能有很大差异，这可能会影响它们吸引新的外来投资的能力。[①] 如果某些技术和组织能力（特别是那些他们实现战略目标和社会目标所必要的技术）并不在它们自己的控制中，那么即使是信奉自由贸易和经济相互依存的政府也会感到不舒服。在一定程度上，政治力量或一个国家的影响力取决于它的经济实力，而这很大程度上取决于它的知识提高能力，政府可能不愿意过度地向外国所有者让渡这些能力。在这方面，发达国家很可能会小心翼翼地保护它们技术相关性资产，就像资源丰富的发展中国家不愿意将它们对核心资源的所有权和控制权交于外国投资者一样。

此外，一个国家对技术能力的战略和政策将不仅取决于它感知到的实际或潜在的外国直接投资者的反应，还取决于其他国家的政策、体制机制和战略。尤其是对于用技术来促进出口导向型的增值活动的情形。

现在我们考虑东道国政府对外来知识转移、MNE 操控以及在一些最有可能成为现实的条件下可能采取的一些行动。但应当指出，东道国政府的政策不一定是相互排斥的。例如，政府可以决定消除对使用转移技术的限制，也可以同时鼓励自身知识密集能力的发展。

第一，政府可能采取"无为"的政策。这种政策可能受两类国家的青睐。第一类是那些强大且自信的国家，它们的制度和微观政策足以吸引合适的国外技术，并确保由此产生的利益是最佳的或近似最佳的。这些国家很可能是大国和创新驱动的

---

① 在母国和东道国的政策谈判结果的影响问题将在第 19 章进行探讨。

国家，并且拥有先进的创新系统。它们多半会凭自身的资格进行大量对外直接投资并出口技术。

另一类国家可能会因为其弱势地位采取"无为"政策。这样的弱势地位可能会表现为无知，具体表现为对外来直接投资影响的无知，或无法执行适当的政策来处理这些影响。它也可能表现为缺乏议价能力，以至于不能迫使 MNE 调整并采取适应当地需求的技术，或者没有足够的本土实力去发展可替代的境内投资。这种立场大多情况下适用于那些国土面积小、自然资源驱动型的发展中国家——特别是撒哈拉以南的非洲国家——以及其他东道国，这些东道国的特点是，为了获得某些行业中 MNE 所拥有的关键的 O 优势，它们对于同一投资会彼此在其内部激烈竞争。

一个多变的"无为"政策就是为外国直接投资者提供各种财政刺激措施，但是不向它们施加任何处罚或要求。这种政策的唯一目的就是吸引其他国家的投资，通常更可能被那些在投资驱动阶段处于相对弱势的发展中国家采用。强大的国家通常会将奖励和惩罚结合，从而构建一个综合一体化的市场。

第二，政府可能会限制某些行业在国内的所有权。所有国家都不会允许某些行业的所有权和控制权落入他国。在过去，这种控制通常用来实现战略和文化目标，而不是用来减少和限制该国的技术依赖。知识资本作为一种资源，在影响经济繁荣方面扮演了越来越重要的角色，并扩大了国家对保护其领域利益的需求。这导致更多的行业被定义为技术敏感型行业。与此同时，由于技术和研究密集型产品的贸易成为可能，技术自力更生的成本上升。此外，区域一体化运动导致了区域内投资和技术转移的控制力度减小。这些力量的最终结果是促进了多种知识生产的劳动分工；同时一些国家——尤其是亚洲和拉丁美洲国家——对至少部分关键技术能够自给自足地生产的需求已经变得更加敏感了。通常情况下，通过对区位和技术能力的策略调整，MNE 在国家的 R&D 战略上发挥了重要的作用（见第四点）。

第三，政府可能会限制外商投资的金额。这是以往政策的一种变形：只要存在可行的国内替代投资，一些直接投资可以自由进入。实践中，在投资上基本奉行自由主义的一些工业国家，有效地利用了这种策略。三个论据可以给出解释。第一个论据是，如果没有对外来 MNE 活动施加一些限制，那么原有的部门，无论作为技术的生产者（知道为什么）还是技术的使用者（知道怎么办），想要使其变得充满创新驱动潜力并在国际市场上更具竞争力，希望非常渺茫。这实质上是一种幼稚产业保护理论的变体，它适用于知识本身作为一种商品的情况。第二个论据是，外国MNE 受到它们本国政府的支持或者正追求反竞争行为。这在本质上是战略贸易经济学家的说法（Krugman，1986；Stegemann，1989）。[①] 第三个论据是在影响国家安全的敏感行业中，外来直接投资的撤出会使其丧失任何本土能力。

同样，尽管这些论据中有一些争论，特别是政府在一个技术成本和依赖性快速增长的世界中积极寻求促进其区位绑定资源的动态比较优势，但是任何接近孤立主义或自给自足的政策将会因为成本过高而无任何经济意义，这是非常危险的。当然，这早就被小型工业化或正在工业化的经济体所认识到，如比利时、瑞士和新加坡。

---

① 在当今世界，企业内部贸易已经超过独立企业间贸易，产业政策和对 FDI 的限制可以被认为是战略性贸易政策的一种形式（Hart 和 Prakash，1997）。

即使是最大且最繁荣的经济体（例如美国）和最具民族主义的国家（例如近年来的印度）也越来越接受这样的观点，用 John Donne 的话说，"任何国家都不是技术孤岛"——尤其对于先进或尖端技术更是这样。当然，对国外技术的依赖并不一定意味着使用这些技术会被外国企业所控制；然而在实践中，除了最不发达的经济体（例如一些非洲国家）大多数需求的技术是由 MNE 通过直接投资或非股权合约协议和战略联盟提供的。

第四，政府可能对国外投资者提出性能需求。在某种程度上，或明或暗地，大多数政府要么鼓励要么督促外国子公司完成一些性能需求。直到 20 世纪 70 年代初，这些要求才主要针对节制外汇和增加国内就业。从那时起，无论发达国家还是发展中国家，它们对通过外国企业来建立纯组装或"螺丝刀"工厂的行为愈发抵触，并加大对"最先进的"技术的转移和创造以及对本地技术能力升级的鼓励力度。在 20 世纪 80 年代的欧洲共同体（EC）内的关于日本子公司当地成分的辩论不仅是由对就业的考虑导致，而且还由对欧洲电机零部件行业及其日本的技术竞争者的关注所致。为了避免被戏称为特洛伊木马，日本的 MNE 被迫加速创新设施的建设，并展示它们对大学研究和技术园的支持和参与。

东道国政府能在多大程度上正确鼓励和坚持这样的技术性能需求则是另一个问题。就像任何其他的政府干预，在很大程度上取决于政府可能在多大程度上提高长期的资源配置和技术效率，降低经济与社会交易成本，这或许是另一种形式的市场扭曲的贸易保护主义。显然，日本、中国台湾、韩国和法国的例子已经表明，政府在促进技术基础发展中发挥了重要的作用，即通过提供或激励其他对象提供必要的制度和物质基础设施、提高技术标准、促使公共和私人机构提升在知识创造活动上的支出，使其支出达到一个边际社会收益等于边际社会成本的均衡点。

符合性能需求的同时，许多国家会通过一些手段鼓励外国企业从事特定种类的增值活动。通过税收优惠、专利保护、R&D、补贴或补助、政府的采购政策、研究理事会和高等教育的资助，以及职业培训和再培训计划的发起和融资等方式，政府可能确实在影响技术相关活动的水平和结构上发挥了关键作用。像本土企业，境外子公司能够也的确享受了这些政策的好处。此外，一些国家可能会给予国外投资者特殊的利诱，比如性能需求的放宽（例如，对于进入当地资本市场和部件采购放宽要求）。

正如我们在前面章节所讨论的，由 MNE 转让的技术有各种形式。这些技术形式包括技术资料、教育和员工的培训、技术人员的交换、实际的机械设备和持续的技术援助。只有一些技术交流在公开市场上明码标价；剩下的是企业的内部交易，这些技术交流通过转移定价完成，这常常会导致错误和伪造。[①] 利用 1982 年美国拥有多数股权的子公司的数据，Kay 等（1996）发现，东道国施加的性能需求并不利于母公司和子公司之间的技术转移；事实上，这是一个不利影响。性能需求包括进口限制、最低本地内容和最少的地方就业规则。研究人员发现，虽然它对资本设备进口没有明显的影响，这种需求的存在和许可费的支付成负相关关系。这导致他们

---

① 例如，母公司可能更愿意接受许可费或使用费，而非根据子公司在母国和东道国税收体系下的收入向子公司索取的利息或企业内部分红。这一点在第 17 章将再次出现。

认为，由政府主导来促进地方投资，竞争和教育可能是使用性能需求更好的选择。

尽管如此，鼓励外国子公司从事研发或者发展本土技术能力哪种最好仍然存在着争议。现代制造业和服务业的技术复杂性，以及使企业通过间接和直接手段不断升高的汲取新知识的能力都将反驳性能需求的有用性的观点。从这个角度来看，这样的制度模式只会扭曲 MNE 的行为，为本土企业带来好处的希望也很渺茫。此外由于 MNE 对东道国经济的影响同时取决于直接和间接的影响（溢出），而这又是很难衡量的，所以政府要么错过自己的目标，要么为了实现特定的绩效水平而过度支付，这两种情况都是非常可能的（Kokko 和 Blomström，1995；Bellak，2004b）。

第五，政府可以在技术转移上施加限制条款。出于种种原因，对于国外 MNE 来说，向其子公司转移技术时附加条款和条件可能符合它们的最佳利益。这其中许多都符合商业惯例，而且如果国内企业的总部对同一个国家不同地点的其中一个子公司施加这些条款，则是完全能够被政府接受的。不同之处在于，在后者的情况下，由施加的条件所带来的利益可能会同时回到企业和国家手中，外商独资企业作出的决定会影响其在经营所在国之间产出的分配，这很可能会对跨境分配的经济福利造成一个综合的结果。例如，在某种程度上，由于外国 MNE 通过其所转移的技术来限制东道国子公司进行研发活动，或者限制其可能产生的输出或其可能服务的市场，从而导致东道国可能会受到不利影响，这样的规定被视为提升它们自己福利的"限制"。然而，事实上想要区分限制对 FDI 产生的技术的使用行为（这可以被解释为不可接受的商业行为）和根本不转移技术的行为（这虽然不会造成什么损害，但也不能被视为实质上的限制性行为）是非常困难的。

然而，通过各种手段，东道国政府或许能够阻止 MNE 向它们的子公司施加不受欢迎的第一类限制条款。其中最重要的是，东道国政府应该让外国 MNE 觉得不施加这些限制也会有经济价值（例如，通过去除一些性能需求以及改善东道国本土市场和资源的吸引力）。这些行为可能包括降低交易成本，例如，那些由政治不稳定、对财产权的保护力度不够以及无效的科学和技术政策而产生的交易成本。一个旨在保护国内企业免受外国竞争而非鼓励它们在世界市场上发展自己的动态比较优势的发展战略，是不大可能引发外资企业在其出口市场的产品上研发新技术的。此外，虽然一些研究表明，由 MNE 建立的出口飞地对本土技术的发展作用很小，但是一个健康的国内市场可以作为创造新产品和反映国内消费者需求的先驱，不过国内市场的产品可能之后才会出口到国外市场。

第六，政府可能会影响技术转移的条款和条件。显然，以最低价格从国外资源中获得技术是东道国的利益所在。同时，东道国也希望获得可以对其长远经济和其他目标有帮助的技术水平和类型。这两个目标并不矛盾，但是如果东道国政府强迫外国企业（已在国内生产）去接受一个比其机会成本更低的技术回报，那么后者可能既会减少其未来技术的流失也会减少对技术能力的转移（或创造），否则会使东道国受益。

东道国可以在何种程度上影响它获得外商所有的或源于外国的知识范围的条款取决于两点。第一，取决于它所提供的市场条件；第二，取决于其从交易中提取最高可能的经济租（消费者剩余）份额的能力。凡是在公开市场被一些生产商所规范和提供的技术，它的价格很可能反映其真实的机会成本。在另一个极端，技术可能是非常乖僻的以至于它仅仅被一家企业所拥有。此外，由于市场失灵，企业可能希望增加该种技术本身的价值。到目前为止，从外国的角度考虑企业会乐于这样做，但是之后便会寻求在内部转移技术。假设，最后，与它相关的技术/或技术能力被其他东道国追捧，但是不能由多于一个或两个的东道国经济地使用。在这种情况下，不仅是技术的价值可能会大于其竞争价格，而且销售企业相对于东道国可能会有一个很强的谈判地位，因为它的选择更多。被 MNE 转移的大多数类型的技术介于这两个极端之间。

对于一些技术，即使接受一些外生因素需要承担很大的代价，东道国也可能无法获得它们技术的最有利的条件。这是因为它们的竞争优势和议价能力较弱。第 19 章将讨论谈判和议价细节的一些问题。就目前而言，我们只是看到，出于两个原因，国家可能无法最优化它们从 MNE 那里获得的技术。第一个原因是缺少如下的信息或认识：

（1）提供的技术（例如，它对东道国有多少价值，从其他来源获得这些技术有多大难度，研发这些技术需要多少代价）；

（2）供应商企业的生产和交易成本，以及它们出售技术或参与别国技术能力的机会；

（3）其他国家为相同技术提供的条款和条件。

第二个原因是关于国家主管机关的议价能力。这既有关议价能力又有关东道国可以提供的激励，这种激励能够使 MNE 为了满足其需求而提供技术支持并创造技术能力。其中最重要的激励是专业和熟练的人力资源、动力十足的劳动力、充足的本地供应能力、高质量和有效的制度，例如，如同由 Rondinelli（2005）罗列并被监管部门所指出的，外来投资者有时需要参与资源配置和组织策略的特定行为并不一定符合东道国的最佳利益。最后，在何种程度上一个国家可能会通过其他途径（例如，授权或当地生产）购买类似的技术也将影响其议价地位。

技术转移条款的改善可能需要政策、体制机制和管理程序的改变，这可能会影响 FDI 更广泛的成本和收益。事实上，这是对 FDI 各个方面可能的反应的一般性结论。当所需要的是对外来和对外 MNE 的 FDI 活动的整体性和综合性的框架时（就像所有进入特定领域的投资政策一样，像拼图一样相互调整），FDI 政策的不同组成部分会被频繁地以一种分隔开的针对具体问题的方式来审视。我们将在第Ⅳ部分详细阐述这个观点。①

第七，政府可能会鼓励本土的技术发展。进口技术的替代就是国家自行进行生产。这可能成本更大，至少在短期是这样，但是如果它最终能导致更有效的资源配置，那么它可能会是一个明智的做法。政府对发展本土技术和组织能力的这种干预在经济学上的解释是我们无法通过市场来完成这一任务。技术在垄断和近乎垄断的情况下被频繁地供给，以及推动动态比较优势需要成本的事实，说明市场机制本身

---

① 这种需求也在两次 UNCTAD 报告中得到强调——一个是有关 R&D 的国际化，另一个是有关来自发展中国家 MNE 的 FDI（UNCTAD，2005c，2006）。对于建议整合 FDI 政策的计划，特别是针对朝鲜经济方面，见 Dunning（2006a）。

可能无法始终保证技术的最佳供应。通常私企（或者一般的资本市场）可能会认为投资的风险不同于联合企业的风险。此外，当技术的潜在生产者免受竞争时，它们可能会缺乏尽展潜能的动力。

政府早就接受了社会成本和创新活动的优势不同于私人成本和收益的事实，以及额外的市场激励对于促使这类创新活动达到社会最优数量和结构是必要的这一事实。与此同时，政府可能不满足于仅仅停留在鼓励的水平，而不能合理评价所涉及的开支的净收益。有时，它们可能会通过自己的企业来资助研发，从而减少其他企业的市场势力。我们知道，在大多数情况下，这些拥有强大市场势力的企业不大受政府的管辖。

由于国内产业结构不适当以及许多企业不愿意参与市场——也许是因为创造一个相当规模的有强技术支持的能够承担研发任务的生产单元需要较高的调整成本或承担较严格的反垄断法——本地研发也可能受到抑制。在这里，政府可以通过促成（或不禁止）兼并、收购或者合作联盟，或者，事实上，通过建立或加强国有企业获得协助。这也是一种不一定要仅仅达到技术目标的战略，并且被广泛运用于发展中国家，尤其是资源基础型行业（例如，石油和硬矿物行业）和服务业（例如，银行、保险、酒店和批发贸易行业）。在 20 世纪 70 年代和 80 年代间，发展中国家中的印度、韩国、巴西和墨西哥是最遵循这一路线的国家。在工业化国家，多年以来英国和法国政府通过各种方式（包括通过私营企业的彻底国有化的方式）试图鼓励和推广它们自己国家的 MNE，从而与美国和日本的大型 MNE 进行抗争。[①]

再次，在一种环境下，政府应该出面干预以确保一些经济活动的最佳部分仍然被本土掌握，然而这种干预的环境是很难指定的。同样地，我们很难知道干预的最佳方式。这一方面是由于经济和非经济的动机混合掺杂其中，另一方面是任何这样的社会成本—效益分析都包括一组夸张的假设。然而在经济领域，有人可能会说，如果外国所有权的增值活动导致了资源分配或产业结构调整的不理想模式，而国内所有权的增值活动不会导致这样的结果，那么这就确定需要干预了。通常，总有一天，由于境外子公司目标和战略的不确定性以及对其控制的无能性会导致我们认为，相对于国内控股企业而言，境外子公司对东道国的经济利益贡献更小，以至于东道国政府可能试图通过限制对外来技术的依赖来作出调整。但是，我们也可以为此争辩，基于对不断发展的 R&D 地域多样性的考虑（UNCTAD, 2005c），这一立场就显得不那么站得住脚，由此导致了越来越多的国家正在参与区域贸易联盟，也导致了这样一种现象，即来自于特定区域（例如欧盟）的企业对区域内某个国家技术能力的影响，不管是好的还是坏的，不会少于来自于区域外的外国企业对该国技术能力的影响。

第八，政府可能会鼓励 R&D 的跨国合作。来自于外国 MNE 的竞争也可能会鼓励各国政府参与跨国技术合作。这样的情况在欧盟中再明显不过了。在所有这些项目中，最有名的要属欧洲信息技术研究发展战略计划（ESPRIT），这项计划在 1984 年由 Etienne Davignon 发起，他曾是欧共体委员，在早些时候帮助振兴了欧洲钢铁

① Jacques Servan-Schreiber 的《美国挑战》（*The American Challenge/Le Défi Americain*）（1967）展现了美国对大范围的欧洲工业的技术统治。

工业并使其合理化。① 这项历时 10 年的研究项目针对的是 IT 行业的 R&D 密集型部门，在这一部门来自于美国和日本的竞争挑战异常激烈。它们通过提供能使欧洲独资企业保持竞争力的技术，促进这些企业在欧洲内部的合作以及制定国际公认的标准，才使得这一 10 年的研究项目得以实现。

从一开始，非欧共体附属企业应不应该被允许加入 ESPRIT 的问题引起了欧洲的政策制定者之间的冲突。最终，妥协达成了，在 ESPRIT 的第一阶段（这一阶段的谈判一直持续到 1987 年），欧共体国家内部的企业得以保留会员制度；在第二阶段，其他欧洲国家的合作伙伴也能成为会员。非欧洲国家只能被允许通过它们的子公司参与一些限制性活动。1990 年富士通获得对 ICL 的控制时，它们参与的项目不到所有涉及的项目的 10%。在第三阶段的最后作为第四个框架计划（1994—1998年）的一部分，所有与欧洲合作的企业在几乎任何合作领域的会员资格都将放开。

目前人们普遍认为，ESPRIT 能够成功地促进信息的交换和标准的制定，但是关于它能在何种程度上实现其三个目标中的第一个，我们需要作出一个更加谨慎的判断。即使处于 R&D 活动的"竞争前期"，政府通过补贴支持技术发展——尤其是小型创业企业的初始风投融资——这样的原则是否就是创造和维持技术能力最具成本效益的方式，这一点令大家更为不安。在这一点上，自 1992 年单一市场完成以来，人员、资产、商品和服务流动的剩余障碍得以逐步消除，这些障碍的消除依旧是实现欧盟企业之间合作、竞争平衡以及实现欧盟区域内和区域间 FDI 平衡的强大动力，极有利地推动了本土创新能力的发展（Economists Advisory Group Ltd，1996）。

然而，由于单一市场的目的是为了鼓励竞争，Ramsay 等（2001）认为，经济一体化很可能使一些合作形式更加危险。同时，为了协调欧盟内部 R&D 活动而建立的框架方案，因为其明确的目标，在共同体内部培养了合作关系。因此，作者提出了将这两种效应相结合的两个基本命题：第一，随着时间的推移，作为欧盟范围内跨境交易的手段，合资企业合并的比例应该增加；第二，欧盟范围内的跨境合作活动所占全球合作活动的比例会减少。（由于是以比例形式进行预测，它们不会受到M&A 活动或跨境合作的绝对水平的影响。）它们最初文件中的证据为第一个命题提供了支持，第二个命题的证据来自 Narula（1999），他提供了由欧洲企业组建的非资助型战略技术联盟在 1980—1994 年间的数据。② 尽管由欧洲企业组建的联盟的总数增加了，但是这些数据证实了欧盟内部跨国联盟活动的份额下降了。

当然，这样的数据并没有显示欧盟内部的合作活动是否会由于缺失这一框架计划而下降得更加厉害，他们也不会对这一框架计划的有效性进行过多说明，因为公共研发和私人研发支出之间的互补性程度是不容易建立的。尽管如此，这些数据加

---

① 还有其他一些研究，包括 RACE——一个旨在促进技术合作和欧洲企业在电信领域共同标准的计划和 BRITEEURAM——为产业界、学术界和研究机构提供的在材料、设计和制造技术方面对竞争前协同合作的研究。对于以上和其他计划的分析，见 Mytelka 和 Delapierre（1987）以及 Mytelka（1991）。Peters 等（1998）探究了两种欧洲资助的技术方案下公共资助的研究机构和企业之间形成的网络——生物技术领域的 BRIDGE 以及材料技术领域的 BRITE—EURAM。它们都涉及技术，可以广泛应用于多个行业。

② 然而，Narula（1999）的解释更加强调通过合作 R&D 所获得的利益以及欧洲企业与非欧洲企业——特别是美国企业——（在特定领域具有特殊优势）的合作所增加的收益。

强了这样一个观点，仅限于一个地理区域的技术合作在全球经济的条件下变得毫无意义，向欧盟以外的企业放开欧盟合作计划是唯一明智的做法。[1]

另一个值得我们简单提起的合作研究计划是欧洲研究协调局（EUREKA），它成立于 1985 年，作为欧洲（非国防相关的）应对美国战略防御倡议（SDI）的一项计划。[2] 欧洲研究协调局最初的目的是促进 R&D 合作和商业应用，而不是基础研究。欧洲研究协调局是欧洲政府间的一项举措，并不是欧盟委员会 R&D 活动的一部分。通过鼓励和帮助企业进行创新，欧洲研究协调局补充了欧盟的框架计划，包括将 R&D 投资所占比例提高到国内生产总值的 3%，以及创造一个一体化的欧洲研究区域。这是欧盟里斯本战略的一部分，其目的是到 2010 年使欧洲成为最具活力和竞争力的知识型经济体。

第九，政府可能试图通过替代性路线（拆分包装）获得知识。前一段已说明，东道国在通过 MNE 的影响力引进技术和技术能力时存在两点担忧。第一点担忧涉及技术转移的程度、模式和条款，第二点担忧涉及技术被利用和控制的方式。东道国尝试克服第二点担忧的一种可能方式是在公开市场上购买技术，因为这样做可以从与 FDI 相关的其他资源中分离出技术能力，还能对它们的部署的执行施加一定的控制。这两大担忧涉及外国所有技术对技术接受国在经济和社会目标上的影响，也涉及其未来的资产积累和竞争优势的钻石模型（Porter，1990；Rugman 和 Verbeke，1990；Verbeke，2005）。

争议的问题是，这样的策略是否可能会减少或者增加从外资企业那里获得技术的净收益。相对于通过内部直接投资获取技术而言，一个国家可能不愿意花费更多的钱在公开市场上购买技术，这一论点说明了，在没有政府干预或鼓励的情况下，这将不会发生。然而，技术目前或将可能被 100% 控股的子公司提供，那么政府会考虑强迫外国企业出让一部分其提供的技术的所有权和控制权就变得合情合理了。如果这确实发生了，那么就有一个隐含的假设，即国家可以以较低的实际成本/或不需要许多附属品获得技术。是或非完全取决于对于技术市场的构成。当只有一个供应商时，那么对于购买者而言，技术被如何提供一点都不重要。事实上，如果供应商被迫放弃一些控制技术使用的外部收益，那么供应商放弃的收益最终将由消费者买单。当然，如果国内所有者提供了其他收益，那么这可能仍然被东道国认为是值得的。

当市场上有许多卖家时，如果 MNE 定以高价，东道国很可能会因为从市场获得技术而获利。但是，如果情况就是这样，MNE 很可能马上在价格上做出相应调整。另一方面，东道国在购买其技术时，还购买了 FDI 一揽子其他成分，那么东道国将可能获得巨大收益和外部性。事实上，我们有理由假定东道国政府往往低估了从独立企业购买管理和吸收技术的交易成本。MNE 很少只为其附属企业提供技术知

---

[1] 在美国有关排他性项目过去的例子包括由白宫科学技术政策办公室和美国国家科学基金会举办的高温超导座谈会，以及 DARPA（美国国防高级研究计划局）的严格限制外国企业的会员制，包括那些在美国拥有子公司的企业。

[2] 除了 SDI 外，其他知名的措施包括将公共与私人参与相结合的美国半导体材料技术联盟（Sematech），以及美国国家平板显示器计划和日本超大规模集成电路（VLSI）计划。

识。伴随着硬件，与之而来的还有安装、操作和维修建议以及技术实践的频繁转移。当系统是基于几种不同的技术和手法时，MNE 很可能会提供对系统组织和管理的指导。此外，有关机构可能会收到来自于其母公司在全球网络的定时调整和技术升级，也可以让来自于子公司的科学家和技术人员去考察他们自己的研发实验室和培训设施。这可能打造更具企业家精神和风险承担的企业文化。至少在某些情况下，MNE 作为全球性大家庭的一部分可能会为当地子公司（且为其所处国家）提供相当多的技术、管理和制度的好处。

FDI（东道国通过其可以获得技术）的可替代程度将明显依赖于寻求的技术类型、调整以适应本土资源和东道国能力的必要性以及当地吸收和管理技术的技术性和体制性基础设施。我们已经表明，企业往往不愿意将其技术外部化，因为市场的交易成本高，而且分层控制在生产和交易方面有利益可寻。证据进一步表明，被用于国家资源或投资驱动型经济体的、与市场寻求有关的技术和组织技巧，相比于那些用于创新驱动型经济体的效率寻求型和资产扩张型投资的技术和组织技巧而言，更容易从外部资源中获得。相似地，东道国政府最想鼓励外部技术流动，因为它们认为与当地企业合并或结成联盟，相对于那些拥有多国网络的企业而言，将是有利可图的。市场寻求型 MNE 的活动更是如此，但是作为一个长期的战略，各种资源获取（包括那些研发设施）的合理整合可能是最好的。但是，更经常的情况是跨国子公司的非技术优势（例如，市场准入、卓越的管理操作和更有效率的制度形式的转移）使得这些没有提供外部性的可替代形式变得不如预料的那么有吸引力。

总之，东道国政府似乎有高估可得性、低估寻求和获取外国技术（不由 MNE 所有的）以及吸收和管理技术的成本的倾向。另一方面，毫无疑问地，MNE 对技术和技术能力的控制并非总能优化东道国资产积累或经济调整项目。日本在 20 世纪 70 年代到 80 年代间限制内部 MNE 活动，充分利用其他路线获得外国技术，特别具有指导意义。它表明，对于一个国家来说，至少，在不过分依赖 FDI 的情况下，穿越 IDP 的初始阶段是可能的。但是，它也表明只有在其有正确的国内资源和组织结构，并且尤其是有一个强大的技术支撑以及致力于提高产品质量与消费者满意度的企业和工作信仰时，情况才会如此。[①] 印度的例子也说明了经济的进程可以与 FDI 无关或者关联很小，但是在这种情况下，发展的节奏将会变得更加缓慢。由于印度目前是发展中国家中拥有最好的教育水平和技术结构的国家，所以印度近年来对外来和对外 FDI 的开放可能会支付较高的红利，直接来看红利源于对本地技术库的贡献，间接来看红利源于对印度制度升级和调整的刺激。

□ 12.2.3　发展中国家与技术能力

在第 11 章中我们给出了技术密集型产品的世界贸易份额持续不断提高的证据。

---

① 例如，Mowery 和 Oxley（1995）对国家创新体系中的技术转移和"国家吸收能力"在日本和其他东亚经济建设中的作用进行了分析。然而，随着全球化的到来，日本制度框架的弱点已经暴露无遗；来自西方经济体的 FDI 已完全接受并参与国际市场的开拓，其正作为展示市场促进型机构改革优势的媒介而受到欢迎（Oza-wa，2003，2005）。

一些事实值得在这里重述，高技术部门在发展中国家的出口中有很大的重要性，尤其是那些从事复杂生产的集成系统，比如墨西哥、巴西和阿根廷的汽车行业，以及马来西亚、新加坡、菲律宾和墨西哥的电子行业。此外，像韩国、中国和中国台湾这样的国家和地区参与了丰富的代工生产，它们60%～70%的消费类电子产品都基于代工生产（Lall，2002；UNCTAD，2003b）。

虽然只有少数发展中国家和地区的MNE进行基础R&D，最明显的包括巴西、印度、韩国、新加坡、中国和中国台湾，但是这种更高层次的增值活动的潜力在增加（UNCTAD，2005c）。在这些国家和地区中，由境外子公司和国内企业在合同范围内进行的创新活动的增长，鼓励在国外工作的科学家、工程师和企业家回到他们的祖国，造成了一种"人才逆向流动"。比如，2004年在中国北京中关村科技园的14 000家企业中，2 500家企业是由来自于国外的毕业生建立的。

Lall（2002）发现了发展中国家关于技术发展的四条不同的战略：

（1）致力于发展国内企业能力的自主战略，包括广泛的工业和教育政策、支持性的体制机制、对外来FDI的限制，并且大力鼓励出口。这样的例子包括韩国和中国台湾。比如在第11章中说明的，韩国用于教育和研发的投资可以同其他发达国家相提并论，且比其他先进的发展中国家要高得多。

（2）FDI依赖型战略，正如它的名字暗示的那样，由吸引FDI、促进尤其是利用MNE网络的出口驱动。这种方法使用特定类型的FDI进行选择性定位，通过国际认证协会，以及有关技能创造和制度建设的政策，鼓励MNE子公司进入更高附加值的活动。采取这种策略的国家包括新加坡以及近年来的中国。

（3）消极的FDI依赖战略也依靠外来FDI，但是这种FDI受到更少的政府干预。它集中体现在为吸引FDI创造更好的国内条件，同时为出口提供更强有力的刺激。主要案例有马来西亚、泰国与菲律宾。同时墨西哥的边境工厂也符合这种战略。

（4）进口替代工业调整战略与自主战略相似，但是本土固有的发展能力越弱，提高国内竞争力政策的整体协调性就越差，也越不易成功。这个战略的重点主要是用来鼓励出口与加速进口替代产业的升级。例如印度与大拉丁美洲经济体，尽管这个战略的情况在其他地区也有所体现。

将目标定于特殊类型投资者的政策，在东道国经济体有着很大的成功的可能性，例如新加坡、爱尔兰和哥斯达黎加，要求不同宏观组织战略之间有很好的协调，以便政府和相关机构不仅能协调运作，同时也能专注于国外特定投资者的要求。对于这种政策的另一选择是主打建设本地实力，正如韩国与中国台湾地区在20世纪70年代与80年代所做的那样。在韩国，政府通过推动大型私企的联合运营来减少协调失败的可能性。而中国台湾政府则专注于为中小企业技术升级打造一个制度分支体系。[①] 然而正如我们在第10章讲到的，并不是每个国家都有行政能力来执行这种政策，在一些政府失灵会大于等于市场失灵的国家就不太适合。

同时我们同意Lall（2002）的说法，政府是否干涉不重要，如何干涉才是问题所在。全球经济自由化的进展建立在一旦市场达到自由水平就几乎不需要政府调整的假设下。在某种程度上，这也有助于限制既无益又扭曲的政府干预的程度，是一个可喜的发展。正如我们之前讨论的，如果一个国家能够采取协调的宏观组织政策，并且提供良好的基础设施，就能吸引 FDI，哪怕它的技术与能力并不非常发达。Lall（1998）还提出了一个批判性问题：如果它们（如私有企业）已经无利可图，我们还会期待 MNE 在其初始禀赋上走多远。这强烈地说明了一个决定性的问题，即升级之路并不太可能靠自己完成，关键在于政府在保证企业基础设施建设方面何时开始实施鼓励它们的教育发展、提升创新能力与竞争力的政策。[①] 事实上，过去的政策都没有效果，政策没有很好地规划，也没有很好地实施，但这并不是抛弃政府职能的原因，反而应该提升政府的表现。通过强调制度支持机制和限制政府对可识别的市场失灵区域的干预，随着时间的发展，想要提升这种场外组织形式的效率是可能的。

当政府角色更多是在于基建而不是对市场干预这一观点占据主导地位时，Mahmood 和 Rufin（2005）提出了一个有点不合时宜的技术观点，即关于政府在技术发展中的角色。他们认为在一个与世界其他地区有着明显技术差距的发展中国家，经济发展与经济体系的构建可以通过政府管控经济的形式来加速实现。然而，当国家日益接近技术的前沿时，更多的决策则要考虑经济与政治自由化的需求。这样的活力依赖于对仿制技术与创新技术的辨别，也包括对经济与政治环境的认识。这样的集权会更加适应刚刚起步或紧跟技术前沿的经济体的发展，而创新则要求摒弃这种强力的控制，鼓励职能分化。中国现在的情况也反映了这种潮流的发展。

除了政府职能的转变，这些作者也在考虑国内商业组织与 MNE 是否会替代或补充政府职能。值得注意的是，它们认为当国内商业团体在降低转变经济集权的门槛时，外来 FDI 反而在提高这个门槛。国内商业团体和 MNE 都会提高这个为进一步发展转变政治集权的门槛。

在 Mahmood 和 Rufin 的理论框架下，政府的角色与培养一国技术发展在一定程度上有着直接联系，这一点是对我们在第 10 章的发展观点的强有力的补充。正如如上作者所知道的，技术发展只是经济发展与建设的一部分，但这无疑是一个重要的部分。文章中也提出了国家该如何打破没有合适的技术能力去吸引额外投资这一循环的问题。我们在第 10 章的观点是 FDI 不太可能发生，除非有可靠的基础制度，如相关法律和产权制度。作者也同意树立正确的制度、尊重知识产权的必要性，在模仿阶段的国家或许还不能进入技术积累的进程。

然而，他们却认为经济和政治的集权化可以作为一种有效手段帮助国家经济走出由市场协调失灵造成的贫困陷阱。获得经济集权的方法涉及协调私人地区投资决定、利用税收和补贴或者发展国有企业等干预手段。另一方面，政治集权给予了政府决定和决策的自主性。这就是关于所谓的"政府强有力的手"的争论，但对技术发展的理解来说影响甚微。[②] 我们可以简单地说，除非有制度的先决条件，尤其是价

---

① 特别地，最近关于 FDI 在中欧和东欧决定因素的研究表明，鼓励负责任的企业精神、保护财产权利、有利的税收结构、社会责任的文化以及足够的安全网可以缓解经济结构调整（Rondinelli，2005；Dunning，2007）。

② 从政治和经济集权到分权化的转变并不总是同时出现的，比如在智利、韩国、新加坡和中国，政治集权时期正值经济分权。但是，从长远来看，发生在韩国、新加坡和中国台湾的情况是，人们期望这些国家和地区走向更强大的经济和政治的民主。

值观和信用体系构成的制度有助于经济增长，否则政治与经济集权很难奏效。因为任何形式的集权都可能从有利转向裙带资本主义和寻租行为。[1]

12.3　母国政府的角色

国家政权总是试图保护其竞争力免受其他势力侵蚀。例如，早在19世纪，英国就禁止或强烈抵制在海外生产第一代具有现代技术含量的商品，如纺织品、钢铁产品，以防止竞争者日后的工业化崛起。同时，它也禁止出口知识、机器、图纸与模式。然而这种立法很难制止技术泄露或高素质科学家、管理者与企业家的移民。其实，不管哪种形式，非本地居民的科学贡献（尤其是英国）有助于创立或维持第二代工业体系的基础，美国与加拿大的富饶也由此建立。[2]

正如人们经常说的，自从技术开始成为公共产品的构成之一，MNE将技术以较低边际成本输入到国外，这就可能损害母国的竞争力。换一种说法，互利的技术交流并不能完全抵消全部（或边际）社会福利的损失，尤其是当这种技术可能损害出口国技术积累的时候。

虽然要区分不同种类技术的转移方式比较困难，但是在这一节我们应当尽可能地将注意力集中在旨在利用投资公司O优势的对外FDI的影响是否与市场寻求型、资源寻求性和效率寻求型投资有关。在以下的部分中，我们会特别讨论有助于母国技术高速发展的资产扩张型FDI可能产生的后果与政策牵连。

12.3.1　资产开发型投资的影响

大多工业化市场经济条件下的政策制定者都关注其MNE转移技术的影响。这一情况最早出现在20世纪70年代后半叶，主要有两个明显的因素。一方面是伴随着技术创新缓慢、国内失业率上升、工业生产力发展缓慢与广泛的通货膨胀，全球经济的发展停滞不前——这也是20世纪70年代第二次石油危机的后果之一。在20世纪80年代末，瑞典、美国和英国等国对其国际竞争力开始产生广泛的焦虑。它们正经历着制造业国际市场份额与相关技术地位的最大幅度的下跌。

另一方面是发展中国家的不断发展平衡了全球经济同时导致了工业重心从北向南移动。当然，这也与以上的情况有很大的相关性。发展中国家与转型经济体实施快速工业化与资产积累的政策的尝试导致了它们对这些国家挑战其工业霸主地位与其未来竞争力的惶恐。

虽然没有人会把一些发达经济体竞争力相对地位下降纯粹或大部分归罪于MNE

---

① 无论是制度发展导致的，还是由技术发展引起的，这都是一个有趣的问题，Glaeser等（2004）对其进行了验证。他们的观点支持了Mahmood和Rufin（2005），尽管他们还发现，随着国家更加工业化，制度升级更可能变为主导变量。

② 值得注意的是棉花和羊毛纺织品、金属、罐头制造和酿造、地毯、陶瓷、黄麻、丝绸和餐具行业。对于欧洲技术在美国内战前发展中的作用的详细检验可以参见Coram（1967）和Wilkins（1989）。有关技术对经济增长和人类福祉的更广泛的作用的突出的历史分析，可以参阅Mokyr（2002）。另见本书第6章。

的技术转移，但是这种论断主要有两大推力。第一是 MNE 通过参与 FDI，把它们的资源和能源从母国进行技术创新的领域中转移走。第二是主要通过 MNE 完成的技术输出——大部分通过 MNE 内部转移——提高了接受国企业的全球竞争力，这就是输出国的损失。相应地，这就打击了技术输出国企业的竞争力，同时使研发成本上升到很难弥补的地步。以劳动力密集型产业为例，其效果更加明显，直接降低了国内的就业率。在发展中国家与发达国家技术转移的大背景下，这种论点对工业化国家出口份额的减少无能为力，但可以解释发达国家面临的增加的进口竞争力。总之，这就是"我们想多卖牛奶，少卖奶牛"的另一种说法。

这种观点会得到何种程度的纠正，又有多大程度上明确归因于 MNE 活动？MNE 需要我们做些什么？技术转移可能带来的社会成本在何种程度上能超出战略资产寻求型投资想转移的社会成本？

基于跨境技术转移的形式，如战略联盟，对于转移者与被转移者都有着多种收益。对于在合约下交易的企业，主要的收入都从技术转让中获得。只要提供技术的边际收益大于边际机会成本（包括外部性），企业就会寻求技术转让。事实上，对于很多转移技术的企业来说，无论是售出技术或将其用于国内市场，都可以有很多方式盈利，这种形式减少了讨价还价与成交时的边际损失。在其他的例子中，尤其是提供技术的专家，例如建筑工程师、项目工程师、系统分析员、石化产品咨询师，创造知识的花费都是视情况而定的（Teece，1977，1981a；Graham，1981）。对于 MNE 来说，通过 FDI 的形式转移（或分享）技术通常是首选的方式，因为这样可以占用全部技术与随之而来的独特的 O 优势的经济租。技术转移的收入包含企业所有收益，不仅包括资本投资的利润，还包括他国生产等一系列收入，而且也包括获得新的市场（这有利于分散 R&D 和其他沉没成本）。

除此之外，商业判断失误的案例也说明了，当这种出口的社会机会成本大于企业机会成本时，母国可能不会从出口技术上受益。只要 MNE 与母国并非追逐相同目标，情况可能确实如上所示。MNE 主要（虽说不止它们）热衷于独立进行利益赚取地的获利投资。结果，它们参与国外生产并以此为目的转移必要的技术。另一方面，投资国从一个更广泛的观点来看待它们 MNE 的行动。它们的目标包括 GDP 增长，促进充分就业，控制通货膨胀，建立本土技术能力，保护环境，重建本土资源的使用。从来没有任何假设认为，企业在追逐自己目标的同时必须首先顾及母国的这些目标。

同时，通过 MNE 的微观机会成本来判断技术转移的宏观经济结果或者仅把转移的成本全算在 MNE 头上显然是不对的。例如，作为母公司转移其技术的结果，假设美国在韩国的子公司可以生产有足够竞争力的电视并出口到美国市场，同时造成美国该行业的失业。假设这些失业工人也没有去找其他工作。那么美国获得的直接收入就是转移技术的利润——境外子公司所赚得的除税净额加上卖给美国消费者电视价格的折价，同时还包括由失业造成的 GDP 损失的机会成本。另一方面，对于MNE，转移技术的效应可能有比其他方式更高的销售利润，这样就使对外转移技术成为可能。

很明显这个结论是完全错误的。将国内失业率提升归罪于国外资本流出是完全错误的。这是因为投资可能由其他企业完成。这不仅会导致国内失业率上升与产出减少，而且也意味着美国经济会失去其他利益，否则它们可以利用本国 MNE 在国外生产取得收益。而且，导致的失业只是暂时的，随着时间流逝，被替代的劳动力也会用到一个更具创造性的活动中，要么在相同企业，要么在经济体的其他岗位，所以会提升 GDP 而不是降低。

当然，所有的问题都是从微观立场深入的。然而依据它们在母国活动的结果，投资企业的收益与损失都必须予以考虑。境外 MNE 生产活动的主要受益人通常是为境外子公司提供资本设备和中间产品的供应商。如果没有 FDI，部分或全部的出口会受到损失，因为其他国家的投资企业也可以从它们的母国购买同样的产品。另一方面，国外的额外产出不仅可以通过投资 MNE 替代国内产出，也可以替代国内竞争者的产出。再次说明，这些结果依赖于缺乏技术转移这一情况的假设。

值得注意的是，在新古典主义文献中，假设没有市场扭曲，两国之间的技术转移与扩散通常可以通过提高配置资源与技术效率来提高全球的实际产出。此外，尽管资源需要重新配置，但技术进口国与输出国都会受益。在现在的环境下使用这种方法的困难在于它的假设是不切实际的。MNE 通常不会把技术转移到一个有竞争力的市场。政府也不能总是保证充分的就业率。此外，国家的福利方程涵盖的目标除了包括实现最大化产出，也包括产出的增长，而技术转移会对其造成负面影响。技术转移在东道国的红利或许没有其在母国的高，这在很大程度上是因为市场扭曲。在这种情况下，政府首要做的不是控制技术外流，而是尽量消除市场扭曲。

现在，很多这种观点都认为由 MNE 产生的技术转移会用来生产与技术转移企业或国家生产的产品竞争的产品。现在很多投资的类型都是市场寻求型的。但是在这种情况，经验也证明了，一个境外子公司建立起一条生产线生产产品，这就会刺激对其母国及企业其他种类产品的进口。这个理论在贴牌生产的行业中被广泛证明，例如，电视、摩托车、食品加工、香烟、化妆品与药品。[①]

对于其他类型的资产开发型 FDI，技术转移可能用以生产与技术转移企业和国家生产的产品互补的产品，或者完全不相关的产品。在这种情况下，母国的产品产出与劳动力使用可能就会增加，它的技术基础就会加强。MNE 在贸易与分配活动的投资就属于这种情况。虽然它会提高受益国的市场竞争力，但它也会直接增加母国的产品出口。在建筑及其他方面的投资，如资本设备、能源风投、化学和工程咨询都可能有相同的效果。技术多大程度上通过具体资产与产品实现转移是一个有异议的观点，但是在这种假设下，我们仍然应当把出口视为对母国及其企业都是有益的。

由资源基础型领域的 MNE 通过后向跨国整合的技术转移会在母国产生技术能力的副产品，这依赖于更高价值的活动（如 R&D 和二次加工）在母国或东道国进行的程度。即使技术能力有转移，固定的进口也是可能发生的。这些设备更可能是从母国而不是从其他国家获得。在一些服务行业，例如银行业、旅游与其他服务业，也有着相同的外部性。

具有不同经济结构的国家间的效率寻求型投资可能会对国内就业产生重大影响，

---

① 更多细节见第 14 章。

因为这些投资都涉及劳动密集型产业。第 3 章定义了两种类型的投资。一种是生产需要大量劳动力投入的完整产品和/或服务。劳动力的专业化与分割会使劳动密集型产业的 MNE 更多专注于在劳动力丰富的国家生产产品，资本或技术密集型企业在那些资本与技术充足的国家创造产品与服务。第二种出口投资的类型存在于在世界市场上出售的生产链中劳动密集的部分，以及在资本或技术充裕的国家生产的资本或技术密集的部分。例子包括不断增加的离岸呼叫中心与地区性办事机构（UNCTAD，2004）。另外，这个情况遵循了国际劳动力细分的原则，除了有些时候它们被市场失衡与政府政策干扰。

具有相同经济结构的国家间的效率寻求型投资更多地寻求部门内（而非部门间）产品专业化与经济规模的效益。总体上，效率寻求型 FDI 可能会推进跨境的劳动力分配，一般认为这是用来克服市场失衡而不是提升投资企业市场势力或应对政府引起的价格以及其他情况的扭曲。

这种劳动力的分化通常是渐变的而不是一蹴而就的，尽管它既可能发生在中间产品上（电子设备、纺织品、汽车引擎、商务服务），又可能发生在最终产品上（冰箱、汽车、电脑软件、微波炉）。那么在这样的专业化程度下，由于产品及其生产过程的特性，这些活动的产品技术与技术能力就会同时传播开来。MNE 通过雇佣而获得的技术能力与为维持竞争力而去研发的新能力都会不断地集中。换句话说，随着允许国内 MNE 采取更有效的技术创新活动，理性的 MNE 生产都会导致母国一些技术功能的"空心化"。

最后，无论何种类型，通过技术转移的收益均呈乘数效应。在 19 世纪，这些收益本质上对英国经济贡献颇多。英国资本和专业技能的出口使得接受国的收入增加，这为英国制造品提供了市场，这为新一轮投资提供了资金，并且通过企业的规模经济，降低了供给到母国市场的商品价格。尽管现在没有一个经济体能够像当年的英国那样在国际上拥有如此的支配地位，但是随着境外子公司的价值增加以及接受国从投资国的边际进口倾向的增加，日后的收益还可能会增加。Adler（1968）和 Bergsten 等（1978）进行的早期研究证明了这些结果对美国经济有着显著的影响。

以上段落说明了 MNE 的境外活动对母国技术能力的冲击取决于活动的动机、发生的条件、母国和东道国的相关特点，以及需要考虑的时间限制。收益包括来自 FDI 的技术回报（投资于技术更先进的经济体时尤为重要）；母国技术供应者的其他商业活动；以及（和其他技术出口形势相比 FDI 所独有的）对所用技术的控制力等。母国可能的损失包括对长期竞争力的侵蚀以及其国际收支失衡的加剧。同时，重要的是，我们既要考虑不出口技术的损失，也要考虑到 FDI 可能导致国内技术活动重建的机会成本。首先，一种可能的情况是如果（假设）美国的 MNE 不出口技术或不迁移技术到另一国家，而英国、德国很可能已经这样做了，这会使得美国不受欢迎。很明显，假设的"替代性"或"反事实性"也是非常重要的。其次，MNE 的海外经济活动也会取代本国中类似的经济活动。但是这也会为不同类型（或更高级别）的技术活动释放更多的资源。

□ 12.3.2　资产积累型投资的影响

作为全球化的一个结果，集约化的竞争和日益复杂的现代技术已经导致了对加快创新进程的需求，同时也导致了企业研发成本的增加。除了运用大量的非股权资本来分散研发的风险和成本外，MNE 也开展了大量的跨国 M&A（主要在三联体内部）来提升并积累它们的竞争优势（UNCTAD，2000b；Lundan 和 Hagedoorn，2001a）。尽管这种活动通常是由多种因素引起的，包括市场准入、对更大市场份额的预期收益，但很多跨国 M&A 主要是为了获取被收购企业的技术性和组织性资产而进行的。

无论出于何种目的，当一个企业收购另一个企业时，它就获得了其所拥有的技术资产。这会增强其全球技术能力，而短期内母国的收益取决于收购的形式效果、自身技术活动的分配以及是否需要进行技术创新活动的区位转移。长期来看，母国的收益取决于被收购企业的全球竞争力。然而，所有权并不是技术转移成功的保证，正如我们第 9 章所说的，研发领域的非股权合作通常也是 MNE 内部发展活动的有益补充。[①] 而且，若干新兴国家出现，如中国和巴西，其作为创新活动值得关注的基地，提高了 MNE 在母国境外开展一些 R&D 活动的可能性（见第 11 章）。

在战略联盟活动中，中短期收益是不确定的，并且在很大程度上取决于合作伙伴的相对技术优势。而且，绝大多数在研发方面或者在高新技术领域进行跨境合作的目的在于加强合作企业的全面创新能力，这一活动能否使母国受益则取决于创新能力的地理分布。长期来看，收益主要依赖于联盟如何影响投资企业的全球竞争地位。

然而，在 20 世纪 80 年代与 90 年代，大部分资产积累型投资都发生在三联体中，21 世纪第一个十年也见证了发展中国家 MNE 资产寻求型与资源寻求型投资的显著增长。资源寻求型投资主要通过快速发展但资源相对缺乏的国家（如中国、印度、土耳其等国）的 MNE 进行跨境并购来开展，用于保证能源与矿产的供应（特别是中亚地区和撒哈拉以南的非洲地区）。其他资产寻求型投资经常涉及部分投资者的混合动力。

根据 UNCTAD（2006）的调查，市场寻求型投资占发展中国家 MNE 对外活动的大多数，而资产寻求型投资的占比较少。一个明显的例外是中国的 MNE，它们中的一半被 UNCTAD 认为是 FDI 的一个重要动因。尽管如此，报告仍指出，因为发展中国家的 MNE 需要发展其吸收其他企业知识的能力，它们的 FDI 经常包含资产开发与资产积累两种要素。例如，在过去的五年中，除了为它们的产品寻找新的市场，土耳其电器制造商 Arcelik 还通过跨国并购来收购欧洲的品牌，而中国企业海尔则在美国和其他许多发展中国家（包括印度尼西亚、伊朗和马来西亚）投资于制造和研发设施。海尔也在 2005 年试图收购美国电器制造商 Maytag，但最终遭遇失败。此外，至少中国、马来西亚和新加坡三个国家为了资产开发和资产积累，有政策明

---

① 例如可查阅 Håkanson 和 Nobel（2001）关于影响技术从瑞典研发子企业转移至母公司的因素。

确支持对外 FDI（UNCTAD，2006：163）。

即使资产积累型投资缺乏特定的政策支持，母国也会通过培育本国机构以支持收购企业管理和组织能力的发展而扮演着重要的角色。这样，收购企业就可以将新收购的企业的技术与它们自身的战略和运作有效整合。在某种层面上，这与为促使学习发生的吸收能力或者必要的技术复杂程度问题类似。然而，我们认为来自国外的成功逆向技术转移也是非正式制度或者价值观和规范（其在母国支撑企业家精神并鼓励试验）的问题。然而前者可能仅会对缺乏人力资源开发的发展中国家造成障碍，而后者甚至可能阻碍发达经济体的技术升级。

逆向技术溢出

除了着力于增加技术与组织资产的 MNE 投资，对外 FDI 也会鼓励通过溢出而发生的间接逆向技术转移，从而使母国技术能力得到更广泛的提升。这里我们是指母国本土企业的技术学习能力，其可归因于 MNE 的国外业务。而在文献中，这些母国外溢受到的关注比东道国外溢受到的关注少很多，我们会在第 16 章讨论一些值得关注的有趣的研究。

我们首先要讨论的一般问题是由 Potterie 和 Lichtenberg（2001）研究的，是有关 1971—1990 年间 FDI（外来直接投资和对外直接投资）到底在多大程度上扮演了美国、日本和欧洲 11 国之间的国际技术扩散渠道的角色。在研究中，他们以一系列自变量逆推了这些国家的 TFP，自变量中包括国内 R&D 存量、国外 R&D 存量以及外来 FDI 和对外 FDI。他们的研究结果表明，当外来 FDI 和对外 FDI 都会增加母国生产力时，外来 FDI 不会促进（或者阻碍）这些发达经济体的技术产出。而从进口中获得的收益在 20 世纪 70 年代比 80 年代高，对外 FDI 的促进作用就随着时间的增加愈发明显。

另一个连接贸易与技术学习的办法是 Coe 和 Helpman（1995）提出的，他们探讨一国的 TFP 到底在多大程度上取决于国内与国外 R&D 支出，其中国外 R&D 支出由其贸易伙伴的累计 R&D 支出的加权和来衡量。[①] 他们发现国外 R&D 活动对国内生产起着有益的作用，并且经济体贸易程度越开放，有益作用越强。在随后的一篇论文中（Coe 和 Helpman，1997），作者又集中探讨了发展中国家的问题。他们假设发展中国家有一个为 0 的国内 R&D 存量，并且探讨由国外 R&D 支出、机械设备的进口和中学入学率带来的本国 TFP 的变化。基本结论再一次证实，开放贸易通过生产可获得的产品（否则无法获得）与获取有用的信息（通过其他途径难以获取或获取成本高）可以提高生产力。他们发现 TFP 与国外 R&D 支出呈正相关，同时也与一国贸易开放程度及受教育程度更高的劳动力呈正相关。然而，他们也指出国外 R&D 主要通过机械设备进口的交互作用而对发展中国家的生产力产生影响。

除了宏观层次的研究，一些研究通过将专利引用作为母国知识溢出的指标来进行企业层面的研究。一个类似的研究就是由 Globerman 等（2000）完成的，其利用专利引用来追踪国外知识在瑞典的扩散情况。作者检验了母国专利引用形式对对外直接投资的影响，而不是单纯运用专利引用来标记东道国当地知识外溢的地理位置

---

① 然而，值得注意的是这一研究仅仅关注由贸易带来的知识转移，而忽视了 FDI 的贡献。

（Almeida，1996）。样本涵盖了 1986 年由瑞典大型 MNE 提出的 109 个专利，其包含 263 个对现存专利的参考。同时也包括了由没有任何国外业务经营的瑞典中小企业（SME）提出的 111 个专利，其包含 310 项对早期专利的引用。作者建立了一个条件 logit 模型，其中每一个引用都是一个独立的观察，以此来估计一个特定国家的专利的收益情况。

根据 Jaffe 等（1993），Globerman 和他的合作者第一次将国际贸易作为国际研发溢出的可能渠道进行研究。他们假设进口商可以学习进口的机械设备和其他产品中包含的技术，这些都可以逆向进行，出口商在与国外顾客接触的过程中获益，这些顾客要对现有产品有适应性，这可能有助于发现新的技术方案。另外，研究发现，外来和对外 FDI 连接着那些可能被视为知识转移渠道的国家。研究中的主要发现在于，对外 FDI 对被引用国家的专利存量的作用是正的并且是显著的。外来 FDI 被认为是负相关的，且是不显著的，这也可以反映其他北欧国家 MNE 的活动程度。另外，贸易联系对 SME 比对 MNE 而言更加重要。

然而特别有意思的是，对外 FDI 被证明对瑞典 MNE 群体和 SME 群体均有积极影响，而 SME 未参与任何对外 FDI。这可能意味着对外 FDI 变量捕捉到了模型中没有包含进去的有关东道国的因素，或者正如作者所说，它可以证明在小的经济体中，由 FDI 带来的技术学习收益通过 MNE 流回母国，并在母国内部流向 SME。这是一个有趣的命题，可以通过对比不同时期 MNE 与 SME 的专利引用来进一步探究。

其他研究也采用类似的方法，包括 Criscuolo（2004），其开展了一项基于调查访谈的企业内部技术转移研究并将专利引用作为欧洲化学与制药行业企业间溢出效应的一种表现进行了分析。她发现，化学领域 MNE 母国的企业比制药领域 MNE 母国的企业有着更高的平均倾向去引用它们"国家领军企业"的海外子公司的专利。这可以用研究结构来解释，制药领域倾向于多中心的研发结构，而化学领域的研发结构仍然主要基于母国。

她也发现在引用的总量方面，正如人们所预期的，外溢是非常小的，尤其是当度量手段没有被 MNE 内部直接转移所影响时就构成了技术的逆向流动，这显然不属于技术外溢。在第 16 章，我们将区分发生在本地企业与 MNE 联盟的上下游关系中的联动效应和与 MNE 联盟没有正式联系的本地企业的间接效应。然而大部分对间接效应的研究没有控制本地企业与外商投资者之间的关系种类，如此联系的本地企业经历大部分的溢出效应也是合理的。

Popovici（2005）完成了另一个有趣的研究，在严格控制了由专利审查员带来的专利记录的"噪声"后，她发现了一个稳健的证据，即美国在海外完成 R&D 的子公司促进了知识从东道国向母国的流动。特别是她发现了在特定东道国（即日本）引用美国子公司专利的那些美国企业，更多的是引用企业在东道国申请的专利。这就对之前 Branstetter（2000）的发现进行了补充，他发现了从日本子公司流向美国企业的知识外溢（通过专利引用来衡量）的证据，反之亦然。他的研究结果因日本子公司低水平的 R&D 而备受关注。访谈作为研究的一部分，其带来的证据确定了国外子公司在拓宽 R&D 的应用方面的重要性，而传统来看，这一般由日本母公司完成。

□ 12.3.3　FDI 作为国内技术调整的手段

在任何产业调整的过程中，创造出来的新工作需要与已经被替代的工作具有不同的技能。在这种情况下，如果没有有效的再就业培训计划，结构性的失业可能会持续。大部分这样的失业都发生在劳动密集型行业，例如纺织业、消费类电子产品行业和轻工业。例如，2005 年限制发达国家从发展中国家进口纺织品的多种纤维协定期满，人们对于对外 FDI 对欧洲与美国劳动力市场的冲击的担忧重燃了。这是一个老问题，是国际劳动力变化和分工的必然结果，这对那些受到不利影响的企业有一丝缓和。[①]

很明显，对于 MNE 活动给母国与东道国带来的技术冲击的分歧也是存在的。对东道国而言，通过 FDI 获得知识的机会成本与通过其他途径获取或者通过内部 R&D 的机会成本是一样的。对母国而言，成本主要是 MNE 的对外活动可能会对它的全球竞争地位产生有益或有害的冲击。在充分考虑了技术转移的额外市场结果的市场力量缺失的情况下，理解这种问题是如何得到解决的也是很难的，除非采用成功创新的奖励方法和特别协商谈判这些一般原则。

正如我们在第 11 章所看到的，MNE 注册的专利中相当高的比例都是由 MNE 的国外子企业来创造的。更常见的是，很多高科技企业认为只有通过在竞争力最强的地区投资才能保证全球市场为它们的创新活动提供需要的资金，这对它们的生存发展至关重要。

然而，其他分析者（例如 Porter，1990）认为在一些领域（例如半导体），美国 MNE 改变区位以降低它们的生产成本无疑是一项错误的策略，以至于这减少了它们在产品创新和国内改进领域的投资动机。同时，有证据表明瑞典、北美以及英国的一些 MNE 都在境外重新布局它们 R&D 活动的区位，以获得更充足、更资深的人力资源，或者接近一个更加有活力、更加和谐的创新环境。

其中，有一件事情似乎很清楚。因为经济活动的全球化以及 MNE 作为技术出口者和技术能力重置者的主要角色，母国政府已经被迫重新评估它们关注技术创新与生产的政策。特别是，强调新制度措施来提高人力资本、提升创新动力、提高企业开展创新活动的能力以及提升它们成功参与合作协议的能力是必需的。这也要求对于贸易与投资有一个自由的立场，同时拒绝它们自己的企业进入保护协议（Rugman 和 Verbeke，1990），除非是为了应对那些由国外竞争者和政府带来的战略性的扭曲政策。

在长期中，资本输出国政府通常有四项政策。第一，它们可以采取一些形式的技术保护主义。第二，它们与新兴工业化的竞争对手可以达成协议，以控制它们在制造业或服务业出口的增加，或者坚持要求它们从工业化国家进口和出口一样多的产品（平等交易的保证就来自于这项政策）。第三，它们可以鼓励它们的企业生产差

---

　① 外包的影响将在第 13 章中更加详细地讨论。

异化的产品或者引进更适合它们的特殊供应能力的新技术。[1] 第四，它们可以寻求富有动态比较优势的新型模式，出台政策来帮助企业和个人进入适当的增值活动。

如果上一个政策被认为是最优的解决方案，那么很多政府都需要采取更果断和更长远的策略来刺激生产力，鼓励创新，同时推动技术密集型企业的升级。然而，暂时来看，问题是如何更好地使市场调整成本最小化且使调整效应最优化。在适当的情况下，鼓励受到新兴工业化国家（NIC）竞争影响的企业，使其更有效率，这也是必要的。为了解决这些问题，其意味着要很好地控制重建过程的特点和节奏，一些特定形式的进口限制不能完全被排除。

当前的问题和发展中国家软件产业有关，特别是印度软件产业，这一问题包含了对发达国家失业和技术竞争力丧失的焦虑。Arora 和 Gambardella（2004）指出这些焦虑可能会通过更详细地考察美国软件行业的发展同时对比印度的具体情况而有所减轻。正如第 11 章所示，美国在高技能工程师的可得性方面有强大的优势，而事实上，他们中的许多人都是印度籍。美国生产者专注于软件问题的解决迎合了消费者的需求，然而在印度这种活动主要包含对现有产品的译码和适应。21 世纪早期印度市场的竞争优势主要是在管理这类外向资源项目方面所积累的技能。结果作者发现几乎没有什么能预示美国在软件这种高附加值行业受到的严重威胁。确实，他们认为由美国 MNE 主导的成功的外向资源获取使它们拥有了比欧洲与日本更大的成本优势。

引起技术生产国和技术接受国争端的另一个问题与 TRIPs（《知识产权协定》）体制下 WTO 成员方的义务有关，尤其在医药领域。印度与巴西的药物制造商都认为 TRIPs 的强制性规则阻碍了它们向发展中国家输送通用版药物去治疗特定疾病，如疟疾、肺结核、艾滋病等（Fink 和 Maskus，2005）。特别地，TRIPs 协定在特大公共卫生危机时允许强制性授权，这些规则的演变（例如那些与临床实验结果的应用相关的）可能会阻碍发展中国家运用这些强制性条款获益的能力（Heath 和 Kamperman Sanders，2005）。至少在这种情况下，美国强烈地认为其代表医药产业，必须保护美国专利持有者的利益。

更广泛地说，这些例子阐述了出现的关于知识产权领域保护的讨论，它们涉及了从软件程序或者生物有机体的专利性，到创意产品（例如音乐和书籍）的保护程度。[2] 这些争论同时也开启了产权持有人与他们的使用者冲突的新领域，尤其是当专利初次售出给政府后继续使用的情况。考虑到创新活动在全球经济领域对经济发展的贡献，可以有各种理由怀疑这些冲突会在未来愈演愈烈。[3]

然而，无论是在制造业还是在服务业，了解如何管理发展中国家 MNE 活动以加速实现母国目标是非常困难的，尤其是英国在 19 世纪对其技术出口的控制

---

① 由于引入机器人技术、电脑辅助设计和制造设备，其尽管遭受一些偶然而非深思熟虑的质疑，但这事实上已经发生。

② Granstrand（2005）提供了一个有趣的关于知识产权体系演变的回顾。

③ 关于创新在经济增长中的作用，特别是在落后国家赶超的过程中的作用，Fagerberg 和他的同事给出了一个革命性和历史性的观点（Fagerberg 和 Verspagen，2002；Fagerberg 和 Godinho，2005；Fagerberg 和 Srholec，2005）。也可见 Chang（2002）关于在历史上用于支持创新驱动型增长的多种机构设备，以及其在当今发展中国家如何因发达国家促进自有市场的政策而不可得的分析。

(Rosenberg，1981)。^① 如果这方面需要受到重视，那么应该针对消除那些鼓励 MNE 转移更多不同数量或不同种类的技术所产生的负面影响。如上方式包括对知识产权或者税收系统的改变，至少有一部分方式会侵害到技术接受国的短期利益。因此，必须保证任何改变不会仅为保护知识产权持有者的利益而阻碍发展中国家努力追赶技术前沿的脚步。

这个争论开始于对发达国家对其通过自己的 MNE 将技术出口到发展中国家可能带来负面影响的担忧的表达。通过提出如下问题可以结束这一争论：发达国家能否承受不通过自己的 MNE 出口技术到发展中国家？如果 MNE 的活动不被视为国内投资、就业和技术能力的威胁，而是作为如下活动的手段：

（1）获取或者保护进入国外市场的渠道；

（2）获得或者使用对资本出口国竞争力至关重要的资源与能力；

（3）保证可以在发展中国家的市场里分一杯羹；

（4）保护或者促进一个工业化国家相对于另一个国家的国际竞争地位。

那么，这些关于技术出口是好是坏的问题将有一个全新的意义。本章提出的情况虽然不需要和选择理论命题（几年之后的今天，该命题被更具活力地呈现，被更加积极地研究）一样以各种方式被证明，但是它至少应该与其受到一样的关注。

12.4　结论

概括 MNE 对母国与东道国技术与创新能力上的直接或间接作用是非常困难的。其在很大程度上取决于 MNE 增值活动的所有权与跨境区位等因素，同时也取决于本土企业对它们的反应。反过来，这也依赖于 R&D 组织与所处的制度环境，同时也依赖于政府在塑造这种环境与促进本土资源和能力的升级中发挥的作用。

过去，国家已采取一系列针对外来直接投资与对外直接投资的政策，这些政策是根据它们如何看待这种投资对国家经济目标的影响而出台的。两个主要的观点如下：一个是 FDI 加速了国内经济的发展与调整。其通过以比任何可选择的替代资源更低的成本提供技术、企业家精神、管理技能和激励结构，并通过它的竞争刺激与溢出效应对其他经济体产生影响。另一个观点是这种方式在短期内也许是这种情况，也许不是，在长期内只有在 MNE 不扭曲（或者增加这种扭曲）资产或产品市场，以及施加在子公司活动上的控制作用与母国或东道国的创新目标一致的情况下才有可能发生。在一定程度上，市场的全球化以及产业内贸易与投资的增长，都在帮助吸引更多的注意力到政府为建立特定环境的宏观管理活动上，在这样的环境中，MNE 可以有效扮演所需要的角色。

这种认识是因为它们面对着市场的扭曲与失效，MNE 和/或它的子公司不会将此情况留给自己，也无法保证创新能力最优的跨境分配，由此决定了对诸如韩国、日本等国案例的认识。在这些例子中，政府政策不仅对对外直接投资进行了推动，

---

① 英国为了适应 19 世纪后期工业经济带来的结构调整而发生的经济萧条，是工业化国家应对来自 NIC 竞争的一个教训。

从而提升了母国国内创新能力，而且它也刻意限制了对内投资，直到本土技术能力对此类投资足够坚挺，可以以共赢的方式应对。德国、爱尔兰和新加坡采用了一个不同的策略。它们的政策反映了它们的认识，即对内投资是最快的（也往往是最廉价的）升级本地技术能力的途径。同时外国所有权的机会成本比其增加的社会总产出还要大。争论无法被解决，的确创造或获取创新知识的收入对于国家和企业都很大的事实导致了它正变得复杂化。风险共担、战略联盟、政府内部合作都是一些方法，每种方法对于参与者和涉及的国家都会有特定的成本与收益。

我们最后列出如下四点。第一，无论在这些方面国家都希望提升它们的技术实力多么合情合理，以及无论外来直接投资与对外直接投资多么成功，所有国家不可能在任何行业都具有足够的技术能力。动态竞争优势可以更好地解释国际上科学技术的分布而不是单纯去解释最终产品和服务的贸易问题（UNCTAD, 2005c）。没有国家（即使大型工业化国家）可以完全在技术能力上做到自给自足，除非它打算为其他目标牺牲经济福利。所以 MNE 的作用不仅从影响知识密集型资产的产生的角度来判断，而且从影响这些资产的分配的角度来判断，而这也是国家关心的长期经济收益。事实上，一个 MNE 可以通过转移一些其他地方的 R&D 为其母国提供服务的设想是有可能的，这将在这些国家随时为更高效的 R&D（或者与此相关的更高效的非 R&D 活动）打开了大门。

第二，为了充分利用外国 MNE 所积累的丰富的专业技术知识，东道国政府需要采取一个积极并且定义明确的技术战略，同时也需要一些必需的机构实施这些战略。这样一个战略应该是广泛的 FDI 与宏观组织战略的一部分，不仅为了指导鼓励人力资源与技术创新能力的升级，也是为了提供科学的信息与创业基础建设，而这些恰恰被高科技 MNE 视为它们进入投资国的必要条件。在发展中国家的案例中，吸收与传播进口技术性价比最高的方式就是保证有足够的区位设计、工程与组织能力。正是这些能力构筑了由 MNE 提供的技术与本地创新能力、激励结构和消费者需求的决定性的桥梁。

第三，这一章已经论证了一些国家对于它们从 MNE 那里获得的技术（大致设想）类型或者该技术的创造或转让条款的影响是有限的。在这种情况下，国家就可能发现召集众多企业制定关于交易和谈判战略交换信息和/或针对 MNE 技术获取和/或技术能力创造的通用政策是有利可图的。第 20 章中会讨论一些国家可能追寻的多边战略，这些尝试是通过一些国际机构（例如 OECD，UN）来制定的，以便形成 MNE 和政府关于技术转移和/或本地生产技术的形式和条款的实践和指导规范，并且东道国会确保这种行动是在对它们的经济效益和其他目标最有利的情况下进行的。

第四，在当今全球化的经济中，任何政府关于技术发展与改造的政策都需要采取一种全面和综合的方法，依照这种方法，对外 FDI 和外来 FDI 都可以帮助实现这一目标（Dunning, 2006a）；同时，需要承认的是任何从这种 MNE 活动中获得的收益都需要根据下一个最佳可选方案来评估。正如今天新一代的 MNE 所展示的，对外资产扩张型和学习型 FDI 以及外来资产开发型 FDI 的选择性激励确实有助于促进发展中国家以及发达国家的最优 IDP 和经济调整，并且与其保持整体的一致性（Dunning 和 Narula，2004；UNCTAD，2006）。

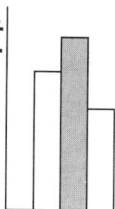

第13章

就业与人力资源发展

13.1 引言

MNE 和它们的子公司几乎所有的行动都可能直接或间接地冲击劳动力的水平、质量、成长、稳定性和动机。第 11 章强调的事实是,在现代世界经济中,大多数工业国家的竞争力取决于它们升级和更有效地利用它们收入所创造的资产的意愿和能力。这些资产被我们视为实物资本(比如,研发实验室、大学建筑、机械、设备)以及配套的基础设施和训练有素的人力资源,如科学家、工程师、熟练技工、管理人员、行政人员和销售人员。事实上,在过去的几十年里,实现最快速的经济增长的发达的工业国家恰恰是那些在升级这些资产和激励它们的公民获得更多的财富的过程中投入了最多的关注的国家。

事实上,一个国家的经济发展在很大程度上要依赖于企业家精神、创造力和人民的辛勤工作,这几乎是一个真理。新产品以及生产和服务的新方式源于学习的主动性和个体的智慧。研究发现来自想象力、求知欲、大脑和个人毅力。工作和工作实践也是由个体组织的。新的广告口号和营销技术是由个体设想出来的。服务经济,正如其名称所暗示的那样,包括一组个体提供给另一组个体的服务。企业间联盟的成功取决于人们参与合作的意愿和能力。即使在现代社会,科学、技术和商业也只是为了服务于人,而不是人屈从于科学、技术和商业。

本章将回顾一些学术研究,这些学术研究旨在确定和评估 MNE 及其子公司在以下几个方面所扮演的角色:

(1) 就业的水平、结构和构成,个体的工资和工作条件;

(2) 生产力和人力技术的升级以及 MNE 制定人力资源策略的能力;

(3) 人们以一种对社会负责任的方式创造财富的动机;

(4) 政府和超国家实体在塑造体制环境中的角色,这一点对(1)~(3)均有影响。

　　尽管这些方面是相互联系的，即工人的生产力和满意度可能与他或她执行工作的质量有关，但是我们从工人和其他三个主要来自于公司、工业或国家的竞争力的福利角度来看，应该更加重视第一点。我们关注的重点是母国和东道国的 MNE 对经济和社会的影响，而不是一体化网络的 MNE 面临的管理挑战。即使如此，这一章也只能覆盖与就业和人力资源相关的问题的冰山一角。对这一话题感兴趣的读者最好去查阅由国际劳工组织、联合国贸易和发展会议发表的研发报告和各种评论。[①]

　　例如，MNE 外派人员到国外关键管理岗位，以及当地的经理在多大程度上最终被聘请并取而代之的问题也是具有战略意义的，尤其是考虑到外派人员的高额费用以及国外经理人融入 MNE 整个管理架构可能存在一定的难度。当 MNE 管理其整体全球员工，以及确保其在全球市场上学到的东西能够被整个公司所理解并在整个公司中传播时，其对文化的敏感性有极高的要求。正如我们在第 8 章讨论的那样，这绝不是不言而喻的。而 MNE 的战略性人力资源管理独立成书，它并不在我们的研究范围之内，读者若要了解这些领域的最新的综合想法，最好去查阅一些专题论文和集合卷，比如 McMahan 等（1999）、Adler（2002）、Gannon 和 Newman（2002）以及 Harzing 和 Van Ruysseveldt（2004）。[②]

　　MNE 对其经营所在的国的就业的可能影响分为两种：通过影响就业水平和就业标准影响就业，以及通过影响就业条件影响就业。MNE 对母国的影响主要是在那些有主要对外投资的国家中体现，这些 MNE 为母国提供了大量的就业机会。相反地，对东道国就业的最大影响涉及那些相对于其经济规模，外国直接投资水平很高的国家。虽然这一章主要在就业水平和就业标准层面讨论 MNE 活动的直接后果，但是第 16 章将讨论这类活动对其他经济的联动和溢出效益。当 MNE 选择从当地供应商处采购时，当 MNE 通过转移员工来转移其技能培训时，或者当当地企业在基于观察如何接近东道国市场的情况下提升它们的生产方式和最终产品的质量时，这些间接效应影响了当地公司的就业水平和质量。

　　第 10 章强调了发达国家和发展中国家之间收入水平、国家间的不平等、国家范围内的地域之间的不平等，从国家吸引和产生外国直接投资的能力的角度而言，差距越来越大。这种熟练和非熟练劳动力之间的扩大的工资差异成为全球经济活动紧密相连的另一个特征。全球化导致了更多技术水平较低的制造工艺的外包，又创生了新的外包业务服务。这样一来，它重新点燃了人们对 MNE 出口工作机会、促进跨境工资差异的恐慌。与此同时，一些 MNE 被发现允许外国供应链中血汗工厂的存在，同时公众的压力带来了一些行业的劳动实践的改变，比如运动服和运动器材行业。

　　为了评估 MNE 关于就业的正面和负面的影响，本章将通过以下方式进行。首先，

---

　　① 国际劳工组织发表于 1989 年的一系列关于 MNE 的书，很大程度上解决了 MNE 的就业效应、培训、社会、劳动力和安全实践等问题。从 1979 年起，国际劳工组织也在"跨国企业计划"上发表了一系列工作论文，包括了 99 篇国家或者特定行业关于 MNE 就业效应的研究。也可参见 UNCTAD（1994）。

　　② 也可参见 Ferner 和 Quintanilla 在《欧洲劳资关系期刊》（*European Journal of Industrial Relations*）上的专题论文（Ferner 和 Quintanilla，2002）和在《国际人力资源管理杂志》（*International Journal of Human Resource Management*）上的介绍（Quintanilla 和 Ferner，2003）。这两篇文章都是关于全球和地方实践之间的一种张力，以及 MNE 在母国和东道国影响制度实践和被制度实践影响的作用。

我们将检验折中范式关于 MNE 活动对就业、工资、人力资源管理的影响的预测。第二，我们将给出一些 MNE 作为全球市场雇主的在定量方法上的重要性的预测，这一方法在本书的其他章节也采用过。第三，无论从母国还是东道国的视角，我们将回顾一些与我们的预测相关的经验证据，以及业界、国家和企业特定因素的相关性。第四，除了就业水平，我们也讨论 MNE 的培训、管理方法、劳资关系和劳工以及体制等问题所采用的标准的可得性的证据。最后，我们将重新审查研究结果的政策含义。

13.2　理论基础

□ 13.2.1　是什么让 MNE 与众不同？一个重新论述

MNE 的活动对使用、定位以及补偿人力资源及能力方面有什么显著的作用？答案本质上在于这些公司占有的 O 资产的形式[①]，且它们何时何地被用来增加就业。在这个层面上，通过它们的创新战略、激励体系、产品形式、生产产品的属性以及在产品结构设置方面的灵活性，MNE 可能影响其雇用的劳动力的类型与数量、愿意升级这些劳动力技能与竞争力的程度、雇用劳动力和区位选择的条件。[②]

第 11 章已经阐述了 MNE 在自由市场经济体中占据大部分的创新活动，它们也不断将这种能力配置到其他国家。这些创新优势至少一部分来自它们的国外活动，不仅通过搜索与雇用全球劳动力来实现，还通过增加对现有工人的培训来实现。MNE 在人力资源发展这一领域扮演着重要的角色。

第 11 章也指出，由于 MNE 参与的活动和它们所使用的生产技术，MNE 可能会影响全球劳动力市场的数量与结构以及生产率。因此，正如第 2 章所示，MNE 倾向于资本密集、知识密集与高附加值的活动。如果 MNE 不从事这些高附加值的活动，我们可以预测，MNE 对于其经营所在国的就业影响力会非常小，同时当它们取代国内企业使用更多的劳动密集型技术时，对本土企业也会造成消极的影响。另一方面，通过对重要资源、能力与激励系统的市场准入，MNE 可能会帮助降低产品成本，提高产品质量，它们可能会增加对特定劳动力的需求，间接地对原材料和零部件提供者产生积极的影响。

MNE 活动对于技术的融合与劳动力质量产生的影响是模糊不清的。当外国产品帮助提升了投资公司的竞争力，有效地促进了国际劳动力资源的配置时，这就可能导致母国人力资源（特别是在产品研发和行政事务方面）的升级。从一个东道国的角度来看，根据 MNE 引入的产品生产过程，劳动力的技能可能会降低（例如，当这项工作本质上可以被机器或例行保养所取代时）或者提高（例如，在引进一个复杂的多项目的设备时，可能需要高技能的操作员或者研发设备）。在这些例子中，产

[①]　如第 4 章所述。

[②]　马克思主义对于 MNE 如何在建筑业（形成第二次工业革命的基础设施）运用它们独特的能力将流动资本和流动劳动力相结合的分析，见 Linder（1994）。

品的设计、机器设备的部件与服务相关的过程都可能被改进，以满足本地资源与消费者的需求。为了完成这些任务，一些本地劳动力的训练就会加强。

MNE 活动的一个特征，尤其是在快速变化与技术革新的环境中，是 MNE 在区位选择上会比本土公司更加没有约束。过去的 40 年里，MNE 对价值增值活动进行了大量的重新定位。有时候是由于东道国政府的相关政策（例如，征收关税或实施进口配额措施）所致，有时候是由于它们的增值活动要转移到在矿产和农产品上有比较优势的国家所致。这种转移可能是由支持市场和反对市场这两种力量共同影响的。国际卡特尔采取提高产品价格或控制产量的措施就是后者的一个例子。

提高制造业领域员工的真实工资会对经济繁荣产生积极的结果，这样会影响一个国家生产劳动密集型产品的能力。近些年来，MNE 的劳动密集型活动持续从工业化水平更高的国家和地区（如新加坡、中国香港、中国台湾、韩国和巴西）转移到工业化水平落后一两个级别的国家和地区（如泰国、马来西亚和菲律宾）。更有甚者，有些活动已经转移到工业化水平差距更大的国家和地区（如斯里兰卡、巴基斯坦、孟加拉和摩洛哥）。另一方面，第 11 章的内容也给这个问题提供了例子，即计算机、通信和设计等技术的进步，以及更为灵活的生产流程的引入，已经使一些劳动密集型分包活动产生了反向定位——从发展中国家转移回发达国家，这些行业包括纺织业、服装业和半导体行业。

MNE 与国内企业对就业水平和模式的影响程度也会因它们所采用的 FDI 类型和组织战略的不同而不同。作为定位于国内市场的母国公司的一部分，市场寻求型子公司与致力于效率寻求型和战略性资产收购型投资相比，不容易显著影响国内或者国际劳动力市场，MNE 的招聘、雇佣和培训计划是全球人力资源整合管理策略的一部分。正如第 9 章所指出的，随着一些劳工法律、就业管制的放开（例如，在 EU），以及空中运输成本的下降，劳动力甚至是非技术劳动力日益成为一种跨越国界的移动资源。

虽然通过并购发生的 FDI 对就业水平的直接影响是中性甚至负面的，没有创造新的就业岗位，但是至少一些裁员行动明显可以提高效率。但是，在以前那些国有垄断企业私有化的有关案例里，无论是拉丁美洲电力行业和通信业的私有化过程中，还是中东欧国家的大规模私有化活动中，大规模失业现象都迅速出现（UNCTAD，2000b：182）。然而，从长远来看，我们可以期待内部投资者带来的技术、组织、管理措施以提高被收购企业的竞争力，进而为社会形成一个更加稳定的就业基础。

全球一体化的 MNE 经常从全球就业人群中（有时在组织内部或外部）招募管理、专业和技术员工。一些 MNE 甚至能够通过在一个国家招募大量的非熟练和半熟练工人并将他们运输到另一个地区工作来创造新的 O 优势。比如韩国、土耳其、菲律宾和中国工人在中东和非洲撒哈拉以南地区参与建设项目。石油行业中，一些国家的投资公司之间会定期交换熟练的技术人员，例如俄罗斯和巴西，以及其在其他发展中国家的子公司（Sauvant，2005）。通过这种或类似的方式，MNE 正在执行一个套利功能，这是国际劳动力市场无法做到的。通过这种做法，它们同时影响了国际劳动力分工和个别国家的劳动力市场条件。

一个 MNE 也可能影响跨境就业条件和工资议价。这里有两个方面值得关注。首先，考虑 MNE 在世界各地的员工薪酬、工作实践和人事管理方面具有更多的经验和信息。这意味着，在适当的时候，外资可以利用和实施最佳方案来刺激任何一个分支机构员工的积极性和工作效率。正如我们将在本章后面所描述的那样，在很多情况下，MNE 试图将母国的激励结构、工作方法和人事管理程序转移到境外子公司。特别是一些在欧洲和美国开设子公司的日本 MNE，以及近年来在日本的美国子公司，这些公司管理经验的引进已经非常成功。其他的，比如一些在发展中国家开设子公司的美国和欧洲 MNE 经营失败是因为无法克服制度距离，或无法调和不同文化对工作、奖励、权威以及劳资关系的态度。

第二，MNE 的管理层在与其子公司运营所在国家的工会（或政府）谈判工作实践、就业状况和人力资源发展时会更有权力和灵活性。当然，一些 MNE 可能会选择将 O 优势的一部分委托给它们子公司的管理层。不过，即使在这些情况下，母公司的理念和制度习俗也可能渗透到当地管理层的思维和行动中。一个突出的例子是许多日本 MNE 坚持在每个分支机构中只应该设立一个工会。然而，即使决策不被 MNE 集中控制或影响，当地劳工代表仍有可能在谈判中处于不利地位，因为他们缺乏子公司及其所属组织的真正经济实力（或不足）的必要信息。这种 MNE 管理层和当地劳动力之间议价能力的不对称性是导致工会中不安和不满的原因。我们将在本章后面讨论这个问题。

最后，MNE 国外子公司与东道国政府在劳动力相关问题上的互动与本土公司是不同的。这是因为已经阐述过的劳动力实践的差异，而这可能影响到政府政策（例如，工资增长、行业培训和集体谈判）。部分也是因为 MNE 对于新的劳动力法律规章、激励机制的回应与本国公司有所不同。基本上，这也反映了 MNE 有了更多机会去选择更有利的经济附加活动。这尤其适用于那些附属子公司供应或打算供应局部或全球市场的公司，以及那些追求效率导向型投资战略的公司。纵观 20 世纪 70 年代，英国匮乏的产业关系环境导致了英国与国外的 MNE 避开了在英国建立新的生产基地。相反，自那时起，产业关系的提升，例如更短的时间消耗和更多关于劳动力问题的一致性，鼓励了更多国外的公司去英国开拓欧洲市场。13.7 节会给出关于市场以外的激励、国家政策与多元化人力资源管理之间的相互关系的例子。

□ 13.2.2　一种方法论解释

研究者们尝试去识别 MNE（或它们的境外子公司）在人力资源管理或部署方面的战略的独一无二的特征，但是这种尝试只实现了部分成功，在没有可比较的国内竞争者的情况之下尤其如此。在这些情况下，经济学家被迫回到假定的替代性位置或反事实的情形来衡量 MNE 活动的影响。本质上，这一方法试图估计不存在这些活动时，就业、员工报酬、工作环境、培训、健康和安全规范等变量最可能的结果。本质上，这些效应很可能取决于特定的替代性情形以及 MNE 现实中与劳动力相关的实践。然而，在缺乏国有企业或本土企业参照数据的情况下，这类估计被用来从其他特性的影响中区分出企业的外来性和跨国性的影响。

读者在第 10 章可以看出，我们将这类问题认定为当尝试衡量 FDI 和 MNE 相关活动的独特影响时所共有的问题。但是，由于大多数国家将失业率最小化和提升人力资源能力放在优先地位，因此，恰当地理解 MNE 在实现这些目标方面的特殊地位尤为重要。[①] 倾向得分匹配方法（将会在 13.4 节中详细探讨）是非常有意思的，它特别致力于建立一种合适的反事实方法。利用这种方法进行的研究，通过比较受投资公司和未受投资公司的绩效，可以评估若 MNE 未做出投资决定会发生什么。然而，由于这种方法基于相对比较，其并不总能解释在绝对的数值上受投资公司的绩效更好或更差的程度。[②]

13.3 MNE 的内部雇佣

根据 IMF（2007）的报告，相比于 1980 年，全球有效劳动力[③]已经翻了四倍，这主要是因为中国、印度和前社会主义国家加入全球经济的浪潮。尽管这部分增加的劳动力主要来自非熟练工人，但是过去的 25 年间，大学毕业生的数量也增加了 50%。[④] 这部分劳动力帮助企业降低了投入成本、提高了生产率、提高了熟练工人的补贴。然而，自 20 世纪 80 年代以来，在一些发达的工业国家，由于非熟练工人的减少，工人占 GDP 的份额下跌了 7%。具有更加灵活的劳动力市场的国家，例如美国和英国，由于本来非熟练工人少，工人占 GDP 的份额的下跌相对较小。

一份报告评估了 1982—2002 年间经济合作与发展组织的 18 个经济体受科技发展和劳动力全球化的影响。报告发现，劳动力份额的减少主要是受科技发展和劳动力全球化（通过贸易、境外生产[⑤]和移民来实现）的影响，尤其是后者的影响很少被人提及。在一个不需要特殊技能的领域，减少的劳动力市场份额主要是受科技变化的影响，而在一个需要特殊技能的领域，劳动力全球化的作用更为明显。我们在接下来的章节中会讨论外包的影响。[⑥]

接下来，我们研究一下 MNE 作为雇主的一些事实。据保守的数据估计，1986 年 MNE 的雇员大致为 6 500 万，其中，4 300 万人（或 66%）是在 MNE 的母国，而 2 200 万人（或 34%）是在境外的分公司。[⑦] 在 2 200 万人中，700 万人是在发展中国家的子公司。根据 1990 年联合国贸易和发展会议的数据，MNE 境外分部已经高达 2 400 万人，2000 年有 4 600 万人，2005 年有 6 200 万人。[⑧] 2004 年，全球 100 个最大的 MNE 有 1 490 万人（相比于 2002 年增加了 4%），其中有一半受雇于外国子公司。2004

---

① 虽然 MNE 在一国内活动可能的影响部分可以通过比较国外和国内公司的表现来估计，但在另一国的活动也是如此。

② 倾向得分匹配的方法也在检验出口（Clerides 等，1998）和外资并购（Arnold 和 Smarzynska Javorcik，2005）对公司生产率的影响时得以使用。也可见第 15 章。

③ 有效劳动力是一个估计的劳动力份额，其构成全球劳动力市场的一部分，并且可以通过一个国家加权劳动力来计算。

④ 更多关于日益增长的大学毕业生劳动力的供给见第 11 章。

⑤ "境外生产"是一个术语，是跨国外包特别是服务外包的书面语。

⑥ 这些宏观趋势也可以从 van den Berghe（2003）分析的 200 家主要的 MNE 的数据中获得。这些数据显示，在 1990—1999 年间，这些 MNE 的总就业人数下降而总资产和销售却增加了。

⑦ 早期这方面的数据吸引了大量国际劳工组织出版物的关注，特别是国际劳工组织（1981）的出版物以及 Kreye 等（1988）。

⑧ 总就业数据是基于联合国贸发会议的回归估计得出的（2006：9）。

跨国公司与全球经济（第二版）

年，全球顶尖的 50 个发展中国家的 MNE 就有 340 万雇员，相比于 2002 年，增加了 150 万人，其中三分之一在境外的分公司（UNCTAD，2004:11，2006:31）。①

1986 年，全球的劳动力大致约为 216 000 万人，可以看出 MNE 的雇员所占比例非常小，大致约为 3%。2003 年，全球的劳动力大致为 279 000 万人（ILO，2004b），粗略假设母国公司的雇员和境外子公司的雇员所占比例保持不变，MNE 总的市场份额也没有发生改变。② 然而，不少于 49.7% 的全球劳动力，或者说 139 000 万人，每天靠不足 2 美元生活，这被认为是贫困劳动力的分界线（出处同上：24）。

正如第 2 章所显示的，因为 MNE 对于某一特定国家和区域的贡献差别很大，所以，可以预测的是它们在劳动力市场所占的比例也有所不同。这可能是因为不同国家的 MNE 的国内和国际雇员情况有所不同。由于大多数外国生产仍然在发达国家进行，大部分 MNE 雇员也在发达国家。表 13.1 和表 13.2 估计了一些 MNE 的境外子公司对于母国和东道国贡献的数据。

在 20 世纪 80 年代中期，在至少 7 个国家——巴西、加拿大、中国、法国、联邦德国、英国和美国——外资企业雇用了超过 100 万雇员。在制造业领域，国内雇员所占份额在至少 20 个国家和地区（如阿根廷、奥地利、澳大利亚、比利时、巴西、喀麦隆、加拿大、哥伦比亚、斐济、法国、德国、希腊、爱尔兰、利比亚、马来西亚、墨西哥、中国台湾、新加坡、西班牙和刚果）超过了 15%；在其他至少 8 个国家中，超过了 10%。

表 13.1 提供了境外子公司占东道国的制造业领域和总就业人数份额情况的数据，以及制造业就业数据。这显示了，2001 年境外子公司的雇员数占总雇员数的份额，从日本非常低的 0.6% 到爱尔兰的 9.3%，到匈牙利的 26.1%。对于制造业的雇员，在芬兰、德国、西班牙的境外子公司的雇员占六分之一；而在法国、瑞典和智利占三分之一；在爱尔兰和匈牙利占一半。目前最有用的数据显示，2004 年，美国的境外子公司的雇员数量占总雇员数量的 4.5%，而在制造业部门高达 10.9%（Anderson 和 Zeile，2006）。1995 年，在中国的制造业领域，外国投资公司③的雇员大约占整个生产领域的 6.2%（Sun，1998）。

MNE 对本国国内的就业贡献小于对东道国的就业贡献。20 世纪 80 年代中期，意大利的以母国为基础的 MNE 的国内就业率只有 3.6%，美国为 10.3%，瑞典为 15.7%。2001 年，美国非银行业的 MNE 的国内就业人数为 2 340 万人，这个数字大约等于美国所有非银行业相关就业人数的五分之一（Mataloni，2004）。与之相比，2003 年，在 MNE 境外子公司工作的大概 1 000 万名雇员占美国就业人数的 7.6%。表 13.2 展示了对于主要的母国，MNE 的境外子公司的就业人数占整个母国就业人数的比率。

表 13.3 的数据在很大程度上是不言而喻的，它展示了 MNE 境外子公司在增加值、员工的福利补贴和固定资本形成总额方面对东道国的贡献。爱尔兰、瑞典、捷克、匈牙利和波兰的 MNE 尤其值得注意。

---

① 对于 2004 年前 100 强 MNE，国外就业的比例（49.7%）略低于国外资产占总 MNE 资产的比例（55.8%），而后者又略低于 MNE 销售额占总销售额的比例（55.8%）。对于发展中国家的前 50 强 MNE 来说，销售比率是最高的（43.8%），其次是就业比率（33.0%）和资产比率（31.4%）。

② 注意，这些数字代表就业的实际数字，而不是由 MNE 活动带来的净就业。

③ 外商投资企业包括所有部分或全部外资企业。

表 13.1　境外子公司在东道国制造业中的就业数及其在制造业就业和所有就业中所占的份额

东道国	1995 年			2000 年			2001/2004 年		
	制造业境外子公司就业数	占制造业就业份额（%）	占总就业份额（%）	制造业境外子公司就业数	占制造业就业份额（%）	占总就业份额（%）	制造业境外子公司就业数	占制造业就业份额（%）	占总就业份额（%）
发达经济体									
欧盟									
芬兰	37 892	9.7	7.4	68 327	15.9	12.6	73 450	17.2	14.1
法国	715 932	25.1		1 061 739	30.1		1 097 042	30.8	4.8
德国	494 000	7.2	2.2	390 000	6.0	2.1	1 058 000	16.6	5.2
爱尔兰	103 864	47.1		122 978	48.1		123 186	49.2	9.3
意大利	421 024	8.6							3.7
荷兰	168 401	20.1	9.8	156 464	18.3	10.1	180 409	21.0	
葡萄牙				89 755	10.1	3.2	76 885	7.3	3.0
西班牙				408 086	16.8		408 579	16.4	
瑞典	132 054	19.9	12.3	207 527	29.1	18.3	232 579	32.7	22.0
英国	718 400	16.3	24.0						
欧盟新成员国									
捷克共和国	288 294	37.4		313 106	25.3	17.0	372 105	30.3	21.7
匈牙利				361 257	44.5	27.8	346 773	43.6	26.1
波兰	226 826			398 691	20.9	13.8	413 866	24.1	16.6
其他西欧国家									
挪威	37 237	15.0		60 600	21.4		63 052	23.1	10.8
北美国家									
美国	2 036 500	11.7	4.5	2 118 800	12.2	4.9	1 574 200	10.9	4.5
其他发达国家									
澳大利亚				214 400	22.7	12.3			
日本	86 703	0.7	0.4	149 767			148 795		0.6
发展中经济体									
土耳其	54 358	5.6		72 156	6.4		76 647	7.0	

资料来源：OECD 全球化、就业和劳动力市场数据库；Anderson 和 Zeile（2006）以及威权计算。美国的数据涉及 1999 年、2000 年和 2004 年。法国、爱尔兰、意大利和日本的占总就业份额的数据来自 UNCTAD 数据。

表 13.2　　　　　基于母国 MNE 的境外子公司的就业数及其占母国总就业的份额

母国	2002/2003 年	
	境外子公司的就业人数	占总就业的份额（%）
发达经济体		
欧盟		
比利时	209 700	6.1
芬兰	333 700	16.1
德国	4 496 000	14.0
意大利	642 500	4.1
葡萄牙	24 900	0.7
瑞典	1 122 800	29.3
欧盟新成员国		
捷克共和国	16 800	0.4
其他西欧国家		
瑞士	1 808 300	58.9
北美		
美国	9 878 900	7.6
加拿大	919 000	7.1
其他发达经济体		
日本	3 407 900	6.4

资料来源：UNCTAD 数据库。

从接受国的角度来看，在一些农业综合企业，特别是在较小的发展中国家的林业、矿业，MNE 占据了当地劳动力的大部分份额。大多数的大型林业、香蕉、茶叶、烟草和菠萝的种植是外资所有的。尽管很多石油和重金属产业已经收归国有，但是 MNE 仍然在南非德兰士瓦的钻石、新几内亚和秘鲁的铜矿、牙买加的铝土矿和纳米比亚的铀矿上占有主导地位。最近几年，雇员人数的日益上升来自发展中国家和转型经济体的 MNE 在境外子公司，例如中国和俄罗斯在安哥拉、独联体国家、厄瓜多尔、尼尔利亚和苏丹投资石油（UNCTAD，2006）。

同时，尽管 20 世纪 90 年代越南的 FDI 数量大幅度提高——主要来自东亚（日本、新加坡、中国台湾、韩国、中国香港和马来西亚），由于高科技的影响，MNE 直接招聘雇员的能力被限制，规模非常小（Jenkins，2006）。而且，对当地经济的就业状况的影响是中立的，或者甚至是负面的，因为越南的外国投资者只有低水平的外包，而且与越南当地公司的关系也非常小。

在服务业领域，FDI 在过去的四十年稳步上升。2004 年，服务业的 FDI 数额占整个 FDI 的 62%。这些服务业包括健全的市场营销方面的服务，如银行、保险和旅游业，也包括新兴的行业，如基础设施的项目，涉及电信和供水行业。然而，过去几十年最大的变化是，以因特网为代表的通信工程方面的进步带动了发达国家公司的离岸服务贸易的增长。[1]

_____

[1]　例如，见 Dossani 和 Kenney（2006）一个有趣的分析，其分析了由印度公司提供的科技化服务范围，以及这些服务的空间组合将来会如何发生。

就业与人力资源发展

表 13.3　MNE 境外子公司在东道国经济中重要性的指标

东道国	1995 年			2000 年			2001/2002 年		
	增加值	员工的福利补贴	固定资本形成总额	增加值	员工的福利补贴	固定资本形成总额	增加值	员工的福利补贴	固定资本形成总额
发达经济体									
欧盟									
芬兰	9.7　*9.0*	10.8　*10.0*	8.2　*7.2*	14.2　*12.8*	16.5　*14.5*	10.6　*10.1*	15.8　*13.6*	18.0　*15.3*	11.6　*10.6*
法国	30.0	27.1	32.1	34.6	33.0	34.8	35.8	33.9	35.2
爱尔兰	76.9	52.6		85.9	53.4		86.7	55.3	
意大利							17.1　*11.7*		16.9　*12.0*
荷兰	27.3　*13.7*	23.8　*13.9*	24.4　*13.5*	24.8　*13.0*	21.7　*12.8*	25.9　*12.3*	30.8　*15.0*	25.3　*14.3*	30.6　*16.5*
葡萄牙				15.5	25.2		24.8	24.4	
西班牙				25.6					
瑞典	21.2　*14.8*	21.6　*14.5*	20.4　*14.2*	35.5　*21.1*	31.8　*20.8*	36.3　*15.4*	43.0　*25.9*	36.0　*25.0*	43.9　*21.4*
英国	25.7	20.4	30.7						
欧盟新成员国									
捷克共和国	38.6	46.8　*32.6*		37.9　*24.8*	30.9　*21.9*	46.7　*27.9*	41.4　*30.8*	35.9　*27.3*	55.2　*40.5*
匈牙利	54.9		55.4	54.9　*40.2*	54.6　*38.8*		54.5　*39.1*	58.9　*40.1*	
波兰						51.4　*30.2*			52.9　*31.2*
其他西欧国家									
挪威	19.5	17.0	22.2	30.4	25.9	36.1	31.2	26.8	30.4
其他发达国家									
澳大利亚				34.5　*20.8*		42.1　*25.1*			
日本	1.2　*0.6*	1.1　*0.5*	1.7			3.6			3.9
发展中经济体									
土耳其	14.7	12.6	9.8	16.2	12.9	13.5	18.6	15.3	19.0

备注：百分比为制造业和所有部门之比（斜体）。
资料来源：OECD 测量全球化数据库。

在这些离岸服务中，需要区分区域性总部、呼叫中心和 IT 类的商业服务（UNCTAD，2004:161）。区域性总部代表着健全的离岸服务，但是它们有两种不同的模式，由于 MNE 的动机和地区的选择不完全遵照劳动力成本。相比之下，高质量但低成本的呼叫中心雇员和电脑程序设计者的可获得性已经成为吸引对城市进行服务投资的首要的地区要素，例如印度的班加罗尔和印度，以及捷克、保加利亚和马来西亚都非常受欢迎。有点意外的是，UNCTAD（出处同上:137）的报告显示，目前，服务业投资对就业的影响小于制造业投资对就业的影响。然而，如果交易服务方面的 FDI 比市场寻求型服务方面的 FDI 更重要，这个可能会有所改变。

13.4 MNE 活动对母国的就业效应

随着公司和国家重建增值活动，其在全球经济中的比较优势和竞争优势也在不断发生改变。MNE 的投资是否减少了母国的就业取决于具体的投资方式、外国生产与母国是互补的还是互为代替的、这些投入的资源是否来自母国以及政府对 FDI 的反应。一方面，MNE 的对外投资可以提高对高层次的技能和管理的服务要求，也会增加母国的中间产品的出口。另一方面，如果 MNE 的对外投资仅仅是本国投资和这些投资带来的出口的替代，那么母国的就业情况就会受到负面的影响。然而，MNE 可以通过对外投资来提高本国长期的竞争能力，这种关于就业的负面作用可以得到弥补。

由于服务业领域和制造业领域外包的迅速发展，例如呼叫中心和后台服务（UNCTAD，2004），MNE 对于就业方面的影响一直都是讨论的焦点。特别是，母国担心 MNE 在出口一些工作机会，而又没有为蓝领工人提供新的工作机会，近年来白领和大学生就业也遇到了相似的情形。更值得探讨的是，日益增长的合同外包和垂直 FDI 允许非技术密集型的产业转移到低成本的地区，而这种外包和 FDI 会使技术工人和非技术工人的工资差距越来越大。因此，除政府受到宏观经济的转型升级的挑战以外，外包促使了产业升级中对技术能力要求的提高，从而加大了国际劳动力市场的不平等。

与往常一样，分析 MNE 的影响最终取决于在给定情况下会发生什么的假设。如果一个国家的 MNE 没有选择海外投资，那么投资的收益会被另一个国家的公司占有吗？如果 MNE 决定不将目前的运营业务从母国转移到其他海外国家，那么对全球的竞争力又有什么影响呢？是能够在原有的地方继续生产，还是国内的其他公司也有能力生产呢？MNE 确实导致了某一类型的工作的缩减。但通常是技术的革新和贸易环境导致了工作的减少，而不只是 MNE 本身。

20 世纪 60 年代末，由美国和欧洲学者完成的研究辨识出四种基于母国的 MNE 的境外活动对母国就业的影响。这些影响在 21 世纪早期是不相关的：

（1）生产或就业替代效应。这个效应试图评估投资国的跨国生产在多大程度上会取代出口，并且评估哪些国家是从东道国进口生产的产品。

（2）出口刺激效应。境外子公司可能会从母公司和母国购买原材料、设备、中

就业与人力资源发展

间产品、已完成的产品和服务，从而可以帮助创造就业。

（3）母国办公室就业效应：由于外国生产量增加，代表 MNE 从事海外运营的投资公司所从事的创造性的、管理性的和其他白领类的工作同样增加。

（4）支持性公司就业效应：这是外国生产所带来的非直接影响，其源于母国公司就业情况的变化，例如，会计、咨询、银行和工程类公司，这类公司为 MNE 的境外子公司提供了大量的支持性服务。当然，如果支持性公司跟随顾客开拓海外市场，那么也可能会有负面的影响。

这四种影响部分依赖于母国和东道国政府面对 MNE 的外国投资时所考虑的制度环境和宏观经济形势。我们在下一章分析对外直接投资和外来直接投资对工资造成的影响时会对此进行详细讨论。然而，还有以下一些问题需要回答：

（1）母国政府在追求结构性调整雇员政策时效果如何？是否有一些激烈的措施有利于目标的完成？那些由于出口而失去工作机会的人要多久才能找到一份新工作？很明显的是，这些问题的答案取决于每一个不同的国家。例如，很多日本公司的终身雇佣政策缓和了日本的 FDI 对国内工作机会的影响，因为日本政府与私人企业主保证，任何工作机会的取代都会被重新部署。[1] 相比之下，一些没有积极有效的工作机会调整政策并且同时已经有很高的失业率的国家，会发现吸纳失业的劳动力是一个非常困难的事情。

（2）在一个出口替代性的绿地投资中，没有接受过投资的国家的就业和产出会怎样？有没有其他的外国公司或者本土公司来弥补这个漏洞，还是东道国继续从投资国进口物品和服务？

（3）假设由于增值活动转移到一个外国地区，国内的生产能力得到释放，那么投资公司在多大程度上会利用这种生产能力，开发多样化产品组合，对员工进行技能方面的培训，创造新的产品？历史上和近年来的证据显示，国内和国外的投资是互补的，特别是在技术密集型领域。[2] 日本——"亚洲四小龙"之一——充分利用了 FDI 来提高国内生产的增值以及提高工作质量和雇员能力（Ozawa，1996，2005；Mathews，2002b；UNCTAD，2006）。[3] 假设 FDI 的目的是更廉价地生产产品，那么母国政府对待进口应该采取怎样的措施呢？是无条件地都允许，还是有一些政策限制？

（4）如果一个国家限制 FDI 来保护本国的工作机会，那么国际上会有怎样的反应？其他国家也会采取类似的措施吗？如果是这样，那么会对第一个采取此类措施的国家造成怎样的影响呢？

（5）假设由于海外投资，东道国的员工的工资提高了，那么这些提高的工资会在多大程度上花在从投资国进口的产品和服务上呢？

这些问题的答案会决定就业效应的方向、价值和 FDI 对于国内劳动力就业的影

跨国公司与全球经济（第二版）

---

　　[1]　日本模型也利用了由临时雇员带来的缓冲区所提供的便利，这些临时雇员大部分由妇女和学生组成（Kumazawa 和 Yamada，1990）。然而，自从 20 世纪 90 年代中期以来，随着日本经济的衰退，这些模型经受了严峻的考验。

　　[2]　在 15.3.3 节中给出了一些例子。

　　[3]　联合国贸发会议（2006）提供了一些发展中国家 MNE 的 FDI 如何促进国内大型家电和计算机行业就业的例子。

响。同时，尽管很难概括这些影响，但还是有可能去识别一些情况，在这些情况中MNE有可能去保护、创造、重塑和缩减一部分国内劳动力。很有可能出现以下几种情况：

（1）投资公司希望能够解放国内的生产力，扩大或者实现国内生产能力的转型升级。

（2）已经出现饱和（或者接近饱和）的劳动力市场，并且母国适合去执行更为有效的结构性调整措施。

（3）FDI可以提高母国公司的竞争力，例如，通过提供更为廉价和优质的中间产品，得到最新的技术发展窗口，帮助提高更为有效的地区性或全球性的产品和营销策略，以及带来母国的额外的出口（例如，中间产品和制成品）。

（4）母国政府不限制投资公司从其境外子公司进口产品和服务。

（5）由于对外来投资缺乏接受，无论如何，东道国可能会减少从母国的购买。例如，采取一些限制性的措施。

（6）母国作为一个出口基地的优势正在减少。

在贸易与分销、资源开采、制造业领域（在这些领域母国的竞争优势都在减小）以及意图保护、维持或者提高全球竞争地位的领域的投资就属于这一类。

相比之下，当寡头间的竞争压力促使公司对母国有相对地域优势的产品加大对外投入时，或者当为了支持东道国，收购或者兼并以重塑公司全球行为（包括产品研发）时，或者当本国的失业率较高时，或者当存在不合理的结构调整和培训的规定和刺激时，至少在短期内，对外投资都会给国内就业率带来不好的影响。同时，对于MNE而言，这些影响可能与母国政府或者东道国政府不合理的资源配置、不合理的制度设计、不合理的宏观政策引起的结构市场错位的负面影响一样多。

□ 13.4.1　对母国就业效应的早期经验证据

最全面的关于对外投资对就业影响的研究是在20世纪70年代早期从美国开始的。美国贸易紧急委员会研究了74个制造业的MNE（ECAT，1972），研究评估，美国20世纪60年代的FDI增加了550 000个工作机会，这主要受益于出口和家庭办公的影响。Stobaugh和Hayes（1976）也得出了相似的结论。在案例数据的基础上，考虑到最不可能的情况，研究人员仍然认为美国MNE的行为可以新增600 000个工作岗位。

然而，Stanley Ruttenberg（1971）发表了相反的观点。他在一份为AFL-CIO（美国劳工联合会—产业工会联合会）做的研究中，计算了20世纪60年代的对外投资减少了500 000个工作岗位。但是，Ruttenberg不仅假设了没有其他国内投资的反事实情况，也忽略了家庭办公和支持性公司对于就业的影响。大多数早期的研究（美国关税委员会，1970；Hawkins，1972；Frank 和 Freeman，1978；Magee，1979）强调了，由于各个公司满足市场需求的能力不同，FDI对就业所产生的影响也不同。再者，这些学者对于影响的估计在超过1 000 000的工作数量净损失和629 000的工作数量净增加之间。

Hawkins结合本身的研究（基于1966年和1970年美国商务部的数据）认为，

除了这些就业替代的影响，美国 FDI 所创造的额外工作机会在 469 000 到 534 000 之间。根据反事实情况的预测，就业替代影响的工作机会大致在 190 000 到 1 200 000 之间。因此，净就业影响大致在 +279 000 和 -666 000 之间。

在之后的研究中，Hawkins 在比较外国生产的就业影响与美国出口、非美国生产者的销售、第三世界国家进口的就业影响时发现，外国生产可以为美国增加 260 000 个工作岗位（Hawkins，1976）。然而，他同样发现了美国的 FDI 更有可能是针对某一特定行业的。主要的收获来自于药品、化妆品、肥皂、办公用品、电子产品和其他制造业公司，受到最大损失的行业是化学、木材、家具、纺织品和服装行业。最后，收获和损失的产业结构显示出，高收入、高技能的工人是主要的获益者，而低薪和没有技能的工人则是最大的受害者。Hawkins 认为，不仅仅 MNE 需要在对外投资方面敲警钟，政府也需要提供更多有效的调整政策来帮助失业群体。

美国国际投资对于就业的影响从"中立"转变为"稍微积极"，这一点也被之后的研究证实。这些研究比较了美国 MNE 的国内工作机会与本土公司的工作机会。例如，Kujawa（1980）发现，在 1973—1978 年间，美国的 MNE 以平均每年 4.8% 的速度扩大了就业人数，而本土公司则每年降低了 2.6%。在一个更长的时间段里，即 1970—1978 年间，美国 MNE 的出口增长率比制造业的平均出口增长率高了 50%（Enderwick，1985）。[1] Stopford（1979）也给出了相似的研究成果，他研究了 118 家大型的英国的 MNE，并且发现，在 20 世纪 70 年代早期，除了汽车行业，这些 MNE 相比于本土公司，或者增加了更多的国内就业机会，或者减少了一定的就业机会。接着，他研究了英国最大的 22 家 MNE 的对外投资对英国经济的影响，在短期，这些投资可能会减少英国的出口，但长期而言，FDI 和国内就业互为补充（Shepherd 等，1985）。

第 14 章会详细讨论一个不一样的分析，即美国的出口销售额与美国境外子公司的销售额息息相关。[2] 然而，Kravis 和 Lipsey（1988）推断，考虑到在美国运营的母公司的大小，在海外生产的公司在美国就只有少量的员工，而这些美国员工的工资相对较高。作者认为，这是因为海外生产替代了母国的劳动力密集型活动。对于这种负效应有一个情况例外，即少数人控股的制造业的子公司，尤其是在劳动密集型部门。通常情况下，这种投资会大大提高母公司的出口。[3]

美国和英国的发现被欧洲和日本的研究证实。Van den Bulcke 和 Halsberghe（1979）认为，在 20 世纪 70 年代，比利时的海外直接投资对于比利时的就业有非常积极的影响。在瑞典，两个大型的 MNE 显示，尽管在短期这种对外活动会取代原本在国内生产并出口的产品，但是，从长期来看，投资公司的全球竞争能力会因此提高，国内的就业水平也会提高（Jordan 和 Vahlne，1981）。在回顾德国公司的海外投资时，Bailey（1979）观察到，既然很多对外投资都是采用收购或者联盟的方式，或者是专门为了克服贸易壁垒，就不大可能对本国的就业造成不利影响。

---

① 其他数据表明，美国非银行 MNE 国外子公司的就业在 1977—1988 年间下降了 11.0%，相比之下，其母公司的就业下降了 5.0%（Mataloni，1990）。

② 正如 Bergsten 等（1978）、Lipsey 和 Weiss（1981）、Blomström 等（1988）记录的那样。

③ 其可以通过事实来解释，少量的投资通常是公司用以购买国外市场份额的途径。

在日本，Koshiro（1982）的研究表明，1977—1980 年间，在有序销售协定下，日本将 875 000 台彩色电视机的生产转移到美国，日本的反应是"在不直接裁员的情况下吸收冲击"。具体做法是，通过加大产量和出口高附加值的产品，提高了零部件出口额，将那些由于出口而下岗的员工转移到了其他领域。作者认为，尽管日本 MNE 生产的重新部署导致了一些工作机会的丢失，但是，相比于日本的进口，日本的电子元件、资本密集型产品却得到了大量出口，并且美国工人对日本进口品的额外花销也相当大。Koshiro 发现日本的就业质量因为日本公司在美国的投资而得到了升级。

□ 13.4.2　对母国就业效应的近期经验证据

20 世纪 50 年代到 70 年代的外国生产和就业的高速增长，使人们担心美国公司将工作也出口到海外。然而，除银行业以外，美国公司的境外子公司的就业峰值在 1977 年，直到 1995 年才重新回到 1977 年的水平。利用 BEA 的综合数据，Lipsey（2002a）论证了 1977—1997 年间美国公司所拥有的境外子公司的生产总值占母公司生产总值的比率一直保持稳定（分别是 24.7% 和 24.8%），这也证明了在生产方面，美国并没有出现持续的外流。

就业数据也是类似的。在非银行业，1977 年美国境外子公司的就业人数占 MNE 全球就业总人数的 27.6%，在 1997 年大致为 28.8%。与美国总的就业人数相比，美国子公司的就业有一些波动，1957 年大致为 5.2%，1977 年为 8.0%，1997 年为 6.2%（出处同上）。截至 2003 年，份额已经上升到 7.6%（见表 13.2）。由于石油和制造业在国际化生产中占有较大的份额，因此，这部分的国外子公司的份额也高于其他行业。但是在制造业中，外国子公司的雇员人数占总雇员人数的比例从 1997 年的 26%，小幅提升到 1997 年的 26.9%（出处同上）。

尽管这些数据并没有标明美国 MNE 从雇用国内的劳动力转移到雇用外国的劳动力的过程，但是外国 MNE 在美国的子公司的员工数量占美国国内就业人数的比例有所上升（Mataloni，2004）。正如之前所证明的，尽管有些变化可以归因于美国母公司在国内的员工数量的减少，但更有可能是受到收购和联盟的影响，即在选择生产地点时，更有可能是所有权的变动，而不是美国吸引力的变化。两年之后（1999）的数据显示，外国子公司员工的数量占总人数的比率已经上升到 35%，其中很大一部分是 MNE 的外国子公司在发展中国家雇用的劳动力（Harrison 等，2007）。

Desai 等（2005b）利用 1982 年到 1999 年 BEA 基准调查的公司数据，发现美国的 MNE 向海外扩张，同时也会增加国内的活动。因为本国和外国的经济活动可能被一些相同的因素决定，于是作者设计了一种测量手段，这种测量与外国投资有关，但与国内的投资无关。为了创造这种测量手段，作者利用不同地点的外国投资 GDP 的增长率来预测外国投资的变化。他们发现，FDI 是对国内投资的一种补充，外国雇员的福利、补贴、销售、资产和雇员数量都与国内部门相关。

相比之下，同样利用来自 BEA 标准调查的数据，Harrison 等（Harrison 和 Mc-

Millan，2006；Harrison 等，2007）发现一个公司是否找到互补性或替代性的关系取决于子公司是在高收入国家还是低收入国家。对于在高收入国家的子公司而言，外国子公司和母国的就业情况是互补的，而在低收入国家的子公司，尽管对就业的负面影响也不是特别大，但外国子公司与国内的就业情况更多是替代关系。[1] 与先前的研究不一样的是，Harrison 等不仅检验了在 MNE 内部，母国的就业机会是否因境外工作机会而被其他国家所取代，同时也检验了产业间的情况。[2]

Konings 和 Murphy（2001，2006）利用 1994—1998 年间 1 272 个欧洲 MNE 母公司和它们在欧盟 15 国及中东欧的外国子公司的数据作为样本，发现了母公司和子公司就业之间的替代关系。然而，对于制造行业的子公司而言，这个作用仅仅对欧盟 15 国的子公司有用，对于其他的子公司，在中东欧，只存在批发贸易和建设方面的替代作用。

除了研究境外就业在多大程度上代替了母国就业外，作者同样研究了在母国和东道国的运营中，劳动力是否发生了改变，尤其是低技术的活动在多大程度上被重新配置。

很少有人直接研究 MNE 的外国生产与母国就业水平及其技术能力方面的关系。van den Berghe 和 van Tulder（2007）利用了财富 500 强中核心的 200 个公司的数据，检验了 1990—1999 年间，这些公司在外国雇佣和生产份额方面的变化，评估了 FDI 对母国就业的有关的反事实场景。他们定义了三组不同的公司（即国内公司、中间型 MNE 和完全型 MNE）来测量国际化生产所带来的就业影响与公司垂直整合的关系。他们发现，对于所有的公司而言，尽管国外的就业水平情况比较复杂，但国内的就业水平都会下降。由于分组不同，以及公司采取国际化方式的不同，三组的数据结果差别非常大。[3]

在美国，Brainard 和 Riker（1997）发现，尽管总体来说，美国 MNE 的外国子公司的就业对母公司的就业效应非常小，但是 MNE 在不同发展中国家的子公司的确有替代作用。也就是说，尽管境外投资对 MNE 的母国有互补的作用，但是跨国活动仍然造成了就业人数从一个国家向另一个国家的转移。在工资方面，接下来我们将会讨论 FDI 与母国工资水平之间的正向关系。这种影响很有可能反映了一些低技能工作的减少（特别是发展中国家）和母国为了支持对外投资对于管理人才的需求的增加的结合。

利用与之前的研究类似的方法，Braconier 和 Ekholm（2000）利用了 1970—1974 年瑞典 MNE 的 6 个调查的公司层次的数据，发现瑞典和其他高收入国家就业

---

[1] 这是美国劳动力市场的总体趋势，其见证了制造业的大规模失业，而这些失业又被服务业带来的就业增加而抵消。同时，劳动报酬得以增加，但增加额并不足以抵消失业，这就导致劳动收入份额下降。

[2] 这类似于一些出口公司在国内经济中扮演的角色所导致的后果。通过使用 1973—1987 年间美国制造业机构企业层面数据，Bernard 和 Jensen（1997）发现，这段时间内劳动力技能组合的主要变化是由于工厂之间的变动，而不是工厂内部的变动。一般来说，出口企业的就业增加会严重导致对熟练工人相对需求的增加。除此之外，出口企业也是高技能和低技能工作者工资差距增大的主要原因。

[3] 遗憾的是，由于没有通用的会计准则来报告地理就业数据，并且在 200 个核心群体中，只有四分之一的公司提供了地理细分的类型，所以这些研究数据的局限性很大。亦可参见 Urminsky（2005）关于缺乏 MNE 就业信息披露的研究。

方面的替代关系，但是却没有发现瑞典和低收入国家的替代关系。

分析 1989 年 BEA 在一个基准研究中所收集的分解数据，Lipsey（2002a）发现美国 MNE 的境外生产水平越高，母国的就业水平可能会越低。尽管他发现了，从美国到发展中国家的劳动力密集型产业的转移很可能会减少母国生产的劳动力密集度，但是很少有工资和技能方面的证据。而且，这个案例的背景很有可能是因为 MNE 的国外活动与国内的高工资相关。

比较美国和瑞典的 MNE，利用 1989 年 BEA 数据和 1970—1994 年间瑞典的数据，Blomström 等（1997）也发现了美国 MNE 的境外投资，特别是在发展中国家，降低了母国的劳动力密集度，影响了母国的生产。特别是，他们发现了瑞典的 MNE 在高收入国家的境外子公司的生产会导致母国公司更高的就业率，尤其是低技术含量的就业。然而，他们也发现了在发展中国家的境外生产会导致母国更多的高技术就业。作者通过观察瑞典 MNE 在发展中国家生产较少的产品，并且它们的产出更有可能在母国销售而不是出口对此进行了解释。这个差别也反映了在瑞典和美国的 FDI 的集中程度，美国更有可能在那些外国生产完全代替国内生产的地方进行对外投资。

与瑞典的结果相似，Lipsey 等（2000）利用 1986 年、1989 年、1992 年 MITI 公司层面的数据，发现日本 MNE 的境外生产与它们母国的就业情况是互补的。在意大利，利用 1985—1995 年间意大利制造行业的地区性数据，Mariotti 等（2003）研究境外的生产会增加母国的生产还是会降低母国的生产。他们发现，在低收入国家的 FDI 减少了母国生产的劳动密集度，尤其是在一些小企业，而在一些高收入的国家里，可能起互补的作用。

最后，我们需要提到，在 13.2.2 节讨论过的利用倾向性得分方法进行测量的两个研究，第一个是 Barba Navaretti 等（2007）关于意大利和法国的研究，另一个是 Debaere 等（2006）关于韩国的研究。前面的研究建立在之前研究的基础上（Barba Navaretti 和 Castellani，2004），关注了外国投资在生产率、产出增长和母国就业方面的影响，并没有考虑目的国的异质性。这种新的模式关注之前没有进行海外投资而现在去投资低收入国家或者投资工业化国家的公司的选择，比较了投资公司和非投资公司的结果。他们利用 1993—2000 年间意大利的 269 家制造公司和 171 家法国公司，发现在低收入国家的投资中，意大利的生产率、产出增长额和就业情况都有所提升。对于法国公司而言，产出增长率和就业情况也会提高，但是生产率没有提高。在工业化经济体的投资对两国都有类似的作用，即就业和产出的增加，以及母国更高效的长期生产率。

以 1980—1995 年间韩国证券市场的 452 家制造业公司作为样本，利用类似的模型，Debaere 等（2006）发现，在低收入国家的投资（以中国为主），要么是初次进入外国市场，要么从更为发达的国家转移投资，都降低了 MNE 在母国的就业增长率。相比较而言，在高收入国家的投资（以美国为主），对母国的就业人数没有影响。

□ 13.4.3 外包的影响

自 20 世纪 70 年代以来，高技能员工的工资和低技能员工的工资的日益严重的不平等现象已经在美国、英国、澳大利亚、新西兰等几个工业化国家证实了。在欧洲大陆，低技能员工相对工资的减少被几个不同的劳动力市场政策缓和了，例如劳资谈判合同和员工在管理层决策中的积极参与，但是，失业人数增加了，特别是那些非技术员工（Shelburne，2004）。一个非常流行的解释工资差距的理论是基于科技创新的。然而，贸易和 FDI 增长迅速，这种影响的出现引出了一个问题，究竟工资的差距与科技创新有怎样的联系。[①]

贸易和外国投资会引起供求的变化，促进科技的创新和新制度的建立，例如最低工资或者工会的立法。由于 FDI 可以允许中间产品在公司间进行贸易，FDI 扩大了国家间贸易交换的范围和种类。然而，正如我们在第 19 章所论述的，在过去的 20 年间，MNE 通过所有权和契约合同，使得协调附加值活动的网络规模已经发生了巨大的变化。同时，中间产品和服务的外包也增加了很多（UNCTAD，2004）。

在制造业和服务行业，全球化正促使高技能活动和低技能活动的分离。工资水平的差异，特别是在低技能领域，减少了 MNE 的母国对于低技能活动的需求，导致了这些公司将生产进行外包或者对外投资。然而，在这种情况下，母国不断增加的生产能力不是因为新科技需要更好的技术，而是因为低技能工作的削减。而且，Shelburne（2004）论证，由于外包和直接投资，在母国发生的技术方面的变化可能也会发生在东道国。如果发展中国家的公司变成了发达国家的外包服务商，那么这些发展中国家所利用的技术与先前在发达的母国利用的技术应该相差不多。这种技术在发展中国家也需要较高的技术能力，因此，也会增加技术工人和非技术工人的工资差异。这个结论已经被 Feenstra 和 Hanson（1997）在墨西哥发现。[②]

在美国，Feenstra 和 Hanson（1996）利用 1972—1990 年间制造业的进口和投入的数据来估计不同行业的外包水平，以及对技术工人的需求。他们发现，不断增加的外包增加了美国非制造行业劳动力的需求。也就是说，美国 MNE 高水平的外包与高技能人才的增长息息相关。而且必须强调的是，作者关于外包的测量是很宽泛的，包括了两种中间投入，即零部件和合同工作。第二种分类包括了完全由其他厂家生产，但是用 MNE 的名义进行销售的商品。然而，从本公司的境外子公司外包的零部件和从其他独立运营商处购买的零部件没有明显的差别。[③]

正如我们前面的讨论所看到的，数据的聚合程度对发现互补或者替代的关系有非常明显的作用。在公司层面，检验外国和国内公司的互补性是非常严格的。然而，就一个失业的人很有可能在同一类型的公司找到新工作而言，发现高度聚合的互补

---

① 贸易数据的局限性限制了研究人员量化外包或者非垂直一体化的影响的能力。例如，欧盟统计局数据显示出口是否注定要运往外国进行组装和再输入，但是美国国内报道的进口比例拒绝回应优惠和自由贸易协定，这也移除了报告对美国组件使用的免税激励（Shelburne，2004）。

② 对于外包以及作为这一过程促进者的 MNE 的影响的一个重要观点，可参见 Levy（2005）。

③ 相比之下，Slaughter（2000）发现美国跨国公司的国外产量（作为合同外包的替代）的增长对美国工资的影响甚微。

关系更加容易一些。

Amiti 和 Wei（2005b）在研究中论证了，1992—2000 年间，如果美国的制造业经济被分解为 450 个部门，那么外包的增长①可能会对一些部门的就业增长率产生不利的影响。然而，如果美国的经济被划分为 96 个部门，那么国内就业的增长与外包的增长没有相关性。在 1995 年到 2001 年关于英国经济（包括 69 个制造业部门和 9 个服务业部门）的研究中（Amiti 和 Wei，2005a），作者没有发现任意一个领域内，外包对于就业有不利的影响，尽管在某一些更为规范的指标上会有不利的影响。②

正如作者所建议的，外包对于母国的宏观方面的影响完全有可能是中立的。尽管在发展中国家投资的工作机会可能会减少，但是有更多新的工作机会被创造，尤其是那些在其他发达国家的子公司投资的公司。总的来说，这是一幅在行业间重新配置就业形势的画卷，而不是就业总量的大幅转移。这也与 Mankiw 和 Swagel（2006）的研究相一致。他们发现，尽管美国在外包方面有政治敏锐性，但是仍然很少有证据证明美国 MNE 在母国失去了很多工作机会，而相反地，证据可能指向相反的情况。

不过，我们同意 Harrison 等（2007）的看法，他强调就业方面的影响是中立的甚至是有益的，在某些领域，有一定数量的工作机会在削减，但是当评价对整个母国的影响时，我们不能忽略经济和社会方面调整的代价。这不是说 MNE 将自己的生产活动放在最有效的地方的能力需要缩减，而是指在需要鼓励这种重建发生时政府必须接受产业重组所产生的代价。

最后，我们简单说明一下，任何一种从发达国家到发展中国家的劳动密集型的生产和服务的外包都有可能增加东道国和母国工资的不平等。这种由贸易和 FDI 所带来的不平等与科技带来的不平等相似，但是必须说明的是，人们很有可能用相似的方式来观察在全球化的经济中科技所带来的改变。

□ 13.4.4 结论

无论我们刚刚描述的结果有怎样的不确定性和近似性，综合各种证据似乎已经证明了 MNE 的对外投资活动整体上对母国的就业情况具有积极的影响。在一个宽泛的经济层面，这需要不同种类的 FDI 的集合，其中一些为母国创造了工作机会，其中一些减少了母国的工作机会。而且，瑞典和美国的研究证据表明，国际化可能会带动内部技能组合的变化。一些国家丢失的工作机会可能与生产有关，那些新增的工作岗位主要是以技术、专业和管理方面的工作为主。同时，MNE 所削减的工作类型与非 MNE 差别较大。基本上，在国际市场上，一切都源于出口公司失去竞争优势，或者出于高估的汇率。

当然，还有一些对结果的解释取决于国际投资的种类，以及假设的反事实情形。对外投资是为了保护市场份额而采取的防守策略，还是进入新市场的主动策略，还

---

① 包括服务外包和材料外包。

② 事实上，需要注意的是美国和英国在服务贸易收支平衡上都存在顺差。详见第 14 章，获得更多关于美国服务收支平衡的细节。

是想通过 MNE 的生产网络提高生产率，这些不同的动机会对母国产生不同的影响。不可避免的是，任何一种综合数据都会掩盖一些公司动机的变化和境外子公司生产对就业的影响。

如果说限制资本直接出口有什么价值的话，那就是本来投资于海外的资源和能力可能将应用于更好地提升本国的国内竞争力。Porter（1990）引用了美国的半导体公司为了应对与日本竞争对手的竞争失败而离岸生产同样的产品的例子。相比之下，当面对同样的问题时，日本公司选择去提高国内生产的能力。Porter 认为，如果美国公司采用了日本公司的做法，那么美国公司在长远的竞争中能获得更大的优势。同时，不可否认的是，一些公司有必要成为地区性或者全球性的生产商。假设它们都非常成功，这种海外投资活动有可能提高母国工作的保障，特别是在高管和白领职位方面。

MNE 充当的是帮助提高国家和公司的相对竞争优势的手段。每个国家的政府都需要在协调本国的朝阳产业和夕阳产业的转换方面扮演重要的角色。同时，一些相对富裕和制度完善的国家可以更好地处理这种过渡。例如，2005 年多种纤维协议的最终淘汰。多亏了欧盟保护措施的协商，中国的纺织产品的进口实现了配额。当然，这种配额政策对于受影响的行业只有短暂的作用，长期而言，欧洲制造商的相对优势需要从价格敏感的制造向设计和协调转换。然而，欧盟这种保证暂缓措施的执行是贸易三角成员国才拥有的特权，这种措施是不可能被那些被激励着迅速解放市场并吸收成果的发展中国家所使用的。

13.5 MNE 活动对东道国的就业效应

文献中大部分关于衡量 MNE 对外活动的本国就业效应的方法的叙述，也同样适用于测度对内投资对于资本接受国就业的影响。值得再次强调的是，首先非常重要的是估算外国子公司的经营对东道国直接和间接就业的影响，然后是识别出这种投资方式的最佳替代方式，估计这种替代选择对于就业的影响。两者之间的区别就是外来投资对于就业的影响。

例如，在一个现有公司的接管案例中，对于就业的即时效应可以忽略不计。但是，从长期来看，在一个 MNE 网络中对运营的重构和生产合理化的改造会让生产线上的一些工作彻底消失。与就业水平相关的直接效应都是绿地投资造成的，不管是独资还是合资。既然一个新公司是被从无到有创造出来的，那么创造的新就业机会是很容易被记录的。然而，如果 MNE 没有进入这个市场，本国公司是否还会进行相似的投资，这是一个难以回答的问题。

当新的企业搜寻中间产品的本地化投入时，这就对就业水平产生了间接效应，由此增加了东道国其他行业的需求。当 MNE 高度依赖于从母国或者其他效率寻求型的第三方国家进口中间产品时，这种效应是非常小的。相反地，对通过与当地的供应商达成长期的合作协议而更倾向于在当地获得中间产品的企业来说，这个影响将更大。

根据本国的创新能力和生产能力、东道国政府的政策、对内直接投资的类型（是市场寻找型，还是效率寻求型或资产收购型）、投资的形式（是绿地投资，还是收购现有企业）、企业寿命、经验、MNE 自身策略等因素的不同，国内的就业效应有所不同，在强烈的正向与强烈的反向效应之间变化。问题是，有这方面的证据吗？

首先，由于第 2 章所提到的原因，外来直接投资对东道国的就业影响通常大于 FDI 对母国的影响。鉴于此，我们惊讶地发现，几乎没有研究利用就业替代法来评估 MNE 对于东道国就业的影响。[1] 在高度依赖资源的行业中，问题不在于 MNE 究竟有没有创造新的工作机会，而是创造了多少就业机会，创造了什么类型的就业机会。当然，农业领域除外，因为在这一领域中，大型资本密集型的耕种技术对小农耕种模式的替代导致了农业劳动力的缩减。在制造业生产领域，由于受到进口壁垒和（或）税收优惠的激励，外资公司通常都会创造新的工作机会。

特别是在发展中国家，外国子公司已经建立起进口替代型和出口导向型的增值活动，仅仅是因为本地公司没有必要的 O 优势。当然，在一些案例中，这种资产已由其他方式得到。例如，在 20 世纪 70 年代和 80 年代的韩国，外资公司在国内经济发展中起到了很有限的作用。在日本政府提出战略之后，韩国政府紧接着通过许可经营来鼓励技术和管理经验的引入，同时提出一个关于本土的技术研发、教育、培训的大型计划。在 21 世纪初期，FDI 在两个国家都发挥着非常重要的作用，尤其是在技术密集型产业。

在服务行业，外资的银行、保险公司、商业和工程咨询公司、贸易公司、酒店和建筑业都帮助创造了新的工作机会，或者提高了就业质量。这也反映了一个现实：相比于本土的竞争者，这些公司都为更加复杂和高要求的客户服务，或者 MNE 为自己和本土公司开拓了新市场。

与 MNE 投资的就业效应高度相关的就是工资问题，以及它们是否能超过或者少于东道国本土公司的工资。过去 40 年的证据表明，总体来说，MNE 及其外国子公司比本土公司提供更高的薪水，但是这个发现需要仔细验证。我们已经多次提到，外来 FDI 影响的评估需要考虑 MNE 所提供的产品类型和范围、投资动机以及对国家特定和产业特定因素的把控程度。正如第 2 章描述的，MNE 在知识密集型和/或广告投入密集型产业的增值活动中拥有绝对优势，因此这些行业中的 MNE 子公司比本土公司支付更高的薪水毫不奇怪。然而，甚至将 MNE 所属产业和它们对投入的选择作为控制变量的研究发现，在同一个产业，MNE 也会比本土公司提供更高的薪水。我们将在接下来的部分谈论这个证据。

有几个关于 MNE 溢价的解释。第一个是，MNE 的子公司比本土公司规模更大，前者所需要的技术也更高级。第二个解释与第一个相关，为了吸引能力匹配的本土人才，尤其是在发展中国家，人才相对比较紧缺，MNE 的子公司为了雇用和留住它们所需的人才，会选择支付更高的薪水。然而，本质上是 MNE 比本土公司拥有更多的 O 优势，因此在工资上有所反映。除了这些工资在不同行业之间的分布差异（相对过高或过低）以外，MNE 及其子公司提供的更高的报酬显著反映了 MNE

---

① 例外情况包括从小国流向大国的劳动密集型 FDI，伴随着大量的劳动力供给。

比本土企业拥有更高的劳动生产力和资本密集度。在某些情况下，这种更高的劳动生产力水平反映了更高的资本/劳动力比率和更大比例的高收入雇员。还有人认为，MNE被迫支付高于平均水平的工资以克服本地员工对其的不利印象，但是这个观点很难用实证方法来证明。

□ 13.5.1　东道国就业和工资效应的早期经验证据

Buckley和Artisien（1987）曾研究过投资于西班牙、葡萄牙和希腊的化工、工程和汽车行业的19家外资企业的就业效应，他们发现在所有情况下，除了在泛欧一体化已经开始的区域外，外来投资对就业有积极的影响。作者推断，在大多数行业，对外输出被本土公司替代的程度是非常小的，主要因为没有太多的本土竞争对手。对就业的间接影响是不同的，也拥有很强的产业特性："在绿地投资的情境下，在建设工厂期间这种间接效应是最强的，此时可以观察到，外部工作机会/职位与内部工作机会的比率是最高的"（出处同上：125）。[1]

同时，作者也发现了，19家投资公司通过引进新的技术和培训项目，对本土的技能也进行了升级。在每一个境外子公司中，本土管理的参与度都接近于100%。在德国，Bailey（1979）发现，MNE对于新增就业机会的作用绝大部分取决于该产业在外国公司进入之前的竞争力和市场结构。他特别比较了化工产业与计算机产业，发现前者即使没有外来投资，（用他的话说）"德国生产商也迟早会进入市场"，而后者如果没有IBM和其他美国厂商的投资，德国可能需要通过进口来提供产品。

大多数关于在美国投资的MNE对于本国就业影响的早期研究都集中于评估新的工作机会被创造，还是仅仅被转化为外资所有。举例来说，Glickman和Woodward（1989）估算，美国的外资公司所创造的净就业岗位在1982—1986年间增长了548 000个，然而，由外国投资者带来的净损失也有56 000个。另一方面，尽管Little（1986）承认在20世纪80年代的经济萧条中，外资公司就业机会减少了，但是他认为国内公司削减了更大比例的工作机会，因此外来投资对于就业的影响仍然是积极的。但是，这些研究没有一个切实评估了外来投资的次优替代选择造成的就业影响。

另外一个与众不同的方法是比较境外子公司和本土公司的就业增长率。遗憾的是，Ray（1990）研究了1978—1986年间外来投资对于加拿大就业增长的影响，由此证明了这种方法也存在困难。Ray发现，当粗略地估计增长率时，9个产业中有8个产业的外国公司的增长率比加拿大公司低。与加拿大公司+18.4%的增长率相比，外国公司总体上的增长率为-1.1%。然而，当这些数据按加拿大和外国公司的地区、产业、规模进行分类和重新计算时，就会得出非常不一样的结果。简而言之，若公司内部结构差异标准化，外资公司和本土公司的就业情况就有了更广泛的可比性。

当我们试着对不同组别的公司的报酬做精确的比较时，很多问题都会产生。理想情况是，我们希望能够比较在完全相同的工作环境中，人们完成同样的工作任务

---

[1]　笔者引用了荷兰经济事务部1976年的一篇研究，文章估算出荷兰公司境外分支机构每发布一个工作机会，就可以创造出2~3个间接工作机会。

跨国公司与全球经济（第二版）

获得的实际总报酬（包括额外福利）。但是，在衡量特定岗位工作的可比性和计算作为工资替代物或额外的非货币性收益时，都存在着困难。当考虑不同国家的员工收入时，把它们转化为一个通用的衡量工具会非常困难。尽管（名义）汇率通常用于此种目的，但是汇率并不能每次都精确反映不同国家货币的价值，也没有完全考虑工作环境和消费方式的差异。

可以想象，20 世纪 70 年代到 20 世纪 80 年代，根据外资企业和本土企业的 O 优势、技术构成和产业的市场结构，两组不同公司支付的员工报酬在不同国家和行业之间都存在差异。近年来，有观点认为相对于竞争对手而言，MNE 倾向于在技术密集型行业和需求的收入弹性较大的生产领域提供更高的工资。然而，在其代表性最弱的行业中，它们会提供最少的工资（Dunning，1976；Dunning 和 Morgan，1980）。除此之外，当 MNE 试图进入一个国家以规避进口壁垒时，其与那些为国际市场提供产品和服务的 MNE 相比支付的工资更可能与当地公司支付的相似。比起半熟练工人和非熟练工人，外国公司更愿意为高技能员工或者管理人才支付更高的工资（Chen，1983）。然而，这可能部分体现了熟练工人供给更缺乏弹性。1972 年，在相似产业中，美国的 MNE 也比本国竞争对手在国内工厂方面支付了更高的工资（Dunning 和 Morgan，1980）。

过去，有些研究试图说明 MNE 或其境外子公司与其他公司的报酬差异。例如，对 1973 年在英国的 500 家美国子公司的样本分析（Dunning，1976）发现，21 个产业中，17 个产业的美国子公司都支付的工资比平均工资高。后来，来自于 1984 年和 1988 年生产普查的外国企业的研究数据证明了这个结论。但是，在大多数产业中，这种差异不超过 10%。Graham 和 Krugman（1989）对在美国的 FDI 的分析中，推断除煤矿、金融和保险以外的大部分行业，外资子公司的每位员工的平均报酬与国内的竞争对手相同或比国内少。

对于发展中国家，Mason（1973）的研究发现，在菲律宾和墨西哥的多数工业行业中，外国子公司比本土公司支付更高的工资。Langdon（1975）对肯尼亚的研究、Sourrouville（1976）对阿根廷的研究、Jo（1976）对韩国的研究、Gershenberg 和 Ryan（1978）对乌干达的研究、Iyanda 和 Bello（1979）对尼日利亚的研究，Yong（1988）对马来西亚的研究，以及 Kumar（1990）对印度的研究都得出了同样的结论。另一方面，Cohen（1975）发现，新加坡的本土公司比外资公司提供更高的报酬，而在中国台湾这种情况却并不明显。在拉丁美洲，研究人员发现 20 世纪 70 年代外资公司的平均工资高出本土公司的比例，从巴西的 42%（Possas，1979）到墨西哥的 70%（Fajnzylber 和 Martinez，1976），人们都倾向于认为这种差异源于 MNE 的巨大规模、它们在高工资行业的集中性，以及它们需要用更高的工资来雇用技术员工（Jenkins，1984）。1973 年，Papandreou（1980）估计，在希腊的制造业中，尽管境外子公司比国内公司支付更高的工资，但是两组公司的人均工资差异在统计意义上并不显著。

20 世纪 70 年代对 MNE 和非 MNE 工资差异最详细的比较研究是由美国关税委员会（1973）完成的。这份数据包括 1966—1970 年间，298 个公司及其 5 237 个境外子公司中每个员工的年度总工资水平。研究通过将 MNE 每个员工的国内工资成

第 13 章

就业与人力资源发展

本和所有其他行业的美国公司员工工资成本进行比较，证明 MNE 每个员工的工资远远高于全国平均水平。然而，这可能是因为在 MNE 的样本中，制造业占有更重的比例，因此，人均工资相对来说比较高。不同的产业有不同的结果，有人认为，这反映了产业分组中不同类型的经济活动有差异性，并且还有其他因素在影响工资，比如技术效率、利润和公司扩张的速度。

大多数上面的研究没有证明这些发现的统计显著性。Kumar（1990）做了相似的研究，他利用多元分析区别了在印度的外国公司和本土公司的工资。Kumar 的发现支持了 Balasubramanyam（1984）关于印度尼西亚以及 Willmore（1986）关于巴西的结论。虽然高收入的员工的比例在两组公司中有显著的区别，但更大程度的差异在于 MNE 的子公司占有更高比例的优质员工（Kumar，1990:74）。

早期的研究很少根据国籍来比较境外子公司支付给员工的报酬的差异。然而，从在欧洲（Dunning，1986b；JETRO，1989，1990）、在美国（Graham 和 Krugman，1989）和在亚洲（Kuwahara 等，1979）的日本投资的偶然证据看出，美国和欧洲的外国子公司更有可能为员工提供高额的报酬，而在日本的子公司与本地公司相比提供少量的额外报酬（10%～20%）。

□ 13.5.2　工资、生产率和技术能力：近年来的证据

最近，关于 MNE 子公司的工资、生产率和技能相关情况的优秀评论，都是由 Lipsey（2002a）和 Brown 等（2003）整理得出的。在本节中，我们将对一些著名文献和近几年的实证研究进行分析。

参考制造业的官方调查数据，Aitken 等（1996）发现，外资企业提高了在墨西哥（1984—1990）、委内瑞拉（1977—1989）和美国（1987）这些地区的工资水平。然而，由于分析局限于本土企业，所以结果不显著，而且结果显示，若 MNE 想要提高工人的平均工资，这只会发生在墨西哥和委内瑞拉的外资企业。在这三个国家里，不管是针对熟练工人还是非熟练工人，外资企业支付的工资要普遍高出 30%。通过控制产业部门这个变量，作者发现，外国公司倾向于在经济体中薪酬较高的行业进行投资。[①]

对美国而言，产业影响占溢价原因的一半，而在墨西哥是三分之二，在委内瑞拉是三分之一。作者发现，在美国的外国公司倾向于在低收入地区进行 FDI，从而导致这些地区存在更大的工资溢价，而在墨西哥和委内瑞拉的外国子公司会倾向于高收入地区，但此时外资企业比国内企业支付更多。由于 MNE 往往具备更大的生产规模，所以作者还通过控制工厂规模和资本密集度这两个变量进行了研究。Feenstra 和 Hanson（1997）发现，在 1975—1988 年间的墨西哥，部分外资机构中熟练工人的相对回报率有明显提高。因为文章同时发现 FDI 对边境地区非生产工人的工

跨国公司与全球经济（第二版）

---

① MNE 的结果与那些出口企业的结果相似。比如，Bernard 和 Jensen（1995）发现美国出口企业规模更大，生产率更高，资本密集程度更高，工资水平在 1976—1987 年间相对于非出口企业高出 14%。他们还发现尽管表现更好的企业成为出口者，但不清楚出口本身是否带来了更高的增长率，部分原因是出口市场存在显著的进入和退出行为。同样参见第 14 章。

资提高的贡献超过一半，同时它还扩大了工资差距。

对比 1987 年和 1992 年美国劳工部劳工统计局提供的产业数据和人口普查数据，Feliciano 和 Lipsey（1999）发现，即使考虑了产业构成的原因，美国的外国子公司也比本土企业支付了更多的薪酬。虽然制造业的行业内差异可以用外资企业的规模和州地区的特有特征来解释，但其他行业的明显差异仍没有合理的答案。

在印度尼西亚，Lipsey 和 Sjöholm（2001）[①] 做过研究并发现，外资企业蓝领工人的初始工资相对本土企业的溢价为三分之二，白领工人的这一比例为 90％。若将受教育程度设为控制变量，那么蓝领和白领的工资溢价会分别减少到 33％和 70％。若将地区和部门设为虚拟变量，蓝领和白领的工资溢价将分别下降到 25％和 50％。若同化企业投入和规模的未来差异，给定员工受教育水平的门槛，那么蓝领和白领的工资溢价会进一步降低至 12％和 22％。在印度尼西亚，一旦控制了行业差异，那么外国企业的出现会对国内公司支付的工资产生积极影响。

然而，正如前面指出的，尽管外资企业可能提高平均工资，但它也可能导致熟练工人和非熟练工人之间收入分配的恶化，这一结果在后来的一份基于面板数据的研究中被证实。该研究表明，外资企业和合资企业都会导致比国内公司高的工资支付（Sjöholm 和 Lipsey，2006）。被收购的企业在收购前并没有支付很高的员工工资，类似的工资增长也不会在国内公司收购外资企业时发生。

早些时候，我们曾提到 FDI 会影响东道国劳动力市场的就业水平、员工薪酬和技能需求。具体来说，如果外资企业比本土企业更有效率，那么这将直接影响其所属行业的工资水平。境外子公司之所以能够有更高的生产率，通常是因为 O 优势，但也可能是得益于选择性招聘，或东道国相对高技能的劳动力供应。[②]

Driffield 和 Taylor（2000）曾指出，英国的外国子公司在特定行业中雇用的技术员工，往往比国内企业雇用的员工的水平高。这表明跨国子公司能有更优的 O 优势、提供更高的工资，不仅是因为它们的活动集中在少数规模密集型行业，还因为东道国的外国子公司对技术的高要求和大需求量所引起的平均技术水平的提高。因此，高技能员工和低技能员工之间的工资差距可能会扩大。通过控制技术（例如研发强度）和贸易这两个会影响熟练工人需求的变量，Driffield 和 Taylor 还发现，在英国有越来越多的外来 FDI，这一方面导致国内相关部门的技术溢出效应，另一方面又反过来进一步加大了对熟练工人的需求。

Driffield 和 Girma（2003）在一项研究中发现，英国电子行业的外资参与度很高，而本土企业从工资溢价效应中得益，但该益处大部分是归某一给定地区的熟练劳动力所有。这与爱尔兰经济的研究发现类似（Figini 和 Görg，1999）。通过研究 1983—1992 年间英国制造业的行业面板数据，Taylor 和 Driffield（2005）也发现，外商投资对扩大熟练工人和非熟练工人之间的工资差异有重要贡献。然而在美国，研究表明，20 世纪 90 年代的外商投资对熟练工人的需求的影响不显著，因此对行业内工资差距也没什么影响（Blonigen 和 Slaughter，2001）。

---

① 同样可以参见 Lipsey 和 Sjöholm（2004b）之后发表的研究，运用了同样的数据。

② 关于委内瑞拉（Aitken 和 Harrison，1999）、摩洛哥（Haddad 和 Harrison，1993）和英国（Driffield，2001a；Girma 等，2001）等这些国家所做的研究证实了，外国子公司拥有较高的生产率。还可以参见第 15 章。

如果国内经济体得到的高技能劳动力是来自其他公司，那么高低技能劳动力之间的差距可能会一直存在，除非进行合适的培训。由于缺乏这样的训练，外来直接投资的结果只会是从国内企业到外资公司的高技能人才的转移，而非国内相关部门生产力的提高。将 MNE 的先进技术转移到东道国仍是可取的，但是 Driffield 和 Talyor（2000）指出，它无助于缓解地区的结构性失业，因为这些地区的外商投资会被优先用来解决区域不发达的问题。

分割国家的劳动力市场后会出现动态差异，其中熟练工人会集中在有特权的经济领域。这在发展中国家很常见。在一份针对 1 996 户家庭的调查中，通过比较中国的国有企业员工和外国子公司员工，发现在劳动力市场被分割、员工流动较少的国家，熟练工人的技能溢价增速比案例中的更快（Zhao，2001）。另一项研究来自 Barry 等（2005），他们发现在 1990—1998 年间，在爱尔兰外国子公司活动的增加对本土出口企业的工资水平有一个负面影响，但对非出口企业并没有影响。他们认为这是因为劳动力市场的挤出效应，或是由于从出口部门寻求熟练劳动力而推高了工资。

基于 1993—2000 年间 11 个欧洲国家的数据，Barba Navaretti 等（2003）发现 MNE 子公司在技术、产出和要素价格变化方面，可以通过调整劳动力需求，获得比本土竞争对手更快的反应速度。不过，调整的程度通常会受到限制，因为子公司中要素价格的弹性比本土企业的小。这意味着在 MNE 工作比在本土企业更"安全"。这些结果与 Görg 和 Strobl（2003a）的结果一致。Görg 和 Strobl 通过参考 Forfás 公司的数据，发现在爱尔兰，MNE 子公司创造的就业机会往往比本土企业的持久。

□ 13.5.3　小结

关于 MNE 的活动如何对母国或东道国的就业结构产生影响这一问题，虽然现在没有明确的、让人完全满意的研究成果，也不清楚是否可以进行这样的研究，但根据相关证据至少可以得出几点结论。也许外来和对外直接投资对就业问题最重要的影响是在行业成分、技能混合、生产质量和生产率方面，而不是在岗位数量上（van den Berghe 和 van Tulder，2007）。在任何情况下，最后一个变量都是由宏观经济和微观总体管理政策决定的。MNE 能影响人力资源的结构和使用情况，主要是因为它有独特的、可持续的 O 优势，以及面对国家的地方吸引力有独特的回应方式。这些行为是否与母国或东道国的就业需求和目标相一致，很大程度上取决于外资企业及其子公司所在行业的市场结构和其国际竞争力。此外，它还取决于关键劳资体系的内容和质量，其中劳资体系可以影响可用人力资源的数量、质量、动机和行为，以及资源升级和/或重新配置的速度。

我们还会进行深入的观察。由于显而易见的原因，人们很容易用局部的眼光看待就业问题，但面对当代全球化的经济，这种观点可能会导致错误的结论和不恰当的政策。改革的技术和其他力量不断要求人力资源的重新分配、其他资源和能力的再分配，以及劳资体系的重新改造，包括雇佣和解雇的灵活性、移民控制和最低工资立法。要想拒绝或阻碍这种变化，没有一个国家可以负担得起，因为即便可以在短期保障就业，但从长远来看，它们必将输给那些富有企业家精神和进取心的竞争对手们。在人力资源重组和质量提高方面，不管是在母国还是东道国，MNE 都"可以"扮演主要角色。它们是否真的践行，取决于它们是否采取了最适合当地国家经济目标和社会目标的方式，以及它们是否具备有效的体系结构和组织形式来实现这些目标。

13.6　雇佣条件

MNE 在母国和其他国家采用的标准与原则分别是什么？这对当地员工有什么影响？考虑到员工的权益，MNE 可能会将一系列培训项目和相关标准照搬过来，这也许会影响人们在东道国的生活和工作。本节将对 MNE 的培训方式、管理方式和其他标准的企业间转移，以及 MNE 内部的劳资关系的依据进行回顾。

□ 13.6.1　MNE 的培训实践

MNE 的 O 优势中的一个关键优势是培训员工、激励员工和提升人力资源质量的能力，跨国公司可以将此优势应用于东道国。通过访问不同的劳动力市场机构，并学习跨国人力资源管理经验，企业得以获得这种优势。对于劳动力资源短缺且无法在开放市场上获得人力资源的国家，这种优势显得尤为重要了。因此，如果一家 MNE 或其他企业想要具有竞争力，那么它必须有能力招募所需的劳动力并自主承担员工培训项目。当然，如果没有合适的本地培训资源，也没有存在的可能性，那么跨国公司不会从事需要这类资源的活动。第 2 章也曾提到过，这就是许多高附加值活动发生在发达的工业化国家的原因之一。但是，在大多数情况下，这是一种增量式的培训或教育，只有这样企业才能提高新产品的生产率、组织水平和营销技巧。企业培训的回报往往相当可观。

现已有大量文献（包括国际劳工组织等机构编著的文献）介绍跨国公司及其子公司在发达国家或发展中国家的正式和非正式培训体系。多年积累的数据表明，尽管企业培训的数量和特点有着很大差异，但一般来说其目的只是狭隘地针对投资型企业的特定需求，而非运营国家的宏观经济发展和社会目标。这有时会导致人力资源发展失衡，不能达到最优配置。而且这样的话，如果外国企业想要在东道国发挥 O 优势，那么它们可能会要求额外的激励政策（例如，行业补贴和其他培训补助、结构调整援助、退税优惠等）。只要产生的社会效益超过相关的社会成本，这就是一个合理的资源利用。

在某一特定国家，MNE 人力资源管理的程度和模式一般取决于这个国家的海外业务的哲学和基本战略、长期资源投入的性质和在该国的参与度、参与的活动类型、当地支持及培训设施的实用性和质量、投资企业内部培训的态度和能力、市场份额（或预期市场份额）、政府在推进教育和提升职场竞争力时所扮演的角色。

这些变量至少包括国家、行业和企业，每个变量取决于子公司在企业全球战略中的地位。什么样的企业最有可能对东道国的培训（再培训）需求起作用呢？答案是，企业本身目标和东道国的目标能产生利润的协同效应、东道国拥有有力的国内人力资源基础和和谐的劳动力市场以及存在激励政策鼓励跨国公司进行员工培训或单个员工进行独立培训。这样的条件能够得到满足取决于所需的指令类型以及劳动力的工作精神和学习能力。一些国家和地区（例如印度、日本、韩国、中国台湾、以色列、肯尼亚、新加坡以及爱沙尼亚和斯洛文尼亚）为人力资源的开发提供了一个良好的制度环境，而其他国家则相对较差，例如一些撒哈拉以南的非洲国家、拉丁美洲和中东国家。

MNE 的培训有什么不同呢？第一，因为文化和制度环境的不同，MNE 可能在制定培训时适当参考当地的一些价值观、态度和培训系统以达到提高人力资源水平的目的。同时，培训的形式和重心可能取决于培训师的国籍。例如，美国跨国公司会倾向于重视技术，看重个人主义，通常用职位晋升和奖金奖励来刺激培训者，而日本（以及中国的新兴企业）会倾向于采取团队培训和施加压力的方式，以达到提升天赋和技能的目的。若将这两种方式引入外国（例如欧洲），那么培训方式和目的会带有明显的倾向性。一个跨国公司的全球化程度越高，那么培训带来的经验就越丰富。

第二，MNE 可能会分享其在不同国家的培训技巧。在许多情况下，通过案例和实践进行学习是最好的教学形式之一。而 MNE 在世界各地积极参与各种联盟、网络和产业集群，极大地促进了这一过程（Enright，2000c）。这种经验交流加上各阶层职工的直接指导，可以为跨国公司提供一个重要的 O 优势。

第三，由于人事管理的范围和规模经济，地理扩张程度更深的企业总是可以进行更加系统化、专业化的培训项目。大量的 MNE 通常提供各种培训课程，尤其是针对高层、管理层和专业员工。这样的项目有时会与当地的大学合作，或者公司会为此在内部设立专门的机构。

第四，MNE 可以通过内部的外派人员提供面对面的培训。虽然这样的培训在一般管理或线性管理上最具效率，但它经常延伸到工厂（或办公室）层面和信息集成领域，尤其是技术方面的。在实施本土化战略或聘用当地高层员工时，东道国（尤其是发展中国家）往往渴望尽快完成此类培训。一般来说，MNE 对这些需求和愿望很敏感，不仅因为外派人员在外国生活的成本较高，而且因为经常使用本地增值设施可以让它们探访或利用有用的国家商业文化和架构的知识和经验，以及与工会和政府的谈判经验。

培训形式有很多种，大致可分为正式和非正式两种。信息、知识和理念可以通过文字、讲座和研讨会，正式或非正式的磋商，品管圈、公司内部访问和检查，以及网络相关学习经验来传达。其内容可能集中在提高专业技术技能或员工的认知和动机上。其目的可能是为了提高技术缺乏员工的生产率，或是为了提高公司高层管理的能力。其方向可能是为了提高服务质量（例如酒店、商业服务或广告）、提高专业技能水平、优化测试和验收程序或升级激励制度。培训可能在 MNE 及其子公司之间传播，可能在其供应商和客户之间传播，有时也会在当地教育机构和培训机构之间传播。根据企业的行业类型，其实施的培训形式和主旨是不同的。同样地，东道国企业的培训项目中，外来投资所扮演的角色也是不同的。

MNE 如何操作才能达到当地培训需求和国家期望的最大化？我们认为，一方面，当企业想从培训中获利，那么它就得将资金全部投入培训中；另一方面，只要净成本低于机会成本且不会削弱企业的利润，东道国政府就应该坚持进行培训。但是，如果政府准备直接或间接地补偿这些成本，那么外国企业和本土企业可能都会在内部培训上投入更多的资源。

培训问题首先是要确定培训或再培训设施中市场失灵的范围和形式，然后要确定解决这一问题的最佳途径。对于前者，人们似乎普遍认为，为提高国家人力资源的一般技能而产生的社会净收益很可能会超过私人净收益。然而，对于如何解决劳动力市场的市场失灵问题，以及非市场干预的程度和类型问题，暂时没有共识。在某些经济体（例如美国、英国和中国香港），培训任务是授权给私营部门的，对此政府当局也会给予一些支持和鼓励。而在其他经济体（例如日本、法国和巴西），政府承担大部分直接责任，即使这些活动本可以委托给私营部门。

这种制度差异造成了教育和培训问题上优先程度的不同，以及公司进行培训的动机差别。培训态度、花费成本、职业培训和政府扮演的角色在国家间或国家内部门间都会有很大不同。2005 年，发达国家中的德国、丹麦、日本、美国和瑞典，以及发展中国家（和地区）中的新加坡、中国台湾和韩国，其培训投入占 GDP 的比重最高（世界经济论坛，2006）。相比之下，发达国家中的英国和澳大利亚，以及世界上最贫困的发展中国家，或是人力资源发展投入最少，或是教育投入占 GDP 比重最低（UNDP，2004）。

实证研究旨在识别外来直接投资对于提升劳动力水平所造成的特有结果。在一项关于肯尼亚 41 家外资或国有的制造加工企业的著名研究中作者得出这样的结论：只有那些东道国政府参股的外国子公司可以对本土管理培训产生实际影响（Gershenberg，1987）。这种观点在对比 MNE 子公司和巴西本土企业后得到了验证——前者在外部培训和援助活动上更加积极（Goncalves，1986）。后一个警告十分重要，因为有些外国子公司的员工培训会在东道国外部进行，可是其费用经常由母公司支付。

此外，由 MNE 出资的培训可能在质量上优于那些由本土企业提供的培训，这一点在发展中国家尤为明显（Enderwick，1985）。比较尼日利亚企业中每个员工的年度培训总支出，Iyanda 和 Bello（1979）发现，MNE 的花费是当地竞争者的 6 倍。20 世纪 80 年代，泰国和马来西亚都曾有报道，称外国 MNE 比国内企业采取了更加广泛的培训项目（Sibunruang 和 Brimble，1988；Yong，1988）。1988 年，在土耳其的一项研究选用了 30 家 MNE 子公司和 30 家当地企业为样本，一一对应，结果发现在进行高管培训时，前者的花费（占工资的比重）是后者的 2 倍（Erden，1988）。在印度，曾有一项关于汽车零部件产业的研究，通过对比一家日印合资企业和印度的本土企业 Telco，发现前者在应对全球竞争上发挥了尤其重要的作用（Okada，2004）。

Jenkins（2005）曾举过一个关于 21 世纪初哥斯达黎加的例子，为提高员工的电气工程技术和计算机水平，当时的英特尔就与当地的大学合作开发了特殊的培训项目。除此之外作者还举了一个例子，宝洁公司全球商务服务部门（例如金融、应付账款和薪资处理）雇用的大部分员工都拥有本科学历。目前，公司为提高员工的管理能力提供了企业培训，同时也提供了专业的技术培训，例如会计和税务方面。每个员工每年都至少进行 40 小时的公司培训，而技术培训的时间可自由分配。哥斯达黎加的员工也被送往美国学习宝洁公司的业务流程。

北京的中关村 ICT 拥有 39 所大学和 213 所研究机构，在这里，外国 MNE 的分支机构进行的是高端产品开发，而中国合作伙伴则是负责产业链中的低端部分，以及营销服务、系统整合和软件开发（Zhou 和 Xin，2003）。作者提供的案例中涉及包括英特尔、微软、思科和太阳在内的 MNE，这些 MNE 鼓励中国企业在它们的平台上开发应用程序，并向当地工程师和用户提供培训。尽管截至 21 世纪初期并没有和当地企业接触，但有些 MNE 也在北京设立了研发中心。Rasiah（2002）进行的研究对比了马来西亚的两个电子集群中人力资源的发展状况，从中发现了许多由外国技术密集型 MNE 提供的当地培训的实例，包括英特尔、摩托罗拉、槟城的 AMD、得州仪器、索尼、JVC 和巴生谷的日立公司。

在纳米比亚和津巴布韦，20 世纪 90 年代中期就有证据表明 MNE 不仅是职业和管理培训的源头，同时也是员工基本读写和计算能力的促进者。MNE 也对当地的教育机构做出贡献，它们为挑选出来的员工提供了实习机会和奖学金激励（Iyanda，1999）。在埃及，亨氏公司制造工厂的员工在埃及接受培训，并定期在意大利的亨氏公司接受技术培训，而销售和营销人员则与全球的其他员工一样受到相同的培训并获益（El-Shinnawy 和 Handoussa，2004：121）。

Görg 等（2002）曾反复思考了"为何外国企业的薪酬较高"这一问题，认为虽然外资企业通常比国内企业规模更大、收益更高、资本更多，但这仅仅是工资水平更高的一部分原因。他们认为其他原因是员工收到的来自累计培训的奖励，这种培训在外国企业更加有效。在 1998 年的加纳，144 个制造业企业和 1 365 名工人的经验证明外国工资溢价随时间的推移而改变，而且只针对那些接受在职培训的员工。它们发现即使考虑到个人和企业特点的差异，其薪酬起点也是一致的，但外国企业的培训会让工资的增长幅度大于国内企业。相应地，如果没有培训，那么国内外企业的工资水平将没有差异。

探讨培训问题和人力资源发展问题的一个不同的方法是，将它看成是在公司治理的制度背景下产生的，其中注意区分英美国家、欧洲和日本的企业理念差异。[①] 举例来说，Lazonick 和 O'Sullivan（2000）曾对股东价值最大化现象进行分析，并将此作为美国的公司治理模式和从"雇佣和再投资"原则到"裁员和分配"原则的转移（他们所认为的）。在第二次世界大战后期的开始阶段，美国企业倾向于关注企业利润和再投资。同时，这些企业的实地培训项目并非是世界级的，但其管理组织能力的改善足以确保国内外公司的持续繁荣。

然而，在 20 世纪 70 年代和 80 年代，美国企业技术投资严重不足，伴随而来的是日本企业的迅速崛起。在 20 世纪 80 年代和 90 年代，这导致了美国企业在一段时期内进行裁员和业务外包，股东们因利润分配和股票回购增加了收益。与此同时，

---

① 还可以参考如 Pauly 和 Reich（1997）以及 Dore 等（1999）关于主要贸易国在股票市值、机构投资者持股和银行发挥的作用之间的差异的论述。

由于股票期权发挥的作用越来越大，高管的薪酬呈爆炸式增长。美国企业继续投资，并激励那些技能最熟练、受教育程度最高的人员，使他们享有访问世界名校和接受高等教育的特权。

"游戏规则"或者说管理所有人、管理者和劳动力之间关系的机构，可能会影响投资的时间范围，进而导致投资行为模式的不同。[①] 例如，英美公司的治理系统倾向于劳动力的灵活性，所以人们可能会认为美国企业在需要对新市场快速反应、回报率偏向短期的行业更易获得成功（Christopherson，2002）。事实上，对美国城市的劳动力市场进行分析后会发现，雇用技术型人才和创新型人才已经对美国经济产生了重要作用。[②] Christopherson 认为美国企业自 20 世纪 90 年代以来靠服务部门获得的优势可能来自美国劳动力市场机制的固有优势和公司治理，而制造业企业由于投资回报时间较长，因而会更适合德国或日本企业。

多年来，在职业培训和技术方面，美国雇主倾向于依赖外部的技能和教育准备，而非在职培训。根据 Christopherson 援引的数据，在 20 世纪 90 年代中期，日本企业的新员工受到了 300 小时的培训，而美国的同行只有 48 小时。此外，德国企业在技术培训上比美国企业多花了 1.5 倍～10 倍的时间。英美体系看重的是管理者的个人能力，并期望能够通过公司之间职位的转换获得更多的能力。由于那些高层次的管理者并不会固定在某一公司工作，他们需要从雇主那里得到与之相配的激励。[③] 还有，与德日系统相比，美国的人力资源网络是基于个人关系，而非股权带来的制度关系。

只要有足够的自带技能的劳动力输出，美国跨国公司和其他公司对市场的信心和获得的外部技能就可以为企业提供灵活性。相比之下，企业特有技能和公司内培训的投资会因为雇佣和解雇行为而导致企业灵活性的减少。美国劳动力市场以任期短和流动性高而闻名，于是乎，使用"退出"（exit）而不是"声音"（voice）来形容解决争端的主要机制，可能会导致员工带着有价值的信息离开。事实上，关键人物的流动越来越被视为企业间技术转移的重要手段，尤其是在例如生物技术之类的高科技行业（Zucker 等，1998）。[④] 在 20 世纪 90 年代的十年里，竞业禁止协议作为劳动合同的一部分而大幅度增加也就不足为奇了（Christopherson，2002）。

在最近为数不多的发达国家的实证研究中，Barry 等（2004）发现没有证据表明爱尔兰的外国制造业子公司比国内企业在培训它们的员工上花费更多时间，事实上它们花费的更少。然而，不管是国内还是国外企业都提供培训，其中外国企业提供培训的量高于平均水平，都会使其他国内企业的培训量增加。作者还发现几乎没有证据证明津贴（通常给那些最不可能培训的企业）增加了培训。一般来说，企业存活越久、规模越小，越不可能提供培训，而出口商和研发导向型企业会倾向于提供培训。

---

① 参见 Amable（2003）关于将国家层面经济专业化模式与比较制度优势关联起来的论述。

② 也可以参见 Florida（2002）关于美国劳动力"创造性课堂"重要性的研究。

③ 比如 Oxelheim 和 Randøy（2005）证明了，挪威和瑞典公司董事会成员中包含盎格鲁血统的美国人将增加首席执行官的报酬。

④ 还可以参见 OECD（2002b）、Arora 和 Gambardella（2004）以及 Mody（2004）关于熟练工移民效应的研究。

Figlio 和 Blonigen（2000）还有一项研究，对象是 1980—1995 年间南卡罗来纳州外来 FDI 的影响，结果表明 FDI 对提高薪酬的作用比国内投资显著。但是，这份研究有一个独特的贡献，即作者发现外国子公司的活动对政府关于当地企业的预算会有不同的影响。具体来说，外来投资降低了县级政府的人均支出，特别是针对公立学校的支出。这种影响在低收入社区尤为明显，原因可能是外资企业员工会倾向于将孩子送到私立学校。

□ 13.6.2　工作方法和工作标准

大多数研究人员认为，MNE 及其子公司的工作条件比行业中的其他企业和当地企业要好，而好的程度则由于它们的多国性本质上很难讲清楚。但是，毫无疑问，它的某一部分是适应国际市场需求的，尤其是公司会遵循世界各地普遍的生产方式、工作程序、产品范围和质量。这方面的例子从主要跨国饮料生产程序、食品加工过程和制药生产过程，到国际化经营的酒店和汽车租赁公司。在这里，MNE 可能是升级之路的先驱者，不仅仅在工作时间和工作条件方面，也在机构和信仰体系上。

在第 5 章，我们从制度上介绍了关于 MNE 所有权优势的概念，这在很大程度上影响着人力资源实践。它由大量的法规、激励机制和强制机制组成，这些机制由 MNE 设计并实施，以改进工作实践和效率。O 优势可能由 MNE 转移到东道国，内容包括金融、技术、组织资源和构成 FDI 的能力。当然，有时它们也会从外国子公司转移到母国。

不管是有意的还是无意的，尽管存在一些关于将标准从子公司"反向迁移"到母公司的例子，但标准和管理方式从母国跨境迁移到东道国的例子是非常丰富的。这样的做法包括组织工作的新方法，著名的案例有即时生产和质量管理以及日式的供应商关系（Cusumano 和 Takeishi，1991；Kenney 和 Florida，1995；Chung 等，2003）。这样的方法不仅涉及企业内标准的转移，也包括机构组织形式的转移，这可能会扩展至 MNE 的整个网络，包括其供应商和客户。

事实上，早在日本开始国际化业务前，美国和欧洲的 MNE 率先跨越国界，进行新的工作和社会实践。在 20 世纪 50 年代中期的英国，有几个美国子公司因"关注在办公室和工厂工作的环境、餐厅设施和社会设施"而闻名（Dunning，1958：260）。在员工社会保障和养老金方面，美国子公司的待遇比英国的同行要好。1984年，国际劳工组织曾公布一份发展中国家关于纺织、服装和制鞋行业 MNE 的报告，这份报告指出，在 20 世纪 70 年代，外国子公司提供的福利和娱乐设施似乎比当地企业更加广泛，虽然两者都没有达到母国的标准。此外，国际劳工组织还报告说，"一些 MNE 子公司在法律允许的范围外获得了社会保障"。

其他形式的转移包括质量管理流程标准，例如 ISO 9000（Guler 等，2002），或者环境管理过程标准，例如 EMAS 和 ISO 14000（Christmann 和 Taylor，2001）。在印度，全球产品和人才市场帮助印孚瑟斯公司成为公司治理优良的基准，尽管这些标准转移到印度其他公司会受到限制（Khanna 和 Palepu，2004）。转移还会涉及雇佣行为的跨境转移，例如劳动力多样性政策（Ferner 等，2005）。Jensen 和 Szulanski

（2004）表示，尽管如此，除 MNE 在转移技术和管理流程的情况下可能会使东道国的标准升级外，企业内部转移过程也会存在其他问题。事实上，虽然全球化增加了劳动力相关的最佳实践的意识，但它也暴露了一些在跨境转移时会遇到的公司和国家特定的制度阻碍，不管是 MNE 内部转移还是外部转移。

几乎可以肯定的是，一些境外子公司的工作实践可以反映其母公司的机构设置和母国的文化特征，尤其那些被认为对公司的成功至关重要的地区。例如，日资企业就有一个非常独特的工作哲学。一方面，员工完全认同公司的目标和期望，并认为自己是团队的一部分，每个人所做的贡献都是为了帮助实现这些目标和期望。另一方面，公司在员工的经济和社会福利上格外重视，其数量已远远超出他们的工资。日本独特的劳资关系受到西方的人事经理和员工的喜欢，但也有例外（Dunning，1986b）。西方人不喜欢的是严格守时、注重细节、严重洁癖，以及缺少与基层的联系等。

同时，从各种国际劳工组织的研究中，我们很明显地发现，尽管一些生产技术已经融合，但工作条件和工作实践在 MNE 位于不同国家的子公司之间仍有相当大的区别。例如国际劳工组织 2001 年的一份报告中就包含了这样一个调查结果，在 100 个国家中就一系列劳资关系询问雇主和员工的意见，大多数受访者认为，MNE 对创造就业岗位有积极影响，但在大多数情况下，这种影响甚微。在工作地，MNE 似乎可以提高生产率，进行职业培训，引入新技术，特别是可以对转型经济体灌输高标准和高质量的新型产业文化。一般来说，MNE 及其子公司的商业实践和职业健康安全标准不会比国内同行逊色。然而，许多受访者还强调了外部市场机构在帮助塑造劳资关系时的重要性。在辨别这些观点时，我们会强调凡事都有例外，并且 MNE 子公司在战略和影响上与本土竞争者的差别究竟如何、到什么程度、以什么形式，可能都是高度相关的。

事实上，这些差异，特别是存在于发达国家和发展中国家之间的差异，一定比 MNE 子公司和当地竞争者之间的差异大。在某种程度上，MNE 在协调位于不同国家的子公司之间的补偿事务是存在一定的压力的。在一个 MNE 内部，不同国家子公司的员工薪酬和工作条件的差异比一个国家集群中的本土企业要小。然而，值得强调的是，MNE 并不会为了自己的利益提供更好的工作条件，以此来证明经济上的成功。因此，它们通常会接近国家或特定行业的标杆。非金钱福利就和工资一样，都是生产成本。

□ 13.6.3　劳资关系

第 8 章讲到许多劳资关系事项的决策往往是交给 MNE 子公司的人事经理。这种本地化政策在劳动力招聘和劳资关系方面是最明显的。Young 等（1985）曾针对 1984 年英国的境外子公司决策轨迹进行调查，发现样本中只有 10%～15% 的企业其母公司没有干涉招聘政策，只有 1%～4% 是通过劳资双方代表进行谈判的。[①] 但即

---

① 相比较而言，母公司干涉研发的比例是 49%，干涉财政的比例是 31%，干涉股息政策的比例是 82%。

使这样，母公司的理念影响也是非常明显的。例如，在 21 世纪初，美国本土公司仍旧以激进的招聘策略而闻名，而大多数东亚地区的公司更加注重申请人的个人品质。美国和欧洲的企业更倾向于从其他企业聘请有经验的、训练有素的劳动力，而日本企业似乎更喜欢招聘年轻的、缺乏经验的员工，便于企业通过培训进行塑造。在国有跨国企业与那些追求全球或区域一体化的产品、生产和营销策略的企业中，总公司的影响力较大。有些公司相信自身独特的 O 优势可以帮助它们实现合作最大化和劳动力价值最大化，而这些指导方针就会被这些公司采纳。新加坡、中国台湾和韩国的 MNE 均有这样的实例。在未来几年内，我们不妨看看中国的 MNE 为成为全球化企业，会用什么方式发展独特的劳资关系和网络实践。①

当然，外资企业对劳资关系的影响取决于东道国现行惯例的本质，而这些惯例在不同国家之间的差别很大。所以事实上，是个别的 MNE 在驱动着政策和策略。显然，外来直接投资对东道国劳资关系最明显的影响可能发生在当外国企业的实践优于本土企业，而工会对此表示接受的时候。事实上，在 20 世纪 80 年代的英国，这两个条件都满足了，这使得日本汽车业和电子产品业的 MNE 坚持认为所有的劳工谈判权应集中在一个工会。日本企业的案例对英国产业关系产生了深远的影响，甚至在多个行业工会被当作是规范实例而非特例（Strange，1993）。另一方面，欧洲和美国的劳资关系程序似乎并不容易在日本的工作环境中传播。

日本和西方 MNE 在职工参与决策这一问题的态度上也有些不同。日本人倾向于采取一种更加开放、类似咨询的劳资关系。因此，他们把大量精力放在公司内部交流上，坚持强调工作的灵活性，鼓励员工参与决策，并设立咨询团队和品管圈。他们将强制裁员视为不得已的手段，因为他们不希望与员工有任何形式的对抗。英国的劳资关系更加层次分明，受到行业工会的认可。德国人习惯于让职工参与到管理委员会中，而美国人尽管采取友好亲切的政策，但往往不愿意与工会交流。中国和其他发展中国家中的主要国有 MNE 的子公司一般被期望能够遵守母国的劳资关系，尽管在它们进入其他国家时可能会变化，变得更加适应东道国的情况（UNCTAD，2006）。

当然，劳工组织和 MNE 之间的关系并不是很好。为了解释阿根廷、韩国、西班牙的劳工组织如何适应外国 MNE，Guillén（2000b）将工会内现代化优势和平民主义心态的一种冲突类比为民主和专制政权的冲突。这三个国家都曾有过这样一段经历：工会把 MNE 视作资本帝国主义的代理，支持独裁，无视劳动力基本权利。然而，随着时间的推移，不同国家的工会的观点已经转变。在阿根廷，MNE 从一个十恶不赦的恶棍变成了一个虽有瑕疵但可以接受的存在，而在韩国，工会曾发动对外国投资的斗争，现在则是不远不近的关系。相比之下，在西班牙，向民主转变的过渡期影响了工会对 MNE 的心态的转变，它们尝试接受作为自己的发展合作伙伴的 MNE。

除了 MNE 活动的影响外，发达国家的工会在 20 世纪 70 年代末经历了相当大的变化（Lane，1989）。（发展中国家的工会将在下文中涉及。）这种转变从劳资关系集

跨国公司与全球经济（第二版）

---

① 中国的 MNE 可能有利于网络型的 FDI，并提供附加价值，具体解释参阅 Yang（2005）。

体谈判变为单独确定薪酬，削弱了传统工会的重要性，而外包和其他形式的成本竞争则促进了这一过程。事实上，Gaston（2002）认为，集体工资谈判的减少可能会拉大熟练劳动力和非熟练劳动力的工资差距。其他研究者则关注于生产细分带来的后果，以及 MNE 通过分散工人的工作地来削弱工会力量的能力（Peoples 和 Sugden，2000；Ietto-Gillies，2005）。然而，在战后时期，工会基本上是处理国家层面的问题，对于团结不同国家的工人问题只是开了一张空头支票。当时正好成立了欧洲工作委员会，它作为一个新兴的机构，将 MNE 不同部门的员工集合在一起，组建了一个国际网络（Wills，1998）。

欧洲公司法律地位慢慢确立，信息和咨询有了法律规范，这些法律规范促成了欧洲劳资关系委员会的成立，这就是为何现如今的欧洲企业会扮演这样一个社会角色，也是为何在实现股东利润最大化问题上的观点会有不同（Reberioux，2002）。Archibugi 和 Lundvall（2001）认为，在社会两极化的情况下，"学习型经济"可能无法实现繁荣。此前，由于工作场所的民主化在某种程度上可以提高社会凝聚力，欧洲企业在企业知识经济上的竞争力会因此提高。Cooke（1997）提供了一些经验证据，是关于 MNE 如何对 OECD 内高薪职位的雇佣条件进行控制的问题。这表明美国 MNE 的对外投资往往会选择工会权力小、劳资集体谈判较少的地区，但一旦考虑工资问题（非生产率问题）就肯定会受到工会的影响。①

13.7 国际劳工组织（ILO）核心劳工标准

近些年来，除了失业问题，MNE 的雇佣条件也受到了密切关注，尤其是针对发展中国家的劳工标准。② 例如，对运动服制造行业出现"血汗工厂"这一情况的抗议，已经引发了社会对使用童工问题的广泛认识。几个劳工权利组织发起的运动已经使主要的零售商和制造商采用确保不使用童工的行为准则。我们将会在不同的章节分别讨论血汗工厂和童工的问题。

国际劳工组织核心劳工标准包括消除剥削童工，禁止强迫劳动，消除雇佣歧视，结社自由，提供组织和集体谈判的权利。这些核心标准也组成了《关于多国企业和社会政策的三方原则宣言》的基础（ILO，2002）。它将 ILO 标准、OECD 的 MNE 准则、联合国全球契约三部分内容结合了起来。

相对来说，禁止强迫劳动和使用童工的准则没有较大争议，而集体谈判权问题并未得到普遍同意。虽然群众对于反对性别和种族歧视有了普遍共识，但在美国、南非、印度以及马来西亚等国，认可正面的差别待遇或平权措施的政策仍旧是争论的焦点。美国还没有批准 ILO 关于同工会协商的惯例，并且在支持或反对工会的各

---

① 相比之下，Reberioux（2002）提供的证据表明大量海外所有权的法国公司的存在可以部分解释为盎格鲁—撒克逊投资者对于法国公司的偏好，因为后者更喜欢公司所在地具有相对低水平的民主化程度。

② 国际劳工组织（2003）更广泛地分析了与就业相关的社会问题，比如青年人失业问题以及城市非正规经济的工作条件。

州之间情况也不尽相同。① 另一方面，工会在促进劳工权利和职场民主中的作用已经深深地扎根于欧洲公司治理体系中。关于公司支付员工最低生活工资的义务的讨论更加具有争议性，并且也不是 ILO 核心劳工标准中的内容。由于最低工资的计算问题存在许多困扰，因此我们在此章中不考虑这些提案。

在发展中国家，在不影响经济增长的条件下，存在提高工作条件的可能性。虽然发展中国家的政府可能会认为，为了经济或政治原因，它们需要在劳动标准上做一些妥协来确保竞争力，而事实却并非如此（Elliott，2004）。对一个大样本（127个典型国家）的分析表明，FDI 流量总和并没有被高要求的劳工标准所阻碍（Kucera，2002）。此外，提出劳工标准并不只是成本的问题；它们通过提高社会凝聚力和促进社会政治稳定来影响其他的机构基础设施，同时也受其影响。另外，它们还提出了一系列在世界经济全球化下私立组织和公共组织都不能忽视的道德问题。② Rodrik（1999）发现只要考虑生产力，民主机构除了采用工会化工资率或 ILO 标准批准的工资数额等措施以外，还会自主提高工资水平。

虽然工资水平和特定的健康安全法规会随着生产力的提高以及总的经济增长而演变，但核心劳工标准却不是这样的。核心劳工标准被视为具有可比较性的标准框架，就像管理产权的一般规则。正因如此，核心劳工标准并不要求所有国家采用一样的制度结构（Elliott，2004）。有效的职工代表制度在不同的国家会有不同的形式，而日益提高的职场道德很可能会促成更大的公平和经济增长。巴基斯坦和孟加拉国等国家明确蔑视 EPZ 的核心劳动准则，尤其是结社自由和谈判权，这些地区的工作条件需要进一步的调查。性别歧视，如大量的女性从事技术最低并且报酬最低的工作，也可以被政府制裁；这里也是一样，盛行的劳工标准也需要被检查。但是，总的来说，Elliott 认为全球化与好的劳工标准是相互促进而不是相互排斥的过程。

学者们似乎对贸易制裁保持一致的意见，它非但不能提高劳工标准，反而使它想要帮助的劳工处于不利地位（Martin 和 Maskus，2001；Moran，2002；Busse，2004；Elliott，2004）。另一方面，使用产品标签和利益相关者准则作为监控工具得到了相当大的支持（Rodrik，1996）。③ 相比于工业污染问题，滥用劳工标准显得更加隐秘。对于工业污染，很多间接手段可以用于检测评估所实施的控制方法种类。除了能够识别特定的技术以外，它们还有可能监控工业设施附近的空气质量和水质量。这些措施当然不能在跨国网络下的外包业务中被使用。这里，除非对被报告事件所涉及的企业进行完全披露，否则第三方监督很可能不会有效。

我们同意 Elliott（2004）的观点，现在所需要的是更多的培训和担保资源、一些劳工标准方案之间的互相认可，以及工作环境情况透明度的提高。准则间的互相认可和最低标准的协议能够减少供应商的合规成本。这非常重要，因为至少从中国的轶事证据中可以发现，在一些情况下，供应商会通过伪造认证报告的手段来应对

---

① 这是其中的一个原因，使国际劳工组织标准作为所有 MNE 普遍接受的标准更加复杂化了。

② 比如，国际劳工组织的报告《摆脱贫穷》（*Working Out of Poverty*）（ILO，2003）以及许多与实行千年发展目标相关的文件。可参阅 Brown（2003）和 Williams（2003）。

③ 然而，如同任何的标示计划，这种方案的成功依赖于宣传的可证实性。另外，由于竞争企业极少有兴趣对单一的一组绩效评估达成一致的意见，消费者们不得不努力甄别竞争性的宣传。

需要遵循的不同形式的法规。MNE 已经表明它们能够在业务范围内就一系列广泛的问题实施统一标准，而这种能力也正是成功外包的核心。至少在技术层面，这也应该被扩展到对劳工标准更加严格的监控能力（Doh，2005）。

☐ 13.7.1 血汗工厂与 EPZ

绝大多数 FDI 都是流向发达国家的，在流向发展中国家的 FDI 中，绝大多数集中在资本密集型和技术密集型的行业，比如化学品、电子工业、电动机械、运输设备和工业设备，而不是集中在纺织品、皮革和鞋类等相对低技术和劳动密集型的行业。以外国投资中的全球股票来衡量，尽管国家之间有相当大的差异，但更先进的行业远远超过工资最低的行业，比值为 10∶1（Moran，2002∶6）。很多低工资的投资发生在 EPZ，在这里 MNE 采用的技术相对比较标准，所需的劳工只需要达到中等技术水平即可。

EPZ 是用来推进东道国出口竞争力的特殊经济区域。一般来说，为了出口再加工，原材料可以免关税进口，并且 EPZ 也可能会提供免税期和训练补助金等激励措施。从地域上来说，这些区域包括单个工厂、工业园区，甚至像新加坡这样的整个国家。尽管发达国家有一些 EPZ，但是为了利用低成本的劳工，大多数 EPZ 都位于发展中国家（UNCTAD，1999∶237）。

成功和不成功的 EPZ 经验表明，当 MNE 能够吸引最好的员工来 EPZ 工作，而且政府的政策能够有效地确保国内的公司提高技术、科技和管理能力（吸收能力）以从 MNE 的存在中获利时，那么成功的 EPZ 也就产生了。不成功的 EPZ 从本土经济中挖走了最好的员工却没有给本土企业带来外溢收益，在这种情况下如果相对稀有的熟练员工被 MNE 提供的高薪所诱惑而离开国内部门，本土企业就可能变得更加糟糕。

Moran（2002）曾研究过早期在毛里求斯和马达加斯加的 EPZ 经验，以及在菲律宾、多米尼加共和国和哥斯达黎加的具体投资案例，这些经验从本质上说明了更好的工作条件会带来效率的提高而不是竞争力的丧失。虽然存在许多虐待员工和不同形式的限制工会组织的行为，但经济增长一直伴随着劳工标准的提高。即使在最低技能的工人群体中，外国投资者在建立一条通往高技能操作的道路的同时，一般都伴随着劳动力工作条件的改善。

对于哥斯达黎加的案例，Jenkins（2005）近期的一个研究指出，在 1989 年，咖啡、香蕉、糖和牛肉这些传统出口几乎占据了总出口的 40%。但是到了 2001 年，这些产品只代表了总出口的 15%。EPZ 出口（都是非传统的）在 1989 年只占哥斯达黎加全部出口的不到 8%，而这个比例在 2001 年的时候达到了将近 47%。然而，Jenkins 也发现了虽然 EPZ 已经成功地吸引了外商投资，并吸引国内企业提供了占总投资 15% 的投资量，但 EPZ 主要对圣何塞（哥斯达黎加的首都）附近的国家中心区域有益。此外，EPZ 中，本土企业的中间投入更多的来自本土。

Jenkins 的研究提供了一些初步证据，表明 EPZ 的工人平均工资比区域外的同行高，并且他们的工作条件不会低于其他经济区域的工人。与其他 EPZ 一样，哥斯达黎加的企业趋向于雇用相对年轻且未受教育的妇女，这加强了严密监控雇佣条件以防止剥削的必要性。[①]

随着全球化的进一步开放，虽然劳工标准很可能因此而提高，但这并不意味着国际社会在监督过程中没有作用。提及一个合适的制度性回应，Moran（2002）认为，使用 WTO 来还击低劳工标准引发的所谓的隐形补助并不是一个可行的方法。他认为，如果存在一个可靠的系统能够识别符合认证标准的工厂，那么志愿性行为准则和其他认证机制能在这方面提供更多前景。为了确保有效，这些认证计划需要调解产业需求与公民社会需求之间的矛盾，并且要足够简单以确保传递给消费者的信息的有效性。

假如存在一些既定规则，"公开谴责"违规者的活动可以成为一个有效的执行机制。的确，这些技术极有可能会比依靠多边机构的争端解决程序更加有效。国际劳工组织积累的知识已经增强了它识别和公布滥用劳工标准行为的能力，并且几乎肯定的是，其可以做更多的事情去培养自主监督和修正违规行为的意愿。但是，和其他多边机构一样，由于难以获得成员的统一支持，国际劳工组织采取独立的强制措施的能力受到阻碍。

□ 13.7.2　童工

贫困是导致使用童工的根源。从专业角度来讲，除了童工的成本低廉外，没有其他理由驱使人们放弃使用成年人而转而使用童工，送孩子去工作一般受制于社会压力和使用童工的耻辱感（Basu 和 Tzannatos，2003）。[②] 社会规范可以与多个平衡兼容，所以，若不使用童工的情况一旦形成，就会成为一种根深蒂固的社会现象，而一旦开始使用童工，那么这种情况会持续下去，渐渐成为社会经济中公认的一部分。劳动者的孩子也可能成为劳动者，这是一种王朝陷阱的证据。

高估或者低估童工的数量涉及经验问题，但是在 2002 年国际劳工组织的估算中，童工的数量是 1.86 亿左右。使用童工的后果除了使孩子失去受教育的机会外，可能还会损害孩子的健康，使其产生自我挫败的看法，最重要的也许是失去了童年的欢乐和自由。然而，通过给予奖励来促使孩子去上学而不是工作，是有效降低童工发生率的方法，具体奖励可以是提供免费食物等。

孩子的工作主要在发展中经济体的非贸易和非正式部门进行，它基本上是 EPZ 的空白区（Shelburne，2001）。但是，孩子可能参与某些国内供应商的工作，甚至受雇于低级的分包商。研究表明，国家的贸易开放程度越高，吸引 FDI 的数量越多，童工的发生率越低（Neumayer 和 De Soysa，2005）。事实上，这是一个被忽视的问题，而不是全球经济的一部分。如同第 18 章中讨论的工业污染一样，童工的问题很大程度上源于国内问题，要求各国政府采取行动来协调解决。MNE 需要起到一个明确的作用，应该鼓励提高出口导向型经济的标准，但是，这些努力本身对解决这个问题只起到边际作用。

---

① 另请参阅 UNCTAD（1999）中关于 EPZ 雇佣条件的数据。
② 另请参阅 Basu（1999）。

Shelburne（2001）提供了一个关于发展中国家为什么会流行使用童工的解释，这个解释是依据不同的观点总结出来的。童工在发达国家主要被视为一个道德问题，而在许多发展中国家，它首先是一个经济问题。因此，在什么情况下经济体可以从使用童工中受益呢？他提出了一种理论观点，并提供了一些经验证据，证明相对封闭、小型和人均 GDP 较低的国家比那些规模更大、更加开放和富裕的国家更容易出现雇用童工现象。他认为，出现这种情况的原因是在专制、封闭的国家，使用童工对资本有正回报，而且统治阶级也不愿意去改变这种现状。但在更民主的政治制度下，对贸易开放带来的经济效益有越来越大的需求，因此使用童工的吸引力相对缺乏。

增加开放性，提高民主化，促进全球化，这本身就是一种降低其他社会成员从雇用童工中获益的社会机制，同时这也意味着对一个经济体的贸易制裁在解决这个问题上只会适得其反。这也是 Martin 和 Maskus（2001）所支持的一个观点。他们认为使用关税等贸易制裁的国家未能采取适当的核心劳工标准，将率先受到弱标准风险的冲击。诸如反倾销和反补贴税等程序也会受到那些有权势的国内生产商的影响，具体受害程度难以计算。

13.8　MNE 和人力资源发展：一些政策考虑

这一章试图展示一些关于利用 MNE 的活动来提升人力资源和就业的重要成果。虽然和其他一些业务领域相比，当地的法律、习俗和宏观经济政策可能会更多地决定这类公司的管理，但是有足够的证据表明这类公司可以也能够对培训的水平及结构、工资及工作条件、劳工招聘、工作伦理和劳资关系产生独特的影响。事实上，有着丰富的跨界工作经验、财富和权力的 MNE 应该在一个独特的地位实行最好的劳工实践——假设它们可以正确地解释当地对于非熟练实践的应对！

MNE 对国内就业水平和结构的影响基本上源自它们的生产产出和获得该产出所运用的方法。由于其独特的 O 优势，这种影响可能会不同于单一民族企业或本土公司。在某种意义上，它是不是"更好"很大程度上取决于来源国和接收国的投资、文化和机构基础设施的目的，MNE 竞争的市场结构，该国的经济情况，以及它所采用的人力资源管理战略。

政府可能会从教育和科技的基础设施以及文化精神方面展开行动来鼓励各种各样的专业经济方法和机构设计，例如，鼓励生产高技术产品及推广其生产流程，引导企业将工厂建立在高失业率的区域，支持更多的内部管理培训，阻止通货膨胀的支付清算，促进管理层和员工之间关于企业规划问题的交流沟通，加大对高校中等职业培训的重视，更多地资助大学中的科研，以及减少结构调整所产生的交易成本。

但是，描述可以做什么与规定应当做什么完全是两回事。在这方面，我们可以提供在我们看来是人力资源开发战略成功的根本的六点要素。第一，政府必须明确，与其他可能完成经济和非经济目标的战略相比，什么样的战略应当给予优先权。这个优先权可能因国家而异，即使在同一个国家，也随着时间的推移而改变。影响这一变化的因素可能会有整体经济形势、国内劳动力市场现状、提升人力资源的需求程度，以及其他资源的要求。

第二，政府需要考虑就业问题是否可以通过适当的宏观经济政策（即财政，货币和汇率政策）来解决，以及这样做的成本。Graham 和 Krugman（1989）曾正确地指出，美国的外来直接投资对国内就业水平的影响微乎其微，这仅仅是因为最终这个变量"基本上是由供给而非需求决定的，短期内除外"。

第三，政府需要明确劳动力市场的缺陷模式和具体影响程度，包括那些由地方性市场失灵导致的缺陷。然后，政府必须通过全方位的可能性政策和激励结构来决定对于人力资源发展和广泛经济社会目标来说最具成本效率的方法。

第四，政府必须确保国家吸引外资的能力，使得国家能够吸引外国公司投资，并从它们提供的独特技术、技能和经验中受益。这种吸收能力不仅要求劳动力健康、受过教育且拥有熟练技能（对一些发展中国家来说这本身就是一个高要求），也要求其有良好的动机和上升前景。因为，如果外国子公司不仅使技术和人才远离本土企业，而且更糟糕地，通过将价值链中高附加值的活动外包而使国际人才流失，那么政府因此就不得不向本国的 MNE 提供必要的激励以将自己牢牢嵌入地方经济中。

第五，任何人力资源发展政策都应该完整有效地与政府的其他经济策略相结合。特别地，这意味着政府应该促进经济活动的调整，使其满足不断变化的市场条件需求，而非限制它。在可能的情况下，它们应该支持劳动力向更具生产效率的活动转移。

第六，政府应认识到，在改进人力资源战略问题上，他国政府同样在实施策略，彼此存在竞争关系。与此同时，它们还需意识到，很多它们乐意帮助的 MNE 也正在追求全球化。MNE 的立法目标与东道国政府的立法目标之间存在固有的利益冲突，这一点将在第 20 章中详细论述。然而，解决这些矛盾的责任在于单边或双方的国家政府。这是因为政府需要承担加工和实施制度框架和经济政策的最终责任，政策决定了 MNE 的 O 优势对企业本土化和经济增长的适应程度和方式。

与此同时，在制定人力资源发展政策时，政府需要估计任何现存的提议和政策发展到何种程度可能会引发问题而需要政府控制。例如，进口保护政策可能不利于 MNE 在出口导向型活动中创造工作的机会，这是因为 MNE 得不到（或不允许得到）高质量的原材料和零部件来有效地争夺国外市场。补贴的利率或过于慷慨的建设补助金（折旧免税额）可能会使这些公司不去推进新兴且有效的劳动密集型生产方式。无论是对于国内还是国外 MNE 来说，设计不佳的教育系统、过时的创新系统以及大学和技术学院经费的削减都可能会减少科学、工程和专业人才的供给（或增加了成本），从而减少了一个国家因高薪产业带来的吸引力。将未利用的资本转换成可再生产的资产可以进一步提高贫困国家的就业率，然而许多发展中国家的资本持有者没有条件做到这一点，这是许多发展中国家真正的"跛腿"。[①]

政府采购部门制定的宽松资源标准很难刺激国内外企业提升其产品质量，从而

---

① 见 De Soto（2000）所做的详尽的探究。

也难以提升其国际竞争力。资助"跛脚鸭"或者无效率的工业部门可能阻止资源再分配、人力资源再培训和劳动生产力的改良。惩罚性税收系统可能使移民人数增多，但不能激励人们提高技能。过高的利率和创业创新的低风险回报率可能会阻碍小公司的发展，而小公司正是给创新的思想提供舞台、创造工作机会的地方。过于宽松或过于严格的反垄断政策，可能会打消企业通过国内或 MNE 联盟来维持或提升竞争力乃至利润和就业的可能性。

最后，随着全球化的发展，将劳工标准纳入国际组织的法律体系的诉求越来越强烈。然而，全球在这个问题上还未达成共识。欧盟赞成将投资和贸易加入到维护基层工人权利中，然而无论是美国还是许多发展中国家（各方持不同理由）都不支持这一观点。第 20 章提到的多边投资协议（MAI）谈判的破裂是另一个例子，表明了全球在这个问题上达成共识的困难。另一方面，政府有意愿但是没有能力实施劳工标准，而国际劳工组织正在承担帮助政府的责任。MNE 有能力在一定程度上扮演提高标准的先驱者。我们相信，国家化和超国家化的政策应该在不影响发展中国家其他目标的前提下，尽一切所能来推动 MNE 承担这一角色。[①] 以上其他一些与政策相关的问题将在第Ⅳ部分深入探讨。

本书中的一些章节突出了国家之间（以及国家内地区之间）在吸引 FDI 以及从 MNE 投资中获取长期利益的能力方面日益不均的问题。本章特别突出了由于贸易和 FDI，熟练工人和非熟练工人之间的差距日益扩大的问题。20 世纪 90 年代，很多国家出现的临时工和短工的增加、工资和收入差距的扩大，以及向更少累进的税收体系发展的重大举措已经加深了其对全球化的社会效应的担忧。教育和培训的四大支柱（即社会安全网、劳动法、劳资关系以及核心劳动标准）是经济全球化过程中确保体面工作所必需的（Torres，2001）。

虽然公司在国际化进程中可以犯一些错误，做出不当的举动，但通常情况下，我们可以假定企业因为投资会获得较好的发展。但是，对于受地域约束的公民来说，他们对同一事情的反应会比较拘泥，而那些迁移至美国的印度、中国、爱尔兰和以色列企业家刚好与他们形成鲜明对比。发达国家对高等教育的投资越来越大，对终身学习这一理念的普及越来越重视，这确保了人们不论身在何地都能够很好地应对全球化带来的挑战。合适、强健的东道国体系一方面可以带给本土劳动力一个适合的技术培训，以便其能更好地面对经济全球化；另一方面国家在发展时必然遇到人力资源重组问题，而它对此有所帮助，可以将交易成本最小化，避免扰乱民众生活。

与此同时，制度对 MNE 内部也很重要。正如我们所见，MNE 传递的标准和实践正在改变世界人民的工作生活。一个可持续的经济全球化需要国家政府和大型 MNE 共同建立起一个强健、明确、有效的组织结构。为了做到这一点，行为准则是一个步骤，但除非这一准则能够保证所有组织中的企业行为一致，否则其影响有限。例如，禁止使用童工的规定很容易制定，但它需要国家政府的配合，提供资源以确保孩子不再工作，而是去接受教育，不再变得更加贫困。我们不认为 MNE 应该接过本该由东道国政府承担的责任，但它们需要一些强大的资源来确保它们的经营是

---

① 参阅 Lall（1995）有关发展中国家 FDI 的就业效应，以及对吸引 FDI 的质量和数量产生影响的有效政策措施的范围的回顾。另请参阅 Campbell（1994）关于相互关联的全球经济中出现的劳动力市场问题的综述。

可持续的，并且是有助于全球化的。这一点和其他几点在 ILO（2004a）的一份名为《一个公平的全球化：为所有人创造机会》^①（*A Fair Globalisation：Creating Opportunities for All*）的报告中被提到，作者在文章中呼吁，为了实现共同目标，作为领导者和各国法规政策的执行者的政府和企业，尤其是作为财富创造者的 MNE，应当就设计并运行劳动力相关的激励机制这一问题，建立一个更好、更有效的伙伴关系。

---

① 这份报告主要涉及全球化的社会维度。在改革全球化管理的讨论中，特别关注了市场以外机构的重组以及其对推进人类福祉的责任。报告强调，需要更多有效的正式机构以及主体经济与政治实体（包括经济全球化中的 MNE）之间更多的对话。

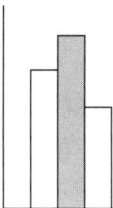

第14章 国际收支与贸易结构

14.1 引言

    大多数国家政府会对本国的对外贸易和收支状况施以持续关注，这是它们宏观经济战略的一部分。这样做的原因有两个：一是为了保证汇率和其他可能冲击到国与国之间贸易的宏观经济变量能够与更广阔的经济及社会目标相匹配；二是为了确保一国居民与公司的跨境交易结构能与该政府所希望的国内资源及产能的配置（或重新配置）相一致。在接下来的章节中将会更详细地阐述 MNE 活动的结构性影响。

    至少在某些程度上，以上两点顾虑是因国而异的。但是，随着世界经济全球化程度的加深，各国政府调整单边贸易和收支平衡政策的空间在缩小。以 OECD 国家为例，它们认为有必要采用普遍相似的外部经济机制，这样能够将不可预测的国际、政治、金融、货币事件带来的冲击降到最小。随着越来越多的国家在国际商务网络中被赶超，其对外经济政策也将越来越依赖于外部环境。但国内仍有一套完整的激励机制和法规，这些政策法规会影响国际收支，或者使得 MNE 的战略和行为对外部贸易平衡的影响不同于国内企业，进而会直接或间接地影响国家的经济社会预期，然而，通常而言，FDI 的宏观影响仅仅在以下两种情况下需要引起政府的注意：第一种是该国出现了贸易流动的持续不平衡，且这种不平衡对质量升级、内生资源优化配置、经济增长和发展的政策产生抑制作用；第二种是这种投资在母国或者东道国占据了增值活动中的主要部分。

    致力于创造一个最优国内经济结构的政策往往更加具有国家特定性，部分原因是各国（更确切地说是各国政府）对参与国际劳动分工的态度不同。在给定各国政府态度的情况下，这是因为各国实现目标的政策和机制不同。例如，那些希望在商品及服务的生产方面尽可能自给自足的国家和地区（如在不同时期的印度和中国）判断企业（无论是本国企业还是外国企业）对进出口结构的贡献时与那些认为繁荣与动态比较优势紧密联系的国家和地区（例如，新加坡、中国台湾、荷兰、委内瑞拉等）非常不同。到目前为止，MNE 的确导致了经济活动不同的行业分布以及本土公司不同的进出口模式。因此可以预计，MNE 同样会引起政府独特的主动和被动策略。

本章将评估 MNE 活动对国际收支以及母国和东道国贸易结构的影响。[①] 这种影响将依赖于 MNE 的 OLI 优势与该国政策和体制特征的互动。这种互动的程度和本质——尤其是随着国家投资发展道路的演变它们如何变化——将成为我们分析的重点。

我们将首先研究与甄别和测量某一特定企业团体对一国对外贸易地位的影响相关的方法论问题。接下来我们会回顾 MNE 对母国和东道国国际收支影响的现实证据，特别是从它们作为跨境交易者的角度。同时，我们会呈现企业内部贸易盛行的证据并讨论其中一些证据暗含的意义。之后，我们将分析 MNE 活动对于东道国进出口结构的影响，以及这种影响与单一国家公司相比有何不同。最后，我们讨论了与目前国际金融体系中的缺陷相关的政策和制度的有效性。

14.2　一个方法论的说明

□ 14.2.1　测量 MNE 活动的直接影响

之前的章节（特别是第 11 章和第 13 章）已经说明，将与 MNE 活动紧密联系的某些特定行为归因于它们本身的多国性是有困难的。在贸易模式和收支平衡的背景下，这些行为的归因问题显得最为清晰。这是因为，在评估外来直接投资和对外直接投资对特定母国或东道国的境外账户的影响时，需要提出一些假设，诸如如果没有进行该项投资可能发生什么。换言之，通过将外来直接投资和对外直接投资使用的国内实际资源以另外一种方式配置可以获得哪些收益？如果答案是没有获得收益，那么该影响将会通过与其活动紧密联系的交易来评估。但是，这种情况不大可能。

当然，识别在哪些情境下 MNE 活动会对国际收支产生正效应、负效应以及中性效应是完全有可能的。这种识别主要取决于 FDI 的类型和采取的视角是母国还是东道国。比如资源基础型和出口加工型的投资主要是为了获得更经济的要素投入，而不是不同所有权企业之间的投资。这种投资对母国和东道国的贸易收支平衡都有帮助（但不利于第三方国家的贸易收支平衡）。相反地，市场寻求型投资旨在替代母国生产企业（也可能是其他国家的生产企业）的出口。这种投资可能会提升东道国的国际收支状况，但对母国的影响可能偏向于模糊。比如，一方面，这种投资可能减少母国出口，母国的国际收支会遭受不利影响；另一方面，如果投资带来了更高的效率并且（或者）使东道国国内的购买力更强，这会使母国受益。这种益处来自

---

　　① 关于贸易理论与国际生产之间的联系的文献，请参阅 Gray（1992），Cantwell（1994）和 Dunning（1997a）（Chapter 5）。我们也希望读者参阅第 4 章中关于备择模型的讨论，该章试图解释企业的国际化决策。在这一点上，可重点参阅 Markusen（1995，1998，2002b）以及 Markusen 和 Venables（1998）。

于东道国进口方面的额外支出以及母公司原材料、零部件的出口的增加。资产寻求型 FDI 可能改善或者恶化投资国的国际收支，这具体依赖于投资企业在进行 FDI 之前的贸易地位以及这个企业在国外采购和销售方面与国际上其他运营者的整合程度。

由于识别和评估 MNE 活动的机会成本的困难性，一些学者避免采用替代方法或者反事实的方法来评估 MNE 对国际收支的影响。此外，这些学者还认为，这些替代或者反事实方法没有也不可能恰当地考虑到 MNE 活动的宏观影响。

这些学者分为三类。第一类学者主要关注 MNE 外国分公司与本土企业的绩效差异（因为这会影响到国际收支）。这类理论假定两类活动的次级反馈机制是相同的，包括那些受政府政策的变化刺激的反馈机制。这类研究的例子包括 Dunning（1969）和 Cohen（1975）对英国的研究、Ruane（2004）对爱尔兰的研究、Lecraw（1983）对亚洲几个国家的研究、Rasiah 和 Rasagam（2004）对马来西亚的研究、Jenkins（1979）和 Rasiah（2004c）对巴西的研究、Biersteker（1978）对尼日利亚的研究、Rasiah 和 Gachino（2005）对肯尼亚的研究以及 Lall 和 Streeten（1977）对发展中国家的研究。[①] 这种方法的优势十分明显，现实数据易得，还能将当前与以往的绩效进行对比并发现变化。但也有一些缺陷，比如，没有将两组企业之间国外所有权或者跨国性的效果与其他差异分离开来。此外，要从这些数据中得出任何政策性结论，比如应该鼓励还是限制外来直接投资，需要假设两组企业的边际成本和平均成本是相同的，并且两组企业的真实机会成本取决于所有权性质而不是其他特征。最后，这种方法暗含一个假设，若该企业没有进行 FDI，其他公司也会进行这些投资。

第二类学者采用的方法是把那些 MNE 或其子公司的外部交易与投资前的非MNE 或者本土公司的外部交易进行比较。这种方法在微观层面上是非常适用的，20世纪 70 年代早期 Reuber 和他的同事以及 Lall 和 Streeten 在他们关于发展中国家的 FDI 的研究中就利用过这一方法。（Reuber，1973；Reuber 等，1973；Lall 和Streeten，1977）。Ramstetter（1997）对泰国及新加坡地区做了关于本土与境外公司的出口繁荣度的对比研究。

第三类学者从一个非常独特的视角切入，他们通常采用回归分析方法，对对外直接投资和外来直接投资的直接关系以及收支平衡构成因素进行预估。早期使用这种方法的是 Bergsten 等（1978），他们在研究美国海外 FDI 对本国的收支平衡的影响时，将美国制造业的一大批企业的外部贸易表现和该行业的各种特征联系起来，并与外来直接投资的程度进行交互项处理，然后继续构建一系列截面的多元回归方程将美国企业的投资行为与美国进出口关联起来。他们的结论是：在那些国际投资较少的行业，对外直接投资的扩张可能伴随着美国的出口扩张。然而，当国际投资水平在中等至高层次时，这类互补性就不那么显著了。正如我们会在下面部分看到的，这种特殊的方法通常被学者们用来研究 FDI 是如何影响特定国家的贸易结构的。例如，Wei 和 Liu（2001）对中国的研究、Rasiah（2004b）对印度尼西亚的研究、Rasiah 和 Gachino（2005）对肯尼亚的研究、Ruane（2004）对爱尔兰的研究以及

---

① 其中，Lall 和 Streeten（1977）的研究可能是最有意思的，因为它检验了大量的备选方案。我们会在14.3.3 节对此展开深入讨论。

Fontagné 和 Pajot（2001）对英国、法国、美国的研究。

方法论最后一个要点是对国际收支效应的衡量。我们已经说过，是政府的宏观政策而不是单个企业集团的举动最终决定了一个国家的贸易平衡。从定义来说，经常项目赤字等于本国储蓄减去投资。那么赤字就只能通过国内外的存款来弥补。一个协调储蓄投资和微观贸易政策的主要机制就是汇率（Graham 和 Krugman，1989）。因此，FDI 效应在反映到一国国际收支状况中的同时，也会反映到其汇率当中。但这并不意味着其对国际收支的影响不重要。汇率贬值时，境外企业会更加倾向于从国外购买投入品，从而使得一国（尤其是发展中国家）难以以其期望的方式来发展和重构本国的经济活动。

评估 FDI 的宏观方法应关注到 MNE 活动的动态变化或次级影响，因为它们可能会通过汇率变化、进出口结构等表现出来。

□ 14.2.2　评估 MNE 外部交易的机会成本

将 MNE 及其子公司的外部交易进行识别和加总，得到一个最终的数字来衡量 MNE 的所有活动，不管它反映了国际收支的改善还是恶化，都是一个非常有力的尝试。的确，一些学者甚至认为，外来直接投资和对外直接投资对国际收支的影响最好是由 FDI 带来的利润和收益与资金外流的比例来反映。他们进一步认为，资金带来的国际收支的改善是能计算的，这主要反映了收回既定数量的输出资本所需要的时间。

其他的分析有 Hufbauer 和 Adler（1968）、Reddaway 等（1968）、Steuer 等（1973）、Lall 和 Streeten（1977）、Caves（1982［1996］）、Stopford 和 Turner（1985）、Brainard（1993）、Ethier 和 Markusen（1996）以及 Markusen（2002a）等，尽管他们认为资金的流入（或流出）和该资金带来的收入的流出（或流入）是境外（直接）投资的显著特征，但他们同时也认为，一些次级影响（如对贸易成本、要素价格、知识资产转移等的影响）与那些本土企业带来的影响是非常不同的。实际上，在某些情形下，相比于对收入或资本平衡的影响，它们对国际收支的影响更为深远。

在接下来的部分，我们会关注一些从 20 世纪 60 年代起就让许多研究者困惑的概念问题。在那个时期，一些发达经济体（包括英国和美国）都面临着（看上去是）脆弱的收支平衡状况。在那个时候，走出去的 MNE 活动不断增加，并且在贸易和资金运作两方面都施加了重要的影响。

在 20 世纪 60 年代中期，美国和英国政府进行了两大调查，它们想鉴定和评估对外直接投资对于它们各自经济体的贸易结构和国际收支的主要影响。这两个调查都旨在评估以本国为母国的 MNE 由于境外活动而产生的外部交易，并估计在缺少这种投资的情况下会发生什么。Gary Hufbauer 和 Michael Adler（1968）对美国进行调查后，归纳了三种可能的反现实的情形。这三种模型分别是古典替代模型、反古典替代模型和逆古典替代模型。这些模型现在已经有 40 年的历史了。但是，我们相信，在当前的全球经济中，它们仍然能够为评估 MNE 活动对贸易和国际收支的影响提供一种实用的分析方法。

古典替代模型假设一单位资金投向国外，会使东道国增加一单位净资本形成，而使母国减少一单位净资本形成。换句话说，FDI 被假定为替代出口国的投资而不是进口国的投资。逆古典模型假设 FDI 完全替代了投资接收国其他类型的投资，但是没有造成母国经济资金积累的净流失。在这两种模型下，MNE 活动被假定为不会影响全球投资总规模，只影响它们的地理分布。相反地，第三种模型，即美国经济学家提出的反古典模型，假设 FDI 增加了世界资本形成。在这种构想下，国内外都不会发生投资替代的现象，国际投资会扩大企业的境外生产能力，但对国内资本形成没有影响。

以上的几种情形中哪种是最可能反映实际情况的？这取决于对资本进出口国宏观经济政策的目标和成就、全球经济形势以及投资企业的战略行为的更深层次的假设。如果两国在保持充分有效的就业以及计划储蓄与实际投资相平衡方面都是成功的，那么 MNE 资本形成的任何变化都必须被其他地方国内支出的相应的下降而抵消，无论是投资下降还是消费下降。在这种情况下，逆古典假设看上去就是合适的。如果投资国实现了这个目标但是东道国存在失业，那么反古典模型就会显得更实际一些。如果这个假设中 MNE 活动没有引起母国或者东道国政府的任何反应，古典模型就可能是最适合的。

对企业策略的假定也会影响对 FDI 效应的估计。以逆古典替代模型为例，其假定在一个公司没有进行投资的情况下，其竞争者就会进行投资。比如，如果 Goodyear 公司没有在澳大利亚设立生产橡胶轮胎的工厂，Michelin 公司就会去做。因此 Goodyear 公司的投资对美国国际收支的影响直接源于 Goodyear 公司与此投资相关的外部交易，而不是与 Michelin 公司的投资相关的外部交易。现在，不难设想一种使这种假设成立的情形，尤其是当竞争企业具有相似的规模和效率时。但事实并不总是这样，FDI 的效应很多时候都取决于投资的数量和结构。另外，在第 3 章和第 4 章中，我们看到一些投资可能会刺激其他投资。相比于竞争，这种"跟随领导者"的投资通常是互补的。最后，一个 MNE 对另一个 MNE 行动的回应，可能与该投资的质量有关，同样也可能与该公司的产品差异化和创新策略有关，而与它产出的数量无关。

那么，最现实的备择模型是什么呢？任何把 FDI 带来的产出作为没有该投资时原本产量的一种附加的模型都不大可能普遍适用。例如，在战后年代，除了一些典型的例外（如新加坡、近年来的中国以及一些中欧和东欧经济体）之外，大多数国家的 GDP 增长率似乎与它们引入的境外资本没有什么关系（见第 10 章）。日本就是 20 世纪 90 年代之前不需要很多外国投资就能发展得很好的国家的典型例子。同时，在 20 世纪七八十年代，日本政府积极地鼓励某些部门的境外直接投资。类似地，在 21 世纪初期，中国和韩国政府采取积极的政策帮助大公司实现国际化（Zhang，1995；Van den Bulcke 和 Zhang，2005）。这在很大程度上取决于东道国的宏观稳定性和开放度，以及 MNE 对就业和增长的激励效应是否可以通过其他途径达到（Blomström 等，2000）。同样也不能忽视的是外来和对外 FDI 对资源配置和结构调整、技能升级以及国内制度的内容和质量的次级影响。

除非有一种模型能把每一个模型中包含的元素都包含进去，否则，很难说有模型能够充分解释投资缺失时会有什么情况。在大多数情况下，一个国家对外投资减少将会导致对投资国有竞争力的商品进口的增加以及东道国资本形成率的降低。对这些变量考虑得面面俱到是不大现实的。这种综合考虑会根据东道国的制度形态、发展状况以及投资公司（或预期投资公司）间的投资特点及竞争本质等的不同而不同，此外也会取决于考察的时间段。

对这一难题的一种可能的解决方法是采用把逆古典模型与反古典模型相结合的方法。这实际上是 Jack Behrman（1969）多年前就在做的事情，他的方案目前没有什么意义，至少对于从事未开发行业的资产利用型的 FDI 企业是这样的。Behrman 的观点是，在存在国际寡头的情况下，一个企业进行的 FDI 与其他企业的投资并不是替代关系，反而很有可能会刺激其竞争企业的投资，因为寡头在其竞争者运作时选择进入比选择退出的几率要大得多。对于那些初始企业，不进行投资对国际收支的影响就成为初始企业及其竞争者在相关市场投资时所涉及的相关交易与最终相关企业都没有进行投资时所涉及的相关交易的最终区别。对于那些追随的企业而言，它就是双方都投资时的相关交易与只有初始企业投资时的相关交易的差异。这些模型都是基于 FDI 是否能够影响东道国市场活动的假设。在没有这种约束条件时，MNE 活动会对东道国的资本形成和产出带来好处，但与此同时，还伴随着竞争者相同数量的投资。

14.3　衡量 MNE 的交易

□ 14.3.1　识别和估计在母国和东道国的交易：一些分析

MNE 的外部交易活动对母国和东道国资本账户和经常账户的平衡也会有影响。这些交易包括 MNE 与其分支机构直接进行的交易，以及与和它们有往来的国内其他企业进行的交易（如供应商和顾客）。[1]

以与 MNE 对外投资相关的外部交易活动为例。首先会有初始资本交易。通常，对外直接投资很有可能带来外汇购买的需求，进而减少资本账户金额。然而，在一些并购的情况下，可能双方会有股权的交换，此时，外国货币虽然会流出但同时也有资本进入。在绿地投资的情况下，例如，大多数市场寻求型的日本在欧投资企业、许多在东南亚和墨西哥进行出口加工投资的美国企业以及大部分在撒哈拉以南的非洲地区的欧洲企业的自然资源基础型活动，外汇的大量减少会通过从母国购买机器设备、融资等慢慢收回并达到资本账户的盈余状态。[2] 结果，可能会有额外的资本流出，或者在国际投资的交易之中额外的资本回流。这些流出的资本可能是由已有的投资获得的再投资收益，或者是母公司提供的新资本，也有可能是 MNE 其他外国分支机

---

① 关于贸易和 FDI 理论之间的关系，我们在第 4 章和第 10 章结合 IDP 进行了探讨。

② 当一个发展中国家向另一个发展中国家投资时，它可能会从第三方国家进口资本设备，尽管情况并不总是这样。例如，中国目前一些对非洲自然资源领域的 FDI 就是这种情况。

构提供的资本，但最后一种途径代表母国的外汇储备的干涸。当然，MNE 可能以其他方式资助外国的分支机构，并且这些方式可以不直接影响投资国的资本账户。这包括从子公司所在的东道国金融机构获得的短期和长期贷款，或者从国际资本市场获得的资金，或者在股权合资的情况下从本地或外地合作伙伴获得的额外股权资本。

其次，会有对外投资者的经常账户交易。外国子公司可能会影响到母国的经常账户。这表现在四个方面：第一，子公司可能会向母公司购买中间产品（如材料/零部件/半成品），其母公司或母国其他公司会把这些半成品进行深加工或装配；第二，该外国子公司可能会进口成品来进行分销或转售；第三，母国公司可能会为外国子公司提供许多中间服务（如技术知识/市场信息/行政管理和会计经验），母公司的这些中间服务会收取一些使用费和其他费用；第四，对外直接投资可能会增加有形或无形的进口量，特别是当 FDI 是效率寻求型或者战略寻求型的时。这些交易都会从某个方面或多个方面影响母国的收支平衡。

例如，根据 UNCAD（2006:179）的估计，在 1992 年、1997 年和 2002 年，对巴西、墨西哥、中国香港、新加坡、马来西亚和中国台湾而言，它们对美国的 FDI 给其净收支带来了正影响，并且韩国受到的这种正影响更明显。[1] 这个估计是从所有 FDI 净流入减去诸如汇回海外利润、母公司和子公司间的净出口以及特许经营权和许可证费等净流出后的结果。

除了对投资公司外部交易有影响外，MNE 活动还可能会对母国其他公司有次级影响或者溢出效应。例如，如果一个电子 MNE 在收购外国公司后发现其出口减少了 10%，那么这会减少这类出口的进口成分，包括转包的材料、零部件。类似地，任何与成本寻求型 FDI 相关的间接出口的增加（比如这种增加是由供应商给投资公司带来的）也有可能增加间接进口。在第 16 章，我们会对母国公司溢出效应有限的证据进行探讨。

同样可以测量与外来投资相关的东道国的外部交易。一般来讲，这些外部活动刚好与母国的外部交易相反。因为资本直接流入资本账户，因此 FDI 对东道国收支平衡有直接影响。此外，FDI 也可以通过推动外资接收国实际汇率[2]的升值，或者改变进出口的平衡（包括技术的许可），以及通过最终的利润归还等对国际收支产生间接影响。

在其他条件相同的情况下，FDI 流动带来的东道国货币升值的最明显的影响就是出口商品竞争力的降低（当然，汇率能否充分调整还受到包括大量的投机资本流动在内的其他因素的影响）。除了汇率变化导致的经常账户的改变外，外来 FDI 本身也可能根据不同的投资动机和类型导致进出口平衡的变化。例如，资源基础型子公司的出口导向型投资可能会通过增加出口而使国际收支有结余，但这种影响是应该扣除中间产品的进口后的净收益。一个主要向海外市场提供产品的投资，受到关税和其他对最终产品进口的限制的影响，该投资可能会导致东道国中间产品和服务进口的增加。正如我们所看到的，由于投资类型和动机的不同，战略资产寻求型投资的贸易后果可能是模糊的。最后，任何以特许经营权和许可证费等形式存在的技术的转移费用也将增加对外汇的需求。

---

[1] 这里唯一的例外情况是 1997 年的巴西。

[2] 实际汇率是指国内贸易条件，或贸易商品相对非贸易商品的价格。

任何 MNE 子公司的利润汇回，即那些非再投资[1]部分的汇回，都会导致对外汇的进一步需求。事实上，与外国债务融资相比，FDI（或间接投资）的优势是，债务需要源源不断地还款，而 FDI 利润汇回只发生在子公司有利润的情况下，因此 FDI 更有可能发生在一个经济相对繁荣的时期。此外，公司内部债务的还款条件与那些正规的金融中介相比更容易协商，尽管我们还没有将公司内部债务和外部债务的付款条件进行比较的实证研究。

因此，为了让 FDI 在初始投资的几年以后对收支平衡能有中性的直接影响，境外子公司要有足够的外汇支付进口，以及任何特许和许可费，另外还要支付给母公司利息和利润汇回。

除了对 MNE 本身的影响外，MNE 交易也可能对东道国产生重要的溢出效应，进而影响东道国国际收支平衡（Blomström 等，2000；Rasiah，2004b）。国内企业生产增加能促使更多的进口，或导致更多的出口。此外，在某种程度上，入境国际投资可能会引起供应商企业或者竞争型国内企业的国内投资，这种投资的注资可能涉及国际债务的水平的增加，从而提高对外汇的需求。后者经常发生在发展中国家，尤其发生在国内资本市场无法提供足够的资本进行扩张时（在第 16 章，我们将深入讨论这种以及其他种类的溢出效应的相关文献）。

从宏观视角来看，东道国希望借助 FDI 实现经济增长还是消费增长也很重要，即外资的流入是为了购买高等进口品还是为了促进国内投资增长。投资热潮更有可能促进出口，即使在考虑利润汇回的情况下也是如此。但消费热潮很有可能导致更多的经常账户逆差，而向国外借款（经常账户逆差）会导致金融不稳定。由于实体经济适应外部条件的变化比金融市场更慢，因此外国资产对国际储备的比值越高，潜在问题就会越大（Gray 和 Dilyard，2005）。

为了注解方便，表 14.1 呈现了美国 1980—2004 年间五年一个间隔的国际收支状况。[2] 国际收支包含两个账户：经常账户和资本账户。如果经常项目支出超过了经常项目收入（比如商品和劳务的出口超出进口），减少的储蓄必须通过相应的资本账户的流入来平衡。这些流入可以以 FDI 的形式，或者以股票、债券等证券投资的形式。[3] 经常项目和资产账户上的交易行为都会造成国际收支的不平衡。

通过表 14.1，我们可以得知，美国经常账户赤字在不断攀升，并且美国也成为世界上最大的净债务国之一。但同时，很明显，美国的 MNE 在减少赤字规模方面扮演着很重要的角色。持续的资本收益顺差（表 14.1 中第 39 行）说明美国母公司从国外子公司获得的收入比在美国的外资企业的子公司向国外的母公司的支出要少，这在某种程度上补偿了商品贸易逆差，从而减少了外债负担。服务业（第 37 行），尤其是收取特许和许可费（第 5 行和第 13 行）以及其他个体服务行业（第 6 行和第 14 行），也弥补

---

① FDI 包括三种"流"：股权资本流、公司内债务流和再投资收益流。同样参见第 1 章。

② 美国经济分析局（BEA）还基于所有权统计框架对美国经常账户进行了估计，与常规国际收支完全一致。基于所有权的账户偏向于将美国 MNE 国外分支机构，以及国外 MNE 在美国做出的贡献从经常账户中分离出来，参见 Lowe（2007）。

③ 参见 Durham（2004）对 FDI 与股权组合投资对经济增长影响的分析，文中将金融机构质量和东道国经济的吸收能力加入对国家的横截面分析中。若想得到更多关于组合投资的一般范式与直接投资是否能（或确切地说是否应该）被对比的观点，请参见 Dunning 和 Dilyard（1999），以及 Wilkins（1999）。

了商品贸易赤字。最后，我们会回过头来讨论持续的经常账户不平衡的后果。

表 14.1 　　　　　　　　　　　　美国国际收支（单位：百万美元）

	1980 年	1985 年	1990 年	1995 年	2000 年	2004 年
经常账户						
1. 商品服务出口和收入进款	344 440	387 612	706 975	1 004 631	1 422 402	1 530 975
2. 商品服务出口	271 834	289 070	535 233	794 387	1 071 484	1 151 448
3. 商品(收支平衡基础)	224 250	215 915	387 401	575 204	771 994	807 536
4. 服务	47 584	73 155	147 832	219 183	299 490	343 912
5. 使用费和许可费	7 085	6 678	16 634	30 289	43 233	52 643
6. 其他私人服务	6 276	20 035	40 251	65 048	108 791	145 433
7. 收入进款	72 606	98 542	171 742	210 244	350 918	379 527
8. 美国拥有的 FDI 资产收入	37 146	35 410	65 973	95 260	151 839	233 067
9. 商品服务进口和所得税税款	−333 774	−483 769	−759 290	−1 080 124	−1 779 620	−2 118 119
10. 进口商品和服务	−291 241	−410 950	−616 097	−890 771	−1 449 756	−1 769 031
11. 收支平衡基础上的商品	−249 750	−338 088	−498 438	−749 374	−1 224 408	−1 472 926
12. 服务	−47 491	−72 862	−117 659	−141 397	−225 348	−296 105
13. 使用费和特许费	−724	−1 170	−3 135	−6 919	−16 468	−23 901
14. 其他私营服务	−2909	−10 203	−22 229	−35 199	−62 120	−95 666
15. 收入支付	−42 532	−72 819	−143 192	−189 353	−329 864	−349 088
16. 美国对外资产的直接投资	−8 635	−6 945	−3 450	−30 318	−56 910	−105 146
17. 单向经常转移，净额	−8 349	−21 998	−26 654	−38 177	−58 781	−80 930
资本和金融账户						
资本账户						
18. 资本账户交易,净资产账户	—	315	−6 579	−927	−929	−1 648
金融账户						
19. 美国国外资产,净额(增长/资金流出(−))	−85 815	−44 752	−81 234	−352 264	−560 523	−855 509
20. 美国官方储备,净额	−7 003	−3 858	−2 158	−9 742	−290	2 805
21. 美国政府储备资产,而非其他官方储备资产,净额	−5 162	−2 821	2 317	−984	−941	1 215

	1980 年	1985 年	1990 年	1995 年	2000 年	2004 年
22. 美国个人财产,净额	−73 651	−38 074	−81 393	−341 538	−559 292	−859 529
23. 直接投资	−19 222	−18 927	−37 183	−98 750	−159 212	−252 012
24. 外国证券	−3 568	−7 481	−28 765	−122 394	−127 908	−102 383
25. 美国非银行业报告的美国对非子公司的债权	−4 023	−10 342	−27 824	−45 286	−138 790	−149 001
26. 美国银行报告的美国债权,不包括其他地方	−46 838	−1 323	12 379	−75 108	−133 382	−356 133
27. 美国的外国资产,净额(增长/资金流入(+)	62 612	146 115	141 571	438 562	1 046 896	1 440 105
28. 外国在美官方资产,净额	15 497	−1 119	33 910	109 880	42 758	394 710
29. 在美其他外国投资,净额	47 115	147 233	107 661	328 682	1 004 138	1 045 395
30. 直接投资	16 918	19 742	48 494	57 776	321 274	106 832
31. 美国国库证券	2 645	20 433	−2 534	91 544	−69 983	106 958
32. 非国库证券的其他证券	5 457	50 962	1 592	77 249	459 889	369 793
33. 美国对非子公司的责任	6 852	9 851	45 133	59 637	170 672	124 358
34. 美国银行报告的美国债务,不包括其他地方	10 743	41 045	−3 824	30 176	116 971	322 627
35. 统计差异(以上项目的总和)	20 886	16 478	25 211	28 299	−69 445	85 126
备注						
36. 商品贸易平衡(第3行和第11行)	−25 500	−122 173	−111 037	−174 170	−452 414	−665 390
37. 服务贸易平衡(第4行和第12行)	6 093	294	30 173	77 786	74 142	47 807
38. 商品和服务贸易平衡(第2行和第10行)	−19 407	−121 880	−80 864	−96 384	−378 272	−617 583
39. 收入平衡(第7行和第15行)	30 073	25 723	28 550	20 891	21 054	30 439
40. 单向经常转移,净额(第17行)	−8 349	−21 998	−26 654	−38 177	−58 781	−80 930
41. 经常项目平衡(第1、9和17行或第38、39和40行)	2 317	−118 155	−78 968	−133 670	−415 999	−668 074

资料来源:BEA 国际账户数据。

现在，我们简单地回顾一些试图检验 MNE 的进出口活动分别对母国和东道国的影响的实证研究。

□ 14.3.2　一些实证结果：母国

大多数研究把焦点集中在了出境 FDI 和母国出口，并重点关注对外直接投资与母国出口之间是替代关系还是互补关系。对最终产品而言，其生产从境内转向境外很可能意味着国内产成品的出口的减少。同时，很多 FDI 都涉及中间产品市场的内部化问题，因此，很多商品和服务的交易是在企业内部进行的。例如，根据美国经济分析局 1996 年的基准调查，从美国运到境外子公司的出口商品中有 68% 是有待进一步加工的半成品（Mataloni 和 Yorgason，2002）。

尽管在特定的东道国建立的境外子公司可能会增加第三方国家中间投入品的出口，但同时也可以促进母国中间品的出口。可想而知，在 FDI 的初期阶段，大部分的中间投入品是来自于国内的，当地采购随着时间的推移而增加。尤其当子公司的技术和管理能力逐渐发展成为当地经济的一部分，从而帮助当地供应商公司增强自身的能力时，当地供应商公司出口其产品的倾向就有可能增加。[①] 随着境外生产的成熟，外国子公司也有可能取代母公司而出口自己的产品到第三方国家。在 Svensson（1996）对瑞典的调查中，我们可以找到支持此观点的证据。在调查中，他认为，国外生产在促进中间品出口的同时也使得国内对第三方国家的出口减少。Kokko（2006）提出了另外一种可能，他认为由并购所致的国际扩张可能会减少国外生产对国内出口的半成品的依赖性。

虽然有关对外直接投资对不断增长的国内进口的影响的研究还不是特别多，但是，这种影响可能会涉及一种情况，即商品在国外某地生产为成品，而后又被出口到各种市场，其中包括国内市场。在这种情况下，对母国的净效应是：成品进口的价值和出口到国外子公司的半成品的净值，再减去直接出口到第三方国家的下降量。

境外生产与出口互补的证据

现在看看有关母国出口的实证研究。首先，我们看看 20 世纪七八十年代的四个研究。第一个研究是 Bergsten 等（1978）所做的研究。在该研究中，他们发现，美国 MNE 子公司在 1966—1972 年间境外生产对母公司有积极、显著的影响。另外，研究也发现外资控股的增值活动与市场中美国同行业其他企业的出口有积极、显著的关联。因此，直接效应（母公司的出口）和间接效应都对东道国有利。在估计这些效应的过程中，作者也将其他影响美国出口的变量考虑在内，包括行业和东道国特征。

第二个研究是 Lipsey 和 Weiss（1981）完成的，其研究更加明确地指出美国的

---

①　由于出口涉及固定成本，关于出口的文献认为：企业自主选择是否成为出口者，出口企业比不出口的企业生产率更高，以及它们更高的生产率是先于出口的决定的。更高水平的出口是否导致生产率的进一步增长仍旧是一个有待解决的问题，尽管可以找到一些支持这个观点的证据。比如，Bernard 和 Jensen（1999）发现美国出口企业的就业增长率与生存率高于非出口企业，但生产率、工资增长率却并非如此，尤其是在长期的情况下。主要的原因是出口市场上有较大的活力，每年超过 10% 的制造业工厂进入或退出出口市场。也可以参见 Clerides 等（1998）对哥伦比亚、墨西哥和摩洛哥"出口干中学"（learning by exporting）的研究。

FDI 对美国出口有利。作者以美国商务部的数据为基础,使用普通最小二乘法(OLS) 多元回归模型,发现美国境外 MNE 活动(无论以子公司的固定资产净值、子公司的总销售额、子公司在东道国的销售额还是以子公司的数量来衡量)对母公司的出口、美国的行业出口、美国的总出口有积极的影响。该研究进一步证明了美国海外的子公司的产品似乎代替了其他 13 个主要的工业国家,尤其是来自发展中国家的出口(也就是说,美国海外子公司的生产对除了美国以外的国家的出口有消极影响)。研究还显示美资制造业子公司的活动在有很多外资子公司聚集的东道国很显著。作者断定他们的研究结果支持了 FDI 是寡头垄断企业在东道国市场争取份额的一种方式的主张。他们发现,这非常符合发达国家在工业产品贸易和投资方面的做法。

第三个研究仍由 Lipsey 和 Weiss(1984)所做,该研究通过检验 1970 年美国 MNE 出口和海外生产的公司层面的数据补充了他们之前的研究。更加特别的是,他们将分布于全球五大区域 14 个行业的约 200 家美国公司的制造业出口的价值同母公司的特征、子公司产品价值,以及这些区域的 GDP 联系了起来。他们发现除了药品、电子元件和非自动传输设备这三类行业以外,其他行业的出口和海外生产之间都有积极的、显著的关联。在有待进一步加工的中间产品的出口中,这两种变量的关联比在制成品出口中更强。

第四个研究由 Blomström 等(1988)做出,他尝试利用美国商务部提供的 1982 年的数据和斯德哥尔摩 IUI 提供的 1965 年、1970 年、1974 年和 1978 年的数据来估计境外生产对母国工业制成品出口的影响。在两个例子中,作者使用了贸易方程式,把母国出口同东道国 GDP、人均 GDP 和境外生产代理变量(通常指外国子公司的净销售额,也就是,销售额减去从母国的进口额)联系起来。他们用普通最小二乘法和两阶段最小二乘法来估计境外生产变量的显著性,并且发现主要的关系是介于中性和互补性之间的,即境外生产可能会导致出口增长,或者不会对出口有任何影响。

在瑞典,这种关系尤为明显。其境外生产的增加与国内出口正相关,也就是说,这两个变量在七个行业中呈现互补状态。[①] 这份研究也表明,目前还没有证据可以表明出口和境外生产的互补性会随着境外生产成为服务国外市场更加重要的方式而降低。然而,对美国的研究结果很复杂。在逐级分解的情况下,子公司的净销售额和美国 34 个工业部门中五分之四的出口主要呈现正相关或者不相关的关系。然而,研究发现,出口和境外生产在五个部门可互相替代,它们分别是其他食品、药品、工业化学、原色和有色金属以及木材(木头和家具设备)。

越来越多的最新研究从本质上证实了之前的研究成果。Brainard(1997)采用 1989 年的横截面数据,认为在美国 FDI 和出口在国家和产业层面呈现整体上的互补性。Clausing(2000)利用美国经济分析局 1977 年和 1994 年产业层面的两组面板数据,发现出口和 FDI 之间也存在类似的关系。特别地,他发现美国出口和美国 MNE 的境外生产之间呈现正相关关系(MNE 是用当地子公司的销售额扣除公司内的进口来衡量的),而在美国的外国子公司的销售额与美国进口额正相关,尽管后者的关系

---

① 这个关系最早是由 Swedenborg(1979,1985)提出的。

并不稳健。通过对从美国分析局基准统计中取得的 1982—1999 年美国 MNE 企业层面的面板数据，Desai 等（2005a）认为，在国外扩张的跨国企业也倾向于增加它们在国内的经济活动，海外直接投资的增加与额外的国内出口是相关的。

在澳大利亚，Pfaffermayr（1996）通过对 20 世纪 80 年代和 90 年代早期的面板数据的研究发现，FDI 和制造业出口之间具有显著的互补关系。借助于他们之前采用的重力模型，Lipsey（2000）发现，从企业层面上看，在特定区域的日本子公司的产量增加与更大规模的母公司出口有时相关，有时不相关。然而，通过对 1971 年到 1992 年 11 个 OECD 国家的面板数据分析，Pain 和 Wakelin（1998）并不能在对外或对内的 FDI 和出口之间建立一致的关系。而当他们把研究对象缩小到英国、德国、法国和瑞典这四个国家时，Barrel 和 Pain（1997）认为净对外投资和出口之间存在负相关关系。

还有一部分研究探索了境外生产对国内进出口的影响。利用中国外来直接投资和贸易联系的相关数据，Wei 和 Liu（2001）发现，FDI 密集度对进口密集度的正向影响几乎是对出口密集度影响的两倍。通过分析 1987—1996 年 27 个国家 13 个制造业企业的数据，Fontagné 和 Pajot（2001）认为，对英国而言，FDI 存量每增加一美元，其出口和进口就分别增加两美分和六美分；对法国的研究结果显示了较弱的互补性；对美国的研究显示，FDI 存量和出口之间的互补性是 1∶1，FDI 存量和进口之间的互补性则是 1∶1.7。Camarero 和 Tamarit（2004）通过对 13 个 OECD 国家的研究，也发现了相似的结果。通过研究这些国家 1981—1998 年的季度数据，他们发现大多数情况下，外来直接投资和对外直接投资存量与出口和进口都是正相关。然而考虑到结合了制造业进出口、外国在本国的投资和本国对外国的投资的所有四种可能的情形，一大批存在一次或多次替代关系的国家也就可以被辨认出来了。

总体来说，大多数国家层面和行业层面的实证检验表明，FDI 和母国出口更倾向于互补而非替代对方。与此同时，有些运用在企业和产品层面分解的面板数据的研究也发现了两者之间的替代关系。事实上，也只有在企业层面才可能准确地检测有关互补和替代性的假设，因为只有这样才能估算对外直接投资是否导致同一家企业更多的中间品出口，或者更广泛地说，来自同一家公司及其在母国的供应商的中间品出口。[①] 下一节将会梳理企业和产品层面的最新研究，并且将这些研究与整体结果进行比较。

运用企业或产品层面证据的最新研究

对特定东道国的 FDI 与对该国的出口之间的正相关关系可能是公司集聚的结果。正如我们在第 8 章探讨的，一家企业进入国外市场的模式取决于该企业的内在因素，

---

① 贸易和 FDI 之间的整体关系可能还取决于公司内贸易的普遍程度。为了说明这一点，Hejazi 和 Safarian（2001）利用了一个改进的引力模型，模型包含了美国及其他 51 个国家 1982—1994 年间的贸易和 FDI 存量数据。他们发现虽然外来直接投资和对外直接投资都会造成美国出口的增长，但对外直接投资的影响更大。他们利用公司内贸易来解释这些结果，因为美国在本国母公司和外国子公司之间的出口规模是外国母公司和在美国的子公司之间出口规模的两倍。相反地，美国的进口实质上也更多地由外国子公司进行，而非美国的母公司。因此在贸易主要涉及 MNE 母公司（出口）的情况下，将对外直接投资加入引力模型应该可以提升解释双边贸易的能力。相应地，当贸易主要涉及外国子公司（进口）的前提下，将外来直接投资加入引力模型应该拥有相同的效应，这一点是由数据证实了的。

因为除了受到东道国特质的影响外，这种模式依赖于企业本身独特的体制和其他的所有权优势，而正是这种体制和优势使得企业能够统筹协调好竞争市场和科层中的经济活动。在任何一个公司集团内，对于是否以及如何进入特定的市场，独立企业都会做出不一样的决定。一些公司偏好出口模式，其他的则转向与外国企业签订认证合同或者进行 FDI。因此，即使由于对中间投入品的需求的增长导致缺乏真正的互补性，只要出口与 FDI 两者中没有哪一方完全占据上风，二者呈正相关也是正常的。

  Swenson（2004）利用 1974—1994 年间在美国投资的数据，证实了这种联系。其研究表明，尽管在所有的 FDI 和制造业投资层面，美国的进口和入境直接投资流量[①]之间的互补关系十分明显，但在工业和产品层面，替代关系更为突出。而且，投资国之间也表现出了很大差异，而这种差异至少在一定程度上是由替代和互补两种混合效应引起的，这种混合效应则反映了特定投资国不同工业和产品的优势。

  除了美国的例子以外，很多在企业或者产品层面对跨国公司境外生产与母国出口之间关系进行的研究也对日本 MNE 的数据进行了检验。Head 和 Ries（2001）运用 1966—1989 年间日本制造业上市公司的东京经济数据，发现制造业的海外投资与其母国出口增长是有关联的。他们也发现，垂直一体化的测量与企业内出口的日益增加紧密相关，而企业内出口则意味着互补关系的源头就是中间品销售额的增长。那些没有垂直一体化的企业，其中包括汽车和电子制造业领域的一些领头企业，展现的是一种公司内部的替代关系。然而，对汽车制造业的领头公司来说，对外 MNE 活动倾向于增加供应商零部件的出口，而电子制造企业则不是这样的。

  这些研究结果和 Blonigen（2001）相一致，他用产品层面的数据对境外生产和出口的关系进行了检验。调查的第一部分检验了在美国的日本汽车公司的境外生产与日本汽车零部件的出口之间的关系。尽管在产品层面上，日本在美国的生产和日本出口到美国的多种汽车零部件之间呈互补关系，但数据显示汽车零部件供应商之间是净替代效应。然而，在这个案例中，从日本出口的产品正被日益增长的美国日资汽车公司而不是美国本土企业的产品所替代。在调查的第二部分 Blonigen 检验了不同群组的最终产品，这些群组之间没有垂直关系，也几乎没有在东道国增加当地产品的压力。同样，产品层面的证据强烈表明，境外生产和进口之间的关系是互为替代的而非补充的。此外，结果还表明，替代效应倾向于一次性变化，而不是随时间逐渐减小。

  事实上，在一些案例中，FDI 和贸易之间的替代关系会受国内政策制度的影响。Belderbos 和 Sleuwaegen（1998）运用 20 世纪 80 年代末日本制造业在欧共体中投资的企业层面数据，分析了自愿出口限制（VER）、关税及其他贸易限制等因素对企业选择从事 FDI 而不是依赖于母国出口的影响。来自电子生产部门的 35 种产品的数据显示，日企更倾向于在欧共体中设立制造设备，从而使这些产品避免成为 VER、配额、反倾销的目标。他们同样检验了境外直接投资能否在企业层面上替代母国出口。他们得出的结论是，在 1986—1988 年间，避让关税的投资可以替代出口，但是当企

---

  ① 采用投资数量这个变量得到的结果比 FDI 流量更稳定。

业已经在当地投资设立销售子公司或者收购了一个欧洲企业时，结果就不是这样了。此外，他们还发现，如果供应商是垂直企业集团的成员，它们就会出口更多的产品到欧洲来支持它们的核心合作伙伴。因此，投资企业对制造业的投资已经替代了最终品和中间品的出口，出口替代的总效应被垂直企业集团中供应商扩大的出口减少。

□ 14.3.3 一些实证结果：东道国

与研究对外直接投资对母国国际收支的影响相对应的工作是研究外来 MNE 活动对东道国国际收支的影响。Lall 和 Streeten（1977）所做的研究可能是首个详细的研究，他们收集了 1970—1973 年间 159 个 MNE 在 6 个发展中国家[①]的投资活动。他们检验了每个公司国际收支的直接效应。所依据的公式是：

$$Bd = [X + K - (Ck + Cr + R + D)] \tag{14.1}$$

其中，

Bd＝境外子公司账户国际收支的净盈余或亏损

X＝出口额

K＝资本流入

Ck＝进口资本货物的价值

Cr＝进口周期性产品的价值

R＝支付给外国的特许权使用费以及技术和管理费用

D＝给投资国的股息和利息

运用这个测量方法，作者发现，除肯尼亚外，MNE 子公司的外部交易是净赤字，赤字额与净销售额的比例从伊朗的－55％到印度的－11.7％。[②] 作者推断：考虑到几乎所有的海外子公司都从事进口—替代经济活动的事实，这个结果也是意料之中的。而后，他们继续将境外子公司的外部交易和本土公司的对外贸易进行比较，发现每组公司都有类似的进口倾向。总的来说（不同的国家会有一些差异），在平衡时那些境外子公司出口的产品量和本土公司一样，甚至是少于本土公司的出口产品。他们发现，造成国际收支负效应的主要原因是境外子公司利润、股息和特许权使用费的减少量已经超过了新资本流入的减少量。实际上，作者认为，这些劳务成本很可能被低估了（由于哥伦比亚的数据可得，通过转移定价策略，我们会在第 17 章深入探讨这一主题）。

同时，Lall 和 Streeten 清楚地意识到，合理地评估外来直接投资对东道国对外贸易账户的贡献，需要假设如果没有外来直接投资，东道国对外贸易账户将会有怎样的变化。在研究中，他们给出了一些备择方案。[③] 第一个就是"进口—替代"方案，产品是进口的，而不是由东道国的境外公司生产的。在这个案例中，合适的对比是在用于进口产品的外汇和境外子公司在当地生产该产品的外汇之间。第二个是

[①] 即哥伦比亚、印度、伊朗、牙买加、肯尼亚以及马来西亚。

[②] 肯尼亚是 2.7％；印度是－11.7％；牙买加是－25.5％；哥伦比亚是－35.3％；马来西亚是－37.6％；伊朗是－55.0％。

[③] 下面的段落都源于 UNCTAD 上 Lall 和 Streeten 最初提交的报告。

"金融替换"方案，假设 MNE 的投资由本土公司承担。这个案例是在不同资金来源的成本之间进行对比。第三个是"最有可能的当地替换"方案，主要是计算外来直接投资能被国内投资取代的部分和不能取代的部分。

在确定最合适的方案的过程中，作者设计了一个关于东道国技术能力和创业能力的综合指数。研究假定每个企业都有一定程度的本土替代，历史悠久、容易获得技术的产业或者具有巨大的当地企业家潜能的产业会发生更大程度的本土替代。在理想条件下，这个方案将对外来直接投资的所有非金融贡献进行评估。然而，实际上，这样的评估并不可靠，因为除了所有权以外，样本公司之间还有很多不同的地方。

利用这种评估方法，Lall 和 Streeten 发现，在这 159 家外国公司中，40％的公司对东道国的社会收入产生了净负面影响。然而，这些负面影响的主要决定因素是东道国政府施加的有效保护率，而有效保护率的结果与企业所有权的国籍无关。例如在肯尼亚的案例中，外来投资对国际收支和国内生产总值都是有利的。然而，肯尼亚并没有被大家当做一个典型的东道国，因为超过半数的肯尼亚境外企业都是出口导向型的。

利用"最有可能"的替换方案，并在利用"本土替代程度"获得的粗略估算的基础上，Lall 和 Streeten 判断，三分之一的境外子公司对它们所在的国家产生了负收入效应，并且是可以被本土公司取代的。大约二分之一的公司是部分可替代的，余下的则是不可替代的。然而，这些结果是基于大量关于本土公司技术能力和创业能力的简化假设的基础上得来的。其他的相关因素，例如管理效率和规模经济则没有考虑进去。

总之，Lall 和 Streeten 的这个研究证实了 Reuber 和他的同事们数年前的发现（Reuber 等，1973）。Reuber 的研究发现，虽然境外子公司在发展中国家的净贸易（净支出）交易大概保持在 8 080 万美元的正向水平上（也就是其出口超过进口的数目），但是如果没有 FDI 国内公司提供的产出，则这个正向影响会变成 170 万美元的逆差。

大量早期的实证研究强调了对反事实情况假设的重要性。Dunning（1969）认为，1965 年在英国的美国制造业子公司对英国的国际收支净贡献是 2.84 亿英镑[1]，最有可能的反事实情况则是 2.72 亿英镑。然而，这个猜想却排除了美国子公司在英国所产生的次级效应或溢出效应。在 20 世纪 60 年代境外子公司对英国国际收支平衡的变化的估算中，他使用了以下的方程：

$$\Delta B = \Delta P\left[x^1 - x(1-f)\right] + yf - \Pi\frac{m^1}{1+m^1} - udYD \qquad (14.2)$$

其中，

ΔB＝收支平衡的变化

P＝境外子公司的产出

$x^1 - x(1-f)$ ＝新的境外投资引起的出口的变化

① 使用公式 $B = E_{US} - (M_{US} + Y_{US} + R_{US})$，其中 E_{US} 代表美国子公司的出口，M_{US} 代表美国子公司的进口，Y_{US} 是美国子公司的收入，R_{US} 是美国子公司支付给母公司的特许权使用费和服务费。

Ⅱ＝境外子公司的税前收入

u＝乘数

Y＝补充国内产出的境外子公司的产出比重

f＝替代进口的境外子公司的产出比重

m＝进口

在增加了税收变量并估算了英国的消费和进口倾向后，Steuer 估计，给定政府的政策，外来直接投资将英国的国际收支提高了近 10%。

同时期，其他的学者试图衡量境外子公司对发展中国家国际收支的影响。在拉丁美洲，Vernon（1971）发现，假设由投资引起的商品和服务可以进口，则 20 世纪 60 年代早期美国外来直接投资会对国际收支产生积极的影响。但是，如果假设这些生产已经被本土企业替代，则外来直接投资会对国际收支产生消极影响。Biersteker（1978）利用尼日利亚的境外公司样本得到了相同的结果。

在最近的研究中，Liu 等（2002）给出了一种可能的发展路径的证明，他基于 1984—1998 年来自 19 个投资母国的面板数据，运用 Granger 因果检验研究了 FDI 和中国贸易的关系。他们发现了中国进口增长和外来直接投资存量之间有一种单向互补的联系，中国外来直接投资的增长与中国向东道国出口增长之间也有这种单向互补的联系。最后，他们发现，中国出口的增长和进口的增长之间存在单项互补的联系，尽管最后这个联系缺乏一个清晰的理论基础。

对 1980—1996 年间中国外商投资企业（FIE）的进出口平衡状况进行仔细检验后，Sun（1998）发现，尽管从 1990 年开始，中国贸易的综合平衡保持顺差，但外商投资企业的综合平衡在这个时期内却一直是逆差。他把这种状况归因于外商投资企业主要进口机械和设备，如果不把机械和设备的进口算在内，则外商投资企业的贸易平衡就是平衡的或者有温和的顺差。此外，他认为转移定价，尤其是发生在中国和中国香港之间的转移定价，也很可能发挥了一定的作用。

以泰国为例，Jansen（1995）发现入境直接投资和证券组合投资在 20 世纪 80 年代晚期促进了本土私人投资的发展。然而，有强烈出口导向的直接投资促进了出口收入的急剧增长，更促进了进口的急剧增长，从而导致了经常账户的恶化以及外债的增加。因此，尽管直接投资本身没有构成债务，但其间接影响也会导致借贷增加。尽管实际上，FDI 流动整体上比证券组合投资流动要稳定一些[①]，但是证券组合投资并没有引起类似的调整，所以相对来说比较温和。

在大多数中欧和西欧的转型国家中，这种类似发展是显而易见的。这些国家在 20 世纪 90 年代获得了大量的外来直接投资流入，并且还由于进口大于出口而造成了不断增加的经常账户赤字。然而，正如 Pöschl（2000）指出的，如果 FDI 净流入与经常账户的赤字增长保持一致，这些赤字就可能是升级和资本进口的结果，从而，这是竞争力的增强而不是减弱。而且，资金流入能够抵消部分经常账户的赤字，增

---

① 例如，通过研究 1982 年拉丁美洲、1994 年墨西哥以及 1997 年东亚这三次金融危机，Lipsey（2001b）提请注意 FDI 流量与证券投资相比的稳定性，以及美国跨国公司的战略回应。通常，跨国公司通过增加东道国出口、减少当地销售来应对货币贬值。一项由 Desai 等（2006）所做的研究指出，新兴市场中的 MNE 子公司比当地企业更能在严重的货币贬值后增加产量。

加储备和降低来自金融危机的冲击。另一方面，如果有些国家金融机构不发达、政府借款达到显著的水平、高通货膨胀率且经常账户赤字会放宽它们的资本账户，那么高利率可能引发投机性资本流入并抬高本币的价值。在对转型经济体的分析中，Pöschl 发现，在捷克共和国、匈牙利和斯洛文尼亚，经常账户赤字的一部分会由服务贸易的顺差来抵消，但由于外债的作用收入平衡基本上是逆差。在匈牙利，FDI 占进口的三分之一，在波兰少于十分之一，而在斯洛伐克和斯洛文尼亚，FDI 在进口中所占的份额几乎微不足道了。1998 年，匈牙利由于 20 世纪 90 年代中期 FDI 相关的流出增长很快，导致 1998 年 FDI 净流入与收入和服务账户[①]的相关流出大致相等。

最后，由 Barry 和 Bradley（1997）所作的一项有关爱尔兰的研究发现，MNE 的利润返还在 1990—1995 年间非常普遍，并对国家的国际收支产生了持续重大影响。此外，作者认为，境外子公司生产的 86% 的产品用于出口，再加上爱尔兰的低税率，意味着这个时候是转移定价非常好的时机。事实上，这些事实使他们质疑爱尔兰经济体是否已经从外来直接投资中获得了高回报来弥补该国承受的由外商主导其制造业带来的弱点。

14.4　公司内贸易

□ 14.4.1　公司内贸易的决定因素

正如本书经常强调的，MNE 最鲜明的特征是将跨国的中间产品市场内部化。公司内贸易就是原材料、零部件、半成品和成品（不是最终品）的贸易。[②] 公司的所有权优势和国家的区位优势有助于解释国际贸易的水平和模式，贸易组织从本质上是由可供选择的交易模式的成本和收益决定的。

原则上，公司内贸易不仅给参与国提供了与公平贸易一样的收益，还会带来更大的好处，那就是使得那些在公平贸易中无法买卖的商品变得可供买卖了。同时，管制贸易替代市场贸易使操纵转移价格和将利润转移到税收优惠的地区成为可能。[③] 同样地，适用于中间产品市场内部化的论据也适用于公司内贸易，因此，MNE 市场势力的增强会阻碍效率的提高这一说法是合理的。一些研究人员，例如，Lall（1978）、Casson 等（1986）、Casson 和 Pearce（1988）、Cho（1988）、Hipple（1990）、Gray（1992，1999）以及 Gray 和 Lundan（1993a）已经阐述了这一观点。

除此之外，他们试图找到产生公司内贸易的最大原因、最有可能参与公司内贸易的公司类型以及贸易最有可能内部化的国家间的特征。Gray 和 Lundan（1993a）认为，共同治理的经济体更能够创造贸易（即比公平竞争的企业体系创造更多的国

---

① 见表 14.1 中收入和服务贸易平衡的说明。

② 成品是指那些在出售给外部购买者时物理状态不会改变的商品。然而，通过市场分配和售后服务仍然会产生附加值。最终品是指那些直接由消费者购买的商品，例如，从零售商店购买的商品（参见 Gray，1992）。

③ 转移定价将在第 17 章中进一步讨论。

际贸易）。贸易的两国之间的相对要素价格差异越大，规模经济的牺牲越小，运输、关税和额外监管的成本越低，公司内部垂直整合的效率就越大，东道国政府就越能够接受 FDI 导致公司内贸易的情况的发生。

影响公司内贸易的企业特定因素（也可能是国家特定因素）包括公司的跨国经营程度、公司跨国经营的形式（这可能是规模、产品结构、研发以及广告的密集程度、企业境外生产时间及经验）和相关的交易成本。例如，Lall（1978）在对 1970 年美国 MNE 的跨产业公司内出口模式进行分析后，发现产品的技术密集度、交易规模、FDI 规模、生产过程的细分以及售后服务和维护设备的意识等都会对美国 MNE 公司内贸易的份额产生积极、重要的影响。Cho（1988）以及 Siddharthan 和 Kumar（1990）根据美国商务部 1982 年公布的数据，也证实了研发变量的重要性。①

其他的研究揭示了特定区域或国家的区位优势对公司内贸易总额和模式的影响。特别地，区域经济一体化大大增加了 MNE 专业化生产的可能性，因此公司内部之间产生了贸易。在可能影响贸易组织的制度变量中，最重要的是国家参与劳动力国际分工的程度，以及政府所采取的影响贸易水平和结构的政策措施。

例如，Helleiner 和 Lavergne（1979）证明了 20 世纪 70 年代早期，美国 MNE 公司内进口的相对重要性与当时美国的关税呈显著负相关，与肯尼迪在东京回合造成的关税成本降低呈正相关。其他政府相关变量包括本地容量和采购需求，这两者都可能减少公司内贸易，鼓励 EPZ 的成立，进而促进公司内贸易。迄今为止，通过吸引或者阻止 MNE 从事跨境转移定价，政府的政策也对公司内部资产、商品和服务贸易产生了积极或消极的作用。

过去二十年间技术及通信的进步为更多的国家开放商品和服务贸易以及进行专业化（水平专业化和垂直专业化）分工提供了便利。随着 MNE 在追求区域和全球战略时效率寻求型 FDI 的重要性日渐凸显，母公司和子公司之间、子公司之间的公司内贸易也大幅增加（UNCTAD，1996：103）。MNE 一体化的发展也促进了公司内贸易的发展，与此同时，价值链中包括商业服务在内的外包的增加，也增加了 MNE 网络中不同个体间的公平贸易（UNCTAD，2002：125）。近年来，MNE 创新活动的国际化也为研发投入和产出的公司内贸易提供了新的可能（UNCTAD，2005c）。

□ 14.4.2 公司内贸易程度的实证研究

公司内贸易是将垂直生产网络和水平生产网络进行跨国连接的机制。虽然公司内贸易和一般的 MNE 相关贸易在所有发达经济体都盛行，但是不同国家公司内贸易的程度和形式仍存在着差异，其中至少有一些差异可能反映了 MNE 承担的各种活动的类型和它们所在的行业。同时，国家政策和公司治理制度也会产生影响。例

---

① Kobrin（1991）提出衡量美国 MNE 公司内贸易的一种方法，认为美国 MNE 公司内贸易与四个独立变量有关：研究力度、广告强度（作为代表市场回应的重要性的指标）、美国公司在国外产生的销售额占行业总销售额的比例（作为衡量国际化程度的指标）和工厂的最优或有效规模（作为衡量规模经济的指标）。在对 1982 年 56 家美国制造业企业进行的截面研究中，Kobrin 认为，四个相关变量中除广告变量之外的三个为公司内贸易的积极因素，而广告变量的符号为负，表明广告力度越低，企业应对国家需求模式差异的压力越小，并且整合公司内贸易的激励就越大。

如，日本和德国公司高度依靠公司内贸易可能与其管理结构有关，这种管理结构可以将名义上独立的一些公司与行业内领先的制造业企业保持长期联系，以保证产品质量始终如一和及时交付。本章前面提及的有关日本汽车和电子产品制造商的证据说明了被公司采用的两种策略。日本的汽车零部件供应商跟随它们的领军企业在美国和欧洲建立分公司，而日本电子行业的企业却选择更多地依赖企业集团内部进口来维持其价格和质量标准。[①]

在早期有关公司内贸易的实证研究中，Brash（1966）估计，1961—1962 年间，76 家在澳大利亚的美国子公司所进口的物品中有 91% 被内部化。而 Deane（1970）计算得出，在 1963—1964 年间，109 家境外公司的进口中有 55% 是来自同一公司的其他分支机构。Safarian（1969）考察了 1965 年在加拿大的 266 家 MNE 子公司，他通过计算得出这些公司的平均出口内化率为 51%，平均进口内化率为 72%，这些数字均明显高于 Forsyth（1972）发现的 20 世纪 60 年代后期美国子公司在苏格兰的相应比率（分别为 21% 和 57%）和 Dunning（1977）通过对 30 家英国大型 MNE 在欠发达国家大量投资的研究得出的比率（分别为 25% 和 45%）。

Lecraw（1983）通过研究 1978 年 5 个亚洲国家的 6 个轻工业行业中的 111 个 MNE 发现，日本子公司出口额中的 79%、进口额中的 84% 都与同一组织的相关单位有关联。美国子公司的相应比例分别为 68% 和 53%，欧洲子公司相应比例为 65% 和 57%，而发展中国家 MNE 子公司的相应比例为 23% 和 37%。

1984 年，英国制造业约 29% 的出口额和 51% 的进口额发生在英国 MNE 和它们的境外子公司之间。[②] 瑞典企业（1975 年）的相应比重分别为 29% 和 25%（Helleiner，1981），比利时公司（1976 年）的相应比重分别为 53% 和 48%（Van den Bulcke，1985），日本企业（1979 年）则分别为 26% 和 16%（Ozawa，1985），以及葡萄牙公司（1981 年）为 31% 和 34%（Simões，1985）。1988 年，约 51% 的日本制造业子公司的出口是出口到了母公司或姊妹子公司（MITI，1989）。

遗憾的是，仍然只有少数几个国家提供了公司内贸易的官方统计数据。表 14.2 显示了在特定东道国贸易中境外子公司所占的份额的最新数据，这些数据一定程度上是用某种可比形式提供的。此外，表中还包括了日本、荷兰、瑞典和美国这几个国家子公司的公司内部贸易数据。

虽然有些零碎，但也可以通过专门的实地研究获得更多的证据。例如，在 1993 年，对 421 家法国公司的调查发现，公司内出口占母公司总出口的 60%，而公司内进口占 26%，分别相当于法国总出口的三分之一和法国总进口的五分之一（Chédor 等，2002）。到 1994 年，尽管 MNE 在制造业总出口中的比重在下降，但瑞典公司内贸易份额已经达到了 60%。在同一时期，MNE 的出口占瑞典总出口的一半左右（Braunerhjelm，1998）。伴随着公司内贸易一起增长的是瑞典境外子公司境外生产与

---

① 日本的例子有点复杂，由日本贸易公司处理的日本出口可能会被计入国内销售。然而，至少有一些迹象表明，所有日本母公司的出口总额大于日本收支平衡表中的出口总收支，日本子公司将它们报告为自己的出口（Lipsey 等，2000）。

② "Overseas earnings from royalties net 24 million pounds in 1987", *British Business*, September 15, 1989.

母国出口的比值的增长，且后者增长更快。这表明，虽然在最初这两个变量之间可能是互补关系，但经过发展它们可能已变为替代品了。

表 14.2　MNE 子公司贸易占相关东道国总贸易的份额和公司内贸易占子公司贸易的比例（%）

东道国	1990 年		1995 年		2000 年		2001/2004 年	
	制造业	总贸易额	制造业	总贸易额	制造业	总贸易额	制造业	总贸易额
发达国家								
芬兰								
子公司出口					15.1		17.5	
法国								
子公司出口			35.3		37.9		40.6	
爱尔兰								
子公司出口			82.3		90.8		90.6	
子公司进口			77.8		79.8		84.6	
匈牙利								
子公司出口				57.8		72.5		81.0
子公司进口				62.9		71.3		78.9
日本								
子公司出口								10.7
子公司进口								10.9
公司内部出口			56.0	56.0	17.0	20.0	13.0	15.0
公司内部进口			67.0	72.0	70.0	70.0	61.0	72.0
荷兰								
子公司出口					40.1	32.2		29.6
子公司进口					42.2	33.2		29.3
公司内部出口					63.0	53.0	51.0	48.0
公司内部进口					66.0	65	46.0	53.0
瑞典								
子公司出口	18.9	19.9	20.5	24.6	37.1	38.4	45.1	45.5
子公司进口			30.8	38.0	46.8	49.6	54.4	55.9
公司内部出口	42.0	36.0	53.0	45.0	66.0	64.0	70.0	68.0
美国								
子公司出口		20.2		20.7		19.3		18.8
子公司进口		34.5		31.2		29.1		25.7
公司内部出口	41.6	49.1	52.1	53.4	40.0	42.9		48.0
公司内部进口	77.7	77.5	84.3	81.2	72.8	75.3		81.2
发展中国家								
中国								
子公司出口		18.3		31.8		42.7		46.5
子公司进口								57.0
印度								
子公司出口				2.4		3.5		
子公司进口						3.3		

资料来源：OECD 全球化数据库；Anderson 和 Zeile（2006）；UNCTAD（2006）；在国际货币基金组织的国际收支统计的基础上，经作者计算得到。其中，美国的最新数据是到 2004 年，其他国家是到 2001/2002 年。

关于公司内贸易最显著的证据是美国 MNE，以及在美国运营的其他外国 MNE 子公司。表 14.3 显示了在美国运营的两种类型的公司中公司内贸易在美国出口和进口中的份额。2004 年，公司内贸易占美国出口的比例不到三分之一，占美国进口则略多于三分之一。此外，该表显示了两种类型的 MNE 公司内贸易占其出口和进口的份额，由于这种计算方法剔除了国内公司进行的贸易，因此后者的份额明显高于前者。

表 14.3　海外美国子公司与在美国的外国子公司在公司内商品贸易中的份额（%）

	1985 年	1990 年	1994 年	1999 年	2004 年
公司内出口在美国总出口中的份额	40.1	32.5	36.3	31.2	29.1
美国母公司的公司内出口	28.3	22.9	26.6	22.8	20.1
外国子公司的公司内出口	11.8	9.6	9.7	8.4	9.0
公司内进口在美国总进口中的份额	40.4	44.0	42.1	38.0	35.1
美国母公司的公司内进口	16.1	16.2	17.1	16.0	14.2
外国子公司的公司内进口	24.3	27.8	25.0	22.0	20.9
附录：					
MNE 出口中公司内出口的份额					
美国母公司的公司内出口	37.7	40.0	40.1	38.2	38.5
外国子公司的公司内出口	47.1	46.5	46.6	41.5	48.0
MNE 进口中公司内进口的份额					
美国母公司的公司内进口	38.8	41.9	44.7	42.7	41.6
外国子公司的公司内进口	76.3	77.1	77.4	72.0	81.2

资料来源：在 Zeile（1997）、Anderson 和 Zeile（2006）以及 Mataloni 和 Yorgason（2006）研究的基础上，经作者计算得到。

1977—1994 年间，公司内进口占美国进口的比例大约为 40%，而公司内出口占美国总出口的比例则为 35% 左右（Zeile，1997）。美国公司内进口大部分是由那些营销和分销境外子公司完成的，而公司内出口则主要由美国 MNE 中间商品的出口构成。我们可以预测，公司内贸易份额会随贸易伙伴和行业的不同而不同。日本无论是公司内出口还是公司内进口都位居第一。当作为子公司自身贸易（不是总贸易）的一部分时，公司内贸易（而非贸易总额）的水平甚至更高（见表 14.2 和表 14.3）。自 20 世纪 80 年代末以来，由于一两个因素的影响，在美国的境外子公司的进口与其出口的差距，比美国一般进出口差距更大。在很大程度上，这种差距是由在美国从事批发贸易的境外子公司的贸易所引起的（Zeile，2004）。在美国总贸易的份额中，美国 MNE 的出口份额（公司内贸易再加上对非关联企业的销售额）由 1994 年的 67% 下降到 2003 年的 57%，而它们相应的进口份额的变化幅度则很小，只是从 1994 年的 39% 变为 2003 年的 37%（Mataloni，2005）。在 1990—2002 年间，境外子公司出口额占美国出口的份额一直保持在 20% 不变，而境外子公司进口额占美国进口的份额出现了下降，从 1990 年的 35% 变为 2002 年的 28%。将美国的 MNE 母公司份额和境外子公司份额加起来，则 2002 年 MNE 占美国总出口的 77% 和总进口的 65%。

跨国公司与全球经济（第二版）

通过细致地考察在美国的外国子公司的贸易模式，我们可以进一步得到一些关于非美资 MNE 行为的信息。2002 年美国从日本的进口总额中，日本子公司进口额占 87％，而其中又有 85％是公司内贸易。在主要贸易伙伴中，公司内进口份额较高的国家除日本外还有德国和韩国，其比例分别为 51％和 54％。而在同一年的出口中，公司内贸易普遍走低，但日本仍是一个例外，子公司出口额占美国对日本总出口的 44％，其中 36％是公司内贸易（Zeile，2004）。

当然，公司内进口和本土化是两个对立面。在一个有趣的实验中，Zeile（1998）采用四种不同的指标来评估在美国的境外子公司的本土化生产程度。这些指标分别是本土化的总产出、总产出的增值份额、中间投入量的进口份额和销售中出口所占份额。将美国的境外子公司本土化程度与美国的 MNE 进行对比后，Zeile 发现，这两组企业都有相当高的本土化产出份额，但即使将不同行业之间的差别考虑在内，美国 MNE 所占的份额仍然是最高的。这一点在美国的制造业领域中更加突出，1994 年境外子公司本土化的总产出是 87％，相比之下，本土企业是 93％。

Zeile 还发现，境外子公司和美国 MNE 本土化的差异主要在于增加值在总产出中所占份额以及中间投入品的采购。在一些行业中，如机械、交通运输和仪器制造业，境外子公司的本土化水平被认为是最低的。这些行业生产中更多的是中间品投入，而不是商品投入。所有子公司的中间品进口份额是 19％，而国内企业的对应比例则为 11％。此外，在许多行业中，子公司中间品投入的进口份额是本土企业的两倍多，且这些进口中约三分之二是公司内贸易。一般来说，日本、德国和瑞士的子公司本土化水平最低。德国和瑞士的子公司本土化水平低是因为对进口的高度依赖，而日本子公司本土化水平低不仅是因为高度依赖进口，还因为增加值在总产出中占比低。相比之下，来自英国的子公司有最高程度的本土化水平。对此，Zeile 认为主要原因是收购为进入市场的主导模式。

一般情况下，人们可能会认为服务的公司内贸易不如货物的公司内贸易普遍，因为服务贸易中可交易的中间投入更少。然而，如表 14.4 所示，美国服务业中跨国贸易和公司内贸易的程度是相当可观的。但是，还应该注意的是，自 1996 年以来，服务在美国的境外子公司和在国外的美国子公司的销售额增长率比跨国服务贸易快得多。这反映了服务业在发达（和发展中）经济体中日益重要，也反映了为一定距离之外的国家或地区提供服务的困难。公司内贸易份额在特许经营权和许可证费情况下特别高。2005 年，三分之二的美国 MNE 的收入和超过三分之二的在美国的境外子公司的费用涉及公司内贸易。

最后，Bernard 等（2005）提出了一个关于在美国的 MNE 贸易活动的补充观点。将美国海关进口数据和统计局的出口数据整合得到一个新的数据库，作者使用该数据库证实美国大部分的贸易是由少数公司完成的。例如，2000 年，最顶尖的 1％的公司的贸易占美国总贸易的 81％。全球化程度最高的公司既进口也出口，在这两种贸易中它们与关联公司发生的贸易额占美国进出口额的近 80％，并雇用了 18％的美国劳动力。基于这些数据，作者发现美国 38％的出口和 61％的进口是在关联公司之间进行的。然而，在全球化程度最高的这组公司中，相应的百分比分别高达 82％和 80％，比基于 BEA 数据库测算所得的数据高得多，这是因为两家收集数据的机构所采用的方法不同。[1]

表 14.4　　　　　美国服务业跨境贸易、公司内贸易、子公司贸易、
特许经营权和许可证费（单位：十亿美元，%）

	1986 年	1990 年	1995 年	2000 年	2002 年	2004/2005 年
美国服务业出口（收入）	77.5	137.2	203.7	284.4	281.4	328.0
美国母公司公司内出口份额				18.2	19.7	19.4
外国子公司公司内出口份额				5.3	7.6	6.5
公司内出口总份额				23.5	27.3	25.9
美国服务业进口（支出）	64.7	98.2	128.6	208.6	210.9	257.2
美国母公司公司内进口份额				9.2	9.7	10.0
外国子公司公司内进口份额				10.8	12.8	10.8
公司内进口总份额				20.0	22.5	20.8
海外美国子公司的销售额	60.5	121.3	190.1	413.5	401.1	489.6
在美国的外国子公司的销售额	Na	109.2	149.7	344.4	386.7	382.8
特许经营权和许可证费（收入）				39.6	44.2	57.4
美国母公司公司内出口				62.8	66.9	66.0
外国子公司公司内出口				4.9	7.0	7.3
公司内出口总份额				67.7	73.9	73.3
特许经营权和许可证费（支出）				16.1	19.2	24.5
美国母公司公司内进口				15.1	15.1	13.1
外国子公司公司内进口				61.1	63.3	70.2
公司内进口总份额				76.2	78.4	73.3

资料来源：在 Borga 和 Mann（2002，2004）以及 Koncz 等（2006）研究的基础上，由作者计算得到。

□ 14.4.3　公司内贸易的影响

除了 Murray（1981）和 Helleiner（1981）等对公司内贸易消极影响的一般评估外，很少有文献尝试检验公司内贸易对进口国或者出口国的福利影响。人们普遍认为，旨在改善 MNE 扭曲的结构性转移定价和其他行为的公司内贸易的效果并不理想。同时，公司内贸易通过促进国际劳动分工来实现 MNE 的全球目标而不是国家的目标，而这一行为并非总是受欢迎的，至少对某些参与国家是这样的。然而，到目前为止，除了一些无目的性的实证研究外，学者们还没有严谨地研究这些问题。再加上很难辨别不完全市场的内部化导致的公司内贸易的效率提升和由于垄断加强导致的有害影响，导致我们无法推断公司内贸易到底是提高了社会福利还是降低了社会福利。

第 17 章将关注在 MNE 内部商品和服务的转移定价问题。显然，操纵价格的可能性取决于公司内贸易的可行性和被接受的程度。然而，这种交易事实上可能会帮助 MNE 利用跨境市场失灵，而政府的差别税收政策或企业对商品和服务贸易条件

---

① MNE 内部贸易的统计数据来自与进出口声明相关的问题，而美国经济分析局的数据来自 MNE 调查。在进口方面，人口调查局使用 6% 的所有权标准，而且没有区分美国 MNE 的贡献与到美国进行贸易的国外 MNE 的贡献（Mataloni 和 Yorgason，2006）。

的操纵等会导致市场失灵。同时，外资企业可能会带来众多技术、市场、组织和其他收益，这种收益之前可能无法得到，或者通过其他方式经济地得到。将所有的成本和收益纳入考虑，在公司内贸易下，东道国或母国是赢家还是输家将主要取决于贸易发生时的具体情形。

现有的有限证据表明，尽管还存在明显的操纵的空间，但跨国公司内贸易并不受制于各种竞争市场贸易的基本规则。例如，Rangan（1994）分析了 20 世纪 80 年代后期美国 MNE 境外子公司是否由于美元大幅贬值而调整了其生产中的本土化部分。他发现境外子公司表现出了预期的反应，即它们增加了美国本土产品的生产与销售。然后他比较了美国公司内出口和市场贸易出口对货币贬值产生的反应。在总量上，公司内出口对美元贬值的弹性较小，一旦把涉及公司内贸易和市场贸易的产业分布纳入考虑，这两种类型的交易就表现出了几乎相同的反应。实际上，就调整的速度而言，公司内出口的调整速度比市场更快。

总之，在过去的二十年，经济全球化的加剧导致了公司间贸易和公司内贸易同时增长。这样的增长有时会反映由 MNE 带来的全球贸易格局的重构，有时则是受 MNE 影响或控制的其他外部表现。因此，公司内贸易最好看成是由国际一体化生产体系所带来的变化的国际劳动分工的一部分（UNCTAD，1993）。这种体系使企业能够更好地利用已经存在的比较优势和所在国家的制度优势来塑造和定位它们在价值链中的位置（例如，在亚洲和拉丁美洲）。同时，这种体系还允许这些资产的动态重置，但这取决于子公司的角色，以及它们与当地企业的整合程度。

14.5　MNE 和贸易结构

由于 MNE 及其子公司对知识资本和跨境增值活动的结构有优先所有权或者掌握获取它们的途径，因此它们会对母国和东道国贸易结构产生显著的影响（Markusen，1995，1998，2002b）。事实上，它们的存在是由它们将跨境中间产品市场内部化的能力和意愿所决定的。

第 15 章将进一步探讨 MNE 对市场结构的影响，以及外国子公司和国内公司表现的差异。特别要指出的是，MNE 对市场结构的影响主要有四个方面：技术效率（即在使用方面给定的使用情况下资源和能力的生产率）；结构效率（即在使用方面资源和能力的分配，例如，从低效到高效的增值活动，从低增长到高增长的行业，从生产劳动密集型到资本密集型等）；规模和范围效率（即企业通过产生一个更大或更多元化的输出来降低生产或交易成本的激励和能力）；适应性效率（即企业快速高效地适应外部或内部供求状况变化的意愿和竞争力）。

无论是在国内市场还是在国外市场，这四个影响中的每一个都会影响生产企业的竞争力，也会影响企业资产、商品和服务的进口或者出口倾向。[1]　换句话说，当

---

①　例如，Bernard 等（2003）引入了一个一般贸易均衡模型，这一模型考虑了企业层面生产率的异质性。通过对美国数据的实证检验，他们的模型包含了有更高生产率的出口商和较低生产率的非出口商、小部分参与出口的本土企业，并将出口企业倾向于在国内赚取大部分收入这一事实纳入模型中。

MNE 在与本土企业有着不同的贸易倾向的部门运营时，它们被期望对母国和东道国的贸易结构有显著的贡献。相应地，它们可以出口或进口更多或更少的自身生产的特定物品和服务。区域经济整合也对许多国家的交易模式产生了显著影响，如欧盟内的爱尔兰和葡萄牙，或北美自由贸易协定内的墨西哥等例子。

作为全球或区域价值链一体化的协调者，MNE 更容易进入新市场。与此同时，那些没有进入这一网络的企业要进入这些市场则变得越来越困难。MNE 可以促进一个国家出口的多元化，并鼓励当地企业的出口。无论 MNE 是以绿地投资的方式，还是以并购方式进入新市场，它们都有重组或升级地区产业的能力。不过，东道国的政策和制度，特别是那些影响本土企业发展的政策，是实现这种积极结果的关键要素。

通过考察 MNE 在贸易密集型行业的集中程度和 MNE 子公司在特定东道国对外贸易中的份额的证据，我们将首先讨论 MNE 活动对母国和东道国的贸易模式的影响。然后，我们会检验同一行业中 MNE 子公司的出口或进口倾向是否不同于本土企业。

□ 14.5.1　MNE 活动的行业分布

可以预测，与本国竞争者相比，MNE 更有可能集中在贸易导向部门。这一方面是因为如果没有中间品贸易（例如，管理服务和技术），境外生产就不会发生；另一方面是因为 MNE 所有的增值活动几乎都是来取代或转移商品和资源贸易或者创造这样的贸易。通过对 MNE 有集中倾向的行业进行检验，发现它们的进口和出口倾向往往高于平均水平。它们的贡献似乎在国内导向行业以及那些生产非贸易品和服务的行业最小。这部分是因为 MNE 的所有权优势是来自它们在一个区域或全球范围内获得、创造和传播技术、管理和技能的能力，以及它们组织和控制跨境增值活动多样化的能力。

现有的数据均支持这样的观点：无论在发达国家还是发展中国家，MNE 及其子公司都倾向于集中在贸易密集型行业（UNCTC，1991；UNCTAD，2002）。[①] MNE 在发展中国家进行的与贸易有关的活动一般分成四种：一是制造和组装领域的劳动密集型低技术行业，如服装和鞋类；二是在电子、汽车和工程领域的离岸装配，其中一些行业需要复杂的技术，例如，在一些国家（如新加坡）就属于这种情况，其余国家则需要中等技能的生产活动；三是产生于进口替代行业的与贸易有关的活动，

---

①　然而，不同国家间存在显著的差异。比如在加拿大，在 Safarian（1966，1969）之前，一些学者发现外资企业并没有明显集中在出口密集型行业，尽管后来逐渐认为外资子公司倾向于集中在进口密集型行业。比如，Globerman（1985）基于 1960—1961 年间 38 个制造业行业的样本发现，外来直接投资份额和显示性比较优势（RCA）之间的相关系数是 0.18，仅美资企业的相关系数就是 0.28。Globerman 又发现，在接下来的二十年，非美国外来投资者显著地增加了具有比较优势的部门的竞争力，而美国（在 1988 年仍然只占加拿大所有 FDI 的 4/5）倾向于投资低于 RCA 平均值的部门。这个结果证实了之前 Brash（1966）的研究，在 Brash 的研究中，他发现，美资制造业在澳大利亚的子公司集聚在进口替代型部门而不是出口创收型部门，并且在进口替代型部门，它们比澳大利亚的同类企业进口更多的投入品。另请参阅 Koo（1985）关于 20 世纪 80 年代韩国政府政策作用的研究。

例如，在拉丁美洲的汽车行业；四是由 MNE 进行的用于出口自然资源的大规模加工活动（UNCTAD，1999：234）。

以前，MNE（或者它们的子公司）的交易模式与它们本土竞争对手的交易模式相比，最明显的区别是在小型工业化经济体和资源基础型经济体中。在这些经济体中，MNE 主要从事出口创收活动。这种现象在追求经济独立的大工业化或混合经济体中表现得不太明显（例如印度、中国和苏联）。然而，可能是由于全球化和国际生产网络的发展，最近几年即使是在大型工业国家，MNE 都更多地集中在贸易密集程度更高的行业，尤其是出口导向型的行业。例如，在中国的境外子公司制造业的出口份额从 1991 年的 16％升至 2001 年的 44％，而在美国，相应的份额从 1985 年的 6％升至 1999 年的 14％（UNCTAD，2002：152）。

在一些发展中国家和地区，一方面自由贸易区变得日益重要（例如，马来西亚、斯里兰卡和中国台湾），另一方面对美国子公司提供的产品实行较低的进口关税。这促进了这些国家和地区外来直接投资与显性比较优势之间的紧密联系。此外，发展战略的重新定位以及非洲和拉美的一些国家进口壁垒的消除或减少进一步加强了这种关系。但应当注意的是，不同国家利用目标出口加工区来推动出口生产的经历是不相同的。虽然许多出口加工区延续了异地生产，但并没有对当地经济产生溢出效应。但哥斯达黎加是一个成功的例子，提供了相反的证据（Moran，2002）。

因此，想从现有的证据得出任何概括性的结论是很困难的。全球一体化生产网络的进一步深化使得 MNE 的活动对母国和东道国的贸易模式的影响进一步加深。此外，一些发展中国家和地区（例如，新加坡、马来西亚和中国台湾）的出口导向型政策使一些出口导向型行业中出现了一个占主导地位的 MNE。事实上，对一些发展中国家来说，外来直接投资做出的最重要的贡献之一就是帮助它们将保护主义、进口替代政策转变为基于动态比较优势的政策，并帮助这些国家重组经济活动的贸易强度。这一方面是因为 MNE 掌握了生产要素、中间品、最终产品和服务的跨境市场以及有关这些市场的制度基础的先进的知识和经验。另一方面是因为发展中国家的厂商想要借助自己的能力加入已整合的 MNE 网络，或者成为包括食品、鞋服或商业服务等的购买者驱动型全球商品供应链的一部分越来越困难。

同时，虽然 MNE 的活动对帮助许多发展中国家实现技术密集型产业升级十分重要，但 MNE 的活动还不是产业成功升级的充分甚至必要条件。在大多数情况下，确保这个升级能够被理解和保持需要复杂的政策支持。在对比了发展中国家一些技术密集型行业的出口表现后，Lall（2000）发现有些国家的产业升级是通过主动加入 MNE 的活动来完成的（新加坡），而有一些国家和地区是被动加入 MNE 的活动（马来西亚，泰国，菲律宾，中国和墨西哥），还有一些国家和地区是通过国内公司的驱动完成的（韩国和中国台湾）。

这些差异反映在境外子公司出口占制成品出口的份额中。根据 UNCTAD（2002：153）的数据，1994—2001 年间匈牙利的比例为 86％，波兰是 52％，捷克共和国是 47％，马来西亚是 49％，中国是 44％，新加坡是 38％，中国台湾是 17％，韩国则是 15％（见表 14.2）。

上文提到的 UNCTAD 报告还介绍了一些案例来说明 MNE 在促进发展中国家的

出口中发挥的重要作用。这包括肯尼亚的园艺产品出口、智利的鲑鱼养殖以及印度的计算机软件和商业服务出口。我们回到第Ⅳ部分所提及的与促进投资相关的政策问题。不过，在这里我们会发现大量共识，即通过对培训和教育进行适当的政策激励和投资、鼓励企业家精神和提升本土企业的竞争力，可以使企业获得或重塑国内优势，这很可能为技术转移和吸收、生产率的增长和出口的增加创造最佳条件。

□ 14.5.2 外国子公司和本土企业的出口强度

尽管 MNE 子公司和本土企业的进口倾向的差异可能与它们的出口倾向的差异一样重要，但显然后者更受研究人员的关注。这受益于世界贸易中高端技术出口与低技术含量商品出口的相对增长率的差异。由于技术密集型行业的快速增长，发展中国家的中高端技术行业的出口份额一直在增长。截至 1995 年，高新技术产品的出口已经超过低端和中端技术产品的出口 (UNCTAD, 1999:230)。在过去的二十年里，制成品出口的增长一直集中在亚洲及拉丁美洲的部分区域，特别是阿根廷、巴西、智利和墨西哥。

Dunning (1958) 之后的几份研究报告比较了外资企业与国内竞争者的贸易状况。[1] 总的来说，这些研究表明 MNE 子公司通常比本土企业具有更高的出口倾向，但一旦标准化产业和企业特征，这种差别就不会像一些评论家所说的那么大。因此，进入当前服务的国外市场的壁垒越大，MNE 子公司的出口绩效就越好。相反地，除非所有产品的生产都是专门用于进行贸易的中间品和最终品，否则很可能 MNE 在越多的国家设立子公司，它们在贸易中出口/销售比率就会越低。

当东道国是发展中国家时，以印度为例，有证据表明，在 20 世纪 90 年代以前，外来直接投资主要集中在为国内市场提供物品的行业 (Lall, 1985; Kumar, 1990)。然而，Katrak (1983) 使用 1964 年和 1969 年的数据发现，某一行业中外资持股比例越高，其出口表现就越好。Lall 和 Mohammad (1983) 的另一项研究证实，外资所有权和印度的出口绩效在统计上有显著的正相关关系。同时，Athreye 和 Kapur (2001) 发现 20 世纪六七十年代 MNE 对印度的净外汇贡献是负的。他们还发现，由于更关注保护国内市场而不是出口绩效，本土企业的表现也不好。然而，自从 20 世纪 80 年代中期以来，外商独资企业在相关领域，特别是服务出口上的表现已有所

---

① 这些研究也参考了 Kumar (1990) 和 Gray (1994)。并不奇怪，考察发展中国家进口替代型外国子公司出口表现的实证研究（如 Lall 和 Streeten (1977)，Subramanian 和 Pillai (1979)，Lall 和 Mohammad (1983)，Kumar (1990) 对印度的研究；Jenkins (1979) 对墨西哥的研究；Kirim (1086) 对土耳其服装行业的研究；Fairchild 和 Sosin (1986) 以及 Newfarmer 和 Marsh (1981a, 1981b) 对拉丁美洲各国的研究）发现，与本土企业相比，跨国公司子公司有着更低或者相似的出口/销售比率。在出口导向型行业，Cohen (1975) 发现，在 20 世纪 60 年代后期，相比于本土企业，韩国的外资企业更倾向于出口，在新加坡外资企业则更不愿出口，而中国台湾外资企业则与本土企业有着相似的出口/销售比率。在对中国台湾的出口进行细致研究的基础上，Riedel (1975) 发现只有在电子行业，外资企业在出口市场会比本土企业有更好的表现。Schive (1978) 的研究发现，在中国台湾制造行业 12 个部门的 9 个部门中，外资企业人均出口的比率要高于本土企业。Jenkins (1979) 研究表明，墨西哥 19 个行业的 4 个行业中，外国子公司的出口要高于本土企业。在摩洛哥，尽管 Haddad 和 Harrison (1993) 的研究表明，在 19 个制造业部门的 16 个部门中，外国子公司都有着较高的出口/销售比率，但一旦控制了企业的规模，这种较高的比率就会消失。

改善。

　　许多比较研究中存在的一个问题是，尽管它们努力控制外国子公司与本土企业的行业差异，但它们几乎没有进行系统的研究，或者考虑到所有权国别属性（或者跨国公司程度）以外的会影响贸易绩效的其他变量。这些变量包括具体行业特点、贸易国之间的制度差别、公司垂直整合的程度、公司规模、外国子公司的成立时间和市场集中度。考虑这些变量的一种方法是将它们与企业所有权的国别属性一起作为一个多元回归方程的解释变量，然后研究它们之间的关系是否显著。一位作者在研究外来直接投资对巴西贸易模式的影响时采用了这种方法（UNCTAD，1985）。在这项研究中，他推导出了两个多元回归方程：一个是解释 1971—1977 年间巴西500 家生产企业的进口倾向，另一个是解释出口倾向。被研究的企业大约有 33% 是外国子公司，剩余的是巴西的国有或私营企业。

　　结果发现，外商独资子公司总出口倾向比巴西企业高 77%。但在控制了行业特征和市场结构后，前者的进口量只比后者多 4%。相比之下，尽管美国子公司与其他外国子公司相比有着明显偏低的出口倾向，但外资所有权对出口的影响是正的但并不显著。回归方程的其他变量中只有资本密集度和垂直整合度是显著的。Newfarmer 和 Marsh（1981）也认为控制集团企业和市场本质等其他变量以后，1972—1974 年间，巴西电力行业中外商独资子企业与本土企业相比具有更高的进口倾向。

　　Kumar（1990）使用了另一种方法来评估行业和企业特定变量对外商独资和本土企业的相对出口表现的影响是否显著。他采用资本、技术密集度、产品差异、竞争结构、企业规模等独立变量回归了印度 43 个行业中的两类企业出口表现。Kumar发现这些变量在解释这两组企业的出口表现时并没有显著的差异。Kumar（1998）的后续研究发现，出口导向型 MNE 的母国国籍会影响 MNE 的出口倾向。利用 1982—1994 年间的数据，他发现美国 MNE 倾向于将中间产品的生产从海外转移到国内，而日本 MNE 似乎会将已经在国内失去了竞争优势的制成品生产转移至国外。

　　Banga（2006）研究了 1994—2000 年间印度 MNE 活动对改进产业结构和提高产业效率的影响。该研究得到的结论是，当 FDI 流向发展中国家的技术密集型等非传统行业时，它有助于该国出口结构的多样化。这是 MNE 进入的直接作用和帮助本土企业提高出口集中度的产业溢出效应的间接作用共同导致的。为了检验这些效应，Banga 实施了两项分析：一个是在行业层面，用 74 个工业数据来检验美国和日本在印度的投资产生的出口多元化效应；另一个是在企业层面，以 1 448 家国内企业为样本检验了同一时期企业的溢出效应。她发现，美国（而不是日本）的 FDI 对非传统行业的出口集中度和对本土企业的溢出效应（更高出口强度）都有正向影响。

　　在 2001 年相关研究的基础上，Rasiah（2004b）和他的同事发现，在某些国家的特定行业，外国子公司比本土企业有着更高的出口倾向，如在马来西亚的汽车配件行业，在肯尼亚的纺织、服装和机械工程行业，在巴西的电子行业和医药领域，在南非的制造业，在印度尼西亚的汽车配件、电子产品和服装等行业。同时，这些研究也揭示了在巴西、南非和马来西亚的外国子公司比它们的国内同行有更高的投入品进口比例，尽管这些差异并不总是显著的。在另一个有关电子行业的研究中，

Rasiah（2004a）证实在马来西亚、菲律宾和泰国，外国子公司在出口中占主导地位。

对发达国家的研究结果则并不确定。早期对外来直接投资的研究表明，在英国境内，美国子公司比英国和荷兰的竞争对手表现得更加出色，但在加拿大和澳大利亚境内却不同。[①] 后来 Dunning（1976）对英国的调查发现，1973 年美国子公司在 37 个制造业行业中的 23 个有着更高的出口/销售率，这些行业包括汽车、电气设备和机械工程等。然而，Solomon 和 Ingham（1977）的后续研究发现，外商独资企业在机械工程领域中的卓越出口表现反映了这些公司在一些具有最高出口倾向的分领域中的集中度。

在 20 世纪 70 年代的日本，与本土企业相比，境外子公司的出口业绩较低（Ozawa，1985）。大约在同一时期的瑞典，有观点认为，外资企业会帮助提升本土企业呈现相对劣势的行业的出口绩效。但是，在瑞典企业具有相当大的比较优势的行业，外资企业的出口业绩没有优于甚至略逊于瑞典本土企业（Swedenborg，1985）。在分析境外制造业子公司对法国工业贸易结构的影响时，Michalet 和 Chevallier（1985）认为，虽然外国子公司和法国本土企业在出口倾向上差异很小，但前者明显有更高的进口倾向。

Ruane（2004）发现，1999 年爱尔兰的外商独资企业在 18 个工业部门都有较高的出口率。Rasiah（2004b）发现 2001 年印度尼西亚的三个行业（即汽车配件、电子产品和服装）也有类似的情况。肯尼亚的情况则完全相反，在纺织和服装、金属工程以及食品和饮料行业中，肯尼亚的本土企业比外商独资企业有更高比例的出口（Rasiah 和 Gachino，2005）。

在比较了在美国的境外制造业子公司和美国 MNE 母公司的出口表现后，Pugel（1985）和 Lipsey（1991）都认为，虽然后者在技术和规模密集型行业（如电气机械、化工、机动车辆）取得了较高的出口/销售比率，但前者在大多数传统和国内导向行业（例如，金属、纺织品和服装、木材、木料和家具，以及纸制品）中出口/销售比率要高得多。Lipsey 还发现境外子公司在所有行业中进口/销售比率都比美国 MNE 母公司高得多，且美国境内的外国子公司的贸易波动程度要大于美国 MNE 母公司。Lipsey 把后者的差别归为两类企业的成立年份和规模造成的差异。

随着时间的推移，外国子公司与它们的本土竞争者在相关贸易领域的表现产生了什么变化呢？正如我们在第 2 章所看到的，过去 20 年里这些子公司对大多数国家的国内生产总值的贡献十分显著。我们可以预计在出口领域也会是这种情况。而中国以及中东欧国家则最好地阐明了这种情况。1991 年，外国子公司占中国出口总额的 17%，而到 2001 年这一份额已经达到了 50%。[②] 在匈牙利，1995 年外资控股企业占全国总出口的 58%，在 1999 年则上升到 80%（UNCTAD，2002：154）。韩国、墨

① 在其他条件不变的情况下，外国子公司进出口的平衡很有可能反映了其运营所在国的比较优势，而比较优势本身取决于该国的开放度和区域经济的整合程度。Safarian（1966）早期的研究发现，在加拿大的外国子公司与本国企业相比，其出口值有时候高，有时候比较低。相比之下，Stubenitsky（1970）认为，在荷兰的大部分行业，美国企业的出口/销售比率都高于本土企业；Van den Bulcke（1985）对比利时 FDI 的研究得出了相同的结论；Simões（1985）发现，在葡萄牙的 24 个行业中，外国子公司在 15 个行业中的出口表现要高于本土企业。

② 2004 年，MNE 和中国公司建立的合资公司占进口的 60%（Whalley 和 Xin，2006）。

西哥、爱尔兰和哥斯达黎加的关键行业及服务行业都未发生过类似的外国子公司份额剧增的情况。

可以推测，随着 MNE 在东道国出口中的份额越来越大，MNE 与本土企业在出口倾向方面的差距会随时间的推移而变小。例如，如果 MNE 子公司的溢出效应使本土企业吸收了新技术和管理技巧，从而促进本土企业出口，那么上述情况就可能出现。[①] 新加坡和爱尔兰都作为 MNE 在全球一体化生产中制造业出口的平台而获得了高速的经济增长，比较两国的对外直接投资驱动的发展状况，可以发现东道国政策在这方面发挥了重要作用。根据 Ruane 和 Uğur（2006）提供的证据，由于新加坡政府的鼓励本地企业发展以及创建外国子公司与本土企业联系的桥梁等政策，外国子公司和当地企业之间出口倾向的差距在缩小。但在爱尔兰，外国子公司与本土企业的出口倾向（和生产率水平）的差距依然很大。[②]

14.6 政府政策的一个补充说明

□ 14.6.1 宏观经济政策和 MNE

在本章中我们探讨了，母国和东道国政府应该采取什么行动来使 MNE 及其子公司在执行各自事务时能与本国国际收支平衡和资源配置的目标相一致。

我们只提三点：第一点要重申的是，在大多数情况下，母国或东道国的国际收支与 MNE 活动相联系的相关问题应作为一般宏观经济政策的重要组成部分来处理。国家政府想要影响国际收支或贸易形式的任何尝试都应该考虑这种行为对其更广泛的长期经济和社会目标可能产生的影响。这些尝试可能会随时间而发生变化。[③] 例如，如果经济政策的主要目标是在一系列社会和环境约束下提高其人均国内生产总值，那么不考虑任何国际收支恶化的原因，那么对所采取的任何补救措施的判断都应基于其在实现目标方面的有效性。如果外来直接投资比本土企业能更好地推进该目标的实现，但这么做会使国际收支平衡恶化，那么让本土企业（或它们产品的消费者）去承担补救这种情况的费用是完全恰当的。

第二点，是对第一点的延续，除检验 MNE 活动对国际收支和贸易结构可能产生的影响以外，政府应该考虑任何可能直接或间接影响这些变量的政策。例如，对内直接投资或外来直接投资可能揭露了其他经济和社会政策的不足之处，或揭示了

---

① MNE 进入后，当地公司出口增加，例如，Banga（2006）对印度的研究、Greenaway 等（2004）对英国的研究，Aitken 等（1997）对墨西哥的研究。这些以及其他种类的溢出效应将在第 16 章讨论。

② 参见 Egelhoff 等（2000）对三个情境因素的研究，即全球化产业和多国产业之间的区别、子公司规模、母国。他们研究了这三个因素对外国子公司的销售和购买份额的影响，所用的样本是 1993 年在爱尔兰的来自欧洲和世界上其他国家的外国子公司。

③ 例如，与 50 年前相比，发达国家和发展中国家在 21 世纪初提高福利目标的组成和优先次序的确定就有很大差别。Dunning（2006c）对此进行了探究。举例来说：在 20 世纪 50 年代注意力很少会被集中到安全或环境问题上。而今天它们成为许多发达国家和一些发展中国家的重要议题。

需要哪些有助于改善母国或东道国外部贸易状况的新措施的落实。这是一个有关 MNE 活动的影响的一般观点,在第 19 章会有更详细的叙述。

第三点,MNE(由于其所有权特性或多国性)可能通过其垄断权力的滥用加剧了国际收支的恶化,同时也减少了对 GDP 的贡献(例如,通过转移价格操纵、出口限制、进口约束)。在这样的情况下,采取一些抵制措施(例如,加强反垄断机构建设)来纠正 MNE 的相关行为是完全恰当的。但情况也有可能是这样:虽然 MNE 的活动在很长一段时间内可能会带来更高的实际收入,它在短期内可能产生不稳定的影响。或者它会帮助改变那种会扼杀东道国或母国的创新活动或动态比较优势的国际劳动分工。在这种情况下,以及出于一些非经济原因(例如,要维持一定程度的经济主权和政治独立)的考虑,一些对 MNE 运营重组或 MNE 内部交易外部化的直接干预措施就是正当的。但是,每种情况都必须考察它的优点。与政策和制度建设的其他方面一样,一概而论是困难的,甚至是危险的。

但是,政府对于 MNE 及其子公司对贸易和国际收支的影响的态度取决于其意识到的在世界经济中扮演的角色。考虑两个极端的例子:新加坡完全接受了其成为国际劳动分工的一部分产生的成本及收益,对贸易实行"自由放任"的政策,极少会关注 MNE 对此类贸易产生的影响。在过去的二十年中,大多数中欧和东欧国家、中国以及印度也认识到全面参与全球经济所带来的好处以及国内外 MNE 在帮助它们实现经济和社会目标中所起的作用。

相比之下,朝鲜和几个中东国家实行一种贸易管制政策以促进其长期或者近期经济和政治自主性目标的实现,因此它们会批判地看待 MNE 将本国经济卷入国际劳动分工的任何尝试。大多数国家的制度定位和竞争力通常介于这两个极端之间。但正是这些政府为保护和改善自身经济地位的制度定位和政策,而不是 MNE 的特定属性,决定了政府对贸易领域的外来和对外投资者的态度以及对其采取的行动。

此外,跨国公司通过股权和非股权网络所形成和塑造的国际劳动分工正变得越来越复杂。UNCTAD(2002:124)的一份报告从两个维度对这种复杂性进行了刻画,即全球价值链(技术、效率和市场驱动)的本质和价值链中内部治理的类型。例如,英特尔和爱立信公司这样的 MNE 所形成的技术驱动型全球价值链都是基于其在芯片和手机方面的设计能力。然而,英特尔的价值链是基于内部化控制的股权,而爱立信公司实行的是基于与伟创力等制造商的合同的非股权控制。具有较高效率的生产驱动型价值链,比如丰田的价值链,就同时包含股权和非股权这两种控制模式。相反,许多在诸如服装和玩具等行业的市场驱动型价值链,则几乎完全依赖于契约关系和对外贸易,因此可以让 MNE 专注于品牌价值的创造。从地理上看,知识密集型活动集群的重要性正在被不断增加的价值链外包和分解趋势所抵消,这进一步增加了企业对特定生产制造和服务活动进行重新定位的选择。

□ 14.6.2　全球金融体系的稳定性

全球化和持续但不可预测的技术改变的一个几乎不可避免的结果是,其已经导致了全球经济体系中更大程度的经济和金融不稳定性。开放经济体很容易受到这种由其他市场所带来的不稳定性的影响，并且涉及投资和贸易的国际交易充当着将冲击从一个经济体传递到另一个经济体的导管作用。如果这样的冲击相对于国内经济规模较小，并且国内经济拥有稳健的经济和金融制度，那么从日益增加的脆弱性的角度考虑，开放产生的成本会被收益抵消（Gray 和 Dilyard，2005）。然而，如果这些条件不满足，那么经济一体化和资本流动限制的取消将成为经济不稳定性的一个主要来源，正如我们所看到的发生在俄罗斯、拉丁美洲和东亚地区的金融危机。

任何自由化的贸易和投资制度的成功都取决于全球经济中金融制度的效率和稳健性，以及它们承受不可预见的压力的能力。在最近几年，日益增加的全球经济失衡、（包括但不限于）美国贸易逆差的规模、美元在全球经济中的地位、美国越来越多的国际债务已经引发人们对于全球经济放缓甚至紧急着陆的担忧。

尽管美国的经常账户逆差已经持续超过二十年，但这些赤字在近几年变得越来越大。关于持续赤字的担忧出现在 20 世纪 80 年代的中后期，那时候美国与日本的贸易关系受到密切关注。在 1985 年的《广场协议》签订以前，日本企业一直享受"低估的"汇率（相对于经常账户平衡下的汇率）带来的利益。Gray 和 Lundan（1993b）提出，虽然这种失衡在很大程度上可以通过美国和日本之间的储蓄率差异来解释，但日本企业的金融资产收购和以外币计价的 FDI 也通过设定现存汇率下限和加强国外日本产品的价格竞争优势，促进了日本企业竞争的良性循环。[①]

近年来中国似乎正在采用演变的"日本模式"，即通过经常账户盈余和将盈余用于增加国际储备来阻止货币升值。在从 20 世纪 90 年代初开始迅速发展的净外来直接投资的推波助澜下，中国已经从 1997 年开始获得巨额经常账户盈余，每年从 170 亿美元到 460 亿美元不等。与此同时，中国已经将其持有的美国国债从 2000 年的 710 亿美元上升到 2004 年底的 2 230 亿美元，这使得它成为仅次于日本的第二大美国长期国债持有者。[②] 2005 年，中国企业也开始表现出对收购美国大企业的兴趣，包括联想集团斥资 17.5 亿美元收购 IBM 的个人计算机业务，中国海洋石油总公司对优尼科的 185 亿美元失败的投标，海尔对家电制造商美泰的 12.8 亿美元失败的竞标等案例。[③]

虽然有人可能会争辩，认为美元（暗指美国经济）实在是太突出以至于其不可能失败，但许多学者认为目前的情形是不可持续的。Cline（2005）声称，美国不能持续地在经常账户出现无限制的逆差，且紧缩性财政赤字可能使外部调整更加困难。他建议只有美元大幅度贬值（20%或更多）才可能带来针对美国贸易伙伴的加权平均贸易的有效调整。虽然美元相对于欧元已经出现贬值，但还没有针对人民币或任何其他主要的亚洲货币做出类似调整。事实上，尽管中国进行了一些轻微的修正，

---

① 传统理论假定任何汇率优势（在固定利率下的相对价格水平优势）将被相对于外国的本国货币供应的扩张和不断减少的诱导吸收速率差异自动消除。然而，当货币被低估的国家将其国外的经常账户盈余投资到金融资产和 FDI 上时，这个假设便不成立。这种做法证明（实际）汇率是不断变化的，并且允许竞争力增强的优势被保存下来。

② 数据来自于美国财政部的财政部国际资本（TIC）系统年度调查。

③ 此外，在 2006 年 12 月，中国领导层揭露，它们预留了庞大的储备以支持其持有的外国石油、天然气和金属（"China Development Bank：Barometer of communist party ambitions for the 21st century"，*Financial Times*，December 12，2006，www.ft.com）。

但在 2001 年和 2004 年间，中国与日本总共占了美元储备总增加额的 59％。[1]

截至 2006 年底，美国的经常账户逆差已高达 8 570 亿美元，创纪录地占了国内生产总值的 6.5％。与此同时，中国积累了世界上最大的外汇储备，超过日本成为世界上最大的贸易顺差国（Bergsten，2007）。这个看似棘手的局面在一定程度上已经引起了对中国的政治敌意，这在中国企业竞标收购美国目标企业的失败中也表现得比较明显，且美国财政部在 IMF 的规则下给中国贴上"汇率操纵国"标签这一举动使其受到的威胁也绝非空谈。2007 年初，一些类似于第二版《广场协议》的建议正作为一个解决方案被讨论，这些协定包含用来纠正加剧国际收支失衡的货币失调的多边努力（Bergsten，2007；IMF，2007）。[2]

虽然每一个投资综合体都有两面性，但一些把这个问题描述为部分贷款国家[3]的过度储蓄问题的尝试似乎将人们的注意力从主要借款人由于持续肆意挥霍而无力承担责任上转移了。Gray 对"美元枯竭"进行了全面分析并提出了几个重要观点。[4]他认为，由于资本管制的放松，易变现的资产能够为负储蓄提供资金支持，这使得目前的情形变得与众不同。此外，由于美元全球霸主货币的地位，债务是以债务人的货币而不是债权人的货币计价。美国维持美元霸主地位的能力现在正面临威胁，而且除了保护主义水平的提高之外，一个担忧是长期赤字将导致美元调整以一种突然且不受控制的方式发生。

即使没有金融市场的严重混乱，美元的大幅贬值也将显著减少全球总需求。任何显著削减美国高价制品进口量的措施将减少出口国的国内总收入。随之而来的经济衰退会进一步减少名义财富并抑制企业家的活动，从而使美国依靠出口增加来减少或摆脱赤字变得更加困难。虽然拥有外汇储备的国家可以选择故意逆差来诱导消费，但它们是否愿意这样做仍是一个悬而未决的问题。遗憾的是，在历史上曾出现过相似情形，Gary 已经证明我们几乎没有乐观的理由。在第一次世界大战的余波中，主要贸易国家采取竞争性贬值和阻碍进口的措施企图"出口失业"。1925 年，英国已经变成日薄西山的霸主，为了在金本位下回到战前汇率，它付出了沉重的代价，因为初期英国的战时通胀率已经远远超过美国，再加上生产能力的丧失、高估的货币价值以及高利率，使得英国工业的复苏变得十分困难。

14.7 结论：贸易和 FDI 之间联系的演化

FDI 和贸易的结构随着工业化进程的推进而变化。本章已经提到，大多数三联体贸易经济体都有产业内特征。此外，在今天的全球经济中，不仅贸易和 FDI 的相

---

[1] "The Trans-Pacific Imbalance：A Disaster in the Making?"，C. Fred Bergsten 于 2005 年 9 月 7 日在首尔召开的太平洋经济合作理事会第 16 次全体大会上的讲话。

[2] 由于中国已表示希望多元化其外汇储备，Bergesten 在专栏文章中介绍的一个有趣提案涉及把中国部分外汇储备从美元转变为日元。这种转变将有望加强日元兑美元汇率，从而有助于纠正一个导致全球经济失衡的失调因素（"The yen beckons China's dollar"，*Financial Times*，March 13，2007，www.ft.com）。

[3] 这就是美联储新主席 Ben Bernanke 的储蓄过剩假说。

[4] 随后的平装版包含了最新的数据，并不再认为"软着陆"是一个现实的选择。

互联系越来越紧密，而且贸易的很大部分是在 MNE 之间并由其完成的。随着 MNE 在区域或者全球范围内整合其增值活动，贸易从基于传统要素禀赋转移到基于"创造的"国家特定资产，这些特定资产包括机构基础设施、需求特征和市场外参与者所采取的行动（Audretsch，1989；Porter，1990）。

随着国家沿着其投资发展路径前进，MNE 所面临的 OLI 优势不断发生变化，在第 10 章据此我们来检验 FDI 和贸易结构之间的相互作用（Dunning 和 Narula，2004）。此外，我们认为，这种联系的性质和意义依赖于 MNE 所承担的 FDI 类型及所在东道国的制度因素。反之，这些变量的意义很可能随着时代、国际化程度和 MNE 的全球化战略，以及母国和东道国所处的发展阶段和开放程度的变化而变化。

效率寻求型和战略资产获取型 FDI 各自对贸易有特定的影响（Dunning，2001）。前者往往导致更多基于产品的专业化、差异化和规模经济的贸易，而且往往是企业内贸易，而不是企业间贸易。后者只在跨境活动所有权的变化导致产品或空间进一步合理化，以及/或者国家的 L 优势升级时才会影响到贸易。

第 4 章讨论了 FDI 的决定因素，以及它可能替代或补充其他国际经济活动形式的程度，特别对货物、服务和资产的公平贸易的替代或互补程度。第 11 章和第 12 章进一步论证了 FDI 与贸易之间的联系是严重依赖于 MNE 拥有的、得到的或者组织的资源、能力、制度和技术的范围、模式和传播。通常，正如本章的前面部分已经阐明的，外来直接投资和对外直接投资引起的主要结果之一就是重塑比较优势，以及出口国和进口国之间的交易模式。纵观历史，政府的相关贸易政策已经在很大程度上影响了 MNE 从事 FDI 的动机和能力。

正如我们已经观察到的，不仅是贸易和 FDI 之间的联系越来越密切，而且很大一部分贸易是在企业内部而不是企业间完成的。MNE 内部进行的大量贸易引出了如何给这些交易定价的问题。为了维持操作效率和避免管理激励扭曲，企业内部价格应该与公平交易市场相等。这样的价格如何被确定，以及 MNE 是否会故意偏离这样的价格来使它们的税收负担最小化，这些将会在第 17 章进行检验。

FDI 和贸易的构成会随工业化进程而变化（Dunning 等，2001）。在发展的早期阶段，由于都是基于 H - O 比较优势，这两种形式的国际活动往往相辅相成。事实上，FDI 促进了（自然）资源密集型商品的贸易，进而为出口国提供了相应的潜在能力和市场。另外，对内和对外 MNE 的活动可以帮助实现投资国和接受国的竞争优势升级，从而辅助工业全球化和产业结构调整。① 相反，如果 FDI 是为了保护或利用垄断或寡头的市场结构，这可能会导致更低效率的国际劳动分工和国际贸易的次优模式。

与上文一样，概括性结论仍然很难做出。Katseli（1992）的一项研究表明，尽管在一些发展中国家（例如，大多数亚洲新兴工业化国家及墨西哥），外来直接投资在工业结构调整和跨境经济一体化方面起到了催化剂的作用。在其他国家（例如，巴西和尼日利亚），MNE 活动和出口发展之间的联系就十分脆弱。Katseli 坚定地指

① 事实上，这是 Kojima（1978，1983，1985，1990）提出的关于 20 世纪 60 年代和 70 年代日本 FDI 的一个主张。无论何时何地，只要它有助于克服跨境市场失灵以及帮助实现母国和东道国的 L 优势，Kojima 就会认同这种 MNE 活动。

第 14 章

国际收支与贸易结构

出一国政府有义务确保贸易与投资之间有序、连续的演化模式。她以日本为例进行了分析，日本当局将其战后经济由依靠出口导向型和劳动密集型的制造业的经济转变成为依靠国内资本产品和化工行业的经济，接着转向以装配为主的生产，最后转型升级为依靠知识密集型、全球导向的制造业和依赖服务行业的经济。虽然在日本的案例中 MNE 的对内活动并没有在这个过程中起主要作用（但对外直接投资起了作用），但在其他一些亚洲国家它现在正发挥着至关重要的作用。正如 Terutomo Ozama 所说的，MNE 经常充当经济发展的跨期套利者（Ozawa，1990，1996）。

很明显，围绕 MNE 活动和贸易之间的相互作用还有许多重要的政策问题。在20 世纪 60 年代和 70 年代，大多数母国和东道国政府的重点都集中在 FDI 对国际收支平衡的贡献，或者在一些发展中的经济体，它们则关注进口替代政策的发展和实现经济自给自足的推动力。当前，虽然在一些发展中国家，FDI 正在帮助缓解（虽然没有解决）债务危机，但这种情况已经不复存在。相反，因为 MNE 能推进发展中国家的动态比较优势并将它们的经济融入全球市场，所以政府将 MNE 视为提升国内资源和能力质量的工具。实现这些经济目标所需要的制度和政策的重新配置，尤其是当它们影响到贸易时，已不再是将 FDI 视为进口替代机制或一个必要的（但并不总是受欢迎的）利用自然资源的工具。各国政府在 21 世纪早期所面临的问题不在于 MNE 相关活动（与它的下一个最佳选择相比）是贸易创造还是贸易转移，而在于它是否能作为一个经济活动跨境重组的有效工具并以一种最能满足它们发展和重组的目标以及公民社会福利的方式。

第15章

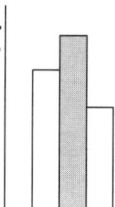

市场结构、绩效和商业活动

15.1 引言

我们现在来考虑 MNE 可能会影响其东道国的结构、绩效、资源调配及资源使用能力的方式。特别地，在这一章将寻找在过去三十多年间引起研究者和政策制定者的广泛关注的六类问题的答案。这六类问题如下：

（1）MNE 母公司或其子公司的产出在部门内和部门间的分配是否会不同于单一国企业或本土企业？

（2）考虑到 MNE 所从事的增值活动，其在处理这些活动时是否比其单一国同行更加有效？其是否具有更高的生产率？其是否更加具有盈利能力？其增长率是否更高？

（3）相比于其他情况，MNE 是否吸引了更多的产业集聚？它们能否更好地推动产品多元化？它们是否促进了更多的垂直一体化？它们是否参与了更多的联盟建立和关系网络的形成？

（4）MNE 及其子公司的目标、态度和行为在哪些方面不同于那些在其经营所处的经济体中的其他公司？这在多大程度上可以用其对于相关跨境活动的独特治理方式来解释？

（5）考虑到资产累积型投资的增长，尤其，是以 M&A 形式的增长，并购作为对外投资的一种形式，其对于市场结构和绩效的意义是什么？

（6）以上（1）到（4）中所指出的那些类型的影响，其宏观制度含义和政策含义是什么？特别地，母国或东道国政府如何尽可能确保本国 MNE 和外国 MNE 子公司的内部行为与其自身的经济目标及其他目标相一致？

那么该如何进行比较呢？正如我们所看到的，确定合适的比较参考点的这一问题是为了理解 MNE 活动的影响而做出的所有努力中都会遇到的普遍问题。在关于母国和东道国 FDI 所带来的影响的讨论中，Barba Navaretti 和 Venables（2004）提到了在 MNE 和本土企业之间进行的"无条件"和"有条件"比较。无条件的方式仅仅将不同种类（国内/国外，MNE/非 MNE）的企业进行对比，而有条件的方式则考虑了诸如规模、技术及行业选择等背景差异。无条件的方式虽然很简单，但不能总是提供有效的信息。然而，尽管有条件的方式在很多方面是略胜一筹的，但其仍然存在一个风险，即它在解释许多 MNE 的独特性及其所拥有的 O 优势时是搪塞过去的。

除了这种概念性的难题之外，关于外国子公司和本土企业之间绩效差距的实证证据是相当明确的，其中最值得关注的是生产率和工资的差距。[①] 此外，正如我们在第 13 章所看到的，即使是在有条件的分析中，当对行业选择和员工质量（即他们的技术水平）和/或生产力进行控制时，工资差距也仍然存在。类似地，在本章所回顾的研究中，即使在两组公司之间的部门分配差异被正常化之后，生产力差距也依然存在，正如工资差距情形中的一样，只是这种差异相比于无条件的对比要小得多。

在本章所回顾的一些更近期的研究中，绩效对比不仅包括境外企业和本国企业之间的比较，而且已经扩展到境外和国内的跨国公司之间的比较。除其他以外，这些研究已经揭示，前者比后者具有更高的效率，相应地，后者在给定的东道国经济体中则比纯粹的国内企业更趋于有效。他们还证实如果从用以解释生产力差异的多种因素方面进行考虑，如公司规模、行业选择、使用的技术类型，或研发支出水平，境外和国内的跨国公司或许更趋于相似，且均不同于纯粹的本国企业。

在本章我们将集中讨论 MNE 活动以某种方式对母国或东道国经济体的市场结构产生的影响。除了比较境外和本土企业的增值结构、生产力和绩效，我们也应该关注外资并购的不同影响，因为外资并购呈现的几乎是一种能够揭示收购企业的"真实"生产力优势的自然实验。我们还将回顾有关 FDI 将在多大程度上带动或挤出东道国或母国的国内投资的证据。（然而，应该指出的是，通常来说，关于 MNE 活动对母国影响的证据相当少，在这个领域仍有更多工作待完成。）

本章所讨论的内容将在第 16 章进一步补充说明。第 16 章专注于 MNE 或其子公司与其竞争对手、供应商和客户的增值活动之间形成的联系。MNE 活动所带来的当地知识外部性（溢出）以及集聚经济的重要性，也是第 16 章将要讨论的内容的一部分。本章和后续章节的关注点存在区别，后者关注 MNE 活动对当地企业的影响（不管是通过联动效应还是溢出效应），而本章则关注境外进入者与本土企业在哪些方面存在差异，以及它们对于部门内和部门间效率及平均生产力的影响。

15.2　概念框架

　　MNE 对国家经济的行业及市场结构产生的影响为什么且在什么条件下预期会不同于单一国或本国的竞争者？事实上，这种影响的决定性因素是什么？我们再次相信这些问题的答案在于 MNE 以其 MNE 的身份而存在所具有的独特特性，以及其经

---

① Lipsey（2002b）和 Bellak（2004a）提供了关于生产力、技术、盈利能力、工资、技能和增长的绩效差距的详细文献综述。

营所处的经济和政治环境的独特特性。更特别地，我们预期 MNE 对于母国和东道国的竞争力的影响依赖于它们 O 资产的本质和范围，及它们在不同区位增加和/或组织这些资产部署的方式的本质和范围。再者，其同样依赖于它们经营所处的国家的制度基础，以及其如何被 MNE 的行为和绩效所影响。

前面章节已经就 MNE 活动对技术能力创造和获得、人力资源升级以及东道国和母国的对外贸易和支付产生影响的一些方式进行了分析。特别地，这些分析都强调技术变革推动下的全球化不仅会促进 MNE 活动的全球整合，还会促进通常以 M&A 方式进行的资产累积型投资的增长。

本章和接下来的章节会集中讨论 MNE 与这些 L 特征之间的相互关系，这些 L 特征包括市场规模及其组成部分，消费者需求的模式和质量，制度框架，竞争对手的数量、质量和效益，供给行业的优势和结构，企业家精神及经济开放程度，还有国家和地方政府对这些可变因素所施加的影响等。MNE 与这些可变因素之间相互作用的方式，以及每个因素如何影响 MNE 经营所处的行业及市场结构是本章讨论的主题。

MNE 产生的影响首先会表现在其所从事的经济活动的水平、范围和组成上，即 15.1 节的（1）和（3）中的内容，以及它们的行为和绩效在多大程度上不同于单一国企业，即 15.1 节的（2）中的内容。MNE 独特行为的结果将会直接或间接地影响"相关"企业的经济状况和组织结构，也影响它们作为其中一部分的行业的竞争地位。这样的行为也可以促进制度和政府政策回应的重新配置，而这样的行为在适当的时候可能还会影响本土行业活动的组成和效率。

是否有人能够预测那些影响东道国和母国的行业和市场结构的 MNE 活动的方向和程度？理论上，它们独特的 O 优势可以帮助提高部门间（分配）效率和/或提高技术和/或规模效益。随着时间的推移，这些优势也会帮助促进本土资源和能力的重组，以满足新的供给或市场需求。然而，事实上，其很大程度上依赖于企业 O 优势的性质——特别是其究竟是竞争力量的结果还是垄断势力的结果——以及对这些优势的利用。反过来，这又将部分依赖于 MNE 所面临的国家特定的制度配置。

以一个 MNE 或单一国企业收购向其供应某种特定原材料的外国供应商的情形为例。该收购在不同的情形下的结果会完全不同，这取决于被收购企业是该类原材料的唯一供应商，还是只是几个供应商之一。在前一种情况下，如果收购方意愿强烈，它会排挤在最终产品市场上的任何或所有竞争者，或者潜在竞争者。在后一种情况下，它可以向供应行业注入一种新的竞争元素。同样地，通过前向一体化，一个 MNE 可能会减少或阻碍其竞争对手的营销选择，或者刺激分配部门的竞争。再者，考虑一个企业收购外国竞争对手的例子。这会限制消费者的购买选择，并通过降低产品的需求弹性，使得 MNE 可以提高价格。或者这也能使被收购企业免于消亡，因此可以保护行业的竞争结构。几乎在每一个新的或扩张的 FDI 中，一种会同时对市场结构和经济福利产生积极和消极影响的可能性都是存在的。即使是 MNE 最明显的 O 优势（例如，优越的无形资产、新市场及更多动态的企业家精神的供应），其也可能会产生相互矛盾的结果。一方面，它们可能会促进它们所在的行业或战略集团的增长和竞争。另一方面，它们将会挤出其竞争对手，并给予那些作为行业组成部分的投资企业一个对于行业的垄断控制权。

经济理论不会提供任何明确的预测，例如国际生产是否会导致更加集中的市场结构，是否会导致更高水平的产品多样化，是否会导致更多的垂直一体化。第一个问题很大程度上取决于 MNE 的进入模式、其规模和产品组成，以及其相对于竞争者所处的地位，这些我们将在本章的后续部分进行讨论。此外，MNE 活动对一个特定的母国或东道国的市场结构的影响可能会不同于其对全球经济的影响。唯一一个可能会被提出的一般观点是，增值活动的地理分布为投资企业提供了更多利用规模经济和共同治理的机会。继而，从全球视角来看，相比于其他情况，FDI 更能促进市场力量的集中。类似地，它能为产品多样化、垂直一体化和套利交易提供新的契机，而通过获取新知识、学习能力、制度系统以及内部化跨境市场所获得的利益可能会使 MNE 在克服国内市场失灵上比国内公司更加具有优势。

简而言之，MNE 所面临的 OLI 配置及其应对这些配置的战略可能都不同于那些本土或单一国企业所面临的情形。本章后面的部分将尝试阐述这种差异的本质，以及其对国内和国际市场结构的影响。

15.3 MNE 及分配效率

根据外来直接投资与本土企业在东道国的行业分布的相似度，MNE 的进入可能会促进产业间经济活动的重组。MNE 的进入也会推动产业内部的重组，这取决于外来 FDI 在多大程度上集中于特定行业中资本更加密集、附加值更高的部分。最后，根据对外 FDI 在多大程度上对母国的投资进行补充或替代，一些产业调整也可能在 MNE 的母国发生。本节将依次讨论这三种影响。

□ 15.3.1 产业间效率

第 2 章呈现的数据表明，MNE 在其母国及其子公司经营所在国的增值活动的行业分布不同于在这些国家的其他企业。然而，相对于一个国家产品和服务的进出口的结构可能会不同于那些在国内生产和消费的产品和服务的结构这个事实来说，这并不足为奇。因为对于那些出口国具有（或希望获得）比较优势的中间产品而言，MNE 毕竟是其贸易的主要渠道之一，其通过利用进口国拥有（或希望获得）比较优势的资源和能力来给其产品增值。

在高度工业化国家之间，国内和国际经济活动在结构上确实至少会存在一些相似性。除此之外，这也从近年来产业内贸易的极其迅速的增长中表现出来。类似地，有一些迹象表明，这些国家的 FDI 模式、合营企业模式及 MNE 网络模式正在融合，并且这也是 MNE 活动的影响的本质。

这也可能是一个合理的假设，即出口资本和进口资本的国家间以资源为基础的差异和制度差异越大，前者对后者（反之亦然）的 FDI 的影响就可能越明显。至少这可以部分解释为什么发展中国家通常比大多数发达国家更在意入境和出境的 MNE

活动所带来的特定结果。

我们将会进行另一个观察。关于 MNE 对行业市场结构影响的大多数分析趋向于使用销售额数据而不是增加值数据，并且其着眼于最终产品而非中间产品的产出组成。但 FDI 的贡献对于经济效率而言的重要性不亚于其对于产业内资源分配而言的重要性。以一组已经在巴基斯坦设立子公司来生产医药产品的 MNE 的情形为例。通过销售额数据可以发现，其对市场结构产生的影响可能是一种主要的影响。然而，假如子公司的目的——不同于其在巴基斯坦的竞争者的目的——只是对进口化学药剂进行简单的剂量和灌装操作，那么其产生的影响可能就会相当小。另一种情况中，同类的制药公司将其一部分研发器材和化学药品生产转移到巴基斯坦，对这两种情况进行比较。结果发现，巴基斯坦子公司的销售总额或许没有改变，但是它们对医药行业增加值的贡献却相当明显。

很明显地，能够影响 MNE 子公司可能采取的生产类型的 OLI 配置可能会不同于本土企业——即使后者也从事 FDI。这里以创新能力为例进行说明。第 11 章已经表明，即使日益国际化是大势所趋，绝大多数 MNE 的研发活动也仍然在母国进行（UNCTAD，2005c）。我们还解释了为什么在资产利用型 FDI 中，这种增值活动往往是 MNE 在最后才会从母国转移到东道国的活动之一。然而，随着资产累积型 FDI 的增长，来自发达国家和发展中国家的 MNE 都在其国际化的早期阶段收购或入股国外创新设施业务，如联想收购 IBM 个人计算机业务（UNCTAD，2006）。

关于 MNE 活动对部门间产业结构的影响，现在已经有大量该方面的实证研究。英国的 Dunning（1958）、加拿大的 Safarian（1966）和澳大利亚的 Brash（1966）等的早期研究都表明对于制造业的外来（主要是美国）直接投资的部门组成会明显不同于本土企业。Dunning 以偏差系数的形式表现了这种差异，偏差系数是用于衡量美国子公司在某一特定行业的就业中所占份额、其在所有行业的就业中所占份额以及所有英国公司的等价百分比之间的平均差异。他计算得出该系数在 1953 年是 0.9％（零值表示两组企业之间的行业分布相同）。特别地，Dunning、Safarian 和 Brash 都发现美国子公司尤其集中于提供以下三种产品的部门：

（1）高度资本密集和技术密集的生产资料（如挖土设备、工业仪器和药品）；

（2）大批量生产的消费资料或生产资料（如机动车辆）；

（3）需求的收入弹性较高的差异化消费资料（如加工食品、洗涤剂和化妆品）。

与此同时，FDI 在某些传统部门的占比通常较少，如金属制造业、纺织服装业，还有基础设施服务业，如公共事业、建筑业和银行业。

关于对外直接投资的行业结构的首次研究是在美国进行的。根据在 1972 年收集到的一些数据，美国关税税则委员会（1973）表明，美国 MNE 的境外销售——实际上还有这些企业的国内销售——的分布相比于它们的单一国竞争者而言存在相当明显的差异。几年以后，美国海外投资的一个重要研究（Bergsten 等，1978）得出结论认为这些活动使投资公司能够加强或升级其创新活动（因为 R&D 成本可以通过销售量的增加而被分摊），并使其获得来自国际化本身的收益（如风险分散、产品经济和专业化流程的延伸），从而提升投资公司的竞争力。

随后的一些更复杂的研究也得出了同样的结论，尽管其表明，随着时间的推移，

第 15 章

市场结构、绩效和商业活动

451

MNE 和其他公司之间活动的部门间分配的偏差程度会随时间而变化，这种变化取决于在母国和东道国中所进行的投资的类型。一般来说，贸易和行业组织理论均表明 MNE 活动对东道国产出组成的影响与投资国和接受国产业结构的差异呈正相关，尽管其他因素（比如国家政府对外来投资的政策）也可能影响该组成。FDI 在爱尔兰、比利时和新加坡集中于几个制造业部门，而在赞比亚、利比亚和圭亚那则集中于自然资源型部门以及相对较少的本土企业，这种集中是对后一种影响的证明（UNCTAD，2005c）。我们也预期，如果全球化导致更多的参与国行业结构的趋同，那么外资企业和本土企业的产出构成之间的分散性将会减少。[①]

这些命题通常会有实证结果的支持。我们首先参考二十年前由一个当代作者编辑的一个详细的研究，这是在当代全球化的主要推动被提出之前完成的（Dunning，1985a）。该项研究的独特性体现在它呈现了一系列国家案例研究，并使用一个共同的分析框架，首先，它将对外和外来直接投资的行业构成与单一国企业的国内投资的行业构成进行比较和对照；其次，它检验了被揭示的任何差异将以何种方式并在多大程度上影响资本输出国和输入国的竞争力。通过利用国家生产普查[②]的数据，这些研究发现，在 20 世纪 70 年代和 80 年代，当没有人为地对贸易和投资设立壁垒，且国内经济也不存在其他结构性扭曲的特征时，MNE 通常会对资源配置产生有利影响——至少在静态意义上是这样。

然而，从所研究的 12 个案例中的几个案例（即瑞典、印度、加拿大、朝鲜和法国的案例）中，作者得出结论，假如东道国的国家制度和政府政策对于市场的友好度更高，MNE 产生的有利影响可能就会更大。然而，考虑到这些制度和政策，我们发现，在加拿大和德国的外来投资和对外投资的影响将会是略微积极的（从其通常会提高部门间效率这个意义上来说），并且比利时、英国、美国和日本肯定也是如此。在印度，政府对入境 MNE 活动所采取的限制政策已经被表明抑制了有效的行业重组和制度优化。

研究还揭示，对外投资对国内经济结构的影响主要是间接通过 MNE 活动对贸易的影响来实现的（见第 14 章）。在韩国和日本的例子中，政府政策会引导外来投资流向国家中具有动态竞争优势的部门。该政策在韩国的出口导向型投资的情况中表现出很好的效果，但在进口替代型投资中却并非如此。在新加坡，许多投资动机会引导外资企业投资于高于平均增值水平的活动，从而提升国内人力资本的质量。

另一种被频繁用于评价 MNE 对分配效率的影响的是其在多大程度上集中于具有高出平均值 RCA 的部门，或者其在多大程度上帮助将资源重新配置到该国家的 RAC 正在增长的部门。[③] RCA 越高，则该部门越会被认为在国际市场是有相对优势的。除了法国和加拿大，Dunning（1985a）[④] 所研究的所有国家中，相对于本土企业

---

①　例如，正如 Blomström 和 Wolff（1994）从墨西哥外国子公司在 1965—1985 年间的经营情况的角度进行研究得出的结果所表明的。

②　出于行业规模的考虑，为了对其进行标准化，每个部门的差异被除以英国的就业份额。

③　RCA 在构成上与第 11 章中讨论的 RTA 相似。单单基于出口的一个替代性的衡量方法是，一个国家在某一特定产品上的出口在世界出口中所占的份额除以一个国家在全世界制造业出口中所占的份额。

④　Dunning 所研究的 12 个国家分别是英国、美国、法国、联邦德国、日本、加拿大、瑞典、比利时、韩国、印度、葡萄牙和新加坡。

来说，MNE 更倾向于将其活动集中于 RCA 比率大于 1 的部门，或者是 RCA 随着时间不断增加的部门。然而，关于对外投资和行业 RCA 之间的相互关系也有一些不同的观点。日本和英国的数据似乎就支持这样一个观点，即这些投资很可能偏好于母国的 RCA 小于 1 或者其 RCA 正在不断减小的部门，但美国、瑞典、德国、法国和加拿大的例子则强烈表明出口和出境 MNE 活动可能是互补的且在同一个部门中。

几个因素或许可以解释这些明显相矛盾的观点。第一，因为国与国之间的大部分贸易是在相似的部门内（即产业内，而不是产业间）发生的，所以大量的跨境生产也是产业内的（参见第 2 章）。这些投资可能很少基于特定于其来源国的 MNE 的 O 优势，更多的是基于来自企业特征的 O 优势，包括其跨国的范围和模式。第二，投资促进了在 MNE 控制内的劳动国际分工，从这个意义上来说，越来越大的投资比例是在进行贸易创造。在这种情况下，企业内贸易是 FDI 的不可缺少的部分。第三，正如第 14 章所呈现的，甚至许多进口替代贸易也许会导致持续的且不断增加的中间产品的出口，以及不是由外国子公司生产的最终产品的出口。

公司内部、产业内部 FDI 的增长，尤其是在 OECD 区域——一个关于欧洲和日本工业经济与美国工业经济日益趋同的特征——的成员国之间的 FDI 的增长部分解释了为什么随着时间的流逝，MNE 活动对发达工业经济体经济结构的部门间的影响会变得越来越不明显。

尽管证据不足，我们可以指出一些特定行业的研究发现，这些研究是关于在过去二十年里全球化的加强如何影响产业间效率的。在墨西哥，汽车工业在 20 世纪 80 年代晚期到 90 年代早期之间，从一个支离破碎的低生产率产业过渡到由美国和日本 MNE 主导进行一体化全球生产的产业（UNCTAD，1995:233）。同样地，英国汽车行业是由同期的日本（以及后来的美国）投资所复苏的。事实上，对美国投资者来说，这是他们第二次参与英国工业重组，而第一次发生在七十年前。

在第二次世界大战后，日本的源于美国 MNE 的技术转让（主要通过许可证）协助其进行产业重组，使得其从劳动密集型产业（食品、饮料、纺织）过渡到资本密集型产业（机械、金属制品、运输设备、化工）。来自日本的对外投资在重组过程中也起到了决定性作用。首先，它发生在劳动密集型部门，紧随其后的是在能源密集（和能源污染型）产业中进行资源寻求型投资，然后是高附加值的 FDI，尤其是在汽车行业和服务行业（Ozawa，1992，1996）。

日本和美国的对外投资也促进了具有与"雁行范式"的预测相一致的模式的其他亚洲国家中行业的重新配置（Akamatsu，1961；Ozawa，1992，2005）。这些工业化程度逐一不断提高的国家和地区，在日本的领导下，新加坡、中国香港、韩国和中国台湾紧随其后，从生产劳动密集型的纺织品和服装转移到电子产品，并将产业内生产从低附加值活动转移到高附加值活动。在纺织业中，MNE 提供的原材料和市场使得韩国和中国台湾本土贸易企业出现增长，并使得其增值链能够提升，例如提升到合成纤维，最后还有来自中国台湾和中国香港的对外 FDI。在电子产品行业，类似的发展也发生在马来西亚、泰国、菲律宾、韩国和中国台湾，在这些国家和地区，低端组装业务让位于高附加值活动，也出现了本土竞争对手（UNCTAD，1995:233）。这类公司中最有名的可能就是中国台湾的宏碁，该公司从一个 OEM 供应商发展成为 2005 年全球第四大电脑制造商。

在中欧和东欧，FDI 对结构调整的更近期的贡献仍然很大。根据 Rojec（2000）提供的数据可知，在 20 世纪 90 年代中期，中欧和东欧的 MNE 和本土企业在分布上存在相当大的差异，MNE 活动更加集中于盈利能力、雇员人均资产及出口定位在平均水平之上的部门。例如，在捷克、斯洛文尼亚、匈牙利和斯洛伐克，MNE 过度集中在汽车行业；在匈牙利和斯洛伐克，MNE 在化学工业和电子机械行业的集中就很明显。一般来说，MNE 投资的分布往往是符合与其他欧盟国家相比的国家动态比较优势的。然而，在斯洛文尼亚，国内产业的重组却不与 RCA 一致，在劳动密集型产业如服装业，该指数仍然是最高的。相反，外国投资者认为斯洛文尼亚的未来将会在资本密集型和知识密集型部门。

最后，关于产业升级的一个不同观点是由 Barry 和 Kearney（2006）提出的，他们认为外来国际投资也可以帮助东道国实现更加均衡的工业组合，即一个能够使其在较低风险中快速增长的产业结构。他们提供的支持证据是在 1974—1999 年的爱尔兰，MNE 活动集中在高附加值的制造部门，如办公设备、计算机、电子专业仪器和药品，而国内投资则集中于诸如食品和纺织等部门。

□ 15.3.2　产业内效率

与 FDI 对增值活动的产业间分布产生的影响同样重要的是其对增值活动的产业内分布产生的影响结果，因为在许多部门，尤其是技术密集型的行业，在同一增值链上不同位置的活动的生产力可能会不同，正如不同增值链中的相似活动之间可能会存在差异一样。比如从投入的机会成本的角度衡量，那么在需要投入大量人力和物力资本的创新活动和制造或服务活动中，其投入的机会成本可能较高，而在需要投入大量非熟练劳动和标准原材料的活动中，其投入的机会成本则较低。原则上，没有理由不根据企业活动对 GDP 或者国际竞争力的贡献来对其进行分类，正如对其生产的产品进行分类那样。然而，在实践中数据并不是以这种方式分类的，但争论点是，只要对增值链的阶段进行划分在空间上是可能的，就存在一个企业活动的最优产业内结构，外商独资企业可能也确实会影响这种结构。

将其与母公司和本土竞争对手进行对比，研究发现，MNE 的子公司通常会生产更少种类的商品和服务，尤其是在其成立的早期。在市场寻求型企业中，常见的是绿地投资者通过从事增加值相对较低的活动而首先进入，随后通过进入到高附加值的上游制造工艺和创新活动（例如，R&D 和设计工作）而实现多样化。在资源型企业中，矿物质的提取、原材料和食品的生长通常都是最初的活动，而对产品的二次加工——通常是高附加值的活动——往往紧随其后发生（如果有的话）。对于出口加工制造业活动，其增值组成部分在不同国家间又将不同，且在一个国家的不同时期也不同，这取决于其所生产的产品的性质和投入的类型，尤其是其所需的人力投入。

本土企业可能遵循相似的发展模式，但是其更有可能从一开始就从事高增加值的活动。事实上，很多企业以创新企业的形式开始存在。通常它们通过自己实现的生产会早于外资企业生产。例如，美资企业在日本 MNE 开始在美国设立子公司之前就在美国生产彩色电视机；德国化学工业在外资渗透之前就已经成立；而瑞士则是酒店行业的先锋。此外，在之前是由出口对其进行供应的国外市场中，外国投资者通常可以慢慢地迁移其整个范围的生产——如果它们这样做的话。东道国政府有时会对那些表现出不情愿对它们销售的商品减少进口的 MNE 子公司失去耐心，这有时将导致一种本地内需求被强加于它们身上的情况。许多发展中国家很早以前就觉得国外 MNE 把它们的子公司作为掠夺资源的工具，而不是帮助子公司完全开发它们的增值潜力。

MNE 可能希望在某一特定国家从事的活动和政府希望它们从事的活动之间存在的利益冲突长期以来一直是引发对其关注的原因。在某种程度上，这种冲突是不可避免的。例如，许多发展中国家列出了被其确定为尤其欢迎境外企业参与的部门的名单，在对该部门名单进行考察时，结果名单中的部门通常都是相同的，且在这些部门内，结果也是同样的，即其在这些部门内都是属于增值链中有较高附加值的部分。

从一个经济的角度来看，这类活动只有在投资的可察觉的边际社会收益等于它的边际社会成本时才能被证明是合理的。在过去——如今在很大程度上仍然是这样——大多数 MNE 最感兴趣的仍然是将其境外活动的私人净收益最大化。[①] 我们之前已经看到为什么这两个目标可能是不兼容的，以及特别地，为什么政府由于社会、文化或政治原因可能希望影响 MNE 及其子公司的行为。

那么，MNE 在垂直一体化的范围和模式上的行为不同于本土企业的证据是什么？它们是否更倾向于将它们的活动集中在生产流程的高增加值阶段？

首先，有一些证据表明，在国外经营子公司的企业趋向于在每国从事更多的高附加值活动，和/或雇用比它们单一国竞争对手比例更高的技术工人。在欧洲的主要投资国和日本，它们自己的 MNE 所占据的资本密集型、技术密集型和信息密集型产品和服务的国内产出的份额大大高于它们所有产品和服务所占的份额。但是除此之外很难去概括，因为企业对于部门内和部门间多元化的战略可能会随着与其自身的多国性无关的因素而变化。例如，参考英国数据的研究揭示，企业从事垂直一体化的倾向与它们的规模呈正相关。其他研究，如 Jenkins（1979，1984）和 Pearce（1990b）的研究则表明企业特定变量（如存续年限和经验）及国家特定变量（如商业习俗、法律系统和市场结构）都比企业的地理分散程度更为重要。在对拉丁美洲制药业发展的详细研究中，Jenkins（1984）的研究表明外国子公司销售比例的增加值会随着它们成立的时间和当地的市场规模而变化。

然而，显而易见的是当 MNE 的境外活动被考虑在内时，这些企业中至少有一组比它的单一国竞争对手更有可能实现垂直一体化。这并不足为奇，因为上游资源型活动和下游生产或市场营销活动中 FDI 的主要依据是为了规避或利用中间产品市场的失灵。石油行业是一个典型的例子。为了建立壁垒以防止新的竞争者进入，并削弱现有竞争者的实力，在 19 世纪后期，主要的石油公司试图控制市场，进而控制原油的供应。这导致了石油行业的几乎完全的垂直一体化。

---

① 正如第 18 章将呈现的，虽然有越来越多的证据表明，这种最大化受到对至少是少量 CSR 的接受的约束。

同样地，在许多其他行业，通过参与多边跨境内部增值链活动，MNE 整合水平已经比其单一国竞争对手更高了。一般而言，这对它们的经济实力和市场结构来说具有相当大的影响。15.5 节将更详细地讨论这个问题。

关于跨国子公司与其当地竞争者在垂直一体化方面的对比的一些研究已经完成。然而，其并没有得出确切结论。虽然一些研究已经表明，完善的市场寻求型的境外子公司可能比其当地竞争对手能更好地进行垂直一体化，但也有强有力的证据表明，出口导向型子公司在整合水平上可能比其本土竞争对手更低。另一个可以用于衡量境外企业和本土企业的部门内活动差异的替代性度量方法是其所产生的增加值中熟练劳动的含量。这里还有更多的证据表明，外国子公司雇用的熟练劳动力与非熟练劳动力的比例更高。在第 13 章我们已经回顾了一些这方面的证据。例如，在英国，Driffield 和 Taylor（2000）研究表明，在特定行业外国公司雇用熟练劳动力与非熟练劳动力的比例比本土企业更高，在其他行业也是如此。然而，在美国，Blonigen 和 Slaughter（2001）研究发现，FDI 对熟练劳动力需求的影响是无足轻重的。

□ 15.3.3 对母国的影响

在 20 世纪 80 年代早期至 90 年代中期，作为瑞典对外投资增长的结果，发生了一个有些矛盾的发展情况。根据 Kokko（2002）的研究，在瑞典出现了增加值相对较低、原料含量相对较高的中间产品生产的集中现象，而与此同时，由大型瑞典企业在国内所从事的研发的数量仍然相当大，但是这并没有导致国内更高的增加值的生产。其部分原因可能是因为瑞典 MNE 的国内生产的专业化程度的提升导致了中小型企业数量的减少。正如 Kokko 所记载的，在过去的十年里，电子和电信设备行业出口量的增长可能暗示着这一趋势的逆转，但该事件说明了对外 MNE 活动影响小型开放经济体的经济运行的一种可能结果。

很明显，伴随着国际化而来的部门间和部门内活动的重新分配对母国和东道国都会产生巨大影响，到目前为止的许多研究都关注 MNE 活动对东道国而非母国的影响。[1] 在第 13 章和第 14 章，我们从国内就业和贸易角度回顾了对外 FDI 对母国的影响的证据。就像许多其他与 MNE 活动的影响相关的问题一样，我们也不太可能笼统地评价它对本国的影响是好是坏，因为它把许多独立的且常常产生相反后果的影响联系起来了。当我们从整体上来看 FDI 时，情况显然是这样，因为它将不同投资动机的影响合并在一起了。[2] 因此，例如，我们或许会预期市场寻求型的海外投资可能会导致来自母国的出口的减少，而资源寻求型投资或许会使母国替代性投入的生产增加。相比之下，在资产累积型投资的情况下，母国的企业或许能从逆向技术转移中获益。

在本节，我们将讨论对外 FDI 对于在母国所进行的国内投资的水平和结构的影响。对母国的普遍关注是，如果 MNE 面临资本约束，那么它们可能会将投资分配到国外项目或者母国项目，在这种情况下，国际投资和国内投资则被视为彼此的替

---

① Barba Navaretti 和 Venables（2004）回顾了许多关于 MNE 对母国影响的可得证据。

② 然而，平均化的问题可能同样会出现在那些在不同市场从事不同类型活动的大型 MNE 的情形中。

代品。

事实上，这种关系是由 Feldstein（1994）发现的，他以 20 世纪 70 年代和 80 年代的 OECD 国家为样本，分析对外 FDI 对国内资本存量的影响。在该研究所使用的模型中，国内投资总额是国民储蓄总额的一个函数，也是外来和对外 FDI 的一个函数。① 结果表明，一美元对外直接投资使得国内投资大约减少一美元。此外，估计美国海外子公司资产价值中只有 20% 是由资本的跨境流动提供资金支持的，另外 18% 是由留存收益提供资金支持的。Feldstein 计算出美国 MNE 每收购一美元的国外资产，就有可能减少约 38 美分的美国国内资本存量。② 在荷兰，Belderbos（1992）也发现，在 1978—1984 年间，对 MNE 而言，食品、金属、电子行业中也存在一个替代关系。

确实，从 20 世纪 70 年代和 80 年代的一些跨部门研究中可以发现，国外投资趋向于减少同期国内投资。然而，通过使用美国 20 世纪 80 年代和 90 年代 MNE 的国内外资本支出的总体面板数据，Desai 等（2005b）发现了一种互补关系。在后续的研究中，通过使用从 BEA 基准调查中获取的更详细的面板数据，Desai 等（2005a）研究揭示，那些扩大它们在国外的活动的 MNE 也趋向于增加其国内活动。由于国内外经济活动可能（至少在一定程度上）是由同样的因素所决定的，所以作者设计了一种与海外投资有关的工具，但是其与国内投资毫无关联。为了创建这个工具，作者利用了国际投资的企业特定地理分布中 GDP 增长率的差异来预测国际投资的变化。他们发现，对外 FDI 与国内投资是互补的，并且外国雇员补偿、销售额、资产及雇员数量也与相当的国内经济活动呈正相关关系。他们还发现对外 FDI 的增加与附加的国内出口及 R&D 费用相关。

利用 1992—1997 年间美国经济的制造业普查数据，Bernard 和 Jensen（2006）发现，平均而言，属于多单元和多国企业的工厂更不太可能被关闭，而一旦行业特征和工厂特征的影响被考虑在内，结果就相反了。因此，尽管属于多工厂企业的个体生产单元往往比单工厂企业的个体生产单元规模更大、持续时间更久、生产率更高，事实上它们更有可能倒闭。虽然美国 MNE③ 仅占同期美国所有制造工厂的 6%，但是它们带动了总就业的 26% 及 34% 的产出。因此，作者得出的结论是，被 MNE 所关闭的工厂可能会对美国行业重组产生重大影响。

利用瑞典 1982—1995 年行业层面的数据，Braunerhjelm 和 Oxelheim（2000）指出，在 R&D 密集型（熊彼特式）行业，如化学、金属制品、机械和设备行业，其对外 FDI 出现了可观的增长。在传统型（赫克歇尔-俄林式）行业，如纺织、木制品、纸和纸浆行业及基本金属行业，对外 FDI 也在增长，但是增幅较小。作者假设，因为熊彼特式产业利用总部中可用于多个工厂的服务和 R&D，所以它们可能更加不受约束，因此可以为一个替代关系创造更多的潜能。相比之下，赫克歇尔-俄林式产

① 国内投资总额是一个地理上的衡量，其包括公司在一个特定国家所进行的投资，其中也包括常驻该国的境外跨国公司的子公司。国内储蓄总额包括在国外的母国跨国公司的子公司以留存收益的形式进行的储蓄。

② 理想情况下，在这样的一个模型中，人们通常希望能够将国内投资对对外 FDI 流动的反应与国内投资对外国子公司的留存收益的反应分开。了解外国子公司留存收益增加一美元与国内储蓄增加一美元对国内投资是否有同样的影响也是很有趣的，但由于数据局限这几乎是不可能的。

③ 在该研究中，MNE 是拥有超过 10% 的资产在国外的多工厂企业。

业更有可能在工厂层面上创下规模经济的纪录，且与区位特定资源的联系更为紧密，这就增强了垂直互补的可能性。事实上，作者发现在 R&D 密集型产业中 FDI 和母国投资之间的替代关系是比较弱的，即使这种情况目前只存在于欧盟内部的投资中。相反的（互补的）模式在基于传统比较优势的部门中被发现是存在的。然而，值得注意的是，虽然这项研究是在行业层面进行的，但是它仍然可能掩盖了更分散的行业部门之间的差异，以及每个部门内企业的战略变化。事实上，第 14 章回顾了许多关于对外 FDI 和母国出口之间关系的研究，这些研究表明行业的聚集水平会显著地影响这种结果。

在 Hejazi 和 Pauly（2003）关于加拿大例子的研究中，他们使用了一个存货调整模型，在该模型中，企业调整它们的投资以达到所需的资本存量，但是这些调整会带来一些成本。在他们的模型中，母国固定资产形成总额（GFCF）不仅依赖于企业利润、税收、中间投入产品价格、薪酬水平、利率、滞后资本存量、折旧和 R&D 支出，也依赖于外来和对外 FDI。他们的结果表明，FDI 的影响会随着投资伙伴的不同而变化。总的来说，加拿大的外来 FDI 和国内固定资产形成总额之间呈正相关（互补）关系，但是来自英国或者世界上其他国家的投资相比于来自美国的投资会产生更大的积极影响。对于对外 FDI 来说，结果就比较混杂了。加拿大对美国的投资表明其也会增加国内投资，而向世界其他国家的资本流动，除了英国之外，则会减少国内投资。作者通过提及 FDI 的动机来解释这些结果。他们表明加拿大对美国和英国的对外 FDI 的目标是进入市场，预计其会对国内投资产生积极或中性的影响。对于外来 FDI，来自北美自由贸易协定（NAFTA）以外国家的投资者在多大程度上会将其活动定位于加拿大以生产用于在自由贸易区进行出售的商品，将有可能推动国内资本形成，虽然该文并没有对其进行专门研究。

Pfaffermayr（2004）使用 1997—2001 年间澳大利亚中等规模和大型制造业企业样本的企业层面面板数据进行的研究的结果表明，那些将活动延伸到外国子公司的 MNE，也经历了母国的就业增长，这表明它们之间是一个互补关系。在芬兰，一个分析小组对 1998—2002 年间的 218 个芬兰制造业企业进行分析后发现，由无财务约束的企业[①]进行的对外 FDI 会增加国内投资，当这种投资在新兴市场进行或者由有财务约束的企业进行时，则会减少国内投资（Oksanen，2006）。然而，这些结果对所使用的特定模型的具体形式很敏感。

最后，在 UNCTAD（2006：183）所进行的关于发展中国家的对外 FDI 的分析中，作者得出的结论是它不仅对投资公司的绩效有积极影响，而且在一些国家（主要是东南亚和东亚的国家），对外 FDI 已经成为成功地进行产业结构调整以及维持经济增长的因素之一。[②] 然而，该研究再一次强调对外 FDI 对国内投资的数量和组成产生的影响可能会随着国家特定因素、FDI 的动机、MNE 采取的国际化路径，以及

---

① 企业在多大程度上受到财务约束是以两个标准来评估的。第一，如果它们在 $t-1$ 期已支付股息且没有发行股份，那么在 t 期它们被认为是无约束的。第二，如果企业利润没有支付 $t-1$ 期的利息费用，那么公司在 t 期被认为受到财务约束。

② 在这个研究中，给出了几个在中国香港、中国台湾、新加坡和毛里求斯的情形中所出现的特别的例子来说明这样的一种影响（UNCTAD，2006：177）。

成为外资企业集群或网络的一部分所带来的溢出效应的变化而变化。

□ 15.3.4 结论

然后我们得出结论，少量而且比较零碎的证据似乎支持这样一个命题：MNE 所进行的 O 优势的转移通常会提高母国和东道国的部门间效率。但并没有先验假设证明其应该是这样的。在 MNE 应对不恰当的制度或政府政策时，或者面对市场信号无法进行有效调整时，正如 Kojima（1978，1990）一直主张的，它们可能会破坏母国和东道国的经济结构，而非改善其经济结构。然而，基于一个动态的观点，从相关参与者的特定目标和期望的角度去评价国际投资的结构影响是很重要的。

关于 MNE 对部门内资源分配的影响的证据甚至是更加不确定的。毫无疑问，MNE 的全球运营比非多国企业的本土运营更具有垂直一体化能力，尤其是在以资源为基础的部门；关于国内销售，其在资源和知识的密集度上比单一国企业更高。尽管有证据表明，在东道国外国子公司的存在提高了所生产的销售产品的增加值部分，且提高了其增加值的技术成分，但其垂直一体化能力通常低于其本土竞争对手。事实上，在一些发展中国家，MNE 远未提高东道国的技术水平，至少其可能会降低东道国的技术水平。这两种情况的出现很大程度上取决于 FDI 的类型和动机、其投资的年限以及其经营所处的经济、商业环境等。

最后，需要强调的是，经济活动的有效重组并不意味着升级将发生在所有部门。情况很有可能是这样——确实是很可能的——虽然 MNE 的投资，不论是出境的还是入境的，都会在一些增值活动中提升劳动力的技术成分，但非技能化的现象会在其他增值活动中出现。这对于区分 FDI 的短期和长期结构调整结果是很重要的，特别是对于本国和东道国的企业家精神、市场结构和创新能力而言。

事实上，同样的一般结论也适用于分析其对母国产业结构产生的影响。很明显，近期的企业层面的证据表明，对外投资必然会减少本土投资的这个假设是不合理的。然而，互补性的程度是环境特定的且取决于许多因素，如投资动机和母国为了保持在全球经济中的竞争力而调整其比较优势的能力。

15.4 MNE 和技术效率

事实上，相对于本土企业而言，外商独资企业拥有独特的创收 O 资产，这个事实或许表明它们应该具有更高的生产力和盈利水平。然而，这是一个不合理的推论。第一，正如从 Hymer（1960）开始的几个作者所指出的，与拥有某种竞争优势一样，外资企业与当地企业相比，可能会在渗透当地市场时面临某种竞争劣势。当东道国把全球性企业安置在本国时，这种情况尤其可能出现。第二，与第一点类似，一个 MNE 获得高于其竞争对手（无论是在母国还是东道国）的平均资本回报率通常不是必然的。将风险进行贴现需要在边际上使其赚取的利润至少应该等于其机会成本。第三，事实上，MNE 作为中间产品供应商可能更高效，但该事实并不一定就意味着它们比本土企业更擅长于增加这些产品的价值。MNE 和单一国企业一样，也存在失败。

第四，像其他公司一样，一个企业可能使用其 O 优势来提升其垄断地位，而不是提高其资源配置的效率。事实上，一些企业会通过寻求获得 O 优势来加强其市场力量（Hymer，1960；Newfarmer，1979，1985）。在这种情况下，采用垄断租借的形式不仅会提高盈利能力或生产率，而且任何这样的利益都会完全归于投资公司，而不会从子公司的绩效中反映出来。当然，这在很大程度上会依赖于 MNE 的会计和企业内部定价行为，我们将在本节的后续部分和第 17 章对这一点进行讨论。最后，如第 3 章和第 5 章中提到的，很多 MNE（尤其是增量式 MNE）的活动被增加或利用外国资源和能力的欲望所驱动，这些资源和能力会帮助推动其全球化战略目标的实现。这里需要说明，与一些辅助投资（如贸易相关投资）一样，外国资本存量的价值完全是通过它对全部 MNE 的经济福利的影响来衡量，而不是通过其对当地子公司的生产力或盈利能力的影响来衡量。[①]

到目前为止，平均而言，MNE 及其子公司往往会比其单一国竞争对手具有更大的规模，且其地理分布更分散化、行业多样化水平更高，可以假设它们能够更好地利用规模经济和范围经济。我们知道有一些 MNE 倾向于集中在那些最容易受到经济规模影响的部门和活动（Horst，1972a；Pugel，1981；Dunning，1985a；Kumar，1990；UNCTAD，2005c）；Kogut（1985）及其他一些人的研究则对 MNE 可能拥有的那些来自于地理上的范围经济的 O 优势的类型进行了详细阐述。Caves（1981）也证明这样的经济结构是区别 MNE 和单一国企业的非常重要的特征。

30 多年来，研究人员一直被一个问题所吸引，即相比于本土竞争者而言的 MNE 子公司的生产力和盈利能力。大多数早期研究都关注外国制造业投资，主要是各种市场寻求型的外国制造业投资。它们试图将外资企业和本土企业之间进行匹配或成对进行对比，或者把外资变量引入回归方程，以解释生产力和盈利能力的差异。另一种方法是试图分离出外国子公司与本土公司中最独特的特征。

每种分析都产生了类似的结果。关于美国在英国、加拿大和澳大利亚的子公司的早期研究[②]，都是基于产业内比较或匹配成对比较，这些研究都通过使用生产率或盈利能力指数[③]而得出美国企业以相当大的优势胜过其本土竞争者的结论。Haex 等（1979）发现，对于在比利时的企业而言，生产力和盈利能力是区别外资公司和本土公司的最重要的变量之一。这个结果被一个匹配的抽样调查所证实。本章回顾的更近期的证据已经证实了早期的发现，其利用了新技术的优势，采用了诸如结合横向和纵向维度的面板数据分析方法。

跨国公司与全球经济（第二版）

---

① 例如，与子公司的存在对其他 MNE 的产出和绩效的影响相比，MNE 的营销子公司的盈利能力可能会变得很不重要。此外，铝土矿的效率对于希望保障对其加工工厂的铝土矿供应的铝加工公司来说可能是次要的考虑。

② Dunning（1958，1966，1970），Brash（1966）和 Safarian（1966）。

③ 在这些研究中，生产率通常被定义为总产出或净产出除以雇用的人数或工资总额。总生产率指标偶尔会被使用（Dunning，1976，1985b）。盈利能力被定义为销售回报率或被使用的每百分比的净资产或净资本所产生的（税前）利润。

□ 15.4.1　生产力差距的证据

研究生产力通常采用两种方式，劳动生产率和全要素生产率。TFP 的好处在于其将资本和劳动力之间的选择也考虑在内，但它的其他特性却使得其结果不那么理想。TFP 是生产函数的残余部分，生产函数中的每个部分（特别是资本）都可能产生测量误差。对于劳动生产率的度量通常使用每个雇员的平均增加值或每个雇员的平均产出，这种衡量方式更准确，但是其仅仅反映了企业内雇用的人力资源的效率。

除了评估外资企业是否比本土企业更高效之外，我们还对这些优势在多大程度上影响本土企业在经济体中的经营感兴趣。一般来说，如果 MNE 比纯粹的本土企业更高效，那么预期外资企业进入东道国经济体中会产生两种效应。直接效应是一个简单的复合效应，即东道国的平均生产率将会由于引入高绩效的企业而得到提升。另外，如果一个生产率更高的外资企业的进入导致了一些生产率最低的本土企业的退出，这将进一步导致东道国平均生产率的提高。这些种类的由于 MNE 的进入所导致的直接的生产力影响是本节的重点。

间接影响只有当 MNE 的生产力优势也有助于提升当地企业的竞争力时才会出现。这些影响有三个主要来源。第一，它们可以源于 MNE 和当地供应商之间的联动效应。在这种情况下，中间产品的需求增加会导致当地企业生产规模的扩大和成本的降低。这些被称为"金融"外部性或"市场"外部性。例如，利用与墨西哥肥皂和洗涤产品的供应商有关的公开资源和采访，Smarzynska Javorcik 等（2006）展示了沃尔玛在 1991 年通过合资公司（它们后来获得了它的控股权）如何实现其仓储、分销和库存管理的现代化，如何改变消费品供应商和零售商之间的关系，以及如何在增加容量的同时减少利润率。无法满足沃尔玛条件的当地企业会失去市场份额，且许多企业退出了市场，而其余的市场参与者可以通过减少其劳动力需求和提高其创新能力来使其变得更加有效率。

第二，生产力优势可以通过知识和技术的蓄意转移，例如培训或者许可证（参见第 11 章和第 13 章），从而输送到本土企业。这些技术流动通常也会与垂直供应商关系有关。第三，生产力优势会以非金融的知识外部性的形式溢出到当地企业，如示范效应和劳动力市场互换等。金融外部性和非金融（知识）外部性都会在第 16 章进行讨论。

发达东道国中的生产力差距

在早期对生产力差距的研究中，Dunning（1976，1985a）观察到近几年美国企业和其他外资企业、英国同行之间的差距已经有所缩小——作者揭示的这个结果反映了前者的一些 O 优势的一定程度的丧失，也反映了后者 O 优势的一定程度上的改善。Dunning（1985b）还在报告中称，1979 年在英国 41 个制造业部门中的 30 个中，外国子公司的 TFP 有更高的记录。这个结果随后也被 Davies 和 Lyons（1991）所证实。他们发现虽然在 1987 年英国的制造业中，外资公司的生产力相比于英国国有企业存在一个高出 48.6% 的优势，但是不到一半的这类优势可以追溯到其所有权的国籍——这种平衡反映出一个事实，即上述外资公司趋向于集中在生产力更高的部门。① 相比之下，在 1971 年，所有的 30％的生产力差异归因于所有权效应。Solomon 和 Ingham（1977）对在英国机械工程行业中的境外企业的绩效进行了更详细的研究，得出结论为外资企业不会比本土企业表现得更好。

比利时的研究也表明，外资公司之间的绩效是存在国别差异的。尽管美资公司持续保持了较高的资本和生产回报率，但其他公司（特别是欧盟国家的公司）却不是这样。② Shapiro（1983）发现，在 20 世纪 70 年代末的加拿大，虽然美国控股公司额外获得 3.5％的利润/净资产比率，但其他外资公司的表现并不比它们的本土竞争者更好。也许最值得注意的是，在美国，外国子公司每个员工平均增加值似乎没有比本土企业更高，除了矿产业和批发贸易行业（Graham 和 Krugman，1989）。事实上，在 1986 年，当前一类公司的平均生产率略高于后者时（高出 4.0％），作者发现，这完全是因为它们更多地集中在高生产率的行业。这些数据有力地支持了这样的观点：MNE 子公司的相对绩效很可能既是母国特定的又是东道国特定的，并且可能正是投资国和接受国的整体竞争力和行业竞争力的函数。

更近期地，Pfaffermayr（1999）研究揭示，1992—1996 年间，在国外经营工厂的奥地利制造业公司在母国所具备的劳动生产力相比于其纯粹的奥地利国内竞争对手更高。他还发现，在奥地利的外资企业比全部奥地利本土企业（其中包括那些有境外生产的企业）拥有更高的生产率。通过利用 1992—1997 年间 1 002 家西班牙企业、1 915 家法国企业和 918 家意大利企业的证据，Castellani 和 Zanfei（2003）发现，在法国，在很广泛的行业范围内本土企业相比于外资企业具有更高的生产率，然而，在西班牙和意大利，平均而言外资企业生产率会更高。在这三个国家中存在许多行业，在其中本土企业都扮演着技术开拓者的角色。

在加拿大，通过使用 1988—2001 年间由 359 个本土企业和 49 个外资企业组成的企业层面的面板数据，Rao 和 Tang（2005）发现，在控制了其他因素产生的影响后，外资控股企业的生产率比它们的本土竞争对手高出 10％～20％。作者将此归因于外资企业优越的 O 优势（特别是技术和管理优势）。他们也发现了外资企业对当地企业的溢出效应的证据。

在英国，通过使用 1989 年和 1992 年的 3 位数的行业层面数据，Driffield（2001a）发现，外国投资者的生产力优势推动本土企业生产力以每年 0.75％的速度增长。然而，Driffield 辩称，与其把它视为溢出效应，还不如把这种优势视为源于外国进入者引发的竞争加剧。通过使用编制层面的年度商务调查数据库（ARD）的相关数据，Oulton（2001）的一项研究表明，在 1973—1993 年间，美国在英国所拥有的制造业公司的生产率提高了 20％，超过一半的这种优势可以由更高的资本密集度和更高的劳动力质量（白领工人的比例和高收入）来解释。③ Harris 和 Robinson（2003）通过使用 ARD 的数据也证实，当用 TFP 来衡量时，英国的外资工厂拥有更高的生产率，其中美资工厂生产率是最高的。然而，即使是对美国企业而言，明确

---

① 当然，其可能表明外国公司相比于其英国同行是更好的资源分配者。
② 虽然日本子公司的资本和生产回报率高出 5.8％。
③ 该度量在 1993 年完成，其范围是 9％～20％，这取决于模型的具体形式。

的生产力差距在研究所覆盖的 20 个行业中也不一致。[①]

Helpman 等（2004）揭示，如果在本土企业变成一个出口商时存在一个固定成本——且成为一个跨国公司存在一个更高的固定成本——那么，企业生产力优势的逻辑顺序是从生产力最低的本土企业（其可能会退出），延伸到生产力稍微较高的服务于利基市场的本土企业，然后到具有更高生产力的从事出口的本土企业，最后到同时服务于国内市场并且进行贸易和 FDI 的以母国为基础的 MNE。此外，根据在国外市场的运营会在多大程度上产生 MNE 必须克服的成本，或许可以预期外国子公司在任何给定的东道国中会比其国内的多国公司更有生产率。为了检验这个命题，Griffith 等（2004）通过使用 1999—2001 年间的 ARD 数据对外国的多国公司、英国的多国公司和英国的国内公司进行三方比较。他们的研究结果证实了 20 年前 Dunning（1985b）的发现，即这确实是英国的每个雇员平均增加值的顺序，同时在每个员工平均投资和每个员工平均中间投入中也发现了类似的差异。[②]

Barba Navaretti 和 Castellani（2004）使用了倾向得分匹配法[③]来评估一个企业的第一次海外投资行为所带来的影响，也就是说评估一个企业将其状态从一个纯粹的本土企业变为 MNE 所带来的影响。[④] 他们的中心论点是多国企业和本土企业之间的生产力差距的部分原因可能是比那些在母国外的企业表现更好的企业的自主选择，因此与本土企业进行一个简单的对比是不合适的。相反，他们建议将外资企业的绩效与那些和其类似的，但尽管如此却并没有做出相同选择的本土企业进行比较。[⑤] 对与事实相反的观点进行评估，可以提供机会去模拟当不存在国际投资时将会发生什么。

在实证研究中，Barba Navaretti 和 Castellani 使用了 1993—1998 年间意大利企业的一个综合面板数据集，在这一期间，该公司的绩效是通过 TFP 的增长、就业增长、产出（总销售额）增长衡量的。他们发现，意大利企业在第一次进行海外投资时就提升了其绩效，也促进了接下来的投资。具体来说，投资后产出增长率及生产力增长率都高于反事实的（也就是，没有进行海外投资的）企业。他们并没有发现就业增长率降低的证据，这就说明，在外资活动和国内活动之间存在一个互补关系，而不是替代关系。

通过将入境和出境的动态性引入生产力对比中，De Backer 和 Sleuwaegen（2003b）

---

① 参见 Griffith（1999）基于 ARD 数据的另一个分析。

② Siler 等（2003）通过研究美国跨国公司与其在苏格兰的子公司之间的技术转移，发现了子公司劳动生产率的增长只有一部分是由于知识转移（以母国 R&D 作为代理变量），而更大部分的影响是由子公司人力资本所反映。人力资本通过平均工资对有形资本/实物资本和知识投入的回归残差来衡量，因而反映了工资差异中不能由这些因素解释的部分。这样做可以避免直接对工资和生产率进行回归。

③ 倾向得分是基于公司的可观测特征和两组公司/两个集团公司之间的最接近的可能匹配。正如其名称所表明的，每个公司从国内变为多国时会得到一个倾向得分，每个新的跨国公司与其最近的邻近跨国公司进行匹配，也就是倾向得分和它最接近的本土企业。

④ 该方法与一些关于出口对公司绩效影响（Clerides 等，1998）的研究以及境外收购对绩效影响的研究（Arnold 和 Smarzynska Javorcik，2005）类似。

⑤ 虽然这是一个非常有吸引力的方法，但也存在许多问题。匹配那些最终成为跨国公司的本土企业和那些在其他方面相似但仍然在国内的公司，将必然会涉及许多已知的易使一个公司成为跨国公司的共同因素。因此，除了这些迹象之外，还存在一些奇怪的事情使得公司决定不成为跨国公司，或者这一系列因素并不足以区分哪些公司有可能成为跨国公司而哪些不能。

发现，比利时本土企业和外资企业的生产动态性是完全不同的。他们的研究集中在劳动生产率上，通过增加值除以就业来衡量。他们发现，在 1990—1995 年间比利时的大多数生产率增长是发生于企业内部的（而不是通过入境和出境），而且大部分增长都是由外国子公司引起的。从入境和出境的动态性角度来看，模式也会有所不同。入境外资公司的生产力高于平均水平，而出境的同行竞争者生产力则低于平均水平。对比利时的本土企业来说，出入境的净效应是偏正面的，但是它们出入境公司的生产力水平远远低于平均生产力水平。作者还揭示由外国子公司进行的裁员和自动化程度的提高都为劳动生产力的增长做出了巨大贡献。

在随后的一篇论文中，De Backer 和 Sleuwaegen（2005）通过区分外资子公司、比利时 MNE 和比利时本土企业拓展了他们的分析。1995 年，在比利时制造业中只有 129 家是比利时国内 MNE，而有 1 060 家是 MNE 子公司。当时，外国公司仅占所有制造业企业的 4.5%，但是带动了 41% 的就业，创造了 51% 的增加值。作者发现，外国子公司的劳动生产率高于国内 MNE，相应地，国内 MNE 的劳动生产率高于纯粹的本土企业。作者宣称，境外子公司的生产力优势源于规模经济（以输入要素的产出弹性为基础进行计算）和技术效率（用与工业生产边界的距离衡量）。一般而言，他们发现从其绩效角度来看，相对于本土企业而言，比利时国内 MNE 与境外 MNE 更为相似。

发展中东道国中的生产力差距

那么，在次发达国家和处于工业化进程中的发展中国家中，外国企业和本土企业绩效之间存在怎样的差异呢？Simões（1985）对在葡萄牙的外国子公司的研究中发现，1977 年在 21 个行业的 17 个中人均净产出量高于葡萄牙公司。最显著的差异出现在高技术密集型、中等技术密集型及广告密集型行业，在这些行业中外国子公司的成立主要是为了供应当地市场。1975 年，在新加坡的 28 个行业中有 17 个行业外国子公司所记录的员工的人均增加值均高于本土企业。在巴西，利用多元回归分析，Willmore（1986）揭示了外资企业的每个雇员的增加值平均高出 20%，即使将规模差异和行业差异考虑在内，也仍有 1% 水平下的显著差异。Fairchild 和 Sosin（1986）在其他拉丁美洲国家也发现了类似的结果，Kumar（1990）关于印度的研究结果同样如此。相比之下，Koo（1985）发现，在韩国外资企业和本土企业之间的人均增加值并不存在显著差异。

1985—1989 年间，尽管在摩洛哥 18 个行业中有 13 个行业的 MNE 子公司所记录的劳动生产率高于本土企业，但是当对数据进行企业规模的控制时，不仅子公司只在仅有的三个部门中表现出更高的效率，而且它们的平均生产率比其摩洛哥同行低 30%（Haddad 和 Harrison，1993）。[①] Haddad 和 Harrison 还发现，即使将规模差异标准化，摩洛哥 18 个制造业行业有 13 个行业的外国公司也仍会实现相同或更高的多元化生产。Aitken 和 Harrison（1999）发现，在委内瑞拉外资企业比本土企业有更高的生产率，但是这种外资也集中在有更高生产率的行业。Rojec 和 Hocevar（1996）认为，1994 年斯洛文尼亚的外资企业比本土企业拥有的雇员人均增加值高出

---

① 关于规模是否独立于外资所有权是一个棘手的问题，因为毫无疑问一些 MNE 活动的能够提高生产率的优势是作为其规模的直接结果而出现的。

跨国公司与全球经济（第二版）

42%。该理论被 Zajc Kejžar（2006）通过利用 1994—2003 年间制造业的大样本所证实。

在一个有趣的研究贡献中，Bell 和 Marin（2004）发现，1992—1996 年间，那些对阿根廷的外来直接投资正在增长的且该投资占据所有这类投资总额的四分之三的行业，并不是技术最密集的行业，而是那些当地企业拥有相当大的竞争力的行业。基于一个综合创新调查的结果，作者发现，企业间生产力和科技活动的水平存在非常大的同质性。这种情况在外资子公司和当地企业的情况中尤其明显，但它也确实存在于每个群组中，即少数企业会表现得最好，而大多数企业都是落后者。虽然在阿根廷的外国子公司的劳动生产率情况与之前的发现一致，即它们的生产力是本土企业的两倍以上，而就出口强度和雇员平均投资而言，它们的表现仅仅等同于本土企业而已。另外，在技术活动领域，MNE 子公司的 R&D 强度和训练强度是低于本土企业的，尽管它们的技能强度更高。就资本附着型技术上的投资而言，MNE 子公司的表现也不如本土公司。

由 Rasiah（2004b）进行的对一系列国家案例的进一步研究表明，尽管外国企业和本土企业之间存在的生产力差距在肯尼亚和乌干达是正向的，但在南非是不存在的，而在马来西亚和巴西其影响则是繁杂的。这些结果（以及其他研究结果）表明，公司群组之间的生产力差异可能是部门特定的，而且在这样的差距被用来证明支持外国投资而非当地投资的政策是合理的之前，需要建立前者在特定行业的生产力优势（Bellak，2004b）。第 16 章将回顾关于国内生产力的间接溢出效应的证据，且对很多证明外国投资者和本国企业之间正向的生产力差异的存在性（以及行业特定性）的研究进行讨论。这些研究包括 Kokko（1994）对墨西哥的研究、Kokko 等（1996）对乌拉圭的研究、Blomström 和 Sjöholm（1999）对印度尼西亚的研究、Kathuria（2002）对印度的研究。

□ 15.4.2　并购对生产力的影响

在研究生产力差异的情况下跨境收购是令人感兴趣的，因为它们提供一些用以揭示 MNE 和/及其子公司与本土企业相比的生产力优势的接近于自然实验的工具/手段。[①] 这些研究，尽管数量很小，但是通常可以发现收购对于被收购公司的生产力所产生的积极影响，即使有一些证据表明这种效应会随着时间推移而减弱。

这些研究中有一个很重要的挑战是在收购之前如何更好地控制被收购公司的竞争力，因为在收购之后任何观察到的生产力的获得可能是因为外国 MNE 已经通过做出最佳选择获得了生产率最高的收购候选对象，而不是来自 MNE 的 O 优势的任何生产力的提高。此外，即使控制了生产力的初始水平，收购后任何改进都可能出现，这是由于东道国经济的外源性改善，而不是特定于 M&A。为了解决这个问题，个别研究已经通过比较并购企业与其他在每一个特定方面都与之相似的本土企业的绩效探讨了反事实条件下的情形（即在没有任何 M&A 时会发生什么）。虽然使用这

---

① 第 2 章呈现了并购作为 FDI 的一种形式已经越来越普遍的相关证据。

种方法存在理解上的困难，但它仍可以产生非常有趣的结果，因为它允许在研究期间将被外国多国公司收购的企业、被本土多国公司收购的企业以及没有受到收购约束的企业进行对比。

在英国，Conyon 等（2002）汇编了 1989—1994 年间 331 个本土收购和 129 个外国收购的样本，在该期间至少有收购前后两年的数据可供使用。他们发现，被收购公司的平均劳动生产率在被外国公司收购后会出现增长，然而在被本土公司收购后平均劳动生产率则会下降，同时在本土企业中所有权并没有发生巨大变化。[①] 外国企业支付给员工的平均薪酬比本土企业高出 3.4%，但是这完全归因于外国企业更高的生产率。被外国 MNE 收购的企业在第一年劳动生产率会提升 12%，这些企业中被美国子公司收购的则会获得最高收益。

其他学者已经开始注意到各种被外国企业和本土企业收购的工厂的种类。特别地，他们试图检验外国收购者是否打算选择绩效不佳的企业以取代其低效管理，或者他们是否会在目标国家寻找表现最好的目标。在英国，Harris 和 Robinson（2002）通过使用 1987—1992 年间的 ARD 数据库中的面板数据，比较了国内收购、国外收购以及并未改变所有权的国有工厂、外资工厂之间的生产力差异。他们发现，外资工厂 TFP 更高，且相对于其本土竞争者来说，它们更有可能收购绩效更好的国内工厂。在由其他英国公司进行的收购中，虽然工厂相比于控制组的平均水平仍然具有更高的生产率，但其生产率低于被外资企业收购的工厂。

通过以 1994—1997 年间在意大利发生的 113 个外国收购和 71 个国内收购，以及 374 家未合并的制造业公司的数据作为样本，Piscitello 和 Rabbiosi（2005）发现，被国外 MNE 进行 M&A 之后的两年里，当地的目标企业的劳动生产率得到了提高。被国内 MNE 收购之后也会出现类似的提高，但是这种现象并不存在于单一国企业的收购中。

在日本，Fukao 等（2005）通过对比制造业中外资企业和国有企业之间的 TFP，分析了 1994—2000 年间外来 FDI 产生的影响。在研究期间，在日本的外国公司的扩张都是以 M&A 及扩张现存子公司的形式进行的，而不是以绿地投资的方式进行的。外资公司的 TFP 比本土竞争者明显要高，且其 TFP 增长率也略高。外国子公司在 R&D 上的员工平均花费较高，且资本与劳动之间的比率更高。因此，前者的劳动生产率也高于后者，它们所支付的工资也是如此。在所研究的时间段中，有 143 次海外收购和 1 360 次国内收购。通过分析目标企业的特点，作者发现被外国 MNE 收购的日本企业往往比被日本企业收购的企业规模更大、效率更高、盈利能力更强。研究者称，这一发现反映了集团公司网络内部"救援任务"的普遍性，即其他成员公司需要救助低绩效的小公司。

由于所有权地位和生产力是不可能完全相互独立的，所以这样的研究可能会面临更多的内生性问题。[②] 在面板数据中有几种处理这类问题的方法，我们之前讨论的

---

① 虽然生产力的最高整体水平实际上是出现在作为对照组的属于外国子公司但没有经历所有权变化的企业中。

② 例如，如果 MNE（其生产率平均来说高于东道国的本土企业）倾向于获得那些平均来说生产率高于母国的工厂，情况就会是这样。

倾向得分匹配法就是其中一种。这需要创建一个反事实情况来评估若本土工厂未被收购会发生什么。这是通过尽可能贴切地匹配所有权仍然在国内的那些公司与被外国公司收购的企业的可观测特征来实现的。

这是 Arnold 和 Smarzynska Javorcik（2005）在一个研究中采用的方法，其使用了印度尼西亚 1983—1996 年间工厂层面的数据。该研究显示，外国 MNE 收购本土企业对本土企业的 TFP 有着显著的正面影响。三年之后，被收购企业的表现会优于控制组 34％，且大约一半的成果是发生在收购后的第一年。该样本包括 185 个改变了所有权的工厂，但遗憾的是作者无法检验国内收购的影响。[1] 他们发现，收购后带来的生产力的提升是因为企业重组，这是被投资、就业和工资增加所证明了的。此外，作者无数次运用稳健性检验来确保生产力的提高不是由其他因素引起的，如放宽信贷约束或改变生产能力利用率。虽然有一些证据表明，在被收购之前，被收购工厂的表现优于平均水平，但外国所有权的行动导致了被收购工厂的显著改善。

□ 15.4.3 盈利能力差距的证据

在东道国，MNE 子公司是否不仅比当地企业更高效，而且更具备盈利性，以及在母国，MNE 是否比单一国企业或国际化程度低的企业更具备盈利性，在实证文献中，这两个问题已经吸引了相当多的关注。后一个问题也可以表述为：成为 MNE 或提高公司的跨国性，是否会为公司带来收益，在过去的十年左右的时间里，关于这一问题人们进行了尤为深入的研究。

我们在这一章节要回顾的实证研究揭露了为了发现跨国性与绩效之间关系的本质所付出的各种努力，许多努力在利用大样本时遇到挫败，无法以一个有效的方式去捕捉企业跨国的程度。实际上，从总体水平看，我们确实不期望会有一个明确的答案来说明跨国性与绩效之间的关系。因为这很可能要依赖于大量的情境变量，例如进入模式、所涉及的国家及部门。但是对个别 MNE 来说，这显然是一个转折点。跨过该点之后其跨国性的进一步增加不再为公司带来净收益。至于这些点是否是企业特有的，或者这些点是否展示了一些部门的或地区的模式，仍然是许多正在进行的研究的关注点所在。

外资企业与本土企业

早期关于 MNE 子公司绩效的研究表明：MNE 子公司在发达国家的绩效更好，但在发展中国家的绩效则比较繁杂。[2] 但是这些数据真正意味着什么？在何种程度上才可以得出更高的生产力和盈利能力意味着更高的技术效率的结论？这些文献指明

---

[1] 比如，不像英国的例子，在印度尼西亚，国内收购在数量上远远超过外资收购，印度尼西亚制造业的国内收购在研究期间内仅有 19 例。

[2] 例如，在巴西行业 1971—1977 年间的研究中，Newfarmer 和 Marsh（1981b）得出的结论是本土企业比 MNE 子公司更具有盈利性，外资主导的行业相比内需拉动的行业更具有盈利性。随后由 Fairchild 和 Sosin（1986）进行的研究发现在拉丁美洲其他地区，外资公司有更高的劳动生产率而不是盈利能力。Lall（1976）关于外国制造业子公司在印度和哥伦比亚的绩效的调查，Gershenberg（1976）关于乌干达的这类公司的分析，以及 Fairchild（1977）关于墨西哥的外国子公司的考查也得出类似的结论。

了企业间绩效差异的许多原因。具体包括：

(1) 公司内交易的转移价格的操纵（包括借贷利率和管理服务及技术报酬），MNE 母公司可能利用操纵转移价格来减少或增加其在一个或另一个子公司中的利润；

(2) MNE 通过操纵子公司的资产基础来提高或降低其资本回报率；

(3) 会计惯例不同（例如两组企业间的折旧规定、资产估值、货币资产调整，等等）；

(4) MNE 财务杠杆的蓄意利用，MNE 通过财务杠杆来改变子公司的成本、收入或利润，并以此作为提升其长期竞争力的一种手段；

(5) 由外国子公司提供的利润或许不能作为体现它们对于投资公司的价值的充分指标（也就是说，可能会存在这样一种利润，其对于子公司来说是外部利润，但对于 MNE 来说是内部利润）；

(6) 东道国政府的税收政策和其他政策可能会歧视或偏好于外国子公司；

(7) 本土企业与外资企业间还有其他差异，这些差异可能没有在任何多元回归方程中被捕捉到，或者与可能解释绩效差异的分析不匹配。

最后一个原因需要更进一步的验证。Fairchild（1977）、Lecraw（1983）和 Kumar（1990）分别假设：有一个事实可能可以解释外资企业与本土公司在盈利能力上的部分差异，即：即使是在特定行业内，外资企业与本土企业也不总是互相竞争的，因为它们属于不同的战略集团。[①] 例如：MNE 可能在技术上更具攻势，能服务于不同的细分市场，采取不同的竞争战略和商业模式，面临不同的市场进入或移动壁垒。有时这些差异可能反映出企业的不同所有权情况，有时则不能。Lecraw（1983）对 20 世纪 70 年代末 5 个亚洲国家的 6 个轻工业行业中 MNE 的绩效进行了分析，他发现 MNE 的盈利能力与其自身或其母公司所面临的竞争程度呈负相关。其他学者（McGee 和 Thomas，1986）认为，盈利能力差异或价格成本差额中多达一半的差异可以由产业内变量来解释。

Kumar（1990）发现，在印度，外国企业和本土企业从属于一个产业内的不同战略集团，而且外国企业相比于当地同行会受到更多的进入壁垒的保护，这种情况在知识密集型产业尤为突出。他的统计分析证实，是这些进入壁垒保护政策而非集团内部效率差异解释了外资企业具有更高利润率这一现状的主要部分。

除了以上这些刚提及的研究之外，经济学家和商业分析师们只付出极少的精力来评估这些确定因素的重要性，尽管众所周知上述中的一些因素——尤其是（1）、（4）和（5）——可能极其重要。（可观察到的是，这些因素并不总是朝着同一方向起作用！）此外，比较研究通常关注的是 MNE 和本土企业的盈利能力而不是不同国籍的外国 MNE 的盈利能力，也不是国内和外国 MNE 的盈利能力。一些早期研究表明，即使考虑到会计惯例的差异，MNE 的绩效也会受到国别变化的影响，如美国

---

① 这种把公司归入战略集团的分类是基于企业的竞争战略在多大程度上被认为是相互依存的。将行业分割/细分为战略集团的一个含义是进入壁垒是部分特定于行业而部分特定于战略集团的。后面那种进入壁垒有助于解释为什么一些特定行业的公司可能会挣取比其他公司更高的利润（Porter，1979；McGee 和 Thomas，1986；Kumar，1990）。

MNE 的绩效比其欧洲同行们更好（Rugman，1983；Dunning 和 Pearce，1985）。近几年的研究已经验证了一些在美国的外资企业绩效不良的原因，从历史经验分析（Jones 和 Gálvez-Muñoz，2002）以及与境外美国 MNE 的投资的比较分析所得出的结果也是一样的。

MNE 和单一国企业

第二个令人感兴趣的问题是，MNE 是否比单一国企业更具有盈利性，或者一个公司的跨国程度与它的盈利能力是否存在正相关关系。由于 MNE 拥有明显的 O 优势（特别是源于其境外业务），MNE 可能比它们的单一国竞争对手更具盈利性，这个假设并不是不合理的。另一方面，（我们）并不能保证增值活动的地域多元化是使企业发展和扩张最有利可图的方式。事实上，一些评论家认为 FDI 是次优发展战略，并且如果把在其上所付出的资源分配到创新活动中或用于提高国内生产率，那么结果会更好。但是，与 20 年前比，外向型战略和本土战略都更加不可替代。如今，企业若想保持其在全球市场上的竞争力，就必须经常在其国家边界之外从事生产，即便如此，结果也是企业只能获得平均水平或低于平均水平的收益。

早期研究表明 MNE 可能只获得略微超过其国内导向的竞争者的收益，而且与非 MNE 相比，MNE 只在全球销售回报和资产回报上获得了小幅较高的回报率，但这些差距在统计上几乎是不显著的。[①] 相比之下，在 1967 年的一项关于美国 1 198 家制造业企业的一个主要研究中，Horst（1971）指出，一旦将企业规模考虑在内，MNE 比单一国企业好不了多少。Lall 和 Siddharthan（1982）的研究则更深入，而且其（在 1976—1979 年间关于 74 家最大的美国 MNE 的情况中）指出，一个企业的国际化程度对企业成长有负面影响，但不包括对广告和 R&D 强度、经济规模以及盈利能力的影响。最后，Michel 和 Shaked（1986）对 1973—1982 年间的一个包括 58 家制造业 MNE 和 43 家本土企业的对照样本进行研究后发现，实际上本土企业集团存在一贯较高的风险调整绩效。[②]

其他研究试图证实企业的国际化程度是否与其全球绩效存在某些联系。[③] Dunning 和 Pearce（1981）对 1977 年世界上最大的工业企业中的 523 家进行了调研。他们发现，进行适度国外生产的企业（也就是，国外生产占其全球总生产的 2.5%～22.5% 的企业）比那些只有一小部分或完全没有进行国外生产的企业拥有更高的销售回报率，而国际化程度最高的企业其回报并不好。Buckley 等（1984）证实，1972 年世界上最大的工业企业的盈利能力（净收益/净资产）与其国际化程度呈显著的正相关关系，但是在 1977 年情况并非如此（非美国企业除外）。Geringer（1989）等随后对 181 家欧美的 MNE 进行研究。他们指出，1981—1985 年间，随着外国子公司的销售额占总体销售额的比例增至 1 和 60%～80% 之间，欧美 MNE 的平均年度销

---

① 例如，可以参见 Vernon（1971）在 1964 年关于财富 500 强的工业企业的研究，Haex 等（1979）在 1976 年关于比利时的 170 个企业的研究，Kumar（1984）在 1972—1976 年间关于 672 家英国上市公司的研究，Yoshihara（1985）关于 118 个大型日本公司的研究，以及 Grant（1987）在 1968—1984 年间关于 304 家大型英国制造业企业的研究。

② 与此同时，他们发现美国 MNE 明显比单一国企业拥有更加雄厚的资本，而其平均系统性风险则显著低于美国国内企业。

③ 不同的关于多国化的衡量和指数在第 2 章进行了讨论。

售回报率也单调上升，并在某点出现急剧上升，而后单调下降。最后，Bergsten 等（1978）等利用美国国税局提供的数据，对 1965—1971 年间美国国外企业的绩效进行了一个开创性的研究，他们不仅发现在同一行业内美国的 MNE 比本土企业盈利能力高，而且还发现其盈利能力高的部分原因可以归于其 FDI。但是后来 Gaspari（1983）对后面一个结论提出了质疑，不过 Gaspari 没能指出对外 MNE 的活动对本土企业的盈利能力有什么重要影响。

Garrod 和 Rees（1998）分析了 1991—1996 年间，5 704 家英国非金融企业的年度调研数据。他们一方面比较了单一国企业和英国 MNE 的资产估值和收益，另一方面比较了 MNE 国内与国外业务的资产估值和收益。他们假设，如果国际多元化对 MNE 的资产净值有贡献，那么这两组公司集团的估值系数对比结果就应该是明显的。但是如果 MNE 受益于国外市场上可得的更好的经济机会，那么它们的国外业务应该比其国内业务得到更高度的重视。基于此，他们发现 MNE 相比于单一国企业能够获得更高的估值，但是 MNE 国内外业务间的估值只有稍微不同或没有不同。

尽管以上的研究大多关注于企业的国际扩张，但战略管理领域的学者们试图同时分析公司绩效与产品（产业）多元化和国际扩张（地域多元化）之间的关系。[1] 大部分后来的研究将产品多元化和地域多元化作为不同的战略选择。[2] 例如，在 20 世纪 80 年代早期，Kim 等（1989）使用增广的 Jacquemin-Berry 熵测量方法开始关注利润增长——用营业利润率和资产收益率的增长率来衡量，通过研究发现，在包含 130 家美国 MNE 的样本中，产品关联性和国际扩张是互相影响的。不相关联的全球多元化企业表现出比国内企业有更好的绩效，但相关联的多元化企业的情况并不是这样。他们把利润的稳定性视为对风险的度量，而且他们发现相反的结论才是正确的，即相关联的全球企业比国内企业的绩效要好，而不相关联的全球企业与其国内同行之间不存在差别。

另一个由 Grant 等（1988）进行的关于 304 家英国 MNE 的研究同时运用了一个产品的分类指数[3]和赫芬达尔指数以及国际多元化。研究发现，在 1972—1984 年间，国内市场的盈利能力有助于国外扩张，这反过来积极推进了公司的盈利能力。相比之下，Tallman 和 Li（1996）利用销售回报来衡量 MNE 的绩效，用子公司的销售额在全球销售额中所占的份额，以及美国 MNE 涉及的外国国家的数量作为公司国际化的衡量尺度。他们提供了一个强有力的证据表明产品多元化对公司绩效的积极影响，而国际多元化的影响却是有限的，其使用的是 1987 年的相关数据。[4]

20 世纪 90 年代初，Delios 和 Beamish（1999）在关于日本 MNE 的研究中发现，

---

[1]　在早期的研究中，Geringer 等（1989）使用了一个关于地域多样化的 Rumelt 型分类测度方法，利用来自美国和欧洲的 100 家大型 MNE 的数据来研究国际化门槛的存在。

[2]　虽然这在做出到外国去的最初决定时不是不确定的，但是当后续的地域扩张实际上依赖于产品多样化的现有程度时，其就变得不确定了。

[3]　分类产品多样化的度量往往利用 Rumelt（1974）提出的分类方法，该方法是基于产品多样性和关联性。在这种情况下，赫芬达尔指数衡量了某一特定产品或境外市场解释总体的一个或大或小份额的程度。

[4]　Sambharya（1995）在关于美国 MNE 的样本中没有发现对于产品多样化或国际多样化的绩效的直接影响。

跨国公司与全球经济（第二版）

虽然它们的地域范围与公司绩效呈正相关，但它们的产品多元化程度却不是这样的。另一项研究是由 Geringer 等（2000）推动的关于 1977—1993 年间日本 MNE 绩效的研究。他们运用赫芬达尔型测量方法对产品多元化进行度量并将国外销售占全球销售的比例作为国际多元化的一个指标。他们发现 MNE 的盈利能力与产品多元化之间只存在弱相关关系，并与国际多元化的程度呈负相关关系，尽管随时间推移后一种关系不再一致。

Denis 等（2002）利用 1984—1997 年间美国企业的标普数据库的相关数据进行研究，他们发现在相同行业，相对于一个单一业务的国内企业的投资组合而言，全球多元化①企业以贴现形式进行贸易，而且这个贴现在维度上相似于与之相关的产业多元化。② 由于成为外国投资者的企业将会比本国企业具有更高的生产率，这表明贴现形式更可能是由地域多元化过程所带来的一些价值被破坏的结果，而不是最初选择的结果。作者找出了现有文献中关于产业多元化的相似之处，这些相似之处可以归因于企业可观的价值损失和企业管理层的低效投资决策，例如通过失去项目而获得的补贴。

实际上，作者引用证据表明，在 20 世纪 60 年代美国企业集团繁荣的全盛时期，多元化企业事实上是以贴现的方式进行估值的，而且在过去的 20 年里，只有当企业关注于核心竞争力时，价值贴现的原因才会被提出。这引起了一些关于跨境 M&A 自 20 世纪 90 年代以来不断扩张的有趣质疑，因为到目前为止的证据似乎表明：在很多情况下，其只为收购公司的股东带来微乎其微的利益，却同时像产业多元化一样为管理者提供了相似的私人利益。

一些方法论和理论问题

有关国际多元化的文献评论观点各异，例如，Grant 等（1988）、Sullivan（1994）、Ruigrok 和 Wagner（2003），这些观点有些偏向于国际化程度与它们的财务表现呈正相关关系，有些支持二者呈负相关关系，还有人认为二者之间的关系不确定。③ 引起这些分歧的部分原因可能是对企业国际化或企业效益的衡量方法的问题所造成的，或者二者同时存在。

显然，被恰当利用的度量方法在多大程度上能捕捉 MNE 国外活动的范围对于评估企业国际化与绩效关系而言是有关键影响的。通过引入一些国家间的分散程度以及资产在这些国家的分布情况的度量，已有一些建议被提出以改善简单的国内外的销售、资产或就业率（例如，参见 Sullivan，1994，1996）。④ 尽管 Goerzen 和

---

① 在该研究中，如果一个企业报告了外国子公司的任何销售额，那么该企业就是全球多元化的。

② Morck 和 Yeung（1991）发现多国化本身没有反映在较高的托宾 q 值中，除了那些在 R&D 和广告上花费更多的 MNE。因此，多国化似乎能够在存在大量无形资产的条件下为投资者增加价值，但在其他情况下则不是这样。

③ 这与由 Palich 等（2000）得到的更符合的结果形成对比，他对从 1970 年以来的关于产品多样化的研究进行了元分析。他们的结果表明占主导地位的结果是倒 U 形关系，凭借这一关系适度水平的产品多样化与更高水平的绩效相联系，而不是完全无关或完全相关类型的多样化。也可以参见 2007 年的一个关于多国化和绩效的《管理国际评论》（*Management International Review*）特刊。

④ 与 MNE 的财务绩效衡量有关的另一个问题是一个事实：因为子公司绩效需要被转换成一种通行货币以产生合并的结果，如果 MNE 的多国化程度与所使用的汇率有关，MNE 绩效测量中的一个误差可能会随着时间推移而出现（Gray，2002a）。

Beamish（2003）已经表明任何有关地域范围的评估都应该整合资产分布程度和东道国多元化程度，但其他学者如 Vachani（1991）已经将相关和不相关的多元化间的差距扩展到地域多元化的差距，他们的实证结果以 1999 年日本企业为基础，研究结果表明虽然公司的经济效益与地域资产分布呈正相关关系，但东道国多元化与绩效呈负相关关系，而这两个因素之间存在正向的相互作用。

除了对度量多国化的方法进行改进外，多国化—绩效之间关系的不同作用形式也被提了出来。例如，Gomes 和 Ramaswamy（1999）为一个美国企业的样本确立了一个倒 U 形的关系，但 Capar 和 Kotabe（2003）发现德国服务型企业的多国化和绩效间存在的一个 U 形的关系。Contractor 等（2003）回顾了早期的关于 U 形关系、倒 U 形关系的研究发现，并提出一个 S 形的关系，且其通过一个服务业的截面分析为其提出的关系提供了支持。这个关系的原因是良好的财务业绩可能是在初步多国化之前所需要的，这反过来又将有助于更好的未来绩效。尽管初步多国化期间可能没有盈利，但预计在收益递减之前会有一段时间是盈利的。[①]

此外，Hennart（2007）也提出了一种可能，即许多探索多国化与绩效关系的研究寻求的是经验规律而没有坚实的理论基础。特别地，Hennart 总结了学者们评判多国化与绩效关系的四点共性：金融多元化、经济规模的利用、更大的灵活性和不断增加的学习机会。在每种情况下，他都认为关于 MNE 财务绩效优越性的有说服力的例子仍然还是缺乏的。[②]

作为多国化的一个益处，金融多元化有着悠久的历史，其可以追溯到 Agmon 和 Lessard（1977）以及 Rugman（1977）和 Aggarwal（1980）的开创性工作。[③] 尽管这样的益处可能是真实的，但 MNE 主要市场中收益的任何负相关关系可能是公司战略驱动下的偶然成果，这些负相关关系是 MNE 得益于金融多元化的基础。如果金融多元化是 MNE 的首要目标，那么通过金融资产投资可以比 FDI 更容易地实现目标。另外，这些益处必须被置于 MNE 可能在多个国外市场中遭受增加的风险的背景下进行考虑。

市场规模关系到公司实现规模经济的能力，但国内外市场的销售分布是助力公司效益的第二重要因素。[④] 业务上的灵活性也是同样重要的，但一个公司利用其非必需的要素的能力与其在全球范围内的资产或销售分布有关。实际上，一些来自新兴经济体的 MNE 的经验表明，拥有相对较少的 O 资产、获得这些资产或通过多重合作契约关系来增加这些资产能为 MNE 带来利益（例如，参见 Mathews，2002b）。学习参数可能是最具说服力的一种，但是如果收购公司没有（良好的）组织能力将

---

① 随着时间推移这对于任何 MNE 来说都是一个似是而非的论断，它需要面板数据而不是截面样本以从实证上进行评估，因为在任何一个时间点上不同的 MNE 很可能是处于国际化的不同阶段。

② 然而，也可以参见 Contractor（2007a，2007b）所做出的有力回应。虽然他承认 Hennart 指出的许多方法论上的缺点，但他争论说 S 形的一般理论不但可以调和之前的实证结果，还可以为将来那些关注于确定给定国家和活动领域的国际化的最优范围的分析提供基础。

③ 也可以参见第 4 章。

④ 在一个大的母国（美国），这将意味着低水平的多国化（例如，按销售额衡量），而在小型开放经济体（荷兰或瑞士），这将意味着更高水平的多国化，这也就是我们观察到的现实情况。美国 MNE 的稳健绩效当然可能会受其在进行境外投资之前在母国市场获得规模经济的能力的影响，但这是猜想，且在任何情况下它与多国化和绩效正相关的论点背道而驰。

被收购公司的资产技能和它现在已经有的资产技能成功地整合在一起，那么被收购（合作伙伴）公司的广泛的合伙企业网络所带来的收益甚至也不会自发地授予收购公司以竞争优势。

事实上，资产所有权（以及 FDI）可能不再是 MNE 的唯一一个或者甚至是主要的显著特点[①]，这个事实糅合了在验证 MNE 多国化和绩效关系时所涉及的衡量尺度和概念问题。[②] 在方法论上，所有以截面回归为依据的研究都面临着相当多的问题，因为在任何一个时间，而且甚至是在同一行业，MNE 在很多维度上都可能不相同，例如，MNE 跨境活动的动机和其为实现目标而采取的多样化的方式，因而任何对绩效的影响必须要非常可观才能克服企业间的平均效应。[③] 此外，如果假设公司的活动反映了公司所能选择的最优决策且至少这些决策预期能为公司带来正常水平的盈利，目前尚不清楚为什么在任何特定时点一组 MNE 的截面平均绩效水平会比一组国内公司的平均绩效水平更高或更低。在国际化进程中，随着时间的推移，一些 MNE 能在多大程度上持续做出成功的决策，这是一个前景良好的研究领域，但是它独立于那些针对建立多国化和绩效之间的一般关系的研究。

解决这些问题的一个方法是，利用面板数据开展纵向研究，其使得企业特定效应和时间特定效应可以被同时采用，而对反向因果关系施加严格的控制（即良好的财务绩效导致了多国化而不是反过来）。尽管后一情况很少见，但 Kotabe 等（2002）的研究引入了企业异质性的影响，采用标普数据库的数据对 1987—1993 年间的来自不同部门的 49 家美国制造业 MNE 进行了分析。他们发现，投资企业的 R&D 和市场营销能力冲抵了多国化对于财务和运营绩效的影响。Vermeulen 和 Barkema（2002）对 1967—1992 年间的 22 家荷兰公司进行了固定成本分析。他们发现公司在多国化过程中的财务绩效取决于国际化发生的速度和公司在给定时点上进行进一步扩张的组织能力。

15.5 MNE 和市场结构

我们现在转向考虑 MNE 活动对其运营所在国的市场结构的影响。市场结构是一个通用术语，它描述的是从事大体相同的增值活动链并追求相似产品和市场战略的企业之间竞争的范围和特性。[④] 特别地，我们应该考虑文献中所确定的这种结构的三个因素：

（1）供给某一特定市场的企业的数量和意义（产业集中度）；

（2）产品或流程的分化程度（产品和增值活动的范围及规模）；

---

① 参见第 5 章和第 9 章关于 MNE 作为一个协调实体而不是基于所有权的实体的讨论。

② Lundan 和 Hagedoorn（2001a）表明通过联盟或者收购进行的扩张需要劝诱出于可能沉默的"局外人"的合作的能力。学习如何有效地管理这种关系显然是一种优势，但它很可能是企业特定的而不是所有 MNE 中常见的。

③ 为了解释投资动机对于多国化—绩效关系的影响而进行的一次尝试是由 Dunning 和 Lundan（2001）完成的。

④ Scherer（1971）的研究是一个经典参考。

（3）在多大程度上市场是可竞争的（进入和退出的条件）。

□ 15.5.1　市场集中度

　　FDI 对某一特定行业部门或战略集团中企业的数量和分布会有影响，在过去的 30 年里，有关 FDI 这一影响的相关话题已经吸引了众多的经济学家和商业分析师。[①]

　　特别地，以下两个问题吸引了研究人员的关注：

　　（1）MNE 及其子公司会把生产集中在具有与非 MNE 或本土企业不同的市场结构的部门吗？

　　（2）在 MNE 所集中的部门，其对该行业的市场结构有什么影响？

　　在第一个问题上，MNE 所具备的 O 优势的种类表明这些优势可能是以双层市场结构为特征的行业中最普遍的特点。第一层包括一小组大公司，这些大公司向高端国内或国际市场提供相似但有差异化的产品。第二层包括大量小型生产商，这些小型生产商为特定细分市场和/或特定国家提供更专业的产品。因此，在汽车行业，福特、通用、丰田和日产在第一层，而捷豹、保时捷和法拉利在第二层。在石油行业，有上百家从事石油生产和精炼的公司，但大部分炼油产能掌握在少数几个 MNE 手中。全球有数以千计的银行、会计、广告公司和酒店，但是在每个行业中，大部分 FDI 和跨境合作企业是由少数主导企业开展的。

　　一个完全竞争条件下的市场结构不包含 MNE（而且，在那种情况下，没有多工厂或多空间的国家企业），这仅仅是因为完全竞争不需要将中间产品市场内部化。第 4 章将市场不完全分为两类：第一类是特定市场所特有的市场不完全，即风险及不确定性、规模经济和外部性；第二类是政府或市场参与者的结构性扭曲行为导致的市场不完全（例如，中间或最终产品市场准入壁垒、产品差异化以及掠夺性定价）。市场越不完全，市场结构越可能转向寡头垄断或垄断竞争。

　　一般来说，MNE 活动最活跃的部门是那些其市场结构最好可以用寡头竞争和垄断竞争的混合体来描述的行业。某些行业（例如，石油业、铝业、橡胶轮胎业和再保险业）的产出在很大程度上被少数几家大型企业掌握。在其他行业（例如，化妆品、医药、纺织、食品加工、保险和商业服务），集中度[②]并没有那么高，但这些行业的特征可以用其他市场不完全来描述（例如，广泛的产品差异、品牌和进入壁垒）。还值得一提的是，由于技术和组织能力的进步、私有化、消费需求水平的提高和来自发展中国家的 MNE 的进入，如今的（所谓的）传统行业如钢铁、电信、公共事业、服装及鞋业，比过去吸引了更多的 FDI。

　　与此同时，市场结构的高集中度不能等同于缺乏竞争。事实上，若企业的最优规模很大，那么寡头垄断市场结构可能为部门中有效的企业间竞争提供最好的保证，如此一来，国内外生产商之间就存在公开竞争。关于 MNE 活动总是会导致集中度

[①]　例如，可以参见 Caves（1982 [1996]）。

[②]　集中度是工业生产中由前 N 个最大的企业组成的份额。"N"在数量上会有变化，但通常是三或四，不过它也可能高达八。该比率通常指的是一个特定国家的产出结构。提出一个关于产品竞争内容的好的指导并不是必要的，因为它没有考虑到来自那些总部设在其他国家的生产商的竞争。

上升的这个假设也是错误的。即使以完全竞争为标准，人们也不能做出必然的推断，认为在不完全市场上价格必然将更高而质量更低。规模经济和范围经济或许可以抵消任何由不断增加的非弹性需求所导致的市场势力的提升。作为生活标准提高的一部分，消费者可能会重视更高质量的产出，或是只有少数企业才有能力去提供的环境友好型产品。从动态角度看，寡头垄断可能是促进创新和产业升级的最佳选择。简而言之，在某些情况下，高度集中的市场结构可能会比任何其他的可行方案更能为高效和持久的竞争提供保证。毫无疑问，最佳市场结构的属性在部门间、部门内和国家间都可能不同。

有关 MNE 在塑造市场结构上扮演什么角色的问题，在很大程度上取决于 MNE 正在考虑的市场类型和范围。这个市场是母国市场还是东道国市场，是区域性市场还是全球市场？这个市场是服务于企业所生产的全部种类的（相似）产品（例如，玻璃制品、化学品、橡胶制品或管理咨询）还是服务于某一特定产品线？例如，主要是由 MNE 提供的多种商品的全球产出的集中度在 1962—1982 年间出现了普遍的下降（Dunning 和 Pearce，1985）。由于竞争并不只发生在国内层面，还发生在全球层面，一旦存在可能性就要尽量将一些问题考虑在内：国内市场结构是否重要，是否有进口壁垒，产出是否掌握在外国子公司的手中？

在过去的 20 年里，在一些行业（比如医药和银行业）中这些比率又再次增长，其结果是发生了大量的跨境 M&A 以及 MNE 越来越倾向于将其盈利能力低的或非核心的活动分离出来（UNCTAD，2000b，2005c）。有可能的是，虽然大量的公司在生产通用产品（如抗组胺药品），但该产品的一个特定种类可能仍然只由极少数几家甚至只由一家公司提供。此外，以供应的产品来衡量，产品产出的集中度可能在降低，但用生产这些产品的资源的所有权来衡量时，产品产出的集中度有可能是在上升的。最后，就范围经济和 R&D 可能授予企业一定的市场力量而言，这种情况下的市场集中度也应考虑在内。[①]

在过去的 20 年里，随着全球化已经开放了更多的市场并且为市场带来了新的竞争者，企业成长模式的其他两种发展情形已经出现。一方面，M&A 活动的浪潮，尤其是自 20 世纪 90 年代末就出现的横向大型并购，已经导致了某些部门中全球集中度的上升。另一方面，以 20 世纪 80 年代的美国企业集团解体风潮作为开始的远离产品多元化的趋势也出现了，这一趋势在整个 20 世纪 90 年代一直持续，并导致了一些工业部门所有权的重组。实际上，在 2000 年的全球 201 强企业中，只有 10 家是综合经营的企业集团，14 家是高度多样化的公司，相当于 20 年前的三分之一（Franko，2004）。

但是，尽管存在这些趋势，也有与主流相悖的观点，在很多工业领域（如汽车、石油精炼、造纸、造船以及铝业），实际上自 20 世纪 50 年代开始，其全球集中度就已经大幅下降，其小幅增加也只是对 20 世纪 90 年代晚期的并购浪潮的回应（Ghemawat 和 Ghadar，2006）。通过分析 Franko（1991，2002）提供的按行业划分的垄断化的相关数据，Ghemawat 和 Ghadar 证实，即使是在国家或区域层面，1980—

---

① 由于战略联盟等所导致的公司界限的模糊，使得这种集中很难评估。

2000 年间，制造业销售排名前 12 的企业的行业权重也已经大幅降低，美国由 50% 跌至 38%，欧洲由 40% 降到 37%，日本虽由 8% 增至 21%，但其是从一个比其他国家低得多的基数开始的。

纵观 1980 年、1990 年、2000 年在全球市场上占据最大份额的企业，以及四家最大的企业，可以发现更多的行业趋于集中化，但这些变化几乎不引人注目。[①] 事实上，正如 Franko（2003a）所说的，过去二十年来的显著特征是全球顶端地位在多大程度上受到市场新进入者的挑战。在 1960 年产业部门中的 15 个最大的企业，到 2000 年就只有 4 家企业还处于顶端位置。在 20 世纪 60 年代和 70 年代，欧洲企业取代了美国企业，但在 80 年代它们又被日本企业所取代。20 世纪 90 年代，在计算机、医药和纺织行业，美国企业再次夺得话语权。前 4 家企业营业额特别明显，其均值较于 20 世纪 80 年代和 90 年代增长了 40%。此外，能坚守阵地的企业往往是那些在市场中新建的而不是被收购的企业。因此，Franko（2003a）、Ghemawat 和 Ghadar（2000）都对在 20 世纪 90 年代驱动许多大型并购活动的观点提出质疑，即为了在全球经济中竞争，较大的规模（而不是契约网络或合作关系）是必要的。

大部分 IB 学者的实证研究都集中在 MNE 活动对东道国市场结构的影响上。但是存在两个相互矛盾的假说。第一个是 MNE 可以通过进入现有的国外市场来增加竞争或减少产业集中度。第二个是由于其独特的 O 优势——或是它们有加强这些优势的欲望——MNE 可能会进入新市场来创建其自身的针对未来竞争的壁垒，或者，由于其较高的效率和强势的商业运作，MNE 可以将竞争者从现有市场中赶出去，从而提高产业集中度（15.5.4 节将回顾关于挤出效应的证据）。

两个假设都十分有道理。然而，哪个假设可能是正确的，在很大程度上取决于 MNE 的进入模式和其市场战略以及行业和国家的特有情形。另外，在不考虑外国公司的实际存在的情况下，至少可以知道外资竞争者对特定行业市场结构的部分影响。日本和韩国的公司最开始主要是通过出口而不是国外生产的方式渗透到美国和欧洲的汽车和彩电市场。这两种市场进入模式的不同之处在于国外进口不直接影响产业集中度（当其被用正常方法度量时），因为这些仅涉及国内产出的组成部分。

这实际上是这些比率的劣势之一。尽管其可能告诉我们一些有关特定行业的生产结构，但这并没有告诉我们有关它在国际市场上的竞争地位，或者关于公司追求特定全球战略的意愿和能力的信息。事实上，经济越开放，公司所使用的中间产品（例如，技术）就可能越普通；产品构成越多元化，将国内密集度作为对（缺乏）竞争的衡量就越不实用。

显然，MNE 进入国外市场的方式是影响市场结构的一个重要因素。若 MNE 是通过绿地投资的方式进入市场且子公司并没有将全新的产品引入经济体中，那么竞争很可能上升而集中度下降。20 世纪 60 年代，美国公司进入英国的制药业；20 世纪 80 年代，韩国和中国台湾的公司进入美国的电子消费品行业；20 世纪 90 年代，西方 MNE 进入印度的计算机软件行业，并在 21 世纪早期进入印度的呼叫中心行业，所有这些都产生了这种影响。

---

① 这些其实是按行业分类的全球 12 家顶级企业样本中规模最大的企业。

与之相反的是，以收购形式进行的投资，如 20 世纪 80 年代末对欧洲轮胎公司进行的收购以及美国公司购买日本 MNE，或者 20 世纪 90 年代末欧洲制药和食品加工公司在美国进行的收购，或者 21 世纪中国高新技术企业在美国进行的收购或部分收购，还有那些印度的领军钢铁制造商在英国进行的收购。除了所有权的变动引起的被收购公司在产出上的任何变动外，这可能不会立即影响产业集中度（例如，参见 UNCTAD，2000b）。

事实上，即使将计算 M&A 资本流动和绿地投资的方式的差异考虑在内，跨境 M&A 仍然组成了 20 世纪 90 年代大部分国际生产的增长。总之，在繁荣景气的 1999 年，M&A 资本流动占据了所有 FDI 总资本的 80%（UNCTAD，2000b）。实际上少于 3% 的 M&A 是兼并，全额收购占总体的三分之二，小型收购则多得多且在发展中国家很常见。此外大多数跨境 M&A 发生在同一行业的企业间，恶意兼并占据的份额不到总值的 5%。

影响企业进入模式的国家特定因素包括：市场规模、M&A 结构（例如，将英国良好的机制体制和对兼并宽容的态度与日本对国外收购的极度不情愿进行比较）、投资公司成立的年限以及外汇和资本市场的竞争力（Walter，1992；Dunning 和 Lundan，1997）。[①] 长期高估或低估汇率也可能在跨境 M&A 活动发挥重要作用。在 20 世纪 80 年代早期，英镑对美元估值过高导致了英国（和日本）公司对美国资产的大量收购，其中许多是充斥着流动性资产的。正好相反的是，当美元对英镑估值过高时，出现了收购的逆向流动。20 世纪 90 年代中期，在亚洲金融危机过后，大量的 FDI 涌向韩国，这反映出韩元的疲软。而在 21 世纪早期，中国企业在美国的收购导致中国当局拥有了大量的外汇储备，尽管事实上中国的人民币相对于美元是被低估了。

通过 M&A 实现迅速进入某一特定市场的另一个不同的原因是：抢先于竞争对手进入市场，或者避免因在市场中不活跃而带来的（可察觉的）不利后果，或者无法得到特有资源。[②] 这当然意味着收购公司不仅能够获得被收购公司的资产和劳动力，还能获得供应商和客户的关系网，虽然这实际上并不总是能被实现的（Anderson 等，2001）。

实际上，M&A 要么不创造价值，要么只为目标企业的股东创造价值，这个事实表明战略上的考虑可能在跨境 M&A 中发挥着重要作用。比如，Aw 和 Chatterjee（2004）进行了一项关于 1991—1996 年间以英国、美国和欧洲大陆为目标的英国收购方的研究，他们发现英国企业在收购大型企业时，经历了为期两年的负向累积超额收益率（CAR）。但是，英国企业收购本土企业后的绩效要比收购国外企业后的绩效好，而且英国企业收购美国目标企业后的绩效比收购欧洲大陆目标企业后的绩效好。这将为以下论点提供支持，在跨境 M&A 中，文化和体制的差异、管理控制问题也常常比成本的节约或获得规模经济更重要。[③]

第 15 章

市场结构、绩效和商业活动

---

① 尽管如此，运用 1995—2001 年间 M&A 和 FDI 流动总额的数据，Globerman 和 Shapiro（2005）发现影响跨境 M&A 的最重要的变量与那些在对外和外来 FDI 流动模型中的显著变量相同。

② 就 MNE 寻求增加其技术资产来说，联盟也是一个可行的选择。例如，参见 Lundan 和 Hagedoorn（2001a）。

③ 虽然对立的证据是由 Morosini 等（1998）提供的，他们提供的证据认为文化距离通过使收购企业学会根植于国家文化中的一套新的例程以及技能或许可以提高跨境收购的绩效。

记住这些评论，现在我们来简单回顾一下 MNE 活动对母国或东道国企业的数量和规模的影响。[1] 许多早期研究揭示，外国子公司的平均规模（通常是以销售额和就业期限来衡量）要远高于它们的本土竞争对手。[2] Caves（1974a）证实，导致该结果的一个主要原因可能是前者对于其母公司的规模经济有特许使用权。正因为如此，他才认为 MNE 相比于从头开始的本土企业更加不可能建立低于最优规模的子公司。

另一方面，在某些国家（如美国和日本）和某些部门[3]（如计算机、汽车、轮胎、医药、会计服务和铝业），特定的外国子公司的主要竞争者是其他的外国子公司、国内 MNE 或者多产品国内公司，这些公司都是与其规模相当甚至比其规模更大的公司。[4] 此外，外国子公司的设立是作为防御型寡头战略的一部分或是"删减版"抑或是母公司的小型复制品，与当地的同行相比，它们可能（而且也通常是）小得多。这种情况在市场相对较小的发达国家（例如：加拿大、比利时、澳大利亚）以及一些发展中国家比较常见。[5] 在一项有关巴西制药业的研究中，Jenkins（1984）透露，尽管市场几乎被外资企业完全占领，但没有证据表明它们的存在导致了集中度的上升。相反，他发现不同国籍的外资企业聚合的后果是：前 8 个企业的贡献率低于其在各自母国的贡献率。

可能正如本章到目前为止已陈明的观点所预期的那样，MNE 对东道国企业间竞争程度和模式的影响是混合的。虽然有足够的证据表明在某一行业中外资企业的加入与其集中度呈正相关关系，但有关外来投资对于一个行业市场结构的影响还没有达成一致意见。[6] 在已经放松管制的一些服务行业，有证据强烈表明尽管 MNE 有时会促进二元市场结构的形成，但 MNE 或许已经加剧了当地的竞争（UNCTC，1992c）。例子包括：20 世纪 90 年代中期，韩国和中国台湾的政府取消零售业中对外直接投资的法律限制后，外资企业在这些国家和地区的零售业重组中发挥的作用。相似的重组在 1994 年放松管制并允许外国银行在国内从事商业活动后，在南非银行业也已经发生了一次（UNCTAD，1997）。

然而，需要注意的是，上文中的大部分研究是以截面数据而不是时间序列数据

----

[1] 下列图表的主要依据是 Dunning（1974，1981）。

[2] 这种研究的例子有：Knickerbocker（1976）对美国的研究；Safarian（1966）和 Rosenbluth（1970）对加拿大的研究；Stubenitsky（1970）对荷兰的研究；Stonehill（1965）对挪威的研究；Dunning（1958，1976，1985b）和 Steuer 等（1973）对英国的研究；Haex 等（1979）对比利时的研究；Fishwick（1982）对法国的研究；Brash（1966）和 Parry（1980）对澳大利亚的研究；Deane（1970）对新西兰的研究；Newfarmer 和 Mueller（1975），Newfarmer 和 Marsh（1994）以及 Willmore（1986，1989）对巴西的研究；Newfarmer 和 Mueller（1975），Connor（1977）和 Blomström（1986，1989）对墨西哥的研究；Lall（1979）对马来西亚的研究；Kidron（1965），Lall 和 Streeten（1977）以及 Kumar（1990）对印度的研究；Lecraw（1985a）对新加坡的研究；还有 Haddad 和 Harrison（1993）对摩洛哥的研究。

[3] 这是因为，由于技术和其他方面的原因，大多数部门已经走向国际化，而且越来越多的国家自身产生自己的 MNE。

[4] 换句话说，MNE 子公司所属的战略集团高于那些作为部门组成部分的战略集团。

[5] 例如，English（1964）和 Safarian（1969）的早期研究发现很多美国子公司的规模不仅小于其在加拿大的竞争对手，而且小于那些大多数都是在远低于最优（工厂）生产能力（即平均单位成本在最低点）下生产的公司。

[6] 至于一些有趣的关于收购和绿地 FDI 对东道国的许多变量（包括市场结构、知识扩散和人力资源开发）的比较影响的案例研究，参见 Estrin 和 Meyer（2004）。

为依据的。换句话说，他们想证实 MNE 的绩效是否会帮助决定产业集中度，而不是它们是否会导致产业集中度的增加或降低。其中一个特例是，Steuer 等（1973）发现没有证据表明在 1963—1968 年间外来投资增加了英国的产业集中度。但是 Newfarmer（1985）所描述的一些产业案例研究强烈表明在少数发达国家和某些发展中国家，产业集中度在一些部门已经上升，而在这些行业中，外资企业的参与是最明显的；例子包括烟草业、电信业和香蕉业。

更多近几年的例子包括在东欧和中欧国家的各种基础设施部门在该区域开放之后紧接着就向外来 FDI 开放。大多数产业集中度的增加是私有化及其余波的结果（Artisien-Maksimenko 和 Rojec，2001）。作为近年来少数的模拟集中度随时间变化的动态性的研究之一，Driffield（2001b）发现，1983—1992 年间对英国的外来投资降低了产业集中度，同时也加快了行业调整到新的集中度均衡水平的速度。这种效果在高沉没成本行业更明显，例如由于较高的 R&D 或广告费用、资本密集度或规模经济而导致的高沉没成本，这表明 MNE 可能有助于降低产业集中度水平，尤其是在本土企业很难进入的行业。[①]

我们将进行一个更深层次的分析。如果 FDI 对产业集中度的影响是不确定的，那么有关特定行业的最优规模结构和竞争公司集团的不确定性也就不会更少。很明显，这取决于在多大程度上规模经济是可能的，以及来自进口和/或相关产品的竞争程度和国际市场上国内企业的地位。其中的每个变量，以及其他相关变量都有可能是行业特定的和国家特定的，如果不是不可能的话，这就使得概括 FDI 对企业规模分布的福利影响的结果变得极其困难。在某些情况下，MNE 活动绝对会增加（国内）产业集中度，改善企业在国际市场上的绩效。在其他情况下，其也会导致垄断优势滥用进而降低效率并减少消费者福利。同样地，FDI 有时候会使那些具有有利影响的国家或国际联合企业瓦解；但是在其他时候，FDI 会分散市场，造成产能过剩并滋生低效水平的生产。

□ 15.5.2 产品差异化

MNE 子公司相比于它们的本土同行会生产或多或少的产品，这取决于它们作为其一部分的企业的规模和多元化、子公司成立的年限和运营经验、东道国的市场结构和经济环境以及其进入模式是绿地投资还是 M&A。概述再次变得越来越不容易，因为一些 MNE 为了它们的全球战略，正试图通过 FDI 或跨境合作联盟，在世界各主要市场建立一个坚固实体。

在本章前面部分，我们讨论了 MNE 的国外增值活动，尤其是那些力图服务于相对较小的本土市场的 MNE，它们可能比国内同行更易受到摧残。与此同时，值得注意的是，一些全球最大的 MNE 是来自于较小的发达国家的，而且较大的工业化国家的 MNE 的国外运营很可能平行于甚至是超过在其母国内的运营，例如：海德鲁（挪威）、诺华制药（瑞士）、诺基亚（芬兰）和斯凯孚（瑞典）。

---

① 间接地，这些结果也被 Driffield 和 Munday（1998）的研究结果所证实，他们发现在 1990—1994 年间英国的外来 FDI 减少了其国内公司的盈利能力。

我们也看到，外国子公司增值活动的范围和形式取决于子公司成立的年限和经验，还有其在母公司全球战略上所处的位置。例如，在欧洲，大多数东亚制造业子公司只生产有限种类的产品并买断大部分中间产品。与此相反，其竞争者，无论是其他外国子公司还是它们自己的母公司，更多都是水平多元化和垂直一体化的。

也有很大一部分是取决于特定 MNE 所奉行的战略。在其他条件不变时，人们可以预期那些奉行全球或区域一体化战略的 MNE 的子公司而不是那些主要服务于国内市场的公司会有更高的产品和流程专业化。当然，一个强大的外资部门的存在可能有助于提升用于供给国内消费者的产品质量并增加其种类，即使不是所有的这些都是在本地进行生产的。长期以来制造业子公司被认为是以某种方式作为母公司市场运营的桥头堡，而纯粹的销售业务却不能。这可能使投资公司更容易得到使它的其他商品进入本土市场的机会。再次，如果 MNE 收购一个更加了解当地市场状况和分销渠道的本土公司或者与其合作，这就尤其可能发生了。

似乎毫无疑问，外资企业会比本土企业从事更多的产品差异化。毕竟，这才是人们所预期的。正如 Caves（1974a）和其他学者已经表明的，通过跨境产品品牌来确保顾客的忠诚度是其主要的 O 优势之一。此外，还可以通过许多国家的外国子公司（同本土公司相比）的广告/销售比率都高于平均水平这一点来说明。同时，许多考察这一问题的研究所依据的是美国 MNE 的数据，人们可能会质疑这些发现是否适用于其他外国投资者，或是更高的广告/销售比率是否确实反映了 MNE 的其他特征，如它们的规模或产品的多样化。另外，比较国内外公司的截面研究应该被辅以特定行业案例研究和小组分析，考虑随时间推移而带来的差异并揭示本土公司如何对 MNE 在经济体中的存在做出回应。[1]

最后，值得重申的是外资子公司的行为可能是东道国政府政策的结果或子公司实现超工厂经济的欲望的结果，正如与 FDI 本身相关的情况一样。这是几个学者在调查外部投资对受高度保护的经济体的市场结构的影响后得出的结论（Safarian，1985）。

□ 15.5.3　进入和退出壁垒

很难概括 MNE 活动对市场进入壁垒或市场竞争壁垒的影响。一方面，通过收购或通过绿地投资而设立的外资企业可能有助于减少东道国的市场不完全（例如，通过开放新市场、投入的来源、专利和贸易市场的获得）。另一方面，外来投资的一个有价值的效益源于外国子公司利用投资公司所提供的某些服务的能力，否则这将不得不由一个从头开始的本土企业承担（Caves，1971）。

根据这些服务的性质，它们可能对新进入者起到威慑作用。投资公司的战略可能加剧竞争，而对于竞争的其他障碍还有很多。例如，如果外国子公司的增值活动（产品的生产、R&D、出口、技术和商标的应用）被限制以满足母公司的全球需求，那么至少在公司以收购方式进入时，竞争壁垒可能会增加。在 MNE 或其子公司或

---

[1]　关于得出同样结论的早期证据的回顾，参见 Jenkins（1990）。

其供应商与顾客间进行垂直一体化投资或独家经营协约的案例中，这会使从头开始的企业很难采购其生产所需的投入或进入新市场。最后，外国子公司一旦被建立，并且或许以其作为在东道国存在的状态，它可以就限制进口或外部投资竞争而与东道国政府讨价还价。

过去二十年的全球化对多个行业进出的难易程度产生了大量相互矛盾的影响。一方面，在诸如汽车、电子和食品行业中，全球一体化生产系统的支配使得小型企业进入这些行业变得更加困难。[①] 另一方面，尽管所需要的技术和技能水平相对较高，但种类繁多的数字服务市场的日益增长同时也为小型企业和来自新兴经济体的公司提供了新的机会。另外，全球专业化的增长态势表明特定的增值活动可能会高度集中在国家或地区层面，而最终产品市场的竞争将会在全球层面上的数量相对较少的大型 MNE 之间展开。这种情况尤其会出现在 R&D 和资本（规模）密集型的 MNE 活动中，这些活动中源于区位集群的效益可能是最明显的。

因此，在评估产业集中度的影响时，不仅对相关市场的界定是一个重要因素，而且单单只是产业集中度的问题并不像竞争程度那么重要。我们有理由相信，正如 UNCTAD（1997）所揭示的那样，如果市场是区域性或全球性的，它们可能更具竞争性，尽管进入壁垒（如沉没成本）的存在表明 MNE 普遍存在的行业集中很可能会持续。[②] 但是，即使是在极端集中的情形下，如波音和空客在商业客机上的双寡头垄断，实际的问题也是在最终产品市场上的竞争强度。

实际上，20 世纪 90 年代，即便是在 M&A 盛行的美国、欧洲和日本，也只有 1%~5% 的拟定交易引起了竞争当局的进一步行动（UNCTAD，2000b：194）。但是，许多发展中国家没有竞争法，或这些法律没有被严格执行，这就可能使 MNE 处于市场支配地位，在印度的肥皂、清洁剂、冰激凌市场，在巴西的烟草市场，在南非的银行业，在墨西哥的酒精饮料市场都已经发生这样的事情（UNCTAD，1997：147，2000b：194）。[③] 在中欧和东欧，许多投资于私有化的外资企业也继承了垄断性市场地位（Antaloczy 和 Sass，2001）。第 19 章将会联系跨境 M&A 讨论竞争政策下的治外法权。

直接涉及评估对外或外来直接投资影响的实质性实证研究已经支离破碎。但是还有大量的证据表明 MNE 会运用市场供应垄断战略来维持或加强进入壁垒。部分战略将会在 15.6 节中讨论。有理由假设 MNE 可能影响母国或东道国的政府治理或与之共谋以避免其自身参与到国际竞争中。[④] 另一方面，有大量偶然得到的依据支持"跟随领导者"的假说，这表明最初的 FDI 可能会降低其他竞争者的进入壁垒。事实上，通过博弈的方法分析 MNE 在寡头垄断市场上的行为，Graham（1998）认为

---

① 价值链的分割和外包的增长也导致诸如美国的 Solectron、新加坡的 Flextronics 等协调自己的全球价值链的大型代工企业的出现。

② 事实上，虽然研究往往趋于把重心放在进入成本上，但退出成本也是相关的，尤其是在欧洲范围内。

③ 通常假定许多市场不完善，包括发展中国家中的不可预知的且广泛的监管以及有限的获得信贷的机会，可能会有利于较大的公司（这些跨国公司之间）。然而，Tybout（2000）发现几乎没有证据支持这一论点，因为他发现工厂的一个高成变量和发展中国家的就业以及工厂的生产率分散，没有好于 OECD。政策的不确定性、法治的缺陷和腐败似乎比市场结构更成问题。

④ 详细内容参见 Rugman 和 Verbeke（1990）。

FDI 并不一定是公司继承寡头垄断优势的结果，也可能是对先发公司投资的反应。[1]

我们也看到 MNE 比单一国企业更倾向于垂直一体化，也更倾向于同它们的供应商和客户签订独家经销协议。但是，这种一体化或准一体化存在的部分原因可能是为了降低市场失灵而不是减少竞争。在任何情况下，可明确归因于所有权或一个企业的多国化的任何反竞争行为的那种构成也许确实都会很少。

□ 15.5.4 竞争效应和东道国市场的挤出效应

在 Caves（1974b）的著名模型中，MNE 的进入对本土企业有两个主要影响：竞争效应和技术转移效应。第一个效应的产生是由于国外公司的进入增加了竞争，而这反过来导致一些老牌公司的生产力的提高，同时也促使表现不佳的公司的退出。[2] 第二个效应是由于技术转移，这种技术转移可以通过市场（例如，通过许可证）或通过溢出效应（参见第 11 章和第 16 章）而产生。

FDI 对本土公司的不利影响是通过增加产品市场的竞争发生的，此时国外公司占据了原先由国内生产商拥有的部分市场份额。这可能会使后者减少输出、以较小规模运营以及增加单位成本。[3] 再者，国内公司可能面临负面因素市场效应，例如增加资本货物的价格，增加工资或从本地劳动市场偷猎人才（详见第 13 章）。这些影响可以通过正外部性来克服，其可能是由于对中间投入品需求的增加，或非经济性的溢出效应，如示范效应或劳动力市场互换（详见第 16 章）造成的。此外，正如 Driffield 和 Hughes（2003）所揭示的，即使是在外国公司的国内销售仅仅取代进口的情况下，拥有生产力优势的外国投资者也会愿意为资本货物支付高额费用，这就可能导致国内投资减少。

尽管现有文献大多关注于技术转移和溢出效应的重要性，但近年来的一些研究表明，MNE 进入导致的竞争影响即使不是更加重要的，至少也会是同等重要的。特别地，这些研究强调 MNE 进入对当地公司的影响应该被视为竞争效应（它可以是正面或负面效应）以及技术转移和溢出效应（它可能发生，也可能不发生）的综合结果。

近年来的一项考虑到了竞争效应和技术转移两个因素的研究是由 Chung（2001）领导的，其研究的是关于 1987—1991 年间 MNE 进入对美国制造业全要素生产率的影响。特别地，该研究的前提是如果想要通过观察国内公司生产率增长来间接确定技术转移，那么 MNE 进入对竞争的影响就应该在检验任何生产力影响是否都可归因于技术转移之前被解释。Chung 用外国子公司在给定行业的销售额来衡量国外企业的绩效，同时用价格加成（即价格与边际成本的比率）来代表竞争的程度。当价格加成高时，竞争程度低，反之亦然。竞争水平低的行业有望吸引更多试图拓展现有优势的外国子公司，这就导致了技术转移的发生。竞争水平高的行业有望吸引相对较多的知识寻求型子公司，这就导致了逆向技术转移的发生。Chung 的研究发现

---

[1]　参见 Graham（2002）在电信部门对该方法的应用，该部门投资公司可能得益于其国内市场的补贴和垄断权，且竞争市场进入可能会招致母国市场的互惠。

[2]　通常来说，任何可观测的生产率上的总体改善可能是公司内改善，以及进入和退出行业的组合。

[3]　这本质上来说是在第 16 章所讨论的联动效应的反面。

跨国公司与全球经济（第二版）

表明，在总体水平上，外国企业的存在对国内生产力的影响似乎微不足道。但是，一旦引入行业竞争水平，其影响就是显著的。特别地，国外公司的存在与行业竞争的相互作用表明，当价格加成较高时（即竞争较弱时），净效应是正向的。相反地，当价格加成较低时（即竞争较强时），净效应是负向的（即没有技术转移发生）。[①]

Chung 等（2003）随后的研究特别关注日本在 1979—1991 年间对美国汽车零部件行业的投资。作者比较了行业中两种美国供应商的生产力变化：一种是进入市场之初就为日本移植企业供货的供应商，另一种是持续为美国三大汽车制造商供货的分包商。除了竞争压力和技术转移，他们增加了第三个因素：逆向选择。他们认为如果在日本企业首次进入市场时就面临信息不对称的问题，企业就可能无法比当地企业更好地去评估当地零部件供应商的质量。由于与另一家制造商确立供应商关系会带来相当巨大的固定成本，他们认为这也可能是美国供应商之间的自我选择，其中低于平均水平的分包商将会寻求与境外移植企业建立关系。因此，研究人员试图确定，相比那些供应美国汽车制造商的公司，美国公司是否会供应低于或高于平均生产力水平的日本汽车移植公司，其是否拥有更低或更高的退出率，以及其是否会经历更快的生产力增长。

作者发现，正如预测的那样，供应日本移植企业的美国公司比那些供应美国制造商的公司的生产力水平要低。日本移植企业的美国供应商也更可能退出该行业。当把供应商分为高生产率和低生产率的供应商时，我们可以很明显地知道，服务于日本移植公司的供应商不会对高生产率的供应商的退出率产生影响，但是这会显著降低低生产率供应商的退出率。然而，在调查期间，美国汽车零部件行业出现了可观的生产率增长的现象。由于没有证据表明技术转移的发生，那么对此最有可能的解释就是竞争效应。另外，外国企业的进入在一定程度上延长了某些绩效不佳的供应商的寿命，但该行业的平均生产率可能受到不利影响。[②]

另一个关于 MNE 进入竞争效应的模型是 Barrios 等（2005）所使用的。Barrios 假设了一个 U 形关系，这个 U 形关系表明在 MNE 进入的同时，竞争的不利影响将会超过任何的正外部性，随着时间的推移这种情况将会逆向发展。他们预计不利的竞争效应会阻碍本土企业的进入，而正（市场）外部性将会促进当地产业的发展。通过分析 Forfás 提供的爱尔兰制造业中多数控股子公司的工厂层面的数据，他们将 1972—2000 年间的外资就业份额对本土企业的净进入率进行回归，并发现了支持 U 形关系存在的依据。[③]

---

① 一个防止误解的说明是当时很多对于美国制造业的投资来自日本，正如我们之前所看到的，这是由贸易限制所推动的，因此并没有呈现一个企业有自由选择如何进入市场的场景。

② 该研究关注两种美国供应商公司之间的差异，作者并没有检验日本移植企业本身实际上是否比它们的美国同行有更高的生产能力。为了确定是否任何外部效应未能具体化是因为本土企业不能拥有它们，或是因为 MNE 事实上并没有明显的生产能力优势，这将是必要的。

③ 文章中的这个概念性讨论强调源于在鼓励国内市场进入时联动和不断增加的对中间品投入的需求的正向市场外部性所扮演的角色，虽然这些外部性同样很可能源于诸如知识溢出的非金融外部性。在另一项研究中，Görg 和 Strobl（2003b）调查了源于 MNE 的知识溢出对于爱尔兰的国内工厂存续的影响。他们发现对于国内工厂来说，MNE 的存在只是对高科技部门的工厂的存续有积极影响。在外国的子样本中，其他 MNE 的存在表明其可以减少低技术部门的工厂的存续，低技术部门通常涉及更多的当地销售以及更多的 MNE 之间对于市场份额的竞争。其表明外资工厂和更小规模的工厂有更高的退出风险，与外国工厂相比于本土工厂一样。

Driffield 和 Hughes（2003）运用 ARD 数据分析了英国在行业和区域层面上两个阶段的表现，即 1984—1992 年和 1993—1997 年。作者发现外来投资对于国内投资水平的总体影响——以及因此对一个更具竞争性的市场结构的影响——是正向的。外资企业和本土企业的发展联系[①]在诸如汽车和化妆品行业表现得尤为紧密，但在某些行业其存在的影响是不利的，另外一些行业发生了对本土投资的挤出效应。再者，对区域层面的数据研究发现，相对于英国的高收入地区，例如西米德兰兹郡、约克郡或东安格利亚，威尔士和苏格兰（但不包括北爱尔兰）更易产生挤出效应。因此，挤出效应最大的地区是那些在吸引外来投资方面花费最多并以其作为区域发展战略的一部分的地区。

在比利时，De Backer 和 Sleuwaegen（2003a）也发现一些 FDI 引发挤出效应的证据。他们研究了 1990—1995 年间比利时 129 家制造业公司的表现，并将进口增长率与 FDI 流入的进入率和退出率联系起来。他们把进入和退出单独进行模拟，并假设国内进入将会受到进口竞争和 FDI 流入的不利影响；而国内退出却与进口竞争和 FDI 流入呈正相关。De Backer 和 Sleuwaegen 利用了一种职业选择模型，在模型中，企业家通过比较他或她预计可能获得的利益和其在现有业务中所获得的利益来决定是否进入市场。他们预计如果进口竞争和 FDI 导致产品市场价格下跌，这就有可能使企业家的收入比其工资收入减少得多。外来 FDI 的另一个影响可能是那些先前决定获取创业收入的最好的企业家，现在则偏好于获取 MNE 提供的更高的工资。因此，他们认为产品市场影响和潜在企业家的自我选择两者可能导致实证模型中出现的挤出效应。结果正如预期的那样，进口竞争有负面效应，外来 FDI 对本土企业家的进入有很强的负面作用，外国企业的进入也迫使国内企业家退出市场。与此同时，结果也表明国内进入更可能发生在高于国外现有平均水平的行业。同样地，当地企业的出口基本上不会发生在由外国企业占主导地位的行业。这些额外影响在有些行业特别重要，在这些行业中，国内企业家是有限的，如比利时的高新技术产业。

就发展中国家和转型经济体的证据而言，UNCTAD（1999：173）开展的一项研究表明 FDI 对东道国挤出效应的影响是好坏参半的。以 1970—1996 年间的 39 个发展中国家为例，中性效应是最常见的，而挤出效应和挤入效应的可能性大致上是同样普遍的。

1990—2000 年间，利用智利有 10 个及以上雇员的制造业工厂的代表性样本，Alvarez 和 Görg（2005）调查了三个相关问题：MNE 的子公司是否比本土企业更容易退出，MNE 退出的倾向是否取决于出口，以及 MNE 的存在是否影响国内公司的生存。他们发现在经济显著放缓的 20 世纪 90 年代末，当对公司和行业特征进行控制时，外国移植企业更可能退出市场。[②] 但是，高退出倾向只适用于国内导向的 MNE 子公司，对跨国出口商而言则不是这样。MNE 的存在也对当地公司的生存起到了适度的积极影响，这可以通过生产力的提高来解释。

在捷克共和国，Kosová（2006）研究了 1994—2001 年间艾玛迪斯提供的公司层

---

① 关于发展和依赖联动的内容参见 Turok（1993）。

② 在无条件比较中，MNE 子公司通常与当地企业相比更不太可能退出，因为其倾向于具有更大的规模、更高的生产率且更有可能从事出口。

跨国公司与全球经济（第二版）

面的数据，以考察 MNE 的存在对本土企业发展和生存的影响。作者发现了一些挤
出效应的证据，因为外国公司的进入提升了本土企业的退出率。但是 MNE 子公司
随后的销售增长提高了国内公司的增长率和存活率，这都归功于国内需求的增长
（而不是出口的增长）。与其他包含溢出效应的研究相一致，她发现技术先进行业中
的本土企业是技术溢出的主要接收者。最后，通过对斯洛文尼亚的制造业公司进行
全面研究，Zajc Kejžar（2006）发现外国企业比本土企业更容易退出市场，外国企业
的进入会降低效率低下的本土企业存活的可能性。然而，高效和技术密集型的本土
企业并没有受到外国企业进入的影响。

15.6 MNE 行为和商业惯例

最后，我们转而考虑一些 MNE 的商业行为，这些行为可能会影响市场和国内
竞争结构。这些行为可能不同于非 MNE 的行为，部分原因是 MNE 将跨境市场内部
化，部分原因是对于它们的外国子公司而言，它们是一个更大型的企业的一部分。
此外，部分是由于其多国性、它们的企业目标和价值观（或股东权益）、它们的激励
结构和执行机制都可能是与众不同的。

这种有区别的特征允许一个 MNE 和/或它的子公司进行一系列商业行为——其
中的某些行为可能无关于其效率。一方面，这些措施包括争议性的行为，如掠夺性
定价、利用"资产"优势加剧非价格竞争、低于边际成本提供集团内部服务、母公
司对子公司零利润或低于正常利润和股息红利的接受意愿、操纵跨国集团内部价格
以及 Hymer（1960）提出的其他行为惯例。另一方面，这些行为惯例也包括诸如推
动履行企业社会责任、提升国际劳工标准和促进环境可持续发展的政策和做法。后
者是第 18 章的主题，在此将不进行讨论。

大部分商业惯例可以通过各种多元化的公司加以实施，而且这也并不总是有违
公共利益的。但是在 MNE 的情况下有两点主要的不同。首先，由于 MNE 在各种经
济、体制和政治环境下运营，而每一种都带有其特定特征，所以 MNE 可以有更多
的机会和动机来实施这些惯例。实际上，一些行为如操纵转移价格，很大程度上
（但不完全）是由 MNE 开展的。其次，对于从单一国企业运营中获得的利益，无论
这些惯例和行为对利益分配的影响是什么，产生这些惯例的国家都将保留着它们，
然而对于来自 MNE 或其子公司的利益，在这种情况下，部分（或全部）可能会转
移到其他国家。

当然，MNE 母公司的各种激励机制和做法将会影响其国外子公司的长期繁荣，
尽管母公司没有直接干预子公司的日常行为。这种机制（比如，它们影响了当地管
理层的职责和劳动力的动机）和做法（比如，新资本的筹集、财务管理、出口市场
配置和采购程序的集权化）可能有益于拥有子公司作为其一部分的企业，但不总是
会——或者说在相同程度上——有益于子公司自身或其运营所在国。① 在有些情况

---

① 见第 5 章对 MNE 内这种激励结构和实践的内容的讨论。

下，母国政府的政策也可能影响子公司的竞争地位。

在此，我们将考虑范围限制在能直接影响市场结构的各种商业惯例上。作为一个一般性命题，人们可能会认为，在同一行业中，MNE 的子公司会比本土企业从事更多的非价格竞争。部分原因是母公司产品的种类和范围可能会与东道国企业的产品不同，部分也是因为 MNE 主要所有权优势之一是其所拥有的用来鼓励产品差异化和多元化的资产（Caves，1971，1980）。这是由其在创新和推广活动上高于平均水平的支出所揭示出来的。

但是，以国际贸易的《哈瓦那宪章》（1948）第 46 条规定为依据，这些惯例达到什么程度才能被认为是限制性的，也就是"限制竞争、限制市场进入或促进垄断竞争的惯例"？以下内容有助于区分两种行为：

（1）那些由 MNE 或其他子公司实施的惯例，当这些行为是由本土企业或不同国籍的独立公司集团实施的时，通常认为是不可接受的。

（2）那些惯例由以上公司实施时，通常不会被认为是有限制的，但是当其由外国直接投资者实施时，可能会被认为是有限制的。

第一种类型包括可导致效率更低、成本更高、质量更低劣的商品、不公平竞争、进入壁垒增加、广告浪费、产品过度差异化及其他所有行为。这些行为的出现在很大程度上是由于市场结构（至少是在公司运营的一个区域中）允许公司赚取高于竞争利润的收益，公司用这些收益来"买"这些惯例，任何一个或全部惯例可能帮助公司确立其市场地位或强迫其竞争对手退出。一旦这些惯例被确立，MNE 或其子公司就能以完全相同的方式处理，就好像是单一国企业所追求的那样。而唯一的困难是评估本土企业绩效和行为的标准可能不一定适合 MNE 的子公司。

然而，在现在的背景下，第二种商业惯例更具有相关性。它们给研究人员提出了两个挑战：一个是确定这些惯例实际上是否是限制性的；另一个是依据 MNE 运营的总体影响来对它们进行评估。通常，东道国政府只有在这些行为惯例不利于其长期经济或社会利益的情况下，才将这种行为惯例视为限制性的。例子包括国外市场对子公司开放，掠夺性定价，驱逐竞争者的跨境补贴活动，技术、专利和商标使用的限制，采购投入的控制，操纵公司内部转移定价，不可接受的文化习俗和信仰体系的融合，以及运营所在国政治制度的干预等限制。

在一个国家内部，跨区域公司的部分此类行为可能不会被认为是限制性的，因为它们这些行为的产品仍然留在国内。但是，一旦这些行为涉及跨境贸易，其就呈现出了一个完全不一样的局面。然而，事实上这些行为也经常出现，这可能是因为能抑制劳动力的有效分工的商品和服务的国际价格结构扭曲，或是因为政府给予 MNE 在其边界内生产产品或获利的激励制度的差异。这还反映了国际经济机构的目标和行为，以及国际专利、税收和货币政策的特征。事实上，东道国对 MNE 的一些担忧可以通过这些行为和其他行为的合理化或一致化来消除。

但是，如果政府应该接受 MNE 行为的合法性，那么这些公司应该接受相似的行为模式在不同的情况下可能产生的不同后果：母公司对子公司的市场控制可能与市场进入壁垒有同样的效果；控制投入的采购可能抑制东道国相关行业的发展；控制 R&D 活动的区位可能成为创新的进入壁垒或当地技术发展的进入壁垒；商标的控制可能会降低市场竞争力；控制生产方式可能减少一国利用其比较资源禀赋的机会。[1] 与此同时，MNE 通过其管理程序能增加竞争、开拓新市场以及升级本土资源。此外，不受一国欢迎的商业惯例可能在另一国受到欢迎。有时候在同一国，MNE 可能带来一系列的行为模式，其中有些是可以接受的，有些是不可以接受的。

那么，MNE 商业惯例的相关证据是什么？UNCTAD（1973）、Newfarmer（1979）、Long（1981）和 ESCAP/CTC（1984）的早期研究都表明，MNE 和其他外国企业从事了许多东道国确认为不可接受的商业活动。从广义上来讲，这些行为可分为四组：反竞争性定价政策、对技术转移使用的控制、区域市场和生产分配安排、抵制或强制性措施。[2] 文献表明前三组行为通常是 MNE 全球战略最重要的部分。这些战略或是防御性的（例如，为保护现有市场）或是掠夺性的（例如，抢先进入或垄断新市场）。专栏 15.1 界定了这些和其他各种限制性行为。

第一产业的历史充满着 MNE 试图限制竞争的例子。[3] 可能最著名的是卡特尔协议、销售联盟和过去一个世纪以来在各种时期设立的用以调节石油、铜、铝土矿、锡、锌、香蕉、橡胶、可可、糖和树皮（奎宁）行业的生产和贸易的价格维护计划。显然，MNE 采用的 M&A 和其先于竞争者进入市场的战略使其很快主导这些市场。但是，在推测 MNE 随后的行为模式时应完全只归因于它们自身的跨国性，而非任何其他企业的特有属性，或甚至也不归因于其所处行业，这种推断是错误的。卡特尔协议也在 MNE 未涉及的其他行业蓬勃发展。另外，没有证据能够表明，一些 MNE 已经涉及的行业的国有化降低了公司或国家从事反竞争性商业惯例的倾向——至少就最终消费者而言是这样。石油输出国家组织（OPEC）可能就是最好的例子。

在制造行业，最近二三十年的发展为我们提供了十分丰富的关于限制性商业惯例的例子。在这些惯例中最值得一提的应属拉丁美洲的电力设备行业中的 MNE 的寡头垄断战略。Newfarmer（1979，1985）以及 Newfarmer 和 Marsh（1981a）在这个案例中发现了交叉补贴、供给渠道的控制、正式和非正式的腐败、连锁董事、掠夺性定价和敌对收购行为等在 MNE 之间的和由 MNE 带来的行为的重要证据。虽然并非所有这些行为都是 MNE 独有的，但很多的确源于 MNE 的全球金融势力和市场营销势力。与此同时，部分这种影响力促成了一些国家政府尤其是拉丁美洲政府的保护主义政策。相似地，还包括对一些产品进口强加的控制，比如菲律宾政府案例中对药物进口的控制，这些控制吸引外资企业同时进入发达国家和发展中国家。在菲律宾的例子中，20 世纪 60 年代对药物产品的关税和配额使得外国的 MNE 在 1970 年获得了整个市场 70％的份额。虽然这本身并不是一个坏事，MNE 在谋求和维持这一份额的战略时却牵涉了一些有争议的商业行为（例如，原材料的捆绑购买，出口限制和转移定价；UNCTAD，1973）。

---

① 但是，正如我们已经提到的，这些实践可能有逆转效应，即 FDI 可能克服也可能创造壁垒。

② 第 18、19 章涉及了从社会、文化和政治的立场上被视为不可接受的实践。

③ 对实践的检验参见，尤其是 Penrose（1971）和 Vernon（1971）对石油的研究；UNCTAD（1973）和 Read（1986）对香蕉的研究；Hennart（1986a，1986b）对锡的研究；Long（1981）对树皮（奎宁）和可可的研究。请读者查阅一系列由非洲经济委员会（ECA）和 UNCTC 在 20 世纪 70 年代末到 80 年代共同出版的研究资料，这些研究资料是关于 MNE 在不同的非洲国家中的各种行业中的角色。例如，参见 ECA/UNCTC（1984a，1984b）。

竞争法提出的选定限制性商业惯例

能够起到限制竞争效应的商业惯例有四种主要类型：

（1）由单独一家企业所采用的惯例（当这一家企业居于垄断地位时）；

（2）限制竞争的兼并和收购；

（3）水平约束（即竞争者之间约束竞争的安排）；

（4）垂直约束（在生产—经销链上企业之间限制竞争的安排）；

水平约束

限定价格 供应商竞争者之间达成一定价格和销售条件的合作安排。

产出约束 供应商竞争者之间达成一定产量和产品质量的协议。

市场分配 供应商竞争者之间分配消费者资源，因此供应商不能从与其他供应商的竞争中得到好处。

排他性行为 供应商竞争者采取措施阻止或妨碍其他已有的或潜在的供应商来参与某种产品市场竞争的能力。

串通投标 供应商竞争者互相交流有关投标的商业敏感信息（并且同意轮流去做能提供最有竞争力的出价的企业）。

有意识的协调 供应商竞争者普遍地设置相同的价格，但并没有一个清晰的约定。

其他竞争约束 一般性地以供应商达成不执行某些竞争行为的合作安排为特征。

垂直约束

独家经营 在一个特定区域，一家供应商给一些经销商供货而保证不给另一些经销商供货。

互惠的排他性 一家供应商供货的同时要求经销商不去经营其他厂家的产品。

拒绝交易 一家供应商拒绝向一些有购买意愿的团体销售。

转售价格控制 一家供应商供货的同时要求经销商按照该供应商设定的最低价格销售。

地域约束 一家供应商供货的同时要求经销商不在特定地域以外经营该产品。

价格歧视 在相似的情况下，一家供应商对不同人群采取不同的定价。

掠夺性定价 供应商制定一个非常低的价格（或以过高价格给竞争者提供中间投入要素）以使竞争者破产。

提供溢价或忠诚回扣 一家有支配地位的供应商给一些特定团体折扣或其他激励，条件是它们不销售其他厂商的产品。

捆绑销售 厂商要求购买者购买他们不需要的产品，以此作为向他们出售他们需要的产品的条件，或者强迫零售商或批发商持有比他们希望的或需要的更多的商品。

全线逼销 一家供应商要求，如果经销商要获得某种产品，就要经营供应商的所有产品。

转移定价 可能包括外国子公司之间对中间投入要素开高价或低价发票。开低价发票可以被用来帮助掠夺性定价。

资料来源：摘自（UNCTAD, 1997:191）。

更为一般地，在 20 世纪 70 年代，UNCTAD 的研究表明，MNE 对很多制造业国家的附属公司强加了一系列出口限制条款。[①] 实际上，在 MNE 所涉及的协议的所有限制条款中，出口限制通常占据了 72%～90%。Epstein 和 Newfarmer（1982）的一项研究表明，在重型电力设备行业的主导 MNE 之间的卡特尔关系使得其全球价格相比于其竞争价格平均被提高了 23%。后来，Grosse（1997）在拉丁美洲的服务行业中发现了四种类型的限制商业行为的证据：市场分配方案（包括出口限制）；拒绝供给；从特定供应商购买的需求；以及对技术转让的限制。但是，所有这些例子涉及的都是公司内部的约束（在总部和子公司之间），而非公司之间的约束。

美国软件巨头微软公司的案例可能是近几年 MNE 涉及限制行为案例中知名度最高的。该公司首先被美国司法部调查，并在 2001 年结案。紧跟着又是欧盟委员会长达五年的调查，并在 2004 年判决了一项高达 4.97 亿欧元的创纪录罚款。两年后，欧盟委员会又针对微软征收了一笔 2.805 亿欧元的违约罚款。欧盟的例子中可见微软公司在两方面犯有滥用支配地位的罪责：首先，将操作系统与媒体播放器捆绑以阻止竞争；其次，在服务器市场上未能公开充足的信息，以确保第三方产品与运行 Windows 的电脑能"完全兼容"。[②] 欧盟委员会同时也对美国芯片制造商 Intel 进行了调查，后者被控告通过给予使用 Intel 芯片的公司（例如 Dell）以慷慨的回扣，并支付给零售商钱来防止它们用竞争对手 AMD 的芯片来组装电脑，以此进行掠夺性定价。[③]

这些例子尽管都在 2005 年前后，但我们仍有理由相信 MNE 在技术转让和市场安排上已经减少了它们的一些限制条款。这一部分是对当地政府所施加的压力的一种回应，一部分也是因为许多发展中国家的供给能力的提升。实际上，一份来自 UNCTAD（1997）的研究报告认为，为了确保市场的竞争性，FDI 的自由和其他强化市场的政策应该伴随着严格的竞争政策以及不同国家权威机关间的合作。此外，随着 MNE 在全球范围内的整合程度越来越高，它们对"生产什么，在哪里生产，由谁生产"等问题的控制变得越来越严格并且更多地向着母公司的需要发展，而非朝向它的某个子公司发展。正如我们在第 8 章所看到的，如今 MNE 的子公司在某些领域（比如 R&D）得到了更多的自主权，而在其他一些领域它们可能更加依赖其他的 MNE 单元。同时，日益增长的对于公司透明度和问责制的公众需求也有助于控制一些尚存质疑的商业惯例。

---

① 这种条款包括：全球性出口禁令、禁止（或特许）出口至某国、出口中商标使用的限制、捆绑采购和生产模式限制。

② "Microsoft fined €280m over EU antitrust ruling"，*Financial Times*，July 10，2006，www.ft.com.

③ 一些评论员也断言，虽然有大量的 US 和 EU 当局之间的合作，双方在解决竞争问题时采取的方法仍有基本的差异。具体地说，EU 竞争监管机构更可能考虑竞争对手投诉，并比 US 反垄断监管机构更重视相对的和限制性条件中的 IPR（"Europe regulators outpunch US"，*Financial Times*，November 3，2006，www.ft.com）。参见第 19 章。

15.7　结论

本章表明虽然 MNE 活动可能对其运营所在国的市场结构和增值活动的效率有明显的影响，但其重要性的程度和特征常常被夸大了。而且，很明显，这些效应有时候很难解释（例如，MNE 卓越的生产力和盈利能力）。与此同时，它们非常依赖 MNE 的进入（或扩张）模式、现有的市场结构、正在进行的投资类型、激励结构与母国和东道国政府的政策。实际上，如果说能从各种实证研究中学到什么，那么就是区分 MNE 面临的 OLI 配置的种类和国家间的制度结构差别（会使 MNE 活动带来某些特定结果）比笼统地了解这些活动的影响更富有成效。这再一次表明，对于政策制定者来说，"如果……那么……"的途径比"因为……所以……"的途径更有帮助。

原则上，一家外国企业更高的生产率是否由于它来自外国，或者这是否反映了它与国内跨国企业共有的一些特性，以上两个问题都不重要。总的说来，MNE 似乎比纯粹的本土企业拥有一些独特的优势，而且对于国内经济体而言，重要的是这一生产率优势是否能外溢到当地企业，而它最初是本土企业还是外资企业则并不是很重要。同时，我们发现外国的 MNE 和国内的 MNE 通常并不会集中在东道国的相同行业，因此外国的跨国企业可能会将在其他情况下不能轻易得到的独特优势引入到当地经济中。即便如此，当达到国内经济最大化地受益于 MNE 的竞争效应的程度时，这一优势对（外国）MNE 而言可能并不独特了。但是，当达到本土利益也依靠技术转移的程度时，不管该技术转移是直接的还是通过技术外溢实现的，MNE 的独特贡献都会变得越来越突出。

假设（i）国家政府选择奉行市场导向的经济政策，（ii）它们为执行这些政策建立了合适的制度，并且（iii）它们对 FDI 持中立的立场，那么给出一些一般性建议是可能的。我们在此将强调以下七条：

第一，MNE 的活动将更密切地参与国际劳动分工的国家联系在一起。如果不出意外，那么 MNE 可以说是实现经济、技术和制度变革以及创造消费者需求新模式的管道。它们也是对不同看法和商业行为方式进行跨境整合的一股强大力量。这些特征对参与国是否有利取决于 MNE 活动存在的原因，以及外国直接投资者所面临的市场结构。然而，可以确定的是，每一种活动都把相关国家暴露在全球经济事件的波动之下，并对政府提出了更高的要求，要求政府确保以最小的社会成本实现对外部变化的调整。

第二，结合第一点，一些证据表明随着企业跨国化程度越来越高，市场结构也会如此。特别地，在国内市场上面临寡头竞争的企业倾向于在国外复制这一结构（Rosenbluth，1970；Knickerbocker，1973）。这种 MNE 活动会对国内宏观组织政策产生相当大的影响，特别是那些直接或间接地影响本土资源和能力的配置、技术和适应效率的政策。

到目前为止，很少有政府完全认可行业国际化的影响，因为它不仅影响国内市场结构，还会影响政府管理本土的和外国的跨国企业的活动的能力。在跨国企业最小化其跨界交易成本的欲望与母国和东道国政府推动一个最能符合长期经济和社会目标的市场结构的需求之间进行协调并非易事。这是因为国际化所带来的利益中源于投资企业 O 资产的利益并不是那么多，不像源于对地理分散化或行业多样化活动的共同治理的利益。困境在于没有一些被全球广泛接受的激励结构，这似乎就会威胁国家政府的主权，因而该种利益无法产生。这是很多国家的政府仍然需要强调和解决的一个问题。

第三，MNE 的子公司相对于单一国企业（具有相似规模和多样化程度的企业）来说，其拥有更大的市场势力，因为前者是作为一个规模更大、地理上更多样化的组织的一部分。MNE 的全球定位越大，子公司采用一些商业行为和惯例的可能性越大，这些商业行为和惯例与单一国企业或多国企业所使用的商业行为和习惯相比是存在差异的。

第四，正因为它们竞争所处的市场结构，MNE 更倾向于实现过多的产品或空间多样化，而非调整自身的制度结构和公司运营方式来适应其运营所在国的经济和社会需求。虽然 MNE 能够帮助去克服一些跨境市场的障碍，但它们也可能（并且通常会）凭借它们控制原材料和中间产品来源的能力，并且以其偏好的进入最终产品市场的方式，来创造出它们自己的障碍。

第五，由于 MNE 的一些特殊属性——最明显的是它们在全球范围内移动商品和资产的能力和需求——政府被迫重新配置它们的制度并重新评价它们的宏观经济和组织政策。过去几十年发生的事情说明了这正在普遍地使相关国家受益。事实证明，没有比日益增长的来自政府的关注更能提高它们的资源和能力的竞争力了。从这方面考虑，MNE 不仅被认为有重要作用，这种作用是由于它们独特的 O 优势，而且我们承认为了从这些优势和它们组织的方式中得到最大的收益，国家必须提供合适的 L 吸引力并确保它们的本土制度和能力被以与它们长期目标一致的方式重构。[①]为了实现这些目标，政府需要确保它们的国内市场结构和它们的市场刺激政策能真正推进有效的和动态的竞争。

第六，当对 MNE 对于市场结构和绩效的影响进行任何检验时，考虑初始效应的同时考虑次生效应也是很重要的。次生效应包括 MNE 参与的增值活动网络中的外来投资和对外投资的结果。来自几个研究的证据表明，依据行业和国家层面的环境，MNE 能创造和升级相关活动的集群或者削弱它们。第 11 章引进了 L "恶意"和"病毒式"资产创造圈的概念，它可以被外国子公司的存在所修正（或甚至逆转）；第 16 章将会更多地关注入境的外国子公司和当地所有的公司之间的联系。

---

① Amable（2003）认为，国家机构的内容和质量影响资源和能力的比较优势的模式。那么，MNE 就可能转移所有权制度优势（Oi 参见第 5 章），它们可能间接（或直接）影响这些优势的内容和结构。

最后，与上一点相关，关于 MNE 的 O 优势和国家的 L 优势之间的互动效应对市场组织结构的影响的任何考虑都需要从一个动态的和系统的视角来进行。举例来说，在外来或对外投资和公司间竞争结构之间通常不存在直接和立即的关系。但是随着时间的推移，通过对一些变量的影响，比如政府政策、消费者需求的模式和质量、创新能力的建立和适宜制度的升级、人力技术、企业家才能和职业道德，它们或许可以极大地影响其进行竞争所处的市场结构，以及本土企业的绩效、价值观和商业惯例。

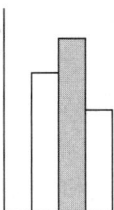

第16章

联动、外溢与集群

▌16.1 引言

　　这本书的前面章节主要考虑了 MNE 的相关活动对其开展所处的母国和东道国经济体的直接影响。这些影响包括其对贸易结构和收支平衡、技术转让、当地市场结构、就业和人力资源开发的水平以及平均劳动生产率和工资等方面的影响。除了这些由新投资者的进入或现有 MNE 的扩张直接导致的结果之外，还有其他对于东道国经济体中本土企业的一些影响。这些影响可能通过与 MNE 的联系，或者通过竞争的增加和知识的外溢而产生。因此，本章的关注点在于 MNE 及其子公司的存在对于当地企业的激励结构、资源创造和利用的外部性，这些企业包括和 MNE 直接相关的企业，比如转包商，以及其他不与 MNE 直接相关的企业。

　　我们遵循经济学文献来区别金融外部性和非金融外部性。在本章中，我们将货币外部性定义为由 MNE 形成的纵向联系所带来的效应。当任何特定企业（在该情形中是 MNE 或其子公司）影响其他企业供给的其他商品和服务的数量和/或条件，以及消费者对商品和/或服务的需求时，无论是否蓄意为之，这样的联动效应就会发生。即使在不存在任何知识或制度转移的情况下，对中间产品的日益增长的需求也会使生产维持在一个很大的规模上，因而提高了供给企业的成本竞争力。此外，如果 MNE 将知识或激励结构转移给其供应商以帮助其达到质量标准，那么供应商企业的绩效可能会被进一步提升。

　　非货币外部性也就是通常所说的"技术外溢"。在生产性知识通过劳动力市场交流、示范效应、逆向工程或参与当地贸易协会和公会等方式外溢到当地经济中时，这些外部性就会出现。这种类型的外溢是由 MNE 向非隶属的当地公司无意的技术转让的结果，因而在概念上有别于更有组织的其他形式的技术转让，比如证书许可或由 MNE 提供的培训（也可参见第 13 章）。原则上，知识和制度的外溢可以同时发

493

生在纵向（与供应商和购买者）和横向（与竞争者）联系上，尽管大部分证据与供应商的后向联系有关。我们也应该看到，在区别被转移的中间投入和激励结构的有意的和无意的组成部分方面所面临的实证挑战，通常意味着在评估 MNE 的进入对当地企业的影响时两种类型被认为是一种。

图 16.1 总结了 MNE 进入东道国而可能产生的效应。由跨国企业进入而产生的大部分直接效应很符合逻辑地在其对当地企业的间接效应显现之前发生。在这些直接结果中，那些对收支平衡、贸易模式（进口和/或出口的增加和/或减少）和市场结构的效应依赖于东道国经济体的很多因素，并且大大超出了 MNE 的控制范围。相比之下，对劳动力市场以及知识和制度转移的效应，则落入了 MNE 视线范围之内。在技术转移和制度转移的情况中，有意的转移伴随着无意的转移，并且两种类型的转移大体上都是双向的，也就是说，MNE 也可能吸收当地市场中的技术知识并仿效当地市场中的制度。

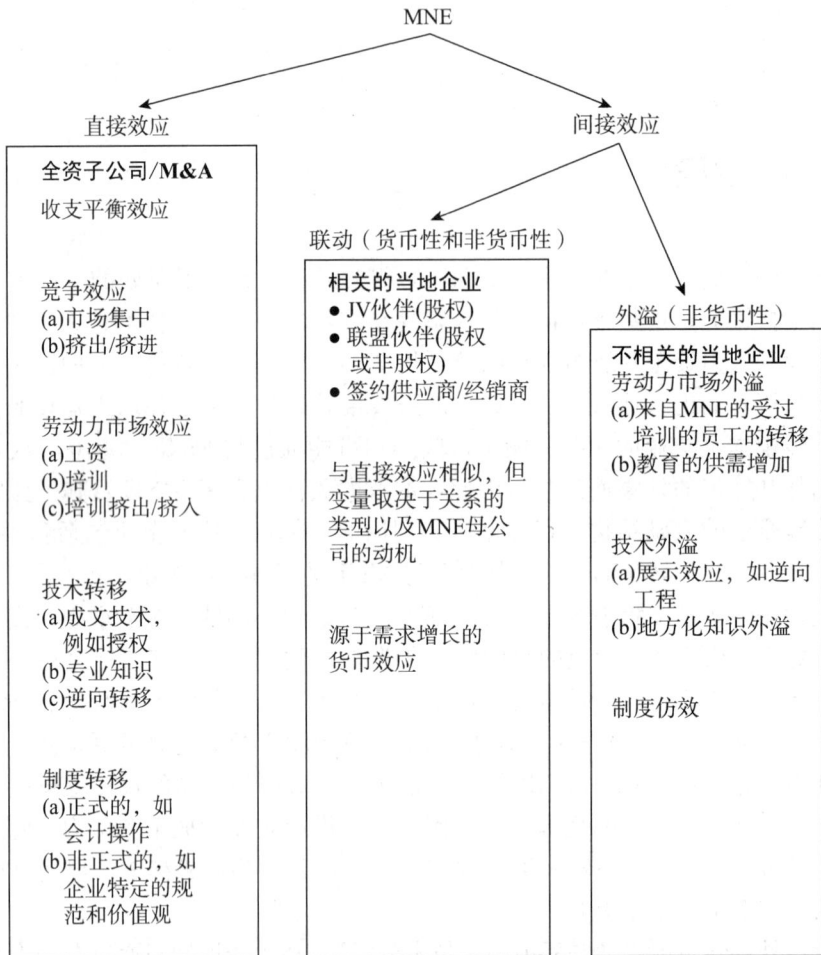

图 16.1 MNE 进入东道国的直接效应和间接效应

对于所有不同类型的直接效应而言，其对东道国经济的净影响可能是正的也可能是负的，并且对于任何特定的 MNE，它在某些方面可能是正的而在另外一些方面可能是负的。特别地，对市场结构和当地市场竞争的效应可能对当地企业有一个显著的正向或负向的影响。如果 MNE 的进入能为当地企业创造激励机制以促使其优化产品和生产流程，那么以上这些影响结果就是正的，特别是当这些企业能同时从 MNE 的技术转让或外溢中获益的时候。① 另一方面，如果当地企业并不能够提供所需的投资或占有外溢效应，那么其对当地企业的影响可能明显是消极的。迄今为止，M&A 不同于绿地投资，因为它对贸易或行业结构没有立竿见影的效应，对东道国经济体的知识转移也可能受到更多限制，特别是在资产累积型投资中。

MNE 的进入对当地企业的间接效应有两种类型：第一，对于那些通过形成联结关系而与 MNE 打交道的企业的效应；第二，对于其他当地企业的效应。特别是在基于股权的当地联系的情况中，比如当地企业中的合资企业或联合经营，间接效应可能几乎无法与由建立全资子公司所导致的直接效应进行区分。对于非股权类型的联系，技术、知识和制度的转移可能会更受限制，虽然并不是必然会这样。但是，所有与 MNE 建立前向或后向联系的当地企业会不断从货币外部性中获益，货币外部性主要是来自对它们所提供的产品或服务的需求的增加。

第三种类型的企业，即那些与 MNE 无关的当地企业，可能（或可能不）会从 MNE 的无意的知识转移所带来的非货币外部性中获益。由于效应的性质，这些溢出效应需要一段时间才会具体化，并且其程度取决于 MNE 的战略和动机，还有当地企业吸收任何可能会外溢的技术和制度知识的能力。由于 MNE 的进入所带来的直接效应可能只是略微正向的（或完全为负向的），并且由于当地企业，特别是在发展中国家的当地企业，常常不具备所需的吸收能力，因此实证研究中发现的 MNE 活动对整体经济的外溢效应常常很小或不存在，这一点并不足为奇。

的确可以找到更多有关具有充分吸收能力的企业的证据，特别是那些和 MNE 通过股权联结而产生联系的企业更有可能经历正向的溢出效应。这主要是因为与 MNE 建立联系的企业从货币和非货币（知识）外部性两方面获益，而对与 MNE 不相关的企业的溢出效应仅仅是源于非货币（知识）外部性。而且，不相关的企业所经历的非货币外部性是来自非自愿的转移，而当地合作伙伴有可能从有意的转移中获益，具体取决于当地企业与 MNE 建立联系的类型。

结果，虽然增加当地企业吸收能力的政策（例如通过对教育和培训进行投资）显然是可取的，但为了鼓励联系的形成而作出的具体努力也可能是需要的。事实上，虽然现有的研究并不包括制度层面，MNE 对于建立联系以及参与当地集群的能力和意愿是非常明显的，理解这些动机对政府提供合适的激励机制很有必要。

本章包含的最后一个问题是有关经济活动的地理集群。我们将看到其对联系外部性的建立和知识外溢效应发生的可能性有很大影响。MNE 不仅从经济活动的当地集群中吸收资源和能力（包括关系资本），而且也对经济活动的当地集群作出贡献。事实上，知识密集型行业的很多资产累积型 FDI 是由来自于东道国的企业和机构对其余 MNE 的逆向知识转移的可能性所驱动的。与此同时，MNE 可能在经济活动的局部集群的发展中扮演一个催化剂的角色，例如在中国香港和新加坡所发生的情况（Dunning，2000b）。

---

① 因为迎接由强大的新进入者形成的竞争挑战需要部分既有企业更多的努力，竞争效应不再具备外部性影响。这一点会在 16.3.3 节中重提。

16.2　与当地企业间的后向和前向联系_____

□ 16.2.1　与当地供应商的后向联系

MNE 子公司采购数量首先取决于子公司生产商品和服务的范围，其次是所生产的产品的质量，再者是子公司在多大程度上对增值活动所需的投入要素的市场进行内部化（即它们在多大程度上实现纵向一体化）。增值部分占总产出的比例越大，一个公司对于从外部生产者购买的原材料和中间产品的质量和价格的依赖就会越小。该比例越低，公司对其进行购买的开放市场的变幻莫测就越依赖。

延续第 4 章关于国际化的讨论，我们预期有关范围和数量的决策会取决于 MNE 生产的产品和服务的数目和特性，并取决于其外国子公司对这些增值活动的贡献。因此，由于技术方面的原因，对加工产品（如药物、金属物品和食品）的生产相比于那些装配产品（如洗衣机、电脑和船用引擎）更加倾向于一体化。与此同时，MNE 对于其海外运营的战略也是一个相关的考虑因素。其子公司打算服务当地市场、区域市场还是全球市场？它们的活动与其所在的组织中其他部分的活动相协调，还是它们只是母公司的微型复制品？

正如我们在第 7 章所看到的，现代 MNE 控制并协调着活动网络，其中一些活动涉及权益所有权（全资子公司和合资企业），而其他活动是契约性的。事实上，过去十年左右的趋势是 MNE 的价值链正在变得越来越分化（Porter，2001；Chesbrough 和 Teece，2002）。更好的通信技术、利用因特网获取和共享信息，以及运输的低成本[①]，使得全球一体化生产"模块化"。这意味着组件可以被制造，并被收集到一起以进行装配，然后被送达终端消费者，所有这些在不同的地点完成。除了降低成本，模块化也使得 MNE 更加专注于它们的核心竞争力，它们希望这些核心竞争力能够使其在竞争日益激烈的市场中获得持续利润。

由于将公司稀缺资源集中于具备核心竞争力的领域的渴望并不局限于制造业活动，过去的十年也见证了服务业外包的大量增加，范围从诸如对于客户呼叫中心的薪资处理的后台功能，到非常接近核心业务的活动，尤其是公司的 R&D（UNCTAD，2004，2005c）。除了其他方面，这还意味着更多由 MNE 控制和协调的活动是"可争的"，即对于大部分活动而言，有多个区位是可行的，并且至少一个区位重置的潜在威胁总是存在的。与此同时，这意味着那些成功整合到 MNE 生产网络中的当地企业能从高产量以及使用尖端技术中获益。

在本章我们打算将注意力集中于一个 MNE（或者，就此而论，任何企业）需要做的两种类型的采购决策。第一种是"造或买"的决定，即其在多大程度上从外部

---

① 尽管高油价和日益增长的对气候变化的担忧可能导致运输成本的增加，尤其是空运和航运。

供应商购买原材料、中间产品或产成品①，而不是自己进行生产。第二种是它在多大程度上在东道国制造或购买这些商品和服务，而不是从一个外国来源进口，即"进口或当地采购"的决定。

"造或买"的决定

企业内部制造还是从另一个生产者那里购买的决定取决于这两个选择的相对成本。这些成本可以分解为所包含的生产和交易成本。生产成本是将在企业内部生产特定质量的中间产品的成本与支付给外部供应商的价格进行比较得到的。内部生产的交易成本包括任何额外的与增加产品种类相关的成本，减去任何来自联合供应或范围经济的收益。外部交易中产生的交易成本是一种或另一种市场失灵的结果。

通常地，人们可能预期一个专业化的和有经验的供应者的生产成本会比其消费者的生产成本更低。这仅仅是因为前者更可能大规模生产并且对最新的产品和生产技术有远见卓识。而且，一个企业的采购灵活性会由于纵向一体化而被明显削减。在组成部分相对简单的情况中，小型外部供应商可能有更低的劳动成本、材料成本和管理费用成本的优势。但是，如果供应商也是一个垄断者，和/或其未意识到，或者是未准备去利用最有效的生产或管理技术，那么采购公司可能更愿意承担自己的生产，或甚至去收购其供应商。正如我们后面将揭示的，有时帮助供应商提高其产品质量或提高其生产率可能是符合采购者的最大利益的，包括仿效 MNE 的正式和非正式制度。或者，采购公司可能希望说服其母公司的供应商在东道国经济体中建立子公司或给当地生产者授权。

那么利用外部供应商所产生的交易成本是什么呢？这本质上是市场失灵的风险。如果供应公司为采购公司所有（即通过后向垂直一体化），那么供给中断的可能性、不确定性，或者控制的无力、产品质量、无法按时送货、难以接受的提价和财产权的滥用都可以避免。科层制的交易成本本质上是那些额外的内部组织和管理成本。举例来说，通过多样化其活动，一个企业或许会过分扩张其组织能力和/或减小效率及其主流活动的有效性和创新性。风险也有可能附属于额外的资本投资，而政府可能把任何朝着垂直一体化方向的举动视为潜在的竞争的减少。

什么将决定运用市场或垂直一体化生产之间的平衡？这在国家间、部门间和公司间会有什么不同以及其随时间有什么变化？特别地，跨国子公司可能比它们的当地竞争者更多地还是更少地与独立的本土企业建立联系？联系的形成如何被当前的全球化所影响？这里的很多论证与第 7 章关于外包的讨论相似。自 20 世纪 90 年代早期以来，企业坚持其核心竞争力并外包其非核心活动的需要日益受到重视，而不论是国内还是国外。与此同时，正如在第 8 章所讨论的，MNE 子公司获得更多自治权和在东道国发展基于本地的竞争力是日益加强的趋势。这里，我们将对东道国子公司面临的与制造或购买的决策相关的问题提简要的四点。

第一点也是最明显的一点是供应商的数量越多，生产或加工专业化的机遇和收

---

① 我们将重申早些时候对制成品和最终产品之间的区分。前者代表一个物品或服务的物理属性生产过程的完成。然而，可以通过各种服务（例如，运输、存储、贸易和零售）对这样的制成品进行增值。最终产品是最终消费者实际购买和使用的。事实上，广泛的使用外包减少了公司区分其产品的可能性。因此，与产品有关的服务组件已经成为更重要的持续竞争力。

益越大。同样地，增值链上不同阶段间的协同越少，公司越不可能愿意参与后向一体化。例子包括拥有繁荣期货市场的大部分贸易商品和金融资产。相似地，标准的和成熟的产品存在强大的外部市场，比如基础药物、铁矿石和新闻用纸，这些都是在高度竞争的条件下生产的。相比之下，产品范围越广，生产它们的技术越复杂，供应商之间的竞争越少，对供给企业的采购中进行某种形式的分级控制的可能性就越大。当中间产品市场中高效的生产和创新需要密切的协调与对投入的质量、规格、检验和测试程序、产品开发项目的监控时，以及当定期交流有关未来计划的信息将有助于匹配供应商和使用者的投资能力时，中间产品市场也更有可能被内部化。然而，当前全球经济中制造和服务活动的外包程度表明运用外部市场的交易成本随时间在减少。

第二，后向一体化的相关文献强调了国别差异的作用，特别是增值链的组织形式。在日本，大部分汽车装配商从相对小而专业的供应商处购买，其中一些供应商可能只服务于该企业或有限的生产商。相比之下，在欧洲和美国，主要的零部件供应商可能与其顾客的规模一样大，并且会同时为几家企业生产多种零部件。两组企业间的关系是不同的，欧洲和美国外部购买的交易成本远高于日本。日本汽车公司最初鼓励它们的供应商遵循欧美惯例的原因恰恰是避免一些应对国内供应商时必然招致的制度相关的交易成本。

第三，很明显的是外部生产和交易成本取决于一个国家的发展阶段。比如说在一些发展中国家，外国子公司可能需要参与比它们希望的更多的增值链中的制造业务，仅仅是因为缺少有供给能力的本土企业，或者没有针对市场失灵所带来的不利效应的充分的制度保护。有关 MNE 投资区位的决定因素的研究经常强调良好的基础设施和相关公司或支持型公司存在的重要性。在一些技术先进的行业中情况尤其如此，这些行业极度依赖当地创新体系的内容和有效性、高技术劳动力和高质量的零部件的可获得性。当然，20 世纪 80 年代苏格兰（例如，相比于威尔士南部）吸引新的日本和美国在工业电子行业的投资时的相对竞争优势有助于吸引零件供应商和熟练的劳动力集群，集群也可以进一步提高其区位的吸引力。近几年的例子包括在中国香港的商业服务和通信集群（Enright，2000c）、韩国在京畿和久美的高科技服务集群（Park，2000）、新加坡晋升为东南亚地区总部中心（Yue，2000），以及印度班加罗尔的软件集群（Balasubramanyam 和 Balasubramanyam，2000）。

第四，政府制度和政策也可能影响 MNE "造或买"的决策。在实行进口替代政策的情况下，政府有时会给外国组件生产商提供财务和其他方面的激励来让它们在该国投资或进行 R&D 活动。在其他情况下，相似的激励会提供给国内组件生产商，从而让它们提高其供应能力。[①] 然而在过去，政府——特别是发展中国家的政府——所使用的用来帮助当地供应商的主要工具是限制竞争性组件和原材料的进口。在一些例子中，这会迫使国内和国外公司去购买一些产品，因为企业自身生产或从当地企业购买这些产品是不经济的，而在其他一些情况中这会阻碍采购部门的新投资。

---

① 这可能包括在高失业率的地区或者在落后地区发展小规模行业的特殊诱因。例如，在日本，政府政策有利于创建服务于大型工业生产商的小企业集群。

"进口或当地采购"决策

前面小节讨论了外国子公司所面临的生产中间产品还是从该国的其他公司购买这些产品的选择。在两种情况中，增值都发生在该国国内，即使事先并不能表明两者之中哪一种是更好的选择。当然，子公司还有另外一个选择，即进口产品还是在运营所在国内购买或制造。

进口可能采购自 MNE 的其他部分，即从母公司或者一个姐妹子公司那里采购，或从独立的外国销售者那里采购。在某些情况下，母公司可能代表其子公司采购中间产品。如果母公司对这些产品向子公司开账单，那么这些被定义为企业内进口。

如果任由其自生自灭，那么就像任何其他利润最大化的企业一样，外资子公司会从最便宜、最可靠的来源地采购中间产品，也就是说，从购买价格加上交易成本最便宜的地方采购。在进口的情况下（不管企业内还是企业间），额外的交易成本也会包括在内。此外还包括更长的送货日程，更高的运输和库存成本，增加的搜寻、协商和监管成本，以及由于航运延迟和码头罢工所导致的供给中断的可能性。其中的一些成本可以通过母公司（或姐妹子公司）内部化跨境市场来减少。然而其他成本，比如由外生事件导致的供应链的中断，仍会存在。

一些中间产品将会以国际价格在公开市场上获得或者从外部转包商处以商定的价格购买。其他的可能由母公司提供，或通过其某个子公司获得。这种购买尤其有可能发生在外国供应商有独特竞争优势的异质性投入要素的情况中，在这些情形中母公司可以监控质量和价格，边际成本小于平均成本，存在批量采购的经济性，母公司可能希望使用其内部交易以实现转移价格操纵。可能还存在其他原因使得母公司希望为子公司购买投入要素。其中有些行为可能会降低交易成本，例如母公司把一套组件装箱并运给子公司。而其他行为，虽然对母公司有利，但可能并不为东道国所欢迎，特别是当要素的内部转移价格不能恰当地反映出其真实的机会成本时。

进口中间产品的范围可能不仅是产品特定的而且还是国家特定的。它也会根据投资公司的采购战略而发生变化（比如其在多大程度上进行单项或多项采购），同时也与产品的市场表现以及子公司的存续年限有关。前面的章节显示大部分市场寻求型 FDI 始于承担简单的整理加工业务并进口大部分上游中间产品的新建子公司。逐渐地，当本地的技术和生产能力以及本地中间产品的价格变得更有竞争力时，本地含量的比率就会提升。

一个同等重要的变量是 FDI 的性质。为承接高技术产品的劳动密集型生产环节而建立的制造业子公司可能从它们的母公司或姐妹子公司进口大部分中间投入品。事实上，一个有关 EPZ 的关注点在于，像早期的一些以自然资源为基础的投资一样，它们可以很容易地略微超出出口范围。另一个关注点是这样的投资的正外部性一般是受限的，因为外国子公司很少从国内企业购买它们的要素并且其对提升本土的人力资源毫无贡献。[①] 相比之下，在大型工业化国家，MNE 可能被充分地整合到国家层面的增值链中，在本国生产或购买所有它们需要的中间产品，包括 R&D 和专业服务。

---

① 然而，McIntyre 等（1996：461）的研究表明，虽然 EPZ 不太可能成为发展的重要引擎，但在给定的正确的制度环境下，如果其被纳入一个良好的产业政策，就可以作为催化剂。

但是在一些发展中国家和转轨经济体中，有证据表明，在过去的至少三十年里，外国和本国企业的采购倾向的最主要的决定因素是一个国家的制度，以及其政府设计和实行一个成功的发展与/或经济重构战略的能力。例如，20世纪70年代，在拉丁美洲、亚洲和非洲的大部分政府大力限制外国子公司需要的中间产品的进口，除非是一些已经证明无法在国内生产的产品。在提升本土含量的比率的同时，这种政策通常会增加生产成本，特别是在本国企业在面对外部竞争时受到保护的情况下。然而在20世纪80年代和90年代早期，中国和一些中东欧政府开始遵循一个更加自由化的路径。在21世纪早期，这一自由化路径还扩展到了印度和一些撒哈拉以南的非洲国家。

早期政策的经济原理很清晰，也很合理。拥有更大的市场、不断增强的技术竞争力和更多的经验，当地供应商最终会变得与它们的外国竞争者一样有竞争力，特别是当外国子公司能帮助它们实现这些目标时。而且，在某些情形中（比如日本、中国台湾和韩国），证明在它们的工业化早期，保护主义没有帮助幼稚产业生存和繁荣是很困难的。但是在其他情况下，一个国家的制度和基础设施不能与中间产品的生产相适应，企业利用当地供应商的压力通常会阻碍它们提升质量标准和引入更先进的生产方法。这反过来会减弱采购公司渗透国际市场的能力并减慢它们经济发展和重构的步伐。尽管在短期内，保护国内供应商或帮助它们在经济上生存会得到一些好处，但长期来看，只有当沿着增值链的国内联系能够帮助生产企业提升起在国际市场中的竞争力时，这种做法才是可取的。

技术变化、区域一体化和市场国际化正把新的细微差别引入到"进口或当地采购"和"造或买"这两个决策中。不仅政府日益被迫接受这一事实，即如果它们的企业想在国际市场上变得具有竞争力或保持竞争力，它们必须被允许从最便宜、最可靠的货源购买它们的中间产品，而且当它们签署优惠贸易协定时，它们越来越可能需要放弃它们可以影响"进口或当地采购"的决策的权利。

过去十年中，很多发达国家和发展中国家重新建构了它们的制度并制定了新的政策以鼓励建立与当地供应商的后向联系。这些国家包括爱尔兰、英国（以及苏格兰和威尔士）、哥斯达黎加、马来西亚、墨西哥、新加坡、泰国、捷克和匈牙利（UNCTAD，2001）。其中，每一个国家都把提升当地供应商的竞争力以满足MNE子公司需求视为其竞争力提升整体战略的一部分。

为了应对这些举措，MNE也提出了它们自己的后向联系计划。比如在ICT和电子行业中，其包括在中国的摩托罗拉供应商培训计划以及在马来西亚和哥斯达黎加的英特尔供应商培训计划（出处同上：149）。在汽车行业，这包括丰田对泰国575个一级供应商的发展计划（其中超过一半是日本企业的子公司），它们的目标是实现100％的本地采购。而在食品行业中，其包括雀巢在中国的计划，联合利华在越南的计划和亨氏食品公司在埃及的计划，它们都是为了提高原材料和包装材料在本地采购的比例（出处同上：146）。比如，埃及的亨氏番茄酱几乎完全是由当地原料制作而成，利用了由亨氏公司引进的一系列品种的番茄（El-Shinnawy和Handoussa，2004：117）。外国投资者还帮助波兰牛奶厂提高了牛奶储存和卫生标准，并提供一些关键投入要素（比如动物饲料），扩大了信用额度并提供了债务担保（Dries和Swinnen，2004）。①

在过去二十年里形成的购买者驱动和生产者驱动的生产关系网络也有可能在其所促成的当地联系的范围和种类方面存在差别（Gereffi，1999）。生产者驱动的关系网络，比如汽车和半导体行业中的关系网络，可能会在建立本土投资和当地联系以支持子公司生产方面更有义务。举例来说，在汽车行业，当沃尔沃在中国减少它们用来制造卡车和公交车的供应商数量时，巴西、印度和墨西哥接收了大量的技术援助以满足它们的质量和性能目标（Ivarsson 和 Alvstam，2005）。② 但是 MNE 网络的专业化意味着这些供应商有时在与网络中的其他成员进行全球竞争。购买者驱动的商品链，比如在服装或玩具行业，可能允许一些当地供应商发展成为 OEM 厂商，正如在中国台湾和中国香港所发生的那样。但是这些供应商的地位很大程度上依赖于海外消费者不断变化的品位，而非它们自己在 MNE 网络中的竞争地位。与此同时，在一些提升当地供应商竞争力的能力很有限的国家中，比如斯里兰卡，联系的形成和本土 OEM 厂商的出现更不可能发生（Kelegama 和 Foley，1999）。③

供应链重构的例子可以在水果和蔬菜的国际采购以及服装行业价值链中发现。根据 UNCTAD 在 2002 年的研究，在食品和服装行业，原先在发展中国家进行食品制造然后出口的 MNE 减少了它们对工厂和物流设备的所有权，并朝着零售贸易和品牌的管理方面转移。大型零售商在决定采购何种商品，以及在运营网络中选取哪些供应商等问题上变得很有影响力。如今，典型的零售商例如沃尔玛和乐购，与发展中国家的大型出口商签订合同并希望它们依据严格规范对生产和物流进行控制。在很多情况下，正是可能已经收购当地供应公司的其他 MNE 的子公司，最有可能被置于一个在 MNE 网络中扮演出口角色的位置。

我们利用 UNCTAD（2001）细致研究的结果来进行概括总结，其提出的六个要点有助于解释由 MNE 形成的联系的决定因素。第一，投资的种类可能影响当地采购的动机和可能性。第二，一个企业的技术和市场定位是有影响的。制造标准化产品的子公司可能倾向于正常交易关系，而那些采用高端或复杂技术的公司则可能更青睐于当地生产并与一些所选的供应商建立长期关系。④ 第三是分配给子公司的决策角色，因为子公司自主权的程度可能影响其建立当地联系的能力。第四，子公司的运营年份常常是有重大意义的，因为现有证据表明随着时间的推移，本地采购倾向于增加，而这是由于与供给源的合作经历及对其的了解。第五，MNE 进入模式可能影响采购决策，因为收购能够获得当地经济中现存的关系网络，而绿地投资则需要从头开始建立关系网络。第六，子公司的规模也很重要，因为当地企业可能会觉得

---

① 虽然技术知识的转移通常是联动关系的一个重要方面，我们将再次强调，MNE 也可以参与管理和组织实践以及激励结构的转移，这可能对接受企业有更大的影响。例如，我们通过 Duanmu 和 Fai（2004）对电子行业 16 家供应商在外国投资者和当地的中国合作伙伴之间关系的研究发现了这种情况。

② 参见 Okada（2004）了解关于印度汽车组件产业的技能升级的一个有趣的研究，比较日印合资企业和塔塔集团所有的国内电信公司。

③ 尽管如此，正如作者指出的，即使联动形成的水平较低，斯里兰卡的出口导向型服装行业通过提供就业和创业机会也已经对当地经济作出了巨大的贡献。

④ 然而，涉及先进技术的当地生产的程度还取决于外国子公司和本土企业之间的技术差距，以及后者的吸收能力。参见 16.3 节。

为大规模的子公司供应其所需要的量较为困难，而大型子公司其自身也有可能更加轻而易举地进行内部生产。在这些要点之外我们可以再增加第七点，即 MNE 和其供应商之间的制度距离。这一距离越大越深入——无论是公司还是国家层面——MNE 会越希望避免当地联系的建立与采购的内部化模式。

MNE 子公司当地采购的范围

现在已经有多种类型的实证研究是关于跨国企业子公司的采购战略。这里我们依据四种类型的子公司来建立讨论的框架：服务当地市场的市场寻求型制造业子公司，旨在出口的效率寻求型制造业子公司，自然资源寻求型子公司，以及生产服务的市场寻求型和效率寻求型子公司。

市场寻求型制造业子公司　对市场寻求型的外国投资者的采购政策的一个最早且记录最细致的调查是由 Lall 在 1980 年为 UNCTC 做出的，他的研究检验了印度、秘鲁和摩洛哥汽车行业中外国子公司的采购策略（Lall，1980b；UNCTC，1981a）。他发现，在 1977 年的印度有两家公司，即 Ashok-Leyland（AL），其 60％ 的股份为英国利兰所有，而另外 40％ 的股份属于塔塔工程和机车公司（Telco）[①]，其占有商用汽车生产的最大份额。在同一年，两家公司销售活动的当地含量非常高——在 AL中为 94％，而在 Telco 中为 95％。但是在 24 年前，这一比例在 AL 仅为 35％ 而在Telco 为 45％。

Lall 认为，对于两家公司而言，在影响当地采购的程度和步调上，制度和政府政策是关键变量，其他影响因素还有国内市场的规模和工业化发展的水平。他并没有考虑到公司的所有权对于"进口或当地采购"的决策而言是一个重要的决定因素。在他的研究的其他部分，他发现同样的因素也有助于解释秘鲁（当地含量的比率在1979 年为 35％）和摩洛哥（当地含量的比率在 1979 年为 15％）的汽车供应商（都是国外子公司）的当地含量的比率的差异（UNCTC，1981a：33）。

1985 年 Landi 对尼日利亚的汽车行业做了一个相关研究。通过使用一个与 Lall和 UNCTC 相似的方法，Landi（1986）发现相比于其本土同行，外国子公司一体化程度更高并且更倾向于进口它们的中间产品。在 McAleese 和 McDonald（1978）以及 Jo（1980）对爱尔兰和韩国的进口倾向的评价中也得到了同样的结论。但是在这两个情况下差异的程度会随部门变化而不同，并根据经营年份、经验和外国子公司的规模而有所变化。[②] 随后 Kumar（1990）的一个研究利用了回归分析，其研究结果表明，与本土竞争者相比，MNE 子公司的纵向一体化的程度显著偏高，其所用的是印度 1980—1981 年间 49 个行业的数据，尽管实际上两种类型的企业都表现出相同的出口倾向。[③]

这些研究和其他零散的关于发展中国家市场寻求型外资企业所建立的后向垂直联系的数据表明了四个主要结论：

---

① 尽管在 1977 年 Daimler Benz 持有 14％ 的股权。

② 在 McAleese 和 McDonald 所考虑的六个制造业中，爱尔兰的新公司——绝大多数是外资所有——的材料支出在 1966—1974 年间出现了增长。

③ 相比之下，在比较巴西电气行业中外国企业和本土企业后，Newfarmer 和 Marsh（1981）表明，垂直整合的程度与外资所有权的程度负相关，这是后来被 Willmore（1986）所证实了的。参见 Halbach（1989）和UNCTC（1992a）。

（1）MNE 子公司很少在小国或工业落后的经济体中建立联系，主要是因为这些国家制度的不完善和基础设施的缺乏。

（2）跨国子公司分包的比例与东道国的产业基础设施的先进程度和子公司经营时间长度呈正相关。

（3）在更大的和更先进的发展中经济体内，MNE 子公司常常建立稳定的联系，但常常也只是政府进口限制和当地绩效要求导致的被迫接受的结果。

（4）作为这些政府政策的结果，所建立的联系常常是过度昂贵的和不经济的。

现在转向近年来的研究，Barnes 和 Kaplinsky（2000）表明，在 20 世纪 90 年代，本地采购需求的消除和关税的显著降低——二者都是全球化的必要性的特点——导致了南非汽车装配商逐渐替代当地采购的进口。当地供应商也常常处于劣势，因为汽车装配商日益寻求将其业务整合到母公司的全球生产网络中。在发展中国家，这可能会使三个技术时代飞跃至最新的模型。在最新模型的制造中，装配商越来越不愿意与使用当地技术的当地企业合作，或者甚至不愿意与使用经过授权的外国技术的当地企业合作。相比之下，装配商更偏好于由那些能够成为一级或核心供应商并能与装配商在设计新的交通工具上进行合作的企业对其进行供应，无论是通过合资公司还是全资子公司。而且，装配商会寻找那些能致力于全球采购和"跟随供应"的企业，即扩展组件生产并协同定位以接近于重要的装配新业务，必要时包括在海外。

在电子制造业，Belderbos 等（2001）考察了 1992 年日本制造子公司在 24 个发达国家和发展中国家的当地参与程度。[1] 这项研究中的当地含量的比例被定义为子公司的销售额减去组件和材料进口额，再除以子公司销售额。因此，这一比例既包括了由子公司创造的增加值也包括了当地采购的价值。作者发现有证据表明会社的成员有更高的当地参与度，但其大部分采购来自于当地建立的日本供应商。总的来说，日本的绿地子公司相比于合资公司或收购的子公司有着显著更低的当地参与度。[2] 子公司的运营经验对当地采购的影响被证明是正向的，但影响相当小。这一结论会为以下观点提供一些支持，即日本对外 FDI 较新的性质可能解释了它们更低的当地联系的份额。但事实上，大部分日本 FDI 是在新领域，而且其中很多都在有着公开或隐藏的当地参与要求的行业中，这能帮助解释观察到的日本子公司较低的当地参与度这一现象。

Chen 等（2004）用来研究中国台湾跨国企业建立的当地联系的定义相当宽泛，既包含正常关系，也包括协作的非股权关系。确切地，在他们的研究中，作者主要关注六种当地联系：供应商联系、营销联系、R&D 联系、劳工联系、转包联系和财务联系。他们发现相比于在东南亚和中国大陆，中国台湾企业在美国寻求当地联系更加积极；在生产者驱动的网络中投资者更加积极地建立当地联系；大公司比小公司更加积极地建立当地联系；以合资企业方式进入比以全资子公司方式进入似乎更

---

① 作为对汽车和电子行业买卖公司关系的大量研究的对比，参见 Lane 和 Bachmann（1996）的比较社会学观点，该观点是关于在英国和德国的采矿机械和厨房家具（安装厨房）行业的价值链中基于信任形成的关系。

② 这也在 Scott-Kennel（2004）对新西兰外国子公司的研究中被发现。

能鼓励建立当地联系。[1]

　　作为对联系形成的案例研究和特定行业研究的补充，Scott-Kennel（2004）提出了特定国家进行质量和数量之间的联系的研究，集中在跨国新西兰母公司和它们的子公司之间，以及这些子公司和当地企业之间。一个综合的例子包含了在新西兰的515个外国子公司，它们在新西兰平均已经经营了28年，基础相对较好。[2]总的来说，作者发现从母公司转移到子公司的资源和能力的差异越大，这些资源和能力或互补的资源和能力也被子公司通过与当地企业的直接联系和合作联系进行转移的可能性就越大。在研究中，直接联系被定义为涉及投入要素采购和当地企业对中间产品的供给的交易关系。除了这种产品的交换，直接联系常常还包括可能的技术、生产规范和市场信息的转移。与当地企业的协作联系还涉及技术共享、发展协定或管理合同的联盟。在新西兰的例子中，在调查之前的12个月里，有52%的子公司与当地企业建立了后向或前向的直接联系，而在三年中有29%的应答者成功建立了协作联系。[3]

　　后来的一个研究运用了集群分析，基于它们与当地企业建立的联系的模式对子公司进行分类（Scott-Kennel，2007）。这一研究发现在新西兰只有14%的外国子公司参与不同形式的与当地企业的联系，在分析中定义的七种集聚随着所建立的联系的程度和质量的不同而显著不同。尽管研究并不能直接评估当地合作企业的竞争力，但研究结果似乎能确定当地企业中更具有竞争力并拥有更强吸收能力的企业更有可能与一个外国子公司成为合作伙伴。

　　出口导向型制造业子公司　第二类的研究是关于出口导向型制造业中的外资企业所建立的联系。早期研究（Reuber 等，1973）表明非居民投资者在这些领域形成的后向联系远少于进口替代型子公司。同样地，更大比例的中间产品采购是通过进口——常常直接从它们的母公司进口。在他们对东南亚消费者电子产业的研究分析中，Lim 和 Pang（1982）发现这些联系在马来西亚"不存在"而在新加坡是"极少的"。而五年后，另一个涵盖新加坡的30个电子产业外国子公司的研究表明，它们平均从当地供应商购买58%的中间产品和服务，并且本土（新加坡）的和更小的外国公司充分利用了这些服务（Lim 和 Pang，1991）。在当时，新加坡已经变成区域一体化的电子产业的高科技中心。它提供技术支持、物质投入、营销和向亚洲其他地方的 MNE 子公司提供的其他一些服务。

　　早期的研究倾向于认为能够影响国外的和国内的出口导向型企业在本地采购的倾向的关键变量是产品供给的类型、地方机构的质量、支持性的行业政策和政府政策。例如，在电子行业中，生产过程的性质、技术的复杂性、规模经济的机会，以及技术或消费者偏好变化的速度，都是为公司间的联系而创设的，似乎主要是因为采购公司倾向于把自己的资源用于技术开发和营销而不是后向一体化。目前在"造

---

① 根据1997年的一项调查，Driffield 和 Mohd Noor（1999）发现，在马来西亚的美国子公司比日本、欧盟或其他东南亚子公司嵌得更好。虽然 MNE 和本土企业之间形成了重要的联系，这些大多是一种依赖而非发展关系。参见 Turok（1993，1997）和 McCann（1997）关于苏格兰电子行业依赖和发展联动的辩论。

② 在一个有趣的理论贡献中，Scott-Kennel 和 Enderwick（2005）分析了新西兰当地联动的发展，以解释 O 优势是如何由当地企业在不同的 IDP 阶段所积累的。参见本书第 10 章。

③ 由于子公司的长期存在，很可能更高比例的企业在过去的一段时间已经形成了与当地的联系。

跨国公司与全球经济（第二版）

504

或买"决策和"进口或当地采购"的决策中，出口导向型外国子公司确实表现得与本土企业不同，可能是以下两个原因之一造成的。一是它们或它们所在的 MNE 掌握着更好的有关国际价格和零部件的含量和质量的信息，并能够以更有利的条件获得中间产品。二是在 MNE 全球目标的推进过程中，它们倾向于实行更加与众不同的采购战略。

实行出口导向政策而非进口替代政策的政府通常会对外国子公司的采购政策施加更少的控制。这主要是因为它们认为除非这些企业能自由地以最好的条件获得中间产品，不然它们的出口能力会受到不利影响。亚洲国家政府为鼓励外国子公司进行本地采购而尽了最大努力，在出口导向的行业中，至少市场力量已经占据了上风。事实上，Lim 和 Pang（1982）的研究表明东南亚当地供应商的发展很大程度上归功于 MNE 本身的激励和支持，他们发现培养一个强大的本土经济能力是符合它们的长期利益的。与此同时，因为这些子公司在它们的产品或流程设计中可能更加专业化并有可能成为跨境活动网络的一部分，相比于本土竞争者，其更可能参与较低程度的纵向一体化。Cohen（1975）发现中国台湾、新加坡和韩国的 MNE 子公司的情况确实也是如此。

在新加坡，为了使当地工厂从基础的组件制造和装配工作向更高的增值活动升级而优化的制度和政府政策在加强联系和促进当地合同制造企业的发展方面起到了重要作用。然而，由于现在新加坡电子行业的很多外国子公司其自身都是全球装配商的一级供应商，其中的许多公司很少有相对的战略自主，因此有更少的动机去增加当地联系。所以，可以想象的是，当地发展的合同制造者实际上在未来可能会有更高的可能性去进行联系的建立和促进本土增长（Brown，1998）。

在泰国，政府在 20 世纪 90 年代执行的政策不仅是为了增加外国出口子公司和当地企业之间联系的数量，还是为了支持本土供应商的发展，或者更确切地说，中小企业的发展。由于对当地成分要求在采用《TRIMs 协议》[①] 后被禁用了，政府专注于优化它们的信息提供与服务的制度，从而将外国 MNE 与当地供应商进行匹配（Lauridsen，2004）。然而在新加坡、爱尔兰和哥斯达黎加的著名的例子中，政府的角色超越了信息供应和匹配而包括了一些制度措施，比如对教育和基础设施的持续投资，加紧对知识产权的立法，以及提供一系列激励政策以积极地讨好特定的MNE。此外，在这些例子中，为了在建立联系和鼓励供应商协同定位上维持 MNE、政府与当地企业之间高层次的合作，已经做出很多努力。但是，根据 Lauridsen 的研究，泰国的政策执行缺乏高层次的参与，而这被认为是其他一些国家成功的关键。再者，尽管高技术出口从 20 世纪 80 年代中期到 90 年代中期有了大幅增长，但这些出口主要是基于对进口到泰国的高科技组件的简单的劳动密集型组装。最后，尽管政策引入是为了激励与已有 MNE 的后向联系，以及发展本土企业，但优先鼓励的是日本中小企业跟随其领导企业进入泰国，而不是真正发展本国经济能力。

在爱尔兰，尽管制度建设和政策都指向鼓励联系的建立，Barry 和 Bradley（1997）发现有证据表明在出口导向型外国制造子公司的情况中这些努力相对来说是

---

① 尽管本地内容规则仍然以不同的形式出现，如与反倾销行动相关。

不成功的。特别地，相比于只有 21.7％的本土企业，他们发现外资企业的进口占总产量的 65.6％，虽然这一比较没有考虑任何国内外制造业活动在行业分布上的任何差异。事实上，如果从上游行业中产生的就业的角度来衡量，他们引用了一些证据指出外国子公司可能比它们的本土竞争者引进了更多上游服务岗位。①

这些结果与 UNCTAD（2001：134）的一份报告一致，这份报告回顾了后向联系的程度方面的证据。该回顾指出在英国和爱尔兰的例子中，外国子公司在当地采购投入的比例在 10％～25％之间，并且有证据表明当地采购随时间而增加。在发展中国家，服装行业中当地采购的比例预计是相当低的——比如多米尼加共和国、哥斯达黎加和摩洛哥的例子中该比例只有 5％～10％。其他的发现表明 2001 年，墨西哥彩电行业有 28％是当地采购。1994 年，马来西亚的电子组件的当地采购占出口的 62％，并且在泰国这一比例是 40％。一些高水平当地采购的例子出现在中欧和东欧。比如，在波兰，一项包含 30 家 MNE 子公司的调查发现其投入要素中当地采购的比例高达 75％，而在捷克共和国，大致相同比例的投入要素是由 Volkswagen-Skoda 从当地采购的（既从外国子公司采购又从国内企业采购）。

最后，Giroud 和 Mirza（2006）的一项关于电子和服装行业子公司当地采购（在 2001 年）的程度的调查发现当地采购在马来西亚和泰国各占 35％，在越南占 20％，而在柬埔寨几乎完全没有，其子公司集中于服装行业。②

自然资源寻求型子公司　第三类研究检验了初级产品行业中 MNE 子公司创造的后向联系。其中有一点通常受到争议，即该行业中的外国公司——特别是原油和矿业公司——很少与当地生产者建立垂直联系。这是因为它们从其母公司（或母公司所在国）进口大部分投入要素，并以原始状态的产出出口到其他国家（常常是它们的母国）进行加工。许多实证研究运用保留价值的概念测度了来自这些飞地的后向联系的程度（Mikesell，1970；Jenkins，1987）。被广泛接受的保留价值（RV）的定义为：

$$RV = W + L + P + T \tag{16.1}$$

其中：

　　$W=$ 外国子公司的当地工资；

　　$L=$ 当地投入；

　　$P=$ 给当地股东的累积利润；

　　$T=$ 当地税收。

通过将保留价值表示为外国子公司出口价值的一个比例，我们能够对于子公司对本地增值的贡献有一些了解。如果这一比例很低，则外国子公司可被视为出口飞地。该情形可以用一些关于向不发达国家进行石油和矿产投资的历史数据来说明。例如，20 世纪 20 年代末期，智利铜矿的外国子公司的 RV 比率降低到 17％（Jenkins，1987 中 Mamalakis，1970）。然而，到 1950 年这一比率升至 50％。Mikesell

---

①　参见 Hewitt-Dundas 等（2005）对 MNE 在爱尔兰和巴克利的采购模式的研究以及 McNamara（1994）对佐治亚州和南卡罗来纳州的国内外制造商的连锁模式的研究。

②　出口导向型子公司占了样本的绝大多数。在随后的分析中，子公司的市场定位作为一个公司特有的解释变量，随着存续年限、规模和子公司进入模式，以及其在生产、销售和 R&D 中的作用而变化。

（1970）估计在 20 世纪 60 年代中期，不同发展中国家中的矿产和石化工业的 RV 比率平均可达 60%～70% 之间。随后的 Brown 和 McKern（1987）的估计表明，1982年用于加工成第一阶段的铝产品的铝土矿的该比例为 55%；关于铜和铁的相应比例分别为 81% 和 38%。大多数开采于玻利维亚和东南亚的锡矿也是在本地进行加工的。

在所提及的解释加工差距缩小的诸多原因中，最为重要的可能是以下几个方面：大量矿产部门的本土化、对外国公司利润征税的增加、金属制成品进口关税的减少、本地技术性基础设施和发展能力的极大改善、节能处理方法的发展、发达国家对加工环节施加的越来越严格的环境控制。然而，初级生产者为了发展其二次加工而做出的努力并不都是成功的。有时这是由当地互补的资源和能力（如能源、训练有素的技术人员、工程师和管理者等）的缺乏造成的，有时是因为其不被认为可以提升投资公司的全球战略利益。有时其反映出政府未能设计并落实相关体系来鼓励 MNE建立本土加工产业。

在对特立尼达和多巴哥的天然气工业的研究中，Mytelka 和 Barclay（2004）发现东道国政府未能成功地鼓励外国子公司从事创新性活动，因为其几乎并未做出任何努力去增加在教育或本地能力发展上的投资。结果，除了针对维修活动的低层次服务业以外，这一产业很少建立当地联系。确实地，甚至有证据表明，一些初级石化生产商将维护功能也进行了内部化，有效地阻断了自己与当地经济体之间的联系。[1]

相反地，在对苏格兰石油、天然气和电力行业的供应商和外国子公司的研究中，Raines 等（2001）发现，一些供应商将投资公司的国际经验直接应用于新市场，或自己从事 FDI。例如："一个苏格兰油田调查员和石油产品管理公司被许多苏格兰子公司分别邀请到尼日利亚、委内瑞拉和苏联市场，因为其对这些地区落后的供应基础设施表示担心。"然而，这一效应在石油和天然气行业更为明显。电子行业的联系更多地面向高容量、低增加值的采购，而石油、天然气行业的联系则更为专业化，并包含更高的增加值。同样地，在南非的采矿业中，矿产加工和能源行业得到了许多本土公司和外国公司的支持，这些公司承担着设计工程项目和供应多种所需的投入要素（包括通风和抽吸设备、钻耗材，等等）的任务（UNCTAD，2007）。

在农业综合经营部门，当地加工的程度主要依赖于产品的性质和生产国进入发达国家市场的可能性。随着全球化的出现，随之而来的是一些关税壁垒逐渐减少、许多贸易投资协议的引进，这种进入的可能性在过去的二十年里稍微有改善。例如，1999 年智利鲑鱼养殖场中前三大出口商都是外国子公司，然而在肯尼亚，MNE 控制了园艺产品（2001 年该国第二大出口产品）的 90%（UNCTAD，2002）。1998年，MNE 占据了巴西烟草出口 90% 的份额、占大豆出口的 48% 和猪肉出口的 40%（FAO，2003：128）。同年，六大跨国咖啡贸易商占据了世界市场的 50%（FAO，2005：277）。

正如我们之前讨论的，作为对荷兰的阿霍德、法国的家乐福、英国的乐购和美

---

① 参见 Barclay（2000）的一份关于 MNE 在牙买加、巴巴多斯以及特立尼达和多巴哥投资的详尽的研究。

资的沃尔玛等大型跨国零售商地位不断提高的回应，食品加工行业出现了一个重大变化。全球型零售商寻求能够提供大量产品的且遵循与包装、质量持续性和食品安全标准有关的严格规范的当地零售商，这就意味着它们通常与在东道国的跨国食品生产公司的子公司签订合同。① 联合水果公司、利碧公司、德尔蒙食品公司、联合利华等大型跨国食品加工企业一直主导着水果、坚果和蔬菜的国际采购，它们已建立了子公司来直接与大型零售商进行交易。

例如，根据 UNCTAD（2001）统计，在阿根廷，法国零售巨头家乐福对于加工食品主要依靠国家层面或地区层面的集中采购，而对于新鲜食品或主食则可能是依靠在当地进行采购。麦当劳从当地企业采购大量食品供给。然而在一些国家，许多上文提到的"当地企业"本身都是接管了当地农业综合经营企业的外国子公司。例如，在阿根廷，麦当劳所使用的 87% 的食物产品都是从当地采购，而麦凯恩这一美国公司在阿根廷建立了生产冰冻土豆的大型工厂。与其他部门一样，成为一个 MNE 的"首选的"供应商的附带要求是小型生产商（尤其是在贫困地区）发现进入本地零售市场变得越来越困难。

服务业中的后向联系 第四种类型的后向联系，即跨国服务业供应商的后向联系，过去曾经是由贸易、农业综合经营企业和酒店连锁等活动支配。例如，在其悠久的历史中，日本综合商社既投资于国外初级和二级增值活动，又与外国生产商签订长期合同。来自欧洲和美国的跨国采购集团曾在东亚所生产的消费类电子产品、相机、纺织品及服装、皮制品的出口中占据相当大的比例。确实，一些知名贸易公司，如总部位于中国香港的利丰，至今仍占据全球经济中的很大部分。关于酒店行业，在一些旅游依赖型经济体中，对于酒店自有或由 MNE 运营的家具、设备和食品的需求，以及外国游客对纪念品的需求，也对当地的手工业和农业有着重大的影响。然而，除了这些传统行业以外，包括零售业和商业服务业的许多服务部门的国际化对于许多发达东道国和发展中东道国而言都变得越来越重要。

在之前的部分，我们描述了大型零售商的国际化如何改变许多农产品的当地供给市场。当然，零售职能的国际化对国内市场结构也有着相当可观的影响，尤其是在本地食品零售业正从传统市场转向超级市场的发展中国家中。由于收入较低的消费者日益成为超市的目标群体，处于旨在服务当地市场的低质量农产品和旨在服务出口市场的低质量农产品之间的传统部门开始逐渐消失。

例如，在 2000 年的拉丁美洲，国内食品零售业中超市的份额在巴西高达 75%，在智利和墨西哥该比例分别为 50% 和 45%。虽然仍旧没有达到美国 80% 的水平，但这些数据远高于十年前的统计数据（Reardon 等，2005：48）。在发展中国家中零售行业通常是高度集中的，如今在大多数拉丁美洲市场中，预计前五大超市连锁中有四个都是 MNE。2000 年墨西哥约 30% 的食品支出都被沃尔玛获得，哥斯达黎加的阿霍德和阿根廷的家乐福的这一比例也是相似的。在东南亚，超市在国内食品零售中的份额虽然还很小，但正在迅速增长。

---

① 购买力在少数零售商上的集中的一个副作用是不同种类的新鲜农产品的减产，还有不可持续的土地清理以及为了满足爆炸性需求而对产地造成的破坏，例如对于大豆（巴西）和棕榈油（印度尼西亚）的爆炸性需求。

为了满足越来越大的市场份额的需求，大型零售商在价值链管理上做出了一些改变，如集中化采购和外包后勤运营。例如阿霍德在中美洲的"采购部门"Hortifruti 公司是一个有两家当地零售连锁店的多数股权的合资企业，其中一个来自危地马拉，另一个来自哥斯达黎加。在泰国，阿霍德果蔬分销中心的物流是与荷兰 TNT 物流公司合伙进行的。

　　在过去，服务业公司（如银行、保险公司、会计师事务所、广告公司和管理咨询）关注的是其海外客户。的确，为跨国客户提供功能和服务的全球网络的能力是大型广告、市场研究、专业化服务和酒店 MNE 所要求的 O 优势之一。

　　现在出现的新情况是多种后台服务功能的离岸外包服务的发展，例如索赔处理、薪资处理、客户呼叫中心，还有其他核心服务的离岸外包发展，例如计算机编程和 R&D。尽管一些形式的离岸外包（包括 FDI）很多都是契约性的，并从原则上来说与制造业公司的中间投入品的采购没有区别，除了流失的工作往往是白领而非蓝领工作以外（参见第 13 章）。不仅对计算机编程而言而且对呼叫中心而言，这类活动最知名的区位就是印度，但是这些活动正在被引向越来越多的区位，包括波兰、捷克、匈牙利、保加利亚和罗马尼亚，这些地方的多语种和受过良好教育的劳动力都是可得的（UNCTAD，2004）。比如，在保加利亚的案例中，有趣的是，除了劳动力技能之外，它们认为自己的竞争优势还在于它们比竞争者更接近于"西方商业心态"，比如印度的竞争者。[1] 这表明在对超出最明显差异（例如区域口音，现在一些呼叫中心运营商已经鼓励对口音进行掩饰）的数字服务的传递过程中会涉及一些制度距离的问题。区位因素确实是一家印度外包企业——HCL 技术公司所进行的"逆向"投资的强大推动力，在 2001 年该投资的进行是为了购买并经营北爱尔兰贝尔法斯特的一家前英国电信呼叫中心。[2]

□ 16. 2. 2　与顾客间的前向联系

一些概述

　　MNE 子公司与其业务客户之间建立的联系可能同样会影响到后者的竞争力和创新能力。该影响取决于以下两点：（1）子公司所生产的产出；（2）这些产出中由外部购买者购买而非子公司用于进一步增值活动的比例。正如后向一体化的情形，这些影响在国家间、部门间以及公司间会不同，而且其会随着时间而变化。

　　尽管内部化交易和外部交易的成本和收益的本质可能不同，但前向联系与后向联系的一些原因是相同的，尤其是对于进行"生产还是购买"决策的公司。比如，对于市场的信心和对质量控制的维持是大多数此类前向联系一体化的主要动机。此外，虽然不论何时何地，只要这样做是有利可图的，MNE 通常就会销售其制成品，但是当下游增值活动的质量和价格对公司的声誉至关重要时，它们可能会希望拥有

　　[1]　"Why location matters to outsourcers"，*International Herald Tribune*，September 9 - 10，2006，www. int. com.

　　[2]　"Indian operator taps skills of loyal Belfast workforce"，*Financial Times*，October 5，2004，www. ft. com.

自己的批发和零售网点。明显的例子包括销售和售后服务、维护以及修理设备的区位和所有权。

跨国子公司与其客户可能会形成多种前向联系，在文献中经常讨论的是以下几种：

(1) 诸如农业综合经营、石油精炼和金属生产等主要增值活动的二次加工。

(2) 与技术复杂产品的行业购买者建立的联系（例如，当有关机械和设备的使用和维护的建议在影响对购买者而言的产品价值方面很重要时）。

(3) 与营销网点建立的联系，比如在子公司需要提供有关产品技术特征、销售方法、软件和服务要求的信息和说明书的营销网点。例子包括汽车、家用电器和农业机械。

事实上，尽管有许多关于跨国子公司与其客户间形成的联系的类型的轶事证据，但几乎没有实质性的研究工作是有关这方面的，或者是有关这种联系在多大程度上是 MNE 独有的。一个例外是在矿产品和农产品的二次加工方面，这稍后会简要进行讨论。第 4 章和第 6 章举例说明了为何出口企业试图建立自己的营销和分销网络。的确，一个制造商前向一体化进入零售销售和售后服务的最早案例是胜家缝纫机公司的案例，其做出这一举动是由于其对于独立零售商能够向客户提供胜家认为其应得的服务这一点没有信心（Davies，1969）。

关于美国公司以何种方式帮助客户充分使用它们的产品，Dunning（1958）提供了其他几个例子。他引用了英国制鞋机械公司的例子，该公司在 1920 年建立了一个鞋厂组织部门来向其产品客户提供关于机械布局的建议和生产控制系统的说明（出处同上：268）。同时他也发现，与其竞争者相比，美国子公司更倾向于为客户及客户的员工提供培训设施。在汽车行业，福特汽车公司曾帮助引进新的服务技术并提升其经销商的效率（出处同上：270）。

现在有许多偶然证据会支持这样一个命题，即外国子公司会与其行业用户保持紧密联系。我们已经表明，在某些情况中，尤其是在汽车和电子行业，母公司的零部件供应商——更不用说其他服务业公司——会关注其海外客户。随后，其会获得由子公司和本地公司共同占有的当地经济体中所创造的额外增加值。[1] 然而，得出结论认为这些联系仅仅是源于供应公司的外国特性是不明智的，虽然在一定程度上确实是这样。外来 FDI 的优势之一是其会带来在世界其他地方已成功实施的管理和组织实践、激励体系及生产流程。正如我们之前已经强调的，至少在发达国家中规模更大、更有效率的本土公司应该意识到与这些联系相关的竞争优势。特别是在工业化国家中，外国子公司的竞争者的本身就是国际化的公司。然而这些零碎的证据确实说明，通过帮助提升中间消费者和最终消费者的下游活动的标准，国外公司会获得良好的声誉。此外，这可能部分是由于它们习惯于其母国中的这种标准，部分是由于它们认为通过提升行业采购者的产出的质量，它们可以为其自身创造新的 O 优势。通常来说，日本汽车和电子公司对于欧美的下游质量控制的重视就证实了这种

---

① 当然，这假设外国企业的产出不能替代本土企业的产出。然而，即使是这样，附加价值也可以通过外国子公司供应商的高生产率而被创造。

战略的意义。[①]

随着制造业中外包和"模块化"的日益增加，对与制成品（包括售后服务及升级的多种形式）相关的服务因素的重视也日益增加（Phillips 等，1999）。同时，许多以前由制造商进行的维护和修复功能现在可能转为外包，为本地企业创造了更多机会。虽然一些与产品相关的服务可能通过网络进行提供，但在其他情况下本地实体的存在是有必要的。尤其在奢侈品行业（虽然不完全是），为顾客提供"体验"的欲望鼓励公司投资于自己的商店（Pine 和 Gilmore，1999）。除了提供零售空间，商店还可以作为收集反馈的渠道，其与网络方式一起来收集客户信息，从而使企业能够深入了解本地市场偏好并对现有产品服务提出改善意见（Barua 等，2001；Selden 和 MacMillan，2006）。

加工活动中的前向联系

初级部门的 MNE 所形成的前向联系会扩展本地增值链。因此，由外国子公司推动的石油提纯能力的发展可能会使（下游的）石化行业成为可能，该行业的产出可能由其他随着石油精炼公司而产生的外国子公司提供，或由石油精炼厂自身提供，或依靠与本地供应商形成的新的联系来提供。

下游加工活动在多大程度上会跟随上游活动的 FDI 取决于国家配置、行业布局及企业特性。许多发展中国家宣称，在非再生资源和农业部门，MNE 非但没有帮助推动二次加工活动的发展，反而对其产生了阻碍。这是由于 MNE 发现在母国进行这些加工的边际成本少于在东道国进行加工的成本加上或减去运输原材料和制成品所带来的跨境成本中的任何差额。尽管后者的成本可能会随着产出增加而减少，但在不熟悉的环境中进行生产的成本和生产调整准备成本（如当地劳动者的培训）对 MNE 来说可能是难以承受的。

在这种情况下，有许多证据表明了矿产和农业部门的外国子公司在多大程度上参与或促进当地的加工活动。例如，20 世纪 70 年代早期，仅有约三分之一的在发展中国家开采的非燃料矿产是在这些国家进行加工的（Bossom 和 Varon，1977）。然而，1975 年，全世界开采的铜矿中约 39.2% 来自发展中国家，这些国家的提纯能力仅占 19.2%（UNCTC，1978）。一年之后，世界前六大矾土/铝 MNE 在发展中国家的开采量平均而言占 42.2%，但由这些发展中国家提供的原铝生产仅占 6.3%（UNCTC，1981b）。在秘鲁的采矿业中，由于其教育和技术的改善，当地企业有能力参与到诸如发电设备安装、技术提供和可行性研究等项目。结果，在 1998 年超过半数的采矿业所使用的产品和服务都能够从本地获得（UNCTAD，2001：138）。

由发展中国家进行的原材料和农产品的二次加工的数量是与特定产品和国家高度相关的。巴西、印度尼西亚、泰国和津巴布韦这几个大的发展中国家主要进行烟草加工，橡胶加工主要在马来西亚、印度和尼日利亚进行，泰国和肯尼亚同时拥有外资和本土的菠萝罐头加工厂。几个较大的发展中国家已设立了 R&D 机构，以此提升种植技术并开发适应当地种植条件的种子的新品种。近几年的例子包括肯尼亚在农业、园艺业部门中的研究上（由 MNE 和本地公司进行）的投资和百事在印度

---

① 有一些证据（Dunning，1986b）表明日本子公司的确比英国竞争对手向它们的工业用户和客户提供了更多的技术咨询和信息。通常，所有权优势是短暂的，因为它们可以很容易被竞争对手复制。

进行的对红辣椒品种的投资（出处同上：145）。一般来说，MNE 相关的加工子公司的产出或是在国内/国际市场进行拍卖，或是依据合同卖给日益主导食品分销的大型跨国零售商，同样也是在发展中国家（FAO，2005）。

MNE 的前向一体化的程度变化部分反映了个体公司的战略。这一战略包括在初级产品加工中利用范围经济的欲望，对大量资本渗入高风险国家的规避及对投入要素和生产系统的采购上的最大灵活性的维持。另外，任何运输成本的节约——至少对于原材料和矿产品这类在生产过程中会减轻重量的产品——以及能源和人力成本的减少的重要性通常不会超过东道国的制度支持、技术能力及基础（尤其是交通）设施的缺乏，还有这样一个事实，即许多下游价值活动的消费者通常是在发达国家或者在大型工业化城市，尤其是中国。

然而，真正的问题是凭借它们的企业特定优势，MNE 可以在多大程度上比本土企业更好地促进当地增值活动。同样，在本土企业不存在的地方，当这样做是符合东道国的长期经济利益时，外国子公司或许会如何被激励去发展下游活动呢？这里的相关证据是很复杂的。在发达国家（如加拿大、澳大利亚、德国和英国），外国公司的存在和刺激总体上促进了诸如石化、制药、汽车和电子零配件等行业的出现和成长。在一些发展中国家，像菲律宾、马来西亚、泰国、印度尼西亚、喀麦隆和刚果，鱼类、热带水果、棕榈油、烟草和木材的加工延续了初级生产。占据主导地位的电解铝公司已经在牙买加建立了铝土矿（氧化铝）和磷酸盐加工厂。相比之下，由于较高的相关投资和最终产品相对较低的运输成本，石油巨头并不是很愿意在发展中国家建立石化工厂。但沙特阿拉伯是个例外，在这里许多 MNE 石油公司（包括那些来自韩国和中国台湾的公司）与 SABIC 公司——一家当地企业——成立合资企业以生产大量的石油化学产品和热塑性塑料（Oman，1989）。

在其他的非可再生资源是由当地公司或国有企业独占的国家中，MNE 帮助其开创次级加工设备。通常这些发展都涉及政府协助。在一些情况中，这一点已经被明智地给出，例如当其伴随着合适的培训项目和优势"集群"的建立时。在其他情况中，政府协助并未达到预期的效果，仅仅是因为不具备成功的加工所必需的制度性基础设施和"创造的"要素禀赋。

在采矿业中，我们可以指出在创造前向联系中成功和失败的案例。在南非，采矿、矿产加工和能源行业之间的广泛的相互关系已经建立起来了，其中金属的产出占矿产业产出的 15%。在国内外投资者对加工生产能力的投资的支持下，20 世纪 90 年代，南非从单一大宗商品出口国转变成了矿物加工品（如钢铁、铝、钛合金）的主要出口国。进一步地，南非公司也发展了以知识为基础的活动的能力，例如技术发展和诸如凿井、吊装、深井降温等专业领域的咨询（UNCTAD，2007）。

相比之下，几内亚拥有丰富的矿产储量和水力资源，且拥有的铝土矿在世界铝土矿总量中占据很大份额，但其国内的矿山大多被当作飞地进行运营。主要公司彼此间几乎没有什么合作，它们从国外获取必要的资本投入，并在国内提供大部分必需的服务。然而，有一些迹象表明该情况在将来或许会发生变化，因为作为几内亚的主要外国投资者并与政府合作经营的美铝公司，已与该国关于在当地发展大型铝精炼业基本达成一致意见（出处同上）。

跨国公司与全球经济（第二版）

从历史情况来看，正如第 6 章所表明的，投资初级产品部门的 MNE 的主要 O 优势之一是其所偏好的进入金融和外国市场的方式。从很大程度上来说，MNE 仍掌控可再生资源和非可再生资源的国际市场营销和分销渠道。实际上，这也给予了它们对初级产品的下游活动区位选择的控制权（例如，香蕉的包装和催熟、锡的冶炼和硬木加工）。在一些情况下，这有利于资源生产国；而在另一些情况下，MNE 在供应链中作为中间购买者的主导地位使它们得以维持其已建立的加工和分销渠道。由于缺少当地的技术能力，或者甚至缺少吸收进口技术的能力，当地加工商很难顺利进入市场。正如在美国东南部的原木生产商的例子，所取得的成功都是由于形成了生产商或出口商之间的联系，而这些联系提供了针对大型国际购买者的某种程度的抗衡力量（McKern，1993）。

□ 16.2.3　对当地供应商生产力的影响

与由于其供应商购买的产出的质量而导致的跨国子公司可能对供应商造成的任何影响同样重要的是子公司对于产出质量的提升以及产出提供效率的贡献。的确，当外国子公司的活动替代了其本土竞争者的活动时，这一影响则可能是其主要影响。做出以下预期是完全合理的，即至少有一些 MNE 的 O 优势与其对最新产品和生产技术和/或原材料及零部件采购的了解是有关的。这些知识是可以转移给其外国子公司的，并给予其在面对本土生产者时的一个竞争优势。专栏 16.1 列举了当地企业在与 MNE 子公司的联系中可获得的不同种类的利益。

专栏 16.1

联系利益的类型

除了作为技术转移的一个来源，例如通过许可证（见第 11 章），以及通过提供专业教育和培训（见第 13 章），我们可以确定采购或"主导"企业（由外资或本国所有）可能会与其供应商形成的 8 种主要的联系类型：

（1）信息联系　这些包括在区域或全球市场的特征及趋势、未来投资意向、东道国政府制度和政策、机器原料零部件的国外供应商等方面的信息交流。同时 MNE 母公司也可能会为供应商提供其与当地企业在其他国家建立联系时所取得的经验的相关信息（也可以参见（5））。

（2）技术援助　这包括在以下这些方面所给予或得到的帮助，如创新、产品设计、专利产品规格、R&D 实验室的设计和布局、生产设备和办公室、工具作业、质量控制、劳工培训、存货管理、机器维持、程序的检查和检测，等等。可能也包括提供（使用的）机器和专用工具以及设备。

（3）财务援助　这或许包括对分包商风险资本的可偿还贷款或让步性出资、付款条件、授权、机器设备再融资、特别价格协定、在进入外国资本市场和投资担保计划方面的援助，以及为当地供应商访问总公司的母国同一级别的供应商提供财务帮助。

（4）采购援助　与（1）中提到的不同，此处涉及的是帮助供应商以竞争性价格来采购资本设备、原材料和其他中间产品。在一些情况下，子公司的供应商可能会获得来自母公司的供应商的直接帮助。

（5）区位　这包括给予潜在的供应商（特别是国外的供应商）在新工厂和现有企业的区位决策方面的建议。

（6）管理和组织援助　这包括在许多财务、会计和管理控制程序方面提供的帮助，以及在如何改变组织结构和流程以满足全球消费者的需求方面提供帮助，包括获取诸如质量标准的证书。

（7）定价援助　这包括关于产品成

本的技术性建议；以及为决定价格而确立的订约和议价过程。

（8）其他援助　这包括帮助供应商在公开市场上对第三方进行的销售；在出口到市场方面的帮助，这对 MNE 来说是比较常见的；关于多样化战略、与外国供应商交易的建议；等等。

除此之外，可能需要加入第 9 个协助，即制度协助，在该援助中投资公司帮助提供和/或优化激励体系和执行机制，其反过来影响当地合作者在多大程度上可以更好地有效利用所提供的其他形式的协助并从中获益。

资料来源：Lall, 1980b；UNCTC, 1987；Halbach, 1989；UNCTAD, 2001。

在一个完美运转的中间产品市场中，企业没有必要建立之前所描述的任何种类的联系。然而，在市场失灵的现实世界中，企业面临多种多样的交易成本，这些可以通过与供应商达成许多正式或非正式的合作协议来最好地对其进行规避。这些协议的具体形式可能是情境特定的，其内容、范围和期限也可能会变化。在一种极端情形下，正如许多东亚 MNE 的情形所表明的，供应商实际上被看作是采购公司家族的成员之一。在另一种极端情况下，两者之间的关系被局限于一个正式且明确的双方之间的协议，该协议详细说明了所供给的产品的规格和其供给的期限。

很自然地，有关东道国利益的主要问题就是，在多大程度上外国子公司可以比本地公司更好地克服由供应商协议造成的垂直市场失灵——无论它们是否参与了与外国企业签订的一些形式的合约协议。这方面的证据是混杂的。一方面，MNE 与其他国家（包括其母国）的供应商之间可能拥有的现有联系或许会使它们更不倾向于建立新的联系，尤其是当建立这些联系的初始交易成本很高时。另一方面，MNE 可能会乐于接受其采购战略的多元化。正如我们已经看到的，MNE 确实拥有知识、信息和财力以提升其供应商的产品和生产方法的质量，或使其与能这样做的企业产生联系。当本地供应能力的提升对于采购公司的竞争力至关重要时，以及当外部协议被认为优于进口产品或内部化生产时，MNE 会向公司付款以投入资源，从而提升其供应商的效率。

Dunning（1958），Brash（1966）和 Safarian（1966）关于美国子公司在英国、澳大利亚和加拿大制造业的早期研究都指出，它们都存在着大量专栏 16.1 中提到的联系，尤其是第（1）、（2）、（4）、（6）、（8）项。在大多数情况下，这些都会伴随着供应商的优势而起作用，但有一些担忧仍然存在。这里引述这些研究最早的结论，这些研究是基于对美国子公司的 45 家中间产品的英国供应商的访谈：

> 在 45 家为我们提供信息的零部件和原材料供应商中，有 14 家认为没有必要对美国子公司与它们的任何英国客户进行区分。

然而大多数供应商注意到了这种差异。其中 16 家认为美国子公司的采购的完整性在某些方面符合它们的最终利益，而有 10 家认为过多的不必严格的和不切实际的要求是由其造成的。29 家认为以物质形态、制造或加工方法以及机械设计等形式存在的利益已经被取得，而且它们中有一半认为一些处于考虑阶段的知识已经被应用于其他方面。28 家认为美国公司的需求刺激了新知识的应用，现在许多公司从这些知识中获得利益，如英国企业；26 家供应商已经参观过它们的同行，或其美国客户的母公司，且它们中的 7 家供应商随后签署了许可证协议（Dunning，1958：224）。

至今，已有许多其他的调查都回应并拓展了这一发现，特别是 Reuber（1973）、Halbach（1989）和 JETRO（1990）的调查。尽管全球经济环境和 MNE 战略都出现了变化，但这些研究成果在半个世纪后仍是具有重要意义的。然而，更多近期的研究揭示后向联系和前向联系的程度和形式可能会随着以下几个因素的变化而变化：a) 投资的性质和形式（Lall，1978；UNCTAD，2001）；b) 投资公司的规模、国籍和竞争力（Gonçalves，1986；Kotabe 和 Omura，1989）；c) 投资流入的东道国；d) 产品性质和子公司的增值阶段（Dunning，1986b；UNCTAD，2005c）；e) 其运营年限和经验；f) 供应商的数量和特征；g) 子公司的母公司的全球采购战略。

从历史上看，有大量证据表明跨国加工公司在为诸如菠萝、香蕉、烟草、茶叶和咖啡豆等种植作物的供应商以及参与诸如乳制品、蔬菜、家禽和猪肉等的合同生产协议的供应商提供信息、建议和信贷方面发挥重要作用（Oman，1989；UNCTC，1987）。这些指导和信息已经扩展到了种植技术、新农作物或品种的引入、质量标准的建立和解释，甚至还有对土地和最小化作物毁坏损失的收获时间的选择。财务帮助包括对种子和籽苗的资本投入、资本设备的贷款和提供信贷以雇用人工进行清理、灌溉和排水。

如今，进入主要零售商或跨国食品加工公司的分销链需要具备达到标准的能力，这些标准不仅包括产品的物理特征，还包括多种安全考虑。除了关于产品本身的标准，MNE 的供应商还需达到有关质量和环境管理实践的标准，如 ISO 9000/14000 或劳工标准认证。例如，1994 年雀巢在中国启动了一个供应商开发项目，这一项目包括为当地供应商提供信息、技术援助和临时的财务支持使其能够达到质量和安全要求。到 1997 年，当地供应商几乎满足了所有关于农产品、乳制品以及包装材料的需求。同时，雀巢也启动了一个项目以帮助当地咖啡豆种植者进行产品升级（UNCTAD，2001：141）。

在出口导向型制造业中，有许多证据是有关技术转移和包括培训项目在内的供应商援助（第 11 章和第 13 章提到过）。例如，在肯尼亚，有近期的一些证据表明外国制造业子公司在食品、饮料、机械和工程行业参与了大量的人力资源提升的活动（Gachino，2006a）。[①] 在马来西亚的由 MNE 主导的电力行业中也是如此。Monge

---

① Gachino（2006b）提供了一个有趣的分析，是关于在肯尼亚的 FDI 的影响，它将生产率溢出效应的宏观分析与 MNE 子公司和本土企业之间的各种类型的联动的微观调查相结合。

（2004）提供了与英特尔在哥斯达黎加的投资相联系的供应商网络的发展方面的一些证据，而 Rasiah（2004b）探究了 MNE 子公司对当地公司的生产力和出口倾向的影响，尤其关注于肯尼亚、南非、乌干达、印度尼西亚、马来西亚和巴西等国的本土人力资源和技术能力所扮演的角色。

目前为止很少有证据可以说明当地公司从 MNE 服务活动的离岸外包中获益的程度。不过，也没有理由去假设 MNE 对提供培训、帮助当地合作伙伴提高其供给的服务质量这些方面丝毫没有兴趣。如今，由诸如 Oracle 和 SAP 这样的公司为人力资源管理、客户关系和组织工作而提供的标准化软件平台的广泛应用推动了离岸商务活动的当代潮流（Dossani 和 Kenney，2006）。未来，在诸如医疗、法律和金融等行业的更高附加值的服务活动变得越来越具有流动性，保证其质量和一致性的需求可能会变得更加关键，并要求 MNE 和当地合作者间有更多而非更少的协调。

在班加罗尔的软件集聚的例子中，越来越多的证据表明当地公司已经沿着价值链向上转移，但这在多大程度上是由于在教育和当地企业上进行投资所带来的，而非是因为特定 MNE 的影响，仍是有待讨论的（Patibandla 和 Petersen，2002）。根据 Khanna 和 Palepu（2004）的研究，获得进入全球产品和人才市场的机会在使印孚瑟斯成为印度优质公司治理的基准中扮演着驱动器的角色，尽管这些标准传播到其他印度公司受到了限制。

Zhou 和 Xin（2003）对北京中关村 ICT 产业集聚的研究也发现了同样的效应，中关村内坐落着 39 所大学和 213 家研究机构。作者表明，与英特尔、微软、思科、太阳科技等外国投资者的协作推动了这些处在集群中的本地公司的发展。此外，这些外国投资公司帮助当地企业在其平台上发展应用程序、培训本地工程师和终端用户。一些 MNE 也在北京建立了 R&D 中心，尽管这些中心与当地企业有着相对较少的联系。

最后总结一下，本节大部分关注于 MNE 对于其与子公司的东道国中的供应商之间所形成的联系的影响。然而，对于采购公司的竞争力来说，在母国的类似联系的创造和维持可能同样重要。当然，这并不是 MNE 特有的问题。不过，正是由于 MNE 的采购战略通常比其单一国同行有着更多灵活性，因而相关产业和支持产业的竞争力有可能对这些公司的区位决策起到更大的决定性作用。

外部性联系存在的经济学证明

前面章节讨论的基于调查的证据对于记录东道国所形成的联系的范围和类型是十分有用的，除此之外，越来越多的经济学研究通过运用大量公司层面的数据来估计 MNE 联系对当地企业生产率的影响。这些研究多数以新古典经济学理论为基础，倾向于采用一个联动效应的比较狭义的定义。这一效应通常被认为是随着需求的增加而产生的，或者由需求增加和竞争加剧的结合而产生。学习效应被假定是由本地公司的生产率水平所反映。从方法学上看，这些研究与下一章将要讨论的溢出有许多相似性。

在 Hirschman（1958）开创性研究的基础上，此脉络上的许多实证贡献是基于 Rodriguez-Clare（1996）模型的理论分析，这一模型试图解释来自发达国家的 MNE 或许会在发展中东道国经济体中产生联系的情况。逐步增长的对中间产品的需求就是对在此模型中所运用的后向联系的解释。通过增加对中间投入品的需求，有证据表明，MNE 帮助引入了更多种类的专业化投入；并且在此过程中，随着效率的提高，对其他最终产品生产者产生了许多积极的外部效应。[①] 因此，在此模型中，前向联系是后向联系的创造所产生的一个可能的产物。用户接近于供应商对于这些投入的使用是非常关键的，同时假定供应市场的规模决定了专业化投入品的可获得的种类。专业化投入品被假定是非贸易的，但母国的 MNE 可在公司内部转移此类投入品，也可以为位于发展中国家的生产工厂提供所需的总部服务。

因此，MNE 的联系潜力与母国专业化投入品的种类是相关的，也与跨境运输和对东道国采购起决定性作用的其他成本有关。当 MNE 所生产的产品密集地使用中间投入品时，或当成本在空间上是高度相关的时，或母国与东道国提供的中间产品的种类差异不大时，联系的潜力被预期是最高的。这个概念性模型的一个含义是具有较低联系潜力的 MNE 更可能将增值活动定位于 LDC（最不发达国家），而具有较高联系潜力的公司则不太可能这样做。这是因为被欠发达地区所吸引的公司并不依赖于品种繁多的当地投入。然而，来自更发达国家的投资产生积极的联动效应的可能性较小这一假设需要一些条件，如这一模型假设在母国市场上可获得的产品种类是对东道国市场产品种类的替代，但情况不必总是如此。

参考 Rodriguez-Clare 模型，Smarzynska Javorcik（2004b）所进行的实证分析发现了强有力的关于通过与立陶宛国内供应商之间的后向联系而实现的 FDI 的溢出效应的证据。作者运用了 1996—2000 年间公司层面的大型面板数据，将对产出的产业内（水平的）影响和产业间（垂直的）影响进行了区分。其主要结论是 MNE 子公司的产业内的后向联系会展现正的溢出，而这种溢出是需求增加的结果。这一点对于国内供应商和外资供应商来说都是真实的，同时无论是在供应行业或被供应的行业中，这一效应都不仅仅是不断增加的集中度的反映。当该样本被分为持多数股权的子公司和持少数股权的子公司时，基本结论保持不变，但当与部分出资子公司相比时，全资子公司没有表现出溢出效应。[②]

用以评价 MNE 的进入的联系效应的另一个有益尝试是 Markusen 和 Venables（1999）的三步骤模型。在此模型中，学者们首先确定了一个竞争效应，即假设外国 MNE 比国内最终产品生产商更有效率，导致市场价格降低和一些国内厂商退出市场。第二，该模型假设 MNE 的存在创造了对中间产品的额外需求，在不完全竞争行业中这种需求导致了成本的降低和利润的增加，从而导致了中间产品市场的进入。对中间产品市场的进入引起了第三个效应，即中间产品市场价格的下降。这一假设有利于客户公司，客户公司既可以是国内公司，也可以是 MNE。因此，在此模型中，一家 MNE 的进入会导致国内中间产品生产商和国内最终产品生产商的进入。

Görg 和 Strobl（2002）在其关于爱尔兰公司的研究中应用了 Markusen 和 Venables 的模型，他们运用了来自爱尔兰工业发展委员会（Forfás）1974—1995 年的工厂层面的数据。他们通过引入国内工厂总进入率和国内工厂净进入率构建了联动效

---

① 模型假定 MNE 活动的发生以可能建立联动的其他活动为代价。这在没有剩余劳动力的国家是适当的，但不一定适用于发展中国家。

② 遗憾的是，在她的样本中，不能将收购和绿地投资进行区分。

应的模型，这两个比率是行业增长率、最低有效规模、行业大小、厂商平均存活时间和外国 MNE 存在的函数。他们发现这种效应的存在对于本地公司进入相同部门有着显著的正效应。尽管产业间效应的结果并不是稳健的，但其表明在下游行业，或许也存在对本地公司的进入的正效应。他们也认为正是由于 MNE 子公司在爱尔兰许多工业部门中占有主导地位，以及其强烈的出口导向，产品市场上的置换效应或竞争效应才不可能是非常重要的。

然而，在这个例子和很多其他例子中，虽然理论模型关注联动效应，但实证规范分析不能够区分联动效应和溢出效应，因为在多大程度上本地公司通过股权、合约或其他方式与 MNE 子公司建立联系是未知的。为了获得一个更加直接的度量，Driffield 等（2002，2004）运用英国的投入—产出表来确定外国 MNE 和本地购买者及供应商之间的联动程度。与大多数其他研究相反，他们发现，当外国制造商向本地公司销售产品而不是从本地公司采购投入品时，外部性是最为明显的。特别地，当本地公司在外国参与度高的行业内进行购买时，他们发现结果非常显著，但该行业中的 MNE 和本地公司处于不同的地理区域。他们也发现当本地公司从同一部门中具有较高外国参与度的不同行业进行购买时，效应也很显著，虽然这些结果对该模型的具体形式十分敏感。

16.3　MNE 活动的溢出效应

□ 16.3.1　一些一般说明

现在，我们将注意力从联动效应转向 MNE 活动的另一个间接效应，其包含对于不与 MNE 或其子公司相联系的本地公司的溢出效应。由于这些本地企业不大可能得到由入境投资者引起的需求增加而带来的货币外部性，那么产生的最显著的效应可能是由与它们的无意识的知识转移和它们引起的直接竞争效应相联系的非货币外部性导致的。

除了溢出效应以外，MNE 活动最广为人知的效应可能就是对其所处的某一行业（或战略集团）竞争地位的影响，以及对个体竞争公司绩效的影响。第一个方面已经从行业创新能力（第 12 章）和市场结构（第 15 章）的视角讨论过。倘若本地企业和支持机构之间存在着激烈竞争（或潜在竞争），那么外来国际投资可能会激发创新能力，并促进东道国的一个有益于动态比较优势提升的市场结构的形成。

如果没有这类竞争和一个合适的制度性基础设施，外来投资不仅会导致更强的产业集聚，而且一旦竞争性本土公司因不正当商业手段被驱逐时，其会造成产业创新能力的削减。后一种情形尤其可能出现在规模较小的和/或欠发达工业经济体中，这些经济体中投资公司意识到其全球利益是由母国 R&D 活动的集中而驱动的（UNCTAD，2005c）。然而，即使在这些例子中，外国公司的存在仍是一种优于任何替代性方案的解决方式。这在很大程度上取决于这些公司的动机和战略行动是否会因动态竞争或垄断力量而改变。

□ 16.3.2　本土公司是如何被影响的?

外资企业进入特定工业部门对该部门中已有的制造商的影响首先取决于该部门的已有特质。这些特质包括:

(1) 成员公司的数量、大小和国籍;

(2) 其产出的构成及所供应的市场的地理和特性;

(3) 其创新能力;

(4) 其现有的和潜在的经济表现;[①]

(5) 创业精神和激励结构;

(6) 对行业的市场预期及现有企业是否在产能过剩的情况下进行经营;

(7) 行业在多大程度上被保护以免于竞争(如进口管制、补贴等)。

反过来,以上每一个变量都会被行业所在的东道国的特征所影响。

第二,这一影响取决于相对于本地生产商而言的外国公司 O 优势的性质和程度,以及投资企业的产品当前是否是被进口的和在什么情况下被进口。明显地,MNE 所具备的可以有效地转移到国外子公司并发展的 O 优势越大,对竞争者的潜在影响就越大。但是,这些优势的本质——例如,这些优势是由更有效的激励引起的,或是由对无形资产的占有引起的,或是由跨境活动的协调和整合引起的——可能仍然是相关的。正如前面章节所表明的,这些优势可能是特定于国家、行业和企业的。

第三,该影响取决于 FDI 存在的原因和其进入东道国的形式。例如,资产累积型 FDI 可能不被认为会像资产利用型绿地投资一样对东道国产生有利的溢出效应。对技术先进的和增长迅速的部门中一个或两个大型垄断厂商的收购,相比于在传统衰退行业内建立新企业、并购较小或相对不重要的供应商,会对该行业中的其他企业产生非常不同的竞争性影响。与全资子公司相比,合资企业或战略联盟的形成对未参与合资的竞争对手的活动有着不同的影响。同样地,外国子公司成为相关企业网络或集聚的一部分的程度会影响知识和制度实践的溢出效应。

本书经常出现的主题之一就是,当投资公司的(包括那些来自其多国性的)O 优势最显著,以及具备这些优势的企业认为 FDI 是其受到保护或实现进步的最好形式时,外来直接投资对东道国经济体的影响最明显。这些 O 优势的本质在前面章节中已详细叙述。这里所出现的问题是,通过什么方法以及在什么情况下,这些优势可能会促使其本地竞争者作出积极响应并最终提升部门的竞争地位?

竞争者或潜在竞争者的积极响应被预先假定为能够改善经济绩效的一种能力和意愿。前者依赖于它们现有的创新能力、生产能力和市场营销能力及其人力资源的能力。而后者主要依赖于其制度质量、企业家精神、劳动力的态度和(鉴于外国公司的存在)未来的战略重点。明显地,根据先前所确认的特征,行业中企业之间的反应也会有所不同。确定的是,对于外来投资的一种反应——特别是当外国子公司

---

① 例如,正如所示的那样,通过它们的盈利能力、生产率和市场份额。

的 O 优势源于其属于更大或有着更强地理多元性的组织时——会最终导致并购或与一个或多个竞争者的竞争性协议。

在其他情况下，对专利的保护会阻止当地公司生产与外国（或者，就此而言，国内的）竞争者相同的产品。相反地，依靠逆向工程（或其在服务部门中的等价物）和源于其自身 R&D 的知识，一个公司不得不试图开发一种替代品或进入一个完全不同的细分市场。

当然，国内企业或它们所在的行业，可能在技术上远落后于其国外同行企业，如果单靠它们自己，它们很难积极地或建设性地做出反应。这就是我们在第 12 章中所讨论的技术差距的论点。[①] 巨大的技术差距可为本地公司带来潜在收益，因为它们在逐步接近技术前沿（追赶效应的观点）。同时，巨大的差距使得本地公司由于缺乏吸收能力而很难追赶（技术积累的观点）。这种情况尤其可能出现在正处于工业化进程的发展中国家中，对它们来说有三种选择。一是与外国竞争者签署某种合作协议或技术服务协议。二是试图从本国政府寻求帮助，或减少生产、交易成本，或是保护或扩大市场。三是本地企业接受在该行业中减少产出份额，或者一起退出市场。

事实上，本地企业的反应会随着国家、行业和公司的特定情况而变化。当本地企业已经和外国公司展开竞争，而且在外国子公司所享有的优势还不那么独特，以至于难以获得、复制和创造时，本地企业最可能对国外子公司的出现做出积极的反应。这就揭示了一种鼓励本地企业创新和跨境 M&A 战略的市场结构和竞争环境。相反地，当本地企业没有太多明显的竞争优势，或以前未曾与 MNE 进行竞争时；当它们不能或不愿意与其他公司达成联盟时；当 MNE 竞争者的优势源于规模经济和地理范围经济时，除了本身也成为 MNE 外，本地企业通常不可能有效地与入境投资者开展竞争。

然而，正如前面章节所述，当商品和服务需要根据当地市场需求和资源能力调整时，以及当需求和能力是特别异质的时，本地企业或许能够与外商投资者抗衡。在这样的情况下，外来 FDI 最可能的结果就是刺激本地企业提升资源、能力、激励结构并采取更加激进的市场战略。服务行业的案例包括：在几个发展中的和转型的经济体中，商业服务质量、酒店住宿质量和快餐店的改善；广告、市场调查公司和猎头公司在西欧国家的扩展（西欧曾经是美资企业所独有的范围）。在制造业中，FDI 的主要的竞争激励因素之一就是新产品以及更有效的生产方式和组织方式的引入。确实，最终竞争压力使得它们修正和改善产品类别，减少生产和/或交易成本，引入新的营销和分销方式，这才是 MNE 活动在境内最有意义的积极影响。

□ 16.3.3　关于测量的若干问题

在第 15 章中，我们回顾了证实 MNE 和本地企业间的正向的生产率差距，以及 MNE 的进入对东道国平均生产率产生的最终的积极影响的实证证据。这一小节中，我们的注意力集中在一个相关但是单独的问题上，即外国子公司的任何生产率优势

[①]　例如，16.3.5 节回顾了 Blomstrom 和 Kokko（1998），Sjoholm（1999），Castellani 和 Zanfei（2003）以及各种对技术差距的影响的研究。

向本地企业溢出的程度。

然而，由于溢出不能直接测量，这就对研究者提出了巨大的实证困难。在实践中，学者们将可得的劳动生产率变化、出口市场份额增长等数据作为研究溢出效应的间接指标。近几年的许多著作集中于尝试探究溢出效应对本地企业生产率的影响。这些研究有三个共同的方法论上的关注点。第一个来自于难以精确测量 TFP 的所有组成部分。这不是研究溢出效应时独有的，然而最终选择了劳动生产率作为其代理变量。第二个是对溢出效应的研究已被局限于投资公司所处的行业，因此忽略了大量的产业间溢出效应。第三个是分析对样本选择的敏感性，比如包含小微企业，或从事出口的企业，或近期新创企业在多大程度上会影响最终结果。实证证据表明，上述的几项都会显著地影响溢出效应的形式和内容。

更一般地，在任何关于溢出效应的研究中，界定研究中的行业部门、地理区域和时间期限所使用的综合水平对结果有着重要影响。在综合水平较高的情况下，由于一家公司处于更广泛的网络中，溢出效应更容易找到，但该好处同时也伴随着由平均化所带来的问题，因为正向和负向影响相抵消的可能性会随着综合水平的提升而增加。出于数据方面的考虑，产业间溢出经常会被排除在外，因为估算这一数据需要使用相关产业间的投入和产出。同样的顾虑使得学者将研究限制在对本地溢出效应而非地区间的溢出效应的分析上，尽管产业间和区域间的溢出效应都有着潜在的重要性。数据的时间维度使得研究者不仅可以研究其对生产率水平的效应，也可以研究其对生产率变化的效应，以及其对一次性的调整或连续升级的效应。在某种程度上，为应对外国入境投资而出现的国内企业生产率的变化可能是一次性的调整而非连续的过程，因而为了避免在时间维度内出现另一个平均化的问题，这一研究同样需要能够解释 MNE 的进入的时间选择问题。

除了测量和样本选择问题，同样存在着一个归因的问题。只有当其他已知效应（诸如由于不断增加的竞争或联系而导致的效应）都已经被解释的情况下，对溢出效应的评估才是可信的。如果溢出效应被当作一种剩余来测量，即生产率中未被解释的增加部分，那么这种可能出现的溢出是源于通过联动效应而进行的故意转移，或者实际上是源于为应对竞争压力而做出的越来越多的努力所导致的更好的绩效。[①] 虽然这些因素在实证研究中很难把握，但如果不将其考虑在内，那么对生产率改善的原因的理解将是不正确的。

考虑到不同阶段的分析中这些因素的可能组合，实证研究中所揭示的关于 MNE 活动所产生的溢出效应的混杂证据就不足为奇了。确实如此，现在还不完全清楚为什么有人预期最初会存在普遍的溢出效应。以大学为例，顶级大学通常不会简单地使任何进入校园的人都变得优秀。虽然学术质量和个体热情所带来的外部性会明显地影响其他个体，但这一般需要包括协同工作和/或其他形式的常规接触。同样地，很难有理由去预期处于 MNE 子公司活动范围内的本地公司会自动从其存在中获得利益。与此同时，与其子公司或子公司所处的网络建立的各种形式的联系的本地公司，都会明显地出现绩效的改善。然而，即使在后续的例子中，这种净效应也只是

---

① 正如 Haskel 等（2002）所指出的，纯粹的溢出效应所产生的福利影响与竞争效应相比会截然不同，前者是帕累托改进，后者把财富从辛苦工作的员工转移至股东和客户。

略微正向的，但非附属的本地公司会从不断加剧的竞争中受到相当多的负面影响。

生产率的提升涉及一次性的调整还是连续的过程，这都取决于来源和接收方。如果 MNE 子公司愿意且能够（在其能力范围内）向东道国引入新的技术创新或管理流程，其就没有理由不会引起几个回合的积极的生产率调整。然而，如果 MNE 不能在一个持续的基础上引入此类改进，本地公司所得到的生产率收益将会随时间的推移有所下降。我们将表明，哪种本地企业最有可能受益于 MNE 的溢出效应，要知道这一问题的答案，需要先回答哪种本地企业最有可能与 MNE 形成一些类型的联系。[①]

□ 16.3.4　生产率溢出的早期计量经济学证据

早期试图度量外来直接投资对本地企业的生产率影响的研究包括 Caves（1974b）对澳大利亚的研究，Globerman（1979）对加拿大的研究，Blomström（1986，1989）对墨西哥的研究，以及 Haddad 和 Harrison（1993）对摩洛哥的研究。以上每个研究都假设这些溢出效应会通过以下几个方面激励竞争企业的生产率或绩效：

（1）增强竞争；

（2）强化人力资本（通过更多和/或更好的人力和管理培训，和/或从外资子公司中获得这些资源）；

（3）加快资源和能力的跨境转移——包括组织技术。

更特别地，他们假设，如果一个产业的国内企业的生产率水平和该产业中的外国公司的份额在统计上呈正相关，那么外来直接投资或许被认为是能提升生产率的力量。[②] 进一步的假设是，随着时间的推移，本土企业生产率和外资企业生产率趋于一致。

由于数据的限制，关于加拿大、澳大利亚和墨西哥的研究将劳动生产率或劳动生产率变化作为被解释变量。只有摩洛哥的研究使用 TFP 数据。不同研究中获得的数据所覆盖的行业数量是不同的：澳大利亚的研究运用了 22 个，加拿大的研究使用了 49 个，墨西哥的研究使用了 215 个，摩洛哥的研究使用了 18 个。然后，这些变量被用于对许多解释变量进行回归，这些变量被假设会影响生产率，包括外资企业的存在。其包括：

（1）资本密集度；

（2）劳动力质量；

（3）行业集中度；

（4）规模经济程度。

这些代表性研究的一致意见是，特定行业中外资企业的存在（以本地劳动力或产出份额来衡量）与该行业劳动生产率有着正向联系。这一联系在 Blomström 的研

---

① 例如，参见 Scott-Kennel 和 Giroud（Giroud 和 Scott-Kennel，2006；Scott-Kennel，2007）近年来的实证和理论工作，力图明确区分联动带来的有利影响和归因于溢出效应的那些有利影响。

② 然而，作者，尤其是 Blomstrom（1986，1989）承认，由于外国企业倾向于在高科技和市场营销密集型行业集聚，因果关系可能会以相反的方式进行。

究中得到了最强有力的证明。在 Haddad 和 Harrison 的研究中，他们发现在有着大量外国企业存在的行业中，外资企业和本土企业生产率的差距较小。他们同样认为外来投资对本土企业生产率的主要影响在于其产生的更显著的竞争，而非所转移的新技术或管理实践。

然而，这些研究都仅仅处理产业内外部性，且都只是集中于溢出效率的单一指标的可能影响。例如，他们没有关注产业的长期竞争力，而这种竞争力可能受外国子公司帮助提升当地技术能力或促进制度革新的程度的影响。此外，这些研究只运用了横截面数据。在理想的情况下，比较公司中一组对另一组的影响，应该对因变量进行滞后处理（即外资的进入在"t"期，而后比较国内厂商在"$t+1$"期或者另一个合适的滞后期的效率）。作为对此方法的替代，摩洛哥的研究试图估计外国企业在其参与的行业中影响该行业生产率增长的程度。然而，关于这一假设，作者发现了一些适度的但统计上无关紧要的证据，他们很难将这一现象归因于源于外来投资的动态外部性。

□ 16.3.5　有关生产率溢出的最新计量经济学证据

自 20 世纪 90 年代以来，针对由 MNE 进驻发达国家和发展中国家引起的生产率溢出效应的实证研究大量涌现，在过去的十年间，已有一些优秀的文献陆续发表（Blomström 和 Kokko，1998；Lipsey，2002b；Barba Navaretti 和 Venables，2004）。[①] 早期关于生产率溢出的代表性研究都强调解释由于 FDI 倾向于聚集到生产率水平较高的行业而导致的行业特定效应的重要性。相比之下，近年来的实证研究在分析生产率溢出时则强调使用纵向数据。实际上，Görg 和 Strobl（2001）所作的元研究表明，虽然早期对产业或企业层面的代表性研究得出了 FDI 溢出效应为正的结论，但是最新的基于企业或工厂层面的面板数据的研究则得出了 FDI 溢出效应为负或不显著的结论。

随着近年来通过国家工业调查获得的企业或工厂层面数据的质量的上升，研究焦点也逐渐由截面数据向面板数据转变。不过，近年来的研究除了揭示由内生性、幸存者偏见等原因导致的方法论上的新问题之外，还发现研究结果对于样本构成的差异也相当敏感。在下面几个小节中，我们回顾了一些最新的实证研究，这些研究首先考察了与 MNE 在发达国家和发展中国家的活动相联系的生产率溢出效应，再者考察了一些其他的溢出。除了呈现研究结果之外，我们还特别关注这些研究所强调的方法论问题；因此，以下小节相对于之前的论述而言更具有技术上的意义。

发达东道国经济体的生产率溢出

可以这样认为，由于爱尔兰政府采取了鼓励本土企业与 MNE 子公司建立合作关系的制度、政策和一些特别的措施，所以爱尔兰可以被看作是一个通过吸引外资获得正向生产率溢出效应的例子。Ruane 和 Uğur（2005）对这一现象进行了实证研究，他们从工业产值统计中得到了较为完整的面板数据，这一样本数据覆盖了

---

① 同样可参见 Moran 等（2005）关于 FDI 对发展的溢出效应、联动和增长的相关文献所做的整理。

1991—1997 年间所有三人及三人以上参与的工业企业。他们使用传统方法，分别在两位数、三位数和四位数的行业水平上对劳动生产率进行了评估，发现没有证据表明外国企业的存在所导致的溢出效应；聚合水平上的研究结果也没有差异。他们还尝试把外资参与作为会随着时间变化的当地就业的一部分而非就业的绝对水平进行实验；但这仍然没有从实质上改变研究结果。他们认为这些令人惊讶的发现反映了这样一个事实，尽管爱尔兰政府承认有必要建立并维持本土企业与 MNE 间的联系，但是二者之间的生产率依然存在较大的差距。他们认为这种差距的存在使得二者之间联系的建立变得困难甚至不可能，同时也导致爱尔兰更加依赖来自境外 MNE 的进口。

不过，还有另外一种可能的解释，它基于这样一个事实，即溢出效应的测算对样本构成会比较敏感。虽然通常情况下数据覆盖面越广越好，但如果溢出效应并非是凭空生成的，而是源于联系，那么并非每一个本国企业预期都有同样的机会获得溢出效应。因此，一个全面的样本就会包括大量超小型公司，它们不存在任何实际的与 MNE 子公司产生联系的可能性，或者是从中获得溢出效应的可能性。[①] 如果是这样的话，对于所有正向和负向效应的简单平均就很有可能掩盖样本中可以证明存在正向溢出效应的证据。解决这一问题的一个可能方法是将与 MNE 建立了不同类型的联系的本国企业（即买卖关系或者技术合作关系）的生产率变化与那些没有与MNE 建立联系的企业进行比较。更理想的情况是将与国内 MNE 建立联系的企业和与国外 MNE 建立联系的企业进行区分。

另一个由于 MNE 的进入和制度改变而引起了当地企业的竞争环境发生明显变化的国家是西班牙。Barrios 和 Strobl（2002）分析了西班牙在 1986 年加入欧共体后全要素生产率的溢出效应。为了区分与 MNE 进入无关的变化，作者运用了集中度变化（赫芬达尔指数）和企业在国外市场中的风险（通过行业销售额衡量的进口和出口值）作为变量。他们的样本虽然仅包含 22% 的西班牙制造业的就业数据，却几乎涵盖了所有拥有超过 200 名员工的制造业公司。它还包括了 1990—1998 年间具有代表性的小型制造业企业。

他们发现当对行业特定的效应进行控制时，外国子公司的存在所带来的溢出效应为正。添加度量经济开放度的变量并不改变这一结论，但是添加一个度量集中度的变量使境外溢出效应变量变得不显著。这表明 MNE 可能会被吸引到集中度更高的市场，以及/或者企业生产率更高的地区。在进一步的分析中，作者运用虚拟变量将样本分为进行 R&D 的企业和从事出口的企业。他们假定这些企业同其他企业相比更有可能具备吸收能力去获取溢出效应，最终，他们没有发现在进行 R&D 的企业中存在溢出效应，但他们确实发现在出口企业中存在正的溢出效应。

相比之下，Dimelis（2005）的一个研究使用了来自综合制造业目录的数据，研究发现在 1992—1997 年间的希腊，从外资参与中获得的正向劳动生产率溢出效应依赖于当地企业的技术能力。Dimelis 和 Louri（2004）使用了相同的数据，他们也发

---

① 这篇文献中包含了能够支持这一结论的一些证据，其中，作者引用了另一个能够证明爱尔兰内部存在正向溢出效应的研究，这一研究使用了来自 Forfás 的企业数据，包括 1 300 家本地企业，这些企业比原始样本中使用的 3 800 家本地企业规模更大，也更具有生产力。

现在 1997 年这一溢出效应对于与境外合作伙伴有少数合资的小型企业而言是正的。然而，当 Barrios 等（2004）建立可比较的数据集来衡量爱尔兰、西班牙和希腊三国劳动生产率的溢出效应时，他们发现只有爱尔兰和西班牙存在正的溢出效应。在随后的研究中，依据公司规模而确定的分界点的数值稍微变得更高，并且外资参与也仅限于持有多数股权的合资企业。这再次表明，研究的结果对于样本构成相当敏感。

在一个对 1987—1991 年间 MNE 的进入对于美国制造业 TFP 影响的研究中，Chung（2001）认为在总体层面上，MNE 的进入对国内生产率几乎没有影响。然而，他还发现，这种影响可能会随着 MNE 子公司经营所在国的市场结构的变化而变化。在几乎不存在竞争的情况下，比如说，当价格标价很高时，净效应为正值，也就是说，会发生技术溢出效应。反之，当竞争水平较高时，技术转移就不会发生。

与许多早期的研究相比，Keller 和 Yeaple（2003）运用统计数据研究发现：在控制竞争和时间因素（经济周期）的影响时，FDI 所产生的溢出效应可以解释 1987—1996 年间美国制造业生产率提高的 14%。他们还发现不同行业之间劳动生产率的提高和溢出效应存在相当大的差距，而高科技行业主导可以解释大部分的生产率提高。在研究中，他们用给定行业中的外资就业占比来更好地衡量了 MNE 的参与度，这也是他们认为溢出效应估计值得以提高的原因。然而，与尝试用 MNE 子公司的主营业务额来衡量就业占比的早期研究不同的是，Keller 和 Yeaple 将子公司内部参与特定活动的员工数量汇总到行业层面来衡量外资就业占比。事实上，他们发现，如果运用传统方法对 MNE 参与度进行度量，溢出效应就消失了。[①]

在近年来的一个关于英国制造业生产率溢出效应的研究中，学者们使用了企业层面的年度商业调查受访者数据库（ARD）的数据，Haskel 等（2002）发现，在 1973—1992 年间，行业（而不是地区）中的国内全要素生产率和外资就业占比间存在显著的正相关关系。他们的研究结果表明外资进入每增长 10%，国内工厂的生产率就会提高 0.5%。Oulton（2001）同样运用 ARD 中 1973—1993 年间的数据，发现英国境内的美国制造业公司的生产率提高了 20% 之多，这主要归功于更高的资本密集度和更高的劳动力质量（白领占比增加以及更高的工资）。[②]

在企业层面，Girma 等（2001）研究了 MNE 和本土企业之间的生产率差距以及在多大程度上溢出效应是显著的。他们选用了 1991—1996 年间英国制造业企业和外国制造业企业的近 4 000 个面板数据，并且所有的数据都选自同一个数据源。他们将分析样本限定于本土企业与国外子公司，以避免国内 MNE 的母公司与其海外子公司之间的比较，因为他们认为这样的比较可能会产生误导。[③]

总而言之，他们的研究证实，美国 MNE 子公司的生产率最高，而日资企业的劳动生产率虽然较高，但它们的全要素生产率却比本土企业低。研究者们发现没有证据表明因为外国企业的存在（通过外国就业占比来衡量）会引起本土企业一般工

---

① 这个研究也将进口作为溢出效应的渠道加以分析，但是没有发现显著的结果。

② 结果于 1993 年测量，根据模型设定，这个范围在 9%～20% 之间。

③ 他们同样将分析对象限制在该期间没有经过所有权变更的企业，也消除了那些附加值和工资水平排名在前 5% 和后 5% 的企业。

资水平或生产率的溢出效应，或其对生产率和工资增长的任何影响。① 然而，他们的确发现，随着更高水平的进口竞争和人力资本密集度，FDI 对于国内企业生产率的影响已经增加。这一影响对于劳动生产率和总生产率而言几乎是相同的，这就表明资本生产率的溢出效应可以忽略不计。技术差距较小的企业可以从溢出效应中获益，而一些处在技术密集型行业和高度国际竞争行业中的企业即使存在较大的技术差距也同样能够受益于溢出效应。企业之间正负溢出效应的抵消导致从总体层面上来看不存在任何溢出效应。

为了进一步分析吸收能力的重要性，Girma（2005）也选用了类似的英国制造业企业的样本数据，结果表明可能存在一个最小和最大的吸收能力水平，超出这个水平范围之外时，FDI 的生产率溢出效应就不会存在。② 他发现生产率溢出效应是地区性的，并且当 FDI 被用于从事资产利用型投资活动而非知识寻求型活动时（比如说，行业 R&D 更多集中于东道国而非母国），溢出效应更容易发生。此外，他还发现绝大多数技术开发部门中的企业的吸收能力处在两个临界值之间，并且这些企业表明能够从外资的存在中获得最大收益。相比之下，在技术采购部门中，只存在一个临界值，其中有 30% 的企业低于这一临界值，并且外资参与带来的影响也是负的。

最后，Liu 等（2000）使用 1991—1995 年间来自 48 个制造业部门的产业层面数据，发现在英国，MNE 子公司的存在会对本地企业产生正向的生产率溢出效应，而当地企业会给子公司带来正的逆向溢出效应。③ 因为通常认为在英国境内的外国投资者比本土企业更有效率，所以我们也就预期任何生产率溢出都将是从外国企业流到本土企业，而非反向流动。然而，MNE 并不需要在各个方面都优于本土企业。举例来说，MNE 在产生技术溢出的同时也吸收了当地市场和供应商的有用信息。如果那些拥有但通常不与国内其他企业分享的特定优势的企业能够与 MNE 建立联系，那么经济的外部性就很有可能是双向流动的。当外资企业在一个陌生的经济环境中开展生产活动时这种情况就更有可能发生。而总的溢出效应将是这两种效应的结合：一种是当地供应商受益于来自 MNE 子公司的技术转让和技术溢出，另一种是当地公司为 MNE 带来的溢出效应。此外，也有可能只有一家供应商收益较大，换句话说，在一个群体中，一些供应商企业更有可能受益于来自 MNE 的溢出效应，而另外一些企业则主要作为 MNE 溢出效应的来源。

发展中东道国经济体的生产率溢出效应

在发展中国家，关于生产率溢出效应的研究主要集中于技术差距和本土企业吸收能力所扮演的角色，以及多数股权和少数股权的子公司之间的差异。具体而言，它假定外国子公司的多数所有权可能会使 MNE 或其子公司将技术市场完全内部化，也就几乎不存在对当地的溢出效应，但外国子公司的少数所有权会使其与本地企业建立更具生产效率的联系，溢出效应也会因此增加。但同时也应该认识到的是，对

---

① 这里，技术差距被定义为本土企业的全要素生产率和行业中 90% 企业全要素生产率的平均水平之间的差异，技术水平用技术工人就业和非技术工人就业之比衡量，竞争水平用进口渗透指数衡量。

② 这项研究使用了两阶段分析，其中吸收能力的阈值是估计得到的，而不是由研究者自己决定的，因为后者会使得高差距企业与低差距企业之间的技术差距产生主观的差别。

③ Hubert 和 Pain（2001）从产业层面出发进行了分析，他们使用了 1983—1992 年间 15 个制造业部门本土企业的面板数据，发现 FDI 能够为本土企业的劳动生产率的提高带来产业内和产业间的正向溢出效应。

于拥有多数股权的子公司的技术转移的类型相比于对于拥有少数股权的子公司的技术转移的类型，前者可能更接近于 MNE 的技术核心，因此后者的技术溢出效应的可能性就有可能减少。

Kokko（1994）运用了 1970 年墨西哥企业层面的截面数据来分析外国企业和本土企业生产率差距的影响。[①] 他根据高生产率和低生产率将企业分成了不同的组别，发现生产率差距本身并不是获取溢出效应的重要决定因素，但是在引入产业集中度（赫芬达尔指数）之后，当生产率差距小时，产业集中可以提高当地的生产率，而当差距较大时却降低了生产率。当生产率差距和外资就业占比同时都较大时，其就会对生产率造成显著的负向溢出效应，正如人们预期在外国子公司的飞地生产中会出现的情形一样。[②]

Kokko 等（1996）使用另一组企业层面的截面数据，这组数据反映了 1988 年乌拉圭制造业一半的销售情况和雇佣情况，他发现外国工厂在整个行业总产出中所占的份额并没有对当地生产率产生影响。然而，当技术差距很小时，外资参与的溢出效应是正的，但是当差距很大时，溢出效应并不存在。劳动力质量和专有技术的使用上的差异对于技术差距较小的企业而言是造成生产率差异的另一重要的决定因素，但对于存在大的技术差距的企业而言却并不是这样。此外，技术差距的大小与某一特定行业无关，因为几乎所有的工厂都会出现在高技术差距和低技术差距的行业中，其表明正是企业层面的因素（例如吸收能力）才最有可能影响溢出效应的程度和范围。

在一个相关的研究中，Kokko 等（2001）使用一组 1988 年更大的样本数据去考察 1973 年前进入乌拉圭的 MNE，即实行内向型进口替代政策期间进入的 MNE，与实行更加外向型的政策和贸易自由化期间进入的 MNE 之间生产率溢出的差异。他们发现前者的生产率溢出效应为正，后者则为负。作者还考察了国内公司开始出口产品是否与外资进入有关。这些结果与早期的研究相反，早期研究认为在 1973 年之后外资进入对国内企业出口的可能性有正向的影响，尤其是对于其所处区域之外的出口。出口溢出效应主要发生在 1973 年之后建立的乌拉圭企业中。

基于对 1991 年印度尼西亚 16 494 家公司的截面数据研究，Blomström 和 Sjöholm（1999）发现，MNE 子公司比本土企业具有更高的生产率水平。用劳动生产率来衡量的溢出效应与外资参与呈正相关，但是来自拥有多数和少数股权的企业间的溢出效应的程度上的差异并不明显。在进一步检验中，作者检验了出口导向型和国内导向型的企业之间是否存在差异，因为前者会面临来自全球市场的竞争。结果表明，正面的溢出效应仅限于出口导向型企业，这就表明至少有一部分生产率的提高是本土企业对于竞争加剧所做出的反应。[③]

在中国台湾，Chuang 和 Lin（1999）基于 1991 年工业和商业普查的 8 846 家企

---

① 因为本土企业会使用不同的技术、有不同的要素集聚，或者还在同一产业内部生产与外国企业不同的商品，所以会产生不同的生产率差距。见第 15 章。

② 因为 FDI 的溢出效应与无形技术有关，所以外资的参与程度并不会影响本土企业的平均资本密集度。

③ Takii（2005）利用印度尼西亚 1990—1995 年间工厂层面的数据发现有正的生产率溢出效应，但该效应比那些外资拥有大部分所有权的企业来说更小。而且当本土企业和外资企业之间存在较大的技术差距时，溢出效应会更小或者为负。

业的截面数据研究发现，平均而言，外资公司与国内同行相比拥有更高的劳动生产率、技术效率、资本密集度、生产规模、更多的技术工人和出口份额以及更高的R&D强度。出口企业与其他国内企业相比有更高的生产率，拥有更高的R&D强度和较低的资本密集度。这项研究通过从行业层面的外资就业占比对FDI进行衡量，研究揭示存在来自FDI的正向溢出效应；当控制市场集中度和市场开放的变量时，这一结论依然不变。

最初使用企业层面的面板数据进行的研究可以追溯到Haddad和Harrison (1993) 对于1985—1989年摩洛哥制造业的研究。他们发现，平均而言，MNE比本土企业拥有更高的全要素生产率，但是它们生产率增长的比率却较低。作者认为，虽然外资参与行业降低了本土企业与外资企业的生产率差距，但是外资参与和本土企业生产率水平增长之间并不存在显著的相关关系。此外，外来直接投资可以为企业的生产率带来一次性增长。

Aitken和Harrison (1999) 基于对员工数量超过50人的工业企业以及1976—1989年间委内瑞拉所有小企业的调查获得的样本数据发现，合资企业中外资股权参与对本地合作伙伴的生产率有正向影响，但是对于小企业而言这种影响并不明显。这就表明，MNE会投资于经济体中规模更大、生产率更高的企业。相比之下，以本土企业的TFP作为衡量，外资参与对单纯的本土企业的全要素生产率的影响是负面的。进一步的证据表明，外来FDI份额的增加实际上会导致国内产出的下降。

在印度，Kathuria (2002) 研究了经济改革是否提高了本土企业的生产率以及在更加自由的体制下，FDI的生产率溢出效应是否存在。研究样本包括在孟买股票交易所上市的487家企业，其中的116家企业的外资参股率高达25%及以上。在经济自由化之后的1990—1996年间，所有印度工业企业的生产率都得到了提高，但是提高最为显著的是外资企业。外资参与对于国内企业的总体影响是负的，但是不同行业的本地企业确实可以从外资企业的知识溢出中获益，只要它们能够具备充足的技术吸收能力。这与1990年之前的时代形成了一个鲜明的对比，那时只有科技推动型行业中的企业才可以获得正的收益。

Wei和Liu (2006) 进行了一个规模更加庞大的研究，他们选取了中国境内10 000多家本土企业和外资企业[①]作为研究样本，发现存在三种可能的溢出渠道，分别是R&D、出口和FDI，并用七种不同的指标衡量了外资参与程度（资本、就业、销售、产出、R&D、就业加权资产、销售额加权资产）。这项研究也考虑到了产业内和产业间的溢出效应以及区域效应。Wei和Liu发现不同地区之间并不存在FDI引起的产业内的生产率溢出效应，但是在地区内部的不同产业之间却存在正的溢出效应。他们还发现，来自OECD成员国的外国投资者与来自中国香港、中国澳门和中国台湾的投资者相比，具有更高的产业间溢出效应，但是二者产业内溢出效应却是相同的。

在过去的十年间，因为纵向的企业层面和工厂层面数据集已经可以获得，学者们可以更进一步地研究发达国家和发展中国家中由MNE的进入所带来的生产率的

① 外资企业是那些股权参与程度高于25%的企业。

溢出效应。当地企业的吸收能力似乎扮演着很重要的角色，众多实证研究结果表明，溢出效应的最大受益者是发展中国家那些参与出口的大型本土企业。然而，它们的实践与另外一些本土企业也形成了一定的对比，这些企业或是通过参股或是通过签订合约与 MNE 的本地子公司建立联系。在所有的本土企业中，这些企业都是溢出效应的最大获益者，它们除了享受需求增加所带来的收益之外，还可能通过培训和技术转移收益。

其他类型的溢出效应

除了对生产率溢出效应的研究外，一些学者还关注了其他类型的外部效应，比如外资参与对本土企业（没有与 MNE 发生联系的企业）总销售额、出口或工资水平的影响。[1] 例如，Patibandla 和 Petersen（2002）对于印度软件产业发展的研究表明，确实存在由 MNE 的参与（以销售额来衡量）带来的溢出效应，并且这些溢出效应来自于与当地企业的后向联系。Lipsey 和 Sjöholm（2004a）基于 1996 年印度尼西亚制造业的一组大样本数据研究发现，在 2 位数的产业水平上，MNE 的存在对于本地经济体会有一个正向的工资溢出效应。在一个较低的综合水平下，当地工资的增加是比较小的，但始终是一个正值，并且对于白领员工而言会较大。

出口的溢出效应，即当地企业开始出口或者出口更多产品的动因，是另外一种可能由外来 FDI 引发的外部效应。[2] 由于出口包括固定成本，出口方面的研究文献表明企业是自主选择成为出口商的，出口商比非出口商拥有更高的劳动生产率，当然它们这一更高的生产率是先于它们的出口决定的。[3] 因此，MNE 对于出口的影响有两种方式。第一种是 MNE 可以提高本土企业的劳动生产率，最终让大多数本土企业扩大出口。第二种是在提高劳动生产率之外，MNE 会引导本土企业去发现商业契机，从而扩大出口。

在墨西哥，Aitken 等（1997）发现，与 MNE 子公司的地理位置相近的墨西哥企业更有可能选择出口。相比之下，与本土出口企业相邻的墨西哥企业并没有受到这种影响。在英国，Greenaway 等（2004）建立了一个企业出口决定（出口倾向）与出口占比（出口强度）之间的两阶段模型。[4] 他们的研究控制了东道国的出口结构，因为外资企业会更多地集中于出口导向型部门。他们发现当国内市场存在 MNE 时，本土企业成为出口商的可能性会提高，无论衡量 MNE 参与的指标是 R&D 支出，还是外资企业的出口份额，又或者是就业份额。然而，外资企业的出口份额似乎没有影响本土企业的出口强度。作者还声称，在影响当地企业的出口倾向方面，竞争所带来的影响远比溢出效应所带来的影响更加重要。

逆向溢出效应

最后，一些学者用衡量 MNE 对东道国溢出效应的方法来评估所谓的逆向溢出

---

[1] 当然，工资和销售额或者出口增长都有可能与效率提高有关。

[2] 这与那些将出口（或者进口，或者 FDI）作为知识获取渠道不同，因为它们可能会产生溢出效应，使得本地其他企业的生产率得到提高。例如，参见 Wei 和 Liu（2006）的研究。

[3] 较高的出口水平是否会导致生产率的提高依然是一个尚未解决的问题，即使我们可以找到一些支持这一结论的证据。

[4] 这个方法避免了只专注于研究那些已经从事出口的企业而造成的选择性偏差。

效应，这种逆向效应是外国子公司在东道国经济体中所获得的。[①]

除了我们在上文中讨论过的 Liu 等（2000）的研究，Driffield 和 Love（2003）考察了英国企业中存在的逆向溢出效应。在他们的研究中，生产率溢出效应用附加值来衡量，并且他们认为这一溢出效应源于本土企业的资本投资程度（而不是它们的产出额和就业量）。作者认为这种类型的溢出效应将与 MNE 的资本累积型投资相一致；因此，这种外部性更有可能出现在技术密集型行业中。事实上，他们的研究结果证实，在高 R&D 行业，MNE 获得的逆向产业内溢出效应是正的，高 R&D 行业内的外资企业受益于集聚经济（以区域集中度来衡量）。[②] 相比之下，在低 R&D 领域，几乎没有溢出效应和集聚效应。干中学（以滞后生产率来衡量）对于研究密集度较低的行业比较重要，但对于研究整个密集型行业来说却并不重要。

当然，逆向溢出效应的研究代表了对资本累积型投资研究的一部分。[③] 在一定程度上，MNE 支付了它们所找寻的知识、资源和市场的全部价格，尤其是在企业 M&A 的情况下，这并不是溢出效应的一个理由。然而，在某种程度上，MNE 不论是通过与当地企业建立合作关系，还是扩充那些"可被感知"的知识，以获取有关当地市场环境、生产和供应方法的有用信息，都会导致逆向溢出效应的出现。尤其是当新兴市场中 MNE 扩张活动增加时，这种联系就更加密切。但其他时候它也会发生，例如，当大型零售商打算在处于金字塔底部的低收入市场中建立分销渠道时（Prahalad 和 Hammond，2002；UNCTAD，2006）。重要的是，逆向溢出效应确实有可能直接导致 R&D 的国际化，也同样有可能刺激 MNE 努力去开发世界各地的知识集群（Doz 等，2001；UNCTAD，2005c）。本地知识溢出的重要性将在本章的最后一部分进一步讨论。

□ 16.3.6　一些政策考虑

回到图 16.1，尽管对于知识溢出效应的研究吸引了大量关注，但没有理由去先验性地认为溢出效应是外来 FDI 对本地企业产生的最重要的影响。事实上，除非竞争效应得到解释，并且联系关系的程度被清楚地认识到，否则本地企业生产率的提高都有可能被错误地归因于 MNE 的进入所带来的溢出效应。同时，对于知识溢出的关注也是可以理解的，因为它们是众所周知的"免费午餐"——得到有用的东西，但是无需付出补偿。

从 MNE 子公司向当地经济体溢出的知识有可能是从母公司转移到子公司，也有可能是子公司凭借自身的创新努力在其所处的经济体中产生的。我们认为，许多知识可能是故意被转移到本地企业，而不仅仅是知识溢出。这样的关系类似于一种买卖关系，在这种关系中，各种加工或产品相关的知识被交换，或者也可以说成是

---

① 在第 12 章讨论的逆向溢出效应颠倒了考虑的区位，即将研究重点放在母国的溢出效应，而不是东道国的溢出效应。这里讨论的逆向溢出效应发生在东道国内，但是从本土企业流向 MNE，而不是反过来流动。像这样流向东道国外国子公司的溢出效应很可能发生在流向 MNE 的母国之前。

② 区域集中度系数是一个考虑产业层面区位商数变动的系数，它与第 11 章中讨论的 RTA 方法相似。

③ 参见第 9 章和第 11 章中 MNE 的知识寻求型投资。同样可参考 Ivarsson 和 Jonsson（2003）对于资产寻求型投资的分析，他们的研究基于 2000 年瑞典 287 个多数控股的企业样本。

一种技术合作关系。毫无疑问，除了知识的有管制的转移之外，一些有用的信息也还是会发生溢出。然而，证据似乎表明最有可能受益于这种溢出效应的本土企业是那些已经与 MNE 建立联系的企业，因为它们更有可能具备必要的吸收能力（Giroud 和 Scott-Kennel，2006；Scott-Kennel，2007）。除了这样的关系之外，生产性知识的溢出也可以通过示范效应、逆向工程以及劳动力市场交易来实现，但是溢出程度的大小可能会受到限制，因为 MNE 会试图保护自身所拥有的知识，又或者是因为本土企业没有能力利用好这些不经意的知识溢出。

从某种意义上说，对于本土企业而言，无形资产（以及制度）是通过蓄意转移获得还是通过偶然的溢出获得似乎并不重要，但从政策角度而言对二者进行区别却是十分重要的。如果要制定一个提高本土企业生产率的政策措施，竞争效应、联动效应以及溢出效应这三者间的区别就成为一个非常重要的考虑因素。如果潜在的溢出效应主要源于某些未定因素，就既需要鼓励外来 FDI 的进入，又需要加强本地企业的吸收溢出的能力（参见第 11 章）。正向的溢出效应常见于那些有发达且高效制度的经济体中，这一事实似乎为这种情况提供了支持。另一方面，如果溢出效应实际上主要是由本土企业与 MNE 之间的联系引起的，那么帮助提高前者与后者建立联系的努力似乎更加合适。哥斯达黎加成功地通过 FDI 来带动经济发展的例子就支持了这种观点（Moran，2002）。

事实上，这两种方式并不矛盾，因为提高本土企业的吸收能力肯定会使本土企业成为 MNE 合作伙伴的最佳候选者。然而，为了给政策建议提供一个坚实的理论基础，除了需要更多基于具体行业和具体案例的研究（就像 16.2 节中的那样），我们相信，区分那些由于本土企业与 MNE 刻意建立生产联系而获得的生产率的提升和源于更一般的溢出效应的生产率的提升，对于实证研究而言是一个关键挑战。

16.4 经济活动的集聚

☐ 16.4.1 引言

在第 5 章，我们从 OLI 范式的区位组成的角度讨论了 FDI 区位选择的主要决定因素。在本节中，我们将通过简要回顾那些研究国家间和国家内部 MNE 活动集聚的文献来扩展讨论。我们特别关注的是知识密集型活动的集聚，以及 R&D 和创新活动的地理位置，尤其是那些 MNE 在其中同时承担技术开发与增加本地集群知识基础角色的活动。

正如我们在第 8 章中所讨论的，MNE 子公司会提高那些使 MNE 以知识为基础的资产和机构资产存量得到增加的能力。历史上，企业与市场外组织（例如大学和研究中心）的协同发展促进了隐性知识传播渠道的发展的地区更容易吸引子公司的进入。[①]

---

① 隐性知识不能被简单地定义或者转化，因此需要有外资的参与。

正如我们在第 11 章中所讨论的，企业 R&D 的国际化曾被预言会发生在 MNE 子公司和本土企业以及研究机构和其他组织的联动中，直接或者间接地导致了 MNE 子公司的收购以及从东道国区位吸收新知识和能力。尽管这种逆向知识转移是资本累积型 FDI 存在的理由，但它在市场寻求型投资中也十分重要，因为有关当地偏好以及其他类型的信息可能会通过 MNE 网络得到共享。

政治家 Anthony McGrew（1992:23）声称，全球化特征可以被定义为"构成当今世界的国家和社会之间的多重联系和相互作用"。[①] 根据这种观点，世界经济在越来越全球化的同时越来越关注于本地集群，这一看似矛盾的趋势却并不是一个悖论。全球化和本土化是一个硬币的两面；它们是互补的而不是彼此替代的。它们都是国家或国家的各个区域中跨境关联和比较经济优势中必不可少的一部分（Dunning，1997a；Dunning 等，2007）。

对于对经济增长和重构的进程感兴趣的学者而言，MNE 与本土企业之间的联系以及增值活动的动态化本地集群都是理解全球经济运作中需要做出努力的重点。[②] 类似地，根据一些知名学者所言，地区、机构以及企业的动机和行为的复杂系统组成了有关 IB 战略的未来研究的基础（Ricart 等，2004）。知识寻求型 FDI 的增长，特别是一些种类的资产寻求型 M&A 以及越来越多的对 MNE 处在不同的制度环境和知识集群下而获得逆向溢出效应的关注，都是区位因素在全球经济中持续发挥重要作用的表现（Dunning，2006b）。

然而，在讨论地理方面的知识溢出效应之前，我们希望简要回顾一下构成 MNE 活动在特定地区的集聚以及本地集群自我强化特性的基础。

□ 16.4.2 MNE 区位选择和集聚

对地理空间中经济活动集聚的研究有着很长的学术渊源，我们可以追溯到 Marshall（1920）和 Adam Smith（1776）定义的有关工业区位的概念。[③] 除了那些地理学家和城市科学家们做出的大量贡献之外，Krugman（1991，1993，1998）的一些有关经济地理和大城市角色的有影响力的研究，Porter（1990，1998，2003）关于经济活动集群化对区域竞争力的作用的研究，还有 Dunning 在 MNE 理论中对于区位因素重要性的研究，都已经引起了人们对跨境经济活动过程中区位因素的研究的兴趣。

尽管全球化可以消除一些由固定区位带来的劣势，并促进形成一个更有效的增

---

① Jones（2004）指出在第一次全球经济中，世界整体的外资存量与世界产出之比在 1914 年达到了 9% 的顶峰。这一水平在 1997 年之前没有再达到过，因此 Jones 定义了"第二次全球经济"，认为其是在 20 世纪 70 年代开始形成。第一次全球经济和第二次全球经济的差别是分散的经济活动之间的关联程度的不同，以及部分经济体的经济决策和活动对另一部分经济体产生显著影响的可能性。Dunning（2006c）也发现了 19/20 和 20/21 全球化之间类似的差别。

② 例如，基于美国州层面的数据，Porter（2003）发现美国 172 个经济区域（参照 BEA 的定义）的表现受到地区集群程度的影响，尤其是受到所谓的"贸易集群"的影响，即受到较高的工资水平和就业水平的影响。

③ 与许多现有文献不同，Smith 的分析同时考虑了部门间和部门内贸易、国际贸易，正如 Ozawa（2000）所指出的。

值活动地理分布形态，但原则上所有企业都能从中获益，这些利益本身并不倾向于被 MNE 所获得。相比之下，在某些地区中，企业不仅与它们的供应商和客户有着重要的联系，而且在区域或集群内与其他公司或研究机构共享信息，由此带来的好处已经成为"黏性空间"（Markusen，1996）。[①] 进入这些区域或集群可以帮助 MNE 构建独一无二的竞争力，这种竞争力可以通过使用企业特有资源来改变地区内部资源而获得，以及整合企业内部的分散知识而获得。[②]

传统的区位理论主要关注公司希望同时实现跨境及其他运输成本最小化和规模经济的需求。尽管这些模型可以解释大多数市场寻求型和资源寻求型 MNE 活动的区位决定，但是对于效率寻求型和资本累积型的 MNE 活动的解释需要进行一些调整。特别地，经典区位模型中的运输成本可以更好地解释为与转移诸如知识和制度实践的无形资产相关的通信成本。

将协同定位（以及溢出效应）的重要性纳入区位选择模型之后，便产生了三大类影响 MNE 投资区位的因素。这些因素在经济学文献中被描述为禀赋效应、集聚效应和政策驱动效应。禀赋效应来自于贸易理论，解释了为什么经济活动会被自然而然地吸引到特定区位中。在这个实例中，禀赋效应主要指的是自然资源的作用，如农业生产条件（例如，在葡萄酒行业）、矿产资源或石油存量，或者廉价的电力资源（如 19 世纪早期铝生产商将企业重新建造在尼亚加拉大瀑布旁的大型水电设施附近）。当然其也可以包括大量低成本的劳动力资源。然而，需要注意的是，禀赋也包括后天创造的禀赋，正是这些禀赋构成了多数发达经济体竞争能力的基础（见第 4 章中对 L 因素的讨论）。

在某种程度上，对于一个特定资源的开发并不局限于单个企业（比如在矿物特许权的案例中），企业均会定位于接近资源的地理范围内，因而最终它们也是彼此接近的。协同定位总是有好处的，直到出现了由拥堵和过度开采造成的不经济。这种不经济可能包括哄抬不可再生资源的价格、污染和资源的过度消耗。[③] 此外，特定行业中的最小有效规模（最终是市场结构）将会限制行业内潜在竞争者的数量，这些潜在竞争者通常可以通过重新定位来获取同样的自然资源。如果最小有效规模非常大，那么在某个区域内部就只能允许一两个企业来开发和利用其中的资源。如果最小有效规模比较小，更多的企业就可以协同定位，尽管彼此都存在，但它们可能仍然这样做，不过这样做并不是因为彼此的存在。

影响区位选择的第二个因素就是集聚效应，根据 Marshall 的理论，产生集聚效

[①] 例如，参见 Nachum（2001）对 MNE 经营的地理区位选择以及 Enright（2000c）对区域集聚的文献考察。两个关于城市经济和产业区位的经典文献参考分别是 Acs（2002）和 McCann（2002）。同样可以参见 Oxley 和 Yeung（1998）对产业区位和竞争的文献回顾。

[②] Dunning（1996）以及 Dunning 和 Lundan（1998）提供了财富 500 强企业在全球范围内搜寻生产性资产的调查证据。但是，我们需要注意的是，知识融合的过程远不是自发的。第 8 章在某种程度上讨论了现代 MNE 在面临协调和整合企业之间分散的知识时所面临的困难。

[③] 例如，在所谓的"世界工厂"，比方说广州、香港、深圳和澳门，这些地区供应商的密集使它们可以在一小时或者两小时的运输半径内找到所需组件。但是，地区的成功同样导致工资水平的增长，而且地区污染已经开始威胁到城市的某些能力，例如香港吸引和留住所需的管理人才的能力（"Hong Kong's air pollution cuts its apeal for expatriates"，*Financial Times*，April 3，2006，www. ft. tom；"The world's workshop on the cusp of another transformation"，*Financial Times*，October 24，2006，www. ft. com）。

应的原因可以归为三类：获取熟练劳动力，以较低的成本便利地获取其他专门投入，以及知识溢出。在之前关于联动和溢出效应的讨论中，我们区分了货币形式和非货币形式的外部性，也就是由中间产品和生产要素需求变化所引起的影响，以及在同一地区中，具有经济价值的信息外溢或者传递到企业所引起的影响。集聚效应与禀赋效应最大的区别就是当一个企业被吸引过来之后，就更有可能吸引另一个企业协同定位于同一区域。虽然与集聚效应相关的自我强化趋势可能是由于简单模仿，但是当其他公司的存在为外界提供外部经济存在的信号时，它就更有可能出现。①

在现实中，空间集聚通常是禀赋效应和集聚效应共同作用的结果。MNE 子公司仅仅将它们的活动定位于重要的客户所在地就可能导致空间协同定位（禀赋效应），但也可能是因为潜在的联动和溢出效应（集聚效应）吸引了其他企业进入同一区域，从而形成了空间范围内的协同定位。例如，在人际关系对于企业竞争力而言是十分重要的行业中，集群的好处可能主要来自于知识溢出，如伦敦和纽约的金融服务业，但是，即使在这种情况下，传统的区位因素也仍然在发挥作用。②

吸引投资的第三个因素是政策干预以及支持并执行这些政策的相关机构。我们可以区分两种类型的政策：第一种是旨在从总体层面上增加地区经济吸引力的政策；第二种是减少母国和东道国之间制度距离的政策（Dunning，2006b）。一般的政策，比如说在教育和基础设施上的投资，或者为初创公司和 R&D 提供资金，都是旨在改善地区内所有企业投资动机、行为、创造力和资源利用。相比之下，通过保证外国投资者所需要的政策及其质量，免税期、培训补助以及国际投资协定（IIA）都是专门针对影响 MNE 区位选择的政策。

两种政策的区别可以用征税的例子来说明。税收，就像政府其他的制度工具一样（比如环境监管），会对所管辖地区的经济产生负面、中性或者正面的影响。较高的税收（或环境保护）并不一定有损 FDI 的进一步流入，如果它使公共服务和基础设施得到了极大改善，经济表现强劲或者得到了显著改善。相比之下，正如我们在第 17 章中将讨论的，当针对外国投资的税收减免可能会影响 MNE 在两个具有相同资源禀赋的地区之间的选择时，在缺乏基本因素的情况下，其不太可能导致累积的投资集聚效应。

使学者和政策制定者同样特别感兴趣的是一种类型的集群，在这类集群中，MNE 既可以促进集群的发展，也可以从集群中获益。③ 从地区的角度来看，这样的集群是很可取的，因为它们会引起可能会增加对高技能工人的需求的经济活动的多样化。这样的"学习区域"发生在很多发达国家中经济增长最快的地区，并被不断

---

① 参见 Barry 等（2003b）使用进军爱尔兰的外资企业（大部分是美国企业）的数据，首次尝试将区位因素（在国家层面）分解为集聚效应和示范效应。

② 在一个关于美国金融和专业服务类 FDI 的研究中，Nachum（2000）发现贸易区位的吸引力和集聚经济的结合可以解释区位选择，但是传统的区位优势比集聚经济更具解释力。参见 Nachum 和 Keeble（2003）对伦敦中心城市多媒体公司的集聚研究。

③ 例如，可参见 Florida（1996）对于 MNE 在转变美国中西部地区产业经济发展中所起作用的研究，Zhou 和 Xin（2003）对 MNE 在北京中关村 ICT 产业集聚过程中所起作用的研究，Birkinshaw（2000c）对斯德哥尔摩地区 IT 产业集聚的影响的研究和 Enright（2000）对于 MNE 子公司的独立发展以及中国香港地区金融服务集聚、新加坡地区 MNE 总部集聚的影响的研究。Dicken（2004）同样提供了大量的证据来支持 MNE 活动有助于全球经济格局的重新规划。

跨国公司与全球经济（第二版）

地维持，甚至试图被创造，这些地区在国家和地方政策制定者眼中始终处在优先级列表的首位（Florida，1995；Cooke 和 Morgan，1998；Scott，1998）。此外，随着集聚活动的开展，这一过程正在自我强化，因此那些获得成功的大型 MNE 会努力吸引其他外国投资者到这个地区来投资。尤其是这种信号传递的特性，它使得以集群为基础的发展成为地区经济发展政策中最有吸引力的形式。

□ 16.4.3　集聚效应的衡量

导致对集聚效应的衡量复杂化的一个重要原因是产业间的集聚效应和不同行业的企业之间的集聚效应之间存在着差别。困难就在于确定集群所处的边界，因为不同行业的企业之间存在着联系，并且不同空间范围内的企业也存在着同样的联系，比如不同省市和国家的企业。[①] 对于某些类型的经济活动而言，经济范围更广泛，集聚效应可能更明显；而其他活动可能在国家层面上表现得较为分散，但在地区层面上却较为集中。

另一个人们可能经常会问的问题是，与局限于特定的地区和行业相比（如硅谷和 128 号公路），集群在多大程度上才可以被认为是全球经济中的一个普遍现象？我们认为，一些以禀赋为基础的集群很有可能发生在从未有任何集聚效应发生过的国家。相反，其他集群形式的发生可能主要是因为企业被多样化的学习和来自其他企业（包括 MNE 及其子公司）的利益所吸引，而不是因为任何潜在的禀赋。在最小有效规模非常大的情况下，协同定位也可能不会发生。在此，任何对于集群的重要性的评估必须与反事实的情况进行比较，也就是说，必须与假设集群不存在的情况进行比较。

没有集聚效应并不意味着投资是均匀分布在空间内部的。自然资源集聚在某一地区，以它们为基础的加工资源也会向该地聚集。因此，制度和政策也会趋向于是区位特定的。除此之外，最小有效规模因行业而异，并且限制经济活动传播的范围。为了更逼真地构建一个与现实相反的情境，Ellison 和 Glaeser（1997）认为：在不存在自然优势和溢出效应的情况下，区位选择可以看成是往地图上扔飞镖，这个地图会根据国家经济规模和产业规模集中度的不同而发生变化。在对美国制造业区位选择的实证研究中，他们发现大多数行业分布比随机模型显示的更加集中，而像硅谷或者底特律的汽车工业表现出的较强的产业集群，却并不普遍。在随后的研究中，作者试图估计自然资源优势（与溢出效应相对）在区位选择中的相对重要性（Ellison 和 Glaeser，1999）。使用相对简单的变量来代替自然优势，比如用电成本、平均工资和人口密度，他们发现大约只有五分之一的集聚效应是由自然优势引起的。然而，他们承认对于衡量自然优势选取的指标并不一定是最好的或者完备的，他们怀疑实际值可能只是估计值的一半。

另一个实证问题是有关 MNE 区位选择问题的，这个问题考虑了国内企业和

---

① 虽然对于 MNE 区位选择的研究多集中于国家层面，但例如 Coughlin 等（1991）以及 Wheeler 和 Mody（1992）正逐渐开始从美国内部州的层面开展研究。同样可参见 Propris（2005）等对于外来 FDI 在 103 个意大利省份的研究。

MNE 子公司的集聚模式之间可能存在的差异。Head 等（1995）已经对这一问题进行了实证研究，他们比较了日本在美国的制造业投资与美国企业国内投资在区位模式上的不同。他们的样本包括了自 1980 年开始日本投资者在 200 多个不同行业的 751 项绿地投资。他们发现美国本土企业的投资集群可以解释投资区位选择的禀赋基础（以及任何已经存在的集聚效应），因此可以作为衡量日本企业投资集聚模式的基准。他们发现日本企业会选择投资于已经拥有大量美国本土企业的地区。然而，日本投资区位的选择还同样会受到前期投资的影响。[1]

此外，基于区位模型的仿真实验表明，在禀赋基础上缺乏吸引力的国家几乎没有获得任何投资，同样也没有因为新投资者的进入而获得收益。相比之下，对投资者具有吸引力的国家会因为投资者的进入而获得较高的累计收益。作者还发现国家边界并非是集聚效应的边界，集聚效应也会扩展到邻近的国家。随后的一个对 1984—1991 年间中国 54 个城市中 931 家外资企业的研究也得到了相同的结果，该模拟研究中所包含的偏好于不同城市的政策只会增加它们的区位吸引力，却几乎没有增加对相对不被偏好的地区的投资（Head 和 Ries，1996）。[2]

Shaver 和 Flyer（2000）提出了一个问题，就是先前对于集聚效应的大多数研究都忽略了可能存在的不经济，这种不经济不仅包括交通拥堵，还包括意外泄露的技术知识。他们认为集群中也存在逆向选择，因此拥有最好的技术、最好的人力资本和供应商关系的企业会发现自己在集群中进行区位选择并没有多少好处，但是科技水平相对较弱的企业将会发现自己在集群中选择区位会更有利。的确，在最极端的情况下，如果经济中只存在两种类型的企业——好的和坏的，那么集聚将是罕见的，因为任何集群都是劣质的。然而，当有一大群各具优势的企业时，就有可能发生集聚效应，即使一些表现最好的企业并不会选择参与集聚。

Shaver 和 Flyer 对美国 MNE 的区位选择和对外投资存活率进行了研究，试图去证明上述观点。他们的样本包括了制造业的 101 项绿地投资，这几乎能够代表 1987 年所有这种类型的外资进入。总的来说，他们发现，当外资进入在位者较多的行业时，MNE 就很有可能遭遇失败，这就支持了他们之前的观点，即较弱的公司更容易参与集群。他们还发现之前已经开展过运营活动的企业更有可能生存下来，正如对于美国企业与之具有较强国际联系的行业的投资那样。[3] 此外，在地理集聚最强的行业中，其对企业生存的负面效应也是最大的。[4]

在一个相关研究中，Nachum 和 Wymbs（2005）扩充了这一观点，将企业的多样性和外部经济与对提供专业化服务和金融服务的 MNE 的研究结合了起来，这个

---

① 这个比较可能存在的一个问题是日本投资在时间上更近，而且有可能受到美国投资的初始集聚带来的不同区位因素的影响。

② Driffield 和 Munday（2000）在对英国的研究中也发现了一些证据，FDI 对英国某些产业比较优势的发展作出了贡献，这也刺激了今后 FDI 的增加。

③ 在一个近年来的研究中，Shaver 等（1997）发现公司受益于它们自己以及其他公司在进入美国市场时积累的经验，因为对美国有早期投资的企业要比初次进入的企业存货的可能性更大。同时，对于外资参与水平较高的行业的投资也更可能存活。后者的影响对于有闲钱投资的企业来讲更强烈，但是在没有考虑到的行业中，这些企业不仅可以从自身积累的经验中获益，还可以从目标行业中其他公司积累的经验中获益。

④ 虽然，我们需要注意到的是，这个效应可能会受到诸如生物技术等行业特定的环境的影响，这些行业中企业是高度集聚的，但是在过去的二十年中，大部分这些企业的财务表现较差。

研究中的 MNE 是于 1981—2001 年间通过兼并和收购方式进入伦敦或纽约市场的。大多数关于区位的早期研究都关注新兴产业的进入，他们假设当一个企业通过兼并或收购进入市场时，区位因素并不是企业的主要利益关注点，因为区位选择通常是根据目标而定的。相反，Nachum 和 Wymbs 在利用 Hotelling 和 Lancaster 的区位模型的基础上进行研究，认为企业通过价格（产品差异化）和区位进行竞争。换句话说，企业要同时考虑产品和地理空间来对区位进行选择。他们发现，当产品差异化增大时，地理位置相近带来的利益就会减少，这一观点与 Shaver 和 Flyer 的研究结果一致。

此外，研究中发现公司规模和文化距离都是无关紧要的，这说明了产品差异化在解释之前被归因于这些因素的研究结果时扮演着重要的角色。另一方面，这些结果也可能是因为纽约和伦敦是世界级的大城市，其中文化距离（尤其是文化制度）的作用较弱。此前对这两个城市的研究所得出的结论并没有明显的差异，这也证实了以上的观点。

□ 16.4.4　知识溢出和集聚

在国家层面，网络信息系统的特点和对知识产权的保护为本国境内所有行业内部的创新创造了条件。[①] 然而，基础技术和知识创造形式上的差异表明，在不同的产业部门，创新活动的地理位置可能存在较大的差异。事实上，Breschi（2000）基于欧洲专利构成的分析发现，创新的地理分布与行业相关，不同国家的同一行业也存在较高的相似性。在企业层面上，有许多原因可以解释为什么外国投资者倾向于将他们的 R&D 设施放在竞争对手已有这类设施的位置。这有可能是因为已经建立的企业释放出这一地区具有吸引力的信号，或者它反映了一种模仿行为。当然这也有可能是一个成功的 NIS（网络信息服务）和/或大学附属的科技园的存在吸引了企业的进入。

作为一个实证问题，就如同必须要考虑禀赋效应和集聚效应在区位选择上的影响一样，考虑这个问题同样也需要区分知识溢出效应和其他类型的集聚效应。在很多现有的研究中，知识溢出效应被当成是悬而未决的，但我们认为，在我们转向这种缥缈的解释之前，有必要确认并试图控制知识在地理限制区域内部进行转移的其他可能的方式（Breschi 和 Lissoni，2001；Lundan，2003a）。为了让知识溢出效应普遍存在，知识必须是一种公共物品，但是我们多次强调，技术知识的转移通常是非常昂贵和困难的。有意和无意的知识转移都会涉及大量的交易成本，因此我们假定模型中表现出的溢出效应至少有一部分是蓄意转移也是合情合理的。

事实上，即使在区域集群中的所有知识都是通过刻意的方式进行转移的，比如通过合约或者通过人际网络，选址在一个固定的地理区域中也仍然是有好处的，但是这种好处很大程度上是源于企业的合作联系，而不是溢出效应，就如同我们在本章前面部分所讨论的。当然，我们并不需要假设集群内所有的知识转移都是刻意的，

---

① 关于国家创新系统，参见 Lundvall（1992）和 Nelson（1993）。同样可以参见 Furman 等（2002）讨论的国家创新能力的框架，以及 Cooke（2001）在"新经济"的文章中对于区域创新系统概念的重要评价。Freeman 和 Soete（1997）所著的书是对创新经济的重要参考。

更不用说通过合约或者其他做法，但我们也不能认为它都是虚无缥缈的。考虑到联动的重要性，以下这种做法似乎是合理的，即假定地区集群中的知识共享系统更像是一个俱乐部而不是一个知识共同体。

越来越多的文献开始追踪企业知识网络内部主要人事关系的移动和联动，它们发现虽然实证案例看上去似乎涉及溢出效应，但事实上还是通过人际和/或者契约关系进行解释的。最著名的集群案例就是由 Saxenian（1996）所记载的硅谷和 128 号公路，随后其他案例也被添加进来，比如说中国台湾的新竹地区。这些本土企业受到有利的制度环境的推动，受到全球 MNE 采购网络以及美国受过教育的人才（他们维持着硅谷和新竹之间的联动）的知识和技术的混合影响（Saxenian 和 Hsu，2001）。类似地，由接受过国外教育的工程师所建立的联动也推动了爱尔兰、印度和以色列软件行业的发展（Arora 和 Gambardella，2004）。[①] 在马来西亚槟城，由来自 MNE 的受教育的人才推动的企业内部发展，对本土企业能力的提升也起到了显著的作用（Rasiah，2002）。

Almeida 和 Kogut（1999）使用了另一个不同的方法，他们考察了半导体装置设计所需的知识是否存在于美国某一地理区域中，如果是的话，什么因素可以解释这种集群现象。[②] 他们发现半导体行业中的知识（用 1980/1985—1995 年间的专利授权量来衡量）已经被本土化了，但仅仅只是在硅谷地区且在较小程度上，在纽约和南加州地区也是这样。通过调查关键专利持有者在企业间的流动，他们还发现，许多知识集群现象与工程师的流动是相关的。

Zucker 等（1998）在对美国生物技术企业创建的研究中也强调了科学家本身的重要性。作者发现表面上的本地效应可以被定义为溢出效应或外部性，但是经过仔细观察，其反映了该地区招聘明星科学家的独特模式。此外，Powell 等（2002）发现，研究密集型生物技术企业和资助它们的风险投资公司倾向于聚集在一起。它们一方面将它归因于企业和投资者的个人关系，另一方面也认为它是由企业和大学之间的关系引起的。Stuart 和 Sorenson（2003）基于一个包括 1978—1996 年间美国生物科技公司的综合样本，研究发现了虽然高科技企业和风险投资企业的协同定位对于新创建的生物技术企业而言十分重要，但能够带动企业集群的因素并不必然会促进这些企业的进一步成长。因此，当社交网络仅限于本地时，随着时间的推移，地理位置的重要性就可能会随企业的成熟而降低。

□ 16.4.5 地区和创新

不论是因为合作关系还是溢出效应，在许多知识密集型行业，比如计算机、仪器仪表、电子、半导体和制药行业，创新活动都倾向于空间上的集聚。使用相同的基础科学知识的行业会在同一个地区实现产品和创新的集群（Audretsch 和 Feld-

---

① 对迁移和人才流失问题的讨论，参见 Özden 和 Schiff（2006）。同样可参考 Markusen 和 Trofimenko（2007）使用哥伦比亚 304 个制造业企业的样本数据，研究了雇用国外专家对本土企业成本和劳动生产率的提高速度的影响。

② 这是基于 Jaffe 等（1993）文献开展的研究，Jaffe 等发现专利引用会发生在专利产生之初的相同区域。

man，1996）。[1] 同时，Feldman 和 Audretsch（1999）发现地区中多样且互补的经济活动有可能比一个区域内部经济活动的专业化创造更多的创新产出。知识密集型活动具有产生集聚效应的潜力，并据此而产生地理集群，这一现象引起了对全球经济中地区创新特征的广泛研究。在此我们要重点强调几个有趣的发现。

在第 11 章我们发现，MNE 的 R&D 活动在过去二十年中变得更加国际化。虽然这是经济活动逐渐国际化的一个主要体现，但也是特定于产业和活动的。在复杂的基础科学领域，比如 ICT（信息与通信技术）、生物技术和新材料，核心技术的转移更需要空间上的临近和面对面的交流（Cantwell 和 Santangelo，1999）。这些领域也同样也受益于公费研究项目，这些项目并不会只局限于它们的地理区位中。因此，基础科学行业的核心技术都集中在 MNE 的母国。

在过去几十年技术发展的另一个特征是不同科学和技术领域的相关性和互补性不断加大，IT 在促进不同领域的知识整合中起到的作用也在不断增加。事实上，由于 IT 在获取新知识过程中所扮演的核心角色，不再只有 IT 与 ICT 行业在为产业的发展作出贡献，许多 IT 技术进步地区内部的产业也在为行业发展作出贡献。

关于区位内 ICT 企业本身的创新活动，Santangelo（2000）检验了专业从事于同一种 ICT 技术（分为 6 个分支）的欧洲公司是否将其 R&D 活动定位于德国、意大利和英国的同一地区。利用美国在欧洲境内专利活动地理分布数据[2]，她发现这样的活动只集中于几个区域中心，如巴伐利亚州和英国东南部。然而，在 ICT 的分支领域内，欧洲企业并不集中在一个地区，而是集中在一些开展大量 ICT 行业的互补性活动的地区。

更为一般的是，Cantwell 和 Iammarino（1998）假设地区中心存在以创新吸引力为基础的层级结构，他们认为境外投资者和本土企业之间的技术专业化差距在层级最高的地区达到最大，并且随着层级的降低而下降。层级高的地区将吸引很多技术分支领域的企业，这些企业都能从技术互补中获益，层级低的地区则将吸引那些更具专业化且与本土企业更为相似的企业。

作者进一步使用了皮埃蒙特区和伦巴第大区的数据来检验这些命题，这些地区组成了大型意大利公司研究活动的 77%。总的来说，与在意大利开展研究的大型企业相关的美国专利中由 MNE 持有的份额从 1969 年的 19.1% 增长到 1995 年的 59.7%，然而，伦巴第大区外国子公司的企业专利份额为 57.1%（相比于意大利企业的 50.3%），而在皮埃蒙特区 MNE 份额只有 11.3%（相比于意大利企业的 31.8%）。因此，他们得出的结论是，伦巴第大区是层级高的地区，而皮埃蒙特区是层级低的地区。[3]

---

① 同一地区创新（和生产）活动的集聚对利用专利引用研究知识的地区间转移造成了困难（见第 11 章）。例如，大多数美国制药企业设在新泽西州，因此，所有引用了新泽西州专利的企业以及引用专利的公司的地区集聚的可能都揭示不了更多的信息（Frost，2001）。

② 欧洲地区是由欧盟统计局地区划分法（NUTS）定义的。

③ 在之后的研究中，作者将分析拓展至英国、德国、法国并且据展至欧盟地区内部的跨国家研究（Cantwell 和 Iammarino，2003）。对于技术全球化、创新中心和国际合作网络的出现（这个网络是为了积累地区分散的技术竞争力）的研究可参见 Cantwell 和 Janne（1999），Cantwell 和 Piscitello（1999，2000，2005）以及 Cantwell 和 Noonan（2001）。

从空间或区位的角度出发来评估 MNE 活动具有重大意义。如果经济增长源于地区集群，同时在国家和区域层面考虑增长和发展的问题是更加合理的。Acs（2002：192）认为解释经济增长需要结合新（内生）经济增长理论，这一理论是在经济地理和经济创新上的学术进步。我们只需要将它放到全球经济环境中，但这也要求我们能够理解 MNE 的动机、形成 MNE 基础的制度，以及它们的活动在当地和区域层面上的影响。

东道国对 MNE 的业绩要求和其他限制表明，这样的政策难以运用到实践中，并且会引起不必要的后果。外来 FDI 推动实现本国经济发展目标的过程是市场导向型的，它有可能会加强现有的本地优势，并加剧任何已有优势和劣势之间的差距。全球竞争往往会暴露东道国的经济漏洞，但是原则性的东西很难改变，除非东道国政府准备去解决教育、制度改革、基础设施开发和当地企业家精神倡导等问题。[1] 以前的欧洲共产主义国家在过去 20 年中的经历为这个事实提供了充分的证明（Holland 等，2000；Bevan 等，2003）。

我们还需要清楚的一点是，对东道国企业通过联动、溢出效应和空间集聚获得的好处，以及 MNE 本身获得的好处进行区分。我们对联动和溢出效应讨论所得出的结论是：在某一地区，即使知识是在无意中从一个企业向另一个企业溢出，但最有可能促进该地区经济增长和重构的是本土企业处于一个作为供应商与 MNE 子公司产生联系的地位，以及当地企业家可以更好地吸收和利用来自 MNE 的知识、制度和管理实践。联动的形成还取决于 MNE 让本地企业参与到其活动网络的意愿。研究表明，MNE 并非总是乐意这么做，事实上这甚至有可能被母公司阻止。具有优越感的 MNE 更有可能将 FDI 通过飞地的形式进入某一地区，而在这些地区中，制度和基础设施条件并不利于 MNE 在当地开展采购活动或建立合作联系。

对于商业和管理领域的学者而言，MNE 子公司在实施母公司制定的政策中所扮演的角色，以及它们对企业科技和管理知识做出贡献所起的作用，是帮助理解它们在经济活动协调中所起的作用的关键。Sölvell 和 Birkinshaw（2000）区分了"实践"和"活动"，或者说是 MNE 子公司需要做什么和怎么做，以及被允许做什么。他们认为 21 世纪的 MNE 不仅仅是基于股权基础和合同联系来整合分散的经济活动，更是通过对其子公司（或其网络伙伴）开展的那些能够增加其全球竞争力的实践的协调和/或整合。MNE 的内部和外部网络都服务于联系以本地或区域为基础的但相互联系的活动和实践的集群。[2] 在 MNE 网络中 MNE 子公司是否可以获得新的投资取决于其与其所在组织中的其他成员之间的关系，以及 MNE 子公司可以追求自身目

跨国公司与全球经济（第二版）

---

① 参见 Young 等（1994）对子公司的特征和作用、政府在国家和地区层面的政策选择方面所做的全面分析。

② 例如，参见 Chen 和 Chen（1998）对于外部（企业内部）联动对中国台湾公司海外区位选择的影响以及 Yeung（1997）对中国香港企业网络联动的考察。在关于英国南部赛车公司的集群研究中，Tallman 和 Jenkins（2002）发现在此区域外部的子公司对区域中心企业的运营表现非常重要。

的及开发区域能力的程度。①

在集群动态化背景下，有一个被忽视了的问题，即 MNE 子公司的重复投资的（累积）影响。Phelps 和 Fuller（2000）的研究是从管理角度出发的，区分了开放竞争和管制竞争，其既可以是由母公司领导的，也可以是由子公司领导的。② 作者支持 Birkinshaw（2000b）的观点，即认为 MNE 内部存在三种类型的内部市场：中间产品市场、产品授权市场和产品功能市场。他们认为，在大部分子公司中，中间产品和服务可能会是变动最大的且是许多子公司之间竞争性最强的，因此最容易遭受母公司领导的竞争。相比之下，产品授权市场和产品功能市场变动较小，因而往往更容易受到本土企业的企业家精神和企业能力的影响。子公司领导的开放竞争可能为所在区位提供直接和间接的利益，因为子公司努力去获取或者更新对它们的产品授权，并让母公司了解它们的能力。母公司和子公司之间的管制竞争很容易限制能力的积累，也会限制个体子公司融入当地市场。

因此，Phelps 和 Fuller 认为，飞地最有可能与外围地理区位相联系；嵌入式子公司将会与核心或者半外围的区位相联系；半外围的区位将最有可能包括管制竞争下正在扩展的飞地子公司。作者所记录的实证案例研究重点关注在外围区位上建立产业区域（Wales），并说明了子公司在该区位上赢得新的投资和实现升级优化会比较困难。这一观点还指出一个潜在的矛盾，即国家层面的政策试图减小 MNE 的进入和退出成本，而地区层面的政策则试图将 MNE 嵌入一个特定地区。

16.5 结论

与 MNE 活动相关的企业间联系和外部性的程度、具体形式和效应主要依赖于 8 个因素：

（1）与 MNE 某一活动相关的所有权优势的程度与性质；

（2）母国和东道国的社会经济目标，以及为了追求这些目标所采取的合适的宏观经济和微观组织政策（包括专门针对 MNE 及其子公司的政策）；

（3）东道国本地企业现有的供应能力和吸收能力，以及它们对直接投资的反应；

（4）东道国的人力和自然环境，特别是与其吸收、传播、积累新知识和技术以及组织竞争相关的制度；

（5）新的 FDI 进入之前行业的竞争地位和市场结构；

（6）中间产品市场的特点；

（7）外来国际投资的类型（比如，是资源开发型还是资源寻求型）；

（8）MNE 的制度特征和全球战略。

在一些较大的工业国家，比如美国、英国、法国、德国和日本，跨国投资者为了形成企业间联系所作的贡献是积极的，而且在某些情况下可以说是十分重大的。

---

① Birkinshaw 和 Hood（2000）全面地提出了不同子公司对经营地区集群特征的不同影响。

② Mudambi（1998）发现 FDI 在整个期间内都是不独立的，即有着较长投资历史的投资者更有可能在该地区进行新的投资。

例如，一方面通过后向联系将更多的市场知识和更高的质量标准传递给供应商，另一方面通过将创业和竞争信号传递给竞争者，最终提高技术效率和分配效率。

在一些发达国家和发展中国家，政府已经制定了政策来鼓励 MNE 与本土企业建立联系，并且也支持本地供应商的发展。虽然这些项目在哥斯达黎加、新加坡、墨西哥等国家获得了成功，但是当向全球生产网络迈开步伐时，尤其是在电子和汽车行业，这往往减少了 MNE 装配企业愿意与之订立合同的供应商的数量。然而，在一些情况下，这却为发达国家和发展中国家创造了机会——成为零部件产品的出口平台，否则本地厂商就会更加难以融入全球经济。同样地，在购买者驱动网络中，如在食品和服装行业，购买力集中于有限的几个零售商，使得本土生产商更难有资格成为供应商，但是那些具备资格的企业就能够进入全球市场。

伴随着这种供应商关系的，除了培训和技术援助外，关于对本土经济体的一般溢出效应的证据是混杂的。虽然部分是由于计量原因，但是这也反映了本土企业在融入 MNE 网络或者吸收 MNE 溢出上的意愿和/或者能力的差异。实际上，MNE 不能或者不愿与本土企业建立联系的部分原因是对本地市场的认识不足、东道国不太适当的或者无效的政策制度以及欠发达的科技和教育基础设施，还有当地供应商无法满足 MNE 的预期要求。然而，这也更多地取决于外来投资的类型以及最终产品在全球市场或本地市场上是否适销对路。

事实上，在存在企业之间的联动和溢出效应的情况下，微观和宏观层面上的证据可以得出两个完全不同的结论。在微观层面，有很多关于 MNE 在技术转让、培训以及提供资金帮助本地供应商提升其能力的例子。然而，在宏观层面，这种联系对生产率的影响是很不确定的。这就表明，虽然 MNE 为当地经济带来的好处是显而易见的，但这种好处却仅仅局限于某一行业，或者是本地大型企业的某一部分，并且这些企业需要拥有人力和技术资源以成功参与到供应商的培训和发展中去。当然这些本土企业也是最有可能在 MNE 子公司存在的情况下获得外部性（溢出）的企业。虽然微观层面有确凿的证据表明从企业联动和溢出效应中获得的好处不应该被低估，但是宏观层面的证据却认为，其对于经济体的利益作为一个整体不能被认为是必然存在的。尤其是当 MNE 对本土企业的联动或溢出效应可能会被对本土企业的境外收购或绿地投资所带来的负面效应所抵消的时候，情况更可能是这样的。

最后，本章也关注了经济集聚的一些问题。我们认为，经济活动的聚集或集群促进了专业供应企业和专业类型劳动力市场的发展。除了与产品和服务相关的外部性，我们也研究了集聚在 MNE 知识采购模式中所扮演的角色。我们认为，在存在知识溢出效应的情况下，MNE 会带动集群的形成，同时，MNE 的存在也增强了集群的生命力和活力。再次重申，MNE 可以极大地促进本地集群的发展，各国政府为提高物质资本和人力资本生产率、促进那些鼓励动态升级的市场结构的形成所采取的行动，都对维持地区经济增长起着至关重要的作用。

MNE 所创造的增加值的分配

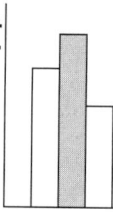

17.1 引言

前面的章节主要是关于 MNE 和/或其子公司对它们所在的东道国的产出、增长和就业的贡献。本章涉及的是一些会影响到 MNE 所创造的财富在负责该创造的利益相关者之间的分配的影响因素，特别是在 MNE 的母公司和这些子公司所在东道国之间的分配。

在本书的其他部分——我们将在第 19 章详细阐述这一点——我们指出，政府对 MNE 会有各种各样的期望。不过，在其他条件不变的情况下，大多数政府都会欢迎外来或对外 FDI，只要在一个限定时间内，这些投资比任何其他替代的资源利用方式更能够使自己国家或地区的 GDP 得到提升，或加快其 GDP 的增长。[①] 从某一特定东道国的视角来看，外资子公司为其 GDP 所创造的贡献值是通过其业务活动所产生的增加值（即总产出扣除进口），再扣除应该计于母公司的利润、利息和租金（税后）后所得的值来衡量的。此外，任何由 MNE 的外国子公司的存在所造成的对国内产出的二次效应或溢出效应，应考虑其对国外利益相关方进行任何支付后的净值。

因此，MNE 在任何特定国家的业务活动所产生的国家增加值可以概括为如下公式：

$$R-M=DVA$$
$$DVA=F+(T-S)$$
$$NVA=DVA-Pf$$

(17.1)

[①] 当然，对于一系列非经济约束的考虑我们会在第 18 章进行讨论。事实上，税收监管策略和实践（例如转移定价）可以认为是社会责任的体现。

其中:

　　R＝产出产生的收入;

　　M＝货物和服务的进口;

　　DVA＝国内增加值;

　　F＝要素支付(工资,薪水,利息,租金);

　　T＝税收(例如,向东道国政府缴纳的税收);

　　S＝收入(例如,政府补贴);

　　NVA＝国家增加值;

　　Pf＝支付给国外利益相关方的利润。

　　之前我们表明对于任何国家而言,其主要目标之一是通过有效地利用给定数量的资源和能力使得 NVA 最大化。然而,想做到这一点需要采取一系列行动,这些行动的目的是最大化销售收入(R),最小化那些销售的进口成分(M),以及最小化对境外 MNE 的利润分配(Pf),因为这些代表了 NVA 的损失。当然,存在的问题是 R、M、T、S、F 和 Pf 很可能是相互依赖的。特别地,从事企业内跨境专业化的 MNE 可能同时进口和出口其产出中一个很大的份额;所赚取的利润 Pf 也有可能与 R 和效率 R/F 呈正相关。此外,在某些情况下,进口一些国外要素服务可能是非常可取的,因为从长远来看,其或许将有助于改善 GDP,且其效果要好于它们的本地同类要素服务。

　　由企业所创造的收入在有贡献的利益相关者之间进行的分配部分是由资源的实际机会成本(正如其拥有者所察觉的)决定的,部分是由这些资源供应商的议价能力决定的。在非完全竞争的情形下,其可以主要归结于经济租和组织冗余在利益相关者之间的分配。至于国内增加值,唯一重要的问题就是其租金在国外和本地利益相关者之间的分配问题。

　　本地的利益相关者包括子公司产出的消费者、中间产品的(国内)供应商、要素投入者(工人,地主,投资者等)以及政府。相对于外国 MNE 而言,任何或所有利益相关者,其说服或议价能力越强,其赚取的利润就越有可能接近于投入资本的机会成本。MNE 的谈判实力越弱,留存在国家中的增加值就越有可能接近所配置的本土资源的机会成本。

　　在第 19 章我们会进行更加详细的讨论,在 MNE 的繁盛时期,各利益相关方的谈判能力很可能与它们对其自身机会成本和 MNE 机会成本的认识和理解的程度呈正相关。有充分的非正式证据表明,在东道国的本地利益相关者,特别是在那些较小的和最不发达的国家,其既不具备足够的知识,也没有经济实力去获取任何由外来直接投资所带来的经济租,即便只是其中的一小部分。

　　正如第 13 章所提到的,在很多国家,非熟练劳动力是相对较多和/或较无组织的,而且这些非熟练劳动力没有能力去获得一个高于其机会成本的工资率。第 15 章已经提到,一些生产者,尤其是那些提供特异的或者特别稀缺的资源和中间产品或服务的生产者,或许就能对其产品收取一个高于竞争价格水平的价格,而那些在原子市场中提供标准和同质化的产品的厂商却不能。因此,根据外来 MNE 活动的本质和目的、其预期收益以及向投资公司开放的区位选择，东道国政府可以提供一系列的制度和政策，而这些制度和政策通常由处罚（税收和不受欢迎的绩效要求）和激励（税收减免、投资补贴、知识产权保护、培训补助、出口补贴等）组成，其目的总的来说都是为了获取一些由外国子公司赚取的当期（或未来）经济租。①

在本章中，我们将只关注影响 MNE 和/或其子公司所创造的增加值分配的两个因素。第一个是政府措施的组合，它直接或间接地影响政府从企业所创造的净产出中可以获得的份额。当母国和东道国政府从企业获取的税收和其他收入均低于向该公司所支付的款项时，这个份额可能是负的，至少在一段时间内是这样。我们不关注对某一特定政策和制度的影响进行描述或测量的任何细节。那个话题将会在第 19 章进行讨论。在这里，我们只对记录——并在可能的情况下评估——政府所采用的一些主要手段感兴趣，这些手段可以而且确实影响了由那些对其 GDP 有贡献的 MNE 创造的本地增加值的份额。

我们考虑的国家增加值分配的第二个决定因素是被掩盖的跨境企业内支付，更为人所知的是转移定价。术语"转移定价"本身是一个中性词语，它经常被用来描述这样一种现象，即企业内价格与在公开市场上将产品或服务卖给独立的买家或者从独立卖家手中买入产品或服务时的价格是不同的。此外，由于它（而且，通常是无理地）假设公平交易价格必然是竞争价格，操纵转移价格通常会被视为违背国家利益的操作。事实上，在同时，无论是出口国还是进口国都可能会争论 MNE 内部对商品贸易收取的价格会影响其利益——这种情形在任何时候都是极不可能的。

在分析中，我们将描述"转移价格操纵"（TPM）影响 MNE 或其子公司的当地增加值的途径；在何种条件下，企业可以采用这样的做法；以及当 TPM 被认为可能会损害其自身经济利益时，政府可能会实行或已经实行的、可以最大限度地减少或抵消 TPM 影响的一些制度和政策。

17.2 政府政策对 MNE 所创造的国家增加值的影响

□ 17.2.1 东道国角度

所获得的来自 MNE 或其子公司缴纳的税和关税的收入代表了一个东道国获得的国内增加值，这些收入在其他情况下可能会分配给 MNE 网络的其他部分。虽然在一个给定的国家，一个 MNE（就像一个单一国公司）在追求其全球战略的过程中通常会寻求最小化其净税务负债②，它可能会偏好于承担一个国家而非另一个国家的

---

① 我们需要注意的是，政府需要在 t 期给予奖励，从而保证在 $t+1$ 期可以获得更多的税收收入。而且，某些收益可能是间接的（例如，人力资本的提升）。例如，可以参见 UNCTAD（2000a）的一个报告，该报告回顾了大部分发展中国家正在使用的不同种类的税收刺激。这些措施包括免税、降低税率、投资补贴和投资优惠、责任免除或减少以及 R&D 补贴或者其他合理费用的减免。

② 即从任何给定的应纳税所得额中提供较少的税收补贴等。

税负。例如，在其他条件不变的情况下，有许多很明显的动机使得 MNE 在企业税税率低的国家有更高的销售额或更低的成本，而对来自高税收国家的应税企业内进口产品定过高的价格。除了有跨境转移利润的能力之外，MNE 税务的独特优势之一是它也具有在国家之间同时转移增值活动的能力，政府在吸引并留住外来直接投资（以及因此而由它产生的税收收入）的努力中需要意识到这个事实。

第 5 章涉及政府引导型的奖励和惩罚之间的相关性，比如 L 优势影响 MNE 在"何处"开展经济活动。第 19 章将会更多地关注作为东道国政府的议价战略的制度。在目前的情况下，这意味着，如果从赚取的收入中支付给某一个东道国政府的净额超过了支付给另一个东道国政府的净额，那么在其他条件不变的情况下，MNE 就会放弃在前者的生产（或者不会进行同样多的生产）。因此，所有本该由该国政府收取的税收收入可能会消失。这也就意味着当 MNE 创造的国内增加值将会比它们利用资源的次优替代方式本可以产生的国内增加值低时，该东道国政府可能就得做好准备去接受这样的情形。然而，只要至少还有一部分经济租会留给东道国政府，东道国政府就会选择减少其从 MNE 获得的净支付额。

遗憾的是，事情并没有到此就结束，因为东道国政府的行动可能会影响到 MNE 或其子公司可能赚取的利润水平以及其在税前利润中的份额。因此，对于外国子公司来说，与税率较低的情况相比，如果它能够获得更高的收益或者承担更低的生产或交易成本，它就有可能准备去接受税率的增加（也就是说，更低的利润份额）。政府可以通过各种方式来促进这个过程，包括对能源成本或劳动力成本的补贴、降低利率、降低销售税（以鼓励需求）、进口保护、更宽松的环境管制以及促进有利的产业环境等措施（Dunning，1991）。正如第 10 章揭示的一样，一个国家激励机制的内容和质量将会对 MNE 的区位决策产生重大影响。一个良好的制度环境，包括知识产权的保护、运行良好的金融市场以及一个透明的、可预测的和有效的法律体系，可以降低交易成本，最终将对 MNE 产生极强的吸引力。根据更高的税率在多大程度上会伴随着这种市场而出现，MNE 很可能会在其获得的间接效益与不断增加的税收负担之间进行权衡。[①]

任何政府推行的针对外来直接投资的政策（其被设计用于提高征税国从增加值中获取的份额）必须考虑到无论何时何地，一旦 MNE 感受到其长期投资的盈利能力受到影响，它们可能会在多大程度上以及采取什么方式阻碍政府的这些意图。政府还必须牢记，任何征税的变化可能会影响 MNE 在其境内进行经营时采取的全球或区域战略，以及其产出和销售的水平、结构和地域组成。最后，征税（作为一项政策，其设计的目的是为了最大化外国子公司的国内增加值）不应被认为孤立于能够达成类似目标、产生相似效果的各种其他财政性措施和其他措施。

MNE 对于东道国施加的直接或间接征税的反应，与单一国企业相比主要有四个方面的不同。第一，因为前者在多个地区开展业务，因此在投资的地理选择上它们也更加灵活，同样它们也很可能对不同的税收政策更加敏感。第二，因为 MNE 内部化了产成品市场和中间产品市场，它们可能有更多的机会（相对于它们的单一国

---

① Ghauri 和 Oxelheim（2003）讨论了欧盟内部政府之间采用隐性而非显性方式所开展的区域竞争。

竞争对手而言）通过一种能够使它们减少或避免缴纳国家税收（包括进口关税）并最大限度地提高各种补贴收入的方式来操纵跨境成本和收入。第三，因为它们具备的 O 竞争优势，MNE 可以比非 MNE 赚取更多的经济租，并拥有更多的机会进行更全面的税收筹划。第四，MNE——特别是大型 MNE——可能是转移与其东道国政府税收相关的知识和经验并且可能影响东道国政府的税收的工具。这些差异可能会导致这两种类型的企业对税收变化的不同反应。在外国投资者主导经济体的某一特定部门的情况下，可能需要对现行的税收措施和政策进行一些修改。

□ 17.2.2　母国角度

对外直接投资对于投资国的影响有两个主要的问题值得关注。第一个问题关系到进行对外投资时存在的所获利润的税收损失，如果在该国家进行投资，母国政府本来是能够收回这部分利润的。第二个问题则关系到母国对于 MNE 所获得的全球利润进行征税的方式。

母国投资还是国际投资？

第一个问题的答案主要取决于 FDI 的机会成本和母国政府对于该成本的反应。从母国政府而非 MNE 的角度来看，只要投资国获得的可察觉边际收益（例如，MNE 所获得的国外收益减去支付给东道国的税收，加上由动态比较优势、创新能力和其他经济或社会目标所获得的任何收益）至少等于国内投资所能获得的比较收益（税前），FDI 就是可以接受的。

对于这个问题进行的研究所呈现的结果其实是喜忧参半的。[①] 在 20 世纪 60 年代和 70 年代初，舆论一致认为，假如母国是充分就业的，那么外国 MNE 活动的边际社会回报率几乎肯定低于边际私人回报率。在 20 世纪 80 年代，部分因为 FDI 不断变化以及 MNE 的母国投资和国际投资活动之间的互补性不断增加，这已不再是一个首要关注的问题。然而，在 20 世纪 80 年代末和 90 年代，随着资本出口国的充分就业的假设难以成立，一些评论家提出争论，认为有些情况能够强有力地阻碍 MNE 的对外活动，并且转移所储存的资源用于刺激国内生产和经济结构的调整。随着全球化进程的推进和技术革新的快速发展，当今的研究重点已经转移到把多种类型的对外 FDI 看作是投资企业和投资国增加其竞争优势的方式（见第 3 章和第 5 章）。

事实上，不考虑这些观点的是非曲直，非常值得怀疑的是出于这个目的，一个歧视性政策是否应该（或可以）被使用。我们认为，如果国家当局制定了适当的制度，并推行成本效益最优的宏观经济和结构调整政策，那么结果会好得多。就这些政策会影响到国内和国外 MNE 的国内活动的盈利能力来说，它们很可能是市场支持性的，而不是市场扭曲性的。事实上，在国内存在严重通货膨胀（或滞胀）的时期，将国外的增值活动转移至国内工厂可能加剧国内本来就已经非常困难的宏观经济局势的恶化。

---

① 例如，Musgrave（1969）和 Bergsten 等（1978）对美国的考察，Reddaway 等（1968）和 Dunning（1971a）对英国的考察，以及 Swedenborg（1979）对瑞典的考察。《世界投资报告》（UNCTAD，2006）从发展中国家 MNE 的角度出发考虑了这个问题。

对 MNE 的境外收入的征税

第二个母国感兴趣的征税问题围绕着对境外 MNE 活动的收入和汇款的税收待遇问题。虽然东道国对于这些收入拥有优先征税权，但是母国则决定了投资公司的最终税负。在实践中，大多数主要的资本出口国会调整本国征税方法，使其税率处于对东道国在收入和汇款上征税的全额信贷的母国现有税率，和完全免除母国税收的税率之间，以抵消对境外收入征收的税赋。这些方法中的第一种能保证资本出口中性（即无论在国内还是在国外，对 MNE 获得的收入的税收待遇都是相同的）；第二种方法保证了资本进口中性（即用完全相同的方式对外国子公司与国内公司进行征税）。最常见的是，国内企业的所得税是由 MNE 所赚取的境外收入支付的，但是这些税一直被推迟直到这些收入被汇回投资国。东道国对收入和汇款所征收的税会再次抵扣母国税收，但这个抵扣会受到母国和东道国税收的限制，并以较低者为准。

这种对于国内和国外收入采取税收中性[1]的做法将会受到母国和东道国的各种政策手段和工具的管制。这些政策措施包括代扣所得税、东道国政府对子公司分红和可抵扣汇款的强制征税、对资本成本回收的补贴和税收优惠、为减少逃税和禁止不能被接受的减税行为而采取的行动。[2]

此外，有一些称为避税天堂的小国家，要么免除所有税收，要么免除针对外资企业通过它们的渠道获得的收入的税收。一些 MNE 通过积累来自基于避税天堂国家的子公司的收入，可以（也确实会）从延税机制中获得大量的 O 优势。事实上，近几年的研究发现，美国有 60% 的 MNE 在避税天堂设立子公司并开展业务，在避税天堂区位拥有子公司与这些公司在同一地区的其他地方减少的税收支付是相关联的（Desai 等，2006a，2006b）。避税天堂也可以用来作为降低风险的战略，或者作为获得相对流动性资本收益的一种手段。根据 UNCTAD（2006），2000—2004 年间，发展中国家或转型国家的 MNE 的 FDI 中有相当大的比例是通过避税天堂这个渠道实现的，在来自巴西和中国的 FDI 的情形中作为避税场所的是加勒比地区，而在来自俄罗斯的 FDI 的情形中其避税场所是塞浦路斯。

大多数母国针对其自己的 MNE 赚取的境外收入所实行的税收政策是与东道国的税收政策相配合而建立的。这就形成了一个复杂的双边税务条约网络，每一种税务条约的特征都可以用无歧视原则来描述，即每一个签约国对其外国子公司赚取的利润的税负被约束在其施加于自己国家企业的税负值之内。UNCTAD 的《世界投资报告》中对这些条约有相当详细的描述。

当前存在两种对 MNE 子公司进行征税的基本体系，这两个体系都试图中和双

---

① 股权主体以及对收入和资本的国际税收中性，这两个概念都可以从多个角度进行解释。例如，当国家间的股权与 MNE 收入和损失在东道国和母国之间分配相关时，个体公平意味着国家应该对每个常驻公民（包括常驻企业）征收相同的税收，而不管这个收入是从何处获取的。国家间的税收中性意味着 MNE 的区位选择应该独立于国际税收差异。从国家的观点来看，国家间股权要求来源国设置税率使得 FDI 的收益能够最大化。但是，从国家的观点来看，个体股权应被定义为母国应该为企业提供相同的税收待遇而不管这个收入是从何处获取的。从更加详细的角度来看待这些概念以及它们对 MNE 活动的意义，可以参考 Alworth（1988）以及 Desai 和 Hines（2004）等。

② 这些措施可能包括限制指定为避税天堂国家的数量和/或者限制 MNE 在其紧密控制的子公司内积累未分配盈余的程度（Alworth，1988）。

重征税产生的影响。"居留"或"信用"原则认为，所有收入都可以由公司建立或开展增值业务所处的国家进行征税。而"领土"、"来源"或"豁免"原则认为，净收入应由其来源国进行征税。美国和英国（以及日本）应用的系统是以居留原则为基础的，而信用则被在东道国建立的子公司所支付的税收用来抵消母公司的所得税负债。在信用体系下，根据母国和东道国之间的课税税率的差异，要么征缴更多税收可能是合适的，要么当在东道国所支付的税多于在母国应支付的税时信用可以被积累。大多数信用体系的国家也允许延税，所以只有当收入被转移回母国时才需要上缴税收。[①]

除希腊、爱尔兰、西班牙和英国以外，大多数欧盟国家偏好于领土体系，虽然收入在多大程度上会全部或部分被豁免在国家之间存在差异，而且还同时受到双边税收协定条款的制约。豁免制度也同样被瑞士采用，但仅对分支机构的收入豁免税收，其他在国外设立的瑞士子公司仍然受制于母国征税，而且各个州情况也各不相同（Hines，1996）。

撇开关于在某个特定国家对所获取的外汇收入进行征税采用信用方法还是采用来源方法的讨论的是非曲直，依然还存在一个问题："母国政府如何能肯定 MNE 宣称的从其海外经营中获得的应税收益代表的就是它在那个国家真实获得的收益呢？"答案是"有困难"——尤其是在 TPM 有存在的机会和动机的地方，并且母国的税务机关也无法获得与其自身 MNE 的外国子公司有关的图书和文献资料。这导致了一些国家和国家内部的一些地区的税务机关（比如，加州）采取了一种全球性或世界性的征税原则，通过这个原则，无论其公司从哪里获得收入，都要对其依据国内税率征税。而后信用或许被允许去抵消国内征税，因为境外收入所得税已经被缴纳，或者收入所得税的替代税已经被缴纳。

同时，税收的全球性原则并不能避免给母国带来的税收流失，其流失的原因在于国家之间计算应纳税所得额（即税基）的方法存在差异。由此一些评论家认为，应该基于 MNE 在东道国的销售额、资产、就业或在其经营所在国开展增值活动的比例来最终确定 MNE 的税收法案的地理分布（所谓的"公式分摊"）。很自然地，这一建议遭到了资本进口国的税务当局的强烈抵制。结果，来源原则仍然是对对外投资收入征税的主要基础。

最后，虽然很多关于对 MNE 征税的文献往往趋于把重点放在它们对其投资区位以及对 MNE 和其运营所在国之间增加值分配的直接影响，但是从长远来看，有几个间接的后果可能同样重要。包括不同征税体系对 FDI 融资方式的影响（例如，留存收益和长期借款之间，或借款和发行新股之间），对所有权结构（包括网络）的影响，对出口战略的影响，以及对定价政策和分红减免的影响。[②] 我们将在后续章节

---

① 无论红利是否缴纳，分支工厂都受美国税制制约，因此也不会有延迟，但是这些只占了美国企业的子公司的不足 5%。

② 例如，在税收信用体系没有延迟 MNE 的金融政策的情况下，MNE 很可能会与单一国企业一样，而在有延迟的情况下，是不可能保持中性的；而且，依赖于可免税的利息支付比例以及母国与东道国未分配盈余的支付比例，MNE 可能会选择资金支持自己的外国子公司，或者选择完全或适度的留存利润。同样，在有延迟的税收减免系统的情况下，也有可能发现外国子公司将永远不会发行新的股份，而是当借款利率在母国比在外国高时，通过盈余来支持投资（Alworth，1988）。

考虑这些问题。

17.2.3 企业征税的最新动向

一个国家政府面临着三个基本的征税问题，即管辖权限、分配和估值。这些大致等价于需要决定谁拥有征税权，税基[①]和税率是什么，以及对收入和支出应该如何定价（Eden，2001）。

在 20 世纪 80 年代和 90 年代，作为对 18 个主要经济体的税收制度演变进行检验的结果，Devereux 等（2002）能够辨别出对企业收入进行征税的三个主要趋势：第一，在大多数国家，法定税率在整个时期都是下降的，但是税基却在扩大。事实上，法定税率从 20 世纪 80 年代初的 48％下降到了 20 世纪 90 年代末的 35％；第二，自 1965 年以来，在这组国家中，来自公司收入的税收收入作为其 GDP 的一部分，其比例大致保持稳定；第三，来自企业利润的税收收入作为同期总税收收入中的一部分，其比例有所下降。另一项使用 1988—1997 年间的 OECD 数据的研究发现，不仅企业所得税税率的水平有所下降，而且税率之间的标准差也在逐渐减小（Gropp 和 Kostial，2000）。然而，政府间的税收竞争到底在多大程度上影响了征税税率的下降趋势，对两个研究的作者而言仍然是一个悬而未决的问题。

虽然国家和/或地方政府间的税收竞争在过去的 20 年无疑是增加的，尤其是欧盟国家之间以及美国各州之间，但是在征税领域，国际合作也越来越明显了。例如，1997 年欧盟出台了商业征税的行为准则，旨在解决"有害税收竞争"问题。这一创举与 OECD 领导的还在进行的努力有许多相似之处。该计划的重心并不在税制，例如资本收益的低税率等，而是在于一些特殊的制度体系，这些特殊制度体系为企业在不同管辖范围间转移利润提供了动机。

Bolkestein 的报告（欧盟委员会，2001）进一步强调，有必要消除与税收相关的障碍以创造良好的内部市场。[②] 该报告提出在欧盟范围内应该开展全面的税制改革，包括统一税基，利用公式分摊，这类似于在美国联邦层面使用的体系。把整个欧盟地区计算在内的 MNE 的应税利润将依照预先协商的基于要素（如资本、就业或每个成员国的销售额）的方法在成员国之间进行分摊。然而，以这种方式巩固税基就不需要在成员国之间统一税率了。

哪种税率与 MNE 活动是相关的？

在我们继续考虑一些关于税收对 MNE 活动的影响的实证研究之前，回顾一些文献中已经被用来衡量 MNE 税负的各种不同税率指标是非常有用的。Devereux 等（2002）确定了四种类型的税率：法定税率、基于实际支付税费的宏观或微观数据计算得到的平均税率（ATR）、有效边际税率（EMTR）或由税法计算得到的有效平均

[①] 税基会受到一系列法规的影响，这些法规也会影响资本投资的补贴和税收减免、养老金缴款等。因为影响税基的因素有很多，大多数文献主要集中在一个方面，称其为资本支出的折旧免税。

[②] 参见 Cnossen（2003）对 Bolkestein 报告所做的分析，以及 Bond（2000）发表的有关欧盟税务协调的文献。

税率（EATR）。① EMTR 衡量的是各种边际投资项目的税前和税后回报之间的差异，而 EATR 适用于投资者可以赚取经济租的投资项目。基于数据的 ATR 也被称为后顾式税率或事后税率，而法定税率和有效计算的税率均为前瞻式税率或事前税率。

法定税率具有易于使用的好处，但是由于不同种类的税收豁免和补贴的存在，名义税率常常不能反映出企业所承担的实际税负。基于微观或宏观数据的平均（事后）税率具有能够很好地反映税法的所有规定的优点。同时，它们有可能会遇到内生性问题，因为它们也可能反映潜在差异，例如不同区位之间的收益率或增长率的差异。在另一方面，依据税法计算出来的事前税率，是基于这样一个有关利率、融资形式及其他因素的假设，这些因素都可能影响结果。

关于 MNE 的投资，Devereux 和 Griffith（2003）认为，MNE 在决定是否通过出口或 FDI 服务外国市场时，或者当它在两个区位之间进行抉择时，这样的选择都是彼此不相关的。此外，这样的决策是由那些希望从投资中获得经济租的、拥有市场力量的企业作出的。因而，他们认为对于 MNE 的区位决策，EATR 是相关税率，而对于子公司再投资而言，适宜的税率则更可能是 EMTR。

□ 17.2.4 MNE 对征税差异的反应

由于税收只是影响 MNE 活动的水平和分配的一个因素，因此在不考虑其他决定因素的情况下，不能对其重要性进行评估。多年以来收集的大量基于调查的证据往往表明跨境企业税负的差异几乎不是 MNE 活动的一个主要动机，但是，一旦作出要从事 FDI 或增加在某一特定国家或地区的生产的决定，它们可能会在开展经营活动的国家或地区的选址工作中发挥重要作用。这更有可能发生在对出口平台制造业投资和设立区域办事处时，这些都是所有 MNE 中最无约束的部分。例子包括美国或亚洲 MNE 在欧盟地区内的选址，以及欧洲和亚洲 MNE 在北美自由贸易区内的选址，或者更确切地说是在美国内部。

尽管商业调查对税收问题的关注相对较少，但是涉税纠纷依然在不断吸引人们的关注，比如在奥地利和德国之间进行的涉税纠纷以及欧盟和瑞士之间的涉税纠纷。例如在 2005 年瑞士诺华制药公司的仿制药子公司山德山，当它考虑将总部从维也纳搬迁至巴塞尔或慕尼黑时，其就曾处于舆论的风口浪尖。②

当然，所公布的消息是政府（各个级别）都相信税收确实是很重要的，而且税收有能力影响 MNE 的经营活动。然而，即使在看似明确的情况下，比如爱尔兰政府所提供的低税率，税收优惠也需要与其他政策和制度措施一同考虑，这些政策和制度措施包括教育和培训投资，其使得爱尔兰成为 MNE 在境外设立子公司的一个理想选择。同样地，当税率或许已经成为许多已经将欧盟的区域总部设立在瑞士还是卢森堡的 MNE 的考虑因素时，高质量的法律、金融和咨询服务业已经成为一个重要的推动因素，而这些服务是支持大型跨国企业的总部运营所需要的。

---

① 虽然基于实际税收收入的税率有时被称作有效税率，以区别于法定税率。

② "Sandoz 'seeking to exploit latent tax competition'", *Financial Times*, April 13, 2005, www.ft.com.

事实上，如果企业税率不是区域性竞赛的一种形式（Mytelka，2000a），而是反映了某一特定区位对于当地企业和跨国企业活动的吸引力的长期差异，那么消除这种差异会削弱地方和区域政府以其创造的经济和社会基础设施为基础进行竞争的能力。因此，政府对跨境合作努力的关注在统一税率上并不是那么多，而更多关注的是消除那些会扭曲经济制度的影响因素。在研究征税对于外来 FDI 的影响的文献中，这种扭曲一般分为两大类：一类是研究征税对于其区位选择的影响，另一类是在给定区位中 MNE 对征税的行为反应。我们将依次讨论这些问题。

对区位选择的影响

由于 MNE 的区位决策常常是复杂的，能够在多大程度上将税负对跨境区位的影响分离出来是受到限制的。能否成功地评估不同税收制度对 MNE 区位选择的影响取决于能在多大程度上将区位选择的决定因素充分地考虑到模型中。如在第 16 章中所讨论的，除了诸如市场规模、要素成本和可用性、制度内容和质量、需求水平和特点等因素之外，几个与集聚相关的因素也在区位决策中发挥了重要作用。这些因素都与自然资源和创造性资产的地理分布特点有关。[1]

总体而言，有实证研究证明企业税对国际投资流入会产生负面影响。[2] 回顾 Hines（1999）的文献，他提出了一个 -0.6 的一致估计系数，其意味着税率每提高 1%，会导致外来投资减少 0.6%（或当税率为 30% 时的半弹性系数值为 -2%）。[3] 然而，这个文献评论几乎不可避免地将使用不同的模型设定、数据和方法的研究结合在一起。要（部分）解决这些问题，de Mooij 和 Ederveen（2003，2005）进行了一项结合了 31 项实证研究的元分析，将 427 个观察到的弹性值转换后进行比较。然后作者检查了基础研究的特点，以了解这些是否系统地影响了结果。

在后者的研究中，de Mooij 和 Ederveen（2005）发现平均税收弹性大约在 -3.7 左右，弹性值的中位数大约为 -2.9，但是观测值之间的变化很大，其中大约有一半的变化是显著的。在这四种类型的研究中使用了以下方法：使用 FDI 时间序列数据或截面数据；使用离散选择模型来研究税率和区位选择的关系；当然也使用了 FDI 的面板数据。用截面数据得到的名义弹性值比其他类型的研究得到的弹性值大。此外，结果的差异是因为选取的税率不同。但是，来自税收优惠国家和免税国的投资者之间没有系统性的差异，尽管作者确实找到了再投资和资金转移之间的显著差异。[4]

除了这些主要研究结果之外，我们希望突出强调五个关于 MNE 区位选择和税收的研究的发现。首先是 Gorter 和 Parikh（2003）发现，企业所得税有效税率每降

跨国公司与全球经济（第二版）

---

① 在第 16 章我们将此认定为"禀赋效应"和"集聚效应"。禀赋效应指的是不能移动的资源，要么是先天的，要么是后天创造的，这些资源可以使某一特定地区对开展经济活动更具吸引力。集聚效应是有企业入驻在与其相似的企业周围，通常是希望有溢出效应，或者其他的战略或竞争考虑。

② Kopits（1976b）做的关于不同国家对 MNE 活动征税水平和结构差异的早期研究认为税收弹性几乎普遍是负的（即随着税率的增加，MNE 的经营活动就会减少），并且是十分显著的。

③ 弹性被定义为一个变量因另一个变量的百分比变动所带来的百分比变化。半弹性是指一个变量因另一个变量的百分比变动所带来的水平变化。

④ 进入模式也可能同样会起到作用。Swenson（2001）发现美国税率较高的州吸引的新工厂越少，工厂扩张也越少，但是并没有阻止外资收购的发生。

低一个百分点，来自另一个欧盟成员国的 FDI 就会增加 4%。该模型是一个考虑区位因素的简单模型，仅选择人口规模和人均 GDP 作为解释变量，但同时也分别使用了以全球数据为基础的后顾式税率（ATR）和以税法为基础的前瞻式税率（EMTR）。

在有关欧盟的第二项研究中，Devereux 和 Griffith（1998）采用了一种非常与众不同的国外生产模型，这一模型包括出口或完全不服务外国市场的选择。在本研究中使用的区位决定因素包括集聚效应、单位劳动力成本和资金成本。他们发现，EATR 在区位选择中发挥了重要作用，前提条件是一家企业已经决定在欧洲进行生产。根据他们的研究结果，在英国，EATR 每增加一个百分点，美国公司愿意到英国开展生产的意愿就降低 1.3 个百分点。然而，在 MNE 是出口到欧洲，还是参与当地生产的决策中，EATR 并没有发挥作用。

与 Devereux 和 Griffith（2003）的观点一致，在第三项研究中，Bellak 等（2007）断言，尽管采用法定税率是比较容易的，但是这可能掩盖了税收对 FDI 区位选择的实际效应的大小。特别地，他们指出，两国的平均有效税率（BEATR），即基于母国和东道国的税收法规以及双重征税协定（税收豁免或优惠）条款计算得到的税率，相比于法定税率是一种更可取的方法。作为他们研究的一部分，他们为投资于中欧和东欧的 8 个东道国的 7 个主要来源国建立了 BEATR。Bellak 和 Leibrecht（2005）在 FDI 的引力模型中使用了这些税率，该模型中也包括了一系列其他的区位变量。他们得出的半弹性值在 -3.3 至 -4.6 之间，这一数值要明显高于早期研究得到的结果。[①]

在第四个研究中，Hines（1996）试图评估美国各州之间的税率差异对工厂、物业和设备投资的影响。这项研究还控制了影响区位选择的集聚因素，比如诸如纽约和硅谷等区域的固有可得性。他发现的影响是很大的，当各州之间的税率存在 1% 的差异时，全面缴税投资者与缴税负担较轻的投资者之间投资的资本份额就存在 9% ~ 11% 的差异。研究中缴税负担较轻的投资者就是那些接受母国为其在美国支付的税收提供的优惠的投资者，即来自日本和英国的投资者。然而，必须做出假定，即这样的投资者的税收优惠并没有达到可以让它们在做区位选择时不考虑各州税率的影响。此外，五个州对企业税实行零税率，如果将这些州从模型中剔除，那么税收对资本所有权的影响就会接近零。

第五项研究是 Desai 等（2004c）使用美国对外 FDI 数据进行的，这些数据来自于 1982 年、1989 年和 1994 年的 BEA 基准调查，该研究的目的是比较间接税（即销售税、增值税、消费税和房产税以及出口税和进口税等）和企业所得税的影响。他们发现，美国的 MNE 子公司面临的间接税负明显超过其境外所得税纳税义务，因此预期也可能影响 FDI 的区位选择。他们发现，间接税率与投资水平呈负相关（按

---

① 另一个由 Bénassy-Quéré 等（2005）所作的研究采用了重力模型，使用了 11 个 OECD 国家在 1984—2000 年间的双边 FDI 流动数据，该模型精确解释了一些国家的税收优惠和减免政策。在控制了市场规模以及公共物品的比例之后，作者发现税收似乎会影响 FDI，但是在对称的方式下，较低的税率反而不能吸引投资，较高的税率也会抑制投资。而且，税收优惠的国家对税率差异的反应似乎是非线性的，这可能是因为存在一些享受过度税收优惠的企业。

资产总值计算），其程度与企业所得税税率大致相同。他们的研究结果表明，如果当地的间接税税率增加 10％，那么外国子公司的资产将减少 7.1％，这与企业所得税的影响相似。此外，他们发现，间接税每上升 10％，外国子公司的产出就会下降 2.9％，而较高的直接税对企业生产的影响倒是较为温和的。他们还发现较高的企业所得税税率会使外国子公司的劳动资本率和利润率下降，而间接税则不会。

最后一个研究中有趣的特点是由于间接税不是企业收入的函数，因此它们是不受外国子公司的融资形式或转移定价影响的。换言之，所测量的与间接税相关的影响可能会因为任何的出于避税目的而进行的企业利润的转移或子公司在负债和资产之间改变的融资模式选择而变得不那么复杂。间接税的作用在美国这样的国家尤其重要，因为美国不允许除了所得税之外的其他税收优惠的累积。

最后，我们必须再次指出，财政刺激措施只是 MNE 进行区位选择时的一个考虑因素而已。由于特定资源的区位特定性，自然资源寻求型投资往往是对制度质量或财政政策差异不太敏感。同样，战略资产寻求型投资通常来说也不会受到税率差异的影响。而市场寻求型和效率寻求型投资很可能会对税率比较敏感，但即便是这样，区位选择依然涉及多个因素之间的平衡。例如，诺基亚在印度钦奈的一个特别经济区（SEZ）中的 1.5 亿美元的制造设备，该笔新投资的区位选择就是受到当地市场的殷切需求以及获得 SEZ 中的中间品进口的更快的海关放行的能力所驱动的，但没有受到税收优惠的驱动。[①]

第 10 章表明，东道国的制度质量是外来 FDI 流动的一个重要的决定性因素。当一个国家具备高质量的政策制度和有吸引力的商业环境时，税率会影响经营活动的区位选择，但是这仅限于有多个备选地点的情况下。在其他情况下，如果 MNE 面临着有限的选择，税率不太可能影响实际经济活动的区位，但它们可能采取替代性的财务安排和运用转移定价来影响 MNE 的行为。这是下面一小节的重点。

对 MNE 行为的影响

虽然税率对 FDI 区位选择的影响难以评估，但是其对 MNE 行为的影响可以说是比较容易理解的。像所有形式的规章一样，税收制度的改变可能会扭曲企业行为，并且导致企业无效率。有文献利用 BEA 的数据资源对美国 MNE 面对税收时的行为做了研究。[②] 这项研究已发现在四个主要领域发生的、由税收导致的 MNE 的行为扭曲：子公司利润汇回的范围和时间；子公司通过负债或权益的融资；特许权和技术转移的支付；JV 活动。下面我们会简短地介绍这四种行为。

税收可能会影响利润汇回的时间和范围，但这种影响的大小难以确定，因为我们对 MNE 汇回利润的正常水平缺乏了解。[③] 在第 2 章中，我们呈现了关于在来自一

---

① "Nokia's hub fosters creativity"，*Financial Times*，April 4，2007，www. ft. com.

② Hines（1999）对研究税收以及 MNE 行为的相关文献做了全面的回顾，Desai 等（2006c）总结了一些近年来的研究结果。同样也可参见 Gresik（2001）以及 Morriset 和 Pirnia（2002）所做的文献回顾.

③ Desai 等（2001）采用了 Lintner 红利模型，这个模型经常被用来计算股东红利。他们发现企业有一个合适的公司内部红利水平，而且他们也不想脱离这个水平。Kopits（1972）提出的另一个观点是 MNE 有一个合适的资本积累水平（通过再投资实现），这个水平决定了公司内部的红利水平。对这一方法的扩展可参见 Lundan（2006）。对于自筹资金的说法有很强的历史支撑（例如，可以参见 Penrose，1956；Chandler，1990），虽然通过利用再投资收入来支持子公司扩张可能会慢慢变得不再重要。

些重要来源国的 FDI 流动上的再投资的份额的数据。这些数据表明，再投资收益代表了连续国际投资中的一个重要组成部分。尽管如此，再投资的决定因素已经在很大程度上被研究国际商务的文献所忽视（Lundan，2006）。然而，与此同时，利润汇回（再投资的对立面）在税收相关文献中得以考察，而这些都是我们在这里回顾的研究。应当指出，这样的研究并没有关注那些或许能够鼓励 MNE 子公司进行再投资的企业或国家特定因素，因为它们把注意力都放在利润汇回对税收差异的影响上。

Desai 等（2001）得出结论认为，虽然各种非税收方面的考虑会影响 MNE 的利润汇回决定，但是对汇回利润征收较低的税则会导致更高的利润汇回率。他们发现被征收更高税收的美国 MNE 的海外子公司拥有较高的股息支付（汇回）率，但是如果企业在税收优惠的情况下（或者国外收入免税），这些影响就会消失。相比之下，MNE 在低税率国家的子公司可能更愿意在它们的运营网络中从事其他再投资（或许利用避税天堂）而不是将收入汇回。[①]

虽然许多研究都仅仅关注企业内分红的汇回问题，但有个论证需要提出，即企业内分红的支付需要与子公司收入汇回的其他形式同时进行考察，其他形式例如特许权使用费和利息。[②] Grubert（1998）的一个研究是基于 1990 年美国财政部的企业税务档案的数据，该研究发现虽然较高的含税价格阻碍了企业内分红的支付，但是这并不意味着会增加子公司的留存收益，因为其收入可能通过其他方式进行分配。特别地，他发现特许权使用费和利息在很大程度上是利润汇回的替代手段。[③]

Grubert 所做的研究就是少数几个能够仔细考察对于拥有较多税收优惠的企业而言，收入汇回时税收相关成本如何变化的研究之一。[④] 当企业在国外上交的税比在母国所交的税更多时，在国外的税收优惠就会增加。在其他条件不变的情况下，当母国税率下降时，企业更有可能处于能够获得超额信贷的地位。境外税收超额信贷模糊了来自税收优惠国家和税收免除国家的 MNE 行为上的差异。因此，虽然来自税收优惠和税收免除国家的企业对高税率的敏感性确实存在明显不同，但是在实证研究中却并非必然如此，因为来自税收优惠国家的企业享受到的超额信贷的程度也是不同的。[⑤] 相对来说，没有超额信贷的企业对（高）外国税率并不是很敏感，而拥有超额信贷的企业的表现却与那些来自免税国家的企业的行为更类似，且对高税率也更敏感。

在子公司汇回收入的众多可替代手段中，Desai 等（2004b）考察了被同一母公司控制的各个子公司的融资方式，发现高税收国家的子公司偏好于运用债务融资，而低税收国家的子公司则偏向于权益融资。[⑥] 他们还发现高税收国家的子公司债务水

---

① 税收汇回的延迟可能会通过间接控股子公司（例如，控制公司）而时常发生。Desai 等（2002）发现对美国子公司间接持股的企业的数量从 1982 年的 15％上升至 1997 年的 35％。

② 红利与版税和利息不同，后者通常可以从东道国的税收收入中免除。

③ 参见 Kopits（1976a）早期关于税收引起的公司内特许权使用支付扭曲的研究。

④ 虽然因为内生性的问题使得对于过度的税收优惠的研究存在困难。

⑤ 例如，Slemrod（1990）比较了美国境内来自税收优惠和税收减免国家的外国子公司的行为，发现它们的行为并没有多大的区别，而 FDI 的形式则会有一定影响。虽然高税率会对（股权）FDI 和资金（企业内贷款）的转移产生消极的影响，但是对再投资收入却没有影响。

⑥ 该方法的一个优势是对同一家 MNE 而言，相比于某一特定国家的公司之间可以有更多的税率变化。

平明显更高。而且与其他从外部来源获得的借款相比,来自于母公司的借款对税率差异更为敏感。

另一种利息支付方式(即母公司用来汇回收入)是采取特许权使用费的形式。正如我们在第 11 章看到的,公司内部的特许权使用费占跨境专利交易费的比例最大。这显示了 MNE 想要在公司内部利用专利技术的愿望,而不是将这样做的权利卖给他人(例如通过许可证的形式),或者它可能反映了一种扭曲,这种扭曲的出现是出于 MNE 想以特许权使用费的形式而非公司内部分红或利息的形式来获取子公司的收入的欲望。Grubert(1998)提供了有关税收考虑在特许权使用费支付上发挥重要作用的证据,他发现美国子公司支付给母公司的特许权使用费对税率是极为敏感的(包含在企业内特许权使用费的支付中的价格操纵将会在 17.3 节中讨论)。

最后,Desai 等(2004)提供的证据表明,美国企业在 1986 年(美国)的税收改革后减少了其对国际 JV 的参与,这是对来自 JV 的收入所施加的惩罚,同时也增加了对全资外国子公司关联的国际税收筹划的价值。然而,很难估计美国相关 JV 的减少以及契约联盟的后续发展到底在多大程度上受到其他因素的影响,以及税收考虑的相对作用到底是什么。

□ 17.2.5　全球经济中的国税战略

在本书中我们提到过,各国政府应采取系统性的方法来评估、指导和应对 MNE 的活动。在目前的情况下,这意味着母国和东道国政府在制定税收政策时应认识到,在当前全球经济中,许多企业都可以自主选择在哪里开展自己的经营活动,而这种选择(至少有一部分)会受到政府税收政策的影响。早些年,当企业资产的流动性很低时,这些国家间的税收联系相对来说就显得不是很重要。因此,目前的税收政策确实影响着一个国家企业的竞争力以及其国内资源的配置与质量,而这些政策也确实没有考虑对外国企业或其他国家可能产生的后果和影响。

在全球经济中,税收政策出现了(或应该出现)一个新的维度。假定税务当局的主要目标之一是获取收入,那么似乎应该考虑如何使一个国家在 t 期的税收政策能够影响征税企业在 $t+1$,…,$t+n$ 期的盈利能力。但是,如果一个国家的税基或税率与其主要竞争对手相比非常不利,那么极有可能发生这样的情况,即不仅企业自身将在母国之外尽可能多地去赚取收入,而且作为国际投资的接受者,它的吸引力也会越来越小。[①]

Hufbauer(1991)在他对美国经济的分析中指出,当代对 MNE 或者其子公司的征税系统可以追溯到 20 世纪 20 年代,这个系统在当时主要涉及如何在美国与国外税务当局之间适当地分配收入以及如何在美国的境内外收入之间保持税收中性的原则。但是他认为(并且这个论点毫不逊色于 21 世纪初的观点),税收政策

跨国公司与全球经济(第二版)

---

① 当然,地区水平也会起到很重要的作用。在欧洲企业采用新的法律形式(*Societas Europea*,SE)所带来的好处中,有一个好处是当从一个欧盟所拥有的全资子公司向另一个子公司分配红利时,并不会产生税收义务。而且 MNE 有可能在不被征税的情况下将公司的选址从一个成员国向另一个成员国转移。安联——德国的一家保险公司——是一小组已经选择 SE 形式的 MNE 的其中之一。

的一个重要目标就是去维护国内工商企业的利益。他认为可以通过两个手段来实现这个目标：一个手段是在最大程度上保证国际市场体系不被扭曲，另一个手段是每当政府的行为导致竞争环境不公平时，就宣传和实施一系列适当的制度和微观调控政策。

在第 19 章中我们将探讨一个系统性宏观组织战略的概念，包括更详细地去讨论税收政策。尽管对美国来说合理的战略性税收政策可能不适用于其他国家（虽然必定会有类似的地方），但是很明显，区域化和全球化的增值活动要求税务当局重新思考对企业征税的原则和实际做法，以及无论做出什么样的变化，都必须符合相应国家的竞争力。事实上，国家经济研究局（NBER）会议手册中，一些考察美国税法影响的研究强调，必须开始着手制定税收相关的制度，这些制度不是作为国家政策的一部分，而是作为一种制度去影响其他主要经济体的政策，同时也会被影响（Hines，2001b）。

在近几年的一篇文章中，Desai 和 Hines（2004）研究了美国企业税制的全面改革，并强调美国（和其他开放经济体）有必要去改变这样一种税法，即试图将国内征税的逻辑运用到国外的情形中去，而是应该在国际环境中去制定税收体系。根据作者的说法，其中一个重要做法是将 MNE 的战略决策和经营活动的现实假设与对有效的（和社会可接受的）税务系统的成分分析结合起来。

作者的主要论点是，长期存在的资本输出、国家和资本输入中性的概念是基于把 FDI 视为国家间净储蓄的简单转移。但是，如果 FDI 不仅代表这种类型的转移，而且还包括了企业特有资源、资本和制度的整合，那么这些概念就不能再被用作制定最优的税收系统时的参考。[①] 相反，Desai 和 Hines 认为，税收政策应该在考虑到它们对于生产性资产分配和所有权影响的基础上被评估。为此，作者提出了资本所有权中立（CON）和国家所有权中立（NON）的基准。资本所有权中立对应的情况是所有国家要么对境外收入免税，要么提供完整的境外税收优惠方案。在国家自主权中立的情况下，国家就应当大量免除境外所得税。[②]

17.3　转移定价

□ 17.3.1　引言

跨境企业内部转移定价已经引起大量文献的关注，这似乎主要是因为发展中国家和发达国家的政府都认为，通过操纵这样的价格满足自己的利益，MNE 会对东道

---

① 最优税收的理论意味着影响生产的不变因素越多，就会比可变因素越多时产生更重的税负。假设资本比劳动（或土地）更容易变动，这就意味着会减少对资本的税收。事实上，对资本收入的征税已经比对劳动收入的征税更少，而且对资本征税的有效边界在不同的国家之间会趋于一致（Barba Navaretti 和 Venables，2004）。

② 也可以参见 Grubert（2005）对于 CON 和 NON 定义的批评。

国产生不利影响。虽然大部分都关注用 TPM 的方式来规避企业所得税，但是政府可能没有那么在意 MNE 或其子公司会通过它来掩盖真正的运营成本和收入，和/或阻止一些宏观经济政策的预期效果（如汇率和利率的变化）。其中，当 MNE 及其子公司在有关国家的对外经营活动中起到重要作用时，TPM 也可能同时对贸易结构和国际收支平衡产生一定的影响（Grubert 和 Mutti，1991；Schjelderup 和 Weichenrieder，1999）。

虽然文献都在集中讨论 TPM 对东道国的经济福利的影响，但是对母国的影响也同样受到了关注。一国增加值的损失通常会导致另一国增加值的同等增加，TPM 很可能导致一个国家的增加值损失和另一个国家的增加值重新分配，这对两个国家来说都是不可接受的。在另一方面，当 MNE 将管理价格更换为非竞争性公平价格时，又或者当它们被用来对抗市场扭曲的政府政策时，它们就可能会增加而非减少经济福利（Rugman 和 Eden，1985）。

安永会计师事务所（2005）进行的一项调查证实，转移定价是当前对 MNE 来说最主要的税务问题。[①] 这部分是因为许多税务当局越来越多地关注这一问题，这体现在更广泛的文件要求、制定惩罚措施、更频繁地使用价格审核。在过去三年中约有 63% 的调查对象受到了定价审核，甚至更高比例的企业认为在未来两年内还将继续受到审核。参与调查的 MNE 中，只有少数曾与税务机关讨论采用预约定价安排，但是对于那些没有这么做的企业而言，调查显示它们将在未来采取行动，并且使用这种定价安排的企业数量也确实在不断上升。上次调查也显示，国际税收筹划的重要性也在上升，且它的实施比预计早了两年，并且现在有清楚的证据表明，税收问题在企业的规划周期中得到了更早的关注。

□ 17.3.2　TPM 的动机

我们将 TPM 定义为一个企业（即跨越或沿着增值链）交换货物和服务的行为，其价格往往不同于将这些货物和服务出售给独立公司时的定价。我们想再次强调的是，虽然我们通常认为公平价格是有竞争力的，但是事实上却并非如此。在另一方面，如果不了解为什么一个公司希望操纵市场价格，那么我们也不会去假设这样的价格是比管制价格高还是低。

MNE 参与 TPM 是因为它们认为这会加速其对全球利益的获取。因此，在其他条件不变的情况下，我们也非常容易理解一个以盈利最大化为目标的公司会寻求将税前利润从企业所得税率高的国家转移到税率相对低的国家。例如，我们假设，位于 A 国的 MNE 的子公司赚取了 1 000 万美元的应纳税所得额，其必须支付 50% 的税；在 B 国的另一个子公司也赚得 1 000 万美元的应纳税所得额，而只需要支付 20% 的税。我们再假设，在 A 国的子公司从 B 国子公司进口按公平交易价格计算的价值为 2 500 万的货物并出口给 B 国子公司按公平交易价格计算的价值为 2 000 万的货物。那么，最后的总税款为 700 万美元（A 国支付 500 万美元的税，B 国再支付

---

① 22 个国家的 348 家母公司和 128 家子公司。

200 万美元的税），最后的净利润额为 1 300 万美元。

显然，在这种情况下，如果企业能够自由选择，那么 MNE 将宁愿在 B 国申报它的所有利润，并少支付 300 万美元的税。实现这一目标（如果 A 国的当局知道并允许）[1] 的一个方法是让 A 国的子公司将商品和服务以比公平价格更低的价格销售给 B 国的子公司，然后再以比公平价格更高的价格从 B 国子公司买回来。例如，如果 A 国的子公司将销售价格降低 25%，并且同时上调 20% 的采购价格，这就能减少该公司 500 万美元的收入，同时增加 500 万美元的成本，从而消除了在 A 国所有的利润记录。与此同时，在 B 国的子公司会有相应的收入的增加，同时也伴随着成本的下降，最终结果就是 B 国的子公司将把其应纳税所得额提升至 2 000 万美元。通过这样的 TPM，MNE 能将原先 700 万美元的税负降低至 400 万美元。

然而，降低企业的税负只是 MNE 试图使用 TPM 的众多动因之一。比如，企业宁愿减少申报收入，尤其是在一个工会或当地利益相关者会想方设法攫取过剩收入的国家，并将这些收入转移到能够拥有更大议价能力的国家。同样，资本回报率高可能会被国内政府当局视为垄断定价的标志。为了省去调查的步骤，企业可能会通过 TPM 来降低它的盈利能力。另外，由于在一个货币坚挺（或货币升值）的国家获得的利润可能比在软通货（或货币看跌）国家获得的利润价值更大，所以企业也有理由将其资金从后者转移到前者。最后，MNE 更愿意在低风险的经济和政治环境中赚取利润。我们将依次来分析这些理由。

研究 TPM 基本原理的文献表明，企业会有内部的和外部的动机来选择采用 TPM。[2] 应当强调的是这些动机本身都没有足够的理由支持企业选择 TPM。同时，母国或东道国的税务当局可以采取措施来禁止或消除 TPM 的诱因。

TPM 有三个重要的内部诱因：第一是降低 MNE 的全球税负；第二，提高对外国子公司的经营表现，并协调海外子公司的现金流和收入流；第三，推动实现 MNE 的战略目标。

前两个诱因是不言而喻的。第三个诱因一直较少受到相关文献的关注，虽然从长远来看，它可以对 MNE 的 O 优势以及 MNE 运营所在国的经济福利产生决定性的影响。MNE 从战略层面运用 TPM 的例子包括鼓励或者劝阻外国子公司的出口行为；母公司（公开的）利润的减少，或者其中一个子公司利润的减少，以平息工会要求涨薪水的要求；故意造成损失来支撑政府财政支持请求或为其在监管市场的涨价行为辩护；通过降低在不稳定环境中的现金风险来限制金融风险；通过资助新成立的子公司来帮助它们进行市场渗透或者帮助它们设立经销网点；以及将有关其合资企业盈利能力的虚假信息提供给竞争者。如使用得当，每种形式的 TPM 都能增加 MNE 相对于其竞争对手的 O 优势。

采用 TPM 的外部因素中（TPM 的净效应可能是增加或减少母国或东道国的增加值），最主要的内容包括避免或减少关税和税费、经济多样化、政治或汇率风险，逃避东道国对资本和红利汇回的限制。如果国内价格上涨是由东道国政府管制造成

---

① 也许当 B 国的税收收入增长时，它不会反对。

② 例如，参见一个早期的文献，包括 Lall（1973）所做的一些实证分析。

的，或者如果更高的利润被视为垄断定价的标志，MNE 就可以使用 TPM 来保护和开发它们的竞争地位。我们可以合理地假设，如果一个国家中这样的内部或外部因素越是多于另一个国家，该国家中的企业就越有可能在跨境企业内部交易中采用转移定价。

□ 17.3.3 转移定价的机会

既然采用 TPM 存在这么多的理由，那么我们应该在什么时候使用它呢？显然，这将取决于 MNE 能够在多大程度上通过参与跨境的经济活动（与该国的企业进行商品与服务的交换）来获取利润。显然，贸易量越大，采用 TPM 的机会也就越多，虽然 MNE 并不是经常希望利用这种机会。同时这在很大程度上也取决于贸易国的政府是否准许 TPM，或者是否采取行动去消除跨境 TPM 的诱因。

企业内贸易的程度和模式（以及因此使用 TPM 的机会）有可能会随着 MNE 的经营活动的不同而不同，就像我们在第 14 章中讨论过的。特别地，文献中区分了垂直型企业内贸易和水平型企业内贸易，前者包括三种类型。第一种是在发展中国家的子公司和在发达国家的母公司之间的初级产品贸易。这基本上就是以赫克歇尔-俄林模型为基础的贸易形式，MNE 内部化了这类贸易，并且是基于各个国家在成本和资源可用性上的差异。大多数与投资相关的贸易，如大宗商品原油、铝、铜、香蕉和茶叶的贸易就属于这种类型。对于 MNE 采取 TPM 最严厉的批评者就是那些基本依靠这些产品来换取外汇收入的东道国政府。

第二种垂直贸易出现在制造业和服务业中，其中 MNE 依据特定的增值链和不同要素强度的贸易产品交易来实现跨境专业化。因此，MNE 子公司的一定比例的内部出口由劳动密集型中间产品，或者来自工业化发展进程中的发展中国家的最终产品和服务组成。近年来的关于这种交易的一个例子是，由 MNE 的区域性办事处和地区性办公室开展的此类贸易（UNCTAD，2004）。[①] 第三种是，有大量的企业内贸易的货物从 MNE 出口到外国销售网点，也有大量的货物通过 MNE 的国外采购代理处进行进口。

水平型企业内贸易主要发生在发达国家 MNE 的制造业子公司或服务业子公司之间。想要充分利用规模经济，多产品的企业可能会选择在一个国家专门生产一种或多种产品，并且在另一个国家交易这些产品。这（正如我们已经看到的[②]）是合理化或者说是效率追求型 MNE 经营活动的主要特点。这种贸易在国家的区域一体化方面，如欧盟或北美自由贸易区之间是尤为常见的。战略性资产收购的投资也可能导致企业内（有时代替企业间）交易，特别是中间产品之间的贸易，如技术、管理和营销能力。这种企业内贸易的大部分也是产业内贸易。再次，专业化的诱因越强，TPM 的机会也就越多。

---

① 当然，只有一部分呼叫中心提供这样的服务，并作为 MNE 的一部分，而不是作为契约关系的基础。
② 参见第 3 章和第 5 章。

□ 17.3.4　对 TPM 的约束

即使存在 TPM 的动机和进行企业内贸易的机会，企业还是可能没有真正进行这样的操作，因为它们认为，这样做的成本大于收益。实际上，这意味着前面小节中提到的制度方面和其他方面的诱因与其他不利因素相互抵消。不利因素主要有两种形式：企业内部的和企业外部的。

作为 TPM 问题上最早的研究之一，Lecraw（1985b）观察到，如果 MNE 大量放权给子公司，那么 TPM 就会极大地阻碍企业的评价、控制和奖赏系统。甚至当 TPM 的企业内部交易成本很小时，如果以管理为基准，对所有的跨境交易坚持使用公平价格的做法，那么这样获得的收入很有可能是不划算的。此外，如果 MNE 知道，某一政府对 TPM 的态度是非常挑剔的，它就有可能会认为，最好不要这样做。最后，虽然我们已经看到，一家 MNE，作为一个 JV 的部分所有者，可能会在能增加企业经济租的份额的情况下使用 TPM，但是当地的合作伙伴还是有可能极力反对这一战略。[①]

但是，特别是当有大量的诱因和机会时，对 TPM 最主要的制约可能是政府所采取的禁止或减少（感知到的）可能会导致恶性后果的行动（也可能是威胁的行动）。这通常需要一个强大的税务机关，以及各个政府部门去采取一系列连续且一致的政策，这些政策是针对 TPM 的不利影响，并且是关于如何进一步去抵消这些影响的。[②]

下一节将讨论税务机关确定并解决 TPM 问题的各种机制。就目前而言，我们观察到，很少有人说明 TPM 对经济福利会产生的影响。此外，它可能会不同程度地影响到特定的利益群体（例如消费者、员工、投资者）和政府部门。例如，为了减少在某一东道国的企业税，MNE 可能对该国子公司的出口收取过高的价格。虽然这可能会产生较少的企业税并提高一国的总进口费用，但是同时也可能会产生更多的进口关税，并且以向消费者收取的价格的增加，以及制成品的需求弹性为依据，从销售或增值税中获得更多收益。[③]

总之，MNE 会在多大程度上使用 TPM，首先取决于从获得收入的国家转移应纳税所得额到其他国家的动机，其次取决于使用 TPM 的机会。后者将取决于企业内贸易的水平和种类[④]，以及它的透明度[⑤]、FDI 动机、从事 TPM 的交易成本、MNE 的定价战略以及政府在多大程度上愿意并能够影响 MNE 跨境交易的实践。

我们相信，全球化的到来和技术的最新进展对 TPM 的程度和内容会产生复杂的影响。一方面，MNE 在相应的全球和地区战略上，大量内部交易的增加创造了使用 TPM 的机会。另一方面，更具竞争力的交易环境以及发展中国家和发达国家内部的

---

① 在任何情况下，因为这个原因，TPM 并不会成为合作关系的长期吸引力。

② 需要强调的是，并不是所有国家的政府都反对 TPM。事实上，避税天堂的政府反而欢迎 TPM。

③ 虽然从 MNE 有利的观点出发，进口关税不能太高以至于消除了税收收益。

④ 公司因素中有公司规模、企业对产品（或过程）差异以及生产和市场的地理选择的策略考虑。

⑤ 借此我们是想说明存在着产品和服务贸易的外部市场——或者相似的产品和服务——以及它们贸易的频率。

准备更加充分的国家主管部门，可能已经减少了 MNE 采用 TPM 的能力。[①] 尽管在发现和测量 TPM 方面存在困难，尤其是与 R&D 相关的无形资产在企业内部的转移问题，但净结果只是一个实证上的问题，我们现在将转向相关讨论。

□ 17.3.5　有关 TPM 的证据

引言

虽然所有情况似乎都表明在过去的二十几年间，公司税收收入并没有下降，甚至都不存在缓慢的下降，但是关于避税和税收竞争导致公司税收收入减少的忧虑仍旧存在。在某种程度上，这种担心是正常的，尤其是涉及 MNE 对避税天堂的利用时。而且合计数据会将国家间的差异隐藏起来。同时，人们的认识也会受到几个有名的有关 TPM 案例的影响。例如，在 2004 年，美国国税局要求 GlaxoSmithKline 和 Motorola 分别补交 27 亿美元和 5 亿美元的税款。此外，像 Citigroup 和 GE 这样的公司，虽然没有因为 TPM 被直接起诉，但因为主动地降低了它们的全球纳税额，也受到了严密的调查。2004 年在英国，Honda 和 Nissan 也面临着国税局的调查，因为大量的税收损失足以抵消未来的税收收入。

虽然证明 TPM 存在的证据依然是零散的、偶然的且具有特殊性，但毫无疑问的是，TPM 确实是发生了（或在过去已经这样），这样的操控使得 MNE 投资的目的国的税收收入和国家收支平衡出现了很大的差异。然而，TPM 的重要性和影响程度依旧是一种强烈猜想，即使有大量的证据证明存在很多可以促使 TPM 发生的证据。特别地，我们可以将研究分为三类：以企业内进出口价格进行交易与独立交易进行比较的研究；检验收入转移的间接证据的研究；关于 MNE 采用 TPM 的方式的研究。[②]

企业内和企业间进出口价格的差异

Natke（1985）对巴西的 141 个制造业企业进行了研究。结果表明，在研究的 127 个产品种类的 76 类产品中，MNE 子公司在进口时支付的平均价格要高于本地企业支付的价格；有 47 类产品的价格是后者高于前者。企业内交易价格存在更强的波动性。双均值检验表明，MNE 子公司始终对进口产品支付更多的钱，过高定价的程度在 21%～39% 之间。然而，Natke 也认为，这种定价差异与 TPM 本身并无关联，却可以反映讨论中所涉及的企业的产品质量和定价策略的不同，抑或是企业会计实践的差异。

利用多元回归分析，Lecraw（1985b）检验了什么因素决定了企业内与企业间出口价格差异的程度。他收集了来自 111 个 MNE 的进出口价格数据，这 111 个 MNE 在 5 个东盟国家的 6 个轻工业部门总共拥有 153 家子公司。一个很有趣的发现是，与美国和欧洲的 MNE 相比，日本的 MNE 在制定企业内进出口价格时更加倾向于采用非市场价格。Lecraw 表示，这可能反映出日本 MNE 更为集中的控制程序。

在另一项研究中，出于对在加拿大经营的外国石油子公司收取过高的进口价格

---

① 例如，一个地区所得的收入（和损失）一定要随着各地区增加值变动的程度而灵活改变。

② 对于一个全面的理论讨论和实证分析的文献回顾，读者可以参考 Rugman 和 Eden（1985），Plasschaert（1994）和 Eden（1998）。

的关注，Bernard 和 Weiner（1992）发现，如果真要进行区分，在考虑到产品质量差异的情况下，加拿大的外国子公司支付的价格要等于或低于石油的公平价格。[①]

在一项关于美国主要制造业企业转移定价行为的调查中，Benvignati（1985）发现，相比于美国国内的交易，跨境企业内交易（在这个情况中是出口到外国子公司）定价更多的是基于非市场定价基础。他还发现，在市场定价中 85% 的变化是企业特定的，然而最多只有 4%～7% 反映了产业间的差异。基于联邦贸易委员会提供的数据（这些数据包括了 1975 年 466 个美国制造业公司的 674 个国外交易数据和 1 380 个国内交易数据），Benvignati 总结出在引起跨境 TPM 的企业因素中，广告强度（作为产品差异化 O 优势的代理变量）是一个显著的影响因素。Benvignati 还发现，除了 FDI 以分厂（而不是子公司）的形式从事活动之外，公司内部的出口总量以及企业跨国经营的国家数量都与企业以非市场价格进行交易的意愿成正相关关系。然而，也有理由相信，可能因为规模较大的 MNE 对政府税收机关的透明度更高，并且它们也更加迫切地需要制定非市场价格来避免管理目标的矛盾，所以相比于较小规模的公司而言，规模较大的 MNE 更愿意以公平的价格向其外国子公司出口产品或服务。

使用近几年关于美国 MNE 内贸易模式的 BEA 数据，Clausing（2001）发现，东道国税率每下降 10%，将增加其与美国母公司之间 4.4% 的贸易盈余。这与美国出口价格过低和进口价格过高的事实相一致。低税率国家的子公司将产出中非常大的一部分卖给同一个母公司的其他子公司。在随后的研究中，作者利用了从劳工统计局获得的关于美国进出口价格的数据，这些数据中有 38% 是企业内贸易的价格（Clausing，2003）。控制其他可能会影响贸易价格的变量，并且同时基于法定税率和有效税率，她发现，当国外税率更低的时候，美国出口的内部价格更低，而进口价格会更高，这和企业的收入转移行为相关。外国税率每下降一个百分点，美国公司的内部出口价格就下降 1.8%，而且与独立交易相比，企业内进口价格要高出 2%。

最后，基于从美国人口普查和海关部门获得的 1993—2000 年间关于美国制造业出口产品的数据，Bernard 等（2006）发现美国出口产品的价格要高于公平价格而非企业内交易价格。大宗商品的价格差异与差异化商品相比更小。并且这个差异会随着公司规模和出口份额的增加而增加，当出口到企业所得税低和关税高并存的国家时，价格差距也更大。作者还注意到，美元的升值会使公平价格和企业内交易价格的差距变小。

收入转移的证据

由于很难界定可比较的交易，因此仅仅通过比较企业内和企业间价格，是很难观察到价格转移的现象的。学者们使用的另一个研究战略是分析子公司盈利能力的决定因素，以便对价格转移的重要性设定一个上限。

在 20 世纪 90 年代早期，美国的财政机构越来越怀疑，外国子公司较低的应纳税所得额（特别是日本子公司）是由 TPM 造成的。为了回应这种担心，Grubert 等（1993）调查了一系列可能引起 MNE 的美国子公司具有低盈利能力的原因。这些因素包括较高的负债率、较低的资金成本、企业并购的固定成本、汇率的波动（在 20

---

① 这项研究结合了加拿大和美国的交易数据，目的是能够充分考察市场和非市场交易。

世纪 80 年代晚期），以及转移定价。他们发现外国公司资产的应税收入在以 0 为中心的狭窄范围内分布。国内公司应税收入的分布范围会更加宽一些，并且向右偏移。这说明虽然由外国控制的公司随着时间推移也表现出增长的趋势，但国内企业的应税收入仍可能大于零。作者还发现汇率对于批发公司的盈利能力有很大的影响，而且由于近年来的与收购相关的资产重估，外国子公司的应税收入事实上被低估了。同时，负债水平和利息收入，或者被收购的美国企业可能出现的绩效不佳，似乎都不能解释外国子公司盈利能力较差的原因。事实上，如果非要说的话，资金成本的差异似乎也是不重要的；MNE 母公司相比于在美国的子公司具有更强的盈利能力。他们发现，外国公司和国内公司在回报率上的差异有一半以上是可以用转移定价之外的因素来解释的，而剩下的另外一半则可能真的是由转移定价造成的。

Jacob（1996）进行的一项主要关注收入转移的机会的研究，发现与那些具有较低企业内交易额的企业相比，具有较高跨境销售额的美国 MNE 在全球范围内所缴纳的税款更低，这一点恰好符合全球税费最低的战略。他还发现在 1982—1984 年间，美国 MNE 的税款要低于平均值，但是在 1988—1990 年间支付的税款却比平均值高。这是因为美国在 1986 年改变了税法条款，进而导致了税收驱动型转移定价的发生。

Harris 等（1993）对收入转移问题进行了另一项研究。他们基于国家和地区的模拟数据，依据税率高低对国家进行分组。收入转移的机会是由无形资产的存在所引发的，因为无形资产的价格比较越来越困难，为了证实这个现象，他们的模型还利用了 R&D 和广告支出来衡量与技术和市场相关的无形资产。作者发现收入转移确实会发生，但是无法评估它们影响的大小，因为其是取决于子公司的经营规模的。对美国制造业企业而言，将子公司设在高税率地区就意味着有更高水平的美国税负。最大的 MNE（在超过五个以上的地区拥有子公司）似乎会利用收入转移来降低它们在美国的税费，因为与非全球化企业相比，MNE 在美国的子公司具有更高的纳税义务。后续的发现可能是因为国际化经营使得 MNE 获得较高的收入，所以需要收入转移来避免国外的高税收。

Grubert 利用 1996 年美国财政部的数据进行研究，也发现当企业内交易包括无形资产交易（R&D 和广告）时，内部交易的数量以及随之而来的收入转移就会更高。他发现 MNE 在美国的子公司（无论是在高税收地区还是低税收地区）都有较大的企业内交易量。基于实证分析的结果，他认为以 R&D 为基础的无形资产（不包括广告）收入组成了由高税收地区向低税收地区转移的收入的一半。他还发现，无形资产收入的转移和子公司间的债务分配几乎可以解释高税率地区与低税率地区之间所有的利润差异。

MNE 采用的 TPM 方式

另一项实证研究关注在何种条件下 MNE 会选择采用 TPM，并且还研究了价格管理的方法。这项研究的作者是 Roger Tang（1979，1981）。他在 20 世纪 70 年代末期，对 145 个美国公司、102 个日本公司、192 个加拿大公司以及 80 个英国公司进行了问卷调查，调查内容是关于它们的跨境转移定价实践。他发现 92％的美国公司、73％的日本公司、85％的加拿大公司和 79％的英国公司都承认它们在从事 TPM 活动。而且这些活动在金属制造业和工业以及农业机械部门中较为常见。通常来说，美国和日本的企业更加倾向于依据成本加成公式来进行转移定价，而加拿大和英国企业更加偏好通过谈判来制定转移价格。[①] 采用 TPM 的最大好处是将全球范围内的税费最小化，并且提高对本国和外国子公司运营表现的监管能力。

Tang 还发现决定 TPM 的最主要的外部因素和内部因素与 Lecraw（1985b）的研究发现相似。此外，外国子公司的竞争地位（例如，TPM 被当作一种价格渗透的方式，又或者是以低于成本的价格定价来获取竞争性优势的手段）通常被认为是第二或第三重要的变量。没有公司认为在国外的"征收风险"或者外来投资者的表现是重要的变量——或者更加令人吃惊的是——企业内转移量也不是重要的变量。日本企业比美国同行更加重视当地合作者的利益，就像它们面对现汇波动可能的余波时所作的反应。总之，动机的关联性在英国和日本之间以及加拿大和美国之间最强。

Tang 的发现还证实了 Arpan（1972）的观点，后者也利用问卷的形式确认了各个国家在采用 TPM 时的动机的国别差异，样本数据来自美国、加拿大和英国的MNE。他发现越小的 MNE，越不愿意采用管制价格，并且非美国的转移定价系统和美国的相比普遍复杂性较低，而且也更以市场为导向。[②] 在随后的 AL-Eryani 等（1990）的研究项目中，他们使用了 164 个大型工业 MNE 的数据，研究发现在众多对转移定价战略[③]产生影响的环境变量和企业特定变量中，最重要的是法律因素的集聚和公司规模，两者都和以市场为基础的转移定价成正相关。然而，有点令人吃惊的是，政府限制（例如交换价格、进口控制以及国家的经济发展阶段）要么与以市场基础的转移定价战略没有关系，要么就只是以市场为基础的转移定价战略的次级决定因素。[④]

利用来自 39 个日本 MNE 和 28 个美国 MNE 的以调查为基础的证据，Borkowski（1997）发现 40% 的日本 MNE 对于管理报告和评估中由转移定价引起的负面影响不做回应，但只有 11% 的美国 MNE 这么做。她还发现 61% 的美国 MNE 为了这个目的而准备了两套账簿，但仅有 10% 的日本 MNE 这么做。

在随后的关于加拿大、德国、日本、英国和美国的 159 个 MNE 的调查中，Borkowski（2001）发现，与有形资产转移定价的方法相比，无形资产转移定价的方法更加统一。在某种程度上，这可能与采用 OECD 和 IRS 的指导方针有关。而只有四分之一的公司采用了没有依据指导方针的定价方法。另一项关于美国 MNE 的研究也注意到，在以电子商务交易为基础的转移定价中，以利润为基础而不是以交易为基础的转移定价方法的增多，使得很难以公平价格的标准去定价（Borkowski，2003）。

关于 MNE 在多大程度上采用集中或分散的方法来设置转移价格也可以从交易成本角度出发去研究。这种方法表明，公司内部的协调问题是次要的，转移价格是可以通过分散的方法来确定的，然而对于企业内交易成本很高的公司，它们更喜欢采用集中式的定价。Shelanski（2004）将这种推论运用到关于 MNE 的子公司在制定转

---

① Tang（2002）提供了五个关于 MNE 转移定价的案例研究。他考察了转移定价的制定者在转移定价时需要考虑的因素，以及企业是如何处理税收目标和管理控制之间的潜在矛盾的。遗憾的是，这些分析并没有得出多少共同特征。

② Tang 和 Arpan 都偏好于使用"转移定价"这个词汇而不是"转移价格操纵"。正因为如此，并不能完全清楚地从分析中——尤其是 Tang 的分析——了解转移价格与公平市场价格的差异程度。

③ 这里包括的一些变量有：符合税收和海关规定、反垄断和倾销立法以及东道国的财务报告规则变量。

④ 其他着眼于转移定价的不同方法的研究在 Borkowski（1996）中有回顾。

移价格时的影响因素的研究上。他发现 MNE 所采用的定价方法会根据交易的特点而变化。特别地，他发现，在物力和人力上的投资可能会导致依赖的情况，这些投资增加了公司偏好于集中管理部门的转移价格的可能性，而不是通过协商来定价。

Buckley 和 Hughes（1998，2001）考察了评价日本企业转移价格的特殊问题。他们发现，因为日本公司更希望得到企业集团层面的结果，它们所采用的转移定价机制也是实现这个宏大目标的一部分。特别地，在同一企业集团内部的子公司倾向于采用目标价格成本作为它们转移价格的参考。这种方法允许企业事先在价值链的各个阶段分配利润。他们引用了尼桑的例子，尼桑选择与它们的供应商合作来帮助实现它们特定的成本目标。目标成本意味着在保证产品质量的基础上，降低产品最终成本，以确保利润产生于母国而非子公司。然而，作者提醒道，虽然日本 MNE 在制定内部价格上较为活跃，但它们并不使用传统类型的 TPM，因为相对于子公司而言，日本 MNE 在母国境内经常面临更高的税率。

17.4 政府对于 TPM 的政策

□ 17.4.1 单边政策

政府对于 TPM 的反应政策可以归结为三类，我们在此对其逐一进行简要的阐述。

第一种选择是，政府改变它们的财政或经济政策，以减少 MNE 从事 TPM 活动的原因。这种做法包括调和所得税率或进口关税，消除外币兑换或者股息豁免限制，改善对外国投资者的不受欢迎的运营要求（例如，关于进口来源的要求），更愿意接受跨境经济交互活动带来的成本和收益。几乎没有证据可以证明政府有意识地进行这类活动——至少没有减少 TPM——主要是因为，如果考虑到全部效应，它们似乎并不是成本有效的。

第二种，也是更为普遍的政府反应是寻找促使 MNE 在它们（即政府）的经济目标和战略的框架下，从事"公平"和"合理"的转移定价的方法。一些发达国家（例如美国）已经倾向于依赖立法来控制 TPM，其他国家（例如英国和多数发展中国家）更愿意通过与公司讨论的方式、行政的方式或非正式的行政程序来解决不同意见。无论何时何地，只要税务机构拥有对 MNE 或其子公司的讨价还价的能力，后面这种形式就特别适合被采用。

在政府所采取的将不可接受的非市场价格最小化的行动中，下面这些要点值得特别指出：

● 要求 MNE 及其子公司提供更多有关跨境定价战略的信息。

● 通过独立机构引导进出口，打破母公司和子公司之间以及子公司之间的内部交易链。

● 对 MNE 及其子公司的利润进行征税时，可以以它们的内部贸易价格而非实际价格作为参考。

●通过征收（额外）进口关税来抑制低价出口，通过增加进口关税来减少高价进口。

●要求 MNE 及其子公司使用其本国价格或者国际价格（假设这样的价格确实存在）。

●要求 MNE 在进行内部交易时明码标价，就像卖给独立第三方买家一样；其具体手段见专栏 17.1。

●如果专栏 17.1 中的定价方法没有一个是可用的，则根据销售额、其资产和人员的地理配置进行利润分配。对于 TPM 的这种反应并不一定会给出一个合理的价格，但是会在不考虑市场如何运行的情况下，建立起一个公司在全球范围内的公平合理的利润分布（Irish，1987）。

专栏 17.1

转移定价的方法

公平价格是在完全竞争市场中毫无关联的双方通过竞价所形成的价格。最佳的定价法规则通常假设 MNE 能够证明其转移定价的方法是能实现最接近公平价格的定价方法。因此，一个通过内部化活动获取利益的一体化 MNE，必须参照非一体化的，并且因而成本结构也不同的企业为自己的交易定价辩护（Gresik，2001）。

由于真正的公平价格很难确定，那么可以通过以下两种可得的代理方法对其进行计算：内部可比价格和外部可比价格。Lorraine Eden（2001）提出了 6 种与公平定价规则相一致的方法，并将它们分为交易型定价法和利润型定价法。这些方法简要如下：

1. 交易型定价法

可比非受控价格（CUP）法最适用于存在外部市场且交易的产品和服务是同质的情况。

当公平价格无法建立的时候，最常使用的方法是成本加成法（C＋）和再销售价格法（RPM）。成本加成法是按产品单位成本加上一定比例的利润制定产品

价格的方法。这个方法的前提是对于特定的商品而言，我们是可以识别它的成本的。正因如此，这种方法很难应用于具有多个生产环节或是与其他产品协同生产的产品。第二种方法是 RPM 法，是从最终产品再销售的价格扣除一定比例或者边际利润（相关产业分支机构的惯例）的一种方法。除了在非完全竞争市场中识别合适的折扣率之外，这种方法只有当再销售的价格是未受政府操控的市场价格时才能够适用。

2. 利润型定价法

鉴于税务机构在识别无形资产的合理价格时所遇到的困难，利润型定价法逐渐变得越来越流行。可比利润法（CPM）是利用可供比较的公司的产业平均净利润来得出转移价格。利润分割法（PSM）则采用了一个十分不同的路径，即根据关联方的相对贡献将交易利润进行合理分配。最后一种方法是交易净利润法（TNMM），与 CPM 相似，但其不是对企业进行比较，TNMM 比较的是交易（即可供比较的交易的产业平均净利润）。

● 以相同环境和相同工业中 MNE 期望获得的利润水平为基础，计算转移价格（"可比利润"方法）；或者以 MNE 投资资本的"正常"期望回报为标准（"净预期收益"方法）。

● 对公司进行一系列特定的内部检测，来检测 MNE 转移定价的方法和 TPM 的成因。

● 限制公司证券的本土化问题和当地子公司的外资所有权的程度（Copithorne，1971），虽然这种做法越来越与全球经济一体化不兼容。

● 改善确定和/或计算公平价格的方法。

● 与 MNE 建立预约定价制（APA），通过这种办法，在规定的时间内（通常是两年或三年），其保证一种可以被当地财政部门所接受的协议的转移定价（或 TPM）方法。这表明在税务机关和 MNE 之间有一个事前而非事后的干预。荷兰和美国已经比较成功地引进了 APA 方法（Plasschaert，1994）。

● 迫切需要对 TPM 的超国家的管制和多边协议（参见 17.4.2 节）。

政府对 TPM 的第三种反应认为 TPM 是对跨境市场扭曲的一种响应，这种扭曲又主要是由政府引起的。因此，政府必须采取相关的宏观组织战略来消除或者最小化其不良影响，进而提升经济效率，促进经济增长。实际上，对于 TPM 的系统方法是阻碍 MNE 应对通过采取反补贴进行特定控制的唯一方式，当然最终反补贴仍然是不可接受的。另外，对于 TPM 的监督和控制是极其消耗时间和成本的，以至于一些政府相信，相比于通过立法来禁止那些不被接受的市场行为，消除企业进行非市场定价的动机或许会带来更多收益。

纵观所有的政府政策，那些限制 TPM 的措施不是背离了目标，就是其最终效应并不能解决根本问题。Eden 等（2005a）提供了一个例子，他们运用事件学习法来评估美国转移定价惩罚措施对日本 MNE 市场价值的影响。这些 MNE 在 20 世纪 90 年代初期也采取了很多不受欢迎的转移定价的政策。研究者的预期是这些企业的市场价值会降低，主要原因是：如果这些企业继续施行转移定价策略，其市场价值就会由于美国政府的一些惩罚措施而下降；如果公司中断转移定价政策，其税收负债就会上升，进而增加了价值丧失的风险。事实上，学者们发现，对转移定价的惩罚引起了日本所有企业的累计市场价值的大幅下跌，在研究期间的最后，这个比重达到了其总市场价值的 12.6%。虽然在研究期间只有一个主要的惩罚案例，但惩罚措施也的确以大量市场价值的丧失为代价激励了市场的合规性，这些市场价值的丧失已经远远超过了财务部评估的因转移定价而造成的税收收入的损失。

国家政府能否成功消除不可接受的 TPM，明显取决于它们在识别并贯彻合适的单边行动时的能力[①]，以及它们与正在进行或有意愿进行 TPM 的 MNE 谈判的能力。同时，这一点很大程度上取决于 MNE 的 O 优势和东道国的 L 优势。在过去的 20 年中，我们有理由认为，就大多数产品进行 TPM 而言，这种平衡逐渐倾向于支持国家，这主要是因为 MNE 之间的竞争更为频繁，以及政府对抵消不良 TPM 的原因和方法也有了更为深入的理解。然而，即使是最有见地和最成熟的政府在完全消除

---

① 这种识别和执行需要监控企业内贸易的合适机制，审查和评估非常规交易程序、收集市场与非市场价格、成本及市场覆盖等信息的机制，还需要对转移价格审查结构进行必要调整（Irish，1987）。

TPM 方面也面临一些难题；同时，对它们来说，MNE 将继续辩称它们认真努力地遵守了东道国的税收法律和政府政策。

□ 17.4.2 超国家行为

毫无疑问，因为在母国与东道国之间以及不同的东道国之间的 MNE 活动中存在着竞争，如果没有建立针对 TPM 行为的超国家机构或者协调的政府间行动，MNE 在国家间的对抗的机会会增加。这种协调性行动有以下几种形式（每种形式的政治可行性并不相同）：

● 国际指导方针和行为准则的发起。这其中最重要的可能就是修订过的 OECD 的转移定价准则（1995b，2001）；

● 政府间为新产品或者通常不进入贸易渠道的产品定价的双边协定；

● 把对定价策略的滥用纳入一个更严格的实践准则或者 GATT／WTO 类型的条款中；

● 对票据和海关信息搜集程序、统计定义和核算程序的国际标准化；

● 跨境公司法人与增值税之间的协调，以及公司资产评估、折旧和收入费用扣减的协调处理；

● 对避税场所的消除、调整和控制；

● 一种国际惯例的建立，这种惯例要求 MNE 公开所有的跨境内部交易价格，并且禁止公司内和公司间买卖的价格歧视；

● 税务机构在跨境交易的法律和审计方面的合作（Plasschaert，1994）；

● 引入仲裁程序，这样国家间的转移定价问题可能得到解决。

实际上，多边行动在区域层面上更容易成功。即便很少有研究涉及这个问题，但似乎欧洲和美洲进一步的经济一体化比单个东道国的单边财政政策和其他政策更能够阻碍境内 TPM 的发展。相似地，发展中国家对于限制性商业活动、TRIM 协议和红利豁免自由化以及资本外逃的政策性协调的尝试，很有可能减弱 MNE 进行 TPM 活动的倾向——这种倾向经常是由单边的结构性市场扭曲所驱动的。

同时，MNE 跨境价格操控的动机是不可能完全消失的。事实上，第 4 章所提到的交易成本将会影响价格制定政策，公司战略管理以及政府的财政政策方面变得更为重要。如果情况属实，进行 TPM 的动机将仍会作为全球经济的一种因素而存在，它的成因和经济意义将会大有不同，并需要国家政府做出新的、创造性的管理与组织方面的响应。

□ 17.4.3 TPM 的间接经济效应

除了税收收入的减少和 MNE 内部管理激励的扭曲，由于 TPM 对经济价格统计的扭曲，TPM 还会对国家经济有间接影响。举个例子来说，Eden 和 Rodriguez（2004）用国际价格指数（IPI）进行了检验，这个指数被用于缩小国民收入基本账户中的外贸成分并预测汇率。他们指出虽然 IPI 指数提供的信息变得越来越重要，但高强度的企业内贸易以及应用于企业间贸易的转移价格使得指数提供的数据质量有所下降。关于 IPI

指数的悖论是当进行核算时，虽然不能不考虑比重很大的 MNE 内部贸易，但是至少一些产品在定价时会有意无意地与开放市场条件下的价格有所差别。

另一个可能性则是 TPM 的使用导致了国内产出数据的扭曲。可以用爱尔兰的例子来说明这个问题。在爱尔兰，高科技部门通常占工业产出较高的比重，可这个国家的总体 R&D 强度还是远远落后于 OECD 的平均水平。Barry（2005）指出这是因为爱尔兰高科技产业的 R&D 强度比其他国家的可比部门的 R&D 强度要低很多。另外，由于爱尔兰本国企业的 R&D 强度要高于境内的 MNE 子公司，这就引出了一个问题，为什么后者的 R&D 强度会如此之低呢？Barry 指出，有一部分原因是 MNE 利用爱尔兰税收较低的优势，高估了其产出，这样就导致计算 R&D 比率时其分母变大了。如果不以经济产出为基础计算 R&D 强度，而是从就业人员的角度来计算 R&D 强度，那么 MNE 境内子公司的 R&D 强度比国内企业高 2.5 倍。当与欧洲的其他国家相比时，同部门间 R&D 强度的差距也变小了。

Bartelsman 和 Beetsma（2003）研究了 TPM 所引发的扭曲所导致的 MNE 的收入转移。他们的研究建立在以下观测的基础上：在对包括无形资产的中间产品的实际增加值进行统计时，由于一些与转移价格相关的测量问题，统计结果受到不利影响，因而所得结果与真正的增加值相去甚远。既然实际增加值无法通过观察得到，作者决定在估算生产函数时，试图从生产力剩余的角度分解增加值的组成部分。基于 OECD 成员国的制造业的分析，他们发现收入转移无论是在统计意义上还是在经济意义上都是显著的。事实上，他们估算出单边税收增加带来的 65% 以上的收入都会因计税基数的降低而损失。

□ 17.4.4　未来的挑战

一些国家（譬如美国和英国）仍旧有大量的外国子公司宣称自己是零利润或者亏损，这依旧成为了困扰税务机构的难题。一方面，有充足的证据证明企业内贸易在增加，进而 TPM 实施的潜在可能性也在增加。另一方面，有理由假设，与发展中国家资源寻求型或者市场寻求型投资不同，当企业在三联体区域中从事效率寻求型或者战略资产寻求型投资的情况时——如第 2 章所示，其是 MNE 活动中增长最快的一种形式——企业进行 TPM 的动机更少。同时，发达国家和发展中国家的政府在处理 TPM 问题时也愈加机警和娴熟，尤其是在对机构进行适当的重新配置和升级方面。进而日渐完善的政治和经济环境也减少了 MNE 为抵消风险进行 TPM 的需求。最后，过去的 30 年见证了市场经济体制的复苏，这是一种朝着更为和谐的宏观经济政策（至少在主要的工业国家之间）和对资产、商品、人员的跨境流动限制逐渐降低（在欧盟是彻底消除）的运动趋势。[①] 所有这些发展都通过减少 TPM 的收益减少了其实施的动机。

相反地，与政府网上管理相关的一般问题，尤其是网络交易征税的管辖权问题，被认为是跨国企业税收责任中尚未解决的"病症"。[②] 同时，为最小化双边争端的数

---

① 见 Nicodème（2006）对欧盟最新发展的讨论。
② Kobrin（2001b）对政府监管网络问题进行了深入探讨。

量而出现的以区域为基础的税收系统可能会导致公式分摊模型的更为广泛的应用。然而，MNE 仍然很可能陷入政府之间关于究竟谁有权利向它征所得税的争论中（Eden，2001）。

不断增长的商业服务外包使得这种挑战更为严峻，因为这个领域几乎没有建立指导转移价格符合公平原则的准则。Eden（2005）用一个借助其子公司为不同的国家提供呼叫中心的电信服务公司作为一个说明性的案例进行研究。当许多无形资产都集中于母公司时，呼叫中心合理的转移价格是什么？她指出，如果各地的呼叫中心本质上是外包服务供应商，那么应该采用成本定价法为呼叫中心的产品定价。[①] 这可能会导致大部分的利润被分配给母公司，而呼叫中心当地的税收机构的税收收入则会比较低。然而，由于对服务的定价国际上没有统一的标准，很有可能母国采用成本加成法而东道国采用再销售价格法，这样大部分的利润就会转移到外国子公司。在这种情况下，即使母国和东道国的税务机构都遵循市场公平准则，MNE 也仍会陷入其中，并且被重复征税。

17.5　结论

本章检验了 MNE 对于 L 特定的经济和制度变量的反应——尤其是那些与税收有关的变量——这些变量会影响 MNE 在哪个国家从事哪些活动的决定。本章也关注它们将通过何种方式影响增加值的地理分配。

本章证实国家间税收（及其他方面）的差异和 MNE 活动的全球化的结合形成了 MNE 在生产和交易层面相较于一国企业的 O 优势。这些优势的具体特性将取决于拥有这些特性的企业的国际概况以及其经营所处的制度激励与制度限制。特别地，它们很可能会随着 MNE 所从事的 FDI 的方式以及国家政府的宏观组织与财政政策而改变。

举例而言，我们已经发现，与特定国家制度和质量等因素相比，税收激励在影响 FDI 的投资区位方面没有太大的作用。但对于给定的子公司区位网络来说，税率的不同可能会影响子公司的财务形式和转移定价的形式。

我们还发现，不同于统一税率、取消进口限制和放松企业经营标准，折旧费用和操控 TPM 的方法的变化将会如何影响 MNE 现有的 O 优势。我们同意 UNCTAD（2005b）报告中对发展中国家技术转移与纳税的看法，它强调获得投资和科技与获取纳税收入两种期望之间的平衡。当存在极少数市场扭曲时，在鼓励 FDI 方面，诸如税收抵扣协议[②]或免税这样的补救方法相比于协调的宏观组织政策可能并不会更加行之有效。

---

① 这个案例假定，与母国的无形资产相比，呼叫中心的无形资产相对较少。

② 在非税收优惠期及没有其他优惠措施的情况下，免税政策使得企业能够对原本支付给外国政府的税收申请税收减免（Hines，2001a）。

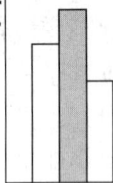

第 18 章

政治、文化和
社会责任问题

18.1 引言

　　在本书中，我们对 MNE 行为的制度基础的关注强调了这样一个事实，即跨国行为由法律、政治、社会和文化因素所驱动，且还可能反过来对这些因素产生影响。在第 10 章中，我们指出在过去的几十年中，发展的目标变得更为广泛，不再仅仅局限于物质财富，还包括社会福利。如此说来，我们不仅应该关注 MNE 行为决定条件中的非经济因素，还应关注这些行为方式对社会非经济目标、政府战略目标实现所产生的影响。

　　除了物质福利增长之外，绝大多数目的的实现不仅影响了经济目标，也影响了经济政策。虽然看起来政府的许多职能（譬如国防、治安维护、环境保护）只是财富创造——被市场力量所驱使——的补充与支撑，但是从短中期来看，它们不仅会将资源从财富创造活动转到其他投入方向，而且会因财富创造行为而得到必要的支付。有时这其中的权衡是一种微妙的平衡而非简单的接受。在非营利行为上的过多支出将会影响一个国家未来为这些活动提供资金的能力。这同样适用于社会福利水平的提升和对社会弱势群体（能力欠佳、权利稀薄）的保护。在这里，一方面妥善平衡公平、公正与社会关怀，另一方面平衡财富延续和创造是一个好的选择。一方面，如果一个国家的财富通过税收体系再分配得过于平均，创造额外财富或者创业的积极性就会被削弱；另一方面，贫富阶层的差距过大，可能会导致劳动力的健康欠佳、教育受限，而且，偶尔还会带来剧烈的社会动荡。有时，与当下营利与非营利活动受益者之间收入分配一样，代际收入再分配也是一个重大问题。

　　上述发现与 MNE 的行为似乎关系不大。然而，如果本书中的两种论断都是正确的，也就是说，第一，MNE 是提升社会经济福利所必需的资本、科技和组织能力等要素的主要"贮藏室"；第二，那些正式与非正式的制度在影响这些企业及其子公司创造及利用资产方面扮演着重要角色，那么，分配给非营利活动的资源数量可能会直接影响到企业对创造当前财富和投资未来非营利活动的贡献。

18.2　MNE 与国家主权

□ 18.2.1　经济福利与国家主权

既然书中的第Ⅲ部分论述过这个问题，在这里我们可以一笔带过。但是，从政治的角度来看，我们感兴趣的与其说是 MNE 对经济福利本身的影响，不如说是它如何反过来影响国家主权及其政治权利——特别是在国际背景下。第 12 章就一些工业化国家对外直接投资进行了一定的研究。例如，如果美国的 MNE 通过将高科技产品出口到国外子公司的方式提升这些工业化国家经济实力的程度要大于对美国经济实力提升的程度，那么这是否会削弱美国在国际谈判中的政治影响力呢？更为重要的是，如果很多高科技被技术接受国应用于军事目的，这会不会威胁美国的战略安全？

然而，要使 MNE 的实际运营有悖于母国的政治利益，进而成为技术的出口者要满足以下三个条件：第一，进口国不能通过其他途径获取这项技术；第二，这项技术在东道国的传播是在外国子公司的外部；第三，技术转化带来的成本要高于收益。这三个条件都实现也是可能的。科学技术可能是高度异质的，它可能会像第 16 章描述的那样通过纽带和其他方式进行传播，它也可能会被不当利用。但是除却这些，经济学家、商务分析师和政治学家也只能推断其可能的经济效益和不确定的政治权利或政治影响的损耗之间的平衡。

然而，有三件事情要提及。第一，MNE 可能并且能够影响国家间财富创造能力的分配。本书已经展现，在当今的全球经济环境中，假定 MNE 间存在充分竞争且政府不再采取市场扭曲政策，FDI 会在很大程度上增加母国与东道国的经济财富。但是，母国和东道国谁的经济财富增长得最多却难下定论。打个比方，我们通常认为，相较于美国本身而言，第一次世界大战后美国对欧洲的直接投资更大程度上提升了欧洲的生活标准。相反地，早期欧洲与美国投资者的殖民性投资则对母国更有益处。的确，正如第 6 章所展示的那样，对于英国、法国、瑞士、荷兰，包括那些早期的贸易公司而言，进行对外投资的一个重要原因就是与贸易竞争对手相比，提升自身经济水平与政治影响力。同时，当今众多欠发达和较发达的国家关注的是外来直接投资的后果，它就像那些早期投资的母国效应一样，也就是说，这会抑制其自身的创新能力而加强投资国的创新能力，进而对相关国家的经济与政治实力进行重新的分配与平衡。

第二，MNE 可以加强国家间的贸易与投资联系，它们扮演了重要的和平大使的角色。国家间的经济联系越紧密，一个国家的福利越依赖于另一个国家的繁荣昌盛，它们冒着损害自身经济福利的风险施行不友好的政治行为的可能性就越低。同时，

Brooks（2005）等学者指出虽然 MNE 所创造的经济依赖性有助于提高国际稳定，但是这也仅仅适用于第三世界和一些高速前进的发展中国家。事实上，他们认为，由于全球化所带来的经济发展的极端差异，全球经济作为一个整体已经越来越不安全。[①]

另一方面，MNE 滥用垄断力量——尤其是带有政治欺骗性质的滥用——可能会损害东道国和母国之间的关系，并给母国与东道国之间带来巨大的不利。譬如第一次世界大战前比利时在刚果所设立的 MNE，以及第二次世界大战后美国在智利和法国在阿尔及利亚的跨国投资行为。

第三，MNE 能够并确切影响一个经济体绝对与相对经济福利的程度主要取决于东道国政府所施加的刺激与压力，以及政府从 MNE 那里吸取最大收益的讨价还价的能力。之前的章节已经强调了 MNE 与东道国的经济与其他优势的互补特征，以及，随着时间的推移，二者之间如何相互作用。特别地，我们讨论了其在创造资源禀赋和能力、经济集聚、强化竞争以及推动竞争思潮标准建立方面的作用。我们得出结论，政府在确保它们自己的 MNE 和国外的 MNE 子公司愿意并能够升级它们的区位资产方面具有积极和重要的战略及市场推动作用，显然，这一目标符合（或者可以符合）保护国家经济与社会利益的目的。政府增强自身与外国 MNE 的谈判能力和讨价还价能力同样也很重要。这种能力是它自身的区位优势资产，我们将在第19 章讨论它的重要性。

□ 18.2.2　经济自主性和/或独立性

人们通常断言，对外直接投资和外来直接投资会降低一个国家的经济自主性，增加其对世界其他国家的经济依赖。我们认为，无论在短期还是在长期，这都不一定成立。事实上，利用 MNE 活动来强化自身创造财富的能力、制度和经济独立性是可能的。这就是 Kojima 所提出的 FDI 的"指导角色"（见第 4 章）。然而，这意味着一旦它们完成自身的使命，境外的 MNE 将会（或可能会！）剥离它们的资产。

入境直接投资降低经济自主性有两个明显的途径。第一，它所提供的资源（例如技术、管理技能和市场）可能随时被切断。这种经济自主性降低的最好实例是跨国收购或者国内公司被 MNE 子公司挤出市场。第二，MNE 对其子公司资源及能力的控制并不总是能够适应东道国的最佳利益。然而，投资接收国是否丧失经济自主性取决于在缺乏投资时将会出现什么情况。如果它替代的是进口，那么它可以减少经济的依赖性。至少在某些方面，外国子公司已经为东道国所"挟持"。如果它替代的是国内的投资，那么就投资角度而言，它可能会降低经济自主性。但是，这依然取决于，作为外来投资的直接结果，接收国的经济竞争地位是否提升，以及外国子公司资产和经验在东道国的嵌入程度。

这同样适用于对外直接投资。如果它保护了投资公司应对供应中断、出口市场的不确定性和国外买家或卖家的声誉滥用，那么这显然会较少相应的经济依赖与不确定性。此外，如果投资趋向于多元化，它也会将风险分散到有限的市场中去。另

---

① 见 Suder（2004）对于恐怖主义对全球经济影响的研究。

一方面，如果国外生产导致了原料供应与产品市场更大程度的地理分工专业化，这可能会增加一个国家对于本国或世界其他国家的替代性要素投入与产品市场的依赖。

对于东道国与母国，这个问题的本质其实是目标和优先级——以及这些目标和优先级之间的权衡。对一些国家而言，更大程度的经济自足被当作自身经济发展的目标。例如，在英迪拉·甘地政权之下，即使已经有现实证据表明相较于其他选择，在印度的 MNE 子公司的存在能够给当地经济带来更大的益处，它们也仍有可能不被接受（而且绝对不会成为印度经济的一个持久特征），以免降低印度政府进行政策决策时的能力与灵活性。

在第二次世界大战后的早期，日本禁止绝大部分的外来直接投资。这种做法表明，日本愿意牺牲外来直接投资所带来的短期的经济回报，以实现长期中更高程度的科技与经济的自主性。即便相对更开放一些的韩国也遵循了相似的发展战略。另一个极端，像中国香港、新加坡这样的"城中之国"，以及譬如瑞士、荷兰等的一些欧洲小国家，其经济则几乎全部依赖其他国家，或就像它们倾向于说的与世界其他国家相互依赖。但是对于大多数国家而言，其对外来直接投资的容忍度一方面取决于其经济感知能力，另一方面则取决于这类投资在经济发展中的相对重要性以及该国贸易与投资的开放性。在一些战略敏感部门（譬如媒体、国防、重要的能源部门[①]），大多数国家要求完全的经济独立，也有其他部门可以是完全依赖外部世界的。

再者，一个国家会采取何种策略取决于它拥有的资源禀赋，这些禀赋是如何推动本土经济内生增长的，以及外来直接投资和对外直接投资的平衡。相比于印度，在日本相对严苛的外来直接投资政策获得了更大的成功，这是因为它对于职业教育与培训的高度重视、更强有力的劳动力市场、较高的居民储蓄率、较高的消费标准和竞争导向的国民经济。所以，由于经济全球化的驱使，日本现在（21 世纪早期）正在逐步开放入境直接投资，而完全不必担心对其产生严重的经济依赖。像美国和英国这样的大国，愿意接受外来直接投资部分原因是它们本就是强有力的对外投资者。从政治的角度来看，经济依赖要比经济独立更可取。

在某些情况中，经济依赖的结构和依赖的水平同等重要。多元化的依赖要好过专业化的经济依赖。在过去的很多年中，加拿大一直尝试和除美国之外的国家建立多元化经济纽带。然而，问题是，纵观现代历史，加拿大生活水平的提升主要得益于和美国的联系。同样，那些诸如英国、法国、比利时、荷兰曾经的殖民地也在积极拓展入境 MNE 活动的地理上和工业上的构成。很多年来，中美洲和拉丁美洲的大部分地区都是受美国 MNE 的操控，在这双"手"的后面，则是美国式的资本主义和文化操控了这些国家的未来。

有大量文献涉及对经济依赖性的研究。[②] 在对拉丁美洲的研究中，对经济依赖性的研究的部分原因是怕财富创造活动和经济发展方向被外国资本主义（尤其是美国）所操控。然而，在这些担心的背后所隐藏的则是对政治主权和文化属性被操控的恐惧。拉丁美洲各国是极其骄傲和独立的民族。即便它们非常向往，甚至说嫉妒美国

---

① 除此之外，这会根据资源对当地经济的重要性的不同在国家间各不相同。

② 见 Sunkel（1972）和 Hirschman（1969）的相关研究。对该文献进行的一个概括性和批判性分析见 Jenkins（1987）。

居民的生活水平，它们也把自身的政治体制、宗教价值和文化规范当成最重要的。只要外来直接投资被认定是干扰或者削弱这些规范的活动，它们就不会受到欢迎。所以，它们要么是通过别的方式来获得外国投资者带来的资源，要么如果这样行不通，则会设立严格的外国子公司进入门槛和活动条件。

拉丁美洲并不是一个特例，这无疑适用于许多中东和非洲国家。同之前的分析一样，伊斯兰基本教义的当代复兴主宰了它们与其他国家所有的贸易关系。它们不愿意接受那些经济政策和文化会破坏本国信仰的外来直接投资，这一点比几十年前的共产主义世界有过之而无不及。撒哈拉以南的非洲国家拥有丰富而宝贵的文化遗产，但是与其大西洋对岸的"邻居"相比，它们的生活水平还是很低。这些国家几乎走进了一个左右为难的死循环。[①] 它们迫切需要 MNE 提供的投资，但是，除一些资源丰富的国家，它们几乎没有能让这类投资获益的互补资源或市场。这也就是第 10 章所提及的 IDP 的第一阶段。至于经济独立性这个议题，对于普通的非洲国家而言简直就是奢望。[②]

相反地，东亚的一些国家和地区——尤其是中国台湾和韩国——它们自己就拥有足够的资源和市场——包括组织能力等核心资源——对外来直接投资做出多样的选择，而且可以避免不必要的经济依赖。同时，尽管它们的组织基础和经济政策与西欧和北美国家十分相近，但它们在捍卫自身政治主权与文化认同方面却更有信心。总体上来说，虽然大多东亚国家意识到它们对日本过于依赖，但外来投资的来源地是相对多元化的。[③]

还有一点需要提及。第 7 章提到了生产的国际化不仅会影响一个国家经济主权的水平和结构，还会影响它们对这种影响的反映。更具体地，在某种程度上，世界一些地区的区域一体化进程是对财富创造活动的全球化的一种回应。本质上，这种全球化同时提升了经济独立的成本和收益。为了获得这种收益，国家必须承受放弃部分经济与政治自主性带来的成本。然而，在某些情况下，由于不成为关税同盟中的一员会提高独立性，调整它们现有的经济独立与主权结构也成为一个问题。不是所有的 MNE 都倾向于这种改变，尤其是在那些以前在受保护的市场中进行生产的MNE。但是只要它们希望全球或者区域经济一体化产生任何影响，这些国家就会被迫彼此联合，从而使这些利益成为现实，或者大部分被本国居民所获取。

我们无法简单地评估或总结 MNE 对经济自主性的影响。在过去的 30 年中，许多或者绝大多数国家主权的变化可能跟 MNE 行为毫无关系。相反，国家主权变化的主导原因是科技、制度和政治的改变。同时，MNE 帮助实现这种改变并且已经成为贯彻执行它们的工具。在这种程度上说，它们已经影响了国家的经济自主性——有时强化它，有时弱化它，有时改变它的形式。虽然政府自己的态度与政策已经影响了 MNE 进入跨境商务的需求与意愿，但这样做也影响了其自身决策的自由。

---

① "Catch 22" 这种左右为难的状况是指，对特定问题的每一种解决方法都是不切实际的或是不可接受的。

② Moss 等（2005）对于一些东非国家对外来 FDI 的怀疑态度进行了评估。一般来讲，研究结果认为，从经济的角度出发，这种怀疑态度是不可取的。因为一项研究发现，除了为一国进入全球市场提供途径外，外国子公司比本土企业更高效，可以带来管理技能，促进技术设施方面的投资，还可以带来对员工培训和健康状况的关注。

③ 见第 2 章。

18.3 MNE 和战略利益

虽然 MNE 主要在经济领域发挥作用，但是有时候它对东道国也有重要的战略影响。我们所指的战略能力，本质上是一个国家追求其经济、政治和文化目标实现的能力。阐述外来直接投资或对外直接投资可能会提升其他国家的战略利益的忧虑的最佳领域是国防相关的活动。大多数东道国会限制外国的 MNE 在国防相关活动中的参与度，目的是为了防止这可能加强投资国的军事和政治实力。境外投资也可能会被禁止或者不被鼓励，目的是为了防止潜在敌对政权防御能力的增强。

在非国防领域，历史上对 FDI 的限制主要集中在电视广播、通信和能源领域，因为它们具有重要的战略意义。其他领域，譬如医疗保健和教育，也基本上是国营的，因此也就不会对入境投资开放。然而，在过去的 20 年中，由于国家垄断主导的市场的私营化与开放，许多过去禁闭的市场也已经对外国 MNE 开放。

因为 MNE 投资的进入很有可能对当地文化造成影响，一些国家也选择在文化敏感行业将 FDI 排除在外，譬如广播、电影或平面媒体。例如，《加拿大投资法》规定在文化产业，包括杂志出版行业的国际投资必须与本民族文化兼容。在《关贸总协定》的乌拉圭回合的谈判，以法国为首的欧盟要求在如电影以及音像制品和服务等领域进行豁免，后来成为大家熟知的"文化免议"。

"9·11"事件后的地缘政治形势、居高不下的油价以及对气候变化的日益关注再一次凸显了能源部门的战略重要性。2006 年，当俄罗斯以切断对乌克兰的天然气供应作为一种政治姿态时，欧盟提出了能源安全方面的考虑。与此同时，中国 MNE 在非洲矿业和能源相关领域的投资活动也颇受关注，特别是在诸如苏丹这样饱受战争摧残的国家。在诸如委内瑞拉和玻利维亚等国家，新左派政府推行国有化政策，重新拟定与外国 MNE 之间的合同（UNCTAD，2007）。[①]

在美国，反恐战争凸显了石油依赖或者说大量进口原油的潜在危害。然而，尽管它具有战略重要性，但由于该产业固有的全球性本质，历史上美国从来没有对能源领域的外来投资进行限制。相反地，它的政策主要集中在获取外国投资者控制的石油和天然气的互惠权（Graham 和 Marchick，2006：13）。这是与其他经济领域（譬如广播、电信与航空）相悖的，这些领域对外来投资的限制已经司空见惯。

□ 18.3.1 国家安全

或许有关 MNE 影响的最敏感的问题就是其对国家安全的影响。国家安全指的是一个国家保护其主权行动的能力，尤其是面对其他国家的攻击和敌对行动的时候。即使是对外来投资实行中立政策的最开放的国家，也会对境外企业参与国家安全相关的活动施加限制。即使在关注安全相关问题之前，这些限制措施也相当盛行，无

---

① 见第 19 章。

论是在如美国、法国、日本和以色列等发达国家，还是在如巴西、中国、印度、俄罗斯和巴基斯坦等新兴经济体（Vernon，1998:46）。

在美国，由于安全原因对 FDI 施加控制可以追溯到 1917 年的《与敌国贸易法案》（TWEA）。虽然名字是这样，但 TWEA 并不是限制贸易活动，而是施加广泛的干预，包括在战争或遇到紧急情况时扣押敌方资产。[①] 该法案的背景是对德国投资者主导权日益增长，尤其是在化学领域，这个领域对军事产品生产十分关键。一旦美国参与第一次世界大战，这个法案就可以被用于获取德国的资产，以及将它们置于外国资产监管者的管理之下。这种扣押资产的行为也延伸至无形资产权，并且德国企业持有的专利被外国资产监管者卖给一个基金会，然后被授权给美国企业（Graham 和 Marchick，2006:6）。

在第二次世界大战中，美国再次使用 TWEA 去获取德国和日本的资产，尽管这次可获得的资产变少，尤其是来自德国的，这是因为在战争年间对外直接投资适中，并且大部分是授权的形式。此外，在第二次世界大战爆发之前，反垄断法就已被用于控制在美国的国际投资。1977 年，通过了《国际紧急经济权利法案》（IEEPA），这个法案对 TWEA 中关于攫取外国资产的方面进行了修订，之后这样的行为只能在紧急时采取，一旦紧急时期渡过，资产的所有权就要被归还给原始的持有方（出处同上:21）。

在 20 世纪 60 年代和 70 年代，美国的外来直接投资的增长均快于对外直接投资。到 1984 年为止，美国已经从一个净对外投资者转变为一个净外来投资者。和早期的欧洲投资不同，在 20 世纪 80 年代发展迅速的日本 MNE 活动，是明显对外的，并且多采取并购而不是绿地投资的形式，因此引发了减少美国技术能力和"掏空"美国经济的担忧。

作为对此种顾虑的回应，1988 年的《埃克森-费罗里奥修正案》的原始版本授权总统从经济或者安全问题出发审查决定国家投资是否损害美国的商业利益（出处同上:42）。然而，对于经济原因的审查在法案最后通过之前被移除了，因此《埃克森-费罗里奥修正案》只允许美国总统在一些行为被认为威胁国家安全时，阻止外国利益团体对美国企业的合并、收购或接管。

尽管《埃克森-费罗里奥修正案》的关注点相当明确，但它并没有说明什么是威胁国家安全。之后为了修正法案做了许多尝试，但唯一通过的修正案是 1993 年的《伯德修正案》，这个法案授权自动审查涉及政府所有权和可能对国家安全构成威胁的外资收购。在最近几年里，随着对中国入境投资的快速增长，这些投资被认为是政府间接控制的，这些条款重新被提起（出处同上：104）。然而，缺乏精确信息使得难以获得政府所有权的影响力和范围。例如，联想在 2005 年成功收购了 IBM 的个人计算机业务就与中国政府有着间接联系，因为它的最大股东和中国科学院有关联（Dunning 和 Lundan，2008）。

《埃克森-费罗里奥修正案》为美国外国投资委员会（CFIUS）提供了初始 30 天的周期去审查提议的投资，如果必要可以有 45 天的调查期。CFIUS 审查过的近些年的争议案例包括迪拜港口世界公司收购在美国经营港口业务的英国企业 P&O，以及

---

① 第 19 章对《与敌国贸易法案》的境外应用进行了研究。

2005 年中国海洋石油总公司（CNOOC）对美国优尼科公司的竞价。在这两个案例中，国际投资者的国籍都是引发担忧的一个起因。在迪拜港口世界公司的案例中，议题被阿联酋所控制，因为"9·11"过后，港口安全具有十分重要的战略地位。尽管在初始审查之后收购已经变得清晰，为了防止争议，投资者请求 CFIUS 给予更长的 45 天调查期。作为第二次审查的结果，迪拜港口世界公司同意在六个月内出售港口终端给美国企业（Graham 和 Marchick，2006：141）。

中海油的情况让人想起 20 世纪 80 年代晚期，当《埃克森-费罗里奥修正案》第一次被讨论时的情形。虽然中国的投资流量尚未达到日本的数量，在长期经常账户失衡以及投资者每国货币被低估的背景下，两者在 MNE 活动中都增长迅速。尽管 1985 年的《广场协议》成功让日元升值，然而人民币的汇率没有实质性的调整。因此，在美国的一些政策领域，中国被视为违反全球经济的"游戏规则"。最后，由于政治上的反对，中海油不得不撤回报价，尽管这种安全辩解的理由是不明确的，特别是与现行的美国能源领域相关的投资政策方面（出处同上：134）。

因为与国家安全有关的日益宽泛的议题的出现，这里值得提及另外两个案例。这两个案例是 2006 年法国的阿尔卡特收购朗讯科技（包括贝尔实验室），以及 2007 年诺基亚、西门子建立合资企业来供应电信设备。这两宗交易都是在没有太多公众争议，但包含公司同意"缓和协议"中的限制性条款的情况下，由 CFIUS 进行审查并通过的。在朗讯案例中，这涉及贝尔实验室为美国政府开展的敏感性工作。在诺基亚—西门子案例中，这毕竟是两个欧洲企业间的合资尝试，涉及在什么条件下哪个合资企业可以使用美国的通信设备和软件。[①]

在美国之外，近几年涉及安全问题的案例（2005 年或 2006 年）包括中国五矿集团收购加拿大金属公司诺兰达的案例，在这个案例中，国家安全问题和中国的人权问题成为阻止这项交易的理由。另一个例子是俄罗斯天然气工业股份公司收购英国天然气供应商 Centrica 的竞标，在此案例中，国家所有权成为一个主要的异议点。不论在哪种情况下，政府都没有介入来阻止该交易。然而，中国华为在印度建立通信制造分公司的尝试被政府以国家安全为由阻止了（UNCTAD，2006）。中国付出越来越多的努力来确保获取关键自然资源（特别是能源），它在"无赖国家"（如伊朗、缅甸和苏丹）的活动也导致一定的恐慌，这些国家面临来自美国、日本和欧盟的制裁或禁运（Zweig 和 Jianhai，2005）。

从安全问题出发，允许国内产业落入外国人手中的影响是双重的。首先，外国子公司，无论是有意还是无意的，可能从事对东道国安全有害的活动，使得东道国与该公司以及每国政府产生冲突。Graham 和 Krugman（1989）研究了关于外国公司在美国开展活动的可能性，认为这是不可能的。例如，在第二次世界大战期间，他们发现没有证据表明美国子公司代表它们每国从事间谍活动。[②]

---

① "Lucent's sale to France's Alcatel approved", *Financial Times*, November 17, 2006, www.ft.com; "Washington imposes curbs on Nokia-Siemens joint Venture", *Financial Times*, January 8, 2007, www.ft.com.

② 特别地，他们引用了福特德国子公司的例子，在第二次世界大战期间，福特公司更多地是被当成"一个好的但是有点无效的企业公民"（Graham 和 Krugman，1989：77）。然而，与其他企业一样，福特公司最终因为强迫劳工而被起诉（Stephens，2002）。

事实上，国际投资可能对战争成功至关重要。在第一次世界大战后，美国政府对广播、电信、航空、航运和石油等行业的非居民投资实施了安全方面的限制，但在化工领域却没有实施这种限制，因为在化工领域，外国（特别是德国）企业的知识和技能被认为对美国海军军火的发展至关重要（Graham 和 Marchick，2006：8）。同样，如福特、通用、RCA 和西方电气等早期的美国投资者将技术能力转移给日本，这使得 20 世纪 30 年代日本军事政府的自给自足的政策成为可能（Yamamura，引自 Westney，2001）。

第二，外国子公司可能会削弱东道国的军事努力。Graham 和 Krugman（1989）引入这样一个例子，跨国石油公司在 20 世纪 30 年代和 40 年代初期与美国国务院合作来阻止日本建立石油储备。

在大多数情况下，MNE 的这类公开活动能够被东道国政府阻止或克服，除了那些涉及母国政府的直接治外法权的活动。[1] 这是因为它们是相当透明的。更难处理的是那些涉及友好权力、外国子公司从事活动在经济方面是受欢迎的但在安全方面却不总是如此的案例。在电子、通信和汽车行业的许多 FDI 都属于这一类。当它们带来新的技术或组织的知识并有助于提高东道国竞争地位时它们是受喜欢的。但它们作为东道国国防装备供应商时是不受欢迎的，因为这时它们所获得的任何信息都可能被用于增加母国的国防能力。

因此，东道国就面临一个困境。禁止外国公司从事国防相关的活动不仅可能削弱其对私人部门提供产品的能力，而且（特别是在本地企业没有能力提供国防设备时）会削弱东道国本身的防御能力。当外国企业获取国内实体，且该实体之前从事国防设备生产时，这种困境会尤为严重。即使一个外国子公司可以向东道国政府供应这些设备，它的地位仍不稳定，因为母国政府随时拥有权力阻止其向外国政府供应安全敏感的产品。[2]

生产和市场日益全球化，越来越多的 MNE 倾向于在母国外从事 R&D 工作，迫使政府重新评估对境外企业参与战略敏感活动的政策。正如第 12 章中所指出的，外资参与政府主办 R&D 进程的机会已经在过去的十年中大大增加，因为大家慢慢接受这样的限制在很大程度上是适得其反的。在一个跨境直接投资扮演与国际贸易相似的角色的领域中，任何只尝试捕捉它的优点和消除其缺点的尝试都会在报复行动中结束。只有在技术贸易流动被保护政策扭曲，或者母国政府用自己 MNE 的 R&D 政策来实现自己的战略目标的情形下，这种限制才能够实施。

18.4 MNE 的文化和制度影响

在第 5 章中我们介绍了一个可以同时分析影响 MNE 的制度以及受 MNE 影响的制度的框架。影响 MNE 活动的非正式制度包括来自 MNE 母国以及东道国民族文化

---

[1] 利用 MNE 网络来执行母国而非东道国的境外法律、规章，见第 19 章。

[2] 例如，Graham 和 Krugman（1989）引用了日本投资贸易部命令日本高科技生产企业 Kyocera 不要允许其美国子公司向美国战斧导弹计划项目供应陶瓷鼻锥。

中的规范、价值观、习俗、惯例和文物。[①] 这样的制度还包括企业文化、规范、针对单一公司的价值与实践。MNE 作为这些制度跨境转移的通道，可能会影响东道国的文化，也有助于改善母国的实践。

具体而言，MNE 可能通过两种方式帮助再造一个特定国家的（商业）文化。第一种方式是把母国和东道国的规范和惯例故意引入其子公司以及与当地企业和政府的交涉中。第二种方式更间接，把东道国的国民文化展示在与其他国家的实践当中。因此，MNE 带来的转变程度与 MNE 活动的程度有关，而 MNE 的活动程度受到一国经济开放度、母国和东道国之间的文化和制度距离的影响。例如，与 50 年前相比，美国在 21 世纪初期更为开放。毫无疑问，部分原因在于美国 MNE 和在美国的外资 MNE 子公司的运作。将积极参与国际直接投资的如比利时、中国香港和瑞士等国家（和地区）与文化具有很强民族主义或家族导向的中国、印度和部分撒哈拉以南非洲地区相对比。

历史上充满了这样的外国文化通过开拓殖民地、贸易和移民影响一国价值观和行为模式的例子。虽然 MNE 活动对企业文化的直接影响可能体现在具体的功能领域，如企业组织、工作方法、激励和工业关系，但从长远角度看，可以包括更广泛的影响，如工作和创业精神、对奖励和权威的态度、公平和正义的概念，以及政府的作用。前者的例子包括美国和欧洲在 20 世纪 20 年代和 30 年代引进多部门或者组织的 M 型模式（Chandler，1990；Kogut 和 Parkinson，1998），20 世纪 50 年代和 60 年代美国管理模式和激励机制转向欧洲（Kipping 和 Bjarnar，1998；Zeitlin 和 Herrigel，2000），20 世纪 80 年代日本工作模式和质量控制程序进入美国和欧洲（Westney，2001）。后者的例子包括反工会文化的导入，对个人成就和个人奖励的重视，对东道国传统的工作—生活平衡的挑战（Guillén，2000b；Peoples 和 Sugden，2000）。

然而，在兴趣被日本"移植"引发之前，几乎没有研究直接着眼于组织系统的跨境转移，也几乎不怎么关注"反向"转移或 MNE 的海外经历对母国的影响。最近的一个例外是 Ozawa（2005：206）考察了美国的 MNE 是如何影响日本正在进行的制度变革的。他指出，"目前被日本急切欢迎的为公司商业部门带来新动力的外国 MNE 正扮演一种革新者的角色，可能重新改造日本的内部制度，使其与外部化模式联系更强"。

广为人知的 Hofstede（1980，2001）的研究解释了不同国家间的文化价值，尤其是儒家哲学和西方个人主义的区别如何影响经济表现。[②] 同时，国家政府严重影响该国对外国企业开放的程度。然而，很少有政府政策像 20 世纪 70 年代以来在中欧和东欧以及东亚和中国发生的情形那样引人注目。在这些情形中，MNE 扮演着转移和传播商业文化的重要角色，随着时间的推移，它会影响制度和个人价值观，以及人类的动机和生产的社会组织。

MNE 影响文化的一种方式是通过教育和培训。第 15 章中已经说明，MNE 往往

---

① Harrison 和 Huntington（2000）主编的书中包含了几篇文化在经济社会生活中的作用的文章。见 Redding（2005）。

② 见 Kirkman 等（2006）为应用 Hofstede 的文化维度提供了一个综合研究。

是行业培训升级方面的先行者。另外一种方式是通过价值观和绩效。多年前，Gunnar Myrdal（1970）考察了经济发展必要的价值观和质量。① 很少有国家拥有所有这些价值观，但多数国家（包括 MNE 的母国）至少拥有其中的一些。②

同时，这些对于外国文化优势的转变和改进是一次昂贵的实践，因为对于涉及的 MNE 和东道国而言是一个艰巨的持续学习过程。③ MNE 成功的文化移植有时候可以通过自身的管理层次来实现，有时也可以通过合资来尝试，有时通过非股权条约实现。每一种路径都会带来各自的好处，但也会产生自身的交易成本。

MNE 和东道国之间的许多利益冲突源于 MNE 和东道国（企业）文化视角的差异。当精神和制度距离很大时④，MNE 和东道国在调整适应各自需求、价值观和愿景方面就很有可能遇到困难。同时，正如我们在第 5 章中所讨论的，模仿压力迫使企业采取在它们运营的人文和物理环境中盛行的相似实践。MNE 子公司努力在母公司和东道国价值、制度背景下寻求合理性。

然而，跨文化差异的溢出效应更广泛。在一些方面，跨文化差异所带来的社会影响可以与之前农业社会城市化带来的社会影响相比拟。MNE 引进了新的生活方式和新的工作模式，培养了新型员工忠诚度，引入了新的制度，施加了新的权威形式，建立了新的社会阶层。它既可以形成合作和知识共享的多企业关系，也可以形成竞争的公平关系。⑤ 双重经济一直以来都是发展经济体的特征。尽管 MNE 促使了新工业部门的产生和其他部门的现代化，但有时也可能加剧这些部门和传统部门之间的文化差异，导致社会调整问题。

MNE 仅仅是文化转变的诸多载体中的一个。更重要的影响是技术和社会进步，这导致了国际交通、旅游和所有跨境沟通形式的巨大增长，主要是通过报纸、广播和电视。可口可乐是加纳进口还是由加纳企业生产对本地消费者对于产品的态度并不会产生很大差异。游客在泰国游玩时，是住在五星级法国酒店还是住在五星级泰国酒店很难影响他们的行为模式以及他们的行为对当地人口的影响。这类考察与旅游有关的 MNE 角色对于当地文化影响的研究表明，尽管国际航线、旅游运作、汽车租赁企业和宾馆是外国游客与当地文化接触的常见形式，但很少能将这些具体影响归因于它们的外国化或跨国化。在任何情况下，与旅游有关的 FDI 数量是相当小的，尤其是在发展中国家。⑥

---

① 这包括效率、勤奋、规律、守时、节俭、诚实、理性决策、乐意改变、善于把握机会、精力充沛的企业、诚信、合作和长期发展的意愿。

② 例如，与美国相比，日本更愿意从长期考虑商业计划，且日本人更愿意合作、更有时间观念、更有规律且更节俭。而美国人则对机会更敏感、更精力充沛且对效率极其看重。瑞士和意大利有着不同的时间观念，英国和日本对激励机制有着不同的态度。中国人既是个人主义的也是家庭导向的。

③ 体现在对待成就、权力、财富积累、人际关系、安全和创新等方面的态度。更多地，成功的 MNE 已经认识到，需要做的调整通常来说都不是单向的。这对美国的 MNE 而言并非简单的事。因此，在过去它们有种族主义的文化观念，这导致它们无法成功移植自身非文化的 O 优势。

④ 关于精神（文化）距离的进一步研究见 Grady 和 Lane（1996）。对于制度距离的研究见 Xu 和 Shenkar（2002）及 Dunning（2006b）。

⑤ 因此，日本的 MNE 已经将与本国供应商之间的合作关系部分延续到了其海外经营中。这种合作关系与美国企业和供应商之间的顺从关系不同，尽管在电子和汽车等行业，这种顺从关系逐渐变得协作化。

⑥ 与它们的国内同行相比，这些酒店主要集中在高端豪华市场。但是，如果存在炫耀性消费效应，那么国外旅游者和国内富人就该为此负责。

有断言认为 MNE 提高了收入的不平等性，且通过品牌化导致了过度产品差异。这种论断常常无法区分外国企业的存在和它通过其他方式所产生的影响。无论 Kelloggs 是否在巴西或荷兰这些国家生产产品，它仍然可以在巴西或者荷兰的电视上为其加工的谷类产品做广告。奔驰汽车被进口到马来西亚并在当地组装。许多在印度、尼日利亚和墨西哥出售的带有英国和瑞士商标的商品可能是由当地被授权的企业生产的。菲律宾、莱索托或哥伦比亚的境外企业的文化不敏感性销售或营销活动可能通过当地的经销商进行。同时，许多 MNE 对将消费者价值作为其产品属性的一部分的"生活方式"的产品进行贸易，这表明，如果支持将环境保护或劳工权利纳入消费者的生活方式中，MNE 将会供应反映这些偏好的产品。这个观点在本章后面进一步阐述。

当然，MNE 子公司的存在可能会对文化产生特定影响，但它绝不是通常被推测的那样消极。当德国或加拿大 MNE 对印度尼西亚的出口被一国的合资企业所替代时，其产品特征和产品周边的活动会变得本土化。相似地，比起荷兰企业的市场部门，设立在印度的荷兰全资制造业子公司对本土偏好和工作实践会更敏感。当外资公司发现其对发展为东道国所接受的文化有兴趣时，那么它的存在就是有益的。而且，如果在某种程度上 MNE 成为产生文化友好商品或生产模式的先驱者，这时它们就可能更受东道国政府的欢迎。Hindustan Lever 等 MNE 近年来尝试进入金字塔底端的低收入市场的努力就是一个例子。

18.5　MNE 的企业社会责任

□ 18.5.1　引言

将企业和社会责任连接起来的观点并不是新出现的。例如，当利华兄弟建立了港口阳光小镇公司，这个公司反映了创始人的信念，以及维多利亚晚期家长式观点关于责任的特征。事实上，19 世纪的英国引进了很多社会的改进，如禁止使用童工、限制工作时间，与我们今天看到的企业社会责任的背景非常不同。比如在第 Ⅱ 部分中讨论的，21 世纪的 MNE 控制广泛的跨境活动，一些通过股权方式，其他的通过合作和合同的方式。在当今的全球经济中，MNE 提供的产品和服务为富裕国家消费者的身份和生活方式提供塑造的基石。事实上，甚至可以说 MNE 承担社会责任的预期是它自己身份和生活方式的表现（Muchlinski，2001）。

现代 MNE 的社会表现是各种利益相关群体如员工、股东、债权人、客户、供应商、非政府组织和政府的输入的集合。作为不同水平股权影响的后果，在一些行业，以及一些母国和东道国，MNE 比其他企业在社会表现方面被期望得更多。[①]

考虑到利益相关者的广泛性，"企业社会责任"的含义也很广。其核心问题是环

---

① 各国环境规制的差异的战略性影响的评估框架见 Rugman 和 Verbeke（1998a）。

境绩效和劳工标准，在最近几年，发展中国家的贫困消除和人权问题被越来越多地关注。偶尔进入企业社会责任主流的问题包括劳工组织问题和集体表现，而那些与税收减少和转移定价相关的几乎从不与 MNE 的社会责任相联系，尽管它们对东道国的影响是相当大的。此外，有批评指出企业社会责任议程以发达国家的利益（生活方式维度）为中心，而不是以发展中国家与人民生活切身相关的问题为中心。[①]

由于寻求利润最大化的企业面临着分配和财富创造活动间不可避免的矛盾，在企业社会责任中需要找到协调这个矛盾的方法。一种方法是主张社会责任的"商业范式"，在这种范式下将企业社会责任的短期成本和预期的长期收益进行对比。换句话说，如果慈善是"为了做好事而做好事"，那么企业社会责任的商业基础可以表达为"为了提高绩效而做好事"。企业社会责任的"商业范式"会在下节探究，接着会考察和定义 MNE（自愿）社会责任的边界的困难。然后利用有限的证据考察企业社会责任的有效性和影响，在评估政府促使"道德市场"传递愿景的作用的基础上得出相关结论。

□ 18.5.2 社会责任的"商业基础"

以股东价值最大化的普及为压倒一切的公司目标意味着社会责任的商业范式（而不是道德范式）在最近几年取得了主导地位，至少在商业和管理的文献中是如此。然而，股东价值最大化并把重点放在商业模式上，并不能为社会责任的发展提供一个有利的环境。事实上，批评家如 Ghoshal（Ghoshal 和 Moran，1996；Ghoshal，2005）认为，有一种普遍的负面思想存在于当代管理理论基础中，包括从控制机会主义的角度看待企业内部关系，而不是从建立信任机会的角度，把企业仅仅视为实现股东价值最大化的工具。

最近几年对股东价值的关注使得股东代理人在追求经济目标的过程中的管理更加透明和高效，且这一学说的严格应用一定会扭曲决策者所面临的激励机制。更值得注意的是，如果管理人员和市场分析人员认为股东要求季度性回报，那么他们很可能会接受它们，即使这些收益是虚假的，例如安然公司、世通公司或皇家阿霍德国际集团涉及的几例会计丑闻。[②] 在关注短期的经济环境中，鼓励 MNE 承担它们的社会责任是具有挑战性的，因为许多企业社会责任的"商业范式"不能被充分阐释。

同理，同样有案例证明企业社会责任的"商业范式"不是没有根据的。也许最值得注意的是，公司已经意识到以一种及时且全面的方式进行许多环保投资，以及重点关注污染预防而不是终端解决方案，可以提高资源利用率，导致长期运行成本的下降（Porter 和 van der Linde，1995；Berry 和 Rondinelli，1998；Reinhardt，1999）。

---

① 例如，Blowfield 和 Frynas（2005）及 UNRISD（2003）关于企业社会责任议程局限性的研究，将关注的焦点放在了发展中国家的相关问题上，并且排除了税收等重要问题。

② 美国的丑闻导致了 2002 年《上市公司会计改革与投资者保护法》（《萨班斯-奥克斯利法案》）的引入，这些法案要求公司官方亲自证明其报告的数据能够真实反映其财务状况。虽然从 20 世纪 30 年代开始，美国证券交易委员会都一直秉承容纳治理的跨国差异以及将很多国外私营企业从其规则中免除的长期政策，但《萨班斯-奥克斯利法案》打破了这一传统，并且在这一法案的成立之初，德国 MNE 对其的反对特别强烈（Hollister，2005）。

通过政策禁止使用童工来改善劳动力标准，或者用制度来监测供应企业的工作标准，可以提高员工的士气，帮助招聘，提高公司的声誉（Kolk 和 Van Tulder，2004）。进一步的好处在于降低企业无形资产价值削弱的风险，以及获取长期潜在的法律可靠性。

不同类型的企业社会责任活动对不同行业有不同的成本。污染最严重的工业部门也往往是资本最密集的，在这样的部门中，资本投资力度可能对企业的反应有较大影响。在环境问题已经相当严重的部门（例如纸浆和造纸业），工业层面合作探讨不同方案的可行性技术已被证明是减少与新的投资相关的不确定性的有效方法（Lundan，2004a）。

在劳动密集型产业中，可以理解的是，劳工标准等相关问题更重要。这很大程度上取决于企业和供应商之间的关系的本质，特别是控股或全资子公司之间的差异，以及合作伙伴之间的差异。在可能通过生产过程的增量调整（如改变生产位置或施行新的组织标准）来回应社会需要的行业中，企业可以尝试的可能策略更多。因此，通过理想的途径达成行业层面的共识是很难的。这可能会导致一个僵局，如果消费者不愿意为道德产品支付更多的成本，那么其就很难有进展。然而，在品牌效应导致边际收益很高的行业中，以及劳动力成本占产品价格很小的一部分的行业中，如耐克等 MNE，可以做到在不影响利润的条件下提高劳动力标准（Kolk 和 VanTulder，2002）。

同时，虽然许多社会责任的问题似乎是特定行业的，但并不是一个部门中的所有企业都会以同样的方式对同样的压力做出回应。例如，已被证明的是组织特性，如存在资源互补性和定量的绩效管理系统，与更好的环境相关（Christmann，2000；Florida 等，2001）。在第 5 章介绍的框架中，企业在社会责任表现方面的差异反映了认知和动机上的差异（Oi），以及资源和能力方面的差异（Oa 和 Ot）。一些企业扮演着消极慈善事业的角色，其他一些公司则积极参与，甚至延伸到所谓的战略性企业社会责任，其目的是连结 MNE 的社会责任和其核心竞争力。[1]

虽然企业社会责任活动带来的好处是真实存在的，但大小却是难以衡量的，也很难与帮助企业财务绩效的其他因素分开。尽管如此，最近实施的 52 项相关研究发现了之所以乐观的一些原因，这反映了企业社会责任和财务绩效之间相当一致的正相关关系，包括会计和市场绩效（Orlitzky 等，2003）。研究结果表明，企业从事社会责任活动虽然不一定会给自己带来利益，但也没有昂贵到不能接受。但必须指出的是，大多数研究被寻找社会和财务表现间合适的协调措施的方法问题所困扰。[2] 此外，对财务绩效的关注有助于增强社会责任的"商业范式"的重要性，而不是把注意力引向调查大企业和环境作用的多种途径，不论是好是坏（Margolis 和 Walsh，2003）。[3]

---

① 战略性企业社会责任的缺点是，随着越来越多的企业社会责任问题与商业战略相混淆，对外部观察者而言，这些问题就会越难跟踪且越不透明。相反地，也有可能存在这样的情况，即如果企业社会责任活动全部透明化，那么企业活动就只包括安全的赌注，而可能的有利影响的范围就会减少。

② Dowell 等（2000）探讨了一个例外。该案例以严谨的方式考察了好的企业财务表现与好的运营环境的因果联系。

③ 不以金融表现为焦点的案例见 Klassen 和 Whybark（1999）及 Christmann（2000）的研究，他们探讨了环境与工业表现之间的关系。

即使"好"的企业行为导致财务收益，但似乎不可能大到对企业所有的表现都有可识别的影响。从制度的角度，可以预料经济成功的企业会利用资源、战略和动机去采纳更好的社会政策。企业社会责任是"商业范式"的严格解释表明社会投资只有在获得经济回报时才符合股东价值最大化。然而，较为宽松的解释表明责任的程度可以被设定得较高或较低，这取决于对股权价值影响的程度。但给定社会表现，管理良好的公司可能会达到一个较低的长期的合规成本。

事实上，当"商业范式"是由企业财务而非股东社会责任驱动的时，有证据表明，在利益相关者群体中，一些股东也对推进社会和环境议题感兴趣。例如，股东团体一直在积极呼吁更好地披露企业面临的气候变化带来的威胁。在实践中，社会或道德投资通常是由诸如养老金的大机构股东驱动的。道德投资方式主要有两种。一种是通过投资于共同基金；另一种是通过购买公司的股份来参与股东活动，公司的行为是投资者试图改变的。[1]

大大影响企业道德投资市场进一步发展的是缺乏可靠的信息。正如我们已经提到的，非财务因素很难衡量，而目前的社会责任报告提供的是关于企业内部运作的可选择并且不相称的方式。[2] 一些国家提供社会报告的监管指引，但在大多数情况下，公司可自由选择报告什么，如何报告。采用 ISO 14000 标准的供应链、行为守则的出版、社会绩效[3]的出版和各种标签成为一些 MNE 寻求自身规范的举措（King 和 Lenox，2000；Christmann 和 Taylor，2001；van Tulder 和 Kolk，2001；Lundan，2004b）。[4]

最后，社会责任投资的发展需要企业以与报告财务活动同样的方式报告非财务活动（包括机遇和威胁），也需要投资者在制定决策的时候将这些因素考虑在内以抵抗市场中普遍盛行的短期压力（Vogel，2005）。

□ 18.5.3　应该应用谁的标准？

积极的社会参与的难点在于要知道哪些太多了，哪些还不够，因为几乎没有任何既定的标准是可用的（Pearce 和 Doh，2005）。根据企业运营所在的部门和国家的不同，MNE 可能面临从上而下的机构的众多压力，如多边协议、指导方针和国家管理机构，以及如顾客和非政府组织等的自下而上的压力。一些自愿的企业社会责任活动是想走在规制的前面，另一些可能由某个强有力的利益集团想要主导市场所驱

---

① 正面途径是从给定的企业当中寻找一流企业，而消极途径则是根据特定行业（如烟草）的活动剔除一些企业。正如 Vogel（2005）指出的，正面途径用来选择"道德"股票，其理论基础在于企业社会责任可以从企业股票市场绩效的角度带来回报。它假定有关企业社会责任的私人信息可以被市场了解。更重要的是，它排除了这样一种可能性，即同竞争对手相比，一个敢于跨越工人规范的道德企业可能有着较低的绩效。

② 但是，至少与联合国环境规划署和琼斯可持续发展指数合作的全球报告倡议组织在致力于提高测量企业社会责任报告的一般标准。

③ 毕马威和阿姆斯特丹大学的一项研究（KPMG，2005）表明，在 2005 年，250 家全球财富 500 强企业中，有 52% 的企业发布了企业社会责任报告。如果进一步考虑将企业社会责任报告作为其年报一部分的企业，这个比例会更高。详见 Kolk（2005b）。

④ 然而，我们需要注意到，这些标准具有相当普遍的性质，如 ISO 14000 只要求管理过程到位。另一方面，最低限度地实现环境管理体系的执行使得企业能够突出重点问题并更好地整合其政策（Morrow 和 Rondinelli，2002）。

动，或仅仅是为了对特定的需求做出反应。

在一般情况下，公司会监控行业中的竞争对手，旨在使其设定的社会责任水平能够满足外部需求，特别是来自于监管者和非政府组织的需求，但也不会偏离行业中既定的模式很远。对于一些著名的 MNE，如壳牌、沃尔玛或耐克，它们目前在与企业社会责任相关的活动方面的高知名度可以追溯到以前负面公众形象的实例。另一方面，在坚定的和极具说服力的 CEO 的推动下，一些企业也可能会超越规范的要求做另外一些社会责任活动。

在公司的外部利益相关者中，MNE 母国及重要的东道国的非政府组织变成促进企业社会责任的重要推动力。它们针对特定的行业和企业，通过推动行为准则和影响国际多边协议的内容来影响企业的社会责任活动（Doh 和 Guay，2004）。像现代 MNE 一样，许多现代的非政府组织也是覆盖全球的。MNE 与非政府组织的不同种类的伙伴关系也形成了 MNE 价值创造过程整体的一个部分（Rondinelli 和 London，2003；Teegen 等，2004）。[①]

除了非政府组织，MNE 和政府监管机构的关系在过去的 30 年间也经历了巨大的变化。当前，国家监管当局不太倾向于采取对抗性的立场，而更愿意与企业及行业协会进行谈判（Harrison，1999；Willman 等，2003）。在其他原因中，这是因为在许多行业中，MNE 具有对技术和市场的丰富的知识，这些只是监管过程中的重要因素。事实上，监管机构的质量直接影响到 MNE 的遵从成本，并且母国和东道国可信的监管环境，包括那些旨在提高 MNE 社会表现的监管环境，是应用先进技术和管理程序的投资的先决条件。

除了母国和东道国公民社会和国家监管者的影响外，还存在很多多边协议为企业社会责任提供基本规范指导。其中最主要的是 OECD 的《跨国公司行为准则》（1976 年制定，2000 年修订），要求缔约国政府促进 MNE 遵守准则。具体的反腐败的指导方针由《OECD 反贿赂公约》规定（1997 年制定），这个公约规定政府负责在国家层面引进和实施规制。[②] 联合国《全球契约》（1999 年引进）是一个自愿的倡议，包括《世界人权宣言》、《国际劳工组织关于工作中的基本原则和权利宣言》、《关于环境和发展的里约宣言》，以及《联合国反腐败公约》的重要方面（见专栏 18.1 和专栏 18.2）。团体会员有 2 500 个，期望启动遵循规则的商业实践的变化，并在其年度报告或其他成员的年度报告中予以披露。[③]

正是由于各种义务之间的关联，在促进企业（尤其是在自然资源采掘业中）对商业业务中的人权行为负责方面已经做了很多努力。近几年涉嫌侵犯人权的案件有尼日利亚的 Shell 纵容政府对抗议者进行攻击，缅甸的 Unocal 使用强迫劳动，哥伦比亚的 BP 公司与有着不良人权记录的军事力量签订合约。虽然人们普遍认为，联合国条约的核心对建立维持企业社会责任的某些原则的义务是足够的，但这些义务的执行仍然是个问题。第 19 章将会讨论对人权侵犯起诉的方法，即通过美国《外国人

---

① 第 20 章将讨论非政府组织与监管 MNE 活动的多边系统的制度之间的关系。

② 然而，在发达国家这些指导原则的执行和实施也是一个重大问题。例如，OECD（2006）研究小组的一个报告对荷兰腐败案例的审判和定罪提出了质疑。第 10 章也讨论了腐败对于 FDI 流量的影响。

③ 然而，考虑到法律责任的问题，很少有美国企业加入全球契约（Williams，2004）。相比于全球契约，欧盟 2003 年引入的关于 MNE 责任的条款更为具体，但它们的影响也未可知。参见第 19 章。

《侵权索赔法》的领土外运用。

在石油和采矿这样的采掘行业，人权和腐败，以及腐败和透明度之间的联系显得尤为重要（Truelove，2003）。一般来讲，腐败不利于良好的监管，而良好的监管是保护人权的基本条件。因此，努力增加透明度，进而减少腐败是另一种推进人权的方式。为此，Publish What You Pay 这一非政府组织联盟已经提出了这样一种观点，即自然资源采掘业的 MNE 应当披露它们向东道国政府所支付的所有收入。另一项针对政府层面的倡议是由英国政府推动的《采掘业透明度行动计划》（EITI），鼓励东道国披露它们的自然资源的收入。[①] 此外，反腐败条款也被列入一些新的贸易和投资协议，如美国和智利之间的《自由贸易协定》（同上，2003）。与此同时，来自中国和印度的 MNE 进入非洲和拉丁美洲的采掘行业在某种程度上引起了对这些公司愿意加入上面提到的协议的努力程度的关注（UNCTAD，2007）。

专栏 18.1

OECD 针对 MNE 的指导原则

企业应充分考虑所在国家的现行政策和其他利益相关者的看法。在这方面，企业应该做到：

1. 从可持续发展的视角为经济、社会和环境的发展做贡献。

2. 尊重那些受企业活动影响的人权，这些人权与东道国政府的国际义务和承诺相一致。

3. 通过与当地团体密切合作，鼓励包含商业利益在内的当地的能力建设，开发企业的与健康商业管理相一致的国内外市场活动。

4. 促进人力资本的形成，特别是通过创造就业机遇和促进员工的培训。

5. 不要寻求或接受不在与环境、健康、安全、劳动力、税收、财政奖励或其他问题相关的法定或监管框架内没有计划的活动。

6. 支持和维护良好的企业管治原则，发展良好的公司治理实践和应用。

7. 开发和应用有效的自我监管惯例和管理系统，进而帮助企业与所处社会建立相互信任的关系。

8. 促进员工遵守公司政策的意识，并通过适当的培训计划等手段传播这些政策。

9. 不要歧视或处分向主管或者公共管理部门善意报告违反法律、指导方针或企业政策行为的惯例的员工。

10. 在可行的情况下，鼓励商业伙伴（包括供应商和分销商）应用符合规定的企业行为原则指南。

11. 不参与任何不恰当的当地政治活动。

资料来源：OECD（2000）。

---

① 其他特定行业的举措包括赤道原则，这一原则建立在为发展中国家提供金融支持的国际金融公司指导原则上，由大型金融机构提供融资并为发展中国家的发展提供金融支持。《金伯利进程国际证书制度》保证了冲突钻石不会进入主流的钻石市场。

□ 18.5.4　MNE 对社会事务贡献的证据

从广义的角度来看企业社会责任，在第Ⅲ部分的实证经验至少在一些方面描绘了相对和谐的画面。MNE 可能通过提供就业机会、支付更高的工资、提供培训和技术转移等途径有益于东道国。根据东道国的技术吸收能力和制度能力，以及吸引投资动机的程度和种类的不同，MNE 的进入也可能引发相关部门额外的就业机会，创造技术溢出，为东道国税收收益做贡献。此外，相关的经验证据表明，更好的管理和更高的标准，包括环境和劳动法规，更可能导致外国投资而不是去排斥它。

专栏 18.2

联合国全球契约原则

人权

原则 1：企业的商业活动应支持和尊重国际保护宣告的人权；

原则 2：确保他们不存在侵犯人权的行为。

劳工标准

原则 3：企业应该维护结社自由和有效的集体谈判的权利；

原则 4：消除任何形式的强迫和强制劳动行为；

原则 5：有效废除童工；

原则 6：消除就业和职业歧视。

环境

原则 7：企业应支持应对环境挑战的预防方法；

原则 8：采取措施承担更多的环境责任；

原则 9：鼓励环境友好型技术的推广。

反腐败

原则 10：企业应反对一切形式的腐败工作，包括勒索和贿赂。

资料来源：www.unglobalcompact.org.

事实上，根据现有的证据，那种将 MNE 视为环境问题和社会问题的来源进行攻击在许多情况下都找错了敌人。[①] 全球消费增长在任何一个地方都造成了对地方环境资源的负担，而贫困和不良治理让很多人没有机会充分参与社会和政治活动，过着高效的生活。这些因素可能并不会被 MNE 存在与否直接影响，但凭借它们的技术和组织能力，并辅助以更好的通信和运输手段，MNE 在使消费更广泛方面大有作用。

在过去的几十年里，环境与劳工标准都有长足的改善。在污染最严重的行业，已经通过新技术产生更少的污染。除了少数例外，将相关产业搬迁至污染避难所的担忧实际并没有发生。在污染最严重的行业，如纸浆和造纸、采矿和石油，MNE 已经对其生产过程进行了相当大的改进。[②]

具有较低资本要求的新型可再生能源（如太阳能和风能等的开发）的发展，以

---

① 参见 Graham（2000）关于反全球化活动与 MNE（错误的敌人）的斗争。

② 关于 FDI 和环境标准之间关联的实证案例见第 10 章。

及全球市场在温室气体排放贸易中的应用，不仅减少了排放，也促进了清洁技术在发展中国家的传播。[1] 认证方案（如森林管理委员会的标准）在市场上被广泛接受，并减少了对由不可持续的木材所制成的产品的需求。[2]

在劳动标准方面，Moran（2003）提出的证据表明，许多发展中国家出口的成功已经改善了在服装、体育用品、鞋类和地毯等工厂工作的工人的待遇。即使在工会组织可能性这一颇具争议的问题上，在过去十几年也取得了一些进展。此外，根据国际劳工组织（2006）的报告，2000—2004年间童工数量下降了11％，而从事危险工作的儿童数量下降了26％。在公平贸易中以种植咖啡豆和烟草为生的家庭的生活质量也有所改善。[3]

在一般情况下，虽然我们可以得出结论：MNE 并不会导致许多东道国所面临的社会弊病，且在大多数情况下，MNE 会提高当地生活条件，但是，关于许多学者所提出的 MNE 能够通过在金字塔低端开拓新市场而缓解贫困问题这一观点仍有待考察。[4] 具体而言，Prahalad 和 Hart（Hart 和 Christensen，2002；Prahalad 和 Lieber-thal，2003；London 和 Hart，2004）等一系列文献认为，通过创新产品、服务及在较大的和极具潜力的贫困市场的流通方式，以及与非政府机构建立非传统伙伴关系，身处饱和市场的 MNE 能够振兴自己。通过将有效的流通方式和全球供应链分配给人均收入低于 2 000 美元的 40 亿人口，我们可以进一步认为，MNE 可以通过引进种类更多、价格更低和质量更高的产品来拓展穷人市场的购买力，进而获取新的市场（Prahalad 和 Hammond，2002）。

事实上，一些跨国企业，特别是 Hindustan Lever、联合利华印度分公司等，通过设计更便宜的包装方式和非投资密集型的新的流通方式，在满足欠发达国家消费者不同需求方面取得了长足进步，然而，这些公司仍是少数。因为调整成本的存在使得利用全球规模经济和范围经济的 MNE 到达金字塔底部市场十分困难。巴西、俄罗斯、印度和中国这样的新兴经济体可能为 MNE 提供大量的新消费品的销售市场，大部分活动很可能集中在较富裕的城市市场，并没有达到贫困的农村。

倡议在金字塔底层操作的其他例子包括小额贷款。其中最著名的是孟加拉国的格莱珉银行，这个银行专门为农村女性企业家提供小额贷款。近几年，格莱珉银行扩大了它的活动，如格莱珉电信，为收入非常低的消费者购买手机提供融资（Hart 和 Christensen，2002）。与依靠抵押品不同，小额融资方案在授予贷款时通常依赖于关于申请人的社会环境的详细信息。在某种意义上，它们是 19 世纪晚期和 20 世纪早期在纽约、伦敦等城市成立的对移民企业家进行资助的软贷款社会的延续。像软贷款社会一样，现代微型融资操作通常享受较低的违约率，但根据具体情况不同有可能会收取较高的利率。[5]

---

[1] 《京都议定书》的清洁发展机制的影响见第 20 章。

[2] 虽然与其他的许多标签计划一样，但 FSC 的有效性受到了竞争对手的增值的影响。

[3] 参见 Tulder 和 Kolk 对运动商品和咖啡业的指导原则的研究（Tulder 和 Kolk，2001；Kolk，2005a）。

[4] 该金字塔是指全球收入的分配，发达国家的消费者占据金字塔顶端，而发展中国家的消费者则位于金字塔低端。参见 Jain 和 Vachani（2006）。

[5] 根据 Godley（1996），在 19 世纪末期和 20 世纪早期服装行业活跃的犹太人软贷款有着较低的违约率，但与商业性小额贷款不同，它们并不收取利息。

虽然可以肯定的是有些企业可以在低收入市场盈利,但这种活动能在何种程度上持续改善穷人的生活质量仍有待探究。[①] 例如,MNE 进入最不发达市场的批发和分销意味着巨大的调整成本,这通过将资源从一个低效率的零售部门转移到经济体的其他区域来实现。在不引起大规模社会混乱的情况下,这种转移的程度关键取决于社会凝聚力的程度,以及政府提供教育和其他社会福利来缓解这种转移的能力。由于最穷的国家一般来说社会凝聚力也比较低,政府组织的有效性较低,因此 MNE 的转换器的角色就十分重要,但它们对长期发展的贡献是不确定的。

最后,我们要提及的例子是欠发达国家 HIV/AIDS 医疗价格降低的问题。尽管在很大程度上,这项医疗的价格更多地是受到非政府组织以及巴西和印度等国日益增长的科技实力和政治实力的影响,而不是医疗企业本身,但 MNE 在探索超过支付能力的医疗手段的推广方面扮演着重要角色。[②]

□ 18.5.5　道德市场的局限性

纵观最近几年所有进步的例子,很容易过分强调企业社会责任的案例。正如我们已经讨论的,毫无疑问,在一些例子中企业社会责任活动带来的社会利益部分抵消了其成本。然而对多数企业而言,强调社会责任问题并没有引发很强的竞争优势,因为消费者不愿意购买道德生产的产品。实际上,到目前为止,MNE 的许多社会责任活动都被认为是为了避免惩罚而不是获得回报(Lundan,2004b)。给定 Vogel(2005)提出的道德市场的有限规模,企业社会责任的主要问题是概念的拓展问题。一些市场的一些企业在经济可行的情况下对劳工和环境标准方面做出了重要改进,但这并不意味着该企业可以在其他市场中也这么做,更不用说市场中的其他企业。

在环境方面,可以通过提高生产的能源效率,以及减少浪费和不良副产品来获得巨大改进。在这种意义上,社会责任的"商业基础"可以在环境方面获得双赢。然而,到目前为止,劳工标准方面的改进多数有利于首要层级的供应商。对于更下端的供应链,当服从变得更加困难、代价更高时,企业社会责任的"商业基础"就变得不那么迫切了。实际上,正如 Vogel 所说,企业社会责任的原因并不在于它们拥有丰厚的利润,而是因为相关的成本较低,并且至少可以通过降低企业声誉相关的风险来获得一些利益。然而,随着企业进一步追求企业社会责任,不增加成本的唯一办法是如果为了消费者付出的意愿大幅增加,企业就不仅是为了避免惩罚,而且可以获得收益。

除了道德市场的规模之外,Vogel 的另一个观点是虽然自愿性工作和软规定对企业行为产生影响,但这并不意味着同样的改进不能从法律规范中获得。[③] 实际上,在环境改善的案例中,除了非政府组织开展的一些活动,规则也一直是企业表现发生

---

①　参见 Jenkins(2005)对于企业社会责任对贫困的影响的评估。

②　参见 Vachani 和 Smith(2004)对制药行业企业社会责任定价的分析。

③　例如,参见 Abbott 和 Snidal(2000)对软法律和硬法律的选择。硬法律具有法律效力且十分精确,由相关机构负责法律的解释和执行。而软法律则缺少上述条件中的一种或几种。参见 Utting(2005)对硬法律和软法律相互作用的研究。

变化的重要推动力。例如，随着越来越多的投资关注无氯漂白，芬兰造纸行业的企业不仅仅受国内规则的影响，还受到德国这一主要出口市场上消费者更偏好绿色产品的偏好转变的影响（Lundan，2004a）。公共部门的规制和执行在帮助企业认知和定义其社会责任活动合适的边界方面扮演着重要角色。母国和东道国的正式和非正式制度支撑了 MNE 的社会责任活动，因而利用民营企业促进公共政策需要更强的公共制度。

除了为企业提供公平竞争的平台并减少关于可接受的表现的不确定性的考虑之外，规则也应该在允许消费者达到更具社会化的最优消费模式方面很有帮助。情况是这样的，如果消费者之间存在矛盾表明他们期望企业承担社会责任活动，但很少有人愿意为此付费，部分原因在于他们所面临的集体行动问题。通过更高的价格或增加销售来获得好的企业行为不仅仅需要大量信息，还需要协调行动来避免搭便车。非政府组织在制定辩论框架和提议选择方案方面做出了重要贡献，但可以说一个更大的贡献是由选出的代表作出的，这些代表需要在制定公共政策时平衡许多利益相关者的矛盾。由于这个问题的复杂性和所需信息量的要求，相对于作为积极消费者行使权力，人们会发现将社会责任交给政府和相关的执法机构会更容易操作，无论是以法规的形式还是以对社会不良面征税的形式。[1]

为了寻找到"软规则"和"硬规则"之间的完美平衡，Vogel（2005）认为 MNE 不应该只着力于服从，而应该努力提升整体标准和影响公共政策。然而，这并不意味着由监管者来筛选企业或者由企业来筛选监管者。[2] 现在的规则是可协商的双向过程，其中时间进程和技术规范都在所有被影响的群体中讨论。在某些问题上，MNE 是走在技术发展的最前端的。参与这些复杂问题的标准的设定是 MNE 为企业社会责任作出的贡献的一部分，且在企业社会责任报告中被刻画为典型的企业社会责任活动。

当然，领导企业具有推动自身标准成为管制规则的竞争动机，因为这可以为它们提供相对于竞争对手而言的一种竞争优势。规制者扮演的重要角色是确保施加在落后企业上的负担不会过多，但依然会导致规则的更新（Lundan，2001）。事实上，正如 Vogel（2005）所说，同样的争论可以拓展至披露非财务信息的强制要求。尽管最发达的企业会尽力争取以使它们的标准被采用，但政府的功能就在于平衡竞争和管制的利益。

由于 MNE 所具有的技术、组织和财务资源，它们在运营所在国的社会表现的提升过程中是不可或缺的。同时，企业的自愿社会责任活动不足以确保可接受的国际资本。正如 Vogel 在他的结论中所说："公民和政府规制在提高公共福利方面都扮演着合法角色。前者反映了道德市场的潜质，后者反映了道德市场的局限性。"[3]

---

① 政府可以通过修改采购政策或者政策协调来推动其企业社会责任议程。参照美国的案例，Aaronson（2005）为政府采取多种政策措施推动 MNE 的企业社会责任活动提供了案例分析。欧盟也公布了将企业社会责任整合到不同政策领域的计划（欧盟委员会，2002）。

② Ramamurti（2005）对 20 世纪 70 年代和 80 年代被监管企业和监管者之间的监管捕获与当前 MNE 和非政府组织之间的监管捕获进行了一个有趣的比较。当前，MNE 影响多边决策的能力遭到了众多利益相关者的强烈反对。

③ 参见 Rondinelli（2002），他研究了建立一个保持 MNE、政府和非政府组织之间的有益关系的抗衡系统的必要性。

18.6 结论

我们在本章中提出的观点是 MNE 会对其母国和东道国的制度环境做出反应，也在定义"游戏规则"中起到了重要作用。因为社会目标变得越来越多元化，关于国民福利的问题从最初的物质概念延伸到公平、自主、安全和环境，所以，由 MNE 发起或者被迫实施的激励结构和实施机制是 MNE 促进运营所在国的人权环境升级的重要成分。

我们认为企业的主要责任在于以最能满足企业所处社会的目标的方式参与增值活动和交易。正如我们已经说明的，这些目标超越了最初的物质财富的概念，还包含广泛的如环境保护之类的预期社会目标。另一方面，如果对便宜消费品的需求较大，对社会表现的实际需求较小，MNE 的活动也会反映这种平衡。

进一步地，即使在 MNE 扮演着对社会有益角色的案例中，它们也只能提供部分方法，无法提供对主要社会问题的解决方法，不论是与环境、劳工标准有关还是与人权相关的问题。MNE 可以在特定部门中引入国家最先进的技术，但这些投资只是解决了一部分问题。相似地，MNE 可以提高出口导向型经济部门的劳工标准，但在农业和国内主导的部门中，提高劳工标准唯一的方法是政府为所有国民提供更好的教育和社会机会。在最近几年里，可以说在市场的自愿动机和传递决策的能力方面投入了太多努力，而政治努力则不足。目前的经验表明道德市场规模有限，且关键取决于公共制度自身能否持续。

从企业社会责任的角度，我们期望 MNE 做什么？环境标准和劳工标准问题代表了极具对比性的两极。工业污染在很大程度上是技术转移的问题，在该领域，技术标准由提供技术的专业化制造企业建立。大体来说，高效的技术会更清洁，只要有重组的自主吸收能力，我们就有理由期望 MNE 的投资可以改进环境标准。实际上，在第 10 章中我们说明了"污染天堂"的观点是错误的。如果发展中国家对 MNE 是有吸引力的，那么 MNE 就会有很强的动机去应用与其他地方同样的技术来有效地保护和开拓它们的 O 优势。

虽然如此，即使有着较高的技术，日益增加的工业生产和经济增长也会不可避免地导致更多污染。进一步地，环境质量问题不仅包括如何处理来自当地的固体废弃物、废水、废气、交通产生的污染，还包括如何处理 MNE 造成的工业污染。在发展中国家，不可持续的耕种、违法捕捞、燃烧炉产生的废气和土地减少构成了环境和健康问题。这些问题是贫穷和管理不佳的结果，并不会由于 MNE 的进入而发生改变。

MNE 在劳工标准方面的贡献可能更不确定，可能的创新点是将劳工标准看成 MNE 的社会责任之一。[①] Sen（1999）指出使用童工、超时工作和缺乏对健康和安全条件的关注都是由于贫困和自由的缺乏导致的。尽管许多 MNE 在运动商品、纺

---

① 然而作为一个社会问题，劳工标准比当代环保标准更向后延伸，最终延伸到了 19 世纪早期工业化的英国的"邪恶的米尔斯时代"。

织品和家具行业都有很好的表现，但大部分供应商并不受 MNE 的影响，甚至最具主导地位的 MNE 都承认在有效控制供应链方面的能力不足。① 少数领先的 MNE，如荷兰服装公司 C&A，建立了监测供应商的政策，也为其达到规定标准提供了帮助。这样的举动通常包括与当地政府建立公共—私人关系来提高标准，但这需要当地政府已经有完善的政策，并且有足够的能力来解决该问题及其根本原因。

最后，与 19 世纪的慈善企业家的情况不同，现在大多数大的 MNE 的经理充当着董事会经理人的角色。即使我们假定企业社会责任投资并不一定会与大多数股东的利益冲突，在这样的背景下，经理追求这种行为的自由度也会受到限制。相反地，将所有财富都花在慈善项目上的企业在追求选定行为模式方面是不受拘束的。事实上，过去十几年有越来越多的年轻有为的企业家愿意参与到全球问题当中。例如，比尔·盖茨从微软管理者走向比尔及梅琳达·盖茨基金会主席，捐赠了 330 亿美元。Ebay 的 Jeff Skoll 同名基金以及 Sergey Brin 和 Larry Page 建立的 Google. org 也是如此。②

除了企业社会责任的特定活动，关于 MNE 通过技术和管理转移来获得可持续发展的问题还有很多乐观的理由。然而，关键要素仍在于，除了自然资源部门外，FDI 更容易被具有良好管理水平的部门吸引，只有当东道国的相关条件有助于此的时候才能够改善其状况。到目前为止，责任的边界只有部分延伸到 MNE 所有权影响范围之外的活动。几乎没有什么迹象表明，MNE 能够弥合没有良好治理的国家和没有政府解决促进经济成功发展的基本自由问题的国家在社会基础设施方面的差异。

---

① 例如，MNE 为保证它们的供应商是合格的导致了无数的第三方认证机制出现在了中国（其为很多 MNE 提供产品供应）的大型供应商中。人们越来越关注这种问题，即为了防止供应中断，很多供应商会伪造工作记录来满足认证要求。（ "Chinese factories accused of faking records"，*Financial Times*，April 21, 2005, www. ft. com）。

② 实际上，Google 官方并没有寻求慈善基金会的免税地位，这为它们提供了更多投资于营利机构和非营利机构的灵活性（ "Beyond charity? A new generation enters the business of doing good"，*Financial Times*，April 5, 2007, www. ft. com）。

第Ⅳ部分

政策启示

本部分的分析重点将从 MNE 转向政府。第 19 章研究了母国及东道国对 MNE 活动不断变化的态度，以及政府采取的用来影响 MNE 活动水平、内容、模式的行为。此外，还讨论了特定母国、东道国政府由于商业活动全球化而对其制度、宏观经济和组织政策的调整程度以及其他政府所采取的经济战略。

本章的主旨在于，一方面阐述 MNE 及政府间的交互关系如何影响国家参与过去半个世纪中日益普遍的全球化进程并从中受益；另一方面，阐述了二者交互关系的本质正在经历意义深远的变化。而这种变化主要由四种相关力量引起：其一是新兴工业化国家（和地区）正逐渐成为全球经济的重要力量——例如韩国、中国台湾、中国及近年来不断强大的印度；其二是技术、组织进步的快速增加及电子商务的出现；其三是全球宏观经济的自由化趋势及国与国之间日益紧密的经济依存关系；其四是全球范围内有组织的公民社会的出现。尽管，20 世纪 60 年代和 70 年代政府的主要目标是将对内投资的直接经济租最大化，并保证 MNE 对本国经济发展、经济转型提供合适的资源、能力，但从 20 世纪 80 年代开始，政府开始更多地将 MNE 视为升级本国国内资源、能力的途径，从而形成了与其长期动态比较优势相适宜的发展模式。为此，第 19 章阐述了政府的经济功能正从对特定市场进行干预，转变到抵消企业或特定团体引起的结构性扭曲，进而转向以社会可接受的方式来保证市场参与者以最低交易成本交易。就这个层面而言，MNE 是实现资源跨境分布、交易活动跨国运作的主要影响因素，并直接影响国内政府政策且受到国内政府政策的影响。

但是正如第 20 章所言，由于 MNE 能利用各国特异性差异来避免政府政策的影响，政府单边制定的政策并非总能实现既定目标。在一些案例中，上述现象可能是市场力量导致的结果，或可能受到不同社会目标的影响（例如，环保目标）。此外，政府可能故意采取一些策略将 MNE 的经济租从一国转移到另一国，而这些策略与部分企业、组织策略一样，总有一天会扭曲市场。例如，某些投资激励条款、出口补贴、附加关税、进口配额等。为了避免经济租在各国之间以及特定国家与 MNE 间不合理地分配，一些超国界行为被提出。第 20 章将讨论并识别这类行为的形式以及其对 MNE 活动和行为可能产生的影响。此外，第 20 章将阐述在过去数十年中，地区层面（例如，欧盟、北美自由贸易区等）及国际层面（例如，WTO 等国际组织）的态度和行为对 MNE 活动的分布日益重要的影响。

第 19 章

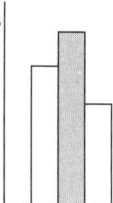

政府与跨国活动：
单边回应

19.1　引言

第Ⅲ部分检验了 MNE 的增加值活动对母国和东道国经济产生影响的几种可能途径，并讨论了一些特定影响领域的政策议题。接下来的两章将描述并分析国家政府、区域组织、国际组织对 MNE 的相应活动的一般态度及反应，并讨论它们为改变 MNE 活动的程度和形式而采取的相关行为，以及基于此形成的制度、战略及政策。

然而，讨论之初，我们需要重新认识的是之前关于 MNE 对母国及东道国的经济影响必须被评估：首先应从占用的资源及实力的机会成本来度量，其次考虑受政策制定者所影响的相关变量的影响。换言之，外资企业在 t 期的结构及绩效在一定程度上是公共机构及政府在 $t-1$ 期的宏微观管理政策的一个函数。因此，如果政府的经济信号是低效或者扭曲的，则 MNE 的相应反应也将低效且被扭曲。至少就某种意义而言，政府现期对 MNE 的行动是政府自身过去的经济及政治策略的结果。近期部分政府已经意识到了这一点，并开始在市场和生产全球化的视角下重新审视自身制定的激励结构及宏观组织管理政策。

虽然政府及 MNE 间的交互影响是一个动态反复的过程，但仍然可以识别政府对 MNE 活动的态度及采取的行为，及其态度受 MNE 活动影响的情况。同样地，我们可以解释不同国家对跨国投资者、相同国家对不同类型的跨国投资者、同一国家不同时期对同一跨国投资者的态度和行为的差异。更进一步地，我们可以推断出国家政府、地方政府在将外来直接投资和对外直接投资的水平、模式以及 MNE 子公司行为与东道国国内经济社会目标相联系的过程中面对的机遇、约束。

在这种情况下，我们无需对过去三十多年来母国、东道国对 FDI 及 MNE 的法律条款、规章条例、政策进行细数，感兴趣的读者可以阅读 UNCTAD 的年度《世界投资报告》。① 相应地，我们将尝试对政府及 MNE 间的交互作用的本质以及近 40 年来的变化方式给出一些普遍性的原理、例证。故我们将继续沿用前几章的理论基础——OLI 范式，该范式可以很好地解释政府及 MNE 交互作用的本质和结果。

19.2 理论观点

□ 19.2.1 OLI 范式的进一步应用

为何国家政府期望通过调整正式或非正式的制度及政策来影响 MNE 的行为，或者来更好地融入经济全球化？根据折中理论，答案一方面取决于 MNE 的 O 优势，MNE 将自身资产与 O 资产、生产国本土资源、能力、中间产品很好地结合起来的方式；另一方面，政府认为通过自身行为，其不但能利用自身 MNE 及潜在 MNE 的 O 优势，而且能利用自身 L 资产进一步吸引外来投资者；然后，通过自身创新、调整现有的激励结构、影响市场行情和层级效率，政府可能会影响其本土企业及外国企业内部化的意愿及能力，并与外国企业形成合作联盟。

有很多命题将政府行为的边界、形式与 MNE 的 OLI 优势的结构形式、政府自身目标相联系。这里我们给出五个命题。命题 1：在其他条件不变的情况下，MNE 独特的 O 优势越小，政府对其采取针对性的政策行为的可能性越低。命题 2：在其他条件不变的情况下，国际间对吸引国内外 MNE 投资的竞争越激烈，且投资越自由、不受拘束，则各国政府越需要保证自身的 L 资产相对于其他竞争者而言具有足够吸的引力。命题 3：一国的资源、实力、市场对 MNE 的吸引力越大，或 MNE 对资源、实力、市场的竞争越激烈，政府越有可能实施相关政策从 MNE 行为中获取利益。② 命题 4：MNE 对自身 O 优势越重视，且本质上越系统化，则它们越不愿意牺牲对各层级的控制力或与外国公司建立合营企业。命题 5：对于希望扩大 O 优势或者成为全球投资者的 MNE 而言，它们更愿意与能为它们提供所需的资产、竞争力或市场的外国企业建立联盟关系。

以上每个命题都揭示了以下几点：第一，也是最重要的一点，影响 MNE 增加值活动水平、模式的政府行为是一个关于包括政府管辖下的 L 资产（包括制度资产）及 MNE O 优势的函数。第二，这种行为将取决于政府对于这种交互作用对经济和其他目标及其为这些目标采取的政策的可能影响的估计。第三，政府能成功调整自身行为的能力取决于 MNE 对其行为的识别程度（MNE 以此来改进或者停止全球、地方分支机构的经营目标）及政府与 MNE 的议价能力。

当检验过去四十年影响对外直接投资和外来直接投资或者被其影响的政府行为时，我们将重点关注政府行为的动机以及政府行为与 MNE 为最大化自身利益而采取的行为间的共生或者反共生关系。事实上，需要指出的是，在战后很长一段时期

---

① 自 1991 年以来，《世界投资报告》每年发布一次。详见第 1 章。
② 也就是，假定为了这么做，它有这样的意愿、合适的管理竞争力和制度机制。

内多数政府与 MNE 间呈对抗而非合作关系。通常这种对抗行为反映了政府及 MNE 间的目标差异。即使 MNE 对东道国的经济有利，政府也仍以最大化自身经济租为目的与 MNE 进行交涉。

如上述几章所言，市场全球化及生产全球化对单个国家而言有利有弊。政府往往需要在一些优先级的经济、社会目标及次优的目标间权衡。通常，政府仅仅能实现众多 MNE 活动中的最优目标。这导致政府采取的一系列行为都无法实现其最初目标。

MNE 具有相似的经济目标，不同于此，至少在整体活动方面[①]，政府往往有一系列不同的经济目标和其他目标。有些目标及其优先级可能与 MNE 一致，例如开辟新市场及升级当地资源和能力；有的目标的实现可能要求降低 MNE 及其经营结构的收入或增加税费，例如提升环境和安全标准，促进区域发展，实现经济自主性，保护文化价值等。而近年来随着政府的非经济目标的重要性日益增加，政府与 MNE 行为间的矛盾冲突逐渐增加。显然，政府行为越强势，政府与 MNE 间的关系将越对立。在这样的情况下，最终结果将取决于双方的议价能力。相反，政府目标的优先级与 MNE 目标吻合度越高，两者关系会越融洽。

本章我们将看到，在过去 40 年中，尤其是 20 世纪 80 年代早期之后，国家政府目标的优先级及对 MNE 在实现这些目标的促进作用的认知出现了显著的变化。[②] 与此同时，MNE 及国家政府间的议价能力也发生了相应改变。第 2 章表明，20 世纪 60 年代以来，MNE 的活动已经从以获取生产和服务部门的自然资源和服务的一次性投资转变为旨在实现地区全球化战略而采取的连续性的资产扩张式投资。这种焦点的改变及 MNE 活动形式的变化，对 MNE 与东道国政府政策间的关系有着深远的影响。

与此同时，MNE 通过 FDI 经验学到了很多，包括如何根据政府目标获取自身最大收益。而伴随着全球政治、经济环境的外生变化，政府及 MNE 的这种学习过程重塑了国家及地方政府对对外直接投资及外来直接投资的态度。由于政府已经意识到经济依存带来的收益及 MNE 对收益的推进作用，它们对 MNE 的态度立场也变得更加宽松。例如，根据 UNCTAD（2005c）的数据显示，1991—2004 年间各国政府对 FDI 的管理规则的变动中，绝大多数规则（2 156 件中的 2 006 件）对 FDI 作出了有利修改。此外，随着发达国家产业结构的集中化，政府在宏观组织及全球化政策上的竞争力日益增强，它们逐渐意识到，在恰当的条件下，MNE 能提升政府机构的质量，并增加所管辖范围内的资源能力的竞争力（Ozawa，2005）。

但政府也越来越意识到 MNE 所形成的国际间经济联系并非总是长期有益的。第 11、12 章详细地阐述了 FDI 在跨境创新能力分配中的作用。由于创新能力被认为是经济增长、经济竞争力的原动力，因此政府往往从对创新能力的促进作用的角度来评价入境和出境的 MNE 活动。

有一件事情是肯定的。政府及 MNE 间的交互关系的研究需要放在不断变化的

---

① 对特定外国子公司的期望取决于投资动机以及子公司作为全球整合网络活动的一部分的程度。

② 政府的角色转变参见 Dunning（2000b）中 Dunning 和 Lipsey 的章节，以及 Dunning 和 Narula（2004）的第 3 章和第 5 章。

全球政治和经济背景中考虑。没有并且向来不存在对于 MNE 活动的最优的政府政策，这种政策在任何时期对所有的国家都是有利的。各国吸引外来投资、鼓励对外投资的需求和能力并不相同。就 MNE 而言，它们会根据各国增加值活动的特质、区位特点来进行不同的布局。因此，随着时间推移，以及日本、韩国、尼日利亚、智利、法国、墨西哥乃至整个东欧和中欧的案例显示，面对 MNE 的经济结构和制度的布局可能会发生快速变化。

19.2.2　原理框架

为了概括本节内容，我们将用一个分析框架来检验和评估政府与 MNE 间的主要关系。图 19.1 展示了基于 Behrman 和 Grosse（1990），Lecraw 和 Morrison（1991）的观点，并引入母国的拓展分析。① 该框架基于企业的 O 优势与国家 L 优势的交互关系，以及这两者如何影响 MNE 跨境增值活动（即 MNE 的 I 优势）。框架中共包含 8 个部分或步骤，有的步骤先于政府采取的行动。在本章后面的部分，我们将详细阐述这八个部分。

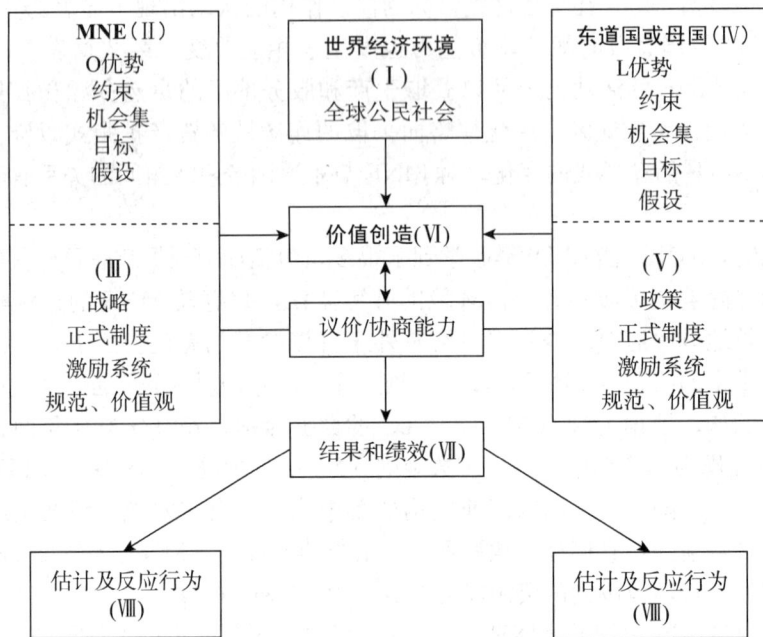

图 19.1　MNE 与母国、东道国的关系

资料来源：改编自 Lecraw 和 Morrison（1991）。

该框架基于静态理论，并在特定的时间和全球经济环境中同时满足下述假设：

（1）MNE 有一系列所有权优势和约束，并根据目标、机会集和组织结构来制定特定策略以实现这些目标。

---

① 参见 Fagre 和 Wells（1982）的早期贡献以及 Boddewyn（1988）关于 MNE 和国家间关系的研究。

（2）同样地，国家有一系列 L 优势和约束，并根据自身目标、机会集采取相应的行动。

（3）政府对 MNE 及其子公司的相关行为包括设立机制来降低信息不对称，进行道义劝告；通过设立进入要求或者绩效规定来阻止 FDI 进入特定部门；只允许外国投资者在本土企业中拥有少数股权。

MNE 的 O 优势和国家的 L 优势均能使双方在经济上获利。第 5 章中的讨论指出，MNE 及政府的行为均受实施这些活动的正式及非正式制度相互作用的影响。就政府而言，正式制度包括采取的不同行政管理系统，例如保护财产权、保障公平竞争、支持创业和创新等制度。激励系统用来激励需要的行为，包括货币性及非货币性的奖励、罚款，例如财政激励、公共认可以及各类罚款。被公认的规范及价值观包括对政府目标、角色的普遍认知，对个人权利义务范围的了解，以及家庭在经济和社会生活中的角色。间接地，它们同样包括一国文化，例如对平等、团结、诚信等品质的认知。

就 MNE 而言，正式制度包括特殊结构形式（例如矩阵组织形式）、国际会计准则的运用、公司治理形式（例如一层级或者两层级的形式）。就政府而言，激励系统包括各种货币及非货币奖励、罚款，例如奖金、晋升、纪律处分程序等，以此来鼓励需要的行为。价值观与行为规范不仅表现在 MNE 母国的信仰和风俗上，还表现在 MNE 关键决策的制定者的信仰风俗、组织内共享的价值观与行为规范以及东道国内的信仰风俗、价值观与行为规范等方面。

接下来需要研究的是，MNE 经营活动产生的净收入如何在投资公司和东道国之间分配。对资本输出国而言，这个问题并不重要，因为本国 MNE 对外投资的剩余（即扣除东道国税收后的净收入）都被本国获得。[①] 而这对于东道国而言至关重要，因为它可能会直接影响到东道国对于外来投资经济可行性的判断。因此，对双方在议价上的优势和劣势就值得研究。这种结果将会影响 MNE 活动的内容和结构以及政府采取的行动。

□ 19.2.3 一个议价模型

在进一步研究政府与 MNE 间的交互影响之前，我们需要先了解议价理论（详见图 19.2）。而这种议价行为只会发生于 MNE O 优势的预期机会成本和东道国 L 优势的预期机会成本所生产的经济租能被实现或者极有可能实现时。当且仅当双方的机会成本同时被弥补时，MNE 活动才会发生。而活动产生的价值或者经济租的分配取决于双方的议价能力及谈判地位。

议价最终结果取决于双方机会成本的大小、MNE 对国家 L 优势的评估、国家对 MNE O 优势的评估。不难看出，当 MNE 的机会成本较小，且东道国政府认定 MNE 对东道国实现经济和社会目标作用巨大时，MNE 在议价中占据优势地位。相对地，当东道国能为 MNE 提供很多资源并从 MNE 处得到想要的资源、能力、市场

---

① 但是，参见第 17 章对关税问题的分析。

时，东道国将占据优势地位。由此得知，不仅国家的议价能力取决于双方核心竞争力的钻石模型（Porter，1990），MNE 的议价能力还取决于 MNE 的 O 优势的特征和独特性以及它们寻求的外国区位优势。

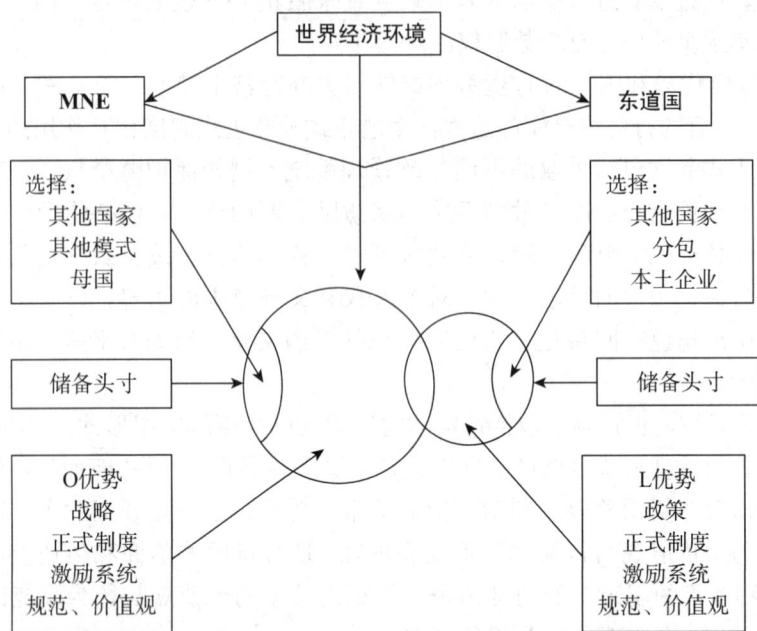

图 19.2　MNE 与东道国间的议价模型

资料来源：改编自 Lecraw 和 Morrison（1991）。

然而，即便有了上述谈判筹码，最终的议价结果仍主要取决于 MNE 及东道国的议价能力，这反过来取决于对对方选择的了解程度、对双方需提供内容的认知及自身的议价经验和技巧等。例如，如果东道国对 MNE 活动的影响了解不足，抑或MNE 活动的影响为多层面且多效应的，东道国对 MNE 影响估计的难度就会大幅增加。而谈判的最终结果将取决于东道国解决这些问题的方法及相关政府部门、投资代理的竞争力。稍后，我们将继续阐明。

最终，对投资提案的评估要么参照一般规则，这种方法有高效、清晰、客观的优点，但没有考虑项目特异性；要么采用一对一的审查法，这种方法充分考虑了个案特异性，但比较耗时，且有可能为政府评估投资方案发出错误信号。在其他条件相同的情况下，除非政府对与目标投资者的谈判极有经验，否则日益增长的对外投资对政府政策的透明性、一致性的要求使得我们倾向于选择一般准则。例如，哥斯达黎加政府在市场信息失灵情况下对投资者的政策肯定有别于牙买加政府，因为哥斯达黎加政府对相关投资的政策无法保证前后一致性（Mytelka 和 Barclay，2004；Wint，2005）。此外，近年来 109 个 IPA 的研究显示，2005—2008 年间的政策更倾向于吸引外资（UNCTAD，2005c：35）。

在议价过程中还有两点需要注意。其一，多数关于本主题的文献将研究重点放在外国投资者按照计划进入后，MNE 与东道国之前的交互影响，却忽略了东道国政策中包含的对 MNE 进入后的绩效要求、撤资规定或约定期内逐步退出政策。但事

跨国公司与全球经济（第二版）

实上，无论是 MNE 还是东道国政府都希望在投资进入的一定时期后重新进行协商，因为一旦外来投资发生，MNE 与政府间的相对议价能力会发生变化。

学界曾经普遍认为，一旦 MNE 进入东道国，由于厂房资产的不可移动性，其 O 优势将不知不觉减弱，进而会使其议价地位迅速下降（Vernon，1971）。在这种情况下，政府会要求重新谈判，以增大自身利益。另一方面，如果 MNE 取得比原先设想得更大的经济利益，东道国会有动力参与到 MNE 生产及其他附加值高的活动中。

与此同时，如果外来投资产生了有价值的新的 O 优势，抑或 MNE 改变了现有投资的特征或者侧重点（例如，通过投入更多的研发或者其他合理化投资），MNE 会希望重新谈判原有协议的条款，尤其是原先涉及的绩效限制条款。[①]

其二，东道国政府可能通过调整制度、经济策略来使得本国更吸引外资，进而提升谈判筹码。例如，IPA 能降低相应绩效要求，取消股利发放、资本回流的限制，消除国内结构性市场扭曲。而这也表明，特定的政府行为使得双方都能得益，这也就解释了近十几年来这类行为的增多情况。

然而，由于 MNE 的 O 优势、I 优势，东道国的 L 优势一直在变化，因此双方的相对机会成本也会时刻变动，这使得很难对之前议价的本质及具体方向进行概括。这也就要求我们以一个动态变化的视角来衡量议价关系以及可能刺激、影响企业特异性资源升级、国家特异性资源升级的相关因素。Vachani（1995）对印度国有化 MNE 投资的研究区分对比了静态议价成功（某个谈判结果）与动态议价成功（一段时间内一系列的谈判结果），研究发现 MNE 的技术密集度、规模大小与动态议价成功率正相关，即 Vernon 所说的，上述两个因素使得正在过时的议价免于过时作废。

近年来的研究中，Grosse（2005a）通过三个行业分析的小研究分析了 MNE 与政府的议价关系是如何变化的，结果发现制度变化的主要因素是东道国宏观经济亟待解决的问题而非 MNE 的行为。Wint（2005）指出，虽然 MNE 与政府间目标的分歧并未消失，但争端的解决方式已经由政府单边行动主导的制度转变为基于规则的争端解决机制。

然而，很少有研究来分析母国与 MNE 间的议价关系。[②] 可能的原因是我们普遍认为两者的利益兼容，或者是母国政府采取任意行为都不会牺牲本国企业从东道国取得的利益。但事实上，这两种观点都有失偏颇。就第一种观点而言，有研究发现，FDI 的边际社会收益率可能但不必然小于个体的边际收益率[③]，这使得母国公司有可能过度对外投资。

第二种观点与第一种不同，它认为母国政府可能由于对外 MNE 活动的影响而低估本国经济竞争力。对外投资及国内投资的互补性将带来一系列好处，例如对竞争者、供给方、顾客的存在性、具体行为的认知，以及国外生产带来的规模经济和

---

① 外来投资的本质同样会影响国内竞价结果。例如，通过考察美国的电视和半导体产业，Goodman 等（1996）研究表明，进口替代的境外投资很可能增加保护的需求，因为 MNE 有与当地企业合作以排除新进入者的激励机制。相反地，那些增加进口的境外投资则会减少保护需求，因为境外投资者会对自由贸易进行游说。

② 虽然并非专门研究 MNE，但 Bonardi 等（2005）为企业选择在公共政策市场变得活跃提供了一个同时包含供给和需求要素的模型。

③ 案例参见第 18 章。

范围经济等（UNCTAD，2006）。而这些好处在本书其他章节已经大篇幅介绍过[1]，故在此不再赘述。过去，除了外汇管理条例和少数歧视性税负外，母国很少对对外投资进行控制。但如今中国政府在大量鼓励 MNE 对外活动的同时，不允许本土企业对外 FDI，原因在于中国政府认为中国无法从本土企业对外投资中得益（UNCTAD，2006）。此外，母国政府可能影响 MNE 对外活动的时间选择、规模，进而控制其在国土外的盈利能力。

Eden 等（2005b）综合了上述观点，得到了一个比 Raymond Vernon 模型更广义的 MNE 与国家关系模型。模型认为，多层面而复杂的议价本质、IB 的思考、策略性管理要求我们更多地关注 MNE 活动多变的动机、国家的多重目标以及各方经济、政治、制度的限制。[2]

19.3 东道国政府和 MNE 之间的相互作用

□ 19.3.1 过去 40 年不断变化的情况

我们已经假设东道国所采取的用以影响外国 MNE 活动的行动本质上取决于投资公司对被投资国实现经济、社会目标的贡献度，而非特异性地使用资源和能力而得到的好处。实际上，政府行动可以用一个连续区间进行描述，两端分别为外来直接投资的完全放任主义（laissez-faire）和完全禁止主义，虽然目前世界上没有一个政府会采取任意端点处的极端行为。此外，由于各国政府的目标具有多层次性，且各国对内部投资的需求不同（例如，比较博茨瓦纳和德国，或者中国和比利时），因此可以得出各国对外来 MNE 活动的控制倾向可能随 FDI 的类型以及投资的可能影响而不同。

如果一个国家的繁荣程度取决于其对某单一自然资源的拥有量和开采量，则外资对该资源的所有情况将显著影响该国经济。正如第 18 章所示，即使是最自由的国家也会约束外资在战略性行业和文化敏感性行业的进入程度。而国际收支存在严重问题或存在外债危机的国家对这类活动的外来投资在准许方面会更加谨慎，因为如果缺乏限制，可能导致上述问题更加恶化。东道国对技术、资金、企业家精神、管理和组织技术、机构升级和竞争激励的不同需求，可能会导致 MNE 在某些职能范围内自由无阻，而在另一些职能范围内被严格控制。

我们进一步认为，东道主对外来投资采取的行动可主要分为两类：一类为明确针对某些 MNE 及其附属公司，另一类会影响全部公司。每种行为都可能影响外来投资对东道国短期目标及长期目标的贡献程度。短期目标本质上与由外国附属公司产生的直接（净）附加值，及这些附加值保留在东道国的份额有关。而长期目标的实现取决于 MNE 活动对东道国区位优势资源、竞争力升级的影响程度，这将提升

---

① 参见第 10 章、第 14 章和第 17 章。

② 参见 Rugman 和 Verbeke（1998b）提供的框架，这个框架对 Caves 的研究进行了拓展，引入母国及东道国同时对 MNE 作出反应的事实，并从全球整合和当地反应的角度将 MNE 的战略决策纳入了分析框架。

东道国企业在地区乃至全球市场的渗透度。

近年来东道国与 MNE 在经济社会的互动本质上是东道国变化的 L 优势与 MNE 变化的 O 优势间的交互关系。在本书的其他地方我们将讨论，一个国家正式和非正式制度对交易成本起着决定性的作用，其影响力远超要素禀赋的影响；类似地，公司所进行的经济活动的类型和数量也受正式及非正式制度的影响。政治哲学和政府社会目标的变动，可能会导致一国经济系统重建，例如柏林墙倒塌对中欧和东欧的影响。政府在研究开发和教育项目上的参与情况，以及国家创新系统的质量，将会在很长一段时期内深刻影响该国未来的经济环境，例如新加坡和爱尔兰。

通过使用这种方法，我们现在研究 MNE 和东道国交互影响关系在过去 40 年中的一些变化。如此一来，我们可以区分出三个相当明显的阶段。但是对于公司和国家而言，每个阶段的确切时间各不相同，但大体上第一阶段从 20 世纪 50 年代早期持续到 60 年代中期，第二阶段从 20 世纪 60 年代中期到 70 年代晚期，第三阶段从 20 世纪 70 年代晚期到现在。为了叙述方便，我们分别称三个阶段为"蜜月期"、"对抗期"与"和谐期"。① 虽然当前的和谐期阶段还在继续，但最后部分还将讨论一些和当下投资环境有关的问题。

蜜月期

任何一种合作关系，尤其是一段成熟的婚姻关系，双方在开始之初都会对对方所能提供的抱有相当高的期望，尽管这更关乎一种信念而非其他。虽然爱情不是盲目的，但它往往使得双方戴着有色眼镜，放大对方优点而忽略不合心意的部分，MNE 和东道国政府在战后早期的关系也是如此。无论是新兴发展中国家，还是遭受战争破坏的西欧国家，它们都迫切需要外国公司（尤其是美国公司）的资本、技术、组织能力、管理技巧和企业家精神。但是由于这类资产的市场不充分或者市场扭曲，往往只能通过外来直接投资来获得这类资产。当时，美国在经济和技术的全球领导地位正值巅峰，美国公司正如一个半世纪前的英国公司一样主导着国际生产，控制着大部分的世界贸易。与此同时，美国制造商正在寻找产品的新出路以及新的能源、原材料来源地，以此来补充本土供应。

乍看之下，美国投资者和东道国之间有着看似完美的合作关系，其实在当时的情形下东道国并没有别的选择，因为当时只有 MNE 拥有东道国需要的大量资产以及市场。正是这种对资产和市场的完全控制，为合伙方之间产生第一次不满埋下了伏笔。但无论如何，20 世纪 50 年代到 60 年代初期，两者间的合作总体而言还是甜蜜而光明的。随着 20 世纪 40 年代中期的布雷顿森林和哈瓦那会议确保了汇率稳定以及完备的培训机制，全球经济格局就此形成，IB 的框架在今后长达 30 多年内看起来前途一片光明。

另一点值得关注的是，当时绝大多数 MNE 与现在相比，规模相对小，涉的国家相对少。绝大多数制造类分支机构以资本扩张、进口替代类合资企业的形式成立，作为母公司在东道国的简化的复制品且独立于母公司。只有在资源依赖部门，才有外资企业参与类似全球生产或者市场营销授权以及大量企业内交易中。在蜜月期，FDI 的

---

① 后面的段落主要引用自 Dunning（1988b）的第一章的内容。

主要经济影响在于向资本接受国提供资源、能力和市场，而不是组织架构的知识。

对抗期

当婚姻走出它的蜜月期并且变得更加稳定时，合作双方能够更好地评价对方能在多大程度上满足自身的期望和愿望。有时，这类学习过程会影响某一方或者双方的态度和行为；有时，双方的关系特征会发生变化；甚至有时可能影响决策平衡。但能够肯定的是，在一段时间后，双方会意识到对方的弱点和优势，以及相互之间关系的成本和利益。

20 世纪 60 年代和 70 年代初期国际经济环境最深远的变化直接源于许多发展中国家日益增强的政治独立性，对自身经济目标的更好的认知，以及政府对通过自身拥有的资源、制度机制和组织能力来实现上述目标的信心（虽然这些认知并非总是合理的）。

MNE 在越来越多的东道国稳固地位的同时，东道国也产生了新的自我意识和自我信仰，伴随着以凯恩斯主义为指导的经济管理方式，以及新的行政管理网络。关注点也随之转向"满足基本需求，推进自力更生，改善收支平衡和提升技术能力"等发展目标，各国开始以上述标准来衡量外来投资。当然，极有可能在这一点或那一点上满足目标。政府逐渐开始发现，MNE 对经济发展的贡献往往不是它们最初所期待或最需要的。诚然，外国企业提供了技术和管理能力，但这些是否总是合适的类型或者购于合理的价格呢？无可否认，MNE 的附属公司可能有助于减少进口，但它们是否经常从当地生产者那里购买和社会所需求的一样多的产品呢？我们承认 MNE 创造了就业岗位，但是难道它们的生产方式不比当地企业更加偏向资本密集吗，它们是否同当地企业一样经常雇用或者训练当地管理人员呢？此外，虽然 MNE 有时候可以带来更多的初级产品出口，但这是否以牺牲本土的可持续发展为代价呢？

此外，MNE 经常被认为在传播一种并不那么受人欢迎的生活方式，通过广告及其他促销手段，它们可能会对社会和文化价值观产生不利影响。通过 MNE 的存在及其行为，它们可能驱逐或者阻止当地竞争者的进入。而通过将高附加价值的活动留在母国及内部化知识信息转换，MNE 可能会减少东道国通过自身本来能够达到的技术进步的机会。最后，由于它们的市场势力，它们不仅被认为赚取了高额的经济利益，而且通过各种各样的策略最小化了东道国在这些利益上的份额。

那些年也恰好是一些大型 MNE 的管理风格和组织策略发生转变的时期。随着经营活动地域的扩展，MNE 更倾向于采用更加集中化和多部门制的控制结构。与此同时，变得更可能基于一个地区或全球的视角来作出关于资本投资、生产种类、投入品的来源和服务的市场种类的决定。对一些产品的国际标准化和生产过程及市场的专业化要求的倾向，也使得 MNE 越来越重视质量控制、产出的连续性、对所有权的保护以及开发利用规模经济和范围经济，而这一切促成了一个更加一体化的 MNE 活动治理结构。

20 世纪 60 年代后期，固定汇率得以很好地保持，世界经济扩张快速地进行，通货膨胀处于控制之中。然而，全球制度系统仍处于巨大压力之下，尤其是当美国收支平衡恶化并且美元失去其作为储备货币的吸引力时。20 世纪 70 年代早期的两个事件——美元贬值和 OPEC 抬高石油价格——预示着战后国际经济关系的一个转折点。

这些事件加上许多发展中国家对现有经济体制在减少它们和发达国家间的收入差距方面的不足的不满，产生了一个南北半球强烈对抗的时期。虽然其中大多数的争论是夸张的，但是它确实形成了一个不适宜国际贸易发展的环境。

在 20 世纪 70 年代的前半段，MNE 受到越来越多的监视和攻击。它们受到了批评，不仅因其不被接受的行为和对经济发展的不对等的贡献，而且因为其被认为是国际经济体系中不再能被接受的一部分。批评者认为，即使国际经济体系不改变，但至少其表现形式也需要做出一些改变。

20 世纪 70 年代初期是一些东道国政府和 MNE 对抗的顶峰时期。东道国政府所采用的用来影响 MNE 行为的策略已被广泛熟知，并且已经成为历史的一部分。相关行为包括征用 MNE 的外国资产①，限制新投资的水平和方向，制定 MNE 附属机构综合绩效标准，以及帮助本土企业在国际市场上更有效率地竞争。当时，几乎没有东道国意识到，在面对由外来 FDI 带来的新挑战和新机遇时需要修改自身的经济策略和政策。

而 MNE 的应对虽然没有明文记载，但是不难推断。已经完全融合到当地经济中的 MNE 分支（例如，许多老的进口替代型合资企业）虽然受干预成本影响，但仍可赚取经济租，只是在投资新的资本时会再三考虑。在其他情况下，它们选择有限制的技术或技术能力的转移，通过 TPM 来绕开东道国对其收入流量的管制，向其他国家转移或者威胁会转移生产，以及游说母国政府利用经济或政治手段使得自身从东道国获得更好的待遇。

总体而言，这种反应方式更可能激怒东道国，尤其是为了获得相同的 MNE 活动，东道国需要支付更高的经济租。因此，东道国通过协调区域行动或者通过采纳例如 UNCTC、UNCTAD、UNIDO 和世界银行等国际组织关于如何更好地使用外来投资来实现发展或重建的建议和指导，以增加自身的议价能力。②

和谐期

就像所有问题一样，上述问题最终也逐步被解决。20 世纪 70 年代后期和 80 年代早期，政府吸取之前几十年的经验，开始完善、修正和扩展它们的政策，以便更好地利用外来直接投资带来的贡献。就国际层面而言，主要集中在制定行为准则来约束 MNE 行为并提升其中的信息流。如果说 20 世纪 60 年代和 70 年代早期是对 FDI 的净收益充满了失望的时期，那么接下来的这二十年将依旧会伴随着对国家政府的组织策略、制度机制和经济政策的不满。

通过上述学习过程，政府重新审视了 MNE 活动对于取得经济增长所必需的资源和能力、引入更合理的制度、构建宏观经济和组织政策方面的作用。同时，MNE 也更加意识到，自身的全球策略并不总能最大化各东道国的社会和文化利益。一批更加敏锐、受过更好训练的管理者和公务员群体已经出现，同时谈判的重点从使 FDI 的短期经济租最大化，转向了促进更好的互惠互利的方式和建立双方长期的关系。

---

① 1980—1985 年间，几乎三分之二的对外国公司的征用行为开始于 1970—1976 年间。1975 年达到了顶峰，近 28 个国家中出现了 83 起征用事件。

② 参见第 20 章。

这种态度上的转变得益于国家的区位优势以及企业 OLI 结构的变化。我们可以将变化简要地概括为四点。第一，也是最为重要的一点，资产和竞争力的来源在不断扩大，而在 20 世纪 60 年代，其大部分被美国和部分欧洲的 MNE 所垄断。诸多技术、管理技能和资本的相关市场的不完善性在减弱，所以内部化这些因素的激励在减小。第二，过去的三十年中，很多国家为取得 MNE 带来的好处而相互竞争。尤其是，各国为提升创新能力而鼓励 MNE 将其高附加值活动转移到本国来。

第三，正如我们在本书中已经观察到的那样，越来越多的小型发达国家和发展中国家开始进行 FDI。结果，无形资产的贸易越来越类似于具象化资产的商品，同时产业内国际生产伴随着产业内贸易逐渐发展起来。第四，虽然跨国战略联盟和其他类型的非股权投资在大量地增加，我们观察到大多数的 MNE 对于它们的跨国运营采用更加地区性或者全球性的一体化策略。尽管在 20 世纪 90 年代爆发了一系列货币危机，且各国对国际金融体系的稳定性越来越在意，但一体化进程仍在继续。[①]

当然，过去二十年的事件也可以从政治维度来解读。除少数特例外，20 世纪 80 年代到 90 年代间，国家政治变得更加偏向右翼并且支持市场主导的制度和政策。[②] 同时，社会优先级发生了改变。比如，安全问题和环境保护在很多国家的政治议程上等级很高。在很大程度上，过去二十年里发展最快的国家是那些最积极引进外来直接投资且最看重经济相互依存所带来的收益的国家。实际上，随着越来越多的国家孕育出自身的 MNE，它们开始将外来投资和对外投资视作更加全面的整体经济战略的一部分。[③]

总而言之，20 世纪 80 年代 MNE 和政府迎来了更加成熟和共赢的关系。各方现在都知道在哪些情况下可以预期一方有助于或有损于另一方的福利；各方能更好地理解在成功的合作关系中相互承诺、相互信任和互相容忍的作用；各方都认识到制度创新在发展进程中的重要性。无论如何，由于双方在经济和社会目标，以及实现这些目标的能力上存在差异，故难免存在一些理念差异和利益冲突。此外，一国竞争优势的钻石模型中是没有永恒不变的内容的。历史充满了兴衰的例子，一国的经济实力难免有起伏，但结构变化的步伐可能比以往更大。相似地，MNE 在规模和策略上存在差异，且影响它们行为的所有权优势、区位优势、内部化优势（OLI 优势）也会频繁变化。

21 世纪的投资环境

新千年的开始并没有改变双方和谐的基调；过去的十年中，MNE 创造财富的作用已经越来越受到人们的关注。在许多发展中国家，FDI 被视为一种增强甚至是快速启动经济重构和发展的工具。在发达国家，FDI 在高附加值经济活动上的集群，使得 FDI 成为区域发展的新工具。在一些产业和一些国家间，吸引 FDI 的竞赛已经开始，它们通过税收、补贴、暗中承诺提供优惠待遇等形式来吸引外资（Charlton，2003；Ghauri 和 Oxelheim，2003）。

资本扩张型的 FDI 在发达国家中主要以 M&A 的形式发生，但这也引起了部分

---

① 这也导致了一些国家质疑它们自身希望锁定在由 MNE 形成的国际劳动分工的程度。面临的两难是，MNE 对经济发展所做的贡献越独特，它们就越难被东道国政府所控制。

② 或者说，左翼和右翼都倾向于向中间靠拢，双方都倡导自由市场政策。

③ 中国或许是最明显的例子：投资促进机构（IPA）鼓励（有利的）外来和对外 FDI。

东道国的担忧。虽然这些投资能够保证地方就业，促进技术转移，但所有权向外资的让渡也带来了长期不确定性（不管是实际的还是预期的）。此外，外资投资只涵盖了现代 MNE 的部分活动，这意味着东道国需要考虑如何升级本国资源及能力，使本土企业能更好地融入 MNE 网络。这类一体化进程不但依旧会包含 MNE 的投资，而且可能涉及双方长期的契约关系。一体化的机会不仅会出现在制造业，还会越来越多地出现在各类商业离岸活动中。事实上，IPA（投资促进机构）一直将服务功能作为它们的目标，即使它们发现将能够在不同部门中外包的活动作为目标比将特定（制造业）企业作为目标更加困难（UNCTAD，2004）。

东道国在 21 世纪的困境在于，最需要 FDI 带来的资源和技术的国家，却往往是那些对投资企业的吸引力最小的国家。在最迫切地需要对创收型资产和制度进行升级的国家里，FDI 是增长和发展的一个先决条件。同时，正如我们在第 10 章中所讨论的，研究表明经济增长和制度发展会相互影响，并且双方都是吸引 FDI 的先决条件（Li 和 Liu，2005）。事实上，发展的"软"问题涉及制度在正式和非正式水平上的转换，这对巩固发展和增长的任何过程至关重要（North，1990，1999，2005；Dunning，2006c）。

高效运行的司法制度和法律规则、财产权保护和对竞争的提升有利于促进外来 FDI。关于正式制度质量与外来 FDI 水平的实证证据表明，有着良好制度的国家往往在测度制度质量的各方面都有着较高的评分，且这些国家在吸收外国投资上更成功（详见第 10 章）。另一方面，更多的证据表明，高度的腐败往往和低的制度质量有关，这将阻碍外国投资的进入（详见 Wei，2000；Habib 和 Zurawicki，2002）。

上述新发现对想吸引和保持外国投资的地方政府、区域政府、国家政府，以及特别是所谓的"MNE 一体化网络中的子公司"（见第 8 章）提出了两个新挑战。[①] 第一个挑战是边缘化问题，或者说是被全球化主流遗弃、不被投资公司考虑。第二个挑战为外来投资的质量问题，未充分一体化的子公司很可能撤资，或长期从事低成本的离岸生产。此外，正如我们在第 16 章中所讨论的，只有当东道国的人力资源、基础设施建设、制度环境提升到一定阶段，才能使技术、管理活动从 MNE 内部转移到本土企业，进而从外来 MNE 活动中获得地方性和区域性外溢。

边缘化问题可能出现在整个大陆，其中非洲尤为可能，虽然非洲才刚开始吸引大规模的投资，其中包括一部分来自中国的投资（UNCTAD，2006），但这也足以影响三联体经济最不发达的地区。意识到被世界经济所边缘化的问题，IPA 已经在全球无数的地区布局，以此将先进的技术和高质量的就业吸引到特定的地区（Narula 和 Dunning，2000；UNCTAD，2003b）。吸引高质量的投资的手段包括财政激励（将会在下一部分讨论）、目标吸引和安置政策（Wheeler 和 Mody，1992；Young 等，1994；Mudambi，1995）。[②] 此外，东道国政府在促进外国投资者进入本土企业网络中发挥着重要作用，因为越多的 MNE 加入本土网络中，外资重新定位布局的成本就越高。

在过去的 20 年里，各国对 MNE 活动的发展效应的结论各不相同。有的国家显示 MNE 对发展有利，而另一些则显示了负面影响。FDI 促进发展的成功案例包括毛里求斯和马达加斯加等，其中毛里求斯已成功地从低技能附属业务转移到高技能附

---

① 从经济地理学的角度看待全球—当地冲突以及企业与国家的关系，见 Dicken（1994，2004）。

② 关于不同子公司如何影响 MNE 及东道国区域的战略的讨论，见 Hood 和 Young（2000）的修订卷。

属业务，并且刺激了当地投资。Moran（2003）基于这些成功案例指出，接下来例如萨尔瓦多、乌干达等国家能复制毛里求斯和马达加斯加的成功，并能以此逐步地赶上多米尼加共和国、菲律宾、哥斯达黎加、泰国、爱尔兰乃至新加坡。

最后，随着 FDI 存量全球范围内的成长，我们可以预测，之后再投资的比率在 FDI 流量中的份额会增加，因此 FDI 流量会与旨在吸引和保留投资的政策越来越相关。将公共资源投资到现有的并实行再投资的公司中，就长期而言，比通过激励吸引新投资有更高的风险收益（Lundan，2003a）。当然，再投资收益不但使附属公司能发展且整合到东道国位置，还是一个体现公司未来增长的低成本内部融资的好办法，且研究发现存续时间长的附属公司较同地区的公司更有可能参与一系列的投资（例如参见 Mudambi，1998）。

总结来说，我们相信，全球化利益的蜜月期之后，一个新的现实将在下列因素的推动下形成：第一，由于自身政治、制度、发展阶段、经济结构等问题而非 MNE 的行动，部分国家例如某些非洲国家有时被全球化进程排除在外，它们对此表现出了不满；第二，经常表现为文化、社会类问题，并且反映了价值观和信仰体系差异的本土化问题，如今在进一步全球一体化的进程中必须得到解决；[①] 第三，新的参与者，特别是中国和印度，它们的国家特性反映在它们对对外和外来的 FDI 的制度和政策上，这加剧了对投资的竞争；第四，提升东道国对 FDI 和 MNE 系统的吸引力，需要本土升级，该升级可能涉及或不涉及实体投资；第五，交易成本的下降，外包活动的增加，特别是服务于 MNE 的，正在给母国和东道国创造新的威胁和机会；第六，各国政府不断认识到如果想从全球化中收益，那么它们需要遵守游戏规则，并开创自身独有的竞争优势，调整制度与政策（包括与 FDI 相关的制度政策）来实现该目标。

□ 19.3.2 影响外来直接投资的特定政策

关于外来直接投资的政策大体上可以分成四类。第一类，是进入或者设立外国子公司的条件。第二类，是对外资子公司的运作要求。这些要求很可能是第一类政策批准的先决条件，但由于第二类政策与子公司的日常运作相关，故我们单独考虑第一类和第二类政策。第三类政策，与国外投资者的退出条件直接相关。而第四类包括之前三个政策，但差别是第四类政策的重点在于以成本收益最大化的方式来吸引外来直接投资。

进入的条件

进入或者设立外国子公司的条件通常有五大标准。第一个标准是允许外资占有本土资源的程度。是允许外资控股占比 100% 或占大部分，还是只允许外资在本土企业中成为小股东？第二个标准则与 MNE 可能参与的增值活动的种类有关。在过去，一些国家的政府对允许对外开放的部门、外资比例要求十分严格。即使是最奉行自由主义的国家也不愿意让过多的外国企业参与到战略性或文化敏感部门。而最保守的国家政府甚至不允许外资进入无关紧要的商品生产或者服务供给部门。

---

① 这从 MNE 的视角来看也是正确的，并且成为许多大型 MNE 的区域（而非全球）重点（Doremus 等，1999；Rugman，2001；Rugman 和 Verbeke，2004b）。

第三个标准是关于外来投资的融资。缺少外汇的国家很可能坚持认为，初始资本投资的资金应当由外国投资者从国际资本市场上通过融资取得。第四个标准是资本接受国国内投资的区位选择。实行强硬的地区政策的国家可能会对 MNE 施压，将 MNE 的活动范围设定在经济增长落后或失业率高的地区。

第五个标准是关于 FDI 的进入前条件以及一大类投资激励。投资激励的不同类型总结在表 19.1 中，这些包括财政激励类（如免税期或者税率的减少）、财务激励（比如补贴贷款、贷款担保等）以及其他激励（如基础设施补贴、公共服务补贴等）。[①] 但这些激励政策能被 MNE 享有的程度（比如免税期和部分退款）取决于 MNE 子公司的绩效表现。而其他与建立新企业相关的激励优势种类众多，例如投资和地区开发补助、补贴贷款、厂房租金补贴以及加速折旧，这些激励有时可以是至关重要的（Guisinger，1985）。[②]

财政激励，作为对外国投资者货币类激励的一类，随着各国不断增加的"外资落户锦标赛"而在近年来越来越受关注（Mytelka，2000a；Charlton，2003）。同时，由世界投资促进机构（WAIPA）所支持的 IPA，与其他机构一样[③]，已经变得更加以专业化和商业化为导向，关注点已经从一般化的促销活动转向利用特定商业机会。未来十年中 IPA 关注的地理重点将从三联体的成熟市场转移到新兴东道国（和母国）（Passow 和 Runnbeck，2005）。

运作要求

与绩效相关的评测方法可能涉及运作的各方面（详见表 19.2），其中包含对本土购买生产资料、原材料、中间品及服务的要求，对招聘、雇佣、培训（特别是管理层方面的）要求，对出口品本土产出比例的要求，对子公司附加值活动类型（例如 R&D 等）的要求，对公司内部定价的信息提供的要求，对 MNE 技术转让条件的要求，对使用的生产方法的类型（特别是在发展中国家）的要求。在有些情况下，MNE 可能因为这些规则而享受到政府的优惠待遇，例如同意颁发额外进口许可证、保证不受国外竞争影响等。

并非所有政府都鼓励或坚持上述行为，因为部分行为可能造成市场扭曲。即使是支持上述行为的政府也只是支持其中一部分行为，例如，欧洲政府就希望从日本制造业投资者那里取得产出的本地成分达到一定水平的保证。[④] 当本土企业的竞争力不足，或 MNE 可能为自身利益最大化而采取不被东道国政府所接受的行为时，东道国政府就会热衷于使用绩效要求。[⑤] 此外，值得肯定的是，绩效要求也可能用来帮助产业结构调整。[⑥]

[①] Brewer 和 Young（1997）讨论了不同类型的激励和绩效要求与 WTO 规则（尤其是 SCM 协议和 TRIM 协议）的关系。

[②] 关于从区域视角如何看待对投资的吸引，可见 Phelps 和 Raines（2003）及 Enright（2000a）。

[③] 这包括 UNCTAD、UNIDO、OECD、FIAS（Foreign Investment Advisory Service）和 MIGA（Multilateral Investment Guarantee Agency）。最后两个组织的作用会在第 20 章进行讨论。

[④] 尽管根据 TRIM 协议，不允许有产出品本地成分要求，但它们仍旧以其他表现形式存在，比如欧洲反倾销政策条款（Belderbos 等，2002）。

[⑤] 其中一个例子是，母公司会替子公司以优惠价格购买专利，而不将盈余转嫁给子公司。

[⑥] 因此，如果 TRIM 协议有助于鼓励当地企业的有效的学习过程，该协议就会被接受；但是，如果该协议保护了无效率的本土生产者，就可能导致弊大于利。

表 19.1　　　　　　　　　　　　投资激励类型

财政激励

- 降低公司所得税率标准
- 免税期
- 允许免税期间的损失在未来期间税前抵扣
- 允许资本加速折旧
- 允许投资及再投资
- 根据雇工人数或者其他劳动力相关因素扣除应税收入
- 企业所得税扣除额，例如根据营销、促销活动扣除

基于附加值的激励

- 基于产品净本地成分的企业所得税减免或抵免
- 基于净利润的所得税抵免

基于进口的激励

- 对于生产资料、设备、原材料、零件以及与生产相关的投入品予以进口关税减免
- 对进口的原料、日用品的税收抵免

基于出口的激励

- 进口关税减免额
- 出口所得的税收优惠
- 对特殊外汇收入活动、制造业出口的所得税减免
- 为奖励出口绩效，对国内销售所得实行税收抵免
- 退税
- 基于出口的净本地成分实行所得税抵免
- 允许出口行业扣除海外费用及海外的资本折旧

财务激励

- 对相关投资项目直接补贴来补偿资本、生产、营销等成本
- 贴息贷款
- 贷款担保
- 出口信用担保
- 对高商业风险项目，动用公募基金风投参与其中
- 优惠利率的政府保险，通常覆盖特定风险，例如汇率波动、货币贬值，或其他非商业风险，例如征用、政治动乱等

其他激励

- 基础设施专项补贴
- 补贴的服务项目，例如识别资金来源、执行管理项目服务、投资前调研、提供市场信息、基础设施和原料的可得性研究、对生产过程营销技术的咨询服务、协助培训及再培训、发展先进技术或提升质量控制的技术设施
- 行政合同优惠
- 关闭市场，保障垄断权
- 保障不受进口竞争影响
- 关于外汇的特殊处理，如特别汇率、特殊外币债转股率、外币贷款的汇率风险的免除、出口收入的外汇信用让步、对收入和资本的回流的特殊让步

资料来源：改编自 UNCTAD（1996：180）。

但是由于更有利于自身长期目标实现的宏观组织政策难以实行，一些政府改用绩效要求政策作为替代，这是不合理的。例如，将绩效要求用于减小或增大国际收支顺逆差（详见第 14 章）；以低效生产方式来刺激就业（详见第 13 章）；要求 MNE 子公司在 R&D 和培训项目上使用非最合适的资源（详见第 11 章）；即使 MNE 控制出口市场对于全球市场最具效率，但仍不允许 MNE 投资者控制出口市场。Moran（2003）将本地成分要求、合资企业要求、技术转移要求等视为部分国家未能很好利用 FDI 的主要原因。

表 19.2	绩效要求类型

被 TRIM 协定禁止的
- 本地成分要求
- 贸易平衡要求
- 对单个企业外汇流入的外汇管制
- 出口控制

被 IIA 禁止、有适用条件、不鼓励的行为
- 对合资企业必须有本国参与者的要求
- 对本土资本参与的最低水平要求
- 对特定地区设立总部的要求
- 雇佣要求
- 出口要求
- 在原产地销售商品、提供服务的限制
- 对某地区专供产品、服务的要求
- 作为单一产品生产者或者服务提供者的要求
- 涉及技术、生产工艺及其他专有知识转让的要求
- 研究和开发要求

未限制
- 其他所有行为要求

资料来源：改编自 UNCTAD（2003a：3）。

不管政府的动机是什么，政府受制于 TRIM 协定的要求，不允许使用本地成分要求、贸易平衡要求、外汇管制、出口控制等。其他行为要求可能受到国际投资协定（IIA）在双边或者地区层面的限制（详见第 20 章）。但是，印度、巴西等重要的发展中国家要求修订 TRIM 协定，以提高政策的灵活性，促进 FDI 的经济影响（UNCTAD，2003a）。

退出条件

如今，鲜有政府会对一家企业在进入市场之初便强制征税。然而这在 20 世纪六七十年代却非常普遍，尤其是许多发展中国家将外来投资作为带动本土企业的向导，并认为一旦这些企业完成了带动作用，就自然应当撤出。这样的条件对于市场寻求型 MNE 来说，易于提高成功率，因为它们的比较优势就在于最易转化及最易被接受国经济体所吸收的无形资产（O 优势）。同时它们也属于东道国所需的资源寻求型 FDI，因为拥有该类资源而在与东道国的谈判中处于优势地位。外国子公司是一种全球或区域性活动方案的一部分，总公司通过它掌握全球控制权，而资源寻求型 FDI

（以及进入要求与绩效要求等）通过外国子公司来实施较为困难。

获得符合成本效益的 FDI

第四类政策措施包含了其他三类，但有所不同的是，它将其本身纳入为吸引外来直接投资而制定并实施的最为经济的政策之中。事实上，激励手段、规制以及绩效要求是相辅相成的。这对于政府在限制外资企业进入国内某一行业的同时又可以鼓励这些企业在其他行业进行投资，或是在提供出口补贴的同时为本土企业保留一定市场容量都有着较好的促进作用。财政措施可能有不同形式，但最为普遍的则是免税期、投资拨款、允许加速折旧、就业保险、贷款或租金优惠以及地方补助。一些政策激励直接作用于企业的收入成本，有时甚至作用于企业利润。

研究表明，尽管在某些情况下，面向跨国企业的特定优惠政策对吸引 FDI 起到了重要作用，但总体来说这些政策并不是 FDI 的主要决定因素。[1] 相反，其更多是基于 MNE 自身活动的原因以及所提供的激励政策。激励政策可能在一家外资企业尚未对其投资方向做出决定以及没有被绩效要求所阻碍时有较大的影响。但这些政策在吸引那些原本被东道国独特资产和竞争力所吸引的投资方面却日趋衰弱。

除了区分在哪些财政激励和其他激励下能够增加外来直接投资流量[2]，评估激励政策带来的收益或者这些激励的机会成本也受到了关注。毕竟，国家吸引 MNE 相关活动进入其境内是一回事，而确保来自这些活动的利润能够补偿其"购买"成本则是另外一回事。

实际上，Young 和 Tavares（2004）认为有关 FDI 的竞争体现了潜在东道国政府之间的囚徒困境。如果各国能够做出可信承诺，不在要素成本、有效制度以及社会经济基础设施的充分性等基础因素上进行竞争，那么它们也许就不需要提供多余的和/或具体的优惠政策来吸引 FDI。潜在的东道国仍然可以致力于克服它们和投资者之间的信息不对称，但最后结果将是：投资会根据竞争条件进行分布。政府在没有达成此类协议的能力时，可能会提供货币利诱来吸引 MNE 进入其区域。但是这进而又会迫使其他国家提高优惠政策，最终结果是所有国家都会在不同程度上提供利诱，尽管各自程度有所差异。

根据 UNCTAD（2003b）的一项调查显示，这其实是如今全球经济的普遍现象，几乎所有国家都在致力于鼓励引进外资，尽管其各自的方式与鼓励程度有所不同。许多诸如现金补助、财政补贴的优惠政策直接增加了公共经济负担。而其他政策，如基础设施建设投资或者签订有利的能源合同，则是各国提供公共支持以吸引 MNE 的间接方式。从公共政策的立场看，问题是诸如此类的优惠政策能否最终有所成效，换句话说，在吸引一家 MNE 上的付出是否能够通过增加就业以及其他促进当地经济发展的收益中得以收回？

有趣的是，尽管吸引投资作为公共政策已经变得更为普遍，IPA 相比之前也乐

---

① 例如，最近一项关于北卡罗来纳州的外国投资者的问卷调查证实，调查的接受者更注重劳动力的质量、生活质量、是否具备良好的交通基础设施和有利的商业氛围，而非政府所提供的财政激励。

② Lim（1983），Guisinger（1985）和 O'Sullivan（1985）已经对其中的一些进行了检验。Ghauri 和 Oxelheim（2003）提供了欧盟中激励竞争（货币和非货币）的新证据，本书第 17 章也对关于财政激励和 FDI 布局的研究进行了详细的论述。

意获得更高的利润和更多的资源，但学术界仍对上述政策的有效性持否定态度。总的来说，许多学者认为增值活动的分配在有激励政策与无激励政策两种情况下似乎并没有很大的差异。有关投资激励的一个共识是，由于 MNE 与本地企业间存在着绩效差距，因此吸引 FDI 要远比刺激本土企业发展更具价值。这一设想已在近年为一些学者所研究，如 Bellak（2004b）认为，外国投资者与本土企业的绩效差距需要在实施激励政策之前进行细致的计量研究。

投资激励仍然持续受欢迎的部分原因已在本书第 17 章从税收政策角度讨论过。其中一个原因是这些财政或是其他激励的确在许多国家起到了吸引投资的作用，比如在爱尔兰、瑞典及新加坡。但是，这些例子中货币激励政策要么只是为了吸引 FDI 的协调政策的一部分（比如爱尔兰和新加坡），要么只是为了提高区位竞争力，要么只是为了帮助所有的国内外企业提升竞争条件（如瑞典）。另一个原因则如 Rondinelli 和 Burpitt（2000）所言，从政府官员角度来看，一项改善教育或基础设施的措施并不能在短期内产生效果，甚至可能产生负面影响，特别是在其他国家或地区都提供财政激励的情况下。

一家企业若因为要素成本、制度效率以及基础设施而选择某一区域，那么它更有可能融入当地经济。这反过来也会逐渐提高其脱离当地经济的成本。相反地，一家基于投资激励政策而作出选择的公司则可能不太为所在区域束缚，并可能在继续享受其他地区优惠的同时，对该地的后续投资更少。而且，因为财政优惠而进驻某地的公司往往比基于基础设施选择该地的公司更难以真正进入当地市场。总之，我们有理由相信，对货币激励政策的享受也会带来不利的选择性问题。[①]

关于如何制定激励政策以提高其有效性这一问题上，Mallya 等（2004）研究表明，捷克实施的政策中虽然包括了财政政策、就业及相关培训的补助等各种不同类型，但是对于提高当地 FDI 的贡献不超过 10%。他们还发现，应用于外国投资者的筛选审查规则也许能够更好地吸引更大规模的投资者，从而创造更多就业机会。但是，随着投资的增加，政府政策的有效性也会面临考验，因为选择性的补贴将导致寻租，而这又需要更深层次的政府干预。

总而言之，倘若 MNE 使用的资源（如劳动力）可随时得到支持，其又不会将本土企业排挤出市场，且本土企业能够在外溢效应中有所收益，那么有关外资的激励政策就更可能得到保障（Hanson，2001）。正如之前章节所述，这些条件在现实中往往只存在一种，或者甚至根本没有。当然这并不是说国家不能或者不应做任何事情来确保其经济能够为外国产品提供适宜的平台。制度设计与宏观组织政策（包括协调基础设施及教育的投资、确保 MNE 在充分了解信息的情况下作出决策的信息提供等）已经产生了良好的效果，英特尔公司在哥斯达黎加的投资就是一个成功的例子。不仅如此，溢出效应最有可能产生的条件是本土企业已具备吸收国外先进技能的能力和动力。而在缺乏鼓励本土企业借鉴吸收 MNE 先进技术的情况下，引进外资则可能无法产生预期的效果，因此制定配套的宏观组织政策能够更好地促进对外资优惠政策的利用（Blomström 和 Kokko，2003）。

---

① Lundan（2003b）基于对中东欧地区的环境敏感型部门的投资提出了关于投资者的质量可能存在的"柠檬市场"。在这种情况下，激励政策是负向的，即缺乏法规的有效实施。

如本书第 2 章中所提到的，MNE 子公司的活动在全球发达国家和发展中国家变得越来越重要，这意味着政府鉴于这一现象已经不得不重新评估其宏观经济与组织战略。同时，各国之间因全球经济而逐渐加深的联系，也在领先的工业化国家，尤其是所谓"八国集团"（G8）① 的领导下，促进了各国宏观经济政策的协调一致。而在宏观组织层面上，则相对存在更少的跨境合作。事实上，我们相信此类制度政策的协调最终大部分会是基于各国竞争力而产生，而非各国政府间刻意合作商讨的结果。

在 20 世纪 80 年代和 90 年代间，上述活动以及一系列新兴技术突破所带来的结果中没有比市场信念重建在资源分配和刺激方面，以及作为经济活动的所有者和组织者在规则制定的重新审视方面更具有重要影响。毋庸置疑，这些变化是许多市场导向型经济体获得可观经济增速的一种反映。但是，这同时也证明了那些采用其他制度系统以及破坏市场体系导致其无法正常运作的国家的失败。

虽然将市场改革作为一个宏观制度体系的补充已经逐渐形成一种共识，但其自身往往还无法创造出或维持其成功所必需的条件。同样，单个市场也无法应付一些经济或社会的溢出效应，或者其组织业务产生的外部性。尤其是，尽管不是其自身的原因，但市场无法提供必要的供需条件来确保教育或商业革新活动领域（一国未来财富的主要引擎）能够获得最优的社会投资。

重建市场信心以使其在更广的范围内发挥作用以及在充满不确定性、相互依赖、注重环保的全球经济中对于实物资产和人才竞争生产分配的地方性约束的逐渐重视，都在影响着各国政府去重新评估它们的宏观组织战略。在一个李嘉图式或赫克歇尔-俄林式的世界里，各国都通过其增值活动完全互补。各国都会生产那些在资源和能力上具有比较优势的产品，然后卖给需要这些产品但是在资源和能力上存在比较劣势的国家。尽管比较优势原则在今天仍然有效，但是并无法解释领先工业化国家（尤其是在北美、欧盟和日本）生产并交易同质产品与服务的现象。

也可以发现，这些国家的比较优势越来越多地依赖于其自身创造的资产和能力而非自然要素禀赋。尽管市场在此类资产和能力的生产上发挥着重要的作用，市场本身往往是高度不完全的。但是，这并不是市场参与者导致的结构性分配的结果，而是反映了市场无法充分有效地应对如不确定性、规模经济和范围经济、外部性以及公共产品的生产分配等变量的缺陷。换句话说，在技术知识、组织技术、保密性、健康、安全与环保标准这些"产品"的生产和交易上，市场并不能如其先前纯粹基于自然资源的"产品"时那样成功。在这些情形下，政府机关作为一国居民的管理者将可能介入其中，或弥补市场缺陷，或帮助形成一个社会市场体系和辅助机构，以使得这些产品的生产和交易能够有利于整个社会。

尽管也许上述段落看上去有点跑题，但实际上并非如此。全球变幻与竞争风

---

① "八国集团"（G8）由俄罗斯自 2006 年加入原本的"七国集团"（G7）发展而来。

潮之下各国经济体的开放、MNE 所发挥的作用都在跨境市场上扮演了重要角色，也在各国间的经济活动的分配中承担了中介之责，这意味着东道国如今在外来投资的评估中会减少新兴资源和能力的比重，而会更加注重外来投资如何帮助国家经济融入全球市场以及如何帮助提升本国人才和有形资产的质量。同时，为提升适宜的 MNE 活动，政府不得不重新评估市场在其管辖内的管理和效率，并且在必要时帮助创造及维持生产和分配社会产品的制度与政策。虽然有关外来投资利益分配的协商和谈判可能依然激烈，但其主要的争论焦点已逐渐直接指向：首先获得适宜的 MNE 活动，其次确保 MNE 活动在提升国内竞争力和社会产品方面充分发挥作用。

我们需要对国家已经采取或可能采取的四种外资投资政策类型进行区分。第一种是不干涉类型，包括同时鼓励外来与对外投资，对投资者的能力要求和组织干预少。大多数 OECD 国家都采取了这类政策，除此之外还有一些先进的发展中国家，如新加坡。马来西亚、泰国和墨西哥也属于此类，但是在限制程度上要稍加突出。第二种是结构调整与升级政策，采取这类政策的国家（和地区）既不鼓励也不反对将外来和对外 FDI 作为政府微观组织战略的一部分。典型的有日本、韩国和中国台湾。第三种是选择性投资政策，即投资仅限于特定部门且为提高投资的经济和社会效应，对投资的执行标准也有一定要求。这类政策大多为一些在 20 世纪 60 年代和70 年代采取了进口替代政策的拉丁美洲和撒哈拉以南的非洲地区的国家所采用，但墨西哥例外。第四种则是控制型投资政策，包括外来和对外投资的严格控制。过去，印度、中国以及一些拉丁美洲和非洲国家都曾采取过这类政策，但自 20 世纪 90 年代早期开始，逐渐被其他鼓励外资的政策所取代。[①]

然而，即使是在追求不干涉政策的国家中，针对 FDI 的政策由于作为提升各国资源能力的组合战略的一部分，也存在着不同程度的干预。爱尔兰与新加坡就是两个最为鲜明的例子，通过投资教育与培训、支持 R&D、投资基础设施，系统地提升了本国经济的吸引力。其他国家，包括众多 OECD 国家以及马来西亚、泰国、中国、墨西哥等发展中国家，也更多地依靠 FDI 来帮助本国一些特定领域资源能力的升级。[②] 除此之外，尽管外来直接投资与 M&A、绿地投资并无明确区别，但东道国一般更加青睐绿地投资（Safarian，1993）。M&A 可能间接地存在许多重大障碍，比如某些 M&A 会涉及当地大型企业，政府会对此加以干预（见 19.6.3 节）。此外，国家政策特性，如优先股发行或银行与工业企业的跨境所有权等都可能会使 M&A难以或者无法执行，就像日本和德国的例子。

19.4　对于对外直接投资的母国政府活动

从第 2 章可以知道，直到 20 世纪 60 年代中期，美国和英国创造了全球一半的

---

① 例如，1991—2004 年间在 FDI 方面转变管理方案的 2 156 个国家案例中，仅有 150 例转向了不鼓励 FDI（UNCTAD，2005c:26）。

② Lall（2002）区分了"战略型 FDI 依靠"政策（如新加坡）和"被动型 FDI 依靠"政策（如马来西亚，在该国 MNE 而非政府提供了升级的动力）。

对外直接投资。与此同时，对外直接投资的经济重要性在一些欧洲国家更加显著，尤其是英国、荷兰和瑞典。联邦德国直到 20 世纪 60 年代晚期才再次成为对外投资的一个主力军，而日本则于 20 世纪 80 年代才对全球投资性股票有了一定的实质性的贡献。

我们曾在其他部分论述过 20 世纪 60 年代对外投资在地理上集聚的主要原因。一是当时此类投资所需的 O 优势集中于美国与英国公司；二是由于这些优势的特性及跨境生产和交易成本存在的差异性，因此这类投资最优地从国外获得和/或利用。

尽管如此，20 世纪 60 年代和 70 年代早期，饱受战争蹂躏的欧洲依然受困于资源，尤其是缺乏重振工业所需的资本、管理能力以及技术。美国以外的大部分已有的和潜在的外国投资者都面临着收支平衡的难题。正因如此，母国都不愿鼓励对外投资，除非对外投资是作为对国内经济活动的支持或用以获得本国不能生产的生活消费品与服务。第 6 章和第 14 章显示，国内外投资之间可能的互补性并未得到认可，尽管 Reddaway 等（1968）和 Dunning（1971b，2002c）在有关英国对外 MNE活动的效应的研究案例中确实发现了一些重大的技术反馈效应。①

大部分政府虽然对于对外投资缺乏热情，但却对其保持着一种开放或中立的态度。截至 1971 年，至少有 15 个国家提供了一些种类的投资保障或担保计划。同年，事实上所有国家都准许外商税收可抵扣国内税收权和/或在国外收入基础上的计提递延税费，直到该公司撤资回国。而在 20 世纪 60 年代，所有主要投资国都在关注资本外流对其国民经济可能造成的负面效应。正如第 14 章所述，这些国家（英国、美国、日本、法国、瑞典）之中有一些使用管制手段以试图矫正不利的收支逆差局面。相反，德国和日本试图增加它们的 FDI 外流来减少其收支顺差（Bergsten 等，1978）。

只有瑞典和日本有一些对外投资的补偿政策。1974 年，瑞典政府通过了一项法律，赋予了政府在对外投资与本国经济政策出现冲突时可限制资本外流的权力。该法律的一个关键点在于任何资本外流的申请都需要在收支基础上进行调整。此外，该法律考虑了工会的立场。事实上，随着大部分瑞典 MNE 能够在不转换国外追加资本的情况下为其国外经营筹措资金，该法律已逐渐失效。

日本曾是（且仍是）一个较为独特的例子。从 20 世纪 60 年代中期开始，日本已针对外来和对外直接投资采取了一系列系统的措施。当时它成立了一个单独机构来确保对外 MNE 活动与其本国经济目标相一致。最初，重点直接在于保护本国劳动者就业、增加制造品出口以及保证国内工业的能源和原材料供应。随后，日本开始鼓励一些劳动密集型和生产率较低的产业出口，如纺织和服装业，尤其是向亚洲邻国出口。这一举措既减少了其外汇存款，进而防止了日元贬值，也释放了本国资源以分配给高科技部门。

随后在 20 世纪 70 年代晚期到 80 年代早期，在一些制造业，如纺织、服装、半导体等领域，日本 MNE 开始建立海外子公司，并由此从事中高科技产品制造的劳动密集部分。与此同时，日本投资者也开始进入美国、欧洲的高收益市场——最明

---

① 例如，在 Dunning（2002c）对有关 20 世纪 50 年代后半段英国 FDI 的调查中，对应的 74 个公司中至少 70%明确显示了来自它们美国公司的技术反馈效应。

显的是汽车和电子产品领域。这一做法的初衷在于应对日元升值和贸易保护措施，但之后逐渐演变为其全球化战略的一部分。

与其他发达国家不同，日本已设计出一套有关对外直接投资的整体战略。即使到了今天，这一战略也未与其一般性工业、贸易、技术政策以及外来直接投资政策相分离。尽管对于一些企业来说，至少在某些时期，日本的对外投资与国内投资是可以相互替代的，政策的制定也就基于这两者之间的互补性。首先，日本对外投资的目的是为了提升日本经济长期竞争力。由于这是目前获取全球市场份额更为有效的方式，其可以为国内创新活动提供资金支持，并且减缓资源压力以扩大生产性使用。对资源基础型部门的投资，尤其在发展中国家，可以保证（优质优价的）原材料和初加工产品的供应。对劳动密集型制造业和/或产品的投资帮助投资公司在世界市场中维持有竞争力的价格。同时，日本可以据此宣称它通过帮助发展中国家更好地利用和升级自身资源这一方式来对其进行指导。

至于其他发达国家政府，尽管对其 MNE 对外活动的成本和收益的评估已经改变，但可以确定的是它们已经开始将这些行为融入其更广泛的宏观组织战略中。上述现象的主要原因在于产品和市场的全球化，尤其是欧洲、北美、亚洲产品和市场的全球化，正促使工业化国家重新诠释它们在保持和发展本国资源能力的竞争力和比较优势方面的战略。当从这个角度来看待直接资本出口的贡献时，政府可能会鼓励一些特定类型的对外投资，或至少根据企业寻求其国际生产战略的能力来减少结构性阻碍。

近年来，西方政府对宏观组织政策所做的一系列回顾反映出，那些在任何情况下归功于商业国际化发展的观点仅发生了微小的变化。直到 20 世纪 90 年代，政治家们的著作及演说还鲜有特别提及企业全球化经营活动的好处。因为在公众的观念里，这些经营活动仍然与就业或技术的出口相关，而这也许令人无法理解。但是，我们相信这样的观点是被误导了的，因为对外投资和国内投资并不存在竞争。两者都是（或可能是）获取最先进的技术以及最佳的管理、组织和营销方式的途径。在反垄断法律范围内似乎存在一个特例，尤其是美国政府因相信国内与跨境兼并和联盟有时都能帮助企业获取全球竞争所要的经济规模或全球市场而采取更加放任的态度。

越来越多的人开始理解，政府实施的宏观组织战略在其管辖范围内是影响资源能力竞争优势的一个重要因素，并且对外直接投资对于这项进程起到了尤其特别的作用。很可能政府将开始以一个更加积极的态度来对待它们本国的 MNE。[①] 当然，一些发展中国家，如中国、新加坡、马来西亚和韩国，正积极鼓励本国公司成为全球经济参与者，加入到战略性资产寻求型 FDI 中（UNCTAD, 2006）。与此同时，这类投资已反过来引起对东道国国家安全的关注。这一现象不仅在美国存在，如中国海洋石油公司向优尼科公司的投标以及迪拜港口世界公司对美国一些口岸（间接）的接管案例，而且也包括中国买家对加拿大金属公司的接管和俄罗斯天然气公司向

---

① 就像公司一样，政府在其宏观组织政策的制定上也会表现为战略性寡头垄断，而这可能影响其公司的长期竞争力。因此，如果日本政府干预市场势力以提高（比如）其汽车产业的竞争力，美国政府也可能希望采取"策略性的"行动来抵消日本的行动。然而，可以观测到政府的宏观组织政策可能完善市场机制，也可能扭曲市场机制。关于战略性贸易政策的关键分析，可见 Stegemann（1989）。关于国家战略性政策与区域性或者国际间监管（或咨询）组织的相互作用，可见本书第 21 章。

英国天然气公司的投标。[①]

当然，母国政府的角色并不局限于以政策来鼓励对外投资。Wells（2005）在他有关美国过去四十年的政策分析中指出，20 世纪 90 年代的这十年可能对于美国政府在一定程度上试图代表其个体 MNE 介入争端而言是独特的，如 1997 年亚洲金融危机中对印度尼西亚能源投资的特殊案例。[②] 尽管上述案例可能不包含任何美国法律的境外适用，但它们的确涉及了政府为帮助 MNE 达到商业目标而对权力和影响力的使用问题。Wells 回顾了美国政府对 1961 年《希肯路伯修正案》（The Hickenlooper Amendment）进行干涉，导致美国总统停止对征收美国海外资产而未支付适当赔偿的国家的援助，以及 1972 年《冈萨雷斯修正案》使美国政府能够利用其对国际金融机构的影响力来投票反对（没收美国资产而未支付赔偿的）国家运用这些机构获得的贷款或其他用途的资金。[③]

也存在一些影响恶劣的案例，在这些案例中美国 MNE 试图支配或甚至推翻现任政府，如危地马拉共和国的联合水果公司和智利的国际电话电报公司已在美国政府支持下公然做出上述行为。[④] 尽管如此，Wells 仍然认为在过去几十年里，美国政府并不愿意在投资争议案中使用可用工具。这是因为，在冷战期间，特定政府的经济利益和广义政治利益经常存在矛盾。一方面财政部和商务部认为有关对外投资的争论非常重要，另一方面美国国会却仅将其视为美国对外政策利益相对次要的方面。美国在"9·11"事件之后对地缘政治重点的转变是否会再一次以商业利益替代政治利益还尚无定论。

但至少，政府不应该允许其本国公司受到外国公司更优战略的惩罚。通常认为，一些政策通过会议谈判或追求战略贸易及相关政策，正结构性地变形和更好地重组。有时，政府政策通过降低市场失灵来帮助它们的国家进行海外投资，然后其他政府对此的最佳反应是减少本国企业的交易成本。

大部分国家如今已达到了其发展计划中 FDI 流入和流出更加系统化，并且也对政策产生一定影响的某一阶段。这些国家的首要任务是政府需要考虑外国 MNE 对内投资以及本国 MNE 对外投资的经济影响，并将此作为其竞争力提升战略的一个组合部分。此外，母国需要关注的不仅仅是投资，而且需要关注各种与 MNE 合作的对外活动，包括联盟和契约关系。

19.5 对外投资的政治经济变化

在过去的一个世纪里，MNE 作为政治参与者的作用已然经历了一个根本转变。根据 Kobrin（2006）的研究，有三个关键因素导致了这场转变。第一，各国间相互

[①] 国家安全问题可见本书第 18 章。

[②] 另一个美国政府为其单个 MNE 的利益而进行干预的案例是，代表金吉达公司处理欧洲香蕉进口的纠纷，在该纠纷中，进口优先权根据洛美（科托努）协定给予了前欧洲殖民地国家。

[③] 事情有些奇怪地发展着，1994 年《赫尔姆斯-冈萨雷斯修正案》对那些征收拉丁裔美国公民资产的国家进行了一系列制裁，尽管那些公民在资产征收时可能并未成为美国公民。该案例主要涉及古巴和尼加拉瓜（Wells，2005：442）。

[④] 关于 MNE 在东道国各种犯罪行为（包括战时的合谋行为）的历史可见 Stephens（2002）。

排斥的领地管辖权不再主导全球经济；第二，公共与私人领域之间的界限随着各国经济竞争加剧、MNE 一系列公共产品的提供等而逐渐模糊；第三，政府因 MNE 与非政府组织已从国际政治的客体转变为主体而权力分散。下面将对上述因素逐一介绍。

□ 19.5.1　数字经济的主权困境

Vernon 所著的《主权的困境》（*Sovereignty at Bay*）（1971）作为一大学术贡献率先提出，随着 MNE 的势力不断扩大，各国政府正在丧失其影响力。然而，Kobrin（2001a）却认为，对于主权的讨论实际上有些夸大其词，因为在全球化已经开始影响领土主权的同时，MNE 如今却仍然在各国系统内运作。换句话说，因为第二次世界大战后交通、信息技术、经济自由化政策等方面的高速发展，经济和政治统治力建立在地理或领土管辖权上这样的看法已经不再适用于如今这个时代。尽管MNE 并没有直接引起领土管辖重要性的降低，但它们已经成为经济全球化进程中的重要组成部分。

实际上，Kobrin 认为，不考虑书的题目，Vernon 从来没有真正提出国家形态将逐渐消失。[1] 在 Vernon 所撰写的那个时段，主权与自治权及控制权有关，而这两者本身并不会威胁到领土主权。事实上，如果有的话，MNE 活动也是加强了而非威胁了包括独占领土、划定边界以及基于地理的政治经济领导权在内的对外主权。对于MNE，最主要的问题在于管辖权和治外法权的重叠所引起的冲突，而不是领土主权的什么问题。因此，在《主权的困境》一书出版之后，尽管 MNE 也卷入管辖权纷争之中、但管辖权本质上并不是关键。然而，网络、电子商务以及定义了如今全球化经济的空前紧密的网络联系，催生了一个问题，那就是领土管辖权的基本概念是否仍然确切？

在全球化时代，"空间距离和全球各国国际联系编织了国家、政府、国际组织、非政府组织和 MNE 之间的复杂网络，而且也正是这些主体制定了全球规则"（Held 等，1999:27）。[2] 民族国家绝不会因此而变得不重要，但是它们的确会丧失全球化之前的特权地位。[3] 因此，如 Strange（1996）所述，政治经济学学者们需要从以国家为中心的视角转移，并且需要研究一国主权是如何受到威胁的，这种威胁不仅来自 MNE，而且来自一系列非政府成员，包括双边组织和非政府组织。还有值得关注的奇怪现象是，国家权力的减弱可能会被一些其他权力机构所替代，或根本没有机构来承担。上述任何一种情况都将在全球经济中导致政治不稳定和动荡风险的增加。

---

[1]　事实上，Vernon（1998）自己承认，尽管 MNE 活动会对全球经济造成零星的混乱，但政府和公司会找到解决相互间冲突的办法。

[2]　关于全球化中政治经济学的对比分析也可见 Held 和 McGrew（2002）。

[3]　事实上，正如我们在第 6 章所指出的那样，这种程度上的相互连通性将当今的全球经济与 19 世纪晚期和 20 世纪早期的全球经济区分开来。

生产知识密度的增加和持续创新对于企业竞争力的影响，给国家间和 MNE 之间的关系带来了进一步的挑战（Mytelka，2000b）。如果有的话，政治战场的形势在未来可能会更加复杂多变。不同的国家和非政府组织，不论国内还是国外，都在定义和影响基于规则的信息商品化的基础建设中扮演了重要角色，这对于数字经济的发展是至关重要的（Newman 和 Zysman，2006）。

与所有市场一样，数字市场需要对产品属性、交换、竞争市场结构以及社会规范进行定义。按照 Newman 和 Zysman 的说法，政府已经处于建立相关制度以支持数字市场的前沿。① 涉及获取个人信息的保密性、数字媒体版权法律的适用或适合有形和无形资产所有权的权利的定义以及有关其使用和再使用的规则等的制度法规都在持续发展。② 实际上，有关收集数据（如财务或健康相关的信息）的商业能力及控制信息传播的能力，已为政府设计和执行保障个人权利的相关政策提供了全新的视角。正如 Newman 和 Zysman 所说，我们正见证着一种角色转换，而在过去被谴责为侵犯人民隐私和自由言论权利的政府，如今将作为监察机构监视着、监督着个人传递信息的行为。这样的变化意味着在全球化经济中，支撑市场的价值和信任体系以及由此而来的各种机构都需要在不同市场和同一市场的不同阶段，不断地重新建构和重新解释（North，2005）。③

□ 19.5.2 国家、企业和公民社会

Stopford 和 Strange 在他们的著作 *Rival States，Rival Firms*（1991）中提出，不同国家在财富创造方式的控制上的竞争已经取代了传统方面（如在外交关系中领土问题）的关注。他们将这种新型的外交手段称为三边关系，其中一边表示企业与企业的关系，另一边表示 MNE 和东道国的关系，最后一边表示国家之间的关系，尤其是有关 MNE 投资的竞争方面。④

近年来对这一方面的研究成果进行评述后，Stopford（2005）提出，三边结构所发生的一些变化已经成为世界从基于地区划分转换到基于全球经济一体化的结果。他同时认为，如今存在着三种相互平衡的势力：第一种是国家和其主导的经济势力之间的平衡，如今仍存在于美国；第二种是国家和市场之间的平衡；第三种则是个人和国家间的平衡。

国家的一个现实概念必然包含一种对于国家（作为与全球化经济有着自身联系的城市和区域的集合）以及不断壮大的公民社会的理解。而另一方面，MNE 的一个

---

① 在数字经济中，政府的参与是无处不在的。这涉及了因特网的诞生（基于美国政府的 ARPANET），瑞士日内瓦的欧洲核研究组织对万维网的基础发展，以及为撤销管制奠定的基础和电信部门竞争的引入。

② 这一方面体现在美国《千禧年数字版权法》的出台，其旨在打击点对点数字信息的共享，包括受版权保护的作品（如音乐），另一方面体现在不同欧洲国家关于使用数字版权管理技术的法律对策，这被内容提供商用于限制复制和传输合法购买的作品。

③ 一个案例说明了价值观和原则领域的潜在冲突，它涉及美国搜索引擎公司谷歌，其因 2006 年同意限制中国用户的互联网搜索内容而受到了相当多的批评。

④ 一个关于国家政治和制度属性的模型，可参见 Lenway 和 Murtha（1994）。

现实概念则要求不仅包括对 MNE 掌控下的资源、能力、制度和市场的理解，还包括对构成 MNE 增值活动网络体系的同盟关系和外包关系的理解。

Stopford 同时也对日益增长的制度重要性以及全球经济的道德基础有所关注。与 Dunning（2003c）一样，他相信，除了能够促进经济增长外，在一体化的全球经济中，政治、经济和文化的相互依赖将成为冲突和动荡的来源。在本书中，我们已经强调了正式和非正式制度（规范和价值观）对于 IB 活动范围、形式和效应的重要性。我们也认为尽管在全球化经济之中，市场导向型机构尽其所能地提供私人产品和服务，但它们并不那么适合生产公共产品和服务，或能确保财富创造组织以一种负责且为社会认可的方式来履行它们的职责。

此外，全球经济中的治理机构在其所分配到的任务中已经表现出自身的脆弱性，如防止经济危机或能够应对此类危机的传染效应等。因而，可能会引起争议的是，我们认为资本主义在全球范围内需要一个更为清晰的对话和对于市场道德基础的检验。[①] 地域性封闭市场具有一种源于其所在国家的道德观念，如 David Hume 和 Adam Smith 的道德哲学。尽管任何特定文化环境中产生的信任系统也许作为全球化经济的道德基础并不那么合适，但随着其所治理的问题从国家层面转为国际层面，允许道德基础真空的存在则更为危险。

通过公民社会对于 MNE 在社会目标（包括对公平正义）方面的影响的要求，我们可以看到管理贸易业务的规范和价值重要性的复苏。非政府组织的领域不断被分割：它们从小型单一问题组织，到大型国际组织（如乐施会或绿色和平），再到那些在全球范围内专门致力于促进国际非政府组织同盟运作的机构。最后一种是专业提供咨询服务的组织，而且被认为代表了"反对贸易"的一种新兴产业（Ostry，2001）。在它们的帮助下，不同类型的非政府组织正在各种舞台上出现，同时加强其对于企业行为与企业活动的影响。这些已在不断增加的有关环境和社会问题的报道以及那些已处于公众视野之中的产业所采用的自律守则等很多方面都得到了体现。[②]

非政府组织得以存在的一个基本原因在于它们改善了全球化经济中的民主不公。比如，发展中国家实际上被许多决策会议所排除（可能不是名义上的）。然而，民主不公的争论通过正反两种途径进行。非政府组织代表了那些原本会被淹没的声音，尽管同时它们的事务可能会以不负责、非民选以及缺乏透明等方式进行着。[③]

---

① 在一篇有趣的研究中，Ostry（2001）回忆了 20 世纪 70 年代 Daniel Bell 的想法，Daniel Bell 强调享乐主义的升级是资本主义的根本问题。他预测，除非享乐主义被某种"先验的联系"所约束，不然会导致环境退化、宗教原教旨主义的崛起、反对将经济增长作为一种解决问题的方法，以及对一个更简单的和更少的技术专家治国论的社会的向往，其中大部分在今天得到了印证。

② 详细内容可见本书第 18 章。

③ 面对这些问题，2006 年 6 月绿色和平组织、国际特赦组织和乐施会达成了共同的行为准则。关于评估非政府组织是否充当了"负责任的"全球资本主义及规范民主的提供者之一，可见 Held 等（1999），Broad（2002）和 Falk（2003）。

19.6 治外法权案例：母国/东道国的差异如何调和？

□ 19.6.1 引言

现在我们将开始考虑一组问题，这些问题源自 MNE 或其子公司在特定东道国的表现，并且无法通过 MNE 与东道国政府间的协商解决。除了其他方面，这些问题的出现是因为 MNE 以其母国政府所期望的方式在运营。如果这并不符合东道国的利益，则要么是一个政府做出退让，接受另一个政府的要求，要么是两个政府之间进行协调，才能解决这个问题。

第 6 章已经描述了 19 世纪欧洲国家（尤其是英国、法国、荷兰和比利时）MNE 发起的直接投资中有多少是在其海外殖民地且初衷是为了满足母国的经济需求。英国国有公司在印度、非洲大部分地区，法国和比利时公司在非洲，荷兰公司在东南亚以及日本公司在中国，这些都作为其母国经济政策的一部分。事实上（以及在法律上的某些情况下），它们为母国的正式和非正式机构、经济体系以及政治意识形态向其基地所在国家的出口提供了一条传送带。

在 Vernon（1971，1985，1998）的各类著作中，他已经提及 MNE 外国子公司的相似之处。他指出，一方面，其须符合公司所在国家的法律；另一方面，这些子公司又不得不遵从母公司的决策，要与母国法律相符。随着时间推移，这样的局面已导致投资国与接受国之间相当多的矛盾。1906 年美国海军被派遣至洪都拉斯，以武力威胁的形式来保卫美国甘蔗种植园，使得这一矛盾激化到顶峰。一年后，当洪都拉斯和尼加拉瓜处于战争之中时，美国海军派出一艘军舰来保护美国在洪都拉斯海岸的财产。随后在 1910 年，美国强制登陆尼加拉瓜的布卢菲尔德，其目的是确保美国国民和埃斯孔迪多河附近美籍 MNE 的利益。上述以及其他有关政治的治外法权的该种特定形式下的案例引自 Wilkins（1970）。

一个世纪之后，随着治外法权再次出现，我们研究了三种治外法权条款的案例。第一个有关限制 MNE 外国子公司的出口，第二个关于国内反垄断法的跨境延伸，第三个有关人权的捍卫。

□ 19.6.2 出口禁运

在母国政府为限制本国 MNE 的某一子公司的出口而做的尝试中，最著名的是由里根政府在 1982 年所完成的。这一尝试关注的是美国德莱赛公司的法国子公司对苏联的出口，因为这些产品将被苏联用于西伯利亚的天然气管道的建设。美国政府认为这些产品的出口违背其战略利益，因此命令德莱赛公司停止与苏联的交易。这一行为冒犯了法国政府[1]，其命令美国子公司忽视其母公司的指示。在进行法律咨询之后，子公司决定遵从法国法律并接受反抗美国政策的后果。早前在 1974 年，另一家美国 MNE——斯蒂旁克威士顿公司的加拿大子公司向古巴出口了一批火车头，也没有考虑美国财政部的反对。

根据 Keohane 和 Van Doorn Ooms（1975），因美国 MNE 在境外适用其美国法律而导致的政府间摩擦较少这一事实本身就是美国对自己政策的辩护。境外条款的主要推动力来自于《与敌国贸易法案》，这一法案最早形成于第一次世界大战期间。随后这一贸易法案于 1933 年完善，以确保总统在和平时期应对国家紧急事件的权力。通过该项法案，美国在过去几十年间已能规劝其外国子公司在第一次世界大战期间停止与德国贸易，停止与早于美国进入第二次世界大战的日本贸易，停止与中国、朝鲜、古巴、越南民主共和国等社会主义国家贸易，以及在 1975 年西贡政权垮台后停止与越南南方共和国、柬埔寨贸易（Marcuss，1999）。

当然，我们可能会觉得直到 20 世纪 70 年代中期，美国绝大部分公司自愿遵从这些制裁措施。当时东道国提出的保护申明逐渐削弱，同时并不直接与国家主权相关。一个著名的例外是 1967 年美法之间的一场激烈的争辩。这场争辩围绕法国弗吕霍夫公司所达成的协议，该公司为美国弗吕霍夫公司的一家子公司，其三分之二的股份都由母公司所有。它与另一家法国公司——雷诺公司签订协议，将拖车卖于对方。雷诺公司购买拖车的目的则是组装成火车卖给中国。美国财政部指示美国母公司命令其子公司暂停执行该合同。弗吕霍夫公司按此照做，但雷诺公司却坚持其合同权利并以控告相威胁。法国子公司董事此后独自行动。他们对美国董事和美国母公司提起诉讼，认为其若无法继续执行合同，则会导致巨额损失。法国法院于是向雷诺公司派遣一名管理人员以保证其兑现对中国公司的承诺。法国政府同时向美国政府发出警告，指出如果美方企图运用《与敌国贸易法案》条款，那么将与其子公司所在国家的主权发生冲突，这将导致美国公司面临交出子公司的永久威胁（Kobrin，1989）。面对这一情形，美国财政部撤回命令并接受失败。

到了 20 世纪 70 年代，美国经济霸权主义严重威胁全球，东道国政府越来越少地默许美国法律和政策的要求。比如，1974 年美国财政部对于其三大汽车制造商向古巴输出的汽车规模提出反对意见，这些汽车由三大汽车制造商的阿根廷工厂生产。而东道国政府不但拒绝就该问题进行协商，而且以扣押前往古巴的汽车相威胁，并提出其会在必要时将对方子公司收归国有。最终的结果是，不仅汽车出口许可获准，时任财政部部长的亨利·基辛格也公开承认美国法律存在无可避免的冲突。一年后在利顿工业公司加拿大子公司向古巴出口办公器具这一类似案例后，美国解除了对一些支持与古巴进行贸易的国家的子公司的出口限制。[2]

除了《与敌国贸易法案》外，美国也于 1949 年出台了《出口管制法案》。1977 年的《国际紧急经济权力法》（IEEPA）对其进行了完善，旨在规范与国家安

---

① Eden 和 Hampson（1990）引人入胜地讨论了不同类型的跨境政治市场失灵及可能制定以对付这些失灵的国际治理结构。

② 此后，1996 年《赫尔姆斯－伯顿法案》对那些使用被古巴政府收归国有的美国财产的第三方进行了制裁。

全相关的产品技术出口。这也导致了对安哥拉、缅甸、埃及、海地、伊朗、伊拉克、科威特、利比亚、尼加拉瓜、巴拿马、津巴布韦、南非、苏丹和南斯拉夫进行的贸易制裁。同时，IEEPA 还可对参与国际恐怖组织和毒品犯罪的个人予以判决。但是，问题的复杂性，以及对上述制裁相对笼统的条款解释，导致了大量既质疑其合法性又澄清其含义的官司（Marcuss，1999）。

Kobrin（1989）认为，尽管在许多情形下，MNE 子公司的行为可能与母国利益存在冲突，但后者在该问题上的分量轻重大部分取决于其经济、政治以及战略（有时为军事）实力之比，而且不仅是与母国比较，还要与全球其他国家比较。同时，上述问题还依赖于投资企业对其国外公司的优越感的程度（见第 8 章）。Kobrin 还认为，过去二十年里美国在经济和政治上领导权的下降、美国主要投资者海外生产的更加全球化的方式都鼓励了东道国抵制美国政府对其国内事务的干涉。Gilpin（1975，1987）赞同这一观点，并提出美国在全球 FDI 的份额下降了（见第 2 章），对于美国当局在干涉他国政治问题上势力的减弱是一个富有贡献意义的要素。回顾过往，19 世纪到 20 世纪早期，英国统治势力的削弱与英国政府对于其 MNE 对外事务的干涉的减少是同时发生的。

尽管如此，对于单方行为的约束还是较为有限的。1989 年政治风波之后，美国和欧盟均对中国采取军事禁运。在德法两国推动下，考虑到美国对面向欧盟的技术出口实施威胁性管制以及中国地区人权体制的显著改善，欧盟宣称将于 2004 年解除禁运政策，面对美国强烈的反对予以让步。[①]

□ **19.6.3　反垄断立法的应用**

接下来我们将探讨外国政府（尤其是美国政府）对国内反垄断立法境外适用的态度。20 世纪 50 年代，诸如此类的法律主要用于破坏美国在英国的投资及禁止新投资（美国商会，1955）。

Gladwin 和 Walter（1980）区分了三类美国反垄断法律的境外适用情形。[②] 第一种是只要发现一家企业企图限制美国母公司和其外国子公司或是其两家外国子公司之间的竞争，就可适用。一个典型案例是 1951 年美国铁姆肯轴承公司签订协议，承诺不参与其英国和法国子公司的竞争，但其在实际行动中却阻碍了这些子公司在西半球的竞争，由此被子公司提起诉讼。第二种是美国法院命令一家美国公司拿走其国外子公司的利益以减少美国市场的竞争。比如在 1950 年，美国法院下令美铝公司处理其在加拿大的子公司杜邦铝业公司，并在一年后又令其从该子公司撤资而成立英美合资公司。美国法院的上述要求均被加拿大政府拒绝。

第三种情形则是美国公司或被禁止在特定东道国收购公司。在所有美国境外策略中反垄断立法的这一应用的影响可能最为深远。这一规定已用于阻止潜在的和真实存在的竞争削弱。这里一个经典案例是美国法院在 1968 年驳回德国吉列博朗公司提出的收购，其理由是这将削弱美国电子剃须刀市场的竞争。

---

① "EU puts Chinese arms embargo on the back burner", *Financial Times*，July 12，2004，www.ft.com.
② 例如，1890 年《谢尔曼法》和 1914 年《克莱顿法》都有规定。

境外反垄断立法的应用并不仅限于美国，也不仅仅用于 MNE 外国子公司。有关跨境合作的合同都会受此管制。但是，在过去数十年中，从里根政府开始，美国法庭鲜少出现包含三种情形的违背反垄断立法的案例。尽管如此，跨境收购、兼并和战略联盟的数量仍迅猛增长。美国也不例外，一些可能十年前肯定不被美国法院批准的 M&A，现在都已被认可。

所有现象都反映出政府对反垄断立法态度的转变。本书多次强调，若要在全球市场占据有利位置，研发与信息密集型行业的企业就需要规模足够大以便从规模经济中受益，或者与其他公司（包括竞争对手）缔结同盟以减少它们的资源供给、获得新的物资供应和/或进入新的市场。但在很多情况下，这会导致更高程度的（国内）行业集中化。[①] 政府对此不予以抵制的部分原因是国内企业在国外市场上的竞争（尤其在自由贸易区）日趋公开，部分则是因为相信公司规模与全球竞争力息息相关，小企业需要通过兼并或合作来与大公司抗争（这并不总是正确的）。美国的态度也逐渐被欧盟委员会对产业集聚和卡特尔组织更为开明的方式所影响。[②]

企业较少对境外违反美国政府反垄断条款的行为提起诉讼的另一个原因是美国当局推行该项法案的力度有所减弱。与之并行的是《与敌国贸易法案》及相关立法的取消。此外，历年来，尤其是过去十年来，美国除反恐战争之外已没有重要"敌人"。[③] 事实上，美国如今正鼓励本土企业与一些早前实施出口禁令的国家进行贸易和投资。

然而，在国际层面上，竞争法与国内法令存在部分重叠。其结果是跨管辖兼并的出现：多个政府有权审查同一兼并且可能形成不同结论。这已经成为一个不可忽视的问题（Guzman，2004）。例如，GE 公司于 2001 年提出收购 Honeywell 公司，得到美国竞争管理委员会的批准，但欧盟委员会采用另一种审核过程后驳回了该项收购（Gugler，2006）。但是也有一个相反的例子，是 20 世纪 90 年代晚期医药行业的兼并。在 Marcotullio（2001）所分析的五个兼并案例中，美欧双方之间的合作不断增加。这反过来导致二者对产品市场、研发相关性以及未来市场竞争状态的评估结果也日趋相同。

根据 Klodt（2001），国际反垄断合作中的两大主要观点是效果原则和礼让原则。在反垄断案件中对境外管辖权的公平处理源于效果原则，这表示国家机关享有处理任何在其管辖范围内影响竞争的案件，而无论企业的国籍。而合作的基础则是积极与消极礼让原则。其中消极礼让涉及一方对另一方任何行为的效果的考虑，积极礼让则表示一国政府享有将某一案件移交另一国的权利。这两种礼让原则均包含在美

---

① 通过国内前"X"家企业产出占整个产业的百分比来衡量。这种衡量方法没有考虑到外国产品的进口或国内公司的国外生产。

② 然而，尽管欧盟促进了欧盟内部并购，以其作为经济结构调整的工具，但各国政府通过优先权股票份额和其他手段继续进行干预。近几年的例子包括德国 E. On 公司收购西班牙 Endesa 公司，对意大利银行的几次尝试收购，以及瑞士 Novartis 公司收购法国 Aventis 公司（最后兼并了一个较小的法国公司）。一个类似的通过国内兼并以阻止外国收购的案例是，经过精心策划的法国燃气公司和法国苏伊士公司的合并。

③ 例如，可见 Suder（2004）关于恐怖主义对国际商业的影响。Brooks（2005）认为，商业规则的扩展为促进全球安全作出了贡献，MNE 活动造成的相互依存关系也有助于提高安全性，但这仅适用于欧洲、北美、亚洲（Triad）和一些先进的发展中国家，而全球经济作为一个整体可能由于繁荣的极端差异变得更不安全。

欧协议之中，但消极礼让显然使用更多。

20世纪90年代的企业并购潮中（见第2章），相关问题逐渐突显，即通过在境外实施本国竞争政策是否能够实现对全球供不应求情况的充分监管，或者说是否需要国际竞争（反垄断）法律？[①] 通过对1945—1988年间美欧兼并案例的研究，Klodt发现，在这20个案例中有13个都存在着因为国家法律或政策目标的差异而导致的冲突，这严重阻碍了合作。由此，他总结出，仅依靠效果原则和礼让原则也许还不足以在全球经济中确保合作达成，毕竟国家或地区本身的利益仍是最为重要的。

□ 19.6.4　保护人权的责任

有关一国法律的境外适用，我们最后想通过美国1789年《外国人侵权索赔法》（ATCA）予以阐述。该法案主要针对的是MNE侵犯人权、劳工和环境保护权利的情况[②]，其声称"若所实施的侵权行为违反国际法或者美国缔结的条约，联邦地方法院对外国人据此提出的任何民事诉讼即有一审管辖权"。尽管这一法律已长期未使用，但在过去十年间，大量涉及非美籍MNE于美国境外采取的一系列经营活动的案件，仍通过ATCA予以处理。

有关上述法案的一个案例是加拿大塔里斯曼能源集团因侵犯人权而在苏丹被起诉。Kobrin（2005）在其介绍中解释，随着政府当局的作用变成公共责任，倘若MNE已在国际政治舞台上成为众所周知的角色，它们或许也同样需担负起公共责任，如保护人权。此外，他提出，公共与私人领域之间的区分是一种威斯特伐利亚体系的创造，并随着国家领土主权和财产权的保护日趋完善。在一国兴起之前，政治权力更为发散也更没有领土限制，而在经济全球化的今天，政治权力重新变为分散状态。

案例的关键因素基于合谋的概念：它究竟牵涉什么？是只需要进入一国时有着侵犯人权的记录，还是需要积极参与侵犯人权的活动？那么对于积极参与有明确规定吗？联合国《跨国公司和其他工商企业在人权方面的责任准则》[③]宣称保护人权的首要责任由国家承担，并提出：

> 在各自活动领域和影响范围内，MNE及其他企业必须推动和保证尊重的实现，确保人权的尊重和保护，包括土著民族及其他弱势群体的权利与利益，得以为国际法和国内法所认可。

这一责任显然已不仅仅是对国家法律法规的遵守。它呈现了对MNE介入本国政治的长期抵制，认为MNE应按一定设想积极运作以保障人权、劳工权益及环境保护。

---

① 可见Utton（2006）。

② 虽然学术界对该法案的初衷持不同观点，但该法案的目的之一是为了打击盗版（Dhooge，2003）。

③ 联合国促进和保护人权小组委员会在2003年拟定了《跨国公司和其他工商企业在人权方面的责任准则》（E/CN.4/Sub.2/2003/12/Rev.2）。这些准则是比那些包含在《联合国全球契约》中的准则更为具体，即"企业应在其所能影响的范围内支持并尊重对国际社会做出的维护人权的宣言；并确保自身没有参与侵犯人权"。

那么如何评估合谋程度呢？目前国家间的行为准则将合谋分为了直接合谋、互利合谋及沉默合谋（Kline，2005）。直接合谋包括支持或推动侵犯人权。互利合谋是通过某种可以提高短期商业利益的方式从政治约束中受益。沉默合谋则表示在某些情形下，MNE 与侵犯人权发生的联系较为巧合，但其知道或被认为知道侵害的发生。

根据这些标准，塔里斯曼能源公司的行为显然属于沉默合谋，且多半也是互利合谋。[①] 尽管如此，在这种情况下，加拿大政府认为其不应为了干涉他国国内事务而介入一家加拿大公司的运营。类似地，塔里斯曼能源公司既不能也不愿意投入更多精力来保障人权，因此最终从苏丹撤资以平息非政府组织的抗议。

尽管上述及其他相关案例中出现的问题无法控制，而且可行方法也甚少，但是 ATCA 也许并不是设置全球化经济中可接受行为标准的最好方法。[②] 我们认同 Kobrin 的观点，即一旦一家企业的责任大于其对股东的责任，那么这种责任界限就不再是由企业自身去定义，而是需要在社会这个大层面上进行界定。联合国与 OECD 制定的指南都对企业责任有了较清晰的描述。经济联系塑造了 MNE，法律传统则加强了独立性和关于公司的组成部分的有限责任。由于这两者之间的不协调，企业责任的实施执行仍存在问题（Stephens，2002）。

□ 19.6.5 冲突的其他方面

其他涉及 MNE 的问题也可能引起母国和东道国之间的一些摩擦。其中大部分并不牵涉境外问题，而是因各国法律、法规、政策不同，MNE 有时会选择抵制或采用，这会影响跨境成本与收益的分配。或许最典型的例子莫过于我们在第 17 章讨论过的税收与转移定价。在本章的前面部分，我们介绍了东道国有时会为了争取更多的外商外来直接投资而在投资激励和税收优惠方面进行竞争。MNE 活动的收益竞争的本质各不相同且并不明显，但各国都必然想要尽可能多地获取税收收入。

比如说，假设国家 B 的公司税要低于国家 A，那么第 17 章讲过的，如果其他条件不变，这将使得 MNE 从原先的国家 A 转移到国家 B，以获得一定税收收入，通过比如操纵产品和服务价格等方式在两国之间进行内部交易。由于税收的减少，国家 A 会将 TPM（转移价格操纵）视为触犯其利益。但另一方面，国家 B 将坚持以获得额外的税收收入。结果很可能是两国之间在收入分配问题上产生摩擦，同时 MNE 处于中间，左右为难。这仅是众多可能发生的例子中的一个，却证明了一个论点：在很多情况下，MNE 与国家之间有关利益的冲突往往掩盖了不同国家之间存在的更多摩擦。就拿刚才那个例子来说，尽管 TPM 可能会使 MNE 受益，但它实际的结果却是导致国家 A 和国家 B 之间利益的再分配。

同样地，母国和东道国之间的冲突也会在外国子公司和母公司的红利收回和资本撤离中呈现。显然，如果一家外国子公司的资产被母国政府没收，却没有适

---

① 它甚至有可能涉及允许政府军使用自己机场的直接同谋。

② 关于对 ATCA 替代方案（包括扩大国际刑事法院对公司的管辖权的可能性）的讨论，可见 Choudhury（2005）。也可见 Muchlinski（2001）。

当赔偿，那么诸如此类的冲突就会发生。对于美国政府来说，伊朗在1979年推翻波斯国王之后的表现和1973年美国MNE——ITT公司对智利政府的政治干扰一样，是一种侮辱。但是，东道国是否有权因为国内经济困难而单方面冻结外商投资者的股息，则是一个更为敏感同时也更难处理的争论。这也许与母国是否具有自身的收支平衡困难并无多大关系。但是倘若母国和东道国均处于相似的经济困境之中呢？那么有关利益的一个直接冲突就会出现，一国也许认为另一国越境行使管辖权。

在许多其他不同的领域，MNE可能成为一个国家制度差异的中转代理，或者甚至是套利工具。比方说，如今有关劳工与环境标准的问题，或有关证券立法、信息揭露、会计程序以及商业运作法则（比如对于行贿和腐败的态度）等方面的问题，这些都是MNE从自身角色出发避免新的冲突而可能不愿告知政府的问题（尤其是文化、意识形态及经济体制存在较大差异的国家）。但是这些问题本身大多与境外管辖权并无关系。

实际上，国家间的某一摩擦一旦消失，另一个新的冲突就会产生。MNE对于区域一体化的反应已对国家政治主权和单边政策效力产生了深刻的影响。产业间贸易与投资的增长、发达国家经济结构的趋同，正在营造国家间新的紧张气氛。此外，随着国家间的贸易和生产与MNE及其跨境子公司的联系日益加强，这些摩擦会变得更加明显。

同时，一些原有的摩擦根源正在重返舞台。过去5年里石油、矿产价格的上升，伴随着一些拉丁美洲国家民族主义的复活，已经促使政府施压要求重新商议之前由MNE主导的合同。比如，委内瑞拉单方面将合同由运营服务协议改为合资经营合同，且政府拥有大部分所有权，同时增加矿区土地使用费及石油公司税收（UNCTAD，2007）。玻利维亚的石油、天然气资源均为国有，包括20世纪90年代私有化的公司（UNCTAD，2006，2007）。在硬矿物的案例中，价格的增长促使秘鲁政府和智利政府对销售额或利润设立新的税种或使用费，南非与津巴布韦也采用类似法律（UNCTAD，2007）。

MNE活动往往带有前后矛盾的特性，它可以同时增进两国关系，也可以疏远两国关系。此外，这在很大程度上也基于MNE面临的OLI优势结构以及对此做出的应对策略。

19.7　结论

然而很少有政府明确表示要将自身影响MNE活动成本与收益的行为融入其整体经济政策中。但事实上，它们已经将外来和对外直接投资以及国内企业单方面投资作为带动经济结构调整与增长的补充手段。

本章首先介绍了东道国对于外来投资的主要反应，解释了此类政策的跨国差异以及其在过去30年的发展，指出了随着不同种类的境内MNE活动被接受，大部分经济体逐渐显现出一个更为重要的特征，即它们已不得不给予一般制度、宏观管理政策以及与 MNE 相关的政策以同等关注。这是必要的，不仅因为世界经济状况的变化及东道国在其中所处的位置，在某种情形下，同样也由于 MNE 在其增值活动中灵活程度的不断提高。

本章同时认为，MNE 的竞争或 O 优势（来自东道国）与国家的 L 优势（来自 MNE），以及双方的机会成本与谈判实力之间的平衡，决定了东道国最终的制度和政策。这一平衡在过去的十年里已发生了改变。在世界经济活动之外，我们认为有必要以一种发展或动态的方式来理解 MNE 与东道国政府之间的关系。尤其是需要了解不同种类的对外与外来投资如何影响投资公司的 O 优势与母国、东道国的 L 优势之间的关系。此外，还需要了解政府影响外来或者对外 MNE 活动的方式（或者精心设计，或者纯粹偶然），以及这种方式是如何形成的。

一国政府在增加或减少市场失灵、重新制定其制度以及影响相关产业的地理集中度等方面的作用同样是决定性的，因为这将同时影响自身资源和能力的 L 优势与国外 MNE 的 O 优势。最后，本章与此前一样，认为有必要从政府发展战略和/或经济结构调整战略的角度并且利用一些资产积累模型，综合考虑这些不同种类的交互影响。

对外和外来直接投资的政策一般基于一种设想形成，即上述两类投资无论是由 MNE 还是国外企业发起，都可替代国内资本。工业化国家经济结构的趋同、资产创造和制度支持对于塑造公司和产业竞争力的作用的重要性的增强、这些资产在不同国境内转移便利性的上升，已不仅改变了全球劳动力分工的本质与模式，也改变了 MNE 对于劳动力分工的作用。外来投资通过提供新的资源、能力和市场以及促进本地资源与能力的更好的利用来发挥作用。对外投资则通过利用他国竞争优势和比较优势，以及获得新市场来发挥作用，而两者都有助于获取并提高投资企业的国内创新机会。

国际直接投资流量与全球经济下国家的竞争力正开始引起对国内宏观组织政策的重新评价。事实上，我们相信，MNE 活动对政府的主要影响——尤其是三联体区域的政府——将促使它们采用系统化政策和战略导向政策。必须要维持一般战略，同时在可能的情况下提高企业竞争力和在全球市场上 L 资源的比较优势。但是，就其本身而言，仅当所有决定经济发展的要素相互融合并调整以适合一个共同目标时，这一战略才可能成功。这意味着财政、环境、教育、产业内贸易以及技术政策都必须以制度和战略来推动。而且针对这些方面，政府必须直接或间接地考虑其竞争对手的政策，考虑其在贸易、迁移和 MNE 活动方面的努力如何影响自身政策的成功。

显然这是一项艰巨的任务，但是这反映了 MNE 和政府方面问题的复杂性。一方面，市场全球化削弱了政府规则。而另一方面，跨境交易的货物与服务只能由市场外机构提供，或者市场提供不够完善，都需要政府更多的介入。正如我们所见的那样，在许多资源丰富的国家中，近年来石油与一些硬矿物价格的上升正影响着政府与 MNE 之间经济租的规模与分配。这笔意外之财是否被用于持续的社会进程或者作为私人财产使用都由政府决定。同时，许多发展中国家正面临着另一重要资源

（即淡水）的短缺，且其大多只能通过政府协商以及 FDI 获取。[1]

此外，一系列非经济问题和社会经济问题进入国家效用和个人效用函数。比如环境、安全、气候变化以及对于下一代的关注等都需要在这个文化、价值观和信仰有所差异的世界里予以考虑。当政府享受着自由贸易与投资所带来的好处时，政府影响 MNE 或被 MNE 影响，其作用是什么？我们认为，各国政府的作用在于通过其政策和机构可以影响 MNE 的活动。同时，21 世纪尚有许多挑战需要超越国别，共同寻求解决方式。这也是第 20 章的主题。

---

[1] 例如，2006 年《人类发展报告》以"透视贫水：权力、贫穷与全球水危机"（*Beyond Scarcity：Power，Poverty and the Global Water Crisis*）为标题（UNDP，2006）。在受影响的国家，严重的水资源短缺将意味着世界贸易和生产的重大变化，因为大量的"虚拟水"要用于农产品和牲畜饲料。

第20章

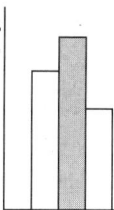

政府与 MNE 行为：多边反应

20.1 引言

在上一章中我们考察了国家政府对与 MNE 相关的行为产生影响或者对其做出反应的一些方式。然而，在 21 世纪初期，我们有越来越多的理由认为，单边活动其自身或许不是最有效的或能够带来最大的产出，尤其是对于母国或东道国而言。这些都与单一国家的政府部门没有能力对抗不同类型的结构性或地方性市场失灵或者由 MNE 活动产生的或与其相关的不受欢迎的社会影响或环境影响有关联。为了克服这种缺陷，国家间的合作是十分必要的。本章就以多国协作的理论和形式为研究主题。

国家政府在应对 MNE 问题上寻求超国家的协作主要出于三个原因。第一个原因源于前者在与后者议价及谈判时处于弱势地位，或者说，国家政府无法充分分享 MNE 创造的价值或者有效地影响 MNE 的行为模式。一种矫正平衡的方式就是一组国家联合起来制定共同的且/或协调的应对 MNE 的政策。另一种方式是尝试建立一种体制以能够更好地监管和/或影响 MNE 及其子公司的目标、战略、行为。

要求建立多边合作的第二个原因在于因跨境市场失灵而引起的潜在的东道国的 L 优势不足以去吸引投资，或者母国的机构与政策阻碍了对外投资。此时，政府间为减少 MNE 活动的不利影响而做出共同努力是十分必要的。

第三个原因是，一个国家的政策可能因为被其他国家的政策抵消而变得无效。东道国（或母国）对 FDI 实行的政策与对母国（东道国）有最大利益的政策之间发生冲突就是这种情况。例如，东道国所要求的对股息红利减免的限制可能与投资国的收支平衡发生冲突。有时，受到不利影响的国家的政府会采取行动使另一个国家的行动失效。然而只有双边或多边的合作才能避免这种冲突。从全球福利的角度来看，政府对 MNE 所采取的"以邻为壑"的投资政策或许也不是最理想的。

接下去的部分主要探讨三个问题——每个问题都需要在经济活动全球化的背景下

被逐一进行重新评估。针对 MNE 和 FDI 的政策主要触及了政治经济学领域的两个核心问题，也就是经济目标与非经济目标之间的预期均衡是什么，以及政府干预与自由市场之间的预期均衡是什么（Cohen，2007）。作为 MNE 的母国和东道国的国家，可以并且也确实从这两个维度采取了不同的立场，使其既反映出本国的文化与意识形态的规范和价值观，又能体现在其经济中的 MNE 子公司的突出作用。其结果是，国家所实施的应对 MNE 的政策和用于实施政策的机构也反映出了这种多样性。事实上，过去的十年见证了在解决 MNE 所产生的问题时由多边回应向以区域为基础的解决方式转移的明显趋势，这种转变也可以被视为全球经济一体化内在复杂性的体现。

20.2　加强东道国谈判实力的多边行动

在与 MNE 进行谈判时，国家或许出于两个原因而处于弱势地位。第一个原因，正如本书中的其他章节所表明的，东道国往往要为了其外国企业和它们自己的 MNE 的增值活动而与他国开展竞争。此外，它们往往还是在高度不完善的市场条件下这样做。事实上，它们采取的宏观经济和/或微观管理政策或许有时会恶化市场条件。只有为减少跨境市场扭曲而作出的共同努力或者为避免无用的国家间竞争而建立的行为规则或指南才能克服这些不足。欧盟对成员国为外来投资者所提供的激励措施的数量和种类进行限制就是一个例子（Ghauri 和 Oxelheim，2003）。

第二，由于前一章中所讨论的原因，即便不存在来自其他国家的对于其资源和能力的竞争，一些东道国在与 MNE 的谈判中仍然处于弱势地位。在极端的情况下，MNE 不仅能够取得从它们的活动中获得的全部经济租，还能够通过它们的优势参与一些组织性或操作性的实践，而这些实践在其他条件下将是无法被接受的。这种政府谈判能力的缺乏可能是由于无知、缺少经验、机构的不完善或者不恰当的政策。或者，它可能反映了 MNE 对其提供的资源和能力或对其所服务的市场所施加的垄断控制。在这些例子中，超国家行为以四种形式出现。我们将依次对其进行简要讨论。

□ 20.2.1　国家间的共同行动

各国采取的第一步可能就是团结起来以加强其与 MNE 的谈判能力，并针对 MNE 活动制定统一的政策。事实上，这已经成为一些包括发展中国家在内的区域一体化计划的目标之一，正如我们将在本章的后面部分所描述的。这些计划不仅能减少 MNE 挑起两国政府间争夺战的可能性，而且如果一个 MNE 试图在一个国家中使用其垄断地位，它会发现这种行为最终会对其在另一个国家的绩效造成不利影响。

这种共同行动将会获得多大的成功取决于一项统一的政策在多大程度上能够比"单独行动"为参与者带来更多的好处。而这一点反过来又依赖于成员国之间达成的协定的形式，以及与国家单独和 MNE 进行谈判的条款和条件相关的分配结果。[①] 而

---

① 因此，一个国家可能会牺牲一些经济租来获取更多数量的外国投资。协调可能意味着从每笔投资中获得更高的经济租，但投资总额下降。

且，国家之间更容易在某些问题上达成一致，而想在所有问题上同时取得共识是不可能的。

例如，在欧盟内部，欧盟委员会不断发布指令来消除障碍以实现内部市场的完善，近年来的出现在服务领域。然而，财政政策仍然只停留在各个成员国的领域中。虽然一些国家并不公开地与其他国家进行竞争以吸引外来国际投资，但区域性援助和其他的诱导措施可以并且已经影响了 MNE 的区位决定。现实中情况很可能是这样的，当一场利益角逐结束时，另一场又开始了。真正的问题在于国家之间的竞争是市场改进力量的体现还是市场扭曲力量的体现。

历史表明，将 MNE 投资的利益向特定国家倾斜的区域一体化协定的经验是混杂的。通常来说，一个协定中较大的和较有实力的成员国往往以牺牲小国利益作为代价而获得好处。[①] 例如，这就导致了 1970 年安地斯地区国家脱离拉美自由贸易区，该自由贸易区中的巴西、墨西哥、阿根廷被认为是 MNE 活动的主要获益者。另一方面，北美自由贸易协定中可观收益由墨西哥获得，而在欧盟内，如爱尔兰、芬兰、奥地利等小国有时比大国获得了更多的利益。

□ 20.2.2　协助国家政府重新评估其国内政策

第二种帮助国家应对 MNE 行为的方式就是教育及对政策制定者的培训，这不仅仅是在经济管理和行政部门，还更有针对性地包括那些根据 MNE 行动来制定宏观经济政策和组织政策的决定者。而后一个任务是 1973 年 UNCTC 所指定的任务之一。在那时，UNCTC 中心和其负责的委员会提供有关 MNE 的信息，并对 MNE（或跨国公司，UNCTC 更倾向于这么称呼）进行调研以及评估 MNE 活动的后果和东道国政府如何最大化由此取得的净收益。1991 年，UNCTC 迁出纽约，并被 UNCTAD 所吸纳。2007 年，UNCTAD 的一个部门——投资、技术与企业发展部（DITE）继续了之前的资料整合与分析的工作，以及帮助发展中国家设计政策以及优化其制度的工作，以使 MNE 内部和外部活动都达到利益最大化。除此之外，它还发表年度的《世界投资报告》，该报告包含了对 MNE 活动最新趋势的考察，并对企业利益这一特定主题作出探索。[②]

在过去的 30 年，联合国下设的很多机构都以两种方式对有关 MNE 的问题给出了建议和指导，比如联合国 MNE 中心（UNCTC）、联合国贸易和发展会议（UNCTAD）、联合国工业发展组织（UNIDO）、国际劳工组织（ILO）、世界银行（the World Bank）和国际货币基金组织（IMF）。第一种方式的形式是就 MNE 相关的特定问题（转移定价、技术转让、商讨酒店合同、限制性的商业惯例、EPZ 的经济、投资激励、JV 管理、环境标准等）召开跨国研讨会，在会上专家和参与者分享有关外来（或对外）直接投资的影响及应对政策方面的知识、经验。第二种方式是派遣顾问或组建顾问团队来考察某一特定国家以帮助有关当局对该国政府所关注的

---

　　① 当然，如果仅考虑经济基本面，没有政策干预，这同样也可能发生。
　　② 例如，2007 年的主题是 MNE 在主要经济部门中的作用，2006 年的主题是发展中国家 MNE 的兴起，而 2005 年的主题是企业研发国际化。

特定问题做出解答。比如国际投资相关法律和法规的准备,技术转让实践规则的制定,根据 MNE 活动而对税收制度进行的调整,以及与国内投资商协商的行政程序。

这种形式的多边行动(前提是所提供的信息是正确的并且给出的建议也是合理的)能够并且已经给东道国带来了相当大的帮助,包括以合意的条件获得资源和能力,并且理性地运用这些资源和能力,以及重新制定它们的宏观经济和组织政策。顺便提一下,值得注意的一点是,在过去 30 多年中,联合国不同机构所做的建议工作的重点已经从只关注提升东道国面临 MNE 时的谈判地位的方法与手段,转向了帮助它们设计合适的经济政策来最大化外来和对外 FDI 的收益。[1]

□ 20.2.3　规范与指南

第三种多边行动可以帮助(或者甚至代替)单边行动的方式是通过引入国际上公认的规范或者指南。这种由来已久的援助方式可能是针对 MNE,或者针对母国和/或东道国而提供的。在两种情形中,这些规范和指南往往都是由国家政府,或者区域性组织(例如,北美自由贸易协定及欧盟)、国际性组织(例如,经济合作与发展组织或联合国)或委员会起草的。美国商会、贸易协会和个体 MNE 也参与专门针对 MNE 的指南的编辑。一般来说规范和指南都是不具备法律强制力的,但对它们的接受意味着企业和政府都愿意按照条款行事,除了它们被认为违背自身经济或政治利益进行经营的情形以外。

规范可以是很笼统的,也可以是很具体的。规范包括了如下的一些问题,比如所有权、技术转让、信息披露、雇佣和培训、劳工标准、税收、竞争与环境等。指南的一个潜在原则就是告知 MNE 哪些问题在东道国是比较敏感的以及鼓励它们以符合其经营所处的经济体的健康发展的方式开展活动。

尽管对 1976 年引入并在 2000 年被修订的针对 MNE 的 OECD 指南的遵守没有对部分 MNE 产生约束力,但成员国依然声明有权利公开恶名昭彰或者屡教不改的违规企业的名单。[2] 在处理与 MNE 相关的问题时,该 OECD 指南也针对政府。特别地,指南强调了政府需要平等地对待本国企业和外国企业,并且遵守契约义务和国际承诺。该指南同样鼓励建立解决争端的国际机制。

关于管理 MNE 行为的最耗资的规范是在过去的二十年一直处于制定中却始终没有得到批准的由 UNCTC 筹备的 MNE 方面的规范。[3] 这项规范与 OECD 指南有些相似,但其影响却更加深远。其计划是至少主要的条款对于所有签约国而言具有法律约束力。但其不像 OECD 指南,更像是 1977 年 ILO 的三方协议,UNCTC 在起草该法规时将发展中国家的利益纳入考虑范围。事实上,这项规范之所以花了如此长的时间来筹备,并且最终失败,是因为在 MNE 的成本与收益问题上,以及条款的措辞选择上存在很大分歧。

从许多方面看,当法规进入商讨时,该项法规的最初论据往往就逐渐消失了。

跨国公司与全球经济(第二版)

---

① Sagafi-Nejad(2007)发表的一份研究讲述了联合国及相关机构就 MNE 相关问题所做工作的历史。

② 这样的"点名批评"过程及其对违规企业可能产生的不良影响,实际上是指南唯一的执行手段。

③ 联合国更倾向于使用跨国公司(TNC)这一命名。

在 20 世纪 70 年代中期和 90 年代，少数的发展中国家设计并实施了相当复杂的正式或非正式制度程序和手段来确保外来直接投资服务于它们的最佳利益，然而，那些可察觉的投资成本与收益——更不用说经济政策——已经调整到了一个在过去看来不能容忍但现在政府却可以接受的程度。换句话说，东道国对 FDI 的预期和 MNE 的跨境战略在 20 世纪 90 年代时已经与 20 世纪 60 年代和 70 年代有所差异了。

在任何情况下，考虑到国家的经济与文化差异以及对引入投资的不同需求和期望，一个通用的 MNE 行为规范是否能够有意义地实施是不确定的。对所有公司都适用的 MNE 运作规范，比如借鉴了《人权宣言》、《里约环境与发展宣言》，《国际劳工组织关于工作中基本原则和权利宣言》的《联合国全球契约》不可避免地非常宽泛，需要行业层面上的解释来增强其操作性。因而，在对特定行业中的企业有怎样的期望以及怎样的实施方法（如果有的话）是合适的这两点上，也就存在了很大的不确定性。①

尽管如此，但当其被理解为针对通常做法的指南时，这些行为规范仍然能够提供有用的信息，尤其是向那些初次投资的外来投资者和中型或小型 MNE 提供关于其自身被赋予了怎样的期望的信息。并且即使大多数大型 MNE 和/或其子公司的行为完全遵守倡导的规范，它们也仍有可能在一些条款与其利益相悖时选择无视其要求。同时，商业代表、政府和 NGO 参与的关于 MNE 规则的谈判会放弃一些有价值的（违背其的代价往往是高昂的！）观点，这些观点是与相关各方对 FDI 的期望有关的。在合资企业中，成功会依赖于目标的角色身份和意识形态，以及合作者之间相互的容忍度和信任度。

□ 20.2.4   一个全新的国际管理结构?

第四种多边行动的方式是设计一个恰当的区域或国际治理机制来为 MNE 的跨境活动设定基本规则以及监视当局政府对这些规则的回应。这些正是自 20 世纪 60 年代以来双边和多边协议所成功完成的工作，尽管在当前的全球经济中这些协议还需要考虑它们将会给 FDI 带来的后果。与贸易相关的市场失灵，特别是 GATT 决意清除或是缩减的国家政府的次优政策，和那些与国际化生产相关的失灵有很大区别。许多国家所强加的 TRIM 和 TRIP 协定就是明证。为保证现代全球经济有一个公平的市场环境，要么需要修改现有的国际化管理体制，要么需要建立新的管理结构。我们将在本章的后面部分对这一问题再次进行讨论。

20.3   共同投资支持或市场促进计划

前面的章节已经定义了一些针对 MNE 而采取的超国家的行动，这些行动对于单边行动来说或许是一种必要的补充，在有些情况下，甚至是替代。

---

① 第 19 章中介绍了实施方法的一个例子，即对美国《外国人侵权请求法》的使用。

在一些例子中，国家政府所面临的问题不是 MNE 活动是否与它们的经济和社会目标相符，而是从一开始是否获得了合适且高质量的 FDI。以此为目的，在什么情况下提供一些超国家支持是合适的？这个问题的答案本质上依赖于一个国家缺少吸引力的原因和导致缺少吸引力的市场不完善程度（可以被某种合作行动所克服）。

我们给出两个例子。研究表明在相对贫穷的发展中国家，吸引 MNE 的主要障碍是不具备一个充满吸引力的商业环境，缺乏国内市场和/或供给能力（Tungodden 等，2005）。在后一种障碍中，最大的限制是缺乏训练有素的劳动力以及交通和通信设施的不完善。在这些实例中，来自国际机构（比如世界银行、欧洲复兴开发银行、亚洲发展银行）的跨国援助和多边贷款是最有可能（并且也是最有用）的多边支持方式。在过去，MNE 帮助提供了这些资源（参见第 6 章）。即使是今天，外国股权投资者协会和私人银行仍在扮演着发展的催化剂角色。除此之外，国际金融公司（IFC）和世界银行共同经营的外国投资咨询服务机构（FIA）的焦点在于通过分辨出那些阻碍 FDI 高产的因素，比如投资环境和相关法律的不足以及行政壁垒，来增加私人投资的水平和影响。

当前面所描述的缺陷与不合理的管理机制及欠发达或过时的制度相混合时，一个国家想要摆脱经济上的低效率和政治上缺乏活力的恶性循环就变得更加困难。这种市场失灵的一个很好的例子就是 20 世纪 70 年代中欧和东欧国家的经济转型。从集体主义经济转向市场导向经济需要高昂的经济和社会成本，不管是集体企业还是个体企业都承受不起。这是因为根本问题源于体制。因此，为了资源重组而新建制度和机构或者升级已有的体制而产生的成本由多边承担是完全合理的。为了避免把这一点随意地应用于任何一个国家，我们必须指出正如每个国家对于一个市场体系的规则和社会后果的接受意愿不同，减少体制性市场失灵的成本收益比在不同国家和地区也是不同的。

很显然，为抵消市场失灵而采取的双边或多边行动的限度和方式取决于市场失灵的程度和形式，修正它的成本与收益以及成本与收益在受市场失灵影响的国家之间的分配方式。为新加坡证券交易所建立一个新的未来市场是一件事；在阿尔巴尼亚引入一个全新的社会会计系统或者在苏联引入一个 IPR 体制则是完全不同的另一件事。此外，有时在向市场导向型的组织提供跨境建议或帮助时要将政治性的、策略性的和社会性的动机从纯粹的经济动机中分离出来是困难的。[1] 最后，一个国家要想根除市场失灵可能只能以牺牲一部分主权为代价，而这一点往往是国家所做不到的。这主要在于政府的取舍。即使像英国这样的工业化国家在 1976 年向 IMF 寻求贷款时，也不得不以在英国经济的宏观经济管理和文化上做出一些改变作为条件。

但是，作为第二个例子，假设 MNE 活动因不可接受的非贸易经济风险而受到限制。当这些风险得不到保障，甚至是还存在一些较大的商业风险（比如说，航空险）以至于通常要卷入来自几个国家的保险公司联盟时，多边投资保险和贸易信贷担保计划，比如说那些由世界银行的多边投资担保机构（MIGA）提供的保险，或许

---

[1]　就像第 10 章中所讨论的，世界银行和国际货币基金组织由于教条主义的"华盛顿共识"（新自由主义的政治经济理论）而一直饱受指责。

是能够减少阻碍 FDI 的完全正当的工具。^① 相似地，一些大型的基础设施资本计划是全部或部分由多边机构或商业银行出资的。例如泛美开发银行和欧洲共同体投资伙伴计划（ECIP）为减少国内外投资障碍、培育开放式投资和体制以及为发展中国家提供补助和贷款而提供了财政支持。

为解决其卷入的一些大型投资计划而造成的不利的社会和环境影响，MIGA 在 1999 年引入了自身的环境评估与披露政策。2007 年，MIGA 提议了一个有关社会和环境可持续性的综合的新政策来提升它的项目的发展性影响。以 IFC 的为发展中国家融资的指南为基础并得到了大多数为发展中国家提供融资的大型金融机构所认可的赤道原则对此进行了补充。然而近些年又出现了新的问题，即像中国国家开发银行这样能够获得大量资金储备的机构正借钱给非洲及其他地区来资助它们的发展计划。例如，至今为止，中国的银行仍没有同意世界银行所认可的借款条件，而且一些遭遇西方借款国禁运或联合抵制的国家也已经开展了一些项目，而这些项目的未来影响是未知的。^②

20.4 区域一体化

20.4.1 引言

在过去的几十年里全球经济最重要的特点之一就是长期的国际间依赖加强的趋势的加速。这种加速通过 20 世纪 90 年代在中东欧的政治和经济巨变、欧洲内部市场的建成以及美国、加拿大和墨西哥的 NAFTA 的启动得到了很好的诠释。事实上，目前（2007 年）多哈贸易谈判的僵局或许可以被视为全球经济已经进入了破坏原有多边秩序的区域主义时代。

经济上相互依赖的性质与形式，随着自发或非自发的参与国的紧密程度的变化而不同。在最低限度上，这种相互依赖意味着两个或者更多国家签署了减少或废除国家间的歧视性的贸易限制的协定。另外一个极端是，这可能意味着国家间政治边界的消除、一个统一的机构的建立和内部的经济政策的统一。沿着分布范围移动，相互依赖的程度对国家和企业之间的劳动力的国际化组织的影响也变得更加重要了。事实上，这两者是紧密相连的，因为人为地对商品、人口、资产和技术的流动施加的障碍的存在阻止了对跨境生产或过程的专业化的收益的正当赚取或者对经济规模和风险扩散的完全掌控。同时，政府或许为了它们自己的利益而希望促进区域一体化——最重要的是，推动产业升级和产业结构调整，包括在合理的范围内改变其所

---

① 这种类型的保险是一个长期的问题，保险公司通常只愿意承保众所周知的政治风险，如征收、战争或货币不可兑换，而投资者则希望更全面的覆盖，包括合同或法规违约风险（这可以看作是商业风险的一部分）。关于风险保险业业内人士的观点，可见 Moran 和 West（2005）。

② "China lends where the World Bank fears to tread"，*Financial Times*，December 8，2006，www.ft.com.

有权。

一个国家或许不仅仅是一个一体化区域的成员国。正如我们已经观察到的，领先工业化国家试图为了全球经济稳定而尽可能地使它们的宏观经济政策更加和谐。现在已有一些特惠的贸易与投资协议存在于不同群体的国家之间（比如英联邦成员国）以及存在于一些发达国家和发展中国家之间。除此之外，跨境商品协议的过剩也会影响协议的内部国家之间以及它们与协议外国家之间的贸易模式，然而这并不必然使得贸易更加自由或者国际市场更加高效。

□ 20.4.2 经济活动的国际配置的决定因素

Adam Smith（1776）是第一批探索经济活动专业化分工优势的经济学家之一。他的分析大多集中于某一场所（比如他著名的生产别针的例子）的一个特定公司内的工作的部门分配。而在工业革命和工厂制度引入之后，经济学家们又继续了这个问题的研究，并且将它应用于公司与部门，以及空间上经济活动的分配领域。众所周知的李嘉图理论，即一国应该生产那些它具备比较优势的商品和服务并将其出口以换取其处于比较劣势的商品和服务的理论，在很长一段时间内解释了跨境商品和服务贸易的原因，至少在市场经济国家之间。

然而，或许值得强调的是，对贸易这样的解释意味着人为设置的壁垒应当根本不存在，或者换句话说，国家之间经济上应该是完全相互依赖的。这再一次地只是一个上述理论的延伸，即为了实现资源配置效率的最大化，在一个国家内应当允许个体和机构自由地从事它们最擅长的工作。[1]

在 Adam Smith、David Ricardo 以及后来的新古典经济学家 Eli Heckscher 和 Bertil Ohlin 的世界里，国际劳动分工应该是完全的，商品和服务也应当在各国间自由流动。然而该理论有一个生产要素完全不流动的假设。正如我们在本书其他地方所指出的，在这样的世界里，MNE 是不能存在的。所以，此时所有的贸易是由在其国内从事增值活动的公司在公平价格下主导的。

另外，值得一提的是，这样的国际劳动分工被认为是完全基于各国的自然禀赋，也就是劳动、土地等及资本。政府被假定不会对这些资源的使用和升级施加影响。技术（包括组织能力）被认为是免费的商品，并且在全球不受国界的限制均可获得。一旦信息和知识进入我们的视线，它们就通过对禀赋的数量与质量产生不同的影响而改变一国的比较优势。然而，在古典和新古典主义理论中，技术从来没有被视为一种稀有的资源。

实践中，这种完全的经济相互依赖从来没有存在过，尽管 19 世纪中期已经比较接近这种状态了。自那以后，各国政府总是在不同时期对中间产品或最终产品的进口施加约束。通常，这都是以关税或非关税壁垒的形式。一般情况下，这都是因为进口国需要一些暂时的保护来促进其动态竞争优势的发展。在 19 世纪，德国、法国和美国都通过实行进口替代策略来建设其本土企业，这与 20 世纪 50 年代和 60 年代

跨国公司与全球经济（第二版）

---

① 顺便提一句，我们应当指出，专业化分工是基于现有的人才和资源能力，而非潜在的人才和资源能力。

的日本和现在的一些发展中国家的行为是一般无二的。[1]

正如第 6 章所显示的，美国的马口铁、餐具、棉线和丝绸行业的发展都要归功于对欧洲进口的关税壁垒，并且在很多情况下，欧洲的直接投资扮演了一个改变跨大西洋经济活动的空间配置的重要角色。这样的进口壁垒在战争期间到达巅峰，在该时期内世界像是一个个被分离和孤立的市场，国际贸易仅仅被限制在那些本国不能经济地提供的商品和服务上。相似地，但由于不同的原因，第二次世界大战刚结束后的那段时期，贸易和投资受到货币流通失衡的限制。然而，在这之后出现了一段相当自由且稳定的经济增长时期。

长期来说，经济活动的国内和国际配置结构是由人力和物力资本及体制改革的步伐、结构和升级决定的。20 世纪见证了很多国家在世界经济中成为生产商并不断成长。在战争年代，例如，印度、埃及、中国和日本挑战了英国诸如棉纺织和造船等行业的绝对地位。今天，一些东亚和拉美的国家在与三联体区域国家进行的提供各种中间产品、商品和服务的竞争中已经胜出，其中一些产品还是由外国子公司所供应的。比如，到 2004 年，据估计这样的外国子公司占了中国 50% 以上的制造业出口（UNCTAD，2005c），同时，在过去的 10 年里，将客服呼叫业务从美国和欧洲外包给低薪的经济体，尤其是印度，已经成为 MNE 行为最显著的形式之一（UNCTAD，2004）。

经济发展同时也强烈地受到政治变化和技术创新的影响。矿物和原材料种类与来源的新发现有时会很大程度地影响到发展中国家的贸易条件。比如，20 世纪早期的石油、矾土、橡胶、锡、合成纤维以及 20 世纪后期出现的轻质钢材、复合材料和聚合物、制陶术、光纤。交通与远程通信技术的新变革也影响了劳动部门的垂直与水平分工。同时，信息与组织技术的进步也鼓励了对全球一体化活动的所有权与控制权的关注。这一点尤其被 FDI 和跨境联盟在产品和服务的全球生产上日益显著的作用和伴随而来的贸易增长所表明。

最后，劳动的国际分工相当依赖于参与国希望卷入这种资源配置模式（主要由市场决定）的程度和形式。大多数国家都基于两个原因对经济的相互依赖表现出反复无常。第一，它们都想要得到更有效的资源配置模式所带来的益处，却不愿放弃经济主权和文化认同，或者面对伴随而来的对社会生活的破坏。[2] 第二，一些国家——尤其是较小的发展中国家——相信市场导向型的国际劳动分工并不总是符合它们的经济利益。它们把这归因于市场（作为资源配置主体）帮助它们在参与劳动分工时克服障碍的失败。这或许部分受国际市场上现有公司（或国家）的稳固地位的影响，也部分由于它们缺乏竞争力因而不能取得经济一体化的全部益处。

□ 20.4.3　MNE 在影响经济活动国际配置中的角色

MNE 活动对国际劳动分工的影响取决于它们在运营所在国中内部化跨境中间产品市场的方式。这种内部化的特征和影响直接通过 MNE 或其子公司来反映，间接

---

①　关于这些政策如何影响经济发展及支撑这种发展的制度，Chang（2002）进行了极好的综述。

②　这些被 Gray 和 Lundan（1994）称为"整合的国家成本"。

通过它们对竞争者、供应商和客户的溢出效应来反映，这已经在之前的章节讨论过了。① 由 MNE 引发的资源质量、效率和部门配置的改变，影响了其所在国的贸易比较优势，并且也很可能对国际（以及国内）的资源配置造成冲击。

导致跨境合作和引发区域一体化的力量之间有很多相似之处。这两种情况都需要以市场无法在被整合的各单位（也就是企业或国家）间有效开展经济活动为前提，因而预期一个统一的管理能克服或降低这一缺陷。然而，MNE 寻求将跨境市场内部化以减少企业间交易成本，但对于国家的区域一体化来说，动机就复杂得多了。除了这些国家也试图降低跨境商务成本外，减少区域内部由政府引发的扭曲或者对其他国家或区域组织提供对抗性的经济或政治力量或许是更重要的原因。

同时，值得一提的是，为了更有效率供应现有市场的 MNE 活动和意图重建国家间空间配置的跨境经营之间的区别。英国为向法国市场供应电镀玻璃而在巴西的投资，美国收购智利的铜矿以及日本银行在荷兰的投资都属于第一种。这样的进口替代和资源导向型投资或许会通过它们对国内生产结构和效率的影响进而影响到劳动的国际分工。

然而，外国和欧洲 MNE 投资的重新组织，或其更好地利用世界其他地方及母国的要素禀赋差异而在北美或东亚的行为重构，直接影响了经济活动的全球配置。MNE 频繁地引领了这样的跨境生产合理化行为。由于 1992 年预期建成欧洲内部市场，以欧盟为基础的 MNE 在重组和加强其在欧盟的经营方面尤其活跃——有时还会与其他 MNE 结成联盟。正如第 14 章所展示的，这带来了 MNE 内部的贸易增长，特别是在一体化区域的子公司之间。同时，公司内部贸易正成为全球贸易的重要组成部分。另外，近年来，还出现了低薪服务和一些研发活动从欧洲、北美、亚洲转移到某些特定的发展中国家的重置（UNCTAD，2004，2005c）。

在探讨区域一体化对 MNE 进入和离开一个一体化区域的影响时，区分它的最初影响和后续效应是很方便的。MNE 的反应、区域一体化对外来和对外直接投资的净效果也依赖于特定的宏观经济成果。

例如，像自 1958 年欧洲共同体②形成及 1990 年达成美国—加拿大自由贸易协议以来，其撤销了关税和非关税壁垒。这种整合的首要结果就是改变了在一体化区域内部和外部区位对一个已有市场进行供应的成本和收益。所以，对比意大利和美国的国产商品，从法国出口到意大利或从加拿大出口到美国的商品的竞争优势会增加。显然，出口增加的程度将取决于转移成本节约的相对重要性、出口企业额外的销售会对生产成本的影响及对最终产品的需求弹性。只要一体化市场外的国家被纳入考虑范围，这种地域影响就会依赖于对外部国家的关税和/或非关税壁垒的数额。如同公司一样，区域内国家也会因为内部壁垒的消失而获益。

我们已经指出这种最初的地域影响（在这里也可以称为贸易转移效应）会以不同的方式影响到国家和部门。它们也会对不同种类的公司产生不同的效果。考虑移除非关税壁垒的情形，去除代表公司固定成本的边境限制，就很可能对中小型企业带来好处。一国采购政策中对位于本国的企业的特惠待遇一旦终止，很显然会对这

---

① 可见本书第 11 章、第 15 章和第 16 章。
② 在英国也被称为欧洲共同市场。

些不具备竞争力的企业造成冲击。那些在一体化区域内已有附加值活动网络或者市场关系以及经销网点的生产商，已经做好了从区域一体化中获益的准备。MNE，尤其是那些已经在追求多中心策略的企业，是最有可能获益的。

然而，从长期来看，一体化的第二层效应对于经济活动的国际配置往往是更重要的。这既源于这些在一体化区域内的国家、部门和公司间活动的结构调整，还源于通过减少生产和交易成本而提高企业的技术效率和规模效应的新机会。鉴于这些收益最终流向了要素的拥有者或者顾客，一体化会引发实际收入的增长、商品收益的进一步开发和生产专业化。同样也可以预期一体化能够鼓励创新和技术进步。它们很可能会提高一体化经济（或部分一体化经济）的潜在增长率，从这个意义上来说，这样的效应是动态的。[①]

大多数有关区域一体化协议的影响方面的实证研究都集中在对贸易流量的影响。然而 Balasubramayan 等（2002）试图通过使用引力模型量化区域一体化对 FDI 的影响，在引力模型中他们评估了被经济自由度指数放大的 GDP、人口与距离等一般性解释变量的显著性。他们发现一旦母国和东道国的经济规模决定了双边 FDI 流量的大小和方向，区域一体化协议在国家截面数据样本中并不会再对这两者起到决定作用。Egger 和 Pfaffermayr（2004a）也使用引力模型考察了欧盟一体化对 FDI 的影响。与之前的截面研究相比，他们使用 3 个时段的双边 FDI 存量数据建立模型，即1986—1992 年、1993—1994 年和 1995 年以后。他们得到了一些预期的效应，但一体化之后的效应就很少了。[②] 他们还发现，只要根据国家经济规模和要素禀赋的不同以及其对贸易和 FDI 造成的阻碍作出补贴，双边投资条款（BIT，后面将进一步讨论）对 1982—1997 年间的 OECD 国家的 FDI 存量的影响就是正向的（Egger 和 Pfaffermayr，2004b）。

□ **20.4.4 区域化的最新努力**

正如我们所注意到的，在 20 世纪 90 年代初期，两个主要的区域一体化计划开始生效，即欧盟内部市场于 1992 年的建成以及美国、加拿大和墨西哥的北美自由贸易协定于 1994 年的达成。20 世纪 90 年代后期则见证了区域一体化扩张方面日渐增加的努力。

在西半球，近年来的一体化努力是在美洲、南方共同市场（包括阿根廷、巴西、巴拉圭和乌拉圭）的基础上，加上玻利维亚和智利作为准会员，拟建一个自由贸易区。其他已建成的区域组织，即加勒比共同体（Caricom）、中美洲共同市场和安第斯共同体（玻利维亚、哥伦比亚、厄瓜多尔、秘鲁和委内瑞拉）则会继续加强成员国之间的联系。除了是 NAFTA 的成员国外，墨西哥还签署了许多双边自由贸易协定（FTA），包括与欧盟（2001 年）和日本（2004 年）的协议。相似地，智利也加

---

① 即因为什么原因，它们会是动态的。

② 有关单一市场计划（SMP）对欧洲 FDI 的水平和结构影响的评估，同样可见 Dunning（1997b，1997c）。该研究结论表明，SMP 帮助提高流向欧洲的 FDI 并导致产业（除最高端的技术密集型产业外）向欠发达的南欧国家的分散。

入了几个自由贸易协定，包括与欧盟（2002 年）、美国（2004 年）、中国（2006 年）和日本（2007 年）的协议。

美国以 1985 年与以色列的自由贸易协定为开端，开始了一系列双边贸易协定的签订，并且在 2000—2008 年，又签署了 10 个新的协议。在亚太地区，这些包括了与澳大利亚、新加坡及韩国的双边协议。在非洲和中东，已缔结的双边协定的对象包括约旦、摩洛哥、巴林，到 2008 年还在商议中的则包括阿曼、阿拉伯联合酋长国以及南非。2005 年美国完成了中美洲自由贸易协定（CAFTA - DR）的签署，其中包括哥斯达黎加、萨尔瓦多、危地马拉、洪都拉斯、尼加拉瓜和多米尼加共和国，并且当时正与巴拿马进行谈判。在南美洲，美国已经与智利、秘鲁和哥伦比亚达成双边自由贸易协定，并且当时正与厄瓜多尔进行协商。[①]

在东半球，区域一体化的努力是由东盟自由贸易区（AFTA）和亚太经合组织（APEC）推进的。但是，区域一体化协定在中国于 2001 年加入 WTO 之前，对于东亚贸易模式的影响甚微，中国的加入促进了双边贸易协定的新一轮谈判，使中国、日本、韩国这样的大型经济体与东南亚国家联盟相连，而不是把这几个大国相连（Baldwin，2006）。在这些联系当中，中国—东盟 FTA 框架协议于 2002 年缔结，计划于 2010 年完成建设，韩国—东盟自由贸易协定（排除泰国）于 2006 年生效，而日本则追求与东南亚四大国（马来西亚、泰国、菲律宾和印度尼西亚）签署双边协定。在美国与韩国 2007 年签署自由贸易协定时，日本表示也有可能寻求与美国签署协议。正如墨西哥和智利，新加坡也与大量国家（包括与美国、智利、日本和韩国）签署了自由贸易协定。

在非洲，到 2004 年，东部和南部非洲共同市场（Comesa）的 20 个成员国中的 11 个发起了一个自由贸易区。2001 年形成的乌干达、肯尼亚和坦桑尼亚之间的东非共同体（EAC）也预期能够为区域内带来更多的 FDI。

2004 年欧盟从 15 个成员国扩展到 25 个成员国，而 2007 年保加利亚和罗马尼亚也加入其中。2005 年，欧盟已经开始与克罗地亚和土耳其就其加入展开谈判，同时原马其顿南斯拉夫共和国被给予了候选国地位，尽管此时其加入还没有提到日程上来。以 1995 年土耳其为开端，欧盟已经与大多数地中海国家达成了双边自由贸易协定，同时它也在推进与南方共同市场、中美洲和安第斯国家、海湾合作委员会、东南亚国家联盟、印度、韩国和俄罗斯建立自由贸易协定。

根据主流教材，比如 Yip（2003）的《全球化策略》（*Total Global Strategy*）中的观点，全球化与地区反应之间的紧张关系是 MNE 面临的核心压力。未来的关注点可能会聚焦跨境，或者在不牺牲销量的前提下可以忽略一些差异，使得 MNE 有可能奉行全球战略以利用全球一体化生产所产生的规模经济和范围经济。然而 Rugaman 和 Verbeke（2004b）提供的数据显示，多数大型 MNE 的销售集中在母国所属区域，在三联体区域中的两个地区取得显著业绩的则很少，在 365 家大型 MNE 中只有 9 家在北美、欧洲和亚洲三个地区的销售上获得了平衡。Dunning 等（2007）利用 FDI 数据基本得到了相似的结论，但他们认为在欧洲之外，MNE 活动有全球化的

---

① 委内瑞拉和玻利维亚由于国内民粹主义左翼政府的重新崛起，缺席了这样的协定。

趋势。

总的来说，这些事实看起来表明全球化价值链或许比获取就制度距离而言大不相同的各国的市场份额更容易（Xu 和 Shenkar，2002）。因调整产品和服务来满足消费者需求以及满足远距离市场的监督要求而作出的投资将会很多，而制度距离增加了在国外开发当地优势的成本。尽管如此，如果 MNE 能在国外培育特定机制及其他竞争力，它就能将这些优势与其 O 优势相结合来获得新市场上的优势。如果 MNE 能够熟练地在国外运用其优势，它或许不必培育新优势就能有效增加其国外销售额，但大多数情况下，这是很难的。

在过去的 30 年里，包括三联体区域国家在内的贸易与投资变得更加区域化而非全球化（Rugman，2005）。例如，在欧洲，只有英国在美国有较大的投资，但英国的主要贸易伙伴仍是欧盟成员国。至于欧洲的其他国家，其欧洲市场远比美国市场更加重要。对于日本，1998 年其 1/3 的 FDI 外流和 40％的出口仍是面向亚洲的其他国家（Rugman，2001：120）。自从中国大陆成为一个主要的制造商以来，中国台湾、新加坡和韩国的亚洲内部 FDI 也大幅增长（UNCTAD，2006）。因此，MNE 的相关交易或许并不在全球与某一地区之间而是在区域与当地之间。

这一点可能意味着区域主义在经济上的真实表现或许也被反映在一个对多边主义的逐渐脱离的过程中。随着 MNE 作为政治角色变得越来越突出，许多 MNE 或许会寻求对区域机制而非多边机制加以利用，并建立自身的影响力。[1]

□ 20.4.5　区域协定和多边体系

只有当签约国能够获取协议外国家获取不到的利益时，一个区域协定才是有益的。那么从定义上，这样的协议是歧视性的。然而一个协议的大多数实际影响依赖于参与国的发展规模与水平以及它们现存的贸易和投资联系的程度和模式。如果一个区域协定推动了那些本不会发生的经济活动，而不仅仅是单纯地将协议外的经济活动转向协议内国家，就被称为贸易和投资创造。

区域协定之间的一体化水平差别很大。FDI 规则被融入区域协定的程度以及它们使 FDI 流量更加自由的可能性也有所不同。事实上，采用不同标准的范围和所缔结协议的绝对数量引发了对于区域一体化协定网络、双边 FTA 和投资条款对全球一体化经济表现出阻碍而不是推动的关注（Bhagwati 等，1998）。

然而其他人指出区域一体化协定的存在是因为它们比多边协定更容易达成，并且前者被认为是多边贸易的补充。正如 Baldwin（1997）所说的，一些分析者将区域自由化（或歧视）看作自由化，而其他人则视为歧视。不同于传统的认为多边过程的失败驱动了区域化的解释[2]，Baldwin 认为多数区域化来自多米诺效应，歧视性壁垒的出现借以引发了加入非成员国的努力。因此在他看来，区域协定不是多边自由化的替代，而是共同培育自由化的行为。

因此，Baldwin（2006）认为与在欧洲、北美和亚洲形成的三个良好的贸易集团

第 20 章

政府与MNE行为：多边反应

---

① 因果关系也可以是反向的，多边主义政府降低利息也会降低 MNE 推行全球性战略的可能性。

② 也可见 Ethier（2004）关于潜在的多边协定的政治经济学考虑。

不同，我们更有可能看到三个模糊而有漏洞的贸易集团。欧盟是三者中制度上整合最好的，另外两个更像双边协定的堆砌。NAFTA 在剩下的两个中相对更好一些，而东亚基本没有在政治或体制上一体化。三个贸易集团是模糊的，因为它们没有清晰界定的边界。而且欧盟是最清晰界定的，但即使在欧盟，其双边协定也仍然使区域更加复杂。美国、加拿大和墨西哥也都有自己的双边协定。然而东亚的三大经济体（中国、日本和韩国）基本没什么联系。这些集团是有漏洞的，因为双边协定网络中还包含一些跨集团的自由贸易协定。

然而，随着制造与服务变得更加全球一体化，支持区域和双边协定的"意大利面条碗"效应的政治力量不得不屈服于对统一性的要求，因为 MNE 会重新考虑它们的区位选择。一个 IT 行业的例子表明了这一点。1996 年 IT 行业内的主要生产国在 WTO 的协助下达成了一个将如电脑、软件、半导体等 IT 产品全球贸易完全自由化的协议。这个协议一经签署，许多小的生产国也纷纷加入以便保护它们在全球市场上的份额。而现在，据估计这一协议已经覆盖了 IT 部门全球贸易的 97%（Bora，2004，转引自 Baldwin，2006）。

判断一个区域协定是否成功还依赖于对它们的预期。例如，如果从区域内部贸易和投资量的增长来判断，Hufbauer 和 Schott（2005）认为 NAFTA 无疑是成功的。但如果从区域内的劳动和环境条件来看，这种成功就要大打折扣了。然而，他们注意到劳动与环境的补充协议，在当时是很超前的，意图增加 NAFTA 的政治吸引力，特别是在美国民主党看来。但事实上其中基本没有能够从根本上改变参与国劳动和环境标准的内容。

正如我们在第 18 章中所讲的，贸易协定或者 MNE 自身经营活动不会改善劳工标准或环境条件，除非是这些条件可以在相对低的成本下得到改变。这些协议能够用于强调某些重要的问题，比如墨西哥边境城镇的环境问题，但这些问题已经形成了几十年。在缺乏墨西哥政府持续的资金支持的情况下，NAFTA 自身很难给出一个满意的解决方法。与此同时，NAFTA 也不太可能引起现行标准的严重退化，即使有一些变化，从长期看，它的影响也是带来环境标准的逐步升级。[1]

除了补充协议，NAFTA 的另外一个值得注意的方面就是其在第 11 章中有关投资者权益保护的条款。尽管其中许多条款与 WTO 下的 TRIM 协议相似，但一个重要的区别就是，在 WTO 下私人投资无权进入争端处理机制，而在 NAFTA 下却是可以的。结果，一些 NGO 关心的一个问题是，一体化下相当于国有化或征用的措施可能导致对管制性征用更广泛的定义，包括由于更高的环境或健康与安全标准的监管对外国投资者带来的损失的可能补偿。更多限制性的语言被自由贸易协定所采用，比如美国—智利和美国—新加坡的自由贸易协定使得 MNE 更难声称环境或健康问题等同于征用。[2]

---

① 关于在全球经济中支持买高价的东西而不是用高价的东西交换廉价东西的情形的原因，见 Vogel（1995）。对于 NAFTA 对墨西哥环境绩效的推拉影响，见 Wisner 和 Epstein（2005）。

② 关于 NAFTA 第 11 章中争议的细节见 Rugman 和 Kirton（1998）以及 Hufbauer 和 Schott（2005）。

20.5 为国际投资设置条件：多边机构的角色

□ 20.5.1 WTO 下投资的相关措施

尽管东道国和 MNE 之间、东道国之间、东道国与母国之间在过去的几十年里出现的对抗性立场逐渐减弱，但 MNE 仍然被普遍认为是因不一致而获利的套利者和政府间对资源、能力、市场的战略竞争的创造者。许多年来，国际政府间组织，比如 WTO 已经设立了有利于商品贸易自由化的条件。不同回合的 GATT 谈判关注了新技术、体制和组织的发展会给贸易和参与国的利益分配带来的影响。

贸易增长不仅由 MNE 带来，而且也由它们组织边界内部带来。多年以来 WTO 处理这些贸易增长的充分性受到了很多分析家的质疑。关贸总协定达成的早期，投资问题与贸易问题是分离的，并且由不同类型的国际投资协定（IIA）管理。[①] 20 世纪 60 年代和 70 年代，欧洲国家发起的双边投资协定数量大幅增长。这些制度工具背后的思想是，由于一般性的政府，特别是发展中国家政府，难以对投资者做出可信承诺，BIT 允许这些承诺在东道国境外进行国际仲裁。[②] 20 世纪 80 年代出现的美国发起的投资协定具有不同的目的，形成于欧洲类似的贸易协定，前者在企业建立前后提供国民待遇，后者仅在企业建立之后提供国民待遇。

BIT 的数量在过去的十年里迅速增长。尽管第一个 BIT 条约要追溯到 1959 年，但大部分是在 1987 年以后达成的。到 2005 年底为止，已经达成了 2 495 个 BIT（其中包括一些已有协议的重新谈判）。这些协议因为 DTT 协议而得到了补充，DTT 协议在同一年达到了 2 758 个（UNCTAD，2006）。当今，大部分 BIT 协议要么是发达国家与发展中国家签订的，要么是两个发展中国家之间签订的。自从 UNCTAD 从十年前开始监督它们的行为，协定中的条款就极大地有利于外国投资者或是经济自由化，2004 年和 2005 年对有关 FDI 的国家政策作出了众多改变（特别是在拉美和非洲），不如以前更有利（UNCTAD，2005c，2006）。然而在 2004 年，包括了发达国家和发展中国家的 20 个国家降低了公司收入税，这可能是由于外来 FDI 的竞争变得日益激烈。

除了 BIT 和 DTT 之外，还达成了许多发达国家与发展中国家或发展中国家之间的自由贸易协定。例如，墨西哥—乌拉圭（2003），智利—中美洲（1999），韩国—智利（2004），新加坡—韩国（2005），新加坡—印度（2005）（UNCTAD，2006）。确实，根据一些评论，由于包含不同条款，不同类型的 IIA 导致了所谓的投资规则"零碎化"问题的出现（见 20.4 节）。

世界银行 ICSID 所处理过的争端案例的分析显示，自 20 世纪 90 年代，案例的

---

① 关于从关贸总协定与布雷顿森林体系开始多边体系的历史以及它们对 MNE 活动的影响的分析见 Brewer 和 Young（2000）。

② 通过在东道国以外向外国投资者提供争端解决，BIT 被认为超越了国民待遇。

数量急剧增长。特别地，2005 年 12 月的 219 起争端中有三分之二是从 2002 年就开始提出的，并且都不是由政府主导的（UNCTAD，2005a）。[①] 此外，争端的部门分配随时间发生了显著变化（Wint，2005）。[②] 例如，在 20 世纪 70 年代和 80 年代，争端集中发生在采掘行业，而到了 20 世纪 90 年代，私人投资引发了基础设施部门争端的显著增加。[③] 的确，关于管制性征用定义的争端有一些担忧，例如，作为封闭论坛中仲裁程序的一个结果，其可能用来改写东道国法律的某些方面。与此同时，正如 Wint 所指出的，案例数量的增加也可以被视为 MNE 与东道国政府之间关系改善的信号以及 MNE 根据双边或多边投资协议来解决争端的承诺。

从 20 世纪 80 年代初期到 90 年代中期的贸易与投资的自由化进程达到顶峰的结果是乌拉圭回合的贸易会谈的达成和 1995 年 WTO 的建立。乌拉圭回合的谈判带来了两个与 FDI 直接相关的协议的签署，分别是 TRIM（与贸易有关的投资措施）和 GATS（服务贸易总协定）。TRIM 协定禁止诸如当地成分、进出口平衡和对 FDI 的外汇平衡需求等性能需求的使用。因为许多服务是不能在空间上转移的，所以外资企业唯一的提供方式就是就地生产。GATS 协定是直接与 MNE 行为相关的，因为它适用于任何提供服务的商业主体。其他同时达成的协定包括了关于知识产权的 TRIP 协定，以及关于补贴和反补贴措施的 SCM 协定，争端解决与贸易政策审议机制。

在 1999 年召开的并见证了全球化抗议者走上街头的"西雅图之战"的 WTO 部长级会议之后，多边体系进入了一个不确定的时期，这持续到 2001 年新一轮的多哈谈判的开始。然而，尽管（或因为）乌拉圭回合达成了一定的协定范围，现在的这一轮谈判面临着多边体系启动以来首次失败的风险。[④] 所谓的"多哈发展回合"已经错过了几个截止期限，并且直到 2007 年 6 月也没有完成，此时谈判贸易协定的白宫"快车道"权力已经到期。

在可能从多哈回合中获利最多或失去最多的发展中国家之中，日益出现一种怀疑，即因为高昂的经济调整成本，WTO 带来的贸易自由化将会减少现在许多发展中国家所享受的特殊照顾，可能对它们不利。同时也存在一些关于谈判将可能降低贸易保护的理论上限的焦虑，但这并没有很大地影响实际已经很低的关税。[⑤] 而且，双边贸易协定的达成，特别是近年来美国的双边协定的扩张可以被视作对多边议程缺少兴趣的表现。

另一方面，诸如欧洲企业家圆桌会议和跨大西洋商务对话的商务集团急切渴望

---

① 该计算包括自 1987 年以来的案件，在 1987 年第一个关于 BIT 的投资者—国家争端被记录了下来。

② 除了 ICSID，由 IIA 产生的纠纷可以在其他各种法庭进行仲裁，包括在联合国国际贸易法委员会（UNCITRAL），以及巴黎的国际商会仲裁院。由于诉讼和裁决不公开，目前仅有很零散的信息可以引导投资者和政策制定者（UNCTAD，2005c：31）。

③ 虽然委内瑞拉和玻利维亚石油部门近年来的国有化及在硬矿物部门一些政府征收的税收和专利使用费的增加都指向一个向早期的回调。

④ WTO 截至 2007 年有 151 个成员国，31 个观察成员国，俄罗斯是协议之外最大规模的经济体，中国是最近几年加入该组织的最引人注目的国家。

⑤ 在《金融时报》（www.ft.com）2005 年 9 月 26 日一封读者来信中，Bhagwati 认为贸易自由化不可能在发展中国家实现所期望的结果，除非它加上实质性的援助以促进该调整，这类似于第二次世界大战后欧洲的马歇尔计划。

完成多哈回合。事实上，MNE 尝试通过游说来影响多边谈判的时间表和谈判内容的行为已经在过去产生了后果，正如在 TRIP 协定的例子中显而易见的那样。

TRIP 协定的前身是世界知识产权组织（WIPO），建立于 1967 年，用来管理版权和工业所有权的相关条约。然而，WIPO 未能带来各标准的协调，当时认为在 WTO 的庇护下带来这种协调，不仅将提供一致的规则，而且能提供之前一直缺乏的争端解决过程。从 WIPO 转换到 WTO 还有一个额外的好处，那就是 IPR 问题能够关联到其他问题的商讨中，例如农业和纺织业。①

根据 Ramamurti（2005），当时是美国的制药公司，特别是辉瑞的 CEO，最充分地认识到在全球范围强化知识产权法律的必要性。起初建立了行业协会，然后发展出一个由 13 家紧密涉及知识产权产品的美国公司构成的知识产权委员会，之后委员会在欧洲和亚洲开始寻找盟友。最终该委员会协同日本经济团体联合会以及欧盟工业和雇主联合会，达成了三方联合。虽然在三方联合中观念上有显著的差异，但这并没有妨碍利用 WTO 在全球经济中带来一个协调的知识产权框架的目标。

MNE 的成就也曾受助于《1988 年美国贸易和竞争法案》的建立，该法案引入了一系列"特别 301 条款"，可以用来给贸易对手施压，从而修正它们的知识产权法，否则会有报复性制裁的风险。结果是，TRIP 协定在乌拉圭回合谈判中的采用开启了一条全球性通向 IPR 的途径。无一例外，专利权的标准期限变为 20 年，并且强制性授权只能在预先定好的条件下实施（Maskus，1998）。如今，美国的 MNE，特别是在制药行业，正在双边协定中率先践行所谓的"TRIPs＋"条款，在该条款中美国已经和新加坡、智利、澳大利亚等国进行了协商。

同时，应该指出的是，对于美国式的知识产权保护，存在来自多方面的反对。在药品专利的问题上（TRIP 协定的原动力），多个发展中国家使用已有的强制性授权条款，在诸如艾滋病传播等引起的公共健康危机等层面挑战专利持有者的权利。在这一点上的先驱有南非、巴西和印度等国的政府，它们最终成功地在关键药品的实质性降价上取得了成功，并且近年来泰国等国家也进行了效仿。由于在制药行业中没有现存的私人利益需要保护，发展中国家通常在创新性私企的花费中强调公众利益。② 另一个有争议的问题涉及开源软件的开发，那些标准应当应用于大量数字媒体的利用和再利用方面，包括视听材料和书籍等。这方面的争论呈现出多样化，涉及盗版和正当使用问题，以及版权所有者和消费者各自的权利。有些欧洲国家采取更加宽容（支持消费者）的立场，例如，主张对数字版权管理技术进行限制。

关于 MNE 运营的最基本的问题是它们涉及的领土范围比政府大。这是被国际法律人士长期承认的事实。1967 年，Ball 提议可建立超国家的权威来执行法律，管理国际公司运营，但是这个提议在当时被认为不切实际。在 21 世纪初期，欧洲《公司法》的演变和欧洲股份公司的建立说明了超国家的立法是可能的。这样的立法的

---

① 出于同样的原因，关于多边环境和劳工标准的讨论主要围绕着将这种条款纳入 WTO 协议，而不是努力建立单一议题的机构，如联合国环境规划署（UNEP）或国际劳工组织（ILO）等机构。

② 例如，关于全球经济中制药专利的复杂问题见 Lanjouw（2002）和 Cullet（2003）。撇开制药专利的道德问题不谈，关于小型生物技术公司群的开放式创新模式的传播对于现有专利制度对行业创新绩效的有效性提出了质疑（Lundan 和 Roijakkers，2006；Weber，2006）。关于差别定价改善全球可用性药物解决方案的研究，见 Vachani 和 Smith（2004）。

先决条件是相关国家的共同利益和收益，以及对于 MNE 经营活动的成本和收益分布的广泛共识。拥有这样的条件以及偶尔缺乏这样的条件塑造了过去两个世纪美国政府和政府体系。这至少部分地被越来越多的包括欧盟在内的国家的广泛认可。然而，等到国家在意识形态、文化、政治框架和经济体制上集中时，Ball 的提议的实用性变得更加有吸引力（Ball，1967）。

然而事实上，在过去的 30 到 40 年大部分国家利益的协调已经通过其他途径进行。我们已经描述了一系列行为规范的演进，这些行为用来在每个主要维度上指导 MNE 的行为，以及政府对 MNE 的责任——尤其是关于国民待遇方面的演进。但是，同样重要的是国家政府对 MNE 的态度的转变，这使得它们重新审查和评估某种对 MNE 超国家管理行为的合意性。

然而，尽管超国家方案可以促进参与国的经济福利，但可能促使国内经济政策收敛或协调的主要因素——包括那些专门针对 MNE 的——是有关国家间"最好实践"的制度和政策的知识传播，以及竞争压力的国际化。

此外，尽管公司仍是市场经济的主要财富创造者，政府在为财富创造提供条件方面不仅是变得越来越重要，并且特质也发生了改变。

这种协作行动不是政府取代或扭曲市场，而是政府干预以确保市场可以有效运作。这不是政府尝试控制 MNE，而是政府试图升级它们的制度以及提高对它们的资源和能力的组织效率，因此，可以在提升国内外 MNE 的共同战略利益的前提下利用它们的竞争优势。

□ 20.5.2　多边投资协定展望

在一个国际商务越来越受 MNE 经营活动驱动的世界，就像国际贸易一样，拥有某个全球认可的国际生产治理框架的想法是很有意义的。事实上，国际投资的 GATT 概念——被称为 GAII 或 GAIC（《国际投资总协定》或《国际公司总协定》）——Kindleberger 和 Goldberg（1970）早在三十多年前就提出了。Wallace（1976）后来重新解释了这个概念，他还提出建立一个国际投资组织（IIO）。在这两个情况中，人们认为超国家的管理机构（其借鉴《国际法》或国际上认可的社会控制的原则）有助于解决 MNE 活动的一些跨国冲突——特别是与税收和转移定价、资本回流、反托拉斯立法、国际收支问题和安全规定有关的冲突。

然而，尽管直观上有吸引力，但谈判失败的历史表明国际生产总协定很难付诸实践。这主要是因为 FDI 与贸易不同，FDI 意味着某个国家的真实存在的公司被另一个国家的公民所有和控制。关于 MNE 及其外国子公司之间的中间产品的交易的规则或指导方针的实施是其一。关于外资生产和 MNE 战略的指导方针和法规的构建是其二。虽然在反倾销、进口控制、出口补贴和会计惯例方面，企业和国家可能相对容易获得广泛共识，但在适当地治理 MNE 相关活动方面达成共识则困难得多。这部分是因为有很多 MNE 或政府行为不透明或难以评估，部分是因为许多投资工具可能是更普遍的经济措施的一些方面。

当主要资本输出国构思 GAII 或 GAIC 的最初想法时，关于国际组织如何影响

MNE 活动的一个截然不同的观点由一些东道国——特别是 20 世纪 60 年代和 70 年代的发展中国家——提出。随着跨国投资在时间流逝中已经变得更重要和更平衡，持有这个观点的声音变得更响亮了。美国（或至少美国部分社区）对此做出了贡献。基本上，人们的看法是，因为它们有能力将资产在世界各地进行转移，MNE 不仅可以规避令人不快的国家政策和控制，也可能通过挑拨国家之间的关系而推进自己的目标。与此同时，政府在追求国民经济和社会目标时可能为了吸引外来投资而进行恶性的相互竞争。所以拥护者认为，这样的行为仅能通过政府间合作或超国家监管的方式妥善解决。然而，任何这样的监管机构面临的一个问题是，如何区分因克服了市场效率损失而有利于全球经济福利的 MNE 行为，和通过结构扭曲或社会不可接受的方式使得大而富的公司或国家的力量变得更强的行为。

紧跟着乌拉圭回合协议的生效，OECD 在 1995 年开展了一项重大的努力。当时 OECD 正首次就《多边投资协定》（MAI）进行谈判。这些协定最终在 1998 年被遗弃了。MAI 失败的原因包括 OECD 论坛的选择，论坛排除了发展中国家——尽管只要协定达成，预计发展中国家就能够遵循协议——并且直觉上谈判是隐秘和排外的。同样也缺乏某些主要参与国的政府层面的兴趣，比如美国和法国，以及某些主要非政府组织的持续反对。对于非政府组织的特别关注主要在仿效《北美自由贸易协定》（NAFTA）的条款起草的协议草案的两个方面。[①] 这些争端解决机制允许私人主体或者政府采取行动且对"征用"进行相对宽泛的定义，这引起了规则会违反政府的环境或安全条例的担心，这可能会对投资价值产生不利影响。

在评估是否应该寻求新的投资协定时，Brewer 和 Young（2000）观察到 MAI 谈判破裂以来，对 FDI 的单边和双边放松限制在世界经济中继续出现[②]，并且在自由化潮流中，为了解决不存在的问题而寻求广泛的涉及许多有争议的问题的多边协定是没有意义的。当然，在某种程度上多边规则将消除任何降低全球产出的剩余扭曲，实施这样的协议是可取的。不过，从美国的角度来看，他们认为达成这样一个协议的成本相当大，而且美国国内商业社区和美国政府方面似乎没有很多支持。无论是公司还是国家都不愿意交出主权，并且由于乌拉圭回合设法达成了 TRIM、GATS 和 TRIP 协议，达成这样一个协定的迫切性降低了。因此，虽然有论据支持多边投资规则，但实现的可能性较低。相反地，关注点很可能仍在持续的贸易自由化和鼓励（国内和国外）投资的政策方面（Young 和 Tavares，2004）。

□ 20.5.3 《京都议定书》的承诺

除了 WTO 的规则和当前适用于管理 MNE 行为的大量的行为规范以外，新世纪初全球关注的一个重点话题是气候变化，其中被特别关注的是各个国家在《京都议定书》中作出的减少温室气体排放的承诺。正如许多其他环境议题一样，气候变化是一个超国家议题，无法在国家内部解决。除了管理的不确定性以外，与气候变化

---

① 例如，参见 Kobrin（1998）和 Robertson（2000）关于全球公民社会的出现和组成，以及参见 Graham（2000）关于 MAI 谈判崩溃的后果。

② 事实上，在过去五年里放松限制在以更快的速度发生着（UNCTAD，2006）。

相关的极端天气事件发生的概率的增加有可能增强了某些商业活动的直接成本（同时也为某些商业活动创造了机会）。① 间接地，当最终所有的生产能力方面的投资需要从能量效率和能源来源两方面进行计算时，这个影响仍然很大。

在 1997 年制定并于 2005 年生效的《京都议定书》中，"附件 B"② 中的国家承诺从 2008 年到 2012 年（即第一个承诺期内）以 1990 年为基年减少 6%～8% 的温室气体的排放。该协定的一个主要特征是机制的灵活性，它允许转型国家和发展中国家通过联合实施（JI）或者清洁发展机制（CDM）来实现减排目标，使得这些国家的减排的单位成本有可能比"附件 B"国家的低。③

《京都议定书》签订后，一些美国 MNE 成立了利益集团来专门对环境和气候变化方面的科学证据制造混淆（Brewer，2004，2005）。但是，当 2001 年政府间气候变化专门委员会（IPCC）发布第三次报告时，否认人类对环境影响的说法渐渐减少，并在 2007 年 IPCC 发布第四次评估报告草稿的时候完全销声匿迹。这份报告显示，过去的半个世纪全球变暖至少 90% 的可能性是由于人类活动导致的温室气体在大气中的累积（IPCC，2007）。

尽管已经在人类影响气候变化的观点上达到了广泛的共识，但是很难获取对影响的可能范围的可靠估计。在英国具有广泛影响的"气候变化经济学的斯特恩评论"（Stern，2006）估计，解决气候问题会在可预计的未来时间之内每年消耗 1% 的 GDP。相应地，如果政府不行动，则有可能每年损失 5% 的 GDP，如果考虑更多风险和影响，则损失可能达到 20%。不出所料，这个结果引起了争议（比如 Nordhaus，2006），并且激起了关于成本效益方面的激烈争论。

欧盟将实施《京都议定书》作为了政治目标，并且于 2005 年引入了欧盟排放交易体系（ETS）。由于美国是唯一没有在《京都议定书》上作出承诺的发达国家，ETS 的实施导致了发电、炼油、制浆造纸等行业的欧洲 MNE 和在欧洲运营的外国子公司与在美国的公司在地位上的不平等。④ 2007 年，欧盟达成协议将其温室气体减排的目标扩展至到 2020 年降低 20%，并且考虑将限制的范围扩展到航空运输和海运。

欧盟计划是以装置为主体的总量管制与排放交易体系，其中每个大的排放国家被发行各自的配额排放。这些配额可以在 EU - 25 中自由地交易，ETS 也连接到源自《京都议定书》下 JI 和 CDM 项目的碳交易市场中。由于欧盟中一些成员国（例如拉脱维亚、爱沙尼亚、捷克共和国和斯洛伐克）减少的温室气体的排放量远远超过所要求的，它们成为市场中可交易排放许可的出售者。⑤

---

① 从统计意义上看，虽然没有单一的天气事件可以与气候变化联系起来，但世界各地越来越多的极端天气事件的发生却被认为是气候变化的表现之一。

② "附件 B 国家"与 1992 年里约会议附件 I 中的发达国家或转型国家相同，除了白俄罗斯和土耳其。

③ 另一种达到京都目标的方式是通过碳吸收，例如，植树造林。

④ 在美国，区域和国家级计划是强制性的，但在联邦一级的政策一直是自愿减排。欲了解更多关于碳市场的发展，参见 Brewer 和 Lundan（2006）。尽管缺乏联邦立法，许多美国 MNE 预期到未来的监管，已经进行自愿减排（Hoffman，2005）。

⑤ 在《京都议定书》之下，欧盟 15 国拥有自己的既定目标和责任分担协议，因此新加入的国家的超额配额不会自动损害目标。

ETS 计划的可行性很大程度上取决于未来的二氧化碳的价格。尽管所有的市场均有制度的支持，但碳交易市场实际上依靠行政干预，这使得与 ETS 有关的不确定性增大。例如，2006 年 5 月关于污染排放许可最初的国家分配太过宽松的新闻出现后，欧洲市场上排放配额的价格从 30 欧元左右跌至 10 欧元。结果，大部分欧洲国家都面临过多配额的情况，使得对于额外碳配额的需求减少。

《京都议定书》下的 CDM 设想是为了通过与"附件 B"国家[①]的企业交换排放配额来促进清洁技术向发展中国家转让。在 CDM 标准项目中，MNE 可以通过 FDI 来转让技术，除了投资的经济方面的回报以外，它们可以通过排放配额的方式获得其他利益。直至 2006 年 5 月，共有 184 个相似的项目在实施。在第一个承诺期的后期，CDM 项目的近期增长率使这些项目的期望值达到接近十亿吨二氧化碳排放的价值。[②] 这几乎等于英国和西班牙的排放量的总和。

在实践中，我们可以区分三种类型的 CDM 交易：CDM 投资（包括直接投资和证券组合投资），远期合同或者未来配额的期权，以及现货市场交易（Arquit Niederberger 和 Saner，2005）。由于碳排放市场的发展的不确定性，很多投资项目都以投资组合的形式而不是直接的资本流动，企业购买能在特定时间提供排放许可的项目的股份。的确，到 2007 年为止大部分的交易都涉及远期合同而不是额外的资本支出。与人们的某些期望不同，在碳排放市场中最活跃的是政府而不是企业。同时，发展中国家政府发起了很多单边的 CDM 项目，主要涉及可再生能源方面，比如风能、生物能等的投资。

《京都议定书》承诺为 MNE 带来的主要挑战在于预期碳配额的可能价格范围，因为价格本身受到新成立的配额市场平稳运行的影响。[③] 如果未来的二氧化碳价格保持一个高位，那么 CDM 投资项目最受青睐，但是如果价格波动较大，则最能控制风险的远期合同和期权会一直是最佳选择。如果跨国企业选择 CDM 投资项目，另一种风险在于证明这种项目的额外性，也就是证明除了有助于减排外还会发生什么。[④]

20.6 结论：走向新的多边治理

MNE 进行合作行动的环境或者作为其全球经营的结果在 21 世纪初与 20 年前是非常不同的。之前，多边行动主要针对抵消欧美国家 MNE 故意扭曲企业所在的东道国的市场、阻止这些国家实现它们的发展目标的能力。由于缺乏议价能力且为了

---

① JI 项目涉及投资到其他"附件 B"国家，但由于相关审批程序的不确定性，到今天为止这样的项目仍然很少。

② 然而，这一数额只有三分之一是由于当前正在进行的 184 个项目，而其余的来自"管道"中的项目。

③ 碳排放额度市场为研究与创造新的超国家机构相关的困难呈现了一个有趣的案例。一项由《金融时报》进行的调查发现了大量违规行为，包括出售不利于减排的排放额度，以及为那些就意义而言不被认为是有"附加值"的活动发行的额度，这些都是因为市场上缺乏验证的稳健系统（"Carbon trading schemes often not so green"，*Financial Times*，April 26，2007，www.ft.com）。

④ 目前还不清楚在 WTO 规则下排放额度是商品还是服务（或都不是），此外，许多发展中国家对环境产品和服务仍然有较高的名义关税保护率（Brewer，2004）。然而，由于多哈回合这些关税降低了。

避免与东道国的外来投资进行恶性竞争，一些超国家行动开始出现。形式可能是两个东道国之间的协议，例如对外来投资者提供相应的激励；也可能是东道国和母国之间的协议，例如减少属地法权和减免股息方面的争端；或者将一个地区或者世界范围内的管理框架当作适用的机制。

无论如何，值得一提的是当时对多边行动的强调加强了国家对 MNE 的控制。国家控制机构控制了太多的经济势力，并且用一种对社会有害的方式使用这种势力。这些目标之间的不一致性以及许多过去为这些目标服务的政府行为现在已经与政府自身利益相悖等问题大部分在讨论中被忽略。

如今，由于本书中已经讨论的很多原因，情形已经今非昔比。世界经济形势的改变，比如跨国经济活动的特征和结构的改变、国家和 MNE 的学习经验的累积以及最重要的经济活动跨境联系的增加，使关注点由跨国企业和国家之间的双边关系转移到它们在促进和保持市场的效率和被社会接纳中的作用上。这预示着 MNE 通过双边或者区域分割方法来影响国家的目标是不明智的。两者之间的互动必须以一个系统的、整体的国际资源分配组织的视角。[①]

在这方面，MNE 和东道国将更加积极和具有建设性地看待彼此的关系。但是，在这个看起来乐观的变化下也有值得警惕的地方，即企业和政府之间的合作并非总是符合公众利益的。例如，企业通过人为地提高竞争者的成本（如非关税壁垒）来鼓励政府参与到战略贸易政策的实施当中，使企业在经济结构变化的潮流中得以受到庇护，而这一点则与减少跨境交易成本和促进健康的国际竞争相悖（Rugman 和 Verbeke，1991）。此外，如果许多政府不修订它们的制度机制和升级行政执行，那么"好"的战略性贸易政策的有效性也是不确定的。

现在，国家的政策和行为与它们所处的国际经济和金融环境之间的关系也越来越受关注。多边行动仍然很必要，并仍然被应用于培育或者规范外资活动。但是，在 21 世纪初，它最主要的推动力是通过保证全球经济秩序来保证 MNE 和其他跨境的活动者最优化它们对国家的体系、能力、竞争的贡献。

为了帮助国际社区达成这些目标，MNE 会发挥积极而有建设性的作用，不仅影响国家和地区之间的地缘政治联盟，也转移制度规范并提供技术和帮助减少制度距离、解决国际市场失灵的组织能力。从这个角度看，包括 MNE 的行为、影响和政府处理的国际促进框架有助于减轻国家之间的摩擦和冲突，促进有益的、可持续的经济增长。

二十年以前，学者们预测了一个增长的超国家体系控制 MNE 行为的时代（Robinson，1983）。由于母国和东道国两者对自身在新兴的全球经济中的定位以及国际直接投资对它们的角色的影响的看法改变了，所以一般意义上这个时代并没有形成。

然而，尽管政府对 MNE 的内容和影响的看法更有建设性，但与产品和市场的全球化有关的特定系统特质仍然值得关注。其中最重要的是 MNE 重置资产和安置生产的难易程度和速度，以及它们面临的跨境寡头垄断策略。除此之外，还与某些

---

① 注意，将 MNE 看作组织跨境增值活动的体系等同于将国际经济看作组织国家经济市场互动的全球系统。

大型国际公司缺乏文化敏感性或者环境意识有关。第 18 章和第 19 章说明了外资活动的这些方面需要政府的严格监控，并非去影响 MNE 的行为，而是决定政府、MNE 和其他全球资本参与者如何协作以提高国家和国际的经济福利。

本章讨论了系统性的市场失灵——特别是跨境的市场失灵——不能被政府行为完全抵消或者补偿，因为不确定性、外部性以及地方经济的规模和范围并不局限于国境之内。在这种情形下，由于相关参与国的成本和收益，国家之间追求的对于跨国投资行为的某些形式的合作行为可能是恰当的，无论对于东道国还是母国。这种国家之间的制度契约的形式可能会由于非正式信息交流、对外资相关事务的看法、有法律约束的协议，以及当接受对于外资活动的通用规则、条例和政策或者结果时在国家主权上的让步而不同。在这些极端之间有很多"软"的制度形式（例如，指南和规范）；其中有些是针对特定行业和国家的，有些是更具一般性的。

过去十年主要的特征是这些努力的方向由调整 MNE 的行为顺应国家和地区的经济目标变为鼓励促进政府和跨国企业积极互动的跨境机制。当被普遍认可且有高效的机构，以及国际结构扭曲和普遍的市场失灵最小化时，这种跨境交互机制最有成效，这个观点越来越受到赞同。只有在这样的条件下，系统和互利的交互机制才能在跨国企业的 O 优势和东道国的 L 优势之间得以实现。[①]

同时，不可否认的是政府间关系，特别是三联体区域中的成员国之间，已经在经济结构集聚的过程中变得更有竞争力，它们的资产和中间产品也变得越来越容易在国际间移动。结果是，如同企业在相同的资源和能力上竞争一样，政府也开始在很多政策相关的领域像战略寡头一样行动，特别是贸易领域。但是也正如在公司部门中一样，寡头之间的竞争可能是有破坏性的，除非"游戏规则"被清晰地定义以及"游戏场地"在合理的水平并且被参与者认可。本章以及前面一章讨论了现存的加工和规范跨境贸易的国际体系可能需要全面的修缮，将生产的全球化和全球企业的行为考虑进去。除非这些被考虑到，否则有效的且被社会接受的全球经济体提供给世界人民的根本福利很可能被严重损害——如果没有全部消失的话。

---

① 对 MNE 和国家从对立转向合作的立场的讨论见 Dunning（1997d）。

第 V 部分

展望未来

该部分仅包括一章，本章的目的是推测未来的 MNE 活动的进程和特征。本章暗示了，在过去的半个世纪中，这种活动的起源和组织形式变得越来越多元化；为了理解它同时代的事物以及可能的未来决定因素和结果，用一种更加跨学科、系统性和制度分析方法来研究 MNE 是非常有必要的。

尽管经济学家和组织学者在分析大型 MNE（依据其有效地组织公司内和公司间组织关系的活动网络的能力）的竞争优势方面取得了进步，但对在司法管制下政府为管理资源和能力而组织全球经济的方式的意义的回顾则相对没有进展。特别地，MNE 的所有形式的跨境关系的急剧增长对于母国政府的政策有何意义？资产寻求型投资而不是资产利用型投资对于东道国的影响是什么？MNE 什么时候倾向于为东道国的制度升级和重构做贡献？本书推断，作为全球市场经济领导者的 MNE 的跨境活动的系统性组织，与区位资产所在的国家政府（在权限内促进它们的经济和社会目标的实现）的系统性组织之间的连接，将会成为 21 世纪早期 IB 学者们卓有成效的研究的热点。

第21章

全球经济中 MNE 的未来

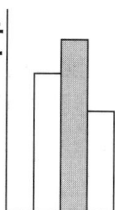

■ 21.1　引言：全球经济演化的五个阶段

在很大程度上，本书采用一种演进的和制度上的方法来解释 MNE 的增值活动以及 MNE 和与之相关的经济体之间的相互关系，并以国际生产的折中理论作为分析框架。这说明，MNE 活动的决定因素以及政策制定者对于其经济和社会影响的反应，是企业的竞争优势或者 O 优势和国家的竞争优势或者 L 优势之间的动态互动以及这种互动的支配和组织方式的基础。

在第 3 章中我们从企业对于不断变化的 OLI 结构的战略反应的角度跟踪了其在国际生产方面的成长及其不断变迁的行业和地理结构。第 3 章、第 7 章和第 8 章利用折中理论来检验 MNE 的组织架构，而第 10 章则引入 IDP 的概念来解释国家在不同的经济发展阶段为了吸引外来直接投资或者产生对外直接投资而不断改变的倾向。

在第Ⅲ部分，我们探寻了 MNE 活动对其经营所在国的更加重要的经济影响。我们认为这些也能够用企业 O 优势和国家 L 禀赋之间的相互作用以及通过分层级的、市场的或者合作的模式来运用跨国界的 O 优势所产生的相关吸引力来解释。我们说明了这样的影响可能是针对特定的国家、部门或者企业的，并且会根据国家的发展阶段以及 MNE 的管理和组织战略而变化。第Ⅳ部分说明了 OLI 范式也可以为理解母国和东道国的反应和其所采用的战略政策及其在过去 20 多年如何变化提供可用的框架。考虑到国际生产的增长和政府对于 MNE 行为的反应，可以将全球经济演化分为五个阶段，每一个阶段根据企业和国家的竞争优势和劣势的不同组合来对其进行区分。下一小节将简要地概括这五个阶段的特征。

□ 21.1.1　第 1 阶段：1914 年以前

从 19 世纪中期到第一次世界大战为第 1 阶段。在这个阶段中，生产和组织形式的变革以及新型运输和能源宣告了多工厂企业的诞生，当从商业或战略角度考虑认为是合适的时，那么这些工厂会偶然性地扩张到国界之外。处于雏形的 MNE，其 O 优势主要源于它们拥有的无形资产而不是内部化跨境市场所带来的可察觉的收益，而国家的 L 优势在于其自然禀赋的结构而不是它们拥有的资产和能力的结构。的确，近年来关于 19 世纪协调大范围的自立式投资的商人群体的研究开始将其视为与现代网络型组织有共性的企业实体的集群，特别是那些在东亚被发现的现代网络型组织。[①]

在大多数情况下，MNE 如同经济殖民者，经常得到母国的协助和支持。东道国对于外来投资很少采取战略举措，或者是由于它们缺乏相应的能力，或者是由于当时的民族国家相比于现在而言通常在影响市场需求和分配资源方面发挥的作用较弱。宗主国通常仅当它有利于促进实现它们的殖民野心时对于对外直接投资有兴趣，尽管 19 世纪 90 年代某些母国的强有力的反垄断立法的制定减少了企业涉足跨境联盟的倾向。[②]

在现代史上，企业初次迁移境外与一系列引领产品和生产方式的创新和商业化的技术进步出现在同一时期，同时出现的还有交通、通信和储存方式的改进。这些反过来又促进了对新材料和能源的搜寻，这些能源和材料是为了满足工业生产需求和日渐富裕的消费者的需求。无论如何，由于供给企业（通常位于发展中国家）在完成合同条款时的意愿或者能力方面存在的不确定性，收购企业常常可以发现将这些市场内部化或亲自投资于中间品生产是必要的。类似地，为了保证产品能被有效地推广，企业进行前向整合，从而进入国外的市场和分销网络。后来，随着生产复杂性的增加和 R&D 成为增值链中重要的环节，制造业企业进行前向整合以减少它们的专利技术被盗版、浪费或者不正当使用的风险。

□ 21.1.2　第 2 阶段：两次世界大战之间

全球经济演化的第 2 阶段从 1918 年开始到第二次世界大战的爆发。这个阶段的特征是美国和欧洲 MNE 的成熟，以及普遍出现的其子公司与其运营所处的经济体的整合。当工业化的东道国向经济独立和保护转变时——并伴随着凯恩斯经济政策的实施，影响增值活动的区位变量发生了显著的变化。该时期的很多 MNE 活动以防御性市场寻求型投资的形式出现。大部分的 MNE 拥有由外国子公司松散组成的联盟，这些联盟为母国连接外国市场做好了基本准备。子公司往往以母公司的缩小版的复制品的定位被设立。

跟第 1 阶段一样，很少有母国或者东道国明确制定针对 MNE 活动的政策。一个针对这段时间的文献的研究[③]揭示，特别是在有管制的货币制度下，当政策制定者注意到这些证券组合资本流动带来的好处和坏处时，他们似乎对流入或者流出的直接

---

① 例如，参见 Jones（2000）及 Jones 和 Khanna（2006）

② 尽管反托拉斯立法主要与串谋行为相关，而不是此类市场结构，但对公司内贸易关系的关注实际上导致了合并和 20 世纪 80 年代的一个兼并浪潮（Chandler，1990）。

③ 例子包括 Keynes（1924），Iversen（1935）和皇家国际事务研究所（1937）。

投资的影响不感兴趣或不关注。

随着 20 世纪 30 年代国际资本市场的崩盘和 FDI 在某些经济体中发挥了越来越重要的作用,尤其是在加拿大和澳大利亚,学者们开始更加关注外国(后来被称为跨国)企业的分支工厂的活动的影响。[①] 同样也是在这一时期,母国通常对于兼并和卡特尔采取相对宽松的态度。这导致了一些企业更愿意建立跨境子公司而不是从事FDI。然而,如同第 1 阶段,MNE 活动的主要收益源于所有权带来的经济租而不是多国性本身带来的经济租。自然资源禀赋以及政府施加的进口限制仍然是经济活动主要的区位决定因素。跨境市场中的结构性扭曲抵消了那个时代的技术和管理优势,严重地阻碍了国际工厂专业化企业内贸易。

□ 21.1.3   第 3 阶段:1945 年到 20 世纪 60 年代末

MNE 活动演进的第 3 阶段从 1945 年到 20 世纪 60 年代末。这段时间美国正处于技术和经济霸权的鼎盛时期,在布雷顿森林会议达成的国际协议在贸易自由化中正发挥巨大的作用。同样地,也是在这段时间里,最初来自美国和英国但是随后来自其他欧洲大陆国家和日本的国际直接投资,成为国际经济中越来越重要的参与形式。这反映了作为企业竞争优势的各式各样的所有权变得越来越重要,也反映了企业在国外利用这些权利的强大压力和动机。[②] 尤其是这些压力和动机反映出潜在进口商缺乏主要投资国家的货币;工业化国家对于矿产、材料和食品的需求迅速增加,特别是那些位于发展中国家的企业;以及为吸引进口替代型投资所提供的激励,特别是由加拿大、澳大利亚和其他一些大型的发展中国家提供的激励。

随着国外生产的重要性的不断加强以及 MNE 子公司数量的不断增加,MNE 的管理理念也从民族中心主义转为多中心主义,许多公司用跨境的功能/产品部门或者区域部门来替代它们的国际部门。与此同时,仅有少数的更大型的高科技 MNE 尝试将它们的外国子公司当作其紧密控制的增值活动网络的一部分,或者充分利用它们在不同经济体或者政治环境中生产时能够降低风险或者套利的优势。这也是凯恩斯经济政策盛行、政府在影响竞争优势方面发挥了更重要的作用的时期(Porter,1990)。在这个时期即将结束的时候,"创新"要素禀赋(比如企业家精神、技术和制度能力)的作用变成了国家 L 吸引力的重要特征,特别是在产业内交易的重要性也正逐渐增加的工业化发达国家之间。

□ 21.1.4   第 4 阶段:从 20 世纪 60 年代后期到 80 年代中期

第 4 阶段从 20 世纪 60 年代后期到 80 年代中期,以使 MNE 整合和控制它们的跨境活动的倾向增加并以更加全球化的态度对待这些活动的一系列事件为主要表现。这个时期的另一个显著特征是欧洲的区域一体化以及亚洲和拉丁美洲的较弱程度的一体化。这使得 MNE 可以在这些地区中合理化它们的增值行为,恢复产品和工厂

---

① 例如,参见 Southard (1931),Marshall 等 (1936) 和 Lewis (1938) 的著作。
② 所有权优势来自拥有特定的创收资产的特权(见第 4 章)。

的专业化以及企业内交易的部分优势。

20世纪60年代末期见证了新的技术发现的产生。但是在这段时间里，人们的兴趣关注点在于加工技术（尤其是自动化和电子计算机化）和通信技术的进步。同时，多年来也出现了贸易壁垒的普遍减少——特别是由连续的关贸总协定的多轮谈判、欧盟和欧洲自由贸易联盟（EFTA）、特惠贸易协定（例如洛美协定）等发起的。发展中国家也帮助建立了拉丁美洲、东非和加勒比等地区的自由贸易区以及20世纪70年代末的亚洲自由贸易区。与此同时，技术和管理创新支持了纵向和横向相关活动的专业化和共同所有权的形成。世界产品授权的理念成型；一些行业的国际采购变得规范化；MNE整合和集中控制生产、营销和创新活动的倾向显著增加。

在此期间，世界政治和经济变得越来越不稳定。1973年的石油危机、汇率波动、许多商品未来供给的不确定性和一些政府对外来直接投资的敌对态度共同加重了跨市场的失灵。与此同时，东亚地区经济的迅速增长和关税联盟或者自由贸易区的建立促进了不同国家和MNE之间的新型国际分工。事实上，只要一部分外国直接投资者——主要在初级产品部门——被迫出让或者部分出让它们的境外资产，那么另一部分投资者——主要在高科技制造和信息密集型服务部门——将迅速投资新的外国全资子公司。

到20世纪80年代中期，大部分发展中国家部分放松了对于外来投资的限制性监管，而这是20世纪70年代初期和中期的一个特征。这主要反映了它们宏观政策上的转变，由进口替代型转向出口导向型或者平衡的增长、不断增加的失业率和经济体的不断降低的增长率[①]，以及/或者政府在与MNE谈判时更好的理解力和专业性。这个阶段的显著特征也表现为：以IB参与外国全资子公司的替代形式的增加以及这些形式在国家、行业和企业之间更明显的异质性。

同样地，也是在这段时期，引导MNE活动的O优势的国际分配在主要的工业经济体之间变得越来越平衡——这是一个最能生动地说明20世纪80年代美国变成世界上最大的外来和对外直接投资者的事实。

□ 21.1.5 第5阶段：20世纪80年代中期至今

全球经济演化的第5阶段，即目前所处的阶段，与前面几个阶段的本质区别在于世界经济和政治情形的一系列重大变化；在于科学和技术的迅猛发展；在于IT和管理方式的一系列巨大进步。在这些变化中，这些事件从根本上改变了生产的结构和组织形式以及企业之间的交易关系。与此同时，MNE越来越意识到自身对于当地供应条件、社会习俗、制度体系和经营所在国的市场进行响应的需求，以及这些条件如何反过来被用于加强它们自身O资源和能力。

这些因素以及MNE对于这些因素的反应同样影响国家竞争优势的结构。先前20世纪80年代末，在大部分的先进工业经济体中，不仅自然要素禀赋在区位吸引力中的重要性下降、设计要素禀赋在吸引外来FDI方面的重要性增加，而且政府通过

---

① 如第13章所解释的一样。

它们的意愿和能力去影响这些禀赋的质量和数量以及禀赋的组织方式的行动也被假设为一个新的重要性。

这些进展不仅导致了公司为保持在全球经济中的创新性和竞争力时而进行的战略重置，也导致了国家为促进国内外企业升级它们的本土资源和能力并根据社会和环境目标更高效地利用它们而进行的宏观组织战略①的重新定制。来自发展中国家的MNE的出现、跨境战略联盟的增长、国家对于把竞争力作为其本身目标的关注度的提升以及企业和地区一体化之间更密切的相互作用都是对这些进展的诠释。

在 21 世纪早期，大型跨国公司发展成为一种完全不同的组织。在跨境的内部和外部关系的系统内，对于生产、制度和交易的部署安排的重要性越来越得到凸显，该系统有可能包含或不包含股权投资，但其目的是服务于它的全球利益。与此同时，新产生的创业 SME 与大型 MNE 的活动互为补充，其中一些 SME 将其与大型 MNE 的关系作为通往全球市场的大门。②

从主要作为遥远的且相互之间或多或少独立的子公司的资本、管理和技术的提供者，接着成为紧密的子公司家族的资源利用方式的协调者，MNE 的决策关系变得与一个更大的独立集团的中枢神经系统类似，但较为不正式的管理活动则主要以推进全球竞争战略和核心组织的地位为目标。它通过三种方式达到这个目的。首先，通过有效地结合它的 O 资源和它从其他企业或者全球市场上得到的资源；其次，通过它的技术、产品和营销策略；最后，通过它与其他企业形成的网络关系的性质和形式。

举例来说，1991 年世界第六大工业企业 IBM 长期被认为是新型跨境组织的引领者。如今，IBM 已经离开了制造业，而转向协调为全球客户提供包括软件和硬件的完整的服务解决方案的网络关系（Palmisano，2006）。在这种新的形式下，IBM 与另一种新兴组织类型，即超国家 MNE，有一些相似之处（Doz 等，2001）。现有的竞争者试图通过大力投资更好的信息系统和知识管理，以重新设计它们已有的组织从而培养全球创新，超国家企业则以不同的开端开始。这些公司的经营的重点在于识别和获取新技术和创新能力，并且把它们变成全球尖端产品并在全球进行营销。成功的超国家企业的经营关键是它们在企业的任何经营环境中获取知识的非常规过程。

正如第 9 章中所呈现的，过去二十年的特征之一是不同国家的大型企业之间的战略的和最优的合资公司数量的迅猛增长。这种联盟建立的目的是减少价值链或供应链的不同阶段活动的交易和生产成本，以及/或者获得互补的资源和能力。其中的一些战略性资产寻求联盟与合资公司和之前战后时期的非股权制度安排（这些往往是为了防御或次优的原因而设立的，例如对东道国政府的监管环境作出回应）在形式、目的和规模方面均存在很大差异。

---

① 我们这里所说的宏观组织战略，是指政府为组织创新以及资源、能力和市场的结构部署而采取的行为，而不是它们的影响和控制。而我们这里所说的微观组织战略，是指政府采取的能影响宏观组织战略的某一特定决定因素的行为（例如，竞争，环境和创新政策）。

② 这些措施包括创业国际企业和所谓的"天生全球型企业"。例如，参见 Oviatt 和 McDougal（1994）以及 Knight 和 Cavusgil（2004）。

新型 MNE 对我们构建关于国际生产的决定因素和影响以及政府对于 MNE 所控制的活动的反应的理论具有几个暗示。首先，它们要求我们重新评价关于企业和市场的性质、功能和边界以及各自的组织形式的看法。第二，它们对于我们对经济活动和市场形式的已有分类的有效性提出了质疑。第三，它们深刻地影响了国际经济活动的结构、所有权和区位。第四，它们要求政府鉴于资源和能力的新态势重新考虑它们的国内经济和宏观组织战略，现在资源和能力——包括一些类型的劳动力——的跨境流动（特别是在 MNE 内部）比之前容易很多。

然而，在进一步对未来公司和国家的竞争优势之间的相互作用进行推测之前，我们希望更加关注有可能带来这些变化的主要变量。大多数读者现在应该对此很熟悉了，因为它们协助塑造了本书的核心范式。

21.2 国际生产的决定因素：重新阐释

在 20 世纪，IB 活动的兴起、发展和结构变化的驱动因素主要有四个。第一，长期来看，最重要的是一系列重要的技术进步和不断升级的人力资本的结合，这个因素直接影响了其他三个因素。这些事件不仅使得一系列我们先人无法想象的新材料、产品和服务成为可能，也极大地影响了资产、产品、人员和理念的组织方式以及空间移动的方式。由于这些进步，全球增值活动的结构以及产品和服务跨境交换的形式有助于使企业的工业和领土边界有所退回，并重新定义和改变了国家的竞争优势。

第二个因素是经济发展的步伐和内容。这可以用很多方式来衡量，但最有效的方式可能是人均 GDP 的变化以及各种各样的社会福利或者人类发展指标。[①] 直到 21世纪，最引人注意的经济和社会成就是日本和几个亚洲发展中国家创造的。韩国、中国台湾、泰国、新加坡、马来西亚和中国香港等国家（和地区）相当于 19 世纪的英国、德国、法国和美国。在 21 世纪初，中国和印度作为 MNE 的母国和东道国而出现，它们连同俄罗斯和巴西高科技部门以及尖端技术的发展正在以前所未有的速度改变着全球经济。

它们的进步正在从根本上影响着国际经济活动的分配以及世界最大规模的企业的地理分布。[②] 此外，崛起的亚洲经济体正在用具有它们特色的商业文化、组织模式和政府与行业之间的关系来塑造新的跨境的科层商业关系及合作商业关系。

第三个因素是政府对于其经济边界的限制的态度以及它们的政策与国际经济事件互相作用的方式。尽管国家在面对这些事务时并没有比原来更加不理性——根据它们想要无成本地获得经济独立的收益而言——但总趋势（大部分依然是由它们无法控制的事件带来的）已经向着而不是远离它们参与生产和贸易的全球化的方向发展。

---

① 例如，世界银行定期发布的《世界发展报告》和联合国开发计划署（UNDP）发布的《人类发展报告》（World Bank，2005；UNDP，2006）。

② 例如，参见 Sauvant（2005）关于巴西、俄罗斯、印度和中国的对外 FDI 的研究。关于 21 世纪世界最大公司不断变化的组成的考察，参见 Franko（2004）以及 Ghemawat 和 Ghadar（2006）。

跨国公司与全球经济（第二版）

贸易和 MNE 活动在世界经济中均比以往任何时候更重要，这是绝对的且适当的。[①] 即使是那些历史上对 FDI 采取了非常严厉的政策的国家，其中最值得一提的是中国和印度，如今其对于外来的和对外的 MNE 活动也均采取了开放的态度。[②] 同样地，中欧和东欧的转轨经济体，例如欧盟中的许多成员国，均凭借自身的实力在国际舞台上扮演重要角色。由于各种原因，无论是否愿意，国家之间在制度结构和经济命运上的相互牵连变得越来越紧密。MNE 由许多国家政府的态度和政策塑造，同时也受到世界经济事件的影响。如果有任何区别的话，就是未来它们似乎可能变得更有影响力。

影响近些年的国际和国内业务的增长和模式的第四个因素是经济活动的组织方式。事实上，这是前三个因素的结果。尽管如此，该因素反映了传统生产和交易模式与当代技术的需求、消费者的经济社会需求的不匹配。如同第 3 章所描述的，历史上工业革命之后的大部分时间里，现货市场仍然是组织企业间以及企业与消费者间的跨境交易的主要形式。

前面所描述的 MNE 活动的演化阶段可以追溯到这四种力量的不断改变的组合以及这四种力量如何反过来影响消费者的品位和愿望、市场结构、企业的所有制和管理、金融资本的供给。

21.3　当代发展

在本节中，我们回顾四个领域的最近发展，即技术进步、经济发展、组织形式和政府的角色，它们均不是完全外生于 MNE 的。所有四个领域之间的相互作用或者增加或者减少了距离成本，即在 MNE 运营的人力和实体环境中其开展跨境经济活动时的成本。

与实体环境相关的成本，包括运输成本、关税和非关税壁垒以及通信成本，在过去二十年来已经出现大幅下降。因此，国际分工的范围和形式也在很大程度上出现了改变。与此同时，与人际关系以及能够影响跨境制度距离的因素有关的交易成本按理说变得更高了。这些是与从事经济活动有关的交易成本，在这些经济活动中，交易主体的目标、观念和制度都非常不同，该交易可能涉及经济关系之外的参与者。

综上所述，除了影响经济活动的范围、形成和分布之外，我们认为这些发生在全球经济中的变化也对 IB 学者提出了相当大的挑战。我们将在本章的最后部分就这一点继续进行讨论。

□ 21.3.1　技术进步

技术的创新和传播是当代经济中几乎每个产品和服务部门的重要因素。即使是没有高科技含量的产品，比如食品、纺织品或者酒店服务，在它们进入市场之前也

---

① 参见第 2 章。
② 虽然近年来在委内瑞拉和玻利维亚采掘行业的国有化与这个大趋势相反（UNCTAD，2007）。

使用了与生产过程或者物流有关的复杂的投入品。在高科技行业，科学和技术是至关重要的，比如 R&D 投入最高的生物技术、航空或者半导体等行业。很多类型的产品中，原材料和劳动力占生产成本的比例已经逐渐减少，而知识等无形资产和品牌的附加值大大增加了。如今，大多数 MNE 的托宾 q 值（公司的市场价值与（有形）资产的重置价值的比例，用于衡量公司无形资产）大于 1，并且可以很容易达到三到五倍之多。

现代革新的进步有两种类型。第一种是那些本质上针对提升生产率的。这包括了一些由于应用范围较广、影响广泛的工业活动而被描述为通用技术的核心技术。例子包括机器人学、纳米技术、生物技术等的进步和更强大的微处理器的发展。与之前的技术不同，这些技术不仅节省劳动力，也节约资本、原材料和能源，并且在使用时更灵活。

新技术的另一个特征是对于它们的有效利用通常要求它们与不同的企业集团所生产或者使用的技术相结合。比如，最新一代的大型商用飞机需要冶金、航空工程和航空电子的综合技术。医学进步越来越基于生物技术而非药理学的应用，而医疗设备的发展得益于计算机成像和激光技术的进步。工厂的设计和施工涉及化学、工程和材料等部门的创新投入。新电信设备应用了碳材料、纤维光学、计算机技术、电子工程、软件开发以及应用程序中的语音识别等最新研究成果。由于最核心的技术的消费和生产通常产生各种外部性，因此特别是那些利用相同的通用技术的公司中的一个或者多个可能通过整合这些分散的活动来获利。

第二种革新进步降低了商业活动的交易成本。通过标准化集装箱和更有效的飞行器的方式将实物产品空运和海运的成本降低使得 20 世纪 70 年代跨境交易急剧增加，尽管高油价和对于气候变化的担忧可能在未来增加这些成本。当代 IT 的进步显著地改变了信息的传输和处理的可行性和成本。20 世纪 90 年代后半期，数字经济的兴起和作为企业内和企业间交易平台的互联网的出现引领了一系列新商业模式对新技术的利用。

书籍和音乐的销售、旅游和房地产等转移活动成为处理信息的新方法。在其他部门中，电子商务的影响没有那么大，但没有产业不被通信和信息获取方式的进步所影响，其正面影响是效率的提升，而负面影响则是价格透明度的提高和竞争的增加。[①] 如今，任何能被转化为二进制的事物均可以被低成本地储存、复制和传输。这些技术使得服务外包得以增长，而服务外包将在可预见的未来继续扩张。[②]

在 2000 年的互联网泡沫之后，一些繁盛时期的实验性商业模型和因特网驱动的第二代技术的消失，使得一些新的工具得以产生，这些工具包括诸如 MySpace 等的社交网站和诸如 YouTube 等的资源分享网站，它们正在全球范围内促进社会网络的形成。虽然第二代基于网络的应用的商业影响仍然是未知的，但是有迹象表明其具有 16.5 亿美元的潜在价值，互联网搜索巨头谷歌在 2006 年 10 月同意支付这个价格来收购 YouTube。

同样在 2006 年，《时代》杂志选择了你——与我们所有人一样——作为他们的

---

① 例如，参见 Petersen 和 Welch（2003）关于电子商务和泡沫破灭影响的评估。

② 新技术发起的反对传统 IPR 保护的支持者的开源运动参见 Weber（2006）。

年度男性或女性人物。这本杂志封面上的反光膜被设计得像一面镜子，意在象征新的通信方式让世界各地的人们来表达自己并寻找志同道合的人进行对话和分享他们的想法。博客的发展，对传统印刷业和广播媒体造成了威胁，而社交网络、数不清的爱好者网页的增加都是这场革命的一部分。当然，除了解决个人非常明确的需求，互联网也让人们空前地接触了各种各样的信息资源。与此同时，同样的设施也允许了与开放社会的正常运转相违背的或者寻求积极破坏这种社会开放性（例如恐怖主义）的思想和信念的传播。

成功地形成和推行这两种技术不仅需要大量的人力和物质资本对其进行有效的开发，也需要区域性的或者全球性的市场来支持技术的商业化。它们同样需要政府可以有力地对其造成影响的先进的教育、交通和通信基础设施的存在。消费者也通过他们对于生产者的需求的种类来优化和/或减少其产品成本，并自身参与技术开发过程，从而发挥他们的作用。

与此同时，公司获取和利用新资源和能力的方式，以及从中产生的增值活动，使其与在相同或不同的工业领域和国家的其他公司的各种股权和非股权关系成为必要。IT 的进步塑造了企业组织这些关系的方式。例如，技术由异质的、隐性的变得标准化、可编码，而且出现了越来越多的将技术的使用外化的诱因。IT 的进步使得供应链的分割成为可能，尤其是跨国境的供应链。

似乎刚刚描述的技术进步的类型对经济活动的区位和所有权的影响并没有比早期的进步的影响更明显。最新的创新活动[①]的国际分布数据表明，虽然大部分创新活动在加拿大、法国、德国、意大利、日本、英国和美国等 7 个主要的工业化国家进行，但是在三联体中也有越来越多的分散的 R&D，也出现了如中国和印度等新的国家作为科研孵化器的拥有者的情形。

各个国家在创建和使用人力和物质资本、提供或使用不同类型的技术时的能力也各不相同。包括日本、德国和新加坡在内的部分国家尤其善于进行在制造业部门的技术创新。比利时、英国和加拿大等其他一些国家长期以来享有某些类型的加工技术的比较优势。有些国家在需要大规模生产技术的制造业产品方面做得更好，有些国家则特别擅长运作弹性生产系统或提供特定产品的专业细分市场。至少在一定程度上，这反映了它们提供技术革新所需的互补资产（例如营销技能）的意愿和能力，也反映了使企业变得富有企业家精神和具有创新性的刺激因素（例如，来自消费者、竞争对手和税收激励）的存在。文化和制度属性、不同种类的投入要素的可用性、企业内和企业间的关系的特点，以及对风险和产品创新的态度，都是同样重要的因素。事实上，技术创新和技术调用的制度框架，特别是公司将其核心资产从其他公司收购的资产结合的方式，越来越被认为是公司自身的重要的竞争优势（Amable，2003）。

在大部分近些年创新活跃的国家（和地区）中，比如韩国、中国台湾、印度和中国，政府针对高等教育和其他 R&D 的基础设施直接投入定向资金。另外一些更加间接但很重要的政府对创新能力的影响，是影响对创新密集型产品的需求或者供

第 21 章

全球经济中 MNE 的未来

---

① 参见第 11 章。

应能力，以及鼓励企业家精神、人力和物质资本的制度结构升级。其包括监管环境、宏观经济政策和微观经济管理、对金融市场和冒险的态度、财政激励和竞争政策。

的确，本土企业的吸收能力，不仅是这些公司的创新能力同时也是从其他来源（包括外国 MNE 子公司）吸收知识的能力的一个重要决定因素。我们已经看到，在微观层面上有很多例子说明技术转让和 MNE 子公司提供的培训和金融支持可以帮助升级本地供应商的能力。然而，与此同时，在宏观层面上生产力的溢出效应和联动效应①的影响程度已经出现巨大变化。一般来说，作为溢出效应的来源方和受益方的企业之间有很多异质性，并且收益效应往往集中在那些拥有足够吸收能力、人力和技术资源的当地企业，使得它们成为 MNE 价值链网络的合作伙伴。

□ 21.3.2 经济发展

UNCTAD（2006）估算出 2005 年全世界对外投资存量高达 106 720 亿美元（以当年价格计算），是 1990 年的 17 230 亿美元的 6 倍。尽管 FDI 只是跨境交易融资活动的组成成分之一，但大部分的增长仍是由 M&A 活动推动的。特别值得注意的是企业 M&A 在服务业中的作用：例如，自 2000 年以来，服务业占企业 M&A 总价值的约三分之二，其中金融服务业占该份额的很大一部分。

从 FDI 的地理格局来看，在 1980 年，12 个发达国家占据了对外直接投资总存量的 94%，前四个国家——美国、英国、联邦德国和荷兰占 73%。在 2005 年以前，前四个投资大国——美国、英国、法国和德国仅占 48%。就投资接受国而言，在过去的十五年里，尽管各地区吸收的 FDI 都有大幅度增长，但投资的流向还是在向发展中国家和处于转型中的国家转变，同时通过避税港进行的投资也有所增长。然而，正如我们之前指出的，发达国家和发展中国家 FDI 存量的一部分增长意味着跨境 M&A 所带来的现有资产所有权的变化，而不是经济活动在地理上的重新分配。

在过去的四十年里，全球经济经历了较大程度的重构。因此，21 世纪早期国家之间的经济联盟与 20 世纪 80 年代有很大不同。当代的全球经济仍然被三联体的三大贸易集团所主导——欧盟、日本领衔的亚洲集团以及北美自由贸易区。这些集团中的每一个成员都有自己地理上的腹地，在腹地内以及腹地之间通常存在着密切的贸易和投资关系。②

如今，这些贸易集团的构成有所改变，并且有些位于三联体腹地内的国家本身已经成为该地区核心的组成部分。欧盟的规模（到 2007 年）已经扩展至 27 个国家，同时俄罗斯（在联盟之外）发挥了越来越重要的作用；在亚洲集团内，中国、印度、中国台湾和韩国加入进来，与日本一同充当核心成员；北美自由贸易区的腹地也在不断扩张，将巴西和智利包含在内。虽然主导 MNE 的地理组成结构可能改变，但是由于越来越多的经济体实现了工业化并且变得更为富裕，产业间贸易和投资（总

---

① 在第 16 章中，我们对累积于与 MNE 无关的企业的溢出效应和包括由 MNE（无论其与当地企业之间是权益关系还是契约关系）进行的蓄意的知识转移的一些元素的联动效应进行了清楚的区分。

② 因此，例如，美国拥有向拉丁美洲国家提供资本、商品和服务的显性比较优势；日本有与东南亚贸易的优势；而英国的腹地延伸到中东和撒哈拉以南的非洲的大部分地区（非亲法者）。

是具有较强的收入弹性）的作用可能会提高。

虽然经济活动各部门对 GDP 的贡献随三联体成员国的不同而不同，每个成员国的产业结构在过去 40 年间趋于融合，在此期间，日本作为主要的经济体而崛起，"美国式和平"取代了 70 多年前的"英国式和平"。技术进步和国家政府的行为都推动了这种局面的形成。

在发达国家和发展中国家中，目前的趋势都是生产者和消费者服务在增值环节中的作用日益变得重要。对于最发达的工业化国家而言，讨论"去工业化"是不成熟的（如果不是误导性的），因为生产者服务业的增长大部分归因于基础部门和制造业部门长期竞争力的提高。此外，产出的构成——无论商品还是服务的产出——在迅速发展的全球经济中变得越来越取决于创造性资产和能力的配置和生产力，而不是自然资源的配置和生产力。在不考虑其他因素的情况下，大多数产品的销售价值中原材料和不熟练劳动力的成本的占比急剧下降，这种情况也证明了这个结论（Drucker，1986）。

由于 MNE 的精髓在于它是一个创造性资产和能力的生产者、组织者、使用者以及传播者，这些方面的发展预期会助推其进一步的成长。当然，大部分还是取决于新的信息经济在多大程度上降低或提高了进入特定市场的壁垒，以及它是否产生其自身的跨境规模经济和范围经济。由于某些距离成本的降低，而且许多 MNE 所产生的价值越来越依赖于它们的无形资产，包括品牌，其可能的外包关系的范围已经出现大幅度扩张。因此，全球经济的进一步"扁平化"可能会导致国家内部和国家之间大量活动的重组。[①]

前面的章节已经列举了 MNE 可能影响发展进程的许多方式。第 10 章引入了 IDP 的概念，并提出在一个国家发展的不同阶段，能够对企业参与对外直接投资或者接受国外企业的投资的倾向产生影响的 OLI 结构都是不同的，并且这至少在某种程度上来说是可预测的。通过结合一个技术积累的演化模型，我们也论证了外来投资和对外投资如何通过对国家制度结构和竞争优势的作用来影响该国企业在全球市场中培养新竞争优势的能力，并影响其受 L 优势制约的资源的结构和效率。

然而，一个有关一些亚洲国家、许多拉美国家和几乎整个撒哈拉以南的领土的经济趋势和外来投资所发挥的作用的比较揭示出相当大的区别。在发展中国家，最发达地区和最不发达的地区的收入水平差距正在扩大。使东亚国家获得成功的条件在大部分其他发展中国家是显著缺乏的。这种现象的部分原因无疑在于后者的外债负担，还有部分原因可能出于它们的地理位置；但我们相信主要是由于这些国家的政府部门无法更新人力资源和建立必要的制度以实现实质性的经济发展。在本章的下一个部分，我们还要继续讨论制度的重要性。

然而，全球经济的主要变化是由于中国的惊人发展，在某种更小的程度上来说，是由于印度的发展。根据 EIU（2006）的预测，在 2010 年以前，外来 FDI 增长超过平均水平的地区包括一些避税港，中欧和东欧，还有东亚的大部分活跃的经济体，包括中国、中国香港、印度、日本和韩国。EIU 也预测墨西哥和俄罗斯将有平均水

---

① 见 Friedman（2006）。

平以上的增长，同时预测出增长显著低于平均水平的国家和地区为澳大利亚、加拿大、意大利和英国，还有中国台湾。

即使如此，Sauvant（2006）指出，尽管 FDI 的增长可能会继续，但这绝不会是必然的。FDI 对外部动因和全球经济中的不确定性因素是敏感的，在 20 世纪 90 年代的"新经济"的驱动下 FDI 实现强势增长，紧接着在网络高速发展和美国恐怖袭击之后出现下降。当时，舆论的"钟摆"已经偏向 FDI 开放度，正如以保护外国投资者为目的的双边投资协定的数目急剧上升所证实的那样。①

尽管如此，即使没有信号表明一场强烈的抵制即将发生，当代全球经济的一些发展也存在着反对经济开放和对外投资的潜在可能性。其中之一是资产累积型 FDI 的增长，这种 FDI 是通过 M&A 实施的，尤其是当收购方的公司是来自像中国或印度这样的新兴经济体时情况更有可能是这样。第 18 章说明了这样的收购以安全为由受到禁止的一些情形。另外一些有争议的投资涉及在国家采掘部门的投资，例如苏丹和几内亚，它们都面临着来自许多世界性组织的制裁。进一步来说，中国和印度这样的新兴经济体对于能源和矿产的需求增长的同时，大多数发达国家正在争论限制化石燃料使用和抑制气候变化相关问题的不同政治措施。在过去五年里，石油和矿石价格的上涨以及在一些拉美国家民族主义的抬头也已经导致了一些政府强烈要求重新协商之前与 MNE 签订的合同（UNCTAD，2007）。

除以上考虑的因素之外，还有私有资产集团日益提高的跨国参与度，这引起了坚决的反对，尤其是在德国，由于残忍地重组公司和裁员，私有资产集团被比喻为一场"蝗虫灾害"。许多服务的外包——包括涉及高级熟练人力的服务——也可能依然是一个具有争议性的话题，尤其在 2008 年美国大选时。② 总而言之，服务业 FDI 和契约式外包的增长暗示着国家内和国家之间经济活动的重大重组将要发生。这样的重新调整将有利于产生更多高技能的工人，而且为了要求政府协调行动来降低负面效应，调整的成本可能会较高。的确，我们赞同 Dani Rodrik 的观点，即全球化经济的风险之一可能正是它的成功，因为这种成功使得成本可能会被忽视。不受管理的开放可能会造成社会动荡，按他的话来说，"全球化依赖于脆弱的社会和政治支柱"，如果全球经济的增长继续以平稳方式进行，其支柱将需要加以强化。③

最后，一个非常大的不确定性因素是与中国的经济和政治发展有关的。几千万甚至几亿的人已经从贫困中被解放出来，但是更多的人仍处于贫困状态。政治参与在中国是受到限制的，如果不断发展的民族主义作为主导意识形态取代了共产主义，中国经济政策和对外政策的结果将不可预测。④ Dollar（2007）证实，与美国之间

---

① 同时，该世界投资促进机构协会在 1995 成立时没有成员国，2006 年 7 月增加到来自 150 个国家的 200 个会员机构（Sauvant，2006）。见第 20 章。

② 虽然我们已经在第 13 章讨论过，但这与几十年前的制造业工作岗位没什么根本不同，除了受服务外包影响的人群往往拥有更高的教育程度，也因此更具有政治影响力外。

③ 当然，只要一国考虑到经济开放的特殊情况，无论是发达国家为应对它们对公民做出的社会承诺的要求，还是发展中国家为追求它们认为最能促进长期增长的产业政策，这种系统总是存在滑向保护主义的危险。（Dani Rodrik，"'The cheerleaders' threat to global trade"，*Financial Times*，March 27，2007，www.ft.com.）

④ Joseph Nye，"The long view on China, political Islam and American power"，*Financial Times*，February 16，2007，www.ft.com.

的贸易不平衡、能源和水资源的匮乏、自然资源的不充分利用、日益严重的不平等和社会的紧张局势是中国面临的主要威胁。他得出结论，我们更可能面对的是一个多极化的世纪，而不是一个亚洲或中国主导的世纪。

在任何情况下，持续的经济增长和稳定的政治的出现似乎都要求紧密的合作，尤其是在中国、美国和欧盟之间。这样的努力可能包括鼓励中国提高其私人消费和公共支出，尤其是通过建立更好的社会安全网络以及提高在教育、健康和环境保护方面的公共支出。同时还需要努力获得所有新兴经济体在气候变化问题上的协作，无论是遵循《京都议定书》还是其他可能被美国拥护的体制。最后，西方国家所选择的对政治伊斯兰回应的方式（包括对待欧洲和美国穆斯林的方式）似乎对世界经济实现和平和繁荣的可能性有着显著影响。

□ 21.3.3　新的组织形式

21世纪初的第三次发展与商业企业的本质和规模的变化有关，尤其是各种形式的MNE联盟和契约式外包的迅速发展。一个企业的边界一度被认为受限于它自身创业的愿景、技术能力、金融资源和组织力量（Penrose，1959）。当企业实现产品多样化或者寻找新市场时，它们经常是基于相信垂直或者水平整合的经济能让它们从中获益。另外，当将所有因素考虑在内时，大部分企业的内部关系被认为是对抗性的、松散的、短期的并且涉及很少（或者完全不涉及）通过一个集体的增值活动对另外的集体产生的控制或影响。

在21世纪早期，情况是非常不同的。即使在一个供应链分割的时代，当企业没有按照所有权进行垂直整合时，确保上游和/或者下游的增值活动以最低的生产和运输成本进行的重要性越来越要求生产者和顾客之间采取更加协作的态度。在一些国家（例如美国和德国），与关系有关的条款被正式地编入一个法律契约中是很常见的。在其他国家，尤其是日本和韩国，尽管约束力与前者不相上下，但这种联系纽带存在的形式可能是交易各方基于自制力、信任、声誉的建立以及对集体价值的忠诚而形成的一个道德惯例。

水平的关系甚至更加多样化。收购、兼并、合资企业是众所周知的，交叉许可协议自本世纪之初也变得常见。然而，资产累积型M&A的范围延伸以及私人资产投资者在跨国活动中日益提高的参与度都是全新的事物。另外一个显著的特征是联盟外企业之间非股权战略联盟的持续增长，这些企业可能彼此之间存在激烈的竞争关系，但是会选择合作，尤其是在R&D活动方面。第9章考察了这些联盟的结构和存在形式，它们是市场和等级制度的混合产物。

除此之外，MNE内部的创造性活动，正如它的R&D支出所体现出来的，正在越来越被外部活动所补充，例如合同研究和R&D联盟（UNVTAD，2005c）。MNE的分公司更倾向于接受竞争性开发和竞争力创造的指令，因为它们的母公司正在试图增加和开发全球竞争优势。在这里，我们可能要提到第8章讨论过的两个新兴的MNE组织形式，分别被命名为"天生全球型"企业和"超国家"企业。尽管这些企业在规模和国际化程度上有很大的不同，但每种企业都完全意识到外包活动的机会以及与其关系网络合伙人一起参与"开放创造"的机会。

在第 5 章我们把现代 MNE 描述为一个国内与跨国增值活动的"协调系统"。这种系统的本质和结构取决于生产的分级成本、市场的交易成本以及生产和交易之间的独立性。MNE 会亲自进行一些增值活动，在其他部分它会与别的企业合作进行。然而，MNE 会试图对所有这些活动施加系统性控制或者影响。同时，任何特定联盟的产生动机和结果都不仅仅是两方的，因为所有的关系都必须考虑到其对发起公司所联结的整个关系网络的影响。

Robertson（1948）曾经把企业描述为无意识合作海洋中有意识的权力岛屿，就像一桶脱脂牛奶里凝结的黄油块。然而，现代的大型企业，尤其是大型的 MNE，并不是位于无意识的合作海洋中的岛屿，除非它与别的企业（岛屿）隔离开来（可以被定义为区别于其他企业）。在岛屿之间是一系列的通过相互的自我利益将彼此联系起来的堤道；这些堤道有助于联结有意识的而不是无意识的合作。

Robertson 的类比从另一角度来说是不完善的，因为它假定企业（岛屿）的规模是固定的并且彼此独立。或许，一个更为恰当的比喻可以从分子生物学中得到。企业就像有机组织一样，虽然是分离的实体，但不可避免地彼此联系在一起，并且联系的性质和强度会影响各自的形式和结构。此外，每个有机体组成和维持生存的方式会影响它的特征和功能，还有它与其他有机体相互作用的意愿和能力，以及它对其他有机体的影响程度。最后，由于有机体是不断变化的，正如它们和其他生命实体的互相影响一样，它们只有通过在一个演化性和系统性的环境中对其逐一进行考察，才会被充分了解。

最后，我们会注意到，由于一个企业活动的边界变得越来越难以界定，传统认知上的竞争性市场架构将需要重新定义。确实，竞争的主要重点将从一个企业可能提供给其顾客的产品组合的种类，转变为其对互补性投入——尤其是多样化的技术和人力资本的投入——进行管理和协调从而生产许多相当多元化的产品的能力。同时，现实情况是企业之间任何合作性的关系也都有可能涉及（不利的）共谋方面的关系。[①] 问题不在于亲密的合作关系是否可能变成共谋行为，而是更好的信息及互补性资源的可获得性带来的效率收益是否比这种关系下的任何共谋性战略更有价值。

□ 21.3.4　政府的角色

最后一个可能决定 MNE 活动未来进展的因素与政府的角色有关。我们早就认为，国家行政部门已经接受了一个事实，即国内社会的经济繁荣取决于世界经济的动态，同样也取决于国家边境上的形势；并且以一种最小化世界经济中的干扰因素、不稳定因素以及结构刚性的方式来协调宏观经济政策和组织性政策是领头工业化国家的兴趣所在。然而，这个合作性的立场与国家政府为了确保它们能维持和提高本土资源和能力而采取的措施是不相悖的。

然而，竞争优势的原理（该原理基于国家之间的要素禀赋是相互补充的而不是

---

① 例如，已经有关于连锁企业董事会信息效率和合谋的不同效果的大量研究。例如，参见 Haunschild 和 Beckman（1998）。

相互竞争的假设而被阐明）可能要求对于整个世界进行一些重新评估——跨境的市场失灵以及关键性资源和能力日益提高的流动性是惯例而不是例外，知识以及企业家精神、组织系统、制度结构以及特定国家的文化价值是一个国家竞争优势架构的重要决定因素。

在 2007 年早期，全球经济在很大程度上被市场经济所统治。然而，在政治右派和左派之间存在着一场持续的争论，主题是关于市场作为一个实现经济重构和经济增长的机制的优势，以及如何以最好的方式解决被市场经济发展推到重要位置的再分配问题。[①] 在这个重新评价的过程中，一些超国家的全球经济制度的合法性以及 MNE 本身的合法性被质疑。同时，应该更加注意最富裕的国家和最贫穷的国家之间不断扩大的收入差距，以及企业—政府和企业—公民社会合作关系对于提出发展和社会公平问题的作用。

在这里，我们认为有三个问题值得强调。第一个是关于政府在帮助创造和维持对提高经济和社会福利有益的制度方面的作用；第二个与政府提高本国相较于其他国家的竞争力的战略有关；第三个与可能需要新的超国家制度的创立来解决的一些全球性问题有关。

制度的重要性

正如本书反复强调的，在经济活动的大部分领域，自然资源和劳动力——尤其是不熟练和半熟练劳动力——占增值活动的比例正在减少。越来越重要的是创造性的能力和竞争力的成本和有效性、交通、沟通、信息辅助型基础设施（缺少此项要素则资产无法被有效利用），以及政府作为一个支持性经济意识形态创造者的作用和一个有效的制度体系。

当所有这些最终变量影响到企业的收益和生产成本时，它们对于外部和内部的企业交易成本和利益会有一个更加深刻的影响。这些交易成本不会被市场自由化减少。这是因为大部分由 MNE 内部化的跨国市场失灵并不是政府强制性扭曲的结果，而是由于市场系统无法在不确定的条件下使得资源的产生和分配实现最优化，以及由于市场力量下决策的作用影响了不参与商品或服务交易的个人和机构。

在第 10 章，我们论证了在当代全球经济中，一个国家对于外国投资者的吸引力正越来越受到制度性基础建设的内容以及质量的影响。这包含了实施法律规则、促进竞争、保护知识产权、鼓励创新和企业家精神以及助推资本市场效率等的正式制度，还包括构成社会化资本与鼓励成员之间相互信任和合作行为的传统、管理和价值观。一个允许开放的政治参与和普遍的生产性资产所有权的政府形式有可能会强化以上这些组成部分。此外，若政府采取有效措施去降低种族或地域隔离的影响并且提供一个合理水平的收入平等和普遍的受教育的机会，那么它更有可能提供一个有利于长期投资的环境。

在制度中，对于使东道国从我们已经提及的外来直接投资中获得利益起关键作用的是其吸收能力。如果没有这些制度，通过提高本土资源和能力的生产力来实现

---

① 由 Lindsey（2007）写的一本书表明，美国战后的繁荣使各种形式的公民权利和个人自由取得重大进步，也导致左右两派的两极分化。政治上的右派接受市场带来的物质福利，却对个人自由增长保持谨慎。政治上的左派则信奉个人自由和权利的扩张，同时对市场沦为传递这些社会变化的侍从保持警惕。

增长就会变得困难，且其不大可能被 FDI 的有利影响所促进。也有证据表明那些实行更加民主的治理的国家在其正式制度的质量方面和维持可能出现在开放经济体中的必然冲击方面都表现得更加稳健。

由于各国沿着各自的发展路径稳步向前，增长的不确定性和技术的变迁将把焦点从物理环境中的控制（最小化波动性和不确定性）转移到控制人文环境方面的尝试。由于交易复杂性的提高，个人的思维模式和信仰系统有可能出现压力，这可能阻碍或者促进一个适合于连续发展阶段的制度结构的演化。如今，无论在公司层面还是在国家层面，制度效力、企业家精神和适应性效率方面的差异倾向于产生经济发展的不同路径。不断增长的交易数目和复杂性对于财富创造活动的范围扩展是必需的，而且是由一个更为复杂的劳动力分类造成的，这种增长引入了需要新形式制度来消除的不确定性。

我们指出，这样的制度有两种基本类型：正式制度如法律、规则和契约，以及非正式制度，如价值观和信仰体系。其中最基本的是保护私有财产和提高契约实施力的正式制度。然而，为了最小化交易成本，也要求有支持性非正式制度的存在，包括信任、自制力和互惠主义，因为这种制度降低了在不可预见的意外情况下发生冲突和重新谈判的可能性。由于各国沿着自身的发展路径前进，既保护协议各方又保护整个社会安全的制度似乎会扮演一个更为关键的角色。这样的制度包括了许多形式的社会规则，包含对雇用和解雇员工的处理，或者环境保护和健康保护的措施，例如碳排放限制或食品安全规则。

随着发展进步所带来的国家政府目标的不断扩张，个人和组织解决集体行动问题的能力以及社会资本在这个方面对它们的要求变得越来越重要。在第 10 章中谈到的社会资本形成要素包括一些公民义务的不同形式以及普遍信任的存在，这种普遍信任本身也可能受到社会经济平等及歧视消除的广泛程度的影响。这样的特征倾向于在拥有民主政府的国家变得更加普遍，虽然民主并不会自动成为社会资本积累或更新的保障。然而，总的来说，在社会资本更为丰富的国家，政府政策更有可能是一致的，并且正式制度更为透明和可信，这使得这些国家成为经济活动的有利区位（Rodrik 等，2002）。若没有这些条件，许多如腐败和政策逆转等的不良管理形式会大量存在，使这些国家维持适应于社会的经济增长变得更加困难。

作为塑造全球经济的主要行动者，MNE 对东道国发出的制度信号做出回应。除自然资源开发部门之外，甚至在世界最贫穷的地区，MNE 的活动都明显在良好的管理下压倒性地进行着，使那些被不平等和不信任所困扰的地区无法享受到这种投资的利益（UNECA，2006）。在宏观层面，能够吸引 MNE 活动很明显不是经济增长的保证。看起来获益最大的国家同时也是有能力优化自身制度的国家，尤其是通过对教育和技术能力的投资（Glaeser 等，2004）。这些国家也已经成功地根据世界市场的需要调整了它们的制度，以便利用外来（和对外）MNE 的活动作为实现经济重组的工具（Ozawa，2003，2005）。

然而，即使在这样的情况下，仍然需要在大学教育方面的更多投资以及毕业后终身学习的前景来确保人们不管身在何方都能够应对以及受益于全球经济的挑战。合适稳健的东道国制度不仅保证了本土劳动力获得全球经济要求的训练和技能，也有助于保证人力资源（对于一个国家按发展路径前进是不可或缺的）的质量和用途的重组是以最低的交易成本以及对全体公民生活的最小干扰下进行的。

作为战略寡头的政府

除了作为制度建立者的角色以外，国家政府还越来越多地采取（或者说正在考虑采取）更加前瞻性的策略来保护和提高本国资源和能力的竞争力。政府也逐渐开始将自身的角色定位为企业全球经济活动所产生的租金（至少一部分租金）的获取者，以及在其他政府所采取的不可接受的经济战略面前充当本国企业的保护者。实际意义上，在被大型一体化 MNE 活动所统治的世界经济中，国家行政部门正在承担着战略性市场垄断供应者的角色。这个角色有时候是微观组织层面的（例如，在战略性税收、贸易、技术以及 FDI 政策方面），有时候则是系统性或宏观组织层面的。

但是，迄今为止，政府对于这个功能以及其对于经济社会政策的大范围影响的明确接受仍局限于相对较少的以亚洲国家为主的团体。基本上，许多西方政府仍然将它们的宏观和微观经济措施限制在以下方面：提供投资许可和针对特定公司、产业或者地区的补贴或财政刺激；提供关于外国市场机会的信息；为一些种类的 R&D 和训练项目提供财务支持或财政补贴；参与国际论坛（例如，WTO，G-8 会议）来确保贸易和外国投资的国际竞争环境尽可能保持平等。有时候，西方国家也会针对被认为违背了它们国家利益而运行的外国企业采取直接的报复性行为，例如，针对出口商的反倾销法规，或者对于外来投资者强制性的绩效要求（如与贸易有关的投资措施）。虽然这些——以及其他许多措施——可能意味着一整套可观的干涉主义措施，这些战略多半是零碎和不协调的，并且意图是实现非常具体的目标而不是提高国家竞争力。

或许，关于一个大国获得竞争力和国际贸易的系统性方法的最著名的案例是日本政府所实践的方法。[①] 在过去的 40 年里，日本政府通过一系列措施积极地且有意识地影响了经济活动的水平、方向和区位。与此同时，政府没有尝试取代市场，而是试图在政府与工业之间的"合作共生"战略下与市场一起实现创新和生产活动结构的高效性和可持续性（Ozawa，1991）。在战后的早期，一直到 20 世纪 60 年代中期，政府干预行为是直接的和无孔不入的。此后，政府干预变得更加间接和更有选择性。甚至直至今天，它仍然主要体现于一个整合的宏观组织战略和一组补充性的制度，并且适应于持续提升本国技术型资产和人力技能以及维持和提高日本企业在全球市场的竞争力。

以战后发展的第一阶段为例，日本集中精力振兴重金属工业和化学工业。然而，这使得日本无法自己生产的各种基础产品的需求大增（例如油和硬矿石）。因此，日本 MNE 的对外投资都是直接指向保证必需的原材料、矿石和能源的可靠及实惠的供应。后来，日本转向生产更少的资源密集型和更多的知识密集型产品。为此，它需要西方国家的技术以及最新的管理和市场技能。然而，相比于通过外来直接投资获取这些资产——正如德国之前的做法——日本选择的获取必要的产品和技术的方

---

① 虽然新加坡和爱尔兰政府的战略目标以及所取得的结果也值得一提。

式是逆向工程、许可证和其他同西方国家企业签订的合作性协议，以及在美国和欧洲培训日本的科学家、工程师、教育家、行政人员和管理者。

虽然日本重组了本国产业，但它没有完全放弃竞争优势正在衰减的部门。相反地，在低利息债务和政府免税政策的支持下，还有来自于日本财阀、银行、日本海外发展公司强力的技术和金融协助，以及通过最早的海外投资保证计划之一，日本企业被驱使将它们的资源密集型以及劳动密集型活动转移到发展中国家。通过这样做，它们实践了 Qzawa 所称的"旧衣服流传"的战略。

在 20 世纪 80 年代，日本投资的重点转向欧洲和美国。这也是日本跨国企业的一个刻意性战略，虽然它们是受西方的保护主义以及与日本的主要竞争国之间增长的贸易顺差的驱使。日本的发展战略变得越全面，它就越会准备向本国企业和发展中国家提供援手来推进这个战略。日本也鼓励在发展中国家的对外 FDI，无论是将其作为对劳动密集型制造品的采购基地，还是作为向希望减少日本进口品的欧美市场提供的进入点。

众所周知，在 20 世纪 90 年代之前，日本经济"奇迹"以投机的房地产市场的崩溃而告终，造成了长达十年的衰退和增长停滞。这导致了大范围的国内重构以及现有制度结构的适用性问题，包括透明度的缺乏和权贵资本主义方面的问题（Ozawa，2003）。然而，在 21 世纪中期，从衰退中崛起以后，日本开始采取措施吸引更多的外来投资，包括引入长期以来被认为与日本市场不相容的允许进行 M&A 活动的法规。但是，鉴于我们的研究目的，特别有趣的是，这个阶段的日本也在积极寻求机会去模仿一些外国的制度实践——尤其是美国——并且这种做法的转换机制就是外来 FDI（Ozawa，2005）。

日本的案例也非常有趣，因为它与 21 世纪初最活跃的经济体（即中国）有一些相似性。然而，相较于日本早期的被对外投资所驱动的战后的经济增长，中国 1979—2005 年间发展的主要动力是外来投资。现在的中国政府正积极地鼓励对外投资，尤其是企业进行的资源寻求型或资产寻求型并购活动。然而，撇开这些差别，这两个国家都积累了大量的经常账户盈余，这在政治上来说是敏感的，如果西方工业化国家都没有打算允许日本和中国生产者得到它们的市场、自然资源、技术和教育上的便利，那么这种"奇迹"就不可能发生或不可能这么快发生。

超国家问题和解决措施

最后，我们提出了全球经济的可持续增长所面临的一些主要挑战，这些挑战可能需要广泛的国际合作，并且几乎肯定需要大部分主要超国家制度的重新配置。这些问题涉及以下几个方面：全球金融不平衡、贫困和气候变化，以及一系列其他的受到一个或更多因素影响的问题，例如艾滋病、水资源短缺和恐怖主义。[①]

对于日益增长的全球不平衡，无论 MNE 可能或不可能在这种不平衡的积累和地理概况上起作用，它们在任何物质的方面都没有义务寻找一个解决措施。全球化的一个不可避免的结果，以及与它关联的不可预测的和影响深远的技术、环境和社会变化就是，它造成了国际经济中更大的经济和金融不稳定。开放经济在其他市场

---

① 在某些时刻，禽流感的传播可能需要广泛的全球合作，但与我们拥有的关于其他问题的知识无关。

产生的这种不稳定性的影响下是脆弱的，然而包含了投资和贸易的国际交易充当了将冲击从一个经济体传递到另一个经济体的渠道。如果这样的冲击相较于国内经济规模是很小的，并且该经济体享有一套稳健的经济和金融制度，向全球活动开放的成本有可能在更大程度上被收益抵消（Gray 和 Dilyard，2005）。

然而，无论这些条件是否以及何时被满足，金融整合和资本流动管制的取消可能变成不稳定性的主要来源，正如从 20 世纪 90 年代中期和晚期发生在俄罗斯、拉美和东亚的金融危机中所看到的那样。为了获得成功，任何自由化贸易和投资管理制度必须依赖于全球经济金融制度的效力和强度，以及它们应对不可预见的阻力的能力。近年来，全球不平衡的加剧（包括但不限于美国贸易逆差的规模、美元在世界经济中的地位以及美国增长的国际债务）引起了对全球经济下滑甚至是紧急着陆的前景的担忧。这种情况的解决措施只能从主要经济体之间更紧密的协作中寻找，包括像中国这样的新兴经济体。

在贫困问题上，至少在千年发展目标的达成方面取得了一些进步。[1] 根据 Chen 和 Ravallion（2007）的研究，发展中国家绝对贫困人口的百分比在 1981—2004 年间有所下降。然而，在减少贫困人口总数方面成败参半，中国以外的国家仅有很少的或是几乎没有任何持续性进展。[2]

为了解决我们这个时代最重要的问题，一些学者，例如 Lodge 和 Wilson（2006），对新超国家制度的建立展开了争论。通过建立新的超国家制度，MNE、国家政府和其他超国家实体可能合作来减缓贫困，并且提高彼此的经济和社会合理性。为了实现这些目标，作者建议成立一个新的非营利组织——世界发展公司——用他们的话来说就是"利用一流全球型公司的技能、能力和资源去减少贫困和提高发展中国家的生活水平"。这个公司可以在联合国的支持下由主导的 MNE 代表来组织和管理。在对具有商业利益的项目的鉴定和简化过程中，它将与其他国家发展机构及民众社会组织密切合作。

正如我们在第 18 章中讨论的，其他学者提出，通过把注意力集中在"金字塔底层"的市场，MNE 可以通过提高贫困群体的购买力在缓解贫困方面发挥积极的作用。同时，另一些人非常有说服力地争论道，让贫困人口成为生产者而不是消费者可能会被证实是一个更富有成效的长期战略（Karnani，2007）。

我们相信，公司的主要责任是以一种在最大限度上满足它们所处社会的目标的方式来从事增值活动以及与之相关的交易。正如我们已经指出的，这些目标可能延伸到超越物质财富的利润创造，并且包括了一系列值得完成的社会目标，例如保护环境或改善贫困。另一方面，如果存在着对廉价消费品的大量需求，以及对社会绩效的极少的实际需求，MNE 活动可能也会反映这个平衡。此外，即使在 MNE 可能从一种社会责任的角度来采取行动的情况下，处理诸如环境保护、安全、劳工标准

---

① "联合国千年发展目标" 2015 年的八个目标是：消灭极端贫困和饥饿，普及小学教育，促进两性平等并赋予妇女权力，降低儿童死亡率，改善产妇保健，对抗艾滋病病毒以及其他疾病，确保环境的可持续能力，全球合作促进发展。

② 贫穷的定义、其原因和解决办法在经济学家中仍然是一个很有争议（且不说混乱和矛盾）的问题。在这个问题上关于普遍接受的看法的一个优秀评论，参见 Harrison（2007）。

或人权等问题都不是它们的首要责任。近年来，有人也许会认为太多的努力致力于自愿行动以及市场提供解决方案的能力上，尽管政治上的努力已经遭遇失败。到目前为止的证据表明，MNE 解决当今社会主要问题的能力是有限的，并且这样的努力决定性地依赖于外部市场制度的存在及其质量。[①]

例如，MNE 能够并且确实将先进的和更清洁的工业技术转移到发展中国家。然而，即使有了改进的技术，工业产量的不断增加和经济增长几乎会不可避免地造成更高绝对水平的污染。此外，由于与 MNE 造成的工业污染有关，环境质量至少是一个关于如何处理当地资源（包括当地企业）带来的废弃物、水污染和空气污染以及交通带来的污染的问题。在发展中国家，有关自给农业、非法采伐、火炉烟尘以及开荒的问题形成了环境问题和健康问题。这些问题是贫穷的直接后果，在某些情况下是不良管理的直接后果，并且它们不可能通过 MNE 的存在得到缓解。

使用童工、过多的工作时间以及对健康和安全标准的重视不足，都是由贫困和 Sen（1999）描述的实质性自由的缺乏造成的。虽然运动用品、纺织和家具部门的许多 MNE 在它们国外的分公司创立了最好的惯例标准，但是它们大部分的供应商不在它们的所有权影响范围之内，即使是顶尖的 MNE 也承认它们无法有效地监控整个生产链。[②] 与当地政府的公私合作伙伴关系又一次提供了一个提高标准的有希望的途径，但是前提是当地政府已经有了适当的政策，并且能够着手处理这些问题和其潜在的动机。

在第 19 章，我们考察了对 MNE 侵犯人权提起诉讼时对于美国《外国人侵权索赔法》（简称 ATCA）的使用。虽然它是少数可用的方法之一，但 ATCA 可能并不是试图给全球经济中的可接受行为设立限制的最好方法。我们认同 Kobrin（2005）的说法，即一旦一个企业的责任延伸至超越了其对股东的责任，就不可能由企业自身来定义其更广的边界，而是在整个社会的职责范围之内。联合国和 OECD 所公布的指南在一定程度上将这种责任的内容和范围相互连接起来。

实际上，21 世纪的许多挑战需要以一个超国家的途径来寻找解决方式。在帮助国际社会达到这些目标时，MNE 可能并且经常会扮演一个积极的和有建设性的角色，这个角色部分是通过影响国家和地区间的地理结盟而实现的，部分则是由于转移了最佳实践的制度标准和组织能力，这些制度标准和组织能力可能有助于缩短物理距离和克服国际市场失灵。从这个角度来看，一个使 MNE 行为的关键方面以及它们的国民待遇原则和谐化的国际促进型构架可能有助于减少国家间的摩擦和冲突，也有助于鼓励有益的和可持续的经济增长。

学者们曾预测了一个超国家制度对 MNE 行为的控制不断增加的时代（Robinson，1983）。在过去的大部分时间里，该预测没有成为现实。这主要是因为母国和东道国对它们在新兴的全球经济中代表性角色的态度以及对于国际直接投资影响这种角色的方式的态度发生了转变。

本书表明系统性市场失灵——尤其是跨境市场失灵——不可能总会由于国家行

---

① 参见 Boddewyn（2003）在不同的社会科学学科对额外市场（非市场）制度意义的讨论。

② 当然，这是一个意愿和能力的问题，因为至于为什么契约关系不能把社会规定包含进去，没有根本原因。

政部门的行为而被完全中和或者弥补，因为等级制度活动中，地方性经济的不确定性、外部性以及规模和范围是不存在国界上的差异的。在这样的情况下，依照参与国的成本和收益，由东道国或母国（或两者兼有）对 MNE 活动采取某种合作行动是非常合理的。这种国家之间制度性合作关系的形式可能在关于 MNE 相关事务的信息和观点的非正式交换方面，以及有法律约束力的协议方面和接受针对或归因于 MNE 活动的一套共同的规则、管制与政策时国家主权的废除等方面都存在差异。在这些极端条件之间，有一系列"软"制度形式（例如指南和规范），其中有一些是针对特定工业或国家的，而其他的在本质上则更为通用。

碳排放额度的市场呈现出一个关于新超国家制度的创立和运行方面的困难的有趣的案例研究。除了由 ETS 许可的发起和过度宽松的定位所造成的问题以外，《金融时报》最近的一个调查揭示了碳排放市场大量的不规范行为。这些包括出售未使用的额度，以及对预期意义上非"额外"的经济活动所下发的额度，这些情况的出现是由于检验体系的不完善或不恰当。[①] 然而。以上的例子不应该被当作对超国家的解决措施的指责，而是应当作一个典型事实，即制度演化是一个逐渐的且往往是实验性的过程，这个过程可能成功也可能失败。更好的和更有效率的制度需要发展起来，同时在《京都议定书》上的一致意见有利于增强意识，以及在对解决气候变化问题的诉求上达成一致。

21.4 21 世纪的学术挑战

在第 5 章，我们指出，因为 MNE 不仅仅是中立的、无国籍的利益最大化实体，它将有利于未来学术界明确地把制度效应与 MNE 的活动和策略的其他影响区别开来。这与日益增长的适应外部市场参与者的需求的必要性以及股东们更广泛的利益诉求有部分关系，但不仅限于它们产生的问题和顾虑。确实，一个制度视角没有推定所建立的宏观或者微观制度是否有利，或者新制度是否会被建立（North，2005）。

我们坚持认为，不能撇开隐藏在正式制度之下的动机和信仰体系来研究它们。制度形式的静态对比忽略了功能相当的制度可以呈现出不同形态这个事实，并且从长远来看，正是这些潜在的非正式制度有可能会决定可持续的结果。我们同样指出，在一个动态的、复杂的和不稳定的全球经济中，企业特定和区域特定的制度在减少跨境增值活动和交换活动的交易成本方面发挥了越来越重要的作用。因此，企业的跨境活动值得被研究的方面不仅仅是一个管理体系下不同产品市场的组合，还有它们所包含的非正式制度。

我们意识到，这不仅引入了一个未探索领域的广阔的新区域，而且离经济学家和商业分析师们所熟悉的区域越来越远，即用基于制度效率的标准来分析企业、市场和国家经济的结构并评估其表现。最后一部分中，我们希望研究的问题是根据研究领域已建立的标准，这样一个国际商务区域的扩张是否可取（或者是否正当）。

---

① "Carbon trading schemes often not so green", *Financial Times*，April 26，2007。

当然，争论和审慎（包括对于我们共同的学术追求"失去动力"的顾虑）从很多方面来说是理所当然的，而且长久以来我们也相对容易地忽略它们。[1] 事实上，人们通过透镜去看待自己的工作，而这个透镜经常让其工作显得见解深刻且意义重大，而看别人的工作时所使用的透镜表明其工作更倾向于是肤浅且无价值的。鉴于此，这种类型的实践提供了一个独特的机会来获得对这个领域的概览，而且让一个人被迫承认其研究的影响并不被完全认可是没有任何满足感可言的。确实，人们会惋惜于那些有才能的和专注的人的大量努力的浪费，但这些人的精力也许投入到更有价值的事情中去了。

对于已经读过本书的任何读者而言，他们或许都不会惊讶于这样一个事实，即对我们来说这似乎是一个制度性的问题，包括动机和激励。当然，通过回顾大量的学术著作，我们并非首次发现，这些著作对于我们理解全球经济的贡献并不如它们所预期的那么大。原因已经在几个场合清楚地说明过了。基本上，其中的原因和两个事件有关：动机（学术的目的）和激励（所得到的奖励）。

在我们看来，学术的关键目标之一就是对我们要尝试研究的现象有一个深刻理解。为了达到这样的理解，学术的作用不仅仅是组织研究，而且要参与到一个关于所研究的事情的政治重要性和社会重要性的更广泛的讨论中。对于大多数学者，我们假定他们的研究目的不仅仅是为了发表期刊论文，而是为了产生可能对多个层次都有影响的知识。第一个层次应该是对我们的同行和学术界产生总体上的影响。这个影响可能源自一个富有见解的理论贡献、开创性的实证工作或者方法学上的贡献。期刊排名和影响指数在一定程度上为这种影响程度提供了评估手段，尽管它们像其他测量工具一样都存在局限性。而第二个层次的影响更为广泛，这些工作使 MNE 的管理者和公共决策者对即将发生的现象有更深入的理解，没有第二个层次的影响，我们认为第一个层次的影响的价值就是值得怀疑的。这就需要学者应该具备意愿和能力去讨论他们研究成果的意义、相关性和应用，并且把这些和同行的成果融汇在一起。

冒着过于简化的风险，并借用 Boddewyn 和 Iyer 的话来说，第一个层次的影响是被美国学者所赞同的，在欧洲很多地方也是如此。总的来说，美国学者更倾向于把自己看成专业人士——也就是具有中性主体知识的专家，主要退化到其技术维度。相反地，欧洲传统的学者更倾向于认为第二个层次的影响更有价值，并且把学者的角色定义为知识分子的角色，其具有某种程度上的政治和社会参与度。

激励的第二个方面似乎和过去 15 年来被作为一个研究领域的国际商务的增长有关。这本身就是一个被乐于接受的发展，确实，在本书中我们能够利用的研究资源是很可观的。然而同时，出版物特别是那些一流期刊，已经变得几乎只专注于报道实证结果而没有定期地提供文献、比较性论文或者其他形式的综合工作的评论。实证研究主要是利用很小范围内的文献[2]，而且并没有讨论研究的目的和研究发现的实

---

① 例如，参见 Toyne 和 Nigh（1997）、Boddewyn 和 Iyer（1999）、Buckley（2002）以及 Sullivan 和 Daniels（2005）。

② 例如，除了使用几个研究领域的学术文献，我们使用了如 UN、ILO、世界银行等国际组织的大量出版物，还咨询了如麦肯锡、毕马威等公司，所有这些都为理解不断变化的商业环境提供了宝贵的洞察力。

《跨国公司与全球经济（第二版）》

680

际意义。①

我们猜测这在一定程度上反映了一个事实，即在所有类型的研究中，实证研究是最容易评论的，而概念性的研究则需要评论者的研究领域与所评论的工作相吻合。确实，不得不说，学术文献的大部分争论都集中在测量方法的准科学抽象概念上。这肯定与向期刊大量投稿的实证性文章有一些关系，实证性投稿遵从一套固定的组织结构，并且仅限于一些已经很明晰的话题，更加容易评论，从而更易于控制操作过程。

然而，如果不必追求对问题的更广泛和更深层次的理解，就可以适当降低学术严格度。一些学者如 Raymond Vernon 或者 Sumantra Ghoshal，他们的著名成果有很深刻的影响，虽然从狭义的科学严格度上来说并不严谨，但是他们专注于复杂度研究以及寻求对研究对象的更深层次的理解。如果承认了全球经济的非遍历性本质②，那么从物理学和生物学中演化出的解释模型就需要用其他范例和更适合社会学的学术方法来对其进行补充。

这样的方法学包含了所有制度背景下社会和经济现象的嵌入性、该背景的复杂度，以及它与我们所研究的事物相互影响的能力。作为社会学家，国际商务学者就像是鱼在研究水族馆的生活一样，没有办法使其置身于这个系统之外来保证学术的中立性。因此，我们应该做出能反映方法学和动机多样性的学术成果，包括严谨的实证工作、审慎的论文、文献回顾以及试图综合研究成果的作品。

我们也同样相信，作为一个研究领域，国际商务的内容和范围使其处于一个促进学术进步的卓越地位，并且不同形式的制度明确地融入这个学科可以被认为是一个胜利的时刻。这是因为在制度性交易成本最高、人文环境最复杂和最不确定的情形下，这个领域包含了企业的生产与交易活动。③

现在社会科学已经有一种试着用自然科学方法论来使自身获得合法性的趋势。然而，国际商务领域的声望增长意味着我们已经完成了这个任务，并且是时候应验 Ghoshal（2005）的这些话——"使多样性重新合法化"以及考虑"学术直觉"和"规范化的想象"，即使这意味着会失去一些由关注特定类型的学术所带来的一致性和严谨性。

与科学工作评估有关的制度旨在把好的想法从不好的想法中分离出来。认为这样的处理方法趋于保守化是可以理解的。大多数想法（包括那些包含综合推理和多重观点的想法）最后都很可能是衍生性的或是不好的。不必接受每个新想法，但是，把学术局限于仅仅是处理问题就剥夺了许多它们原有的复杂性，同时，使区分好的想法和不好的想法变得更容易并不意味着达到了社会科学带来的智力挑战高度。正像我们所研究的 MNE 一样，必须愿意去冒险尝试一些不好的想法才能得到一个好的想法。

---

① 事实上，正如 Shaver（2006）在 IB 领域的一流期刊《国际商业研究杂志》上的一篇社论中指出的，在实证研究中对重大发现的解释往往不是现有模型所使用的术语，更别说在更广泛的范围内探索工作的意义。

② 通过当代世界的非遍历性是指，通过参考过去的事件、信息和意图，不确定性非常难以测量或处理，更不用说克服。因此，非遍历的不确定性使得对因果关系的科学建模变得困难，如果不是不可能的话。

③ 参见 Cohen（2007）对解释这种复杂性作出的努力。

Boddewyn 和 Iyer（1999）在文章中引用了亚里士多德的话，通过区分条件（让事情变得可能）、动机（驱动人们让事情发生）和诱发环境（使事情可能发生和应该发生但是还没发生）这三个因素，把不同的解释进行归类。然而作者在本书的第一版中的陈述是正确的，我们主要是在物质环境中运作（也就是，所有权优势使得企业内部化中间产品市场成为可能），本书也从更平衡的角度去考虑动机和诱发环境。虽然有更多的工作可以做，但是第一步要先迈出。全球经济所呈现出的挑战太过巨大且多面化，从而不能简单地缩减为几个抽象概念。

21.5 结论

现在我们来总结一下本章内容。回顾过去 30 年或者更早的国际生产动态可以发现几个特征：第一个是朝着主导 MNE 的全球化生产与市场的运动，以及它们更加协调性的运营管理。第二，我们观察到 MNE 在地理上和工业布局上的一系列结构变化。在 20 世纪 80 年代，特别引人注目的是日本作为一个主要对外投资国的崛起、美国外来投资的增长、双向产业间投资的增长以及 M&A 作为一种进入形式的作用的提升。在 20 世纪 90 年代早期，中欧和东欧的开放、欧洲市场统一的完成、北美的区域整合以及东亚和太平洋较小程度的整合，使得 MNE 和跨境战略联盟在全球经济中的作用得到拓展和加强。在 20 世纪 90 年代中期，数字经济的出现和互联网的迅速发展，淘金热资本涌入中国，某些新兴经济体开始对外投资以及合同外包的增长，都促成了当代全球经济现状的形成。

所有这些事件都改变了或者可能改变企业在应对 OLI 变量特定组合方面的作用和国家政府应对本国在全球经济中的地位感知的政策之间的相互影响，以及政府如何相信它们自己的政策和制度能（在一个市场系统的框架中）促进它们本土企业和资源的竞争力。

20 世纪 70 年代和 80 年代的政治和经济方案的变化导致了企业和政府前瞻性战略的相当大的加速发展。企业战略造就了全球经济事件，正如全球经济事件造就公司策略一样。政府也更加活跃地用各种方式塑造全球生产的动态重建过程。同时，亚洲和西方政府对竞争策略的巨大差别也显示了出来。在西方，经济策略主要是让政府不再干预市场，尽管近年来在国际舞台上选择性贸易保护制度的压力越来越大。相反地，在亚洲，演化而成的行事哲学是政府和私人领域之间巨大的互利共生关系，以促进一个系统性的经济策略为指导方针来实现本土资源生产率的不断提高以及本土企业在国际市场的竞争优势的提高。

政府、MNE、市场和公民社会之间交流的发展，以及 MNE 与这种交流相互影响的方式，都仍将可能是 IB 学者在未来十年或更长时间里最值得关注的关键问题之一。特别是，政府现在越来越看重 MNE 的存在了，因为它们意识到，未来维持和提高本国在全球市场的竞争力需要培养本国企业独特的技术和组织资产，包括那些源于企业本身的多国性的资产。

政府也开始承认市场不是一个免费的商品，而是需要被创造、监督和培养，而这些行动需要时间和资源。此外，因为当市场运转良好的时候，它们需要同样如此对待社团和市场参与者的利益，政府有责任实现这些市场净社会利益的最大化。[①] 政府的这种角色已经远不在于施行 19 世纪自由主义经济学家推崇的放任主义了，而是在于施行 20 世纪 60 年代和 70 年代社会主义经济学家提议的干涉主义。

第Ⅲ部分的章节详细讲述了 MNE 对母国和东道国所做的各种贡献。这些影响包括科技转移（从东道国转入或者转出），提供就业机会和就业培训，对竞争力和供需状况的影响，对本土企业的联动或者溢出效应。总的来说，这些影响（可能是负面的也可能是正面的）反映了 MNE 对本国和东道国贡献的多面性。

影响 MNE 增值活动的大部分外部市场参与者随着民主的普及和更好的通信方式的使用成长了起来。物质环境呈现出来的复杂性，更重要的是人文环境中的复杂性，提供给 MNE 对服务顾客和满足不同股东群体需求的最好方式作出决策的背景。对于 IB 学者来说，当今全球经济提供了很多可供研究的课题资源。现在的 FDI 有很多新类型，包括所谓的"天生全球型"企业、"超国家"企业，以及作为 MNE 所有权的一种方式的私人股权经纪人的出现。最后，还有一些新兴国家以 FDI 东道主的身份加入了全球经济，但也是作为对外投资者，特别是中国、印度、巴西和俄罗斯。

然而，这些话题本身没有一个能反映全球环境的真正复杂度。要达到这个目的，需要经济学和社会学对重要问题的交叉关注，如全球大部分地区的长期贫困、能源供应和全球变暖、安全问题、发达国家的人口老龄化影响，以及发展中国家地方性的健康危机，都应该加入我们的研究课题。在本书中，我们试着概括这个复杂性，并且用一个我们认为过于简化但是适合于初步探索当今全球经济引发的各种问题的框架来处理它。

第一版的《跨国公司与全球经济》在结尾处预测了 20 世纪 90 年代外国投资和全球贸易将会持续增长，并且贸易份额的增长从某个角度来说将会与 MNE 相关。虽然经济学家"在预测能力上仅次于占星家"（Rodrik，2000a：177），但这个预测还是相对比较容易做出的。当代经济环境的不确定性使得未来的预测更加困难，面对这些由全球经济的非遍历性所带来的挑战，我们相信，IB 学者必须重新接受更为广泛的方法论并且解决比过去十年内更大范围内的研究疑难。在网络化的全球经济体系中，跨国企业具有参与新跨国制度建立的方法和动力。我们相信，通过分析这个过程中它们的成败经验，有可能揭示关于全球经济中各种变化的分散的内在联系的有价值的见解，从而提供方法帮助政府制定更恰当的公共政策和帮助企业升级其公司战略。

---

① 社会市场经济的概念是指，在承认市场机制的优点的同时，认识到任何特定交易或一组交易的外部（即社会）效应，也认识到某些市场未能正确处理供给或需求不确定性的失败。

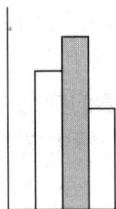

译后记

约翰·H·邓宁和萨琳安娜·M·伦丹的《跨国公司与全球经济》（第二版）的翻译工作是在本人主持下经过五轮的不断努力才得以最终完成的。浙江大学经济学院部分博士研究生和硕士研究生为此付出了辛勤的汗水。

参加书稿第一轮翻译工作的包括 2014 级的博士生许光建、张艺露、贾晗湘、柴宇曦、喻盼（按姓氏笔画排序，以下同），硕士生马铭、王小强、叶梅琳、刘爽、朱冰凌、何云、佟梦帆、吴永锭、吴鹏、吴鑫、张馨月、李鹜渤、杨青、陈飞、陈晓峰、陈渊豪、陈筱筱、单武斌、苗佳尉、郑宏博、施财忠、胡莎砾、赵安娜、赵梦婷、钟小锋、夏素云、翁梦婷、曾旭达、程心怡、程弘宇、蒋丽丽、蒋欣彬、詹奥博。在书稿第一轮翻译工作中，本人的博士生许光建、柴宇曦做了大量的事务性工作。

参加书稿第二轮翻译工作的是本人所带的研究生，包括博士生王笑笑、任婉婉、刘梦恒、许光建、吴国杰、张洪胜、柴宇曦、徐梁、曹信生、潘伟康，硕士生王凯、王璐、孙晴、李嫣君、陈亚平、钟小锋、夏素云。在书稿第二轮翻译工作中，本人的硕士生钟小锋做了大量的事务性工作。

参加书稿第三轮翻译工作的仍是本人所带的研究生，包括博士生任婉婉、刘梦恒、许光建、吴国杰、柴宇曦、曹信生，硕士生孙晴。具体分工如下：致谢和第二版序言由曹信生完成；第 1~6 章由柴宇曦完成；第 7~10 章由许光建完成；第 11 章由刘梦恒完成；第 12 章由吴国杰完成；第 13 章由孙晴完成；第 14 章由任婉婉完成；第 15~21 章由曹信生完成。在书稿第三轮翻译工作中，本人的博士生曹信生做了大量的事务性工作。

参加书稿第四轮翻译工作的是本人及所带的研究生，包括博士生许光建、柴宇曦、曹信生。具体分工如下：致谢和第二版序言由曹信生完成；第 1~6 章由柴宇曦完成；第 7~10 章由许光建完成；第 11~12 章由柴宇曦完成；第 13~14 章由许光建完成；第 15~21 章由曹信生完成。在书稿第四轮翻译工作中，本人的博士生柴宇曦做了大量的事务性工作。

跨国公司与全球经济（第二版）

本人自始至终参加了书稿前四轮的修改和讨论工作，并对书稿做了第五轮润色。

这里，本人要对参与书稿前四轮翻译工作的各位同学表示最衷心的感谢。

尽管本人对这本书的翻译工作极其重视，但鉴于水平有限，书中肯定还存在诸多缺点和不足，希望大家不吝指正。

最后，本人还要对中国人民大学出版社以及陈静和王美玲两位编辑表示衷心的感谢。

马述忠

2015 年 8 月于浙江大学玉泉校区外经贸楼

译后记

图书在版编目（CIP）数据

跨国公司与全球经济：第二版/约翰·H·邓宁，萨琳安娜·M·伦丹著；马述忠等译. —北京：中国人民大学出版社，2016.9
（国际贸易经典译丛）
ISBN 978-7-300-23000-9

Ⅰ.①跨…　Ⅱ.①约…②萨…③马…　Ⅲ.①跨国公司-企业管理-研究②世界经济-研究
Ⅳ.①F276.7

中国版本图书馆 CIP 数据核字（2016）第 145666 号

国际贸易经典译丛
跨国公司与全球经济（第二版）
约翰·H·邓宁
萨琳安娜·M·伦丹　　　　著
马述忠等　译
Kuaguo Gongsi yu Quanqiu Jingji

出版发行	中国人民大学出版社			
社　址	北京中关村大街 31 号		**邮政编码**	100080
电　话	010 - 62511242（总编室）		010 - 62511770（质管部）	
	010 - 82501766（邮购部）		010 - 62514148（门市部）	
	010 - 62515195（发行公司）		010 - 62515275（盗版举报）	
网　址	http://www.crup.com.cn			
	http://www.ttrnet.com（人大教研网）			
经　销	新华书店			
印　刷	三河市汇鑫印务有限公司			
规　格	185 mm×260 mm　16 开本		**版　次**	2016 年 9 月第 1 版
印　张	44.25　插页 1		**印　次**	2016 年 9 月第 1 次印刷
字　数	975 000		**定　价**	108.00 元